다산 사서경학 연구

茶山四書經學研究

❶

다산 사서경학 연구 1

신정 증보판 1쇄 발행 2021년 12월 20일

지은이 정일균

펴낸곳 서울대학교출판문화원
주소 08826 서울 관악구 관악로 1
도서주문 02-889-4424, 02-880-7995
홈페이지 www.snupress.com
페이스북 @snupress1947
인스타그램 @snupress
이메일 snubook@snu.ac.kr
출판등록 제15-3호

ISBN 978-89-521-2029-8 94150
978-89-521-2028-1(세트)

다산

사서경학 연구

茶山四書經學研究

1

정일균 지음

서울대학교출판문화원

A Study in Dasan Jeong Yak-Yong's Classical Learning of the Four Books(I)

Jeong Il-Gyun

Seoul National University Press

이 책을 삼가 先親의 靈前에 바칩니다.

신정 증보판 머리말

1

금년[2016년]은 다산선생茶山先生께서 서세逝世하신 지 '180 주년'이 되는 해이다. 다산선생의 호대하고도 정치한 학문세계와 그 속에서 약동하는 절절한 애민정신愛民精神이야 어느 해인들 일월처럼 빛나지 않으리요마는, 어느덧 세월은 흘러 21세기의 벽두에 접어든 올해 이 땅에서 새삼 선생을 기리는 마음에 또한 후생말학後生末學으로서의 남다른 감회와 새로운 다짐이 없을 수 없다.

지금부터 80년 전에 정인보鄭寅普[爲堂, 1893~?]가 망국의 지식인으로서 '조선학朝鮮學'을 통해 조국의 광복과 근대화의 정신적 기반을 모색·확인하고자 했던 강렬한 민족주의적 에토스는 특히 1935년에 '다산茶山 정약용丁若鏞의 서세逝世 백주년百週年'을 맞이함을 계기로 이러한 조선학의 전형이자 대표자로서 다산선생을 비정하는 것으로 표출되었던바, 즉 그는 「唯一한 政法家 丁茶山先生 叙論」이란 글에서 "先生 一人에 對한 考究ㅣ 곧 朝鮮史의 研究요 朝鮮近世思想의 研究요 朝鮮心魂의 明翳 乃至 全朝鮮盛衰存滅에 對한 研究"라는 기본인식 하에, 다산학茶山學의 요체와 관련하여 "先生著述의 宗旨는 '新我舊邦'의 四字ㅣ 그 頭腦이라. ……그러므로 學이면 實學, 行이면 實行, 政이면 實政, 事면 實事, 심지어 一書의 一言半句, 一物의 一方一圓에 이르기 모두 그 實을 究"하였던바, 이로써 "總括하여 말하면 先生의 學은 實學이요 實學의 歸要는 '新我舊邦'이 그 骨子"[1]라는 입장을 명확하게 천명한 바 있다.

---

1 이에 대한 보다 자세한 내용은 鄭寅普(1983: 68~86)가 참조된다.

이처럼 정인보의 조선학운동이 '조선학으로서의 실학'의 사상적 정체성을 '조선심朝鮮心을 배식培植하는 실사구시학實事求是學'으로 정립함으로써 해방 이후 한국의 '실학연구의 주류적 흐름'에 기본적 인식틀 및 전제적 출발점을 제공한 바 있다. 이에 1950~70년대 실학연구의 주류적 흐름은 상기한바 조선학운동의 정신을 계승하는 가운데, 특히 '자본주의맹아론資本主義萌芽論' 또는 '내재적 발전론'의 도식 하에 조선후기의 사회변동 및 사상사에 대한 인식을 시도했던 움직임으로 구체화되었던 바, 여기서는 이른바 '실학적 사유체계'로부터 곧바로 한국적 근대성의 요소, 또는 근대정신의 내재적 태반胎盤을 읽어내거나 확인하려는 관심이 그 핵심을 이루고 있었다. 물론 이러한 흐름은 무엇보다 조선후기의 이른바 '내재적 발전'의 요소—상품화폐경제의 획기적 진전, 사회적 계층분화의 심화 및 이에 따른 사회신분제도의 해체, 민족문화에 대한 주체적 인식의 제고 등—를 적극 발굴하고 천명함으로써 이 시기 사회·경제사 및 실학에 대한 연구에 있어 실로 중요하고도 다대한 연구성과를 낳은 바 있다. 그럼에도 동시에 이는 일련의 문제점을 노정하기도 하였으니, 즉 '서구중심주의'의 문제, 실학에 대한 '본질론'의 관점이 가진 약점, 실학의 '구성적 타자'로서 조선주자학朝鮮朱子學을 지목하는 인식틀이 내포한 난점 등이 바로 그것이다.

1980년대 이래 실학연구는 기존의 경세학經世學 중심의 경향에서 점차 벗어나 경학經學·철학·과학·문학 등 다양한 분야로 그 범위를 꾸준히 확장시켜나가는 동시에, 기존의 실학연구, 특히 상기한바 '주류적 흐름'에 대한 회고 및 반성 역시 끊임없이 제기되어온 바 있다. 바로 이러한 맥락에서 1990년대에 접어들면, 자본주의맹아론에 대한 학계의 비판이 국내외적으로 제기되는 흐름과 궤를 같이 하면서 기존의 주류적 실학론에 대한 비판적 재평가의 움직임이 본격적으로 나타나기 시작했던 바, 여기에서는 특히 조선후기의 사회변동에 대한 대안적 인식체계로서의 이른바 '소농사회론小農社會論'을 전제하는 가운데, 이 시기의 사회 변동에서 곧바로 일련의 내재적인 자본주의적 발전경향을 확인·추출하고자 했던 기존의 인식틀에 대해 비판적 거리를 견지하는 입장이 대표적이다. 더욱이 2000년 이후부터는 이른바 '세계화의 시대'를 맞이하여 서구적 근대화에 대한 근본적 성찰과 더불어 '대안적 세계관'을 모색하려는 시대적·학문적 과제가 부각되기 시작하면서 실학연구의 목적 및 방향 또한 근본적으로 재고되기에 이르렀던바, 여기에서는 특히 기존의 실학연구와 관련하여 서구로부터 주어진 특정 경로의 역사발전론이나 세계체제는 더 이상 우리의 대안이 될 수 없음에 이로부터 자유로워질 필요가 있다는 문제의식에서 출발하여 유교사회의 수천 년에 걸친 역사적 경험을 활용하여 인간공동체에 대한 새로운 전망을 창조적으로 수립할 당위성과 아울러 실학을 동아시아 사상사의 흐름과 연관해서 조명할 필요성을 강조하는 입장이 주목된다.[2]

이상에서 개관한바 해방 이후부터 현재까지 한국에서 이루어진 실학연구의 주요동향을 전제하면서, 무엇보다 '21세기 다산학茶山學'의 발전과 심화를 위해 요청되는 몇 가지 당위적 과제를 특히 '연구방법론'의 측면에 유의하며 제기해보자면 대략 다음과 같다. 첫째, 21세기 한국, 나아가 동아시아의 역사적 위상 및 이에 따른 사상적·철학적 과제가 과거와는 현저히 달라지고 있는바, 바로 이러한 맥락에서 실학 및 다산학 연구 또한 그 의미와 방향에 있어 근본적인 전환이 요구되고 있는 것이 아닐까 한다. 다소 도식적으로 이야기하자면, 종래에는 이른바 서구적 '근대성의 수용'이 일차적 과제였다면, 현금에는 오히려 이러한 '근대성의 극복'이라는 과제가 더욱 중요하게 박두하고 있다. 물론 이러한 과제

2 해방 이후 실학연구에 있어 이상과 같은 기존의 연구경향들에 대한 보다 자세한 내용은 대표적으로 정호훈(2006: 15~53), 정일균(2009b: 43~145), 정일균(2012d: 103~153)이 참조된다.

와 관련하여 이미 '위험사회'의 문제의식이나 '성찰적 근대(화)' 내지는 '제2근대'의 기획이 회자되고 있으며, 또한 일각에서는 이를 뒷받침할 동아시아 전통의 잠재력에 대한 관심과 탐색으로 구체화되고 있음도 살펴볼 수 있다. 결국, 이러한 시대적 상황 하에서 '21세기 다산학' 역시 발전적인 미래적 전망을 확보하기 위해서는 의당 이러한 시대적 과제에 의미 있게 부응·응답함이 필수적인바, 이를 위한 일차적 작업은 무엇보다 종래 실학연구의 주류적 흐름이 표방했던바 '근대화의 기획'을 뒷받침하기 위한 일련의 '본질론', 즉 이른바 '조선후기의 신사조'로부터 곧바로 한국적 근대성의 요소, 또는 근대정신의 내재적 태반을 읽어내거나 확인하려는 폐쇄적 독법에서 과감하게 탈각하는 동시에, 특히 '실학' 개념을 한 시대의 '역사적·사회적 조건과의 정합성·조응성'의 여부로 인식·구성하는 '관계론'의 관점으로 이행해야 할 필요성이 절실하다고 할 것이다.

둘째, 이러한 시대적 과제와 관련하여 '21세기 다산학'의 연구초점 또한 달라져야 할 것이다. 즉, 새로운 연구초점이란 기존의 '본질론'의 관점에서 주로 다산학의 '구체적 내용'에 주목했던 행태에서 벗어나, 바로 이 다산학이란 '텍스트의 지평'으로부터 현금의 시대적 과제, 특히 서구적 계몽이 야기한바 역설성을 극복하는 데 요청되는 '방법론적 통찰과 지혜'를 해석학적 상상력을 통하여 간취하는, 이런 의미에서 기존의 연구보다 '한 차원 더 높은 인문학적 안목과 엄중한 문제의식'을 요구하고 있는 것으로 보인다. 물론 여기서 언급한바 '방법론적 통찰과 지혜'란 무엇보다 하나의 시대적 전환기에 처하여 변화된 '역사적·사회적 조건'에 대한 예민한 감수성 하에서 이것과 정합성을 유지하는 새로운 '세계관'을 주체적으로 구성해나갈 수 있는 철학적 역량이자 나아가 이것과 조응성을 유지하는 새로운 '문물제도'의 구상과 실천을 예비할 수 있는 사회과학적 경륜을 그 요체로 하는 것이라면, 결국 이를 뒷받침할 상기한바 '인문학적 안목과 문제의식'이야말로 다산학의 생명을 21세기로 연장하는 관건인 동시에 현금의 다산학 연구자가 마땅히 자각·성찰해야 할 '연구자의 지평'이 아닐까 한다.

마지막으로, 상기한바 서구적 '근대성의 극복'이란 시대적 과제와 관련하여 한국을 포함한 동아시아 지성계가 의당 감당해야 할 사상적 소명이란 단적으로 유교儒教를 중심으로 한 풍부한 철학적 사유의 전통과 사상적 유산을 비판적이고 합리적으로 재구성함으로써 이른바 '21세기적 보편성'을 구현하는 '대안적 세계관'과 '문명의 전환'을 지향·성취하는 것이어야 할 것이다. 바로 이러한 과제와 관련하여 현금 한국사회가 당면한 상황은 매우 복합적·역설적이다. 즉, 한국사회는 일면에서는 첨단 산업사회의 모습을 구현하고 있는가 하면, 다른 일면에서는 남북분단으로 인해 민족국가의 건설이라는 근대성의 기본적 요건조차 성취하지 못하고 있는 실정이다. 바로 이러한 의미에서 한국사회는 특히 미래의 통일과 관련하여 여전히 과거 서구적 계몽이 성취했던 일련의 진보적 성과들, 그중에서도 '민주·자유·인권'이란 가치를 한국적 맥락과 조건에서 내재화·구현하는 노력이 여전히 절실하게 요청되고 있음은 물론이다. 그럼에도 한국사회는 동시에 서구적 근대성이 목하 노정하고 있는 시대적 한계성, 특히 핵전쟁의 공포로 상징되는 군사적 폭력성의 상존, 생태계의 파괴와 자원의 고갈로 대표되는 환경문제의 대두, 아직도 대부분의 인류를 기아상태에 묶어두고 있는 남북문제의 고착, 인종적·종족적·성적·계급적 갈등과 억압의 지속과 악화 등으로 대표되는 문명사적 문제를 근본적으로 지양止揚·해소할 수 있는 '새로운 보편성'의 지평을 모색함에 결코 소홀히 해서는 안 될 것으로 사료된다. 결국, 의미 있는 '21세기 다산학'이란 바로 이러한 지적 과제를 공유·자임함을 필수적으로 요청받고 있는바,[3] 물론 이를 위한 자체의 인식론적 출발점이란 무엇보다 종래 주류적 실학연구를 중심으로 은연중 조장·

강화되어왔던 이른바 ‘돌진적 근대화’에 대한 강박관념과 이것의 이론적 표현인 다양한 형태의 ‘전통과 근대의 이분법’이나 ‘서구중심주의’의 잔재로부터 과감히 해방될 필요성이 아닐까 한다.

2

이 책은 「초판 머리말」에서도 이미 언급했듯이 원래 곤지困知의 필자가 애써 연구자를 자임하며 부끄러움을 무릅쓰고 세상에 내어놓았던 처녀작이다. 그럼에도 당시 여러 선생님들과 동학의 예기치 못한 과분한 관심과 도타운 교정敎正에 접하며, 새삼 감사의 마음과 정진의 결의를 남몰래 다졌던 기억이 새롭다. 특히 이동환李東歡·유권종劉權鍾·이봉규李俸珪·김문식金文植 선생님들께 뒤늦게나마 다시 한 번 심심한 고마움의 인사를 드리고자 한다.[4] 이제 여러 선생님들의 아낌없는 격려와 질책을 다시금 되돌아봄에, 더욱이 이동환 선생님의 “요컨대 정일균의 이 책은 그동안의 다산의 사서경학에 대한 실증적 해명의 가위 집대성적 진경進境을 이룬, 결코 쉽사리 나올 수 없는 노작勞作으로 기록되기에 족하다”는 망외의 칭찬과 격려에도 불구하고, 이후 지속적 연구성과로써 이에

---

3 이상과 같이 20세기부터 현저히 노정되기 시작한 인류의 문명사적 문제를 극복하는 사상적·실천적 과제와 관련하여 특히 ‘실학實學’ 개념에 주목하면서 그 해결방안을 나름대로 모색하려는 지적 감수성과 실천적 노력이 이미 20세기말부터 국내외에서 단편적이나마 표명된 바 있다. 즉 ① 尹絲淳(1993: 11~24)은 ㉠ “오늘의 유학, 즉 ‘새로운 실학實學[新實學]’이 극복의 대상으로 삼아야 할 실제적 요소”로서 대표적으로 ㉮ “인간의 생명을 위협·파멸케 할 뿐 아니라, 나아가 자연까지 파괴하는 核戰과 공해문제”, ㉯ “가치관의 혼란으로 인한 도덕질서의 붕괴와 그것이 가져오는 비인도적 현상”, ㉰ “정치적 이념의 상충으로 인한 민족 분단과 고착화의 문제” 세 가지를 들면서, ㉡ “오늘의 유학은 이 문제들에 도전, 그 극복의 길을 찾아야 그 실학의 구실을 한다는 평가를 받게 될 것”임을 주장한 바 있으며, ② 오가와 하루히사[小川晴久](1994/1995: 177~203) 역시 특히 20세기의 환경문제 및 남북문제와 관련하여 “공리주의에 듬뿍 젖어있는 실학관을 경제동물성을 불식한, 인간의 얼굴을 지닌 실학관으로 바꾸어내는 작업” 또는 “실심실학實心實學 개념의 구명작업”을 통해 이를 근본적으로 극복할 방법을 나름대로 모색하려는 문제의식과 시도를 보여준 바 있다.

4 李東歡(2000), 劉權鍾(2000), 이봉규(2000), 김문식(2000)

제대로 부응하지 못한 작금의 처지를 되돌아보며 새삼스럽게 한없는 자괴감을 느낀다. 그러면서 동시에 죽는 바로 그 순간까지 이 책을 저술했던 초심初心으로써 연구자의 길을 '일관一貫'하리라는 지천명知天命의 새로운 결의로 또한 가슴이 저려온다.

그러면 이상의 선생님들께서 공통적으로 지적하신 사항을 중심으로 이에 대한 필자의 소회를 간략하게 개진하는 것으로써 다시금 부끄러움을 무릅쓰고 본서의 '신정 증보판'을 출간하는 변辯으로 삼고자 한다. 첫째, '주자학朱子學과 다산학茶山學 간의 관계'와 관련하여 필자가 본서의 초판에서 지나치게 '불연속성' 내지는 '단절성'의 측면만을 일면적으로 강조하고 있다는 지적이 있으며, 또한 근래의 한 연구사 정리에서도 여기에 나타난 필자의 주장을 '주자학과의 단절을 통한 새로운 유학의 정립으로 이해하는 입장'이란 범주에 배속시키고 있음[5]을 살펴볼 수 있다. ① 필자가 본서의 초판을 통해 일차적으로 의도했던 것은 '다산선생茶山先生께서 당신의 사서경학四書經學을 통해 구체적으로 어떠한 내용의 철학적 세계관을 구성하려고 노력하셨는가?'를 경학자료經學資料로 하여금 스스로 말하도록 하는 방식을 통해 실증적으로 규명하는 작업이었고, 이에 그 결론으로서 "丁若鏞은 자신의 四書經學을 통해 그 나름대로의 독자적이고도 완결된 하나의 世界觀을 보여주고 있다. 물론 이것은 程朱性理學과는 완전히 상이한 '하나'의 세계관"[6]임을 분명히 주장한 바 있다. ② 바로 이러한 의미에서 상기의 지적과 평가에 전혀 일리가 없는 바는 아니지만, 그럼에도 필자의 처지에서는 이를 접하며 약간의 당혹스러움 또한 느끼고 있음도 사실이다. 왜냐하면 다산선생께서 사서경학을 통해 당신의 독자적인 세계관을 구축해나가시는 과정 및 그 핵심내용이 주로 정주성리학의 경전주석에 대한 비판적 검토를 통

5 백민정(2007: 421~422)
6 鄭一均(2000: 457)

해 진행·구성되었기 때문이요, 따라서 이를 추적하다 보면 논의구조 상 불가피하게 두 학문 간의 사상적 불연속성이 부각될 수밖에 없는 사정이 있었기 때문이다. 그럼에도 단지 두 학문 간의 단절성만을 강조함에 그치는 것은 기실 필자의 애초 의도나 목적이 아니었던바, 이에 대한 필자의 입장을 간략히 피력하자면 다음과 같다: ㉠ 적어도 필자가 보기에 '다산학'이란 기본적으로 '유교적 사상전통'이 '조선후기의 역사적·사회적 조건'과 나름대로 교감·조응하며 비로소 구성·출현할 수 있었던, 따라서 유교의 특정 학파나 전통으로 결코 완전히 환원·포섭되지 않는 '하나의 독자적인 사상체계'이다. 이러한 사실은 곧 다산선생께서 어디까지나 당신의 독립적인 학문적 관점과 내용을 구축·견지하시는 가운데, 이에 부합하는 주장이라면 심지어 위서僞書나 유가儒家의 책이 아닌 경우라 할지라도 그 이치가 참으로 옳은 것이라면 오히려 흔쾌히 수용하고자 하는 개방적인 태도 역시 취하시면서 두루 제가諸家의 견해를 탄력적으로 취사선택하셨음을 함축하며, 이는 또한 다산선생께서 당시 국내외의 다양한 사상적 조류를 섭렵·활용하시면서 단 한 번도 어떤 특정 학파나 전통을 전적으로 수용하거나 또는 전적으로 거부하신 적이 없었음을 의미하기도 한다. 그리고 다산선생의 이러한 태도는 주자학의 경우에도 예외 없이 관철되었음은 물론이다. ㉡ 이러한 맥락에서 다산선생께서는 상기한 바처럼 주로 정주성리학의 경전주석에 대한 비판적 검토를 통해 당신의 경학체계와 세계관의 골간을 구축해나가신 것은 사실이지만, 그렇다고 주자학에 대해 결코 일방적으로 비판·거부하는 태도로만 일관하지 않으셨음 또한 재언을 요하지 않는다. 특히 다산선생께서는 주자학의 윤리적 계몽의 성과, 즉 주희朱熹가 '의리義理' 지향의 경학사상을 통해 무엇보다 유교 본연의 '도학道學과 명교名教의 근원' 및 '예법禮法과 정교政教의 요체'를 치열한 실천적 고민 속에서 한평생 규명하고 재정립해나감으로써 '오도吾道[儒教: 필자 주]의 중흥조中興祖'가 될 수 있었음을 높이 평가하시는 가운데 이러한 학문정신을 적극 계승하시고 있으며, 나아가 '인심人心·도심道心'설과 같은 특정 주제와 관련해서는 「중용장구서中庸章句序」에 표명된 주희의 견해를 전폭적으로 수용하시는 가운데 이를 "만세를 위한 큰 가르침으로 확립함을 소홀히 해서는 안 될 것"[7]임을 강조하시기도 하였다. ㉢ 이러한 관점에서 본다면, 종래 다산학의 이해와 관련하여 제기된바 '다산학과 주자학 간의 관계가 연속적인 것인가, 아니면 불연속적인 것인가?'라는 협애한 인식틀은 기실 별다른 의미가 없는 것으로서, 더욱이 이것이 '전통과 근대'라는 이분법적 도식 하에서 다산학과 주자학 간의 불연속성을 평면적으로 강조하는 가운데 다산학에서 이른바 '근대성'을 직접 도출·증명하고자 하는 의도에서 제기된 것이라면 더욱 더 그러하다.

둘째, '다산선생의 경학사상 및 세계관의 특징'과 관련하여 필자가 본서의 초판에서 '실제·실천 지향성'을 강조하고 있는데, 이러한 주장 또한 개념적 지평 및 역사적 문맥과의 연관에서 더욱 엄밀한 한정이 필요하다는 지적이 있다. ① 물론 필자는 본서의 초판에서 다산선생의 사서경학에 나타난 세계관의 특징으로서 상기의 '실제·실천 지향성'을 일관되게 주장하는 가운데, 이에 그 결론으로서 "丁若鏞 世界觀의 요체는 또한 강력한 '실천 지향성'을 그 전제적 요건으로 하는 동시에 필수 불가결의 요소로 내포하고 있다. ……이러한 맥락에서 '실천'이라는 개념은 그의 문제의식을 총체적이자 집약적으로 대변하고 있는 것"[8]으로 평가한 바 있다. ② 바로 이러한 의미에서 상기의 지적은 일면 타당한 측면이 없지 않으며, 또한 한국 유교사상사儒教思想史의 인식과 관련해서도 매우 중요한 방법론적 함의를 내포하고 있기 때문에 필자의 분명한 해명 또한 필요할 것으로 사료된다. 이에 대한 필자의 입장을 간략히

---

7 『梅氏書平』, 「閻氏『古文疏證』鈔 1」(『定本 與猶堂全書 13』, p. 359)

8 鄭一均(2000: 462)

소명하자면 다음과 같다: ㉠ 적어도 필자가 보기에 일반적으로 어떤 한 시대의 구체적이고 물적인 '제도' 및 '제도론'[器]은 그 자체만으로는 성립될 수 없으며, 이는 반드시 한 시대의 근본적인 질서감각을 주조하는 '철학적 세계관'[道]의 응원과 조응성 하에서 비로소 그 모습을 드러내는 바, 이러한 관점을 필자는 초판의 「서론緖論」에서 이른바 '문화체文化體' 개념으로 정리·소개한 바 있다. ㉮ 이를 통해 필자는 이른바 실학의 '경세학적 제도론'이 정녕 의미 있는 것이라면 의당 이와 조응성을 가지는 실학의 '공리공담空理空談'적인 '철학적 세계관'의 존재를 상정할 필요성이 있으며, 마찬가지로 정주성리학이 일정 기간 동안 조선왕조의 통치 이데올로기로서 현실적 기능을 발휘한 것이 진정 사실이라면 응당 이와 정합성을 유지하는 '실제·실천'적인 '문물제도(론)'의 존재 역시 인정될 필요성이 있음을 함축적으로 주장한 바 있다. ㉯ 바로 이러한 관점에서 필자는 이후에도 목하 '21세기 실학'이 발전적인 미래적 전망을 확보하기 위해서는 특히 '실학'이라는 개념을 특정 사상내용에만 주목하는 '본질론'의 관점에서 벗어나 한 시대의 '역사적·사회적 조건과의 정합성·조응성'의 여부로 판정·인식하는 '관계론'의 관점으로 재구성할 당위성 또한 제기하기도 하였다.[9] ㉰ 나아가 필자의 이러한 주장은 기존에 '실학' 개념의 구성적 타자他者로서 소위 '공리공담'으로 상징되는 '주자학의 허학성虛學性'을 그 본질로서 부각시키는 동시에 이에 대한 대비로서 조선후기 신사조新思潮의 '실용성·실제성·실천성'을 강조함으로써 결과적으로 실학의 '학문적 본령과 특장'을 주로 '경세학적 제도론'에만 한정시켰던 논리에 대한 비판과 거부를 함축하고 있음은 물론이다. ㉡ 결국 이러한 맥락에서 필자가 '다산선생의 경학사상 및 세계관의 특징'으로서 특히 '실제·실천 지향성'을 강조했던 것은 다산선생의 시대에 조

9 정일균(2012d: 114~117)

선성리학이 노정하고 있었던 하나의 '역사적 현상'으로서의 일반적 폐단, 즉 성리학 본연의 실천적 계몽성을 소진한 채 어느덧 당파의 이해관계를 둘러싼 지리하고도 현학적인 논변으로 서서히 전락해갔던, 바로 이러한 의미에서 당시의 역사적·사회적 조건과의 정합성·조응성을 현저히 상실해갔던 학문적 풍조와 양상을 그 구체적 배경으로 한다. 주지하다시피, 다산선생께서는 당시 성리학자를 자처하는 자들의 일반적 행태와 관련하여 거개가 "'이理'니 '기氣'니, '성性'이니 '정情'이니, '체體'니 '용用'이니 떠드는가 하면, '본연本然'이니 '기질氣質'이니, '이발理發'이니 '기발氣發'이니, '이발已發'이니 '미발未發'이니, 또는 '단지單指'니 '겸지兼指'니, '이동기이理同氣異'니 '기동리이氣同理異'니, '심선무악心善無惡'이니 '심선유악心善有惡'이니 하면서 줄기와 가지와 잎사귀가 수천수만으로 갈라져" 서로 다투면서도 "스스로는 은사隱士라고 자처하"며 거드름을 피우고 "알맹이 없는 고고한 마음으로 스스로 옳다고 오만을 떨고 있을"[10] 뿐, 정작 "자신들의 부모가 당장 추위를 호소하고 배고픔을 참으며 병들어 죽게 되었는데도 오히려 이를 태만히 여기고 보살피지 않을 뿐 아니라 아예 타성이 되어 노력조차 하려고도 하지 않"[11]는 한심한 지경, 따라서 "나날이 천하는 부패되고 새로워질 수 없었던"[12] 시대적 상황을 통렬히 고발하신 바 있다.

---

10 「五學論 1」(『定本 與猶堂全書 2』, pp. 296~298) "今之爲性理之學者, 曰: '理'·曰: '氣', 曰: '性'·曰: '情', 曰: '體'·曰: '用', 曰: '本然·氣質, 理發·氣發, 已發·未發, 單指·兼指, 理同氣異·氣同理異, 心善無惡·心善有惡', 三幹五椏, 千條萬葉, ……自命曰: '隱', ……而空腹高心, 傲然自是, ……"

11 「諭谷山鄕校勸孝文」(『定本 與猶堂全書 4』, p. 325) "(近世學者, 纔名爲學, 便自矜重, 談天說理, 曰: '陰'·曰: '陽', 壁上圖畫太極·八卦·「河圖」·「洛書」之屬, 自稱玩索, 以欺愚蒙,) 而其父母方且呼寒忍飢, 疾病疴癢, 乃漫不省察, 恬不勞動, (卽其玩索彌勤而彌與學遠矣. 苟於父母能孝者, 雖曰: '不學', 吾必謂之學矣.)"; 『論語古今注 II』(『定本 與猶堂全書 9』, p. 177) "○[駁曰] ……終日儼然危坐, 究得萬殊一理, 不念父母妻子在傍訕己·鄕黨賓友歸而議己, 其與'庭前柏樹子', 相去未遠. 此學道者, 所宜戒也."

12 『論語古今注 I』(『定本 與猶堂全書 8』, p. 59) "○[駁曰] ……此, 天下所以日腐爛而莫之新也."

마지막으로 한 가지 첨언할 사안이 있는바, 이는 곧 본서의 「제1부 다산 정약용의 생애와 학문: 지식사회학적 조명」에서의 '사회적 배경'을 입론하는 문제와 주로 관련된 것이다. 여기서 필자는 다음과 같은 원칙에서 그 내용을 구성하였다. 즉, ① 필자는 이 시기의 사회적 배경과 관련하여 다산선생께서 여러 저술을 통해 직접 증언하신 내용에 일차적으로 주목했으며, 우선 이를 단서로 그 내용의 기본골격을 마련하였다. ② 주지하다시피, 조선후기의 사회변동에 대한 기존의 사회·경제사적 연구에는 현재 대표적으로 두 개의 상이한 관점, 즉 '자본주의맹아론' 내지는 '내재적 발전론'의 관점과 '소농사회론'의 관점이 병존하고 있다. 물론 이 두 관점은 당시의 사회변동을 서구의 이른바 '고전적 시장경제의 발전'이라는 틀 속에서 인식할 것인가의 여부에서 기본적인 인식의 차이를 보이고 있지만, 그럼에도 정작 이 시기의 사회변동의 구체적 내용 및 그 특징과 관련해서는 특히 '상업의 발달', '인구의 증가', '신분제의 해체' 및 '계약노동의 확산' 등을 지적·거론하고 있는 점에서는 공통적이다. 필자는 바로 이 점을 중시하여, 이러한 사실을 중심으로 논의를 전개하였다. ③ 이러한 맥락에서 필자는 이른바 '자본주의맹아론' 또는 '내재적 발전론'의 관점에서 이루어진 기존의 연구성과에 대해서도 이를 일률적으로 배제하기보다는 오히려 나름의 견지에서 탄력적·실용적으로 수용하였다. 다시 말하자면, ㉠ 필자는 이미 기술한 바대로 상기의 관점에 원칙적으로 동의하지 않는다. ㉡ 그럼에도 이러한 관점에서 이루어진 기존의 연구성과는 특히 ㉮ 일제 식민사학植民史學의 정체성론停滯性論과 타율성론他律性論을 극복하려는 강렬한 학문적·학문외적 문제의식에서 출발함으로써 이후 비록 '부조적浮彫的'이라는 항간의 비판에도 불구하고 조선후기의 '내재적 발전'의 요소들을 적극 발굴하고 천명한 점, ㉯ 이러한 과정에서 자연스럽게 조선후기의 정치제도, 토지제도와 상품경제, 사회계급, 문화양상 등 광범위한 영역에 걸친 귀중한 정보와 객관적 사실들을 다방면에서 실증적으로 규명하여 풍부하게 제공한 점 등에서 결코 간과할 수 없는 중요한 학문적 의의를 지닌다고 할 것이다. ㉢ 그리고 이러한 측면은 설령 상기의 관점에 동의하지 않더라도 부정하기 어려운 엄연한 사실이라고 적어도 필자는 판단하고 있다.

이외에도 필자가 본서의 '신정 증보판'을 출간하기로 결심한 데에는 비록 사소하지만 몇 가지 이유 또한 있었다. 즉, ① 본서의 초판이 절판됨으로 인해 일부 독자의 요청에 부응할 필요성을 느끼고 있었다는 점, ② 본서의 초판에서 보이는 일부 난삽한 내용에 대한 교정의 필요성과 아울러 특히 소략했던 부분에 대한 보완의 시급성 역시 절감하고 있었다는 점, ③ 본서의 초판이 출간된 이후 여러 연구자들에 의해 진전된 최근의 다산학 연구성과를 점검하고 반영할 필요성 또한 인식하게 되었다는 점, ④ 근래 『정본定本 여유당전서與猶堂全書』라는 훌륭한 판본이 새롭게 출간됨에 따라 독자의 편의를 위해서라도 이를 연구 및 저술에 적극 활용·반영할 필요성을 느끼고 있었다는 점, ⑤ 다산선생의 '사서경학四書經學'에 대한 보다 풍부하고 정확한 소개와 분석을 위해서는 논의 및 인용의 범위를 비록 부분적이나마 당신의 '육경경학六經經學'에까지 확대함이 필수적임을 새삼 확인하게 되었다는 점 등이 바로 그것이다.

한편, 이 '신정 증보판'은 크게 4부로 구성되어 있다. 우선 '서설: 유교사회의 문화체文化體 연구와 경학經學'에서는 이른바 '문화체' 개념과 함께 유교사회에서 경학이 함축하는 학문적 의미 및 경학연구의 사회학적 의의를 차례대로 소개·검토하고 있다. 이어 제1부에서는 '다산선생의 생애와 학문'을 특히 지식사회학知識社會學의 관점에서 집중적으로 조명하고 있는바, 이를 위해 편의상 '개인적 배경', '지적 배경', '사회적 배경'으로 나누어 각각 그 내용을 정리하였다. 제2부에서는 '다산선생의 사서四書 관계저술과 경전해석태도'를 소개하고 있는바, 여기서는 다산선생의 일생에 걸친 사서 관계저술의 전모와 그것이 함축한바 경학사상의 의의를 차례대로 검토하는 한편, 이어 다산선생의 경전해석학經典解釋學의 특징을 '경문經文의 지평'과 '주석자註釋者의 지평'으로 나누어 고찰해보았다. 제3부는 '다산선생의 사서경학四書經學에 대한 내용연구'에 해당하는 부분으로서, 여기서는 다산선생의 세계관의 내용과 특징을 '이기론理氣論', '생성론生成論', '인간론人間論', '윤리론倫理論' 및 '학문론學問論'을 중심으로 집중적으로 추적해보았던바, 이러한 과정에서 다산선생의 세계관이 함축하고 있는 의미를 보다 입체적으로 조명하기 위해서 당신의 주요한 비판대상이었던 정주성리학程朱性理學의 세계관과의 체계적인 비교분석에도 특히 유의하였다. 마지막으로 제4부는 '사암선생연보俟菴先生年譜'를 정리한 내용으로서, 여기서는 다산선생의 한평생에 걸친 행적을 당신의 '생평사략生平史略'과 '저작著作'을 중심으로 다산선생의 저술과 기존의 가용한 연구자료를 토대로 하여 최대한 상세하게 추적·정리해 보았다.

대략 이상과 같은 이유와 내용으로 필자는 새삼 부끄러움을 무릅쓰고 본서의 '신정 증보판'을 출간하는 바이다. 그 동안 필자는 '천 마리의 양가죽이 한 마리의 여우 겨드랑이 털만 못하다(千羊之皮, 不如一狐之腋)'는 심정으로 본서의 보완에 나름대로 온갖 심혈을 기울인다고 노력은 하였으나, 여전히 '다시 한 번 간단없는 정진으로 부족함을 메워나가겠다'고 한 초판에서의 약속을 제대로 지켰는지는 자신이 없다. 다만 본서가 나무[木]에게 재앙[災]이 되지 않았기를 간절히 바랄 따름이요, 다시금 여러 선생님들과 선후배 동학들의 귀중하고도 엄중한 교정敎正을 삼가 기다리는 바이다.

3

본서의 '신정 증보판'을 준비하면서 필자를 학문적으로 키워주셨던 여러 은사님들에 대한 고마움 또한 잊을 수 없다. 특히 지곡서당芝谷書堂에서 한학漢學으로 계도해주셨던 고故 임창순任昌淳 선생님, 실시학사實是學舍에서 배움의 즐거움을 느끼게 해주셨던 고 이우성李佑成 선생님, 다산학茶山學에 입문하도록 자상하게 이끌어주시고 격려해주셨던 고 김진균金晉均 선생님, 다산선생茶山先生의 경학經學에 대한 안목을 열어주셨던 고 이지형李篪衡 선생님, 필자의 박사논문 지도교수로서 엄중한 학문의 길이 어떠해야 하는지를 지금도 잘 보여주시고 계시는 신용하愼鏞廈 선생님께 삼가 머리를 조아리며 늘 감사하는 제자의 마음을 아뢰고자 한다.

끝으로, 한평생 다섯 자식들을 위해서 고생만 하시다 어느덧 팔순八旬에 접어드신 그럼에도 다시없이 멋있는 우리 어머님 맹을조孟乙祚 여사에게 새삼 한없는 고마움과 함께 존경심을 표시하고 싶다. 다만 '부모님의 연세는 알지 못해서는 안 되나니, 한편으로는 기뻐하고 한편으로는 두려워한다'는 공자孔子의 말씀이 지금 유난히 이 못난 자식의 가슴에 와닿는다. 또한, 이 땅의 아비 된 기쁨을 늘 만끽하도록 해주는 총명하고도 어여쁜 우리 종원鍾元과 종인鍾仁, 이 책의 첫 애독자이자 일찍이 필자가 기약 없는 연구자의 길에서 외로이 홀로 서성일 때 조강지처의 어려움을 흔쾌히 자임했던 그지없이 후덕한 반려자 한정아韓貞娥 씨에게도 감사의 마음을 전한다.

서울대학교 사회학과 연구실 곤지재困知齋에서
다시금 떠오르는 먼동을 바라보며 쓰다[13]

---

13 2020년 12월 31일에 최종적으로 보완탈고하였다.

초판 머리말

1

20세기가 저물어가는 지금, 이 땅의 우리는 밖으로부터 강요된 또 하나의 '빈곤한 전환기'를 경험하고 있는 것으로 보인다. 그러면서 어쩔 수 없이 드러나기 시작한 우리 자화상의 현재적 가벼움과 왜소함을 목도하면서 새삼스럽게 심각한 위기의식과 우울증에 시달리고 있는 것이다. 그런데 이러한 위기의식과 우울증은 복합적인 성격의 것으로, 안으로는 우리 근현대사의 실패라는 불행한 사건으로 하여 금세기 동안 지속적으로 강요·정착되어 온 포괄적인 형태의 종속구조가 야기한 필연적인 귀결인 동시에, 밖으로는 서구의 계몽이 현재 노정하고 있는 역설적 결과에 따른 불가피한 산물이기도 하다. 그리고 이러한 상황은 자연스럽게 현재 이 땅에서의 삶의 조건에 대한 근본적 성찰과 아울러 이에 근거한 '대안적 세계관'과 '문명의 전환'을 진지하게 지향·탐색해 보려는 지적 정서를 자극하고 있다.

이러한 상황에서 우리에게 다시 한 번 절실하고도 시급하게 요구되는 것은 또 한 번의 서구문명에 대한 맹목에 가까운 추종과 모방이 아니다. 그것은 현재 우리의 총체적인 삶이 터 잡고 있는 변화된 역사적·사회적 조건에 대한 예민한 감수성 속에서 이것과 정합성을 유지하는 새로운 세계관을 주체적으로 구성해나가는 작업이며, 또한 이를 전제로 한 새로운 문물제도의 구상과 실천을 위한 진지하고도 간단없는 노력일 것이다.

이러한 노력의 여정에서 우리는 반드시 두 가지 과제에 직면하게 된다. 그 하나는 과거 서구적 계몽이 성취했던 진보적 성과를 무시하지 않는 가운데 현재 이것이 우리의 삶의 조건과 관련하여 드러내고 있는 시대적 한계성을 나름대로 극복하는 과제로서, 이와 관련해서는 의당 지금의 서구지성들이 보여주고 있는 지적 노력에도 유의해야 할 것이다. 그러나 이것만으로는 충분하지 않다. 현재 우리가 반드시 해결해야 할 또 하나의 과제는 바로 이 땅에서의 우리 자신의 과거에 대한 '의미 있는' 결별—사실 이미 완수했어야 했던 것이지만—인 것이다. 즉, 그것은 한 때 이 땅에서의 인간의 삶을 총체적이자 수준 높게 이끌었던 문화적 역량을 복원하여 현재적 자산으로 포섭해내는 노력이며, 동시에 그것이 노정했던 시대적 한계성을 철저하게 해부하고 이해한 토대 위에서 하나의 '신화神話'로서 조용히 그러나 미련 없이 떠나보내는 일이기도 하다. 그리고 이것이야말로 우리의 전통을 의미 있게 그리고 철저하게 청산하는 방식인 동시에, 이 땅의 '근대성近代性'을 진정으로 완성하는 작업의 일환이 아닌가 한다.

그리고 후자의 과제와 관련하여 자연스럽게 '과거 이 땅의 지성들은 그들이 직면했던 시대적 전환기를 어떻게 돌파하려고 노력했으며, 또한 구체적으로 어떻게 돌파했던가?'라는 의문과 조우하지 않을 수 없다. 바로 이러한 의문이 이 책을 저술하도록 만든 필자의 기본적 문제의식이다. 그리하여 이 책은 바로 이 땅의 한 시대, 즉 하나의 거대한 시대적 전환기를 살면서, 그것도 가장 극적으로 영욕이 교차하는 개인적인 삶을 살아내면서 오직 붓 한 자루로 이 땅에 대한 사랑과 지식인의 시대적 사명을 치열하고도 수준 높게 완수해냈던 한 지식인, 곧 '다산茶山 정약용丁若鏞 선생의 사상에 대한 사회학적 연구'를 그 내용으로 하고 있다. 즉, 당시 조선사회에서 이미 하나의 '계몽'으로서의 역량을 소진한 채 '신화'로서 서서히 퇴장할 수밖에 없었던 정주성리학程朱性理學

을 그는 어떻게 정리하여 떠나보냈으며, 동시에 새로운 시대를 위한 '하나'의 '대안적 세계관'을 어떻게 준비해 나갔던가를 그의 사서경학저술四書經學著述을 통하여 면밀하게 추적해보았다.

2

이 책은 필자가 세상에 내어놓는 처녀작이다. 그 동안 나름대로는 힘껏 노력한다고 하였으나 여전히 부끄러움이 앞선다. 필자의 박사학위논문도 동일한 문제의식을 지향하는 것이었지만 그 논의가 다산선생茶山先生의 『논어論語』 경학經學에만 한정되었던 관계로 하여 개인적인 아쉬움이 컸다. 그리하여 이후 논의의 범위를 사서경학四書經學으로 확장하면서 기존의 학위논문을 전면적으로 재구성하고 증보하여 하나의 책으로 구성해보았다.

이 책은 크게 2부로 구성되어 있다. 제1부에서는 경학연구의 사회학적 의의, 다산선생의 생애에 대한 지식사회학적 조명, 다산선생의 사서四書 관계저술과 경전해석태도를 중심으로 '사서론四書論 일반'을 다루었다면, 제2부에서는 다산선생의 세계관의 구조와 내용을 특히 '이기론理氣論', '생성론生成論', '인간론人間論', '윤리론倫理論', '학문론學問論'의 측면으로 나누어 집중적으로 조명해보았다. 특히 제2부에서는 다산선생의 세계관이 가진 의미를 보다 입체적으로 이해하기 위하여 그의 주요한 비판대상이 되는 정주성리학의 세계관과의 체계적인 비교분석에 유의하였다. 이러한 과정에서 제1부 사서 관계저술에서의 내용과 제2부에서의 내용 가운데 일부 중복되는 부분이 생기게 되었으나, 그 논의의 맥락이 서로 다르기 때문에 애써 이를 회피하지는 않았다.

이 책에서 다루고 있는 내용은 엄밀하게 본다면 사회학적 주제이기보다는 철학적 주제에 가깝다. 그럼에도 불구하고 사회학도인 필자가 이를 우선적으로 연구하게 된 데에는 그럴만한 이유가 몇 가지 있었다. 그중에 하나를 들자면, 일반적으로 한 시대의 '문물제도'와 '철학적 세계관'은 서로 간에 조응성을 유지하고 있는바, 따라서 특정 시대의 문물제도와 특히 그것에 대한 개혁론을 정확하게 이해하고 평가하기 위해서는 이를 뒷받침하고 있는 철학적 세계관에 대한 이해가 필수적이다. 바로 이러한 맥락에서 보다 사회과학적인 주제에 해당하는 다산 선생의 경세학經世學[政法論]에 대한 본격적인 연구를 위한 준비로서 먼저 그의 세계관에 대한 연구에 착수하게 된 것이다.

이외에도 동양의 유교사회에 대한 사회사적 연구와 관련하여 경학이 함축하고 있는 학문적 의의는 이 책의 제1부 제1장에서 간략하게 소개하고 있는 바대로 매우 다양하면서도 심대하다. 필자가 지향하는 필생의 학문적 꿈과 목표는 장차 조선시대에서 20세기의 현대에 이르기까지 나름대로 전개·변화되어온 한국사회사상의 흐름을 총괄적으로 조명·정리해내고, 동양의 유교사회에서 전개되어온 총체적인 문화현상과 그 변화의 기제를 전반적으로 탐색함으로써, 궁극적으로는 다음 세기를 위한 하나의 '대안적 세계관'의 모색에 일조하는 것이다. 이에 그 첫걸음으로서 조선시대 최대의 경학가經學家이자 동아시아에서는 오직 주희朱熹만이 그 규모와 수준을 견줄 수 있는 다산선생의 경학에 착목하게 되었던 것이다.

3

문득 "나 죽은 뒤 아무리 정결한 희생과 풍성한 안주를 진설해 놓고 제사를 지내준다 하여도, 내가 흠향하고 기뻐함에 있어서는 내 책 한 편編 읽어주고 내 책 한 장章 베껴주는 일보다는 못하게 여길 것이다"[14]라는 다산선생의 말씀이 가슴을 친다. 만약 다산선생께서 다시 살아오시어

14 「示二子家誡」(『定本 與猶堂全書 4』, p. 27) "吾死之後, 雖潔其牲薦, 豐其殽胾, 以祭以祀, 吾之歆悅, 不如讀吾書一編, 鈔吾書一章, ……"

이 책을 보시게 된다면 과연 무슨 말씀을 하실까 하는 두려움이 이 책을 저술하는 동안 항상 필자를 따라다녔다. 혹시나 다산선생의 사상을 엉뚱하게 왜곡시키지는 않았는지, 불성실한 소개로 다산선생의 진면목을 오히려 가리지는 않았는지 여전히 조심스러울 뿐이다. 다시 한 번 간단없는 정진으로 부족함을 메워나가리라는 마음을 다지며, 이제 여러 선생님들과 선후배 동학들의 귀중하고도 엄중한 교정敎正을 삼가 기다리는 바이다.

1999년 7월 1일

서울대학교 사회발전연구소 연구원실에서
떠오르는 먼동을 바라보며 쓰다

| 차례 |

| 그림 차례 |

| 표 차례 |

| 『다산 사서경학 연구 2』 차례 |

| 그림 차례 |

서설

유교사회의 문화체 연구와 경학

"요즘 사람들은 치도治道를 논하면서
으레 인주人主[임금: 필자 주]를 모두 단공端拱·현묵玄默의 상태로
즉 일을 꾀하고 실행하는 바가 없는 상태로 유도하고 있는 실정이다.
그리하여 온갖 법도가 퇴락되어 정리되지 못한 상태로 방치되어 있으며,
만기萬機의 정사政事가 난잡해져 다스려지지 못하게 되었고,
이에 10년이 채 못 되어 천하天下는 부패하고 말았다.
화난禍難이 끊이지 않고
피폐해진 정사政事가 다시는 일신되지 않고 있음에도
끝내 그 이유를 깨닫지 못하고 있는 것은
모두가 이러한 무위無爲의 설說에 의하여
오도되어 있기 때문인 것이다.": 『논어고금주論語古今注』

"백성이 궁핍하고 나라가 빈곤한데도
어찌하지 못하는 것은
모두가 『중용中庸』의 뜻을
명백하게 인식하지 못했기 때문이다.": 『중용강의보中庸講義補』

I. 유교사회와 문화체

1. '심의'고

'심의'란 고대 중국철학의 우주관을 반영·상징하고 있다

심의深衣는 상의하상上衣下裳을 각각 따로 재단하여 합봉合縫한 옷으로, 그 모양은 【그림 0-0-1】에서 보듯이 대체로 둥근 소매와 모난 깃을 가졌고, 길이는 복사뼈에 미친다. 또한 깃, 소맷부리 등 옷의 가장자리에 모두 검은 선을 두른다. 그 형태가 '의衣'와 '상裳'이 서로 연결되어 있고, 또한 품이 넓고 소매가 커서 몸을 깊숙이 감쌀 수 있기 때문에 '심의'라는 명칭이 붙었다고 한다.[1]

이러한 심의는 중국에서 그 유래가 상당히 오래되어 주周 나라 이전부터 있었던 것으로 추측된다.[2] 그 착용범위가 매우 넓어서 상하上下·귀천貴賤 및 길흉吉凶을 가리지 않고 입었다. 즉, 천자天子·제후諸侯에게는 연거복燕居服으로 착용되었고, 사대부士大夫에게는 조복朝服 및 제복祭服의 다음가는 복服으로 착용되었으며, 서인庶人에게는 길복吉服으로 착용되었다. 또한, 가례家禮를 행할 때는 관례복冠禮服 및 상례복喪禮服으로 사용되기도 하였다. 송대宋代에 이르러 주희朱熹가 가례에 추거推據한 이래 특히 유학자들이 이를 숭상하여 많이 착용하였다. 그리하여 심의는 중국 역대를 통하여 계속 습용襲用되어왔고, 거의 모든 의복을 만드는 데 있어 하나의 원본이 되었던 옷이다.

우리나라에 전래된 것은 고려중기 이전인 것으로 보고 있으나 정

---

1 이러한 '심의深衣'에 대한 본격적인 연구로는 金仁淑(1974), 李善宰(1992: 75~109)가 대표적이다. 이 글에서의 '심의'에 관한 소개는 상기의 연구를 주로 참조하였다.

2 『禮記集說』, 「王制」篇 "有虞氏, 皇而祭, 深衣而養老."; 『禮記集說』, 「內則」篇 "有虞氏, 皇而祭, 深衣而養老."

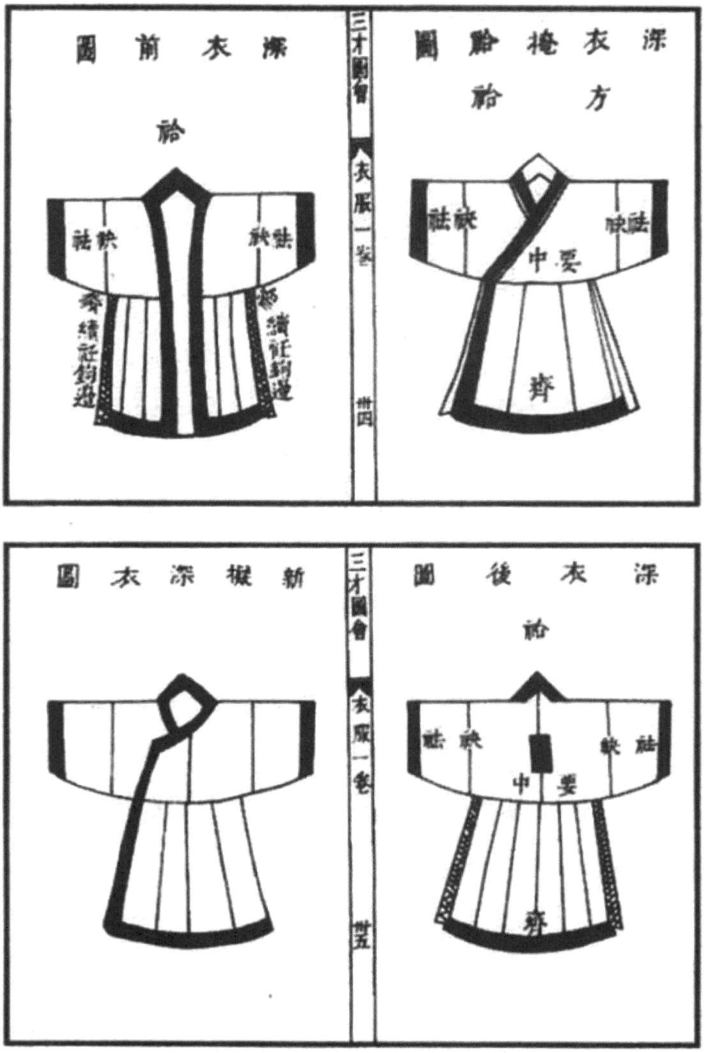

【그림 0-0-1】 '심의'도[3]

확한 연대는 알 수 없고, 다만 『고려사高麗史』의 예종조睿宗條에 왕王이 상복喪服으로 착용하였다는 기록이 있어 예종 이전에 전래된 것만은 틀림

없다. 그러나 실제로 일반 유자儒者들에게 입혀지기 시작한 것은 고려 말 송학宋學의 전래부터인 것으로 보이며, 이후 조선시대 전반을 통하여 구한말까지도 계속 유자들 간에 애호되어 착용되었다.[4]

우리나라에서 착용된 심의는 『주자가례朱子家禮』에 의거하여 만든 것으로, 중국제도를 그대로 준용하였다. 조선시대에 있어서는 주로 유자들의 법복法服으로 숭상되었고, 또한 관冠·혼婚·상喪·제祭의 가례에서 예복禮服으로 사용되었다. 그 밖에 문사文士들의 편복便服이나 태학생복太學生服 등에도 영향을 미친 바 있다.

이상의 내용이 심의라는 복식제도에 대한 일반적인 소개·설명이 될 것이다. 그러나 우리는 이것으로써 심의제도를 제대로 또는 완전히 이해하게 되었다고 말할 수 있을까? 물론 그렇지 않다. 그 이유는 다음과 같다. 첫째, 심의는 반드시 '의부衣部'와 '상부裳部'로 구별·구성된 형태를 이루고 있는바, 이것은 '우주의 근본이 건곤乾坤에 있다'는 고대 중국철학의 우주관을 반영·상징하고 있는 것이다. 원래 '건乾'은 위에, '곤坤'은 아래에 있어서 우주를 형성하는 것이니, 무릇 중국의 복식제도에 있어 곧 '의衣'는 건乾을, '상裳'은 곤坤을 상징하는 것이라 의衣가 있으면 반드시 상裳이 있게 마련이었다. 그런데 '건乾은 곤坤을 또한 통섭統涉할 수 있다'는 것이 이 우주관의 기본입장의 하나이므로 의衣가 상裳을 겸할

3 『三才圖會』, 「衣服一卷」(王圻·王思義 編集), pp. 1509~1510.(上海古籍出版社, 1988)
4 다음의 초상화들이 그것을 증명한다.

【그림 0-0-2】 이제현李齊賢(1287~1367)의 초상

【그림 0-0-3】 황현黃玹(1855~1910)의 초상

수도 있다고 보기도 하였다. 결국 심의에 있어 의衣와 상裳을 따로 마름질하여 봉합한 것은 건乾이 곤坤을 통섭할 수 있음을 나타내는 동시에 건곤乾坤 중심의 우주관을 함축하고 있는 것이다.

둘째, 이러한 우주관은 다시 상裳, 즉 치마의 폭을 12폭으로 재단함으로써 더욱 구체화되고 있다. 즉 치마폭을 12폭으로 마름질한 것은 12달에 응한 것[5]이며, 방씨方氏는 이에 대하여 "12폭이 12달에 응하는 것은 하늘을 우러러보았기 때문"[6]이라고 풀이하였다.

셋째, "소매가 둥근 것은 둥글쇠[規]에 응한 것"인데, 이는 "거수읍양擧手揖讓하여 예모禮貌를 차리기"[7] 위한 것이며, "깃[曲袷]은 곱자[矩]와 같이 하여 모남에 응하게 하였는"데, 이는 "의義를 모나게 하라는 것이니, 그러므로 『주역周易』에서 '곤괘坤卦의 육이六二는 그 움직임이 곧고 바르다'고 하였다"[8]는 뜻을 함축하고 있다.

마지막으로, "부승負繩[深衣後部의 중심을 봉합한 선으로서 등에서 복사뼈까지 미친다: 필자 주]은 곧음[直]에 응하"니, 이는 "정政을 곧게 하라"[9]는 의미를 가지며, "아랫자락[下齊]은 저울[權衡]과 같게 하여 평평함[平]에 응하게 하였으"니, 이는 "뜻을 편안하게 하고 마음을 공평하게 하라"[10]는 뜻을 내포하고 있는 것이다. 또한, 옷의 가장자리에 두른 선[純]도 그 색을 경우에 따라 달리하여 효도나 슬픔을 상징하였다. 그리하여 이처럼 "오법五法[規·矩·繩·權·衡: 필자 주]이 (옷에: 필자 주) 이미 베풀어져 있기에 성인聖人도 이를 입었으며, ……선왕先王도 이를 귀하게 여겼던 것이다. ……그리하여

---

5 『禮記集說』, 「深衣」篇 "制十有二幅, 以應十有二月."

6 『古今圖書集成』, p. 1018 "方氏曰: '十二幅應十二月者, 仰觀於天也.'" 이는 金仁淑(1974: 61)에서 재인용하였다.

7 『禮記集說』, 「深衣」篇 "袂圓以應規, ……規者, 行擧手以爲容. ……"

8 『禮記集說』, 「深衣」篇 "曲袷如矩以應方, ……方其義也. 故『易』曰: '坤六二之動, 直以方也.' ……"

9 『禮記集說』, 「深衣」篇 "負繩及踝以應直, ……以直其政."

10 『禮記集說』, 「深衣」篇 "下齊如權衡以應平. ……下齊如權衡者, 以安志而平心也."

'선의善衣'에 다음가는 옷이다"[11]라고 『예기禮記』에서 평가하고 있음을 볼 수 있다.

'심의'라는 복식제도는 유가 일반의 세계관과의 조응성하에서 비로소 성립되었다

여기서 우리는 '심의'라는 복식제도가 결코 우연성의 산물이 아니라, 유가儒家 일반—송대宋代 이후에는 성리학性理學—의 세계관의 제약 및 그것과의 조응성 속에서 나름대로의 체계성과 의도성을 가지고 비로소 이루어진 것임을 우선 간취할 수 있겠다.[12] 그리고 심의가 함축하고 있는 이와 같은 사상성은 또한 그것을 입는 행위의 의미까지를 규정하였다. 즉, 이는 이 세계관에 대한 명시적이고도 흔쾌한 내면적 수용의 표현이며, 또한 그것을 현실세계에 구체적으로 실현하고자 하는 강고한 정신의 선언이기도 했던 것이다. 이제야 비로소 우리는 또한 【그림 0-0-2·3】이라는 능기signifiant가 전달하려고 하는 소기signifié의 내용을 비교적 제대로 이해할 수 있게 된 것으로 보인다.

우리시대의 복식제도는 과거와는 아주 상이한 질서감각과 인식의 지평 위에 구축되어 있다

그러면 현재 우리는 어떤 옷을 입고 있는가? 우리시대의 복식제도는 어떤 모습으로 구현되고 있는가? 이러한 질문에 대한 해답의 일단을 우리는 【그림 0-0-4】를 통해서 찾을 수 있을 것 같다.

우리는 이 그림을 통하여 일차적으로 현금의 복식제도가 과거와는 아주 상이한 질서감각과 인식의 지평 위에 구축되어 있다는 느낌을 가지게 된다. 검증되지 않은 형이상학의 전체주의적 그늘과 폭력성으로

---

11 『禮記集說』, 「深衣」篇 "五法已施, 故聖人服之. ……故先王貴之. ……善衣之次也."

12 상기한바 '심의'를 비롯하여 여타 조선조 유가복식儒家服飾의 사상적·정치적 요소에 대한 논의로는 李善宰(1992), 李相恩(1992), 김영자(1992) 등이 대표적으로 참조된다.

【그림 0-0-4】 서광모드 광고

부터의 상쾌한 실용주의적 해방, 꼿꼿하고도 단정한 자세와 근엄한 표정으로 상징되는 엄숙주의의 질곡과 영원히 결별하는 듯한 환한 웃음, 작위적인 사상성과는 일견 무관하게 지향되고 있는 듯이 보이는 "완성된 남자의 편안한 기품." ……결국 우리는 여기서 과거와는 완전히 상이하고도 새로운 세계관의 제약(또는 응원) 및 그것과의 조응성 하에서 또 하나의 생소한 복식제도가 바야흐로 그 자신의 전성기를 구가하고 있는 모습을 목도하고 있는 것이다.

사회사·사회사상사 연구의 두 가지 방법론적 기본원칙

이러한 맥락에서 우리는 결론적으로 최소한 다음과 같은 두 가지 사실을 우선 간취할 수 있을 것이다. ① 어떤 한 시대의 구체적이고 물적인 제도 및 제도론은 그 자체만으로는 성립될 수 없으니, 즉 그것들은 반드시 그 시대의 근본적인 질서감각을 주조하고 있는 세계관의 응원과 조응성 하에서 비로소 그 모습을 드러내게 된다는 점, ② 과거(의 제도)에 대한 '이해'의 문제와 관련—현재적 관점에서의 '평가'의 문제는 별개의 사안이다—하여 현재 통용되고 있는 문화적 척도를 그것에 곧바로 적용시킴으로써 해결할 수 있으리라 기대하는 것은 사실상 망상에 가까우리라는 점이 바로 그것이다.[13]

---

13 이러한 측면에 대해서는 비록 맥락은 약간 다르지만 엘리아스N. Elias도 『문명화과정*Über den Prozeß der Zivilisation*』의 「1968년판에 부치는 머리말」에서 강조한 바 있다: "오늘날 인간의 감정과 감정통제의 구조에 관하여 사유하고, 더 나아가 그것에 관한 이론을 정립하고자 할 때, 우리는 통상적으로 발전된 사회의 동시대인을 경험적인 근거자료로 선택하여 관찰하는 것으로 만족한다. 이 경우 우리는 무언중에 특정한 사회적 발전단계의 인간들과, 우리가 바로 지금 우리의 사회에서 관찰할 수 있는 인간들의 감정구조와 그 감정의 통제구조를 연구함으로써 인간 자체의 감정과 통제구조에 관한 이론을 세울 수 있다는 가정에서 출발하는 것이다. 그러나 발전의 여러 단계에 위치하고 있는 사회들뿐만 아니라 동일한 사회의 여러 계층간에도 감정통제의 표준과 전형이 다를 수 있다는 사실은 비교적 쉬운 관찰에서도 수없이 입증되고 있다. …… '개인'과 '사회'와 같은 개념들은 분리되어 존재하는 두 개의 객체를 지시하는 것이 아니라 동일한 인간의 상이하지만 분리 불가능한 두 측면을 의미한다는 사실을 잊어버린다면, 또 이 두 측면은 (일반적으로 인간은) 구조적으로 변하고 있다는 사실을 잊어버린다면, 이 연구를 제대로 이해하지 못할 것이다. 개인과 사회는 모두 과정의 성격을 가지고 있으며, 인간과 관련하여 이론을 세울 경우 과정의 성격으로부터 그것을 추상화할 필요는 조금도 없다. 사회학이론을 포함한 인간에 대한 모든 이론들은 반드시 과정의 성격을 고려해야만 한다." 보다 자세한 내용은 Norbert Elias/박미애 옮김(1976/1996: 55~63)이 참조된다.

또한, 엘리아스는 『사회학이란 무엇인가*Was ist Soziologie?*』에서 반대의 방향에서 상기의 측면에 대한 동일한 문제의식을 토로하기도 하였다: "특별히 중요한 것은 인간을 상호 결합시킨 사회구조가 인간 개개인에게 둘러씌우는 강제력이다. 이 강제력을 설명함에 있어서 우리는 무의식적으로 구조를 현존하는 것으로, 즉 인간 개개인을 초월하여 외부에 존재함으로써 대상성을 갖는 것으로 규정하고 있다. 통상적인 단어 및 개념에 의해 유도되는 이와 같은 학문적 성찰이 보여주는 사회구조의 물화(物化)·비인간화(非人間化)는 그에 특유한 '사회구조의 형이상학'을 낳을 따름이다. ……이와 같은 형이상학은 자연현상에 대한 물리학적·화학적인 연구에 의해 개발·보존된 사고방식과 언어표현방식에서 출발하여 개인의 사회적 관계에 대한 연구로 발전해가고 있다. 자연의 인과관계에 대한 학문적 접근이 아직 불가능하였을 때, 인간은 자기 자신을 예속시키는 자연의 강제력을 설명함에 있어서 인간 상호간에 형성된 강제의 경험에서 얻어진 표현수단 및 사고수단의 도움을 필요로 하였다. 우리가 오늘날 물리적·화학적 인과관계의 표출로 이해하는 것들—예컨대 태양지구·폭풍·지진 등—을 파악함에 있어서 당시의 인간은 직접적인 인간적·사회적 경험의 표본에 따라 이 현상들을 인간으로, 혹은 인간의 행동 및 의지의 결과로 인식하였던 것이다. 이 세계의 물리적·화학적 측면에 대한 이러한 마술적·형이상학적 사고로부터 과학적 사고로 이행함에 있어서는 저 이질적이고도 유치한 자기중심적 설명 모델이 물러나고 여러 가지 현상에 내재된 고유한 법칙성에 더 알맞은 사고 및 언어표현의 모델에 의해 설명의 기능이 수행되어야만 했던 것이다. 인간사회의 여러 현상에 대한 우리의 이해를 증진시키고 그에 대한 보다 합당한 지식을 축적해가는 과정에서—바로 이것이 사회학의 주된 과제에 속하는 것이겠지만—우리는 오늘날 앞의 예와 비슷한 해방의 과제를 발견하게 된다. ……자기 자신이 남과 더불어 형성해놓은 결합체를 설명하려 하면서도 자기 자신 또는 자기 집단은 제외하고 보려는 것이야말로 유치한 자기중심주의, 혹은 같은 말이겠지만 유치한 의인화(擬人化)가 발현된 하나의 실례일 따름이며, 이러한 의인화야말로 사회현상에 대한 사고 및 언어표현 속에서 드러나고 있는 풍조인 것이다. 이와 같은 자기중심주의는 '사회적 강제력'을 설명함에 있어서 여러 가지 방식으로 사고 및 언어표현양식과 혼합되어 있다. 그리하여 이 강제력의 설명에는 '자연의 강제력'을 설명해주는 사고 및 언어표현양식이 하나의 모델로서 기여하고 있는 것이다. ……이와 같이 자연현상의 파악으로부터 형성된 단어 및 개념들이 인간사회의 현상들을 설명하는 데 별다른 비판적 검토 없이 그대로 사용되고 있다. 마술적·신화적 사고가 그러하듯이, 이 단어·개념들은 인간과학적인 문제들을 해결해가는 데 있어서 특정 사회의 언어표현 및 사고방식이 너무도 부적당함에도 불구하고 이를 그대로 존속시키는 구실을 할 뿐만 아니라, 자율적인, 여러 가지 인간결합체의 고유한 특성에 맞는 언어표현 및 사고방식의 개발을 저해하고 있다. 그러므로 사회학은 인간이 경험적으로 관찰 가능한 특정 사회 또는 집단 가운데 존재하면서 직면하는 특정의 강제력을 구명하는 일만을 그 과제로 삼고 있지 않다. 사회학은 한 걸음 더 나아가 그러한 강제력에 대한 사고 및 언어표현 자체를 부적당한 모델에의 구속으로부터 해방시키고, 마술적·신화적인, 또는 자연과학적 관념으로부터 도출된 단어·개념들 대신 인간의 사회적 결합체의 특성에 알맞은 다른 단어 및 개념들을 개발해야 하는 것이다." 보다 자세한 내용은 Norbert Elias/崔載賢 譯(1978/1987: 17~41)이 참조된다.

나아가, 상기의 측면은 바르부Zevedei Barbu가 『歷史心理學*Problems of Historical Psychology*』에서 현대심리학이 보여주고 있는 연구방법론상의 주요경향에 대해 제기한 다음과 같은 비판에서도 잘 간취할 수 있다: "오늘의 심리학에 있어서 두 개의 전형적인 방법론상의 경향에 대해서 언급해보면, ……우선 첫 번째 경향은 간단히 말해서 심적 현상의 연구에 대한 '상황적 접근(situational approach)'이라고 할 수 있다. ……첫 번째 경향은 심적 현상을 그 현상 자체와 동시적으로 주어진 상황 속에 존재하고 있는 한정된 수(數)의 요소들에 의해서 정의하고 설명하는 것으로서 ……심리학자가 자기 설명의 모델 속에 조작 가능한 현재에 속해 있지 않는 조건들을 포함시키고 싶어 하지도 않고 또는 포함시킬 수도 없는 경향을 의미한다. 그리하여 이 경향 때문에 모든 심적 사건을 규정할 때에는 '이곳과 지금(hic et nunc)'이라는 것이 결정적인 의미를 가지는 것이다. 확실히 심리학자는 이와 같은 태도에 의해서 과거의 경험—개인적인 것이든, 역사적인 것이든—이 특정한 심적 현상을 규정하는 데 있어서 가지고 있을지도 모르는 중요한 의미를 극소화하든가 전혀 무시해버리는 것이다. 바꾸어 말하면, **시간**—개인적인 것이든, 역사적인 것이든—이 인간정신의 한 차원으로 고려되지 않는다는 것이다. (두 번째 경향으로: 필자 주) 더 나아가서 한층 특징적인 것은 행동을 **예측**하는 경향이다. 이것은 단순한 경향이라기보다는 오히려 하나의 야심 또는 야망으로서, ……다만 그와 같은 태도는 정신현상이 본질적으로 비역사적이라는 가설에 근거하고 있다든가, 또는 그런 식의 결론에 이르게 된다든가 하는 사실만을 강조해두고 싶은 것이다. 그런 까닭에 이 현상을 규정하는 데 있어서 구체적인 시간이 행하는 역할은 고의적으로 은폐되고 있다. 그와 같은 태도는 만일 심리학자의 마음에 다음과 같은 신념이 따르지 않으면 아무런 의미가 없는 것이 되어버릴 것이다. 즉, 그 신념이란 특정한 심적 반응은 그 구체적인 환경과 또한 개인의 정신의 살아있는 체계로부터 분리될 수 있다는 신념이며, 그리고 또 심적 반응은 마치 그것이 처음 생겼을 때부터 두 번째 생길 때까지 사이에 아무런 일도 일어나지 않았던 것처럼, 말하자면 심적 반응은 마치 이 시간적인 차이 속에서 그 반응을 하는 자에게는 경험이나 발달 같은 것이 일어나지 않았던 것처럼 반복될 수 있다는 신념이다. 더욱이 심리학자는 이런 태도에 기초를 두고, 마치 개인의 행동구조나 보통 정신이라고 일컫고 있는 것이 진공상태에 있는 것으로 생각될 수 있는 것처럼, 즉 마치 그것이 본질적으로 사회·문화적 구조의 일부—필자는 그렇게 믿고 있지만—가 아닌 것처럼 행동하고 있다. 그러나 사회·문화적 구조가 보통 역사적 변화의 영향을 받고 있는 이상, 정신의 구조 자체도 역사적인 의미에서 변화할 수 있다는 것은 명백한 일이다. ……심리학의 한 분야로서 역사심리학의 과제는 인간의 정신을 역사적 현상으로 연구하는 데 있다." 보다 자세한 내용은 Zevedei Barbu/林喆規 譯(1960/1983: 9~13)이 참조된다.

한편, 이상과 같은 연구방법론적 감수성은 과거 동아시아 유교사회에서는 일찍이 경전해석학經典解釋學이란 맥락에서 이른바 '이고증고以古證古'의 방법, 즉 '옛것은 옛것을 통해서만 고증考證'하는 방법으로 표명된 바 있다. 즉, 조선후기의 대표적인 유학자인 정약용丁若鏞[茶山 또는 俟菴, 1762~1836]은 이와 관련하여 "『중용中庸』은 이미 고문古文이니, 마땅히 그 당시의 의미[氣味]로 해석해야 할 것(『中庸』旣是古文, 當以當時氣味求之)"[『中庸講義補』(『定本 與猶堂全書 6』, p. 291)]이라거나 "무릇 책을 읽고 해석함에는 옛것은 옛것에만 한정하고 지금 것은 지금 것에만 한정해야지, 옛것을 끌어다가 지금 것을 옹호하거나 지금 것을 좋아하여 옛것을 폄하하지 말아야 할 것(凡讀書·解書, 以古還古, 以今還今, 勿牽古以護今, 勿戀今以誣古, 斯可矣)"[「答鼎山」(『定本 與猶堂全書 4』, p. 139)]을 강조함으로써 특히 후세에 나온 명칭이나 개념에 의거하여 거꾸로 선성先聖들의 말씀을 풀이하고자 하는 행태에 대해 깊이 경계한 바 있다. 그리고 정약용은 바로 이러한 '이고증고'의 관점에서 과거 정주성리학자程朱性理學者들이 경전을 해석하면서 주로 저질렀던 방법론적 오류, 특히 '당대의 사실에 근거하여 옛것을 고증하는' 이른바 '이금증고以今證古의 잘못'에 대해 통렬히 비판거부한 바 있다. 정약용의 해석학적 방법에 대한 보다 자세한 설명은 제2부 제2장 「다산 정약용의 경전해석태도」에서의 해당부분이 참조된다.

2. 문화체의 구조와 변동

'문화체' 개념의 문제의식

이상의 논의를 통해 필자는 광의의 문화현상을 조망·이해함에 있어 유용하다고 생각되는 하나의 잠정적인 개념을 조심스럽게 구성해보고자 하는바, 곧 '문화체文化體'라는 개념이 바로 그것이다. 이는 일반적으로 '역사적 한 시대의 인간의 삶을 총체적으로 성립시키고 지탱하는 데에는 구체적이고 물적인 제도 및 제도론만으로는 가능하지 않다'는 소박한 생각에서 출발하고 있다. 여기에는 반드시 ① 이 세계를 바라보는 '하나'의 근본적인 질서감각을 형성함—존재론적 분절l'articulation ontologique의 문제[14]에 대한 일차적 해명—으로써 존재와 인식의 기본범주를 정립하는 동시에, 그것들을 어떤 '하나'의 일관된 방식으로 배치할 수 있도록 하고, ② 세계 내 인간주체human subject를 호명interpellation—인간 자신의 자아정체성에 대한 포괄적인 이데올로기적 해명—하며, ③ 총체적인 정당화—'진리'의 문제에서

---

14 여기서의 '존재론적 분절'의 문제란 어떤 인식주체가 인식대상을 파악할 때, 그 대상이 존재함에 대한 긍정과 더불어, 그 대상을 일단 무엇 무엇으로 나누어볼 것인가를 둘러싸고 제기되는 문제를 말한다. 보다 자세한 내용은 Michel Foucault/이정우 해설(1971/2014: 57~64)이 참조된다. 한편, 쿤T. S. Kuhn도 과학혁명을 일종의 '세계관의 변화'인 것으로 설명하고 있는데, 여기서 이러한 존재론적 분절의 문제와 관련하여 흥미로운 설명을 하고 있다. 즉, 패러다임이 변화하는 과학혁명의 기간 동안에는 "새로운 패러다임에 의해서 인도되어, 과학자들은 새로운 도구를 채택하고 새로운 영역을 들여다보게 된다. 더 중요한 것은 혁명 기간 동안에 과학자들은 이전에 연구했던 곳에서 친숙한 도구를 이용해서 관측하면서도 새롭고 색다른 것들을 보게 된다는 사실이다. 이것은 마치 전문가 공동체가 돌연 다른 행성으로 이송된 것과 비슷한데, 이곳에서는 이전의 친숙한 대상도 달리 보이고 미지의 것들과 섞여서 존재하게 된다는 것이다. ……패러다임의 변화들은 과학자들로 하여금 그들의 연구 활동의 세계를 다르게 보도록 만든다. ……시각적 게슈탈트visual gestalt에서 친숙한 전환의 증거들은 과학자의 세계에서 일어나는 이러한 변형에 대한 기본 원형을 시사하는 것이 된다. 혁명 이전의 과학자 세계에서 오리였던 것이 혁명 이후에는 토끼로 둔갑한다." 이에 대한 보다 자세한 내용은 Thomas S. Kuhn(1970/2013: 209~241)이 참조된다.

'윤리'의 문제, 또는 '존재[Sein]'의 문제에서 '당위[Sollen]'의 문제에 이르기까지—의 궁극적인 원천·기반으로서 기능하는 철학적 '세계관'의 요소가 필수적이다.

'문화체'는 입체적이고도 유동적인 구조를 가지고 있다

이러한 맥락에서 볼 때, 문화체란 결코 단편적이거나 평면적인 구조로 이루어진 것이 아니다. 그것은 철학적 '세계관'과 구체적이고 물적인 '제도' 및 '제도론'을 그 주요한 구성요소로 하면서, 동시에 그 요소들 간의 상호규정적·정합적인 관계까지를 포괄하고 있음으로 하여 매우 입체적이고도 유동적인 구조를 가지고 있다고 생각된다.

이러한 사실은 또한 역사상 구체적인 어떤 한 시대의 제도 및 제도론과 그 시대의 근본적인 질서감각을 주조하고 있는 세계관 사이에는 일정한 '조응성'의 관계가 존재함을 함축하고 있다. 그런데 동아시아 유교문화적 맥락에서는 상기의 '세계관'과 '제도·제도론' 간의 조응성의 측면이 일반적으로 '도道[形而上者]'와 '기器[形而下者]' 간의 정합성으로 표현되고 있다.[15] 여기서의 '도道'란 일반적으로 사물의 근본이치를 포괄하는 개념으로서 보통 감각적인 것을 배제시킨 세계의 원리·본체·본질 등을 가리키는 것으로 파악된다면, '기器'란 사물의 실체 또는 개개의 사물에 의해 구성되는 현실세계 내지 현상계를 의미하는 것으로 이해된다. 보다 구체적으로는 전자가 요堯·순舜·주공周公·공자孔子·맹자孟子의 가르침—윤

---

15 『周易傳義』, 「繫辭上傳」 第12章 "形而上者, 謂之道. 形而下者, 謂之器. ……"
한편, 이와 같은 '도道'와 '기器'의 개념은 송대宋代 성리학性理學에서는 이기론理氣論에 의거한 재해석을 통해서 곧 '성리학적 세계관'을 구성하는 근본범주로 격상되는 동시에, 이들 간의 조응성·정합성의 측면 또한 그 나름의 맥락에서 독특하게 부각·정교화된 바 있다. 이처럼 '도'와 '기' 간의 상기의 측면에 대한 감수성은 이후 동아시아 유교사회에서의 지식인 사이에서도 일반적으로 공유되고 있었던바, 이러한 사실은 곧 19세기 서구 제국주의의 침략에 직면하여 동아시아 지식인들이 나름대로 구상했던 하나의 현실타개책, 즉 '동도서기東道西器[韓國]', '중체서용中體西用[中國]', '화혼양재和魂洋才[日本]'의 논리에서도 반사적으로 잘 간취·확인할 수 있다.

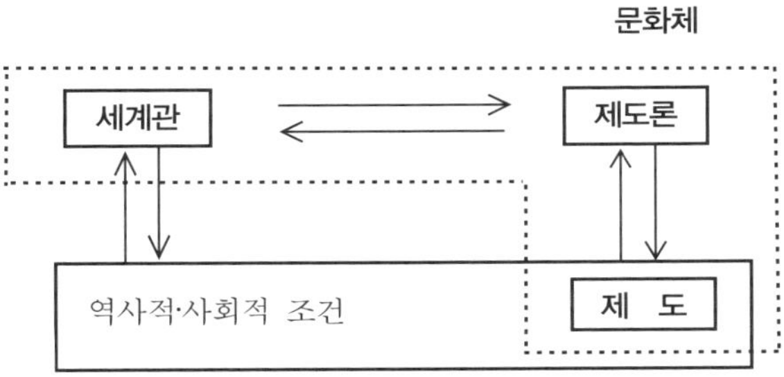

【그림 0-0-5】 '문화체'의 구조와 요소 1

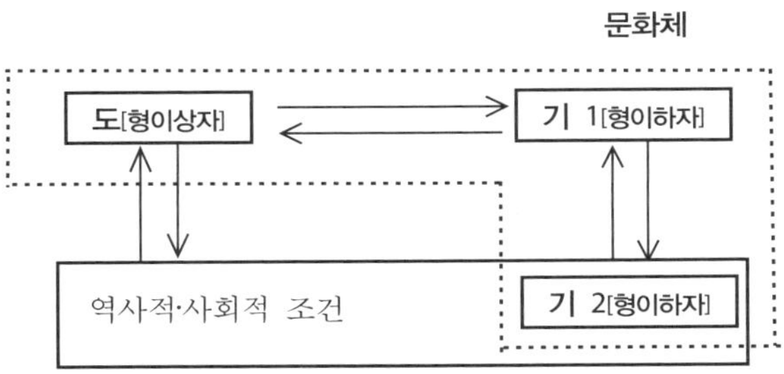

【그림 0-0-6】 '문화체'의 구조와 요소 2

리론을 중심으로 한 유교적 세계관—에, 후자는 구체적인 제도로서의 예악禮樂·정형政刑·복식服飾·기용器用 등 및 그 제도론에 각각 해당되는 것이다.

기존의 '세계관'이 새로운 역사적·사회적 조건과 결정적으로 괴리될 때 '시대적 전환기'가 도래한다

이처럼 세계관과 제도론 및 제도를 그 구성요소로 포괄하는 동시에 그 요소들 간의 조응성·정합성을 유지하고 있는 문화체는 또한 외재적이고 구체적인 '역사적·사회적 조건'과의 관련성 속에서 상호 규정적·순환적인 관계를 유지하는 가운데 그 자체 한 시대의 인간의 삶을 총체적인 수준에서 지탱하고 있는바, 만약 이 외재적인 조건에서 심각한 질적 변화가 발생하는 경우에 기존의 세계관[세계관 A]은 달라진 역사적·사회적 조건[조건 B]과 결정적으로 괴리되는 상태에 빠지게 된다. 바로 이러한 상태가 이른바 '시대적 전환기'라는 상황으로서, 이때 일부의 진보적인 전환기적 지식인들은 이제 질적으로 변화된 역사적·사회적 조건에 대한 예민한 감수성 속에서 그때까지 너무나 당연시되면서 종래의 삶을 지탱해왔던 기존의 근본적인 질서감각—보다 일반적으로는 기존의 '세계관'—에 대한 진지하고도 근본적인 재검토에 착수하기에 이른다. 그리고 이러한 지적 작업은 달라진 조건에 조응하고 또한 그것을 포섭할 수 있는 새로운 '대안적 세계관'[세계관 B]에 대한 의미 있는 지적 탐색의 노력으로 연결되는 것인바, 이는 대개 과거와의 과격한 단절과 비연속성—과학사에서는 이를 '인식론적 단절'이라고 부른다—의 형태를 취하는 것으로 보인다.(적어도 필자는 이렇게 보고 있다)16

16 지식사회학知識社會學을 체계화한 만하임K. Mannheim은 이러한 작업을 "하나의 새로운 사고방식"의 구성 노력으로 표현하면서, 바로 이러한 노력이 "의식의 정신론적 영역을 의문시"하는 "총체적 이데올로기"의 등장을 가능하게 한다고 보았다. 그는 다음과 같이 말하였다: "……그리하여 단순한 생성에만 그치지 않고 바로 소멸작용까지도 그 본질로 하는 근본적인 전환기에 도달한 세계에서라야만 어느 한 편이 상대방의 구체적인 사상내용이나 주장뿐만이 아닌 그의 정신적 기초마저도 붕괴시키려는 투쟁을 전개할 수가 있는 것이다. ……이제 하나의 새로운 세계욕망을 안고 역사의 장에 등장하기 시작한 부르조아 계급도 더 이상 그 낡은 봉건계층적 세계에 말려들려고 하지 않음으로써 결국 그들은 하나의 새로운 '경제체제'(좀바르트가 말한 바와 같은)를 표방하고 나서기에 이르렀다. 바로 여기서 그들이 필요로 했던 것은 세계에 대한 기존관념이나 해석을 불식시킬 수 있는 하나의 새로운 사고방식(이렇게밖에는 무어라고 칭할 수도 없는)이었다. 이러한 현상은 말하자면 경제이념이나 사회제도 면에서 자기들의 적대자와 투쟁한다고 볼 수 있는 무산계급에도 그대로 해당되는 것으로서, 이와 밀접한 연관이 있는 것은 곧 적대되는 두 가지 사고방식 사이에서 벌어지는 싸움이라고 할 수 있다. 이제 순수한 이념사적 측면에서만 볼 때 이와 같은 총체적 이데올로기 개념은 과연 어떠한 사상적 전개과정 속에서 마련된 것일까? 여기서 한 가지 분명한 사실은 특수적 이데올로기 개념을 그 자체 내에서 서서히 잉태시켜왔던 그 단순한 불신감을 바탕으로 하여 이것이 발생하지는 않았으리라는 것이다. 다시 말하면, 이와 같이 동일한 방향을 향해 움직여 가는 다양한 변화의 종합적 체계라고 할 총체적 이데올로기 개념이 완성되기까지에는 무엇보다도 훨씬 더 깊은 근거를 이루는 새로운 양식의 사유과정이 선행하였으리라는 것이다. 바로 이 점에서 철학이 기여한 바를 빼놓을 수가 없다.

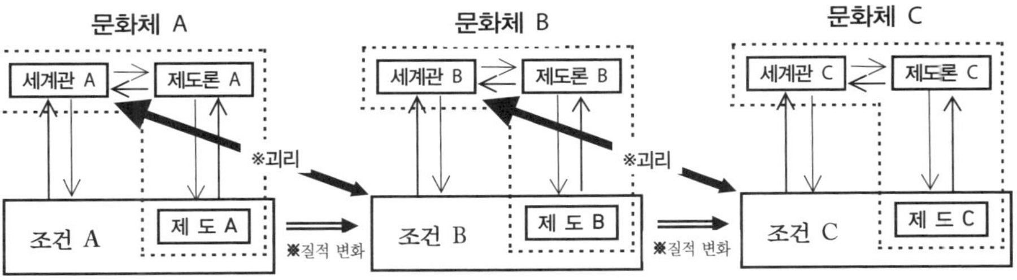

【그림 0-0-7】 '문화체'의 변동[17]

즉, 이제 철학이란—흔히 많은 사람들이 생각하듯이—생의 총체적인 연관성과 동떨어진 게 나름의 어떤 특수분야인 것이 아니라 오히려 그것은 한 시대의 우주적 총체성 속에서 생기하는 전환적 상황에 대한 궁극적이고도 가장 투철한 해답의 제시자로 군림하게 되었으니, 이 전환적 상황이란 바로 인간의 영혼과 정신이 끊임없이 새로운 모습을 드러내는 집단적 사상이나 또는 그때마다 제각기 특수한 의미를 띠는 구조적 변화와의 관계에서 감당해나가야만 할 극히 세분화된 다각적 대결형식을 뜻하는 것임에 틀림없다. ……" K. Mannheim/임석진 역(1952/1991: 112~114)

17 상기의 도식은 물론 '원론적 수준'의 것이다. 현실의 구체적인 역사적 사회를 분석·설명함에 있어서는 당연히 몇 가지 부가적 요소가 동시에 고려될 필요가 있을 것이다. 이에 그 대표적인 요소를 들자면, ① '역사적·사회적 조건의 변화'와 관련된 문제로서, 여기서는 특히 변동의 유형을 어떻게 인식할 것인가가 쟁점이 될 수 있다. 현재 사회변동에 대한 이론적 전망은 대략 4가지로 구별할 수 있는바, 즉 '순환론적 모델', '단선론적 모델(진보사관, 퇴보사관 등)', '변증법적 모델(변증법적 발전론)', '단절론적 모델(인식론적 단절론, 과학혁명론)'이 바로 그것이요, 이외에도 전술한바 다양한 모델의 합성 또한 가능하다. ② '세계관의 복수성'과 관련된 문제로서, ㉠ 일반적으로 현실의 구체적 사회에서는 '공시적'으로 다양한 세계관이 병존하면서 이들 간에 계급·계층적 분화 및 상호 긴장의 양상을 보이고 있기 마련인바, 특히 지배계급의 세계관과 피지배계급의 세계관 간의 분화 및 공존·갈등의 양상이 그 대표적인 사례가 될 것이다. ㉡ 장구한 역사를 가진 사회에서는 '통시적'으로 여러 번에 걸쳐 문화체의 변동을 경험하기 마련인바, 이때 기존의 문화체에서 주도권을 행사했던 특정 세계관은 새로운 문화체가 형성되면서 완전히 소멸하는 것이 아니라 여전히 '전통의 장기지속'의 형태로 잔존하면서 비록 주도권은 상실했더라도 달라진 위상과 역할을 부여받으며 일정하게 기능한다는 사실에도 유의할 필요가 있을 것이다. ③ '세계관과 제도(론) 간의 정합성'과 관련된 문제로서, 이는 주로 한 사회가 다른 사회와 공존하는 가운데 긴밀히 상호 영향을 주고받는 환경과 관련된다. 이러한 환경 하에서는 일반적으로 특정 사회가 물질문화로서의 '제도'와 비물질문화로서의 '세계관' 간에 괴리가 발생하는 이른바 '문화지체cultural lag' 내지는 '역문화지체'라는 일종의 과도적·병리적 현상을 경험하기 마련이라는 사실도 감안할 필요가 있을 것이다. ④ '대안적 세계관의 모색'과 관련된 문제로서, 대개 새롭게 부상하는 특정 사회세력이 주도하기 마련인 이러한 지적 노력은 대표적으로 ㉠ 기존에 존재하는 특정 세계관을 수용·활용하는 경우와 ㉡ 특정 세계관을 완전히 새롭게 창조하는 경우로 대별할 수 있을 것이다.

결국 이와 같은 '대안적 세계관의 구성'이란 기존의 세계관을 그 가장 근본적인 수준에서부터 철저하게 해체·재구성하는 일련의 지적 노력을 전제하는 것으로서, 이를 통하여 기존의 세계관이 보유하고 있었던 긍정적인 문화적 폭과 심도[啓蒙性]를 현재적 자산으로 포섭해내는 동시에 그것이 노정했던 시대적 한계성을 철저히 해부하고 이해한 토대 위에서 하나의 신화神話로서 조용히 그러나 미련 없이 떠나보내는 작업이며, 또한 새로운 역사적·사회적 조건과도 의미 있게 조우할 수 있는 또 다른 '하나'의 근본적인 질서감각을 새롭게 모색해나가는 지난한 과정이기도 한 것이다.

따라서 그 구체적인 내용에 있어서는 ① 존재와 인식의 범주를 새롭게 정립하고 재정의하는 동시에 그것들을 나름대로의 '또 다른 하나'의 방식으로 일관되게 배치할 수 있게 하는 근본적인 질서감각의 재구성, ② 이에 따른 세계 내 인간주체의 자아정체성에 대한 새로운 이데올로기적 해명, ③ 총체적인 정당화 방식의 재구성 등 일련의 연속적인 과정들이 필수적으로 포함된다.[18] 나아가 이러한 작업은 이와 조응성을

---

18 필자는 지금 "우리가 계몽주의의 의도를 비록 그것이 미약하다고 할지라도 고수하고자 애써야만 할 것인가? 아니면 모더니티 프로젝트the project of modernity 전체를 실패한 운동으로 선포해야만 할 것인가?"라는 질문—하버마스J. Habermas의 이러한 질문은 '모더니티 프로젝트의 실패인가 미완성인가?'를 둘러싼 료타르J.-F. Lyotard와의 현대 철학적·사회이론적 논쟁의 맥락 속에서 제기된 것이다. 하버마스는 모더니티 프로젝트를 일종의 실패한 운동으로 포기·부정하려는 입장과 시도를 터무니없는 것으로 일축하면서, 오히려 이러한 부정적 시도가 범하고 있는 잘못으로부터 교훈을 얻어야 할 것이라고 주장하고 있다—이 진지하게 제기되고 있는 서구현대철학의 흐름에서도 이러한 지적 작업의 전형적인 한 사례를 간취할 수 있다고 본다.

주지하다시피 18세기의 서구 계몽주의 사상가들이 기안한 이른바 '모더니티 프로젝트'는 '이성理性·과학科學·진보進步'라는 것을 통하여 종국적으로는 모든 질곡으로부터의 '인간해방'이라는 원대한 목표가 실현될 수 있으리라는 엄청난 낙관주의를 견지하면서 자신만만한 모습으로 시작되었다. 그러나 어느덧 2세기 이상이 지나 20세기가 저물어가면서 지금 이러한 낙관주의는 희미해지고 말았다. 그리고 애초 모더니티 프로젝트가 약속했던 정의·행복·평등·해방의 낙관주의적 이미지와는 매우 상치되는 시대적 징후들 앞에서 현재 인류는 심한 우울증과 무력감에 시달리고 있는 것으로 보인다.

바로 이와 같은 20세기의 시대적 상황은 특히 한 세기를 마감해가고 있는 시점에서 '문명의 전환'과 '대안적 세계관'을 지향·탐색하려는 서구의 다양한 지적 정서

유지하는 새롭고도 구체적인 문물제도의 구상과 실천으로 연결되는 것이다.

들을 자극했던바, 특히 철학과 사회이론의 분야에서는 '철학 이후after philosophy'라는 지적 운동으로 나타났다. 이 철학의 새로운 운동은 전체적으로 보아 기존 철학전통, 특히 모더니티 프로젝트의 철학적 기반이었던 과학적 실증주의에 대한 반란의 모습을 띠고 20세기 후반에 주로 나타났던 것으로서, 이제 철학은 중요한 전환점을 맞이하게 되었으며, 아무튼 종전과 같이 단순히 계속될 수만은 없는 상황에 이르게 되었다는 문제의식을 공유하고 있다. 이와 같은 20세기 서구철학의 새로운 흐름에는 다양한 계통의 사상가들이 합류하고 있는데, 특히 후기구조주의와 포스트모더니즘, 해석학, 비판이론, 후기분석철학의 계통에 속하는 일군의 사상가들이 핵심적인 위치를 차지하고 있다. 이 일군의 사상가들은 한결같이 기존 철학전통의 존재이유와 앞으로의 전개방향에 대하여 비판적으로 고뇌한 성찰적 노력을 공유하고 있으며, 따라서 비록 상이한 맥락에서일지라도 모두가 '철학 이후'를 생각하게 되었던 것이다. 이들에게 있어서 이 '철학 이후'가 가지는 의미는 다양하지만 대체적으로 세 가지의 흐름을 가지고 있다. 즉, '철학의 종언the end of philosophy'을 의미하거나, '철학의 변형the transformation of philosophy'을 통한 계속을 의미하지만 체계론적 제안systematic proposal으로 나타나거나, 역시 '철학의 변형'이라는 맥락은 같이하지만 그것을 철학적 해석학, 수사학, 화술narrative의 형태로 진전시키고자 하는 일련의 흐름들이 바로 그것이다.

여기서 후기구조주의와 포스트모더니즘의 계열에 속하는 사상가들을 중심으로 제기되고 있는 '철학의 종언'이라는 입장의 기본적인 요지를 살펴보면, ① 궁극적인 것으로 상정되는 '근원origin'·'중심center'·'현존presence'에 대한 믿음의 방기, 그리고 보편성·완전성·초월성·총체성 등의 특성을 자랑하면서 군림하는 '이성'이라는 개념의 전체주의적 폭력제도에 대한 항거, ② 인간을 존재론적·인식론적으로 이 세계의 중심에 두고자 하는 철학적 휴머니즘에 대한 거부(이러한 입장은 '인간의 종언the ends of man', '저자의 죽음', '이론적 반인간주의theoretical anti-humanism', '주체의 탈중심화the decentring of the subject' 등으로 표현되고 있다), ③ 현존에의 도달·완전한 표상의 가능성을 신봉하는 지식관에 대한 비판, '큰 이야기grand narratives' 또는 '메타 이야기metanarratives'를 통해 지식 또는 과학을 정당화하는 방식에 대한 반대로 정리될 수 있는바, 이는 다름 아닌 하나의 '대안적 세계관의 구성'을 위한 지적 노력을 의미하는 것인 동시에 결국 지금이 또 하나의 거대한 시대적 전환기임을 드러내주는 징표라고 볼 수 있겠다. 보다 자세한 내용은 Chung-Ho Chung & So-Young Lee, ed.(1990: 281~309) 및 Kenneth Baynes, James Behman and Thomas MaCarthy, ed.(1987: 2~18)가 참조된다.

II. 유교사회와 경학

1. 유교사회에서 경학이 함축하는 학문적 의미

이른바 '경학經學'이 일차적으로 유교경전에 대한 해석학解釋學이라면, '경세학經世學'이란 주로 구체적인 문물제도의 구상과 실천을 위한 학學, 특히 통치론과 제도론[政法論]을 그 주요내용으로 한다. 이러한 맥락에서 볼 때, 경학과 경세학은 상기의 '도道'와 '기器' 간의 구분에 각각 상응하는 지적 활동으로 규정될 수도 있다. 그러면 이러한 경학은 일반적으로 동아시아 유교사회에서의 학문과 관련하여 어떤 의미를 함축하고 있는 것일까?

경학의 학문적 의미①: 경학은 경세학에 구체적 논의를 이끄는 질서감각과 정당화의 기반을 제공한다

일반적으로 유교에서는 학문의 목적을 '수기修己·치인治人'에 두고 있는 바, 상기의 경학과 경세학은 보통 이러한 두 가지 목적에 각각 부응하는 공부, 즉 '수기의 학'과 '치인의 학'으로 분류되기도 한다.

그러나 경학과 경세학은 이처럼 수기·치인에 있어서의 '양익兩翼의 학'이란 범주적 의미만을 단순히 함축하는 데 그치지 않는다. 다시 말하자면, ① '세계관'과 '제도·제도론' 간의 조응성, 나아가 '도道'와 '기器' 간의 정합성의 측면은 다시금 '경학'과 '경세학' 간의 또 다른 정합성을 함축하고 있는바, ② 이에 경학이란 ㉠ 경세학에서의 구체적인 논의—전반적인 문물제도론과 특히 그것에 대한 개혁론—를 이끄는 질서감각을 제공하는 동시에 그러한 논의의 정당성을 보증하는 근거·기반의 역할을 하고 있는 것이며, ㉡ 역으로 경세학은 경학이 표현하고 있는 세계관에 역사적·사회적 조건과 결부된 구체적인 물적 형태를 부여한다.

경학의 학문적 의미②: 경학은 유교사회에서 하나의 '시대적 전환기'를 가리키는 지표의 역할을 한다

또한, 유교문화가 지배해온 동아시아 사회—특히 중국과 조선—에서의 경학 상의 중요하고도 의미 있는 변화는 유학사에 있어서의 학술적 중요성만을 단순히 함축하는 데 그치지 않는다. 즉, ① 경학이란 일반적으로 하나의 철학적 세계관(의 변화)을 체계적으로 표상하고 있는 지적 활동임으로 하여, 결과적으로 외재적인 역사적·사회적 조건의 현저한 질적 변화, 그에 따른 사상적 동요와 혼란이 두드러졌던 시기에 경학적 저술들은 집중적으로 출현하였고, 이러한 경학적 저술들은 또다시 그러한 변화의 진전을 순환적으로 가속화하는 데에 기여했던 것이다.[19]

---

19 이러한 사실을 뒷받침하는 대표적 사례들 중의 하나로 양란兩亂 이후 조선의 지성계가 보여주었던 일련의 동향을 들 수 있겠다. 즉, 당시 조선사회는 다양한 대내외적 요인의 착종에 의해 유례없는 위기상황에 직면하게 되었던바, 이는 특히 ① 16세기부터 이미 노정된 사회 내부의 동요와 이념적 혼란, ② 양란의 직접적인 귀결, 즉 인명의 손실, 전결田結의 감소, 각종 국가시설의 훼손 등으로 대표되는 심각한 사회·경제적 파괴, 왕실 및 지배계급의 권위의 실추와 사회기강의 급속한 이완현상, 전통적 화이론華夷論에 근거했던 문화적 자부심의 심대한 손상, 명明·청淸 교체로 인한 중화주의中華主義 국제질서의 붕괴, ③ 17세기 이래 현저하게 진전된 조선사회 내부의 사회적·경제적 조건의 질적 변화 등의 요인이 서로 연이어 맞물리면서 상기한바 체제위기를 한층 확대·심화시키고 있었다.

한편, 이상과 같은 시대적 위기상황에 직면하여 당시 조선의 지성계는 대체로 크게 상반되는 두 가지 방향과 입장에서 이를 극복해나가려고 하였던바, 즉 ① 하나의 방향은 '정통주자학正統朱子學의 흐름'으로서, 이는 당시의 시대적 위기상황은 본질적으로 주자학적 세계관의 결함과 오류에서 야기되었다기보다는 오히려 그것의 불충분한 또는 잘못된 적용에서 연유했다는 인식틀 속에서, 특히 양란을 거치며 권위가 실추된 종래의 주자학적 통치 이데올로기를 한층 더 교조적으로 강화·재확인하는 가운데 기존의 국가지배체제를 시의에 따라 변통하는 노력을 통하여 현실의 위기를 타개해보려는 움직임이었다. 이러한 움직임은 자체의 경학적 입장을 '주자학의 충실한 계승자'로 자처·지향했던바, 이 때문에 무엇보다도 먼저 주자朱子의 경학적 입장이 함축했던 본지本旨를 확정할 필요성을 느꼈고, 이에 주

따라서 경학적 저술이란 유학사의 모든 기간에 걸쳐 항상 왕성하게 나타났던 것이 아니었다. ② 결국 이러한 맥락에서 볼 때, 그것은 역사상 특정한 한 시대에 있어서의 구체적이고 외재적인 역사적·사회적 조건의 심각한 질적 변화와 이에 따른 세계관의 극적인 전회가 상호 규정적·순환적으로 발생하였음을 나타내는 지표의 역할을 하기도 한다.[20]

경학의 학문적 의미③: 경학은 '하나의 세계관'을 의미 있게 개진하는 능동적인 지적 활동이자 방법이다

한편, '전형적인 해석학의 문제'로서의 경학, 즉 유교경전에 대한 해석, 보다 구체적으로는 경문經文에 주석을 다는 지적 활동의 형태로 나타나는 경학은 주석자[讀者]가 경전을 읽고 연구하여 그 경전에 나타난 원저

자학의 체계를 문헌적으로 정리하는 작업에 본격적으로 착수했던 것이다. 그리고 이는 또한 당시 제기되고 있었던 탈주자학적 학풍을 근원적으로 봉쇄해 보려는 의지의 표현이기도 하였다. 이러한 흐름을 주도했던 인물로는 집권 '노론老論'계열의 송시열宋時烈[尤庵: 1607~1689], 한원진韓元震[南塘, 1682~1751] 등을 들 수 있다. ② 다른 하나의 방향은 탈주자학脫朱子學의 흐름'으로서, 이는 당시의 시대적 위기상황은 일차적으로 주자학적 세계관 및 그 통치 이데올로기에 내포된 본질적 결함과 오류에서 야기되었다는 비판적 감수성 하에, 종래의 주자학을 상대화하는 동시에 기존의 국가지배체제를 전면적으로 개혁함으로써 당대의 위기를 타개해보려는 움직임이었다. 이러한 움직임은 종래 주자학의 경직되고 협애한 인식틀을 벗어나 유교일반, 나아가 비유교사상에 대해서도 개방적 태도를 취하였고, 나아가 이에 대한 적극적 섭렵과 수용을 통하여 보다 근본적인 현실개혁의 논리와 방법을 모색하려는 입장을 표명하였다. 이러한 흐름을 주도했던 인물로는 대체로 '남인南人[특히 近畿南人]' 및 '소론少論' 계열의 윤휴尹鑴[白湖, 1617~1680: 南人], 박세당朴世堂[西溪, 1629~1703: 少論], 정제두鄭濟斗[霞谷: 1649~1736: 少論], 이익李瀷[星湖, 1681~1763: 南人], 정약용丁若鏞[茶山, 1762~1836: 南人] 등을 들 수 있다.

결국, 양란 이후 조선의 지성계가 보여주었던 이상과 같은 일련의 동향은 앞 시기와는 비교될 수 없을 만큼 많은 경학적 저술들이 다양한 계열의 학자들을 통해서 씌어졌던 현상으로 연결되었던바, 이는 곧 당시의 시대적 상황이 하나의 거대한 '시대적 전환기'이었음을 의미하기도 하는 것이다.

20 조선후기가 그 시대적 성격에 비추어 경학經學에 있어서도 주목할 만한 변화가 이루어진 시기이리라 가정하고 『시경詩經』론을 중심으로 일련의 연구를 진행시킨 결과, 이러한 가설이 사실임을 입증한 연구성과의 사례로는 金興圭(1988)가 대표적이다.

자의 메시지—그것도 하나밖에 없다고 상정되는—를 이해·수용한다는 맥락에서의 수동적인 활동이기보다는 오히려 주석자의 구체적인 문제의식과 세계관을 경전해석에 적극적으로 투사시키는 '능동적인 활동'이라는 성격을 보다 강하게 함축하고 있다. 다시 말하자면, ① 이해·해석 작업의 산출물로서의 '의미[註釋]'—물론 이것은 다양한 주석들 가운데 '하나'이다—는 '텍스트의 지평'과 '독자의 지평'이 변증법적으로 융합하는 과정의 산물인 것이다.[21] 그리고 이러한 측면은 전혀 상이한 질서감각과 문제의식이 동일한 하나의 경문에 대한 해석을 통하여 개진되고 있는 동시에 정당화되고 있는 사실을 통해서 확인할 수 있다. ② 결국 이러한 맥락에서 볼 때, ㉠ 경학은 '하나의 세계관'을 의미 있게 개진하는 능동적인 지적 활동이자 방법이기도 하며, 동시에 기존의 세계관에 대한 본격적인 비판을 의미하기도 하는 것이다. ㉡ 또한, 이러한 의미에서 유교경전은 일찍이 다양한 세계관들이 일정한 규칙—경전 그 자체는 부정하지 않는다는—하에 각축을 벌였던 전장이었던 셈이다.

경학의 학문적 의미④: 경학은 '지식-권력의 문제'이자 해석과 의미작용을 둘러싼 '정치학의 사안'이기도 하다

끝으로, 경학은 단순한 해석학의 문제로만 그치지 않는다. 즉, 전혀 상이한 질서감각과 문제의식이 동일한 하나의 경문에 대한 해석을 통해 개진되는 동시에 정당화되고 있다는 사실은 또한 경학이 본원적으로

---

21 이러한 설명은 대체로 가다머Hans-Georg Gadamer의 해석학적 입장을 수용한 것이다. 보다 자세한 내용은 제2부 제2장 「다산 정약용의 경전해석태도」에서의 해당부분이 참조된다. 또한, 대만 학자인 황쥔제[黃俊傑]는 중국에서의 유가적儒家的 해석학解釋學의 특색으로 불교佛敎와 도교道敎에서의 해석학과 대비하여 '경세치용經世致用'의 경향을 들었고, 그 두드러진 형태로는 '심리학적 유가해석학', '정치학적 유가해석학', '호교학적護敎學的 유가해석학'으로 나름대로 분류·설명하고 있는바, 여기서도 주석자의 '능동적 참여자'로서의 성격이 일관되게 강조되고 있음을 살펴볼 수 있다. 보다 자세한 내용은 黃俊傑(1996: 77~84)가 참조된다.

'지식과 결부된 권력의 문제'임을 함축하고 있는 것이기도 하다.[22] ①

---

22 이러한 측면에 대해서는 일찍이 푸코M. Foucault도 다음과 같이 말한 바 있다: ① "오히려 우리는 권력이 지식을 창출한다는 (단순히 지식은 권력에 봉사하기 때문에 지식에 혜택을 주는 것이건 또는 지식은 유익하기 때문에 그것을 응용하려는 것이라는 그 이유뿐만 아니라) 것, 권력과 지식은 상호적으로 직접 관여한다는 것, 그리고 지식의 영역과의 상관관계가 조성되지 않으면 권력 관계는 존재하지 않으며, 동시에 권력 관계를 상정하거나 구성하지 않는 지식은 존재하지 않는다는 것을 인정해야 한다. ……요컨대, 권력에 유익한 지식이든 불복종하는 지식이든 간에 하나의 지식을 창출하는 것은 인식 주체의 활동이 아니라 권력-지식의 상관관계이고, 그것을 가로지르고, 그것이 조성되고, 본래의 인식형태와 가능한 인식영역을 규정하는 그 과정과 싸움이다." 보다 자세한 내용은 Michel Foucault/오생근 옮김(2016: 58~59)이 참조된다. ② "권력과 지식이 서로 맞물리게 되는 것은 바로 담론에서이다. 그리고 바로 이러한 이유 때문에 담론을 전술적 기능이 한결같지도 항구적이지도 않은 일련의 불연속적 선분線分으로 이해해야 한다. 더 정확히 말해서 담론의 세계를 공인되는 담론과 배제되는 담론, 또는 지배하는 담론과 지배받는 담론 사이에서 분할된 것으로가 아니라, 다양한 전략에 작용할 수 있는 다수의 분산된 요소로 생각해야 한다. 재구성해야 할 것은 바로 이 배치이자, 또한 말해지는 것과 감추어지는 것 중에서 이 배치에 포함되는 것, 요구되고 금지되는 언술이고, 말하는 사람, 말하는 사람이 차지하고 있는 권력의 위치, 말하는 사람이 놓여 있는 제도적 맥락에 따라 이 배치에 전제되어 있는 변이형變異形과 갖가지 효과이며, 또한 이 배치가 내포하는 상호 대립적 목적들을 위한 똑같은 방책方策의 이동과 재활용이다. 담론은 침묵과 마찬가지로 결정적으로 권력에 굴복하지도 권력에 대항하여 일어서지도 않는다. 담론이 권력의 도구이자 동시에 결과일 수 있을 뿐만 아니라 장애물, 제동장치, 저항지점, 대립적 전략을 위한 거점일 수 있는 복잡하고 불안정한 작용을 인정해야 한다. 담론은 권력을 전하고 생산하고 강화하고 서서히 잠식하고 노출시키고 약화시키고 가로막게 해준다." 보다 자세한 내용은 Michel Foucault/이규현 옮김(1976/2010: 110~112)이 참조된다.

또한, 기본적으로 "동양을 지배하고 재구성하며 억압하기 위한 서양의 방식"으로서 결국 '당사자와의 합의 없는 일방적 날조'를 그 본질로 하는 '오리엔탈리즘 Orientalism'을 해체시킴으로써 "어떻게 하면 타인을 억압하고 조작하는 것이 아닌 절대적 자유와 해방의 입장에 서서 상이한 문화와 상이한 민족을 연구할 수 있겠는가를 묻"는 가운데 궁극적으로는 "참으로 '동양'과 '서양'이라는 관념을 같이 소멸시킬 것"을 열망했던 사이드Edward W. Said 역시 "그것을 위해서는 지식과 권력이라는 복잡한 문제를 전면적으로 재검토할 필요가 있다"고 강조했던바, 바로 이러한 맥락에서 그는 다음과 같이 말한 바 있다: "참된 지식은 기본적으로 비정치적이라고 하는—거꾸로 말하자면 정치적인 지식은 '참된' 지식이 아니라고 하는—일반적인 자유주의적 합의라는 것이, 지식이 생산되는 시점에서 확보되는 정치적 환경, 곧 비록 눈에는 보이지 않아도 고도로 조직화된 정치적인 여러 조건을 어떻게 은폐시켰는가를 분명히 밝히는 데에 나는 흥미를 가지고 있다. ……오리엔탈리즘이란 하나의 담론, 곧 살아있는 정치권력과의 직접적인 대응관계에 있는 것이 아니라, 도리어 다양한 권력과의 불균형한 교환과정 속에서 생산되고, 또한 그 과정 속에 존재한다. 그것은 (식민지 제도나 제국 제도에 나타나는) 정치권력과의, (비교언어학, 비교해부학 또는 현대

일반적으로 계급지배는 '억압적 국가기구[RSA]'만을 통해서는 가능하지 않다. ㉠ 그것에는 반드시 피지배계급의 자발적인 동의와 복종을 이끌어낼 수 있는 '헤게모니hegemony'의 장악이 필수적인 것이며, 동일한 객락에서 지배 이데올로기에 통합된 담론구성체discursive formation의 작용을 통해 피지배계급의 성원들을 계급지배에 순응하는 '주체subject'로 호명interpellation·구성하는 포괄적인 의미에서의 '이데올로기적 국가기구[ISA]' 또한 필수불가결한 것이다. ㉡ 반면에 ㉮ 피지배계급 또는 지배계급 내에 있어서 이해를 달리하는 당파의 저항이란 이처럼 순응하는 주체로 변화되는 것을 거부하는 동시에 새로운 대안적 담론구성체를 형성하여 기존의 지배 이데올로기에 도전함으로써만 비로소 가능해진다. ㉯ 그리고 이러한 저항의 양상은 결국 '언어의 의미를 둘러싼 투쟁'이라는 현상적 형태로 소급될 수 있는 것이다. ② 그런데 유교사회에서의 경학이란 것은 바로 이와 같은 계급 간 또는 지배계급 내의 상이한 이해집단 간의 투쟁, 나아가 그 현상적 소급형태로서의 언어의 의미를 둘러싼

의 여러 가지 정책과학과 같은 유행 학문에 나타나는) 지적 권력과의, (취미와 텍스트 그리고 가치에 관한 정통성 및 규범에 수반되는) 문화적 권력과의, ('우리의' 행동에 관한 관념 및 '그들은' '우리와' 같이 행동하거나 이해할 수 없다고 하는 관념에 나타나는) 도덕적 권력과의 교환에 의해 상당한 정도로 형성된 것이다. 사실 참으로 내가 말하고자 하는 것은, 오리엔탈리즘이 현대의 정치적·지적 문화의 중요한 차원 가운데 하나를 단순히 대변하는 것일 뿐만 아니라 바로 그 차원 자체로서, 동양이 아니라 도리어 '우리의' 세계와 깊은 관계를 갖는다는 점이다." 보다 자세한 내용은 Edward W. Said/박홍규 옮김(1978/2012: 29~62)이 참조된다.

한편, 비록 맥락은 달리하지만 황쥔제[黃俊傑] 또한 "동아시아 유교경전 해석전통의 중요한 특징 중의 하나는, 경전의 해석과 정치권력 사이에 있어서 매우 긴밀하게 상호작용하고 있다는 것"이라는 기본적 관점에서 출발하여, 이를 동아시아 유교사회에서의 구체적인 역사적 사례를 통하여 나름대로 입증하고 있다. 여기서 그는 '유교경전의 해석과 정치권력 간의 관계의 양상'을 크게 두 유형으로 나누어 고찰하고 있는데, 즉 ① '권력이 경전해석을 지배하는 경우'로는 '권력이 경전 속의 중요한 명사에 새로운 뜻을 부여'하는 사례와 '권력이 경전 텍스트에 여과작용을 일으키는' 사례를, ② '유학자가 경전해석을 주도하는 경우'로는 '경전해석자가 정치적 입장에서 경전을 인용하여 정치적 주장을 하는 경우'와 '당대의 정치적 관점에서 경전을 해석하는 경우'를 차례로 들고 있다. 보다 자세한 내용은 黃俊傑/정선모 옮김(2010/2012: 155~179)이 참조된다.

투쟁의 한가운데에 위치하고 있는 예민한 '지식-권력의 문제'이자 해석과 의미작용signification을 둘러싼 '정치학의 사안'이기도 했던 것이다.[23]

물론, 이상과 같이 경학이 유교사회에서 함축하고 있는 다면적인 학문적 성격은 본서의 제3부에서 철학적 '세계관'을 중심으로 집중적으로 조명되고 있는 '다산茶山 정약용丁若鏞의 사서경학四書經學에 대한 내용연구'의 핵심적인 내용을 통해서 보다 구체적으로 확인될 것이다.

2. 경학연구의 사회학적 의의

그러면 이상에서 간략하게 그 학문적 의미를 일별한바 유교사회에서의 경학經學에 대한 연구는 보다 구체적으로 '사회사·사회사상사 연구'와 관련하여 어떠한 의의를 지니는 것일까?

경학연구의 의의①: 경학연구는 유교사회에서의 경세학적 논의를 정확하게 이해·평가하는 데 필수적이다

상기한 바대로, 문화체文化體란 단편적이거나 평면적인 구조로 이루어진 것이 아니다. 이는 철학적 '세계관'과 구체적이고 물적인 '제도' 및 '제도론'—이것에 각각 대응되는 지적 활동이 곧 '경학經學'과 '경세학經世學'이다—을 그 주요한 구성요소로 하면서, 동시에 그 요소들 간의 상호 규정적·정합적인 관계—경학은 경세학에 구체적 논의를 이끄는 질서감각과 정당화의 기반을 제공한다면, 반면 경세학은 경학이 표현하고 있는 세계관에 역사적·사회적 조건과 결부된 구체적인 물적 형태를 부여한다—까지를 포괄하고 있음으로 하여 매우 입체적이고도 유

23 이러한 측면에 대해서 그람시Antonio Gramsci는 '철학=이데올로기=정치'라는 등식으로 표현한 바 있다. 여기서 이데올로기란 곧 '유기적 이데올로기'로서, 이는 또한 특정 '사회 블록의 공동 생명체의 표현'으로서의 철학적 '세계관'이 되며, 이러한 경우에 '모든 형태의 의식은 반드시 정치적임'을 의미한다. 보다 자세한 내용은 李炳赫(1986: 55)이 참조된다.

동적인 구조를 가지고 있다. ① 이러한 사실은 어떤 하나의 문화체, 특히 그 구성요소로서의 제도 및 제도론에 대한 정확한 파악을 위해서는 바로 이와 같은 입체적·유동적인 구조와 관계의 맥락을 떠나거나 외면해서는 안 된다는 점을 함축하고 있다. 따라서 적어도 유교사회에서의 특정한 한 시대의 경세학적 논의, 즉 전반적인 문물제도(론)와 특히 그것에 대한 개혁론의 의미를 정확하게 이해·평가하기 위해서는 최소한 경학—보다 정확하게는 그것이 표현하고 있는 '세계관'—에 대한 연구가 필수적으로 병행 내지는 선행되어야 한다는 결론이 도출된다. ② 결국, 이러한 맥락에서 경학연구는 ㉠ 유교사회에서의 총체적인 문화현상이 지닌 구조와 그것의 변동양상에 대한 사회사적 조명과 이해에 있어 결정적인 중요성을 가지는 것이라 할 수 있다. ㉡ 나아가 이는 특히 현금 한국사회사 학계가 추구하고 있는 방향과 과제, 즉 "한국사회사 연구의 삼대 부문, 측면 또는 위상으로서 최소한 단순화시켜 '구조', '구조변동'과 '일상사회생활'의 균형적 연구를 강조"[24]하는 관심과 아울러 "부분 사회사와 전체 사회사의 병진적 발전"과 "'한국사회 인식론'으로서의 한국사회사"를 지향하는 문제의식[25]을 보다 구체적으로 진전시키는 데에도 의미 있는 기여를 할 것으로 사료된다.

---

24 보다 자세한 내용은 愼鏞廈(1982: 566)가 참조된다. 한편, 아브람즈P. Abrams도 『역사사회학*Historical Sociology*』에서 종래의 사회학이 노정했던 몰역사성을 비판·거부하면서 특히 "행동과 구조 간의 관계의 방식과 정도를 시간 속에서의 과정의 문제a matter of process in time로 이해할 필요성" 및 "구조화의 문제의식the problematic of structuring"을 역설하는 가운데, 기존의 사회학에 대한 "하나의 대안으로서 '과정의 사회학a sociology of process'을 건설하려는 시도"를 보여주고 있다. 바로 이러한 맥락에서 아브람즈는 자신이 지향·주장하는 '사회학의 본질'로서의 역사사회학을 크게 세 가지 유형으로 분류하고 있는바, 즉 ① 서구사회에서의 거시적인 '산업주의로의 이행'에 대한 설명, ② 미시적인 '일상사회생활에서의 구조와 행동의 상호작용'에 대한 관심, ③ '개인과 사회 간의 관계'에 대한 역사적 고찰을 들고 있다. 보다 자세한 내용은 Philip Abrams/愼鏞廈 외 譯(1982/1986: 11~31)이 참조된다.

25 보다 자세한 내용은 김필동(1990: 11~43)과 김필동(1995: 28~32)이 참조된다.

경학연구의 의의②: 경학연구는 '유교적 계몽'의 역동적·변증법적 성격을 조명하는 데에 중요한 단서를 제공한다

한편, 이처럼 내부적으로 입체적이고 유동적인 구조를 가진 문화체는 또한 외재적이고 구체적인 역사적·사회적 조건과의 관련성 속에서 상호 규정적·순환적 관계를 유지하는 가운데 그 자체 한 시대의 인간의 삶을 총체적인 수준에서 지탱하고 있다. ① 따라서 만약 외재적인 조건에서 심각한 질적 변화가 발생하는 경우 기존의 문화체는 새로운 조건과 결정적으로 괴리되는 상태에 빠지게 된다. ㉠ 바로 이러한 상태가 이른바 '시대적 전환기'라는 상황으로서, ㉡ 유교사회에서는 이때에 경학적 저술들—하나의 철학적 세계관(의 변화)을 체계적으로 표상하고 있는 지적 활동—이 집중적으로 출현하였고, 동시에 이러한 경학적 저술들은 다시금 그러한 변화의 진전을 가속화하는 데에 순환적으로 기여했던 것이다. ② 결국 이러한 맥락에서, 경학연구는 ㉠ 어떤 "사유를 어디까지나 역사적 내지 사회적 상황과의 구체적인 연관성을 통해서만 이해하려고 하는"[26] 관심, 즉 '세계관과 그것의 이론 외적·사회적 기원 간의 관계'의 문제를 다루는 포괄적인 의미에서의 지식사회학을 동아시아 유교사회의 고유한 맥락에서 나름대로 발전시키는 데에 필요한 핵심적인 초석 가운데 하나가 될 것이다. ㉡ 이는 또한 '관념사history of ideas'로서의 사상사 내지는 이른바 '사상사의 구조적·기능적 연구'를 추구하는 방법론적 문제의식[27]을 나름대로 정교화하는 데 있어서도 중요한 기여를 할 것

---

26 K. Mannheim/임석진 역(1952/1991: 39)

27 상기한바 '관념사history of ideas'로서의 사상사란 "어느 特定한 時代 또는 數時代에 걸쳐 通用되어 온 觀念의 內部構造가 同時代의 他의 諸觀念의 內部構造와 어떠한 論理的 聯關을 가지고 있으며, 具體的인 政治·社會過程 속에서 이들 諸觀念의 內部構造 내지는 相互의 論理的 聯關이 어떻게 變容해 가는가를 추구하"는 연구경향을 말하는바, 이러한 연구가 진행될 때 비로소 독립된 학문으로서의 '사상사학思想史學'이 성립될 수 있다고 주장하고 있다. 이에 대한 보다 자세한 내용은 朴忠錫(1982: 236~273)이 참조된다.

으로 판단된다. ㉢ 나아가 경학연구는 '유교적 계몽'이 함축한바 역동적·변증법적 성격을 체계적으로 조명하는 데에도 하나의 중요한 단서를 제공함으로써 결과적으로 유교사회에서의 사회의식과 사회사상의 형성과 변화 및 그 위치와 역할을 입체적으로 조명·이해하는 데에 있어서도 중요한 통찰력을 제공하게 될 것이다. ㉣ 마지막으로, 무엇보다 중요한 점은 이러한 경학연구가 전통적인 (유교적) 동양사회를 '발전이 없는', 따라서 '역사가 없는' 정체停滯된 사회로 인식하면서, 여전히 이를 다양한 형태로 강변·재생산하고 있는 근대 이후 서구의 오리엔탈리즘적 시각[28]의 뿌리 깊은 잔재들을 결정적으로 불식하는 데에도 중요하

한편, 마루야마 마사오[丸山眞男]는 사상사를 대체로 3유형으로 구분하고 있는바, 즉 ① '교리사History of Doctrine'로서, 이는 어떤 한 분야에서 고도로 자각적이며 추상도가 높은 체계나 교설의 역사적 전개를 추적하는 유형이라면, ② '관념사History of Ideas'로서, 이는 어떤 문화권 또는 한 시대나 여러 시대에 걸쳐 통용되었던 특정한 관념을 추출하고, 그것이 다른 관념과 결합하거나 이탈하는 과정, 혹은 또 사회과정에서 그 관념이 기능하는 방식의 변천을 추적하는 유형이요, ③ '시대정신Zeitgeist(사조)사'로서, 이는 어떤 특정한 시대를 잡고 그 시대의 정치·사회·인간·문학·예술 등 여러 영역에서 나타나는 사유방법의 상호 연관 내지 사회적·정치적 상황과의 연관을 될 수 있으면 종합적으로 파악하는, 이른바 한 시대의 정신적 전체구조라고 할 수 있는 것을 될 수 있으면 종합적으로 파악하고, 그래서 또 그 역사적 추이를 분명하게 살펴보려는 유형을 드는 가운데, 또한 독립된 학문 분야로 사상사를 자각하게 된 것은 두 번째와 세 번째의 유형의 연구에서라고 주장하고 있다. 보다 자세한 내용은 마루야마 마사오[丸山眞男]/고재석 옮김(1963/1997: 15~21)이 참조된다.

28 상기한 바대로, 사이드Edward W. Said가 '오리엔탈리즘Orientalism'을 기본적으로 "동양을 지배하고 재구성하며 억압하기 위한 서양의 방식"으로서 결국 '당사자와의 합의 없는 일방적 날조'를 그 본질로 하는 것으로 인식·정의한 바 있는데, 한편 이를 서구인에게 있어 일종의 자명하고도 당연한 '규범'으로 통용되도록 만든 인식론적 전제 및 그 지적 유산과 관련해서 그는 "유럽에서는 동양적 성격, 동양적 분위기, 동양적 이야기, 동양적 전제주의, 동양적 생산양식이라고 하면 그 의미가 충분히 통했다. 맑스Karl Marx도 이 동양이란 말을 사용했고, 이제 밸푸어Arthur James Balfour[1848~1930: 영국의 정치가]도 그것을 사용한 것이다. 밸푸어의 언어 선택은 누구에게도 이해될 수 있는 것이었고, 그것에 관한 어떠한 해설도 필요 없었다"라고 고발한 바 있다.

물론 이와 같은 인식론적 전제와 그 지적 유산은 일찍부터 서구의 일부 계몽사상가들에 의해 정식화되면서 당시 서구의 지식인들 사이에서는 일종의 움직일 수 없는 자명한 진리로서 널리 공유되었던 것이다. 이에 그 대표적 사례를 들자면 다음과 같다. 즉, ① 몽테스키외Charles De Montesquieu는 『법의 정신*De l'esprit des lois*』(1748)

에서 어떠한 객관적인 실증적 근거도 없이 중국을 위시한 동양사회를 오로지 '전제정체'와 관련지우면서 그 사회적·정신적 풍토의 특징으로 이른바 '정체성停滯性'과 '노예성[공포와 무지에 근거한 만인의 극단적 복종과 비자유 및 몰성찰성]'—이는 일찍이 서양의 고대 그리스인이 민주정체 하에 살면서 시민으로서 '법과 조국에의 사랑'이란 덕성을 함양·실천해왔다는 신화와 극적으로 대비된다—을 일방적으로 부각시켜 타자화한 바 있다. ② 헤겔G. W. F. Hegel은 『역사철학강의*Vorlesungen über die Philosophie der Geschichte*』(1837)에서 기본적으로 세계사를 자유를 본질로 하는 세계정신의 변증법적 발전 내지는 자기전개의 과정으로 인식·규정하는 가운데, 이러한 '세계사의 시작'이자 '역사의 유년기'로서의 '동양' 개념을 정식화하고 있다. 여기서 헤겔은 인식론이자 사회변동론의 기초로서 사변적인 변증법辨證法에 토대를 둠으로써 일견 자신만의 독자적인 역사철학의 도식과 '동양사회론'을 구성·설파하고 있는 듯하지만, 기실 그 구체적 내용에 있어서는 앞선 몽테스키외의 논지를 그대로 계승·재생산한 데 불과하다. 즉, 그는 중국 및 인도를 중심으로 한 동양사회는 여전히 강고한 공동체정신에 긴박되어 객관적 존재와 그 아래에서 일어나는 주관적 운동의 대립이 결여됨으로써, 즉 '즉자적 세계'에 변함없이 고착됨으로써 역사에 등장했을 때의 모습과 지금이 조금도 다르지 않다고 매우 비변증법적인 역설적 태도로 강변하고 있는 것이다. 결국 이러한 그의 논리는 단적으로 전제정치[신정정치]와 결부된 동양사회의 '정체성'과 '몰주체성[개인과 공동체가 분리되지 못한 상태로, 여기에는 개인의 진정한 자유나 성찰성, 명예의 관념이 존재하지 않는다]'이란 논리로 귀결되었다. ③ 이러한 헤겔의 동양사회론은 맑스에게 이르면 이른바 '아시아적 생산양식론'이란 변종으로 나타났다. 즉, 그는 헤겔류의 동양사회론을 기본적으로 전제하는 가운데, 동양사회의 판별적 특징으로서 무엇보다 '대규모 공공치수사업에 대한 강력하고 전제적인 국가의 역할'과 함께 이러한 전제적 국가의 사회적 토대로서 중간단계의 매개적 사회조직을 결여한 채 그 저변에 광범위하게 병렬적·자족적으로 존재하는 '토지에 대한 사적 소유를 결여한 촌락공동체'를 개념화한 바 있다. 그리고 이러한 두 가지 요소의 직접적인 상호결합이 바로 동양사회가 보여주는 상대적 정체성의 기초이자 또한 모든 동양제국이 공통적으로 보여주는 특성이기도 하다는 것이다. 물론 이러한 두 가지 요소는 역사적·경험적으로 양립할 수 없는 모순적 범주들로서, 기실 맑스 자신의 사회구성체론의 도식 및 문제의식에 비추어서도 성립하기 힘든 궤변에 지나지 않았던바, 이는 또한 동양의 발전을 어떤 형태로건 유럽의 발전이라는 규범적 법칙성이 수립되고 난 뒤에 남는 단순한 잔여부분으로 축소하려는 뿌리 깊은 '서구중심주의'의 일 소산이기도 하였다. ④ 이상과 같이 다양한 형태로 변주되면서도 여전히 '정체성'과 '전제성'이란 특징을 동양사회에 불변의 본질로서 투사·전제하려는 학문적 행태는 베버Max Weber에게 있어서도 예외가 아니었다. 즉, 그는 「종교사회학논총 서문」에서 "어떠한 상황들이 어떠한 방식으로 연결되어 작용한 결과로 하필 서구의 터전에서, 그리고 유독 여기에서만 보편적 의의와 타당성을 지니는 방향으로 발전한 문화현상들이 출현했는가?"라는 질문을 제기하는 이른바 '보편사의 맥락'에서 이에 대한 하나의 대답을 『유교와 도교*Konfuzianismus und Taoismus*』라는 종교사회학 저술에서 찾고자 한다. 그런데 여기서 본원적으로 문제가 되는 것은 베버가 이처럼 자신의 문제의식으로서 사전에 끌고들어왔던 바로 그 '보편사의 맥락'으로서, 이는 기실 그가 장차 전개할 중국사회론 및 유교론의 방향과 내용을 선험적으로 결정하고 있는, 바로 이러한 의미에서 그의 대답은 표면적인 장광설에도 불구하고 이미 결정된게 기여하는 바 있을 것이다.

경학연구의 의의③: 경학연구는 '사회분석의 재역사화'라는 방법론적 문제의식에 의미 있게 부응한다

끝으로, 경학이란 '텍스트의 지평'과 '독자의 지평'이 변증법적으로 융합하는 해석학적 과정—여기서는 주석자[독자]의 구체적인 문제의식과 세계관을 경전 해석에 투사시키는 '능동적인 활동'이라는 성격이 보다 중시된다—이기도 한바, ① 이러한 의미에서의 경학이란 개념은 새삼 우리에게 구체적인 한 시대에 있어서 '이론[철학]의 문제'와 '제도의 문제'가 별개의 것이 아니라는 사실과 함께, 이것이 곧 '언어의 의미를 둘러싼 투쟁'의 한가운데에 위치하고 있는 예민한 '지식-권력의 문제'이자 '정치학의 사안'임을 새삼 상기시켜준다. ② 결국, 이러한 맥락에서 경학연구는 ㉠ 기본적으로 서구적 경험에 기반을 두고 생성·발전해온 기존의 해석학, 기호학, 언어사회

뻔한 것에 불과하였다. 이에 베버가 상기의 저술에서 제시한바 '사회학적 기초'로서의 '중국사회론' 및 서구의 퓨리터니즘과의 대비를 통해 전개한 '유교론'이란 기본적으로 상기한바 '정체성'과 '전제성'을 요체로 하는 기존의 동양사회론의 인식틀에다가 자신의 문제의식에 부응한다고 판단되는 단편적 사실들을 자의적·몰역사적으로 적출하여 결합시킨 기묘한 복합체로 구현되었다. 결국, 베버의 중국사회와 유교에 대한 입론은 전반적으로 지엽적 사실에 대한 '지나친 낯설게 하기'와 '과도한 진지함'의 결합을 그 특징으로 하면서 그나마 그가 간간이 보여주고 있는 몇 가지 유의할 만한 사회학적 통찰마저 무색하게 만들고 있는바, 이는 결과적으로 동양에 대한 서구의 무지가 더욱더 세련되고 복잡해진 것에 다름 아니다. ⑤ 물론 이러한 오리엔탈리즘의 지적 유산은 전후 시기에도 맑스의 관개가설灌漑假說에 근거한 비트포겔Karl Wittfogel의 '동양적 전제주의Oriental Despotism'론이나 초기 근대화론에서의 유교론 등의 형태로 끊임없이 그 모습을 바꾸며 지속적으로 재생산되어온 바 있다.

이상의 내용에 대한 보다 자세한 내용은 Edward W. Said/박홍규 옮김(1978/2012: 67), Charles De Montesquieu/하재홍 옮김(1748/2007), G. W. F. Hegel/권기철 옮김(1837/2008), 신용하 엮음(1986), Anne M. Bailey and Josep R. Llobera, ed.(1981), Perry Anderson/김현일 옮김(1974/2014: 670~777), Max Weber/김덕영 옮김(1920/2010: 11~38), Max Weber/이상률 譯(1920/1990), Karl August Wittfogel(1957), David E. Mungello/김성규 옮김(2005/2009), 이승환(2004: 43~72), 송영배(2012: 173~191) 등이 참조된다.

학 등에서의 다양한 개념과 분석도구를 동아시아 유교사회의 구체적인 역사적 사례들 속에서 응용·확장하고 보다 세련화하는 데에 있어서도 중요한 토대가 될 것이다.[29] ㉡ 나아가 이러한 작업은 보다 일반적으로 현금의 한국사회(과)학이 일부 드러내고 있는 '몰역사성沒歷史性'을 극복하는 동시에 '사회분석의 재역사화再歷史化'라는 방법론적 문제의식에도 의미 있게 부응하는 하나의 길을 비로소 열어줄 것이다.

29 이때 경학연구는 일례로 조선후기의 경학적 입장과 결부된 '사문난적斯文亂賊'론이나 '예송禮訟'과 같은 사안을 보다 사회(과)학적인 주제로 포섭하여 심층적으로 재조명하는 길을 비로소 우리에게 열어줄 것이다.

제1부

다산 정약용의 생애와 학문

지식사회학적 조명

제1장 다산 정약용의 개인적 배경
제2장 다산 정약용의 지적 배경
제3장 다산 정약용의 사회적 배경

제1장
다산 정약용의 개인적 배경

"갈밭마을 젊은 여인 울음도 서러워라
현문縣門 향해 울부짖다 하늘 보고 호소하네
군인 남편 못 돌아옴은 있을 법도 한 일이나
예부터 남절양男絶陽은 들어보지 못했노라
시아버지 돌아가셔 이미 상복 입었고 갓난아인 배냇물도 안 말랐는데
삼대三代의 이름이 군적軍籍에 실리다니
달려가서 억울함을 호소하려 해도 범 같은 문지기 버티어 있고
이정里正이 호통하여 단벌 소만 끌려갔네
남편 문득 칼을 갈아 방 안으로 뛰어들자 붉은 피 자리에 낭자하구나
스스로 한탄하네 '아이 낳은 죄로구나'
……": 「애절양哀絶陽」에서

한 시대의 인물을 이해하는 데에는 '지식사회학의 문제의식'이 긴요하다

한 시대의 특정 인물이 견지·표방했던 사상과 세계관을 정확하게 이해하고 평가하기 위해서는 바로 이를 구체적으로 배태·형성시켰던 역사적·사회적 조건 및 그 맥락을 아는 것은 필수적이다. 물론 후자에 대한 지식이 없다고 해서 전자에 대한 정확한 이해와 평가가 아주 불가능하다고 할 수는 없을지라도, 기실 매우 어려운 일이 될 것임은 분명하다. 바로 이와 같은 필자 나름의 '지식사회학知識社會學의 문제의식'[1]에 의거

1 상기한바 '지식사회학의 문제의식'이란 주로 만하임K. Mannheim의 것을 수용한 것이다. 즉, 만하임은 『이데올로기와 유토피아*Ideologie und Utopie*』라는 저술에서 ① "단지 외형적인 지각에만 그치는 반사작용에 주력하는 경향"을 보임으로써 결과적으로 "모든 의미의 이해가능성마저 말살시켜버리는 사고의 기술"(85)로 전락한 기존의 행동주의[실증주의] 사회학을 비판·거부하는 가운데, 해석학적 방법에 의거한 대안적 사회학으로서의 '지식사회학', 즉 "사회의 생동한 연관성을 이해"하고 그것의 "내적 본질을 파악"(89)하여 새로운 객관성을 모색함으로써 궁극적으로는 "인식의 사회적 규정성 그 자체를 통찰할 수 있는 우리 스스로의 능력"과 아울러 이를 통하여 "그와 같은 규정성을 탈피할 수 있는 우리의 가능성"(90)을 제고·확보하려는 문제의식을 표명했던바, ② 바로 이러한 맥락에서 만하임은 "지식사회학이란 학문적으로는 이른바 '지식의 존재제약성"Seinsverbundenheit" des Wissens'을 이론적으로 정립하고 또 이를 전개시켜나가는가 하면, 역사적 내지 사회학적 연구로서는 과거 및 현재에 나타난 여러 가지 지식의 내용을 통해서 '존재제약성'을 규명함을 그 목적"(343)으로 하는 학문으로 정의하면서, 특히 '이론'으로서의 지식사회학은 "지식의 존재제약성에 관한 이론"(346)과 이를 토대로 한 "인식론적 귀결"(368)이란 두 부분으로 구성되어 있음을 역설하고 있다. 즉, ㉠ "지식의 존재제약성에 관한 이론"으로서의 지식사회학은 "우선 무엇보다도 그 사회적 근원이 어둠에 가려져 있는 상태ihr gesellschaftlicher Ursprung im Dunkeln에서는 도저히 올바르게 이해할 수 없는 사유방식이 있다는 것을 밝혀내는 데 있음"(38)을 가장 중요한 명제로 설정하고 있는바, 또한 이러한 맥락에서 "지식사회학은 사유를 어디까지나 역사적 내지 사회적 상황과의 구체적 연관성을 통해서만 이해하려고 한다"(39)는 사실을 강조하고 있다. ㉡ 한편, "인식론적 귀결"로서의 지식사회학은 "사유의 사회적 성격을 등한히 해오던 종래의 인식론을 수정하려는 움직임"이자 "막연하게나마 사회적인 불안정성이나 불투명성을 통하여 표출되는 어떤 의문점들을 체계화하는 것"(93)으로서, 궁극적으로는 "지식사회학적 연구의욕으로 하여금 존재제약성을 절대화하는 데에 주력할 것이 아니라 자기가 얻어낸 식견·통찰의 존재제약성Seinsverbundenheit을 발견함으로써 존재구속성Seinsgebundenheit으로부터의 탈피를 향한 첫발을 내딛도록 한다"(386)는 데에 주로 그 학문적 의의를 두었던 것이다.(상기 인용문에 부기된 괄호 안의 숫자는 『이데올로기와 유토피아』의 한국어 번역본의 쪽수를 표시한 것임) 만하임의 지식사회학에 대한 보다 자세한 내용은 K. Mannheim/임석진 역(1991)의 「제1장」과 「제5장」이 주

하여, 정약용丁若鏞의 사서경학四書經學, 나아가 그의 철학적 세계관 일반을 틀 지웠던 한평생에 걸친 개인적 생활사와 학문활동의 전모 및 시대적 양상을 편의상 '개인적 배경', '지적 배경', '사회적 배경'으로 나누어 간략하게 살펴보고자 한다. 따라서 본장은 '이후의 논의를 위한 일종의 전제'로서의 성격을 가진다.

개관

정약용丁若鏞은 1762년[壬午年, 英祖 38] 6월 16일[음력]에 경기도京畿道 광주군廣州郡 초부면草阜面 마현리馬峴里[현재 경기도 남양주시 조안면 능내리]에서 태어났다. 본관本貫은 압해押海—또는 나주羅州[2]—로서, 본명本名[冠名]은 약용若鏞이며 '용鏞'으로 생략하여 부르기도 하였다. 어렸을 때의 자字는 귀농歸農, 자字는 미용美庸 또는 용보頌甫이다. 호號는 삼미자三眉子, 죽란정자竹欄靜者, 철마산초부鐵馬山樵夫, 철마산초鐵馬山樵, 철마산인鐵馬山人, 열초洌樵, 열수산인洌水散人, 열수노인洌水老人, 열상노인洌上老人, 열상옹洌上翁, 열수옹洌水翁, 열옹洌翁, 열수洌叟, 소상연파조수苕上烟波釣叟, 문암일인門巖逸人, 자하도인紫霞道人, 자하산인紫霞山人, 자하산초紫霞山樵, 자하산방주인紫霞山房主人, 품석정주인品石亭主人, 여유당거사與猶堂居士, 여유병옹與猶病翁, 다산은자茶山隱者, 다산병수茶山病叟, 다산병부茶山病夫, 다산초부茶山樵夫, 다산초자茶山樵者, 다산노초茶山老樵, 다초茶樵, 다수茶叟, 다종茶宗, 다옹茶翁, 죽옹竹翁, 탁옹籜翁, 탁피여인籜皮旅人, 동호여인東湖旅人, 촌오하인邨塢何人, 동천東泉, 태수苔叟, 사암俟菴 등으로 매우 많지만, 현재는 '다산茶山'이 가장 널리 일컬어지고 있다.[3] 당호堂號에는 여유당與猶堂, 사의재四宜齋, 다산정사茶山精舍, 다산동

로 참조된다.

2 여기서 '압해押海'라는 본관은 전라도에 소속된 압해도押海島를 말하며, 당시 이 섬이 나주羅州에 속했기 때문에 본관을 또한 '나주'로 부르기도 하였다.

3 정약용의 '호' 가운데서 ① '삼미자三眉子'는 정약용이 7세경에 천연두를 순조롭게 앓아 흔적이 없었는데, 오직 오른쪽 눈썹 위에만 흔적이 남아 눈썹이 세 개로 나

암茶山東菴[庵] 등이 있으며,[4] 시거명時居名은 열수洌水, 소계苕溪이다.[5] 당시

뉘었으므로 스스로 호를 이렇게 붙인 것이다. ② '사암俟菴'은 "백세이사성인이불혹百世以俟聖人而不惑[백세百世토록 성인聖人을 기다려도 의혹됨이 없다]"[『中庸章句』 「第29章」]이라는 말에서 따온 것으로서, 이는 또한 "성인부기聖人復起, 불역오언의不易吾言矣[성인聖人께서 다시 나오시더라도 내 말을 바꾸시지 않을 것이다]"[『孟子集註』, 「滕文公章句下」篇 第9章]라는 맹자孟子의 말과도 상통한다. 즉, 자신의 학문에 대한 자부심과 확신, 미래에 대한 기다림 등의 의미를 함축하고 있다. 이러한 점은 곧 "책 속에 온힘을 다 쏟아부어, 백세百世 이후를 기다려보리라(竭力典籍內, 以俟百世後)"[「將學稼在寶恩山院, 逡値歲除, 除之夜, 心緖怊悵, 率爾成篇示兒」(『定本 與猶堂全書 1』, p. 462)]는 정약용의 자작시自作詩나 그 자신의 학문적 입장과 관련하여 "귀신鬼神에게 질정質正해도 의심할 바가 없을 것이요 백세토록 성인聖人을 기다려도 의혹됨이 없을 것(質諸鬼神而無疑, 百世以俟聖人而不惑)"[「與李汝弘【甲戌十月日】」(『定本 與猶堂全書 4』, p. 154)]임을 자부했던 사실에서 잘 확인된다. 한편, 정약용은 「자찬묘지명自撰墓誌銘【광중본壙中本】·【집중본集中本】」에서 자신의 호로 '사암'만을 소개하고 있는 것으로 보아, 본인의 입장에서는 이 호를 가장 중시했던 것으로 사료된다. ③ '다산茶山'은 정약용의 적거기謫居期 말년의 처소가 다산茶山의 귤동橘洞이었기 때문에 일컬어진 것으로서, 한편 다산은 일명 '다아산茶兒山'이라 불리기도 하였다.

4 정약용의 '당호'에는 ① 대표적으로 '여유당與猶堂'이 있는바, 그는 경신년[1800년, 正祖 24] 봄에 시국時局의 동향이 자신에게 매우 위험하게 돌아가고 있다고 느껴 전원으로 돌아가 숨을 것을 결심하였고, 이에 처자를 거느리고 고향인 마재[馬峴]로 돌아왔다. 이때 그의 서재의 문미門楣에다 '여유당'이란 당호를 써서 붙이고, 아울러 「여유당기與猶堂記」라는 글을 지어 그 이름붙인 까닭을 밝혀놓았다. 정약용은 '여유당'이란 당호와 관련하여 다음과 같이 말한 바 있다: "나의 병은 내가 잘 안다. 나는 용감하지만 지모智謀가 없고 선善을 좋아하지만 가릴 줄을 모르며, 마음 내키는 대로 즉시 행하면서도 의심하거나 두려워할 줄을 모른다. ……이 때문에 선을 끝없이 좋아했으나 비방은 나 홀로 많이 받고 있다. 아! 이 또한 운명이로다. …… 내가 『노자老子』의 글[『老子』「第15章」: 필자 주]을 읽어보니 '여與여! 겨울에 냇물을 건너듯이 하도다. 유猶여! 사방의 이웃을 두려워하듯 하도다'라는 말이 있다. 아! 이 두 마디의 말이 나의 병을 치료해줄 약이 아니겠는가?(余病, 余自知之. 勇而無謀, 樂善而不知擇, 任情直行, 弗疑弗懼. ……是故, 樂善無厭, 而負謗獨多. 嗟乎! 其亦命也. ……余觀『老子』之言, 曰: '與兮! 若冬涉川; 猶兮! 若畏四鄰.' 嗟乎! 之二語, 非所以藥吾病乎?)"[「與猶堂記」(『定本 與猶堂全書 3』, pp. 90~91)] 여기에서의 '여與'는 의심 많은 동물의 이름이며, '유猶'는 겁이 많은 동물의 이름으로 알려져 있다. 한편, 『노자』의 본문에는 "예豫여! 머뭇거리기를 겨울에 냇물을 건너듯이 하며, 유猶여! 신중하기를 사방의 이웃을 두려워하듯 하도다(豫焉! 若冬涉川; 猶兮! 若畏四鄰)"로 나와 있다. 여기에서의 '예豫'와 '유猶'는 모두 동물의 이름으로서, '예'는 '코끼리[象]의 부류'인데 앞일을 미리 알기에 그 행동이 머뭇거리고 의심하는 모습을 보이며, '유'는 '개[犬]'를 말함인데 그 행동이 사람에 앞서 가다가 살피고 또 되돌아보는 모습을 보이는바, 이 때문에 '행동이 머뭇거리고 되돌아보며 과감하지 못한 모습'을 일컬어 '유예猶豫'라 한다고 설명되기도 한다.[『老子翼』「第15章」] ② '사의재四宜齋'는 정약용이 신유년[1801년, 純祖 1] 11월 말에 강진康津에 유배되어 동문 밖 주막의 뒷골방에 거처를 정했는데, 처음에는 이를 '동천여사東泉旅舍'라 부르다가 이후 계해년[1803년, 純祖 3] 동짓날

에 학문에 대한 결의를 새롭게 하면서 고쳐 이름붙인 당호이다. 이는 "생각은 마땅히 담백해야 하니[思宜澹], 담백하지 않음이 있으면 빨리 맑게 해야 한다. 용도는 마땅히 엄숙해야 하니[貌宜莊], 엄숙하지 않음이 있으면 빨리 단정하게 해야 한다. 언어는 마땅히 과묵해야 하니[言宜訒], 과묵하지 않음이 있으면 빨리 그쳐야 한다. 행동은 마땅히 신중해야 하니[動宜重], 신중하지 않음이 있으면 빨리 더디게 해야 한다(思宜澹, 其有不澹, 尙亟澄之. 貌宜莊, 其有不莊, 尙亟凝之. 言宜訒, 其有不訒, 尙亟止之. 動宜重, 其有不重, 尙亟遲之.)"[「四宜齋記」(『定本 與猶堂全書 3』, p. 94)]는 의미를 함축하였다. ③ '다산정사茶山精舍'는 ㉠ 정약용이 적거기謫居期 후반인 무진년[1808년, 純祖 8] 봄에 다산茶山의 귤동橘洞에 소재했던 윤단尹慱[橘林處士, 1744~1821]의 산정山亭으로 거처를 옮기면서 불러졌던 당호로서, ㉡ 이외 별칭으로는 '다산초암茶山草菴', '다산서각茶山書閣', '다산서옥茶山書屋', '다산관茶山館', '다암茶盦', '자하산방紫霞山房', '자하대紫霞臺', '송성죽색각松聲竹色閣', '죽각竹閣', '균암筠菴', '지정池亭', '지당池堂', '서암西菴' 등이 있으며, 현재는 '다산초당茶山草堂'으로 널리 알려져 있다. ㉢ 여기서 자하산紫霞山은 다산초당이 소재하던 만덕산萬德山의 별명이다. ④ '다산동암茶山東菴[庵]'은 ㉠ 다산초당의 동쪽에 있는 별도의 건물로서, ㉡ 정약용은 주로 여기에서 거처·저술한 것으로 알려져 있는데, 이때에는 이를 당호로 사용했으며, 또한 그가 기거했던 방의 이름을 '청재淸齋'라 부르기도 하였다. ㉡ 한편, 정약용은 경오년[1810년, 純祖 10]에 기존의 다산동암을 개축하여 두 칸짜리 띠집을 짓고 이를 '송풍루松風樓' 또는 '송풍암松風菴'이라 명명하기도 하였다.

5 정약용은 책을 저술하고 저자著者의 이름을 표기할 때 당시의 관례와는 달리 이름 앞에 성관姓貫 대신 '당시 살던 곳[時居]'을 표시할 것을 주장하였고, 또한 몸소 실천하기도 하였다. 즉, ① '열수洌水'와 관련하여 ㉠ 그는 "중국 사람들은 책을 짓고서 저자의 이름을 기록할 때에 당시 살던 곳[時居]을 주로 기록하였지 성씨姓氏의 관향貫鄕을 칭하지는 않는다. ……우리나라에서는 이러한 예例를 알지 못하고서 월사月沙[李廷龜의 號: 필자 주]를 '연안延安 이李 아무개'라 칭하고 호주湖洲[蔡裕後의 號: 필자 주]를 '평강平康 채蔡 아무개'라 칭하는데, 이는 모두 잘못이다. 너희들은 이제부터 책을 짓거나 초록鈔錄할 때에 '열수洌水 정丁 아무개'라고 칭하는 것이 좋을 것이다. '열수'라는 두 글자는 천하에 내놓아도 충분히 드러낼 만하고, 고향을 밝히는 데에도 매우 친절하다.(中國人撰書錄名, 竝主時居, 非稱姓貫, ……我邦不知此例, 月沙稱'延安 李某', 湖洲稱'平康 蔡某', 皆誤. 自今著書·鈔書, 汝輩亦稱'洌水 丁某'可也. '洌水'二字, 示之天下, 旣足標別, 覈以鄕土, 亦甚親切.)" [「答兩兒」(『定本 與猶堂全書 4』, p. 274)]라고 강조하였고, ㉡ 이에 따라 『산행일기汕行日記』에서도 "열수洌水 정약용丁若鏞이 거듭 「기記」를 쓴다(洌水 丁鏞, 重爲之「記」.)"[『汕行日記』(『定本 與猶堂全書 4』, p. 398)]라고 기록하고 있다. ② '소계苕溪'와 관련해서는 ㉠ 「『마과회통』서『麻科會通』序」에서 "가경嘉慶 무오년戊午年 초겨울에 소계苕溪 정약용丁若鏞이 쓰다(嘉慶戊午孟冬, 苕溪 丁若鏞識.)"[『麻科會通』(『定本 與猶堂全書 34』, p. 44)]라고 표기하고 있으며, ㉡ 한편 신유옥사辛酉獄事[1801년, 純祖 1] 때에 그가 장기長鬐로 유배되어서는 고향 소계苕溪를 그리워하며 "소자첨蘇子瞻[蘇軾: 필자 주]은 남해南海에서 귀양살이 하면서 「아미도峨嵋圖」 때문에 병이 나았다네. 나도 지금 소계苕溪를 그려보고 싶은데, 세상에 화공畫工이 없으니 누구에게 부탁하랴? ……푸른 산줄기 휘감긴 곳에 철마鐵馬가 서 있고,【산위에 철마가 있어 마을사람들이 여기에다 제사祭祀를 지냈기 때문에 '마재[馬峴]'라 불렀다】 깎아지른 기암奇巖에서 금부金鳧가 날아가네.【동쪽에 쌍부암雙鳧岩이 있다】 남자주藍子洲 가에는 방초芳草

정약용의 가계는 근기남인近畿南人 중 시파時派—영조조英祖朝 말에서 정조조正祖朝에 걸친 정치적 분파로서, 정조의 정치노선에 동조하고 사도세자思悼世子[1735~1762]를 동정하던 보호파를 말한다—에 속하고 있었다. 정약용의 조상은 원래 황해도黃海道 배천[白川]에서 살았는데, 조선왕조에 접어들자 한양漢陽에서 세거하다가 갑술년[1694년, 肅宗 20]에 갑술환국甲戌換局으로 남인이 정계에서 완전히 실각하게 되자 마재[馬峴]로 옮겨와 살았다. 이에 3대가 포의布衣로 일관한 끝에 부친 재원載遠에 이르러 다시 벼슬길이 열렸고, 부친의 벼슬은 진주목사晉州牧使에 이르렀다. 모친의 가계는 해남윤씨海南尹氏의 명문 집안으로서, 모친은 윤선도尹善道[孤山, 1587~1671]의 후손이요, 윤두서尹斗緖[恭齋, 1668~ 1715]의 손녀였다. 정약용은 이들 사이의 4남 2녀 중 4남으로 태어났다. 그가 15세 되는 병신년[1776년, 英祖 52]에 풍산홍씨豐山洪氏에게 장가들었는데, 장인은 무과武科 출신으로 승지承旨를 지낸 화보和輔였으며, 홍씨 사이에서 6남 3녀를 두었으나 4남 2녀는 요절하여 아들 학연學淵·학유學游와 서랑壻郞 윤창모尹昌謨를 두었을 뿐이다. 1836년[丙申年, 憲宗 2] 2월 22일—이날은 부인 풍산홍씨와의 회혼일回婚日이었다—에 마재 본가에서 75세로 생을 마쳤다. 이후 1910년[隆熙 4]에 특별히 정헌대부正憲大夫 규장각제학奎章閣提學에 추증되고 '문도공文度公'이란 시호를 받았다.[6]

가 푸르르고, 석호정石湖亭 북쪽에는 맑은 모래 깔렸다네. 돛단배는 저 멀리 필탄筆灘을 지남이 분명하고, 나룻배는 뒤따라 귀음龜陰을 부르는 듯하네. 검산黔山은 절반이나 푸른 구름 속에 아득히 들어 있고, 백병봉白屛峯은 저 멀리 사양斜陽을 지고 외로이 서 있네. 하늘가에 높다랗게 절이 보이는데, 수종水鍾의 지세地勢와 더욱더 잘 어울리네.【백병봉은 양근楊根에 있는데, 귀음의 여러 봉우리와 함께 십여 리나 연이어 있다】 소나무와 노송나무 우거진 곳 우리 정자요,【망하정望荷亭】 배꽃 가득 뜰에 핀 곳 우리 집이네(子瞻謫南海, 愈疾「峨嵋圖」. 我今欲畫苕溪看, 世無畫工將誰摸? ……翠麓縈廻立鐵馬,【山上有鐵馬, 村人祀之, 故曰: '馬峴'】 奇巖矗削飛金鳧.【東有雙鳧岩】 藍子洲邊芳草綠, 石湖亭北明沙鋪. 風帆遙識筆灘過, 津艓似趁龜陰呼. 黔山半入碧雲杳, 白屛迥立斜陽孤. 天畔岧嶢見僧院, 水鍾地勢尤相符.【白屛在楊根, 與龜陰諸峰, 連延十餘里】 松檜蔭門吾亭也,【望荷亭】 梨花滿庭吾廬乎.)"[「戲作「苕溪圖」」(『定本 與猶堂全書 1』, pp. 404~405)]라는 시詩를 지어, 자기가 시거時居하고 있는 고향에 대해 각별한 애정을 표현한 바 있다.

6 이하에서의 논의는 丁奎英 編(1921/1992), 宋載卲(1986), 송재소 역주(2014) 및 정약용의 「自撰墓誌銘【集中本】」(『定本 與猶堂全書 3』, pp. 252~281) 등에 주로 의존하

이상에서 개략적으로 소개한바 정약용의 일생은 특히 그의 학문활동과 관련하여 살펴볼 때, 대체로 '성장·수학기成長·修學期'[1762년~1788년], '사환기仕宦期'[1789년~1800년], '적거·저술기謫居·著述期'[1801년~1822년], '소요자적기逍遙自適期'[1823년~1836년]로 다시 구분할 수 있겠다. 그러면, 지금부터 이러한 시기구분을 염두에 두면서 정약용의 생애를 보다 자세하게 살펴보기로 하자.

I. 성장·수학기[1762년~1788년]

초기 수학과정: 고향에서 부친의 가르침을 통하여 장차 대학자로 성장할 토대를 마련하다

정약용丁若鏞이 태어난 임오년[1762년, 英祖 38]은 영조英祖가 자신의 아들이자 정조正祖의 생부이기도 했던 사도세자思悼世子를 죽인 변고, 즉 임오화변壬午禍變이 일어났던 해였다. 이 사건은 갓 태어난 정약용의 신상에도 조그마한 흔적을 남기게 되는데, 곧 '귀농歸農'이라는 그의 어렸을 때의 자字가 바로 그것이다. 정약용의 부친은 이 해에 진사進士가 되어 연석筵席에 올라 『예기禮記』의 「제의祭義」편을 강론하여 특지特旨로써 관직을 제수받았으나,[7] 이러한 화변이 일어나자 남인南人의 시파時派로서 관직을 그만두고 시골로 돌아가기로 결심하고 있었던바, 마침 그때 정약용이 태어났으므로 이렇게 자字를 지어주었던 것이다.

였다. 이외에도 朴錫武(1988), 박석무(2003), 박석무(2014), 鄭玉子(1993), 고승제(1995), 愼鏞廈(1997a), 장승구(2001: 19~51), 금장태(2005a), 금장태(2005b), 금장태(2011), 금장태(2012), 정민(2011), 함규진(2012), 조성을(2016)도 정약용의 생애를 전체적으로 이해하는 데에 훌륭한 길잡이가 되는 연구물이다.

7 「先伯氏進士公墓誌銘」(『定本 與猶堂全書 3』, p. 304) "父諱載遠, 英宗壬午, 以新榜進士, 登筵講「祭義」, 以特旨授官."

정약용의 부친은 이후 한평생 동안 호조좌랑戶曹佐郎과 한성서윤漢城庶尹 및 지방수령地方守令을 두루 역임하였고 말년에는 벼슬이 진주목사晋州牧使에까지 이르러 임지에서 세상을 떠났지만, 또한 평소 끊임없이 독서에도 힘썼던 전형적인 학자풍의 교양인이었다.[8] 그리고 자녀들의 양육과 가정교육에 있어서도 남다른 관심과 노력을 아끼지 않았던 모범적인 가장이기도 하였다. 따라서 정약용의 덕기德器가 관후寬厚하고 경학經學이 정미精微했던 것은 오로지 가정에서 양육을 잘 받았기 때문이라고 평가되고 있거니와, 사실상 그가 15세에 장가들기 전까지의 유소년 시절에 있어 학문의 기틀과 토대를 마련해주었던 가장 중요하고도 유일한 스승은 다름 아닌 그의 부친이었던 것이다.

정약용은 타고난 자질도 매우 총명하였지만, 또한 어려서부터 매우 학구적이어서 독책督責함을 기다리지 않았다고 한다. 즉, 4세부터 『천자문千字文』을 배우기 시작하여 7세 때부터는 이미 오언시五言詩를 지었는데, 이로써 10세 이전까지 저작한 작품들을 모아 『삼미자집三眉子集』을 내기도 하였다. 그리고 이러한 모습을 본 당시의 문인文人이나 큰 선비 가운데서 감탄하고 칭찬하지 않은 이가 없었으며, 장차 반드시 대성할 것임을 알았다고 한다. 특히 9세 때에 모친 숙인淑人 해남윤씨海南尹氏의 상喪을 당하는 슬픔 속에서도 어린 정약용의 공부는 계속되었고, 그 이듬해인 10세 때부터는 부친이 관직을 그만두고 집에 머물게 되면서 그를 친히 가르침에 따라 그의 소년 시절의 공부는 본격적인 궤도에 오르기 시작하였다. 이때부터 정약용은 경서經書와 사서史書를 배웠고, 그것

---

8 이러한 부친의 모습은 이후 유배지에서의 정약용의 회고담에서도 잘 묘사되고 있다: "옛날 선군先君[돌아가신 부친: 필자 주]께서 벼슬을 내어놓고 집에 계실 적에 『주역周易』을 읽으셨는데, 하루에 한 괘卦씩을 읽어나가셨다. 그때 제가 옆에서 참관하였으나 오직 무릎을 치며 감탄하시는 것만 보았을 뿐 여쭈어보지는 못하였다. 이는 임진년[1772년, 英祖 48: 필자 주]과 계사년[1773년, 英祖 49: 필자 주] 사이의 일이다.(昔先君解官家居, 讀『周易』, 日讀一卦. 時鏞在旁參觀, 唯見其擊節欣賞, 未有質問. 此壬辰·癸巳間事也.)" 「與尹畏心【永僖】」(『定本 與猶堂全書 4』, p. 126)

을 본떠 글을 짓기 시작했는데 그 체體가 매우 비슷한데다가 1년 동안 지은 글이 자기의 키만큼이나 될 정도로 열심이었다. 13세 때부터는 두시杜詩를 뽑아 베껴놓고 그것을 모방하여 원운原韻에 따라 화답하는 운韻을 붙여 시詩를 지었는데, 또한 그 시들은 두시의 뜻을 깊이 체득한 것이었을 뿐만 아니라 모두 수백 수나 됨에, 이것을 본 부친의 친구들이 크게 칭찬하였다고 한다.

어린 정약용의 이처럼 학구적이고 성실하면서도 가정을 통해 이루어진 초기 수학과정은 15세가 될 때까지 계속되었다. 특히 10세부터 15세에 이르는 약 5년에 걸친 기간 동안 정약용이 직접 부친으로부터 받았던 체계적이고도 집중적인 가르침은 장차 그가 대학자로 성장할 수 있었던 비옥한 밑거름이 되었던 것으로 보인다.

후기 수학과정①: 서울에서 이익을 사숙하다

한편, 정약용은 15세 되는 병신년[1776년, 英祖 52]에 서울에 올라와 풍산홍씨豊山洪氏에게 장가들었는데, 장인은 무과武科 출신으로서 승지承旨를 지낸 분으로 함자는 화보和輔였다.[9] 마침 이 해에 영조가 승하하고 정조가 왕위에 올라 남인 등용책을 폄에 따라 부친도 다시 호조좌랑戶曹佐郎으로 출사出仕하게 되었고, 이에 정약용도 부친을 따라 상경하여 서울에 집을 세내어 살게 되었다. 이로써 고향 마재[馬峴]—일명 '소내[苕川', 苕水, 苕溪, 牛川]'라고도 부른다—에서의 가학家學을 통한 유소년기의 수학과정은 일단락되었고, 또한 당시 서울에서 활동하던 쟁쟁한 남인계 학자들과 교유하며 이들의 영향을 받기 시작하면서부터 정약용의 '성장·수학기成長·修學期'는 새로운 단계를 맞이하게 되었다. 즉, 정약용은 서울에서 모두 이익

---

9 정약용의 장인丈人인 홍화보洪和輔의 생애에 대해서는 「咸鏡北道兵馬節度使洪公墓碣銘」(『定本 與猶堂全書 3』, pp. 320~322)이 참조된다.

李瀷[星湖, 1681~1763]을 조술祖述했던 권철신權哲身[鹿菴, 1736~1801], 이가환李家煥[貞軒, 1742~1801], 이기양李基讓[茯菴, 1744~1802], 이벽李檗[원명은 德操, 曠菴, 1754~1786], 이승훈李承薰[蔓川, 1756~1801]과 같은 인물의 영향을 받는 가운데 그 자신의 '성장·수학기의 후반부[1777년~1788년]'를 시작하였다.[10]

특히, 서울에 상경한 이듬해인 16세 되는 정유년[1777년, 正祖 1]에 정약용에게는 자신의 일생에 있어 가장 중요한 사건이 발생하였다. 즉, 정약용은 이때 처음으로 성호선생星湖先生의 유고遺稿를 직접 접하게 되면서, 또한 이를 준칙으로 삼아 흔연히 학문을 하기로 마음먹었던 것이다. 정약용은 이익을 사숙私淑하는 가운데 정주성리학程朱性理學의 세계관에 고착·밀폐된, 그리고 이때까지 자신이 너무나도 익숙하게 익혀왔던 『대전大全』의 세계라는 "커다란 꿈"으로부터 깨어나게 되었고, 그리하여 "천지天地의 큼과 일월日月의 밝음을 알 수 있게 되었던" 것[11]이다. 이때 정약용이 이익의 유고를 통해 목도한 것은 유용성을 중시하는 호대

10 여기서 ① 권철신은 이익李瀷의 문하에서 가장 촉망받았던 말년 제자이다. ② 이가환은 이익의 종손從孫이자 이승훈李承薰의 외삼촌으로서, 당시 이익의 학풍을 계승했던 중심인물 가운데 한 사람이다. ③ 이기양 역시 권철신 및 안정복安鼎福[順菴: 1712~1791]과 함께 이익의 학문을 수학·계승했던 인물이다. ④ 이벽은 정약용의 누나의 남편으로, 그에게 천주교天主教를 처음 전도했던 인물이다. ⑤ 이승훈李承薰은 정약용의 큰형님의 처남으로서, 갑진년[1784년, 正祖 8] 2월경에 북경에서 예수회 선교사인 그라몽J.J. de Grammont[梁棟材] 신부로부터 세례를 받음으로써 조선 최초의 천주교 영세자가 되었던 인물이다.

11 정약용은 이후에 다음과 같이 말한 바 있다: "성옹星翁[李瀷: 필자 주]의 저작은 거의 1백 권에 가깝습니다. 스스로 생각건대 우리가 천지天地의 큼과 일월日月의 밝음을 알 수 있었던 것은 모두 이 어르신의 힘이었습니다.(星翁文字, 殆近百卷. 自念吾輩能識天地之大·日月之明, 皆此翁之力.)" 「上仲氏【辛未冬】」(『定本 與猶堂全書 4』, p. 206); "찬란하도다 성호선생星湖先生이시여, 성誠·명明으로 빛나는 글을 지으셨도다. 아득하여 광막함을 근심하던 때에 세밀하게 분석하신 것을 보게 되었네. 보잘것없는 나 뒤늦게 태어났으나, 아득한 대도大道를 듣게 되었네.(郁郁星湖子, 誠·明著炳文. 瀰漫愁曠際, 芒芴見纖分. 眇末吾生晚, 微茫大道聞)." 『西巖講學記』(『定本 與猶堂全書 4』, p. 286); "박학하신 성호선생, 우리의 백세사百世師이시다.(博學星湖老, 吾徒百世師.)" 「博學」(『定本 與猶堂全書 1』, p. 257); "성호선생을 따라 사숙私淑하는 가운데 나는 커다란 꿈에서 대부분 깨어났다.(余之大夢, 多從星湖私淑中覺來.)" 丁奎英 編(1921/1992: 102) 및 송재소 역주(2014: 15)

한 학문세계, 그리고 열린 경학세계經學世界였다. 이로써 정약용은 이후 자신의 일생 동안 관철되고 있는 학문적 방향 및 문제의식을 구체적으로 정립하기에 이른다.

후기 수학과정②: 약관의 초학도 시절부터 독자적인 경전해석을 시도하다

정약용은 이때부터 22세 되는 계묘년[1783년, 正祖 7]에 경의진사經義進士로서 성균관成均館에 유학할 때까지는 부친의 명에 따라 부친의 임소와 서울을 오가며 열심히 글을 읽었다. 특히 17세가 되는 무술년[1778년, 正祖 2] 겨울, 정약용은 부친의 임소인 화순和順 근방의 동림사東林寺에서 중형仲兄 정약전丁若銓과 함께 경전을 읽었다.[12] 여기서 중형 정약전은 『상서尙書』를 읽었고 정약용은 『논어論語』와 『맹자孟子』를 읽었는데, 이때 정약용의 『논어』와 『맹자』 읽기는 경학經學 상의 중요한 의미를 가진다. 왜냐하면 우선 그가 40여 일 동안 독서하는 과정에서 비로소 학문의 즐거움을 본격적으로 맛보았을 뿐만 아니라, 보다 중요한 사실은 그가 약관의 초학도이었음에도 성호학파星湖學派의 영향 하에서 이미 이때부터 대동지론大同之論—『사서집주四書集註』로 대표되는 주희朱熹의 경전해석—과는 의식적으로 비판적 거리를 유지하는 가운데 나름의 독자적인 경전해석을 단초적이나마 시도하고 있었기 때문이다.[13] 물론 이러한 정약용의

---

12 「東林寺讀書記」(『定本 與猶堂全書 3』, p. 78); 『論語古今注 II』(『定本 與猶堂全書 9』, p. 125); 『孟子要義』』(『定本 與猶堂全書 7』, p. 43)

13 정약용은 다음과 같이 말한 바 있다: "지난 건륭乾隆 무술년[1778년, 正祖 2: 필자 주] 겨울, 나는 화순和順의 동림사東林寺에서 독서를 하면서【당시 나이는 17세였다】 이러한 뜻[『論語集註』와는 다른 해석: 필자 주]을 얻었으니, 지금으로부터 37년 전의 일이다. 이제 서씨徐氏의 『경설經說』을 살펴보니 옛사람들도 이미 이러한 뜻을 알고 있었다.(○[案] 昔在乾隆戊戌之冬, 余在和順東林寺讀書【年十七】, 得斯義, 今三十七年矣. 今見徐氏『經說』, 古人已先得之.)" 『論語古今注 II』(『定本 與猶堂全書 9』, p. 125); "내가 옛날에 만연사萬淵寺의 동림사東林寺【화순현和順縣의 북쪽에 있다】에서 독서할 때, 상하 두 절節을 모두 하夏 나라의 속담으로 생각하여 태강太康 때 지어졌거나【태강이 무절제하게 논 것은 「하본기夏本紀」에 나온다】 혹은 하 나라 걸왕桀王 때에 지어진 것으로 여기고, 제후諸侯는 그대

초기 경전해석태도와 견해는 이후 그 자신의 대표적인 경학적 저술들—여기서는 특히 『논어고금주論語古今注』와 『맹자요의孟子要義』—에 발전적으로 관철되고 있음을 살펴볼 수 있다.

후기 수학과정③: 초학도 시절부터 당시 조선의 학문풍토에 대한 비판적 태도를 견지하며 '수사학'에의 문제의식을 키워나가다

한편, 이 무렵 젊은 정약용은 이미 세속적인 놀이나 노래하는 아이와 춤추는 계집과 같이 사람의 마음과 눈을 어지럽힐 수 있는 것과는 일절 관계하지 않은 채 자연과 벗하고 독서에 힘쓰는 단아한 선비의 풍모를 갖추고 있었으며,[14] 또한 부친의 자상한 배려와 가르침을 통하여 자기 가문에 대한 사랑과 자부심을 실천적으로 체득하기도 하였다.[15]

당시 젊은 정약용의 이러한 모습, 즉 이익李瀷의 유고遺稿를 통한 학문적 각성과 문제의식의 정립, 이에 따른 독자적인 경전해석태도와 특히 '수사학洙泗學'에의 의식적 지향, 단아하고 성실한 선비적 생활태도 등은 동시에 당시 조선의 전반적 학문풍토에 대한 비판적 태도로 이어지기도 하였다. 정약용이 21세 되는 임인년[1782년, 正祖 6]에 지은 「술지述志」라는 제목의 시詩에서 그의 이러한 태도를 잘 짐작할 수 있다.

「답답한 마음」[16]	「述志二首」
나이 어려 왕경王京에 노닐 때에는	弱歲游王京

로 다섯 등급의 제후에 해당시켰더니, 중씨仲氏가 무릎을 치며 좋다고 칭찬하였다.(○[鏞案] ……○余昔讀書于萬淵寺之東林【在和順縣北】, 以爲上下二節, 通作夏諺, 而並爲太康時作【太康游豫無度, 見「夏本紀」】, 或爲夏桀時作, 諸侯仍當爲五等諸侯, 仲氏擊節稱善.)" 『孟子要義』(『定本 與猶堂全書 7』, p. 43)

14 「伴鶴亭記」(『定本 與猶堂全書 3』, pp. 78~79)

15 「仙夢臺記」(『定本 與猶堂全書 3』, pp. 79~80)

16 「述志二首」(『定本 與猶堂全書 1』, pp. 187~188). 번역문은 宋載卲 譯註(1991: 25~27) 및 송재소 역주(2013: 42~45)를 참조하였다.

내 몸 낮춰 친구 교제하지 않았고 結交不自卑
속된 기운 벗어난 사람이라면 但有拔俗韻
서로 족히 마음을 털어놓았네 斯足通心期
힘을 합해 수사洙泗로 돌아가고자 戮力返洙泗
두 번 다시 시의時宜를 묻지 않아서 不復問時宜
예의禮義 잠시 새롭긴 하였지만은 禮義雖暫新
허물과 후회가 이에서 생겨났네 尤悔亦由玆
굳건한 마음가짐 있지 않다면 秉志不堅確
이 길 어찌 평탄할 수 있겠으리오 此路寧坦夷
언제나 두려운 건 중도에 길을 바꿔 常恐中途改
영원히 뭇사람의 비웃음 사는 일 永爲衆所嗤

슬프다, 이 나라 사람들이여 嗟哉我邦人
우리 속에 갇힌 듯 궁벽하구나 辟如處囊中
삼면은 바다에 둘러싸이고 三方繞圓海
북쪽은 높은 산이 주름져 있어 北方縐高崧
사지四肢가 언제나 굽어 있으니 四體常拳曲
큰 뜻인들 무슨 수로 채울 수 있으리오 氣志何由充
성현聖賢은 만 리 밖 먼 데 있으니 聖賢在萬里
누가 있어 이 어둠 헤쳐줄 건가 誰能豁此蒙
고개 들어 사방을 둘러보아도 擧頭望人間
또렷한 맘 가진 자 보기 드물고 見鮮情瞳矓
남의 것 모방에만 급급해 하니 汲汲爲慕傚
어느 틈에 정성껏 자기 일 연마하리 未暇揀精工
어리석은 무리가 바보 하나 떠받들고 衆愚捧一癡
야단스레 다 같이 추앙케 하니 嗜哈令共崇
질박하고 꾸밈없는 단군檀君 세상의 未若檀君世
그 시절 옛 풍속만 못하리로다 質朴有古風

후기 수학과정④: 성균관에 유학한 뒤 서교에 접하고 『중용강의』를 지어 정조에게 올리다

마침내 정약용은 22세 되는 계묘년[1783년, 正祖 7]에 세자책봉世子冊封을 경축하기 위한 증광감시增廣監試에서 경의진사經義進士로 합격하여 성균관成均館에 유학하게 되었다. 그리고 이듬해인 그가 23세 되는 갑진년[1784년, 正祖 8]에 그에게는 두 가지 중요한 사건이 발생하였다. 그 하나는 이 해 4월 보름날 정약용이 큰 형수의 제사를 지내고 중형仲兄 정약전丁若銓 및 이벽李檗[曠菴, 1754~1786]과 함께 서울로 가기 위해 배를 타고 두미협斗尾峽을 내려가면서 이벽으로부터 처음으로 서교西教에 관한 이야기를 듣게 되었고, 서울에 온 이후에도 그를 따라다니며 마테오 리치Matteo Ricci[利瑪竇, 1552~1610: 예수회 선교사]의 『천주실의天主實義』와 판토하Didace De Pantoja[龐迪我, 1571~1618: 예수회 선교사]의 『칠극七克』 등을 포함한 여러 권의 서교 관계서적을 접하게 되면서 마음이 점차 그 쪽으로 이끌리게 된 사건[17]이

---

17 정약용은 이때의 정황을 다음과 같이 소개한 바 있다: "갑진년[1784년, 正祖 8] 여름에 이벽李檗을 따라 배를 타고 두미협斗尾峽[마재에서 한양으로 가는 뱃길: 필자 주]을 내려가다 처음으로 서교西教에 대해 듣고 한 권의 책을 보았다.(甲辰夏, 從李檗舟下斗尾峽, 始聞西教, 見一卷書.)" 「自撰墓誌銘【集中本】」(『定本 與猶堂全書 3』, p. 253); "갑진년 4월 보름, 큰형수[이벽의 누님: 필자 주]의 기일忌日에 제사를 지내고 우리 형제[정약전과 정약용: 필자 주]와 이덕조李德操[이벽: 필자 주]가 함께 배를 타고 물길을 내려왔는데, 배 안에서 천지조화天地造化의 시초, 육신과 영혼의 생사生死의 이치를 듣고는 황홀하여 놀랍고 의아함을 가누지 못하였으니, 마치 은하수가 끝이 없는 것 같았다. 한양에 들어와서도 이벽을 따라 『천주실의』와 『칠극』 등 여러 권의 책을 보고서는 처음으로 흔연히 마음을 기울이게 되었다.(【附見】閒話條 ……甲辰四月之望, 旣祭丘嫂之忌, 余兄弟與李德操, 同舟順流, 舟中聞天地造化之始, 形神生死之理, 惝怳驚疑, 若河漢之無極. 入京, 又從德操, 見『實義』·『七克』等數卷, 始欣然傾嚮.)" 「先仲氏墓誌銘」(『定本 與猶堂全書 3』, p. 247)

한편, 이때부터 정약용은 서교를 단순히 서양학문으로만 인식했던 것에 그치지 않고 처음으로 신앙의 단계에까지 나아갔던 것으로 보이는바, 이해 말에 수표교水標橋 인근에 있던 이벽의 집에서 천주교天主教에 입교하고 자형 이승훈李承薰으로부터 영세와 함께 '요한[若望]'이라는 세례명을 받았던 것으로 전한다. 그러나 신해년[1791년, 正祖 15]에 진산사건珍山事件—진산珍山 출신인 윤지충尹持忠이 그의 외사촌인 권상연權尙然과 함께 천주교를 신봉했는데, 윤지충이 이해에 모친상을 당하자 천주교의 의식에 따라 혼백魂帛과 위패位牌를 폐지하고 제사를 지내지 않았으며, 권상연 역시 고모의 제사를 지내지 않음으로써 처형된 사건. 윤지충은 정약용의 외사촌이다. 이 사건을 '신해박해辛亥迫害'라고도 하며, 최초의 천주교도 박해사건이었다—이 일어나 천

다. 물론 정약용은 이 일로 하여 이후 자신의 운명에 심각한 위협을 받게 되지만, 그럼에도 당시에는 우선 이 사건을 통하여 서양의 과학기술과 학문에 대해서도 눈을 뜨게 되었고, 동시에 자신의 경학연구에 있어서도 일정한 자극을 받았던 것으로 보인다.

다른 하나는 이해 여름에 정약용이 『중용강의中庸講義』를 지어 정조正祖에게 올린 사건이다. 이미 소개한 바대로, 정약용은 약관의 초학도 시절부터 이미 나름의 관점에서 독자적인 학문태도를 견지하는 가운데 또한 평소의 성실한 학구적 노력을 통하여 남다른 학문적 역량을 온축해왔던바, 결국 이러한 성과는 정약용이 일개 성균관의 생원生員으로서 정조로부터 학문적 자질을 높이 평가받는 계기를 얻는 것으로 연결되었으니, 다름 아닌 바로 이 사건을 통해서였다. 즉, 정약용은 정조가 성균관의 생원들에게 내린 70여 조의 「중용강의조문中庸講義條問」의 답안지를 작성하면서 이벽과 깊은 토론을 나누기는 하였으나,[18] 특히 '사칠리기四七理氣의 변辨'과 관련된 정조의 질문에 대해서는 당색黨色이나 시론時論에 따르지 않고 독자적인 관점과 판단에 의거하여 입론했던바, 이는 우연히 이이李珥[栗谷, 1536~1584]의 설과 일치하였고,[19] 정조 또한 이러한

주교의 제사폐지의 설이 표면화되고, 또한 나라에서 금하는 일이 더욱 엄중해지자 이에 정약용도 점차 천주교에 대한 신앙을 버린 것으로 추측된다. 정약용의 서학 수용과정에 대해서는 Ch. Dallet/安應烈·崔奭祐 譯註(2000a: 302~303, 314, 438), 琴章泰(1984: 292~309), 姜在彥(1990: 205~229) 및 차기진(2002: 175~225)이 참조되며, 정약용이 천주교에 대한 신앙을 버린 전말에 대해서는 일명 '자명소自明疏'로 불리기도 하는 「辨謗辭同副承旨疏【丁巳】」(『定本 與猶堂全書 2』, pp. 167~174)가 참조된다. 이에 대해 차기진(2002: 188, 221)은 정약용이 천주교와의 단절을 분명히 하게 된 것은 신해년[1791년, 正祖 15]의 진산사건 이후가 아니라 을묘년[1795년, 正祖 19]의 북산사건北山事件으로 인해 충청도의 금정도찰방金井道察訪으로 좌천된 이후로 보고 있다.

18 『中庸講義補』(『定本 與猶堂全書 6』, p. 282); 『中庸講義補』(『定本 與猶堂全書 6』, pp. 395~396)

19 이 문제에 대한 정조의 질문과 정약용의 답변내용은 구체적으로 다음과 같다: [어문御問] "우리나라 선비 중에 누구【율곡栗谷】가 인심人心과 도심道心을 구분하면서 말하기를 '이理와 기氣는 혼융渾融하여 원래 서로 나누어질 수 없으나, 발하는 것은 기氣이며 발하게 하는 소이所以는 이理다. 어찌 이발理發·기발氣發이라는 구분이 있겠

정약용의 답안을 보고 나서 크게 칭찬하면서 첫째로 삼았던 것이다.

II. 사환기[1789년~1800년]

28세에 석갈하여 사환의 길로 접어들다

상기한 바대로, 이미 성균관의 생원으로 있을 때부터 정조正祖의 남다른

는가?'라 하였다. ……'발하게 하는 소이[所以發]'니 '발하는 것[發之]'이니 운운한 것은 대개 이 이理가 있기 때문에 발할 수 있으나 또한 이 기氣가 없으면 발하지 못한다는 이야기이다. 이理와 기氣란 원래 서로 나누어질 수 없다는 사실이 여기에서 분명해진 것이다. 그렇다면 일설一說에 '사단四端은 이발理發에 배속시키고 칠정七情은 기발氣發에 배속시킨 것'【퇴계退溪의 설】은 무슨 이야기인가? 명확한 논의를 듣고자 하노라." [신대臣對] "저는 '사단四端은 이발理發에 속하고 칠정七情은 기발氣發에 속한다'는 설에 대하여 일찍이 의심을 품어왔었습니다. 만약 분분한 설에 빠지지 않고 초연히 앉아 공정하게 바라본다면 쉽사리 간파할 수 있으리라 봅니다. 기氣란 자유적自有的인 사물[物]이며 이理는 의부적依附的인 물건[品]인데, 의부적인 것은 반드시 자유적인 것에 의지하는 까닭에 기氣가 발하면 곧 거기에 이理가 있게 되는 것입니다. 이러하기 때문에 '기발이리승지氣發而理乘之'라고 하면 가하지만 '이발이기수지理發而氣隨之'라고 하면 불가한 것입니다. 왜냐하면 이理는 자식自植하는 것이 아니어서 먼저 발할 수 있는 방도가 없기 때문입니다. 미발未發의 때에 비록 이理가 먼저 있었다 하더라도, 바야흐로 발할 때에는 반드시 기氣가 앞서게 되는 것입니다. 동유東儒[율곡: 필자 주]가 말한 '발하는 것은 기氣이고 발하게 하는 소이所以는 이理다'라는 주장은 참으로 정확한 것이니, 누가 이를 바꿀 수 있겠습니까? 제가 망령되이 사단四端·칠정七情에 대하여 한마디로 말하자면 '기발이리승지氣發而理乘之'라고 하겠으며, 결코 이理와 기氣에 각각 분속分屬시키지 않겠습니다. 비단 사단·칠정뿐만이 아니라 초목草木 하나의 생태와 조수鳥獸의 움직임 하나까지도 '기발이리승지' 아님이 없습니다."([御問曰] 東儒言人心·道心之別【東儒卽栗谷】曰: 「理·氣渾瀜, 元不相離. 發之者, 氣也; 所以發者, 理也. 安有理發·氣發之殊乎?」……曰: '所以發', 曰: '發之'云云, 盖謂有是理, 故發也; 無是氣, 則不發也. 理·氣之元不相離, 卽此可決. 然則一說'以四端屬理發·以七情屬氣發'者, 何也?【卽退溪之說】願聞的確之論. ○[臣對曰] 臣於'四端屬理發·七情屬氣發'之說, 有宿疑焉. 若不汨沒於紛紜之說, 超坐而公觀之, 則或易辨破. 盖氣是自有之物, 理是依附之品, 而依附者必依於自有者, 故纔有氣發, 便有是理. 然則謂之'氣發而理乘之'可, 謂之'理發而氣隨之'不可. 何者? 理非自植者, 故無先發之道也. 未發之前, 雖先有理, 方其發也, 氣必先之. 東儒所云: '發之者氣也, 所以發者理也'之說, 眞眞確確, 誰得以易之乎? 臣妄以謂四端·七情, 一言以蔽之曰: '氣發而理乘之', 不必分屬於理·氣也. 不但四·七, 卽一草一木之榮悴, 一鳥一獸之飛走, 莫非氣發而理乘之也.)『中庸講義補』(『定本 與猶堂全書 6』, pp. 395~396)

평가와 총애를 받아왔던 정약용丁若鏞은 28세 되는 기유년[1789년, 正祖 13]에 드디어 석갈釋褐[文科及第]하게 되었고, 이로써 그의 '사환기仕宦期[1789년~1800년]'가 본격적으로 시작되었다. 당시 정조는 왕권강화를 통해 강력한 일원적 중앙집권체제를 구축함으로써 개혁정치를 시행하려는 통치구상을 가지고 있었던바, 정약용은 이 기간 동안 바로 이러한 정조의 특별한 신임 하에서 그의 통치구상을 구체화하는 데에 관료로서 매진·활약한 바 있다. 따라서 정약용이 규장각奎章閣의 초계문신抄啓文臣[28세~33세]과 규영부교서승奎瀛府校書承[34세]으로서, 동부승지同副承旨[34세, 38세], 병조참의兵曹參議[34세] 및 형조참의刑曹參議[38세]와 같은 중앙관으로서, 또한 금정도찰방金井道察訪[34세]이나 곡산부사谷山府使[36세]와 같은 지방관으로서 재직·활약하게 되었던 것은 모두 상기한바 정조의 정치적 의도와 기실 밀접한 관련을 가지고 있었던 것이다.

초계문신에 선발되다

1

정약용은 석갈하자마자 초계문신에 임명되었고,[20] 이때부터 약 3년여에 걸쳐 정조의 지도 하에 집중적으로 사서四書·삼경三經—『주역周易』은 부친상父親喪을 당하여 마치지 못하였다—을 다시 연구하게 되었다. 그리하여 이때에 나온 정약용의 '경학經學 관계저술'로는 『희정당대학강의熙政堂大學講義』[28세], 『맹자강의孟子講義』[21][29세], 「희정당중용강록熙政堂中庸講錄」[29세], 「십

---

20 『正祖實錄』, 卷27, 13年 3月 20日(丁丑)條.

21 이 글은 현재 단행본이나 독립된 글의 형태로 전해지지는 않고, 다만 그 내용이 『맹자요의孟子要義』의 본문 가운데 7개 처에 분산되어 소개되고 있을 뿐이다. 그리고 이 글의 정확한 제목은 물론이요 현재 전해지고 있는 내용이 원래 내용의 전문全文에 해당하는 것인지, 아니면 그 일부분만을 발췌하여 소개한 것인지에 대해서도 명확한 언급이 없다. 여기서는 다만 이 글이 '어문御問'과 '신대臣對'의 형식으로 이루어져 있는 것에 주목하여 편의상 『중용강의中庸講義』에 빗대어 임시로 '『맹자

삼경책十三經策」[29세], 『시경강의詩經講義』[30세], 「논어대책論語對策」[30세], 「대학책大學策」22[30세] 및 「논어책論語策」, 「맹자책孟子策」, 「중용책中庸策」 등이 있다. 이때 정약용은 내각內閣[奎章閣]에서 부과되는 일과日課를 성실하고도 차질 없이 수행했을 뿐만 아니라,23 이에 따른 독서량 역시 엄청났

강의孟子講義』'라 부르기로 하겠다.

22 이 글은 현재 전해지지 않는다. 다만 그 존재 및 부분적 내용이 『대학공의大學公議』에서 '기사記事'의 형태로 소개되어 있다. 이에 그 '기사'의 내용을 소개하면 다음과 같다: "건륭乾隆 신해년[1791년, 正祖 15: 필자 주]에 내각內閣의 월과月課에서 임금께서 친히 『대학大學』을 책문策問하셨다. 이에 나는 다음과 같이 대답한 바 있다: '생각건대 『대학』의 극치極致와 『대학』의 실용實用은 「효孝·제弟·자慈」 이 세 가지를 벗어나지 않습니다. 지금 『대학』의 요지要旨를 밝히고자 한다면 반드시 먼저 「효·제·자」 세 글자의 의미를 명확하게 드러내야 하니, 그런 다음에야 비로소 『대학』 한 편의 전체全體와 대용大用이 밝혀질 수 있습니다. 경經[『대학』: 필자 주]에서 「명덕明德을 천하天下에 밝힌다[明明德於天下]」고 하였은즉, 「명명덕明明德」의 귀취歸趣는 반드시 「평천하平天下」 일절一節에 있습니다. 그러므로 효孝·제弟의 기풍을 일으키는 법法과, 고아를 구휼하고[恤孤] 백성이 죽은 자를 배반하지 않게 하는[不倍] 교화敎化가 과연 「명명덕」의 진면목이 아니겠습니까?' 이에 대책문對策文을 거두어 가자 임금께서 (나의 대책문을: 필자 주) 1등으로 뽑을 것을 명하셨으나, 당시 독권관讀卷官으로 계시던 채번옹蔡樊翁[蔡濟恭: 필자 주]께서 '「명덕明德」의 뜻에 대한 대답이 『대학장구大學章句』에 어긋난다'고 하시면서 2등으로 강등시키고 대신 김희순金羲淳을 1등으로 뽑았다. 지금으로부터 24년 전의 일이다.([記事]<u>乾隆</u>辛亥, 內閣月課, 親策問『大學』. 臣對曰: '臣妄竊以爲『大學』之極致, 『大學』之實用, 不外乎「孝·弟·慈」三者. 今欲明『大學』之要旨, 必先將「孝·弟·慈」三字, 疏滌表章, 然後一篇之全體·大用, 乃可昭也. 經曰: 「明明德於天下」, 則明明德歸趣, 必在乎「平天下」一節矣. 興孝·興弟之法, 恤孤·不倍之化, 其果非「明明德」之眞面目乎?' 卷旣徹, 命擢置第一, 時<u>蔡樊翁</u>爲讀卷官, 謂: '所言明德之義, 違於『章句』', 降爲第二, 以<u>金羲淳</u>爲第一. 今二十四年前事也.)" 『大學公議』(『定本 與猶堂全書 6』, pp. 80~81) 또한, 「<u>茯菴</u> <u>李</u>【<u>基讓</u>】墓誌銘」(『定本 與猶堂全書 3』, pp. 225~232)도 참조된다.

23 이와 관련하여 다음과 같은 재미있는 일화가 있다: 정약용이 29세 되는 경술년[1790년, 正祖 14]의 겨울에 정조正祖가 초계문신抄啓文臣으로 하여금 대궐 안의 각 성省에서 숙직하면서 『논어論語』를 읽고 매일 두서너 편씩 강講을 하게 하여 7일 만에 끝마치도록 조처한 일이 있었다. 이때 정약용도 밤늦게 상의원尙衣院—임금의 의복과 궁중에 소요되는 일용품 및 금·은·보화 등의 공급을 맡았던 관청—에서 『논어』를 읽고 있었는데, 갑자기 각리閣吏가 와서 다음 날 그에게 강講을 시키기로 예정한 장章이 적힌 쪽지를 몰래 보여주려 하였다. 이에 정약용이 깜짝 놀라 강講하는 사람으로서는 미리 얻어 볼 수 없는 것인데 어찌 된 일이냐고 반문함에, 그 각리가 임금께서 시키신 일이니 걱정할 것이 없다고 대답하였다. 그러나 정약용은 비록 그러하다 하더라도 『논어』의 전편全篇을 다 읽는 것이 마땅하다고 대답하면서 끝내 그 쪽지의 내용을 살펴보지 않았고, 이에 각리가 웃으면서 돌아갔다. 다음날 경연석상經筵席上에 정약용이 올라가 『논어』를 강講하려고 함에 정조가 각신閣臣에게 예정표와는 다른 장章을 골라 강講을 시키도록 명하였고, 또한 정약용은 조금도 틀린 곳이 없이 강講

던 것으로 보인다.

2

한편, 정약용은 이때부터 이미 경전經典을 이해·해석함에 있어 일차적으로 자의字義의 훈고訓詁를 남달리 중시하기도 하였는데,[24] 왜냐하면 자의가 분명하지 못하면 이것이 사정事情과 어긋나는 점이 있어도 깨닫지 못하게 되어 결국에는 문장文章이 모두 진부하게 되고 사정에 절실하지 못하게 되는 폐단이 생긴다고 보았기 때문이다.[25] 이에 일례로 『시경詩經』을 해석함에 있어서도 그는 "선진先秦과 양한兩漢의 문자를 널리 고증하여 많고 적은 그 중간을 절충한다면 거의 본의本義가 드러날 것"이라는 생각에서 "이에 구경九經과 사서四書 및 고문古文의 제자백가서諸子百家書와 사서史書를 가져다 놓고 이것 가운데서 극히 짧은 말 한 마디, 글 한 구절이라도 『시경』을 인용하거나 논한 것이 있으면 모조리 차례대로 초록抄錄하"는 남다른 노력을 통하여 자의의 훈고를 우선 분명히 하였던바, 이 때문에 『시경』의 의리義理에 있어서도 역시 분명하게 얻는 것이 있었던 것이다. 이처럼 광범위한 독서와 진지한 학구적 노력을 바탕으로 하여 정약용이 지어 올린 『시경강의詩經講義』는 "백가百家의 말을

을 끝마쳤다. 이에 정조가 과연 전편을 다 읽었구나 하시면서 웃으셨다고 한다. 「自撰墓誌銘【集中本】」(『定本 與猶堂全書 3』, p. 279), 丁奎英 編(1921/1992: 121~122) 및 송재소 역주(2014: 37~38)

24 정약용은 다음과 같이 말한 바 있다: "독서란 오직 의리義理를 구할 뿐이다. 만약 의리에 있어 얻는 것이 없다면, 비록 날마다 천 권의 책을 독파한다고 하더라도 담에 얼굴을 대고 있는 것과 같은 꼴이 될 뿐이다. 그러나 자의字義의 훈고訓詁에 밝지 못하면 의리 또한 이로 인하여 어두워진다. ……이 때문에 옛 선비들이 경전經典을 해석하면서 대부분 훈고를 급선무로 삼았던 것이다.(讀書者, 唯義理是求. 若義理無所得, 雖日破千卷, 猶之爲面墻也. 雖然其字義之詁訓有不明, 則義理因而晦, ……玆所以古儒釋經, 多以詁訓爲急者也.)" 「『詩經講義』序【辛亥冬】」(『定本 與猶堂全書 3』, p. 30)

25 「字說」(『定本 與猶堂全書 2』, p. 216) "後世不習字書, ……其中字義, 有逈與事情乖戾者, 而亦罔覺. 故文皆陳腐, 不切事情."

두루 인증引證하여 그 출처가 무궁하니, 진실로 평소의 온축이 깊고 넓지 않았다면 어찌 이렇게까지 할 수 있겠는가!"라는 정조의 찬탄을 자아내게 하였다.[26] 나아가 정약용은 「십삼경책十三經策」·「논어대책論語對策」·「맹자책孟子策」·「대학책大學策」·「중용책中庸策」 등의 저술을 통해서도 간취할 수 있듯이, 이때부터 이미 자신의 '실제·실천 중시'의 경학적 입장을 분명히 정립했던 것이다.

관료로서 활약하다

한편, 이 시기에 정약용은 예문관검열藝文館檢閱, 사간원정언司諫院正言, 사헌부지평司憲府持平, 홍문관수찬弘文館修撰 및 홍문관교리弘文館校理와 같은 청요직淸要職과 더불어 승정원承政院의 동부승지同副承旨와 같은 내직內職에 연이어 제수되었고,[27] 한편 한강漢江에 주교舟橋를 설치하는 공사[28세]와 화성華城 축조공사[31세]에 규제規制를 지어 올려 공을 세우는 등, 실무적인 일에 있어서도 자신의 과학적 지식과 재능을 마음껏 발휘하였다.[28] 이후에도 연이어 정약용은 규영부교서승奎瀛府校書承—규영부奎瀛府는 '규장각奎章閣'의 별칭이다—으로 재직하면서 『화성정리통고華城整理通攷』[29]의 찬술

---

26 「『詩經講義』序【辛亥冬】」(『定本 與猶堂全書 3』, pp. 30~31) "(釋經者,) 苟博攷於先秦·兩漢之文, 而折衷於多寡之間, 庶本義著顯. ……於是, 取九經·四書及古文諸子·史, 凡有一言隻詞之引『詩』·論『詩』者, 咸序次鈔錄之. 於是援而對之, 蓋詁訓旣明, 而義理無所事矣. 書旣上, 御筆批其尾曰: '泛引百家, 其出無窮, 苟非素蘊之淹博, 安得有此!'"

27 이와 관련된 구체적 내용에 대해서는 「辭翰林疏【庚戌】」(『定本 與猶堂全書 2』, pp. 154~155), 「辭翰林再疏」(『定本 與猶堂全書 2』, pp. 155~156), 「辭翰林三疏」(『定本 與猶堂全書 2』, pp. 156~157), 「辭正言兼陳科弊疏」(『定本 與猶堂全書 2』, pp. 157~160), 「辭持平兼陳科弊疏」(『定本 與猶堂全書 2』, pp. 160~162), 「辭副校理疏」(『定本 與猶堂全書 2』, p. 163), 「辭校理兼陳所懷疏」(『定本 與猶堂全書 2』, pp. 165~166), 「辨謗辭同副承旨疏【丁巳】」(『定本 與猶堂全書 2』, pp. 167~174) 등이 참조된다.

28 이와 관련된 정약용의 대표적인 저술을 들자면, 「城說」(『定本 與猶堂全書 2』, pp. 220~227), 「甕城圖說」(『定本 與猶堂全書 2』, p. 227), 「砲樓圖說」(『定本 與猶堂全書 2』, pp. 228~229), 「懸眼圖說」(『定本 與猶堂全書 2』, p. 230), 「漏槽圖說」(『定本 與猶堂全書 2』, p. 231), 「起重圖說」(『定本 與猶堂全書 2』, pp. 231~236), 「總說」(『定本 與猶堂全書 2』, pp. 237~238) 등이 있다.

撰述[34세], 『사기영선史記英選』[35세]과 『춘추좌씨전春秋左氏傳』[36세]의 교정校正, 곡산부사谷山府使로 재직하면서는 『사기찬주史記纂註』[37세]를 지어 올리는 등 정조의 편찬사업에 있어서도 핵심적인 역할을 하였고, 또한 이를 통해 그는 규장각에 비장된 서적들을 두루 섭렵할 수 있었다.

여기서 특히 주목되는 사실은 정약용이 이러한 활동을 통해 자연스럽게 박제가朴齊家[楚亭, 1750~1805]·유득공柳得恭[泠齋, 1749~?]·이덕무李德懋[雅亭, 1741~1793] 등과 같은 서얼庶孼 출신의 검서관檢書官들과도 교유하게 됨으로써 결과적으로 박지원朴趾源[燕巖, 1737~1805]으로 대표되는 '북학파北學派'의 실학사상과도 지적 공감대를 넓힐 수 있었다는 점이다.[30] 결국, 이와 같은 정약용의 학문적 이력은 이후 자신의 육경六經과 사서四書에 걸

---

29 『화성정리통고華城整理通攷』는 사도세자思悼世子의 침원寢園인 현륭원顯隆園 및 용주사龍珠寺, 배봉진拜峯鎭의 유래와 제도 등을 기록하여 편찬한 책이다.

한편, 정약용은 이 책의 내용 및 편찬과정에 대해 다음과 같이 말한 바 있다: "을묘년乙卯年 봄에 서국書局을 열도록 명하시어 『정리통고整理通攷』를 찬술撰述하게 하셨는데, 비궁閟宮·침원寢園 및 용주사龍珠寺·배봉진拜峯鎭의 여러 유래와 제도 등을 신臣 정약용에게 편찬하도록 명하셨다.(乙卯春, 命開書局, 撰『整理通攷』, 而閟宮·寢園及龍珠寺·拜峯鎭諸緣起·規制, 命臣鏞撰次.)" 「跋「植木年表」」(『定本 與猶堂全書 3』, p. 141); "규영부奎瀛府에 들어가 이만수李晩秀·이가환李家煥·이익운李益運·홍인호洪仁浩·서준보徐俊輔·김근순金近淳·조석중曺錫中 등과 함께 『화성정리통고華城整理通攷』를 짓게 하셨는데, 정약용이 맡은 바가 특히 많았다.(令入處奎瀛府, 與李晩秀·李家煥·李益運·洪仁浩·徐俊輔·金近淳·曺錫中等, 共撰『華城整理通攷』, 鏞所掌特多.)" 「自撰墓誌銘【集中本】」(『定本 與猶堂全書 3』, pp. 258~259)

30 정약용은 다음과 같이 말한 바 있다: "내가 선조先朝[正祖: 필자 주] 때에 규영부교서奎瀛府校書로 있었는데, ……이후에 또 규장각검서관奎章閣檢書官 박제가朴齊家가 지은 『북학의北學議』 6권을 보았으며, 그 뒤에도 지금[『經世遺表』를 저술한 당시: 필자 주]은 고인故人이 된 유신儒臣 박지원朴趾源이 저술한 『열하일기熱河日記』 20권을 보았는데, 여기에 실린 중국의 기용제도器用制度 중에는 보통 사람으로서는 추측할 수 없는 것이 많았다.([臣謹案] ……臣於先朝, 校書奎瀛府, ……其後又見奎章閣檢書官朴齊家所著『北學議』六卷, 其後又見故儒臣朴趾源所著『熱河日記』二十卷, 其載中國器用之制, 多非人意之所能測.)" 『經世遺表 I』, 「冬官工曹」(『定本 與猶堂全書 24』, p. 148)

한편, 정약용은 35세 되는 병진년[1796년, 正祖 20] 10월에 규영부교서승奎瀛府校書承으로 임명되어 박제가 등과 함께 『사기영선史記英選』을 교정한 바 있다. 그리고 정약용은 박제가와 신유옥사辛酉獄事[1801년, 純祖 1] 때까지도 친밀한 교제와 학문적 교류를 계속하였다. 보다 자세한 내용은 「種痘說」(『定本 與猶堂全書 2』, pp. 216~218)이 참조된다.

친 방대한 경학저술經學著述 및 '일표一表·이서二書'로 대표되는 불후의 경세학저술經世學著述을 집필하는 데에도 지대한 도움이 된 바 있다.

남인의 대통에 관여하고 다양한 제도개혁안을 개진하다

나아가 정약용은 사환仕宦의 길로 접어든 지 불과 4년밖에 되지 않은 31세 되는 임자년[1792년, 正祖 16]에 정조의 은밀한 지시에 따라 채제공蔡濟恭[樊巖, 1720~1799], 이가환李家煥[貞軒, 1742~1801] 등 남인시파南人時派의 원로·중진들과 함께 남인의 대통臺通—사헌부司憲府·사간원司諫院의 관원으로 천거되는 것—에 깊숙이 관여함으로써 정차 정국을 주도할 핵심인물의 위치 또한 암암리에 다져가고 있었다.

바로 이러한 맥락에서 정약용은 당시 비록 단편적이기는 하나 다양하고도 급진적인 경세학적 제도개혁안을 정조를 상대로 개진했던 것인바, 이에 그 대표적인 것을 들자면 ① '조세·수취제도 개혁안'으로는 「지리책地理策」[28세], 「농책農策」[29세], 「경기암행어사론수령장부계京畿暗行御史論守令臧否啓」[33세], 「의엄금호남제읍전부수조지속차자擬嚴禁湖南諸邑佃夫輸租之俗箚子」[34세경], 「논각양가포이전상납사장論各樣價布以錢上納事狀」[37세], 「신포의身布議」[38세경], 「환향의還餉議」[38세경]가, ② '농정·토지제도 개혁안'으로는 「지리책」, 「응지론농정소應旨論農政疏」[37세경], 「전론田論 1~7」[31] [38세]이, ③ '국방·병역제도 개혁안'으로는 「지리책」, 「논문성진아병사장論文城鎭牙兵事狀」[37세], 「논각양가포이전상납사장」, 「응지론농정소」, 「수인산축성의修因山築城議」[38세경]가, ④ '인사고과제도 개혁안'으로는 「인재책人才策」[28세경], 「옥당진고과조례차자玉堂進考課條例箚子」[33세경], 「고적의考

31 정약용의 「전론田論」에 나타난 여전제閭田制 토지개혁사상에 대한 상세한 소개로는 대표적으로 愼鏞廈(1983a/1985, 1997), 김태영(2012)이 참조된다. 한편, 유배 이후 정약용이 제기했던 정전제井田制 토지개혁사상에 대한 상세한 소개로는 愼鏞廈(1983b/1997), 金泰永(1998: 141~154), 김태영(2012)이 참조된다.

績議」[38세경]가, ⑤ '과거제도 개혁안'으로는 「사정언겸진과폐소辭正言兼陳科弊疏」[29세], 「사지평겸진과폐소辭持平兼陳科弊疏」[29세]가, ⑥ '신분제도 개혁안'으로는 「전론 1~7」, 「통색의通塞議」[38세경]가, ⑦ '의복제도 개혁안'으로는 「공복의公服議」[38세경], 「서인복의庶人服議」[38세경]가, ⑧ '호적제도 개혁안'으로는 「호적의戶籍議」[38세경]가, ⑨ '도량형제도 개혁안'으로는 「도량형의度量衡議」[38세경]가, ⑩ '화폐제도 개혁안'으로는 「전폐의錢幣議」[38세경]가, ⑪ '궁중宮中의 누습陋習 개혁안'으로는 「옥당청알성방방물이무동사신은차자玉堂請謁聖放榜勿以舞童賜新恩箚子」[33세경]가, ⑫ 한층 강력하고 일관된 개혁정치를 정조에게 촉구한 글로서는 「옥당우동뢰진계차자玉堂遇冬雷陳戒箚子」[33세경]가 있다.

주목되는 관료경력①: 경기암행어사

마지막으로, 정약용이 이 기간 동안 관료로서 활약했던 경력 가운데서 가장 눈에 띄는 것으로는 두 가지가 있다. 그중의 하나는 33세 되는 갑인년[1794년, 正祖 18]의 '경기암행어사京畿暗行御史'이다.[32] 정약용이 경기암행어사로 임명되어 경기도의 각 고을을 순찰하면서 당시의 전반적인 제도적 모순, 관리들의 부패와 가렴주구, 민생의 피폐상을 직접 목도하게 되었던바, 이러한 경험 또한 이후 그의 광범위한 제도개혁론과 본격적인 정법론政法論을 저술하게 된 기본적 토대가 되었다. 그리고 정약용은 이때의 충격적인 경험을 다음과 같은 대표적인 두 편의 시詩를 통하여 잘 표현하고 있다.

---

32 『正祖實錄』, 卷41, 18年 11月 16日(庚子)條.

「적성촌積城村에서」[33]	「奉旨廉察到積城村[34]舍作」
시냇가 헌집 한 채 뚝배기 같고	臨溪破屋如甆鉢
북풍에 이엉 걷혀 서까래만 앙상하네	北風捲茅榱齾齾
묵은 재에 눈이 덮여 부엌은 차디차고	舊灰和雪竈口冷
체 눈처럼 뚫린 벽에 별빛이 비쳐 드네	壞壁透星篩眼谿
집안에 있는 물건 쓸쓸하기 짝이 없어	室中所有太蕭條
모조리 팔아도 칠팔 푼이 안 되겠네	變賣不抵錢七八
개꼬리 같은 조 이삭 세 줄기와	尨尾三條山粟穎
닭 창자같이 비틀어진 고추 한 꿰미	雞心一串番椒辣
깨진 항아리 새는 곳은 헝겊으로 때웠으며	破甖布糊丂穿漏
무너앉은 선반대는 새끼줄로 얽었구나.	庋架索縛防墜脫
구리 수저 이정里正에게 빼앗긴 지 오래인데	銅匙九遭里正攘
엊그젠 옆집 부자 무쇠솥 앗아갔네	鐵鍋新被鄰豪奪
닳아 해진 무명 이불 오직 한 채뿐이라서	靑綿敝衾只一領
부부유별夫婦有別 이 집엔 가당치 않네	夫婦有別論非達
어린 것 해진 옷은 어깨 팔뚝 다 나왔고	兒穉穿襦露肩肘
날 때부터 바지 버선 걸쳐보지 못하였네	生來不著袴與襪
큰아이 다섯 살에 기병騎兵으로 등록되고	大兒五歲騎兵簽
세 살 난 작은 놈도 군적軍籍에 올라 있어	小兒三歲軍官括
두 아들 세공歲貢[35]으로 오백 푼을 물고 나니	兩兒歲貢錢五百
빨리 죽기 바라는데 옷이 다 무엇이랴	願渠速死況衣褐
강아지 세 마리가 새로 태어나 아이들과	
한 방에서 잠을 자는데	狗生三子兒共宿
호랑이는 밤마다 울 밖에서 울어댄다	豹虎夜夜籬邊喝
남편은 나무하러 산으로 가고 아내는	
이웃에 방아품 팔러 가	郎去山樵婦傭舂
대낮에도 사립 닫힌 그 모습 참담하다	白晝掩門氣慘怛

33 「奉旨廉察到積城村舍作」(『定本 與猶堂全書 1』, pp. 258~259). 번역문은 宋載卲 譯註(1991: 62~65)와 송재소 역주(2013: 106~110)를 참조하였다.

34 적성촌積城村: 경기도 연천漣川에 있던 마을이다.

35 세공歲貢: 군포軍布를 말한다.

점심밥은 거르고 밤에 와서 밥을 짓고	晝闕再食夜還炊
여름에는 갖옷 한 벌 겨울엔 삼베 적삼	夏每一裘冬必葛
땅이나 녹아야 들냉이 싹 날 테고	野薺苗沈待地融
이웃집 술 익어야 찌끼라도 얻어먹지	村篘糟出須酒醱
지난 봄에 꾸어온 환자미還子米[36]가 닷 말인데	餉米前春食五斗
금년도 이 꼴이니 무슨 수로 산단 말가	此事今年定未活
나졸놈들 오는 것만 겁날 뿐이지	只怕邏卒到門扉
관가 곤장 맞을 일 두려워 않네	不愁縣閣受笞撻
오호라 이런 집이 천지에 가득한데	嗚呼此屋滿天地
구중궁궐 깊고 멀어 어찌 다 살펴보랴	九重如海那盡察
한漢 나라 벼슬인 직지사자直指使者[37]는	直指使者漢時官
이천석二千石 관리官吏[38]라도 마음대로 처분했네	吏二千石專黜殺
폐단과 어지러움 근원이 혼란하니	獘源亂本棼未正
공수龔遂·황패黃霸[39] 다시 온들 바로잡기 어려우리	龔·黃復起難自拔
정협鄭俠[40]의 「유민도流民圖」를 넌지시 본받아	遠摹鄭俠「流民圖」
시詩 한 편에 그려내어 임금에게 바치리다	聊寫新詩歸紫闥

「굶주리는 백성들」[41] **「飢民詩」**

…… <생략> ……

고을 원님 어진 정사政事 베푼다면서	縣官行仁政

---

36 환자미還子米: 관청에서 빌려온 곡식. 이 제도는 원래 사창제도社倉制度에서 유래한 것으로, 풍년에 곡식을 사들였다가 흉년에 싼 이자로 빌려주어 빈민을 구제하고 아울러 물가도 조절하자는 것이었는데, 나중에는 제도가 문란해짐에 일종의 인두세人頭稅로 변질되어 백성에게 끼친 폐해가 극심했다고 한다.

37 직지사자直指使者: 직접 천자天子의 지휘를 받아 지방을 순찰하던 관리로서, 그 직책이 우리나라의 암행어사暗行御史와 비슷하였다.

38 이천석二千石 관리官吏: 지방장관地方長官, 특히 태수太守를 말함. 중국 한漢 나라 때 그 녹祿이 이천석二千石이었던 데서 유래하였다.

39 공수龔遂·황패黃霸: 두 사람 모두 중국 한漢 나라 때 백성을 잘 다스렸던 관리이다.

40 정협鄭俠: 중국 송宋 나라 때의 정치가로, 백성의 참상을 그린 「유민도流民圖」를 신종神宗에게 바쳤다고 한다.

41 「飢民詩」(『定本 與猶堂全書 1』, pp. 261~262). 번역문은 宋載卲 譯註(1991: 69~75)와 송재소 역주(2013: 115~123)를 참조하였다.

사재私財 털어 없는 백성 구한다기에　賑恤云捐私
걷고 또 걸어서 고을 문에 닿고 보니　行行至縣門
옹기종기 입만 들고 죽솥으로 모여든다　喁喁就湯糜
개 돼지도 버리고 돌아보지 않을 음식　狗彘棄不顧
굶주린 사람 입엔 엿처럼 달구나　乃人甘如飴
어진 정사 베푸는 것 원하지 않고　亦不願行仁
사재 털어 구휼救恤함도 달갑지 않네　亦不願捐貲
관가의 돈궤짝 남이 볼까 쉬쉬하니　官篋惡人窺
우리들 굶게 한 건 이 때문이 아니더냐　豈非我所羸
관가 마굿간에 살찐 저 말은　官廐愛馬肥
진실로 우리들의 피와 살이네　實爲我膚肌
슬피 울며 고을 문 나서고 보니　哀號出縣門
어지럽고 캄캄하여 앞길이 안 보이네　眩旋迷路岐

…… <중략> ……

부모 자식 부양도 제대로 못해　骨肉且莫保
곤궁한 나머지 천륜天倫마저 끊기겠네　迫厄傷天彝
상농가上農家도 이제는 거지가 되어　上農爲丐子
집집마다 문 두드려 서툰 말로 구걸하네　叩門拙言辭

…… <중략> ……

부모 자식 서로 간도 도우지 못하는데　骨肉不相保
길 가는 나그네야 어찌 다 동정하리　行路那足悲
어려운 살림에 착한 본성 잃어버려　生理梏天仁
굶주려 병든 자를 웃고만 보고 있네　談笑見厄羸
이리저리 떠돌면서 사방을 헤메이나　宛轉之四鄰
마을 풍속 본래부터 이러하던가　里俗本如斯
부러워라 저 들판에 참새 떼들은　羡彼野田雀
가지 끝에 앉아서 벌레라도 쪼아 먹지　啄蟲坐枯枝
고관대작 집안엔 술과 고기 풍성하고　朱門多酒肉
거문고 피리 소리 예쁜 계집 맞이하네　絲管邀名姬
희희낙락 즐거운 태평세월 모습이여　熙熙太平象
나라 정치한답시고 근엄한 체하는 꼴　儼儼廊廟姿

간사한 백성은 거짓말만 늘어놓고　　奸民好詐言
답답한 선비들은 걱정이라 하는 말이　　迂儒多憂時
"오곡이 풍성하여 산더미 같은데　　五穀且如土
게으른 놈 굶는 것은 모두 다 제 탓이지"　　惰農自乏貲
…… <생략> ……

주목되는 관료경력②: 곡산부사

또 다른 하나는 정약용이 36세 되는 정사년[1797년, 正祖 21] 윤6월부터 약 2년여에 걸쳐 재직했던 '곡산부사谷山府使'이다. 이때 정약용은 군포軍布·호적戶籍의 작성 등을 실정에 맞게 고쳐 쇠잔한 백성에게 은덕을 입히는 등, 민정民政·재정財政·형정刑政에 걸친 다방면에서 크게 치적을 올림으로써 왕권강화와 국정쇄신을 위한 그의 경세사상經世思想을 지방행정을 통하여 실현하려고 노력한 바 있다. 또한 정약용은 곡산부사로 부임한 첫해 겨울에 홍역紅疫[痲疹]을 치료하는 여러 가지 손쉬운 처방을 수집하여 편찬한 『마과회통痲科會通』이란 의서醫書를 완성했는데, 그 저작동기는 비록 사적인 것—정약용의 여러 자제가 홍역으로 연이어 요절하였다—에서 출발했으나 넓게 보면 이 역시 그의 경세학적 관심을 반영한 것이기도 하였다.[42]

형조참의를 끝으로 처자를 거느리고 고향인 마재로 낙향하다

물론, 이 기간 동안에도 정약용의 환로宦路가 순탄했던 것만은 아니었다. 특히 반대파인 노론벽파老論僻派로부터 주로 천주교天主教 신앙문제를 빌미로 끊임없는 견제와 시기의 대상이 되었던바,[43] 그리하여 한때는

---

42 「『痲科會通』序」(『定本 與猶堂全書 3』, pp. 41~42)

43 정약용에 대한 반대파의 견제와 모함은 그가 석갈釋褐하여 환로宦路에 접어드는 순간부터 시작되었고, 또한 그의 사환기仕宦期 동안 끊임없이 계속되었다. 보다 자세한 저간의 사정에 대해서는 정약용이 29세 되는 경술년[1790년, 正祖 14]에 올린 「辭翰林疏【庚戌】」·「辭翰林再疏」·「辭翰林三疏」(『定本 與猶堂全書 2』, pp. 154~157), 「辭正言

금정도찰방으로 좌천되기도 하고,[44] 곡산부사로서 외직外職에 나가게 된 것도 바로 이러한 맥락에서였다. 뒤이어 정약용이 38세 되는 기미년[1799년, 正祖 23]에는 다시 내직內職으로 옮겨져 동부승지同副承旨와 형조참의刑曹參議에 제수되었고, 이에 여러 가지 옥사를 합리적으로 잘 처리하여 매번 칭찬을 받는 등 그에 대한 정조의 신임은 날로 깊어 갔으나, 동시에 그에 대한 무고 또한 정도가 점점 심해져 갔다. 그리하여 정약용은 39세 되는 경신년[1800년, 正祖 24] 봄에는 세로世路가 점차 위험해지고 있다고 느껴 전원으로 돌아가 숨을 것을 결심하였고, 마침내 "소내[苕川]의 안개와 물결 속에서 낚시질하는 늙은이[苕上烟波釣叟]"[45]의 삶을 꿈꾸며 처자를 거느리고 고향인 마재[馬峴]로 낙향하게 되었다.

III. 적거·저술기[1801년~1822년]

정조가 갑자기 승하하다

이해[1800년, 正祖 24] 6월에 정조正祖가 갑자기 승하昇遐하였다. 주지하다시

兼陳科弊疏」(『定本 與猶堂全書 2』, pp. 157~160), 「辭持平兼陳科弊疏」(『定本 與猶堂全書 2』, pp. 160~162), 그가 33세 되는 갑인년[1794년, 正祖 18]에 올린 「辭副校理疏」(『定本 與猶堂全書 2』, p. 163), 「辭校理兼陳所懷疏」(『定本 與猶堂全書 2』, pp. 165~166), 그가 36세 되는 정사년[1797년, 正祖 21]에 올린 「辨謗辭同副承旨疏【丁巳】」(『定本 與猶堂全書 2』, pp. 167~174), 그가 38세 되는 기미년[1799년, 正祖 23]에 올린 「辭刑曹參議疏【己未六月廿二日, 閔命爀疏出之翌日】」(『定本 與猶堂全書 2』, pp. 174~176)와 함께, 『正祖實錄』, 卷43, 19年 10月 6日(癸未)條, 『正祖實錄』, 卷46, 21年 6月 21日(庚寅)條, 『正祖實錄』, 卷46, 21年 6月 24日(癸巳)條, 『正祖實錄』, 卷54, 「附錄」(「正祖大王行狀」) 등이 참조된다.

44 『正祖實錄』, 卷43, 19年 7月 25日(甲戌)條.

45 「苕上烟波釣叟之家記」(『定本 與猶堂全書 3』, p. 119) "古人有行之者, 隱士張志和是也. 志和本亦館閣學士, 晩年退而爲此, 自號烟波釣叟. 余顧聞其風而悅之, 書之曰: '苕上烟波釣叟之家', 令工刻之爲牓而藏之者數年, 將以榜吾舟也. 家者, 浮家之謂也. 庚申孟夏, 率妻子至苕川之墅, 方將料理浮家, 聖主聞其去, 令內閣召還. 嗟呼, 吾且奈何哉!"

피, 정조는 우문정치右文政治를 표방하는 가운데 탕평책蕩平策을 추진함으로써 남인南人·소론少論·북인北人뿐만 아니라 서얼庶孼까지도 일정하게 정권에 참여하는 길을 열어놓았고, 또한 이를 통해서 당시 가장 강고한 정치세력이던 노론벽파老論僻派의 전횡을 제어함으로써 왕권을 강화하고 일원적 중앙집권체제를 구축하여 궁극적으로는 일련의 개혁정치를 시행·구현하려는 통치구상을 구체화해나갔던 군주였다.

물론 이러한 정조의 죽음은 곧 정계에 거대한 지각변동과 회오리를 예고하는 것이었다. 이미 노론벽파 계열에서는 정적을 제거하기 위한 사전공작으로 유언비어를 퍼뜨려 당시 사람들의 여론을 호도하고 있었다. 이에 화색이 날로 급해지고 있음을 느낀 정약용丁若鏞으로서는 곡반哭班—국상國喪 때 궁중에서 벼슬의 순차에 따라 차례로 열을 지어 곡哭하는 대열—에 나아가는 것을 제외하고는 오로지 고향 마재[馬峴]에서 형제들과 함께 칩거하며 날마다 경전을 강講하는 데에만 전념하였고, 또한 당堂에는 '여유與猶'라는 편액을 달기도 하였다.[46] 한편, 이처럼 세로世路가 뒤숭숭하고 위험한 와중에서도 정약용은 결코 붓을 놓지 않았으니, 이때 『문헌비고간오文獻備考刊誤』[1800년]를 완성하기도 하였다.

신유옥사로 장기에서 유배살이를 하다

이듬해인 신유년[1801년, 純祖 1]에 순조純祖가 11살의 나이로 즉위하자, 임금이 어리다는 이유로 영조英祖의 계비繼妃인 정순왕후貞純王后가 수렴청정을 하게 되었다. 이를 기화로 노론벽파가 다시금 정국을 주도하게 되었고, 나아가 이들의 정적인 시파계時派系 인물을 타도하기 위하여 이른바 '신유옥사辛酉獄事'—일명 '신유사옥辛酉邪獄'이나 '신유교옥辛酉敎獄' 또는 '신유박해

46 정약용의 '여유당與猶堂'이란 당호와 관련된 보다 자세한 설명은 '주註 4'에서의 해당내용이 참조된다.

辛酉迫害'라고도 한다—를 일으켰다. 그리고 이때 남인시파南人時派 중의 중요한 상당수 인사들이 천주교天主教를 신앙하고 있다는 이유로 숙청되었던 것이다.[47]

정약용은 당시 비록 천주교 신자는 아니었지만[48] 남인시파의 핵심 인물이었던 관계로 이러한 화란禍亂에서 예외가 될 수는 없었다. 이로써 정약용의 생애에 있어 제3기인 '적거·저술기謫居·著述期[1801년~1822년]'가 시작되었다. 특히 이해부터 정약용이 57세가 되는 무인년[1818년, 純祖 18]까지의 18년에 걸친 유배기는 자신의 생애에 있어 가장 참담하고 암울한 세월이었지만 동시에 그 고통의 세월을 그는 자신의 학문적 대성기로 승화시켰다. 바로 이러한 점에서 정약용의 진솔한 학자적 면모와 함께 그 인간적 위대성이 정작 빛을 발했던 시기이기도 하다.

신유옥사란 참혹한 화란 속에서 삼형三兄 정약종丁若鍾[세례명은 아우구스티노, 1760~1801]은 극률極律을 받아 순교하였고,[49] 정약용 자신과 중형仲兄 정약전丁若銓[巽菴, 1758~1816]은 옥살이와 유배살이를 반복하는 가운데 자신의 생사조차 가늠하기 힘든 화급한 순간에서도 지극한 슬픔과 번

47 신유옥사의 전말에 대한 보다 자세한 내용은 대표적으로 정석종(1994: 335~351)이 참조된다.

48 이러한 사실은 일명 '자명소自明疏'라 불리기도 하는 「辨謗辭同副承旨疏【丁巳】」(『定本 與猶堂全書 2』, pp. 167~174)와 Ch. Dallet/安應烈·崔奭祐 譯註(2000a: 395~396)가 참조된다. 특히 달레Ch. Dallet는 자신의 저술에서 정약용을 이승훈李承薰과 함께 '배교자背教者'로 규정하고 있다. 한편, 정약용을 기본적으로 '천주교 신자'로 보면서, 그의 생애를 신앙생활의 측면에서 ① 활동기活動期[1784~1795], ② 배교기背教期[1795~1811], ③ 회심기回心期[1811~1836]로 나누어 설명하는 견해도 있는바, 이에 대한 보다 자세한 내용은 崔奭祐(1986: 105~137)와 崔奭祐(1993: 20~47)가 참조된다.

49 정약종의 세례명은 '아우구스티노[奧斯定]'로서, 일찍이 20대 중반인 병오년[1786년, 正祖 10]에 천주교에 입교하여 천주교리를 깊이 연구했으며, 주문모周文謨 신부가 입국한 이후에는 명도회明道會의 회장으로 임명되고 한글로 된 최초의 천주교 교리서인 『주교요지主教要旨』를 저술하여 당시 천주교를 전파하는 데에 큰 역할을 한 것으로 전한다. 『주교요지』는 모두 '상·하 2권'으로 구성되어 있는데, 「상권」에서는 천주天主의 존재, 사후의 상벌, 영혼의 불멸과 같은 핵심교리를 설명하며 이단異端을 배척하는 일종의 호교서護教書이고, 「하권」은 천주의 강생降生과 구속救贖의 도리를 설명하고 있다. 정약종은 신유옥사 때 순교하였다.

뇌를 누르며 정약용은 붓을 놓지 않았다. 즉, 정약용은 이해[1801년, 純祖 1] 정월에 아이들의 『소학小學』 공부에 도움이 되도록 『소학보전小學補箋』 1권을 집필하고 있었는데, 이 "책이 완성되기 전에 화禍[辛酉獄事: 필자 주]가 일어났다." 이리하여 그는 투옥되었는데 "옥중에서 또 명의名義 몇 가지를 터득하였으니, 장차 풀려나서 돌아가게 되면 이것을 보충할 생각"50을 했던 것이다. 또한, 이해 3월에서 10월까지 장기長鬐에서 유배살이를 하는 실의의 순간에도 「기해방례변己亥邦禮辨」, 「이발기발변理發氣發辨 1~2」, 『이아술爾雅述』 6권, 『백언시百諺詩』 및 『촌병혹치村病或治』 2권 등을 집필·완성하기도 하였다.51

강진으로 유배되어 사의재에서 경학연구에 착수하다

한편, 신유년[1801년, 純祖 1] 10월에 황사영黃嗣永[字는 德昭, 1775~1801]이 체포됨52으로써 중형 정약전과 함께 다시금 체포·투옥되는 우여곡절 끝에,

---

50 「跋『小學補箋』」(『定本 與猶堂全書 3』, p. 149) "右『小學補箋』一編, 余所作也. 辛酉孟春, 兒曹讀『小學』, 將以應講也. 先儒注『小學』者非一家, 然其箋釋尙有未備, 余述舊聞以補之, 書未完而禍作. 於獄中, 又得名義數條, 將歸而足之."

51 「己亥邦禮辨【長鬐作】」(『定本 與猶堂全書 2』, pp. 365~366); 「理發氣發辨 1」(『定本 與猶堂全書 2』, pp. 357~358); 「理發氣發辨 2」(『定本 與猶堂全書 2』, pp. 358~359); 「『蒙學義彙』序」(『定本 與猶堂全書 3』, p. 63); 「自撰墓誌銘【集中本】」(『定本 與猶堂全書 3』, p. 267); 「『村病或治』序」(『定本 與猶堂全書 3』, p. 40)

한편, 정약용은 『백언시百諺詩』와 관련하여 "옛날 성호선생星湖先生께서 우리나라의 속담을 모으셨는데, 모두 백여 구句였다. 사리詞理는 비록 분명하지만 운韻이 맞지 않아 옛 속담과는 다른 점이 있었다. 신유년[1801년, 純祖 1] 여름에 내가 장기長鬐에서 귀양살이를 하면서 할 일이 없어 성호선생께서 모아놓으신 것에다 운韻을 달아 바로잡고, 이를 『백언시』라 하였다.(昔星湖先生集東方里諺, 共百餘句. 詞理雖炳, 顧不叶韻, 有殊古諺也. 辛酉夏, 余在長鬐, 謫居少事, 檃星翁之綴之爲韻語, 斯之謂『百諺詩』也.)" 丁奎英 編(1921/1992: 227) 및 송재소 역주(2014: 155)

52 이 사건이 바로 '『황사영백서黃嗣永帛書』 사건'이다. 황사영의 『백서帛書』는 신해년[1791년, 正祖 15]의 진산사건珍山事件에서부터 신유옥사辛酉獄事에 이르기까지 당시 조선에서의 천주교 신도들의 신앙활동과 순교한 자들의 행적을 상세히 기록하여 북경의 천주교회 주교에게 보고하면서, 아울러 조선천주교의 재건방안으로 중국정부와 서양의 힘을 빌려 조선정부를 압박하는 방안을 북경교회에 제안하여 조선정부의 천주교 금압정책을 해소시키고 신앙의 자유를 얻을 수 있도록 해줄 것을 청원

결국 11월에는 중형 정약전은 흑산도黑山島로, 정약용 자신은 강진康津으로 유배되기에 이르렀다.[53] 강진에서 대략 처음 4년 동안은 한 노파의 도움으로 읍내의 주막집 뒷골방 한 칸을 얻어 칩거했는데, 당시 정약용은 "생각하기를 '어릴 때 학문에 뜻을 두었었는데, 그 후 20년간 세로世路에 빠져 다시는 선왕先王의 대도大道를 알지 못한 채 지내왔구나. 이제야 여가를 얻게 되었도다' 하면서 마침내 스스로 흔연히 경하慶賀하였다."[54]

특히 정약용은 이후 계해년[1803년, 純祖 3] 동짓날에 학문에 대한 결의를 다시금 새롭게 하면서 자신이 거처하던 방을 '사의재四宜齋'라 고쳐 부르고,[55] 혹시나 나이만 먹은 채 학문에 성취하는 바가 없을까 경계하면서 먼저 경학연구經學硏究부터 착수하였다.[56] 이에 "육경六經과 사서四書

한 글이다. 이 『백서』가 신유년[1801년, 純祖 1] 9월에 당국에 발각되었고, 연이어 충청도 제천堤川의 배론[舟論] 산속에 숨어 있던 황사영이 체포됨을 계기로 신유옥사의 '2차 옥사'가 일어났다. 이에 대한 보다 자세한 내용은 Ch. Dallet/安應烈·崔奭祐 譯註(2000a: 557~587), 이시이 토시오[石井壽夫](1940a, 1940b), 야마구찌 마사유키[山口正之](1946), 趙珖(1977), 趙珖(1988: 178~195, 215~236), 李元淳(1986a: 118~140), 盧吉明(1988: 105~111), 姜在彦(1990a: 172~178), Donald Baker/金世潤 譯(1997: 88~99), 金榮洙 번역(1998: 10~108), 李正麟(1999), 차기진(2002: 305~318), 금장태(2011: 161~163) 등이 참조된다.

53 『純祖實錄』, 卷3, 1年 11月 5日(戊寅)條.

54 「自撰墓誌銘【集中本】」(『定本 與猶堂全書 3』, pp. 268~269) "(鏞旣謫海上,) 念幼年志學, 二十年沈淪世路, 不復知先王大道, 今得暇矣. 遂欣然自慶."

55 당시 정약용은 강진에 유배되어 동문 밖 주막의 뒷골방에 거처를 정했는데, 처음에는 이를 '동천여사東泉旅舍'라 부르다가 이후 계해년[1803년, 純祖 3] 동짓날에 학문에 대한 결의를 새롭게 하면서 이를 '사의재四宜齋'라 고쳐 불렀다. 이는 "생각은 마땅히 담백해야 하니[思宜澹], 담백하지 않음이 있으면 빨리 맑게 해야 한다. 용모는 마땅히 엄숙해야 하니[貌宜莊], 엄숙하지 않음이 있으면 빨리 단정하게 해야 한다. 언어는 마땅히 과묵해야 하니[言宜訒], 과묵하지 않음이 있으면 빨리 그쳐야 한다. 행동은 마땅히 신중해야 하니[動宜重], 신중하지 않음이 있으면 빨리 더디게 해야 한다(思宜澹, 其有不澹, 尙亟澄之. 貌宜莊, 其有不莊, 尙亟凝之. 言宜訒, 其有不訒, 尙亟止之. 動宜重, 其有不重, 尙亟遲之.)"[「四宜齋記」(『定本 與猶堂全書 3』, p. 94)]는 의미를 함축하였다.

56 한편, 정약용은 강진에서 18년간 유배살이를 하면서 거처를 모두 네 번 옮긴 것으로 알려져 있다. ① 첫 번째 거처는 성城 동문 밖 노파의 주막집인 '동천여사東泉旅舍' 및 '사의재四宜齋'[1801년 겨울~1805년 겨울]이고, ② 두 번째 거처는 강진읍에서 5리쯤

를 가져다가 침잠하여 탐구하고, 한漢·위魏 이래로 명明·청淸에 이르기까지 모든 유자儒者의 학설 중에서 경전經典의 이해에 보탬이 될 만한 것은 널리 수집하고 두루 고증하여 오류를 바로잡고 취사함으로써 일가一家의 설說을 이루었던 것”[57]인바, 또한 이는 “옛 서적을 널리 상고하여 경經은 경經을 통해서만 고증함으로써 성인聖人의 본지本旨를 얻기를 기약했던 것”[58]이기도 하다.

물론, 이 기간 동안 정약용의 학구적 자세와 노력은 거의 필사적이었다. 그 일례는 다음과 같은 그의 말에서도 잘 나타난다: “문득 깨닫는 바가 있는 듯하다가도 생각하면 또다시 황홀하고 아리송하여 도저히 그 문로門路를 찾을 수가 없었다. 그리하여 의심과 분한 생각이 마음속에 교차함에 거의 음식을 전폐하려고까지 하였다. 이에 보고 있던 예서禮書는 모두 거두어 보관하고 오직 『주역周易』만을 책상 위에 펼쳐 두고 밤낮으로 깊이 연구하고 완색玩索하였는데, 계해년[1803년: 필자 주] 늦은 봄부터는 눈으로 보는 것, 손으로 만지는 것, 입으로 읊는 것, 마음으로 생각하는 것, 붓으로 초록鈔錄하는 것에서부터 밥상을 대하고 화장실에 가고 손가락을 퉁기고 배를 문지르는 것 하나까지도 『주역』 아닌 것이 없었다.”[59]

떨어진 우두봉牛頭峯 아래에 있는 고성사高聲寺의 보은산방寶恩山房[1805년 겨울~1806년 가을]이며, ③ 세 번째 거처는 읍내 남쪽 목리牧里에 있던 제자 이청李晴[小字는 鶴來, 字는 琴招, 1792~1861]의 집 사랑채인 ‘묵재墨齋’[1806년 가을~1808년 봄]로서, 이로써 강진 읍내에서는 대략 7년을 보냈으며, ④ 마지막 거처는 강진읍 남쪽으로 20리쯤 떨어진 다산茶山의 귤동橘洞에 있는 윤단尹慱의 산정山亭[1808년 봄~1818년 가을]으로서 이는 ‘다산초당茶山草堂’으로 널리 알려져 있다. 보다 자세한 내용은 금장태(2011: 168~173), 정민(2011: 53~61)이 참조된다.

57 「自撰墓誌銘【集中本】」(『定本 與猶堂全書 3』, pp. 268~269) “(鏞旣謫海上,) ……取六經·四書, 沈潛究索, 凡漢·魏以來, 下逮明·淸, 其儒說之有補經典者, 廣蒐博考, 以定訛謬, 著其取舍, 用備一家之言.”

58 「『喪禮四箋』序」(『定本 與猶堂全書 2』, p. 394) “博考古籍, 以經證經, 期得聖人之旨.”

59 「與尹畏心【永僖】」(『定本 與猶堂全書 4』, pp. 126~127) “若有所驀然開悟者, 顧恍忽依俙, 不得其門. 疑憤交中, 殆欲廢食. 於是盡收斂諸禮書而藏之, 專取『周易』一部, 措諸案上, 潛心玩索, 夜以繼晝, 自癸亥暮春, 目之所眂, 手之所操, 脣之所吟, 心志之所思索, 筆

적거·저술기의 대부분[1801년~1815년]을 경학연구에 할애하다

이처럼 정약용은 자신의 적거·저술기의 대부분[1801년~1815년]을 주로 경학연구에 할애하였다. 그리고 정약용의 관심은 먼저 '육경六經'에 집중되었다. 이 기간 동안 ① 『시경詩經』에 대한 연구로는 『시경강의詩經講義』[1809년: 1791년에 정조正祖에게 제출했던 것을 재정리한 것임]와 『시경강의보유詩經講義補遺』[1810년: 『시경강의』에서 미처 밝히지 못했던 사실들을 추가정리한 것임]가 있다. ② 『상서尙書』에 대한 연구로는 『매씨상서평梅氏尙書平』[1810년], 『고훈수략古訓蒐略』[1810년], 『상서지원록尙書知遠錄』[1811년]이 있다. ③ 『주역周易』에 대한 연구로는 『주역사전周易四箋』[1803년~1808년], 『역학서언易學緖言』[1808년~1821년: 여기에는 정약전丁若銓의 「자산역간兹山易柬」, 정약용의 「다산문답茶山問答」도 함께 실려 있음]이 있다. ④ 『예기禮記』 및 예학禮學에 대한 연구로는 『상례사전喪禮四箋』[1803년~1811년: 「상의광喪儀匡」[1803년], 「상구정喪具訂」[1807년], 「상복상喪服商」[1809년], 「상기별喪期別」[1811년]로 구성되어 있음], 『상례외편喪禮外編』[1803년~1821년: 『단궁잠오檀弓箴誤』[1803년], 『조전고弔奠考』[1803년], 『고례영언古禮零言』[1804년], 『예고서정禮考書頂』[1811년~1821년], 『정체전중변正體傳重辨 1~3』[1805년, 1819년], 『국조전례고國朝典禮考』[1818년]로 구성되어 있음], 『사례가식四禮家式』[1808년~1817년: 『상의절요喪儀節要』[1817년], 『제례고정祭禮考定』[1808년], 『가례작의嘉禮酌儀』[1810년]로 구성되어 있음]이 있으며, 이외에도 『예의문답禮疑問答』[「승암예문僧菴禮問」[1805년], 「서독예문書牘禮問」, 「손암예의巽菴禮疑」, 「군상폐사제론君喪廢私祭論 1~2」, 「가순궁상례문답嘉順宮喪禮問答」으로 구성되어 있음]과 『풍수집의風水集議』[1825년: 본문의 말미에 「사암풍수론俟菴風水論」이 부기되어 있음]가 있다. ⑤ 『춘추春秋』에 대한 연구로는 『춘추고징春秋考徵』[1808년~1833년: 전체적 체제를 갖춘 재고본再稿本은 1812년에 이루어짐]이 있고, ⑥ 『악경樂經』에 대한 연구로는 『악서고존樂書孤存』[1816년]이 있다.

이처럼 육경에 대한 연구가 대부분 임신년[1812년, 純祖 12]을 고비로

墨之所鈔錄, 以至對飯·登圊·彈指·捫腹, 無一而非『周易』."

일단락되자, 정약용은 연이어 '사서四書'에 대한 연구에 착수하였다. 그리하여 『논어고금주論語古今注』[1813년], 『맹자요의孟子要義』[1814년], 『대학공의大學公議』[1814년], 『대학강의大學講義』[1814년: 본래 제목은 『희정당대학강의熙政堂大學講義』로서, 1789년 당시 초계문신抄啓文臣이던 정약용이 창덕궁昌德宮의 희정당熙政堂에서 정조正祖와 홍문관제학弘文館提學 서유린徐有隣, 규장각직제학奎章閣直提學 김희金憙의 『대학大學』에 관한 질문에 답한 내용을 정리한 것인데, 이후 내용을 보완하였음], 『중용자잠中庸自箴』[1814년], 『중용강의보中庸講義補』[1814년: 이 책은 원래 1784년에 정약용이 성균관생원成均館生員으로 있으면서 정조의 「중용강의조문中庸講義條問」에 대해 답변한 내용을 정리한 것인데, 이후 내용을 수정·보완하였음], 『논어수차論語手箚』60를 완성하게 된다.

『심경밀험』과 『소학지언』을 완성함으로써 방대한 경학연구를 마감하다

이상과 같이 '육경六經'과 '사서四書'에 대한 경학연구를 갑술년[1814년, 純祖 14]까지 마무리한 정약용은 이듬해인 을해년[1815년, 純祖 15] 봄에 마지막으로 『심경밀험心經密驗』과 『소학지언小學枝言』을 완성했는데, 특히 이는 기왕의 경학연구에서 터득한 바를 실천하고자 하는 관심에서였다. 구주舊注의 보충에 주력한 『소학지언』을 행동으로 실천하고, 또한 스스로 증험한 것을 토대로 한 『심경밀험』으로 자신의 마음을 수양할 것을 기약하면서, 마침내 정약용은 자신의 방대한 경학연구를 마감하기에 이른다.61

---

60 『논어수차』는 『논어論語』의 「학이學而」편에서 「공야장公冶長」편까지의 경문經文 가운데서 중요하다고 생각되는 78개의 장을 뽑아 주석을 단 저술이다. 모두 '3권 1책'으로 된 필사본筆寫本으로서, 「서문序文」이나 「발문跋文」이 없고 저자 표기도 없으나 『논어고금주論語古今注』와 대조해 볼 때 정약용의 저술임에 분명한 것으로 평가되고 있다. 이 책은 현전하는 『여유당전서與猶堂全書』에는 수록되어 있지 않고 규장각도서奎章閣圖書로만 보관되어 있다. 이 책의 성격에 대해서는 『논어고금주』에 대한 '초고본설草稿本說'과 '요약본설要約本說'로 나뉘어 있다. 보다 자세한 내용은 成均館大學校 大東文化研究院(1990: 3~168)과 여기에 실려 있는 宋載卲의 「『논어수차論語手箚』 해제解題」 및 金暎鎬(1993: 202~205)와 김영호(2003: 243~247)가 참조된다.

【표 1-1-1】 주희와 정약용의 경학연구물 비교표[62]

경학자經學者 / 경서經書		주희朱熹	정약용丁若鏞		
			「묘지명墓誌銘」 경집經集	「묘지명墓誌銘」 문집文集	「묘지명墓誌銘」 이후以後
육경六經	『시경詩經』	『시집전詩集傳』	『시경강의詩經講義』 『시경강의보詩經講義補』		
	『서경書經』		『매씨상서평梅氏尙書平』 『고훈수략古訓蒐略』 『상서지원록尙書知遠錄』		『상서고훈尙書古訓』① 『염씨『고문소증』초閻氏『古文疏證』鈔』 『독『상서보전』讀『尙書補傳』』
	『주역周易』	『주역본의周易本義』 『역학계몽易學啓蒙』 『주역참동계고이周易參同契考異』	『주역사전周易四箋』 『역학서언易學緖言』		
	『예기禮記』	『의례경전통해儀禮經典通解』 『가례家禮』 『고금가제례古今家祭禮』	『상례사전喪禮四箋』 『상례외편喪禮外編』 『사례가식四禮家式』	『국조전례고國朝典禮考』	
	『춘추春秋』		『춘추고징春秋考徵』		

61 정약용은 다음과 같이 말한 바 있다: "내가 궁색하게 살면서 달리 할 일이 없어 육경六經과 사서四書를 가져다가 연구·탐색해온 지 이미 여러 해였다. 그러면서 하나라도 터득한 것이 있으면 이를 기록하여 보관해왔다. 이에 돈독하게 실천할 방도를 구함에 있어 오직 『소학小學』과 『심경心經』만이 여러 경전 가운데서 특별히 뛰어난 것이라 생각하였다. 배움에 있어 진실로 이 두 책에 마음을 기울이고 힘써 실천하여, 『소학』으로써 몸을 다스리고 『심경』으로써 마음을 다스린다면 아마도 현인賢人을 기대할 길이 있을 것이다. ……『소학지언小學枝言』은 구주舊注를 보충한 책이며, 『심경밀험心經密驗』은 내 자신에게 증험하여 스스로를 경계한 책이다. 지금부터 죽는 날까지 마음을 다스리는 방법에 힘을 다하고자 하니, 이것이 바로 경전을 궁구하는 일을 『심경』으로 끝내는 까닭이다. 아! 실천할 수 있을 것인가? (余窮居無事, 六經·四書, 旣究索有年. 其有一得, 旣詮錄而藏之矣. 於是, 求其所以篤行之方, 唯『小學』·『心經』爲諸經之拔英者. 學, 苟於二書, 潛心力踐, 『小學』以治其外, 『心經』以治其內, 則庶幾希賢有路. ……『小學枝言』者, 所以補舊注也; 『心經密驗』者, 所以驗之於身以自警也. 從今至死之日, 意欲致力於治心之術, 所以窮經之業, 結之以『心經』也. 嗟乎! 能踐否乎?)" 『心經密驗』(『定本 與猶堂全書 6』, p. 194)

	『악경樂經』		『악서고존樂書孤存』		
사서 四書	『논어論語』	『논어집주論語集註』 『논어훈몽구의 論語訓蒙口義』 『논맹집의論孟集義』 『논맹혹문論孟或問』	『논어고금주 論語古今注』		
	『맹자孟子』	『맹자집주孟子集註』 『맹자요략孟子要略』	『맹자요의孟子要義』		
	『중용中庸』	『중용장구中庸章句』 『중용혹문中庸或問』 『중용집략中庸集略』	『중용자잠中庸自箴』 『중용강의보 中庸講義補』		
	『대학大學』	『대학장구大學章句』 『대학혹문大學或問』	『대학공의大學公義』 『대학강의大學講義』		
기타	소학小學	『소학小學』	『소학보전 小學補箋』②	『소학주천小學珠串』 『아언각비雅言覺非』	
	『심경心經』		『심경밀험心經密驗』		

① 『상서고훈尙書古訓』은 『고훈수략古訓蒐略』과 『상서지원록尙書知遠錄』을 개수改修하여 합편合編한 저술이다.
② 『소학보전小學補箋』[40세]은 현재 전해지지 않는다. 다만 정약용은 「자찬묘지명自撰墓誌銘【집중본集中本】」(『定本 與猶堂全書 3』, p. 269)에서 자신의 한평생에 걸친 연구성과[經集]를 소개하면서 『소학보전』 1권을 『심경밀험心經密驗』 1권과 나란히 거론하고 있는 점, 『소학지언小學枝言』[54세]의 내용에 대해 그 자신이 구주舊注의 보충에 주력했다고 설명한 점 등을 미루어 볼 때, 『소학보전』은 아마도 『소학지언』과 사실상 동일한 저술이거나, 또는 그 초고본草稿本의 성격을 띠는 것이 아닐까 추측된다. 이에 대해서는 기존 연구자들 사이에서도 견해차가 있는바, 즉 趙誠乙(1984)은 『소학보전』을 『소학지언』과 동일한 저술로 보는 반면, 金炳燦(1991)은 상이한 저술로 보고자 한다.

62 金文植(1996: 192)에 실려 있는 〈表 10〉을 인용하면서 필자의 견해에 따라 그 내용을 약간 수정하였다. 이처럼 정약용의 경학연구는 육경六經·사서四書·『소학小學』·『심경心經』 등 사실상 유교儒敎의 모든 경전을 망라하는 호대한 것으로서, 그 규모에 있어서도 주희朱熹의 연구에 필적하고도 남음이 있다. 【표 1-1-1】을 보면 ① 정약용은 주희와는 달리 『상서尙書』와 『춘추春秋』에 관한 경학적 저술을 남기고 있고, 한대漢代 이후 사라져버린 『악경樂經』을 복원하려고 한 점 등에서 육경의 연구에 보다 치중했다면, 주희는 육경보다는 사서의 연구에 더욱 중점을 둔 것으로 보인다. 그런데 이러한 연구경향의 상대적 차이는 원시유교原始儒敎의 '육경' 고문古文을 보다 중시했던 근기남인近畿南人의 학풍과 '사서'를 매우 중시했던 정주성리학程朱性理學의 학풍 간의 차이에서 주로 연유한 것으로 보인다. ② 그럼에도 이러한 사실이 곧 정약용이 육경경학에 비해 사서경학을 상대적으로 경시한 것으로 이해되어서는 안 된다.

정약용의 경학연구는 '대안적 세계관을 모색·추구한다'는 보다 적극적인 사상적·실천적 함의를 내포한다

물론 이상과 같은 정약용의 경학연구는 단지 '수기修己의 학문을 연마한다'는 식의 소극적 의미만을 함축했던 것은 결코 아니었다. 오히려 이는 그 자신이 구체적으로 발을 딛고 서 있었던 현실에 대한 예민하고도 생생한 문제의식을 구현하기 위한 토대이자 출발점으로서 곧 '대안적 세계관을 모색·추구한다'는 보다 적극적인 사상적·실천적 함의를 내포하고 있었다. 즉, 일찍이 정약용으로 하여금 당시의 제도적 폐단과 관련하여 "대개 털끝만큼 작은 일 하나에까지도 병폐 아닌 것이 없어 지금에 이르러서도 고치지 않는다면 반드시 나라가 망한 이후에야 그칠"63 것이라 탄식하게 만들었던 그의 충신忠臣·지사志士로서의 애타는 경세학적 우환의식은 또한 당시의 통치제도를 이념적으로 지탱하고 정당화했던 정주성리학적 세계관의 해체에로 다시 한 번 전환·심화되기에 이르렀던바, 바로 이러한 맥락에서 그는 정력적으로 자신의 방대한 경학저술들을 집필·완성해 나갔다. 이리하여 정약용은 비로소 자신의 본격적인 개혁지향적 경세학을 자신의 독자적인 철학적 세계관의 기반 위에서 체계적이고도 일관되게 개진할 수 있는 준비를 끝냈던 것이다.

세도정치라는 시대적 상황 속에서 본격적인 제도개혁론을 '일표·이서'로 제출하다

한편, 정약용이 강진康津에서 유배살이를 하던 기간 동안에도 일반 백성

63 「『邦禮艸本』序」(『定本 與猶堂全書 2』, p. 403) "竊嘗思之, 蓋一毛一髮, 無非病耳, 及今不改, 其必亡國而後已. 斯豈忠臣·志士所能袖手而傍觀者哉?"
한편, 정약용의 경학經學과 경세학經世學 간의 조응성에 주목하면서 특히 그의 경세학이 근거한바 경학적 기초를 고찰한 연구로는 대표적으로 李榮薰(2000), 송재소(2012)가 참조된다.

의 삶은 참으로 비참한 것이었다. 더욱이 참혹했던 신유옥사 이후부터 시작된 척족戚族 중심의 변태적인 정치행태로서의 세도정치勢道政治는 제도화된 전반적 부패양상을 유례없이 만연시켰고, 이는 특히 '삼정三政의 문란'으로 나타났다. 그리하여 일반 백성은 지방의 수령과 아전의 무원칙한 가렴주구에 끊임없이 시달려야 했으니, 결국 이러한 현실은 이후 빈번한 민란民亂의 발생으로 귀결되어갔던 것이다.

당시 군정軍政의 문란은 특히 극에 달하여, 정약용은 "그 폐단이 크고 넓어 백성의 뼈를 깎는 병으로 되었으니, 이 법이 고쳐지지 않는다면 백성은 모조리 죽어갈 것"[64]이라고 탄식하였다. 군포軍布를 둘러싼 지방관의 횡포는 "심하게는 배가 불룩한 것만 보고도 이름을 지었고, 여자를 남자로 바꾸기도 하였다. 또한 그보다 더욱 심한 것은 강아지의 이름을 군안軍案에 올리는 경우도 있었으니 이는 사람의 이름이 아니라 정말 개이며, 절굿공이의 이름이 혹 관첩官帖에 나오니 이는 사람의 이름이 아니라 정말 절굿공이"일 정도였던 것이다. 이로써 소위 '황구첨정黃口簽丁'이니 '백골징포白骨徵布'니 하는 말로 표현되던 이와 같은 당시의 부패양상은 "이 땅의 부모 된 자로 하여금 천지天地가 만물을 낳는 이치를 원망하도록 하였고 집집마다 탄식하고 눈물을 흘리게 만들었으"[65]니, 급기야는 백성 가운데 자식이 생기는 것이 원망스럽고 두려워 자신의 양경陽莖을 스스로 베어버리는 사건까지 발생하기에 이르렀던 것이다. 당시 정약용은 강진에서 이러한 사건을 접하면서 자신의 처연한 마음을 다음과 같은 시詩로 기록하기도 하였다.

---

64 『牧民心書 II』, 「兵典六條」(『定本 與猶堂全書 28』, p. 291) "(簽丁收布之法, 始於梁淵, 至于今日,) 流波浩漫, 爲生民切骨之病, 此法不改, 而民盡劉矣."

65 『牧民心書 II』, 「兵典六條」(『定本 與猶堂全書 28』, p. 293) "(○大抵軍布之名, 名已不正. ……陰·陽之理, 天之所賦, 不能無交. 交則有生, 生則必簽,) 使域中之爲父母者, 怨天地生生之理, 家嗷而戶啜, ……甚則指腹而造名, 換女而爲男. 又其甚者, 狗兒之名, 或載軍案, 非是人名, 所指者, 眞狗也; 杵臼之名, 或出官帖, 非是人名, 所指者, 眞杵也."

「애절양哀絕陽」66	「哀絕陽」
갈밭마을 젊은 여인 울음도 서러워라	蘆田少婦哭聲長
현문縣門 향해 울부짖다 하늘 보고 호소하네	哭向縣門號穹蒼
군인 남편 못 돌아옴은 있을 법도 한 일이나	夫征不復尙可有
예부터 남절양男絶陽은 들어보지 못했노라	自古未聞男絶陽
시아버지 죽어서 이미 상복 입었고 갓난아인 배냇물도 안 말랐는데	舅喪已縞兒未澡
삼대三代의 이름이 군적軍籍에 실리다니	三代名簽在軍保
달려가서 억울함을 호소하려 해도 범 같은 문지기 버티어 있고	薄言往愬虎守閽
이정里正이 호통하여 단벌 소만 끌려갔네	里正咆哮牛去皁
남편 문득 칼 갈아 방안으로 뛰어들자 붉은 피 자리에 낭자하구나	磨刀入房血滿席

66 「哀絕陽」(『定本 與猶堂全書 1』, p. 432) 번역문은 宋載卲 譯註(1991: 238~241) 및 송재소 역주(2013: 358~360)를 참조하였다. 정약용은 당시 이 시詩를 쓰게 된 동기에 대하여 다음과 같이 말했다: “이 시는 가경嘉慶[淸 나라 仁宗의 연호: 필자 주] 계해년[1803년, 純祖 3: 필자 주] 가을 내가 강진康津에 있으면서 지은 것이다. 그때 노전蘆田에 사는 한 백성이 아이를 낳은 지 사흘 만에 군보軍保에 편입되고 이정里正이 못 바친 군포軍布 대신 소를 빼앗아 가니, 그 백성이 칼을 뽑아 자기 양경陽莖을 스스로 베면서 말하기를 ‘내가 이 물건 때문에 곤액困厄을 당한다’라고 하였다. 그의 아내가 그 양경을 가지고 관문官門에 나아가니 피가 아직 뚝뚝 떨어졌다. 울며 호소하였으나 문지기가 막아버렸다. 내가 소문을 듣고 이 시를 지었다.(○此嘉慶癸亥秋, 余在康津作也. 時蘆田民有兒, 生三日, 入於軍保, 里正奪牛, 民拔刀自割其陽莖曰: ‘我以此物之故, 受此困厄.’ 其妻持其莖, 詣官門, 血猶淋淋. 且哭且訴, 閽者拒之. 余聞而作此詩.)” 『牧民心書 II』, 「兵典六條」(『定本 與猶堂全書 28』, p. 295)

한편, 정약용은 ① 당시 이처럼 수탈당하는 백성의 입장과 고통, 탐관오리와 아전의 부패상을 생생하게 그려낸 시를 계속하여 다수 남기고 있는데, 그 대표적인 것을 들자면, 「獵虎行」(『定本 與猶堂全書 1』, p. 485: 1807년), 「貍奴行」(『定本 與猶堂全書 1』, p. 496: 1810년), 「田間紀事」(『定本 與猶堂全書 1』, pp. 501~505), 「龍山吏【次杜韻○庚午六月】」(『定本 與猶堂全書 1』, p. 505: 1810년), 「波池吏」(『定本 與猶堂全書 1』, p. 505: 1810년), 「海南吏」(『定本 與猶堂全書 1』, p. 506: 1810년) 등이 있다. ② 또한, 향리鄕吏의 부패를 조장하고 있는 구조적·제도적 요인에 대한 정약용의 예리한 분석과 이에 대한 자기 나름의 개혁안을 모색하고 있는 대표적인 글로는 「鄕吏論 1~3」(『定本 與猶堂全書 2』, pp. 293~295)과 「奸吏論」(『定本 與猶堂全書 2』, pp. 343~345)이 있고, ③ 나아가 관리의 부패상을 적나라하게 폭로한 글로는 「監司論」(『定本 與猶堂全書 2』, pp. 345~347)이 있다.

스스로 한탄하네 "아이 낳은 죄로구나"	自恨生兒遭窘厄
잠실궁형蠶室宮刑[67]이 또한 지나친 형벌이고	蠶室淫刑豈有辜
민閩[68] 땅 자식 거세함도 가엾은 일이거든	閔囝去勢良亦慽
자식 낳고 사는 건 하늘이 내린 이치	生生之理天所予
하늘 땅 어울려서 아들 되고 딸 되는 것	乾道成男坤道女
말 돼지 거세함도 가엾다 이르는데	騸馬豮豕猶云悲
하물며 뒤를 잇는 사람에 있어서랴	況乃生民思繼序
부자들은 한평생 풍악이나 즐기면서	豪家終歲奏管弦
쌀 한 톨 베 한 치도 바치는 일 없으니	粒米寸帛無所捐
다 같은 백성인데 이다지도 불공한고	均吾赤子何厚薄
객창에서 거듭거듭 「시구鳲鳩」편[69]을 읊노라	客窓重誦「鳲鳩」篇

정약용은 이상과 같은 시대적 상황 속에서 자신의 경학연구를 철학적 토대로 삼는 동시에 과거 자신의 관료로서의 실무경험까지를 총동원하여 비로소 본격적이자 체계적인 제도개혁론을 제출하기에 이르렀던바, 바로 이러한 노력의 결정체는 대표적으로 '일표一表·이서二書', 즉 『경세유표經世遺表』[1817년]·『목민심서牧民心書』[1818년~1821년]·『흠흠신서欽欽新書』[1819년]로 나타났다.

유배지에서의 학연①: 제자들을 가르치고 '다신계'를 결성하다

이처럼 정약용은 유배지에서 경학經學과 경세학經世學에 걸쳐 거대한 학문체계를 구축해나가는 한편으로, 여기서 특히 '스승으로서 조우한 인

67 잠실궁형蠶室宮刑: 궁형宮刑은 남자의 생식기를 자르는 형벌인데, 이 형벌을 집행하는 곳은 바람이 통하지 않는 밀실인데다 계속 불을 지펴 누에치는 방과 비슷했다고 한다.

68 민閩: 고대중국에 있었던 나라 이름인데, 이 민閩 나라 사람들은 자식을 낳으면 그 생식기를 잘라버리고 종으로 삼았다고 한다.

69 「시구鳲鳩」편: 통치자가 백성을 골고루 사랑해야 함을 뻐꾸기에 비유하여 읊은 시詩로서, 『시경詩經』의 「조풍曹風」편에 실려 있다.

연들' 또한 소중하게 생각하며 가꾸어나간 바 있다. 이에 그 대표적인 사례를 들자면 정약용이 유배지에서 줄곧 훈육했던 제자집단과 함께 보은산방寶恩山房 시절부터 교유하며 학문적 가르침을 주었던 학승學僧들이 있다.

우선, 정약용이 유배지에서 훈육했던 제자집단은 다시금 이른바 '읍중제생邑中諸生'과 '다산제생茶山諸生'으로 나누어진다. 첫째, '읍중제생'이란 정약용이 강진康津에 귀양 와서 무진년[1808년, 純祖 8] 봄에 다산초당茶山草堂으로 거처를 옮기기 전까지 읍내에 머물던 시기에 가르쳤던 초기의 제자들을 말하는바, 이들은 주로 아전의 자제들로 구성되었다.[70] 정약용은 나중 해배 시에 작성한 「다신계절목茶信契節目」에서 이들에 대해 "내가 처음 (강진의 유배지에: 필자 주) 도착하자 주민들이 너나없이 벌벌 떨며 문을 닫아걸고 받아주려 하지 않았다. 이 지경에 당해서 나를 친근하게 대했던 사람은 손孫·황黃 등 4인이다. 읍중제생邑中諸生은 우환憂患을 같이한 사람들이라 하겠다. ……읍중제생을 어찌 잊을 수 있겠는가? 이에 다신계茶信契 문건의 말미에 읍중제자 6인을 기록하여 후세의 증빙자료로 삼도록 한다"[71]라고 별도로 언급함으로써 이들에 대한 변함없는 사랑과 애틋한 정을 아낌없이 토로하였으니, 곧 손병조孫秉藻[小字는 俊燁, ?~?], 황상黃裳[小字는 山石, 號는 巵園處士, 1788~1870], 황경黃褧[小字는 安石, 號는 醉夢齋·襄圃, 1792~1867], 황지초黃之楚[小字는 完聃, 號는 硯菴, 1793~1903], 이청李晴[小字는 鶴來, 字는 琴招, 1792~1861], 김재정金載靖[小字는 尙圭, ?~?]이 바로 이들이다. 이 시기 제자들은 대부분 학업을 계속하지 못했지만, 오직 황상과 이청만은 다산초당에까지 따라가 학업을 계속하여 이후 상당한 학문적 성

---

70 「上仲氏【辛未冬】」(『定本 與猶堂全書 4』, p. 203) "在邑中時, 吏家我來學者四五人, 悉皆數年而廢."

71 이는 「다신계절목茶信契節目」에 기록된 내용으로, 임형택(2000: 402)에서 재인용하였다. 또한, 상기한바 '읍중제생'과 '다산제생'에 대한 보다 자세한 내용은 대표적으로 임형택(2000: 399~434), 금장태(2011: 203~212), 정민(2011: 53~98)이 참조된다.

취를 이룬 바 있다.[72]

둘째, '다산제생'은 정약용이 무진년[1808년, 純祖 8] 봄에 윤단尹慱[橘林處士, 1744~1821]의 별장인 다산초당으로 거처를 옮긴 이후에 학연을 맺기 시작한 제자들로서, 그의 외가 쪽 집안의 양반자제들을 중심으로 모두 '18인'으로 구성되었다.[73] 이들이 바로 '다신계茶信契'의 정회원이 되는 셈

72 정약용은 상기한바 이들 '읍중제생'에 대해서 평소 스승으로서 줄곧 남다른 관심과 애정을 표현했던바, 즉 ① 황상黃裳의 경우는 ㉠ 임술년[1802년, 純祖 2] 10월에 당시 15세이던 그를 처음 제자로 만나 남달리 기특하게 보고 장래를 촉망하여 「삼근계三勤戒」를 글로 지어주어 격려한 바 있고,[「壬戌記」(『巵園遺稿』)] ㉡ 이후 황상이 향리에 은거하려는 뜻을 전달받고 「제『황상유인첩』題『黃裳幽人帖』」이란 글을 통해 상세히 조언한 바 있으며,[「題『黃裳幽人帖』」(『定本 與猶堂全書 3』, pp. 173~175)] ㉢ 평소에도 제자를 그리는 시詩 및 황상의 부친상을 당해서 애도하는 「만사輓詞」를 시로 지어 보내주기도 하였고,[「次韻寄黃裳 寶恩山房」(『定本 與猶堂全書 1』, p. 458); 「黃裳之父仁聃輓詞」(『定本 與猶堂全書 1』, p. 471)] ㉣ 이러한 사제 간의 도타운 정의情誼는 다음 세대로 이어져 스승의 사후 정학연丁學淵·정학유丁學游 형제와 함께 시를 주고받으며 '정황계丁黃契'를 맺기도 하였다. ② 이청李晴의 경우에도 ㉠ 그를 몹시 총애하여 다산초당 시절에도 항상 곁에 데리고 있으면서 자신의 방대한 저술작업을 보조하는 데 누구보다 많이 참여하도록 배려한 바 있고, ㉡ 그의 「시권詩卷」에 접해서는 그가 어렸을 때부터 남달리 총명했음을 회고하는 가운데, "그의 시는 굳건한 기상이 조금 부족하지만, 세월을 두고 더 연마한다면 거의 손색없이 진취될 것이다(其詩頗欠氣岸, 加之以歲月之工, 庶其該洽有進也)"라고 격려한 바 있다.[「題『李琴招詩卷』」(『定本 與猶堂全書 3』, p. 176)] ③ 읍중제생 가운데 이학理學을 공부하여 장차 이청李晴과 서로 짝이 될 만한 자질을 가졌음에도 체질이 약해 다산초당에까지 따라와 공부하지 못하고 폐학廢學한 제자가 있었는데, 이후에도 그를 만날 때마다 이를 탄식하고 애석해하기도 하였다.[「上仲氏【辛未冬】」(『定本 與猶堂全書 4』, pp. 203~204)]

한편, 정약용이 황상에게 지어준 상기한바 「삼근계」의 내용은 다음과 같다: "나는 산석山石[황상의 小字: 필자 주]에게 문사文史를 닦도록 권하니, 그는 머뭇머뭇 부끄러운 표정을 짓더니 '저는 세 가지 부족한 점이 있습니다. 첫째로 둔하고[鈍], 둘째로 막혀 있고[滯], 셋째로 미욱합니다[戛]'라고 대답한다. 나는 그에게 이르기를 '공부하는 자에게 큰 병통이 세 가지 있는데, 너에게는 해당되는 것이 하나도 없구나. 첫째 외우기를 빨리하면[敏] 그 폐단은 소홀히 되며, 둘째 글짓기에 빠르면[銳] 그 폐단은 부실하게 되고, 셋째 이해를 빨리하면[捷] 그 폐단은 거칠게 된다. 무릇 둔하면서 파고드는 자는 그 구멍이 넓어지며, 막혔다가 소통이 되면 그 흐름이 툭 트이며, 미욱한 것을 닦아내면 그 빛이 윤택하게 되는 법이다. 파는 것은 어떻게 하느냐 부지런함이요, 소통은 어떻게 하느냐 부지런함이요, 닦기는 어떻게 하느냐 역시 부지런함이다. 이 「부지런함」을 어떻게 다할 수 있느냐? 「마음가짐을 확고히 하는 것[秉心確]」이다.' 이때 나는 동천여사東泉旅舍에 머무르고 있었다." 이상 「삼근계」의 내용은 임형택(2000: 404)에서 재인용하였다.

인데, 즉 이유회李維會[白雲處士, 1784~1830], 이강회李綱會[字는 紘甫, 1789~?], 이기록李基祿[字는 文伯, 1780~?], 정학가丁學稼[酉山, 1783~1859: '정학연丁學淵'으로 정약용의 맏아들], 정학포丁學圃[耘圃, 1786~1855: '정학유丁學游'로 정약용의 둘째아들], 정수칠丁修七[烟菴, 1768~?], 윤종문尹鍾文[字는 惠冠, 1787~?: 윤두서尹斗緖의 후손], 윤종영尹鍾英[敬菴, 1792~?: 윤두서의 후손], 윤종기尹鍾箕[字는 裘甫, 1786~1841], 윤종벽尹鍾璧[醉綠堂, 1788~1837], 윤종삼尹鍾參[星軒, 1798~1878], 윤종진尹鍾軫[淳菴, 1803~1879], 윤종심尹鍾心[일명 峒, 紺泉, 字는 公牧, 1793~1853], 윤종두尹鍾斗[字는 子建, 1798~1852], 윤자동尹玆東[石南, 1791~?], 윤아동尹我東[栗亭, 1806~?], 이택규李宅逵[字는 伯鴻, 1796~?: 이승훈李承薰의 아들], 이덕운李德芸[字는 書香, 1794~?]이 바로 그들이며, 이외에도 '다신계'에 포함되지 않은 제자로는 이시헌李時憲[自怡堂, 1803~1860]과 윤창모尹昌模[鴈菴, 1795~1856]가 있다.

결국, 이상과 같이 크게 두 집단의 제자들로 구성된 이른바 '다산학단茶山學團'은 정약용의 호대한 학문세계를 '집체저술'의 형태로 뒷받침한 중요한 인적 기반이었던 동시에, 제자들 역시 이러한 활동과 학습을

73 정약용은 상기한바 이들 '다산제생'에 대해서도 평소 스승의 입장에서 학문을 하는 태도와 방법, 일상생활의 자세, 입신立身의 방도, 종족宗族을 부지하고 가계家計를 경영하는 방안 등에 대해서 도탑고도 엄중한 충고를 '증언贈言', '가계家誡', '편지[書]' 등의 글을 통해 자상하게 제시하기도 하였다. 이와 관련해서는 「爲盤山丁修七贈言【字乃則, 長興人】」(『定本 與猶堂全書 3』, pp. 393~397); 「又爲丁修七贈言」(『定本 與猶堂全書 3』, pp. 397~398); 「爲尹鍾心贈言【字公牧, 號紺泉, 茶山主人之諸子】」(『定本 與猶堂全書 3』, pp. 398~399); 「爲尹鍾文·鍾直·鍾敏贈言【字曰: '惠冠·檜仲·蒲叔', 明扶宗之義】」(『定本 與猶堂全書 3』, pp. 399~400); 「又爲三尹贈言【虐刑之戒】」(『定本 與猶堂全書 3』, p. 401); 「爲尹惠冠贈言」(『定本 與猶堂全書 4』, pp. 20~21); 「又爲尹惠冠贈言」(『定本 與猶堂全書 4』, p. 21); 「爲尹輪卿贈言」(『定本 與猶堂全書 4』, pp. 21~24); 「又茶山諸生贈言」(『定本 與猶堂全書 4』, p. 24); 「示學淵家誡」(『定本 與猶堂全書 4』, pp. 25~27); 「示二子家誡」(『定本 與猶堂全書 4』, pp. 27~29); 「又示二子家誡」(『定本 與猶堂全書 4』, pp. 29~30); 「示二兒家誡」(『定本 與猶堂全書 4』, pp. 30~32); 「示二子家誡」(『定本 與猶堂全書 4』, pp. 32~33); 「又示二子家誡」(『定本 與猶堂全書 4』, pp. 34~35); 「示二子家誡」(『定本 與猶堂全書 4』, pp. 35~38); 「贐學游家誡」(『定本 與猶堂全書 4』, pp. 39~41); 「示學淵家誡」(『定本 與猶堂全書 4』, pp. 41~44); 「答淵兒【丙子五月初三日】」(『定本 與猶堂全書 4』, pp. 251~252); 「答二兒【丙子六月初四日】」(『定本 與猶堂全書 4』, pp. 252~253); 「寄二兒【丙子六月十七日】」(『定本 與猶堂全書 4』, pp. 253~254); 「寄淵兒【戊辰冬】」(『定本 與猶堂全書 4』, pp. 255~256) 등이 참조된다.

통해 이후 각자 나름의 의미 있는 학문적 성취를 이룬 바 있다.[74]

---

74 정약용은 자신의 저술활동과 관련하여 제자들로부터 많은 도움을 받은 바 있다. 이에 그 대표적인 사례를 들자면 다음과 같다. 즉, ① 무진년[1808년, 純祖 8]에 저술한 「다산문답茶山問答」에서 이강회李綱會, 이청李晴, 정학연丁學淵, 정학유丁學游 등의 질문과 이에 대한 정약용의 답변이 기록되어 있다. ② 『주역사전周易四箋』의 정묘본丁卯本[1807년]을 이청으로 하여금 완성하게 하고, 뒤이어 무진본戊辰本[1808년]을 정학유로 하여금 탈고하도록 하였다. ③ 경오년[1810년, 純祖 10] 봄에 『시경강의보유詩經講義補遺』를 저술하면서 이청으로 하여금 받아쓰도록 하였다. ④ 경오년[1810년, 純祖 10] 가을에 완성한 『고훈수략古訓蒐略』과 신미년[1811년, 純祖 11] 봄에 완성한 『상서지원록尙書知遠錄』을 저술하면서도 이청을 시켜 자료를 수집·정리하게 하였다. ⑤ 앞서 무진년[1808년, 純祖 8]에 기초起草했던 『춘추고징春秋考徵』을 이후 임신년[1812년, 純祖 12] 겨울에 이강회의 도움을 받아 총 10권으로 편정編正하였다. ⑥ 계유년[1813년, 純祖 13]에 『논어고금주論語古今注』를 완성하는 데에도 이강회와 윤종심尹鍾心[尹峒]의 도움을 받았다. ⑦ 갑술년[1814년, 純祖 14]에 완성된 『대동수경大東水經』의 초고본草稿本에서도 정약용이 찬撰하고 제자 이청이 주석을 붙인 바 있다. ⑧ 병자년[1816년, 純祖 16] 봄에 저술한 『악서고존樂書孤存』도 정약용이 구술하고 이청이 받아 적어 완성하였다. ⑨ 정축년[1817년, 純祖 17]에 이루어진 『상의절요喪儀節要』에는 이강회의 질문에 대한 답변이 포함되어 있다. ⑩ 정약용이 기미년[1799년, 正祖 23]에 편찬에 착수했다가 완성하지 못한 『사대고례산보事大考例刪補』를 이후 유배지에서 이청을 시켜 자료를 정리하게 했다가 해배 이후인 신사년[1821년, 純祖 21]에 완성한 일이 있다. ⑪ 유배 중에 정약용이 기록해둔 글인 『예고서정禮考書頂』을 해배 이후 신사년[1821년, 純祖 21]에 제자 이인영李仁榮이 편집하여 완성하였다. ⑫ 한편으로 불교와 관련된 저술로는 갑술년[1814년, 純祖 14] 무렵부터 정약용이 『만덕사지萬德寺志』의 편찬을 직접 지휘하고 감정鑑定할 때 이청이 편집을 맡았다.

또한, 유배 당시 정약용과 제자들이 행했던 이른바 '집체저술'의 구체적 실상과 관련해서는 『사암선생연보俟菴先生年譜』[정규영丁奎英 편]의 말미에 다음과 같은 기록이 전하고 있다: "공公께서 20년 동안 유폐되어 다산茶山에 계시면서 열심히 연구와 편찬에 전념하시어 여름 더위에도 멈추지 않으셨고 겨울밤에는 닭 우는 소리를 들으셨다. 그 제자들 가운데 경서經書와 사서史書를 부지런히 열람하는 사람이 수명이요, 입으로 부르는 것을 받아 적어 붓 달리기를 나는 것같이 하는 사람이 세 명이요, 항상 번갈아가며 원고를 바꾸어 정서正書하는 사람이 세 명이요, 옆에서 도와 먹으로 줄친 종이에 잘못 불러준 것을 고치고 종이를 눌러 편편하게 하며 책을 장정하는 사람이 서너 명이었다. 무릇 책 한 권을 저술하실 때에는 먼저 저술할 책의 자료를 수집하여 둘씩둘씩 비교하며 서로 참고하고 정리하여 정밀하게 따지셨다.(公二十年幽鬱, 嘗在茶山, 劬心偏摩, 夏暑不輟, 冬宵聽雞. 其弟子之閱經孜史者數人, 口呼受寫走筆如飛者数三人, 常替臂易稿正書者数三人, 旁之助役如烏絲欄濯誤唱準踏紙粧潢者三四人. 凡著一書, 先蒐所著之材料, 兩兩比對, 參互翫索, 密櫛精偲.)" 이에 대한 보다 자세한 내용은 丁奎英 編(1921/1992: 337) 및 송재소 역주(2014: 266~267)가 참조된다.

한편, 제자들 각자의 학문적 성취와 관련해서는 대표적으로 ① 이청李晴이 ㉠ 『대동수경大東水經』을 스승과 함께 사실상 공저共著로 저술하였고, ㉡ 정약전丁若銓의 『현산어보玆山魚譜』에서도 어류에 대한 고증작업을 통해 내용을 보완한 바 있으

유배지에서의 학연②: 학승들과 교유하며 사문의 제자를 기르고 '전등계'를 결성하다

한편, 정약용은 유배기 동안 강진康津의 만덕사萬德寺[白蓮寺]와 해남海南의 대둔사大芚寺[大興寺]를 자주 찾아 유람하였고, 이를 인연으로 그곳의 학승學僧들과 유儒·불佛 간의 사상적 교류 및 학문적 가르침을 베풀기도 하였다. 첫째, 당시 정약용이 교유하며 스승으로서 가르침을 베풀었던 사문沙門의 제자로는 대표적으로 '혜장惠藏[蓮坡·兒菴, 1772~1811]'과 '의순意洵[草衣, 1786~1866]'이 있다. 즉, ① 혜장은 속성이 김씨金氏로서, 천묵天黙[春溪]·유일有一[蓮潭]·정일鼎馹[雲潭] 세 스승에게서 배우고 27세에 즉원卽圓[晶巖]의 법통을 이었으며, 이미 30세부터 대둔사의 강석講席을 맡아 나중에 '십

며, ㉢ 천문天文·역상曆象에 관한 동서고금의 학설을 정리한 『정관편井觀編』을 저술한 바 있다. ② 황상黃裳은 ㉠ 『치원유고巵園遺稿』라는 개인문집 및 『치원총서巵園叢書』라는 초서류鈔書類 저술을 남기고 있으며, ㉡ 특히 시학詩學에 대성하여 김정희金正喜[秋史, 1786~1856]로부터 지우知遇의 대접을 받은 바 있다. ③ 황경黃褧은 『양포총서襄圃叢書』라는 초서류 저술을 남겼다. ④ 정학연丁學淵은 수예樹藝·축산畜産에 관한 내용을 다룬 『종축회통種畜會通』을 편찬한 바 있다. ⑤ 정학유丁學游는 『시경詩經』에 등장하는 조수鳥獸·초목草木의 이름을 고증한 『시명다식詩名多識』을 저술하였다. ⑥ 이강회李綱會는 『운곡총서雲谷叢書』, 『유암총서柳菴叢書』, 『운곡잡저雲谷雜著』, 『물기당요찬勿欺堂要纂』, 『운곡만필雲谷漫筆』 및 『주관연의周官演義』와 같은 초서류를 대종으로 한 저술을 남기고 있는데, 특히 ㉠ 『운곡총서』의 ㉮ 「탐라직방설耽羅職方說」에서는 제주도濟州島의 지리지 및 1810년대 제주도에서 일어났던 사건의 전말을, ㉯ 「현주만록玄洲漫錄」에서는 중국 국적의 표류선을 현장 취재한 내용을 기록하고 있으며, ㉡ 『유암총서』의 「운곡선설雲谷船說」과 「차설답객난車說答客難」에서는 배와 수레의 제도 및 개선방안을 논하고 있고, ㉢ 『운곡잡저』에는 정약용의 『이담속찬耳談續纂』을 보충하여 편찬한 「방언보方言補」가 실려 있다. ⑦ 윤종벽尹鍾璧은 개인문집으로 『취록당유고醉綠堂遺稿』를 남겼다. ⑧ 윤종삼尹鍾參은 『춘각집春閣集』과 『춘각수초春閣手鈔』라는 초서류 저술을 남겼다. ⑨ 윤종진尹鍾軫은 『순암총서淳菴叢書』, 『순암수초淳菴手鈔』, 『순암일초淳菴日鈔』, 『순암장淳菴藏』, 『순암진장淳菴珍藏』이라는 초서류 저술을 남겼다. ⑩ 이시헌李時憲도 개인문집으로 『자이집自怡集』을 남겼다. ⑪ 윤창모尹昌模의 아들이자 정약용의 외손자인 윤정기尹廷琦[舫山, 1814~1879]는 ㉠ 정약용의 『시경강의詩經講義』의 후속작업으로 『시경강의속집詩經講義續集』을 저술하는 한편, ㉡ 정약용의 『아방강역고我邦疆域考』를 지방지地方誌와 접목시켜 우리나라 각 고장의 역사와 지리를 알 수 있도록 한 『동환록東寰錄』을 지은 바 있으며, ㉢ 개인문집으로는 『방산유고舫山遺藁』가 있다. 이에 대한 보다 자세한 내용은 임형택(2000: 418~430), 임형택(2009: 159~210)과 정민(2011: 79~80, 97)이 참조된다.

삼대강사十三大講師'의 지위에 올랐던 탁월한 승려였다.[75] ㉠ 정약용은 을축년[1805년, 純祖 5] 봄에 만덕사를 유람하다가 여기서 당시 대둔사의 승려였던 혜장을 만나 『주역周易』에 대해 문답하며 교유를 시작하였고, 이러한 교유는 그가 신미년[1811년, 純祖 11]에 40세의 나이로 시적示寂할 때까지 계속되었다. 당시 혜장은 외전外典에도 해박하여 『논어論語』를 매우 좋아하고 『주역』과 여러 성리서性理書에도 정통하여 이미 속유俗儒로서는 미칠 바가 아니었으며, 시詩는 특히 변려문騈儷文에 뛰어났다.[76] ㉡ 이처럼 정약용은 만덕사를 위시해 인근의 사찰들을 자주 왕래하는 가운데 혜장과 시를 주고받으며 친밀히 교유했던바,[77] 이러한 인연으로 그가 정묘년[1807년, 純祖 7] 봄에 두륜산頭輪山에다 '일발암一鉢菴'이라는 초가 한 채를 지음에 이를 기리는 「기문記文」을 지어주기도 하였다.[78] ㉢ 또한, 평소 차茶를 좋아했던 정약용은 혜장에게 이를 만들어 보내줄 것

---

75 당시 정약용과 혜장[蓮坡·兒菴] 간의 교유에 대한 보다 자세한 내용은 대표적으로 丁鍾侎(1978: 203~223), 崔柄憲(1985: 318~341), 금장태(2011: 174~181), 정민(2011: 243~263)이 참조된다.

76 보다 자세한 내용은 「兒菴 藏公塔銘」(『定本 與猶堂全書 3』, pp. 329~331), 「祭兒菴惠藏文」(『定本 與猶堂全書 3』, p. 339), 「上仲氏【辛未冬】」(『定本 與猶堂全書 4』, pp. 213~214)가 참조된다. 이처럼 정약용은 혜장[蓮坡·兒菴]이 입적入寂하자 그를 위한 「제문祭文」과 「탑명塔銘」을 지어 각별히 애도한 바 있다.

77 당시 정약용이 혜장[蓮坡·兒菴]과 교유하며 지은 시詩로는 「贈惠藏上人」(『定本 與猶堂全書 1』, p. 448); 「次韻寄惠藏」(『定本 與猶堂全書 1』, pp. 448~449); 「寄贈惠藏上人乞茗」(『定本 與猶堂全書 1』, p. 449); 「藏旣爲余製茶, 適其徒賾性有贈, 遂止不予, 聊致怨詞, 以徼卒惠【用前韻】」(『定本 與猶堂全書 1』, p. 449); 「山居雜興二十首」(『定本 與猶堂全書 1』, pp. 449~452); 「「憶昔行」, 寄惠藏」(『定本 與猶堂全書 1』, p. 452); 「「懷檜七十韻」, 寄惠藏【竝序】」(『定本 與猶堂全書 1』, pp. 454~456); 「惠藏至高聲寺, 遣其徒相報, 余遂往逆之, 値小雨留寺作」(『定本 與猶堂全書 1』, p. 456); 「送惠藏」(『定本 與猶堂全書 1』, p. 456); 「立春後三日余在寶恩山房, 藏上人見過. 小雪初霽, 山夜淸寂, 戲爲聯句, 以述其事, 學稼與焉」(『定本 與猶堂全書 1』, p. 461); 「宿修道菴, 惠藏不期而至」(『定本 與猶堂全書 1』, p. 463); 「山行雜謳二十首【三月十八日】」(『定本 與猶堂全書 1』, pp. 463~464); 「五月七日余在寶恩山房, 藏公攜酒相過, 厚意也. 拈『周易』「坎」六四韻, 與之酬酌」(『定本 與猶堂全書 1』, pp. 468~469); 「惠藏至【丁卯春. 在康津】」(『定本 與猶堂全書 1』, p. 471); 「四月一日惠藏至, 欲偕游白蓮寺, 爲念供具已之, 悵然有作」(『定本 與猶堂全書 1』, p. 474) 등이 있다.

78 보다 자세한 내용은 「一鉢菴記」(『定本 與猶堂全書 3』, pp. 72~73)가 참조된다.

을 스스럼없이 부탁하기도 하였다.[79] ② 의순은 속성이 장씨張氏로서, 스승 유일有一[蓮潭]을 사숙하여 불법佛法을 얻었고 대둔사에서는 윤우倫佑[玩虎]의 법통을 이었으며, 55세 되는 경자년[1840년, 憲宗 6]에는 헌종憲宗으로부터 '대각등계보제존자초의대선사大覺登階普濟尊者草衣大禪師'라는 사호賜號를 받고 나중에는 대둔사의 '십삼대종사十三大宗師'의 반열에 올랐던 빼어난 학승學僧이었다.[80] ㉠ 정약용과 의순 간의 교유가 언제부터 시작되었는지는 분명하지 않다. 다만 기사년[1809년, 純祖 9]에 정약용이 대둔사를 방문했을 때 의순은 이미 문하생으로 있었던 것으로 보아,[81] 그 직전에 다산초당으로 정약용을 찾아가 뵙고 제자로 입문했던 것으로 추측된다. 이로부터 의순은 정약용에게서 특히 시학詩學과 함께 『주역』과 『논어』를 집중적으로 배움으로써 외전外典에도 깊은 조예를 함양하게 되었던바,[82] 이를 통해 그는 이후 불교를 대표하는 시승詩僧으로 대성하기에

---

79 이러한 정황은 정약용이 을축년[1805년, 純祖 5]에 지은 「寄贈惠藏上人乞茗」(『定本 與猶堂全書 1』, p. 449), 「藏旣爲余製茶, 適其徒賾性有贈, 遂止不予, 聊致怨詞, 以徼卒惠【用前韻】」(『定本 與猶堂全書 1』, p. 449)와 같은 시詩를 통해서도 짐작할 수 있다.

80 당시 정약용과 제자 의순[草衣] 간의 교유와 학문적 사승관계師承關係에 대한 보다 자세한 내용은 대표적으로 丁鍾偞(1978: 203~223), 崔柄憲(1985: 318~341), 金相洪(2003: 531~604), 금장태(2011: 181~186), 정민(2011: 143~163)이 참조된다.

81 이때 의순[草衣]은 정약용을 '탁옹선생籜翁先生'이라 부르면서, 자신이 정약용을 스승으로 모시게 된 것은 마치 자신을 "하늘이 맹자孟子의 어머니 곁에 있게 한(天降孟母隣)" 것과 같다고 감격해 마지않는 시詩를 지어올린 바 있다. 「奉呈籜翁先生【己巳, 在大芚寺】」(『艸衣詩藁』, 卷上) 또한, 계유년[1813년, 純祖 13]에 지은 「阻雨未往茶山草堂【癸酉】」(『艸衣詩藁』, 卷上)이란 시에서도 의순은 스승의 부름을 받고 다산초당茶山草堂으로 출발했다가 장마로 인해 되돌아온 후 스승의 가르침을 받을 수 없게 된 안타까움과 함께 애틋한 사모의 정을 토로하기도 하였다.

82 이에 대한 보다 자세한 내용은 계유년[1813년, 純祖 13] 8월에 정약용이 의순[草衣]에게 써준 「爲草衣僧意洵贈言」(『定本 與猶堂全書 3』, pp. 401~403 및 『琴堂記珠』(『申櫶全集 上』, pp. 642~658))과 같은 해 10월에 의순에게 독서법讀書法에 대해 조언한 「示意洵讀書法」[『琴堂記珠』(『申櫶全集 上』, p. 643)에는 「茶翁示洵讀書」로 표기되어 있다]이 참조된다. 또한, 의순은 스승에게 보낸 「上丁承旨書」라는 편지에서 스승의 역학易學을 계승하려는 강한 의지를 표명하기도 하였다. 여기서 ① 「위초의승의순증언爲草衣僧意洵贈言」은 『다산시문집茶山詩文集』에는 전문全文 29칙 가운데 5칙만이 소개되어 있으나, 『금당기주琴堂記珠』에는 전문이 모두 소개되어 있다. 이에 대해서는 정민(2011: 143~167)이 참조된다. ② 「시의순독서법示意洵讀書法」은 정약용이 의순에게 발분하

이른다. ㉡ 이처럼 불교와 유교를 넘어선 의순과 정약용 간의 도타운 교유와 사제師弟의 정은 정약용이 해배된 이후에도 지속되어 경인년[1930년, 純祖 30] 겨울에 마재[馬峴]로 스승을 방문한 바 있고,[83] 이 무렵을 전후해서 그는 정학연丁學淵 형제를 비롯하여 홍석주洪奭周[淵泉, 1774~1842]와 홍현주洪顯周[海居齋, 1793~1865: 정조正祖의 부마駙馬] 형제, 신위申緯[紫霞, 1769~1847], 이재의李載毅[文山, 1772~1839], 김매순金邁淳[臺山, 1776~1840], 김정희金正喜[秋史, 1786~1856], 신헌申櫶[琴堂, 1811~1884] 등과 같은 당대의 명사들과 시문詩文을 주고받으며 폭넓게 교류하기도 하였다.[84] ㉢ 나아가 의순은 스스로 범자梵字와 탱화幁畫에도 일가를 이루었던 것으로 전해지고 있으며, 특히 스승 정약용의 영향을 받아 다도茶道에도 정통했던바, 즉 그는 차茶생활과 선禪 수행을 일치시키는 '다선일미茶禪一味의 경지'를 개척하여 다성茶聖으로 추앙받기도 하였다.[85]

둘째, 정약용은 이외에도 만덕사와 대둔사의 여러 승려들과 긴밀

여 『논어論語』를 열심히 공부할 것을 권하는 내용으로, 이에 대해서는 金相洪(2003: 561~564)과 정민(2011: 143~149)이 참조된다. ③ 「상정승지서上丁承旨書」에 대해서는 金相洪(2003: 568~577)이 참조된다. 한편, 정약용은 의순에게 학문의 요체 및 단계와 관련해서도 '위학삼요爲學三要'로서 '혜慧·근勤·적寂'을 설정하고 다시 '찬견鑽堅·적력積力·전정顚精'의 단계를 제시한 바 있다. 이에 대한 보다 자세한 내용은 정민(2011: 145~151)이 참조된다.

83 이에 앞서 가을에 의순[草衣]이 스승 윤우倫佑[玩虎, 1758~1826]의 삼여탑三如塔을 세운 뒤에 「명銘」과 「서문序文」을 받기 위해 상경했는데, 이를 계기로 11월 17일에는 정학연丁學淵 형제 및 박종유朴宗儒[匡山, ?~?]등과 함께 한겨울 눈보라를 헤치고 수종사水鍾寺를 유람하였다. 이때의 경과와 서로 주고받은 시詩를 기록한 글을 정약용이 친필로 써서 『수종시유첩水鍾詩遊帖』을 만들고, 끝에다 「발문跋文」을 붙여주었다. 이에 대한 자세한 내용은 정민(2011: 623~640)이 참조된다. 한편, 정약용은 70세를 앞둔 이해 섣달 그믐날 밤에 의순의 방문을 기뻐하는 시를 지어주기도 하였다. 보다 자세한 내용은 「庚寅年除夕, 同諸友分韻」(『定本 與猶堂全書 1』, pp. 555~556)이 참조된다.

84 당시 의순[草衣]이 교유했던 인사들은 불교계 인물을 제외하고도 무려 40여 명에 이르는데, 이들은 당시 유명한 관료 문인과 시인 묵객을 거의 망라하는 수준이었다. 이에 대한 자세한 내용은 金相洪(2003: 587~588)이 참조된다.

85 의순[草衣]은 차茶와 관련한 저술로 『동다송東茶頌』과 『다신전茶神傳』 등을 지은 바 있다.

히 교유하며 또한 학문적 가르침을 베푼 바 있다. 대표적으로 ① 색성賾性[袖龍, 1777~1806]과 자홍慈弘[騎魚, ?~?: 뒤에 '자굉慈宏'으로 법명을 바꿈]은 상기한 바 혜장의 제자로서, 이들 또한 정약용을 평소 극진히 모시면서 좋은 차茶를 만들어 보내주기도 하였으니,[86] 이에 정약용도 자홍에게 특별히 「증언贈言」을 지어주며 스승으로서 도타운 가르침을 베풀기도 하였다.[87] ② 두운斗云[隱峯, ?~?] 역시 대둔사의 승려로서, 기사년[1809년, 純祖 9]에 그가 대둔사의 부속 암자인 만일암挽日菴을 중수했을 때 정약용은 그 의도를 가상히 여겨 「기문記文」과 「상량문上梁文」을 지어준 바 있으며,[88] 같은 해에 두운이 자신이 편찬한 「만일암제명挽日菴題名」과 『만일암실적挽日菴實蹟』을 가지고 와서 정약용에게 친필로 서첩書帖에 써주기를 부탁함에 그대로 써주기도 하였다.[89] ③ 이외에 근학謹學[白下, ?~?], 법훈法訓[枕蛟, ?~1813], 응언應彦[掣鯨, ?~?], 시오始悟[縞衣, 1778~1868] 등의 사문沙門의 제자들도 다산초당을 찾아와 가르침을 받은 것으로 알려져 있다.[90]

---

86 이러한 정황은 정약용이 을축년[1805년, 純祖 5]에 지은 「藏旣爲余製茶, 適其徒賾性有贈, 遂止不予, 聊致怨詞, 以徼卒惠【用前韻】」(『定本 與猶堂全書 1』, p. 449), 「謝賾性寄茶」(『定本 與猶堂全書 1』, p. 449)와 같은 시詩를 통해서도 잘 간취할 수 있다.

87 보다 자세한 내용은 「爲騎魚僧慈弘贈言」(『定本 與猶堂全書 3』, p. 403)이 참조된다. 이 글에서 정약용은 자홍[騎魚]이 수도修道를 게을리 한 채 능주綾州에서 취식就食하고 있음을 지적하면서 어디까지나 수도에 힘쓸 것을 훈계하고 있다.

88 이에 대한 보다 자세한 내용은 「重修挽日菴記」(『定本 與猶堂全書 3』, p. 73)와 「挽日菴重修上梁文」(『定本 與猶堂全書 3』, pp. 347~348)이 참조된다.

89 이후 계유년[1813년, 純祖 13]에 정약용은 두운[隱峯]의 글에 만일암挽日菴의 창건연대에 대한 오류가 있음을 발견하고 이를 고증하여 바로잡으면서 그 전말을 「제『만일암지』題『挽日菴志』」란 글을 지어 소개·설명한 바 있다. 이에 대해서는 「題『挽日菴志』」(『定本 與猶堂全書 37』, p. 333)[『與猶堂全書補遺 III』]가 참조된다. 한편, 정약용과 두운 간의 교유에 대한 상세한 내용은 정민(2011: 189~210)이 참조되는바, 여기서는 『만일암지挽日菴志』의 실제 저자를 정약용으로 추정하고 있다.

90 정약용은 ① 근학[白下]에게 "이제 그만 뜰 앞의 잣나무[庭前柏樹子]를 화두로 하는 선공부禪工夫는 접어두고 일단 바리때 하나 들고 흰 구름 깊은 곳으로 탁발을 떠날(休從庭前柏樹子做工夫, 聊將一鉢, 託食白雲深處)"[「爲沙門謹學贈言」(『定本 與猶堂全書 3』, p. 412)] 것을 충고하는 「증언贈言」을 지어준 바 있으며, ② 법훈[枕蛟]에게는 「선문답禪問答」[『여유당전서』 미수록 자료]이란 글을 통해 가르침을 베풀었고, ③ 시오[縞衣]에게는 호게號偈를 지어주고 『주역周易』과 시문詩文의 학습을 직접 독려하는 등의 애정과 가르침을 베푼 바 있다. 법훈과 시오의 경우는 정민(2011: 169~177)과

셋째, 정약용은 이상과 같은 만덕사 및 대둔사의 승려들과의 학연으로 인하여 또한 이들 사찰에 대한 『사지寺志』의 편찬에도 깊숙이 관여한 바 있으니, 즉 『대둔사지大芚寺志』와 『만덕사지萬德寺志』가 바로 그것이다. 즉, ① 『대둔사지』는 ㉠ 갑술년[1814년, 純祖 14]을 전후하여 정약용이 그 편찬을 실제적으로 주관하는 가운데 사문으로 윤우倫佑, 색성賾性, 의순意洵, 자홍慈弘, 시오始悟, 두운斗云 등이 함께 참여하고, 또한 혜장惠藏의 유고遺稿도 활용되면서 완성되었다.[91] ㉡ 특히 4권에 편차되어 있는 『대동선교고大東禪敎考』는 정약용이 집필한 한국불교사 관계저술로서 주목된다.[92] ② 한편, 『만덕사지』는 갑술년부터 무인년[1818년, 純祖 18] 사이에 편찬되었는데, 여기서는 정약용이 전체적으로 감정鑒定하는 가운데 제자 이청李晴과 사문으로는 자홍慈弘, 응언應彦, 근학謹學, 승찬勝粲[鼇岳, ?~?] 등이 참여하면서 완성되었다.[93]

결국, 이상과 같이 유배지에서 정약용을 중심으로 유교와 불교를 가로지르며 꽃피웠던 따스한 교유와 돈독한 가르침은 마침내 '전등계傳燈契'라는 새로운 인연으로 이어졌다. 물론 이러한 인연은 다시금 당시로서는 실로 보기 드문 풍성하고도 귀중한 학문적 결실로 귀결되었으

정민(2011: 221~228)이 각각 참조된다.

91 『대둔사지大芚寺志』는 모두 '4권 2책'으로 구성되어 있으며, 편찬과 관련해서는 각 권수卷首마다 "玩虎·倫佑 鑒定, 兒菴·惠藏 留授, 袖龍·賾性·草衣·意洵 編輯, 騎魚·慈弘·縞衣·始悟 校正"으로 표시되어 있어 정약용의 역할에 대해서는 명시적인 언급이 없다. 그럼에도 이 사지寺志의 편찬과정에서 정약용이 실질적으로 주도적인 역할을 했던 사실이 최근 『매옥서궤梅屋書匭』라는 정약용의 친필 서간첩書簡帖이 발견되면서 구체적으로 확인되었다. 이에 대한 보다 자세한 내용은 정민(2011: 216~221)이 참조된다. 한편, 『대둔사지』의 편찬과정과 그 가치에 대해서는 대표적으로 許興植(1980: i~viii)이 참조된다.

92 정약용이 저술한 『대동선교고大東禪敎考』의 구성과 내용 및 그 의의와 한계에 대해서는 대표적으로 崔柄憲(1985: 333~341)이 참조된다.

93 『만덕사지萬德寺志』는 모두 '6권 2책'으로 구성되어 있으며, 편찬과 관련해서는 1권에서 3권까지는 "茶山 鑒定, 鶴林·李晴 輯, 騎魚·慈宏 編"으로, 4권은 "茶山 鑒定, 騎魚·慈宏 輯, 掣鯨·應彦 校"로, 5권은 "茶山 鑒定, 白下·謹學 編, 鼇岳·勝粲 校"로, 6권은 "茶山 鑒定, 騎魚·慈宏 編, 掣鯨·應彦 校"로 표시되어 있다. 한편, 『만덕사지』의 편찬과정과 그 가치에 대해서는 대표적으로 許興植(1977: 453~474)이 참조된다.

니, 이는 무엇보다 바로 여기에서 의순意洵과 같이 조선후기의 불교계와 문단에 큰 족적을 남긴 고승高僧이 배출되었다는 점에서, 그리고 바로 여기에서 일련의 『사지寺志』가 편찬됨으로써 조선후기 불교사를 체계화할 수 있는 귀중한 자료들이 집성되었다는 점에서 또한 그러하다.

해배 이후 회갑년에 「자찬묘지명」을 짓고 '경집 232권'과 '문집 260여 권'의 저술을 남기다

마침내 정약용은 57세 되는 무인년[1818년, 純祖 18] 가을에 해배되어 집으로 돌아왔다. 그럼에도 그는 자신의 회갑년이 되는 임오년[1822년, 純祖 22]에 이르는 기간 동안에도 저술활동을 그치지 않았다.[94] 이로써 정약용은 '경집經集 232권', 경세학저술經世學著述을 포함한 '문집文集 260여 권'이라는 실로 호대한 양의 저술을 남기게 되었으니, 참으로 이는 그로 하여금 '실학의 집대성자'라고 칭송받도록 하기에 전혀 손색이 없는 것이었다. 또한 정약용은 회갑년을 맞아 당시까지의 자신의 일생과 학문적 업적을 회고·정리하면서 「자찬묘지명自撰墓誌銘【광중본壙中本】·【집중본集中本】」을 지었는데, 특히 자신의 학문과 관련해서는 "육경六經·사서四書로써 자기 몸을 닦고 일표一表·이서二書로써 천하와 국가를 다스린다면 본本·말末이 이로써 갖추어지게 된다"[95]고 총괄하여 평가함으로써 이에 대한

---

94 정약용은 특히 회갑년이 되는 임오년[1822년, 純祖 22]에 자신의 생애와 학문적 업적을 회고·정리한 「자찬묘지명自撰墓誌銘【광중본壙中本】·【집중본集中本】」을 지은 이외에도, 신유년[1801년, 純祖 1]에 일어났던 신유옥사辛酉獄事 때 무고하게 죽음을 당하거나 피해를 입은 자신의 선배先輩 및 지기知己의 「묘지명」 또한 이 무렵에 집중적으로 저술한 것으로 추측된다. 대표적으로 「貞軒墓誌銘」(『定本 與猶堂全書 3』, pp. 203~224)[1822년경], 「茯菴 李【基讓】墓誌銘」(『定本 與猶堂全書 3』, pp. 225~232)[1822년경], 「鹿菴 權【哲身】墓誌銘」(『定本 與猶堂全書 3』, pp. 232~238)[1822년경], 「先仲氏墓誌銘」(『定本 與猶堂全書 3』, pp. 242~247)[1822년], 「南皐 尹參議墓誌銘」(『定本 與猶堂全書 3』, pp. 284~292)[1821년], 「司憲府持平尹【无咎】墓誌銘」(『定本 與猶堂全書 3』, pp. 292~295)[1822년], 「司憲府掌令錦里 李【周臣】墓誌銘」(『定本 與猶堂全書 3』, pp. 295~298)[1822년]이 있다.

95 「自撰墓誌銘【集中本】」(『定本 與猶堂全書 3』, p. 278) "六經·四書, 以之修己; 一表·二書,

자부심을 숨기지 않았다.

한편, 정약용은 이 적거·저술기 동안 상기한 바의 저술 이외에도 ① 『소학지언小學枝言』[1815년]·『아학편兒學編』[1804년]·『소학주천小學珠串』[1810년]·『아언각비雅言覺非』[1819년]·『이담속찬耳談續纂』[1820년] 등과 같은 일련의 '소학서小學書'를 저술함으로써 조선후기의 소학小學을 새로운 경지로 이끌었고,[96] ② 또한 『아방강역고我邦疆域考』[1811년~1833년]와 『대동수경大東水經』[1814년]을 통해 전통적인 역사지리서의 한계를 극복해나갔으며, ③ 이외에도 『민보의民堡議』[1812년]와 『사대고례산보事大考例刪補』[1821년]를 저술하여 국방 및 외교에 대해서도 나름의 경륜을 유감없이 천명한 바 있다.

경기도 일원의 학자들과 당색을 초월한 학문적 교유를 시작하다

한편, 정약용은 이 기간[1817년~1827년]에 걸쳐 이재의李載毅[文山, 1772~1839], 신작申綽[石泉, 1760~1828], 김매순金邁淳[臺山, 1776~1840], 홍석주洪奭周[淵泉, 1774~1842]와 같은 경기도 일원의 학자들과도 당색黨色을 초월한 학문적 교유를 시작했으며, 이는 그의 말년—정해년[1827년, 純祖 27] 12월—에까지 계속되었다. 특히 ① 이재의와는 『맹자孟子』의 사단설四端說과 자신의 성기호설性嗜好說을 중심으로,[97] ② 신작[98]과 김매순[99]과는 『상례사전喪禮四箋』과

以之爲天下·國家, 所以備本·末也."

96 정약용의 '소학'론의 내용 및 특징에 대해서는 정일균(2005), 郑一均(2008)과 정일균(2012a)이 참조된다.

97 이에 대해서는 「答李汝弘【載毅】」(『定本 與猶堂全書 4』, pp. 143~153), 「與李汝弘【甲戌十月日】」(『定本 與猶堂全書 4』, pp. 154~156), 「答李汝弘」(『定本 與猶堂全書 4』, pp. 157~160), 「答李汝弘」(『定本 與猶堂全書 4』, pp. 160~162), 「答李汝弘」(『定本 與猶堂全書 4』, pp. 162~163), 「答李汝弘【丙子九月日】」(『定本 與猶堂全書 4』, pp. 163~167)이 참조된다. 또한, 정약용은 이재의와 '예禮' 개념[喪禮, 祭禮, 己亥禮論]에 대해서도 토론했던바, 이에 대해서는 「答李汝弘」(『定本 與猶堂全書 4』, pp. 170~173), 「答李汝弘【丙子十一月】」(『定本 與猶堂全書 4』, pp. 173~174), 「與李汝弘【丁丑二月日】」(『定本 與猶堂全書 4』, p. 174), 「與李汝弘」(『定本 與猶堂全書 4』, pp. 175~176)이 참조된다.

한편, 정약용과 이재의 간의 교유는 갑술년[1814년, 純祖 14] 영암靈巖에 잠시 우거하던 이재의가 강진康津의 유배지에 있던 정약용을 찾아오면서 시작되었으며, 이후

『매씨서평梅氏書平』을 중심으로, ③ 홍석주와는 『매씨서평』과 『상서지원록尙書知遠錄』 및 『독『상서보전』讀『尙書補傳』』을 중심으로 진지한 학문적 토론을 벌인 바 있다.[100]

정약용과 그 부인의 죽음에 이르기까지 20여 년간 지속되었다. 19세기 전반기에 노론老論과 남인南人이라는 당색黨色의 차이에도 불구하고 두 사람은 흉금을 터놓고 교유했으며, 그 과정에서 활발한 학문적 토론과 함께 서로 화답한 시詩들도 남겨 놓았다. 특히 '다산茶山과 문산文山의 문답' 및 '다산과 문산의 시문詩文'에 대한 자세한 소개는 實是學舍經學硏究會 編譯(1996)이 참조된다.

98 이에 대해서는 「答申在中【綽○己卯九月日】」(『定本 與猶堂全書 4』, pp. 176~177), 「答申在中【己卯十一月日】」(『定本 與猶堂全書 4』, pp. 177~179), 「與申在中」(『定本 與猶堂全書 4』, p. 179), 「答申在中」(『定本 與猶堂全書 4』, pp. 180~184), 「答申在中」(『定本 與猶堂全書 4』, pp. 184~188), 「與申在中」(『定本 與猶堂全書 4』, p. 188)이 참조된다.

한편, 정약용과 신작 간의 교유는 정약용이 유배살이를 끝내고 고향 마재[馬峴]로 돌아온 후 기묘년[1819년, 純祖 19] 8월 21일에 정약용이 자신의 저술인 『상례사전喪禮四箋』과 『매씨서평梅氏書平』을 가지고 사촌社村으로 신작의 집을 방문하면서 시작되었다. 그들은 주로 정약용의 저술을 대상으로 논쟁을 벌였는데 그 구체적 내용은 '상례喪禮'에서 시작하여 '벽괘설辟卦說'과 '육향제六鄕制' 등이 중심을 이루었고, 이러한 과정에서 서로 간에 정감 어린 시문詩文을 주고받기도 하였다. 특히 '다산茶山과 석천石泉 간의 편지'와 '다산과 석천의 시문'에 대한 자세한 소개는 實是學舍經學硏究會 編譯(2000a)이 참조된다.

99 이에 대해서는 「與金德叟【邁淳】」(『定本 與猶堂全書 4』, pp. 218~219), 「答金德叟」(『定本 與猶堂全書 4』, pp. 219~223), 「答金德叟」(『定本 與猶堂全書 4』, pp. 223~224), 「與金德叟」(『定本 與猶堂全書 4』, pp. 224~225), 「金德叟書【辛巳十二月上旬】」(『定本 與猶堂全書 4』, pp. 225~226), 「又書【壬午正月小晦】」(『定本 與猶堂全書 4』, pp. 226~232), 「又書【壬午二月初吉】」(『定本 與猶堂全書 4』, pp. 232~234), 「又書【二月十八日】」(『定本 與猶堂全書 4』, pp. 234~235), 「又書【二月晦】」(『定本 與猶堂全書 4』, pp. 235~236), 「又書」(『定本 與猶堂全書 4』, pp. 236~239)가 참조된다.

한편, 정약용과 김매순 간의 교유는 신사년[1821년, 純祖 21] 11월 27일에 시작되었다. 두 사람은 일찍이 정조조正祖朝에 규장각奎章閣에서 같이 근무한 적이 있었으며, 이에 30여 년의 세월이 흐른 뒤 백발노인으로 서로 재회하게 된 것을 크게 기뻐하기도 하였다. 김매순은 정약용의 『상례사전喪禮四箋』과 『매씨서평梅氏書平』을 높이 평가하면서도 동시에 의심나는 내용을 중심으로 경학논쟁을 벌였으며, 또한 이러한 과정에서 서로를 위로하는 시문詩文을 주고받기도 하였다. 특히 '다산茶山과 대산臺山 간의 논쟁'과 '다산과 대산의 시문'에 대한 자세한 소개로는 實是學舍經學硏究會 編譯(2000b)이 참조된다.

또한, 정약용이 김매순과 경학논쟁을 벌이는 중에 김매순의 친우인 김기서金基敍[鼎山, ?~?]가 논쟁에 참여하기도 하였다. 이에 대해서는 「答鼎山【金基敍】」(『定本 與猶堂全書 4』, p. 138), 「答鼎山」(『定本 與猶堂全書 4』, pp. 138~139), 「答鼎山」(『定本 與猶堂全書 4』, p. 139), 「與鼎山」(『定本 與猶堂全書 4』, pp. 140~141), 「與鼎山【寄延豐謫中】」(『定本 與猶堂全書 4』, pp. 141~142)이 참조되며, 특히 '다산茶山과 정산鼎山 간의 논쟁'에 대한 자세한 내용은 實是學舍經學硏究會 編譯(2000b)이 참조된다.

IV. 소요자적기[1823년~1836년]

고향 마재에서 "여생은 오로지 일민으로 지내리라" 다짐하며 은거하다

이후 정약용丁若鏞의 일생에 있어 마지막 기간에 해당하는 '소요자적기逍遙自適期[1823년~1836년]'에는 상기한바 인근 학자들과의 학문적 교유를 계속하는 이외에는, 특별히 예찬倪瓚[倪迂, 字는 元鎭, 1301~1374: 中國 元 나라 말기의 화가]이 조각배로 삼묘호三泖湖를 왕래하며 숨어 살았던 삶을 기리며 "여생은 오로지 일민逸民으로 지내리라"[101]라는 다짐 속에 대체로 고향 마재[馬峴]에서 은거하면서 한가로운 시간을 보냈다.

바로 이러한 맥락에서 정약용은 앞서 58세 되는 기묘년[1819년, 純祖 19] 4월에는 충주忠州 하담河潭에 있는 조부 정지해丁志諧[102]와 선친 정재원丁載遠[103]의 묘소를 성분省墳하기 위해서 맏형 정약현丁若鉉[誧淵, 字는 太玄, 1751~1821]과 함께 작은 고깃배를 타고 남한강[濕水]을 거슬러 올라 충주로

---

100 이에 대해서는 「與海居」(『定本 與猶堂全書 37』[與猶堂全書補遺 III], pp. 229~230), 「洪判書【奭周】書籤『梅氏書平』」(『定本 與猶堂全書 37』[與猶堂全書補遺 III], pp. 218~224), 「又答我書」(『定本 與猶堂全書 37』[與猶堂全書補遺 III], p. 225), 「答洪聲伯籤示」(『定本 與猶堂全書 37』[與猶堂全書補遺 III], pp. 230~237), 『讀『尙書補傳』』(『定本 與猶堂全書 37』[與猶堂全書補遺 III], pp. 238~250)이 참조된다.

한편, 정약용과 홍석주의 만남은 정해년[1827년, 純祖 27] 11월에 홍석주의 동생인 홍현주洪顯周[海居, 1793~1865]를 통해 시작되었다. 당시 홍현주는 집안에 소장하던 염약거閻若璩[潛邱居士, 1636~1704: 中國 淸 나라의 학자]의 『상서고문소증尙書古文疏證』과 홍석주의 『상서보전尙書補傳』을 정약용에게 보여주었고, 이에 대하여 정약용은 매우 기뻐한 바 있다. 정약용은 홍석주에게 『매씨서평梅氏書平』, 『상서지원록尙書知遠錄』의 「서문」과 「목차」, 『상서고문소증』에 대한 평을 보여주었고, 또한 『상서보전』에 대한 질문서인 『독『상서보전』讀『尙書補傳』』을 보내기도 하였다. 특히 '다산茶山과 연천淵泉·해거海居 간의 논쟁'에 대한 자세한 소개로는 實是學舍經學硏究會 編譯(2000b)이 참조된다.

101 『穿牛紀行【漢武帝遣彭吳穿牛首州, 卽春川】』(『定本 與猶堂全書 1』, p. 651) "一生湖泖扁舟願, 全把餘齡作逸民.【倪元鎭, 嘗以扁舟, 往來湖泖之間】"

102 조부 정지해의 생평사략에 대해서는 「家乘遺事」(『定本 與猶堂全書 3』, pp. 348~349)가 참조된다.

103 선친 정재원의 생평사략에 대해서는 「先人遺事」(『定本 與猶堂全書 3』, pp. 349~352)가 참조된다.

가는 길에 “누가 예우倪迂를 일으켜 이곳에 와서 호묘湖泖의 풍류를 한번 듣게 해줄꼬?”라고 읊으면서 그 감회를 오언절구五言絶句로 기록한 바 있으며,[104] 이후 고향 인근에 있는 용문산龍門山에도 수차 유람하였다.

한편, 정약용은 이 시기를 전후하여 모두 두 번에 걸쳐 배를 타고 북한강[汕水]을 거슬러 올라 춘천春川을 방문·유람한 바 있다. ① 첫 번째 방문은 정약용이 59세 되는 경진년[1820년, 純祖 20] 3월에 만형 정약현의 둘째아들 정학순丁學淳이 춘천의 샘밭[泉田]에 사는 경주이씨慶州李氏와 혼례를 올리게 됨을 계기로 정약현과 함께 작은 배로 북한강을 거슬러 춘천에 가게 된 일이 바로 그것이다. 이때 정약용은 춘천과 청평산淸平山 등지를 유람하면서 춘천에 이르는 물길 주변의 산수의 아름다움, 춘천의 풍물과 자연환경, 춘천의 역사에 대한 관심 등을 절구絶句 25수, 화두시和杜詩 12수, 잡체시雜體詩 10수를 지어 기록하였고, 이를 1권으로 묶어 『천우기행穿牛紀行』이라 이름 붙였다.[105] ② 두 번째 방문은 4년 뒤인 계미년[1823년, 純祖 23] 4월에 장손 정대림丁大林이 춘천의 도정촌陶井村에 사는 수성최씨隋城崔氏와 혼례를 올림을 계기로 역시 장남 정학연丁學淵 및 이재의李載毅 등과 함께 배를 타고 춘천과 곡운구곡谷雲九曲을 여행한 일이 그것이다. 이때 정약용은 매일의 노정路程과 시詩를 기록한 『산행일기汕行日記』[1823년]와 함께 북한강의 수로水路를 고찰한 『산수심원기汕水尋源記』[1823년]를 저술한 바 있다.[106]

---

104 「四月十五日, 陪伯氏乘漁家小艓向忠州, 效錢起「江行絶句」」(『定本 與猶堂全書 1』, pp. 638~642)
한편, 정약용은 이때 선친의 묘소를 참배하면서 세상을 하직하시기까지 살아생전 자식으로서 30살이 다 되도록 효도 한 번 제대로 못했던 죄송함과 아울러 “멀리 회고컨대 신유년辛酉年 봄에 통곡하며 묘소를 하직하고서 ……이후로 영해嶺海 밖으로 떠돌며 (묘소를 찾지 못한 지가: 필자 주) 어언 구 년九年이 두 번이나 흘렀네(尙憶辛酉春, 痛哭辭靈隧. ……漂流嶺海外, 九載於焉二.)”라고 하여 자신의 지극한 회한과 슬픔을 시詩를 지어 토로한 바 있다. 「上墓」(『定本 與猶堂全書 1』, p. 642)

105 『穿牛紀行【漢武帝遣彭吳穿牛首州, 卽春川】』(『定本 與猶堂全書 1』, pp. 651~662)

106 『汕行日記』(『定本 與猶堂全書 4』, pp. 383~406); 『汕水尋源記』(『定本 與猶堂全書 4』,

『상서』와 『춘추』의 경학저술을 수정·보완하고, 『아방강역고』를 최종 완성하다

상기한 바대로, 정약용은 해배 이후에 경기도 일원의 학자들과도 당색黨色을 초월한 학문적 교유를 시작했던바, 이 과정에서 그는 자신의 『상서尙書』와 『춘추春秋』 관계 경학저술을 수정·보완하는 한편, 『아방강역고我邦疆域考』를 최종적으로 완성한 바 있다. 첫째, 정약용은 『상서』와 관련해서는 특히 김매순金邁淳 및 홍석주洪奭周와 함께 자신의 『매씨서평梅氏書平』을 중심으로 토론을 벌인 바 있다. 이때 ① 김매순은 『매씨서평』에 대하여 "한편으로 공자孔子께서 사시던 집 벽[孔壁]에서 나왔다고 칭탁한 위고문僞古文을 물리친 일등공신이요, 다른 한편으로는 주자학朱子學에 대한 모멸을 막아낸 용맹스런 신하이니, 유림儒林의 큰 업적 가운데 이것과 견줄 수 있는 것은 없을 것입니다. 아득히 천년 뒤에 거친 이 땅에서 이렇게 탁월하고 기이한 일이 있을 줄은 생각지도 못했습니다"107라고 극찬한 바 있으며, ② 홍석주 또한 『매씨서평』에 대한 의견이나 의문점을 일일이 찌[籤]를 붙여 보내며 정약용과 의견을 교환한 바 있다. 또한 홍석주는 자신의 저술인 『상서보전尙書補傳』을 정약용에게 보내어 비평을 부탁하였고, 염약거閻若璩[潛邱居士, 1636~1704: 中國 淸 나라의 학자]의 『상서고문소증尙書古文疏證』을 보내주어 『매씨서평』을 수정·보완하는 데 참고할 수 있도록 배려하기도 하였다. 바로 이러한 과정에서 정약용은 홍석주의 『상서보전』과 염약거의 『고문상서소증』에 대한 독후감으로 각각 「독『상서보전』讀『尙書補傳』」[1827년]과 「염씨『고문소증』초閻氏『古文疏證』鈔」[1827년]를 저술한 바 있으며, 나아가 그가 서거하기 2년 전인 73세

---

pp. 375~382)

한편, 상기한바 정약용의 『천우기행穿牛紀行』과 『산행일기汕行日記』 및 『산수심원기汕水尋源記』에 대한 자세한 소개는 대표적으로 沈慶昊(1995)가 참조된다.

107 「又書【壬午正月小晦】」(『定本 與猶堂全書 4』, p. 226) "一以爲孔壁撥亂之元勳, 一以爲朱門禦侮之勁臣, 儒林大業, 莫之與京. 不謂寥寥千載之下, 蓁蓁九夷之中, 乃有此絶等奇事也."

되는 갑오년[1834년, 純祖 34]에는 이전 유배기의 저술이었던 『고훈수략古訓蒐略』과 『상서지원록尙書知遠錄』을 개수改修·합편合編하여 『상서고훈尙書古訓』을 편찬하는 한편, 『매씨서평』 또한 개정·완성하기도 하였다.

둘째, 정약용은 이 시기에 『춘추』와 관련해서도 유배기의 저술인 『춘추고징春秋考徵』을 증보하여 최종적으로 완성하였다. 즉, 그는 72세 되는 계사년[1833년, 純祖 33]에 앞서 무진년[1808년, 純祖 8]에 처음 기초起草하고 임신년[1812년, 純祖 12]에 제자 이강회李綱會[字는 紘甫, 1789~?]의 도움을 받아 총 10권으로 편정編正했던 이 저술을 이후에도 모두 네 차례의 증보增補를 거쳐 마침내 모두 12권으로 완결한 바 있다.

마지막으로, 정약용은 이 시기에 자신의 대표적인 역사지리서인 『아방강역고我邦疆域考』 역시 증보하여 최종적으로 완성하였다. 즉, 그는 앞서 신미년[1811년, 純祖 11]에 모두 10권으로 일단 초고본草稿本을 완성했다가 해배 이후 특히 홍석주洪奭周의 『동사세가東史世家』, 한진서韓鎭書가 보충한 『해동역사海東繹史』의 「지리고地理考」 등과 같은 새로운 자료를 접하면서 지속적으로 보완해나갔던바, 이에 72세 되는 계사년[1833년, 純祖 33]에는 「속강역고續疆域考」 3권을 추술追述함으로써 마침내 모두 12권으로 이 저술을 마무리한 바 있다.

회혼일에 영면하다

이어 정약용은 병신년[1836년, 憲宗 2] 2월 22일, 마침 이날은 풍산홍씨豊山洪氏와의 회혼일回婚日이어서 축하하기 위해 모인 많은 친척과 자손 및 제자들이 지켜보는 가운데 고향 마재[馬峴] 본가에서 75세를 일기로 파란 많았던 일생을 마쳤다. 정약용은 서거하기 사흘 전에 회혼回婚을 맞게 된 자신의 감회를 "육십년 풍상風霜의 세월 순식간에 흘러갔으나, 복사꽃 화사한 봄빛은 신혼시절 같구려. ……쪼개졌다가 다시 합한 것 참으로 우리의 모습이니, 표주박 한 쌍을 남겨서 자손에게 물려주리"[108] 라고 표현한 바 있으며, 또한 그는 일찍이 회갑년이 되는 임오년[1822년, 純祖 22]에 미리 본인과 부인의 장례절차를 지시하는 「유령遺令」을 서첩書帖으로 만들어 자신이 편찬한 『상의절요喪儀節要』와 함께 참조하여 장례를 치르도록 당부한 바 있다.[109]

---

108 「回巹詩【丙申二月, 回巹前三日】」(『定本 與猶堂全書 1』, pp. 634~635) "六十風輪轉眼翻, 穠桃春色似新婚, ……剖而復合眞吾象, 留取雙瓢付子孫"

109 정약용이 제시한바 「유령遺令」의 내용은 다음과 같다: "① 병이 나면 바깥채에 거처하게 하고 부녀자들을 물리치고 외인外人을 사절한다. ② 숨이 끊어지면 속옷을 벗기고 새 옷을 입힌다. ③ 수시收屍는 풍속대로 하되, 이[齒]는 괴지 말고【반함飯含을 하지 않기 때문이다】발도 묶지 말며 한두限斗[황토를 다리 사이에 넣어 시체를 고정시키는 것: 필자 주]를 설치한다. ④ 그날로 목욕시키고 염습殮襲하되 준비가 안 되었으면 이튿날 아침에 해도 좋다. ⑤ 멱목幎目[屍身의 눈을 가리는 것: 필자 주]은 검은 비단에 붉은 안감을 쓴다. ⑥ 악수握手는 검은 비단에 붉은 안감을 쓴다. ⑦ 귀마개는 흰 솜을 쓴다. ⑧ 명의明衣는 무명을 쓴다. ⑨ 속옷은 겹옷으로 하는데,【솜을 넣지 않는다】 위는 소매가 긴 옷을 쓰고 아래는 바지를 쓰되, 모두 무명으로 한다. ⑩ 중간 옷은 홑옷【단單이다】을 쓰되, 명주도 좋고 무명도 좋으며 입던 옷도 좋다. ⑪ 겉옷은 조포朝袍를 쓰는데, 명주도 좋고 무명도 좋다. ⑫ 검은 띠는 흰 선을 두른다.【선을 두르지 않아도 좋다】 옛날에는 베[布]를 썼다.【넓이는 두 치이고 길이는 세 자이며 양쪽 끝을 늘어뜨리지 않는다】 ⑬ 흰 신은 푸른 선을 두른다. ⑭ 얼굴 가리개는 비단을 쓰되 복건幅巾을 사용하지 않는다. ⑮ 버선에는 끈이 있고 바지에는 띠가 있게 한다. ⑯ 녹색 주머니가 네 개인데 명주나 베를 쓴다. ⑰ 작은 이불은 겹이불을 쓴다.【솜을 넣지 않는다】 무명이거나 삼베[麻布]이거나 더럽지 않으면 빨지 말라. ⑱ 숨이 끊어지고 하루 반이 지나야 소렴小斂을 할 수 있다. ⑲ 시신을 묶는 끈은 삼베를 쓰되, 없으면 무명을 쓴다. ⑳ 산의散衣와 도의倒衣[산의와 도의는 모두 관 속의 빈 곳에 채워넣는 옷임: 필자 주]는 해진 것을 씀이 마땅하다. ㉑ 그 다음날 대렴大斂을 하는데, 관棺은 몸에 맞게 하고 칠성판七星板[관 밑바닥에 까는 판자. 북두칠성 모양으로 일곱 개의 구멍을 뚫거나 먹으로 표시하였다: 필자 주]과 출회秫灰[차조의 재. 관 바닥에 깔았다: 필자 주]는 쓰지 않는다. ㉒ 이불과 요는 쓰지 말고, 소렴한 시신은 곧바로 관에 넣는다. ㉓ 빈 곳을 채우는 데에는 옷과 솜을 쓰지 않고 짚【『예전禮箋』과 『악서樂書』 등에 있는 고본稿本이다】과 황토【크게 빈 곳에는 깨끗한 흙을 가져다가 구워 말려 체로 쳐서 가늘게 만들어 두터운 종이주머니에 담아서 쓴다】를 쓴다. ㉔ 천금天衾[시신을 관에 넣고 덮는 이불: 필자 주]은 무명을 쓰되, 붉은 안감을 댄 검은 색으로 한다. ㉕ 명정銘旌을 만들어 혼백魂帛과 마주 두고 장례할 때에는 붉은 깃발을 설치한다. ㉖ 집의 동산에 매장하고 지사地師에게 물어보지 말라. ㉗ 광壙[시신을 묻기 위해 판 구덩이: 필자 주]을 만들 때는 회灰로 쌓지 말고 하관할 때에 회를 채워넣는다. 회를 모래에 섞을 때에는 재료를 잘 선택해야 하고, 아주 고르게 이겨야 한다.【세 번 흙을 섞는다】사람의 자식으로서 마음을 쓸 것은 이 한 가지일 뿐이다. 다른 것은 다 쓸데없는 글이다. ㉘ 석물石物을 지나치게 세우지 말라. ㉙ 그 나머지는 『상의절요喪儀節要』를 어겨서는 안 된다. ㉚ 너의 어머니 상喪도 이와 같이 하되, 다른 점이 몇 가지 있다." 보다 자세한 내용은

이후 1910년[隆熙 4]에는 특별히 '정헌대부正憲大夫 규장각제학奎章閣提學'에 추증追贈되고, '문도공文度公'이란 시호諡號를 받았다.[110]

丁奎英 編(1921/1992: 332~335) 및 송재소 역주(2014: 260~264)가 참조된다.

110 이와 관련하여 ① 「조서詔書」에는 "옛 승지 정약용丁若鏞은 문장文章과 경제經濟가 일세에 탁월하여 마땅히 조가朝家의 표창하는 일이 있어야 하기에 특별히 정삼품 규장각제학奎章閣提學을 추증하여 절혜節惠의 은전恩典을 베푸노라(故承旨丁若鏞, 文章·經濟, 卓越一世, 宜有朝家褒揚之擧, 特贈正三品奎章閣提學, 施以節惠之典)"라고 하였다. ② '문도공'이란 시호에 대해서는 "널리 배우고 견문見聞이 넓은 것을 '문文'이라 하고, 일을 처리함에 의義에 맞는 것을 '도度'라 한다(博學多聞曰: '文', 制事合義曰: '度')"는 의미를 가진 것으로 소개하고 있다. 보다 자세한 내용은 丁奎英 編(1921/1992: 336) 및 송재소 역주(2014: 264~265)가 참조된다.

제2장

다산 정약용의 지적 배경

"생각건대 『대학大學』의 극치極致와 『대학』의 실용實用은
'효孝·제弟·자慈' 이 세 가지를 벗어나지 않습니다.
지금 『대학』의 요지를 밝히고자 한다면
반드시 먼저 '효·제·자' 세 글자의 의미를 명확하게 드러내야 하니,
그런 다음에야 비로소 『대학』 한 편의 전체全體와 대용大用이
밝혀질 수 있습니다": 『대학공의大學公議』

"찬란하도다 성호선생星湖先生이시여,
성誠·명明으로 빛나는 글을 지으셨도다.
아득하여 광막함을 근심하던 때에 세밀하게 분석하신 것을 보게 되었네.
보잘것없는 나 뒤늦게 태어났으나,
아득한 대도大道를 듣게 되었네": 『서암강학기西巖講學記』

"정조正祖께서 매번 치도治道를 논하시면서
'거당去黨·징탐懲貪'이라는 네 글자로써 요지를 삼으셨던바,
대개 이는 일면 관직에 사람을 임용함의 요지이자
일면 백성을 편안케 함의 요지이기도 하다": 『상서고훈尙書古訓』

"유신儒臣 박지원朴趾源이 저술한 『열하일기熱河日記』 20권을 보았는데,
여기에 실린 중국의 기용제도器用制度 중에는
보통사람으로서는 추측할 수 없는 것이 많았다": 『경세유표經世遺表』

개관

주지하다시피, 조선왕조는 성리학性理學의 통치이념 하에 여말선초에 걸친 일련의 개혁적 성과를 바탕으로 중앙집권적인 '근세적 유교국가'의 모습을 갖추면서 출범하였다.[1] 이처럼 성리학적 세계관과 그 물적 제도의 기반 위에서 약 2세기 동안 지속되어왔던 조선사회는 특히 양란兩亂을 거치면서 미증유의 체제위기를 경험하게 되었다.

우선, 이 시기 조선사회의 '내재적 자기전개'의 주요양상으로는 16세기 이래 전개된 '조선성리학의 성립' 및 이에 토대를 둔 '사림정치士林政治의 전개'를 들 수 있다. 물론 그 근저에는 15세기 이래 조선왕조가 경험했던 사회 전반의 변화와 모순,[2] 이에 대한 사림파의 사상적 대응

---

1 이에 그 구체적 양상을 간략하게 소개하면, ① 정치적 측면에서는 ㉠ 북진정책과 왜구소탕을 통해 영토를 확대하고 국경을 확정한 점, ㉡ 지방의 군현제도를 개편·정비함으로써 전 국토에 대한 국가의 일원적 지배체제를 확립한 점, ㉢ 기존의 대지주 세력이 사실상 소멸되는 동시에 공민公民의 수가 급격히 증가한 점, ㉣ 관리의 선발과 승진에 있어 능력주의를 존중하고 시험제도를 강화한 것처럼 국가의 통치조직과 그 운영원리에서 근대관료적 요소가 성장한 점, ㉤『경국대전經國大典』으로 대표되는 헌장憲章으로서의 독자적인 통치규범을 완성하는 동시에 이에 따라 국정을 운영한 점, ㉥ '조선朝鮮'이라는 국호와 한양漢陽으로의 천도를 통해 표출된 민족의식 등을 들 수 있다. ② 경제적 측면에서는 ㉠ 건국을 전후하여 일련의 전제개혁·토지개간·양전사업·권농정책 등을 시행한 결과 국가재정과 민간경제가 비약적으로 성장한 점, ㉡ 토지소유에서의 극심한 불평등이 해소되는 동시에 전 농민의 약 7할에 해당하는 대다수 농민이 자작농自作農으로 전환한 점, ㉢ 공·상업 분야와 자연자원에 대한 국가의 통제와 경영을 강화한 점 등을 들 수 있다. ③ 사회적 측면에서는 ㉠ 기본적으로 '양인良人=자유민自由民'과 '천인賤人=노비奴婢'라는 이원적 신분체제를 지향한 점, ㉡ 이에 따라 양인 신분층이 수적으로 확대된 점, ㉢ 양인이 후천적으로 획득할 수 있는 '성취지위'로서 사민四民[士·農·工·商]을 인식하고 구별한 점, ㉣ 양인의 농민에게 의무이자 권리로 부과된 군역軍役 등을 들 수 있다. 요컨대, 조선왕조가 개국 초에 성취한 이상과 같은 전반적인 사회적 변화와 성장은 곧 고려왕조의 중세적 성격을 불식하는 동시에 근세적 특성을 한층 더 풍부하게 함축하는 전진적인 것으로 평가할 수 있을 것이다. 또한 이러한 변화의 기저에는 이미 여말麗末부터 새롭게 진전되어온 농업기술상의 발전적 성과, 특히 중국 남송대南宋代의 강남농법江南農法의 영향에 따른 휴한법休閑法의 극복 등이 자리 잡고 있었던 것으로 보인다. 이상의 양상에 대한 보다 자세한 내용은 韓永愚(1983: 9~16), 李泰鎭(1989: 73~93) 및 이태진(2008: 131~148)이 참조된다.

2 이를 보다 구체적으로 정리하면, ① 정치적으로는 양반관료체제의 점차적인 변질

으로서의 조선성리학의 정착과 그 개성적 전개,[3] 이에 근거한 사림파의 사상적·정치적 헤게모니의 확고한 정립 및 붕당정치朋黨政治의 전개[4]가

과 쇠퇴, 즉 외척外戚과 권신權臣의 활발한 정치참여, 정치기강의 해이에 따른 관료의 부패와 가렴주구로, ② 경제적으로는 강력한 국가통제의 약화와 사경제私經濟의 발달, 특히 농업에서의 과전법科田法의 붕괴와 토지겸병의 성행, 상·공업에서의 사상私商과 사장私匠의 대두 및 활동, 일부 계층—일부 관료, 상인, 지주 및 왕실—으로의 부富의 집중과 이에 따른 국가재정과 일반 백성의 궁핍화현상으로, ③ 사회적으로는 특히 신분제도와 관련하여 초기의 이원적인 '양천제良賤制'가 붕괴되면서, 결과적으로 특권 사족士族과 상인常人 간의 분화 및 중인계급中人階級—천문天文·의약醫藥·지리地理·복서卜筮·역학譯學 등의 기술직技術職을 전담한 관료집단—의 새로운 등장, 계급의 세습 및 고착화에 따른 신분이동의 전반적 침체현상 등으로 나타났다. 보다 자세한 내용은 韓永愚(1983: 16~19)가 참조된다.

3 주지하다시피, 16세기는 앞 시기의 사림파가 강조했던 『소학小學』 교육과 『주자가례朱子家禮』에 의한 성리학적 실천윤리를 핵심적 유산으로 계승하는 가운데(李樹健, 1979: 258~276, 李樹健, 1995: 271~302, 이태진, 2008, 323~330), 조선유학사에서 처음으로 성리학에 대한 본격적이고도 수준 높은 철학적 탐구가 이루어지면서 학파學派가 형성되어갔던바, 이에 대표적 인물로는 서경덕徐敬德[花潭, 1489~1546], 이언적李彦迪[晦齋, 1491~1553], 이황李滉[退溪, 1501~1570], 조식曺植[南冥, 1501~1572], 이이李珥[栗谷, 1536~1584] 등을 거론할 수 있을 것이다. 한편, 이 시기 조선성리학朝鮮性理學의 주요한 흐름으로는 ① 주자학朱子學의 주체적 수용[이언적, 이황, 이이], ② '경敬'과 '의義'를 중시한 과단성 있는 성리학적 실천철학의 지향[조식], ③ 기일원론적氣一元論的 유기론唯氣論의 독자적 전개[서경덕], ④ 양명학陽明學의 전래와 초기적 수용[남언경南彦經[東岡, 1528~1594], 이요李瑤[慶安令, 생몰년 미상]]을 대표적으로 거론할 수 있을 것이다. 양명학의 전래시기에 대해서는 현재 '1567년 전후'설, '1553년 이전'설, '1521년 이전'설 등이 존재하나(김길락, 2004: 62~66), 대체로 16세기에 전래된 것만은 분명한 사실로 보인다.

4 이 시기 사림파士林派는 종래 자신들이 집단적으로 견지해왔던 정치이념, 즉 삼대三代의 지치至治를 지향하는 성리학적 도학정치道學政治를 구현하기 위한 일련의 제도적 방안을 모색·실천하기에 이른다. 즉, 이때부터 사림정치士林政治가 본격적으로 전개되기 시작하면서, 결과적으로 이후의 양란兩亂 및 인조반정仁祖反正과 같은 정치적 격변에도 불구하고 상대세력과의 공존을 추구했던 일종의 대안적 정치형태로서의 '붕당정치朋黨政治'가 형성·운영되었다.(李秉烋, 1999: 51) 특히, 인조반정 이후 사림파의 붕당정치는 서인西人이 남인南人과의 협력 속에서 국정을 주도하는 '양당체제'로 귀결되면서, 그 원숙한 모습을 보여주었다.(오수창, 2002: 30~31) 이러한 붕당정치는 기본적으로 성리학이 본래 함축하고 있었던 정치원리를 실현해나가는 형태로서, 무엇보다 상호간의 비판과 견제를 기본원리로 하였다. 그리고 이는 붕당朋黨에 대한 종래의 부정적 견해에서 탈피하여 공도公道의 실현을 추구하는 군자君子의 당黨, 즉 '진붕眞朋'은 적극 장려되어야 하는 반면, 사리私利를 탐하는 소인小人의 당黨, 즉 '위붕僞朋'은 억제되어야 한다는 성리학의 긍정적 붕당관을 계승하고 있었다. 그러나 당시 사림파는 성리학의 이러한 군자당·소인당의 논리를 넘어 현실의 붕당은 모두 수용해야 한다는 보다 적극적인 입장을 발전시킴으로

자리 잡고 있었다. 한편, 상기의 양상과는 별개로 17세기 조선사회에 심각한 위기상황을 초래하면서 이후 조선성리학에 새로운 사상적 과제를 부여했던 '외재적 부가요인'의 주요양상으로는 '임진왜란壬辰倭亂'[1592년~1598년]과 '병자호란丙子胡亂'[1636년~1637년]이라는 연이은 국제전쟁을 들 수 있을 것이다.

결과적으로 조선사회는 이상과 같은 대내외적 요인의 착종에 의해 유례없는 위기상황에 직면하게 되었던바, 이는 특히 ① 16세기부터 이미 노정된 사회 내부의 동요와 이념적 혼란, ② 양란의 직접적인 귀결, 즉 ㉠ 인명의 손실, 전결田結의 감소, 각종 국가시설의 훼손 등으로 대표되는 심각한 사회·경제적 파괴, ㉡ 왕실 및 지배계급의 권위의 실추와 사회기강의 급속한 이완현상, ㉢ 전통적 화이론華夷論에 근거했던 문화적 자부심의 심대한 손상, ㉣ 명明·청清 교체로 인한 중화주의中華主義 국제질서의 붕괴, ③ 17세기 이래 현저하게 진전된 조선사회 내부의 사회적·경제적 조건의 질적 변화[5] 등의 요인이 서로 연이어 맞물리면서 상

써, 결국 조선시대의 붕당정치는 상호간의 비판과 함께 공존을 지향하는 체제로 구체화되었다. 즉, 반대당의 존재와 비판을 확실히 용인하는 가운데, 양자가 모두 공도를 실현하기 위하여 서로 경쟁하는 모습으로 전개되었던 것이다. 이로써 붕당정치는 적어도 전통사회가 달성할 수 있었던 정치형태로서는 가장 전진적이고 수준 높은 것이었다고 평가되기도 한다.(李泰鎭, 1989: 131~133 및 170, 한국역사연구회 17세기 정치사 연구반, 2003: 58~69) 한편, 이러한 붕당정치는 조선중기 이래 언관言官과 낭관郎官의 정치력이 강화되면서 당시 정치체계가 경험했던 내재적 성격변화의 귀결인 동시에, 사림파가 끊임없이 추구해온 공론정치公論政治의 실현을 위한 새로운 정치운영방식이기도 하였다.(崔異敦, 1994: 213) 이에 조선시대 붕당정치가 발전시킨 정치운영방식의 핵심적 내용과 그 특징을 정리해보면, ① 각 붕당은 모두가 선배 기묘명현己卯名賢의 도학정치 이념을 계승하는 '사림士林'의 후예라는 기본적 동질감을 공유한 점, ② 이에 각 붕당은 모두 군자당의 자격으로서 상대당의 존재를 명확하게 인식·긍정한 점, ③ 이러한 공존의식 위에서 각 붕당은 상호간의 비판과 견제를 통하여 공도公道의 실현과 정국의 주도권을 위하여 경쟁한 점, ④ 각 붕당이 제기한 당론의 시비는 기본적으로 '공론公論'의 향배를 통하여 결정한 점, ⑤ 이러한 공론의 활성화를 위하여 '소수의견의 보장'과 '공개행정의 원칙'을 견지한 점(오수창, 2002: 43~47) 등이 바로 그것이다. 한편, 16세기 후반 명종明宗·선조조宣祖朝를 거치며 사림파가 훈구파勳舊派를 대신하여 중앙정계마저 장악해나가는 과정에 대해서는 金宇基(2001: 107~129)가 참조된다.

기한바 체제위기를 한층 확대·심화시키고 있었다.

한편, 이상과 같은 시대적 상황에 직면하여 당시 조야 간의 유교사상계는 대체로 크게 상반되는 두 가지 방향과 입장에서 그 타개책을 모색했던 것으로 보이는바, 이는 대개 사상논쟁에서의 일반적 양상이 그러하듯 일차적으로는 당시의 위기상황을 초래했던 근본원인에 대한 인식의 차이로부터 발생하였다. 첫째, 하나의 입장은 다름 아닌 '정통주자학正統朱子學의 흐름'으로서, ① 이러한 입장은 기본적으로 과거 2세기 동안 조선사회의 기본질서와 물적 제도를 지탱해왔던 주자학적 세계관에 대한 나름의 진지한 성찰 및 변함없는 신뢰에 바탕을 두고 있었다. 즉, 당시의 시대적 위기상황은 본질적으로 주자학적 세계관의 결함과 오류에서 야기되었다기보다는 오히려 그것의 불충분한 또는 잘못된 적용에서 연유했다는 인식틀 속에서, 특히 양란을 거치며 권위가 실추된 종래의 주자학적 통치 이데올로기를 한층 더 교조적으로 강화·재확인하는 가운데 기존의 국가지배체제를 시의時宜에 따라 변통變通하는 노력을 통하여 현실의 위기를 타개해보려는 움직임이었다. ② 이러한 움직임을 주도했던 세력은 대체로 집권 '노론老論'계열로서, ㉠ 이들은 우선 사상적으로는 주희朱熹를 '오류가 없는[無謬] 성인聖人'으로 추앙하는 주자도통주의朱子道統主義의 기치 하에 주자학을 절대시한 반면, 주자학 이외의 학설이나 학문에 대해서는 모조리 사문斯文에 대한 이단사설異端邪說로 규정하여 단호하게 배격하는 강경한 입장을 견지하였다. 그리고 이

5 현재 조선후기의 사회변동에 대한 기존의 사회·경제사적 연구에는 ① 대체로 두 개의 상이한 관점이 존재하고 있다. ㉠ 그 하나는 '자본주의맹아론資本主義萌芽論' 또는 '내재적 발전론'의 관점에서 이 시기의 사회변동을 조망하는 기존의 주류적 입장이요, ㉡ 다른 하나는 '소농사회론小農社會論'의 관점에서 이 시기를 새롭게 인식하려는 입장이다. ② 그럼에도 이러한 두 입장은 ㉠ 이 시기의 사회변동의 특징으로 '상업의 발달', '인구의 증가', '신분제의 해체', '계약노동의 확산' 등을 거론하고 있는 점에서는 공통적이다. ㉡ 다만 당시의 이러한 변화를 서구의 이른바 '고전적 시장경제의 발전'이라는 틀 속에서 인식할 것인가의 여부에서 기본적인 인식의 차이를 보이고 있을 뿐이다.

러한 흐름은 '존주대의尊周大義의 북벌론北伐論'과 '내수외양內修外攘의 경세론經世論'으로 구체화되었다.[6] ㉡ 또한, 당시 사회적·경제적 조건의 변화와 모순에 따른 체제변혁의 압력에 대해서는 대체로 주희의 토지론을 긍정하여 지주제地主制를 기반으로 한 구래 농업체제의 안정을 추구하는 입장에서, 기존의 체제를 유지하는 데에 원칙적으로 요청되는 제도변통—대동법大同法과 균역법均役法의 실시—과 강상윤리·명분론에 입각한 사회통제장치의 강화—향약鄕約·호패법號牌法·사창법社倉法 등의 실시—로 대응하였다.[7]

둘째, 다른 하나의 입장은 곧 '탈주자학脫朱子學의 흐름'으로서, ① 이러한 입장은 기본적으로 기존의 정통주자학에 대한 회의에서부터 출발하였다. 즉, 당시의 시대적 위기상황은 일차적으로 주자학적 세계관 및

---

6 이러한 움직임을 주도했던 17세기의 대표적인 인물로는 송시열宋時烈[尤庵, 1607~1689]이 있다. 송시열의 정치·사회사상에 대한 평가는 이미 그가 서거한 17세기 후반부터 붕당朋黨 간의 중요한 쟁점이 되었던바, 비록 맥락은 달리하지만 현재까지도 이러한 상황은 지속되고 있다. 대표적으로, ① 송시열의 정치·사회론을 양란兩亂 이후 '국가재조國家再造'로 표현되는 사회재건과정의 맥락에서 조명한 연구가 있다. 여기서 송시열은 정통주자학파正統朱子學派의 사회·정치이념을 한몸으로 구현했던 인물로 인식되는 한편, 그의 정치·사회론에 대해서는 북벌론北伐論·군주성학론君主聖學論·세도정치론世道政治論·부세제도개선론賦稅制度改善論 등으로 요약하면서, 이는 기본적으로 12세기 남송사회南宋社會의 산물인 주희朱熹의 정치·사회론을 17세기 조선사회의 재건에 그대로 적용하려는 구상의 산물로 해석되고 있다. 이러한 의미에서 송시열은 17세기 유자儒者들이 지향했던 두 개의 이념노선, 즉 '진보적 개혁론'과 '보수적 개량론' 가운데 후자를 대표했던 인물로 비정되고 있다. 이에 대한 보다 자세한 내용은 대표적으로 金駿錫(1988), 金駿錫(1990a), 金駿錫(1990b), 金駿錫(2003: 11~22, 227~340)이 참조된다. ② 한편, 송시열의 사상을 '세도정치사상世道政治思想'으로 규정하고 이것의 흐름과 그 사상적 의미를 호란胡亂 직후 조선의 역사적 상황 속에서 적극적으로 고찰·평가하는 한편, 동일한 문제의식에서 송시열의 조선중화주의朝鮮中華主義에 대해서도 긍정적으로 재해석하고 있는 연구가 있다. 이러한 연구는 상기의 입장이 17세기 조선사상계의 동향을 이분법적으로 진보적·개혁적 성격의 '실학實學'사상과 보수적·사대주의적 성격의 '주자학朱子學'의 대립구도로 이해하는 한편, 특히 후자를 대표하는 인물로서 송시열을 비정하는 인식틀에 대해 문제시하면서, 이는 기실 '민족'과 '근대'라는 20세기의 가치관을 통해 조선후기 사회를 바라보는 오류의 소치로 비판·거부하고 있다. 이에 대한 보다 자세한 내용은 대표적으로 禹景燮(2005), 우경섭(2013: 51~81)이 참조된다.

7 보다 자세한 내용은 金駿錫(2003: 11~22, 227~482)과 金容燮(2007: 546~562)이 참조된다.

그 통치 이데올로기에 내포된 본질적 결함과 오류에서 야기되었다는 비판적 감수성 하에, 종래의 주자학을 상대화하는 동시에 기존의 국가 지배체제를 전면적으로 개혁함으로써 당대의 위기를 타개해보려는 움직임이었다. ② 물론 이러한 움직임을 주도했던 세력은 대체로 '남인南人[특히 近畿南人]' 및 '소론少論' 계열로서, ㉠ 이들은 사상적 측면에서는 종래 주자학의 경직되고 협애한 인식틀을 벗어나 유교일반, 나아가 비유교사상에 대해서도 개방적 태도를 취하였고, 나아가 이에 대한 적극적 섭렵과 수용을 통하여 보다 근본적인 현실개혁의 논리와 방법을 모색하려는 입장을 표명하였다. ㉡ 또한 이들은 당시 체제변혁의 압력에 대해서도 고래 '정전제井田制'의 정치·경제이념으로 되돌아가 지주제의 개혁을 통하여 자영소농경제自營小農經濟를 확립하고 이러한 기조 위에서 전반적인 정치·사회개혁까지도 전망하려는 입장을 제기했던바, 또한 이러한 개혁안이 강력한 군권君權의 뒷받침 위에서만 가능하다는 인식 하에 당시 신권臣權의 방만한 정치운영과 지방세력의 확장에 대해서도 비판적인 태도를 보이고 있었다.[8]

결국, 정약용丁若鏞의 경학사상經學思想, 보다 일반적으로 그의 학문과 사상은 물론 후자의 입장을 배경으로 하는 것이자, 또한 이것을 발전적으로 계승·종합하는 것이었다. 그러면 지금부터 그 내용을 보다 구체적으로 살펴보자.

I. 탈주자학적 경학사상

이미 개략적으로 살펴보았듯이, 양란 이후 조선사회의 질적으로 변화

8 보다 자세한 내용은 金駿錫(2003: 16, 25~223)과 金容燮(2007: 546~614)이 참조된다.

된 역사적·사회적 조건에 대한 예민한 감수성 하에서 당시부터 점차 그 시대적 한계성을 드러내기 시작했던 정통주자학의 세계관과 그 물적 제도에 대해 비판적 태도를 발전시켰던 일군의 학자들—물론 전체 학계를 풍미할 정도로 거센 물결은 아니었지만—이 17세기 중엽 이래로 등장하기 시작하였다. 이들은 종래의 '유학儒學＝정주성리학程朱性理學'이라는 통념을 거부하는 가운데 각자 나름의 독자적인 학문방법을 모색하면서 주체적인 사유와 자아인식을 지향하는 학풍을 이끌었던바, 그것은 곧 '탈주자학脫朱子學의 유학'[9]으로 표현될 수 있겠다.

이와 같은 탈주자학적 학풍은 오늘날의 이른바 '실학풍實學風의 전조前潮'라고도 볼 수 있겠는데, 또한 ① 이러한 학풍은 자체 내 약간 상이한 두 가지 경향을 포괄하고 있었다. 즉, ㉠ 하나의 경향이 주희朱熹의 경학經學에 대하여 직접적인 비판이나 이견을 제기했던 입장이라면, ㉡ 다른 하나의 경향은 주희의 경학과 바로 관계하지 않고 한漢·당唐 이전의 '원시유교[先秦儒敎]'로 소급하여 고학古學[六經學]·고제古制·고례古禮를 연구하거나, 주희의 경학을 자신의 경세학적 관심과 관련하여 일정하게 재구성하는 바탕 위에서 역사·지리·박물학 등과 같은 비경학적 방면으로 관심영역을 확대해나갔던 입장이 바로 그것이다.[10] ② 대체로 전자

9 여기서 '탈주자학脫朱子學'이란 개념의 의미를 분명히 할 필요가 있을 것으로 보인다. 즉 ① 일반적으로 '탈脫post'이란 접두어는 일견 모순되는 이중적 의미를 동시에 함축하고 있는바, 곧 '후기後期'라는 의미에서의 '연속의 측면'과 '탈脫'이라는 의미에서의 '단절의 측면'이 바로 그것이다. 여기서 ㉠ 전자의 경우란 시간적으로 선후관계를 가지는 동시에 이전 사상이 이후 사상의 모태이자 출발점으로 기능하는 측면이라면, ㉡ 후자의 경우란 사상의 성격이 질적으로 변화하는 측면으로서, 특히 여기에는 변화된 역사적·사회적 조건과 조응하는 새로운 세계관을 모색하려는 '시대적 상상력'이 핵심요인이 된다고 하겠다. ② 따라서 이 두 측면 가운데 어느 특정 측면만을 지나치게 또는 배타적으로 강조할 경우, 조선후기 주자학 및 탈주자학의 시대적 의미 및 그 변화양상을 제대로 포착하기는 어려울 것으로 적어도 필자는 보고 있다.

10 보다 자세한 내용은 金駿錫(2003: 25~26)이 참조된다.

한편, 탈주자학적 학풍의 몇 가지 유형으로 ① 왕학王學[陽明學], ② 주자학朱子學에 대한 부분적인 이의異義[尹鑴, 丁若鏞], ③ 주자학에 대한 직선적 비판[韓錫地], ④ 철저

의 경우를 대표했던 학자로는 윤휴尹鑴[白湖, 1617~1680: 南人], 박세당朴世堂[西溪, 1629~1703: 少論], 정제두鄭齊斗[霞谷: 1649~1736: 少論], 정약용丁若鏞[茶山, 1762~1836: 南人] 등이 있다면, 후자의 경우를 대표했던 학자로는 허목許穆[眉叟, 1595~1682: 南人], 유형원柳馨遠[磻溪, 1622~1673: 南人], 이익李瀷[星湖, 1681~1763: 南人] 등을 들 수 있을 것이다.

1. 근기남인계 탈주자학의 흐름

여기서 양명학陽明學과 노장학老莊學에 경도되는 소론계열少論系列을 일단 논외로 한다면, 나머지 네 사람[許穆·柳馨遠·李瀷·尹鑴]의 학문과 사상은 모두 당색과 학통[近畿學派]의 전승관계를 통해 정약용의 경학의 형성에 있어 핵심적인 기반이 되었다.[11] 그러면 이들의 학문과 사상을 특히 그들의

한 독창적 태도[李濟馬] 등으로 나누는 견해도 있다. 보다 자세한 내용은 李乙浩(1982: 80~109)가 참조된다.

11 이황李滉[退溪: 1501~1570]의 학통을 이어받은 남인南人은 일반적으로 두 부류로 나누어진다. 한 부류는 '영남학파嶺南學派'로서 이들은 대부분 영남지역 출신의 학자들로 구성되어 있다. 다른 한 부류는 '근기학파近畿學派'라고 지칭되는데, 이들은 경기도 일대에서 별도로 이황의 학통을 이어받아 스스로 하나의 학파를 이루었으며 '성호학파星湖學派'로 알려져 있기도 하다. 그리고 바로 이 학파가 이른바 '실학파實學派'의 주축을 이루고 있다. 보다 자세한 내용은 李佑成(1982a: 87~95)이 참조된다.
  한편, 근기학파의 연원을 그림으로 나타내보면 다음과 같다:

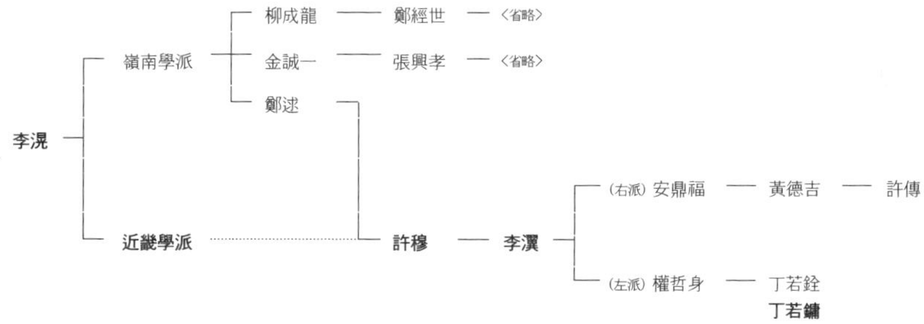

【그림 1-2-1】 근기학파의 연원도

경학사상을 중심으로 차례대로 간략히 살펴보도록 하자.

허목: 수사정맥으로 복귀하려는 학문, 즉 '육경학'으로서의 '고학'을 지향하다

허목許穆[眉叟, 1595~1682]은 영남학파의 퇴계성리학의 학통을 이으면서 한편으로는 근기학파의 실학풍에 초석을 놓은 '개산지조開山之祖'로 평가되고 있거니와, 또한 그는 17세기 후반기에 노론老論 집권세력이 북벌론을 명분으로 삼아 정주성리학을 교조주의적인 방향으로 몰고가는 와중에서 정치적으로는 북벌운동에 반대하고 사상적으로는 정주성리학과 맞서는 이단異端의 한 봉우리를 차지했던 인물이었다.[12]

『기언記言』에 나타나고 있는 허목의 학문, 특히 그의 경학은 한마디로 '고학古學'으로 정의되고 있다. 즉, 고학이란 주희의 사서四書[『論語』·『孟子』·『大學』·『中庸』] 내지 칠서七書[『論語』·『孟子』·『大學』·『中庸』·『詩經』·『書經』·『周易』] 체제 중심의 경학과 그의 경전주석을 통한 유교 이해를 지양·탈피하여, '요堯·순舜·공자孔子의 학문'을 어느 정도 순수하게 간직하고 있다고 여겨지는 보다 본원적인 유교경전으로서의 '육경六經[『易經』·『春秋』·『詩經』·『書經』·『禮經』·『樂經』]' 고문古文을 직접 연구함으로써 수사정맥洙泗正脈[先秦儒教]으로 복귀하려는 학문, 즉 '육경학六經學'이었던 것이다.[13]

---

12 허목을 종래 생각되었듯이 성리학자性理學者로 보지 않고 반대로 '탈성리학자脫性理學者[反朱子學者]'로 규정하는 대표적인 연구로는 李佑成(1978), 鄭玉子(1991), 韓永愚(1989), 金駿錫(1987), 金駿錫(1990)이 있다. 허목에 관한 이하의 논의는 위의 논문들, 특히 鄭玉子(1991)에 주로 의존하였다.

13 허목의 대표적인 경학적 저술로는 『경설經說』 11편[『기언記言』, 권31, 「원집내편原集內篇: 경설經說」에 실려 있다]을 들 수 있다. 즉, 그는 '육경六經'을 근간으로 삼아 「역설易說 1~4」, 「춘추설春秋說」, 「시설詩說」, 「서설書說」, 「예설禮說 1~2」, 「악설樂說 1~5」[『악경樂經』은 진시황秦始皇의 분서焚書로 망실되어 전래되지 않으며 일설에는 저작되지 않았다고도 하지만, 허목은 반드시 육경의 하나로 인식하여 이러한 『악경』에 대한 「악설樂說」을 저술하였다] 외에 「홍범설洪範說」, 「형설刑說」, 「정설政說 1~2」, 「시령설時令說」, 「귀신설鬼神說」을 지었는데, 뒤의 「홍범설」 등도 모두 육경에 의거하여 부연·설명되고 있다.

나아가 허목은 자신의 저서인 『기언記言』 자체가 육경을 근본으로 삼았음을 스스로 밝히기도 하였다. 즉, 그는 다음과 같이 말한 바 있다: "나[穆]는 독실하게 옛 첫째, 허목이 보기에 ① 육경으로 대표되는 고문은 "성인聖人이 하늘의 뜻을 이어받아 표준[極]을 세우고 개물성무開物成務한 글로서, 천지天地의 지극한 가르침"[14]이자 "공자孔子께서 요堯·순舜·문왕文王·무왕武王·주공周公의 도道를 서술하여 전하신 것"[15]인바, 이에 하夏·은殷·주周 삼대三代의 유풍遺風과 성인聖人의 대법大法[道]을 찾아볼 수 있는 최고最古이자 가장 중요한 전적典籍은 육경뿐이었던 것이다.[16] ② 이러한 맥락에서 허목은 고문으로서의 『역경易經』에서 천지의 변화를 궁구하는 오묘한 이치를, 『춘추春秋』에서는 의리義理를, 『시경詩經』에서는 풍속교화의 장점을, 『서경書經』에서는 정치의 귀감을, 『예경禮經』에서는 인간사회의 질서와 법칙성을, 『악경樂經』에서는 화합의 기능을 읽어내기도 하였다.[17]

글[古書]을 좋아하여 늙어서도 게을리 하지 않았다. ……나는 ……말한 것은 반드시 글로 써서 날마다 반성하고 힘썼으니, 이에 내 글을 '기언記言'이라 이름 붙였다. 고인古人의 글을 즐겨 읽고 고인의 실마리를 마음으로 따라가기를 날마다 부지런히 하였다. 『기언』의 글은 육경六經에 근본을 두고 예악禮樂으로 참고를 삼고 백가百家의 변辯을 통해 분발하고 힘을 다한 지가 50여 년이 되었다. 따라서 그 글이 간명하면서도 갖추었고 늘어놓았으되 엄격하여, ……이로써 고인과 같아지기를 바라는 것이다.(穆篤好古書, 老而不怠. ……言則必書, 日省而勉焉, 名吾書曰: '記言'. 說讀古人之書, 心追古人之緖, 日亹亹焉. 『記言』之書, 本之以六經, 參之以禮樂, 通百家之辯能, 發憤肆力, 且五十年. 故其文間而備, 肆而嚴, ……以庶幾古人者也.)" 「『記言』序」(『記言』)

14 「答「堯典」·「洪範」·「中庸」考定之失書」(『記言』, 卷3, 「原集上篇: 學」) "六經之文, 聖人繼天立極, 開物成務之文, 爲天地之至敎."

15 「答客子言文學事書」(『記言』, 卷5, 「原集上篇: 文學」) "孔子述堯·舜·文·武·周公之道, 以傳於後世者, 文也."

16 「答客子言文學事書」(『記言』, 卷5, 「原集上篇: 文學」) "其見於載籍者, 莫盛於虞·夏·殷·周之際, 故六經之文, 聖人之大法載焉."

17 또한, 허목은 다음과 같이 말하기도 하였다: "『역경易經』의 기이함, 『시경詩經』의 꽃다움, 『춘추春秋』의 의리, 우虞·하夏의 글[『書經』의 「虞書」와 「夏書」를 말함: 필자 주]의 엄숙하고 그윽함, 은반殷盤·주고周誥['殷盤'은 『서경』「商書」의 「盤庚 上·中·下」편을, '周誥'는 『서경』「周書」의 「大誥」·「康誥」·「酒誥」편을 말함: 필자 주]의 길굴오아佶屈聱牙[문장이 까다롭고 어려워 읽기가 힘듦: 필자 주]함 같은 것은 모두 성인聖人과 현인賢人의 손에서 나온 것이 아니겠는가?(如『易』之奇, 『詩』之葩, 『春秋』之義, 虞·夏之書皡皡噩噩, 殷盤·周誥之佶屈聱[敖]牙, 皆不出於聖人賢人之手乎?)" 「答朴德一論文學事書【庚辰作】」(『記言』, 卷5, 「原集上篇: 文學」); "『시경詩經』은 풍風에 장점이 있고, 『서경書經』은 정치에 장점이 있으며, 예의禮義의 대종大宗으로는 『춘추春秋』보다 나은 것이 없고, 천지天地의 변화變化를 궁구한 것으로는 『역경易經』보다 나은 것이 없다.(『詩』長於風, 『書』長於政, 禮義之大宗, 莫過於『春秋』,

둘째, 허목이 보기에 ① 하·은·주 삼대의 융성함은 바로 이러한 고문으로서의 육경의 다스림 때문이었다. ㉠ 바로 이러한 의미에서 '(고古)문文'이란 단순한 일예一藝에 그치는 것이 아니라 곧 '천지天地의 문文[天地之文]'이요 '도道' 그 자체이기도 하였으니,[道文一致論] 따라서 도道가 융성하면 문文 역시 융성하고 도가 쇠퇴하면 문 역시 쇠퇴하는 법[18]이었다. ㉡ 그런데 후세에 주소註疏가 생겨나면서 고문이 폐하게 되었고,[19] 이에 따라 유가儒家 본래의 '성인聖人의 도道'와 '삼대지치三代之治'의 실상은 은폐·왜곡되었을 뿐만 아니라 결과적으로 세도世道와 풍속風俗 역시 피폐해지고 말았다[世降俗下][20]는 것이다. ② 이러한 문제의식 하에서 허목은 자신의 철학적 경학의 기반을 다름 아닌 '육경' 고문에 두었던 것이며, 나아가 유가의 입장에서 제자백가諸子百家·도가道家·불교佛敎의 사상에 대해서도 개방적인 태도를 취함으로써 자기류의 독특한 경학적 입장을 보다 넓은 지적 기반 위에서 발전시켜나갔던 것이다.[21]

결국, 이상과 같은 허목의 경학적 입장은 당시 조선의 정주성리학

窮天地之變, 莫過於『易』.)" 「答客子言文學事書」(『記言』, 卷5, 「原集上篇: 文學」)

18 허목은 다음과 같이 말하였다: "대개 천지天地의 문文[天地之文]이 사람에게는 문장文章이 된다. 도道가 융성하면 문文 역시 성하고 도가 쇠퇴하면 문 역시 쇠퇴한다. 문文이란 천지天地의 문文이므로 일예一藝로 할 수 없는 것이라 하겠다.(蓋天地之文, 在人爲文章. 道隆則文亦隆, 道汚則文亦汚. 文者, 天地之文也, 文不可以一藝云也.)"「答客子言文學事書」(『記言』, 卷5, 「原集上篇: 文學」); "문文이란 천지天地의 문文[天地之文]이니 사람의 지교智巧로 미칠 바가 아니다. ……그 문文이 하늘에서는 일월성신日月星辰이 되고 사람에게서는 예악문장禮樂文章이 된다. 문장文章의 성쇠盛衰는 세도世道의 오륭汚隆에 달려 있다.(文者, 天地之文也, 非人智巧所及. ……其文在天爲日月星辰, 在人爲禮樂文章. 文章之盛衰, 在世道之汚隆.)" 「自評」(『記言』, 卷58, 「散稿續集: 文章」)

19 허목은 다음과 같이 말하였다: "슬프다! 세상에 고인古人이 없는데 하물며 고인의 문文이겠는가. 주소註疏가 생겨나니 고문古文이 폐하고 예서隷書가 생기자 전주篆籒가 없어졌다.(嗟乎! 世無古人, 況古人之文乎! 註疏起而古文廢, 隷書作而篆籒亡.)" 「答客子言文學事書」(『記言』, 卷5, 「原集上篇: 文學」)

20 「答朴德一論文學事書【庚辰作】」(『記言』, 卷5, 「原集上篇: 文學」) "日讀古人書, 竊自嘆世降俗下, 古道旣不復見於今, ……"

21 이러한 허목의 입장을 잘 나타내는 저술로는 『文叢』(『記言』, 卷5, 「原集上篇: 文學」, 「『文叢』序」), 『淸士列傳』(『記言』, 卷11, 「原集中篇」)이 대표적이다.

일변도의 학문풍토 및 주희의 경전주석이 드러내고 있었던 비순수성에 대한 나름의 비판과 거부라는 소극적 의미만을 단지 함축하는 데 그치지 않았다. 그것은 본질적으로 주체적인 윤리적 실천을 중시·지향했던 수사정맥洙泗正脈, 즉 선진유교의 본래적인 '성인의 도'와 '삼대지치'를 표방·강조함으로써 당시 정주성리학이 조선사회에서 어느덧 노정하기 시작했던 현실적 공소성空疎性과 우주론적 관념성이란 한계를 깨고 보다 적극적으로 현실문제의 해결을 지향하고자 했던 것인바, 이는 곧 그 자신의 개혁적 문제의식의 투사라는 보다 적극적인 의미를 함축하고 있었던 것이기도 하다.

유형원: '실리'론을 통해 변법적 경세론을 뒷받침할 경학적 토대를 모색하다

유형원柳馨遠[磻溪, 1622~1673]은 성리학에서부터 정치·경제·역사·지리·군사·언어·문학·선술仙術에 이르기까지 실로 호대한 학문세계를 구축하였고, 특히 '경제經濟[經國濟民]'사상의 대종大宗으로 일컬어지는 『반계수록磻溪隨錄』을 통해 국가체제의 전반적인 개혁방안으로 제출함으로써, '동국제일東國第一의 경륜經綸', '실학의 비조鼻祖'로 일컬어졌던 인물이다.[22] 특히 그는 17세기 후반기 노론 집권세력의 농업정책, 즉 주희의 토지론을 긍정하여 지주제를 옹호하는 농업정책에 반대하여, 고대중국[殷·周]의 정전제井田制를 이상으로 하는 '균전제均田制'를 실시함으로써 자영농민 중심의 소농경제를 육성·안정시키고 이를 통하여 부민富民·부국富國을 이룩할 것을 역설한 바 있다.[23]

한편, 유형원은 고학적 학풍 속에서 자신의 변법적 경세론을 뒷받

22 유형원의 생애와 개혁사상에 대한 이해에 길잡이가 되는 연구물로는 千寬宇(1952~1953/1979: 227~347), 千寬宇(1965/1974: 186~212), 鄭求福(1973: 18~74), 金駿錫(2003: 93~223) 및 崔益翰(1955: 93~107)이 있다.

23 이에 대해서는 金駿錫(2003: 16, 25~223)과 金容燮(2007: 546~614)이 참조된다.

침할 경학적 토대를 구축하려는 관심[24]에 따라, 기본적으로 "이기설理氣說에 대해서는 선유先儒들의 논의가 많지만 의심이 없을 수 없"으며 "주자朱子의 설에도 의심할 만한 것이 많다"[25]라는 견지에서 기존 정주성리학의 경학체계, 특히 이기론理氣論과 심성론心性論을 중심으로 이를 나름대로 재구성하려는 노력을 경주했던 것으로 보인다.[26]

첫째, 유형원은 ① 자신의 이기론적 입장과 관련하여, ㉠ 초기에는 "천지간天地間에 가득 찬 것에 기氣 아닌 것이 없다. 왕래往來·승강升降·합벽闔闢·취산聚散하는 것은 모두 기氣이고, 다만 왕래·승강·합벽·취산의 소이所以가 이理일 따름이다. 비록 기氣를 이理로 인식할 수는 없으나, 그럼에도 기氣 외에 이理가 따로 없다"[27]라고 생각하여, 다분히 '유기론唯氣論'이라

---

24 유형원의 경학저술로는 『이기총론理氣總論』 1권, 『논학물리論學物理』 2권, 『경설經說』 1권, 『주자찬요朱子纂要』 15권이 있었는데, 지금은 전하지 않고 다만 「반계선생연보磻溪先生年譜」—유발柳發이 초록草錄하고, 안정복安鼎福이 수집修輯하였다—에 그 단편이 실려 있을 뿐이다. 그러나 이러한 저술이 『반계수록磻溪隨錄』에서의 구체적인 개혁론을 이끄는 철학적 토대가 되었음은 오광운吳光運[藥山, 1689~1745]—그는 유형원의 「행장行狀」과 『반계수록』의 「서문序文」을 썼다—이 유형원의 「행장」 중에서 『반계수록』을 설명하면서, "……공公의 『이기총론』·『논학물리』·『경설』 등의 책을 읽은 뒤라야 『반계수록』이란 책에 본本이 있고 천덕天德과 왕도王道가 두 가지가 아님을 알게 될 것이다(然覽公『理氣總論』·『論學物理』·『經說』等書, 然後知『隨錄』之有本而天德·王道之不二也)"[『磻溪雜藁』, 「行狀」, p. 238]라고 말한 것에서 확인할 수 있다. 보다 자세한 내용은 李佑成(1988: 16~20)이 참조된다.

한편, 현재 유형원의 철학사상에 대한 연구는 「반계선생연보」 및 최근 이우성李佑成 교수가 유형원이 이기인성설理氣人性說을 집중 거론한 「서書」를 포함하여 「시詩」, 「사辭」, 「설說」 등 몇 편의 유문遺文을 발굴·정리한 『반계잡고磻溪雜藁』(李佑成 편, 1990)에 주로 의존하고 있다.

25 「磻溪先生年譜」, 37歲 戊戌條.(『磻溪雜藁』, p. 298) "理氣之說, 先儒論之多矣, 而不能無疑. ……朱子之說, 可疑者多."

26 유형원의 철학사상에 대한 연구로는 千寬宇(1958b/1079), 千寬宇(1970/1974), 정성철(1974/1989), 安在淳(1988), 李佑成(1988), 尹絲淳(1991), 金駿錫(1991), 金駿錫(2003), 鄭炳連(1992) 등이 있다. 이러한 연구에서는 유형원의 이기론理氣論이 가지는 성격—'주리론主理論'이냐 '주기론主氣論'이냐, 아니면 '경험주의적 성격의 이기론理氣論'이냐—에 대하여 합의를 보지 못하고 있다.

27 「磻溪先生年譜」, 37歲 戊戌條.(『磻溪雜藁』, p. 298) "(心以爲)盈天地之間, 莫非氣也. 其往來·升降·闔闢·聚散者, 氣也; 其所以往來·升降·闔闢·聚散者, 理也. 雖不可認氣爲理, 然氣外無理."

할 수 있을 만큼 기철학에 경도되어 있었다. ㉡ 그러다가 후기에 가게 되면, 유형원은 "이理와 기氣가 혼융무간渾融無間하여 비록 기氣 외에 이理가 따로 있을 수 없겠지만, 그렇다고 이理가 기氣로 인하여 있는 것은 아니다. '상천지재上天之載, 무성무취無聲無臭[하늘[上天]의 일은 소리도 없고 냄새도 없다]'라고 하면서도 그것은 지진지실至眞至實한 것으로, 그 본체로 말하면 '도道', 그 진실함으로 말하면 '성誠', 그 총회의 면에서 말하면 '태극太極', 그 조리가 있음에서 말하면 '이理'라 하는데, 기실은 모두가 하나이다. 이 이理가 소저昭著하여 상하를 관철한다"라고 주장했던바, 이로써 그는 기본적으로 '이理의 독자적 존재성'을 인정하는 가운데 이를 '실리實理'라고 부르는 입장으로 전환하였다.[28] ② 여기서 유형원의 이기론이 함축하는 철학적 의미를 살펴보면, ㉠ 그는 "기氣 외에 이理가 따로 없다[氣外無理]"라는 입장을 초기에서부터 후기에 이르기까지 일관되게 견지했던바, 이는 곧 그가 자신의 이기론적 입장의 본령을 어디까지나 '기선리후氣先理後'론과 '이기불상리理氣不相離'론에 두었다는 것을 뜻하며, 따라서 사물을 인식함에 있어 본질적·논리적·관념적인 측면과 태도보다는 현상적·실제적·현실적 측면과 태도를 항상 중시했음을 의미하기도 한다. "이理는 다만 기氣의 이理일 뿐이다"[29]라는 그의 말도 기실 동일한 맥락에 있다. ㉡ 유형원이 후기에 와서 '이理'라는 범주의 자재성自在性을 인정하는 가운데 이를 '실리'라고 명명함으로써, 초기의 '유기론'의 입장에서 '이기이원론'의 입장으로 선회하였다. 그럼에도 이러한 변화가 곧바로 '이선기후理先氣後'론과 '이기불상잡理氣不相雜'론으로의 전회나 경도를 의미하는 것은 결코 아니었고, 다만 이를 공히 고려·인정하는 가운데

---

28 「磻溪先生年譜」, 37歲 戊戌條.(『磻溪雜藁』, pp. 298~299) "蓋理氣渾淪無間, 雖氣外無理, 然理非因氣而有也. '上天之載, 無聲無臭', 而却至眞至實, 自其本體而謂之'道', 自其眞實而謂之'誠', 自其總會而謂之'太極', 自其有條理而謂之'理', 其實一也. 此理昭著, 貫徹上下. ……理本實理."

29 「磻溪先生年譜」, 37歲 戊戌條.(『磻溪雜藁』, p. 298) "要之, 理只是氣之理也."

자신의 본래적 입장을 더욱 정교화할 이론적 필요성에서 나온 것으로 보인다. ㉢ 그 이론적 필요성이란 유형원이 후기의 입장에서 '이理＝도道'의 등식을 명시적으로 표명했던 사실을 통해 짐작할 수 있다. 즉, "대저 도道의 쓰임[用]은 일[事]에서 행해지고, 심心의 발현[發]은 정치[政]에서 드러나"는데 "삼대三代의 법法은 모두 천리天理로써 제도를 만들었"으며, 또한 "때[時]에는 다스려짐과 어지러움이 있지만, 도道에는 고금古今이 없"기에 "참으로 금세今世에 삼대三代의 정치를 본받게 한다면 금세 또한 삼대가 될 수 있다"[30]라는 말년의 그의 말에서도 잘 드러나듯이, 자신의 변법적 경세론을 고금을 초월한 어떤 근본원리에다 정초시키고자 했던 관심에서 연유한 것으로 추측된다. 물론 그가 모색했던바 근본원리란 곧 삼대의 고제古制·고법古法에 관철되고 있었다고 인식되는 '고인古人[聖人]의 도道'였던 것이다.

둘째, 유형원柳馨遠은 심성론과 관련해서도 어디까지나 이상과 같은 이기론적 입장을 토대로 하여 ① "도심道心은 다만 인심人心 상에서 발현하는 것"이요 "사단四端은 다만 칠정七情 가운데서 발현하는 것"이며, "인심과 도심은 모두가 이발已發이다"[31]라고 인식하는 한편, ② "사단은 도심이 되고 칠정은 인심이 됨은 의심할 여지가 없다"[32]라고 주장했던바, 비록 단편적이기는 하지만 이와 같은 일련의 주장을 통해서도 그가 정주성리학의 심성론 체계를 일정 정도 상대화하는 가운데 나름의 관점에서 자신만의 독자적 견해를 조심스럽게 모색해나갔음을 간취할 수 있겠다.

---

30 「磻溪先生年譜」, 50歲 辛亥條.(『磻溪雜藁』, p. 303) "夫道之用, 行於事; 心之發, 著於政. 三代之法, 皆以天理而爲之制. ……時有治亂, 道無古今. ……誠使今世效三代之政, 今世亦爲三代."

31 「磻溪先生年譜」, 37歲 戊戌條.(『磻溪雜藁』, pp. 298~299) "道心只在人心上發見. …… 人心·道心, 均是已發. ……四端只在七情中發見."

32 「磻溪先生年譜」, 37歲 戊戌條.(『磻溪雜藁』, p. 299) "四端之爲道心, 七情之爲人心, 無疑矣."

결국, 이상과 같은 유형원의 경학적 입장은 고학적 학풍 속에서 전개된 자신의 현실·개혁 지향적 문제의식의 철학적 표현이었다. 즉, 그는 나름의 관점에서 정주성리학의 '이기·심성'론을 상대화하는 작업을 통하여, 한편으로는 '기선리후氣先理後'론과 '이기불상리理氣不相離'론을 강조함으로써 사물의 현상적·실제적·현실적인 측면을 중시하는 태도를 보여주었고, 다른 한편으로는 특히 삼대三代의 고제古制·고법古法에 관철되고 있었다고 인식되는 '고인古人[聖人]의 도道'를 지향하는 '실리實理'론을 새롭게 구상함으로써 자신의 개혁론을 고금을 초월한 근본원리에다 정초시키고자 했던 것으로 보인다.

이익: '치용' 및 '수기와 안인'을 위한 기초로서 경전을 궁구하다

이익李瀷[星湖, 1681~1763]은 앞에서 살펴본바 허목許穆과 유형원柳馨遠의 학풍을 이어받아 '수사본원洙泗本原의 수기치인修己治人의 학學'을 지향하는 가운데, 세무실용에 대한 깊은 관심, 사회개혁의식, 주체적 민족의식을 기반으로 정치·경제·사회·문학·역사·지리·민속·과학 등 광범위한 분야에 걸쳐 나름대로의 독창적인 사상을 발전시켜나갔던바, 이는 대표적으로 『성호사설星湖僿說』이라는 방대한 저술과 『곽우록藿憂錄』으로 구체화되었다.[33] 이로써 그는 실학實學에 있어 이른바 '경세치용학파經世致用學派[星湖學派]의 대종大宗'으로 일컬어지기도 한다. 특히 이익은 17세기 이후 온갖 국가적 수탈 속에 화폐의 유통과 더불어 서울의 상업·고리대 자본이 농촌에 침입하여 농민을 토지로부터 이탈시키고 농촌사회를 파탄으로 몰아넣는 당시의 상황을 몸소 체험하는 가운데, 무엇보다도 토지제도의 개혁, 즉 '한전제限田制'의 실시를 통해서 소농경제를 보호하고 대토

---

33 이익의 생애와 개혁사상에 대한 이해에 있어 길잡이가 되는 대표적 저작으로는 鄭奭鍾(1973: 75~118), 韓㳓劤(1980), 강경원(2001), 金容傑(1989), 김용걸(2004), 재단법인 실시학사 편(2012)이 참조된다.

지소유제를 해체시킴으로써 궁극적으로 농민경제의 균산화均産化를 지향할 것을 주장하였다.[34]

한편, 이익은 경학에 있어서도 이상과 같은 자신의 경세론을 뒷받침하는 철학적 사유체계를 정립하려는 일련의 노력을 대표적으로 사서四書·삼경三經 및 『소학小學』·『근사록近思錄』·『심경부주心經附註』·『가례家禮』를 망라하는 모두 11종의 '질서疾書'류의 저술과 『사칠신편四七新編』의 형태로 보여주었다.[35] 이는 특히 "경전經典을 궁구窮究하는 것은 장차 실용에 이바지하기[致用] 위해서"요, 따라서 "경전을 궁구하는 자는 반드시 본지本旨를 추구推究하고 널리 고증考證하는 데까지 이르러 수기修己와 안인安人을 위한 기초를 삼아야 한다"[36]라는 기본적 문제의식에서 출발하여, 무엇보다 '치의致疑'와 '자득自得'을 중시하는 방법론적 입장[37]에서 주로 정주성리학의 경학체계를 재구성하는 형태로 나타났다.[38] 그러면 지금

---

34 이에 대해서는 李佑成(1973: 1~17), 金駿錫(2003: 16, 25~223), 金容燮(2007: 546~614)이 참조된다.

35 이익은 '질서疾書'의 저술방법을 장재張載[橫渠, 1020~1077: 中國 北宋의 학자]의 '묘계질서妙契疾書'란 방법에서 차용하였다. 즉, 이익은 이와 관련하여 "횡거橫渠가 『정몽正蒙』을 지을 적에 기거하는 곳마다 필연筆硯을 갖추어두고 혹 밤중에라도 해득한 것이 있으면 일어나서 촛불을 켜고 써놓았으니, 이렇게 빨리 써두지 않으면 바로 잊어버릴까 염려해서였다. ……나는 경전을 보다가 해득한 바가 있으면 곧 의문점을 기록하고 제목을 '질서'라 하였다(橫渠之作『正蒙』, 隨處置筆硯, 又或夜中有得, 起而取燭書之, 恐其不疾則旋遺也. ……余者經有見, 便卽箚疑, 題曰: '疾書'.)"[『星湖僿說』, 卷29(「詩文門」: 「妙契疾書」), p. 61a]라고 소개한 바 있다.

36 『星湖僿說』, 卷20(「經史門」: 「誦詩」), p. 53a. "窮經, 將以致用也."; 『星湖僿說』, 卷27(「經史門」: 「窮經」), p. 6b. "窮經者, 必能推究本旨, 到底旁證, 爲修己·安人之基."

37 이처럼 '치의致疑[懷疑]'와 '자득自得'을 지향·강조했던 이익의 학문방법론에 대한 보다 자세한 내용은 송갑준(1996b: 177~192), 강경원(2001: 131~179), 원재린(2003: 98~109), 최석기(2012: 20~31), 금장태(2014a: 64~78)가 참조된다.

38 이익의 경학사상에 대한 연구로는 李篪衡(1972), 安在淳(1981), 安在淳(1984), 宋甲準(1983), 宋甲準(1988), 宋甲準(1989), 송갑준(1996b), 安在淳(1984), 李光虎(1986), 이광호(2004), 崔鳳永(1986), 金容傑(1987), 金容傑(1989), 金容傑(1991), 權文奉(1989), 權文奉(1992), 權文奉(1994), 權文奉(1995), 權文奉(2000), 李海英(1991a), 안영상(1996), 유초하(1998), 金暎鎬(1999), 李相益(1999), 李天承(1999), 李天承(2000), 姜敬遠(2001), 元在麟(2002), 崔錫起(2002), 崔錫起(2003a), 崔錫起(2003b), 崔錫起(2010), 최석기(2012), 김만일(2007a), 金正敏(2007), 함영대(2007), 함영대(2008),

부터 이익의 경학적 입장의 특징을 그의 『대학질서大學疾書』와 『중용질서中庸疾書』를 중심으로 간단하게 살펴보기로 하자.

1

우선, 이익은 『대학大學』을 해석함에 있어서 "『대학장구大學章句』란 제유諸儒가 전수해왔던 바요 역대로 높이 받들어졌던 것"임에 분명하지만 그럼에도 "오히려 잘못된 점이 있음을 면치 못하고 있다"[39]고 보아 결코 이를 교조적으로 존숭하지는 않았다. 바로 이러한 맥락에서 그는 이른바 '자득自得'의 관점에서 필요하다고 판단되는 경우 곳곳에서 주희朱熹의 주석을 상대화하는 가운데 그것이 함축한 논리적 모순이나 미흡함에 대해 나름의 비판을 제기하면서 자신의 독자적 의견을 제시한 바 있다. 이에 그 대표적 사례를 들자면 다음과 같다.

첫째, 이익은 '『대학』의 주제'와 관련하여 ① "『중용中庸』의 첫머리에는 '명命'을 말했고, 『대학』의 첫머리에는 '덕德'을 말했는데, 이들은 말은 다르지만 뜻은 같으"[40]며, 또한 "『대학』은 '경敬'을 주로 하고 『중용』은 '성誠'을 주로 하여, 두 책이 서로 안과 밖으로 호응하며 보좌하여 성인聖人께서 남기신 뜻을 유감없이 갖추게 되었다"[41]고 평가했던바, 이로써 이익은 ㉠ 『대학』의 주제를 '덕德'과 '경敬'으로, 『중용』의 주제를 '명

함영대(2009), 함영대(2010), 함영대(2011), 김인규(2009), 정만조(2012), 금장태(2014a) 등이 있다.

한편, 이익의 경학적 입장의 특징에 대해서는 '경세치용적經世致用的 본연유학本然儒學의 태도態度 및 박학博學'(尹絲淳, 1975: 82), '도학적 기반과 실학적 정신의 교차'(금장태, 2014a: 90~92), '정덕正德을 지향하는 도덕주의와 이용利用·후생厚生의 안인安人을 중시한 현실주의의 균형적 추구'(최석기, 2012: 82~91)로 보는 견해들이 있다.

39 『大學疾書』, 「跋」 "『章句』者, 諸儒之所傳授, 歷代之所尊尙, ……其間猶未免錯誤而無人辨識."

40 『大學疾書』, 「經」 "『中庸』首言: '命', 『大學』首言: '德', 言殊而意同也."

41 『中庸疾書』, 「後說」 "『大學』主'敬', 『中庸』主'誠', 兩相扶持, 表裏完備, 聖人之遺意, 殆無憾焉."

命'과 '성誠'으로 각각 달리 인식하면서도, ㉡ 이러한 두 경전이 서로 유기적인 보완적 관계를 가지며 '성인께서 남기신 뜻'을 보존·계시하는 데에 있어서는 사실상 일치하고 있음을 강조하고 있다. ② 나아가 이익은 『대학장구』에서의 "「전傳」의 문장은 『중용』에서의 '명선明善[선을 밝힌다]'과 '성신誠身[자신을 성실하게 한다]', 『맹자孟子』에서의 '지성知性[본성을 안다]'과 '진심盡心[마음을 다한다]' 등의 말과 딱 들어맞지 않는 것이 없다. ……『중용』·『맹자』와 딱 들어맞는 것이 어찌 「전」뿐이겠는가? 본래 (『대학장구』에서의: 필자 주) 「경經」의 문장과도 합치한다"[42]고 보아, 『대학』의 주제를 나름의 관점에서 『중용』뿐만 아니라 『맹자』와의 관련성 속에서 종합적으로 파악하려고 노력하고 있다.

둘째, 이익은 '『대학』의 체제'와 관련하여 ① 『대학』을 공부함에 있어서는 기본적으로 『대학장구』를 위시하여 『대학혹문大學或問』·『주자어류朱子語類』·『주자대전朱子大全』 등의 저술이 가장 중요한 길잡이가 된다는 인식 하에, 특히 자신의 『대학질서大學疾書』를 저술하면서 '「경1장」과 「전1장~전10장」'으로 구성되는 주희의 '장구章句' 체제를 기본적으로 존중하였다. ② 그럼에도 이익은 자신의 독자적인 견지에서 이러한 '장구' 체제를 그대로 묵수하지는 않았으니, 이에 그 대표적 사례를 들자면, ㉠ 『대학장구』의 「전4장」과 관련하여 이익은 "『대학』의 요체는 삼강령三綱領·팔조목八條目에 있고, 또한 이를 행하는 요체는 본本·말末에 있다. ……삼강령의 「전」을 해석함에 미쳐서는 '차위지본此謂知本[이를 일러 근본을 안다고 하는 것이다]'이란 일절一節로 결론을 지었다. 이는 아마도 명덕明德을 이미 밝혔으면 민지民志로 하여금 외복畏服하도록 해야 함을 이른 것이니, 곧 본말本末·선후先後의 뜻이다"[43]라고 설명했던바, 이는 곧 그가

---

42 『大學疾書』, 「經」 "至於「傳」文, 則與『中庸』之'明善'·'誠身', 『孟子』之'知性'·'盡心'等語, 無不脗合. ……然其『中庸』·『孟子』之脗合者, 奚特「傳」也? 本與「經」文合."

43 『大學疾書』, 「經」 "『大學』之要, 在三綱·八條; 而行之之要, 又在本·末. ……及釋三綱之「傳」, 而以'此謂知本'一節結之. 盖謂明德旣明, 畏服民志也, 卽本末·先後之義也."

「전4장」인 이른바 '청송장聽訟章'을 독립된 장으로 인정하지 않고 다만 「전1장~전3장」의 결어結語로 보아 「전3장」의 말미에 포함시켜야 할 것으로 인식했음을 의미하며, 또한 이러한 생각에서 『대학질서』에서도 「전4장」을 따로 편성하지 않았다. ㉡ 또한, 이익은 「전5장」인 이른바 '보망장補亡章'과 관련해서도 "'격格'이란 '정성으로 연구하여 마음으로 통함'을 이른다. 격물格物하여 앎이 극치에 이르면[格物知至] 팔조목八條目을 모두 통괄하게 된다. 그러므로 선유先儒들은 격물格物·치지致知에 대한 「전」에 빠진 글이 있다고 의심하였으나, 기실 『대학』의 (나머지: 필자 주) 육조목六條目 안에 격물·치지의 내용이 들어가지 않은 곳이 없다"[44]라고 주장했던바, 이러한 그의 입장 역시 『대학장구』의 「전5장」을 일단 인정했음에도 실제로는 「전5장」을 보망補亡했던 주희의 견해에 대해 회의적인 태도를 취했음을 함축한다고 하겠다. ③ 결국 이러한 사실은 앞 세대의 윤휴尹鑴·정제두鄭齊斗 등과 같은 탈주자학자들이 일찍이 주희의 『대학장구』의 체제를 인정하지 않고 반대로 『고본대학古本大學』에 의거하여 각자 독자적 체제를 편성했던 것과는 비교되는 측면이기도 하다.

셋째, 이익은 '『대학』의 저자'에 대해서도 ① "「경」을 말씀하신 분은 공자孔子이다. ……증자曾子가 먼저 「경」의 문장을 기록하고 다시 문인門人들을 위해 상세하게 해석하였다. 이에 문인으로서 그의 주장하는 요지를 체득한 사람이 또한 그 뜻[意]을 밝히고 넓힐 수 있어서 이 「전」의 문장을 지은 것이다. ……그 문인이란 '자사子思'를 가리킨다"[45]라고 주장함으로써 『대학』의 저자를 곧 '자사'로 추론한 바 있다. ② 이러한 이익의 주장은 주희가 『대학』의 저자와 관련하여 단지 "「경1장」은 아

---

44 『大學疾書』, 「附錄」 "'格'者, '誠格感通'之謂也. 格物知至, 統作八條目. 故先儒疑格·致「傳」之有脫, 而其實『大學』六條目, 格·致無所不在也."

45 『大學疾書』, 「經」 "'言'者, 孔子句句字字詳說此「經」文也. ……曾子既述「經」文如此, 復爲門人曉釋備至. 故門人之得其宗旨者, 亦能發揮其意, 而爲此「傳」文也. ……門人謂'子思'也."

마도 공자의 말씀인데 증자가 이를 기술하였고, 「전1장~전10장」은 증자의 뜻[意]인데 문인이 이를 기록하였다"[46]고 소개한 것에 그치지 않고 나름의 관점에서 적극 부연한 것이라 하겠다.

넷째, 이익은 '『대학』의 경문經文'과 관련하여 정이程頤[伊川, 1033~1107: 中國 北宋의 학자]가 주장한바 '삼오자三誤字'설[47]에 대해서도 주희와는 달리 나름의 독자적 안목을 보여주었다. 즉, ① 이익은 '친親' 오자설에 대해서 "'밝힌다[明]'와 '새롭게 한다[新]'는 서로 바꾸어 말할 수 있다. 「경」에서 명덕明德을 천하에 밝힌다[明明德於天下]'라고 말한 것은 '백성을 새롭게 한다[新民]'는 것을 이른다. ……옛사람들은 두 글자['新'자와 '親'자: 필자 주]를 통용하였다"[48]고 설명함으로써 이를 수긍한 바 있다. ② '신身' 오자설에 대해서도 ㉠ 이익은 먼저 "정자程子가 '신身'자를 '심心'자로 보았는데, 이는 참으로 지당한 말이다"[49]라고 평가함으로써 일단 이를 적극 수용하고 있다. ㉡ 그러면서도 동시에 이익은 "그러나 또한 다른 설명도 있다. 이지李贄[卓吾, 1527~1602: 中國 明 나라의 학자]가 '몸[身]을 떠나 별도로 마음[心]을 바르게 하는 방법은 없다'고 하였는데, 이 말은 생각해볼 만하다. 희喜·로怒·우憂·구懼란 곧 이른바 '인심人心에서 생겨나는 것'이다. ('인심'에서의: 필자 주) '인人'자는 몸에 속하고 '심心'자는 희·로·우·구를 위주로 한다. 몸에 맞으면 기뻐하고, 몸에 거슬리면 노하게 되는 것이다. '~한 것이 있으면[有所]'이란 것은 곧 몸에 맞거나 거슬리는 일이다. …… '몸에 ~한

46 『大學章句』, 「經1章」 "右, 「經一章」, 蓋孔子之言而曾子述之, 其「傳十章」, 則曾子之意而門人記之也."

47 정이는 『대학』의 경문 가운데서 세 군데의 '오자誤字'가 있다고 보았던바, 즉 ① "재친민在親民[백성을 친히 함에 있으며]"[『大學章句』「經1章」]에서의 '친親'자가 '신新'자로, ② "신유소분치身有所忿懥[몸에 화내는 바가 있으면]"[「傳7章」]에서의 '신身'자가 '심心'자로, ③ "거이불능선擧而不能先, 명야命也[등용하되 먼저 하지 못함은 운명이다]"[「傳10章」]에서의 '명命'자가 '태怠'자로 마땅히 바뀌어야 한다는 주장이 바로 그것이다.

48 『大學疾書』, 「經」 "'明'與'新', 可替換說. 經曰: '明明德於天下', '新民'之謂也. ……蓋古人二字['新'자와 '親'자: 필자 주]通用也."

49 『大學疾書』, 「傳7章」 "程子以'身'作'心', 此固至矣."

것이 있으면[身有所]'이라고 운운한 것은 곧 인심人心이 위태롭게 되는 기미에 해당한다. 대개 저 '성냄[忿懥]' 등과 같은 감정이 어디에서 생겨나겠는가? 몸이 있기 때문이다"[50]라고 설명함으로써 '신身' 오자설을 부정하는 견해 역시 일리가 있음을 양시론兩是論의 관점에서 인정하기도 하였다. ③ '명命' 오자설에 대해서도 이익은 "'어진 이를 보고도 등용하지 아니하며 등용하더라도 먼저 하지 않는 것'은 군자君子로서 인仁하지 못한 사람이다. 『맹자』에서 '지혜[智]가 현자賢者에 있어서는 명命이다'라고 하였고, 『집주集註』에서는 장자張子의 말을 인용하여 '안영晏嬰은 지혜로웠으나 중니仲尼를 알아보지 못했으니, 이는 명命이 아니겠는가?'라고 하였다. 여기서는 다만 ('命'을: 필자 주) 운명[命分]이라고 본 것이데, 이른바 '군자로서 인仁하지 못한 사람이다'라고 한 것을 이것에 근거한다면 '명命'자에 의거하여 해석해도 무리가 없다"[51]고 주장함으로써 이를 거부하고 있다.

다섯째, 이익은 '『대학』의 내용'과 관련하여 '격물格物·치지致知'에 대한 이해에 있어서도 주희와 입장을 달리하였다. 즉, ① "물유본말物有本末, 사유종시事有終始[물物에는 본本과 말末이 있고, 사事에는 종終과 시始가 있다]"라는 「경1장」의 경문에 나오는 '물物'과 '사事'의 개념에 대해 ㉠ 주희는 '물'을 '명덕明德'[本]과 '신민新民'[末]으로, '사'를 '지지知止'[始]와 '능득能得'[終]으로 각각 설명하고 있음[52]에 반하여, ㉡ 이익은 "물物이란 '의意·심心·신身·가家·국國·천하天下'를 말하며, 사事란 '성誠·정正·수修·제齊·치治·평平'을 이른다"[53]

---

50 『大學疾書』, 「傳7章」 "然抑有一說. 李贄曰: '離身別無正心之術', 此語可商量也. 喜·怒·憂·懼卽所謂'人心之所生'也. '人'字屬身, '心'字主喜·怒·憂·懼. 順於身則喜, 逆於身則怒. '有所'者, 卽順·逆之事也. ……'身有所'云云者, 卽人心惟危之機也. 蓋彼'忿懥'等, 何從而生乎? 由有身故也."

51 『大學疾書』, 「傳10章」 "'見賢而不能擧, 擧而不能先', 君子之未仁者也. 『孟子』曰: '智之於賢者也, 命也', 『集註』引張子曰: '晏嬰智矣, 而不知仲尼, 是非命邪?' 此只作命分說, 所謂'君子之未仁者也', 據此則依'命'字解, 不無其理."

52 『大學章句』, 「經1章」의 註 "明德爲本, 新民爲末; 知止爲始, 能得爲終."

53 『大學疾書』, 「附錄」 "物言: '意·心·身·家·國·天下', 事言: '誠·正·修·齊·治·平'. ……'格物'之

고 인식하였다. ② 이러한 전제 위에서 ㉠ 주희가 '격물·치지'를 '사물의 이理를 궁구하여 그 극처에까지 이르지 않음이 없는 것[格物]'과 '나의 지식을 미루어나감을 극진히 하여 내 아는 바가 다하지 않음이 없는 것[致知]'으로 각각 해석한 것[54]에 대해서도, ㉡ 이익은 상기한바 "물物이 있은 이후에야 사事가 있게 되"기 때문에 '물物이란 사事의 바탕'이 되며, 따라서 "이러한 물物의 본성[性]을 연구하지 않으면 이러한 사事에 대처할 수 없다"는 관점에서, 곧 ㉮ "'격물'이란 내가 물物(의 본성: 필자 주)에 대해 궁극에까지 미루어 여지가 없도록 하는 것"이자 동시에 이러한 "'격물'은 곧 '격사格事'가 되기도 한다"[55]고도 보았던바, ㉯ 결국 그는 "'격물·치지'란 성·정·수·제·치·평하는 사事를 추구하여 대처하는 것에 불과할 따름이다"[56]라고 정의하는 가운데, 또한 이를 일상에서의 구체적인 실천의 맥락에서 그 사례를 제시한 바 있다. ③ 나아가 이익은 ㉠ 바로 이러한 맥락에서 "'격물·치지'란 앎[知]과 행함[行]을 겸하고 있나니, '격格'자와 '치致'자를 말한 것은 곧 행함을 겸하고 있다"[57]라고 해석하기도 했던바, ㉡ 나아가 그는 이러한 인식을 바탕으로 나름의 독자적인 「대학도大學圖」를 제시하기도 하였다.[58]

마지막으로, 이익은 이외에도 '『대학』의 내용'과 관련하여 비록 단편적이나마 주희와는 다른 독창적 해석을 제시하기도 하였다. 즉, ① 『대학장구』의 「전10장」에 나오는 경문 "상휼고이민불배上恤孤而民不倍[윗사람이 고아를 구휼하면 백성이 배신하지 않는다]"에서의 '불배不倍'를 해석함에 있

物與'物有本末'之物, 皆統言'意·心·身·家·國·天下'也."

54 『大學章句』, 「經1章」의 註 "推極吾之知識, 欲其所知無不盡也. ……窮至事物之理, 欲其極處無不到也."

55 『大學疾書』, 「經」 "'格物'者, 我於物推以窮至, 無有餘也. ……物有而後有事. 不究此物之性, 則無以處此事. ……有物則有事. ……格物便是格其事也. ……然若言事而不言物, 則事無所本."

56 『大學疾書』, 「附錄」 "'致知·格物', 不過求其誠·正·修·齊·治·平之事耳."

57 『大學疾書』, 「附錄」 "'格物·致知', 兼知·行. 言'格'字·'致'字, 卽兼於行."

58 『大學疾書』, 「大學圖」

어 ㉠ 주희가 '상행하효上行下效'의 관점에서 '윗사람을 배신하지 않는다'라는 취지로 이해하면서 그 배신하지 않는 구체적 내용으로 '백성이 각자 자기의 아이를 보호함'을 거론했던바, ㉡ 이에 대해 이익은 "윗사람을 배신하지 않는 것과 어린이를 보호하는 것이 무슨 관계가 있기에 (백성을 가르쳐: 필자 주) 각자 자기의 어린이를 보호하게 한다고 말하는 것인가?"라고 비판하는 가운데, 단적으로 "'불배不倍'란 '사람이 죽었다 하여 곧 그를 배신하지 않음'을 말한다. 사람의 근심은 흔히 죽은 뒤에 배신을 당하는 것이다. 그러므로 죽은 뒤에도 그를 배신하지 않는다면 고아를 부탁할 수 있다"[59]라고 달리 해석한 바 있다. ② 『대학장구』의 「전10장」에 나오는 경문 "단단혜무타기斷斷兮無他技, 기심휴휴언其心休休焉, 기여유용언其如有容焉[단단斷斷하고 다른 기예가 없으나, 그 마음이 곱고 고와 용납함이 있는 듯하다]"에서의 '단단斷斷'과 '휴휴休休'를 해석함에 있어서도 ㉠ 주희가 곧 "'단단'이란 '정성스럽고 한결같은 모습[誠一之貌]'이다"라고 설명하고 있음에 대하여 ㉡ 이익은 "'단단'이란 아마도 '별다른 재주가 없는 모습[無他技之貌]'인 듯하며, '휴휴'란 또한 '마음에 포용성이 있는 모습[心有容之貌]'인 듯하다. 『장구』에서는 '단단이란 정성스럽고 한결같은 모습이다'라고 말했다. '정성스럽고 한결같다'는 것은 마음[心]의 상태를 말한 것인데, 아래 문장에서 '휴휴' 앞에 별도로 '심心'자를 썼으니, (주자의 해석이: 필자 주) 의심스럽다"[60]라고 말하여, 주자의 입장을 비판하는 동시에 자신의 독자적인 견해를 제시한 바 있다.

59 『大學疾書』, 「傳10章」 "'不倍'謂: '不以人之死而遽倍之'也. 人之患多在於死則倍之. 故死而不倍, 可以托孤矣."

60 『大學疾書』, 「傳10章」 "'斷斷'恐是'無他技之貌', '休休'亦恐是'心有容之貌'. 『章句』云: '斷斷, 誠一之貌'. '誠一'從心上論也, 然而下文'休休'上別下'心'字, 可疑."

2

한편, 이익은 『중용中庸』을 해석함에 있어서도 상기한바 『대학』의 경우와 마찬가지의 경학적 입장을 견지하였다. 즉, 그는 『중용질서中庸疾書』의 저술목적과 관련하여 "이 책[『중용질서』: 필자 주]은 『중용장구中庸章句』를 굳게 지켜 감히 바꾸거나 고치는 일이 없다. 그럼에도 (여기서: 필자 주) 『중용장구』에서 말하지 않은 것을 간혹 거리낌 없이 말하기도 했으니, 그 의도는 다만 제대로 길을 찾아서 공자孔子의 본뜻으로 돌아가도록 힘쓰기 위한 것이다. 만약 '『중용장구』 이외에는 단 한 자라도 보태는 것이 모두 주제넘은 짓이다'라고 한다면, 이는 나의 마음을 몰라주는 것일 뿐 아니라 또한 주자朱子를 이해하는 것도 아니지 않겠는가?"[61]라고 주장했던바, 물론 이와 같은 그의 주장은 "학문을 하는 데는 반드시 의문을 일으켜야 한다. 의문을 일으키지 않으면 아는 것이 견고하지 못하다. ……의심을 가지는 것은 의심을 없애기 위함이다"[62]라는 평소 자신의 학문태도와 아울러 당시 주자학을 맹목적으로 존숭할 뿐 정작 그 의미를 궁구하는 데에는 소홀한 학문풍토에 대한 그의 비판의식을 함축하고 있는 것이기도 하다. 바로 이러한 문제의식에서 이익은 『중용질서』를 저술함에 기본적으로 『중용장구』를 존중하면서도 필요하다고 판단되는 경우에는 자신의 독자적인 견해를 제기하는 데에 주저하지 않았다. 이에 그 대표적 사례를 소개하자면 대략 다음과 같다.

첫째, 이익은 '『중용』의 주제'와 관련하여 ① "『중용』의 첫머리에는 '명命'을 말했고, 『대학』의 첫머리에는 '덕德'을 말했는데, 이들은 말은 다르지만 뜻은 같으"[63]며, 나아가 "『대학』은 '경敬'을 주로 하고 『중용』은

---

61 『中庸疾書』, 「後說」 "是書也, 堅守『章句』, 莫敢移易, 而『章句』之所不言, 時或不憚言之, 其意都只爲探討蹊徑, 務歸於夫子之本旨. 若曰: '『章句』之外, 一字皆濫云爾', 則是不但不識愚之所存, 亦非所以知朱子也乎?"

62 『中庸疾書』, 「後說」 "故學必要致疑, 不致疑, 得亦不固. ……故有疑所以無疑也."

63 『大學疾書』, 「經」 "『中庸』首言: '命', 『大學』首言: '德', 言殊而意同也."

'성誠'을 주로 하여, 두 책이 서로 안과 밖으로 호응하며 보좌하여 성인聖人께서 남기신 뜻을 유감없이 갖추게 되었"[64]을 뿐만 아니라 『대학장구』에서의 "「전」의 문장은 『중용』에서의 '명선明善[선을 밝힌다]'과 '성신誠身[자신을 성실하게 한다]', 『맹자孟子』에서의 '지성知性[본성을 안다]'과 '진심盡心[마음을 다한다]' 등의 말과 딱 들어맞지 않는 것이 없다"[65]라고 평가함으로써 『중용』의 주제를 어디까지나 '명命·성誠' 및 '명선明善·성신誠身'의 개념을 중심으로 인식한 바 있으며, ② 나아가 이익은 "『중용』은 이단異端을 걱정하여 지은 책이다. 그러므로 자사子思가 『중용』을 지어 내면적 수양을 밝힌 업적과 맹자孟子가 변설辯說을 좋아하여 이단사설異端邪說을 물리친 공적은 요컨대 어느 하나라도 빠뜨려서는 안 될 것이다"[66]라고 주장함으로써 『중용』의 취지를 『맹자孟子』와 더불어 '벽이단闢異端'의 관점에서 이해하고 있는 점 또한 독특하다 할 것이다.

둘째, 이익은 '『중용』의 체제'에 대하여 ① 『중용』이 후세에 전해짐에 있어 "주자朱子가 여러 주석을 모아 절충한 공功이 없었다면 정자程子의 정신이 없어져 버렸을지도 모른다. 이것이 주자의 공이 큰 이유이다"[67]라고 평가함으로써 『중용』의 이해에 있어 『중용장구』가 가장 중요한 지침이 된다는 관점을 피력하는 가운데, 『중용질서』를 저술하면서도 전체 '33장'으로 구성되는 주희의 '장구章句' 체제를 기본적으로 존중하였다. ② 그럼에도 이익은 자신의 독자적인 견지에서 이러한 '장구' 체제의 내용구조를 주희와는 다르게 인식한 바 있다. 즉, ㉠ 주희가 '『중

64 『中庸疾書』, 「後說」 "『大學』主'敬', 『中庸』主'誠', 兩相扶持, 表裏完備, 聖人之遺意, 殆無憾焉."

65 『大學疾書』, 「經」 "至於「傳」文, 則與『中庸』之'明善'·'誠身', 『孟子』之'知性'·'盡心'等語, 無不脗合."

66 『中庸疾書』, 「序」 "『中庸』, 懼夫異端而作也. 故子思『中庸』內修之業, 孟子好辯攘外之功, 要之不可闕一."

67 『中庸疾書』, 「序」 "靡朱子會衆折衷之功, 程子之心, 或幾乎湮矣. 此朱子之功所以爲尤大, 故曰: '朱子出而異端不復作也'."

용』의 내용구조'에 대해 ㉮ "「제1장」은 자사子思가 전해 받은 뜻[所傳之意]을 기술記述하여 글을 지"음으로써 "(『중용』: 필자 주) 한 편篇의 체요體要"[68]를 제시한 부분이며, ㉯ "이 아래 10장[「제2장」~「제11장」: 필자 주]은 모두 (자사가 孔子의 말씀을 인용하여 「제1장」의 '喜怒哀樂之未發' 이하의 부분에서 나오는: 필자 주) '중中·용庸[화和]'를 논하여 「제1장」의 뜻을 해석한"[69] 부분이고, ㉰ "이 아래 8장[「제12장」~「제20장」: 필자 주]은 (자사가: 필자 주) 공자孔子의 말씀을 섞어 인용하여 「제1장」의 '도道는 떠날 수 없다[道不可離]'는 뜻을 거듭 밝힌"[70] 부분이요, ㉱ "이로부터 이하 12장[「제21장」~「제32장」: 필자 주]은 모두 자사의 말로, (「제1장」에 나오는 '性'과 '敎'를 언급하고 있는: 필자 주) 이 장[「제21장」]의 뜻을 반복하여 미루어 밝힌"[71] 부분이며, ㉲ "「제33장」은 자사가 ……(『중용』: 필자 주) 한 편의 요점을 들어 요약하여 말한"[72] 부분으로 이해하였다. ㉡ 반면, 이에 대하여 이익은 ㉮ 『중용』의 "「제1장」[首章]은 시작하는 말[起語]"로서 "자사가 (「제2장」에서 「제11장」까지의: 필자 주) 공자의 말씀이 간략하여 알기 어려운 것을 염려하여 마침내 공자의 말씀의 근원을 추구하여 첫 장을 마련"[73]한 것이며, ㉯ "「제2장」 이하부터 10장까지[「제2장」~「제11장」]는 공자의 말씀이 아닌 것이 한 구절도 없으며, '중中·용庸'에 대한 해설이 아닌 것이 한 장章도 없는"바, 곧 이 부분은 "공자께서 저술하신 전체내용으로 자사가 특별히 이를 받들어 기술한 것"으로서 "'경經'

---

68 『中庸章句』, 「第1章」의 註 "右, 第一章. 子思述所傳之意以立言, ……楊氏所謂'一篇之體要'是也."

69 『中庸章句』, 「第2章」의 註 "右, 第二章. 此下十章, 皆論'中·庸', 以釋首章之義."; 『中庸章句』, 「第1章」의 註 "其下十章, 蓋子思引夫子之言, 以終此章之義."

70 『中庸章句』, 「第12章」의 註 "右, 第十二章. 子思之言, 蓋以申明首章'道不可離'之意也. 其下八章, 雜引孔子之言以明之."

71 『中庸章句』, 「第21章」의 註 "右, 第二十一章. ……自此以下十二章, 皆子思之言, 以反覆推明此章之意."

72 『中庸章句』, 「第33章」의 註 "右, 第三十三章. ……蓋擧一篇之要而約言之."

73 『中庸疾書』, 「第33章」 "首章爲起語."; 『中庸疾書』, 「後說」 "旣而子思懼夫孔子之言簡而難曉, 乃推原而有首章."

에 해당”[74]하고, ㉰ “「제12장」 이하 21장[「제12장」~「제32장」]은 자사가 공자의 뜻을 발휘하여 저술한 것”으로서 곧 “‘전傳’에 해당”[75]하며, ㉱ 「제33장」인 “마지막 장은 맺음말[結語]”로서 “또한 (자사가: 필자 주) 내면으로 거두어들여 「제1장」의 뜻을 종결한 것”[76]으로 인식한 바 있다. ③ 나아가 이익은 ‘『중용』의 내용구조’에 대한 이상과 같은 나름의 인식을 바탕으로 자신만의 독자적인 「중용도中庸圖」를 제시하기도 하였다.

셋째, 이익은 ‘『중용』의 저자’에 대해서도 나름의 관점에서 주희의 ‘자사저작子思著作’설을 수용·부연했던바, 즉 “이 책이 중니仲尼의 말씀으로 시작하고 중니의 일로써 끝맺었으니, 분명히 이는 공자께서 도道를 전하신 책이다. 그 말씀이 왕왕 『맹자』와도 부합하니 맹자가 정통으로 받들어 본받은 것인 듯하다. 공자의 도를 맹자에게 전한 자가 자사가 아니라면 누구이겠는가?”[77]라는 설명이 바로 그것이다.

마지막으로, 이익은 ‘『중용』의 내용’과 관련하여 ① ‘천天’, ‘성性’, ‘신독愼獨’, ‘중中·용庸’ 및 ‘귀신鬼神’ 등과 같은 중요한 경학적 함의를 가진 일련의 개념에 대해서는 전반적으로 주희의 견해를 수용·전제한 가운데 “내가 이 책[『중용질서』: 필자 주]을 지은 본의는 감히 『중용』의 내용을 다 밝혀 드러내겠다는 데에 있는 것이 아니라, 다만 이 어둡고 긴 밤과 같은 때에 있어서나마 내 정신을 가다듬어 간혹 일부분이라도 그 뜻을 밝힐 수 있기를 바라는”[78] 심정에서 자신의 생각을 부연·설명하고 있다.

---

74 『中庸疾書』, 「篇題」 “自「第二章」以下十章, 無一句非孔子語, 無一章非‘中·庸’說.”; 『中庸疾書』, 「後說」 “自第二章以下十章, 卽爲孔子全書, 子思特奉以述之也.”; 『中庸疾書』, 「第33章」 “蓋自第二章以下十章爲‘經’.”

75 『中庸疾書』, 「後說」 “發揮而有十二章以下.”; 『中庸疾書』, 「第33章」 “自第十二章以下二十一章爲‘傳’.”

76 『中庸疾書』, 「第33章」 “此章, 則又收拾向裡, 以終首章之義. ……末章爲結語.”

77 『中庸疾書』, 「後說」 “且書中, 始之以仲尼之言, 終之以仲尼之事, 分明是孔子傳道之書. 其言往往與『孟子』符合, 疑其爲孟子所宗法者夫. 以孔子之道, 傳于孟氏者, 非子思而誰?”

78 『中庸章句』, 「中庸序」 “余之爲此書者, 非敢有意於昭揭, 只欲趁此黑暗長夜之前, 科擻

② 반면, '미발未發·이발已發' 개념과 관련해서 이익은 "'발發'과 '미발未發'이 서로 조응하고, '화和'와 '중中'이 서로 조응한다. 그런데 발하면[發] 반드시 모두 '화和'가 되는 것은 아니고 오직 절도에 맞는 것[中節者]만이 '화'가 된다. 그런즉 발하지 않으면[未發] 반드시 모두 '중中'이 되는 것은 아니고 오직 성性을 보존한 것[存性者]만이 '중'이 된다. ……이른바 '도道는 떠날 수 없다[道不可離]'는 것은 체體와 용用을 겸하여 말한 것이니, 성을 보존한다는 뜻이 이미 그 가운데 있다. 혹자는 '미발未發은 모두 중中이다'라고 하는데, 이는 잘못된 것이다. 자세한 내용은 『사칠편四七編』에 나온다"[79]라고 하였고, 또한 "이는 '심心의 본체本體가 바르게 하는 과정을 거치지 않고도 본래부터 바르다'고 말하는 것은 아니다. (心의: 필자 주) 체와 용은 그 근원이 하나이며, 드러난 것[顯]이나 은미한 것[微]에는 차이가 없다. 용에 있어서의 바르고 바르지 않은 것은 체에서도 이미 그 조짐을 가지고 있다"[80]라고 주장함으로써 명백히 '미발심체유선악未發心體有善惡'의 입장을 표명·지지하고 있는 점 역시 특기할 만하다고 하겠다.

3

결국, 이상과 같은 이익의 경학적 입장 역시 독자적인 철학적 사유체계의 정립을 통하여 궁극적으로는 '수기修己와 안인安人' 및 '치용致用'을 지향하는 자신의 경세학을 뒷받침하기 위한 지적 고뇌의 산물이었다. 그리고 이러한 그의 고뇌는 무엇보다 '치의致疑'와 '자득自得'을 중시하는 자유로운 정신에 기반을 두고 주로 정주성리학의 경학체계를 재구성하는

我精神, 庶幾時窺一斑焉."

79 『中庸疾書』, 「第1章」 "'發'與'未發'相照, '和'與'中'相照. 發未必皆'和', 惟中節者爲'和'; 則未發未必皆'中', 惟存性者爲'中'也. ……所謂'道不可離'者, 乃兼體·用說, 存性在其中也. 或曰: '未發皆中'者, 非也. 詳著『四七編』."

80 『大學疾書』, 「傳7章」 "此只把喜怒等而言, 非謂: '其本體不待正而正'也. 然體·用一源, 顯·微無間, 用之正·不正者, 於體上已兆."

형태로 구체화되었던바, 물론 그 최종적 귀결점은 다름 아닌 '수사본원洙泗本原의 수기치인修己治人의 학學'에 있었던 것이다.

윤휴: '사천학'의 정립을 통해 독자적인 경세학과 예학의 토대를 마련하다

윤휴尹鑴[白湖, 1617~1680]는 정약용의 경학사상의 형성에 있어 이상에서 살펴본 세 사람[許穆·柳馨遠·李瀷]의 경우와는 구별되는 또 다른 의미를 지니는 인물이다. 즉, 상기의 세 사람이 '수사본원洙泗本原의 수기치인의 학'[原始儒敎]에 대한 지향, 육경六經의 중시, 정주성리학의 상대화, 비판적이고 독자적인 사유체계의 정립 등을 통하여 정약용에게 주로 기본적인 학문적 지향과 문제의식의 측면에서 영향을 주었다고 한다면, 지금부터 소개할 윤휴는 경학의 구체적 내용을 통해 정약용에게 직접 영향을 미쳤다는 점에서 사상사적으로 특이한 위치에 있다고 할 것이다. 특히 윤휴는 17세기 후반기에 노론老論 집권세력이 『주자가례朱子家禮』를 절대시하면서 관冠·혼婚·상喪·제祭를 중심으로 하는 사대부례士大夫禮를 바탕으로 양란兩亂 이후에 흐트러진 사회질서를 바로잡고자 했던 입장에 반대하여, '오례五禮'[吉禮·凶禮·軍禮·賓禮·嘉禮]를 중심으로 하는 고례古禮의 체계를 옹호하는 예론禮論을 허목許穆과 함께 전개하였고, 사상적으로는 자신의 예론과 경세론을 뒷받침하는 탈주자학적 경학을 주도함으로써 결국 '사문난적斯文亂賊'으로 지목되어 사사賜死되었던 이단異端의 또 다른 봉우리이기도 하였다.[81]

---

81 윤휴의 생애와 경학사상에 대한 주요연구로는 韓沽劤(1961a), 韓沽劤(1961b), 韓沽劤(1962), 韓沽劤(1964), 宋兢燮(1970), 宋兢燮(1975), 李乙浩(1980b), 鄭仁在(1982), 金基鉉(1983), 劉英姬(1985), 劉英姬(1993), 유영희(2000), 安秉杰(1985), 安秉杰(1987), 安秉杰(1991a), 安秉杰(1991b), 劉明鍾(1988a), 琴章泰(1990), 금장태(1998a), 금장태(2014c), 김병화(1993), 정호훈(1995), 정호훈(2014), 송석준(1996), 李善娥(1998), 崔錫起(1998), 김성윤(1999), 이영호(2000a), 이경원(2002), 김만일(2005), 김만일(2007a), 김형찬(2009), 김형찬(2010), 신창호(2011), 강지은(2010), 강지은(2011), Mark Setton(1997) 등이 있다.

윤휴는 정계에 나오기 이전부터 이미 경세가經世家로 지목되어왔을 만큼 그 자신의 경세학적 관심은 남달랐고, 또한 정치·경제·병정兵政 등에 걸쳐 구체적이고도 광범위한 경세론을 스스로 개진한 바 있다. 또한 그는 예禮를 이理의 절목節目으로, 내면적 덕성德性의 표현으로 해석하려는 주희의 경향에 반대하여, 그것을 구체적이고도 객관적인 사회규범과 제도의 측면에서 이해하려고 하였으며, 이에 따라 예禮의 문제를 제도개혁의 논의와 일치시킬 수 있었다. 물론 이와 같은 그의 경세론과 예학禮學은 또한 그의 독자적인 경학의 뒷받침 위에서 가능했던바, 그것은 곧 『중용中庸』, 『대학大學』, 『효경孝經』, 『(고古)시경詩經』, 『상서尙書』, 『주례周禮』, 『예기禮記』, 『춘추春秋』, (『예기』의: 필자 주) 「내칙內則」편에 대한 일련의 『독서기讀書記』 및 여타 관련 논문으로 구체화되었다. 그리고 이는 오로지 '취선구시取善求是'를 지향하는 평소의 방법론적 문제의식에서[82] 출발하여, 필요하다면 정주성리학의 경학체계에 대해서도 과감하게 문제를 제기하는 형식으로 전개되었다. 그러면 지금부터 윤휴의 경학적 입장의 특징을 『대학』, 『중용』, 『상서』에 대한 그의 『독서기』를 중심으로 간략하게 살펴보기로 하자.

1

우선, 윤휴는 『대학大學』을 해석함에 있어서 먼저 "『대학장구大學章句』를 살펴보면 두 정자程子와 주자朱子 및 후현後賢에 이르기까지 모두 제각기 고친 부분이 있는데, 그중에서 오직 주자가 정한 경전經傳이 제대로 되었고 맥락도 분명하여 고칠 수 없는 천하의 양서"[83]이며, "이 책[『대학』:

82 『讀書記【『中庸』】』, 「序」(『白湖全書』, 卷36, p. 1447) "其取善求是, 不憚遷徙, 又如此, 此又余之所則效而思勉焉者也."

83 『讀書記【『大學』】』, 「大學全篇大旨按說」(『白湖全書』, 卷37, p. 1514) "按此篇『章句』, 兩程子·朱子以及後賢, 皆各有更定, 唯朱子所定經傳得所, 而脉絡分明, 足爲天下不干之書."

필자 주]을 세상에 알리는 한편, 빠졌거나 잘못된 부분을 바로잡고 은미한 뜻을 풀이하여 학자들에게 보여줌으로써 성인聖人의 심법心法이 다시 천하에 밝아지도록 하였으니, 그 공로야말로 성대하다고 하겠다"[84]라고 주장함으로써 일단 『대학장구』의 경학적 의의를 높이 평가하는 데 인색하지 않았다. 그럼에도 윤휴는 자신의 독자적인 소견에 의거하여 "문장을 따라 구두句讀와 해석을 가하고 한두 군데 주석을 덧붙이기도 하였으니, 이로써 옛것을 보존하면서도 색다른 견해도 서술하여 보는 이들로 하여금 참고할 수 있도록 하였"[85]음을 강조하는 한편, 또한 이러한 맥락에서 결과적으로 "참람하고 외람된 죄 그리고 남과 굳이 견해를 달리하려 한다는 혐의에 대해서는 감히 회피하지 않겠다"[86]는 당당한 자세를 견지한 바 있다. 이에 그 대표적 사례를 들자면 다음과 같다.

첫째, 윤휴는 '『대학』의 주제'와 관련하여 ① "『대학』과 『중용』이 모두 공자孔子의 문하에서 도道를 전수한 글이지만, 『대학』에서는 첫 번째에 '학學'이란 글자를 말했다"[87]고 봄으로써 『대학』의 주제로서 무엇보다 '학學'을 강조한 바 있다. ② 바로 이러한 관점에서 ㉠ 그는 "이 책[『대학』: 필자 주]은 강유綱維를 제시하여 성학聖學의 전체범위를 총론함으로써 학學의 대大·소小를 관통하였다. ……사람의 대·소를 나누어놓은 것이 아니다. ……만약 그렇게 풀이한다면 『대학』이란 책은 소少·대大로 나누어지고 방우方隅에 국한되어, 어려서부터 바르게 자라고 본원本原을 함양하도록 하는 '소학小學'의 공정功程은 없게 될 것이니, 이 어찌 온전한

---

84 『讀書記【『大學』】』, 「大學全篇大旨按說」(『白湖全書』, 卷37, p. 1524) "至宋洛閩諸君子, 乃始表章是書, 正缺誤·發微義, 以示學者, 使聖人之心法復明於天下, 其功可謂盛矣."

85 『讀書記【『大學』】』, 「大學古本別錄【並序】」(『白湖全書』, 卷37, p. 1501) "略又依文句釋, 附註一二餘義, 以存古昔·述異聞, 使覽者得考焉."

86 『讀書記【『大學』】』, 「大學全篇大旨按說」(『白湖全書』, 卷37, p. 1524) "若其僭猥之罪, 求異之嫌, 則又不敢避也."

87 『讀書記【『大學』】』, 「大學全篇大旨按說」(『白湖全書』, 卷37, p. 1515) "『大學』·『中庸』, 皆孔門傳道之書, 『大學』首言'學'字."; 『讀書記【『大學』】』, 「大學全篇大旨按說」(『白湖全書』, 卷37, p. 1519) "曰: '『大學』之書首說「學」字. ……'"

성학聖學이라 할 수 있겠는가?"[88]라고 인식하기도 했던바, ㉡ 물론 이러한 윤휴의 주장은 "이 편篇[『대학장구』: 필자 주]은 소학小學에서의 성공에 기반하여 대학大學의 밝은 법을 드러낸"[89] 책으로 설명하고 있는 주희의 견해에 대한 비판을 함축하고 있다.

둘째, 윤휴는 '『대학』의 체제'와 관련해서도 ① 상기한 바대로 "『대학장구』를 살펴보면 ……오직 주자가 정한 경전經傳이 제대로 되었고 맥락도 분명하여 고칠 수 없는 천하의 양서"라고 적극 평가·인정한 바 있다. ② 그럼에도 윤휴는 ㉠ 무엇보다 "이 책[『대학장구』: 필자 주]도 고문古文의 전편前編이 있지 않고서는 (宋代의: 필자 주) 선유先儒들이 토론을 거쳐 서차序次를 정해놓은 그 뜻을 또한 무엇으로 엿볼 수 있겠는가? 지금 이 때문에 구본舊本을 따라 다음과 같이 차례대로 적어 학자들에게 보이고, 거기에다 또 문장을 따라 구두句讀와 해석을 가하고 한두 군데 주석을 덧붙이기도 하였으니, 이로써 옛것을 보존하면서도 색다른 견해도 서술하여 보는 이들로 하여금 참고할 수 있도록 하"[90]겠다는 나름의 문제의식에서 출발하여, ㉡ 특히 『독서기【『대학』】』를 저술하면서는 자신의 독자적인 관점에 따라 이른바 '「경1장」과 「전1장~전10장」'으로 구성되는 주희의 '장구章句' 체제를 거부하고 『고본대학古本大學』을 따랐던바, ㉢ 이에 그는 『대학』의 의미단락과 관련해서도 "지금 만약 (『대학』: 필자 주) 고본古本의 차례에 따라 말하자면 당연히 네 단락으로 나누어야 할 것이다. 맨 위의 단락은 경문經文이요, ……그 다음의 세 단락은 공자孔子의 문하에서 전수된 것으로, 평소 공자에게서 들었던 것을 순서대로 정리

---

88 『讀書記【『大學』】』, 「大學全篇大旨按說」(『白湖全書』, 卷37, p. 1516) "是編, 則提綱挈維, 總論聖學之凡, 以貫乎學之大小者. ……非以分人之大小也. ……且若是則『大學』之書, 分少大·滯方隅, 而無小學幼成蒙正·涵養本原之功, 豈足以爲聖學之全也?"

89 『大學章句』, 「大學章句序」 "而此篇者, 則因小學之成功, 以著大學之明法, ……"

90 『讀書記【『大學』】』, 「大學古本別錄【並序】」(『白湖全書』, 卷37, p. 1501) "則是篇者, 非有古文前編, 亦何以窺先儒討論序第之意哉? 今故第錄因舊本如左, 以視學者, 略又依文句釋, 附註一二餘義, 以存古昔·述異聞, 使覽者得考焉."

하여 경문의 뜻을 심도 있게 풀이해놓은 것"[91]으로 이해한 바 있다.

셋째, 윤휴는 '『대학』의 저자'에 대해서도 ① 『한서漢書』에 나오는 가규賈逵[字는 景伯, 30~101: 中國 後漢의 학자]의 '자사저작子思著作'설을 인용하며 "『대학』은 저자를 밝히지 않고 있다. ……증씨曾氏의 문하에서 도道를 전수받고 수학한 제자들 중에 어찌 그만한 인재가 없었을까마는 끝까지 강유綱維를 붙잡고 대도大道를 밝혀 만세에 남긴 일이야말로 자사子思가 아니면 누가 할 수 있었겠는가? 가규가 한 말에 자못 근거가 있는 듯하다"[92]라고 추론한 바 있다. ② 이러한 윤휴의 주장 역시 일찍이 주희가 『대학』의 저자와 관련하여 단지 "「경1장」은 아마도 공자孔子의 말씀인데 증자曾子가 이를 기술하였고, 「전1장~전10장」은 증자의 뜻[意]인데 문인門人이 이를 기록하였다"[93]고 소개한 것에 그치지 않고 나름의 관점에서 적극 부연한 것이라 하겠다.

마지막으로, 윤휴는 '『대학』의 내용'에 있어서도 중요한 경학적 의미를 함축하는 몇 가지 독자적인 견해를 제기한 바 있으니, 이에 그 대표적 사례를 들면 다음과 같다. ① '대학大學'이란 개념부터 윤휴는 주희와는 다르게 고증·해석하였다. 즉, ㉠ 주희가 '대大'자는 곧 대인大人[成人]과 소인小人[童子]의 구별에서 연유한 것으로 보면서 '대학'을 "성인成人의 학문[大人之學]"[94]으로 규정한 데 대하여, ㉡ 윤휴는 "옛날에는 본디 대학大學이니 소학小學이니 하는 학궁學宮의 구별이 있었다. 그런데 소학에서는 어린이에게 쇄소灑掃·응대應對·송습誦習·훈고訓詁의 일[事]과 사친事親·사

91 『讀書記【『大學』】』, 「大學全篇大旨按說」(『白湖全書』, 卷37, p. 1514) "抑今若以古本次序言之, 當分作四節. 上節爲經文, ……次三節則孔門傳授, 因平日所聞於夫子, 而考論序次·發揮經旨者也."

92 『讀書記【『大學』】』, 「大學全篇大旨按說」(『白湖全書』, 卷37, p. 1515) "又按『大學』, 未著作者. 考『漢書』賈逵之言, ……曾氏之門傳道受業, 固不爲無人, 然後其提挈綱維, 發明大道, 以垂萬世, 非子思, 又孰能之? 賈逵之言, 殆有所受之也."

93 『大學章句』, 「經1章」의 註 "右, 「經一章」, 蓋孔子之言而曾子述之, 其「傳十章」, 則曾子之意而門人記之也."

94 『大學章句』, 「經1章」의 註 "大學者, 大人之學也."

장事長의 예절[節]을 가르쳤고, 대학에 입학하면 군신 간의 의리, 조정의 예제, 백성을 대하는 도리, 정치를 행하는 요체를 가르쳤으니, 이는 대본大本·대원大原과 대경大經·대례大禮로서 천하와 국가에 시행할 수 있는 것들이라 하겠다. 꼭 이 책[『대학』: 필자 주]만을 가지고 가르쳤던 것은 아니다"[95]라고 주장했던바, 이로써 그는 ㉮ '대大'자는 원래 고대중국의 학교인 대학·소학의 구별에서 유래한 것으로서, ㉯ 여기서 가르치는 학업[業] 역시 각각 대·소의 구별이 있었던바, 바로 이런 맥락에서 '학문'으로서의 '대학' 또한 "대도大道·대덕大德"[96]으로서 곧 '통치자[君主]를 위한 학문'을 의미한다고 보았으며, ㉰ 나아가 "『대학』이란 책을 옛날에 태학에서 사람을 가르치던 법"[97]이자 기본적으로 일반 사대부士大夫의 학문서學問書로 보았던 주희의 견해에 대해서도 비판적 입장을 보여주었다.

② 윤휴는 '명덕明德'의 해석에 있어서도 주희와 입장을 달리하였다. 즉, ㉠ 주희가 "명덕이란 사람이 하늘로부터 얻은 바로서, 허령불매虛靈不昧하고 중리衆理를 갖추어 만사에 응하는 것"[98]이라 해석함으로써 이기론적 도식에 의거하여 곧 사람이 하늘로부터 부여받은 '형이상의 이理'로 보고 있음에 반하여, ㉡ 윤휴는 이를 기본적으로 "사람이 하늘에서 얻어 광명정대光明正大한 것"이자 "영명靈明하고 통철洞澈하여 온갖 만물의 이치를 훤히 알 수 있는 사람의 마음[心]"[99]을 지칭하는 것으로 보면

95 『讀書記【『大學』】』, 「大學全篇大旨按說」(『白湖全書』, 卷37, p. 1516) "'大學者, 大人之學也. 子之言大學, 以道之大言之, 何也?' 曰: '古者, 固有小學·大學, 學宮之別. 然小學者, 所以教少子灑掃·應對·誦習·訓詁之事, 事親·事長之節也. 至大學, 則乃教以君臣之義·朝廷之禮·臨民之道·爲政之體, 大本·大原, 大經·大體, 足以施於天下·國家者云爾. 非必操是書而爲教也. ……'"

96 『讀書記【『大學』】』, 「大學古本別錄【並序】」(『白湖全書』, 卷37, p. 1501) "大學, 古者, 有小學·大學, 學宮之名. 蓋以人之大少, 又以業之鉅細言爾. 此言'大學', 猶言'大道·大德', 言其道之大·用之宏, 非若小道·曲藝也."

97 『大學章句』, 「大學章句序」 "『大學』之書, 古之大學所以教人之法也."

98 『大學章句』, 「經1章」의 註 "明德者, 人之所得乎天而虛靈不昧, 以具衆理而應萬事者也."

99 『讀書記【『大學』】』, 「大學古本別錄【並序】」(『白湖全書』, 卷37, p. 1501) "其得於天而光明正大者, 謂之'明德'. 蓋指人心之靈明洞澈·管乎萬理者言之."

서, 보다 구체적으로는 "백성[民]이 모두 가지고 있는 효孝·제弟의 마음", "백성의 부모가 되어 그들을 보살피고자 하는 마음", "백성과 좋아하고 싫어하는 것을 함께 하고자 하는 마음"[100] 등으로 설명하였고, 또한 "요堯·순舜의 도道는 효孝·제弟일 따름"[101]임을 거듭 강조함으로써 무엇보다 구체적인 '실천'을 중시하는 맥락에서 이를 이해하는 가운데 특히 '통치자의 입장'을 중시한 바 있다.

③ 윤휴는 '친민親民'의 해석에 있어서도 나름대로 탄력적인 입장을 보여주었다. 즉, ㉠ 주희가 "'친親'자는 '신新'으로 써야 한다"는 정자程子의 입장을 수용하여 '신민新民'을 "이미 스스로 명덕明德을 밝혔으면 또한 이를 미루어 남에게까지 미쳐서, 그들로 하여금 역시 옛날에 물든 더러움을 제거하도록 함이 있음"[102]을 의미하는 것으로 해석했던바, ㉡ 이에 대해 윤휴는 기본적으로 『고본대학』을 존중하여 경문을 '친민親民'으로 보는 가운데 ㉮ 이러한 '친민'에 대해 "대인大人의 도道란 가까운 사람을 가까이 하고 백성을 사랑하여 중국中國을 한 사람처럼, 사해四海를 한 집안처럼 여기기 때문에 '친親'이라고 한 것"이라는 견해를 수용하는 한편, 그럼에도 동시에 그는 "'신新'이란 (백성과: 필자 주) 더불어 옛날에 물든 더러움을 고치고 함께 선善의 경지로 들어가서 그들로 하여금 각자 자신의 명덕明德을 밝히도록 해주는 것"[103]이자 또한 "신민新民이란 남[백성:

---

100 『讀書記【『大學』】』, 「大學古本別錄【並序】」(『白湖全書』, 卷37, pp. 1510~1511) "民皆有孝·弟之心, 所謂'明德'也. ……德者, 爲民父母之心也. ……蓋德者, 與民同好惡之心也."
한편, 정약용 역시 '명덕明德'을 '효孝·제弟·자慈'로 해석하면서 명시적으로 윤휴의 견해를 소개하고 있다. 보다 자세한 내용은 『大學公議』(『定本 與猶堂全書 6』, pp. 78~81)이 참조된다.

101 『讀書記【『孝經』】』, 「孝經章句今古文考異」(『白湖全書』, 卷38, pp. 1548) "堯·舜之道, 孝·弟其已."; 『讀書記【『孝經』】』, 「孝經章句考異終」(『白湖全書』 卷38, pp. 1550~1551) "堯·舜之道, 孝·弟而已."

102 『大學章句』, 「經1章」의 註 "程子曰: '「親」當作「新」.' 言旣自明其明德, 又當推以及人, 使之亦有以去舊染之汚也."

103 『讀書記【『大學』】』, 「大學古本別錄【並序】」(『白湖全書』, 卷37, p. 1501) "親, 程子曰: '當作新.' ……新者, 與之革其舊染, 同入於善, 使之各明其明德也. ……或曰: '大人之道, 親親

필자 주]의 천성[性]을 다하도록 하는 것"[104]으로 이해하기도 함으로써 주희와 같은 입장에 대해서도 유력한 견해로서 인정하기도 하였다. ㉯ 나아가 윤휴는 이러한 '명명덕明明德·친민親民·지지선止至善'이란 곧 '『대학』의 원류[弁冕]'이자, 또한 이를 『상서尙書』의 「요전堯典」편에 나오는 '준덕俊德을 밝혀 이로써 구족九族을 화목하게 하시고, 백성을 고루 밝게 하시며, 만방萬邦을 화합하게 하셨다[克明俊德, 以親九族, 平章百姓, 協和萬邦]'는 경문에 조응하는 강령綱領으로 보기도 하였다.[105] ㉰ 이러한 맥락에서 윤휴는 '친민'이 함축한바 '군주의 입장에서 백성[民]을 친애해야 한다'는 의미를 강조하기에 이르렀으니, 또한 이로써 그는 자신의 『대학』 이해를 『상서』에 나오는 군주와 백성 간의 관계에 대한 일련의 주장과 일관성을 유지하도록 하는 한편, '위기爲己·위인爲人'이라는 자신의 경학연구의 궁극적 목표와도 부합시킬 수 있었던 것이다.

④ 윤휴는 '격물格物·치지致知'에 대한 이해에 있어서도 주희와는 다른 길을 걸었다. 즉, ㉠ 주희가 ㉮ '격물'을 "사물의 이理—이것은 '형이상形而上의 도道'이다—를 궁구하여 그 극처에까지 이르지 않음이 없는 것"으로, '치지'를 "나의 지식을 미루어나감을 극진히 하여 내 아는 바가 다하지 않음이 없는 것"[106]으로 각각 규정하는 가운데, 이러한 '격물·치지'를 『대학』에서의 **[격물格物]** → **[치지致知]** → [성의誠意] → [정심正心] → [수신修身] → [제가齊家] → [치국治國] → [평천하平天下]에 이르는 장대한 학문단계[8條目]에 있어 원초적 출발점이자 가장 중요한 공부로 상정하기도 하

而仁民, 以中國爲一人, 以四海爲一家, 故謂之「親」.'"

104 『讀書記【『大學』】』, 「大學古本別錄【並序】」(『白湖全書』, 卷37, p. 1503) "新民, 盡人之性也."

105 『讀書記【『大學』】』, 「大學古本別錄【並序】」(『白湖全書』, 卷37, p. 1504) "性善者, 明德也. 堯·舜者, 古之明明德於天下者也. 文王我師, 知止之謂也. 其理蓋受諸此, 「帝典」所謂'克明峻德, 以親九族, 平章百姓, 協和萬邦'者, 實此篇之弁冕也."

106 『大學章句』, 「經1章」의 註 "致, 推極也. 知, 猶識也. 推極吾之知識, 欲其所知無不盡也. 格, 至也. 物, 猶事也. 窮至事物之理, 欲其極處無不到也."

였다. ㉯ 바로 이러한 맥락에서 주희는 '격물'과 '치지' 또한 다른 공부단계의 경우와 마찬가지로 별도의 '전傳'이 필요하다고 보았고, 이에 그 내용을 나름대로 보충하여 이른바 '보망장補亡章'인 「전5장」을 새롭게 만들어 넣기도 하였다. ㉡ 이에 대하여 윤휴는 ㉮ 나름의 독자적인 관점에서 ⓐ '격물'과 관련하여 "지금 살펴보니, '격格'이란 '정성스런 뜻이 감통感通한다'는 것을 이름이니, 위에 나오는 '학學'이란 글자에서 온 말이다. 즉, 학문을 시작할 때 정성·공경의 노력과 사변思辨의 공부를 지극히 다함으로써 사물의 이치[物理]로 하여금 마음에 감통하도록 만들기를 마치 제사祭祀에서 재계齋戒를 잘하여 신명神明에 감통하는 것처럼 하라는 뜻에서 '격格'이라고 한 것이다. 『시경詩經』에 나오는 '소격昭格'이나 '주격奏格', 『서경書經』에 나오는 '격우문조格于文祖'나 '격우상제格于上帝', 『주역周易』에 나오는 '왕격유가王格有家'나 '왕격유묘王格有廟'에서의 ('格'자: 필자 주) 이 모두는 '정성과 공경이 감통한다[誠敬感通]'는 뜻인 것이다. '물物'이란 명덕明德·신민新民의 일[事]로서, 위에 나오는 '물物에는 본本과 말末이 있고[物有本末]'라는 경문을 이어서 한 말이다"[107]라고 설명함으로써 곧 '격물'을 '명덕·신민의 일에 정성·공경의 노력과 사변思辨의 공부를 지극히 다하여 그 이치가 마음에 감통하도록 한다'는 의미로 해석하였고, ⓑ 한편 '치지'와 관련해서는 "'치致'란 내가 알고 있는 부분부터 시작해서 최고의 경지에까지 미루어 올라가는 것이요, ……'지知'란 사리를 분별할 수 있는 마음[心]의 지각을 말한다"[108]고 설명함으로써 곧 '치지'를 '사리를 지각하는 마음의 상태를 최고의 경지에까지 제고한다'는 의미로 해석한

---

107 『讀書記【『大學』】』, 「大學古本別錄【並序】」(『白湖全書』, 卷37, p. 1502) "今按, '格', '精意感通'之謂, 從上文'學'字而來. 學問之始, 誠敬之力, 思辨之功, 使物理感通於心, 如齋祀之格於神明也, 故謂之'格'. 『詩』之'昭格曰奏格', 『書』之'格于文祖·于上帝', 『易』之'王格有家·有廟', 皆'誠敬感通'之義也. '物'者, 明德·新民之事也, 承上文'物有本末'而言."

108 『讀書記【『大學』】』, 「大學古本別錄【並序】」(『白湖全書』, 卷37, p. 1502) "'致', 因其知而推極之, ……'知'者, 心之知覺辨於事理者."

바 있다. ㉯ 이러한 입장에서 출발하여 윤휴는 주희의 '격물·치지'론에 대하여 주로 세 가지 측면에서 비판을 제기했던바, 즉 ⓐ 그 하나의 측면은 '격格'의 의미를 둘러싼 견해의 차이이다. 이는 곧 『대학』의 기본성격, 나아가 보다 일반적으로는 학문론의 근본지향에 대한 태도의 차이를 함축하고 있는 중요한 경학적 사안으로서, 즉 윤휴가 보기에 '격'에는 기본적으로 '본원本原의 함양'을 지향하는 '수방收放·조존操存[마음을 거두어 보존함]'의 요소와 함께 '지식의 확충'을 지향하는 '심문審問·정사精思[따져 묻고 정밀히 생각함]'의 요소를 동시에 내포하는 가운데 이 모두는 또한 공히 '사물의 이치에 감통感通하는 도道[物理感通之道]'가 되는 것인데, 만약 주희처럼 "'격格'을 '지至'로 해석한다면 ……본원을 함양하는 공부는 없게 되"고 마는바, 이는 필연적으로 '지식만 앞세우고 함양은 뒤로 하여 억지로 찾고 애써 취하려는 병통'이나 '사물과 내가 둘이 되어 고심하며 애써 찾는 폐단' 또는 '일[事]은 외면하고 이치[理]만 구하여 수고롭기만 할뿐 아무런 이익이 없는 실수'로 귀결됨을 피할 수 없다고 생각하였다.[109] 결국, 이로써 윤휴는 주희와는 달리 '격'에다 다분히 '성誠·경敬'에 기반을 둔 '감통感通'이란 종교적 정동성情動性의 요소를 강조·부여하는 특징을 보이고 있다고 하겠다. ⓑ 다른 하나의 측면은 '『대학』의 구성'을 둘러싼 견해의 차이이다. 상기한 바대로, 주희가 '격물·치지'에 대해서도 별도의 '전傳'이 필요하다고 보고 이른바 '보망장補亡章'을 새롭게 만든 것에 대하여, 윤휴는 "격格이란 감통의 뜻이요, 물物이란 명덕明德·신민新民의 일[事]이다. 따라서 명덕과 신민을 말하면서 격물과 치지를 말하지 않은 것은 『대학』의 첫머리에 나오는 성의誠意·정심正心·수신修身·제

109 『讀書記【『大學』】』, 「大學全篇大旨按說」(『白湖全書』, 卷37, pp. 1517~1519) "蓋格物之道有二, 一則欲收放操存·齊莊靜一而使本原昭曠, 而物來知之; 一則欲審問精思·硏幾極深(而)使眞積力久, 而入於神化, 此皆物理感通之道也. ……今若以'格'爲'至', 則擧一遺二, 無本原之功, ……或流於朱子所論'先知後養, 强探力取之病', ……且謂之'格', 則無與物爲二, 苦心力索之弊, ……謂之'物', 則……而又非有外事求理, 而勞而無益之失焉."

가齊家·치국治國·평천하平天下의 일[事]이 모두 격물·치지하는 경지 아님이 없기 때문이다. 이러한즉 이른바 '격물·치지'란 일[事]과 진실로 일체가 되어, 말하지 않는 가운데 이미 격물·치지의 공功이 행해지고 있었던 것"[110]이라 설명했던바, 이로써 그는 결국 격물과 치지란 강령에서의 명덕과 신민의 내용과 사실상 일치하며 성의에서 평천하에 이르는 일들과 일체이기 때문에 별도의 '전'이 필요하지 않은 것으로 보는 한편, 이처럼 『고문대학古文大學』에서 격물과 치지에 대하여 별도의 '전'을 두어 풀이하지 않은 것은 기실 빠진 것이 아니라 오히려 "말하지 않는 것이 더 깊은 가르침이 되"[111]기 때문이라 적극 인식한 바 있다. ⓒ 마지막 측면은 '『대학』의 공부순서'를 둘러싼 견해의 차이이다. 즉, 주희가 기본적으로 '격물·치지'를 『대학』에서의 원초적 출발점이자 가장 중요한 별도 단계의 공부로 상정하고 있음에 대하여, 윤휴는 상기한바 자신의 관점에 따라 "성의誠意의 공부는 배우는 자가 맨 먼저 착수해야 할 것"[112]임을 강조함으로써 결국 『대학』의 공부는 사실상 '성의'에서부터 시작되는 것으로 달리 이해한 바 있다.

2

한편, 윤휴는 『중용中庸』을 해석함에 있어서도 상기한바 『대학』의 경우와 마찬가지의 경학적 문제의식을 관철시킨 바 있다. 즉, 그는 "『중용』이란 책은 공자孔子의 문하에서 도道를 전수한 글인데, 어찌 쉽게 말할

---

110 『讀書記【『大學』】』, 「大學全篇大旨按說」(『白湖全書』, 卷37, p. 1520) "格者, 格也; 物者, 明德·新民之事也. 故言明·新而不言格·致, 則『大學』開卷誠·正·修·齊·治·平之事, 莫非格·致之地也. 若是則所謂'格·致'者, 與事其固一體也. 功運於不言之外矣."

111 『讀書記【『大學』】』, 「大學全篇大旨按說」(『白湖全書』, 卷37, p. 1520) "言之爲敎不若不言之爲敎深也. 傳者之意, 正欲學者於此深求而自得之, 以自蹈乎感通之域, 其意固躍如也."

112 『讀書記【『大學』】』, 「大學古本別錄【並序】」(『白湖全書』, 卷37, p. 1507) "(以經文之序, 則傳宜在誠意之前, 而置之於此者,) 以誠意之功, 在學者, 爲最先下手之地, ……"

수 있겠는가? 하물며 이伊·락洛의 여러 군자君子가 이미 발명發明해놓았고 또한 회암晦菴 주부자朱夫子가 뒤이어 해석을 붙여 뜻을 남김없이 밝혔으니, 거기에 또 무슨 말이 필요하겠는가?"[113]라고 함으로써 우선 『중용장구中庸章句』의 경학적 의의를 높이 평가하는 데에 주저하지 않았다. 그럼에도 윤휴가 보기에 "대개 천하의 의리義理는 끝이 없고 성현의 말씀은 뜻이 깊다. 따라서 전인前人이 대의大義를 밝혀놓으면 후인後人이 이를 다시 연역演繹하여 이미 말해놓은 것으로 인하여 아직 말하지 못한 것을 더욱 발명하"는 것은 당연한 이치로서, 바로 이러한 맥락에서 그는 "지금 다만 주자朱子가 미처 드러내지 못한 여운餘韻과 유의遺義를 밝혀보려는 마음으로 나의 하잘것없는 견해를 대략 수록함"으로써 "도道를 전수한 자사子思의 뜻과 사문斯文을 우익羽翼한 주자의 취지가 천년 뒤에 더욱 천명되어 혹 후학에게 도움이 될까 하는 생각"에서 "나의 소견대로 원문의 차례를 정하고 뜻풀이를 하였다"[114]라고 자신이 『중용독서기中庸讀書記』를 저술한 문제의식을 피력한 바 있다. 이처럼 윤휴는 기본적으로 『중용장구』로 대표되는 "전현前賢을 조술祖述하려는 자신의 뜻을 다하"면서도 동시에 필요한 경우 자신의 한평생에 걸친 독자적인 경학적 온축을 천명하는 데에도 주저하지 않았다.[115] 이에 그 대표적 사례를 소개하면 대략 다음과 같다.

첫째, 윤휴는 '『중용』의 주제'와 관련하여 ① 『중용』의 대지大旨는

---

113 『讀書記【『中庸』】』, 「中庸朱子章句補錄」(『白湖全書』, 卷36, p. 1461) "『中庸』之書, 孔門傳道之書也. 烏可易以言哉? 況伊·洛諸君子, 旣發明之, 晦菴 朱夫子, 從而訓釋之, 無遺蘊矣, 是又奚以言爲也哉?"

114 『讀書記【『中庸』】』, 「中庸朱子章句補錄」(『白湖全書』, 卷36, pp. 1461~1462) "蓋天下之義理無窮, 而聖賢之言, 旨意淵深, 前人旣創通大義, 後之人又演繹之, 因其所已言, 而益發其所未言. ……今輒據所見, 第其文·引其義, 庶幾哉子思傳道之意, 朱子羽翼斯文之旨, 益闡以明於天載之下, 而或者有裨於來學, ……今只略錄愚謏聞淺見, 發其餘韻遺義, ……"

115 『讀書記【『中庸』】』, 「中庸朱子章句補錄」(『白湖全書』, 卷36, pp. 1461~1462) "然鑴自早歲, 受讀潛心, 受積三十年于今矣. ……用致余祖述前賢之意. ……"

「제1장」의 경문에 있다고 보면서 "이 장은 성인聖人께서 하늘을 섬기시는 도道[事天之道]와 군자君子가 도道를 체현하는 일[體道之事]을 총론하"고 있으며 "천명天命이 일상생활에 행해지고 외경畏敬이 위아래로 달達하여, 그 수미首尾가 서로 응하고 거세巨細가 서로 함양함을 볼 수 있다"[116]고 논평함으로써 『중용』의 주제를 어디까지나 '사천事天·체도體道'와 '천명天命·외경畏敬'이란 개념을 중심으로 인식했던바, 물론 여기에는 『대학』의 경우와 마찬가지로 특히 '성誠·경敬'에 기반을 둔 '감통感通'이란 종교적 경건성을 강조하는 경학적 입장이 기본적으로 전제되어 있다. ② 나아가 윤휴는 이러한 "『중용』이란 책은 공자孔子의 문하에서 도道를 전수한 글"이자 "성현聖賢께서 후세에 가르침을 세우신 책"으로서, 그 저술취지는 어디까지나 "쇠미한 세상을 근심하는 뜻"에 있었다[117]고 강조하기도 하였다.

둘째, 윤휴는 '『중용』의 체제'와 관련해서도 ① 단적으로 전체 '33장'으로 구성된 주희의 '장구章句' 체제를 따르지 않고, 대신 나름의 관점에서 『중용』의 본문을 "모두 10장 28절로 나누는" 한편, ② '각 장의 의미구조'에 대해서는 ㉠ "그 첫 번째 장은 자사子思가 전수한 큰 줄거리를 서술해놓은 것으로서, 천인天人의 도道와 학문의 공功 및 성신聖神의 능사能事가 갖추어져 있"음으로 하여 어디까지나 "『중용』의 대지大旨"요 "성학聖學의 개요[凡]"에 해당하며, ㉡ "이하 9장은 모두 이 첫 장의 뜻을 되풀이하여 밝힌"[118] 것으로 이해한 바 있다.

---

116 『讀書記【『中庸』】』, 「中庸朱子章句補錄」(『白湖全書』, 卷36, p. 1464) "右第一章. 比章總論聖人事天之道·君子體道之事, ……又以見天命行乎日用, 畏敬達乎上下, 其首尾相應·巨細相涵也. ……"

117 『讀書記【『中庸』】』, 「中庸朱子章句補錄」(『白湖全書』, 卷36, p. 1461) "『中庸』之書, 孔門傳道之書也."; 『讀書記【『中庸』】』, 「中庸朱子章句補錄」(『白湖全書』, 卷36, pp. 1499~1500) "又按此篇, ……信乎傳道之書·衰世之意也."; 『讀書記【『中庸』】』, 「分章大旨」(『白湖全書』, 卷36, p. 1461) "蓋其憂在乎傳道而慮及乎後世, ……聖賢垂世立敎之書, ……豈所謂'衰世之意'者非耶?"

118 『讀書記【『中庸』】』, 「分章大旨」(『白湖全書』, 卷36, p. 1457) "右校『中庸』章序如此. 凡十

셋째, 윤휴는 '『중용』의 저자'에 대해서도 『한서漢書』에 나오는 가규賈逵의 '자사저작子思著作'설을 인용하여 『대학』뿐만 아니라 『중용』의 저자 또한 모두 '자사子思'로 추론함으로써 주희의 기존 입장을 나름의 관점에서 뒷받침하고 있다.

마지막으로, 윤휴는 '『중용』의 내용'에 있어서도 역시 중요한 경학적 의미를 함축하는 몇 가지 독자적인 견해를 제기한 바 있으니, 이에 그 대표적 사례를 들면 다음과 같다: ① '중용中庸'이란 개념부터 윤휴는 주희와 달리 이해하였다. 즉, ㉠ 주희가 "'중中'이란 편벽되지 않고 치우치지 아니하여 지나침이나 미치지 못함이 없는 것의 명칭이요, '용庸'이란 평상平常이다"[119]라고 정의하고 있음에 대하여, ㉡ 윤휴는 ㉮ "'중中'이란 치우치지 않음을 말하고, '용庸'이란 항상됨이 있음[有常]을 이른다"고 봄으로써 특히 '용庸'의 의미를 달리 인식하는 한편, ㉯ 나아가 이러한 "'중용中庸'이란 천명天命의 정미精微한 본체本體를 말하"[120]는 것으로 해석한 바 있다.

② 윤휴는 '천명天命'에서의 '천天' 개념을 해석함에 있어서도 주희와 입장을 달리하였다. 즉, ㉠ 주희는 ㉮ '천명'이란 만물이 생겨나면서 천天으로부터 부여받은 '이理'[121]—보다 구체적으로 이것은 '형이상形而上의 도道'이자

章二十有八節, 其首章則蓋子思子述傳受之大旨也. ……此『中庸』之大旨也. 其下九章蓋以申明此章至意焉."; 『讀書記【『中庸』】』, 「中庸朱子章句補錄」(『白湖全書』, 卷36, p. 1464) "下文皆因此章之義而推之."; 『讀書記【『中庸』】』, 「中庸朱子章句補錄」(『白湖全書』, 卷36, p. 1499) "又按此篇, 首章, 聖學之凡也. 第二章以下, 皆所以釋首章之義."

한편, 윤휴는 상기한 바대로 『중용』의 본문을 모두 '10장 28절'로 나누었던바, 그 내용을 소개하면 다음과 같다: ① '천명天命'장[天命], ② '중용中庸'장[中庸·不行·知驪·天下·索隱], ③ '비은費隱'장[費隱·遠人·素位], ④ '행원行遠'장[行遠·鬼神·大孝], ⑤ '문왕文王'장[文王·武王·哀公], ⑥ '박학博學'장[博學·自誠·前知], ⑦ '자성自成'장[自成·至誠·天地], ⑧ '성인聖人'장[聖人·自用·三重], ⑨ '중니仲尼'장[仲尼·至聖·至誠], ⑩ '상경尙絅'장[尙絅]

119 『中庸章句』, 頭註 "'中'者, 不偏不倚·無過不及之名; '庸', 平常也."

120 『讀書記【『中庸』】』, 「中庸朱子章句補錄」(『白湖全書』, 卷36, p. 1462) "'中'者, 不偏之謂; '庸'者, 有常之謂. ……而所謂'中庸'者, 所以言天命精微之體也."; 『讀書記【『中庸』】』, 「分章大旨」(『白湖全書』, 卷36, p. 1457) "此中庸之說, 而卽天命精微之本體然也,"

121 『中庸章句』, 「第1章」의 註 "命, 猶令也. 性卽理也. 天以陰陽·五行, 化生萬物, 氣以成形

순선純善의 '본연지성本然之性'이기도 하다—를 말하며, ㉯ 동일한 맥락에서 '천' 역시 당연히 '이理'가 되며, 또한 '태극太極'과 같은 개념으로 보기도 하였다.[122] ㉡ 이에 대해 윤휴는 ㉮ '천명'을 '만물의 바꿀 수 없는 성性' 또는 '만물이 나면서 부여받은 이치[理]'의 원천이자 근본[123]으로 보는 가운데, ㉯ 이러한 의미에서 곧 "'천天'이란 이치[理]가 유래하는 곳으로서, 인륜人倫의 도道와 성정性情의 덕德이 모두 천리天理이다"[124]라고 봄으로써 '천'을 곧 '이치[理]보다 더욱 앞서는 궁극적인 실체'로 보는 한편, 동시에 이를 계신공구戒愼恐懼하고 신독愼獨하는 두려움의 대상으로서의 '상제上帝'로 인식했던 것이다. ㉰ 따라서 그가 보기에 군자君子의 학문에 있어 첫 번째의 일 역시 기실 "항상 조심하여 공경하고 삼가기를 하루 이틀 이어가고, 황망하게 공경하기를 어느 때나 무슨 일에나 하며, 첫째도 '상제'라 하고 둘째도 '상제'라 하여 삼가고 공경하니, 아래위로 가득하게 사무치며 왼쪽에도 있고 오른쪽에도 있는 듯이 여기"는 '외천畏天'일 뿐이었다.[125]

而理亦賦焉, 猶命令也."; 『論語集註』, 「爲政」篇 第4章의 註 "天命, 卽天道之流行而賦於物者, 乃事物所以當然之故也."; 『論語集註』, 「季氏」篇 第8章의 註 "天命者, 天所賦之正理也."

122 『論語集註』, 「八佾」篇 第13章의 註 "天卽理也."; 『孟子集註』, 「梁惠王章句下」篇 第3章의 註 "天者, 理而已矣."; 『孟子集註』, 「離婁章句上」篇 第7章의 註 "天者, 理勢之當然也."; 『孟子集註』, 「萬章章句上」篇 第6章의 註 "蓋以理言之, 謂之天; 自人言之, 謂之命, 其實則一而已."; 『孟子集註』, 「盡心章句上」篇 第1章의 註 "心者, 人之神明, 所以具衆理而應萬事者也. 性則心之所具之理, 而天又理之所從以出者也. ……○程子曰: '心也, 性也, 天也, 一理也. 自理而言, 謂之天; 自稟受而言, 謂之性; 自存諸人而言, 謂之心.'"; 『朱子語類』, 卷1(「理氣 上」), p. 5.(中華書局, 1981) "帝是理爲主. 蒼蒼之謂天. 運轉周流不已, 便是那箇. 而今說天有箇人在那裏批判罪惡, 固不可; 說道全無主之者, 又不可."

123 『讀書記【『中庸』】』, 「分章大旨」(『白湖全書』, 卷36, p. 1457) "其曰'天命·率性·修道'云者, 所以明性之出乎天而不可易也, 道之體乎物而不可離也, 敎之存乎人而不可已也."; 『讀書記【『中庸』】』, 「中庸朱子章句補錄」(『白湖全書』, 卷36, p. 1480) "本天之命而有稟生之理, ……"

124 『讀書記【『中庸』】』, 「中庸朱子章句補錄」(『白湖全書』, 卷36, p. 1480) "'天'者, 理之所從出也. 人倫之道, 性情之德, 皆天理也."

125 「辛巳孟冬書」(『白湖全書』, 卷33, pp. 1367~1368) "君子曰: '……學蓋有四事焉, 求道

③ 이상의 관점에서 윤휴는 '경敬'이나 '신독愼獨' 개념에 대해서도 주희와는 다르게 인식한 바 있다. 즉, ㉠ 주희는 ㉮ '경'을 곧 "예禮를 행하는 근본"[126]이 되는 '내면[中]의 상태'[127]이자 '정심正心·양성養性'이란 내면적 수양을 위한 요체로 보면서, 이에 '거경居敬'이란 항상 이러한 '경'의 자세를 유지하여 매사에 전전긍긍 조심함으로써 밖으로부터 심心을 제재하고 바르게 하는 것[128]으로 이해하였고, ㉯ '신독'에 대해서도 "다른 사람은 알지 못하고 자기만이 홀로 아는 곳에 대해서도 ……더욱 삼감[謹]을 가하여 인욕人欲이 장차 싹트려고 할 때 이를 막는 것"[129]으로 설명하고 있음에 대하여, ㉡ 윤휴는 ㉮ '경'이란 단적으로 "삼가고 두려워하는 마음[欽畏之心]", 즉 "탕湯 임금께서 밝게 감통感通함을 꾸준히 하시어 성聖·경敬을 날마다 쌓아가신 일이나, 문왕文王께서 조심스런 마음으로 공경하고 삼가면서 상제를 밝게 섬기시던"[130] 마음가짐을 이름이니, 곧 "천天을 섬기는 도道"[131]가 되는 것이라고 보는 한편, ㉯ '신독'과 관련해서도 "'계신공구'니 '신독'이니 하는 것은 곧 군자가 천天을 두려워하여[畏天] 도道를 닦고, 경敬을 도타이 하여 정성[誠]을 다하고, 본원本原을 돈독히 하여 기미幾微를 살피는 것을 말하"[132]는바, 이를 한마디로 "군자의

者宜識之. 一曰:「畏天」, 二曰:「親民」, 三曰:「尙志」, 四曰:「取善」. ……' 又曰: '兢兢業業一日二日, 翼翼皇皇惟時惟幾, 一則曰:「上帝」, 二則曰:「上帝」, 欽哉敬哉, 洋洋乎達于上下, 如在其左右, 堯·舜·禹勅天之心也.【畏天】 ……'"

126 『論語集註』, 「學而」篇 第12章의 註 "凡禮之體主於敬, ……敬者, 禮之所以立也."; 『論語集註』, 「八佾」篇 第15章의 註 "禮者, 敬而已矣."; 『論語集註』, 「八佾」篇 第26章의 註 "爲禮以敬爲本."

127 『論語集註』, 「子路」篇 第19章의 註 "恭主容, 敬主事. 恭見於外, 敬主乎中."

128 『孟子集註』, 「告子章句上」篇 第8章의 註 "程子曰: '心豈有出入! 亦以操·舍而言耳. 操之之道, 敬以直內而已.'"

129 『中庸章句』, 「第1章」의 註 "獨者, 人所不知而己所獨知之地也. ……尤加謹焉, 所以遏人欲於將萌, ……"

130 『讀書記【『大學』】』, 「大學古本別錄【並序】」(『白湖全書』, 卷37, p. 1507) "敬者, 欽畏之心也. ……湯之昭假遲遲, 聖·敬日躋; 文王之小心翼翼, 昭事上帝, 皆此道也."

131 『讀書記【『中庸』】』, 「中庸朱子章句補錄」(『白湖全書』, 卷36, p. 1499) "(程子所謂)敬者, 事天之道."

흠경공부欽敬工夫"[133]가 된다고 역설하기도 하였다.

④ 이외에도 윤휴가 '『중용』의 대지大旨'를 서술하고 있다고 본 「제1장」에서의 ㉠ '대본大本·달도達道'의 개념과 관련해서는 "천天이 애당초 사람과 멀리 있지 않으며, 모든 조화가 내 마음에서 나옴을 아는 것"[134]이요, ㉡ '중中과 화和를 지극히 하면 천지天地가 제자리를 잡고 만물萬物이 생육한다[致中和, 天地位焉, 萬物育焉]'라는 경문의 의미는 "군자가 도道를 닦아 확충하는 공부를 극진히 함에 사천事天과 위기爲己 공부의 자연스러운 공효가 드러난 것"[135]이라 독자적으로 해석한 바 있다.

3

한편, 윤휴는 『상서尙書』의 「홍범洪範」편을 해석함에 있어서도 첫째, 특히 '황극皇極을 세운다[建用皇極]'는 개념과 관련하여 "'건建'이란 것은 '세워서 바꾸지 않음'을 이름이니, 『대학』의 이른바 '지선至善에 그친다[止於至善]'는 말과 『중용』의 이른바 '수신修身하여 도道를 세운다[修身立道]'는 말이 바로 이것이다. 이는 음양陰陽에 근본하고 물칙物則에 따르며 민치民治를 베풀고 칠정七政을 가지런히 함으로써 가운데에 자리를 잡아 군중群衆을 재제宰制하고 신명神明에 계모稽謀하며 천계天戒를 흠승欽承하고 명토命討를 엄숙히 하는 것이다. ……임금이 천덕天德에 자리하여 사해四海에 군림하는 것이니, ……이는 진실로 천하의 지중至中에 위치하여 사방의 표준表準이 되는 것"[136]이라 해석했던바, 결국 이를 통해서 그는 두엇보

---

132 『讀書記【『中庸』】』, 「分章大旨」(『白湖全書』, 卷36, p. 1457) "而「戒懼·愼獨」云者, 言君子所以畏天而修道也, 篤敬而致誠也, 敦本原而審幾微也."

133 『讀書記【『中庸』】』, 「中庸朱子章句補錄」(『白湖全書』, 卷36, p. 1463) "君子欽敬之功, 自其未有聞見之際, 所以兼動靜·極本原, 以存天理之本然, 而勿使有須臾之間也."

134 『讀書記【『中庸』】』, 「分章大旨」(『白湖全書』, 卷36, p. 1457) "其曰: '大本·達道'云者, 所以明天之未始遠乎人也, 而知萬化之出乎吾心也."

135 『讀書記【『中庸』】』, 「分章大旨」(『白湖全書』, 卷36, p. 1457) "至於'致中和, 天地位, 萬物育'云者, 又所以極夫君子修道·擴充之功, 而有以著夫事天爲己自然之效也."

다 '군주의 확고한 권위'를 강조한 바 있다.

둘째, 물론 이와 같은 윤휴의 주장은 인조반정仁祖反正 이후 '군약신강君弱臣强'으로 묘사되던 당시의 군신관계를 정면으로 비판하는 의도를 가진 것으로서, 특히 사회 전체의 질서유지와 제도개혁을 위해서는 강력한 지도력이 필요하며 또한 그 지도력은 군주권을 중심으로 예禮 체계를 재정비함으로써만 회복될 수 있다는 그의 소신을 반영하고 있었던 것으로 보인다.

4

결국, 이상과 같은 윤휴의 경학적 입장은 무엇보다 '성誠·경敬'에 기반을 둔 '감통感通'이란 종교적 정동성情動性의 요소, 즉 '사천事天'을 일관되게 강조·중시하였고, 또한 이러한 철학적 기반 위에서 자신의 구체적이고도 광범위한 경세론經世論과 예학禮學을 정립해나간 바 있다. 그리고 이러한 그의 경학적 고투는 오직 '취선구시取善求是'를 지향하는 방법론적 문제의식에서 출발하여 필요하다면 정주성리학의 경학체계에 대해서까지 과감하게 문제를 제기하는 형식으로 전개되었다. 물론 윤휴의 경학이 추구했던 출발점이자 그 귀결점은 어디까지나 상기한 바의 '사천학事天學'이었던바, 또한 이러한 사실은 그가 곧 '사천事天'을 바탕으로 '사군事君'과 '사친事親'으로 이어지는 인륜의 완성을 실천적으로 모색하고 있었음을 함축한다고 할 것이다.

136 『讀書記』, 「洪範經傳通義」(『白湖全書』, 卷41, p. 1664) "其曰: '建用皇極'者, '建'也者, 立而不易之謂, 『學』所謂'止於至善', 『庸』所謂'修身立道'者是已. 所以本陰陽·循物則·敷民治·齊七政, 以成位乎中, 而有以宰制群衆, 稽謀神明, 欽承天戒, 肅將命討者也. …… 位乎天德而臨莅四海, ……是固居天下之至中而爲四方之表準者也."

2. 소론계 탈주자학의 흐름

이상에서의 논의를 통하여, 주로 당색과 학통[近畿學派]의 전승관계를 따라 정약용의 경학의 형성에 핵심적 기반을 제공해주었던 네 사람[許穆·柳馨遠·李瀷·尹鑴]의 학문과 사상을 주로 그들의 경학사상을 중심으로 일별해 보았다. 그러면 지금부터는 동시대에 특히 양명학陽明學과 노장학老莊學에 대해서도 개방적인 태도를 취하면서 나름의 탈주자학적 경학사상을 발전시켜나감으로써 이후 정약용의 경학에도 직간접적인 영향을 주었던 것으로 판단되는 소론계열少論系列의 두 인물, 즉 '박세당朴世堂'과 '정제두鄭齊斗'의 학문과 사상을 특히 그들의 경학적 입장에 유의하며 차례대로 간략히 살펴보도록 하자.

박세당: '수사학의 본지'를 천명하여 선유들이 세상을 깨우치고 백성을 돕고자 했던 뜻에 부응하다

정약용의 경학과 관련하여 상기한바 윤휴尹鑴와 비슷한 위치를 점하는 또 한 명의 중요한 인물이 동시대에 있었으니, 박세당朴世堂[西溪, 1629~1703]이 바로 그 사람이다. 특히 박세당은 양란 이후 현실주의적 입장에서 우선 대내적으로는 같은 서인西人이면서도 존주대의尊周大義와 주자학朱子學의 옹위라는 기치를 내세우는 노론老論의 정국운영론에 대해 '무실지거無實之擧'라고 비판하는 가운데 나름의 대안적 개혁방안을 제기하였고, 한편 대외적으로는 노론이 북벌론北伐論과 명明 나라의 '숭정崇禎' 연호를 계속 고집하는 입장에 반대하여 청淸 나라의 '강희康熙' 연호를 수용할 것을 주장한 바 있다. 바로 이러한 현실인식 위에서 박세당은 자신만의 독자적인 경학적 입장과 일련의 경세론을 개진함으로써 결국 노론으로부터 '사문난적斯文亂賊'이란 지탄을 받았던 소론계의 사상적 거목이었다.[137] 특히 그는 중국의 농업기술을 수용함으로써 양란 이후 피폐해진 조선의 농업을 진흥시키기 위한 관심에서 『색경穡經』을 편찬했으며,[138] 연이어 노장학老莊學을 유가적 바탕 위에서 적극 수용[139]하는 동시에 정주성리학程朱性理學을 비판적으로 검토하는 맥락에서 유교경전을 독자적으로 재해석한 바 있다.

박세당의 대표적인 경학저술로는 『대학大學』[52세], 『중용中庸』[59세], 『논어論語』[60세], 『맹자孟子』[61세], 『상서尙書』[63세], 『시경詩經』[65세]에 걸친 일련의 『사변록思辨錄』이 있는바, 이는 일명 '『통설通說』'로도 알려져 있다. 여기서 그는 『사변록』의 저술목적과 관련하여 "송宋 나라 때에 와서 정자程子와 주자朱子 두 선생이 일어나 ……육경六經[四書와 『詩經』·『尙書』: 필자

---

137 박세당의 생애와 경학사상에 대한 주요연구로는 李丙燾(1966), 尹絲淳(1972/1974, 1980), 尹絲淳(1984), 윤사순(2007), 裵宗鎬(1975), 裵宗鎬(1985), 金萬圭(1978), 金興圭(1980), 李乙浩(1980c), 朴天圭(1987), 安秉杰(1993a), 安秉杰(1993b), 이희재(1994), Lee Heejae(2004), 이희재(2009), 이희재(2010), 송석준(1996), 김용흠(1996), 박재술(1996), 장숙필(1996), 李昤昊(2000b), 윤미길(2002), 김종수(2002), 金鍾秀(2004), 金鍾秀(2007), 김종수(2009), 金鍾秀(2011), 김만일(2003), 김만일(2007a), 吳龍源(2004), 장병한(2006), 한국학중앙연구원 편(2007), 강지은(2007), 강지은(2010), 강지은(2011), 김세정(2008), 金世奉(2009), 송갑준(2009), 李鐘晟(2010a), 이종성(2010b), 金太年(2010), 김유곤(2011a), 주영아(2011), 김형찬(2012), 김용재(2013), 금장태(2014d), 금장태(2014e), 금장태(2014f), 신창호(2014), 한정길(2014), 허종은(2014), Mark Setton(1997) 등이 있다.

138 박세당의 『색경』에 대한 소개로는 대표적으로 金容燮(2009: 243~261)과 이희재(2010: 90~95)가 참조된다. 이러한 『색경』은 ① 박세당이 정계를 떠나 스스로 농업에 종사하게 되면서 48세 되는 병진년[1676년, 肅宗 2]에 저술·완성한 농서農書로서, ② 그 내용은 「종구곡種九穀」·「종소채種蔬菜」·「목면木綿」·「종과種果」·「종제수種諸樹」·「종제화채種諸花菜」·「전가월령田家月令」·「목양牧養」·「양잠養蠶」·「기타」 등으로 구성되며, ③ 그 편찬에서 주 자료로 사용된 기존의 농서는 『농상집요農桑輯要』로서, ④ 농업기술상의 특징으로는 조선의 중부 이북지방의 한전농업旱田農業을 중심으로 한 농서인 점과 특히 중국의 농학農學을 수용하여 전묘제도田畝制度와 경종법耕種法의 개량을 도모하고 있는 점을 들 수 있고, ⑤ 농업경영과 농정이념의 특징으로는 농업생산의 주체를 어디까지나 소농층小農層으로 설정하는 가운데, 고래古來로부터 내려온 고전유학古典儒學 및 고전농학古典農學의 사상을 바탕으로 하고 있는 점 등이 거론되고 있다.

139 박세당의 노장철학老莊哲學의 수용노력은 대표적으로 『신주도덕경新註道德經』[53세]과 『남화경주해산보南華經註解刪補』[54세]로 구체화된 바 있다. 이 저서들은 『대학사변록大學思辨錄』[52세]과 『중용사변록中庸思辨錄』[59세]의 중간시기에 저술되었다.

주]의 뜻이 이에 다시 환하게 세상에 밝혀졌다. ……간사하고 회피하는 선동과 유혹은 드디어 끊어지고 평탄한 표준과 목적이 뚜렷해졌다"고 하여 정주성리학의 경학적 의의를 십분 인정하고 있음에도, 동시에 "경經에 실린 말씀이 그 근본은 비록 하나일지라도 그 실마리는 천 갈래 만 갈래이다. ……비록 뛰어난 지식과 깊은 조예로도 오히려 그 취지를 다하여 미묘한 부분까지 잃지 않을 수 없는 경우가 있나니, 반드시 여러 장점을 널리 모으고 조그마한 선善도 버리지 않아야만 조악하고 소략한 것도 유실되지 않고 얇고 가까운 것도 누락되지 아니하여, 심원하고 정밀하며 구비된 체제가 비로소 완전하게 될 수 있다"는 문제의식에서 "이 때문에 나는 문득 참람함을 잊고 좁은 소견으로 얻은 바를 대강 기술하여 ……혹시 선유先儒들이 세상을 깨우치고 백성을 돕고자 했던 뜻에 티끌만한 도움이 없지 않을까 한다"[140]는 나름의 학문적 충정을 토로하고 있는바, 결국 이러한 그의 경학적 작업은 필요한 경우 주희朱熹의 경전주석 역시 비판적으로 검토하는 가운데 어디까지나 요堯·순舜 이래 전수된바 '수사학洙泗學의 본지本旨'를 천명하려는 지적 고심의 산물이라 하겠다.[141] 그러면 지금부터 박세당의 경학적 입장의 특징을 『대

---

140 『思辨錄』, 「序」 "故及宋之時, 程·朱兩夫子興, ……六經之旨於是而爛然復明於世.……邪遁之煽誘遂絶, 坦夷之準的有在. ……然經之所言, 其統雖一, 而其緖千萬, ……故雖絶知獨識, 淵覽玄造, 猶有未能盡極其趣而無失細微, 必待乎博集衆長, 不廢小善, 然後粗略無所遺, 淺邇無所漏, 深遠精備之體乃得以全, 是以輒忘僭, 汰槩述其蠡測管窺之所得, ……倘於先儒牖世相民之意, 不無有塵露之助. ……"

141 박세당은 다음과 같이 말하기도 하였다: "육경六經의 글은 모두 요堯·순舜 이하 여러 성인聖들의 말씀을 기록한 것으로서, 그 조리는 정미하고 그 뜻은 구비되었으며, 그 생각은 깊고 그 취지는 심원하다 할 것이다. ……이것은 본래 세간의 하찮은 선비라든가 변통 없는 유자儒者의 얕은 도량이나 고루한 식견으로서는 밝혀낼 수 없는 것이다. 그러므로 위로는 진秦·한漢의 시대로부터 아래로는 수隋·당唐의 시대에 이르기까지 문호門戶를 나누어 쪼개고 사지四肢를 잘라내고 폭을 찢어내다가 결국은 대체大體를 파괴·훼손시키고 만 것이 이루 다 헤아릴 수 없다. 그 이단異端에 빠진 자는 근사近似한 것을 빌어다가 그의 간사하고 회피하는 말을 꾸미기도 하고, 그 앞사람의 전적典籍을 굳게 지키기만 하는 자는 고착固着·불통不通하며 우괴迂怪하고 편벽偏僻하여 전혀 평탄한 길에 어두웠던 것이다. 아! 이것이 어찌 성현聖賢들께서 부지런히 그리고 간절히 이 글을 만드시고 이 말씀을 기록하시어, 이로써 이

학』과 『중용』에 대한 그의 『사변록』을 중심으로 간략하게 살펴보기로 하자.

1

우선, 박세당은 『대학大學』을 해석함에 있어서 먼저 상기한 바처럼 "송宋나라 때에 와서 정자程子와 주자朱子 두 선생이 일어나 ……육경六經의 뜻이 이에 다시 환하게 세상에 밝혀졌다"고 주장함으로써 주희의 『대학장구大學章句』의 경학적 의의를 적극 인정하고 있다. 그럼에도 그는 "간혹 살펴보면 또한 (주자의: 필자 주) 주설註說에 의심나는 부분이 있는 것을 면치 못하"며 "수사洙泗의 설교說敎"와 "공자孔子의 본뜻과도 자못 다른 점이 있다"고 보아 "매양 한 번 변론하려고 하였으나 오랫동안 미치지 못하다가 이제야 비로소 그 대강을 논하는 바"임을 천명하는 동시에 "이는 이론異論하기를 좋아하여 하나의 학설을 수립하려는 의도에서 한 것은 아니며, 나의 이 경솔하고 망령된 뜻이 ……다른 데 있지 않음을 뒷날 이 글을 보는 이가 살펴서 용서한다면 이 또한 다행일까 한다"고 부연함으로써 그 의도가 어디까지나 "선유先儒들이 세상을 깨우치고 백성을 돕고자 했던 뜻에 티끌만한 도움"이라도 되고자 하는 간절한 바람에 있음을 고백한 바 있다.[142] 이에 그 대표적 사례를 들자면 다음과 같다.

법法을 밝혀 천하의 후세에게 바라셨던 뜻이었으랴!(六經之書, 皆記堯·舜以來羣聖之言, 其理精而其義備; 其意深而其旨遠. ……固非世之曲士拘儒淺量陋識所可明也. 是以上自秦·漢, 下逮隋·唐, 分門割戶, 斷肢裂幅, 卒以破毁乎大體者, 不可勝數. 其陷溺異端者, 多假借近似, 飾其邪遁之辭; 其拘持前籍者, 又膠滯迂僻, 全昧夫坦夷之途. 嗚呼! 此豈聖賢所以勤勤懇懇爲此書·記此言, 以明乎此法, 而庶幾有望於天下後世之意哉!)" 『思辨錄』, 「序」.

142 『思辨錄』, 「序」 "故及宋之時, 程·朱兩夫子興, ……六經之旨於是而爛然復明於世. ……倘於先儒牖世相民之意, 不無有塵露之助. 故非出於喜爲異同, 立此一說, 若其狂率謬妄, ……後之觀者, 或以其意之無他而特垂恕焉, 則斯亦幸矣."; 『思辨錄【『大學』】』, 「傳5章」의 註 "其他所言, ……似與洙·泗之丁寧立教爲切問近思之學者, 不同. ……則殆有異於夫子之旨."; 『思辨錄【『大學』】』, 「傳10章」의 註 "○自余改定『章句』, 已七年, 間復省閱, 又不免於註說有疑, 久未之暇, 今始粗有所論."

첫째, 박세당은 '『대학』의 주제'와 관련하여 ① "'지선至善에 그침에 있다[在止於至善]'는 것은 명덕明德과 신민新民 모두가 반드시 지선의 경지에 이르기를 구한 이후에야 그만둠을 말함이니, 학문의 도道가 바로 여기에 있다"[143]고 주장함으로써 『대학』의 주제로서 무엇보다 '학문의 도道'를 강조하고 있으며, ② 나아가 그는 "이 책[『대학』: 필자 주]이 비록 '대인大人의 학문'이라고는 하지만 기실 15세 이상의 처음 배우는 선비를 가르치는 것"이자 "처음 배우는 자가 덕德에 들어가는 문"일 뿐이요, 또한 이러한 맥락에서 "『대학』의 뜻은 본래 배우는 자가 사事['格·致·誠·正·修·齊·治·平'을 말함: 필자 주]와 물物['物·知·意·心·身·家·國·天下'를 말함: 필자 주]에 따라 그 격물格物·치지致知의 공부를 활용함으로써 나의 앎[知]으로 하여금 이 사事와 이 물物에 당면하여 합당하게 처응處應할 바를 살피도록 하는 것"[144]임을 누누이 역설한 바 있다.

둘째, 박세당은 '『대학』의 체제'와 관련해서도 ① 우선 "대개 이 책[『대학』: 필자 주]은 그 처음의 편간編簡이 떨어져나가고 없어져 차례가 없게 되었는데, 한漢 나라 때에 와서 여러 선비들이 흩어져 없어진 나머지에서 이것을 주워 모아 대강 조리條理를 이루었지만 자세히 살피지 않았으므로 간혹 위아래가 서로 뒤바뀐 데가 많고 이로 인해 그 옛 모습을 잃게 되었다. ……비록 정자程子와 주자朱子 두 선생이 공부를 매우 부지런히 했음에도 또한 미처 이를 바로잡지 못했다"[145]는 문제의식에서 출

---

143 『思辨錄【『大學』】』, 「經1章」의 註 "'在止於至善', 言明德·新民, 皆必求至於至善然後乃已, 學之道在是."

144 『思辨錄【『大學』】』, 「經1章」의 註 "此書, 雖曰: '大人之學', 然乃所以訓十五以上初學之士者, ……況此『大學』, 乃爲初學入德之門, ……盖『大學』之意, 本欲學者遂事·隨物, 用其格致之功, 使吾之知, 當是事·是物而審其所處. ……經之意, 盖謂隨物而格, 以致其知, 使吾之知, 當一物·一事之間, 審其善惡如惡臭好色, 則意之好惡, 自無不誠焉耳."; 『思辨錄【『大學』】』, 「傳5章」의 註 "盖窃原『大學』之意, 物莫不有本, 本治而後末不亂."; 『思辨錄【『大學』】』, 「傳10章」의 註 "盖『大學』之意, 以爲凡爲是事, 要在先立乎其本, 本得而末可爲也."

145 『思辨錄【『大學』】』, 「傳9章」의 註 "盖此書其初編簡爛斷, 無復次序, 至漢諸儒, 收拾於散

발하여, ② 비록 '「경1장」과 「전1장~전10장」'으로 구성되는 주희의 '장구章句' 체제를 일단 그대로 수용하기는 했지만, 그럼에도 박세당은 "내가 일찍이 『대학장구』를 읽다가 이해할 수 없는 것이 많아 의혹이 없을 수 없었는데, 삼가 자세히 궁구해보니 몇 가지 문제될 것이 있는 것 같아서 문득 참월僭越됨을 무릅쓰고 나의 뜻으로서 이와 같이 바꾸어둔다"[146]고 하여, 자신의 관점에 따라 그 구체적인 항목에 있어서는 모두 17군데에 걸쳐 『대학장구』의 편차編次를 수정·이속한 바 있다.[147] ③ 나아가 박세당은 『대학석경고본大學石經古本』과 『대학고본大學古本』의 원문을 함께 수록함으로써 원래 『대학』은 그 장章·절節의 편차가 심하여 확고한 정본定本이 없음을 보여주는 한편, 「대학장구지의大學章句識疑」를 덧붙임으로써 자신이 제시한 장·절 체제의 타당성을 은연중 확신·주장하고 있다.

마지막으로, 박세당은 '『대학』의 내용'에 있어서도 중요한 경학적 의미를 함축하는 몇 가지 독자적인 견해를 제기한 바 있으니, 이에 그 대표적 사례를 들자면 다음과 같다. ① 박세당은 '『대학』의 기본구조'에 대한 이해부터 주희와는 방향을 달리하였다. 즉, ㉠ 주희가 '삼강령三綱領'[明明德·新民·止於至善]·'팔조목八條目'[格物·致知·誠意·正心·修身·齊家·治國·平天下]설을 제시하고 있음에 대하여, ㉡ 박세당은 "'지선至善에 그침에 있다[在止於至善]'는 것은 명덕明德과 신민新民 모두가 반드시 지선의 경지에 이르기를 구한 이후에야 그만둠을 말함이다. ……주註[주자의 주: 필자 주]에는 '명덕明德·신민新民·지선至善' 세 가지로써 (『대학』: 필자 주) 한 책의 강령綱領을 삼고 있다. 참으로 이와 같다면 곧 명덕이 한 가지 사事가 되고, 신민이 한 가지

亂離析之餘, 粗成條理而不能審詳, 間多上下互易, 因失其舊, ……雖以程·朱兩夫子用工之至勤而亦未及."

146 『思辨錄【『大學』】』, 「大學章句識疑」 "余嘗讀『大學章句』, 多所未解, 竊不能無疑, 伏而細繹, 似有一二可議者, 輒不揆僭越, 以意易置如此."

147 박세당이 『대학장구』의 편차를 수정한 구체적 내용에 대해서는 금장태(2014b: 75~77)가 참조된다.

사事가 되며, 지선도 또한 한 가지 사事가 된다. 지금 명덕과 신민이 이미 각자 하나의 사事가 되었는데, 지선이 또한 스스로 하나의 사事가 될 수 있겠는가? 주註에는 '명덕과 신민 모두가 마땅히 지선에 그쳐야 한다'고 말했으니, 그렇다면 명덕과 신민을 버려두고 또다시 이른바 일단一段의 지선이란 것은 있을 수 없음을 알 수 있다. 또한 강綱이 있으면 반드시 목目이 있기 마련이니, 목도 없으면서 홀로 강만 존재하는 경우란 없다. ……따라서 이 책에는 명덕明德의 목에 다섯이 있고, 신민新民의 목에 셋이 있으나, 지지선止至善의 목은 끝내 찾아볼 수 없으니, 이로써 이 책의 강령이 둘뿐임을 알 수 있겠다. 지지선과 같은 것은 명덕과 신민의 공功을 극진히 한 결과이니, 이를 따로 분리하여 별도로 하나의 강으로 삼는 것이 불가함은 명백하다 할 것이다"148고 논변했던바, 이로써 그는 주희의 말처럼 '지선至善에 그친다[止於至善]'는 것은 어디까지나 명덕과 신민의 공을 극진히 한 결과적 상태를 말함이요, 또한 강綱이 있으면 반드시 목目도 있는 법인데 여기에는 목이 존재하지 않기 때문에 강이 될 수 없다는 이유를 주로 들어 결과적으로 『대학』의 '이강령二綱領'[明明德·新民]·'팔조목八條目'['明明德'의 조목은 '格物·致知·誠意·正心·修身', '新民'의 조목은 '齊家·治國·平天下']'설을 주장하기에 이른다.

② 박세당은 '격물格物·치지致知'에 대한 이해에 있어서도 주희와는 다른 길을 걸었다. 즉, ㉠ 주희가 '격물'을 "사물의 이理—이것은 '형이상形而上의 도道'이다—를 궁구하여 그 극처에까지 이르지 않음이 없는 것"으로, '치지'를 "나의 지식을 미루어나감을 극진히 하여 내 아는 바가 다하지

148 『思辨錄【『大學』】』, 「經1章」의 註 "'在止於至善', 言明德·新民, 皆必求至於至善然後乃已. ……○註以'明德·新民·至善'三者, 爲一書之綱領. 誠如此是明德爲一事, 新民爲一事, 至善又自爲一事. 今明德·新民旣各自爲一事矣, 至善又可得以自爲一事乎? 註言: '明德·新民皆當止於至善', 然則捨明德·新民而更無所謂一段至善者, 可見. 且有綱必有目, 未有無其目而獨有其綱, ……故此書爲明德之目五, 爲新民之目三, 而及求其爲止至善之目者則終不可以得, 以此知此書之爲綱者二而已. 若夫止至善, 乃所以致明德·新民之功, 則其不可離之使別爲一綱領, 明矣."

않음이 없는 것"[149]으로 각각 규정하는 가운데, 이러한 '격물·치지'를 『대학』에서의 원초적 출발점이자 가장 중요한 공부로 상정한 바 있다. ㉡ 이에 대하여 박세당은 ㉮ 우선 "'물物'이란 아래 경문에서 말한 '천하天下·국國·가家·신身·심心·의意·지知·물物'과 같은 것이 바로 이것이요, '사事'란 '평平·치治·제齊·수修·정正·성誠·치致·격格'과 같은 것이 바로 이것"[150]임을 주장하여 이른바 '물'과 '사'를 엄격히 구분하는 가운데, ㉯ 바로 이러한 전제 위에서 그는 '격물'이란 '물物의 법칙을 구하여 그 바른 것을 얻는 것'이요, '치지'란 이러한 격물을 바탕으로 '나의 앎[知]을 이 사事의 마땅한 데까지 이르게 하여 그 처응處應함에 극진하지 않음이 없도록 하는 것'으로 해석하는 가운데, 이러한 맥락에서 격물과 치지는 기실 그 내용이 한 가지일 뿐이라고 인식하기도 하였다.[151] ㉰ 결국, 이상과 같은 박세당의 독자적인 '격물·치지'론은 주희의 설명이 지나치게 현학적인 데다가 '물物'과 '사事'를 엄격히 구분하지 않음으로써 결과적으로 덕德에 들어가는 처음 배우는 자에게 불필요한 혼동을 야기하고 있다는 비판적 관점을 함축하고 있음은 물론이다.[152]

---

149 『大學章句』, 「經1章」의 註 "致, 推極也. 知, 猶識也. 推極吾之知識, 欲其所知無不盡也. 格, 至也. 物, 猶事也. 窮至事物之理, 欲其極處無不到也."

150 『思辨錄【『大學』】』, 「經1章」의 註 "'物'者, 如下文曰: '天下'·曰: '國'·曰: '家'·曰: '身'·曰: '心'·曰: '意'·曰: '知'·曰: '物', 是也. '事'者, 如其曰: '平'·曰: '治'·曰: '齊'·曰: '修'·曰: '正'·曰: '誠'·曰: '治'·曰: '格', 是也."

151 『思辨錄【『大學』】』, 「經1章」의 註 "求以至曰: '致'. 格, 則也, 正也. 有物必有則, 物之有格, 所以求其則而期得乎正也. 盖言欲使吾之知, 能至乎是事之所當而處之無不盡, 則其要唯在乎尋索是物之則而得其正也. 不言: '欲致知先格物', 而曰: '致知在格物'者, 格物, 所以致知, 其事一故也."

152 이러한 맥락에서 박세당은 다음과 같이 말하기도 하였다: "주註[朱熹의 주: 필자 주]에서 말하기를 '물격物格이란 물리物理의 극처極處에 이르지 아니함이 없는 것이요, 지지知至란 내 마음의 아는 바가 다하지 아니함이 없는 것이니, 지知가 이미 다한즉 의意는 성실[實]하게 된다'고 하였다. 만약 이러한 취지라면, 이른바 '성誠'이란 것은 인간의 성性을 다하고 물物의 성性을 다함이니, 이로써 화육化育을 도움에 천지天地와 함께 나란히 참여하게 될 것이다. 대저 이理가 이르지 아니함이 없고 지知가 다하지 아니함이 없으며, 성誠이 인간의 성性을 다하고 물物의 성性을 다하여 화육을 도움에 천지와 나란히 할 수 있다면, 이는 곧 성인聖人의 지극한 공부요 학문이

2

한편, 박세당은 『중용中庸』을 해석함에 있어서도 상기한바 『대학』의 경우와 마찬가지의 태도를 견지했음은 물론이다. 즉, 그는 “송宋 나라 때에 와서 정자程子와 주자朱子 두 선생이 일어나 ……육경六經의 뜻이 이에 다시 환하게 세상에 밝혀졌다”고 함으로써 주희의 『중용장구中庸章句』의 경학적 의의를 인정하는 데에 인색하지 않았다. 그럼에도 박세당은 그 주註의 내용을 자세히 살펴보면 “주부자朱夫子가 우연히 살피지 못한 실수”나 “앞뒤에 말한 것이 서로 모순됨을 면치 못하고, 그 뜻도 분명하지 못”한 부분, 그 설명이 “단지 아득하고 그윽하여 알맹이를 잡을 수 없어 읽는 사람으로 하여금 망연芒然케 하여 그 생각을 붙일 수 없도록 하”거나, 심지어는 “실로 전대前代의 성인聖人께서 말씀하시지 않은 바요, 사리事理 또한 반드시 그렇지 않은 것”[153]이 산견된다고 보기도 하여, 결국 나름의 관점에서 진지하게 이에 대한 비판적 검토에 착수한 바 있다. 이에 그 대표적 사례를 들자면 다음과 같다.

첫째, 박세당은 ‘『중용』의 주제’와 관련하여 ① 『중용』의 종지宗旨는 「제1장」의 경문에 요약되어 있다[154]고 보면서, ② 특히 “『중용』의 학문이란 다만 성性을 따름[率性]에 힘쓸 뿐”[155]임을 강조하는 가운데 또한

할 수 있는 일은 다 마친 것이니, 또 어찌하여 정심正心과 수신修身을 일삼을 것이며, 또 어찌하여 제가齊家와 치국治國을 논한단 말인가?(○註言: ‘物格者, 物理之極處, 無不到也. 知至者, 吾心之所知, 無不盡也. 知旣盡則意可得而實矣.’ 若如此旨, 其所謂‘誠’者, 乃盡性·盡物, 可以贊化育而與天地叅矣. 夫理無不到·知無不盡, 而誠能盡性盡物·贊化育叅天地, 則此聖人之極功而學之能事畢矣, 又何事乎正心·修身, 又何論乎齊家·治國?)” 『思辨錄【『大學』】』, 「經1章」의 註.

153 『思辨錄【『中庸』】』, 「第1章」의 註 “是未免於前後所言之矛盾, 其於辨義, 又恐未安. ……由是而審夫朱夫子之偶失點檢, ……凡此數說者, 其於開示性體爲循率之尺度·準則之意, 略未見其有所發明, 但覺其窈冥幽黙, 莫可指擬, 使讀者芒然無所措其思慮者, 深爲可疑, ……玆實前聖之所不道, 事理之必不然者, 而先儒相沿而爲此說, 乃平素所未喩者. ……”

154 『思辨錄【『中庸』】』, 「第1章」의 註 “上, 第一章, 約一書之宗旨.”

155 『思辨錄【『中庸』】』, 「第1章」의 註 “故『中庸』之學, 唯率性之爲務.”

"대저 중中에 의거하지 않으면 화和를 이룰 수 없으며 대본大本을 따르지 않으면 달도達道가 될 수 없으니, 이것은 자사子思가 후학에게 개시開示한 지극히 명백하고도 간절한 깊은 뜻이자 요긴한 취지趣旨"156임을 역설한 바 있다.

둘째, 박세당은 '『중용』의 체제'에 대해서도 ① "『중용』과 『대학』은 모두 『예기禮記』에서 나왔으나 『예기』라는 한 책은 본디 한유漢儒들이 분서焚書 이후 그 나머지를 수습해서 엮었던 관계로 착간錯簡이 많은즉, 『중용』과 『대학』만이 어찌 유독 그렇지 않다고 보장할 수 있겠는가? ……『중용』에 대해서는 일찍이 선유先儒들도 장구章句를 끝내 바꾸지 못했던 것은 『대학』인즉 자체 강綱과 목目이 있어 단락을 구분하기가 그나마 쉬웠으나 『중용』에는 이것조차 없었기 때문"157이라는 문제의식에서 출발하여, 기존에 통용된바 모두 '33장'으로 구성된 주희의 '장구章句' 체제를 따르지 않고 대신 나름의 관점에서 본문의 편차를 수정하여 모두 '20장'으로 재구성하는 한편, ② '각 장의 의미구조'에 대해서도 "「제1장」이 일서一書의 종지宗旨를 요약했다면 이하는 모두 이 장의 뜻을 미루어 명백히 말한 것"158으로 인식한 바 있다.

셋째, 박세당은 '『중용』의 저자'에 대하여 직접 고증한 내용을 제시하지는 않았으나, 이미 소개한바 "대저 중中에 의거하지 않으면 화和를 이룰 수 없으며 대본大本을 따르지 않으면 달도達道가 될 수 없으니, 이것은 자사子思가 후학에게 개시開示한 지극히 명백하고도 간절한 깊은 뜻이자 요긴한 취지趣旨"라는 주장을 통해서 그 역시 주희와 마찬가지로

---

156 『思辨錄【『中庸』】』, 「第1章」의 註 "夫不依乎中, 無以爲和; 不循乎大本, 無以爲達道, 此子思開示後學至明至著·至懇至切之深意·要指."

157 『思辨錄【『中庸』】』, 頭註 "○先生嘗曰: '『庸』·『學』, 同出於『禮記』, 而『禮記』一書, 固漢儒拾綴煨燼之餘, 故錯簡居多, 則『庸』·『學』獨安保其不然乎? ……至於『中庸』, 先儒卒未嘗變動其章簡者, 『大學』則自有綱·目, 易辨其區段, 而『中庸』無此故也.'"

158 『思辨錄【『中庸』】』, 「第1章」의 註 "上第一章, 約一書之宗旨. 此下皆推說此章之義, 反覆以明之."

『중용』의 저자를 '자사子思'로 인식하고 있었음을 간취할 수 있겠다.

마지막으로, 박세당은 '『중용』의 내용'에 있어서도 또한 주목할 단한 몇 가지 독자적인 경학적 견해를 제시한 바 있으니, 이에 그 대표적 사례를 들자면 다음과 같다. ① '중용中庸'이란 개념부터 박세당은 주희와 이해를 달리하였다. 즉, ㉠ 주희가 "'중中'이란 편벽되지 않고 치우치지 아니하여 지나침이나 미치지 못함이 없는 것의 명칭이요, '용庸'이란 평상平常이다"159라고 정의하고 있음에 대하여, ㉡ 박세당은 ㉮ 특히 "'용'이란 항상恒常이다. '중용'이라 한 것은 이미 일[事]에 그 중中을 얻고자 하고, 더욱 그 얻은 중中을 항상 간직하여 잠시라도 혹 잃지 않고자 하는 것"160으로 해석하는 한편, ㉯ 나아가 이러한 중용이란 "『서경書經』에 나오는 '정精·일一'의 뜻과 서로 표리表裏가 되니, 즉 정精은 중中이 되고 일一은 용庸이 되"며 "이 책[『중용』: 필자 주]에서는 첫 장에서 '도道는 떠날 수 없다[道不可離]'고 말하여 이미 제시하였나니, 여기서의 '도道'란 곧 중中이요 '떠날 수 없다'는 것은 곧 용庸이다"161라고 역설하기도 하였다.

② 박세당은 주희의 '성즉리性卽理'설에 대해서도 회의를 표시하면서, 곧 '이理'와 '성性' 개념을 분명히 구분할 것을 강조하였다. 즉, ㉠ 주희가 "성性은 곧 이理다. ……인간[人]과 사물[物]이 태어남에 각기 (天으로부터: 필자 주) 부여받은 이理를 얻음으로 인하여 건순健順·오상五常의 덕德을 삼으니, 이른바 '성性'이라는 것이다"162라고 주장함으로써 '성性＝이理'라는 도식을 제시하고 있음에 대하여, ㉡ 박세당은 ㉮ 평소 "대저 명名에는 반드시 실實이 있으며, 물物에는 반드시 이치[理]가 있다. 글[書]이란

159 『中庸章句』, 頭註 "'中'者, 不偏不倚·無過不及之名; '庸', 平常也."

160 『思辨錄【『中庸』】』, 「第1章」의 註 "今按, '庸', 恒也. 其曰: '中庸'者, 旣欲事得其中, 尤欲恒持於此而無暫時之或失也."

161 『思辨錄【『中庸』】』, 「第1章」의 註 "在於『書』則'精·一'之義, 與此表裏, 精爲中, 一爲庸. 在於此書則首章所云: '道不可離'者, 已揭而示之, '道'者, 卽中也; '不可離'者, 卽庸也."

162 『中庸章句』, 第1章의 註 "性卽理也. ……人·物之生, 因各得其所賦之理, 以爲健順·五常之德, 所謂'性'也."

옛 성현聖賢께서 이러한 명名·물物에다 정의를 내려 이치를 분별하고 실實을 드러내신 것이다. 후세에 이러한 글을 읽는 사람은 명名을 안 이후에야 그 실實을 구할 수 있으며 물物을 안 이후에야 그 이치[理]를 살필 수 있을 것이니, 이처럼 물物과 명名을 안 이후에야 내린 바 정의를 알 수 있게 될 것"[163]이라는 인식론적 문제의식을 견지했던바, ㉯ 그는 바로 이러한 관점에서 상기의 '중中·용庸' 개념뿐만 아니라 '성性' 개념과 관련해서도 주희의 "주註에 '성性은 곧 이理'라고 했는데, 이제 이와 같이 해석하지 않은 것은 무슨 이유에서인가? 곧 '이理'가 마음[心]에 밝게 드러난 것이 '성性'이 되나니, 하늘[天]에 있어서는 '이理'라 하고 인간에 있어서는 '성性'이라 하는 것은 명名을 문란하게 할 수 없기 때문이다. '이理'니, '성性'이니, '도道'니, '교敎'니 하는 것은 그 귀결을 따지자면 결국은 모두가 일찍이 같은 것이 아닌 적이 없지만, 다만 그 명名을 문란하게 할 수 없는 것은 이 명名이 문란하게 되면 혹 본말本末의 차례를 잃게 되어 말한 뜻을 밝힐 수 없게 되기 때문"[164]이라고 비판했으니, 이로써 그는 단적으로 주희의 '성즉리'설에 회의를 표시하면서 '이理'와 '성性'이라는 개념을 그 실實에 따라 명확히 구분해 인식할 것을 역설한 바 있다.

③ 박세당은 주희가 『중용』에 주석을 달면서 '성性'과 '도道'를 인간[人]과 사물[物]에 공통적으로 존재[遍在]하는 것으로 설명하는 입장에 대해서도 반대하였다. 즉, ㉠ 주희가 "인간과 사물이 태어남에 각기 (天으로부터: 필자 주) 부여받은 이理를 얻음으로 인하여 건순健順·오상五常의 덕德을 삼으니, 이른바 '성性'이라는 것이다"[165]라고 하였고, 또한 "인간과 사물

163 『思辨錄【『中庸』】』, 頭註 "夫名之必有實也, 物之必有理也. 書者乃古聖賢因此名·物所設義, 以辨乎理而著乎實者也. 後之讀是書者, 知名而後可以求其實, 知物而後可以察其理, 知物與名而後可以識其義之所設."

164 『思辨錄【『中庸』】』, 「第1章」의 註 "註[『中庸章句』에서의 朱熹의 주: 필자 주]謂: '性爲理', 今不同, 何也? '理'明于心爲'性', 在天曰: '理', 在人曰: '性', 名不可亂故也. 曰: '理', 曰: '性', 曰: '道', 曰: '敎', 論其致究其歸, 卒未嘗不同, 但不可亂其名, 名亂則或失所在本末之次第, 無以明所言之義也."

이 각기 그 성性의 자연을 따르면 일상 생활하는 사이에 각기 마땅히 행해야 할 길[路]이 있지 않음이 없으니, 이것이 이른바 '도道'라는 것이다"166라고 설명한 것에 대하여, ㉡ 박세당은 ㉮ 일찍이 "대개 천지天地의 마음[心][자연법칙: 필자 주]은 걸桀과 주紂를 위해서 바르지 못한 것도 아니었고, 탕湯과 무武를 위해서 비로소 바르게 된 것도 아니었다. 걸과 주는 천지의 마음에 합하지 않았던 까닭에 천토天討가 그들에게 행해졌고, 탕과 무는 천지의 마음에 합했던 까닭에 천명天命이 그들에게 돌아갔다. 이러한 의미에서 천지의 마음은 항상 한결같을 따름이요, 애초 인간 때문에 일찍이 바르기도 하고 바르지 않기도 하는 것이 아님을 알 수 있다"167고 주장했던바, 이로써 그는 어디까지나 '도리道理와 물리物理의 분리[天人分離]'를 지향하는 질서감각을 표명하는 가운데, ㉯ 바로 이러한 전제 위에서 박세당은 주희의 "주註에는 '성性은 인간[人]과 사물[物]을 겸한다'고 했는데, 이제 사물은 버리고 오직 인간만 언급한 것은 무슨 이유에서인가? 비록 사물에도 역시 성性이 있기는 하나 다만 그 성性이 인간의 것과 같지 않기 때문에 오상五常의 덕德을 일컬을 수 없으니, 성性을 인간과 사물에 겸하여 말하는 것은 『중용』의 뜻이 아니기 때문"이며, "주註에는 '인간과 사물이 각기 성性의 자연을 따르면 도道가 된다'고 하였는데, 이제 다만 인간의 경우만 언급한 것은 무슨 이유에서인가? 『중용』에는 인간만 말하였고 사물은 말하지 아니한 까닭이다. 즉, 『중용』이란 책은 인간만을 가르치기 위한 것이지 사물을 가르치기 위한 것이 아님"168을 거듭 강조한 바 있다. 결국 이러한 사실은 그가 『중용』에

165 『中庸章句』, 「第1章」의 註 "性卽理也. ……人·物之生, 因各得其所賦之理, 以爲健順·五常之德, 所謂'性'也."

166 『中庸章句』, 「第1章」의 註 "人·物各循其性之自然, 則其日用事物之間, 莫不各有當行之路, 是則所謂'道'也."

167 『思辨錄【『中庸』】』, 「第1章」의 註 "若夫天地之心, 則不爲桀·紂而不得其正, 不爲湯·武而始得以正. 桀·紂以不合於天地之心, 故天討行焉; 湯·武以克合於天地之心, 故天命歸焉. 由是則天地之心常於一, 初未嘗由人而有正·不正者, 卽可見也."

서 언급된바 '성性'·'도道'·'교敎'라는 개념 모두를 오직 인간에게만 해당되는 것으로 봄으로써 주희와는 달리 명백히 '인물성이론人物性異論'의 입장을 견지하는 가운데, 『중용』을 어디까지나 '인간의 실천윤리서'로만 인식하는 독자적인 『중용』관을 표명하고 있음을 함축한다고 할 것이다.

④ 박세당은 '미발未發·이발已發'의 문제와 관련해서도 주희와 견해를 달리하였다. 즉, ㉠ 주희는 일찍이 ㉮ 인간의 '심心'이란 '성性'과 '정情'을 포괄하는 동시에 주재하고 있다고 보면서, ⓐ 여기서의 '심心의 본本·체體'란 곧 '성性'으로서, '참되고 고요한 상태[眞而靜]'에 있기 때문에 '미발未發'이라 부르며, 또한 사덕四德[仁·義·禮·智]—또는 오상五常[仁·義·禮·智·信]—이 형이상의 도道로서 구비되어 있음에 '중中'이라고도 하는 반면, ⓑ '심心의 말末·용用'이란 곧 '정情'으로서, 기氣로서의 형形이 이미 생겨나 있음에 외물이 이러한 형形에 접촉하게 되면 내면[中]이 움직이기 때문에 '이발已發'이라 부르며, 또한 내면이 움직이면 '사단四端'[惻隱·羞惡·辭讓·是非之心]과 '칠정七情'[喜·怒·哀·懼·愛·惡·慾]이 출현하니 이에 각각 그 주主 되는 바가 있게 되면 '화和'가 된다고 주장했던바,[169] ㉯ 여기서 주희는 특히 '미발未發'의 특징으로 무엇보다 '고요함[靜]'이나 '사려가 아직 싹트지 않음[思慮未萌]' 또는 '고요하여 움직임이 없음[寂然不動]'을 강조함으로써 이를 자신이 궁극적

---

168 『思辨錄【『中庸』】』, 「第1章」의 註 "註言: '性兼人·物', 今去物而獨言人, 何也? 雖物亦有性, 但其爲性也, 與人不類, 無以稱乎五常之德, 兼言物, 非『中庸』之指故也. 註言: '人·物各循其性之自然爲道', 今亦但言人者, 何也? 『中庸』言人而不言物. 夫『中庸』之爲書也, 以教人而非以教乎物."

169 『中庸章句』, 「第1章」의 註 "喜·怒·哀·樂, 情也. 其未發, 則性也, 無所偏倚, 故謂之'中'. 發皆中節, 情之正也, 無所乖戾, 故謂之'和'."; 『論語集註』, 「雍也」篇 第2章의 註 "(天地儲精, 得五行之秀者爲人.) 其本也眞而靜, 其未發也五性具焉, 曰: '仁·義·禮·智·信.' 形旣生矣, 外物觸其形, 而動於中矣. 其中動而七情出焉, 曰: '喜·怒·哀·懼·愛·惡·欲.'"; 『孟子集註』, 「公孫丑章句上」篇 第6章의 註 "惻隱·羞惡·辭讓·是非, 情也; 仁·義·禮·知, 性也. 心, 統性情者也."; 『朱子大全』, 卷32(「答張欽夫」), p. 32a.(中和堂) "(然)方其[心을 말함: 필자주]靜也, 事物未至, 思慮未萌, 而一性渾然, 道義全具, 其所謂'中', 是乃心之所以爲體而寂然不動者也. 及其動也, 事物交至, 思慮萌焉, 則七情迭用, 各有攸主, 其所謂'和', 是乃心之所以爲用, 感而遂通者也."

으로 지향한바 수양론, 즉 이른바 성덕군자成德君子가 '심체心體의 본연本然[眞體]을 보존한다'는 '존심存心'설의 요체로 삼은 바 있다. ㉡ 이에 대하여 박세당은 ㉮ "대개 수양[養]이 되고 안 되는 것이나 심心을 지키거나 놓으며 보존하거나 잃는 기미란 모두가 아침과 낮에 하는 일이 어떠한가에 달려 있나니, 어찌 '한 가지 생각도 싹트지 않은 때에 천리天理를 보존한다'고 말할 수 있겠는가? ……그런즉 인간에게 진실로 사물이 당도하지 않거나 사려가 작동하지 않을 때가 있는데, 이러한 때를 당해서도 공부가 그치게 되면 어찌 잠깐 사이에 도道를 떠나게 되지 않겠는가? 미발未發의 때에도 수양이 없을 수 있겠는가? ……대저 한 가닥의 생각도 일어나지 않을 때에는 선善과 악惡이 모두 그 조짐을 드러낼 곳이 없는데, 어찌 이를 두고 '심心이 바름을 얻었다'고 말할 수 있겠는가? 또한 고인古人의 심心을 바르게 한다는 설도 일찍이 이와 같지 않았다. 『대학』에서는 성냄[忿懥]·두려워함[恐懼]·좋아함[好樂]·근심함[憂患]을 심心이 바름을 얻지 못하는 까닭으로 삼았은즉, 여기서 이른바 '심心이 바름을 얻었다'는 것이 무엇인지 알 수 있겠다. 어찌 한 가지 생각도 일어나지 않는 때에 이러한 경지를 얻을 수 있겠는가? 하물며 『대학』에서는 '심心이 있지 않으면 보아도 보이지 않고 들어도 들리지 않는다'고 하였으니, 이를 미루어 논한다면 앞서 (주희가: 필자 주) 말한바 '한 가지 생각도 일어나지 않아 보이지도 않고 들리지도 않는 때'란 곧 『대학』에서 말한바 '심心이 있지 않은 상태'인 것이다. 지금 이것을 두고 지극히 고요한 가운데 적연부동寂然不動한 경지로 삼아 존양存養의 공부를 극진히 함으로써 천지天地가 편안히 제자리를 잡는 효과를 기대한다면 또한 현실과 동떨어진 것이 아니겠는가?"[170]라고 맹비판했던바, ㉯ 이처럼 박세당이

170 『思辨錄【『中庸』】』, 「第1章」의 註 "夫養之得失, 心之操舍·存亡之幾, 皆在於朝晝所爲之如何, 則何得曰: '存天理於一念未萌之時'也? ……然則人固有事物未至·思慮未動之時, 當此之際, 工夫間斷則或不幾離道於須臾之間乎? 所以養其未發者, 殆不可無歟? ……夫一念未起之時, 善惡俱無所朕, 何以謂之'心得其正'也? 且古人心正之說, 未嘗如此. 『大

보기에 주희가 '미발未發'이란 개념을 『중용』의 경문 그대로 '희喜·로怒·애哀·락樂의 미발'로 보지 않고 자신의 이기론적 도식에 의거하여 '심지사려心知思慮의 미발', 즉 '한 가닥의 생각도 없는 상태'라고 짐짓 고답적으로 해석한 것은 실로 "함양涵養의 설을 주장하면서도 정작 그 함양의 의미를 제대로 알지 못한 실수"171에 해당하니, 결국 이러한 실수는 곧 주희의 수양론이 현실과 동떨어진 지극히 관념적인 발상이자 또한 후세의 학자들로 하여금 실천에 중대한 차착을 야기하도록 만든 장본인에 불과함을 함축할 뿐이었다.

3

결국, 이상과 같은 박세당의 경학적 입장은 무엇보다 요堯·순舜 이래 전수된 '수사학洙泗學의 본지本旨'를 천명함으로써 당시 조선의 현실과 관련하여 "선유先儒들이 세상을 깨우치고 백성을 돕고자 했던 뜻"에 실질적으로 부응하기 위한 지적 고심의 산물이었다. 그리고 이러한 그의 고심은 특히 노장학老莊學을 유가적 바탕 위에서 적극 수용하는 한편, 필요하다면 정주성리학을 비판적으로 검토하는 맥락에서 유교경전을 독자적으로 재해석하는 형태로 구체화되었다. 물론 박세당의 이와 같은 경학적 작업의 이면에는 그로 하여금 실로 "앞사람의 전적典籍을 굳게 지키기만 하는 자는 또한 고착固着·불통不通하고 우괴迂怪·편벽偏僻하여 완전히 평탄平坦한 길에 어두우"며 "지금 육경六經에서 가르침을 구하는 자는 모

學』以忿懥·恐懼·好樂·憂患爲心不得其正之故, 則其所謂'心得其正'者, 亦可見矣. 豈在一念未起之時, 可以得此乎? 況其言曰: '心不在焉, 視而不見, 聽而不聞', 由此論之, 向所謂'一念未起, 不睹·不聞之時', 卽『大學』之言'心不在焉'者也. 今乃以此爲至靜之中·寂然不動之境而欲致存養之功, 以期夫位天地之效, 不亦遠乎?"

171 『思辨錄【『中庸』】』, 「第1章」의 註 "然則註[『中庸章句』에서의 朱熹의 주: 필자 주]之所以失者, 亦有由歟? 以執涵養之說而不得其所謂也. ……故曰: '其失在於執涵養之說而不得其所謂也.'"

두가 얕고 가까운 것은 뛰어넘고 깊고 먼 것으로만 치달으며 거칠고 소략한 것은 소홀히 하고 정밀하고 구비된 것만을 엿보고 있으니, 결국 어둡고 어지러우며 빠지거나 넘어져서 아무런 소득도 없게 됨은 괴이할 것도 없다 할 것이다. 장차 저들은 단지 그 깊고 멀고 정밀하고 구비된 것을 얻지 못할 뿐만 아니라 나아가 그 얕고 가깝고 거칠고 소략한 것마저 모두 잃게 될 것이니, 아! 슬프다. 그 또한 미혹됨이 심한 것이 아니겠는가?"[172]라는 탄식을 자아내도록 했던 당시 조선의 주류학계의 일반적 행태에 대한 비판적 문제의식이 약동하고 있었던 것이다.

정제두: '양명학'의 관점에서 '성인의 본지'와 '성학의 요지'를 추구함으로써 '실학'을 모색하다

정제두鄭齊斗[霞谷: 1649~1736]는 17세기 후반 예송禮訟과 당쟁黨爭이 격화됨에 따라 종래의 공론정치公論政治가 점차 유명무실해지는 정국 하에서 한평생 은일隱逸을 자처하는 가운데, 같은 서인西人인 노론老論의 교조적인 주자학朱子學 일변도의 학문풍토에 대한 비판의식을 주로 '양명학陽明學'을 통해 발전시켜나갔던 소론계열少論系列의 대표적인 이단적 사상가 중의 한 사람이었다.[173] 정제두는 젊어서부터 일찍이 과거공부와는 거

172 『思辨錄』, 「序」 "其抱持前籍者, 又膠滯·迂僻, 全昧夫坦夷之塗, ……今之所求於六經, 率皆躐其淺邇而深遠是馳, 忽其粗略而精備是規, 無怪乎其眩瞀迷亂·沉溺顚躓而莫之有得. 彼非但不得乎其深·遠·精·備而已, 併與其淺·邇·粗·略而盡失之矣, 噫嘻悲夫! 其亦惑之甚乎?"

173 정제두의 생애와 경학사상에 대한 주요연구로는 尹南漢(1974), 尹南漢(1982), 劉明鍾(1979), 劉明鍾(1983), 劉明鍾(1988b), 劉明鍾(1994), 金吉煥(1980), 金吉煥(1981), 마쯔다 히로시[松田弘](1981), 金順任(1983), 梁泰鎬(1985), 李海英(1985), 李海英(1993), 金吉洛(1988), 김길락(2004), 金敎斌(1989), 金敎斌(1990), 金敎斌(1991), 金敎斌(1992), 김교빈(1995), 김교빈 편저(2005), 김교빈(2010), 김낙진(1992), 朴洪植(1992), 박홍식(2011), 朱七星(1992), 금장태(1998b), 금장태(2008a), 琴章泰(2008c), 朴連洙(1999), 박연수(2007), 유철호(2001), 金容載(2001), 김용재(2003), 김용재(2004), 金容載(2005), 金容載(2009), 박원재(2002), 崔一凡(2002), 최일범(2004), 林善英(2003), 임선영(2004), 민혜진(2004a), 민혜진(2004b), 李相勳(2004), 姜智恩

리를 둔 채 "육경六經을 정밀하게 연구하였으며, ……이밖에도 제자백가諸子百家의 서적과 음양陰陽·성력星曆의 수數와 병사兵事·농업農業·의술醫術·약재藥材의 이론과 감여堪輿·복서卜筮의 기술에서부터 패관소설稗官小說 및 자집子集·전고典故에 이르기까지 무릇 책에 기록되어 한 번 눈이 스쳐간 것은 곧 종신토록 잊지 아니하였다"[174]고 전할 만큼 실로 방대한 학문적 역량을 온축해나간 바 있다. 물론 이러한 바탕 위에서 그는 관제官制·전제田制·부세제도·사법제도·군역제도·예교禮敎 및 교선제도敎選制度·언론제도·지방 및 향촌 제도·신분제도 등에 걸친 광범위한 개혁구상을 『차록箚錄』을 통하여 개진한 바 있으며,[175] 나아가 그는 특히 무신란戊申亂[1728년, 英祖 4]을 당해서는 80세에 접어든 국로國老로서 소명召命을 받들고 입대入對하여 영조英祖에게 붕당朋黨의 해소와 탕평책蕩平策의 시행, 시폐時弊의 변통, 제왕학帝王學으로서의 성학聖學의 요체, 역대 정치의 득실 등에 대한 평소 자신의 경세학적 경륜을 유감없이 개진한 바 있다.[176]

한편, 정제두의 대표적인 경학저술로는 『중용설中庸說』[72세]·『대학설大學說』·『논어설論語說』·『맹자설孟子說』로 구성된 '사서四書'설, 『시차록詩箚錄』·『서차록書箚錄』·『춘추차록春秋箚錄』으로 구성된 '삼경三經'차록, 『심경집의心經集義』[63세, 79세에 修正함], 『경학집록經學集錄』[73세, 79세에 다시 수정하고 82

(2005), 林洪兌(2005), 임홍태(2009), 黃俊傑(2005), 김연재(2006), 엄연석(2007), 이상호(2007), 장병한(2007), 장병한(2012), 김우형(2008), 이경룡(2008), 이상호(2008), 이종우(2008), 정낙찬(2008), 권상우(2009), 김윤경(2009), 김윤경(2010), 김윤경(2012), 박상리(2009), 박상리(2011), 朴祥里 외(2014), 任文利(2009), 정인재(2010), 정인재(2014), 천병돈(2010), 김유곤(2011b), 선병삼(2011), 선병삼(2013), 선병삼(2016), 李南沃(2011), 김연재(2012), 조남호(2013), 나카 쓰미오[中純夫](2013), 김민재(2014), 박평선(2015), 송석준(2015), 최재목(2016) 등이 있다.

174 「霞谷先生年譜」(『霞谷集』, 卷10, p. 269) "「(顯宗大王)十三年, 壬子○先生二十四歲」……精硏六經, ……旁逮百家衆流之書, 陰陽·星曆之數, 兵·農·醫·藥之論, 堪輿·卜筮之術, 以至稗官小說·子集·典故, 凡載籍所記, 一過眼便終身不忘. ……"

175 정제두의 『차록』의 구성과 내용 및 여기에 나타난 그의 경세학적 개혁구상에 대한 연구로는 대표적으로 尹南漢(1982: 331~340)과 정태섭(2008)이 참조된다.

176 「霞谷先生年譜」(『霞谷集』, 卷10, p. 274) "「(英宗大王)四年, 戊申○先生八十歲」"

세에 완성함], 『하락역상河洛易象』[82세 이후], 『학변學辯』[43세 무렵], 『존언存言』[43세 무렵] 등이 있는바, 이는 곧 그가 일찍이 양명학의 관점에서 오직 '성인聖人의 본지本旨'와 '성학聖學의 요지要旨'를 모색하기 위해 한평생 나름대로 치열하게 고뇌했던 노력의 소산이었다. 그러면 지금부터 정제두의 경학적 입장의 특징을 그의 『대학설』과 『중용설』을 중심으로 간략하게 살펴보기로 하자.

1

우선, 정제두는 『대학大學』을 해석함에 있어서 평소 "주자朱子의 학문은 그 학설이 또한 어찌 일찍이 선善하지 않았겠는가? ……그 실상은 다 같이 성인聖人의 학문을 하는 것이었으니, 어찌 일찍이 선하지 않았겠는가?"라고 논평함으로써 주희朱熹의 『대학장구大學章句』가 함축했던 일면의 경학적 의의를 일단 인정한 바 있다. 그럼에도 그는 "다만 (주자의: 필자 주) 치지致知의 학學만이 그 공부가 우직迂直하고 완급緩急한 데 차이가 있어 그 체體에 나뉘고 합해지는 간격이 있을 뿐"[177]만 아니라 특히 "주자가 '물리物理'로써 해석을 하게 되니, ……이것이 고경古經이 변하게 된 까닭이요, 이에 주자의 해석이 경문의 본뜻을 어기게 되었다"는 문제의식에서, 이에 불가피하게 주희의 『대학장구』의 내용과 체제를 "대개 절실하고 긴요하여 부득이한 것에 한하"여 "고쳐 해설하지 않을 수 없었"던 나름의 고심을 토로하는 가운데 "이것을 알면 나의 죄를 알아줄 것"[178]임을 진지하게 기대한 바 있다. 이에 그 대표적 사례를 들자면 다음과 같다.

---

177 『存言【下】』(『霞谷集』, 卷9, p. 264) "朱子之學, 其說亦何嘗不善? 只是與致知之學, 其功有迂直·緩急之辨, 其體有分合之間而已耳. 其實同是爲聖人之學, 何嘗不善乎?"

178 『大學說』, 「大學序引」(『霞谷集』, 卷13, p. 348) "朱子以'物理'爲解, ……此古經所以變也. 朱解旣以離之, 則又不得不改爲之說. ……其所改者, 盖切要·不得已之說也. ……知此則知我之罪矣夫."

첫째, 정제두는 ‘『대학』의 주제’와 관련하여 ① 일찍부터 “성인聖人의 학문은 『대학』에 있고, 성인의 법[典]은 『춘추春秋』에 있으며, 성인의 뜻을 기술하여 두 경전[『대학』과 『춘추』: 필자 주]의 도道를 밝힌 것은 『맹자孟子』 7편만한 것이 없다”179고 하여, 『대학』의 주제가 곧 ‘성인의 학문’에 있음을 밝힌 바 있으며, ② 나아가 그는 “『대학』 한 편의 도道란 효孝·제弟·자慈일 따름이요, 그 근본인즉 지선至善 이것이다. 친민親民의 덕德과 명덕明德의 실實과 지지선止至善의 행行이란 효孝·제弟·인仁·경敬 바로 이것이다. 이는 곧 명덕·친민·지지선의 실사實事요, 『대학』의 일[事]이란 오직 이것일 뿐이다. 제가齊家·치국治國·평천하平天下 또한 오로지 이것으로써 좋아하고 미워하는 도道를 다할 뿐이다”180라고 역설함으로써 ‘대학지도大學之道’의 요체로서 무엇보다 ‘효·제·자’를 강조하고 있다.

둘째, 정제두는 ‘『대학』의 체제’와 관련해서도 ① 우선 ㉠ 『대학』 “고본古本의 문장에서 경經 한 장章은 절마다 완비되어 한 마디도 잘못되거나 뒤섞인 것이 없으며, 전傳에서의 여러 해석도 그 말이 다 관통되어 한 군데도 흠결이 없다. 그 대체大體가 이러하기에 이것[『대학』: 필자 주]을 뒤섞이고 어지러운 책이라 단정할 수 없다”181는 기본적 입장에서, ㉡ 특히 ‘격치장格致章’이 빠졌다거나 전傳에서의 여러 장章에 순서가 뒤바뀌었다는 주희의 주장에 대해서는 “경經[『대학』: 필자 주]에 도대체 무엇이 잘못되었다고 기어코 경문을 따르지 않고 고친단 말인가?”라고 일축하는 가운데 이를 한마디로 “천고千古의 의심되는 바”182로 비판·거부한 바 있

179 『存言【下】』(『霞谷集』, 卷9, p. 263) “聖人之學在『大學』, 聖人之典在『春秋』, 述聖人之志, 明二經之道者, 莫如『孟子』七篇.”

180 『大學說』, 「大學說」(『霞谷集』, 卷13, pp. 374~375) “『大學』一篇之道, 孝·弟·慈而已也, 其本則至善是耳. 其親民之德, 明德之實, 止至善之爲者, 孝·弟·仁·敬是已. 是明德·親民·止至善之實事, 而『大學』之事惟此而已. 其于家·國·天下, 亦惟以是而盡其好惡之道而已耳.”

181 『大學說』, 「大學古本」(『霞谷集』, 卷13, p. 372) “格致章缺亡○古本之文, 其經之一章, 節節完備, 無一語之錯雜. 傳之諸釋, 語皆貫通, 無一處之虧欠. 其大體如此, 未可斷其爲錯亂之書也. ……”

다. ② 바로 이러한 맥락에서 그는 ㉠ '「경1장」과 「전1장~전10장」'으로 구성되는 주희의 '장구章句' 체제 또한 따르지 않고 나름의 독자적인 관점에서 『고본대학古本大學』에 의거하여 모두 '7장'으로 경문의 내용단락을 재편성하는 한편, ㉡ 그 내용단락의 구성에 대해서도 "위의 세 장은 공부의 소재를 말한 것이요, 아래 네 장은 모두 본원本源의 설을 미루어 밝힌 것"[183]으로 인식하였다. ③ 한편, 정제두는 동일한 이유에서 ㉠ 일찍이 정이程頤가 제기한바 『대학』 경문의 '삼오자三誤字'설—『대학장구』「경1장」에서의 '친민親民'을 '신민新民'으로, 「전7장」에서의 '신유소분치身有所忿懥'를 '심유소분치心有所忿懥'로, 「전10장」에서의 '거이불능선擧而不能先, 명야命也'를 '거이불능선擧而不能先, 태야怠也'로 고친 것—을 거부하는 가운데, ㉡ 다만 이 가운데서 "'명야命也'에서의 '명命'자는 '죄罪'자로 해야 옳을 것 같다"[184]는 독자적인 견해를 표명하기도 하였다.

셋째, 정제두는 '『대학』의 저자'에 대해서도 ① "『대학』이란 증자曾子가 공자孔子께서 전하시는 가르침을 기술하여 만든 책"으로 보아 '증자 저작曾子著作'설을 주장했던바, 그 근거로는 『대학장구』의 「전6장」에 나오는 "'증자왈曾子曰'이라 한 경문의 뜻으로 미루어 이러함을 단정하였다"[185]고 부연하고 있다. ② 이러한 정제두의 주장 또한 일찍이 주희가 『대학』의 저자와 관련하여 단지 "「경1장」은 아마도 공자의 말씀인데 증자가 이를 기술하였고, 「전1장~전10장」은 증자의 뜻[意]인데 문인門人이 이를 기록하였다"[186]고 소개한 것에 머물지 않고 나름의 독자적인

182 『大學說』, 「大學古本」(『霞谷集』, 卷13, p. 372) "格致章缺亡○……○格物·致知, …… 今云: '其傳之適也遺亡', 此千古所疑也. 傳諸章錯簡○……不知於經有何所背而必以不遵經文格之耶?"

183 『大學說』, 「大學」(『霞谷集』, 卷13, pp. 354~357) "上三章, 正說工夫所在. 下四章, 皆推明本源之說. 通七章. ……右平天下【當屬第七章】"

184 『大學說』, 「大學」(『霞谷集』, 卷13, pp. 363~368) "'親'如字. ……身有所忿懥, ……'命'也, 疑當作'罪'也."

185 『大學說』, 「大學」(『霞谷集』, 卷13, p. 363) "『大學』, 曾子述孔子之傳以爲書.【以'曾子曰'文之義, 断推其如此】"

관점에서 적극 입론한 것이라 하겠다.

마지막으로, 정제두는 또한 '『대학』의 내용'에 있어서도 중요한 경학적 의미를 함축하는 몇 가지 독자적인 견해를 제기한 바 있으니, 이에 그 대표적 사례를 들자면 다음과 같다. ① '대학大學'이란 개념부터 정제두는 주희와 다르게 이해하였다. 즉, ㉠ 주희가 '대大'자는 곧 대인大人[成人]과 소인小人[童子]의 구별에서 연유한 것으로 봄으로써 '대학'을 "성인成人의 학문[大人之學]"187으로 규정한 데 대하여, ㉡ 정제두는 "'대학'이라 하는 것은 '대인大人의 학문[大人之學]'이다. '대학의 도[大學之道]'란 곧 성인聖人의 도이자, 성자誠者의 도가 이것이다"188라고 주장했던바, 이로써 그는 ㉮ 일견 '대학'에 대한 주희의 정의를 그대로 답습한 듯하지만, ㉯ 여기서의 '대인大人'이란 개념을 주희와는 달리 '성인聖人'이자 천도天道로서의 '성자誠者'로 보다 심원하게 해석함으로써 '대학'이란 학문 또한 '성인聖人의 학문'이자 '천도天道의 학문'인 것으로 전혀 다르게 인식한 바 있다.

② 정제두는 상기의 맥락에서 '『대학』의 기본구조'에 대한 이해에 있어서도 역시 주희와는 방향을 달리하였다. 즉, ㉠ 주희가 '삼강령三綱領'[明明德·新民·止於至善]·'팔조목八條目'[格物·致知·誠意·正心·修身·齊家·治國·平天下]설을 제시하고 있음에 대하여, ㉡ 정제두는 ㉮ 우선 "'명덕明德·친민親民'은 (학문으로서의: 필자 주) 대학의 체體·용用이니 '경經[날줄]'이 되는 것이요, '지지선止至善'은 대학의 본체本體이니 '위緯[씨줄]'가 되는 것이다. 이 세 가지는 『대학』의 강령[綱]이다"189라고 하여, 주희가 주장한바 '삼강령'을 이분함으로

---

186 『大學章句』, 「經1章」의 註 "右, 「經一章」, 蓋孔子之言而曾子述之, 其「傳十章」, 則曾子之意而門人記之也."

187 『大學章句』, 「經1章」의 註 "大學者, 大人之學也."

188 『大學說』, 「大學」(『霞谷集』, 卷13, p. 358) "'大學'云者, '大人之學'也. '大學之道', 卽聖人之道也, 誠者之道, 是也."

189 『大學說』, 「大學說」(『霞谷集』, 卷13, p. 377) "'明德·親民', 『大學』之體·用, 爲'經'者也. '止至善', 『大學』之本體, 爲'緯'者也. 三者, 『大學』之綱."

써 '명명덕明明德·친민親民'은 '경'으로, '지어지선止於至善'은 '위'로 대별하여 이해하는 한편, ⓝ 또한 그는 "물物은 경經이 되고, 일[事]은 위緯가 된다. ……삼강三綱은 '대학의 도[大學之道]'이니 본체本體이면서 공부요, 육위六緯는 '대학의 일[大學之事]'이니 공부이면서 본체요, 팔경八經은 '대학의 물[大學之物]'이니 공부의 조리條理이다"[190]라고 설명했던바, 이로써 그는 ⓐ '경명덕·친민'이란 기본적으로 '공부의 조리'이자 '물物'로서 곧 '물物·지知·의意·심心·신身·가家·국國·천하天下'[八經]를 말하는데 이는 다시금 본말本末·체용體用으로 나누어진다면, ⓑ 반면 '지어지선'이란 기본적으로 '공부이면서 본체'이자 '일[事]'로서 다름 아닌 '지止·정定·정靜·안安·여慮·득得'[六緯]을 가리키는데 이는 다시금 '시始·종終'으로 나누어진다고 보았다. ⓒ 이에 그는 결론적으로 "세 가지['명명덕'·'친민'·'지어지선': 필자 주]는 『대학』의 강령綱領이다. 그러나 대개 '물物'과 '일[事]' 두 가지로 '경經'과 '위緯'를 삼았으니, 실제로는 두 개의 강령이 될 뿐이다"[191]라고 주장했던바, 이로써 그는 비록 상기한바 박세당朴世堂과는 맥락을 전혀 달리하지만 그럼에도 일견 유사하게 『대학』의 '이강령二綱領'설을 독자적인 관점에서 제기하기에 이른다. ⓓ 한편, 정제두는 이상과 같은 맥락에서 일찍이 "명덕明德과 친민親民은 하나여서 나눌 수 없고, 지知와 행行은 하나로 합치될 뿐이다. 지知라는 것은 행行의 시작이요, 행行이라는 것은 지知가 이르는[至] 것"[192]임을 강조하여 이른바 '지행합일知行合一'설을 주장하기도 했던바, 이로써 그는 ⓐ "명덕明德은 안[內]이 되고, 친민親民은 밖[外]이 된다"거나 "지知는 반드시 먼저 하고 행行은 반드시 나중에 한다"[193]는 주희의 입장

190 『大學說』, 「大學說」(『霞谷集』, 卷13, p. 377) "物爲經, 而事爲緯者也. ……三綱, '大學之道'也, 本體而工夫. 六緯, '大學之事'也, 工夫而本體. 八經, '大學之物'也, 工夫之條理."

191 『大學說』, 「大學」(『霞谷集』, 卷13, p. 354) "三者, 『大學』之綱領也. 大槩以'物·事'二者'經·緯', 則實爲二綱而已."

192 『存言【下】』(『霞谷集』, 卷9, p. 264) "故明德與親民一而無分, 知與行合一. 知者, 行之始; 行者, 知之至."

을 비판하는 가운데, ⓑ "공부의 본체는 둘이 될 수 없으니, 체體라는 것은 곧 용用이 되는 것이고, 지知라는 것은 곧 치致가 되는 것이다. …… 처음부터 학學과 행行이나 심心과 일[事]을 나누어서 둘로 할 수 없는 것"[194]이요 "대체로 학學이란 공功이며 행行이란 이루는 것[成]이다. …… 그 일삼는 바는 모두가 심心인 것이지 물리物理에서 묻고 배운 뒤에 비로소 행行하는 것이 아니다"[195]라는 주목할 만한 관점을 견지·발전시켜 나갔다.

③ 정제두는 바로 이상과 같은 관점에서 '격물格物·치지致知'에 대한 이해에 있어서도 역시 주희와는 다른 길을 걸었다. 즉, ㉠ 주희가 일찍이 '격물'을 "사물의 이理를 궁구하여 그 극처에까지 이르지 않음이 없는 것"으로, '치지'를 "나의 지식을 미루어나감을 극진히 하여 내 아는 바가 다하지 않음이 없는 것"[196]으로 각각 규정하는 가운데, 이러한 '격물·치지'를 『대학』에서의 원초적 출발점이자 가장 중요한 공부로 상정한 바 있다. ㉡ 한편, 정제두는 젊어서부터 ㉮ 이상과 같은 주희의 '격물·치지'론을 근본적으로 문제시했던바, 즉 ⓐ 만약 주희의 논리를 따른다면 결국 "('격물'에서의: 필자 주) 물物은 사물의 이理가 되고 이理는 물物에 있다고 말하는 한편, 물物에 있는 이理에서 지식[識]을 구하여 이로써 내 심心의 도道를 밝힌다"는 주장이 되는바, 이는 결과적으로 "천지天地 사이에 한 개 공중에 매달린 도리道理를 가지고 천지만물의 법칙을 통괄하는 셈이며, 심心이란 것은 기껏 이를 수섭受攝하는 장소와 운행運行하는 자료로

---

193 『存言【下】』(『霞谷集』, 卷9, p. 265) "有以爲明德爲內·親民爲外. ……有以爲知之必先·行之必後."

194 『存言【下】』(『霞谷集』, 卷9, p. 265) "工夫本體不得爲二. 體者卽爲其用, 知者卽是爲致也. ……初非以學與行·心與事, 可岐而二也."

195 『學辯』(『霞谷集』, 卷8, p. 230) "盖學者, 其功也; 行者, 其成也. ……而其所事則皆心也, 非爲問學於物理而後乃行之也."

196 『大學章句』, 「經1章」의 註 "致, 推極也. 知, 猶識也. 推極吾之知識, 欲其所知無不盡也. 格, 至也. 物, 猶事也. 窮至事物之理, 欲其極處無不到也."

삼는 데 불과할 뿐"[197]이요, 나아가 "물리物理가 별도로 분리되어 안팎으로 둘이 되며, 가지[枝條]를 먼저 하고 뿌리[根本]를 뒤로 하는 것"[198]이어서 "마침내는 한낱 물物에 있는 이理가 천지 사이에 있는 지극한 도리요 성학聖學의 종주宗主이자 천지만물의 주主가 되"[199]고 말았다고 맹비판하는 가운데, 또한 이를 "물物의 법칙[則]을 가지고 이 심心을 규제한다는 학설" 또는 "물리物理를 구하는 학문"[200]으로 규정한 바 있다. ⓑ 바로 이러한 문제의식에서 그는 단적으로 "왕씨王氏[王守仁: 필자 주]는 (주희가 事事物物에서 구했던 理란 기실: 필자 주) 이 심心에서 나온 것이지 물物에 있는 것이 아니어서 이 심心의 천리天理가 물物에서 발하면 각기 그 법칙[則]이 있지 않을 수 없으며, 이른바 '사사물물에 천연天然의 중中이 있다'는 것도 바로 이 심心인 것으로 생각했"[201]으며, "왕씨王氏가 말한바 '물物'이란 나의 심心 밖에 있는 것이 아니다. 이에 나의 심心이 나날이 쓰고 볼 수 있는 곳에 나의 지知가 소재하며, 그것에 조리条理가 있는 것은 모두 심心에서 나온 것이므로 모두 나의 성性일 뿐이다. 이처럼 물物이니 이理니 하는 것은 곧 심心이자 안[內]이 아닌 것이 없다"[202]고 역설함으로써 양명학陽明學의 관점에서 '인식론적 전회'를 시도하기에 이른다. ㊅ 이러한 전제 위에서 정제두는 ⓐ 우선 '격물格物'에서의 '격格'이란 "바르게 하다" 또는 "바르지 못한 것을 바로잡아 바른 데에 이르게 하다"거나 "바로잡

---

197 『學辯』(『霞谷集』, 卷8, p. 227) "其曰: '格物·致知', 謂以物者爲事物之理, 而以理爲在物也, 求識在物之理, 以明吾心之道. ……故而天地間一箇懸空道理, 該括天地·萬物之則, 而心者不過爲受攝之地·運行之資也."

198 『學辯』(『霞谷集』, 卷8, p. 226) "物理離而內外貳, 枝條先而根本後."

199 『學辯』(『霞谷集』, 卷8, p. 227) "故遂以一箇在物之理, 爲天地間至極底道理, 聖學之宗主, 而爲天地·萬物之主."

200 『學辯』(『霞谷集』, 卷8, p. 226) "(然自有夫博古今·求義理·)執物則, 以範制此心之學(以來,) ……"; 『學辯』(『霞谷集』, 卷8, p. 227) "求物理之學, ……"

201 學辯』(『霞谷集』, 卷8, p. 226) "王氏則以爲出於此心而不在於物, 是心之天理發之於物, 無不各有其則矣. 所謂'有天然之中於事事物物'者, 乃是心也."

202 『學辯』(『霞谷集』, 卷8, p. 227) "王氏所謂'物'者, 非外於吾心也. 乃吾心之日用·可見之地, 而吾知之所在者也, 其有条理, 皆出於心, 而皆吾之性. 是物也·理也, 無非心也·內也."

아 바른 데로 돌아가게 하다"[203]를 뜻하며, '물物'이란 "심心이 발한 바"로서의 "뜻[意]을 두고 있는 일[事]"[204]을 의미하는바, 이에 '격물'이란 결국 "뜻을 두고 있는 일을 바르게 한다", 이러한 의미에서 종국에는 "자기를 바르게 하여 물物을 바르게 한다"[205]는 뜻이 된다면, ⓑ 반면, '치지致知'에서의 '치致'란 "이르다[至]" 또는 "이름[至]을 극진히 함"[206]을 뜻하며, '지知'란 "심心의 본체本體로서, 곧 지선至善이 발한 바"이자 이러한 맥락에서 결국 "인심人心에 본연本然한 것"[207]을 의미하는바, 이에 '치지'란 결국 "심의 본체인 지선이 발한 바에 극진히 이르도록 한다"거나, 또는 "나의 심心이 발한 바인 물物[이는 곧 '일[事]'이다: 필자 주]을 바르지 않음이 없도록 함으로써 지知의 실상[實]을 다하지 않음이 없도록 한즉, 곧 사물의 이理가 바르게 되지 않음이 없고 나의 심心의 지知가 이르지 않음이 없게 된다"[208]는 뜻으로 해석한 바 있다. ⓒ 한편, 정제두는 이러한 의미에서 일찍이 "지금 치지致知란 (『中庸』에 나오는: 필자 주) '천명天命이 아! 심원하여 그치지 않는다'는 것이라면 격물格物이란 (『周易』에 나오는: 필자 주) '건도乾道가 변화하여 각자 성명性命을 바르게 한다'는 것이요, 치지가 나에게서

203 『大學說』, 「大學」(『霞谷集』, 卷13, p. 350) "格, 正也. ……格者, 正也. 其格也, 極其正也."; 『大學說』, 「大學」(『霞谷集』, 卷13, p. 364) "格者, 正之也."; 『大學說』, 「大學說」(『霞谷集』, 卷13, p. 373) "格者, 正也. 正其不正以至于正也."; 『大學說』, 「大學說」(『霞谷集』, 卷13, p. 378) "格, 正也.【是實功之方】 ……格者, 謂: '正之而使歸於正'也."

204 『大學說』, 「大學」(『霞谷集』, 卷13, p. 350) "物者, 事也. 卽意所在之事也."; 『大學說』, 「大學」(『霞谷集』, 卷13, p. 363) "心之發爲意."

205 『大學說』, 「大學」(『霞谷集』, 卷13, p. 364) "正其意所在之物,【物, 事也】 是也."; 『大學說』, 「大學說」(『霞谷集』, 卷13, p. 378) "如格物, ……正己而格物也."

206 『大學說』, 「大學」(『霞谷集』, 卷13, p. 350) "致, 至也. ……致者, 至也. 其致也, 至之盡也."; 『大學說』, 「大學」(『霞谷集』, 卷13, p. 363) "致者, 至之也."; 『大學說』, 「大學說」(『霞谷集』, 卷13, p. 373) "致, 至之盡也. 謂: '其知至之而極其至'也."

207 『大學說』, 「大學」(『霞谷集』, 卷13, p. 350) "知者, 心之本體, 卽至善之發也."; 『大學說』, 「大學說」(『霞谷集』, 卷13, p. 373) "知者是人心本然之知."

208 『大學說』, 「大學」(『霞谷集』, 卷13, pp. 363~364) "致其心之本體之知.【卽至善之發也】"; 『大學說』, 「大學說」(『霞谷集』, 卷13, p. 378) "所謂'致知'者無他, 凡於吾心所發之物, 莫不以正, 以盡其知之實, 則事物之理, 無不得正, 而吾心之知無不至矣者. 此謂'格物', 此謂'知之至'也."

발하여 스스로 다하는 것이라면 격물은 물物에 따라서 어김이 없는 것이다. 나로부터 말하자면 '충忠'이라 하고 '치지'라 이른다면,【오목於穆과 자진自盡이다】 물物로부터 말하자면 '서恕'라 하고 '신信'이라 하며 '격물'이라 이른다【각정各正과 무위無違이다】"[209]라고 설명하는 가운데, 또한 이를 요약하여 "격물·치지란 성의誠意의 공功이니, 곧 지知에 극진히 이름으로써 뜻[意]이 성실해지는 것"[210]으로 정의하기도 하였다. ㉰ 정제두는 이상과 같은 나름의 '격물·치지'론을 전개하는 가운데 ⓐ 일찍부터 "치지와 격물 역시 하나이지 두 가지 도道가 아니다. 왜냐하면 지知가 밖이 아니요,【시비지심是非之心이다】 의義도 밖이 아니며,【심心에 마땅함[宜]을 얻음이다】 이理도 밖이 아니요, 물物도 밖이 아니기 때문이다【시비是非의 물物을 앎이요 심心에 마땅한 이理를 얻음이다】"[211]라고 역설한 이래 "격물이란 치지의 명목[名]이요, 별다른 일이 있는 것이 아니다. 격물은 즉 치지의 겉모양[形]이다"[212]라고 일관되게 주장함으로써 결과적으로 '격물=치지'라는 등식을 제시하는 한편, ⓑ 특히 이러한 '치지'에서의 '지知'를 곧 『맹자孟子』에서 언급된바 '양지良知'를 의미하는 것으로 해석함으로써 결국 양명학의 '치양지致良知'설을 수용·주창하기에 이른다.[213] ㉱ 정제두는 바로 이상과 같은 관점에서 자신의 학문을 주자학朱子學에 대비하여 '실학實學'으로 자부하기에 이르렀으니, 즉 그는 일찍이 "이러한 까닭에 '뭇 물物[衆物]'에서

---

209 『學辯』(『霞谷集』, 卷8, p. 227) "今致知者, '維天之命, 於穆不已'也; 格物者, '乾道變化, 各正性命'也. 致知者, 如發己自盡是也; 格物者, 循物無違是也. 自我而言, 謂之'忌'·謂之'致知'【於穆, 自盡】; 自物而言, 謂之'恕'·謂之'信'·謂之'格物'.【各正, 無違】"

210 『學辯』(『霞谷集』, 卷8, p. 228) "格·致者, 誠意之功也. 知致而意誠矣."; 『學辯』(『霞谷集』, 卷8, p. 229) "格物以致知, 是誠意的工夫."

211 『學辯』(『霞谷集』, 卷8, p. 227) "致知·格物, 亦一也, 非兩道也. 何者? 知, 非外乜【是非之心】; 義, 非外也【心得其宜】; 理, 非外也; 物, 非外也.【知是非之物, 心得宜之理】"

212 『大學說』, 「大學說」(『霞谷集』, 卷13, p. 373) "格物者, 致知之名, 無他別事耳. 格物卽致知之形."

213 『大學說』, 「大學」(『霞谷集』, 卷13, p. 354) "至善者, 其目爲格物·致知. 至善之發見者, 良知也."; 『大學說』, 「大學說」(『霞谷集』, 卷13, p. 373) "知者是人心本然之知. 『孟子』曰: '……人所不慮而知者, 良知; 不學而能者, 良能.' ……皆是之謂也."

구하여 치지致知한다'는 것은 시비是非의 이理를 물物에 두고서 지식[識]을 구하는 것이니, 그 지知는 허虛한 것이요 용공用功은 밖에 있는 것이다. 반면 '물物에서 치지致知한다'는 것은 내가 능한 시비是非의 지知를 가지고서 물物에서 이루는 것이니, 그 지知는 실實한 것이요 용공用功은 나에게 있는 것이다"[214]라고 역설한 바 있다.

2

한편, 정제두는 『중용中庸』을 해석함에 있어서도 상기한 바 『대학』의 경우와 마찬가지의 자세를 견지했음은 물론이다. 즉, 그는 일찍이 "주자朱子의 학문은 그 학설이 또한 어찌 일찍이 선善하지 않았겠는가? ……그 실상은 다 같이 성인聖人의 학문을 하는 것이었으니, 어찌 일찍이 선하지 않았겠는가?"[215]라고 논평함으로써 주희朱熹의 경학적 입장이 함축한 바 일면적 의의를 흔쾌히 인정한 바 있다. 그럼에도 동시에 그는 주희의 『중용장구中庸章句』에서의 주석에 대하여 "성현聖賢께서 입언立言하심에 이러한 예例는 있지 않다. 차라리 구주舊注의 평이하고 명백한 것을 따르는 것만 같지 못하다"거나 "『장구』[『중용장구』 「제25장」의 註: 필자 주]에서는 그것['誠'과 '道': 필자 주]을 심心과 이理로 나누고 또한 체體와 용用으로도 나누었는데, 비록 매우 정밀한 듯하나 아마도 자사子思의 본뜻은 아닐 것이다"[216]라고 비판한 사례에서 간취할 수 있듯이, 그 나름의 독자적인 관점에서 『중용』에 대한 전면적 재해석을 시도한 바 있다. 이에

214 『學辯』(『霞谷集』, 卷8, p. 227) "是故'求衆物而致知'者, 以是非之理爲在物, 而求識之, 其知也許而其用功在外. 其'致知於物'者, 以吾能是非之知, 致之於物爾, 其知也實而其用功在我."

215 『存言【下】』(『霞谷集』, 卷9, p. 264) "朱子之學, 其說亦何嘗不善? ……其實同是爲聖人之學, 何嘗不善乎?"

216 『中庸說』, 「中庸雜解」(『霞谷集』, 卷12, p. 343) "'費·隱'二字. ……聖賢立言, 未有此例. 不如舊注平易明白可從."; 『中庸說』, 「中庸雜解」(『霞谷集』, 卷12, p. 343) "'誠者自成'一章. ……『章句』以分心理·分體用, 雖甚精密, 却恐非子思本指."

그 대표적 사례를 들자면 다음과 같다.

첫째, 정제두는 '『중용』의 주제'와 관련하여 ① 「제1장」에서 "자사子思가 맨 먼저 입언立言하여 '성性·도道·교敎' 세 가지 근원[原因]을 통틀어 말했"으니 바로 "이것이 일편一篇의 강령綱領·주목主目이 된다"[217]고 보면서, ② 특히 "『중용』의 글 전부가 미루어 밝힌 바는 다만 비은費隱·미현微顯의 뜻"[218]인바 곧 "'비費·은隱'으로써 중용中庸의 도道를 말하였"[219]고, 이어 "'도道·덕德·성誠' 세 가지 일을 총괄하여 말하고 이를 정치政治하는 도道와 성誠·명明의 학學으로써 미루어 밝혔으니, 곧 중용의 공부이다. 이는 실로 첫 장의 근원[源]으로서 일편一篇의 총회總會가 되는 것"[220]임을 강조한 바 있다.

둘째, 정제두는 '『중용』의 체제'에 대해서도 ① 『중용』 역시 『대학』과 마찬가지로 기본적으로 "고본古本의 문장에서 ……한 마디도 잘못되거나 뒤섞인 것이 없으며, ……그 말이 다 관통되어 한 군데도 흠결이 없다"는 관점에서 출발하여, ㉠ 우선 기존에 통용된바 모두 '33장'으로 구성된 주희의 '장구章句' 체제를 따르지 않고 대신 나름의 관점에서 본문의 편차를 수정하여 모두 '7장'으로 재구성하는 한편,[221] ㉡ 이를 다시금 '상편上篇'[제1장~제3장]과 '하편下篇'[제4장~제7장]으로 대별하고, 이에 전자가 '중용中庸의 도道'를 말하고 있다면 후자는 곧 '중용中庸의 학學[工夫]'을 다루고 있다고 설명하기도 하였다.[222] ② '각 장의 의미구조'에 대해서

217 『中庸說』, 「中庸」(『霞谷集』, 卷12, p. 319) "此爲一篇之綱領·主目. ……子思首立言, 統言'性·道·敎'三原因."

218 『中庸說』, 「中庸雜解」(『霞谷集』, 卷12, p. 342) "『中庸』一篇之所推明, 只是費隱·微顯之指耳."

219 『中庸說』, 「中庸」(『霞谷集』, 卷12, p. 322) "以'費而隱', 言中庸之道."

220 『中庸說』, 「中庸」(『霞谷集』, 卷12, p. 323) "總言'道·德·誠'三事, 因以爲政之道·誠明之學推明之, 中庸之工夫也. 此實首章之源而爲一篇之總會也."

221 『中庸說』, 「中庸」(『霞谷集』, 卷12, p. 324) "右第七章."; 『中庸說』, 「中庸雜解: 篇章第次一」(『霞谷集』, 卷12, p. 344) "第一首章. ……第七. ……"

222 『中庸說』, 「中庸」(『霞谷集』, 卷12, pp. 314~318) "右屬上篇.【皆以明中與庸之義. 盖庸之道也.】

도 그는 상기한 바대로 어디까지나 「제1장」이 “일편一篇의 강령綱領·주목主目이 된다면, 아래 글은 모두 이 공부를 미루어 밝혀 그 뜻을 해석한 것”[223]이요, 또한 “「제1장」의 첫머리에 도道의 수首·말末과 종終·시始를 밝혔으니, 이에 통틀어 일편一篇의 강綱이 된다”[224]고 인식한 바 있다.

셋째, 정제두는 ‘『중용』의 저자’에 대하여 직접 고증한 내용을 제시한 바는 없지만, 한편 그가 제기한바 “처음 「제1장」은 자사子思가 선성先聖께서 전하신 뜻[義]의 근본을 미루어 입언立言한 것이요, 그 아래는 부자夫子께서 군자君子·소인小人에 대해 말씀하신 것을 인용하여 그 중中과 부중不中을 밝힌 것이다”[225]라는 등의 일련의 주장을 미루어볼 때, 그 역시 주희와 마찬가지로 『중용』의 저자를 ‘자사’로 인식하고 있었음은 분명하다 하겠다.

마지막으로, 정제두는 ‘『중용』의 내용’과 관련해서도 역시 주목할 만한 몇 가지 독자적인 경학적 입장을 제기한 바 있으니, 이에 그 대표적 사례를 들자면 다음과 같다. ① ‘중용中庸’이란 개념부터 정제두는 주희와 이해를 아주 달리하였다. 즉, ㉠ 주희가 “‘중中’이란 편벽되지 않고 치우치지 아니하여 지나침이나 미치지 못함이 없는 것의 명칭이요, ‘용庸’이란 평상平常이다”[226]라고 정의하고 있음에 대하여, ㉡ 정제두는 ㉮

……右屬下篇.【以‘誠’字說中庸之功, 卽庸之學也. 盖皆說誠之德也.】”; 『中庸說』, 「中庸」(『霞谷集』, 卷12, pp. 322~323) “右第三章. ……言中庸之道. ……○自此以上, 當爲上一篇; 自此以下, 當爲下大節. ……右第四章. ……中庸之工夫也. ……”; 『中庸說』,「中庸雜解: 篇章第次一」(『霞谷集』, 卷12, p. 344) “第三. ……右上篇.”; 『中庸說』, 「中庸雜解: 篇章第次二」(『霞谷集』, 卷12, pp. 345~346) “右第三. ……是中庸之道也. ……右第四. ……是中庸之學也.”

223 『中庸說』, 「中庸」(『霞谷集』, 卷12, p. 319) “此爲一篇之綱領·主目, 下文皆以推明此之工夫, 義解而已.”

224 『中庸說』, 「中庸」(『霞谷集』, 卷12, p. 338) “右第一章. 首明道之首末·終始, 統爲一篇之綱.”

225 『中庸說』, 「中庸雜解: 篇章第次三」(『霞谷集』, 卷12, p. 346) “首一章, 子思推本先聖所傳之義以立言, 其下引夫子之言君子·小人, 以明其中與不中. ……”

226 『中庸章句』, 頭註 “‘中’者, 不偏不倚·無過不及之名; ‘庸’, 平常也.”

일단 "'중中'이란 지나침이나 미치지 못함이 없는 평상平常의 도道"227라고 정의함으로써 '중용' 개념의 이해에 있어 일견 주희의 입장과 궤를 같이하는 듯이 보인다. ㉯ 그럼에도 그는 여기에 그치지 않고 "지나친 것도 도道가 아니요, 미치지 못하는 것도 도道가 아니다. 오직 중용의 덕德만이 성도性道를 따르므로 지극한 것이 된다. 이것은 본디 성性 속에 똑같이 얻어가지고 있는 것으로서, 사람이면 누구나 다 할 수 있는 것"228이요, 이러한 맥락에서 "성인聖人의 도道란 심원하지만 평상平常에서 벗어나지 않는 것"229이라 주장했던바, 이로써 그는 특히 양명학陽明學의 관점에서 결국 '중용'이란 덕을 다름 아닌 '양지良知'와 등치시키는 독특한 경학적 입장을 피력한 바 있다.

② 정제두는 주희의 '성즉리性卽理'설에 대해서도 매우 비판적인 태도를 견지하며 대안적 입장을 개진한 바 있다. 즉, ㉠ 주희가 자신의 이기론理氣論의 관점에 따라 "성性은 곧 이理다. ……인간[人]과 사물[物]이 태어남에 각기 (天으로부터: 필자 주) 부여받은 이理를 얻음으로 인하여 건순健順·오상五常의 덕德을 삼으니, 이른바 '성性'이라는 것이다"230라고 주장함으로써 '성性＝이理'—이는 곧 '정情＝기氣'라는 도식을 동시에 함축한다—라는 도식을 제시하고 있음에 대하여, ㉡ 정제두는 ㉮ 우선 "성性이란 인심人心에 품부된 천天이니, 인간의 주체主體"가 되며, 이러한 "성性의 본체本體는 곧 인심人心의 본연本然한 이理로서의 도道"231라고 정의하는 가운데, ㉯ 또한, 그는 일찍이 ⓐ "천지天地 가운데는 오직 이 한 개의 성性이 있을

---

227 『中庸說』, 「中庸」(『霞谷集』, 卷12, p. 335) "中者, 無過·不及而平常之道."
228 『中庸說』, 「中庸」(『霞谷集』, 卷12, p. 335) "過者非道, 不及者非道. 惟中庸之德由於性道, 故爲至矣. 是固性所同得, 人皆可能."
229 『中庸說』, 「中庸」(『霞谷集』, 卷12, p. 312) "聖人之道深遠, 不出乎其平常者."
230 『中庸章句』, 「第1章」의 註 "性卽理也. ……人·物之生, 因各得其所賦之理, 以爲健順·五常之德, 所謂'性'也."
231 『中庸說』, 「中庸」(『霞谷集』, 卷12, p. 319) "性者, 人心所稟之天, 人之主體也.【天之實體】……道者, 人心本然之理, 性之本體也.【性之實事】"

뿐”이요, 이러한 “성性은 곧 이理다. ……대개 성性이란 이理의 체體요, 삶[生]의 주재[主]요, 하늘의 근원[元]이며, 인간의 명命이고, 모든 극極이 모이는 곳이며, 만유萬有의 으뜸[宗]이다”라고 강조하는 한편, 나아가 “이른바 ‘명命’이니 ‘성性’이니 ‘신神’이니 ‘심心’이니 하는 것은 반드시 자연 그대로의 본체[天然之體]와 고유한 중中을 가지며 그 본연本然의 것으로 도리道理를 삼는 것”232이요, ⓑ 따라서 “이理·기氣는 나누어 말할 수 없다. ……심心은 이理요 성性 역시 이理이니, 심心과 성性을 두 갈래로 나눌 수 없는 것”인바, 즉 “성性이란 심心의 본체本體요,【도덕道德이다】 심心이란 성性의 주재主宰이니,【신명神明이다】 모두가 이理일 뿐이다. 이에 심心을 기氣라고 말하거나 성性을 텅 빈 것[虛]이라고 말하여서 이理와 기氣로 나눌 수 없는 것”233임을 누누이 역설했던바, 이로써 그는 결과적으로 ‘성性＝이理＝심心’이란 도식, 즉 ‘심즉리心卽理’설을 주장하기에 이른다. ㉯ 한편, 정제두의 이러한 주장은 그 이면에 상기의 ‘격물格物·치지致知’론에서 제기한 바 양명학의 관점에서의 ‘인식론적 전회’를 전제하고 있음은 물론이요, 또한 이로써 그는 주자학朱子學의 “병통이 비단 지리支離하고 두 갈래로 갈라지는 데에 있는 것만이 아님”234을 통박하는 가운데 나름의 관점에서 인간의 독특한 주체적 실천성을 강조·부각시키고자 노력했던 것이다.

③ 정제두는 ‘미발未發·이발已發’ 개념의 이해에 있어서도 주희와 견해를 달리하였다. 즉, ㉠ 주희는 일찍이 ㉮ 인간의 ‘심心’이란 ‘성性’과 ‘정情’을 포괄하는 동시에 주재하고 있다고 보면서, ⓐ 여기서의 ‘심心의 본

---

232 『存言【中】』(『霞谷集』, 卷9, pp. 247~248) “○性卽理也. ……盖性者, 卽理之體也, 是生之主者也, 天之元也, 人之命也, 諸極之聚也, 萬有之宗也. 所謂‘命’也·‘性’也·‘神’也·‘心’也, 是必有其天然之體·固有之中, 有所本然而爲道理者. ……天地之中, 只有此一箇性而已.”

233 『存言【中】』(『霞谷集』, 卷9, p. 249) “○……理·氣, 不可分言. ……心, 理也; 性, 亦理也, 不可以心·性岐貳矣. ……性者, 心之本體【道德】; 心者, 性之主宰,【神明】 皆理耳. 不可以心言氣·性言虛, 以分理·氣也.”

234 『存言【中】』(『霞谷集』, 卷9, p. 248) “○……不獨病支離·岐貳而已之間也.”

本·체體'란 곧 '성性'으로서, '참되고 고요한 상태[眞而靜]'에 있기 때문에 '미발未發'이라 부르며, 또한 사덕四德[仁·義·禮·智]—또는 오상五常[仁·義·禮·智·信]—이 형이상의 도道로서 구비되어 있음에 '중中'이라고도 하는 반면, ⓑ '심心의 말末·용用'이란 곧 '정情'으로서, 기氣로서의 형形이 이미 생겨나 있음에 외물이 이러한 형形에 접촉하게 되면 내면[中]이 움직이기 때문에 '이발已發'이라 부르며, 또한 내면이 움직이면 '사단四端'[惻隱·羞惡·辭讓·是非之心]과 '칠정七情'[喜·怒·哀·懼·愛·惡·慾]이 출현하니 이에 각각 그 주主 되는 바가 있게 되면 '화和'가 된다고 주장했던바,[235] ㉯ 여기서 그는 특히 '미발'의 특징으로 무엇보다 '고요함[靜]'이나 '사려가 아직 싹트지 않음[思慮未萌]' 또는 '고요하여 움직임이 없음[寂然不動]'을 강조함으로써 이를 자신이 궁극적으로 지향한바 수양론, 즉 이른바 성덕군자成德君子가 '심체心體의 본연本然[眞體]을 보존한다'는 '존심存心'설의 요체로 삼은 바 있다. ㉡ 이에 대하여 정제두는 ㉮ 평소 양명학의 입장에서 ⓐ "음陰이면서 양陽이요 양陽이면서 음陰이고 동動이면서 정靜이요 정靜이면서 동動이어서, 음양·동정은 서로 쉬지 않고 순환하는 상태에 있다. 그 음陰 가운데 양陽이 있고 양陽 가운데 음陰이 있으며 동動 가운데 정靜이 있고 정靜 가운데 동動이 있는가 하면, 그 체體에는 또한 용用이 있고 그 용用에는 또한 체體가 있어서 그 체體·용用의 드러남과 은미함[顯微]도 항상 서로 갖추어져 분리되지 않는다. ……이처럼 그 동정·체용에 있어 그 유행流行하는 것을 '명命'이라 하고, 부여된 것을 '성性'이라 한다. 인간에 있어서는 '성性'이라 하

235 『中庸章句』, 「第1章」의 註 "喜·怒·哀·樂, 情也. 其未發, 則性也, 無所偏倚, 故謂之'中'. 發皆中節, 情之正也, 無所乖戾, 故謂之'和'."; 『論語集註』, 「雍也」篇 第2章의 註 "(天地儲精, 得五行之秀者爲人.) 其本也眞而靜, 其未發也五性具焉, 曰: '仁·義·禮·智·信.' 形既生矣, 外物觸其形, 而動於中矣. 其中動而七情出焉, 曰: '喜·怒·哀·懼·愛·惡·欲.'"; 『孟子集註』, 「公孫丑章句上」篇 第6章의 註 "惻隱·羞惡·辭讓·是非, 情也; 仁·義·禮·知, 性也. 心, 統性情者也."; 『朱子大全』, 卷32(「答張欽夫」), p. 32a.(中和堂) "(然)方其[心을 말함: 필자 주]靜也, 事物未至, 思慮未萌, 而一性渾然, 道義全具, 其所謂'中', 是乃心之所以爲體而寂然不動者也. 及其動也, 事物交至, 思慮萌焉, 則七情迭用, 各有攸主, 其所謂'和', 是乃心之所以爲用, 感而遂通者也."

고 성性을 따름[率性]을 '도道'라 이르며, 내 몸에 있어서는 '성誠'이라 하고【스스로 이룸[自成]이다】 사물에 있어서는 '도道'라 이르며,【스스로 말함[自道]이다】 발하지 않은 것을 '중中'이라 하고【체의 은미함[體微]이다】 절도에 맞는 것을 '화和'라 한다.【용의 드러남[用顯]이다】 ……그 음양·동정이 순환하여 서로 꿰는 듯한 가운데에 이理·기氣는 갖추어지지 않은 것이 없으니, 동정·체용의 한 끝만을 가지고서는 말할 수 없"236으며, 한편 "태극太極은 음陰·양陽의 근저根柢이자 추뉴樞紐로서 갖추어지지 않은 것이 없다. 그렇다면 음양·동정에는 태극이 있지 않은 데가 없음을 알 수 있다"237는 기본적 관점에서 출발하여, ⓑ 상기한바 주희의 입장처럼 "만약 오로지 정靜을 체體라 하고 이理라고 하며 동動을 용用이라 하고 기器라고 하면서 이처럼 절목節目을 나눈다면 음양·동정을 말하면서도 그 태극을 잃은 것이 되니, ……무엇으로 큰 근본을 삼을 것이"238며, 또한 "만약 희喜·로怒·애哀·락樂을 떠나서 공허한 것으로 이理를 삼고 대본大本을 삼는다면 그 대본이란 마른 나무나 모래와 조약돌과 같을 것이니, 나의 성性과는 어떤 분별이 있겠는가? 대개 이런 말을 하는 자는 ……자못 심체心體가 본래 결함이 없고 원래 앞뒤가 없다는 것을 살피지 못한 것"239으로 맹비판하는 가운데, ㉯ 정제두는 바로 이러한 맥락에서 ⓐ "이 심心의 밝음이

236 『存言【上】』, 「動靜體用理氣解」(『霞谷集』, 卷8, p. 239) "陰而陽, 陽而陰; 動而靜, 靜而動, 陰陽·動靜, 相循環之中也. 其陰中有陽, 陽中有陰; 動中有靜, 靜中有動; 而其體也亦有用, 其用也亦有體, 其體用顯微, 常相俱而不離. ……而於其動靜·體用, 則其流行謂之'命', 賦與謂之'性'. 在人謂之'性', 率性謂之'道', 在己謂之'誠',【自成】 在物謂之'道',【自道】 其未發謂之'中',【體微】 中節謂之'和'.【用顯】 ……於其陰陽·動靜, 循環如貫之中, 理·氣無不具焉, 不可以動靜·體用之一端也."

237 『存言【上】』, 「太極主靜中庸未發說」(『霞谷集』, 卷8, p. 240) "太極爲陰陽之根柢·樞紐, 該之而無不在. 然則於陰陽·動靜, 太極無不在, 可知."

238 『存言【上】』, 「太極主靜中庸未發說」(『霞谷集』, 卷8, p. 240) "若專以靜爲體·爲理, 動爲用·爲器, 如是分節, 則言陰陽·動靜而失其太極, ……其何以爲大本乎?"

239 『存言【上】』, 「太極主靜中庸未發說」(『霞谷集』, 卷8, p. 240) "若果離喜·怒·哀·樂, 而以空虛者爲理·爲大本, 則其爲大本也, 如枯木也·砂礫也, 與吾性何有乎分別? 盖爲此者, ……然殊不察心體卽本無欠缺而元無前後."

란 그 전체가 생생生生하여 비록 사물이 아직 감응되지 않았다 하더라도 그 체體는 항상 활발하여 혼전渾全하며 항상 밝아서 어둡지 않은 것이다. 그 진체眞體는 항상 확연廓然하고 크게 공정하며, 지극히 정靜해서 하는 바가 없으며, 적연寂然하여 아직 발發하지 않았지만 그 감통感通하는 바는 끝이 없는 것"임을 강조하는 가운데, 바로 "이처럼 무릇 정靜한 가운데 존양存養하는 것이란 곧 맹자孟子의 야기설夜氣說이 이것이다"[240]라고 보기도 하였다. ⓑ 나아가 정제두는 상기의 관점에서 이황李滉[退溪, 1501~1570]의 이기설에 대해서도 "반드시 이理·기氣를 가지고 두 가지의 물物로 삼은 까닭에 ……퇴계退溪의 설은 부당하다고 할 수 있다"[241]고 비판하는 가운데, "생각건대, 기氣가 비록 용사用事하지 않았더라도 그 본바탕[元本]에 깨끗하지 못한 것이 여전히 자재自在한다면, 이 이理라는 것도 어찌 정소精昭하고 순수純粹할 수 있겠"[242]으며 "다만 이 하나의 기氣가 이체理體에서 순수하다면 동動할 때도 이 체體요 정靜할 때도 이 체體이지만, 만약 인욕人欲에 얽매인다면 동動할 때도 가려지고 정靜할 때도 가려지니, 이는 다만 원체元體가 어떠한가에 달려 있는 것이지 동動·정靜을 가지고서 분속分屬할 수는 없는 것이다"[243]라고 주장했던바, 이로써 그는 명백히 '미발심체유선악未發心體有善惡'설을 표명·지지하는 입장을 견지한 바 있다.

240 『存言【上】』, 「太極主靜中庸未發說」(『霞谷集』, 卷8, p. 240) "是心之明, 全體生生, 事物雖未感, 而其體則常活潑而渾全, 常昭昭而不昧.【其眞體也, 常廓然大公, 至靜無爲, 寂然未發, 而其感通不窮】 ……凡此靜而存養者, 孟子夜氣之說是也."

241 『存言【上】』, 「太極主靜中庸未發說」(『霞谷集』, 卷8, p. 241) "按, 退溪此簡說甚密, 然必以理氣爲二物, ……其於退溪之說, 可謂無當矣."

242 『存言【上】』, 「太極主靜中庸未發說」(『霞谷集』, 卷8, p. 241) "按, 氣雖未用事也, 其元本之不潔者, 依舊自在, 則是理者, 安得以爲精昭·純粹者乎?"

243 『存言【上】』, 「太極主靜中庸未發說」(『霞谷集』, 卷8, p. 242) "只此一氣也, 而純乎理體, 則動時也此體, 靜時也此體; 累於人欲, 則動時也此蔽, 靜時也此蔽, 只在元體之如何, 不可以動·靜而分屬也."

3

결국, 이상과 같은 정제두의 경학적 입장은 오직 '성인聖人의 본지本旨'와 '성학聖學의 요지要旨'를 모색함으로써 특히 당시 조선의 교조적인 주자학 일변도의 학문풍토, 즉 그가 보기에 "뒤에 와서 이[주자학: 필자 주]를 배우는 자들은 거개가 그 근본을 잃어버렸다. 지금 이를 주장하는 자들은 주자朱子를 배우는 것이 아니라 단지 주자를 가탁假託하며, 주자를 가탁하는 것이 아니라 단지 주자를 견강부회牽强傅會하여 자신의 뜻을 성취하며, 주자를 끼고 위엄을 지어 자신의 사욕私慾을 도모하"[244]는 상태로 전락한 현실을 극복하고자 한평생 나름대로 치열하게 고투했던 지적 노력의 소산이었다. 물론 이러한 그의 고투는 "내가 『양명집陽明集』을 보건대 그 도道에는 간요簡要하면서도 몹시 정밀精密한 것이 있으므로 마음 속 깊이 기뻐하여 이를 좋아하였다"[245]는 말에서 잘 간취할 수 있듯이, 특히 양명학을 적극 수용함으로써 정주성리학의 '지리支離'한 병통[246]을 극복하려는 맥락에서 유교경전을 독자적으로 재해석하는 형태로 구체화되었다. 이를 통하여 정제두는 무엇보다 '지행합일知行合一'설과 '치양지致良知'설을 강조·설파함으로써 인간의 독특한 주체적 실천성을 부각시키고자 노력했던바, 또한 바로 이러한 이유에서 자신의 경학적 입장을 주자학에 대비하여 '실학實學'으로 자부하기에 이르렀던 것이다.

---

244 『存言【下】』(『霞谷集』, 卷9, p. 264) "(朱子之學, 其說亦何嘗不善? ……其實同是爲聖人之學, 何嘗不善乎?) 後來學之者, 多失其本. 至於今日之說者, 則不是學朱子, 直是假朱子, 不是假朱子, 直是傅會朱子, 以就其意, 挾朱子而作之威, 濟其私."

245 『存言【下】』(『霞谷集』, 卷9, p. 264) "○余觀『陽明集』, 其道有簡要而甚精者, 心深欣會而好之."

246 『存言【中】』(『霞谷集』, 卷9, p. 248) "○……後之以性爲理也, 無所體而言性理也. 故卽其性爲捉空而情爲氣役, 理是義襲而心是逐物. 其所以爲學焉者, 專是一箇作爲仁義·意必·助氣而已爾, 不獨病支離·岐貳而已之間也."

II. 세무실용 중시의 경세사상

이상에서 비록 소략하게나마 일별한 '탈주자학적脫朱子學的 경학사상經學思想'의 흐름은 일단의 조선의 지성들이 이 땅의 한 시대적 전환기를 나름대로 치열하게 살아내면서 보여준 하나의 철학적 몸짓이었다. 그들은 특히 자신의 상상력을 기존의 주자학적 인식틀 속에 가두기를 거부하는 가운데 주체적인 사유와 자아인식을 통하여 나름의 '유가적儒家的 우환의식憂患意識'을 진지하게 전개하고 실천했던 '시대의 이단자들'이었고, 또한 현실의 구체적인 '제도의 문제'를 '철학의 문제'로 자유롭게 변환시켜 이해·설파할 줄 알았던 '사상의 대가들'이기도 하였다. 물론 이와 같은 그들의 경학사상은 이후 정약용丁若鏞에 의해서 발전적으로 계승되면서 하나의 완결된 세계관으로 집대성되어간다.

한편, 경학經學이란 단지 '수기修己의 학學'이란 의미만을 가지는 데 그치지 않는다. 이는 경세학經世學에서의 구체적인 제도(개혁)론을 이끄는 질서감각을 제공하는 동시에 이러한 논의의 정당성을 보증하는 근거·기반의 역할을 하고 있는 것이다. 이러한 맥락에서 볼 때, 상기의 '탈주자학적 경학사상'의 흐름은 정주성리학程朱性理學의 세계관에 기반을 둔 기존의 전반적인 국가사회제도 및 그것의 운영원리에 대한 '근본주의적 비판'을 함축하는 것인 동시에 나아가 전면적인 제도개혁을 지향하는 '변법적 경세학'을 예고하는 것이기도 하였다. 그러면 지금부터 상기한바 남인계열南人系列의 인물[許穆·柳馨遠·李瀷·尹鑴]을 중심으로 그들이 보여준 '세무실용世務實用 중시의 경세사상'의 흐름과 그 내용을 차례대로 개관해보도록 하자.

허목: '삼대지치'를 이상으로 하는 '변법적 경세학'의 단초를 제공하다

허목許穆[眉叟, 1595~1682]은 상기한바 변법적 경세학의 단초를 제공한 인물이기도 하다. 우선, 허목은 '고학古學'이라는 자신의 경학적 기반에 근거하여 나름의 독특한 경세론을 개진한 바 있다. 즉, ① 그는 자신의 모든 경세론에 일관되는 치도治道의 기준을 '육경六經'에 나타난 치세治世의 지고한 이상으로서의 '삼대지치三代之治'에 두는 가운데, ② 그 요체로서 「춘추설春秋說」·「홍범설洪範說」·「예설禮說」 등에 근거를 둔 '존군비신론尊君卑臣論', '북벌반대론北伐反對論' 및 '지주제억제론地主制抑制論'을 개진한 바 있으니, 이것은 대체로 군신 간의 권위·위계질서의 재확립, 부국강병이나 공리功利로부터 보민保民·안민安民—농업의 진흥, 수취收取의 경감, 사농공상士農工商과 적서嫡庶 간의 위계질서의 유지—으로의 통치목표의 전환을 지향하는 것이었다.[247]

한편, 허목은 자신의 고학적 세계관에 토대를 두면서 당시의 성리학자와는 상이한 역사관을 보여주기도 하였던바,[248] 대표적으로는 ① 상고문화上古文化의 긍정과 단군檀君의 존재에 대한 강조, ② 우리나라는 기후·말·풍속·취미에 있어 중국과는 다른 방외方外의 별국別國이라는 사실의 강조, ③ 우리나라의 강역疆域·물산物産·풍속風俗에 대한 광범위하고도 구체적인 관심의 표명 등이 바로 그것이다.[249]

---

247 보다 자세한 내용은 金駿錫(1987), 金駿錫(1991a) 및 金駿錫(2003: 25~92)이 참조된다.

248 허목의 한국사 인식을 잘 보여주고 있는 저술로는 대표적으로 『동사東事』가 있다. 그는 『기언記言』의 여러 글 중에서도 특히 『경설經說』과 『동사』를 중요시하여 이것을 숙종肅宗에게 바치기도 하였다. 보다 자세한 내용은 韓永愚(1989: 109~130)가 참조된다.

249 이러한 사실은 『동사東事』의 「단군세가檀君世家」편과 「지승地乘」편에서 대표적으로 잘 확인된다.

유형원: 『반계수록』을 통해 국가제도의 전반적인 개혁안을 전개하다

유형원柳馨遠[磻溪, 1622~1673]은 상기한바 고학古學을 지향하는 학풍 속에서 정주성리학의 '이기理氣·심성心性'론을 상대화하는 작업을 통하여, 한편으로는 '기선리후氣先理後'론과 '이기불상리理氣不相離'론을 강조함으로써 사물의 현상적·실제적·현실적인 측면을 중시하는 태도를 보여주었고, 다른 한편으로는 특히 삼대三代의 고제古制·고법古法에 관철되고 있었다고 인식되는 '고인古人[聖人]의 도道'를 지향하는 '실리實理'론을 새롭게 구상함으로써 자신의 개혁론을 고금을 초월한 근본원리에다 정초시키고자 노력한 바 있다.

유형원은 바로 이러한 경학적 기반 위에서 '동국제일東國第一의 경륜經綸'이라 일컬어지듯 실로 호대한 학문세계를 구축했던바, 이에 그 내용을 개관해보면, ① 국가제도의 전반적인 개혁안을 전개한 저술로는 『반계수록磻溪隨錄』이, ② 역사연구로는 『동국사강목조례東國史綱目條例』, 『역사동국가고歷史東國可攷』, 『속강목의보續綱目疑補』가, ③ 지리연구로는 『여지지輿地志』, 『중흥위략中興偉略』, 『지리군서地理群書』가, ④ 병법연구로는 『무경사서초武經四書抄』, 『기효신서절요紀効新書節要』가, ⑤ 음운연구로는 『정음지남正音指南』이, ⑥ 선술연구仙術研究로는 『참동계초參同契抄』가, ⑦ 문학연구로는 『동국문초東國文抄』, 『도정절집陶靖節集』이, ⑧ 기타의 연구로는 『기행일록紀行日錄』, 『서설서법書說書法』 등의 저서와 그 외에 『문집文集』이 있었다.[250]

다만 이러한 저술 가운데서 오늘날에는 『반계수록』만이 전해지고 있는데, 이 저서만 하더라도 기실 '경제[經國濟民]사상의 대종大宗'으로 일컬어질 만큼 매우 방대한 내용으로 이루어져 있다. 이에 그 내용을 소개하면, ① 「전제田制」[土地制度], ② 「전제후록田制後錄」[財政, 商工業], ③ 「교

250 이에 대해서는 대표적으로 千寬宇(1958b/1979)가 참조된다.

선지제敎選之制」[鄕約, 敎育, 考試], ④「임관지제任官之制」[任官 등 官僚制度의 運用], ⑤「직관지제職官之制」[官廳 등 政府機構], ⑥「녹제祿制」[官吏의 報酬], ⑦「병제兵制」[軍事機構 및 軍事制度의 運用], ⑧「병제후록兵制後錄」[築城, 兵器, 交通, 通信], ⑨「속편續篇」[儀禮, 言語, 기타], ⑩「(보유補遺)군현제郡縣制」[地方制度]로 구성되어 있고, 또한 각 권마다 해당 문제와 관련되는 문헌을 모아 자신의 개혁론의 타당성을 뒷받침하는「고설攷說」을 첨부하였다.[251]

이상과 같은 유형원의 경세론에 있어서도 특히 근간이 되는 부분은 '전제田制'와 '교선제敎選制'에 관한 그의 개혁론이다. 즉, ① 유형원은 '토지제도'의 개혁과 관련하여, ㉠ 토지제도가 한번 바로잡히면 만사가 바르게 될 수 있다는 인식 하에, ㉡ 고대중국[殷·周]의 정전제井田制를 이상으로 하는 '균전제均田制'를 실시함으로써 현실의 대토지 겸병을 혁파하고 대체로 균등한 토지소유제를 실현시킬 것을 역설한 바 있다. ㉢ 물론 이러한 그의 주장은 자영농민 중심의 소농경제를 육성·안정시킴으로써 결과적으로 부민富民·부국富國을 이루고자 했던 그의 개혁구상을 반영하는 것이었다. ② 한편, 유형원은 '교선제'의 개혁과 관련해서도 ㉠ 과거제도를 영원히 폐지하고 그 대신 '공거제貢擧制'를 채택할 것을 주장한 바 있다. ㉡ 이러한 그의 주장 역시 관리의 선발은 사장詞章 위주에서 능력 위주로 시행해야 하며, 또한 문벌이나 지벌을 중시하는 풍조를 혁파해야 한다는 평소의 문제의식을 함축·표현하고 있음은 물론이다.

이익:『곽우록』과『성호사설』을 통해 국정과 민사에 걸친 근본적 구제책을 모색하다

이익李瀷[星湖, 1681~1763] 역시 기본적으로 '수사본원洙泗本原의 수기치인修己治人의 학學'을 지향하는 입장에서 무엇보다 '치의致疑'와 '자득自得'을 중시

251 이에 대해서는 대표적으로 千寬宇(1952~1953/1979), 千寬宇(1965/1974), James B. Palais(1996/2008)가 참조된다.

하는 자유로운 정신을 통하여 정주성리학의 경학체계를 재구성하는 노력을 경주했던바, 결국 이러한 노력은 독자적인 철학적 사유체계의 정립을 통하여 궁극적으로는 '수기修己와 안인安人' 및 '치용致用'을 지향하는 자신의 경세학을 뒷받침하기 위한 지적 고뇌의 산물이기도 하였다.

이익은 바로 이상과 같은 경학적 토대 위에서 국정國政과 민사民事에 걸쳐 당시 전반적으로 노정하고 있었던 각종의 제도적 폐단에 대해 깊이 근심하는 가운데 그 구제책을 본격적으로 모색했던바, 이러한 고심의 결과는 실로 광범위한 부문을 포괄하는 '경세치용經世致用의 학學'으로 구체화되었던 것이다. 그의 경세론은 주로 『곽우록藿憂錄』, 『성호사설星湖僿說』, 『성호문집星湖文集』의 「잡저雜著」 등에 나타나 있다.[252] ① 이 중에서도 특히 『곽우록』은 경세치용에 대한 그의 주요견해가 집중적으로 기술되어 있는 저술로서, 「경연經筵」·「육재育才」·「입법立法」·「치민治民」·「생재生財」·「국용國用」·「한변捍邊」[국경수비]·「병제兵制」·「학교學校」·「숭례崇禮」·「식년시式年試」·「치군治郡」·「입사入仕」·「공거사의貢擧私議」·「선거사의選擧私議」·「전론錢論」·「균전론均田論」·「논과거지폐論科擧之弊」·「붕당론朋黨論」 등 모두 '19부문'으로 이루어져 있다. ② 한편, 『성호사설』은 이익이 독서와 사색, 견문을 통하여 얻은 바를 그때그때 적어둔 글들로 이루어져 있는데, 천하만물에 대한 것은 물론 고금古今의 일과 중국 및 서양제국 등 다방면에 걸친 견해의 집대성으로서 「천지문天地門」·「만물문萬物門」·「인사문人事門」·「경사문經史門」·「시문문詩文門」 등 '5대문'으로 구성되어 있으며, 물론 그의 전체 저작 가운데서도 가장 핵심이 되는 저술이기도 하다.

한편, 이처럼 이익의 경세론이 광범위한 부문을 포괄하고 있음에도 그 요체가 되는 문제는 역시 '전제田制'와 '교선제敎選制'의 개혁론에 있었다. 즉, ① 이익은 토지제도의 개혁과 관련하여 나름의 주목할 만한

---

252 상기의 저술에 나타난 이익의 경세론, 즉 그의 '안민부국론安民富國論'의 사상적 기초, 체계 및 내용에 대한 전반적 연구로는 대표적으로 이헌창(2012)이 참조된다.

입장을 개진한 바 있으니, 즉 ㉠ 그가 살았던 18세기 조선사회에는 영농기술의 발달—이앙법移秧法의 보급과 이모작二毛作의 실시 등—에 따른 농산물의 생산증가와 상품화, 화폐의 전국적인 유통이 급속하게 진전되고 있었던바, 특히 화폐는 당시 소토지농민에 대한 국가의 수탈, 상업·고리대 자본과 부패한 관리들의 착취에 있어 매우 편리한 수단으로 전락하고 있었다. 이에 따라 소토지농민과 소작농은 대량으로 파산하면서 급격히 토지로부터 유리되어갔고, 동시에 토호土豪와 세가勢家를 중심으로 대토지소유라는 현상이 지역적으로 만연하기도 하였다. ㉡ 바로 이러한 현실을 현장에서 직접 목도하면서 이익은 무엇보다 '한전제限田制'의 실시라는 토지제도의 개혁을 통해 대토지소유제를 해체시키고 소토지농민을 보호하여 농민경제의 균산화均産化를 지향함으로써 궁극적으로 국가를 부유하게 만들 것을 역설한 바 있다. ② 이익은 과거제도의 개혁과 관련해서도 이를 전면적으로 개편함으로써 과거는 오년대비지제五年大比之制로 하고 향거리선제도鄕擧里選制度를 병행하여 '과천합일科薦合一'의 제制로 만들 것을 주장하였다. ③ 이외에도 형정·국가기구·지방제도·국방·외교 등 국정 전반에 걸친 개혁안을 제출한 바 있으니, 물론 이는 기본적으로 상기한바 유형원柳馨遠의 입장과도 맥을 같이하는 것이었다.

윤휴: '삼대의 치'를 이상으로 하는 제도개혁안 및 예론을 개진하다

윤휴尹鑴[白湖, 1617~1680]는 무엇보다 '성誠·경敬'에 기반을 둔 '감통感通'이란 종교적 정동성情動性의 요소, 즉 '사천事天'을 평소 일관되게 강조·중시한 바 있으며, 또한 이러한 철학적 세계관에서 출발하여 정주성리학의 경학체계에 대해서도 오직 '취선구시取善求是'를 지향하는 관점에서 필요한 경우 과감하게 문제를 제기함으로써 자신만의 독자적인 경학적 입장을 정립해나간 바 있다.

한편, 윤휴는 이상과 같은 경학적 입장, 즉 '사천학事天學'을 바탕으로 또한 자신만의 구체적이고도 광범위한 경세론經世論과 예론禮論을 제출한 바 있다. 우선, 윤휴는 행정行政·형정刑政·전정田政·병정兵政 등에 걸쳐 다양한 개혁안을 개진하였으니, 특히 ① 전정田政과 관련해서는 당시 궁가宮家나 관아官衙에 소속된 면세지인 대규모의 둔전屯田을 혁파하여 국가의 재정을 튼튼히 할 것을 주장하였고, ② 교선제敎選制와 관련해서는 사장詞章 중심의 과거제科擧制를 폐지하고 천거제薦擧制를 도입할 것을 제안했으며, ③ 국가기구의 개혁과 관련해서는 특히 고대중국의 '삼대三代의 치治'를 이상적인 것으로 보아 선성先聖의 전제典制인 '삼공육경三公六卿'제를 복구시키고 비변사備邊司를 혁파할 것을 요구하였는데, 이러한 그의 전반적인 개혁론 역시 기본적으로 유형원柳馨遠 및 이익李瀷의 입장과 맥을 같이하는 것이었다. ④ 이외에도 북벌론北伐論과 관련해서는 허목許穆과는 달리 북벌대의北伐大義를 자신의 출사出仕의 명분이자 조선의 국가적 존엄을 회복하는 문제로 인식하며 적극 주장한 바 있으며, 또한 이를 뒷받침하기 위한 병정兵政으로서 총부랑摠府郎의 설치와 만인과萬人科의 실시, 수레와 화포의 제작, 오가작통법五家作統法과 호패법號牌法의 재정비 등을 역설하기도 하였다.[253]

나아가, 윤휴는 자신의 예론을 일련의 제도개혁론과 일치시켜 전개하기도 하였다. 즉, ① 그의 예론은 기본적으로 고례古禮 중의 하나인 『의례儀禮』에 의거한 것으로서, 그 특징은 무엇보다 '왕자王者의 예禮와 일반 사대부士大夫의 예禮는 다르다'고 인식한 점에 있었으니, ② 이로써 그는 군주를 '지존至尊의 존재'로 보아 특히 군주의 확고한 권위를 강조한 바 있다.[254] 즉, 그는 사회 전체의 기강을 확립하고 제도개혁을 시행

253 윤휴의 경세론에 대한 자세한 내용은 韓㳓劤(1961b)과 韓㳓劤(1962) 및 이선아(2008: 105~120)가 참조된다.

254 윤휴의 예론에 대한 일반적 소개로는 정인재(1982), 김병화(1993) 및 이선아(2008: 121~142)가 참조된다.

하기 위해서는 무엇보다 강력한 지도력이 필요한데, 이러한 지도력은 곧 군주권을 중심으로 한 고례체계를 확립함으로써만 가능하다고 역설했던 것이다.

III. 외국사조의 영향

이상에서 일별한 바대로, 정약용丁若鏞은 자신의 학문세계를 구축해나감에 있어 일차적으로 조선에서 전개된 '탈주자학적 경학사상'과 '세무실용 중시의 경세사상'의 전통에 기반을 두고 이를 종합·승화시킨 바 있다. 즉, 그는 자신의 학문적 기본방향을 어디까지나 선진유가先秦儒家의 본래적 학문정신, 즉 구체적인 실천성을 지향하는 '공孔·맹孟의 도道'로서의 '수사학洙泗學'—이것을 정약용은 '수사洙泗의 고의古義'·'진원眞源'·'구관舊觀'·'구론舊論'·'구로舊路' 등으로 표현하였다—에 두고 있음을 거듭 천명하는 가운데, 주로 정주성리학程朱性理學을 비판적으로 검토하는 맥락에서 자신만의 독자적인 학문적 경지를 추구·개척해나갔던 것이다.

그럼에도 여기서 유의해야 할 한 가지 사실은 정약용이 상기의 거듭된 천명에도 불구하고 기실 자신의 학문을 말 그대로 '공孔·맹孟의 도道'에만 국한시킨 적은 일찍이 없었다는 점이다. 다시 말하자면, 정약용은 어디까지나 자신의 독립적인 학문적 관점과 내용을 구축·견지하는 가운데, 이에 부합하는 주장이라면 설령 위서僞書나 유가儒家의 책이 아닌 경우라도 흔쾌히 수용하려는 개방적인 태도를 취하면서[255] 제가諸家

255 『論語古今注 II』(『定本 與猶堂全書 9』, p. 194) "○[案] 『孔叢子』僞書, 然其所言則極是."; 『論語古今注 II』(『定本 與猶堂全書 9』, p. 282) "○[案] ……苟其理之眞是, 則豈以其異乎吾所聞而廢之?"; 『中庸講義補』(『定本 與猶堂全書 6』, p. 313) "○[今案] ……至於論理之言, 雖佛氏所言, 如其合理, 何必曲避?"

의 견해 또한 탄력적으로 취사선택한 바 있다. 바로 이러한 의미에서 정약용은 일찍이 자신의 학문세계를 구축함에 있어 외국사조, 대표적으로 '서학西學', '중국의 순자학荀子學과 고증학考證學' 및 '일본의 고학古學'에 대해서도 평소 "매색梅賾의 위작僞作은 매색의 위작 그대로인 것이고, 순자荀子의 진실은 순자의 진실 그대로인 것"[256]이란 나름의 실용적 정신에서 필요한 경우 이를 과감하게 수용·활용했던 것이다.

결국 이러한 사실은 ① 정약용의 학문세계란 기본적으로 '유교적 사상전통'이 특히 '조선후기의 사회적·경제적 조건'과 나름대로 조응하며 비로소 구성·출현할 수 있었던 독특한 학문세계, 따라서 결코 유교의 특정 학파나 전통으로 완전히 환원·포섭되지 않는 '하나의 독자적인 사상체계'라는 점을 함축하고 있으며, ② 바로 이러한 의미에서 그의 학문적 입지점은 기본적으로 상기한바 '조선후기의 탈성리학적 경학전통'을 기본바탕으로 하는 가운데, 주로 '성리학'—주자학朱子學과 양명학陽明學—과 '서학'뿐만 아니라 여타 '제가諸家의 학문'—중국의 순자학荀子學과 고증학考證學 및 일본의 고학古學—의 자장이 겹치는 공간에 위치하고 있음을 의미하는 것이기도 하다.

서학사상

이상과 같은 관점과 맥락에서 정약용의 학문세계에 중요한 영향을 미친 외국사조를 조망한다면, 우선 '서학사상西學思想'을 거론할 수 있을 것이다. 17세기 이후 조선사회가 이전 시기와 구별되는 두드러진 특징 가운데 하나는 '명明·청淸 교체', 즉 '화華·이夷의 전도顚倒' 내지는 '중화주의中華主義 국제질서의 붕괴'라는 엄청난 변화를 경험하는 가운데, 또한 중국을 통해 서양세계와 처음으로 접촉하게 되면서 그 종교로서의 천주교天

256 「答金德叟」(『定本 與猶堂全書 4』, p. 222) "梅僞自梅僞, 荀眞自荀眞."

主教와 함께 르네상스기에 개화되었던 과학·기술에 대해서도 부분적으로나마 인식하게 되었다는 점이다.

1

이에 당시 조선에서의 서학의 전래양상을 개관해보면, 첫째, 17세기 초[1603년, 宣祖 36]에 부경사행赴京使行의 일원으로 명明 나라를 다녀온 이광정李光庭[訥翁, 1552~1627]이 마테오 리치Matteo Ricci[利瑪竇, 1552~1610: 예수회 선교사]의 『천주실의天主實義』와 『교우론交友論』 및 『곤여만국전도坤輿萬國全圖』를 전한 것이 그 시초로 알려져 있다. 여기서 특히 ① 『천주실의』는 중국뿐만 아니라 조선에서도 사상적으로 큰 반향을 일으켰던 천주교리서로서, 마테오 리치는 이 책에서 선진유가先秦儒家의 경전에서 말하는 '상제上帝'란 곧 천주교에서 말하는 '천주天主'라고 주장하면서, 불교佛敎와 도교道敎에서 내세우는 '공空·무無' 개념을 이단으로 배척하는 동시에 정주성리학에서의 무신론적인 '태극太極·이기理氣'설도 후유後儒들이 선유先儒들의 논지를 왜곡시킨 결과로 단정하기도 하였다. ② 한편, 『곤여만국전도』 역시 당시 중국을 비롯하여 조선과 일본에 전파되어 전통적 유교문화권에 사상적으로 커다란 충격을 주었다.[257] 왜냐하면 땅은 구체球體이며, 지구地球는 매우 광대하여 오대주五大洲가 있다는 사실을 인식시킴으로써 종래의 천원지방설天圓地方說에 근거한 화이론적 세계관을 뿌리째 뒤흔들었기 때문이다.

둘째, 명·청 교체기에도 서학은 계속 조선에 전래되어왔으니, 명말明末[1631년, 仁祖 9]에 진주사陳奏使로 북경을 다녀온 정두원鄭斗源[壺亭, 1581~?]

257 마테오 리치의 『곤여만국전도』에 대한 중국인들의 반응을 『곤여만국전도』에 실린 「서문序文」과 「발문跋文」을 중심으로 소개하는 한편, 조선인의 반응으로 최석정崔錫鼎[明谷, 1646~1715]의 「서양건상곤여도이병총서西洋乾象坤輿圖二屛總序」를 인용하고 있는 연구물로는 송영배(2013: 1~25)가 있다.

은 로드리게스Jerónimo Rodriquez[陸若漢, 1561~1633: 예수회 선교사]로부터 천리경千里鏡, 서양화포西洋火炮[紅夷砲], 자명종自鳴鐘, 염초화焰硝花, 자목화紫木花 등의 기물器物과 『치력연기治曆緣起』, 『천문략天問略』, 『이마두천문서利瑪竇天文書』, 『천리경설千里鏡說』, 『직방외기職方外紀』, 『서양국풍속기西洋國風俗記』, 『서양국공헌신위대경소西洋國貢獻神威大鏡疏』, 『천문도남북극天文圖南北極』, 『천문광교天文廣教』, 『만국전도萬國全圖』, 『홍이포제본紅夷砲題本』 등의 한역서학서漢譯西學書를 기증받아 인조仁祖에게 바친 일이 있으며,[258] 또한 동행했던 역관譯官 이영준李榮俊에게 서양식 천문·역법을, 별패장別牌將 정효길鄭孝吉에게는 홍이포紅夷砲의 조작법을 습득하여 귀국하도록 한 바 있다.

셋째, 병자호란丙子胡亂[1636년, 仁祖 14] 때 정치적 볼모로 아우 봉림대군鳳林大君과 함께 심양瀋陽에 갔던 소현세자昭顯世子가 갑신년[1644년, 仁祖 22] 11월에 북경으로부터 귀국하면서 아담 샬Adam Schall[湯若望, 1591~1666: 예수회 선교사]로부터 천문天文, 산학算學 및 천주교의 교리[聖教正道]에 관한 여러 종류의 한역서학서와 함께 여지구輿地球[地球儀] 한 벌과 천주상天主像 한 폭을 선물로 받은 바 있다. 소현세자는 이러한 선물에 대해 편지로 감사하는 한편, 이 가운데서 천주상과 천주교에 관한 서적은 돌려보내고 나머지는 귀국하면 궁중에서 사용하고 또한 출판하여 식자들에게 반포할 생각을 가졌던 것으로 알려져 있다.[259]

넷째, 이듬해인 을유년[1645년, 仁祖 23] 3월에는 봉림대군도 역시 귀국하게 되었는데, 이때에도 아담 샬은 대군의 호행재신護行宰臣이었던 한응일韓興一[柳市, 1587~1651]에게 『개계도改界圖』와 『칠정력비례七政曆比例』 각 1권씩을 기증하였다. 귀국 후에 한흥일은 이를 인조에게 바치면서 "달력을 반포하여 백성에게 농사 때를 알려주는 것은 제왕帝王으로서 가장

258 『仁祖實錄』, 卷25, 9年 7月 12日(甲申)條; 『國朝寶鑑』, 卷35, 仁祖 9年 秋7月條.

259 이에 대한 보다 자세한 내용은 黃斐默 編(1897: 25a)과 야마구치 마사유키[山口正之](1967: 37~43)가 참조된다.

먼저 해야 할 일입니다. 원元 나라의 곽수경郭守敬이 역서曆書를 고쳐 만든 지가 거의 400년이나 되었으니 지금은 의당 바로 잡아야 할 것이요, 탕약망湯若望[아담 샬]이 만든 역서를 본 결과 그것은 더욱 바로잡아야 하겠기에, 감히 『개계도』와 『칠정력비례』 각 1권씩을 바치오니, 해당 관원들로 하여금 자세히 살피고 헤아려 결정하여 역법曆法을 밝히도록 하시기 바랍니다"[260]라고 요청하였으니, 이것이 바로 조선에서 서양역법인 '시헌력時憲曆'을 처음으로 채택하는 계기가 되기도 하였다.

끝으로, 같은 해 12월에 한흥일이 다시금 북경에서 아담 샬이 성도星度의 차수差數와 절기節氣의 영축盈縮을 논한 『신력효식新曆曉式』이란 책을 얻어온 것을 계기로, ① 당시 관상감제조觀象監提調로 있던 김육金堉[潛谷, 1580~1658]이 "천체 운행의 수가 이미 다 찼으므로 당연히 책력冊曆을 고쳐야 하는데 서양의 책력이 마침 이러한 시기에 나왔으니, 이는 참으로 책력을 고칠 기회입니다. ……이번 사행使行 때에 일관日官 한두 사람을 데리고 가서 역관譯官을 시켜 흠천감欽天監을 탐문하여 근년에 책력을 만든 누자縷子를 알아내어 그 법을 따져보아 의심나고 어려운 곳을 풀어온다면 거의 추측하여 알 수 있을 것입니다"[261]라고 하여, '시헌력'의 채용을 적극 건의하는 한편 이를 뒷받침할 현실적 방도를 제시한 바 있다. ② 이에 따라 조선의 조정에서는 이후 주로 연행사행燕行使行을 통하여 지속적으로 시헌력을 탐문케 하고 관계 서적을 입수하도록 했던바, 즉 ㉠ 관상감에서는 무자년[1648년, 仁祖 26] 이래 일관日官 송인룡宋仁龍을 청淸 나라에 파견하여 서양의 역법과 시헌력의 산법算法을 배워오도록 하고 연이어 아담 샬을 사사로이 만나 역서曆書와 성도星圖를 얻어오게 한 바 있으며,[262] ㉡ 이어 임진년[1652년, 孝宗 3]에는 천문학관天文學官 김상

260 『仁祖實錄』, 卷46, 23年 6月 3日(甲寅)條.

261 『仁祖實錄』, 卷46, 23年 12月 18日(丙申)條.

262 『仁祖實錄』, 卷49, 26年 3月 19日(甲寅)條; 『仁祖實錄』, 卷49, 26年 9月 20日(辛巳)條; 『仁祖實錄』, 卷50, 27年 2月 5日(甲午)條.

범金尙范을 연경燕京에 파견하여 시헌력법을 배워 그 원리를 터득하도록 하는 등의 노력을 통하여 마침내 갑오년[1654년, 孝宗 5]부터는 시헌력을 시행하기에 이르렀다.[263] ㉢ 이후에도 관상감에서는 시헌력의 완벽한 터득과 시행을 위한 노력을 지속적으로 경주한 바 있으니, 대표적으로 을미년[1715년, 肅宗 41]에는 관상감의 관원인 허원許遠을 연행사행의 일원으로 파견하여 『일식보유日蝕補遺』·『교식증보交食證補』·『역초변지曆草騈枝』 등 9책의 역서와 6종의 측산기계測算器械 및 자명종自鳴鐘을 구입해서 귀국하도록 한 일이 바로 그것이다.[264]

대략 이상과 같은 17세기 이래 서학의 초기 전래양상에 접하여 조선사회는 나름의 반응을 보여주었다. 우선, 정부의 차원에서는 상기한 바대로 정책적 필요에서 서양역법인 '시헌력'을 채용하는 데는 적극적이었던 반면 여타 서학 일반에 대해서는 미온적인 태도로 일관했던바, 이는 무엇보다 당시 노론老論 집권세력의 정주성리학 일변도의 경직된 통치 이데올로기와 북벌론北伐論 때문이었다. 그리고 이러한 사정은 18세기를 접어들어서도 대체로 정조대正祖代[1777년~1800년]를 제외하면 거의 다름이 없었던 것이다.[265] 한편, 이러한 서학에 대하여 17세기 초부

---

263 『孝宗實錄』, 卷8, 3年 3月 11日(壬午)條; 『孝宗實錄』, 卷10, 4年 1月 6日(癸酉)條.

264 『肅宗實錄』, 卷56, 41年 4月 18日(癸未)條.

이처럼 대략 갑신년[1644년, 仁祖 22]부터 시작된 조선정부의 개력사업改曆事業은 10년 만인 갑오년[1654년, 孝宗 5]에 일단 시헌력서時憲曆書를 편찬반포할 수 있었지만 아직 '일과력日課曆'에 그쳤을 뿐이며, '칠정력七政曆'의 편찬은 이후 100여 년의 기나긴 학습이 더 필요하였다. 그리고 어느 정도 만족스러운 시헌력時憲曆 체제의 확립은 150여 년이 지난 1780~90년대에 이르러 결실을 맺게 되었으며, 이를 바탕으로 정조조正祖朝 말년에는 중국과는 다른 자국력自國曆을 간행·반포하기에 이른다. 이에 대한 보다 자세한 내용은 대표적으로 문중양(2016: 145~159)이 참조된다. 한편, 17세기 이래 조선에서의 서학 일반의 전래양상에 대한 보다 자세한 내용은 李元淳(1986b: 24~79), 崔東熙(1988: 12~40), 姜在彦(1990a: 15~75), 박성순(2005: 17~46, 74~103)이 참조된다.

265 일본의 경우는 이와 대조적이었다. 즉, 일본에서는 18세기 초[1720년]에 에도[江戶] 막부幕府의 토쿠가와 요시무네[德川吉宗] 장군이 서양서적에 대한 종래의 무차별적인 금서령禁書令을 철회하고 '서교西敎'와 '서학西學'을 구별하는 가운데 기독교서적을 제외한 서양의 과학기술서적에 대한 금서령은 해제하였다. 나아가 18세기 중

터 학계 일부에서는 한때의 풍기風氣를 이룰 만큼 나름의 관심을 가지고 연구하는 움직임이 나타나기도 하였다.[266]

2

그럼에도 서학을 종합적으로 연구하고 논평함으로써 이후 이를 수용하기 위한 사상적 기틀을 본격적으로 마련했던 학문적 노력은 18세기에 접어들어서야 비로소 나타나기 시작했던바, 이를 대표하는 학자로는 단연 이익李瀷[星湖, 1681~1763]을 들 수 있다. 이미 기술한 바대로, 이익은 세무실용世務實用에 깊은 관심을 가지고 국정 전반에 걸쳐 광범위한 개혁안을 개진한 바 있으며, 또한 당시 청淸 나라의 연경燕京으로부터 들어오는 서양의 문물과 서적에도 남다른 관심을 기울였다. 즉, 그는 천문天文·역산曆算, 지리·지도, 과학, 종교·윤리 등에 걸친 다양한 서학서西學書를 열람하였고,[267] 그 외에 직접 견문한 서양문물로는 서국시원경西國視遠鏡,

---

엽[1740년]에 요시무네[吉宗] 장군은 난학蘭學—네들란드어와 그 학문—에 대한 연구를 직접 지시하기도 하였다. 이를 계기로 일본의 막부와 각 번藩은 서로 앞 다투어 난학연구를 장려하게 되었고, 이를 계기로 하여 일본의 병기兵器와 병법兵法 및 의학醫學을 비롯한 과학기술은 비약적인 발전을 하게 되었다. 보다 자세한 내용은 姜在彦(1990b: 54)이 참조된다.

266 이에 그 대표적인 인물을 들자면 이수광李睟光[芝峰: 1563~1628], 유몽인柳夢寅[於于堂: 1559~1623], 허균許筠[蛟山: 1569~1618], 김만중金萬重[西浦: 1637~1692] 등이 있다. ① 특히 이수광은 『지봉유설芝峯類說』에서 구라파국歐羅巴國과 그 문물제도 및 학문, 마테오 리치의 『천주실의』와 『교우론』 및 『곤여만국전도』를 소개하고 있으며, ② 유몽인은 『어우야담於于野談』에서 『천주실의』와 그 저자를 비판적으로 소개하는 한편, 허균이 중국에 가서 『세계지도世界地圖』와 『게십이장偈十二章』이라는 서학서를 얻어왔다고 기록하고 있고, ③ 허균은 경술년[1610년, 光海君 2]에 진주사陳奏使의 일행으로, 갑인년[1614년, 光海君 6]에는 천추사千秋使의 일원으로 중국을 다녀온 적이 있으며, ④ 김만중은 『서포만필西浦漫筆』에서 예수회 선교사와 그들의 활동상을 소개하고 서양역법西洋曆法 및 지원설地圓說을 긍정한 바 있다.

267 이익이 열람했던 한역서학서漢譯西學書를 소개하면, ① '천문天文·역산류曆算類'로는 ㉠ 역산서曆算書로서 『천문략天問略』[디아즈E. Diaz[陽瑪諾]], 『치력연기治曆緣起』[롱고바르디N. Longobardi[龍華民], 徐光啓], 『시헌력時憲曆』[아담 샬Adam Schall[湯若望]], 『간평의설簡平儀說』[우르시스S. de Ursis[熊三拔]], 『기하원본幾何原本』[마테오 리치Matteo Ricci[利瑪竇]], 『일월식추보서日月蝕推步書』[아담 샬]가, ㉡ 천문도天文圖 및 천문서天文書로는 『방성도方星圖』, 『육편방성도六

나경羅鏡, 애체靉靆[眼鏡], 서양화西洋畵, 서양수고西洋水庫, 용미거龍尾車가 있었다. 그리하여 이익의 학풍은 새로운 경향을 지니게 되었던바, 그것은 종래의 중국 중심의 세계관과 화이론적 문화관으로부터의 탈피, 주체적인 역사의식의 심화, 실증적·합리주의적 학문태도 등으로 나타났다. 또한, 그는 마테오 리치의 『천주실의』와 판토하[龐迪我]의 『칠극七克』에 대하여 각각 발문과 논평을 붙임으로써 자신의 '천주교'관을 피력했던바, 즉 그는 천주교가 본원적으로는 유교와 유사한 점이 있으나, 다만 그 야소부활설耶蘇復活說, 천당지옥설天堂地獄說, 동녀잉태童女孕胎 등과 같은 여러 가지 영이靈異 등은 황탄荒誕한 전설傳說이기 때문에 전적으로 믿을 수는 없는 또 하나의 이단異端으로 보았다. 이에 그는 서양의 과학기술은 긍정한 반면에 천주교에 대해서는 비판적인 태도를 취하였던 관계로 하여, 이후 '동도서기론東道西器論'의 지적 효시가 되었던 것으로 평가되기도 한다.[268]

중국의 학술사조①: '순자학'의 영향

다음으로, 정약용의 학문세계에 중요한 영향을 미친 외국사조로는 또한 '중국의 순자학荀子學과 고증학考證學'을 들 수 있다. 우선, '순자학의 전통'과 관련하여 정약용은 일찍부터 『순자荀子』의 내용에 정통하였고,

---

片方星圖』, 『서국방성도西國方星圖』, 『성토개탁도星土開坼圖』, 『서국혼천도西國渾天圖』, 『혼개통헌도설渾蓋通憲圖說』[마테오 리치], 『건곤체의乾坤體義』[마테오 리치]가 있으며, ② '지리地理·지도류地圖類'로는 ㉠ 지리서地理書로서 『곤여도설坤輿圖說』[페르비스트F. Verbiest[南懷仁]], 『직방외기職方外紀』[알레니G. Aleni[艾儒略]]가, ㉡ 지도地圖로는 『만국전도萬國全圖』, 『대지전도大地全圖』가 있고, ③ '과학류科學類'로는 ㉠ 기기서機器書로서 『원경설遠鏡說』[아담 샬]이, ㉡ 수리서水利書로는 『태서수법泰西水法』[우르시스]이 있으며, ④ '종교宗敎·윤리류倫理類'로는 『천주실의天主實義』[마테오 리치], 『칠극七克』[판토하J. de Pantoja[龐迪我]], 『주제군징主制群徵』[아담 샬], 『교우론交友論』[마테오 리치]이 있다. 보다 자세한 내용은 韓沽劤(1980: 46~51), 朴星來(1984: 379~380), 李元淳(1986b: 116~130), 姜在彦(1990a: 97~104)이 참조된다.

268 보다 자세한 내용은 韓沽劤(1980: 65~72), 李元淳(1986b: 149~152), 姜在彦(1990a: 105~107), 구만옥(2012)이 참조된다.

이로써 그는 자신의 학문적 입장을 정립함에 있어서도 원칙적으로는 순자에 대하여 비판적 입장을 견지했던 것은 사실이지만,[269] 그럼에도 동시에 그는 "매색梅賾의 위작僞作은 매색의 위작 그대로인 것이고, 순자荀子의 진실은 순자의 진실 그대로인 것"[270]이라는 나름의 개방적이고 탄력적인 견지에서 필요하다고 판단되는 경우에는 순자의 주장 역시 과감하게 수용하여 자신의 경학연구에서뿐만 아니라 일상생활의 윤리적 지침으로서도 원용한 바 있다.[271]

바로 이러한 맥락에서 특히 정약용의 경학 및 이를 통해 표명된 그

---

269 정약용은 다음과 같이 말한 바 있다: "후학이 보기에 공자와 맹자 사이에도 진실로 '소韶'와 '무武'의 분별이 없지 않으나, (맹자께서: 필자 주) 이단異端을 배척하시고 심성心性의 근원을 환히 논하셨으니, 참으로 신성神聖의 다음입니다. 불행하게도 (맹자를: 필자 주) 비난하는 의논이 순경자荀卿子의 「비십이자非十二子」편의 설에서부터 시작되어, 쪼고 깨무는 자들이 대를 이었습니다.(後學之於孔·孟, 固不能無'韶'·'武'之分, 而觝排異端, 洞辨心性之原, 誠乎神聖之亞也. 不幸誹毁之論, 始作於荀卿子「非十二」之說, 而啄之·嚼之者, 代有紹述.)" 「孟子策」(『定本 與猶堂全書 2』, p. 78); "사단四端의 대체大體는 이理가 발한 것이다.【'본연지성本然之性에서 발함'을 말한다】 비록 그러하나, ……순경荀卿이 십이자十二子를 비판한 것과 같은 유類는 '천리天理의 공公에서 발한 것'이라 말할 수 없다.(四端大體是理發.【謂'發於本然之性'】 雖然, ……荀卿非十二子, 若此類謂: '其發於天理之公', 不可得也.)" 「理發氣發辨 2」(『定本 與猶堂全書 2』, p. 358)

270 「答金德叟」(『定本 與猶堂全書 4』, p. 222) "梅僞自梅僞, 荀眞自荀眞."

271 정약용은 다음과 같이 말한 바 있다: "그러나 『순자荀子』에 실린 '먼저 사심邪心을 공격해야 한다'는 교훈이나, 『양자楊子』에 실린 '뜻은 있으나 이르지 못한다'는 설은 모두 (『孟子』의: 필자 주) 칠편七篇 가운데 있는 글은 아니지만, 역시 후인을 깨우쳐 분발시킬 만합니다.(然『荀子』所載'先攻邪心'之訓, 『楊子』所載'有意不至'之說, 俱非七篇之文, 而亦足以警發後人.)" 「十三經策【庚戌冬, 內閣親試】」(『定本 與猶堂全書 2』, p. 57); "16자字[『書經』의 「大禹謨」편에 나오는 "人心惟危, 道心惟微, 惟精惟一, 允執厥中"을 말함: 필자 주] 가운데 위의 8자와 아래의 4자는 순수한 성문聖門의 말씀이나, 오직 제3구의 말은 『순자荀子』에서 나와 본의本意와 약간 어긋납니다. 그러나 가슴에 담아둘 만한 것은 담아두고 마음에 새겨둘 만한 것은 새겨두어야 하니, 어찌 『서경』에서 나온 말이 아니라 하여 존신尊信하는 마음을 조금이라도 쇠퇴시키겠습니까?(十六字, 其上八字·下四字, 醇乎醇之聖門語也. 唯第三句, 出於『荀子』, 而本意微倒而已. 其可服膺者服膺焉, 其可銘佩者銘佩焉, 豈必以不出『書經』, 而少衰其尊信之心哉?)" 「答鼎山」(『定本 與猶堂全書 4』, p. 138); "순자荀子는 따로 죄인들에게 사용하는 상례喪禮를 두었는데, 이는 욕됨을 보여 경계하도록 함이었다. 내가 만약 이곳에서 죽는다면 곧 이곳에다 의당 묻어두어야 할 것이요, 나라에서 죄명을 씻어줄 때를 기다렸다가 그때 가서 반장反葬해야 한다.(荀子別有罪人之喪禮, 示辱以戒之也. 吾若畢命於此地, 便當埋之此地, 待國家滌其罪名, 方可反葬.)" 「示學淵家誡」(『定本 與猶堂全書 4』, p. 43)

의 철학적 세계관의 형성에 직간접적으로 중요한 영향을 미친 것으로 판단되는 '순자의 사상'을 나름대로 추적·정리해 보면 대략 다음과 같다: 첫째, '존재'론의 측면에서 ① 정약용은 주희의 이기론적 심성론性情論을 비판하는 가운데 특히 순자의 '존재'설을 명시적으로 수용함으로써 자신만의 독특한 '성사등급性四等級'설을 구성한 바 있다. ② 정약용은 기존의 정주성리학이 전제했던 '천인합일天人合一'의 질서감각을 거부하는 가운데 당시의 지적 분위기에서는 매우 예외적으로 '도리道理'[Sollen]와 '물리物理'[Sein]를 준별하는 '인식론적 각성'을 표명하였으니, 이 또한 순자의 '천인지분天人之分'설의 전통을 계승하여 재활용한 결과로 사료된다.

둘째, '인간'론의 측면에서도 ① 정약용은 주희의 이기론적 인간론을 재구성하는 가운데 자신만의 독자적인 '심心·성性'관 및 '성선性善'론을 제기했던바, ㉠ 여기서도 순자의 '성악性惡'설을 완전히 잘못된 이단異端으로 배척하기보다는 오히려 '소체小體의 인심人心을 중시한 입장'으로 그 일면적 타당성을 인정·수용하고 있으며, ㉡ 순자의 '신神·형形의 결합체'로서의 '인간'관과 관련해서도 매우 유사한 인식틀을 공유하고 있다. ② 정약용은 자신의 독자적인 '심·성'관에 근거하여 '16자 심법心法'[人心惟危, 道心惟微, 惟精惟一, 允執厥中]을 비판적으로 고증하는 가운데, 특히 『순자』 및 (『순자』에 인용된: 필자 주) 『도경道經』의 내용, 곧 '인심人心·도심道心'설을 흔쾌히 수용·활용하고 있다.[272] ③ 정약용은 주희의 인간론이 논리적으로 함축한바 '도덕적 결정주의'를 다름 아닌 '천인지분天人之分'의 질서감각에서 신랄하게 비판하는 가운데 자신만의 독자적인 '열린 도덕적 존재'로서의 '인간'관 및 '도덕적 실천의 결과적 존재'로서의 '성인聖人'관을 제기했던바, 이러한 인식 또한 '현실적 선善·악惡'[積僞, Sollen]을 기본적으로 '후천적인 인위적 노력의 결과'로 봄으로써 '성인'의 경지 역시 '인간이

272 이에 대한 보다 자세한 내용은 제2부 제1장 「다산 정약용의 사서 관계저술」에서의 해당부분이 참조된다.

(후천적으로: 필자 주) 쌓아올린 결과'에 불과함을 역설하고 있는 순자의 입장과 정확하게 부합한다.

끝으로, '윤리'론의 측면에서도 ① 정약용은 주희의 이기론적 '덕德' 개념을 단호하게 거부하는 가운데 어디까지나 '인륜人倫의 성덕成德', 즉 인륜의 구체적인 실천을 통하여 성취한 바로서의 '사공事功'으로 이해했던바, 이러한 견해 역시 '예의禮義와 적위積僞'로 대표되는 '현실적 선善'을 어디까지나 후천적인 '인위적 노력의 결과'로 보았던 순자의 입장과 기본적으로 궤를 같이하고 있다. ② 정약용은 상기한 바처럼 '효孝' 개념 역시 '사공'으로 인식하면서 그 해석에 있어서도 특히 권위주의적 성향을 보이는 주희의 입장과는 달리 '아랫사람의 원망怨望과 기간幾諫의 의의'를 적극 인정함으로써 '합리적 인간관계'의 지향이라는 맥락에서 재해석했던바, 이러한 태도 역시 부모와 자식 간의 도리에 있어 '쌍무적 관계'를 강조하면서 '효의 본질'을 어디까지나 맹목적 순종보다는 '객관적 규범의 준수'에서 찾았던 순자의 입장과 그 정신을 공유하고 있다. ③ 정약용은 특히 '제도制度와 품절品節'로 구현된 '예禮'에 대해서도 그 기능을 '존비尊卑와 귀천貴賤의 구별'에 초점을 맞추어 인식하는 가운데, 그 본질 및 유래에 있어서는 '천지天地의 정情과 인정人情에 화협和協하는 바를 성인聖人이 절도 있게 하고 문식文飾하여 제정한 것'으로 보았던바, 이러한 견해 또한 '예'를 기본적으로 성인인 '선왕先王이 천지天地의 법칙과 인심人心에 따라 인간사회에 질서를 확보하기 위하여 인위적으로 제정한 것'으로 설명하면서 '예의 기능적 요체'를 어디까지나 '구별[分·別]'과 '위계[節·序]' 및 '표시[表]'의 측면에서 찾고 있는 순자의 입장과 사실상 흐름을 같이하고 있다고 하겠다.

결국, 상기한바 정약용의 ① '성사등급'설과 '물리와 도리의 구별'로 대표되는 '존재'론의 요소, ② '성악性惡'설의 부분적 인정, 『도경』에 나오는 '인심人心·도심道心'설의 수용, '신형묘합神形妙合의 존재'이자 '열린 도덕적 존재'로서의 '인간'관 및 '도덕적 실천의 결과'로서의 '성인聖人'관으로 구성되는 '인간'론의 요소, ③ 이외에도 ㉠ '물리와 도리의 구별'로 요약되는 '인식'론의 요소와 함께, ㉡ '인륜人倫의 성덕成德'이자 '사공事功'으로서의 '덕德' 개념, '합리적 인간관계'로서의 '효孝' 개념 및 '존비尊卑와 귀천貴賤의 구별'에 초점을 두는 '예禮' 개념으로 대표되는 '윤리'론의 요소는, 특히 '존재'·'인간'·'인식·윤리'론이 일반적으로 '하나의 세계관을 구성하는 골간'임을 감안할 때,[273] 곧 정약용의 세계관 및 그의 경학이 그 요체에서부터 '순자적 사유'의 요소를 분명하고도 심대하게 반영·함축하고 있음을 잘 보여주고 있다 할 것이요, 따라서 그의 학문의 성격을 종합적으로 포착·이해함에 있어서도 이러한 요소는 결코 간과해서는 안 되는 엄중한 사안임에 분명하다 할 것이다.[274]

중국의 학술사조②: '청대 고증학'의 영향

한편, 정약용의 학문 및 특히 그의 경전해석학經典解釋學에 중요한 영향을 미쳤던 중국의 또 다른 학문사조로는 '청대淸代의 고증학考證學'을 들 수 있다. 첫째, 정약용은 당시 청 나라에서 유행하던 고증학적 학술경향, 즉 훈고訓詁·명물名物 중심의 한학풍漢學風에 대하여 원칙적으로 비판적 입장을 견지하였다. 왜냐하면, 그가 보기에 ① 양한兩漢과 위魏·진晋의 훈고학訓詁學으로부터 "전수된 훈고가 모두 본지本旨에 맞는 것이라고 기필할 수 없으며, 설령 그 본지를 얻은 것이라고 하더라도 자의字義를 밝

---

273 일반적으로 '하나의 세계관'이란 ① 이 세계를 구성하는 존재론적 근본범주 및 그것의 생성·변화의 원리를 해명하는 '존재·생성'론, ② 이러한 세계 내에서의 인간의 존재론적 위상과 작위적 능력을 규명하는 '인간'론, ③ 총체적 정당화의 궁극적인 원천·기반으로서의 '인식'론[眞·僞의 척도]과 '윤리'론[善·惡의 척도]을 반드시 그 핵심요소로서 논리정합적으로 구비·내포하고 있다.

274 정약용의 경학과 순자의 사상 간의 관계에 대한 보다 자세한 내용은 대표적으로 정일균(2015: 231~288)이 참조된다.

히고 구절句絶을 바로잡는 데에 지나지 않아 선성先聖과 선왕先王의 도학道學과 명교名敎의 근원에 대해서는 그 깊은 뜻을 엿보아 규명할 수 없었던"[275] 한계가 있었기 때문이요, ② 나아가 청대의 학술을 주도하는 "근세의 학자들이 송宋·원元 제유諸儒의 이기설理氣說과 내선외유內禪外儒의 폐단을 바로잡는다 하여 경전을 담론하고 해석함에 한결같이 한漢·진晉의 설을 따르고자 하며, 무릇 송유宋儒에게서 나온 의리義理에 대해서는 그 곡직을 불문하고 하나같이 이를 반대하는 데만 힘쓰"는 심술心術의 병폐에 빠져 있었기 때문이다.[276]

---

275 「五學論 2」(『定本 與猶堂全書 2』, p. 298) "然其詁訓之所傳受者, 未必皆本旨. 雖其得本旨者, 不過字義明而句絶正而已, 于先王先聖道·敎之源, 未嘗窺其奧而溯之也. ……"

또한, 정약용은 다음과 같이 말한 바 있다: "저는 일찍이 한유漢儒들은 옛것을 숭상했으므로 그들이 계승해온 훈고訓詁에서 참으로 취할 만한 것이 많으리라 생각했었습니다만, 그 오류와 착오 또한 진실로 적지 않았습니다. 그래서 주자朱子가 고친 것이 많았는데, 백옥白玉에서 티를 찾는 그런 것은 아니었습니다. 근세에 일종의 숭상하는 습관이 있으니, 바로 고주古注만을 전심으로 전공하고자 하는 것입니다. 무릇 고주에 타당하지 못한 점이 있다고 논의하는 자가 있으면 지목하여 망령된 사람으로 여깁니다. 그러나 수십 년 동안 궁거窮居하면서 오래도록 장구章句를 연구하여 고증하고 증험한바, 고주가 반드시 다 옳은 것도 아니고 후유後儒의 새로운 논리가 반드시 다 그른 것도 아니라는 것을 알게 되었습니다. 마땅히 허심탄회한 마음으로 공정한 관점에서 시비是非의 진실을 가려야지 세차世次나 연기年紀만을 따지고 고찰하여 종위從違를 단정하는 것은 마땅하지 못한 처사입니다.(竊嘗以爲, 漢儒高古, 其訓詁相承, 固多可取, 而其紕繆錯誤, 誠亦不少. 故朱子多所更改, 非求瑕於白璧也. 近世一種習尙, 乃欲專心古注. 凡古注所言, 有議其不允者, 指之爲妄人. 然窮居數十年, 沈漸章句, 積久稽驗, 知古注未必盡是, 後儒新論未必盡非. 唯當虛心公觀, 以察是非之眞, 不宜按世次考年記, 以斷其從違也.)" 「答金德叟」(『定本 與猶堂全書 4』, p. 220)

276 『論語古今注 II』(『定本 與猶堂全書 9』, pp. 13~14) "○[案] ……近世學者, 欲矯宋·元諸儒評氣說理·內禪外儒之弊, 其所以談經解經者, 欲一遵漢·晉之說, 凡義理之出於宋儒者, 無問曲直, 欲一反之爲務. 其爲一二人心術之病, 姑舍是, 將使擧天下之人, 失其所僅獲, 昧其所僅明, 滔滔乎爲禽爲獸, 爲木爲石, 非細故也."

또한, 정약용은 다음과 같이 말한 바 있다: "지금의 이른바 '훈고학訓詁學'이란 한송절충漢宋折衷이란 명분을 내세우고는 있지만, 실상은 한 나라의 것만을 존숭하고 있을 뿐이다. 궁실宮室과 충어蟲魚에 대한 훈고를 달아 글자의 뜻은 통하게 했지만 글귀의 뜻은 끊어지게 했을 따름이다. 따라서 성명性命의 이치와 효제孝弟의 가르침과 예악禮樂·형정刑政의 문장文章에 대해서는 참으로 깜깜하기만 하다.(今之所謂'訓詁之學', 名之曰: '折衷漢·宋', 而其實宗漢而已. 詁宮室·訓蟲魚, 以之通其字·絶其句而已. 于性命之理, 孝弟之敎, 禮樂·刑政之文, 固昧昧也.)" 「五學論 2」(『定本 與猶堂全書 2』, p.

둘째, 정약용은 그럼에도 평소 자신의 독자적인 경학적 관점에서 결코 고증학의 의의 및 성과를 간과하거나 소홀히 한 적이 없었다. 즉: ① 정약용은 시종여일 "지금의 배우는 자들은 한漢 나라 학자들의 주해注解를 고증하여 훈고訓詁를 구하고, 주희朱熹의 집전集傳을 가지고 의리義理를 찾아야 할 것"[277]이라는 '한송겸채漢宋兼採'의 입장, 즉 '훈고'와 '의리'를 동시에 추구·중시하는 경전해석학의 관점을 견지한 바 있으니, 또한 바로 이러한 맥락에서 그는 젊어서부터[30세] "독서란 오직 의리義理를 구할 뿐이다. ……그러나 자의字義의 훈고訓詁에 밝지 않으면 의리도 이로 인해 어두워진다"[278]는 문제의식에서 항상 '자의에 대한 훈고'를 일차적으로 중시하기도 하였다.[279] ② 나아가 정약용은 필요하다고 판단되는 경우 청대 고증학의 성과를 적극 수용하기도 하였다. 이에 대표적인 사례를 하나 들자면, 정약용은 모기령毛奇齡[秋晴, 1623~1716: 中國 明末淸初의 학자]의 '경전해석태도' 및 '학문'관에 대해서는 평소 매우 신랄한 입장으로 일관했지만,[280] 그럼에도 최소한 그의 '학교學校 및 학문學問으로서

---

298); "모기령毛奇齡이란 자는 고인古人의 편언척자片言隻字를 주워모아 주자朱子의 큰 공을 엄폐했으니, 이미 그 심술心術이 참으로 공정하지 못하다.(毛奇齡者, 掇拾古人之零言, 以掩朱子之大功, 其心術固已不公矣.)" 「題毛大可「子母易卦圖說」」(『定本 與猶堂全書 3』, p. 166); "모기령毛奇齡이 매색梅賾의 『상서尙書』에 대하여 그것이 가짜임을 확실히 알고 있으면서도 다만 심술心術이 반드시 주자朱子와 배치되고자 하여 거짓말로 『원사寃詞』를 꾸며댔으니, 그 말이 결렬되고 함부로 나오는 것이 매양 이와 같다.【주자가 가짜임을 말한 곳은 모기령이 진짜라고 주장하고, 주자가 힘써 따른 곳은 모기령이 가짜라고 떠들었다】(○[鏞案] ……毛於梅『書』, 明知其僞, 而特緣心術, 必欲與朱子背馳, 手執贗物, 口飾『寃詞』, 其言之決裂橫出, 每每如此.【朱子言僞處, 毛說其眞; 朱子勉從處, 毛發其僞】)" 『孟子要義』(『定本 與猶堂全書 7』, pp. 165~166)

277 「五學論 2」(『定本 與猶堂全書 2』, p. 298) "今之學者, 考漢注以求其詁訓, 執朱傳以求其義理, ……"

278 『詩經講義』序【辛亥冬】」(『定本 與猶堂全書 3』, p. 30) "讀書者, 唯義理是求, ……雖然, 其字義之詁訓有不明, 則義理因而晦, ……"

279 정약용의 '한송겸채'를 요체로 하는 경전해석학의 지향에 대한 보다 자세한 설명은 제2부 제2장 「다산 정약용의 경전해석태도」에서의 해당부분이 참조된다.

280 정약용은 다음과 같이 말한 바 있다: "이 공公[毛奇齡: 필자 주]은 총명하고 해박하여 비록 세상에서 아주 뛰어나다고 일컬어지고 있지만, 그가 세운 이론과 제도는 올바른 이치에 근거하지 않았고 실제의 자취도 따르지 않아 참위가讖緯家의 잡스런

법法을 깨끗이 벗어나지 못했다. 역사책과 옛글을 스스로 농간하기를 좋아하여, 비록 글솜씨는 호쾌하나 감히 다 믿을 수 없다. ……그의 말은 분변하면 할수록 그 술수는 더욱더 황당하다.(此公聰明該洽, 雖稱絶世, 其立論立制, 不據正理, 不循實跡, 緯家雜法, 未盡淸脫. 史籍舊文, 好自翻弄, 雖文鋒豪快, 未敢盡信. ……其言益辨, 而其術益荒.)" 『樂書孤存』(『定本 與猶堂全書 23』, p. 134); "천하에 터무니없는 남자라면 나는야 모기령毛奇齡을 보았고말고. 자기 보루 드높이 쌓아올리고 주자朱子를 향해 활을 당기네. 샅샅이 찾고 뒤져 흠 하나 잡아선 이리저리 날뛰는 게 원숭이 같구나. 마음을 바루고 말도 공손히 하면 경전을 논할 수 없단 말인가. 왕개미가 큰 나무를 흔들어 본들 잎사귀 하나인들 떨어진 적이 있는가?(天下忘男子, 我見毛奇齡. 突兀起壁壘, 關弓對考亭. 窮搜摘一疵, 踊躍如猴蜓. 平心遜其詞, 獨不能談經. 蚍蜉撼大樹, 一葉何曾零?)" 「古詩二十四首」(『定本 與猶堂全書 1』, p. 284); "모기령毛奇齡은 경經과 예禮를 담론하여 스스로 유자儒者임을 자처하면서도 「만수전曼殊傳」을 지어 풍정風情의 묘妙를 극도로 묘사하고 섬농孅濃한 자태姿態를 다 갖추어서 사람들로 하여금 넋을 잃고 간장을 녹게 하니, 도저히 똑바로 쳐다볼 수 없을 지경이다. 또한 「연상사連廂詞」를 지었는데, 그 체體는 『서상기西廂記』를 닮았고 문文은 『금병매金瓶梅』의 부류이다. 어찌 유자로서 이러한 글을 지을 수 있단 말인가? 망령되이 주자朱子를 공박했으나, 이는 왕개미가 큰 나무를 흔들려는 꼴을 면치 못하고 말았다. (毛奇齡談經說禮, 自命以儒者, 而作「曼殊傳」, 窮極風情之妙, 備盡孅濃之態, 消魂斷腸, 不堪正視. 又作「連廂詞」, 其體則『西廂記』也, 其文則『金瓶梅』者流耳. 安有儒者而爲此作者? 妄攻朱子, 不免爲蚍蜉之撼樹.)" 「跋『曼殊傳』」(『定本 與猶堂全書 3』, p. 134); "모기령毛奇齡의 해박한 고거考據는 세상에서 다 일컫는 바이다. 그러나 나는 이 책[『風雅遺秉』을 말함: 필자 주]을 가지고 모기령의 고루함을 잡아내어 그 잘못된 학설을 깨뜨린 것이 매우 많다.(毛奇齡考據之博, 世所稱也. 然余用是編, 執奇齡之孤陋而破其謬說者甚多.)" 「跋『風雅遺秉』」(『定本 與猶堂全書 3』, p. 142); "모기령毛奇齡이란 자는 고인古人의 편언척자片言隻字를 주워모아 주자朱子의 큰 공을 엄폐했으니, 이미 그 심술心術이 참으로 공정하지 못하다. 그런데 또다시 고인의 논의 이외에 스스로 '자모역子母易'이란 명칭을 창작했으니, ……모기령은 효변爻變을 알지 못하면서도 상象에 맞는 역사易詞를 구하다 보니 좌우로 끌어 붙이고 상하로 멋대로 단정하여 극도로 지루하게 부연설명을 했음에도 끝내 역사易詞를 상象에 합치시킬 수가 없었으니, 이 때문에 자모괘子母卦의 학설이 생기게 된 것이다. ……무엇 때문에 망령된 심보로 망령된 말을 고생스럽게 지어내어 삼성三聖[伏羲氏·文王·孔子: 필자 주]의 옛뜻을 어지럽힌단 말인가?(毛奇齡者, 掇拾古人之零言, 以掩朱子之大功, 其心術固已不公矣. 而又於古人言議之外, 自刱'子母易'之名, ……奇齡不知爻變, 而求易詞之合於象, 則左右牽掣, 上下橫決, 傅會支離, 靡不用極, 而猶不能以詞合象, 於是乎子母卦之說生焉. ……何苦作妄心·妄言, 以亂三聖之舊義哉?)" 「題毛大可「子母易卦圖說」」(『定本 與猶堂全書 3』, pp. 166~167); "삼례三禮[『周禮』·『儀禮』·『禮記』: 필자 주]는 비록 뒤늦게 출현했으나, 모두가 위서僞書는 아니다. ……후세에 성인聖人을 비방하고 경전經典을 헐뜯는 무리가 뜬금없이 '한漢 나라 초기의 유자儒者들이 돈을 모으려는 욕심에 이를 위조해서 만들었다'고 떠들고 있으니, 이들이 오도吾道에 끼치는 피해는 장차 홍수보다도 심할 것인바, 그 죄를 이루 다 말할 수 있겠는가?(三禮雖晩出, 都非僞書. ……後之非聖·毁經之徒, 輒云: '漢初儒者, 貪購金僞爲之', 其害吾道, 將甚於洪水矣, 罪可勝言哉?)" 「題毛奇齡「喪禮吾說篇」」(『定本 與猶堂全書 3』, pp. 171~172); "『왕조상례王朝喪禮』는 다만 보충하여 편찬한 책인데, 대략 의거依據한 바가 있다. ……모대가毛大可는 전혀 예禮를 알지 못하니, 내가 전에 책을 써서 논변하고 싶었으나 그 잘못을 이루 다 지적할 수 없어서 마침내 그만두고 말았다.(『王朝喪禮』, 唯補編之書, 略有依據. ……毛大可純不知禮, 余嘗欲作書論辨, 以其不勝指摘, 遂已之.)" 「示二子家誡」(『定本 與猶堂全書 4』, p. 29); "세상에서는 '모기령毛奇齡이 주자朱子의 설을 배척함에 말은 비록 어그러졌으나 이치는 간혹 분명한 데가 있다'고 함에, 저 또한 일찍이 비교하면서 조사해 본 적이 있습니다. 대개 그의 학술은 오로지 한유漢儒들이 주장한 참위설讖緯說의 찌꺼기만을 답습하면서 위서僞書에 나오는 황당한 주장을 잡스럽게 인용한 것에 불과한데도 사람들은 그의 해박한 고거考據만을 보고 놀라서 그렇게 말하는 것입니다. 그러나 자세히 살펴보면, 서로 맞지 않고 어긋나는 흠이 많습니다. 이를테면, 총광寵光을 용광龍光으로 해석한 것은 『좌전左傳』도 읽지 않은 것이며, 「백주柏舟」 시詩를 자웅雌雄이라 기롱譏弄한 것은 『가어家語』도 읽지 않은 것입니다. 하물며 그가 지은 「만수전曼殊傳」이나 「연상사連廂詞」 등의 작품은 광대 따위의 하천下賤과 다를 것이 없어, 유자儒者의 기상氣象과는 크게 어긋납니다.(世稱: '毛奇齡詆斥朱子之說, 言雖乖悖, 理或明的', 鏞亦嘗比觀而照勘矣. 蓋其學術傳襲於漢儒讖緯之餘, 而雜引其贋書荒怪之談, 人見其考據之博, 驚怯喪膽而云然也. 細細查櫛, 則枘鑿相戾, 瘡疣百出. 如寵光之解以龍光, 未讀『左傳』者也; 「柏舟」之譏以雌雄, 未見『家語』者也. 況其「曼殊傳」·「連廂詞」等作, 無異倡優·下賤, 大非儒者氣象.)" 「答李羅州【寅燮】」(『定本 與猶堂全書 4』, pp. 99~100); "모기령毛奇齡이 비록 『원사冤詞』를 지었으나, 그의 설은 모두 둔사遁辭에 속합니다. 주자朱子께서 고문古文을 의심하여 배척했는데, 참으로 이는 큰 안목으로 조파照破한 것입니다.(毛奇齡雖作『冤詞』, 其說都屬遁辭. 朱子疑古文·斥古文, 眞是大眼目照破.)" 「上仲氏」(『定本 與猶堂全書 4』, p. 199); "옹방강翁方綱[覃溪, 1733~1818: 中國 淸 나라의 학자]의 경설經說은 대략 한두 가지를 보았는데, 상당히 소암疏闇한 듯하다. 그의 제자인 섭동경葉東卿도 역시 고거考據의 학學을 주로 했는데, 「태극도太極圖」·「역구도易九圖」·『황극경세서皇極經世書』·오행설五行說 같은 것을 모두 분명하게 분석하였다. 아마도 그의 박식은 모서하毛西河[毛奇齡: 필자 주]에 못지 않으며, 정밀하게 연구한 점은 그보다 낫다고 하겠다.(翁覃溪經說, 略見一二, 頗似疏闇. 其徒葉東卿, 爲學亦主考據, 如「太極圖」·「易九圖」·『皇極經世書』·五行說, 皆剖析明白, 蓋其淹博, 不在毛西河之下, 而精研則過之矣.)" 「示二兒」(『定本 與猶堂全書 4』, p. 257); "겨우 한 부분만 보고서 기화奇貨를 얻은 듯이 좋아 날뛰며, 거리낌없이 옛것을 배척하고 자기 의견을 내세우기를 하필이면 모기령毛奇齡처럼 할 것인가?(何必纔見一斑, 如得奇貨, 竊竊然跳躍, 絀古肆己, 無所忌憚, 如毛奇齡之爲哉?)" 『陶山私淑錄』(『定本 與猶堂全書 4』, p. 322); "모기령毛奇齡이 주자朱子를 마음으로 질투하여 문장에 농간을 부리고 말을 꾸며서 하지 않은 짓이 없어, 스스로 험악하게 모함하는 악에 빠지고 말았다.(毛奇齡心嫉朱子, 舞文飾舌, 無所不爲, 以自陷於詖險之惡.)" 『心經密驗』, 「心性總義」(『定本 與猶堂全書 6』, p. 198); "모기령毛奇齡이 매색梅賾의 『상서尙書』에 대하여 그것이 가짜임을 확실히 알고 있으면서도 다만 심술心術이 반드시 주자朱子와 배치되고자 하여 거짓말로 『원사寃詞』를 꾸며댔으니, 그 말이 결렬되고 함부로 나오는 것이 매양 이와 같다.【주자가 가짜임을 말한 곳은 모기령이 진짜라고 주장하고, 주자가 힘써 따른 곳은 모기령이 가짜라고 떠들었다】(○[鏞案] ……毛於梅『書』, 明知其僞, 而特緣心術, 必欲與朱子背馳, 手執贋物, 口飾『寃詞』, 其言之決裂橫出, 每每如此.【朱子言僞處, 毛說其眞; 朱子勉從處, 毛發其僞】)" 『孟子要義』(『定本 與猶堂全書 7』, pp. 165~166); "모기령毛奇齡은 『좌전左傳』의 문장에 직접 의거하여

의 소학小學' 개념에 대한 고증에 있어서만큼은 비록 사소한 이견에도 불구하고 그 대체적 내용을 사실상 전폭 수용하는 태도를 취한 바 있다. 즉, ㉠ '학교로서의 소학' 개념과 관련하여 정약용은 모기령이 고대 중국의 학교제도를 어디까지나 신분[귀족계급과 서민계급]에 따라 '이원화'

'주周 나라 사람들은 본래 사당에서 염하였다'고 하면서,【"대렴大斂하는 날에 곧 사당에서 염하였다"는 말이다】「기석旣夕」편 「단궁檀弓」편을 위서僞書라고 비난했으니, 이 또한 크게 어긋난 짓이다.(○毛奇齡直據『左傳』之文, 謂: '周人本自殯廟',【謂: '大斂之日, 卽殯于廟'】詆「旣夕」·「檀弓」爲僞書, 此又大悖也.)" 『喪禮外編』, 「檀弓箴誤 4」(『定本 與猶堂全書 21』, p. 129); "모기령毛奇齡은 '빈殯은 구柩가 아니다'라고 말했는데, 더욱 예禮에 어두운 말이다. 옛날에 ……대렴大斂의 법法에는 구柩가 없으면 빈殯하지 않았고, 빈하지 않으면 구가 없었다. 지금 모기령이 구와 빈을 나누어 별개의 일로 만들었으니, 이러고도 예를 말할 수 있는가?(○[又按] ……毛奇齡之云: '殯不是柩'者, 尤是昧禮之言也. ……古者, 大斂之法, ……非柩不殯, 非殯不柩. 今奇齡欲以柩·殯, 分爲二事, 尙可以言禮哉?)" 『喪禮外編』, 「檀弓箴誤 5」(『定本 與猶堂全書21』, p. 146); "모씨毛氏는 이미 오성五聲에다 이변二變을 더하여 칠성七聲을 만들었고, 또 칠성에다 사청四淸을 더하여 십일성十一聲을 만들었으며, 다시금 십일성에다 변궁청變宮淸을 더하여 십이성十二聲을 만들었다. 이로써 십이율十二律의 수數를 채웠으니, 곧 난잡함이 극도에 이르렀다.(○[鏞案] ……毛氏旣於五聲, 加二變爲七聲; 又於七聲, 加四淸爲十一聲; 又於十一聲, 加變宮淸爲十二聲. 以充十二律之數, 則猥雜極矣.)" 『樂書孤存』(『定本 與猶堂全書 23』, p. 136); "여불위呂不韋[?~B.C. 235: 中國 戰國時代末의 秦 나라의 정치가]의 법法이 저러한데, 모씨毛氏가 이처럼 잘못된 뜻에 의거하여 흔쾌히 십이十二라는 수數를 칠七로 자르고 오五로 잘라 어떤 것은 버리고 어떤 것은 사용해서 그 뒤틀린 법을 세우고자 원했으니, 가당키나 하겠는가?(○[鏞案] ……呂法如彼, 毛氏乃欲據此謬義, 快將十二之數, 截七截五, 或棄或用, 以立其乖拗之法, 其可得乎?)" 『樂書孤存』(『定本 與猶堂全書23』, p. 137); "(毛奇齡이: 필자 주) 고문古文을 농락함이 여기서 극에 달하였다. 이팔二八이란 춤의 대열이다. ……이팔이란 이二와 팔八을 곱해 십육인十六人임을 말하는 것이다. ……지금 임시로 사용하는 데 급해서 홀연히 이팔을 인성人聲의 높낮이 수數로 삼았으니, 그 농락함이 어찌 이 지경에 이르렀는가?(○[鏞案] 翻弄古文, 於斯極矣. 二八者, 舞列也. ……二八者, 二八十六人也. ……今乃急於時用, 忽以二八爲人聲高下之數, 其翻弄爲何如者?)" 『樂書孤存』(『定本 與猶堂全書 23』, p. 143); "모공毛公은 기운이 거칠고 마음이 뜨거워서 무릇 그 자신의 욕심이 발동함에 천지를 분간하지 못하였다. 이는 요堯 임금이 요 임금을 공격하고 순舜 임금이 순 임금을 공격하는 꼴이라, 비록 사리를 분간하지 못해 어그러진 것은 아니라고 말하고 싶어도 그럴 수 없게 되었다.(○[鏞案] ……毛公氣麤心熱, 凡吾慾所發, 卽天地不分. 是堯擊堯, 是舜擊舜, 雖欲謂之不狂悖, 不可得也.)" 『樂書孤存』(『定本 與猶堂全書 23』, p. 147); "모씨毛氏는 욕심이 너무 뜨거워서 무릇 자신의 욕심이 발동함에 곧 고문古文을 농락하면서 조금도 머뭇거리거나 어렵게 여기지 않았다.(○[鏞案] ……毛氏慾火太熱, 凡吾慾所發, 卽翻弄古文不少留難.)" 『樂書孤存』(『定本 與猶堂全書 23』, p. 155)

하여 인식한 점,[281] '태학太學과 소학小學 간의 구분'을 특히 '예업藝業의 대소大小'와 연결시켜 이해한 점,[282] 고대중국에서의 소학의 명칭을 '하상下庠' 등으로 고증한 점[283]과 같은 사례에 있어서는 기본적으로 그 인식의 방향을 같이 했으며, ㉡ '학문으로서의 소학' 개념에 있어서도 ㉮ 정약용은 모기령이 "주자朱子는 소학小學을 '소자小子의 학문[小子之學]'이라 하나, 이러한 소학은 마땅히 '소자少子의 학문'이라 해야 한다. 또한 『주자집전朱子集傳』에는 대학大學을 '대인大人의 학문[大人之學]'이라 하지만 연장자를 대인이라 칭하는 것 역시 전적에는 나오지 않는다"[284]고 고증한 점, '소학의 학문적 내용'과 관련하여 "소학이란 글씨를 쓰는 학문[寫字之學]이다. ……소학이라 하는 것은 모두가 글자를 익히는 것[習字]을 가리키며 겸하여 오서五書에 미쳤다"[285]고 주장함으로써 중국의 '전통적 문자학文字學'의 유산과 성과를 '소학의 내용적 요체'로서 적극 인식·거론한 점 등의 사례에 대해서도 기본적으로 수긍하는 태도를 취한 바 있다.[286]

---

281 『小學枝言』(『定本 與猶堂全書 6』, pp. 166~168) "毛老晴云: '……惟漢文博士作「王制」, 漢儒伏生作『尙書大傳』, 戴德作『大戴禮』, 賈誼作『新書』, 班固作『漢』「志」, 始有「小學」之名, 見于諸書. 然皆係天子太子·諸侯·卿·大夫適子之學, 而士·庶子弟不得與焉, ……至若民間小子之學, 則三代之制, 原有塾門·外舍·里社·鄼·遂諸名, 非小學也.【『尙書大傳』'致仕之臣, 朝夕坐塾門, 而敎出入之子弟', 『大戴禮記』「保傅」篇'古者八歲出就外舍', 一曰: '外舍, 里塾通稱'】 ……'"

282 『小學枝言』(『定本 與猶堂全書 6』, p. 168) "毛老晴云: '……夫小學小藝, 大學大藝, 戴德·班固皆言之, 則學之大小, 由于養老, 而藝之大小, 由于分學. ……'"

283 『小學枝言』(『定本 與猶堂全書 6』, p. 167) "毛老晴云: '……則是小學之名, 亦祇如下庠·少學之爲稱, 並非小子之學. ……'"

284 『小學枝言』(『定本 與猶堂全書 6』, p. 167) "毛老晴云: '……【朱子以小學爲小子之學, 則小學當爲少子之學矣. 且『朱子集傳』云: '大學者, 大人之學', 以年長稱大人, 亦載籍未見. 少學見「食貨志」】 ……'"

285 『小學枝言』(『定本 與猶堂全書 6』, pp. 166~169) "毛老晴云: '小學者, 寫字之學, ……然而言「小學」者, 皆指習字兼及五書, 無他義也.'"

286 한편, 상기한 바처럼 정약용이 평소 모기령의 경전해석태도와 학문관에 대해서 신랄한 비판을 가하면서도 동시에 그의 '소학小學' 개념에 대한 고증을 일부 수용하고 있는 바와 같은 '이중적 태도'는 정약용의 여타 경학저술에서도 공히 발견된다. 이에 그 대표적인 사례를 들자면, ① 『시경詩經』론에 있어서도 "정약용은 자신의 경학사상을 체계화하는 과정에서 모기령의 학설을 내재적으로 비판하였"으나, 한편 그가 "『시경』을 '간서諫書'로서 파악한 것은 모기령의 관점과 유사하"며, 또한 "1791년에 반급된 정조의 시경조문에 대한 조대(『여유당전서』 제2집 제17~19권)에는 주희의 정풍음시설鄭風淫詩說을 비판하는 모기령의 설이 일정하게 수용되어 있고, 또

㉯ 다만 정약용은 모기령이 '소학의 내용'을 오로지 '문자학'에만 한정하여 그 내포를 협애하게 설정·강변한 점에 대해서만큼은 학문의 구성요소에 대한 자기 나름의 '도道·예藝'관에 입각하여 강경하게 반대했던바, 즉 "모씨毛氏[毛奇齡: 필자 주]는 여러 글을 이리저리 인용하여 소학이 '자학字學'임을 증명하려고 하였다. 그러나 자학이란 소학의 예藝일 뿐이다. 학교의 가르침에는 도道가 있고 예藝가 있다. 대학大學은 대도大道를 실천하고 대예大藝를 익히는 학문이라면, 소학小學은 소도小道를 실천하고 소예小藝를 익히는 학문이다. 어떻게 꼭 소학에 예藝만 있고 도道는 없을 수 있겠는가? 그의 주장은 편벽되고 망령된 것"[287]이라는 비판이 바로 그것이다.

일본의 고학

끝으로, 정약용의 학문, 특히 그의 경학사상에 중요한 흔적을 남겼던 외국사조로는 이토오 진사이[伊藤仁齋][이름은 維楨, 1627~1705: 日本 江戶初期의 古

『시집전』의 논리전개를 비판하는 방식에서도 모기령으로부터 영향을 받은 흔적을 찾아볼 수 있다." 정약용의 『시경』론과 모기령의 사상 간의 관계에 대한 보다 자세한 내용은 沈慶昊(1999: 78, 570)와 심경호(2002)가 참조된다. ② 『주역周易』론에 있어서도 정약용은 모기령에 대하여 "역학易學에 대해서는 효변爻變을 몰랐고, 융통성 없이 12벽괘辟卦의 추이推移를 붙들고 늘어진 외에, 스스로 창안한 자모역子母易의 방법은 그 의미와 예로 든 것이 서로 맞지 않아 하나도 이치에 맞는 것이 없다(蕭山 毛奇齡, 字大可.【又名甡, 字老晴】……其爲易學, 則不知爻變, 膠固木强而十二辟推移之外, 自剏子母易之法, 義例喎戾, 無一中理.)"[『梅氏書平』(『定本 與猶堂全書 13』, p. 90)]고 비판했음에도, 정약용은 자신의 역학易學의 네 가지 강령 중에서 '추이推移'에 대한 관점, '호체互體'의 일부 관점, '추이'와 '물상物象'을 연계시키는 관점에서 모기령의 입장을 수용했으며, 이외에 64괘卦의 차례를 설명하는 교역交易·반역反易·변역變易의 세 원칙 및 『계사전繫辭傳』의 「역유태극易有太極」장에 대한 해석에 있어서도 모기령의 관점을 수용한 바 있다. 정약용의 역학관易學觀 정립에 미친 모기령의 영향에 대한 보다 자세한 내용은 신원봉(2002)이 참조된다.

287 『小學枝言』(『定本 與猶堂全書 6』, p. 171) "○[鏞案] 毛氏雜引諸文, 以證小學爲字學. 然字學者, 小學之藝也. 學之教, 有道·有藝. 大學蹍大道·習大藝, 小學蹍小道·習小藝. 豈必小學有藝而無道乎? 其說, 偏而妄矣."

學派 학자], 오규 소라이[荻生徂徠][이름은 雙松, 자는 茂卿, 1666~1728: 日本 江戶中期의 古學派 학자], 다자이 슌다이[太宰春臺][이름은 純, 1680~1747: 日本 江戶中期의 古學派 학자]로 대표되는 '일본의 고학파古學派'를 들 수 있다.[288]

1

정약용이 일본 고학파의 경학저술, 특히 다자이 슌다이의 『논어고훈외전論語古訓外傳』을 처음 접하게 된 시기는 30대 초반으로서, 이때 정약용은 바야흐로 자신의 독자적 학문세계의 기본방향과 내용을 구축하기 위한 다양한 지적 편력을 마감·정리하고 있었던 시기이기도 하다. 이러한 사실은 곧 정약용이 34세 되는 을묘년[1795년, 正祖 19]에 지은 「고시이십사수古詩二十四首」의 22번째 시詩에서 일본의 고학파에 대하여 "일본日本에 이름난 선비가 많다고 하나 정학正學은 애석하게도 보지 못했네. 이토오[伊藤]가 고학古學을 좋아한다 일컬어지자 오규[荻氏]가 더욱 고무 선동하였네. 그 흐름이 다자이[信陽]에게 이르러서는 치우치고 어지러운 말로 경전을 어지럽혔네"[289]라고 비판적으로 평가하면서 다자이 슌다이의 저술로서 『논어고훈외전』을 소개하고 있는 데서 확인할 수 있다.[290]

---

288 주지하다시피, 일본의 고학파는 야마가 소코[山鹿素行][이름은 高興, 1622~1685: 日本 江戶時代의 古學派 학자]가 1665년 『성교요록聖教要錄』에서 주자학朱子學을 비판함과 동시에 '고학古學'을 천명하면서 출발한 것으로 알려져 있으며, 이후 이토오 진사이[伊藤仁齋]와 이토오 토가이[伊藤東涯][이름은 長胤, 1670~1736: 日本 江戶時代의 古學派 학자]를 중심으로 한 '고의학파古義學派'와 오규 소라이[荻生徂徠]와 다자이 슌다이[太宰春臺]를 중심으로 한 '고문사학파古文辭學派'로 분화되었던바, 특히 후자를 '훤원학파蘐園學派'라 부르기도 한다.

289 「古詩二十四首」(『定本 與猶堂全書 1』, p. 284) "日本多名儒, 正學嗟未見. 伊藤稱好古, 荻氏益鼓煽. 流波及信陽, 詖淫亂經卷. ……【伊藤氏, 名維楨[禎]. 荻氏, 未詳. 信陽, 太宰純, 著『論語古訓外傳』】"

290 또한, 정약용은 이후 다자이 슌다이[太宰春臺]의 『논어고훈외전』에 대하여 다음과 같이 평가하기도 하였다: "다자이 쥰[太宰純]은 일본의 이름난 유학자이다. 그가 지은 『논어고훈외전』은 황간皇侃의 『논어의소論語義疏』를 조술祖述하여 주자朱子의 『논어집주論語集註』를 배척하였다. 이상하도다! 한때의 풍기風氣가 연기처럼 덮이고 안

이후 정약용은 주로 다자이 슌다이의 『논어고훈외전』을 매개로 일본 고학파의 『논어論語』 경학에 대한 이해를 점차 심화·확대시키면서 일정 정도 그 학술적 의의를 적극 평가하는 가운데,[291] 또한 이를 자신의 『논어고금주論語古今注』에서도 비판적으로 검토하며 나름의 관점에서 취사선택한 바 있다. 이에 그 '명시적 수용양상'을 개관해보면, ① 이토오 진사이의 경우에는 『논어고금주』에서 모두 '3번' 인용되고 있는데, 여기서 정약용은 진사이의 주장을 전부 타당하지 않은 것으로 비판·거부하고 있다.[292] ② 오규 소라이의 경우에는 『논어고금주』에서 모두 '44

개처럼 끼어서 섬나라 일본에까지 미치다니. 다자이 쥰은 『논어論語』에 '뇌왈牢曰'과 '헌문憲問'이란 두 구절이 있다고 해서 마침내 『논어』 20편이 모두 금뢰琴牢와 헌원憲原 두 사람에 의해 기록되었다고 하였는데, 그 논의의 어그러지고 교묘함이 이와 같다. 그 연원은 아마 이토오 진사이[伊藤仁齋]로부터 나온 듯한데, 그 후 주장이 더욱 과격해져 방자하기가 여기에까지 이르렀다.(太宰純, 日本名儒也. 其所著『論語古訓外傳』, 祖述皇侃, 詆排朱子章句. 異哉! 一時風氣, 如煙冪霧漲, 至及海道之中也. 以『論語』有'牢曰'·'憲問'二文, 遂以七篇爲出琴·原二子之手, 其言之乖巧類如此. 其淵源蓋出於伊藤維楨[禎], 而轉轉磯激, 放肆至此.)" 「跋太宰純『論語古訓外傳』」(『定本 與猶堂全書 3』, p. 135)

291 정약용은 다음과 같이 말한 바 있다: "일본은 이제 걱정할 필요가 없다. 내가 이른바 고학선생古學先生이라는 이토오[伊藤] 씨가 지은 문장과 오규[荻] 선생 및 다자이 쥰[太宰純] 등이 논한 경전해석을 읽어보니, 모두 그 문채文彩가 찬란하였다. 이를 통해 일본은 지금 걱정할 필요가 없음을 알게 되었다. 비록 그 논의 가운데 간혹 어그러진 것이 있기도 하지만, 일본의 문화가 이미 성숙되어 있음에 틀림없다.(日本, 今無憂也. 余讀其所謂古學先生伊藤氏所爲文及荻先生·太宰純等所論經義, 皆燦然以文. 由是知日本今無憂也. 雖其議論間有迂曲, 其文勝則已甚矣.)" 「日本論 1」(『定本 與猶堂全書 2』, p. 332); "일본에는 근래 이름난 유학자가 배출되고 있다. 모노노베 소하쿠[物部雙柏] 같은 사람은 호가 소라이[徂徠]이고 '해동부자海東夫子'라고 일컬어지고 있으며, 제자도 매우 많다. ……대저 일본은 본래 백제百濟를 통해 서적을 얻어 보았는데, 처음에는 아주 몽매하였다. 그런데 한번 강소江蘇·절강浙江 지방과 직접 교역을 하면서부터 중국의 좋은 책을 사가지 않은 것이 없으며 또한 과거제도의 폐단이 없음으로 하여, 지금 그들의 학문이 우리나라를 훨씬 능가하게 되었으니 매우 부끄러울 따름이다.(日本近者, 名儒輩出. 如物部雙柏, 號徂徠, 稱爲'海東夫子', 其徒甚多. ……大抵日本本因百濟得見書籍, 始甚蒙昧. 一自直通江·浙之後, 中國佳書, 無不購去, 且無科擧之累, 今其文學, 遠超吾邦, 愧甚耳.)" 「示二兒」(『定本 與猶堂全書 4』, p. 257)

292 『論語古今注 I』(『定本 與猶堂全書 8』, p. 38); 『論語古今注 II』(『定本 與猶堂全書 9』, pp. 22~23); 『論語古今注 II』(『定本 與猶堂全書 9』, pp. 122~123)

번' 인용되고 있는데, 여기서 정약용이 소라이의 주장을 지지·수용한 사례가 '12번'인 반면에 비판·거부한 사례는 '32번'에 이른다.[293] ③ 다자이 슌다이의 경우에는 『논어고금주』에서 모두 '115번' 인용되고 있는데, 여기서 정약용이 슌다이의 주장을 지지·수용한 사례는 '63번'에 이르는 반면 비판·거부한 사례는 '50번'이며, 또한 기타의 사례로는 '2번'이 발견된다.[294]

---

293 『論語古今注 I』(『定本 與猶堂全書 8』, p. 31); 『論語古今注 I』(『定本 與猶堂全書 8』, p. 80); 『論語古今注 I』(『定本 與猶堂全書 8』, p. 112); 『論語古今注 I』(『定本 與猶堂全書 8』, p. 139); 『論語古今注 I』(『定本 與猶堂全書 8』, pp. 151~152); 『論語古今注 I』(『定本 與猶堂全書 8』, p. 217); 『論語古今注 I』(『定本 與猶堂全書 8』, p. 255); 『論語古今注 I』(『定本 與猶堂全書 8』, p. 277); 『論語古今注 I』(『定本 與猶堂全書 8』, p. 320); 『論語古今注 I』(『定本 與猶堂全書 8』, p. 324); 『論語古今注 I』(『定本 與猶堂全書 8』, p. 327); 『論語古今注 I』(『定本 與猶堂全書 8』, p. 330); 『論語古今注 I』(『定本 與猶堂全書 8』, p. 338); 『論語古今注 I』(『定本 與猶堂全書 8』, pp. 345~346); 『論語古今注 I』(『定本 與猶堂全書 8』, p. 346); 『論語古今注 I』(『定本 與猶堂全書 8』, p. 354); 『論語古今注 I』(『定本 與猶堂全書 8』, p. 372); 『論語古今注 I』(『定本 與猶堂全書 8』, pp. 375~376); 『論語古今注 I』(『定本 與猶堂全書 8』, p. 376); 『論語古今注 I』(『定本 與猶堂全書 8』, p. 388); 『論語古今注 I』(『定本 與猶堂全書 8』, pp. 389~390); 『論語古今注 I』(『定本 與猶堂全書 8』, p. 403); 『論語古今注 I』(『定本 與猶堂全書 8』, pp. 412~413); 『論語古今注 II』(『定本 與猶堂全書 9』, p. 72); 『論語古今注 II』(『定本 與猶堂全書 9』, p. 102); 『論語古今注 II』(『定本 與猶堂全書 9』, p. 115); 『論語古今注 II』(『定本 與猶堂全書 9』, p. 116); 『論語古今注 II』(『定本 與猶堂全書 9』, p. 123); 『論語古今注 II』(『定本 與猶堂全書 9』, p. 161); 『論語古今注 II』(『定本 與猶堂全書 9』, p. 165); 『論語古今注 II』(『定本 與猶堂全書 9』, p. 186); 『論語古今注 II』(『定本 與猶堂全書 9』, p. 208); 『論語古今注 II』(『定本 與猶堂全書 9』, p. 210); 『論語古今注 II』(『定本 與猶堂全書 9』, p. 224); 『論語古今注 II』(『定本 與猶堂全書 9』, p. 247); 『論語古今注 II』(『定本 與猶堂全書 9』, pp. 247~248); 『論語古今注 II』(『定本 與猶堂全書 9』, p. 262); 『論語古今注 II』(『定本 與猶堂全書 9』, p. 263); 『論語古今注 II』(『定本 與猶堂全書 9』, p. 305); 『論語古今注 II』(『定本 與猶堂全書 9』, pp. 316~317); 『論語古今注 II』(『定本 與猶堂全書 9』, pp. 355~356); 『論語古今注 II』(『定本 與猶堂全書 9』, p. 362); 『論語古今注 II』(『定本 與猶堂全書 9』, p. 365); 『論語古今注 II』(『定本 與猶堂全書 9』, p. 383)

294 『論語古今注 I』(『定本 與猶堂全書 8』, p. 37); 『論語古今注 I』(『定本 與猶堂全書 8』, p. 38); 『論語古今注 I』(『定本 與猶堂全書 8』, p. 39); 『論語古今注 I』(『定本 與猶堂全書 8』, p. 40); 『論語古今注 I』(『定本 與猶堂全書 8』, p. 41); 『論語古今注 I』(『定本 與猶堂全書 8』, p. 48); 『論語古今注 I』(『定本 與猶堂全書 8』, p. 52); 『論語古今注 I』(『定本 與猶堂全書 8』, p. 80); 『論語古今注 I』(『定本 與猶堂全書 8』, pp. 80~81); 『論語古今注 I』(『定本 與猶堂全書 8』, p. 86); 『論語古今注 I』(『定本 與猶堂全書 8』, p. 101); 『論語古今注 I』(『定本 與猶堂全書 8』, p. 139); 『論語古今注 I』(『定本 與猶堂全書 8』, p. 147);『論語古今注 I』(『定本 與猶堂全書 8』, p. 189);『論語古今注 I』(『定本 與猶堂全書 8』, p. 213);『論語古今注 I』(『定本 與猶堂全書 8』, p. 217);『論語古今注 I』(『定本 與猶堂全書 8』, p. 221);『論語古今注 I』(『定本 與猶堂全書 8』, p. 238);『論語古今注 I』(『定本 與猶堂全書 8』, p. 244);『論語古今注 I』(『定本 與猶堂全書 8』, p. 252);『論語古今注 I』(『定本 與猶堂全書 8』, p. 284);『論語古今注 I』(『定本 與猶堂全書 8』, p. 285);『論語古今注 I』(『定本 與猶堂全書 8』, p. 287);『論語古今注 I』(『定本 與猶堂全書 8』, pp. 300~301);『論語古今注 I』(『定本 與猶堂全書 8』, p. 301);『論語古今注 I』(『定本 與猶堂全書 8』, p. 308);『論語古今注 I』(『定本 與猶堂全書 8』, pp. 320~321);『論語古今注 I』(『定本 與猶堂全書 8』, p. 330);『論語古今注 I』(『定本 與猶堂全書 8』, p. 356);『論語古今注 I』(『定本 與猶堂全書 8』, p. 359);『論語古今注 I』(『定本 與猶堂全書 8』, p. 371);『論語古今注 I』(『定本 與猶堂全書 8』, pp. 372~373);『論語古今注 I』(『定本 與猶堂全書 8』, p. 377);『論語古今注 I』(『定本 與猶堂全書 8』, p. 390);『論語古今注 I』(『定本 與猶堂全書 8』, p. 391);『論語古今注 I』(『定本 與猶堂全書 8』, p. 405);『論語古今注 I』(『定本 與猶堂全書 8』, pp. 413~414);『論語古今注 I』(『定本 與猶堂全書 8』, p. 443);『論語古今注 II』(『定本 與猶堂全書 9』, p. 23);『論語古今注 II』(『定本 與猶堂全書 9』, p. 27);『論語古今注 II』(『定本 與猶堂全書 9』, p. 29);『論語古今注 II』(『定本 與猶堂全書 9』, p. 49);『論語古今注 II』(『定本 與猶堂全書 9』, p. 50);『論語古今注 II』(『定本 與猶堂全書 9』, p. 54);『論語古今注 II』(『定本 與猶堂全書 9』, p. 64);『論語古今注 II』(『定本 與猶堂全書 9』, p. 84);『論語古今注 II』(『定本 與猶堂全書 9』, p. 91);『論語古今注 II』(『定本 與猶堂全書 9』, p. 102);『論語古今注 II』(『定本 與猶堂全書 9』, p. 104);『論語古今注 II』(『定本 與猶堂全書 9』, p. 109);『論語古今注 II』(『定本 與猶堂全書 9』, p. 115);『論語古今注 II』(『定本 與猶堂全書 9』, pp. 122~123);『論語古今注 II』(『定本 與猶堂全書 9』, p. 124);『論語古今注 II』(『定本 與猶堂全書 9』, pp. 126~127);『論語古今注 II』(『定本 與猶堂全書 9』, p. 140);『論語古今注 II』(『定本 與猶堂全書 9』, pp. 140~141);『論語古今注 II』(『定本 與猶堂全書 9』, p. 145);『論語古今注 II』(『定本 與猶堂全書 9』, p. 149);『論語古今注 II』(『定本 與猶堂全書 9』, p. 150);『論語古今注 II』(『定本 與猶堂全書 9』, p. 151);『論語古今注 II』(『定本 與猶堂全書 9』, p. 152);『論語古今注 II』(『定本 與猶堂全書 9』, p. 155);『論語古今注 II』(『定本 與猶堂全書 9』, p. 156);『論語古今注 II』(『定本 與猶堂全書 9』, p. 156);『論語古今注 II』(『定本 與猶堂全書 9』, p. 157);『論語古今注 II』(『定本 與猶堂全書 9』, pp. 159~160);『論語古今注 II』(『定本 與猶堂全書 9』, pp. 160~161);『論語古今注 II』(『定本 與猶堂全書 9』, p. 167);『論語古今注 II』(『定本 與猶堂全書 9』, p. 167);『論語古今注 II』(『定本 與猶堂全書 9』, p. 172);『論語古今注 II』(『定本 與猶堂全書 9』, p. 173);『論語古今注 II』(『定本 與猶堂全書 9』, p. 174);『論語古今注 II』(『定本 與猶堂全書 9』, p. 174);『論語古今注 II』(『定本 與猶堂全書 9』, p. 191);『論語古今注 II』(『定本 與猶堂全書 9』, p. 203);『論語古今注 II』(『定本 與猶堂全書 9』, p. 204);『論語古今注 II』(『定本 與猶堂全書 9』, p. 205);『論語古今注 II』(『定本 與猶堂全書 9』, p. 205);『論語古今注 II』(『定本 與猶堂全書 9』, p. 207);『論語古今注 II』(『定本 與猶堂全書 9』, pp. 225~226);『論語古今注 II』(『定本 與猶堂全書 9』, p. 229);『論語古今注 II』(『定本 與猶堂全書 9』, pp. 235~236);『論語古今注 II』(『定本 與猶堂全書 9』, p. 247);『論語古今注 II』(『定本 與猶堂全書 9』, pp. 247~248);『論語古今注 II』(『定本 與猶堂全書 9』, p. 248);『論語古今注 II』(『定本 與猶堂

2

이처럼 정약용은 『논어고금주』를 저술하면서 주로 다자이 슌다이의 『논어고훈외전』을 통해 전해진 일본 고학파의 『논어』 경학의 성과를 나름대로 중시하여 모두 '202군데'에 걸쳐 인용·평가하고 있다. 그러면 『논어고금주』에 나타난 일본 고학파의 『논어』 경학에 대한 정약용의 '수용양상의 특징'을 간략히 정리해보면 다음과 같다. 첫째, 정약용이 일본 고학파의 『논어』 경학에서 인용·평가하고 있는 내용은 그 수용 여부를 떠나 거의 대부분이 자의字義 풀이, 문의文義 해석, 경문經文 고증, 인물人物·지명地名·관직官職·독음讀音 고증 등, 즉 '훈고訓詁'에 한정되어 있다는 점이다. 물론 정약용은 자신의 독자적인 관점에서 나름대로 일본 고학파의 훈고의 성과를 검토하면서 경우에 따라서는 "바꿀 수 없는 주장이다[不可易]", "매우 좋다[甚善, 甚好]", 또는 "아주 옳다[極是]"고 적극 평가한 경우도 없지 않으나, 동시에 특정 사안에 대해서는 "한평생 부지런히 공부하고서 옛날에 대부大夫가 소군小君을 찾아보는 예禮가 있었다는 사실조차 알지 못하면서 오히려 입을 놀리며 경전의 글을 논하려고 하니,

---

全書 9』, p. 249); 『論語古今注 II』(『定本 與猶堂全書 9』, pp. 250~251); 『論語古今注 II』(『定本 與猶堂全書 9』, p. 252); 『論語古今注 II』(『定本 與猶堂全書 9』, p. 253); 『論語古今注 II』(『定本 與猶堂全書 9』, pp. 254~255); 『論語古今注 II』(『定本 與猶堂全書 9』, p. 258); 『論語古今注 II』(『定本 與猶堂全書 9』, p. 258); 『論語古今注 II』(『定本 與猶堂全書 9』, p. 261); 『論語古今注 II』(『定本 與猶堂全書 9』, pp. 261~262); 『論語古今注 II』(『定本 與猶堂全書 9』, p. 298); 『論語古今注 II』(『定本 與猶堂全書 9』, p. 306); 『論語古今注 II』(『定本 與猶堂全書 9』, p. 307); 『論語古今注 II』(『定本 與猶堂全書 9』, p. 308); 『論語古今注 II』(『定本 與猶堂全書 9』, p. 311); 『論語古今注 II』(『定本 與猶堂全書 9』, p. 315); 『論語古今注 II』(『定本 與猶堂全書 9』, p. 317); 『論語古今注 II』(『定本 與猶堂全書 9』, p. 327); 『論語古今注 II』(『定本 與猶堂全書 9』, p. 332); 『論語古今注 II』(『定本 與猶堂全書 9』, p. 339); 『論語古今注 II』(『定本 與猶堂全書 9』, p. 339); 『論語古今注 II』(『定本 與猶堂全書 9』, p. 344); 『論語古今注 II』(『定本 與猶堂全書 9』, p. 361); 『論語古今注 II』(『定本 與猶堂全書 9』, p. 365); 『論語古今注 II』(『定本 與猶堂全書 9』, p. 366); 『論語古今注 II』(『定本 與猶堂全書 9』, p. 369); 『論語古今注 II』(『定本 與猶堂全書 9』, p. 384); 『論語古今注 II』(『定本 與猶堂全書 9』, p. 385); 『論語古今注 II』(『定本 與猶堂全書 9』, pp. 394~395); 『論語古今注 II』(『定本 與猶堂全書 9』, p. 399)

곤란한 일이다"[295]라고 하여 혹평을 서슴지 않은 경우나, 심지어는 "지금 반드시 주자朱子의 설을 한결같이 반대하고자 하여, 이를 억눌러 '위정자爲政者는 대부大夫요, 종정자從政者는 사士'라고 우기니, 이 또한 어찌 심술心術의 병病이 아니겠는가? ……마땅히 주자의 설을 바른 것으로 삼아야 한다"[296]고 하여 공정하지 못한 학문태도를 질타한 경우도 있었다. 결국, 이러한 사실은 정약용이 『논어고금주』에서 주로 일본 고학파의 훈고에 주목하면서도 동시에 이를 일률적으로 신뢰하거나 높이 평가한 것은 아님을 의미한다.

둘째, 이처럼 정약용이 일본 고학파의 『논어』 경학에서 인용·평가하고 있는 내용을 주로 '훈고'에 한정하고 있다는 사실은 동시에 일본 고학파에 대한 정약용의 또 다른 평가를 함축하고 있는 사안이기도 하다. 즉, 정약용은 어디까지나 '도학道學과 명교名教의 근원과 지취旨趣'를 추구하는 '의리義理'와 관련해서는 적어도 일본 고학파로부터 거의 배울 것이 없다고 판단했다는 사실이다. 따라서 드물게나마 '의리'와 관련된 경학적 사안을 다루는 경우에도 정약용은 거의 예외 없이 일본 고학파의 견해를 혹평했던바, 대표적으로 "다자이 쥰[太宰純]의 학문은 심성心性이 어떤 것인지도 알지 못하고 송유宋儒에게 과격하게 반대하다가 아울러 맹자孟子까지 배척하였으니, 심히 잘못되고 망령된 것이다"[297]라거나 "무릇 천하의 사물은 허虛한 것이 귀貴하고 실實한 것이 천賤하며, 형체가 없는 것이 귀하고 형체가 있는 것은 천하다. 도덕道德과 인의仁義와

295 『論語古今注 I』(『定本 與猶堂全書 8』, p. 244) "○純曰: '朱注所謂「有見小君之禮」, 亦無所考. 朱子以意言之.'○[駁曰] 非也. 窮年矻矻, 尙不知古之大夫有見小君之禮, 猶欲哆口談經, 難矣."

296 『論語古今注 I』(『定本 與猶堂全書 8』, p. 217) "荻曰: '爲政者大夫, 從政者士.' ……○[駁曰] 非也. ……今必欲一反朱子之說, 壓之曰: '爲政者大夫, 從政者士', 亦豈非心術之病乎? ……當以朱子說爲正."

297 『論語古今注 II』(『定本 與猶堂全書 9』, p. 226) "○[案] ……太宰之學, 不知心性爲何物, 激於宋儒, 並斥孟子, 謬妄甚矣."

예법禮法과 정교政敎는 모두 허로써 실을 다스리고 무형으로써 유형을 다스리는 것이다. 다자이 쥰은 전혀 도리道理가 어떤 것인지를 알지 못하고 오직 한결같이 송유의 설만 반대하고 있으니, 또한 망령되지 아니한가?"[298]라는 비판이 바로 그것이다.

결국, 이상과 같은 정약용의 일본 고학파에 대한 평가는 ① 비록 '탈주자학'이라는 경학적 입장을 공유함에도 일본의 고학파가 여전히 '의리義理'라는 실존적 문제의식, 즉 '송대 유학의 인륜적 각성'의 성과를 자체 내에 지양止揚하고 있지 못하다는 점에서 기본적으로 자신의 학문과는 격을 달리하는 것으로 폄하하고 있었음을 함축하며, ② 바로 이러한 맥락에서 정약용은 일본의 고학파를 다분히 청대의 고증학과 유사한 학문사조 정도로 인식하고 있었던 것은 아닐까 사료된다.

IV. 동시대인의 영향

이외에도 정약용丁若鏞은 자신의 경학사상, 보다 일반적으로는 자신의 학문과 사상을 정립·발전시켜 나감에 동시대인同時代人을 통해서도 중요한 영향을 받은 바 있다. 이를 차례대로 개관해보면 다음과 같다.

가학의 전통

우선, 정약용의 친가親家 및 외가外家로부터 각각 전래된 유서 깊고도 격

---

298 『論語古今注 II』(『定本 與猶堂全書 9』, pp. 250~251) "○[案] ……且凡天下之物, 虛者貴, 實者賤; 無形者貴, 有形者賤. 道德·仁義·禮法·政敎, 皆以虛治實, 以無形御有形. 太宰全不知道理爲何物, 惟一反宋儒之說, 不亦妄乎?"

한편, 정약용과 일본 고학파 간의 경학사상을 비교한 연구로는 대표적으로 金彦鍾(1987b), 김언종(2001), 김언종(2002), 김언종(2004), 河宇鳳(1988), 河宇鳳(1989), 하우봉(2002), 하우봉(2013), 姜在彦(1990c), Mark Setton(2002)이 참조된다.

조 높은 '가학家學의 전통'을 들 수 있다. 이에 그 내용을 간략히 소개하면 다음과 같다.

1

무엇보다 먼저 근기남인近畿南人으로서 정약용의 집안이 누대에 걸쳐 쌓아왔던 학문적 유산이 주목된다. 첫째, 정약용의 가문은 본관이 압해押海—또는 나주羅州—로서, 시조는 정약용의 13대조인 정윤종丁允宗[巖隱公]이다. ① 정윤종은 고려高麗의 유민遺民으로서 조선왕조가 개국하자 황해도 배천[白川]에서 은거하며 지조를 지키고 덕을 쌓았던 인물로 알려져 있으며, 그 아들 정자급丁子伋[昭格署令公]에 이르러 비로소 벼슬길에 올라 한양漢陽에 세거하면서 이후 정약용의 5대조인 정시윤丁時潤[參議公]에 이르기까지 8대가 잇달아 옥당玉堂[弘文館]에 올랐으며, 정시윤에 이르러 만년에 소내[苕川, 牛川]로 옮겨 살았다. ② 이로써 정약용의 가문은 대대로 명망 있는 학자관료를 배출했던 유서 깊은 명문 집안이라 하겠다.[299] ③ 이에 정약용 역시 ㉠ "우리 집안은 대대로 아름다운 덕德을 두터이 쌓고 사람들은 돈敦·근謹을 숭상하며 면면히 4백 년을 이어오"[300]면서 특히 "9대에 걸쳐 옥당玉堂에서 벼슬한 것은 세상에서 부러워하는 점"임을 거듭 강조함으로써 이에 대한 자긍심을 숨기지 않았으며, ㉡ 또한 자기

---

299 이를 보다 구체적으로 소개하면, 정약용의 ① 12대조인 정자급丁子伋[昭格署令公]은 '승문원교리承文院校理'를, ② 11대조인 정수강丁壽崗[月軒公]은 '홍문관부제학弘文館副提學'을, ③ 10대조인 정옥형丁玉亨[恭安公]은 '병조판서兵曹判書'를, ④ 9대조인 정응두丁應斗[忠靖公]는 '의정부좌찬성議政府左贊成'을, ⑤ 8대조인 정윤복丁胤福[大司憲公]은 '대사헌大司憲'을, ⑥ 7대조인 정호선丁好善[東園公]은 '강원도관찰사江原道觀察使'를, ⑦ 6대조인 정언벽丁彦璧[校理公]은 '홍문관교리弘文館校理'를, ⑧ 5대조인 정시윤丁時潤[參議公]은 '병조참의兵曹參議'를 각각 역임한 바 있다. 정약용의 직계조상 및 가계에 대한 보다 자세한 내용은 「自撰墓誌銘【集中本】」(『定本 與猶堂全書 3』, pp. 252~253)과 「家乘遺事【亦名「纚纚錄」】」(『定本 與猶堂全書 3』, pp. 342~349) 및 「傍親遺事」(『定本 與猶堂全書 3』, pp. 352~356)가 참조된다.

300 「家乘遺事【亦名「纚纚錄」】」(『定本 與猶堂全書 3』, p. 342) "余家世篤德美, 人尙敦·謹, 澈澈綿綿, 垂四百年."

집안에서 누대로 전해왔던 별다른 기풍氣風으로서 '근謹[삼감]'·'졸拙[고졸함]'·'선善[착함]'·'양諒[신실함]'을 소개하기도 하였다.301

둘째, 정약용은 또한 방계의 친족[傍親]에 대해서도 남다른 관심과 자긍심을 가지고 있었으니, 특히 17세기 명망 높은 성리학자이자 5대조

---

301 「題『家乘撮要』」(『定本 與猶堂全書 3』, pp. 163~164) "吾家別有一種風氣, 今約略言之. 一曰: '謹'. ……二曰: '拙'. ……三曰: '善'. ……吾家九世玉堂, 世所豔稱."; 「題『家乘抄略』」(『定本 與猶堂全書 3』, pp. 170~171) "吾家別有一種風氣, 今約略言之. 一曰: '謹'. ……二曰: '拙'. ……三曰: '善'. ……四曰: '諒'. ……吾家九世弘文, 世所豔稱."

정약용은 상기한바 '자기 집안에서 누대로 전해왔던 별다른 기풍'에 대해서 다음과 같이 상세하게 소개한 바 있다: "첫째는 '근謹'이다. 국가가 혼란한 때를 당해서도 뛰어난 충성과 열렬한 절의로 목숨을 버려 멸문滅門에 이르게 한 참상은 없었다. 그렇다고 일찍이 윗사람의 뜻을 따라 비리를 저지르거나 세력가를 추종하여 악을 행한 일도 없었다. 따라서 기미幾微를 보고 미리 떠나 화난禍難에 관계되지 않았고, 항상 어진 신하와 깨끗한 선비가 되는 것으로 일관하였다. 둘째는 '졸拙'이다. 어떤 일을 당하면 먼저 먼 장래를 염려하므로 겉으로는 겁이 많아 나약한 듯 보이지만 속으로는 실로 곧고 굳건하여 일체 권력의 자리를 다투는 곳에서는 매번 몸을 사리고 앞장서지 않았다. 이에 비록 큰 승리도 없었지만, 큰 패배도 없었다. 벼슬하는 자만 그런 것이 아니라, 비록 곤궁하여 아래에 처한 자도 집안을 다스리고 일을 처리함이 이와 같았다. 따라서 현달해도 큰 벼슬은 없었고, 곤궁해도 큰 부자는 없었다. 셋째는 '선善'이다. 무릇 정씨丁氏 성姓을 가진 자들은 그 마음이 모두 선량하여 독기毒氣가 없다. 독기가 없다는 것은 '결기結氣가 없다'고 말하는 것과 같다. 그중에는 이런저런 사람들이 있어 비록 똑같지는 않으나, 끝내 오래된 원한을 품지 않고 악에 대해 보복하지 않는다는 점에서는 그렇지 않은 자가 없었다. 넷째는 '양諒'이다. 내가 부형과 종족에 대해 혹 그들에게 흠결이 있다면 또한 어찌 이를 숨기겠는가? 다만 내 평생에 그들이 한 구절이라도 허황한 말을 퍼뜨리는 일이 있음을 보지 못했다. 우리 선친 3형제, 진천공鎭川公·해좌공海左公 형제, 직산공稷山公 형제 및 종중宗中에 명망이 있던 모든 분들이 한 마디라도 허황한 말로써 다른 사람에게 낭패를 끼친 일이 있음을 듣지 못했다. 내가 세상 사람들을 많이 겪어보았는데, 비록 고관대작을 지낸 선비라 하더라도 그 말을 고찰해보자면 열 마디에 일곱 마디는 허황한 자가 있었다.(一曰: '謹'. 當國家板蕩, 亦未有危忠·烈節, 殉身·滅門之慘. 然未嘗順旨爲非, 趨勢爲惡. 故見機而作, 不與其難, 不失爲良臣·拂士也. 二曰: '拙'. 遇事, 先之以遠慮, 外若怯懦, 中實貞固, 一切權要傾奪奮發之場, 每斂縮不居前. 雖無大勝, 亦無大敗. 不唯仕宦爲然, 雖窮而在下者, 其治家理物如此. 故達之無大官, 窮之無大富也. 三曰: '善'. 凡以丁爲姓者, 其心皆良善無毒. 無毒者, 如云: '無結氣' 也. 其中雖參錯不齊, 畢竟不宿怨·不報惡, 則無不然也. 四曰: '諒'. 吾於父兄·宗族, 或有疵病, 亦安得諱之? 但平生不見有一句撒謊也. 吾先人三昆弟, 鎭川公·海左公兄弟, 稷山公兄弟, 諸凡有望於宗中者, 未聞有一句謊說被人敗露也. 吾見世人多矣, 雖軒裳宦達之士, 夷考其言, 十語而七謊者有之矣.) " 「題『家乘抄略』」(『定本 與猶堂全書 3』, pp. 170~171)

정시윤丁時潤의 6촌형이었던 정시한丁時翰[愚潭, 1625~1707]을 존경하였다. 이에 정약용은 "우담선생愚潭先生은 학술의 올바름, 논의의 공정함, 충당忠讜·직절直截한 풍도風度, 명철明哲·염약斂約한 지조志操에 우뚝하여 산악과 높이를 나란히 하며 찬란하여 일월과 빛을 다툰다. ……그가 이기理氣와 사단칠정四端七情을 논변함에는 한결같이 자양紫陽[朱熹: 필자 주]과 퇴계退溪를 준칙으로 삼아 정미精微하게 분석함이 추호秋毫에 이르도록 상세하였다. ……아마도 한강寒岡과 여헌旅軒 이래로 참된 선비이자 순수한 학자는 오직 선생 한 분뿐이다. 의리義理가 내면에 쌓이고 출처出處가 세상의 표본이 된 것이 모두 유교의 적통嫡統을 이을 만하다"[302]라고 칭송한 바 있다. 이로써 정약용 집안의 가학 역시 기본적으로 이황李滉[退溪, 1501~1570]의 학통 가운데서도 정구鄭逑[寒岡, 1543~1620]와 장현광張顯光[旅軒, 1554~1637]을 거쳐 근기남인으로 이어지는 학맥을 계승·공유하고 있었음을 짐작할 수 있겠다.

마지막으로, 이상과 같은 정약용 집안의 학문적 유산과 분위기는 자연스럽게 부친인 정재원丁載遠[1730~1792]을 통하여 그에게 전수되었을 것으로 판단된다. 즉, ① 정재원은 일찍이 정약용이 태어난 임오년[1762년, 英祖 38]에 진사進士로서 연석筵席에 올라 『예기禮記』의 「제의祭義」편을 강론하여 특지特旨로써 관직을 제수받았던 것을 계기로 이후 한평생 동안 호조좌랑戶曹佐郎과 한성서윤漢城庶尹 및 지방수령地方守令을 두루 역임한 바 있으며, 특히 한성서윤으로 재직할 때는 정조正祖의 신임이 두터워 그 인물됨이 재상宰相의 그릇으로 지목되기도 하였다.[303] ② 그러면

---

302 「傍親遺事」(『定本 與猶堂全書 3』, pp. 352~353) "愚潭先生, 學術之正, 議論之公, 忠讜直截之風, 明哲斂約之操, 卓乎與山岳齊其高, 燁乎與日月爭其光. ……其論理氣·四七之辨, 一以紫陽·退溪爲準則, 剖折精微, 細入秋毫. ……蓋自寒岡·旅軒而降, 眞儒醇學, 唯先生一人而已. 義理之積於中, 出處之標於世者, 皆足以承嫡傳於斯文."

303 이와 관련된 자세한 내용은 「先人遺事」(『定本 與猶堂全書 3』, pp. 349~352)가 참조된다.

서도 동시에 정재원은 평소에도 끊임없이 독서에 힘썼던 전형적인 학자관료이자, 자녀들의 양육과 가정교육에 있어서도 남다른 관심과 노력을 아끼지 않았던 모범적인 가장이기도 하였다. 따라서 정약용의 덕기德器가 관후寬厚하고 경학經學이 정미精微했던 것은 오로지 가정에서 양육을 잘 받았기 때문이라고 평가되고 있거니와, 사실상 그가 15세에 장가들기 전까지의 유소년 시절에 있어 학문의 기틀과 토대를 마련해 주었던 가장 중요하고도 유일한 스승은 다름 아닌 그의 부친이었던 것이다.

2

한편, 외가인 '해남윤씨海南尹氏 집안의 학풍'을 들 수 있다. 즉, 정약용의 모친은 윤선도尹善道[孤山, 1587~1671]의 후손이자 윤두서尹斗緖[恭齋, 1668~1715]의 손녀였다. 이러한 인연으로 정약용은 평소 외가의 가풍과 학문적 유산에 대해서도 깊은 관심과 애정을 보이면서 크게 영향을 받은 바 있으며, 또한 당시 외가의 사람들과도 활발히 교유하며 한평생 친밀한 관계를 유지하였다. 첫째, 윤선도는 주지하다시피 보길도甫吉島에서 국문시가인 「어부사시사漁父四時詞」 40수를 지어 독특한 흥興의 미학을 창출함으로써[304] 정철鄭澈[松江, 1536~1593]의 가사문학과 쌍벽을 이루는 것으로 평가받고 있으며, 한편 말년에는 기해복제논쟁己亥服制論爭에서 허목許穆[眉叟, 1595~1682]과 더불어 남인南人을 대표하는 예설禮說을 주도했던 인물이기도 하다.

둘째, 정약용의 외증조부가 되기도 하는 윤두서는 일찍이 널리 배우고 옛것을 좋아했던 진사進士 출신의 학자로서, 그의 집에 소장하고

304 윤선도의 생애와 시詩 세계가 보여주는 특징에 대한 보다 자세한 내용은 이상원(2004: 23~45)이 참조된다.

있었던 책이 모두 경세실용經世實用에 관한 것이었다고 전한다.[305] 이에 정약용도 평소 그를 깊이 존경하여 "대저 공재恭齋께서는 성현聖賢의 재질을 타고나셨고 호걸豪傑의 뜻을 지니셨다"[306]고 칭송한 바 있다. ① 특히 윤두서와 그 아들인 윤덕희尹德熙[駱西, 1685~?]는 모두 진경산수화법眞景山水畵法에도 깊은 관심을 가져, 특히 윤두서는 인물화에, 윤덕희는 말 그림에 각각 묘기妙技를 가졌던 것으로 알려져 있다. 또한, 윤두서가 자신의 초상화를 남겼다면, 윤덕희는 고양이 그림으로 유명한 변상벽卞尙璧[和齋, ?~?]과 함께 영조英祖의 어진御眞을 그린 것으로 전하기도 한다.[307] ② 한편, 윤두서는 경세실용에 대한 관심의 일환으로 '지도地圖'에도 깊은 관심을 가져 특히 삼남지방의 도서島嶼를 상세하게 그린 「조선지도朝鮮地圖」[308]와 일본의 지리에 대한 상세한 정보를 담은 「일본지도日本地圖」

305 丁奎英 編(1921/1992: 99) "(英祖大王)四十六年庚寅, 公九歲. ……孤山有曾孫, 諱斗緖, 進士, 號恭齋. 博學好古, 家藏圖書, 皆經濟實用. 於公爲外曾考, ……" 또한 송재소 역주(2014: 13)도 참조된다.

306 「上仲氏【辛未冬】」(『定本 與猶堂全書 4』, p. 206) "大抵恭齋, 稟聖賢之才, 負豪傑之志."

307 「題「家藏畫帖」」(『定本 與猶堂全書 3』, p. 175) "近世尹恭齋之人物, 駱西【恭齋子德熙】之馬, 皆極其妙. 卞尙璧特以畫貓稱, 世謂之'卞古羊'.【方言, 貓曰: '古羊'】 ……英宗御眞, 則尹駱西·卞尙璧之所寫也."

한편, 정약용은 외증조부인 윤두서의 초상화를 보고 자신의 얼굴 모습과 수염이 외증조부와 많이 닮았음을 알게 되었고, 이에 그는 일찍이 문인들에게 "나의 정분精分은 외가外家에서 받은 것이 많다"라고 말한 것으로 전한다. 丁奎英 編(1921/1992: 99~100) "於公爲外曾考, 而小照尙存. 公顔貌鬚髮多髣髴. 公嘗語門人曰: '吾之精分, 多受外氏.'" 또한 송재소 역주(2014: 13)도 참조된다.

308 「跋恭齋「朝鮮圖障子」」(『定本 與猶堂全書 3』, p. 130) 이 글에서 정약용은 윤두서의 「조선지도朝鮮地圖」를 보고 정항령鄭恒齡의 「조선지도」와 비교하면서 다음과 같이 평한 바 있다: "오른쪽의 「조선지도」 한 폭은 나의 외조外祖이신 윤공재尹恭齋의 작품이다. 정씨본鄭氏本[鄭恒齡의 「朝鮮地圖」: 필자 주]에는【글은 다음에 나온다】 압록강이 서남쪽으로 흘러 의주義州까지 이르는데, 의주와 백두산을 비교해보면 백두산이 북극으로 더 나간 것이 거의 3~4도 차이가 난다. 그러나 지금 이 본本[尹斗緖의 「朝鮮地圖」: 필자 주]은 압록강이 굽어 흐르면서 약간만 남쪽으로 내려왔기 때문에 백두산과 의주가 남북으로 그다지 차이가 나지 않으니, 이것이 정씨본보다 못한 점이다. 그러나 삼남지방의 도서島嶼에 있어서는 상세하게 그려넣어 빠뜨리지 않았는데 정씨본에는 이를 모두 생략했으니, 이것은 정씨본의 하자瑕疵이다. 또한, 정씨본은 모든 산봉우리의 높고 낮은 형태를 그리면서 모두 지면紙面으로부터 봉우리를 위로 향하도록 했으니, 이 때문에 산의 앞뒤가 분명하지 않고 그 맥락도 산만하여 끊겼

를 제작하기도 하였다.[309]

결국, 이상과 같은 친가 및 외가로부터 전래된 유서 깊고도 격조 높은 '가학의 전통'은 이에 대해 남다른 자부심과 애정을 가지며 적극 섭렵·계승했던 정약용으로 하여금 무엇보다 단아하면서도 준엄한 논리적 사변, 경세실용에 대한 학구적 관심, 시詩·서書·화畵에 걸친 섬세하고도 풍부한 감수성을 두루 갖춘 불세출의 대학자로 성장하는 데에 비옥한 거름이 되었다고 할 것이다.

다 이어졌다 한다. 그런데 이 본本은 산맥을 꼬불꼬불한 모양으로만 그리고 명산名山에 대해서만 푸른 색깔을 약간 더 진하게 칠했을 뿐 산봉우리의 높낮이가 없어 마치 하늘에서 내려다보는 것처럼 하였으니, 이것은 화법畫法에 있어 타당한 것이다. 공재恭齋의 그림솜씨가 세상에 뛰어났던 것은 화법을 터득했기 때문이다.(右「朝鮮地圖」一幅, 余外祖尹恭齋之所作也. 鄭氏本,【文見下】鴨綠江西南至義州, 義州祇白頭山, 北極出地幾差三四度. 今此本, 鴨綠曲流而微南, 白頭與義州, 不甚南北, 此其有異於鄭本者也. 然於三南島嶼, 詳密不遺, 而鄭本竝略之, 此鄭本之疵也. 又鄭本於諸山作峰巒高下之形, 竝從紙面, 令峰向上, 故山之向背不明, 而其脉絡散漫斷續. 此本於山脈, 只作蟠屈狀, 至名山稍增蒼茂, 竝無峰巒上下, 有若自天俯視者然, 此於畫法宜然. 恭齋畫藝絶世, 此所以得其法也.)"

한편, 정약용 역시 평소 치도治道의 일환으로서 지도地圖를 매우 중시했으며, 특히 상기의 글과 뒤이은 「跋「朝鮮地圖帖」」(『定本 與猶堂全書 3』, p. 131)이란 글을 통해서 자신의 '지도'관의 일단을 피력하고 있는바, 즉 지도에 있어 특히 ① '경위도經緯度'의 정확성, ② '경위선經緯線'의 필요성, ③ 도서島嶼의 상세한 표시, ④ 산천山川과 도리道里의 실상 등을 매우 중시·강조하고 있다.

309 「上仲氏【辛未冬】」(『定本 與猶堂全書 4』, p. 206) 이 편지에서 정약용은 윤두서가 베껴 그린 「일본지도日本地圖」에 대하여 다음과 같이 평하였다: "공재恭齋께서 손수 베껴 그린 「일본지도」 1부를 보면, 그 나라는 동서東西가 5천 리이고 남북南北은 모두 합쳐 1천 리에 불과합니다. 지도의 너비는 거의 1장丈에 이르는데, 군현郡縣의 제도, 역참驛站의 도리道里, 부속도서, 해안과 육지가 서로 떨어진 원근遠近, 해로海路를 곧장 따라가는 첩경捷徑 등이 모두 정밀하고 상세합니다. 이는 필시 임진壬辰·정유년丁酉年의 왜란倭亂 때에 패전한 왜인倭人의 진터에서 획득했을 것입니다. 비록 만금萬金을 주고 사고자 한들 가능하겠습니까? 삼가 제가 1통을 베껴놓았는데, 일본의 형세가 손바닥을 보듯 명료합니다.(恭齋手摹「日本地圖」一部, 其國東西五千里, 南北皆不過千里. 地面之廣, 殆至一丈, 其郡縣之制, 驛站道里, 島嶼附屬, 岸陸相離之遠近, 海路直趨之捷徑, 皆精細詳密. 此必壬辰·丁酉之亂, 得於倭人敗壘之間者也. 雖欲以萬金購之, 其可得乎? 謹已移摹一通, 日本形勢, 瞭如指掌.)"

성호학파의 전통①: '사숙'

다음으로, '성호학파星湖學派의 전통'을 들 수 있다. 우선, 정약용은 어려서부터 한평생 이익李瀷[星湖, 1681~1763]을 깊이 존경하며 사숙私淑한 바 있다. 첫째, 정약용이 16세 되는 정유년[1777년, 正祖 1]에 처음으로 이익의 유고遺稿를 접하고는 "커다란 꿈에서 깨어나"[310] 이를 준칙準則으로 삼아 흔연히 학문에 뜻을 둔 이래,[311] 약관의 나이에 이미 주희朱熹에서 이황李滉을 거쳐 이익으로 이어지는 근기남인近畿南人의 도통주의道統主義를 명확히 정립한 바 있다.[312]

둘째, 이처럼 이익을 평소 "우리의 백세사[吾徒百世師]"[313]로 존숭尊崇했던 정약용은 뒤이어 "우리 성호선생星湖先生께서는 하늘로부터 영걸英傑한 재덕才德을 받으셔 도道가 없어지고 가르침이 해이해진 후세에 나심에, 회재晦齋[李彦迪: 필자 주]와 퇴계退溪를 사숙하시어 심성心性의 학문으로 경經을 삼고 경세經世의 사업으로 위緯를 삼아 수백여 편의 저서로써 후학에게 은혜를 베푸셨다"[314]고 기리는 가운데, 그럼에도 "후학의 성

---

310 정약용은 당시 다음과 말한 바 있다: "성호선생星湖先生을 따라 사숙私淑하는 가운데 나는 커다란 꿈에서 대부분 깨어났다.(正祖 宣皇帝元年丁酉, 公十六歲. ……常語子姪輩曰: '余之大夢, 多從星湖私淑中覺來.')" 丁奎英 編(1921/1992: 101~102) 및 송재소 역주(2014: 15)

311 「自撰墓誌銘【集中本】」(『定本 與猶堂全書 3』, p. 253) "鏞得見其遺書, 欣然以學問爲意."; 丁奎英 編(1921/1992: 101) "正祖 宣皇帝元年丁酉, 公十六歲. 始見星湖 李先生遺稿. 時一世後學莫不祖述李先生之學, 公亦以爲準則."

312 「過剡村 李先生舊宅【時省安山丘墓】」(『定本 與猶堂全書 1』, p. 198) 이 시詩에서 정약용은 22세[1783년, 正祖 7]의 나이에 이미 조선에서의 유교儒敎의 도맥道脈을 '설총薛聰 → [주희朱熹] → 정몽주鄭夢周·이색李穡 → 이황李滉 → 이익李瀷'으로 설정하고 있다.

313 「博學」(『定本 與猶堂全書 1』, p. 257) "博學星湖老, 吾徒百世師. ……"

314 「上木齋書【李先生森煥, 號木齋○乙卯秋, 在金井】」(『定本 與猶堂全書 4』, p. 94) "惟我星湖夫子, 以天挺英豪之才, 生於道喪敎弛之後, 得以私淑晦·退, 經之以心性之學, 緯之以經濟之業, 著書累百餘編, 以嘉惠後學, ……而況游星翁之門而聞星翁之風者哉?"

한편, 정약용은 당시에 이익의 학문을 요약하여 다음과 같이 평한 바 있다: "지금 정학正學이 쇠퇴하고 속론俗論이 드세지만, 그래도 퇴도退陶[이황: 필자 주]의 뒤에 다시 성옹星翁이 있음을 힘입어 우리로 하여금 얼마 되지 않는 책 속에서 사숙하여 그 문로門路를 찾아들어가기에 충분하게 하였습니다. 대개 성옹의 학문은 일생

의가 부족하여 미처 교감校勘하여 책을 완성하지 못하였다"[315]는 죄송한 마음에서 항상 "성옹星翁의 문하에서 유학游學하며 성옹의 가르침을 받은 자"로서의 학문적 도리를 다하고자 부심했던바, 이러한 노력은 대표적으로 그가 34세 되는 을묘년[1795년, 正祖 19]에 금정도찰방金井道察訪으로 외보外補되는 실의의 상황에서도 온양溫陽에 있는 서암西巖의 봉곡사鳳谷寺에서 이삼환李森煥[木齋, ?~?] 선생을 모시고 여러 사우士友들과 함께 우선 이익의 『가례질서家禮疾書』를 취하여 그 범례凡例를 정하고 교정校訂한 일로 나타나기도 하였다.[316]

동안 주자朱子만을 숭상하여 믿었기 때문에 여러 경전의 『질서疾書』는 모두 주자의 전주傳註를 발휘·천명한 것이고, 또한 『심경心經』·『근사록近思錄』·『소학小學』·『가례家禮』 등의 『질서』는 사설師說을 전공하여 예전의 가르침을 계승한 것이므로 저술이 비록 많으나 귀착되는 곳은 모두 한 곳이니, 후세 학자들의 박학博學하나 약례約禮하지 못한 것과는 같지 않습니다. 대개 문호門戶가 지극히 바르면서 법도[繩墨]는 지극히 엄격하며, 길은 지극히 가깝고도 경지는 지극히 깊으니, 어리석은 사람이라도 따라 행할 수 있는 것이지만 또한 후생말학이 그 경지를 엿볼 수 있는 바가 아닙니다. 그러므로 근래 나이 많은 숙덕宿德들도 모두 진심으로 귀의하고 사모하여 일대一代의 종사宗師로 떠받들지 않는 자가 없으니, 그 성대함이 참으로 위대하십니다!(今正學衰熄, 俗論膠固, 尙賴退陶之後, 復有星翁, 使吾輩私淑於殘編斷簡之中, 亦足以得其門路. 蓋星翁之學, 一生尊信朱子, 故諸經『疾書』, 皆就朱子傳註, 發揮而闡揚之, 又如『心經』·『近思錄』·『小學』·『家禮』等『疾書』, 專治師說, 以繼往訓, 著述雖多, 都歸一本, 非如後世學者, 博而不約. 蓋門戶極正, 而繩墨極嚴, 蹊徑極邇, 而閫奧極深, 愚夫愚婦, 可以率由, 而亦非後生末學所能窺其涯岸者. 故近日雖高年宿德, 無不歸身嚮慕, 奉之爲一代宗師, 偉其盛矣!)" 「答李文達」(『定本 與猶堂全書 4』, p. 104); "찬란하도다 성호선생星湖先生이시여, 성誠·명明으로 빛나는 글을 지으셨도다. 아득하여 광막함을 근심하던 때에 세밀하게 분석하신 것을 보게 되었네. 보잘것없는 나 뒤늦게 태어났으나, 아득한 대도大道를 듣게 되었네.(郁郁星湖子, 誠·明著炳文. 瀰漫愁曠際, 芒芴見纖分. 眇末吾生晩, 微茫大道聞)" 『西巖講學記』(『定本 與猶堂全書 4』, p. 286)

315 「『鳳谷寺述志詩』序」(『定本 與猶堂全書 3』, p. 27) "我星湖夫子所著書, 可累百餘篇, 顧後學誠淺, 未及校勘成帙. ……乃以十月卄五, 會于溫陽之鳳谷寺, 先取『家禮疾書』, 發凡起例, 木齋手自校訂, 余與諸友, 操觚管翻寫, 積數日工告訖."

316 정약용이 이삼환 선생을 모시고 이익의 『가례질서家禮疾書』를 교정한 일과 관련해서는 「十一月一日, 於西巖鳳谷寺,【溫陽地】 陪木齋李先生校星翁遺書. ……」(『定本 與猶堂全書 1』, pp. 299~300), 「『鳳谷寺述志詩』序」(『定本 與猶堂全書 3』, p. 27), 「答李季受【乙卯冬, 在金井】」(『定本 與猶堂全書 4』, p. 60), 「上木齋書【李先生森煥, 號木齋○乙卯秋, 在金井】」(『定本 與猶堂全書 4』, pp. 94~95), 「上木齋書」(『定本 與猶堂全書 4』, pp. 95~96), 「上木齋書」(『定本 與猶堂全書 4』, pp. 96~97), 「上木齋書」(『定本 與猶堂全書

마지막으로, 이상과 같이 정약용이 후학으로서 이익에 대해 간직했던 존모尊慕의 마음과 태도는 이후 만년에 이르도록 한결같았으니, 즉 ① 50대의 적거謫居 중에서도 "성옹星翁의 저작은 거의 1백 권에 가깝습니다. 스스로 생각건대, 우리가 천지의 큼과 일월의 밝음을 알 수 있었던 것은 모두 이 어르신의 힘이었습니다. 이 분의 저작을 산정刪定하여 책으로 만들 책임이 저에게 있는데도 이 몸은 이미 돌아갈 날에 기약이 없고, 사인士人[侯良]들은 서로 연락조차 하려고 하지 않으니, 장차 어찌 해야 하겠습니까?"[317]라고 안타까운 마음을 토로하기도 하였으며, ② 이후에도 늘 변함없이 "우리 성호선생은 하늘이 내신 빼어난 호걸豪傑로서 도덕과 학문은 고금을 통하여 견줄만한 사람이 없고, 친히 가르침을 받은 제자들은 모두 대유大儒가 되었"[318]으며, 또한 "성호선생은 독학篤學·역행力行하시어 정자程子와 주자朱子를 따르고 근원을 찾아 공자孔子와 맹자孟子에까지 거슬러 올라가시어 성문聖門의 심오한 뜻을 계발하여 후학[來學]에게 보여주셨다"[319]라고 하여, 새삼 그 학문적 위상과 공로를 극구 찬양하기도 하였다.

4』, p. 97), 「上木齋書」(『定本 與猶堂全書 4』, pp. 97~98), 「上木齋書」(『定本 與猶堂全書 4』, pp. 98~99), 「答李文達」(『定本 與猶堂全書 4』, pp. 103~105), 『西巖講學記』(『定本 與猶堂全書 4』, pp. 279~304) 등이 참조된다.

한편, 당시 정약용의 이익에 대한 존경심은 자연스럽게 이황李滉에 대한 존모尊慕의 마음으로 이어져 『퇴계집退溪集』에 실린 편지[書]를 매일 1편씩 읽고 그 연의演義 1조씩을 기록함으로써 스스로를 깨우치고 살폈으며, 이어 그 기록을 엮어 '도산사숙록陶山私淑錄'이라 이름붙인 바 있다. 보다 자세한 내용은 『陶山私淑錄』(『定本 與猶堂全書 4』, pp. 306~323), 「答李季受」(『定本 與猶堂全書 4』, pp. 60~61)가 참조된다.

317 「上仲氏【辛未冬】」(『定本 與猶堂全書 4』, p. 206) "星翁文字, 殆近百卷. 自念吾輩能識天地之大·日月之明, 皆此翁之力. 其文字之刪定成書, 責在此身, 而此身旣無歸日, 侯良不肯相通, 將奈何?"

318 「貞軒墓誌銘」(『定本 與猶堂全書 3』, p. 205) "我星湖先生, 天挺人豪, 道德學問, 超越古今, 子弟之親炙服習者, 皆成大儒."

319 「鹿菴 權【哲身】墓誌銘」(『定本 與猶堂全書 3』, p. 232) "星湖先生, 篤學力行, 沿乎洛·閩, 溯乎洙·泗, 開發聖門之扃奧, 披示來學."

성호학파의 전통②: '성호좌파'의 영향

한편, 이익李瀷을 조술祖述했던 권철신權哲身[鹿菴, 1736~1801], 이가환李家煥[貞軒, 1742~1801], 이기양李基讓[茯菴, 1744~1802], 이벽李檗[曠菴, 1754~1786] 등으로 대표되는 이른바 '성호좌파星湖左派'의 영향을 들 수 있겠다.[320] 이들은 대체로 정주성리학程朱性理學에 대한 회의와 비판, 유교경전에 대한 새로운 해석, 서양문물, 즉 서학西學과 서교西敎에 대한 급진적 수용 등의 진보적 입장을 공유했던 인물들로 평가되고 있는바,[321] 또한 상호간의 깊은 교유관계를 통해서 정약용의 학문과 사상에 직접적이고도 중요한 영향을 미쳤다. 그리고 이러한 영향은 주로 경학과 서교의 양 측면에서 이루어졌다.

---

320 이우성李佑成은 "이익李瀷의 학문과 사상은 진보적 측면과 보수적 측면의 양면을 동시에 가지고 있었으며, 이것이 그의 문하에 녹암鹿菴과 순암順菴으로 대표되는 좌파左派·우파右派의 두 갈래 경향을 낳게 하였다"는 인식 하에, 성호학파의 계통을 다음과 같이 【그림】으로 도식화하기도 하였다. 보다 자세한 내용은 李佑成(1982a: 87~95)과 李佑成(1982b: 96~105)이 참조된다.

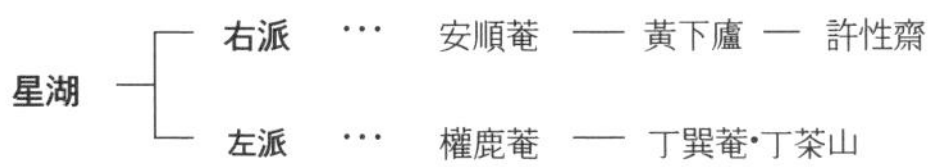

【그림 1-2-2】 성호학파의 분파도

한편, 이상과 같이 성호학파를 좌파·우파의 두 갈래 경향으로 나누어 인식하는 방법은 이후 성호학파의 역사적 위상과 그 성격을 규정하는 데에 일반적으로 적용된 바 있다. 대표적 연구성과로는 崔鳳永(1987), 姜在彦(1990a), 徐鍾泰(1995), 송갑준(1996a), 안영상(1996), 강세구(1999), 차기진(2002), 금장태(2014a)를 들 수 있다. 또한, 상기한바 【성호학파의 분파도】는 '이익李瀷 → 안정복安鼎福 → 황덕길黃德吉 → 허전許傳'으로 이어지는 '순암계順菴系'와 '이익李瀷 → 이병휴李秉休 → 권철신權哲身·이기양李基讓 → 정약전丁若銓·정약용丁若鏞'으로 이어지는 '녹암계鹿菴系'로 좀 더 보완될 필요가 있다. 이에 대해서는 차기진(2002: 289, 316)이 참조된다.

반면, "성호학파를 좌·우파로 구분해보는 관점은 본래의 의도와 상관없이 문인간 학문적·사상적으로 상호 대립되는 측면을 부각시킴으로써 정작 무엇 때문에 학파를 결성했고, 그 과정에서 어떠한 학문적 공감대를 형성하면서 학문활동을 전개했는지에 대한 의문점을 해결해주지 못하였다"는 비판적 관점에서 "학파의 형성과 학문활동 과정에서 동일한 학파 구성원으로서 이익과 문인들이 공유했던 학문요소를 검토"하고 있는 대표적 연구성과로는 원재린(2003)이 있다.

321 보다 자세한 내용은 李佑成(1982b: 104~105)이 참조된다.

1

우선, 권철신權哲身은 이익의 문하에서 가장 촉망받았던 만년 제자로서,[322] 특히 윤휴尹鑴[白湖, 夏軒, 1617~1680]를 사숙하고 이병휴李秉休[貞山, 1710~1776]의 경학사상과 예론禮論을 직접 계승했던 인물이기도 하다.[323] 첫째, 이러한 맥락에서 나중에 정약용이 "후세의 학문이 말장난[言談]에 빠져 이기理氣와 성정性情만을 논할 뿐 실천[踐履]에 소홀하였으나, 공[權哲身: 필자 주]의 학문은 한결같이 효孝·제弟·충忠·신信을 종지宗旨로 삼아 집안에서 오로지 부모에게 순종하고 뜻을 봉양하며 형제와 우애하기를 한 몸처럼 하는 데에 힘썼다"[324]고 소개한 데서도 부분적으로 간취할 수 있듯이, 권철신은 자신의 경전해석과 예설禮說에 있어 이미 정주성리학과는 다른 독자적인 길을 걸었으니,[325] 또한 같은 맥락에서 양명학陽明學에 대해서도 호의적인 태도를 취한 바 있다.

---

322 정약용은 권철신에 대하여 다음과 같이 소개한 바 있다: "선생先生[李瀷: 필자 주]이 만년에 한 제자를 얻었으니, 그가 바로 녹암鹿菴 권철신權哲身이다. 공公은 영민하고 지혜로우며 어질고 화순하여 재덕을 겸비했으므로 선생이 매우 사랑하여 문학文學은 자하子夏와 같고, 포양布揚[선생의 이름을 널리 선양함: 필자 주]은 자공子貢과 같을 것이라 믿으셨다. 선생이 돌아가신 이후로 과연 재주 있고 준수한 후배들이 공에게 모여들었다.(及其晩暮[慕], 得一弟子, 曰: '鹿菴 權公'. 穎慧慈和, 才德兩備, 先生絶愛之, 恃文學如子夏, 意布揚如子貢. 先生旣沒, 後生才俊之輩, 咸以鹿菴爲歸)" 「鹿菴 權【哲身】墓誌銘」(『定本 與猶堂全書 3』, pp. 232~233)

323 「鹿菴 權【哲身】墓誌銘」(『定本 與猶堂全書 3』, p. 236) "【附見】[閒話條] 公少時慕夏軒[尹鑴: 필자 주], 嘗曰: '退溪之後, 夏軒之學, 有本有末; 夏軒之後, 星翁之學, 繼往繼來.' 此仲氏所聞, 晩年不復如是論. 余所聞者, 以夏軒爲迂闊, 而『漫筆』一卷, 猶歎服不已. ……"

한편, 이병휴의 『대학』 이해와 관련한 탈주자학적 경학사상에 대해서는 차기진(2002: 53~66)이 참조된다.

324 「鹿菴 權【哲身】墓誌銘」(『定本 與猶堂全書 3』, p. 233) "後世之學, 溺於言談, 說理氣·論性情, 而疎於踐履. 公之學, 一以是孝弟忠信爲宗旨, 居家唯順父母養志, 友昆弟如一身, 是務是力, ……"

325 권철신은 평소에 상당한 저서를 남겼을 것으로 추측되나, 정약용이 그의 「묘지명墓誌銘」을 지을 당시에는 『시칭詩稱』 2권卷과 『대학설大學說』 1권만이 남아 있고 나머지는 모두 흩어져버린 것으로 기록하고 있으며, 지금은 이것마저 전해지지 않는다. 「鹿菴 權【哲身】墓誌銘」(『定本 與猶堂全書 3』, p. 234) "所著有『詩稱』二卷, 『大學說』一卷, 餘皆散軼無存."

둘째, 이에 권철신의 경학사상 및 예론의 핵심내용을 간략히 소개하면, 즉 ① 『대학大學』을 논함에는 ㉠ '격물格物·치지致知'의 해석과 관련하여 ㉮ '격물'이란 '「물유본말物有本末[물物에는 본本과 말末이 있다]」에서의 물物을 격格한다'는 것이요, '치지'란 '「지소선후知所先後[먼저 하고 나중에 할 바를 안다]」에서의 지知를 치致한다'는 것으로 보았고,[326] ㉯ '격물·치지'는 8조목에 포함되지 않으며, ㉡ '물유본말物有本末, 사유종시事有終始[물物에는 본本과 말末이 있고, 사事에는 종終과 시始가 있다]'의 해석과 관련해서는 8조목에 나오는 ㉮ '의意·심心·신身은 물物의 본本이 되고 가家·국國·천하天下는 물物의 말末이 되'며, ㉯ '성誠·정正·수修는 사事의 시始가 되고 제齊·치治·평平은 사事의 종終이 된다'고 보았고,[327] ㉢ '효孝·제弟·자慈'를 '명덕明德'으로 인식하였으며, ㉣ 『대학』의 구본舊本[古本]에 착간錯簡이 있는 것은 아니라고 보았으니,[328] 바로 이러한 이유에서 안정복安鼎福[順庵, 1712~1791]과의 논쟁에서도 ㉮ '『대학』의 고본古本은 원래 그대로 좋은 것이기 때문에 개정할 필요가 없다'고 하였고, ㉯ '격치장格致章도 그대로가 좋으므로 보망補亡이 불필요하다'고 보았으며, ㉰ '청송장聽訟章도 착락着落이 없는 것 같다'고 하였고, ㉱ '신유身有[身有所忿懥, 則不得其正; ……]에서의 신身자도 마땅히 글자대로 읽어야 하니, 심心자로 고치는 것은 부당하다'고 주장한 바 있다.[329] ② 『중용中庸』을 논함에는 '소불문所不聞, 소부도所不睹[「第1章」: 君子戒愼乎其所不睹, 恐懼乎其所不聞]'란 '상천지재上天之載, 무성무취無聲無臭[「第33章」: 하늘[上天]의 일은 소리도 없고 냄새도 없다]'를 가리킨 것으로 보았다.[330] ③ 『맹자孟

326 「鹿菴 權【哲身】墓誌銘」(『定本 與猶堂全書 3』, p. 234) "然以余所聞, 其論『大學』, 以爲'格「物'者, 格'物有本末'之物; '致知'者, 致'知所先後'之知."

327 보다 자세한 내용은 차기진(2002: 123)이 참조된다.

328 「鹿菴 權【哲身】墓誌銘」(『定本 與猶堂全書 3』, pp. 234~235) "又以'孝·弟·慈'爲'明德', 而舊本不必有錯簡."

329 보다 자세한 내용은 李佑成(1982b: 103)과 차기진(2002: 119~120)이 참조된다.

330 「鹿菴 權【哲身】墓誌銘」(『定本 與猶堂全書 3』, p. 235) "其論『中庸』, 以'所不聞·所不睹', 爲'天載之無聲無臭.'"

子』에 있어서 '사단四端'을 논함에는 조기趙岐[字는 邠卿, 약 108~201: 中國 後漢의 학자]의 설을 따라 '단端'이란 '수首[시초]'이며, 따라서 '인仁·의義·예禮·지智'라는 사덕四德은 결과적으로 '행사行事[實踐: 필자 주]에서 이루어지는 명칭'으로 보았다.[331] ④ 『시경詩經』에 있어 「국풍國風」을 논함에는 「정풍鄭風」과 「위풍衛風」은 '음분淫奔을 풍자한 시詩'로 보았다.[332] ⑤ 『서경書經』을 논함에는 ㉠ 매씨梅氏[梅賾: 필자 주]가 지은 25편—현재 『서경』에 실려 있는 '고문古文 25편'을 말한다—은 위서僞書라고 단정하였고,[333] ㉡ '홍범구주洪範九疇를 「낙서洛書」에서 취법取法했다는 것은 의심스럽다'고 보았으며, ㉢ '「하도河圖」와 「낙서洛書」는 위서緯書에서 나온 것이어서 대구리일戴九履一의 수數는 믿을 만한 것이 못 된다'고 선언하였다.[334] ⑥ 예설禮說에 있어서도 ㉠ '가례家禮'를 논함에는 『주자가례朱子家禮』로 대표되는 정程·주朱의 입장을 따르지 않고, 당唐·송宋 이전의 '고례古禮'를 지향하였고, 실제로 이러한 고례를 찾아내어 부분적으로 실행함으로써 물의를 일으키기도 하였다고 전하는바, 즉 ㉮ '상례喪禮'에 있어서는 '형제兄弟'란 '동족同族의 통칭'이고, '입후立後'란 '죽은 사람의 후사後嗣가 되는 것'이며, '대하척帶下尺[帶는 한 자 정도 늘어뜨림]'이란 '상복喪服의 옷깃의 길이'를 말함이고, '연미燕尾[상복의 끝을 제비꼬리처럼 만듦]'란 것은 '본래 없는 물건'이요, '조문弔問을 받을 때 상주喪主 한 사람[唯主人]만 빈賓에게 절하고 그 밖의 상주[衆主人]는 빈에게 절하지 않는다'고 주장한 바 있다.[335] ㉯ '제례祭禮'에 있어서는 특히

331 「鹿菴 權【哲身】墓誌銘」(『定本 與猶堂全書 3』, p. 235) "其論'四端', 以'端'爲'首', 如趙岐之說, 而'仁·義·禮·智'爲'行事之成名.'"

332 「鹿菴 權【哲身】墓誌銘」(『定本 與猶堂全書 3』, p. 235) "其論「國風」, 以'「鄭」·「衛」'爲'刺淫之詩.'"

333 「鹿菴 權【哲身】墓誌銘」(『定本 與猶堂全書 3』, p. 235) "其論『尙書』, 以'梅氏二十五篇'爲'贋[鷹]書.'"

334 보다 자세한 내용은 李佑成(1982b: 103)과 차기진(2002: 112~113)이 참조된다.

335 「鹿菴 權【哲身】墓誌銘」(『定本 與猶堂全書 3』, p. 235) "其論'喪禮', 以'兄弟'爲'同族之通稱', 以'入後'爲'死人之後', 以'帶下尺'爲'衣裾之長', 以'燕尾'爲'本無之物', 其受弔, 唯主人拜賓, 衆主人不拜賓, 以玆速謗不少."

'유식侑食을 삼헌三獻을 한 뒤에 하고, 독축讀祝을 초헌初獻 때에 함께 하는 것은 성현의 뜻에 어긋나는 것'이라 지적하였고, 또한 '처妻를 위해서는 연제練祭를 지내지 않는다'고 주장하기도 하였다.[336] ㉡ '기해예송己亥禮訟'과 관련해서는 윤휴尹鑴의 참최삼년설斬衰三年說을 옳게 여겼다고 전한다.[337]

결국, 이상과 같은 권철신의 경학사상 및 예론과 아울러 서교에 대한 그의 개방적 태도[338]는 이후 정약용에게도 사실상 그대로 계승·발전되었음은 물론인바, 이러한 사실은 곧 정약용이 "지난 경술년[1790년, 正祖 14: 필자 주] 겨울에 내가 희정당熙政堂에 입대入對하여 각신閣臣 김희金憙 등과 『대학』을 강론한 적이 있었는데, 공[權哲身: 필자 주]이 그 강론한 내용을 보고 매우 기뻐하며 칭찬을 아끼지 않았다. 지금 내가 남중南中[康津: 필자 주]에서 지은 책으로 『시경』에서는 몽송矇誦의 뜻을 발명하였고, 『서경』에서는 (『漢書』의: 필자 주) 「유림전儒林傳」과 「예문지藝文志」를 인용하여 고문古文에도 두 종류가 있었음을 증명하였고, 『예기禮記』에서는 대의大義 수십 조항을 찾아내었고, 『악경樂經』에서는 취율吹律의 잘못된 점을 알아냈으며, 『역경易經』에서는 왕래往來와 승강升降의 뜻을 찾아내었고, 『춘추春秋』에서는 『주례周禮』의 유문遺文을 찾아냈으며, 사서四書에서는

---

336 보다 자세한 내용은 차기진(2002: 118)이 참조된다.

337 「鹿菴 權【哲身】墓誌銘」(『定本 與猶堂全書 3』, p. 236) "【附見】[閒話條] ……己亥邦禮, 終以斬衰爲是."

338 권철신은 갑진년[1784년, 正祖 8]에 이벽을 만난 지 얼마 안 되어 천주교에 입교하고 '암브로시오'라는 세례명으로 세례를 받음으로써 신앙의 단계에까지 나아갔으나, 경술년[1790년, 正祖 14]에 북경北京의 주교 구베아A. de Gouvea[湯士選]가 조선의 천주고회에 제사금지령祭祀禁止令을 전하고, 뒤이어 이듬해인 신해년[1791년, 正祖 15]에 진산사건珍山事件[辛亥迫害]이 일어남을 계기로 스스로 신앙생활을 멀리하게 된 것으로 전한다. 보다 자세한 내용은 Ch. Dallet/安應烈·崔奭祐 譯註(2000a: 311) 및 차기진(2002: 141~151)이 참조된다.

한편, 정약용은 권철신과 비슷한 경험을 공유함으로써 동병상련同病相憐의 입장에 있었던바, 바로 이러한 맥락에서 권철신이 끝내 천주교 신자가 아니었음을 그의 「묘지명墓誌銘」을 통하여 극력 주장·변호한 바 있다.

인仁과 서恕의 일관一貫하는 올바른 뜻을 찾아낸 것들이 있으니, 만약 공이 살아계실 때 내가 돌아왔다면 공의 기쁨이 어찌 끝이 있었겠는가!"[339]라고 안타깝게 회고하며 그를 기렸던 사실에서도 잘 확인된다.

2

이가환李家煥은 이익의 종손從孫으로서 가학을 계승하여 일찍이 박학으로 널리 알려졌다. 첫째, 이에 그가 "기억력이 고금古今에 뛰어나 ……구경九經·사서四書와 이십삼사二十三史에서부터 제자백가諸子百家와 시부詩賦·잡문雜文·총서叢書·패관稗官·상역象譯·산률算律의 학문과 우의牛醫·마무馬巫의 설과 악창惡瘡·옹루癰漏의 처방에 이르기까지 문자로 이름붙일 수 있는 것이면 무엇이든지 한 번 물으면 막힘없이 쏟아놓는데, 또한 모두 연구가 깊고 사실을 고증하여 하나같이 전공한 사람과 같았다"[340]고 전하며, 또한 이러한 학문적 온축 때문에 사환기仕宦期에는 정조正祖의 두터운 신임을 받기도 하였다.[341] ① 특히 이가환은 젊어서부터 서학서西學書를 널리 탐독·연구함으로써[342] 서양의 천문학과 기하학에도 정통했던 것으로

---

339 「鹿菴 權【哲身】墓誌銘」(『定本 與猶堂全書 3』, p. 235) "昔在庚戌冬, 鏞入對于熙政堂, 與閣臣金熹等講『大學』, 公覽其講說, 亟加奬詡, 喜不自勝. 今南中所著, 於『詩』發矇誦之義, 於『書』引「儒林傳」·「藝文志」, 以證古文有二, 於『禮』得大義數十, 於『樂』知吹律之詐, 於『易』得往來·升降之義, 於『春秋』得『周禮』遺文, 於四書得仁恕一貫之正旨, 若使公在而鏞環, 公之愉, 豈有旣哉!"

340 「貞軒墓誌銘」(『定本 與猶堂全書 3』, p. 205) "況其强記之性, 超絶古今, ……九經·四書·二十三史, 以至諸子百家·詩賦·雜文·叢書·稗官·象譯·算律之學, 牛醫·馬巫之說, 惡瘡·癰漏之方, 凡以文字爲名者, 一叩皆輸寫不滯, 又皆硏精核實, 一似專治者然."

341 「貞軒墓誌銘」(『定本 與猶堂全書 3』, p. 206) "乙巳, 授奉常寺正·知制敎, 命撰『大典通編』, 每一登筵, 敷奏詳明, 引據浩博. 一日上目送之曰: '如彼者, 人其終不能用之也?' 聞者大忌, 知其必大用也. ……乾隆戊申春, 樊翁入相, 而公亦數以承宣入院中. 上每淸燕引見, 問三韓·四郡以來東方故事, 公輒引二十三史, 應對如流, 上大驚, 退謂左右曰: '如李家煥者, 眞學士也.'"; 「貞軒墓誌銘」(『定本 與猶堂全書 3』, p. 210) "厥明年冬, 群臣請加上莊獻徽號, 都堂議上八字['隆範熙功開運彰休'를 말함: 필자 주], 無闡明金縢之義. 上欲令改議, 無以執言, 詢于樊翁, 樊翁無以應, 召公議之. 公應聲曰: '「開運」二字, 是石晉年號, 何患無辭?' 於是大臣以此奏改之. 後數日, 上聞其狀, 歎曰: '宰相須用讀書人, 其謂是矣.' 遂設都監, 造玉冊·玉寶, 樊翁爲都提調, 而公加差爲提調, 鏞爲都廳郎, 俾相其役."

전하는바,[343] ② 이후 정약용은 그가 "평소에 역상서曆象書를 좋아하여 일월日月의 교식交食과 오성五星의 복현伏見 시기와 황도黃道·적도赤道의 거리 및 차이의 도수度數에 대하여 모두 그 원리를 통달했으며, 아울러 지구地球의 둘레와 지름에 대해서도 별도로 도설圖說을 만들어 후생을 가르쳤으니, 공이 서교西敎를 신봉한다는 지목을 받게 된 것도 모두 이 때문이었다"[344]고 인식하기도 하였다.

---

342 「貞軒墓誌銘」(『定本 與猶堂全書 3』, p. 213) "但公[李家煥: 필자 주]實看西書, ……公對曰: '臣於平日, 粗有看書之癖, 年前驟聞, 未見之書, 自燕出來, 借來耽看, 語或新奇, 初頗涉獵, ……'"

343 이러한 사실은 ① 정조가 무술년[1778년, 正祖 2]에 마테오 리치Matteo Ricci[利瑪竇, 1552~1610: 예수회 선교사]의 역법曆法에 대해 질문함에 이가환이 마테오 리치와 아담 샬Adam Schall[湯若望, 1591~1666: 예수회 선교사]의 역법을 들어 설명하고 있는 점[『正祖實錄』, 卷5, 2年 2月 14日(乙巳)條], ② 비록 지구의地球儀는 직접 보지 못했지만 페르비스트F. Verbiest[南懷仁]의 「곤여전도坤輿全圖」를 바탕으로 지구地球의 경위도經緯度에 대하여 정조에게 상세히 설명한 점[『錦帶殿策』, 「天文策」, 11對], ③ 조선의 천문학을 진흥시키기 위한 요체로서 정조에게 '역상曆象의 근본을 바로잡을 것[正曆象之本]', '역상의 기기器機를 개량할 것[修曆象之器]', '역상을 담당할 인재를 양성할 것[養曆象之才]'을 강조하고, 이에 앞서 수학數學에 대한 연구가 이루어져야 한다고 건의한 점[『錦帶殿策』, 「天文策」, 16對], ④ 정조에게 시헌력時憲曆의 정밀성을 높이 평가하면서, 서양의 천문학 가운데서도 분도구차법分度求差法, 항성론恒星論, 천문의기天文儀器 등에 대해 자세히 설명하고, 서양의 천문의기에 대해서는 그 정밀함을 인정하여 제조를 건의한 점[『錦帶殿策』, 「天文策」, 16對], ⑤ 정조가 이가환으로 하여금 "역상曆象의 본원本源을 밝히는 책을 편찬하도록 하기 위하여 연경燕京에서 책을 구입하려고 했던" 점[「貞軒墓誌銘」(『定本 與猶堂全書 3』, p. 216)], ⑥ 정약용이 이가환에 대하여 "평소에 역상서曆象書를 좋아하여 일월日月의 교식交食과 오성五星의 복현伏見 시기와 황도黃道·적도赤道의 거리 및 차이의 도수度數에 대하여 모두 그 원리를 통달했으며, 아울러 지구地球의 둘레와 지름에 대해서도 별도로 도설圖說을 만들어 후생을 가르쳤다"고 소개하고 있는 점[「貞軒墓誌銘」(『定本 與猶堂全書 3』, p. 219)], ⑦ 정약용이 이가환에 대하여 "구고句股와 호각弧角은 호리毫釐를 분석하였다"고 기리고 있는 점[「貞軒墓誌銘」(『定本 與猶堂全書 3』, p. 220)], ⑧ 황사영黃嗣永도 이가환이 일찍이 천문학과 기하학에 정통하였다고 소개하고 있는 점[『黃嗣永帛書』] 등에서 잘 확인된다. 이에 대해서는 차기진(2002: 81~95)과 崔相天(1985: 57~62)도 참조된다.

344 「貞軒墓誌銘」(『定本 與猶堂全書 3』, p. 219) "雅好曆象之書, 凡日月·五星交食·伏見之期, 及黃道·赤道交距·差互之度, 悉通其本理, 竝地球圜徑諸度, 另有圖說, 以示後生, 其得指目, 凡以是也."

한편, 이 글에서 정약용은 이가환이 신유옥사辛酉獄事 때 심문을 받다 끝내 죽게 된 주요원인으로 두 가지를 들고 있는데, ① 하나는 그가 종조從祖인 이잠李潛의 억울함을 호소하는 상소를 올림으로써 노론벽파老論僻派로부터 미움을 받게 된 사실이고, ② 다른 하나는 그가 서학西學의 교주敎主가 되어 사술邪術을 널리 전파하였둘째, 이가환은 한편으로 정조가 탕평책蕩平策의 일환으로 근기남인近畿南人을 중용하는 정국 하에서 특히 채제공蔡濟恭[樊巖, 1720~1799], 이기양李基讓, 정약용丁若鏞과 함께 장차 조정에서 정조의 개혁정치를 뒷받침할 핵심 친위세력으로 암암리에 지목·양성되기도 하였다.[345]

결국, 이상과 같은 이가환의 학문적 성향과 정치적 입지[346]는 정약

다는 모함이 바로 그것이다. 또한, 이러한 사실은 박장설朴長卨이 을묘년[1795년, 正祖 19]에 이가환을 탄핵하는 상소에서 "이가환은 약간의 글재주를 믿고 의리義理를 변란變亂하였으며,【염계剡溪의 억울함을 변명한 것을 이름】 사학邪學을 창립倡立하여 유학儒學과 배치背馳하였으니, 생질甥姪【이승훈李承薰】을 보내 서학서西學書를 사오게 하여 부자들을 유혹하여 속이고 스스로 교주敎主가 되어 사술邪術을 널리 전파하였습니다(副司直朴長卨上疏, ……以及於公, 謂: '公薄有文藝, 變亂義理,【謂訟剡溪冤】 倡立邪學, 背馳吾道, 縱甥購書,【李承薰】 誘富騙財, 自作敎主, 廣張其術')"[「貞軒墓誌銘」(『定本 與猶堂全書 3』, p. 211)]라고 주장한 데서도 잘 확인된다.

345 「貞軒墓誌銘」(『定本 與猶堂全書 3』, pp. 215~216) "嘗於景慕宮齋室, 召樊翁從容問之曰: '卿今老矣. 誰可代卿?' 翁對曰: '殿下誠欲信用者, 無踰於李家煥. 特因癸丑春一疏, 見忤於時論, 故奇怪之謗, 人無敢原之者.' 上曰: '微卿言, 予方圖之.' 每有事, 詢問公可否."

346 당시 근기남인近畿南人의 경우에도 내부적으로 분파가 생겨났던바, 즉 정치적으로는 임인년[1782년, 正祖 6] 이래 이른바 '대채大蔡·소채小蔡'로 분열된 데 이어 '채당蔡黨·홍당洪黨'의 대립이 계속되었고, 정미년[1787년, 正祖 11] 이후 일련의 천주교 사건들을 계기로 다시금 '친서계親西系·공서계攻西系'로 분열되었던바, 이러한 상황 하에서 이가환의 입지는 '채당'의 일원이자 '친서계'에 속하고 있었다. 이에 대한 보다 자세한 내용은 姜在彦(1990a: 156~165)과 차기진(2002: 290~318)이 참조된다.

한편, 이가환이 천주교를 신앙했는가의 여부와 관련해서는 ① 황사영黃嗣永은 이가환이 갑진년[1784년, 正祖 8]·을사년[1785년, 正祖 9] 무렵에 이벽李檗의 전도를 받고 논란을 벌이다 결국 천주교의 진리를 인정하게 되었고 북경에 가서 서양 선교사로부터 직접 세례를 받을 계획까지 세우기도 하였으나, 이후 천주교에 대한 탄압이 심해지자 배교背敎한 것으로 기록하고 있고[『黃嗣永帛書』], ② 정약용은 "지난 건륭乾隆 갑진년 겨울, 망우亡友 이벽李檗이 수표교水標橋에서 처음으로 서교西敎를 전도하였다. 공[李家煥: 필자 주]이 이 소식을 듣고 말하기를 '아! 『천주실의天主實義』와 『칠극七克』은 나도 전에 본 적이 있는데, 비록 명분 있는 가르침이긴 하나 끝내 정학正學은 아니었다. 이벽이 이 서교로 오도吾道를 바꾸고자 함은 무엇 때문인가?' 하면서, 마침내 가서 그를 꾸짖었다. ……공이 말로 다툴 수 없음을 알고 드디어 그만두고 찾아가지 않았다. 이 뒤로는 공에게서 의심스런 행적은 찾아볼 수 없었다(昔乾隆甲辰之冬, 亡友李檗在水標橋, 始宣西敎. 公聞之曰: '噫! 『實義』·『七克』之書, 我昔見之, 雖有名喩, 終非正學. 檗欲以此易吾道, 何哉?' 遂往詰之. ……公知不可以口舌爭, 遂止不往. 自玆以後, 吾不見其疑似之跡.)"[「貞軒墓誌銘」(『定本 與猶堂全書 3』, p. 218)]라고 전하고 있으며, ③ 달레Ch. Dallet는 "조선에 천주교가 들어온 초기에 이벽李檗과 토론하여 천주교의 진리를 인정하기는 했지만 입교하기를 거절한 사람"

용으로 하여금 이미 약관의 시절부터 특히 서학에 대한 남다른 지적 호기심과 아울러 각별한 인간적 유대감을 가지도록 만들었던 것으로 사료되는바, 이러한 정황은 곧 "신臣[丁若鏞: 필자 주]은 이른바 '서양사설西洋邪說'이라는 책을 일찍이 보았습니다. ……아마도 일찍부터 이를 마음 속으로 흔연히 좋아하고 사모했으며, 아마도 일찍부터 거론하며 여러 사람들에게 자랑했던 것 같습니다. ……신臣이 이 책을 얻어 본 것은 대략 약관의 시절부터였는데, 이때에는 본래 일종의 풍조가 있었으니 천문天文·역상曆象의 학문과 농정農政·수리水利의 기물과 측량測量·추험推驗의 방법에 대해 설파할 수 있는 사람이 있으면 세간에서 서로 전하며 해박하다고 지목했습니다. 신臣은 그때 어리고 소견이 없었기에 남몰래 혼자 이를 흠모하였습니다. ……도리어 사생死生의 설에 얽매이고 극벌克伐의 경계에 기울어지고 이기離奇하고 변박辯博한 글에 현혹되면서 이를 유문儒門의 별파別派로 인식하고 문원文垣의 기이한 감상鑑賞으로 간주하여 다른 사람과 담론譚論하면서도 거리낌이 없었고 이를 배격하는 사람을 보면 과루寡陋해서인가 의심했으나, 본래 저의 본의는 이문異聞을 넓히는 데 있었던 것 같습니다"347라는 정약용의 고백을 통해서도 간접적으로나마 짐작할 수 있겠다.

으로서 "이가환李家煥이 교중敎中에 낀 일은 결코 없었다"고 보면서 그를 '교외인敎外人'으로 규정하고 있다.[Ch. Dallet/安應烈·崔奭祐 譯註(2000a: 396)] 결국 이러한 사실들을 종합해볼 때, 이가환은 서학이 전하는 서양의 과학기술에 대해서는 매우 적극적인 태도를 보였으나 천주교[西敎]를 신앙하는 데에는 별로 관심이 없었던 것으로 짐작된다.

347 「辨謗辭同副承旨疏【丁巳】」(『定本 與猶堂全書 2』, pp. 168~169) "臣於所謂'西洋邪說', 嘗觀其書矣. ……蓋嘗心欣然悅慕矣, 蓋嘗擧而夸諸人矣. ……臣之得見是書, 蓋在弱冠之初, 而此時原有一種風氣, 有能說天文·曆象之家, 農政·水利之器, 測量·推驗之法者, 流俗相傳, 指爲該洽. 臣方幼眇, 竊獨慕此. ……而乃反繳繞於死生之說, 傾嚮於克伐之誡, 惶惑於離奇辯博之文, 認作儒門別派, 看作文垣奇賞, 與人譚論, 無所忌諱, 見人詆排, 疑其寡陋, 原其本意, 蓋欲以博異聞也."

3

이기양李基讓은 일찍이 이병휴李秉休에게 수학하고 안정복安鼎福 및 권철신權哲身과 함께 학문을 강습함으로써 성호학파의 학통을 계승했던 대표적인 인물 가운데 한 사람이다.[348] 첫째, 이기양은 ① 우선 경학사상에 있어서는 권철신과 마찬가지로 젊은 시절부터 윤휴尹鑴와 이병휴의 입장에 적극 동조했던 것으로 알려져 있으며,[349] 또한 양명학陽明學 및 도가사상道家思想에 대해서도 관심을 가지고 나름대로 섭렵·수용함으로써 결과적으로 탈주자학의 방향에서 자신의 입장을 정립한 바 있다.[350] ② 나아가 그 역시 평소 서학 및 이와 연관된 기용제도器用制度에 대해서도 관심이 많았던바,[351] 이는 그가 기미년[1799년, 正祖 23]에 진하사進賀使의 부사副使의 자격으로 연경燕京에 갔을 때 목화를 따는 기계인 '박면교거剝棉攪車'를 구매해 와서 조정에 바쳤던 사실[352]이나, "일찍이 선중씨先仲氏

---

348 「茯菴 李【基讓】墓誌銘」(『定本 與猶堂全書 3』, p. 225) "旣而從貞山 李秉休先生學, 從長川 李嘉煥先生游, 此星湖 李先生之門也. ……與順菴 安鼎福·鹿菴 權哲身, 講習以進德."

349 「茯菴 李【基讓】墓誌銘」(『定本 與猶堂全書 3』, p. 231) "【附見】[閒話條] ……余[丁若鏞: 필자 주]嘗對御策『大學』之問, 以'孝·弟·慈'爲'明德'之應, 上欲置第一, 樊翁以命官, 降置第二. 數日後, 樊翁謂余曰: '驪江嘗以「明德」爲「孝·弟·慈」, 李士興[李基讓: 필자 주]亦從是義. 君之對策, 亦必有取於是, 故吾降置第二也.' 又曰: '士興嘗言: 「驪江之文, 如九天玄女, 碎玉槌瓊, 霏屑漫空, 非塵土腸胃所能沾受.」 吾嘗哂之. 其文亦菽粟, 無此氣味.' 余以是語于茯菴, 茯菴曰: '是余少時語. ……'【驪江謂'尹夏亭 鑴'】"

350 「茯菴 李【基讓】墓誌銘」(『定本 與猶堂全書 3』, p. 228) "公少時鷙猛躁暴, 旣而得丹家書味之, 不喜殺生害物, 雖螻蟻蟣蝨, 未嘗轢之."

한편, 이기양의 양명학 수용양상에 대해서는 徐鍾泰(1989)와 차기진(2002: 67~76)이 참조된다.

351 정약용은 이기양이 "평생 동안 서서西書를 한 자도 보지 않았지만, 혼인한 것 때문에 해를 입었다(公平生不見西人書一字, 而乃以婚姻之故, 陷害如此)"[「茯菴 李【基讓】墓誌銘」(『定本 與猶堂全書 3』, pp. 227~228)]라고 소개하고 있으나, 기실 그는 영남유생들로부터 『칠극七克』을 빌려본 것으로 알려져 있다. 그럼에도 이기양에 대하여 『황사영백서黃嗣永帛書』에는 언급이 없고, 이후 "천주교를 믿을 뜻은 조금도 없었다"[Ch. Dallet/安應烈·崔奭祐 譯註(2000a: 310)]고 소개하고 있음으로 보아, 그가 천주교를 신앙하는 단계에까지는 나아가지 않았던 것으로 짐작된다.

352 「茯菴 李【基讓】墓誌銘」(『定本 與猶堂全書 3』, p. 227) "己未, ……冬十月, 公以戶曹參判爲朝京副使, 今相國金載瓚爲正使, 偕行, ……公在燕京, 聞有剝棉攪車, 其制軸頭設十字風輪, 下設橫木, 剝棉者坐椅以踏之, 日可剝數百斤. 公購得之, 歸而奏獻之."; 『牧民

[丁若銓: 필자 주] 집에서 캄캄한 방에 문구멍을 뚫어 유리를 붙여놓고 거꾸로 비치는 그림자를 취하여 화상畵像을 그리게 한" 일화[353]에서도 그 일단을 짐작할 수 있겠다.

둘째, 이기양은 한편으로 정조의 탕평정국 하에서 채제공蔡濟恭, 이가환李家煥, 정약용丁若鏞과 더불어 장차 조정에서 근기남인을 대표하여 정조의 개혁정치를 뒷받침할 핵심 친위세력으로 암암리에 지목·양성되었던 것으로 전하기도 한다.[354]

결국, 이상과 같은 이기양의 학문적 입장과 정치적 입지 역시 후배인 정약용에게 커다란 영향을 미쳤음은 물론이라 할 것이다.

4

이벽李檗은 정약전丁若銓[巽菴, 1758~1816] 등과 함께 일찍부터 권철신權哲身의

心書 III』, 「工典六條」(『定本 與猶堂全書 29』, p. 198) "茯菴 李基讓奉使入燕, 購剝棉攪車一輛, 獻之."

한편, 이기양이 연경에서 박면교거를 구매해온 것은 기실 정약용의 강력한 권유에 따른 것이기도 하였다. 보다 자세한 내용은 「送李參判【基讓】使燕京序」(『定本 與猶堂全書 3』, p. 44)와 「答茯菴」(『定本 與猶堂全書 4』, p. 57)이 참조된다.

353 「茯菴 李【基讓】墓誌銘」(『定本 與猶堂全書 3』, p. 231) "【附見】[閒話條] ……茯菴嘗於先仲氏家, 設漆室玻瓈眼, 取倒景以起畫像之草."

354 「茯菴 李【基讓】墓誌銘」(『定本 與猶堂全書 3』, p. 226) "乙卯, ……十月, 中批除弘文館副修撰, 謂相國[蔡濟恭: 필자 주]曰: '卿今老矣, 無可代卿者, 得李基讓, 吾無患矣.'"; 「茯菴 李【基讓】墓誌銘」(『定本 與猶堂全書 3』, p. 232) "【附見】[閒話條] ……丙辰冬, 上謂筵臣曰: '同在一廷, 巾服殊制, 大非也. 蔡左相·李家煥·李基讓·丁若鏞四人著之, 則南人必皆著之. ……'"

한편, 정약용은 평소 이기양과 선후배로서 막역한 인간적 유대를 가지며 때로는 어려움을 상의하거나 따끔한 충고를 주고받기도 했던바, 이러한 사실은 ① 정약용이 금정도찰방金井道察訪으로 외보外補되었을 때 온양溫陽에 있는 서암西巖의 봉곡사鳳谷寺에서 이삼환李森煥 선생을 모시고 여러 사우士友들과 함께 우선 이익李瀷의 『가례질서家禮疾書』를 교정校訂하는 일에 대하여 긴밀히 상의하고 있는 점[「與茯菴李公【基讓】」(『定本 與猶堂全書 4』, p. 55)]이나 ② 정약용이 곡산부사谷山府使로, 이기양이 의주부윤義州府尹으로 재직하고 있을 때 이기양이 첩을 둔 사실과 재물의 씀씀이가 헤프다는 소문을 듣고 편지로 따끔하게 쓴소리를 하고 있는 점[「答茯菴【余在谷山, 茯菴在義州】」(『定本 與猶堂全書 4』, pp. 55~56); 『牧民心書 I』, 「律己六條」(『定本 與猶堂全書 27』, p. 144)] 등에서 잘 확인된다.

문하에서 학문을 시작했던바, 이에 그는 첫째, 탈주자학의 방향에서 경학사상을 정립하는 한편,[355] 서학이 전하는 서양문물에도 관심을 가져 특히 "역수曆數의 학문을 전해 듣고 『기하원본幾何原本』을 연구하여 심오한 이치를 분석하"[356]는 데에도 열심이었던 것으로 전한다.

둘째, 이벽은 이러한 과정에서 남보다 이르게 서학의 종교적 측면에도 눈을 뜨게 되었으니, 즉 ① 계묘년[1783년, 正祖 7]에 이르면 지우知友인 이승훈李承薰[蔓川, 1756~1801]으로 하여금 북경北京의 선교사를 방문하여 서학 및 천주교天主教 관계서적을 가져오도록 권유함으로써[357] 이를 통해 천주교의 교리에 대한 이해를 한층 심화시켰던 것으로 보인다.[358] ② 이러한 노력을 바탕으로 이벽은 마침내 이듬해인 갑진년[1784년, 正祖 8] 여름부터는 우선 주변의 지인知人을 중심으로 천주교의 전도에 본격

---

355 「先仲氏墓誌銘」(『定本 與猶堂全書 3』, p. 242) "旣又執贄請敎於鹿菴之門.【權哲身】 …… 嘗從李檗游, ……"

한편, ① 이벽은 21세 되는 갑오년[1774년, 英祖 50]부터 30세 되는 계묘년[1783년, 正祖 7]까지 탈주자학脫朱子學의 성향이 강했던 이병휴李秉休·권철신權哲身의 학문성향을 따랐던 것으로 전한다. ② 또한 그는 『중용中庸』의 해석과 관련하여 주자朱子와는 달리 ㉠ '계신공구戒愼恐懼'를 『중용』의 가르침인 천명天命에 이르는 길로 인식했으며, ㉡ '『중용』의 도道'를 천명에 바탕을 둔 천인관계天人關係로 해석한 바 있다. 이에 대한 보다 자세한 내용은 金玉姬(1979: 128~159)와 차기진(2002: 116, 140, 184, 220)이 참조된다.

356 「先仲氏墓誌銘」(『定本 與猶堂全書 3』, pp. 242~243) "嘗從李檗游, 聞曆數之學, 究『幾何原本』, 剖其精奧, ……"

357 갑진년[1784년, 正祖 8] 봄에 이승훈이 조선에 가져온 서학서西學書와 기구로는 ① 『기하원본幾何原本』[마테오 리치Matteo Ricci[利瑪竇] 저], 『수리정온數理精蘊』[梅瑴成 외편], 『이십오언二十五言』[마테오 리치 저], 『표도설表度說』[우르시스S. de Ursis[熊三拔] 저], 『동문산지同文算指』[마테오 리치 저], 『환용교의圜容較義』[마테오 리치 저], 『구고의勾股義』[마테오 리치 저], 「지평표地平表」 및 시원경視遠鏡 등의 수학·역산 서적과 기구, ② 『천주실의天主實義』[마테오 리치 저, 2권], 『진도자증眞道自證』[사바냑E. de Chavagnac[沙守信] 저], 『성세추요盛世芻蕘』[마이야J. de Mailla[馮秉正] 저], 『교요서론敎要序論』[페르비스트F. Verbiest[南懷仁] 저], 『성경직해聖經直解』[디아즈E. Diaz[陽瑪諾] 저], 『수진일과袖珍日課』[디아즈 저], 『천주성교일과天主聖敎日課』[롱고바르디N. Longobardi[龍華民] 저], 『성교절요聖敎切要』[미상] 등의 천주교 교리서가 있었을 것으로 추정된다. 보다 자세한 내용은 차기진(2002: 157~159)이 참조된다.

358 이에 대해서는 『黃嗣永帛書』[尹在瑛 역(1975), 金榮洙 역(1998)]와 Ch. Dallet/安應烈·崔奭祐 譯註(2000a: 307)가 참조된다.

적으로 나서는 한편, 겨울에는 수표교水標橋 인근에 있던 자신의 집에서 권일신權日身[稷菴, 1742~1792]·정약전·정약용과 함께 이승훈으로부터 세례를 받았던바,[359] 이로써 그는 이승훈과 함께 '조선천주교의 창설'을 주도했던 핵심인물이 되었다.

결국, 정약용은 일찍이 "성균관成均館에 유학할 때 이벽李檗을 따라 노닐면서 서교의 교리를 듣고 서교의 서적을 보았다"[360]고 회고하고 있듯이, 서울에 상경한 이래 특히 이벽과 밀접히 교유하며 경학 및 서학에 걸쳐 커다란 지적 자극과 함께 가르침을 받았던 것으로 보인다. 즉, 정약용은 ① 경학의 경우에는 대표적으로 갑진년[1784년, 正祖 8] 여름에 정조가 성균관의 생원에게 내린 70여 조의 「중용강의조문中庸講義條問」의 답안지를 작성하며 이벽과 깊은 토론을 나눈 바 있으며,[361] ② 서학의

---

359 「貞軒墓誌銘」(『定本 與猶堂全書 3』, p. 218) "昔乾隆甲辰之冬, 亡友李檗在水標橋, 始宣西教."; 「鹿菴 權【哲身】墓誌銘」(『定本 與猶堂全書 3』, p. 234) "乾隆甲辰, ……始李檗首宣西敎, 從者旣衆, 曰: '鑒湖, 士流之望, 鑒湖從而靡不從矣.' 遂駕至鑒湖, 旬而後反, 於是公之弟日身, 熱心從檗."; 「先仲氏墓誌銘」(『定本 與猶堂全書 3』, p. 247) "【附見】[閒話條] ……甲辰四月之望, 旣祭丘嫂之忌, 余兄弟與李德操, 同舟順流, 舟中聞天地造化之始, 形神生死之理, 惝怳驚疑, 若河漢之無極. 入京, 又從德操, 見『實義』·『七克』等數卷, 始欣然傾嚮."; 「自撰墓誌銘【集中本】」(『定本 與猶堂全書 3』, p. 253) "甲辰夏, 從李檗舟下斗尾峽, 始聞西敎, 見一卷書."

한편, ① 이승훈은 갑진년[1784년, 正祖 8] 2월경 북경北京에서 그라몽J. J. de Grammont[梁棟材, 1736~1812: 예수회 선교사] 신부로부터 세례와 함께 '베드로'라는 세례명을 받음으로써 최초로 세례를 받은 조선인이 되었고, ② 이벽의 세례명은 '요한 세자洗者', ③ 권일신의 세례명은 '프란치스코 사베리오', ④ 정약용의 세례명은 '요한[若望]'으로 알려져 있다. 보다 자세한 내용은 『黃嗣永帛書』[尹在瑛 역(1975), 金榮洙 역(1998)]와 Ch. Dallet/安應烈·崔奭祐 譯註(2000a)가 참조된다.

360 「自撰墓誌銘【壙中本】」(『定本 與猶堂全書 3』, p. 250) "旣上庠, 從李檗游, 聞西敎, 見西書."

361 정약용은 다음과 같이 말한 바 있다: "건륭乾隆 계묘년[1783년, 正祖 7: 필자 주] 봄에 나는 경의시經義試를 통해 태학太學에 입학했고, 그 이듬해인 갑진년[1784년, 正祖 8: 필자 주] 여름에【내 나이는 23세였다】 선왕先王[正祖: 필자 주]께서 『중용中庸』에 관한 질문 70조를 내리시어 태학생太學生들로 하여금 조목별로 답변하도록 하셨다. 당시 지금은 망우亡友인 광암曠菴 이벽李檗이 수표교水標橋 근방에서 독서를 하고 있었는데,【당시 그의 나이 31세였다】 그를 찾아가 답변할 내용에 대해서 묻자 광암은 기꺼이 토론해주며 답변할 내용의 초고를 함께 작성하였다. ……지금 구름처럼 떠돈 지 이미 오래되어 선왕의 음성은 영영 그쳐 이미 질문할 데도 없어져버렸고, 거슬러 광암과 토론했던 해를 손꼽아보니 또한 벌써 30년이 지났다. 광암이 아직도 살아있다면 그의

경우에는 이벽을 통해 『천학초함天學初函』과 같은 한역서漢譯書를 열람함으로써 서양의 과학기술 및 천주교의 교리에 대한 인식의 폭을 넓히면서 신앙의 단계에까지 나아갔던 것으로 추측되는바,[362] 특히 이 가운데 실려 있던 『천주실의天主實義』와 『칠극七克』과 같은 교리서를 통해서 그

진덕進德과 박학博學이 어찌 나와 비교가 되겠는가! 옛 의견과 새로운 의견을 합쳐 보면 반드시 모든 의혹이 싹 사라졌을 것인데, 한 사람은 살아있고 한 사람은 죽었으니 어찌 탄식함을 다할 수 있으리오! 책을 어루만지고 있자니 흐르는 눈물을 금할 길이 없다. 때는 갑술년[1814년, 純祖 14] 7월 그믐에 다산茶山에서 쓰다.(乾隆癸卯春, 余以經義升太學, 厥明年甲辰夏,【余年二十三】 內降『中庸』疑問七十條, 令太學生條對. 時亡友曠菴 李檗在水橋讀書,【時年三十一】 就問其所以對, 曠菴樂之爲談討, 相與草創. ……今雲遊已邈, 玉音永閟, 旣質問無處, 而上計曠菴討論之歲, 亦已三十年矣. 使曠菴而尙存, 其進德博學, 豈余比哉! 合觀新舊, 其必犂然, 一存一亡, 何嗟及矣! 不禁撫卷而流涕也. 時甲戌七月之晦, 書于茶山.)" 『中庸講義補』(『定本 與猶堂全書 6』, p. 282)

한편, 정약용이 「중용강의조문中庸講義條問」의 답안지를 작성하며 이벽의 견해를 차용한 사례를 들자면, ① '鬼神之爲德節'[『中庸講義補』(『定本 與猶堂全書 6』, p. 318, 320)], ② '天地之道可一言而盡節'[『中庸講義補』(『定本 與猶堂全書 6』, p. 373)], ③ '故君子尊德性而道問學節'[『中庸講義補』(『定本 與猶堂全書 6』, p. 374, 376)], ④ '子曰愚而好自用節'[『中庸講義補』(『定本 與猶堂全書 6』, p. 381)], ⑤ '子曰吾說夏禮節'[『中庸講義補』(『定本 與猶堂全書 6』, p. 383)], ⑥ '詩云德輶如毛節'[『中庸講義補』(『定本 與猶堂全書 6』, p. 394)], ⑦ 「朱子序」[『中庸講義補』(『定本 與猶堂全書 6』, p. 396, 397)]를 들 수 있다.

362 『천학초함天學初函』은 이지조李之藻[我存, 1565~1630: 中國 明 나라 말기의 奉敎士人]가 마테오 리치Matteo Ricci[利瑪竇, 1552~1610: 예수회 선교사]의 『천주실의天主實義』가 출간된 이래 반세기에 걸쳐 예수회 선교사들에 의해 간행된 중요한 한역서학서漢譯西學書들을 모아 기사년[1629년, 仁祖 7]에 편집·간행한 책이다. 그 내용은 「이편理編」과 「기편氣編」의 두 편으로 구성되어 있으며, 「이편」에는 종교·윤리와 관계된 서적 10종이, 「기편」에는 과학·기술과 관계된 서적 10종이 편집됨으로써 모두 20종 54권의 방대한 양의 서학서가 망라되어 있다. 즉 ① 「이편」에는 『서학범西學凡』[알레니G. Aleni[艾儒略], 1권], 『당경교비부唐景教碑附』[李之藻, 1권], 『기인십편畸人十篇』[마테오 리치, 2권], 『교우론交友論』[마테오 리치, 1권], 『이십오언二十五言』[마테오 리치, 1권], 『천주실의天主實義』[마테오 리치, 2권], 『변학유독辯學遺牘』[마테오 리치, 1권], 『칠극七克』[판토하J. de Pantoja[龐迪我], 7권], 『영언려작靈言蠡勺』[삼비아시F. Sambiasi[畢方濟], 2권], 『직방외기職方外紀』[알레니 5권]가, ② 「기편」에는 『태서수법泰西水法』[우르시스S. de Ursis[熊三拔], 6권], 『혼개통헌도설渾蓋通憲圖說』[마테오 리치, 2권], 『기하원본幾何原本』[마테오 리치, 6권], 『표도설表度說』[우르시스, 1권], 『천문략天問略』[디아즈E. Diaz[陽瑪諾], 1권], 『간평의설簡平儀說』[우르시스, 1권], 『동문산지同文算指』[마테오 리치, 11권], 『환용교의圜容較義』[마테오 리치, 1권], 『측량법의測量法義』[마테오 리치, 1권], 『구고의勾股義』[마테오 리치, 1권]가 수록되어 있다.

한편, 『천학초함』이 조선에 전래된 시기는 늦어도 임오년[1762년, 英祖 38] 이전인 것은 분명하다. 『천학초함』의 전래시기에 대한 보다 자세한 내용은 盧大煥(1999: 27)과 차기진(2002: 158)이 참조된다.

는 이후 자신의 경학적 입장의 정립에도 중요한 시사점을 제공받은 바 있다.[363]

---

363 「先仲氏墓誌銘」(『定本 與猶堂全書 3』, p. 247) “【附見】[閒話條] ……甲辰四月之望, 旣祭丘嫂之忌, 余兄弟與李德操, 同舟順流, 舟中聞天地造化之始, 形神生死之理, 惝怳驚疑, 若河漢之無極. 入京, 又從德操, 見『實義』·『七克』等數卷, 始欣然傾嚮.”

한편, ‘정약용의 경학사상經學思想과 서교서西敎書 간의 관계’와 관련하여 ① 琴章泰(1984: 303~308)는 정약용의 ‘사정괘四正卦[乾(天)·坤(地)·坎(水)·离(火)]’ 개념과 마테오 리치Matteo Ricci[利瑪竇]의 ‘사원설四元說[火·氣·水·土]’, 정약용의 인격신적 ‘영명주재지천靈明主宰之天’의 개념과 마테오 리치의 ‘천주天主’ 개념, 정약용의 인간의 본질적 품성으로서의 ‘영명靈明’ 개념과 천주교의 ‘영혼靈魂’ 개념, 정약용의 ‘귀신鬼神’ 개념과 천주교의 교리 간의 유사성을 거론하면서, 이러한 입장은 곧 이벽李檗이나 정약용 등 초기 신서파信西派의 사상적 기본성격을 보여주는 것으로 평가하고 있다. ② 姜在彦(1990a: 205~229)과 姜在彦(1990b: 51~73)은 특히 정약용의 ‘천天=상제上帝’관과 천주교의 ‘유일신唯一神’ 개념 및 정약용의 ‘성삼품설性三品說’과 마테오 리치의 ‘혼삼품설魂三品說’ 간의 내용적 유사성에 주목하면서, 정약용의 경학사상은 마테오 리치로 대표되는 예수회The Society of Jesuit의 보유론적 천주교리와 상통되는 부분이 많을 뿐만 아니라 이러한 천주교리에서 시사를 받아 그 자신의 경학세계를 더욱 풍부하게 확충한 것으로 인식하고 있다. ③ 차기진(2002: 199~225)은 정약용의 경학사상에서 발견되는 서학사상의 일단으로 ㉠ ‘우주·만물론’의 측면에서는 물종物宗의 구분을 자립자自立者와 의뢰자依賴者로 나눈 점, 동양의 5행설 대신 서양의 4원설의 영향을 받은 사정괘론四正卦論을 내세워 역상易象의 기틀을 마련한 점, 태극太極을 유형有形의 시원으로 보면서 무형無形의 궁극자인 재제지천宰制之天을 설정한 점, ㉡ ‘천天·상제上帝론’의 측면에서는 상제 이외의 후토后土를 인정하지 않음으로써 ‘상제의 유일성’을 중시한 점, 상제천上帝天을 영명靈明·무형無形의 천으로 설명하면서 조물주로서의 창조성·인격성을 부여하고 복선화음福善禍淫의 권능을 지닌 전지전능한 존재로 본 점, 상제와 인성人性 안에 동일한 인격성인 영명무형함이 있음을 강조한 점, ㉢ ‘심성론’의 측면에서 성性을 ‘형구形軀의 기호嗜好’(인심人心)와 ‘영지靈知의 기호’(도심道心)로 나눈 점, 천부인성설天賦人性說을 주장하면서 도심道心을 통해 인심人心과 천명天命이 연결된다고 한 점, 인물성이론人物性異論의 입장에서 인간·초목·금수의 성삼품설性三品說을 내세운 점, ㉣ ‘수양론’의 측면에서는 계신공구戒愼恐懼에 바탕을 둔 신독군자愼獨君子를 추구한 점, 지천知天에서 시작하여 천명天命에 이르는 수신사천론修身事天論과 소사상제昭事上帝를 제시한 점 등을 거론하는 가운데, 이러한 입장은 전체적으로 서학의 종교적 세계관에서 받아들인 요소들을 자신의 경학체계 안에서 소화해냄으로써 새로운 세계관을 형성할 수 있었던 것으로 이해하고 있다. ④ 송영배(2004: 122~172)는 다산 철학과 『천주실의』의 철학적 패러다임의 구조적 유사성으로서 ㉠ 성리학의 ‘인물성동론人物性同論’에 대한 근원적 부정: 유형한 ‘기氣’와 무형한 ‘정신[心]’의 이분법 및 ‘인간[人]’과 ‘사물[物]’의 범주론적 구별, ㉡ 성리학의 ‘본연지성과 기질지성’의 이론구도에 대한 부정: 인간의 자유의지의 발견과 인간의 고유영역으로서의 도덕실천의 강조, ㉢ ‘이理’는 ‘속성’에 불과하며 ‘이성적 절대자’로서 ‘하느님[上帝]’의 주재성 강조를 들고 있다. ⑤ 백민정(2007: 81~112)은 정약용이 자신의 경학사상에서 『천주실의』의 관점을 수용한 측면으로 인격적

정조의 제왕학

다음으로, 당대의 통유通儒이자 석학碩學으로서 '군사君師'를 자임했던 정조正祖[1752~1800: 본명은 李祘, 자는 亨運, 호는 弘齋·萬川明月主人翁, 능은 健陵, 재위기간은 1776~1800]의 제왕학帝王學의 영향을 들 수 있다.

1

일반적으로 정조는 강력한 개혁정치를 통하여 조선후기의 왕권강화와 왕조의 중흥에 한 획을 그었던 군주로 널리 인식되고 있다. 특히 그는 즉위하면서부터 '계지술사繼志述事[先王의 뜻을 계승하여 政事를 폄]'와 '숭유중도崇儒重道[儒學을 숭상하고 道學을 중히 함]'를 2대 시정지침으로 내세우는 가운데 규장각奎章閣을 중심으로 한 문치文治에 주력함으로써 조선후기의 도미적掉尾的 성관盛觀인 문예부흥文藝復興을 연출했던 당대 최고의 학자군주로 적극 평가되기도 한다.[364] 또한, 정조는 『상서尙書』의 「홍범洪範」편에 나오는 '황극皇極'의 의미를 적극적으로 해석하여 '황극정치皇極政治'론을 표방하는 가운데 이른바 '건극建極'으로 표현되는 영조조英祖朝의 탕평책蕩平策을 적극 계승하여 궁극적으로는 '회극會極·귀극歸極의 정치'를 지향하였고, 나아가 평소 "경전經典에 대해 말하기를 고기만큼이나 좋아했"[365]던 '호학군주好學君主'로서 곧 '군주'이자 동시에 '스승'이었던 삼대三代 성군聖君들의 '군사君師' 개념을 표방하는 가운데 스스로 정치와 학문의 주도자가 되는 '군사'의 지위를 자임하기도 하였다.[366] 이처럼 정조

상제론의 전개[유일한 절대자이자 인간의 윤리적 삶에 관여하는 초월적 대상], 경험론적 실체론의 수용['자유지물自有之物'로서의 기氣, '의부지품依附之品'으로서의 이理], 인간의 고유성의 주장[性三品說], 자유의지에 대한 숙고[인간의 자주지권自主之權으로서의 '권형權衡']를 대표적으로 거론하고 있다.

364 보다 자세한 내용은 鄭玉子(1988: 58~101)가 참조된다.

365 『魯論夏箋 1』(『弘齋全書』, 卷122), p. 1a "予嗜於談經, 若芻豢之悅也."

366 보다 자세한 내용은 金文植(1996: 63~66)과 김문식(2007: 28~35)이 참조된다.

는 군주권 강화의 의지를 강력하게 표명하는 가운데, 이를 바탕으로 한 제도개혁의 완성을 통하여 삼대의 정치이상을 당대에 구현하려는 일련의 정치적 포부를 구체화해나간 바 있다.

정조의 이러한 정치적 포부는 일차적으로 '규장각奎章閣의 설치'와 '초계문신제抄啓文臣制의 실시'로 구체화된 바 있다. 첫째, 규장각은 이미 숙종조肅宗朝에 역대 왕들의 어제御製·어서御書를 봉안하는 장소로 설치된 것이기는 했으나, 이후 정조가 '계지술사'의 명분 하에 정치적 친위세력의 구축과 문화정책을 추진하는 기관으로 재편한 바 있다. 이에 그는 규장각을 통하여 서적의 수집과 편찬을 중심으로 한 국가적 문화사업을 실행하는 동시에, 특히 초계문신제를 병설함으로써 인재양성에도 주력하였다.

둘째, 초계문신제는 ① 문과文科에 급제하여 이미 벼슬길에 나선 37세 이하의 젊고 품계가 낮은 당하문신堂下文臣 가운데서 의정부議政府가 적임자를 선발하여 규장각에 위탁하여 교육시키다가 40세가 되면 허면許免되도록 한 일종의 재교육제도로서, 정조 또한 이 제도에 지대한 관심을 가지면서 이후 재위기간 동안 시종여일하게 초계문신의 교육을 군사君師의 자격으로서 주관하는 가운데, 그 성과를 높이기 위한 여러 가지 장려책을 마련하기도 하였다. ② 이러한 초계문신제는 신축년[1781년, 正祖 5]부터 시작되어 경신년[1800년, 正祖 24]까지의 20년 동안 10차례에 걸쳐 시행되었고, 선발된 인원은 모두 138명에 이르렀던바, 이렇게 선발된 초계문신들은 이후 정조의 문화정책을 수행하는 데에 중요한 역할을 담당한 바 있다.[367] ③ 초계문신제의 학술활동은 특히 '강경講經'[試講, 課講, 講義] 및 '제술製述'[試製, 課製]을 중심으로 운영되었던바,[368] ㉠ 특히

367 초계문신제의 확립과정, 초계문신의 교육 및 초계문신제의 의의에 대한 상세한 내용은 대표적으로 鄭玉子(1988: 101~161), 정옥자(2001: 84~184)가 참조된다.

368 초계문신제의 대표적 학술활동으로서 ① '강경講經'의 경우는 사서삼경四書三經을 모두 100차[『大學』은 제1차~제6차, 『論語』는 제7차~제26차, 『孟子』는 제27차~제40차, 『中庸』은 제41차~제47

당대 최고의 학자군주로서 당시의 시대적 변화와 조선사회의 제도적 모순을 누구보다 예리하게 간파·통찰하고 있었던 정조로서는 이러한 학술활동을 통해서 자신의 경세학적 경륜을 공유하고 확산시키고자 부심한 바 있다. ㉡ 이에 정조는 계기가 주어질 때마다 초계문신들에게 주로 토지제도 및 관료제도의 문제점을 중심으로 당시의 폐단을 이정釐正할 구체적인 시무책時務策을 개진할 것을 끊임없이 요구하기도 하였다.

2

한편, 정약용은 28세 되는 기유년[1789년, 正祖 13]에 석갈釋褐[文科及第]하자마자, 곧바로 정조의 특별한 신임 하에 규장각奎章閣의 초계문신抄啓文臣[28세~33세]으로 임명되었고,[369] 이때부터 그는 약 3년여에 걸쳐 정조의 지도 하에 집중적으로 사서四書·삼경三經—『주역周易』은 부친상父親喪을 당하여 마치지 못하였다—을 다시 연구하게 되었다. 첫째, 정약용은 이에 내각內閣[奎章閣]에서 부과되는 일과日課를 누구보다 성실하고도 차질 없이 수행하는 가운데,[370] 이를 뒷받침하기 위한 광범위한 독서와 진지한 학구적

차, 『詩經』은 제48차~제66차, 『書經』은 제67차~제82차, 『周易』은 제83차~제100차]로 나누어 강講하게 함으로써 주로 '경전經典에 대한 심사深思·궁구窮究'를 도모하는 과정이라면, ② '제술製述'의 경우는 이러한 강경을 바탕으로 주로 '치용致用'을 목적으로 하는 제술문製述文을 짓는 과정으로서, 여기서는 여러 문체 가운데 특히 '논論'과 '책策'이 중시되었다.

한편, 이와 같은 학술활동의 맥락에서 『魯論夏箋 1~4』[『弘齋全書』 卷122~卷125]와 『鄒書春記 1~2』[『弘齋全書』 卷120~卷121]에 나타난 정조의 만년의 경학적 입장의 내용 및 그 사상적 특징에 대해서는 鄭一均(2009a: 223~247), 鄭一均(2012e)과 정일균(2012b: 47~87)이 참조된다.

369 『正祖實錄』, 卷27, 13年 3月 20日(丁丑)條.

한편, 『초계문신제명록抄啟文臣題名錄』에 따르면, 정약용은 기유년[1789년, 正祖 13]에 좌의정左議政 이성원李性源을 주선상신主選相臣으로 하여 서영보徐榮輔, 심규로沈奎魯, 서유문徐有聞, 윤인기尹寅基, 심능적沈能迪, 심상규沈象奎, 이동면李東冕, 김희순金羲淳, 이기경李基慶, 박륜수朴崙壽, 김이교金履喬, 안정선安廷善, 이래현李來鉉, 유한우兪漢寓와 함께 모두 15명으로 선발되었다.

370 이와 관련하여 다음과 같은 재미있는 일화가 있다: 정약용이 29세 되는 경술년[1790년, 正祖 14]의 겨울에 정조正祖가 초계문신抄啓文臣으로 하여금 대궐 안의 각 성省

노력을 경주했던 것으로 보인다.

둘째, 정약용이 당시 이러한 과정에서 제출했던 저술들을 일별해 보면, ① '경학經學 관계저술'로는 『희정당대학강의熙政堂大學講義』[28세], 『맹자강의孟子講義』[371][29세], 「희정당중용강록熙政堂中庸講錄」[29세], 「십삼경책十三經策」[29세], 『시경강의詩經講義』[30세], 「논어대책論語對策」[30세], 「대학책大學策」[372][30세] 및 「논어책論語策」, 「맹자책孟子策」, 「중용책中庸策」 등이 있으

에서 숙직하면서 『논어論語』를 읽고 매일 두서너 편씩 강講을 하게 하여 7일 만에 끝마치도록 조처한 일이 있었다. 이때 정약용도 밤늦게 상의원尙衣院—임금의 의복과 궁중에 소요되는 일용품 및 금·은·보화 등의 공급을 맡았던 관청—에서 『논어』를 읽고 있었는데, 갑자기 각리閣吏가 와서 다음 날 그에게 강講을 시키기로 예정한 장章이 적힌 쪽지를 몰래 보여주려 하였다. 이에 정약용이 깜짝 놀라 강講하는 사람으로서는 미리 얻어 볼 수 없는 것인데 어찌 된 일이냐고 반문함에, 그 각리가 임금께서 시키신 일이니 걱정할 것이 없다고 대답하였다. 그러나 정약용은 비록 그러하다 하더라도 『논어』의 전편全篇을 다 읽는 것이 마땅하다고 대답하면서 끝내 그 쪽지의 내용을 살펴보지 않았고, 이에 각리가 웃으면서 돌아갔다. 다음날 경연석상經筵席上에 정약용이 올라가 『논어』를 강講하려고 함에 정조가 각신閣臣에게 예정표와는 다른 장章을 골라 강講을 시키도록 명하였고, 또한 정약용은 조금도 틀린 곳이 없이 강講을 끝마쳤다. 이에 정조가 과연 전편을 다 읽었구나 하시면서 웃으셨다고 한다. 「自撰墓誌銘【集中本】」(『定本 與猶堂全書 3』, p. 279), 丁奎英 編(1921/1992: 121~122) 및 송재소 역주(2014: 37~38)

371 이 글은 현재 단행본이나 독립된 글의 형태로 전해지지는 않고, 다만 그 내용이 『맹자요의孟子要義』의 본문 가운데 7개 처에 분산되어 소개되고 있을 뿐이다. 그리고 이 글의 정확한 제목은 물론이요 현재 전해지고 있는 내용이 원래 내용의 전문全文에 해당하는 것인지 아니면 그 일부분만을 발췌하여 소개한 것인지에 대해서도 명확한 언급이 없다. 여기서는 다만 이 글이 '어문御問'과 '신대臣對'의 형식으로 이루어져 있는 것에 주목하여 편의상 『중용강의中庸講義』에 빗대어 임시로 '『맹자강의孟子講義』'라 부르기로 하겠다.

372 이 글은 현재 전해지지 않는다. 다만 그 존재 및 부분적 내용이 『대학공의大學公議』에서 '기사記事'의 형태로 소개되어 있다. 이에 그 '기사'의 내용을 소개하면 다음과 같다: "건륭乾隆 신해년[1791년, 正祖 15: 필자 주]에 내각內閣의 월과月課에서 임금께서 친히 『대학大學』을 책문策問하셨다. 이에 나는 다음과 같이 대답한 바 있다: '생각건대 『대학』의 극치極致와 『대학』의 실용實用은 「효孝·제弟·자慈」 이 세 가지를 벗어나지 않습니다. 지금 『대학』의 요지要旨를 밝히고자 한다면 반드시 먼저 「효·제·자」 세 글자의 의미를 명확하게 드러내야 하니, 그런 다음에야 비로소 『대학』 한 편의 전체全體와 대용大用이 밝혀질 수 있습니다. 경經[『대학』: 필자 주]에서 「명덕明德을 천하天下에 밝힌다[明明德於天下]」고 하였은즉, 「명명덕明明德」의 귀취歸趣는 반드시 「평천하平天下」 일절一節에 있습니다. 그러므로 효孝·제弟의 기풍을 일으키는 법法과, 고아를 구휼하고[恤孤] 백성이 죽은 자를 배반하지 않게 하는[不倍] 교화敎化가 과연 「명명덕」의 진면목이 아니겠습니까?' 이에 대책문對策文을 거두어 가자 임금께서 (나의

며,[373] ② '경세학經世學 관계저술'로는 대표적으로 「지리책地理策」[28세],

대책문을: 필자 주) 1등으로 뽑을 것을 명하셨으나, 당시 독권관讀卷官으로 계시던 채번옹蔡樊翁[蔡濟恭: 필자 주]께서 '「명덕明德」의 뜻에 대한 대답이 『대학장구大學章句』에 어긋난다'고 하시면서 2등으로 강등시키고 대신 김희순金義淳을 1등으로 뽑았다. 지금으로부터 24년 전의 일이다.([記事]乾隆辛亥, 內閣月課, 親策問『大學』. 臣對曰: '臣妄竊以爲『大學』之極致, 『大學』之實用, 不外乎「孝·弟·慈」三者. 今欲明『大學』之要旨, 必先將「孝·弟·慈」三字, 疏滌表章, 然後一篇之全體·大用, 乃可昭也. 經曰: 「明明德於天下」, 則明明德歸趣, 必在乎「平天下」一節矣. 興孝·興弟之法, 恤孤·不倍之化, 其果非「明明德」之眞面目乎?' 卷既徹, 命擢置第一, 時蔡樊翁爲讀卷官, 謂: '所言明德之義, 違於『章句』', 降爲第二, 以金義淳爲第一. 今二十四年前事也.)" 『大學公議』(『定本 與猶堂全書 6』, pp. 80~81) 또한, 「茯菴 李【基讓】墓誌銘」(『定本 與猶堂全書 3』, pp. 225~232)도 참조된다.

373 정약용이 당시 초계문신으로서 내각內閣에서 『대학大學』을 비롯한 사서이경四書二經—『주역周易』은 부친상父親喪으로 인해 참여하지 못하였다—을 진강進講하면서 정조로부터 다양한 경세학적 경륜을 배웠을 것으로 짐작되는바, 이에 그 대표적인 사례를 들자면 무엇보다 『대학大學』의 종지宗旨이자 국가를 다스리는 요체로서 특히 '지인知人'과 '안민安民' 또는 '용인用人'과 '이재理財'를 강조했던 관점이 바로 그것이다. 즉, 정약용은 한평생 동안 일관되게 다음과 같이 말한 바 있다: "지인知人과 안민安民은 『대학』 한 편篇의 종지宗旨이자, 또한 『대학』 한 편의 마무리[結局]가 된다. ……지인知人은 인仁하고 어진 이를 보물로 여김을 요무要務로 삼으며, 안민安民은 세금을 적게 거둠을 요지要旨로 삼는다. ……천하를 다스리는 대경大經과 대법大法이란 오직 이 두 가지뿐이니, 따라서 『대학』에서는 이로써 마무리를 지은 것이다.(○[論曰] 知人·安民者, 『大學』一篇之宗旨, 亦『大學』一篇之結局. ……知人以寶仁賢爲要務, 安民以薄賦斂爲要旨. ……治天下之大經·大法, 唯斯二者, 故『大學』以此而結局也.)" 『尙書古訓 I』(『定本 與猶堂全書 11』, p. 245); "치국治國·평천하平天下의 방법은 구경九經과 팔통八統에도 나와 있듯이 그 항목이 매우 광범한데도, 하필이면 이 두 가지['知人'과 '安民': 필자 주]가 큰 항목이 되는 것인가?【정조正祖께서 내각內閣에서 강講하실 때에 매번 이것으로써 강관講官에게 하문下問하셨으나, 한 사람도 대답할 수 있는 자가 없었다.】 원래 인간에게는 욕심이 있는데, 그중 큰 욕심으로는 두 가지가 있으니, 하나는 '부富'이고, 다른 하나는 '귀貴'이다. 무릇 군자君子의 족속이란 왕의 조정에서 벼슬하는 자이니, 그 바라는 바가 귀貴에 있다. 소인小人의 족속이란 왕의 땅에서 경작하는 자이니, 그 바라는 바가 부富에 있다. 관직에 사람을 임용함에 그 마땅함을 잃게 되면 원망과 저주가 귀족貴族 사이에서 일어나며, 백성에게 은혜를 베풂에 고르지 아니함이 있게 되면 원망과 저주가 소민小民 사이에서 일어나니, 이 두 가지는 모두 나라를 잃게 만들기에 족하다. 어떤 사람의 나라가 다스려지고 어지러워지며 흥하고 망하는 까닭과 인심人心의 향배向背와(天命의: 필자 주) 거취去就가 결정되는 이유를 묵묵히 생각해보면, 이 두 가지에서 벗어나지 않는다. 참으로 그러하도다! 성인聖人의 말씀이란 모두가 신사愼思와 명변明辨에서 나온 것이니, 중인衆人의 거친 마음을 가진 자가 알 수 있는 것이 아니다. 인재의 선발을 공정히 함과 세금을 적게 거둠은 천명天命이 영원하도록 기원하는 근본인 것이다.【정조正祖께서 매번 치도治道를 논하시면서 '거당去黨·징탐懲貪[당파를 제거하고 탐관오리를 징계한다]'이라는 네 글자로써 요지要旨를 삼으셨던바, 대개 이는 일면 관직에 사람을 임용함의 요지이자 일면 백성을 편안케 함의 요지이기도 하다】(○[論曰] ……治·平之術, 九經·八

統, 其目甚廣, 奚必斯二者之爲大乎?【先朝閣講, 每以是下問講官, 無一人能對者】 原夫生民有欲, 其大欲有二, 一曰: '富', 二曰: '貴'. 凡君子之族, 仕於王朝者, 其所欲在貴. 小人之族, 耕於王野者, 其所欲在富. 官人失其宜, 則怨詛興於貴族; 惠民有不周, 則怨詛興於小民, 二者皆足以失國. 默思人國之所以治亂·興亡, 人心之所以向背·去就, 不出此二考之外. 信乎! 聖人之言, 皆自愼思·明辨中出來, 非衆人麤心者之所能知也. 公選擧·薄賦斂, 爲祈天永命之本.【先朝每論治道, 以'去黨·懲貪'四字爲要旨, 蓋此一是官人之要, 一是安民之要】)" 『尙書古訓 I』(『定本 與猶堂全書 11』, pp. 245~246); "'지인知人과 안민安民은 제帝께서도 어렵게 여기셨습니다. 지인知人한다면 지혜로워 관직에 사람을 임용할 수 있으며, 안민安民한다면 은혜로워 백성이 잘 따를 것이다'라는 이 말씀은 『대학大學』의 치국治國과 평천하平天下의 종지宗旨입니다. ……『대학』의 궁극적인 귀착점은 반드시 평천하에 있는바, 이에 '평천하' 한 단락에는 오직 두 가지 대의大義가 있나니, 하나는 '관인官人[관직에 사람을 임용함]'이요, 다른 하나는 '혜민惠民[백성에게 은혜를 베풂]'입니다. ……지난날 정조正祖께서 매번 문신文臣[抄啓文臣: 필자 주]을 새롭게 선발하시어 『대학大學』을 진강하도록 하실 때마다 반드시 이 뜻을 물어 말씀하시기를 '어진 이를 등용하고 세금을 적게 거두어들이는 일은 진실로 국가國家의 대정大政이 되기는 하지만, 구경九經[修身·尊賢·親親·敬大臣·體羣臣·子庶民·來百工·柔遠人·懷諸侯: 필자 주]과 오전五典[君臣·父子·兄弟·夫婦·朋友: 필자 주]의 절목節目이 매우 많음에도 어찌하여 유독 이 두 가지 일만을 거듭 반복하여 말하고 다른 일은 생략하여 언급하지 않는 것인가?'라고 하셨습니다. 여러 신하들이 대답한 것에 모두 적확的確한 견해가 없었으며, 임금의 가르침 또한 일찍이 본지本旨를 부연설명하지 않으시고 단지 물러가라고 명하실 뿐이어서, 무슨 까닭인지 알지 못했습니다. 이후에 깊은 산속에 물러나 있으면서 밤낮으로 생각하다가 황연恍然히 깨달음이 있는 것 같았는데, 국가의 치란治亂과 흥망興亡이 단지 이 두 가지 일[官人과 惠民: 필자 주]에 달려 있으며, 인심人心의 향배向背와 천명天命의 거취去就가 단지 이 두 가지 일에서 연유함을 알게 되었습니다. 왜 그럴까요? 원래 인간이 이 세상에 태어나면 두 가지 큰 욕심을 갖게 되는데, 하나는 '부富'이고 다른 하나는 '귀貴' 이것일 뿐입니다. 이에 군자君子가 조정朝廷에 있으면서 바라는 바는 귀貴에 있으며, 소인小人이 들판[野]에 있으면서 바라는 바는 부富에 있습니다. 무릇 조정에서는 인심의 향배가 오로지 관직에 사람을 임용함에 있어서의 공정과 편파에 달려 있다면, 무릇 전야田野에서는 인심의 향배가 오로지 백성에게 은혜를 베풂에 있어서의 얕음과 두터움에 달려 있습니다. 처음 인재를 뽑아 직임職任을 맡길 때까지 그리고 크게는 부세賦稅와 작게는 요역徭役에 이르기까지, 그 울분과 원망이 위로 천天의 화기和氣를 건드리게 되면 마침내 천명天命이 바뀌고 천하는 망하게 됩니다. 조용히 국가의 치란과 흥망의 근본을 생각해봄에 과연 이 두 가지 일에 있을 따름입니다.('知人·安民, 唯帝其難之. 知人則哲, 能官人; 安民則惠, 黎民懷之', 此『大學』治·平之宗旨也. ……『大學』之究竟·歸趣, 必在乎平天下, 而乃'平天下'一段, 唯有兩大義, 一曰: '官人', 二曰: '惠民'. ……昔在先朝, 每新選文臣, 進講『大學』, 必問斯義, 曰: '進賢·薄賦, 固爲有國之大政, 而九經·五典, 節目尙多, 奚獨比二事重言復言, 而略不及於他事也?' 諸臣所對, 皆無的確之見, 上諭亦未嘗敷宣本旨, 而但命黜退, 不知何故. 其後屛居洌山之中, 蚤夜以思, 恍然若有悟者, 知國之所以治亂·興亡, 只此二事; 人心向背, 天命去就, 只此二事. 何也? 原夫人生斯世, 有兩大欲存焉, 一曰: '富', 一曰: '貴', 斯而已矣. 乃君子在朝, 其所欲在貴; 小人在野, 其所欲在富. 凡朝廷之上, 其人心向背, 專係乎官人之公偏; 凡田野之間, 其人心向背, 專係乎惠民之薄厚. 始自選擧, 終於授任,

「인재책人才策」[28세경], 「농책農策」[29세], 「사정언겸진과폐소辭正言兼陳科弊疏」[29세], 「사지평겸진과폐소辭持平兼陳科弊疏」[29세], 「옥당진고과조례차자玉堂進考課條例箚子」[33세경], 「응지론농정소應旨論農政疏」[37세경], 「전론田論 1~7」[38세], 「신포의身布議」[38세경], 「환향의還餉議」[38세경], 「호적의戶籍議」[38세경], 「고적의考績議」[38세경], 「통색의通塞議」[38세경], 「도량형의度量衡議」[38세경], 「전폐의錢幣議」[38세경], 「수인산축성의修因山築城議」[38세경], 「공복의公服議」[38세경], 「서인복의庶人服議」[38세경] 등이 있고, 이외에도 「경기암행어사론수령장부계京畿暗行御史論守令臧否啓」[33세], 「옥당청알성방방물이무동사신은차자玉堂請謁聖放榜勿以舞童賜新恩箚子」[33세경], 「옥당우동뢰진계차자玉堂遇冬雷陳戒箚子」[33세경], 「의엄금호남제읍전부수조지속차자擬嚴禁湖南諸邑佃夫輸租之俗箚子」[34세경], 「논각양가포이전상납사장論各樣價布以錢上納事狀」[37세], 「논문성진아병사장論文城鎭牙兵事狀」[37세] 등의 저술을 통하여 국정 전반에 걸친 제도개혁안을 개진했던바, 이는 실로 조세·수취제도, 농정·토지제도, 국방·병역제도, 인사고과제도, 과거제도, 신분제도, 의복제도, 호적제도, 화폐제도, 도량형제도 및 궁중宮中의 누습陋習을 망라하고 있을 뿐만 아

大如賦稅, 小則徭役, 其拂鬱冤悶之情, 上干天和, 則天命遂改, 九有以亡. 靜思人國治亂·興亡之本, 果然此二事而已.)" 『讀『尙書補傳』』, 「皐陶謨」(『定本 與猶堂全書 37』[與猶堂全書補遺 III], pp. 244~245); "국가를 다스림에는 대정大政이 둘 있으니, 하나는 '용인用人'이요, 다른 하나는 '이재理財'이다. 무릇 인간이 이 세상에 태어남에 두 가지 큰 욕심이 있으니, 하나는 '귀貴'요 다른 하나는 '부富'이다.(○[議曰] 爲國者, 其大政有二, 一曰: '用人', 二曰: '理財'. 大凡人生斯世, 其大欲有二, 一曰: '貴', 二曰: '富'.)" 『大學公議』(『定本 與猶堂全書 6』, p. 139); "인간의 큰 욕심은 '부富·귀貴' 두 가지를 벗어나지 않는다. 군자君子가 크게 바라는 바는 귀貴에 있으며, 소인小人이 크게 바라는 바는 부富에 있다. '용인用人과 이재理財'란 두 가지 일은 이러한 두 가지 정情을 다스리는 바이다.【동원東園은 "『주역周易』에 이르기를 '무엇으로 지위를 지키는가? 인仁이다. 무엇으로 백성을 모이게 하는가? 재물이다'라고 했는데, '인仁'은 의당 '인人'으로 써야 한다"고 말했다】(○[今案] 生民之所大欲, 不出於'富·貴'二物. 君子之所大欲在貴, 小人之所大欲在富. '用人·理財'二事, 所以馭此二情也.【東園云: '『易』曰: 「何以守位? 曰仁; 何以聚民? 曰財」, 「仁」當作「人」.'】)" 『大學講義』(『定本 與猶堂全書 6』, p. 161); "『대학大學』의 「평천하平天下」장에서 용인用人과 이재理財의 도道를 극론極論하면서 반복하여 그치지 않으니, 이 두 가지가 치국治國·평천하平天下의 대강大綱이 됨을 알 수 있겠다.(『大學』「平天下」章, 極論用人·理財之道, 反復不已, 二者之爲治·平之大綱, 居可知矣.)" 「用人·理財說」(『定本 與猶堂全書 2』, p. 212)

니라 심지어는 한층 강력하고 일관된 개혁정치를 정조에게 촉구한 글까지를 포괄하고 있다.

마지막으로, 정약용은 이처럼 정조의 특별한 신임과 지도 하에서 초계문신으로서, 나아가 관료로서 당시 개혁정치를 지향했던 정조의 통치구상을 구체화하는 데에 일로 매진·활약했던바, 결국 이러한 노력과 경험은 이후 그가 회갑년[1822년, 純祖 22]을 맞이하여 "육경六經·사서四書로써 자기 몸을 닦고 일표一表·이서二書[『經世遺表』·『牧民心書』·『欽欽新書』: 필자 주]로써 천하와 국가를 다스린다면 본本·말末이 이로써 갖추어지게 된다"[374]고 자랑스럽게 자평했던 실로 호대한 개혁지향적 학문체계를 구축하는 데에 탄탄한 실무적·사상적 기반이 되었음은 물론이다.

연암학파의 영향

끝으로, 이용후생학利用厚生學을 주창했던 연암학파燕巖學派의 영향을 들 수 있다. 앞에서 이미 소개한 바대로, 정약용은 석갈釋褐[文科及第]하자마자 곧바로 정조의 특별한 신임 하에 규장각奎章閣의 초계문신抄啓文臣[28세~33세]으로 발탁되었고, 연이어 예문관검열藝文館檢閱, 사간원정언司諫院正言, 사헌부지평司憲府持平, 홍문관수찬弘文館修撰 및 홍문관교리弘文館校理와 같은 청요직淸要職과 더불어 승정원承政院의 동부승지同副承旨와 같은 내직內職에 연이어 제수되었으며,[375] 한편 한강漢江에 주교舟橋를 설치하는 공사[28세]와 화성華城 축조공사[31세]에 규제規制를 지어 올려 공을 세우는

---

374 「自撰墓誌銘【集中本】」(『定本 與猶堂全書 3』, p. 278) "六經·四書, 以之修己; 一表·二書, 以之爲天下·國家, 所以備本·末也."

375 이와 관련된 구체적 내용에 대해서는 「辭翰林疏【庚戌】」(『定本 與猶堂全書 2』, pp. 154~155), 「辭翰林再疏」(『定本 與猶堂全書 2』, pp. 155~156), 「辭翰林三疏」(『定本 與猶堂全書 2』, pp. 156~157), 「辭正言兼陳科弊疏」(『定本 與猶堂全書 2』, pp. 157~160), 「辭持平兼陳科弊疏」(『定本 與猶堂全書 2』, pp. 160~162), 「辭副校理疏」(『定本 與猶堂全書 2』, p. 163), 「辭校理兼陳所懷疏」(『定本 與猶堂全書 2』, pp. 165~166), 「辨謗辭同副承旨疏【丁巳】」(『定本 與猶堂全書 2』, pp. 167~174) 등이 참조된다.

등, 실무적인 일에 있어서도 자신의 과학적 지식과 재능을 마음껏 발휘한 바 있다.[376] 이후에도 정약용은 연달아 규영부교서승奎瀛府校書承—규영부奎瀛府는 '규장각奎章閣'의 별칭이다—으로 재직하면서 『화성정리통고華城整理通考』의 찬술撰述[34세], 『사기영선史記英選』[35세]과 『춘추좌씨전春秋左氏傳』[36세]의 교정校正, 곡산부사谷山府使로 재직하면서는 『사기찬주史記纂註』[37세]를 지어 올리는 등 정조의 편찬사업에 있어서도 핵심적인 역할을 수행하였으니, 또한 이를 통하여 그는 규장각에 비장된 서적들을 두루 섭렵할 수 있었다.

여기서 특히 주목되는 사실은 정약용이 이처럼 정조의 편찬사업에서 핵심적 역할을 하는 과정에서 자연스럽게 박제가朴齊家[楚亭, 1750~1805]·유득공柳得恭[泠齋, 1749~?]·이덕무李德懋[雅亭, 1741~1793] 등과 같은 서얼庶孼 출신의 검서관檢書官들과도 교유하게 됨으로써 결과적으로 박지원朴趾源[燕巖, 1737~1805]으로 대표되는 '북학파北學派'의 실학사상과도 지적 공감대를 넓힐 수 있었다는 점이다. 첫째, 박제가의 경우에는 ① 정약용이 정조의 명에 따라 규영부奎瀛府에서 그와 함께 『사기영선』을 찬술하였고,[377] ② 종두법種痘法을 개발·시행하는 문제와 관련해서도 상호 긴밀하게 정보를 교환한 바 있으며,[378] ③ 경세론의 일환으로서 '권농책勸農策'과 관련해서도 박제가의 『북학의北學議』를 참조·인용하는 한편,[379] ④ 당시 여

376 이와 관련된 정약용의 대표적인 저술을 들자면, 「城說」(『定本 與猶堂全書 2』, pp. 220~227), 「甕城圖說」(『定本 與猶堂全書 2』, p. 227), 「砲樓圖說」(『定本 與猶堂全書 2』, pp. 228~229), 「懸眼圖說」(『定本 與猶堂全書 2』, p. 230), 「漏槽圖說」(『定本 與猶堂全書 2』, p. 231), 「起重圖說」(『定本 與猶堂全書 2』, pp. 231~236), 「總說」(『定本 與猶堂全書 2』, pp. 237~238) 등이 있다.

377 「奎瀛府校書記」(『定本 與猶堂全書 3』, p. 109) "丙辰冬, 臣鏞·臣翼晉【李承旨】·臣齊家【朴檢書】, 承召入奎瀛府, 校『史記』. 命悉出內庫所藏『史記』諸本, 每有異同, 擇於諸本而取其所長. 於是因文索注, 因注索百家書, 一有可考, 輒敢請出. 以故內庫秘藏, 得窺其一二焉."; 「自撰墓誌銘【集中本】」(『定本 與猶堂全書 3』, p. 261) "丙辰春, ……至冬, 召鏞入奎瀛府, 與李晚秀·李在學·李翼晉·朴齊家等, 校『史記英選』, 數賜對, 議定書名."

378 이에 대한 상세한 내용은 「種痘說」(『定本 與猶堂全書 2』, pp. 216~218)이 참조된다.

379 『牧民心書 II』, 「戶典六條」(『定本 與猶堂全書 28』, pp. 171~172)

타 검서관들의 개인적 저술에도 관심을 가져 박제가를 통해 이를 빌리는 등 상호간의 지적 교류에도 적극적인 동시에[380] 평소에도 서로 시문詩文을 교환하면서 개인적 친분을 도탑게 유지한 바 있다.[381]

둘째, 유득공의 경우에도 ① 정약용은 규장각의 편찬사업과 관련하여 『규장전운옥편奎章全韻玉篇』을 교정하는 과정에서 그와 긴밀히 협력한 바 있으며,[382] ② 유득공의 저술에 대해서도 적극적인 관심을 가지고 나름의 관점에서 섭렵·평가한 바 있으니, 즉 ㉠ 그가 저술한 『필기筆記』에 대한 평評을 통하여 국방國防의 관점에서 당시의 대외지리對外地理 및 국제정세에 대한 관심을 공유하고 있으며,[383] ㉡ 또한 그가 편찬한 『십육국회고시十六國懷古詩』에 대해서도 평소 우리나라의 문헌을 중시했던 정약용 자신의 학문관에 따라 적극 평가하기도 하였다.[384]

셋째, 이덕무의 경우에도 ① 정약용은 규장각의 편찬사업과 관련하여 이덕무가 저술한 『규장전운옥편』을 보완하여 『어정규장전운御定奎章全韻』으로 완성하는 데에 중요하게 참여한 바 있으며,[385] ② 이덕무에

---

380 「與朴次修」(『定本 與猶堂全書 4』, p. 86) "李懋官『紀年兒覽』, 家兒正欲覓覽. 然奚特兒覽? 仍合翁覽, 幸爲我借示之."

381 「答朴次脩【齊家】」(『定本 與猶堂全書 4』, pp. 85~86) "詩墨愛玩, 未忍釋手, 乞寬旬日之限, 令得飫其所嗜也. 寄來『七古源委』, 不唯筆花靈舞, 兼知詩家血脈, 其啓詿深矣."; 「與朴次修」(『定本 與猶堂全書 4』, p. 86) "詩墨欲遂不還, 恐妨後路, 玆付去, 頗悵然耳."; 「寄平陵察訪族人志鶴」(『定本 與猶堂全書 1』, p. 571) "……草亭詩句感應頻. ……"

한편, 정약용은 흑산도黑山島에 유배 중인 중형仲兄 정약전丁若銓의 건강을 걱정하여 편지로 개고기를 적극 권하면서 들깨[胡麻] 한 말과 함께 박제가의 개고기 요리법을 소개하고 있는바,(來敎云: '禽獸之肉, 都不入口', 此豈可長之道耶? ……胡麻一斗, 玆以付去, 炒之爲屑. ……又凡烹法, ……乃朴草亭之烹法也.)[「上仲氏【辛未冬】」(『定本 與猶堂全書 4』, pp. 208~209)] 결국 이러한 사실을 통해서도 정약용과 박제가가 평소 유지했던 친분관계를 짐작할 수 있겠다.

382 「貞軒墓誌銘」(『定本 與猶堂全書 3』, p. 224) "【附見】[閒話條] ……○……先朝末年, 命撰『奎章全韻玉篇』, 令檢書官柳得恭, 問議於李家煥·丁若鏞, 以正訛謬, 終又仰稟睿裁, 此皆御定之書也."; 「自撰墓誌銘【集中本】」(『定本 與猶堂全書 3』, p. 261) "丙辰春, ……秋, 上遣檢書官柳得恭, 詢『奎章全韻』義例于李家煥及鏞."

383 보다 자세한 내용은 「柳泠齋【得恭】『筆記』評」(『定本 與猶堂全書 4』, pp. 367~371)이 참조된다.

384 보다 자세한 내용은 「寄淵兒【戊辰冬】」(『定本 與猶堂全書 4』, pp. 255~256)가 참조된다.

대한 저술에 대해서도 평소 적극적인 관심을 가지고 섭렵·인용한 바 있으니, 예를 들면 ㉠ 이덕무가 저술한 「비왜론備倭論」에 대하여 정약용은 유득공의 『필기』의 경우와 마찬가지의 경세학적 문제의식을 보여주고 있으며,[386] ㉡ 이덕무의 『앙엽기盎葉記』를 인용하는 가운데 '중정中正'과 '현실적 책임감'을 강조하는 정약용 자신의 '예禮[孝]'관을 정립하고 있고,[387] ㉢ 이만운李萬運이 저술하고 이덕무가 윤색하여 완성한 『기년아람紀年兒覽』에 대해서도 박식하고 견문이 넓으며 우리나라의 고사故事에도 익숙하다는 점에서 높이 평가하는 가운데, 평소 이를 빌려다 즐겨 참고하기도 하였다.[388]

마지막으로, 정약용은 이상과 같은 연암학파 검서관들과의 지적 교류를 통해 자연스럽게 박지원의 경세사상에 대해서도 점차 인식의 폭을 넓혀나갔던 것으로 추측된다.[389] 이미 젊어서부터 관료로서 실무

---

385 「貞軒墓誌銘」(『定本 與猶堂全書 3』, pp. 223~224) "【附見】[閒話條] ……『御定奎章全韻』, 精核之書也. ……此本李德懋所作, 先朝晩年徵其稿, 令李公家煥査正其偏旁點畫之譌, 又令李明藝繕寫. ……○……先朝末年, 命撰『奎章全韻玉篇』, 令檢書官柳得恭, 問議於李家煥·丁若鏞, 以正訛謬, 終又仰稟睿裁, 此皆御定之書也."

386 보다 자세한 내용은 「李雅亭「備倭論」評」(『定本 與猶堂全書 4』, pp. 362~367)이 참조된다.

387 보다 자세한 내용은 「烈婦論」(『定本 與猶堂全書 2』, pp. 321~324)이 참조된다.

388 보다 자세한 내용은 「跋『紀年兒覽』」(『定本 與猶堂全書 3』, p. 139)과 「與朴次修」(『定本 與猶堂全書 4』, p. 86)가 참조된다.

389 정약용은 다음과 같이 말한 바 있다: "내가 선조先朝[正祖: 필자 주] 때에 규영부교서奎瀛府校書로 있었는데, ……이후에 또 규장각검서관奎章閣檢書官 박제가朴齊家가 지은 『북학의北學議』 6권을 보았으며, 그 뒤에도 지금[『經世遺表』를 저술한 당시: 필자 주]은 고인故人이 된 유신儒臣 박지원朴趾源이 저술한 『열하일기熱河日記』 20권을 보았는데, 여기에 실린 중국의 기용제도器用制度 중에는 보통 사람으로서는 추측할 수 없는 것이 많았다.([臣謹案] ……臣於先朝, 校書奎瀛府, ……其後又見奎章閣檢書官朴齊家所著『北學議』六卷, 其後又見故儒臣朴趾源所著『熱河日記』二十卷, 其載中國器用之制, 多非人意之所能測.)" 『經世遺表 I』, 「冬官工曹」(『定本 與猶堂全書 24』, p. 148)

한편, 노론계老論系 낙론계열洛論系列의 학풍과 밀접한 관계를 가지며 홍대용洪大容[湛軒, 1731~1783]과 더불어 북학론北學論을 전개했던 박지원의 학문관의 특징으로 ① 유봉학(1995: 100~124)은 '이용후생利用厚生을 위한 「경제지학經濟之學」의 추구'와 '명물고증名物考證을 위한 「명물지학名物之學」의 수용'을 들고 있으며, ② 김인규(2000: 190~255)는 북학사상의 전개양상으로서 '이용후생론利用厚生論'[科學技術論, 田制 및 農業發

적인 일에 있어서도 자신의 과학적 지식과 재능을 마음껏 발휘한 바 있었던 정약용으로서는 특히 박지원이 『열하일기熱河日記』에서 소개하고 있는 중국의 기용제도器用制度에 대해서도 지대한 관심을 보이면서, 이후 자신의 경세학을 구성하는 데 있어서도 다방면으로 참조·활용한 바 있다.[390]

결국, 정약용은 이상과 같은 자신의 경험과 안목의 바탕 위에서 연암학파의 기술혁신론에 적극 공감하여 이를 수용함으로써 농기農器·직기織器·병기兵器 등에 걸친 다양한 신기술의 개발과 도입을 자신의 경세학에서 무엇보다 중시·역설하기에 이른다. 특히 그는 평소 “우리나라에 있는 백공百工의 기예技藝는 모두 옛날에 중국에서 배워온 법法인데도, 지금은 수백 년 이래로 딱 잘라 끊듯이 다시는 중국에 가서 배워올 계책을 세우지 않고 있다. 그러나 중국의 신식묘제新式妙制는 날로 증가하고 달로 많아져서 다시는 수백 년 전의 중국이 아닌데도, 우리는 또한 막연하게 서로 모르는 것을 묻지도 않고 오직 옛것만을 편안하게 여기고 있으니, 어찌 이리도 게으르단 말인가!”[391]라는 절절한 문제의식을 토로한 바 있으니, 이는 이후 본격적으로 “따로 한 관아를 설치하여 명

展論, 商工業 및 海外通商論]과 ‘사회개혁론社會改革論’[對四民意識과 職業觀, 人材登用論, 國防改革論]을 들면서 그 성격을 ‘근대적’인 것으로 평가하기도 하였다.

390 자세한 내용은 『牧民心書 I』, 「吏典六條」(『定本 與猶堂全書 27』, p. 274), 『牧民心書 II』, 「刑典六條」(『定本 與猶堂全書 28』, p. 409), 『牧民心書 III』, 「工典六條」(『定本 與猶堂全書 29』, pp. 198~199)가 참조된다. 특히 ① 정약용은 『목민심서牧民心書』에서 수령守令의 중요한 직무 가운데 하나로서 농기農器나 직기織器와 같은 생산성 높은 기구의 제작·보급을 강조했으니, 바로 이러한 맥락에서 이기양李基讓이 중국에서 도입했던 ‘박면교거剝棉攪車’[면화를 씨아질하는 기구]와 박지원朴趾源의 『열하일기熱河日記』에 나오는 ‘소거繅車’[고치에서 실을 켜는 물레]를 특별히 소개하기도 하였다. ② 또한, 정약용은 ‘풍수風水’의 미신성迷信性을 비판하는 맥락에서도 박지원의 『열하일기』를 원용하기도 하였다. 보다 자세한 내용은 「風水論 4」(『定本 與猶堂全書 2』, p. 317)가 참조된다.

391 「技藝論 1」(『定本 與猶堂全書 2』, p. 282) “我邦之有百工技藝, 皆舊所學中國之法, 數百年來, 截然不復有往學中國之計. 而中國之新式妙制, 日增月衍, 非復數百年以前之中國, 我且漠然不相問, 唯舊之是安, 何其懶也!”

칭을 '이용감利用監'이라 부르고, 오로지 북학北學—中國에서 배워옴—으로 그 직책을 삼아야 한다"[392]는 제도개혁론으로 연결·구체화되기도 하였다.

392 『經世遺表 I』, 「冬官工曹」(『定本 與猶堂全書 24』, p. 148) "[臣謂] 別設一司, 名之曰: '利用監', 專以北學爲職."

여기서 정약용은 이용감의 관원을 해마다 북경北京으로 파견하여 다양한 기술[法]과 기기器機를 구득購得하고 전습傳習할 것을 강조했던바, 그 구체적 항목으로 "무릇 구들놓기·벽돌굽기·수레만들기·그릇만들기·쇠불리기·구리불리기·기와굽기·자기굽기에서 인중기引重機·기중기起重機·나무켜기·돌켜기·맷돌·물레방아·취수取水·대경代耕·풍차風車·수차水車의 법과 홍흡虹吸[일종의 吸水器로 소방기구임: 필자 주]·학음鶴飮[虹吸과 비슷한 소방기구로 추측됨: 필자 주]의 제도와 모든 농기·직기·병기·화기·풍선風扇·물총[水銃]에서 천문天文과 역법曆法에 소용되는 의기儀器·측기測器 등 실용實用에 관계되는 모든 기기器機(凡安炕·燒甓·造車·造器·鍊鐵·鍊銅·燔瓦·塼瓷, 以至引重·起重·解木·解石·轉磨·轉碓·取水·代耕·風磑·輪激之法, 虹吸·鶴飮之制, 諸凡農器·織器·兵器·火器·風扇·水銃, 以至天文·曆法所需儀器·測器, 凡係實用之器)"를 적시한 바 있다.

제3장
다산 정약용의 사회적 배경

"사방으로 길이 통하는 읍과 큰 도회지 곁에
진귀한 과일나무 10주를 가꾸면 한 해에 엽전 50꿰미를 얻을 수 있고,
……
해마다 100꿰미의 엽전을 얻는다면 기한飢寒을 구제하기에 충분할 것이니,
이 점은 가난한 선비들이 의당 알아야 할 바다":
「우위윤혜관증언又爲尹惠冠贈言」

"이 양역良役 때문에 족보族譜를 위조해서
아비를 바꾸고 조상을 바꾸면서도 아무렇지 않게 생각하고 있으니,
이로써 백성의 마음을 알 수 있습니다. ……
오직 양반兩班이 된 다음에야 군포軍布를 면제받게 됩니다.
그러므로 백성이 밤낮으로 궁리하는 것은
오직 양반이 되는 길입니다": 「신포의身布議」

"근세近世 이래로 작록爵祿이 한쪽으로 치우쳐
귀족貴族이 쇠잔하게 되자,
호리豪吏·호맹豪氓이 이를 틈타 기세를 부려
이들의 집과 말치장의 호사스러움 및 의복과 음식의 사치스러움이
모두 법도法度를 넘어서게 되었다.
아래가 위를 능멸하고 위는 시들게 되어 다시는 등급等級이 없게 되었으니,
장차 무엇으로써 사회를 유지·결속하여
원기元氣를 북돋우고 혈맥血脈을 통하게 할 수 있겠는가?
변등辨等은 오늘날의 급무이다": 『목민심서牧民心書』

개관

정약용丁若鏞이 살았던 '18세기 후반기에서 19세기 전반기'에 이르는 조선사회의 시대적 양상은 한마디로 '전반적 부조화와 모순'을 그 특징으로 하고 있었다. 다시 말하자면, 양란兩亂 이래, 보다 가까이는 17세기 말에서 18세기, 곧 숙종조肅宗朝에서 영英·정조조正祖朝에 이르는 시기는 조선사회가 경제·사회·문화 등 모든 부문에 걸쳐 심각한 질적 변화를 연쇄적으로 경험함에 따라 각 부문과 계층에서의 '구조적 긴장'과 '지위불일치'를 가일층 누적시켜가던, 그리고 바로 이러한 의미에서 '기존의 세계관'과 '새로운 사회적 조건' 간의 괴리가 결정적으로 심화되어가던 하나의 거대한 '시대적 전환기'에 위치하고 있었다. 즉, ① 당시 조선사회는 이전에는 볼 수 없었던 이질적 요소들, 특히 '상품화폐경제의 진전'이라는 중상주의重商主義의 흐름이 사회의 모든 부문에 점차 확산성장하면서, 이는 대표적으로 ㉠ 경제적 측면에서는 농업생산력의 증대에 따른 농촌경제의 변화, 국제무역을 포함한 상업의 발달, 사회적 분업의 진전에 따른 농촌수공업과 광공업의 활성화, 도시의 발달과 경향京鄉의 분기分岐가, ㉡ 사회적 측면에서는 명분론名分論에 입각한 전통적 사회신분제의 해체 및 중서층中庶層의 성장이, ㉢ 문화적 측면에서는 동국진경풍東國眞景風의 발흥과 쇠퇴, 서민문화庶民文化의 성장, 청대淸代 학풍의 전래 및 이에 따른 이른바 '불량선비'의 탄생이라는 일련의 현상들로 나타나기에 이르렀다. ② 물론 이러한 전환기적 시대양상은 곧 사회의 모든 부문에서 종래의 국가적 독점과 통제가 점차 약화되는 가운데 민간의 자율적 영역이 전반적으로 확대되어가는 추세에 있었음을 의미하는 것으로서, ㉠ 이는 또한 당시의 시대적 과제로서 무엇보다 민간영역에서의 상기한바 발전적 계기들, 특히 이에 따른 구조적 긴장과 지위불일치를 체제 내로 적극 흡수·순환시킬 것을 당위적으로 강력히 요청하고 있었다. ㉡ 그럼에도 당시 노론老論을 중심으로 한 집권세력은 기존 정통주자학正統朱子學의 세계관에 고착된 이념적·제도적 경직성으로 인해 이러한 시대적 과제의 요구에 소극적이었을 뿐만 아니라, 오히려 대토지 소유에 기반을 둔 자신들의 당파적 이해관계에만 집착함으로써 당시의 사회적 부조화와 모순을 더욱 온존·심화시키고 있었던 것이다. ③ 그리고 이러한 두 흐름 간의 점증하는 괴리의 양상은 특히 정약용의 시대에 다시 한 번 첨예하게 그 모습을 드러내고 있었다.

한편, 이와 같은 전반적 부조화와 모순의 상황은 자연스럽게 유례없는 '총체적 위기의식' 하에서 시대적 요청으로서의 전반적인 제도개혁을 지향·모색하려는 사상적·정치적 움직임을 조야朝野 간에 광범위하게 배태하기에 이르렀던바, 이는 특히 정치적 측면에서는 무엇보다 강력한 왕권을 중심으로 '체제의 유지'와 '변화의 체제 내 수용'이라는 모순적 과제 간의 균형을 통해 나름대로 '질서 있는 이행'을 모색하고자 했던 탕평정국蕩平政局의 전개로 연결되었다. ① 특히 정조는 영조조의 탕평책을 계승하면서도 ㉠ 종래의 완론탕평緩論蕩平이 노정했던 폐단을 극복하기 위한 의도에서 주로 청의淸議와 명절名節을 고수했던 준론계峻論系 인사를 발탁함으로써 '의리義理'를 중시하는 탕평책을 시행하는 한편, ㉡ 기본적으로 왕권강화를 지향한 일련의 개혁정치를 주도·시행해 나갔으니, 이는 대표적으로 ㉮ 개혁지향적 근왕세력勤王勢力의 육성을 위한 문화정책으로서의 '규장각奎章閣의 설치'와 '초계문신제抄啓文臣制의 실시', ㉯ 왕권의 권위와 정치력을 신장시키기 위한 행정정책으로서의 일련의 '관직운영 및 권력구도의 개편', ㉰ 탕평의 효과를 백성에게 구현할 사회정책으로서의 '서얼소통庶孽疏通'과 '노비제 개혁논의', ㉱ 경제정책으로서의 '신해통공辛亥通共'과 '토지제 개혁논의', ㉲ 개혁정치를 뒷받침할 마지막 보루로서 왕권의 무력적 기반을 확보하기 위한 경장책更張策으로서의 '군제軍制의 개혁'과 '화성華城의 축조'로 구현된 바 있다. ②

이처럼 정조는 재위기간 동안 준론탕평峻論蕩平을 통한 일련의 제도개혁을 통하여 당시 조선사회가 경험하고 있었던 총체적인 질적 변화와 구조적 긴장에 대해 전반적으로 전진적 방향에서 대처해나감으로써 왕권의 강화와 함께 조선후기의 왕조의 중흥에 한 획을 그었던 군주로 적극 평가되기도 한다.

그러나 상기한바 정조조에서의 탕평정국과 개혁정치는 정조가 경신년[1800년, 正祖 24]에 49세의 나이로 갑자기 승하昇遐함으로써 사실상 종말을 고하게 되었다. 그리고 뒤이어 종래 상당한 위기의식 속에서 정조와 대립각을 세웠던 노론벽파老論僻派가 '신유옥사辛酉獄事'라는 일종의 환국換局을 통해 다시금 일당전제체제의 형태로 정권을 장악하게 되면서 이른바 19세기의 '세도정치기勢道政治期'가 시작되기에 이른다. ① 이렇게 시작된 세도정치는 불행하게도 권력집단의 구성 및 정국운영의 특성상 무엇보다 '반동성'과 '파행성'을 그 본질로 하고 있었으니, 이러한 본질이 특히 대민정책의 측면에서는 삼정三政으로 대표되는 부세행정의 전반적 난맥상과 이에 대한 미봉적 대응, 관인사회官人社會 전반의 경제적 비리행위의 미만彌滿과 이에 대한 내부적 교정책의 부재라는 양상으로 나타나기에 이르렀다. ② 결국 19세기 전·중반기의 세도정치란 기본적으로 18세기 이래 조선사회가 경제적·사회적·문화적 측면에서 대내외적으로 경험했던 일련의 심각한 질적 변화에 대응하여 강력한 왕권을 구심점으로 나름의 '질서 있는 이행'을 모색했던 마지막 정치적 노력의 결정적 무산을 의미하는 것으로서, 이에 ㉠ 당시 조선사회가 역동적으로 경험하고 있었던 심대한 변화와 발전적 계기들이 체제 내에 선순환적으로 견인·흡수될 기회는 다시 한 번 묵살된 채 소진되고 말았다. ㉡ 이로써 끝내는 홍경래란洪景來亂을 필두로 이후 이른바 '민란民亂의 시대'가 본격적으로 도래함을 불가피하게 만들었음은 물론이요, 이는 또한 우리 근대사의 실패를 예고하는 하나의 불길한 징조이기도 했던 것이다.

I. 시대적 양상: 역사적 조건의 변화

특히 18세기에 접어들면서 조선사회는 어느덧 대내외적으로 일련의 새로운 변화와 발전을 본격적으로 경험하기 시작하였다. 즉, ① 대외적으로는 앞 세기에 풍미했던 '존주대의尊周大義의 북벌론北伐論'이 점차 퇴색하는 가운데 청淸 나라의 중국지배와 청 문물의 우수성을 인정하려는 새로운 대청의식對淸意識이 점차 대두·유행하기 시작했다면, ② 대내적으로는 앞 세기에 있었던 양란兩亂의 후유증을 극복한 바탕 위에서 ㉠ 정치적으로는 탕평정국蕩平政局의 전개가, ㉡ 경제적으로는 농업생산력의 증대에 따른 농촌경제의 변화, 국제무역을 포함한 상업의 발달, 사회적 분업의 진전에 따른 농촌수공업과 광공업의 활성화, 도시의 발달과 경향京鄕의 분기分岐가, ㉢ 사회적으로는 명분론名分論에 입각한 전통적 사회신분제의 해체 및 중서층中庶層의 성장이, ㉣ 문화적으로는 동국진경풍東國眞景風의 발흥과 쇠퇴, 서민문화庶民文化의 성장 및 '불량선비'의 탄생이, ㉤ 학문적으로는 청대 고증학考證學의 전래, 경화사족층京華士族層의 대두와 박물학博物學의 유행 등이 새로운 시대사조로 자리 잡기 시작하였다.

기본적으로 농업사회였던 조선이 양란 이후 18세기에 걸쳐 경험했던 대략 이상과 같은 장기적 변화와 발전의 기저에는 물론 17세기 이래 현저하게 진전된 조선사회 내부의 역사적 조건의 질적 변화, 무엇보다 농업생산력의 획기적 증대가 그 시발점으로서 자리 잡고 있었다. 그러면 지금부터 당시 조선사회가 경험했던 일련의 정치적·경제적·사회적·문화적 조건의 질적 변화에 대해 차례대로 일별해보기로 하자.

1. 경제적 조건의 변화

영농기술의 발달: 농업생산력의 증대

상기한 바대로, 조선사회는 양란을 거치며 크게 황폐화되었으나 17~18세기에 걸친 복구과정을 통하여 새로운 발전의 계기들을 마련하기 시작하였다. 특히 양란의 직접적인 귀결, 즉 인명의 손실, 전결田結의 감소, 각종 국가시설의 훼손 등으로 대표되는 심각한 사회·경제적 파괴는 대부분 복구되었고, 뒤이어 안정적인 장기성장으로 이어졌다. 즉, 전쟁으로 황폐화되었던 농지는 이미 17세기 말까지는 거의 회복되는 동시에 이후 추가로 개간되었으며, 인구 또한 꾸준히 증가하였다.[1]

---

1 18세기 조선사회의 사회적·경제적 변화양상에 대한 개관으로는 이영훈(2004: 368~ 382)과 이세영(1998: 195~224)이 참조된다. 보다 구체적으로 ① '농지農地'의 경우에는 당시 진황지陳荒地의 복구와 개간을 통하여 경지면적이 지속적으로 확대되었던바, 이에 1720년[肅宗 46]에 시행된 경자양전庚子量田의 결과 당시 수세농지收稅農地는 세종世宗 연간의 수준인 100여만 결結에 이른 것으로 알려져 있으며, ② '인구人口'의 경우에는 ㉠ 호총戶摠으로 대변되는 조선왕조의 전국 인구에 대한 지배력이 1663년[顯宗 4]의 80만 호에서 1750년[英祖 26]에는 178만 호로 크게 늘었으며, (이영훈 편, 2004: 378) ㉡ 한편, 전체 인구 역시 ㉮ 조선왕조가 개창할 무렵 인구는 대략 550만~600만 명에서 출발하여 임진왜란 직전까지 1,400만 명까지 증가했다가 양란兩亂을 거치며 다시 1,100명까지 감소했으며, 이후 1650년대부터 다시 증가하기 시작하여 1680년[肅宗 6] 무렵에는 이미 임진왜란壬辰倭亂 직전의 수준을 회복하여 1,400만여 명에 이르렀고, 18세기 말에 이르면 조선시대의 최대 인구로 추정되는 1,850만여 명에 달한 것으로 추정되고 있다.(이해영·권태환 편, 1978: 16~19; 권태환·김두섭, 1990: 222~225) ㉯ 반면, 다른 연구에 의하면 조선왕조가 개창할 무렵 인구는 440만에서 출발하여 임진왜란 직전까지 980만 명으로 지속적으로 증가했으며, 임진왜란 기간 동안 인구의 20퍼센트인 200만 명이 감소하여 1650년[孝宗 1] 무렵까지는 아직 임진왜란 이전의 수준까지 회복하지 못했지만 이후 계속 증가하여 1693년[肅宗 19]에 이르면 1,230만 명에 이르렀다가 1693년~1695년의 가뭄을 겪으면서 다시금 1,020만 명으로 급격히 감소했으며, 이후 1717년[肅宗 43]부터 다시 회복되기 시작하여 1732년[英祖 8]에는 1,360만 명까지 늘어났으나 이후 18세기에도 인구증가에 몇 차례의 위기가 있었으며, 이어 19세기에는 1810년[純祖 10]에 1,400만 명까지 이르렀다가 1812년~1813년의 위기를 거치며 1816년[純祖 16]에는 다시 1,240만 명으로 줄었고, 그 뒤 1876년[高宗 13]까지 전체인구는 18세기보다 오히려 100만 명 정도 적은 수치인 1,220만~1,270만 명 사이를 오간 것으로 추정되기도 한다.(Tony Michell, 1979/1980: 77~79)

이러한 바탕 위에서 조선사회는 17세기 후반 이래로 일련의 '영농법營農法의 개량'을 통해 농업생산력을 획기적으로 제고시켜나간 바 있다. 이에 당시 영농법이 개량된 대표적 사례로는 첫째, '파종법播種法의 변화'를 들 수 있다. 즉, ① 벼농사[水稻作]의 경우에는 이전 시기에 경종법耕種法의 대종을 이루었던 '직파법直播法[付種法]을 대신하여 '이앙법移秧法'이 널리 보급되기 시작했다는 점이다. 이로써 당시 벼농사에 있어서 농업생산성은 이전 시기와는 비교할 수 없을 정도로 대폭 향상되었다.[2]

한편, 주지하다시피 조선후기의 사회변동에 대한 기존의 사회·경제사적 연구에는 ① 현재 대체로 두 개의 상이한 관점이 병존하고 있다. 그 하나는 '자본주의맹아론資本主義萌芽論' 또는 '내재적 발전론'의 관점에서 이 시기의 사회변동을 조망하는 기존의 주류적 입장이요, 다른 하나는 '소농사회론小農社會論'의 관점에서 이 시기를 새롭게 인식하려는 입장이다. ② 그럼에도 이러한 두 입장은 ㉠ 이 시기의 사회변동의 특징으로 '상업의 발달', '인구의 증가', '신분제의 해체', '계약노동의 확산' 등을 거론하고 있는 점에서는 공통적이다. ㉡ 다만 당시의 이러한 변화를 서구의 이른바 '고전적 시장경제의 발전'이라는 틀 속에서 인식할 것인가의 여부에서 기본적인 인식의 차이를 보이고 있을 뿐이다.

2 조선후기 수도작기술水稻作技術로서의 이앙법의 보급에 관해서는 대표적으로 金容燮(2007a: 17~64)과 宋贊植(1997: 180~225)이 참조된다. ① 이앙법의 기원은 대략 고려시대에까지 소급되지만, 조선전기에 접어들어서도 이는 단지 경상도나 강원도의 남단에서만 부분적으로 시행되었을 뿐이요 여전히 수파水播·건파乾播로 알려진 직파법直播法이 대종을 이루고 있었다. 그러나 조선후기에 이르면 이러한 이앙법이 점차 전국적으로 보급되기 시작하면서 벼농사에서 대표적인 경종법耕種法으로 정착되었으며, ② 이처럼 이앙법이 조선후기에 전국적으로 보급된 데에는 이앙법에 대한 국가의 금령禁令이 완화된 점, 농학農學의 발전에 따라 이앙법의 장점이 널리 알려지게 된 점과 더불어 무엇보다 당시 수리시설水利施設이 확충된 점을 그 원인으로 들 수 있다. ③ 이러한 이앙법이 종래 직파법[付種法]에 비해 가진 농업기술상의 장점으로는 ㉠ '노동력의 절약', 즉 직파법의 경우에는 4~5차례의 제초작업을 해야만 결실을 거둘 수 있었음에 반하여 이앙법에서는 2~3차로써 족했을 뿐만 아니라, 전체적으로 이앙법은 직파법에 비하여 노동력을 약 8할 정도를 절약할 수 있어 결과적으로 농민들의 1인당 경작능력을 5배로 증가시킨 효과가 있었던 점, ㉡ '소출증대와 경영확대', 즉 단위면적당 생산고와 수입에 있어 크게 유리했을 뿐만 아니라, 절약된 노동력으로 광작廣作, 즉 경영확대가 가능하여 큰 이익을 남길 수 있었던 점, ㉢ '수전종맥水田種麥', 즉 이모작二毛作이 가능하여 벼의 생산 이외에도 보리의 수확이 가능했던 점, ㉣ '종곡절약種穀節約', 즉 직파법에 비하여 곡종穀種의 낭비를 막을 수 있었던 점이 대표적으로 거론된다.

한편, 李榮薰(2002: 5)은 조선후기 이앙법으로 대표되는 영농법營農法의 개량이 광작운동廣作運動으로 연결되면서 대량의 이농민離農民을 양산하였고, 이렇게 출현한 이농민이 상공업부문으로 유입되어 비농업 인구를 증대시킴으로써 농산물의

② 밭농사[田作]의 경우에도 이 시기 벼농사의 이앙법에 비견되는 영농법에서의 중요한 변화가 있었으니, 특히 '견종법畎種法'의 보급이 바로 그것이다. 즉, ㉠ 이전 시기에 주종을 이루었던 농종법壟種法, 즉 이랑에 파종하는 방법을 대신하여, 견종법, 즉 고랑에 파종하는 방법이 일반화되기 시작하였고, ㉡ 여기에다 보리·콩·조 등의 '섞어짓기[間種]'가 유행함으로써 결과적으로 밭농사에서도 생산성이 현저하게 제고된 바 있다.3

둘째, '이모작二毛作의 시행'을 들 수 있다. 이미 기술한 바대로, 이 시기 특히 논농사에서 이앙법이 일반화되어감에 따라 우선 벼 수확 자체의 생산고가 늘어났을 뿐만 아니라, 한편 벼 수확 이후 이듬해 모내기가 시작되는 초여름까지 논을 밭으로 이용하여 보리농사를 한 번 더

상품화를 촉진시키는 동시에 임노동의 출현을 가능케 하였다는 일련의 설명도식에 대하여 "水稻作에 있어서 中耕勞動을 대폭 절감한 移秧法을 위시한 집약농법의 보급이 소농경영의 자립을 위한 생산력적 기초로서 중요하였다. 맹아론자들은 이앙법에 의해 소농이 서유럽적인 兩極分解의 과정을 통해 해체되어갔다고 주장하지만, 이것만큼 사실과 동떨어진 기대의 다른 예는 찾기 힘들 것이다"라고 맹비판하고 있다.

3 조선후기 전작기술田作技術로서의 견종법의 보급에 관해서는 대표적으로 金容燮(2007d: 141~175)과 이세영(1998: 205)이 참조된다. ① 견종법은 종자種子를 고랑에 파종했다가 싹이 어느 정도 자라면 이랑의 흙으로 배토작업培土作業을 하는 방법인데, 고랑이 습기를 유지하고 보온효과를 가짐으로써 발아기發芽期의 종자가 가뭄과 추위에 강한 장점이 있었다. ② 농종법壟種法과 견종법 사이에는 종자를 이랑에 파종하느냐 아니면 고랑에 파종하느냐의 간단한 차이가 있었을 뿐이었지만, 그 생산성에 있어서는 현격한 차이를 보인 것으로 알려져 있다. 즉, 견종법은 가뭄에도 출묘出苗가 용이하고, 곡묘穀苗에 통풍이 잘 되며, 시비施肥에 낭비가 없고, 묘근苗根을 배토培土하기 때문에 풍한風旱에 강하며, 중경제초中耕除草가 용이한 등의 장점이 있는 것으로 알려져 있다. 여기서 출묘가 용이하고 통풍이 잘 되며 시비에 낭비가 없음은 '소출所出의 증대'를 의미하며, 중경제초가 용이함은 곧 '노동력의 절약'을 함축한다. 대체로 견종법에 따른 소출의 차이는 농종법에 비해 2배가 되었고, 일부 지방에서는 견종의 중년中年과 농종의 풍년豊年을 비교하여도 3배의 차이가 있었던 것으로 기록되어 있다. 또한 견종법에 따른 노동력의 절약도 중경제초의 경우에만 대략 2배 또는 3~4배의 차이가 있었던 것으로 보고되고 있다. ③ 한편, 이러한 견종법은 쟁기를 이용한 우경牛耕을 통해 땅을 더 깊이 갈 수 있게 됨으로써 더욱 발전·확산되었으며, 이에 따라 종래 보리 중심의 밭농사를 대신해서 보리와 콩, 목면, 담배, 고구마 등을 함께 경작하는 2년 3작 또는 2년 4작까지 가능·등장했던 것으로 소개되고 있다.

지을 수 있다는 점에서도 순전히 양곡증산의 효과는 매우 큰 것이었다. 그리고 이러한 '벼와 보리의 이모작'은 당시 금강錦江 이남의 삼남지방三南地方에서는 일반화된 현상이기도 하였다.[4]

마지막으로, 이외에도 당시 농업생산성의 제고를 뒷받침했던 다양한 요인들 역시 존재하였다. 즉, ① 상기한바 이앙법의 보급과 긴밀히 결부된 수리이론水利理論의 발전 및 수리시설水利施設의 확충,[5] ② 이전 시

---

4 조선후기 벼농사에서의 벼와 보리의 이모작의 시행과 관련해서는 대표적으로 金容燮(2007b: 65~100)이 참조된다.

5 조선후기 벼농사에서의 이앙법의 일반적 보급은 당시 수리이론의 발전 및 수리시설의 확충과도 서로 긴밀히 맞물려 있었다. 즉, 이앙법의 보급은 수리이론의 발전 및 수리시설의 확충을 야기했고, 동시에 이러한 변화는 거꾸로 이앙법의 보급을 자극하고 있었다. 이에 ① 조선후기 '수리이론의 발전'과 관련해서는 ㉠ 대체로 영조조英祖朝[1725년~1776년]에 일단의 수리지식이 등장하기 시작했다가 ㉡ 정조조正祖朝[1777년~1800년]에 이르면 처음으로 수리기술에 관한 구체적인 지식을 담은 농서農書들이 편찬되었던 것으로 알려져 있는바, 즉 서명응徐命膺[保晩齋, 1716~1787]이 저술한 『본사本史』의 「관개지灌漑志」, 서호수徐浩修[養直, 1736~1799]가 저술한 『해동농서海東農書』의 「수리水利」편, 박지원朴趾源[燕巖, 1737~1805]이 저술한 『과농소초課農小抄』의 「수리水利」편이 대표적이다. ② 한편, '수리시설의 확충'과 관련해서는 전체적으로 양란兩亂 이후 제언堤堰의 복구와 신축, 보洑의 수축이 광범위하게 이루어졌고, 특히 영·정조조 때에는 제반 수리정책水利政策이 권농勸農의 요체로 추진된 바 있다. 즉, ㉠ '제언'의 경우에는 ㉮ 고대로부터 내려오던 전통적인 수리방식의 하나로서, 조선왕조가 개창된 뒤에도 제언의 개발은 일찍이 국가적 차원의 중농정책重農政策의 일환으로 중시된 바 있으며, ㉯ 이에 18세기 말엽[1782년, 正祖 6]에 이르면 전국의 '제언총수堤堰摠數'가 경기도에 260개, 충청도에 503개, 전라도에 913개, 경상도 1,522개, 황해도에 26개, 평안도에 55개, 강원도에 65개, 함경도에 24개로 모두 3,368개에 이르렀던 것으로 알려져 있으며[『增補文獻備考』, 146卷, 「田賦考 6」], ㉡ '보'의 경우에도 ㉮ 제언과 마찬가지로 이미 고대로부터 전래된 전통적인 수리방식의 하나로서, ㉯ 15~16세기에 이르면 특히 사림세력士林勢力이 대두하는 경제적 배경의 일단으로서 본격적으로 개발·활용되기 시작하면서 조선후기에 이르면 제언을 능가하는 대표적인 수리시설로 자리 잡게 된 것으로 알려져 있다. ㉢ 반면, 수리시설 가운데 '양수기구揚水機具'에 해당하는 '수차水車'의 경우에는 ㉮ 그 제작과 보급을 위한 노력이 국가 차원에서 여말선초麗末鮮初 이래로 꾸준히 경주된 바 있으나, 결과적으로 모두 실패한 것으로 알려져 있다. ㉯ 다만 정조조에 있었던 '용미거龍尾車'에 대한 지식과 보급의 논의가 새로운 면모로서 주목된다.

여기서 조선후기 이앙법과 결부된 '수리이론의 발전'과 관련해서는 대표적으로 金容燮(2007c: 101~138), 문중양(2000: 79~122) 등이, '제언과 보의 개발'에 대한 연구로는 李光麟(1961: 34~37), 이태진(2008d: 225~264), 최원규(1992) 등이, '수차에 대한 연구와 보급을 위한 시도'에 대한 연구로는 李光麟(1961: 84~103), 全相運(1975: 172~178), 이태진(2008f: 403~426), 문중양(2000: 154~170, 189~211) 등이 참

기보다 한층 진전된 시비법施肥法의 활용,[6] ③ 농기구의 발전과 소의 보급에 따른 새로운 이경법犁耕法의 개발,[7] ④ 임진왜란 이후 신품종 농작

조된다.

6 일반적으로 농법상 시비법의 시행은 그 자체 엄청난 농업생산력의 제고를 함축한다. 즉, 시비법은 휴한법休閑法의 극복에 따른 '경지면적의 실질적 확대'와 더불어 '단위면적당 생산고의 획기적 증대'라는 이중적 효과를 야기한다. 한편, 조선시대의 시비법에 대해서는 ① 그 연원이 대체로 여말선초에 신흥사족新興士族의 주도하에 강남농법江南農法이 도입되어 본격적으로 시행되기 시작한 데 있으며, 또한 이러한 농법상의 성과는 조선전기에 정초鄭招[字는 悅之, ?~1434] 등이 편찬한 『농사직설農事直說』에 반영되었던바, ② 이에 시기별 시비체계의 내용과 그 발전양상을 개관하자면, ㉠ 조선전기의 경우에는 시비체계가 수전水田·한전旱田 별로 달랐으니, 즉 수전에서는 초분草糞을 주로 한 반면 한전에서는 회灰를 중심으로 하는 체계였다면, ㉡ 17세기에 접어들면 이전과는 달리 제농서諸農書에서 시비施肥를 중시하는 사상이 현저히 발전하는 동시에 수전·한전의 구별이 점차 줄어들면서 퇴비堆肥가 본격적으로 생산되기 시작하는 변화를 보였고, ㉢ 이후 18~19세기에 이르면 퇴비 생산의 보편화, 비료 종류의 다양화, 비료원의 풍부화, 다비多肥의 강조, 수전과 맥전麥田에서의 추비追肥의 실시 등이 이루어지면서 조선시대의 시비체계가 완성되는 가운데, 이러한 농법상의 성과는 주로 조선후기에 우하영禹夏永[醉石室, 1741~1812]이 저술한 『천일록千一錄』에 반영된 것으로 알려져 있다.

조선시대 시비법의 연원과 그 발전양상에 대해서는 대표적으로 이태진(2008a: 111~130), 이태진(2008b: 131~148), 徐昇煥(1987: 6~43) 등이 참조된다.

7 조선후기에는 농기구農器具에서도 앞 시기에 비해 많은 분화와 발전이 있었던 것으로 알려져 있다. 즉, 조선후기의 『천일록千一錄』에는 당시 일반 근농가勤農家에 구비된 농기구의 종류로 '따비[耒耜]', '덜이[結犁·雙犁]', '홀이[獨犁]', '쌍가래[雙鍫]', '외가래[獨鍫]', '쇠가래[鐵可乃]', '나무가래[木可乃]', '쇠괭이[鐵廣耳]', '나무괭이[木廣耳]', '소시랑[鐵齒擺]', '나무소시랑[木齒擺]', '호미[鋤子]', '낫[鎌子]', '옹고擁罟', '번지[板撈]', '곰배[古音排]', '써레[木斪]' 등이 소개되고 있는데, 이는 조선전기의 농기구로 '다보[耒]', '소시랑小時郞', '호미[鋤]', '괭이[卦伊]', '낫[鎌]', '도끼[斧]', '작도[錯刀]' 등만이 거론되고 있음에 대비된다.

또한 조선후기에 접어들면 이경법犁耕法에 있어서도 일대 진전이 있었던 것으로 소개되고 있다. 즉, 당시 이경법의 두드러진 특징으로는 특히 수전水田이나 한전旱田을 막론하고 가을갈이[秋耕]가 보급되고 반복경反復耕이 시행된 점이 거론된다. 이처럼 가을갈이에서의 반복경은 몇 번이고 번경[反耕]하는 작업을 통해 상하토上下土를 뒤집어 동설冬雪을 맞아 동토凍土가 되도록 했다가 봄볕에 녹아 마르게 하면 결과적으로 토양은 성글고 연해져서 분비糞肥를 주는 것보다 더 비옥해진다고 소개되고 있다. 여기서 말하는 '번경[反耕]'이란 깊이 파 뒤집는 논갈이 방법으로서, 이는 객토客土를 넣는 것과 같은 효과를 내는 기술이었다. 당시 이앙移秧하는 논에서는 여러 번에 걸쳐 번경이 이루어졌는데, 이러한 수전번경법은 또한 기존의 쟁기에 새로 볏을 다는 개량이 이루어지면서 가능하게 된 기술로서, 주로 농업선진지대였던 삼남지방을 중심으로 시행된 것으로 알려져 있다. 조선후기 농기구의 발전과 새로운 이경법의 개발에 대해서는 대표적으로 閔成基(1980a, 1980b) 및 이윤

물의 전래[8] 등이 대표적인 것이라 하겠다.

결국, 이상과 같이 17세기 후반 이래로 조선사회가 경험했던 다양한 '영농법의 개량'은 곧바로 '농업생산력의 획기적 증대'로 이어졌던바, 물론 이는 단순히 농업기술상의 변동에 그치지 않고 이후에 전개된 일련의 중요한 경제적·사회적 변화를 야기하는 일종의 기폭제가 되었다는 점에서 그 경제작·사회사적 의의는 실로 심대하다고 할 것이다.

갑(2011: 65~66) 등이 참조된다.

한편, 당시 소가 널리 보급된 점도 농업생산성의 제고에 커다란 영향을 미친 것으로 알려져 있다. 즉, ① 우경牛耕이 확산됨으로써 견종법畎種法의 발전이 가능했을 뿐만 아니라, ② 소가 가진 ㉠ 역축役畜으로서의 기능은 노동생산성의 제고로, ㉡ 퇴구비堆廐肥 제작의 원동력으로서의 기능은 토지생산성의 증대로 연결되었다.

8 임진왜란 이후 새로 전래된 농작물로는 고구마, 감자, 담배 등이 대표적이다. 즉, ① 고구마의 원산지는 멕시코에서 과테말라에 이르는 열대 아메리카 지역으로 알려져 있다. 15세기 말인 1492년 이후 스페인을 통해 유럽에 알려졌고, 16세기 중반 무렵에는 베트남이나 필리핀을 통해 중국 남부인 복건성福建省에 전파되었다. 이후 17세기에 접어들면 1605년에 유구국流球國, 1615년 사츠마[薩摩], 1715년 대마도對馬島에 각각 전파되었고, 이어 조선에는 1763년[英祖 39]~1766년 무렵에 대마도를 통해 전래된 것으로 알려져 있다. 고구마는 조선에서 '감저[甘藷]' 또는 '고금아[孝行芋]'로 불렸다. 조선후기 고구마의 전래에 대해서는 대표적으로 金在勝(2001), 노성환(2010), 오인택(2015)이 참조된다. ② 감자의 원산지는 남아메리카 안데스산맥의 고원지대로 알려져 있다. 고구마와 마찬가지로 15세기 말인 1492년 이후 스페인을 통해 유럽에 알려졌고, 16세기 무렵에 인도로 전파되었다. 이후 인도에서 중국으로 전파되었고, 이어 조선에는 이규경李圭景의 『오주연문장전산고五洲衍文長箋散稿』에 의하면 대략 1824년[純祖 24]~1825년 무렵에 만주지방滿洲地方을 통해 전래된 것으로 알려져 있다. 감자는 조선에서 '북저北藷' 또는 '마령서馬鈴薯'로 알려져 있다. 고구마와 함께 감자는 일반 백성의 구황식물로서 주식대용으로 널리 애용된 바 있다. ③ 담배의 원산지도 남아메리카 안데스산맥의 고원지대로 알려져 있다. 담배 역시 15세기 말인 1492년 이후 스페인을 통해 유럽 및 여타 구대륙에 알려졌으며, 16세기 후반 무렵에 필리핀에 전해지면서 이어 명대明代의 만력萬曆 연간[1573년~1620년]에 중국 상인을 통해 복건성에 전파되었다. 한편, 조선에는 임진왜란 직후인 1616년[光海君 8]~1617년 무렵에 일본을 통해 전래된 것으로 알려져 있다. 담배는 포르투갈어 타바코Tabacco를 음차한 '담바고[淡巴菰]'가 줄어든 이름인데, 남방에서 들어왔다고 '남초南草', 연기를 내는 풀이라고 해서 '연초煙草', 온갖 염려를 사라지게 하는 신기한 풀이라고 해서 '남령초南靈草'라고 불리기도 하였다. 이러한 담배는 조선후기 상업작물로서 널리 경작된 바 있으며, 또한 연행무역燕行貿易에 있어서도 해삼, 홍삼과 함께 한때 주요 수출품이 되기도 하였다. 조선후기 담배의 전래와 경작·유통양상에 대해서는 金容燮(2007e), 허경진(2003), 이철성(2010) 등이 참조된다.

산업부문별 변화양상①: 농업부문

기본적으로 집약농법의 자립적 소농경영小農經營에 토대를 둔 농업사회로서의 18세기 조선사회는 상기한 바와 같은 일련의 농업기술의 발달을 경험하면서 이전 시기와는 구별되는 경제적 조건에 있어서의 현저한 변화와 중요한 발전을 나름대로 성취하고 있었다. 그리고 이러한 변화와 발전은 우선 당시의 농업부문을 필두로 하여 여타 산업부문으로 연쇄적으로 확산되어나갔음은 물론이다.

이에 당시에 전개된 산업부문별 변화양상을 간략히 개관해보면, 우선 '농업부문'에 있어서는 첫째, 이미 기술한 바처럼, 17세기 후반 이래로 토지개간과 영농법의 개량—이앙법移秧法과 이모작二毛作의 실시가 대표적이다—을 통하여 농업생산성이 크게 제고되었고, 이는 곧 잉여농산물의 생산과 농가소득의 증대로 이어졌다.

둘째, 이렇게 생산된 잉여농산물은 다시금 상품화로 연결되면서 이른바 '상업적 농업작물'이 등장하기 시작했는데, ① 이는 특히 ㉠ 쌀[米]을 위시한 콩[豆]·보리[麥]·조[粟] 등의 곡물류, ㉡ 면화·대마·모시 및 잠사蠶絲 등의 직물류, ㉢ 무[蘿菔]·배추[菘]·마늘[蒜]·파[葱]·오이[瓜]·미나리[芹] 등의 채소류, ㉣ 감[柹]·대추[棗] 등의 과일류, ㉤ 인삼人蔘·지황地黃 등의 약재류, ㉥ 왕골[莞草]·갈대[蘆] 등의 석류席類, ㉦ 쪽[藍靛]·꼭두서니[茜蘆] 등의 염료류, ㉧ 담배[南草] 등의 기호품류가 그 대표적인 것들이다.[9] ② 그리

---

9 18세기 이후 이른바 '상업적 농업작물'의 등장 및 그 유통양상에 대한 보다 자세한 내용은 주로 金容燮(2007e)과 姜萬吉(1986), 이윤갑(2011: 64~88) 등이 참조된다. 한편, 주지하다시피 조선후기 사회·경제사와 관련하여 이러한 '상업적 농업작물'에 대한 논의는 그 운영주체로서 이른바 '경영형經營型 부농富農'이란 개념을 논리적으로 수반했는데, 이 개념에 대해서는 현재에도 여전히 상반된 입장이 병존하고 있다. 우선, 金容燮(2007e)의 경우에는 ① 경영형 부농이란 17~18세기 조선사회의 중세적中世的 사회체제社會體制의 해체과정에서 새로이 형성된 부농층富農層인바, ② 이들은 특히 농업생산의 합리적 경영, 즉 자본가적 생산을 통해 소득을 늘리고 부를 축적하는 것을 특징으로 한다는 점에서 기존의 전통적인 봉건지배층이자 부민富民이었던 '병작지주층竝作地主層'이나 '경영지주층經營地主層'과는 구별되는

범주로서, ③ 그들의 농업경영상 주요특징으로는 ㉠ 농지경영에서의 여러 기술적인 문제를 해결하는 데 앞장섰다는 점, ㉡ 농법農法의 전환과 관련하여 경영확대를 꾀했다는 점, ㉢ 당시의 유통경제와 관련하여 상업적 농업을 지향했다는 점, ㉣ 이러한 상업적 농업을 주로 고용노동에 의존했다는 점을 들고 있으며, ④ 이러한 과정을 통해 등장한 경영형 부농은 결과적으로 하나의 커다란 사회세력으로 부상·기능하면서 차후 새로운 사회의 단서를 열어가고 있었던바, 바로 이러한 맥락에서 이들은 조선후기 농촌사회의 실태를 파악하는 데 하나의 특징적 요소가 될 뿐만 아니라 나아가 이 시기 사회변동의 사회경제적 기저基底를 이해하는 데에도 하나의 관건이 된다고 적극 평가한 바 있다.

반면, 이러한 주장에 대한 반론 역시 꾸준히 제기된 바 있다. 대표적으로 ① 이영훈李榮薰의 경우에는 ㉠ 우선 '경영형 부농'이란 개념의 토대이자 역사상이었던 '자본주의맹아론資本主義萌芽論'에 대하여 "실증성에 관한 한 맹아론은 80년대의 오늘날에 있어서 큰 위기를 맞고 있다"는 맥락에서 "서구사회의 역사적 발전과정으로부터 추출된 기본법칙을 비서구사회의 다양한 역사에 일률적으로 적용하는 것은 ……어리석은 일"(이영훈, 1987: 61, 62)로 비판한 바 있고, ㉡ 이어 '경영형 부농'이란 개념에 대해서도 ㉮ "자료에서 보는 한 조선후기의 농민경영은 奴婢와 雇工을 사역하는 兩班作者로부터 개간지의 募入에 이르기까지 그 경영구조에서나 사회적 신분에서의 다양성을 특징으로 하며, 특히 그 하층신분에서는 재생산구조의 현저한 불안정성을 특징으로 하고 있다. 經營型富農論은 이 같은 농민범주의 다양성을 무시하고 일방적으로 그 상층을 富農으로 규정한 방법론상의 단순함을 보이고 있다. 조선후기에 걸쳐 경영상층은 오히려 해체되고 있었음이 확인된다"고 비판하는 가운데, 특히 "경영상층의 몰락과 농민경영의 영세화 그리고 농민분화의 균등화추세야말로 보편적으로 확인되는 조선후기 농업발전의 기본 내용"(李榮薰, 1988: 95, 126)임을 강조하는 한편, ㉯ "요컨대 17~19세기 농민분화의 장기추세는 소규모 경작의 소농이 농가의 표준적 형태로 확산하는 소농자립小農自立의 진전 그것이었다. ……상업적 목적으로 임노동을 고용하고 병작을 확보하여 경작규모를 늘리는 자본가적 부농이 하나의 사회적 계층으로까지 성립했다는 김용섭의 주장은 허상을 본 것이나 다름없었다"(이영훈, 2016: 472~473)고 비판하고 있으며, ㉢ 바로 이러한 맥락에서 대안적 관점으로 '소농사회론小農社會論'을 제기하고 있는바, 즉 ㉮ 17세기 중반부터 18세기 말에 이르는 조선사회는 "직계가족이 구래의 세대공동체를 대신함에 따라 사회·경제생활의 기초 단위로서 소가족에 의한 자립적 영농체인 小農이 발달하게 되었"던바, 또한 이렇게 구성된 "소농사회는 생산의 기초단위로서 소농과 그들의 친족 및 동리 공동체가 발달하는 토대 위에서 관료제적 조세국가의 형태로 성립한다. 여기서는 농노제적 신분제가 해체되고 사적 토지소유가 성립하며, 경제적인 지주제가 주요 생산관계로 발달한다. 사회의 경제적 통합형태로서 시장경제가 불가결한 비중을 차지하게 되지만, 여전히 자급경제가 우세한 가운데 국가 내지 공동체에 의한 재분배기구가 원활하게 운용되지 않으면 안 된다. 17~18세기 조선사회는 농노제 해체 이후의 中世後期로서 이처럼 그 정치적 사회적 경제적 제요소가 정의될 수 있는 소농사회이다"(李榮薰, 2001: 96, 100; 李榮薰, 2002: 5, 8)라고 정의하는 가운데, ㉯ 특히 조선후기 이앙법으로 대표되는 영농법의 개량이 광작운동廣作運動으로 연결되면서 대량의 이농민離農民을 양산하였고, 이렇게 출현한 이농민이 상공업부문으로 유입되어 비농업 인구를 증고 이러한 작물들은 당시 시장을 통해 전국적으로 이미 광범위하게 유통되고 있었다.[10] ③ 물론 이러한 변화의 이면에는 대동법大同法과 균역

대시킴으로써 농산물의 상품화를 촉진시키는 동시에 임노동의 출현을 가능케 하였다는 일련의 설명도식에 대해서는 "水稻作에 있어서 中耕勞動을 대폭 절감한 移秧法을 위시한 집약농법의 보급이 소농경영의 자립을 위한 생산력적 기초로서 중요하였다. 맹아론자들은 이앙법에 의해 소농이 서유럽적인 兩極分解의 과정을 통해 해체되어 갔다고 주장하지만, 이것만큼 사실과 동떨어진 기대의 다른 예는 찾기 힘들 것이다"(李榮薰, 2002: 5)라고 맹비판한 바 있으며, ㉣ 동일한 논리선상에서 조선후기의 실학實學에 대해서도 "종래 18세기의 실용주의적 신학풍을 …… '근대적'으로 평가해온 것은 더 이상 유효하지 않"은바, 즉 "실학이란 16세기에 토착화한 朝鮮性理學이 18세기 소농사회의 성숙이라는 사회경제적 변동을 맞아 그에 작용하거나 규정되면서 이상적인 사회관계와 국가형태를 모색한 일련의 성리학적 合理主義의 고양 형태"(李榮薰, 2002: 30)로 인식하였다. ② 비슷한 맥락에서 팔레James B. Palais의 연구 또한 거론할 수 있는데, 즉, ㉠ 그는 기본적으로 해방 이후 '조선후기사에 대한 한국의 수정주의적 연구자들의 해석', 특히 '자본주의맹아론'과 '민중사관'이란 인식틀을 통해서 "일본 식민사학의 잔재를 스스로 청산하기 위해서 치열한 노력을 전개"함으로써 "임진왜란의 거대한 재난을 극복한 이후 조선에는 사회구조와 경제, 그리고 다른 중요한 제도들에서 주목할 만한 변화가 나타났음을 입증"하고자 노력했던 한국의 역사학자들의 노력이 기실 '그 변화의 본질을 제대로 해석하는 데에는 성공적이지 못했다'는 비판적 입장에서 출발하여, 조선후기 '한국에서 나온 저술 중에서 경세론의 문제를 다룬 가장 위대한 저서라고 볼 수 있는 책, 즉 유형원柳馨遠의 『반계수록磻溪隨錄』을 분석하는 것을 유용한 출발'로 삼아 "어떤 균형을 찾는 일"(James B. Palais/김범 옮김 1, 2008: 9~11)을 모색하고 있는바, ㉡ 이러한 맥락에서 그는 ㉮ 상기한바 김용섭의 '경영형 부농'이란 개념 또한 전체적으로 보아 "진보를 입증하려는 열망"(James B. Palais/김범 옮김 2, 2008: 589), 즉 "조선도 서양처럼 외부의 후견 없이도 자본주의의 맹아를 발전시키는 동일한 과정을 밟을 수 있었다는 사실을 행동은 물론 사상적으로도 입증하려는 욕망"(James B. Palais/김범 옮김 1, 2008: 549)에 추동된, 그리고 바로 이러한 의미에서 "견고한 증거가 부족"(James B. Palais/김범 옮김 2, 2008: 583)한 개념, 다시 말하면 "비용을 절감하기 위해 합리적 비용을 계산한 회계장부를 실증적으로 검토해 입증하지 않은 가설적 존재"(James B. Palais/김범 옮김 1, 2008: 510)일 뿐으로 비판폄하하는 가운데, ㉯ 결국 이러한 개념으로 상징되는 "조선후기에 대한 최근의 연구는 그 사회의 근본적인 양상의 일부를 잘못 이해"(James B. Palais/김범 옮김 2, 2008: 588)하는 데로 귀결되고 말았다고 비판적으로 평가하는 가운데, ㉢ 동일한 관점에서 그는 ㉮ 한국의 "20세기의 학자들은 유형원을 다른 실학자들과 함께 근대성의 선구자로 여러 측면에서 평가"했는데, "실학사상에 대한 이러한 일반화는 절반의 진실이며, 유교적 경세론의 핵심을 현대적이고 서구적인 실증과학으로 잘못 해석한 시대착오적 판단의 결과"(James B. Palais/김범 옮김 1, 2008: 18~19)로 혹평하는 가운데, ㉯ 심지어 18~19세기의 이른바 실학자들을 "탁상공론적인 경세학자들"(James B. Palais/김범 옮김 2, 2008: 584)로 규정하기도 하였다.

10 당시의 이러한 사정은 정약용의 다음과 같은 말에서도 잘 간취할 수 있다: "황해

도[西路]의 담배밭, 함경도[北路]의 삼밭, 한산韓山의 모시밭, 전주全州의 생강밭, 강진康津의 고구마밭, 황주黃州의 지황밭은 모두 상상上上 등급의 논과 비교해도 그 이익이 10배는 된다. 근년 이래에는 인삼人蔘을 또한 모두 밭에다 심는데, 그 남는 이익이 더러 천千이나 만萬이 되니, 이것은 전지田地의 등급으로써 말할 수 없는 것이다 비록 항상 심는 것으로 말하더라도 잇꽃[紅花]과 대청大靑은 그 이익이 매우 많아 【남쪽지방에서는 천궁川芎과 지치[紫草]를 또한 더러 밭에다 심기도 한다】 목화밭의 이익만이 아니라 심지어 오곡五穀보다도 그 이익이 갑절은 된다.([臣伏惟]……西路煙田, 北路麻田, 韓山之苧麻田, 全州之生薑田, 康津之甘藷田, 黃州之地黃田, 皆視水田上上之等, 其利什倍. 近年以來, 人蔘又皆田種, 論其贏羨, 或相千萬, 此不可以田等言也. 雖以其恒種者言之, 紅花·大靑, 其利甚饒,【南方, 川芎·紫草, 亦或有田種】 不唯木棉之田利, 倍於五穀也.)" 『經世遺表 II』, 「地官修制: 田制 11」(『定本 與猶堂全書 25』, p. 177); "왕골[三脊蒲]이라는 것은 돗자리를 짜는 것이다.【용수초龍鬚草는 우리말로 '골풀'이라 부른다. 삼척포三脊蒲는 우리말로 '왕골王菅'이라 부른다】……미나리[芹]와 이 풀은 그 이익이 벼와 비교해서 수배는 되니, …… 연[芙蕖]을 심는 것은 그 연밥을 수확하기 위함인데, 또한 벼보다 이익이 많으므로 ……([臣謹案] 三脊蒲者, 所以織席也.【龍鬚草, 方言謂之'菅'. 三脊蒲, 方言謂之'王菅'】 ……芹與此草, 其利視稻數倍, ……種芙蕖者, 收其蓮實, 亦多於稻利, ……)" 『經世遺表 II』, 「地官修制: 田制 10」(『定本 與猶堂全書 25』, p. 172); "○좋은 곡식류로서 밭에 심는 것으로는 첫째가 '밭벼[山稻]'요, 둘째가 '메조[黃粱]'요, 셋째가 '여러 가지 기장[諸黍]'이요,【그 종류가 하나가 아니다】 넷째가 '여러 가지 조[諸稷]'요,【우리말로 '조稞'라 한다】 다섯째는 '수수[蜀黍]'요,【항간에서는 '수수쌀[穗米]'이라 부른다】 여섯째는 '콩[大豆]'이요,【이두로는 '태太'라 한다】 일곱째는 '팥[小豆]'이요,【그 종류 또한 많다】 여덟째는 '녹두菉豆'요, 아홉째는 '보리[大麥]'요, 열째는 '밀[小麥]'이요, 열한째는 '메밀[蕎麥]'이요,【항간에서는 '메밀[木麥]'이라 부른다】 열두째는 '귀리[鈴鐺麥]'요,【이두로는 '이모耳牟'라 한다】 열셋째는 '한피[旱稗]'요,【피[稗]에는 두 종류가 있다. 돌피[稊稗]는 벼를 해치는 풀로서, 먹을 수 없다. 반면 한피[旱稗]는 밭에 심는 것으로 그 쌀이 기장[黍]과 같은데, 우리나라 사람들은 '직稷'이라 잘못 부르며, 우리말로는 '피秛'라고도 하는데, 역시 좋은 곡식이다】 열넷째는 '참깨[胡麻]'요,【곧 방경方莖·거승巨勝이니, 항간에서는 '참깨[眞荏]'라 부른다】 열다섯째는 '들깨[靑蘇]'요,【항간에서는 '들깨[水荏]'라 부르는데, 그 기름은 '들기름[法油]'이라 한다】 열여섯째는 '옥수수[玉蜀黍]'요, 열일곱째는 '율무[薏苡]'인데, 만약 논벼[水稻]를 합하면 18종류가 된다. '들깨' 이상 15종류는 모두 먹음에 일용 양식으로 삼으며, 팔아서 재리財利로 삼기도 한다. ……도읍都邑에 가까운 경우에는 파[葱]·마늘[蒜]·오이[瓜]·채소[菜]를 오직 땅에 맞게 심으며, 삼[枲麻]·모시[苧麻]·목화[木棉]·담배[南草]·생강生薑·지황地黃도 오직 땅에 맞게 심어야 한다.(○嘉穀之類, 種於旱田者, 一曰: '山稻', 二曰: '黃粱', 三曰: '諸黍',【其種類不一】 四曰: '諸稷',【方言謂之'稞'】 五曰: '蜀黍',【俗謂之'穗米'】 六曰: '大豆',【吏文謂之'太'】 七曰: '小豆',【其種類亦多】 八曰: '菉豆', 九曰: '大麥', 十曰: '小麥', 十一曰: '蕎麥',【俗謂之'木麥'】 十二曰: '鈴鐺麥',【吏文云'耳牟'】 十三曰: '旱稗',【稗有二種. 稊稗, 害禾之草, 不可食. 又有旱稗, 田種, 其米如黍, 東人誤謂之'稷', 方言謂之'秛', 亦嘉穀也】 十四曰: '胡麻',【卽方莖·巨勝, 俗謂之'眞荏'】 十五曰: '靑蘇',【俗謂之'水荏', 其油曰: '法油'】 十六曰: '玉蜀黍', 十七曰: '薏苡', 若竝水稻, 十有八種也. '靑蘇'以上十有五種, 皆食之爲恒糧, 販之爲財利. ……其近於都邑者, 葱·蒜·瓜·菜, 惟其宜也. 枲麻·苧麻·木棉·南草·生薑·地黃, 惟其宜也.)" 『經世遺表 II』, 「地官修制: 田制 11」(『定本 與猶堂全書 25』, pp. 177~178)

이외에도 정약용은 평소 주변의 지인들과 자녀들에게도 당시의 달라진 시대적 상황을 반영하여 가계유지를 위한 이른바 '선비의 상업적 농업경영론'을 거듭 역

설한 바 있다: "가난한 선비가 산업産業을 경영하려고 생각하는 것은 형세가 그러한 것이다. 그러나 경작은 힘들고 장사는 명예가 손상되니, 손수 원포園圃를 가꾸어 진귀한 과일과 맛있는 채소를 심는다면 ……해로울 것이 없다. ……더하여 형상荊桑·노상魯桑 등의 뽕나무를 모름지기 수천 주株를 심고 별도로 3칸 잠실蠶室을 짓고 7층 잠박蠶箔을 설치해서 아내로 하여금 부지런히 누에를 기르도록 해라. 이렇게 몇 해만 하면 식량·소금·식초·육장 등을 마련함에 의당 남편을 번거롭게 하는 일이 없을 것이다.(貧士慮營産業, 勢也. 然耕作力倦, 商販名敗, 唯手治園圃, 種珍果芳蔬, ……無傷也. ……復種荊桑·魯桑, 須至數千株, 別構蠶室三間, 爲箔七層, 令室妻勤養之. 行之數年, 米·鹽·醯·醢之具, 當不煩夫子也.)" 「爲尹惠冠贈言」(『定本 與猶堂全書 4』, p. 20); "귀족貴族의 후예로서 먼 지방에 유락流落하여 몇 대 이후까지 벼슬이 마침내 끊기면, 오직 농사農事를 지어야만 노인을 봉양하고 자식을 양육할 수 있다. 그러나 농사란 천하에 이익이 박한 것이다. 겸하여 근세에는 전역田役이 날로 무거워져 농사를 많이 지을수록 더욱 쇠잔하게 만드니, 모름지기 원포園圃를 가꾸어 보충을 해야만 거의 유지할 수 있다. 진귀한 과일을 심은 곳을 '원園'이라 하고, 맛있는 채소를 심은 곳을 '포圃'라 한다. 다만 집에서 먹기 위해서만이 아니라 장차 시장에 내다 팔아 돈을 만들기 위한 것이기도 하다.(貴族遺裔, 流落遐遠, 數世以後, 簪組遂絶, 唯有農事, 足以養老·慈幼. 然農者, 天下之拙利也. 兼之近世, 田役日重, 廣作彌令凋敗, 須補之以園圃, 庶幾焉. 樹之珍果, 謂之'園'; 藝之佳蔬, 謂之'圃'. 不唯家食是圖, 將粥之爲貨.)" 「又爲尹惠冠贈言」(『定本 與猶堂全書 4』, p. 21); "생활의 수단으로는 원포園圃와 목축牧畜만한 것이 없다. 그리고 연못이나 늪을 파서 물고기도 길러야 한다. ……먹고 남은 여분은 비온 뒤마다 바랜 잎은 따내고 먼저 익은 것은 가려서 저자[城市]에 내다 팔고, ……또 흙을 잘 손질하여 여러 가지 약초를 심는데, 제니薺苨·자려茈苠·산서여山薯蕷 등속과 같은 것은 토질에 맞추어 구별하고, 인삼人蔘만은 특별히 쓰이는 방도가 많으니 법法에 따라 재배하면 여러 이랑에 많이 심더라도 탈잡히지 않는다. 보리를 심는 것은 천하에 조잡한 계산법이다. ……동백[山茶]에서는 기름을 짜내 부인들의 머리를 꾸미는 데 쓰며, 치자巵子는 약에도 넣고 염료로도 쓰이니, 아무리 많아도 팔리지 않을 걱정은 없다.(治生之術, 莫如園圃·畜牧. 及鑿爲陂池·渟沼, 而養魚鰤. ……已食之有餘, 每雨後摘其褪葉, 取其先熟, 赴城市粥之, ……又治壤種諸藥艸, 如薺苨·茈苠·山薯蕷之屬, 隨宜區種, 而唯人蔘特多案方, 遵法, 雖至數頃, 不嫌也. 種麥, 天下之拙算也. ……山茶取油, 治婦人髮膩, 巵子入藥·染彩, 雖多不患不售.)" 「爲尹輪卿贈言」(『定本 與猶堂全書 4』, pp. 22~23); "살림살이를 꾀하는 방법에 대하여 밤낮으로 생각해보아도 뽕나무를 심는 것보다 더 좋은 것이 없으니, 이제야 제갈공명諸葛孔明의 지혜보다 더 위에 갈 것이 없음을 알았다. 과일을 파는 일은 본래 깨끗한 명성을 잃지는 않지만 장사하는 일에 가까우나, 뽕나무를 심는 것이야 선비의 명성을 잃지도 않으면서 큰 장사꾼의 이익에 해당하니, 천하에 다시 이러한 일이 있겠느냐? 남쪽지방에 뽕나무 3백 65주株를 심은 사람이 있는데, 해마다 3백 65꿰미의 동전을 얻는다. 1년을 3백 65일로 보면 하루에 한 꿰미로 식량을 마련하더라도 죽을 때까지 궁색하지 않을 것이요 아름다운 명성으로 세상을 마칠 수 있으니, 이 일은 가장 힘써 배워야 할 일이다. 그 다음으로는 잠실蠶室 3칸을 짓고 잠박蠶箔을 7층으로 하여 모두 21칸의 누에를 길러 부녀자들도 놀고먹는 사람이 없도록 하는 것이 또한 좋은 방법이다.(謀生之術, 晝思夜度, 莫善於種桑, 始知孔明之智, 果無上也. 賣果本是淸名, 猶近商賈, 若桑不失儒

법均役法 등의 수세제도의 개선, 외래작물의 전래 및 신품종의 확산 등이 뒷받침되고 있었다.

마지막으로, 18세기에 접어들면 서울을 위시하여 상업유통의 거점을 중심으로 전국 각지에 대도시와 대읍大邑이 출현하기 시작하였다.[11] 이에 따라 도시 주변의 농가들이 주로 배추, 파, 마늘, 생강, 오이, 미나리 등의 채소류 및 다양한 과일류를 재배하여 도시에 공급하는 근교농업 또한 성행했던 것으로 보인다.[12]

者之名, 而抵大估之利, 天下復有此事哉? 南中有種桑三百六十五株者, 歲得錢三百六十五串, 朞三百六十五日, 每用一串爲量, 終身不匱, 遂以令名終, 此事最堪師學. 其次爲蠶室三間, 爲箔七層, 共養蠶二十一間, 令婦女無至游食, 亦佳法也.)" 「示學淵家誡」(『定本 與猶堂全書 4』, p. 44); "향리鄕里에 살면서 원포園圃를 가꾸지 않는다면 천하에 쓸모없는 사람이다. ……네가 국화[菊]를 심었다는 말을 들었는데, 국화 한 이랑은 가난한 선비의 몇 달 양식을 충분히 지탱할 수 있으니, 한낱 꽃구경에만 그치는 것이 아니다. 생지황生地黃·반하半夏·도라지[桔梗]·천궁川芎과 같은 부류와 쪽[藍艶]·꼭두서니[茜蘆]의 종류에도 모두 유의하도록 하여라.○채소밭을 가꿈에는 ……아욱[葵] 한 이랑, 배추[菘] 한 이랑, 무[蘿菔] 한 이랑에다 가지[紫茄]와 고추[辣茄]와 같은 종류도 각각 구별해서 심어야 한다. 그러나 마늘[蒜]이나 파[葱]를 심는 데에 가장 힘써야 하며, 미나리[芹]도 심을 만하다. 한여름 농사로는 오이[瓜]만한 것이 없다. 씀씀이를 절약하고 농사에 힘써면서 겸하여 아름다운 명성까지 얻을 수 있는 것은 바로 이 일이다.(居鄕不治園圃, 天下之棄也. ……聞汝種菊, 菊一畦, 足支貧士數月之粮, 不唯看花而已. 如生地黃·半夏·桔梗·川芎之屬, 藍艶·茜蘆之類, 俱可留意.○治圃, ……葵一區, 菘一區, 蘿菔一區, 如紫茄·辣茄之屬, 各宜區別. 然種蒜·種葱, 最宜致力, 芹亦可種. 三夏之農, 莫如瓜. 節用而務本, 兼之得美名者, 此事也.)" 「寄兩兒」(『定本 與猶堂全書 4』, p. 261)

다만 이상과 같은 정약용의 '선비의 상업적 농업경영론'에는 유의할 만한 사실이 하나 발견된다. 즉, 그는 특히 가난한 선비들이 자신의 가계운영과 관련하여 당시 시장경제의 발달이라는 시대적 추세를 제한적으로 활용할 것, 다시 말하면 어디까지나 선비의 '깨끗하고 아름다운 명성'을 해치지 않는 범위 내에서 원포농업園圃農業에 종사운영할 것을 권장했던 것일 뿐이지, 결코 선비들로 하여금 전면적으로 상업(적 농업)에 뛰어들도록 권고한 것은 아니라는 점이다. 바로 이러한 맥락에서 정약용의 주장은 여전히 '도덕경제道德經濟'의 관점으로부터 완전히 탈각한 것은 아니었던 것으로 사료된다.

11 18세기 상업도시로서 번창했던 서울의 모습에 대해서는 李佑成(1963/1982: 26~64), 高東煥(1998: 27~95), 허경진(2003) 등이 참조된다. 특히, 서울의 경우에는 17세기 후반 이후 상품화폐경제가 발전한 결과 인구가 증가하고, 도시공간이 확대되며, 상업도시로서의 면모를 갖추게 되면서 전국적 유통의 중심지가 되었을 뿐만 아니라, 심지어 19세기에 이르면 국제도시로서의 면모를 띠면서 국제교역의 중심지로도 성장한 것으로 알려져 있다.

산업부문별 변화양상②: 상업부문

다음으로, '상업부문'에 있어서도 유통경제流通經濟의 주목할 만한 진전이 있었다. 첫째, '대외적'으로는 17세기에 접어들어 대일對日·대청對淸 외교관계가 차례로 정상화되면서 이에 따라 삼국 간의 국제무역 또한 새로운 모습으로 전개되며 발전해나갔다.13

---

12 당시의 이러한 사정은 정약용의 다음과 같은 말에서도 충분히 짐작할 수 있다: "사방으로 길이 통하는 읍과 큰 도회지 곁에 진귀한 과일 10주를 가꾸면 한 해에 동전 50꿰미를 얻을 수 있고, 맛있는 채소 몇 두둑을 심으면 1년에 동전 20꿰미를 얻을 수 있으며, 뽕나무 40~50주를 심어 5~6칸의 누에를 길러내면 또한 30꿰미의 동전을 얻을 수 있게 된다. 해마다 100꿰미의 동전을 얻는다면 기한飢寒을 구제하기에 충분할 것이니, 이 점은 가난한 선비들이 의당 알아야 할 바다.(通邑·大都之側, 珍果十株, 歲可得五十串; 佳蔬數畦, 歲可收二十串; 若兼種桑四五十株, 養蠶五六間, 亦三十串之物也. 得每年百串, 足以救飢寒. 此貧士所宜知也.)" 「又爲尹惠冠贈言」(『定本 與猶堂全書 4』, p. 21); "만약 저자 가까이에 산다면 복숭아[桃]·오얏[李]·매실[梅]·살구[杏]·능금[林禽] 등은 모두 돈이 될 수 있다. 보리밭에 이런 것들을 심는다면 (보리를 심는 것보다: 필자 주) 그 이익이 열 배는 될 것이니, 의당 잘 계산해보아야 할 것이다.(若近城市者, 則桃·李·梅·杏·林禽之等, 皆可爲貨也. 取麥田, 種如是等, 其利十倍, 宜詳計之.)" 「爲尹輪卿贈言」(『定本 與猶堂全書 4』, p. 23); "모시[枲]·삼[麻]·참외·오이 따위와 온갖 채소, 온갖 약초도 참으로 농사만 잘 짓는다면 한 고랑 밭에서 얻는 이익은 헤아릴 수 없다. 서울 안팎과 사방으로 길이 통하는 읍과 큰 도회지에 있는 파밭·마늘밭·배추밭·오이밭 따위는 10묘畝의 땅에서 수만 전錢을 얻을 수 있다.【10묘는 논 4마지기이다. 1만 전은 100냥이다】([臣伏惟] ……枲·麻·瓜·蓏, 百菜·百藥, 苟善治之, 一畯之田, 獲利無算. 京城內外, 通邑·大都, 葱田·蒜田·菘田·瓜田, 十畝之地, 算錢數萬.【十畝者, 水田四斗落也. 萬錢爲百兩】)" 『經世遺表 II』, 「地官修制: 田制 11」(『定本 與猶堂全書 25』, p. 177)

13 이미 16세기부터 동아시아 삼국은 중국의 비단과 면포 및 도자기, 조선의 곡물과 면포 및 은銀, 일본의 구리 및 은 등의 상품을 중심으로 상호교역체제를 발전시켜 나갔으며, 이러한 상호교역체제는 이후 17세기에 접어들어 '소빙하기little ice age'의 자연재난과 양란兩亂으로 대표되는 전란에도 불구하고 새로운 발전의 계기를 마련했던 것으로 알려져 있다. 즉, ① 조선왕조는 임진왜란 직후인 기유년[1609년, 光海君 1]에 일본의 요청으로 국교를 재개하면서 동시에 왜관倭館을 통한 교역 역시 허용하였다. ㉠ 이렇게 다시 시작된 일본과의 국제무역은 17세기 후반에 접어들면 교역량이 급격히 증가하는 동시에 중국의 비단과 그 원사, 일본의 은과 구리, 조선의 은과 인삼 등을 주종으로 하는 중계무역의 체계에서 막대한 양의 일본은日本銀이 왜관을 통해 유입됨으로써 조선상인들은 커다란 이익을 누렸으며, 이러한 이익은 다시금 상업자본으로 축적되어 17세기 후반의 조선경제의 활성화에 크게 기여하였다. ㉡ 그러나 정묘년[1687년, 肅宗 13]에 그 동안 해금정책海禁政策을 펴오던 청淸 나라가 일본과 처음 국교를 수립하면서 청·일 간의 직접교역이 이루어짐으로써 당시 조선상인에게 막대한 이익을 주었던 기존의 중계무역체제는 심각한 타격

둘째, '대내적'으로도 이상과 같은 국제무역의 전개와 맞물리면서 상품화폐경제의 발전은 다방면에서 더욱 가속화되고 있었다. 즉, ① 17세기 후반에 접어들며 현저히 진전되기 시작한 대내적인 제반 사회적·경제적 변화는 점차 국가의 전통적인 무농억말정책務農抑末政策의 퇴조를 야기하며 화폐유통의 필요성을 제기함에 따라 특히 무오년[1678년, 肅宗 4]에 이르면 금속화폐인 '상평통보常平通寶'가 주조·유통되기 시작하였다.[14] ② 뒤이어 17세기 말에서 18세기 초에 걸쳐 새로운 유통망과 유통거점이 전국적 규모로 형성되기 시작했던바, ㉠ 당시에 이미 상업도시로서의 면모를 갖추면서 전국적 유통 및 국제교역의 중심지로 성장한 '서울'을 위시하여 경강지역京江地域이 전국적 해운海運·수운水運의 중심지로 발전하는 한편, 특히 전국적 규모의 해로유통권海路流通圈이 성립함에 따라 연해지역沿海地域의 중심 포구浦口 또한 각 지방의 주요 유통거점으로 발전·성장하는 가운데 이들 포구 간의 상품유통 역시 전국적 규모로 활발하게 이루어졌으며,[15] ㉡ 같은 시기에 내륙에서는 전국적으로 1천

을 입게 되었고, 이에 18세기에 접어들면 일본과의 무역은 대체로 새로운 활로를 찾지 못한 채 단지 명맥만을 유지하는 데 그쳤던 것으로 알려져 있다. ② 반면, 조선왕조는 갑신년[1644년, 仁祖 22]부터 청 나라와 국교를 수립하면서 대외교역관계 역시 사행무역使行貿易과 변경지역의 삼시무역三市貿易을 중심으로 새롭게 정비했던바, ㉠ 당시 교역의 주종은 중국의 비단과 원사를 조선의 은이나 인삼으로 수입하는 것으로서, 이는 다시금 왜관을 통하여 중계무역의 형태로 수출됨으로써 막대한 이익을 남긴 바 있다. ㉡ 이후 18세기에 접어들어 이러한 중계무역체제가 타격을 입은 후에 조선왕조는 이러한 어려움을 인삼人蔘이라는 새로운 수출상품을 개발하여 극복함으로써 중국과의 교역에서 새로운 활로를 찾아 계속 번성했던 것으로 소개되고 있다.

16세기 이래 동아시아 국제교역의 거시적 전개양상 및 조선후기 대청對淸·대일무역對日貿易의 구체적 내용에 대해서는 대표적으로 李泰鎭(1989b), 李泰鎭(1991), 李哲成(2000), 鄭成一(2000) 등이 참조된다.

14 당시 상평통보를 주조하게 된 정책적 동기 및 19세기에 이르기까지의 발행추이에 대해서는 대표적으로 宋贊植(1997: 78~179), 원유한(2008: 70~82) 등이 참조된다. 한편, 원유한(2008: 183~209)은 조선후기 화폐경제의 발전단계를 크게 4단계로 나누고 있는바, 즉 ① 화폐유통 보급기[17세기 초~1690년대 말], ② 화폐유통에 대한 반동기[18세기 초~1740년대 초], ③ 화폐경제의 확대발전기[1740년대~1860년대], ④ 화폐경제의 혼란기[1860년대~1890년대]가 바로 그것이다.

여 개에 달하는 '농촌장시農村場市'가 형성되는 동시에 '5일장 체계'가 확립됨으로써 조선후기 장시체계가 완성되는 한편,[16] 이러한 장시망場市網

15 17세기 후반 이후에는 상기의 서울뿐만 아니라 서울 인근의 도시들, 특히 개성開城, 수원水原이 서울의 배후도시로 성장하는 한편, 송파松坡와 누원樓院 등도 새로운 상업중심지로 등장한 바 있다. 한편, 17세기 이후 해상교통이 발달하면서 점차 연해지역에 대한 관심이 높아지며 개발되기 시작하였고, 18세기에는 전국적 규모의 해로유통권海路流通圈이 성립하면서 강경포江景浦·칠성포七星浦·원산포元山浦·경강포구京江浦口 등이 전국적 해상유통권의 중심으로 등장·발전하는 가운데, 이는 다시금 8도道의 여타 외방포구外方浦口와 해연로海沿路로 연결되었던 것으로 알려져 있다. 이상의 내용에 대한 보다 자세한 소개는 대표적으로 高東煥(1991) 및 高東煥(1998: 27~95, 139~145, 160~181, 239~245) 등이 참조된다.

16 조선시대의 정기적 농촌장시의 유래와 실상에 대해서는 여전히 논란이 없지 않다. ① 다만 조선후기, 특히 18세기와 19세기 전반기에 걸쳐 전국의 장시수場市數가 대체로 1천여 개에 달했던 사실에 대해서는 각종 문헌이 구체적으로 전하고 있다. 즉, ㉠ 경인년[1770년, 英祖 46]에 편찬된 『동국문헌비고東國文獻備考』에는 전국의 장시수로 경기도 101개소, 충청도 157개소, 전라도 216개소, 경상도 278개소, 강원도 68개소, 황해도 82개소, 평안도 134개소, 함경도 28개소로서, 모두 '1,064개소'가 소개되어 있고, ㉡ 정묘년[1807년, 純祖 7]까지의 통계를 수록한 『만기요람萬機要覽』에는 경기도 102개소, 충청도 157개소, 전라도 214개소, 경상도 276개소, 강원도 68개소, 황해도 82개소, 평안도 134개소, 함경도 28개소로서, 모두 '1,061개소'가 거론되고 있으며, ㉢ 서유구徐有榘[楓石, 1764~1845]의 『임원경제지林園經濟志』에는 경기도 93개소, 충청도 158개소, 전라도 188개소, 경상도 268개소, 강원도 51개소, 황해도 109개소, 평안도 143개소, 함경도 42개소로서, 모두 '1,052개소'가 언급되고 있는바, ② 이에 18세기 말 전국의 군현수郡縣數가 총 334개임을 감안하면, 당시 하나의 군郡이나 현縣에 평균 3개소의 장시가 개설되었을 것으로 추정되며, ③ 『만기요람』에는 19세기 초 전국의 장시 가운데 특히 규모가 큰 장시로서 15개의 사례가 소개되고 있는바, 즉 ㉠ 경기도의 경우에는 광주廣州의 사평장沙坪場과 송파장松坡場, 안성安城의 읍내장, 교하交河의 공릉장恭陵場이, ㉡ 충청도의 경우에는 은진恩津의 강경장江景場과 직산稷山의 덕평장德坪場이, ㉢ 전라도의 경우에는 전주全州의 읍내장과 남원南原의 읍내장이, ㉣ 경상도의 경우에는 창원昌原의 마산포장馬山浦場이, ㉤ 강원도의 경우에는 평창平昌의 대화장大化場이, ㉥ 황해도의 경우에는 토산兔山의 비천장飛川場, 황주黃州의 읍내장, 봉산鳳山의 은파장銀波場이, ㉦ 평안도의 경우에는 박천博川의 진두장津頭場이, ㉧ 함경도의 경우에는 덕원德源의 원산장元山場이 바로 그것이다. ④ 이러한 농촌장시에서 활동했던 상인으로는 대표적으로 ㉠ 보부상褓負商, ㉡ 객주客主 및 여각旅閣, ㉢ 거간居間, ㉣ 주막酒幕이 있었으며, ⑤ 농촌장시의 기능으로는 ㉠ 물화교역物貨交易 및 상품생산商品生産의 장場이라는 '경제적 기능' 외에도 ㉡ 소식 및 정보의 교환, 사교, 오락, 정부시책의 홍보와 민인民人의 모집募集·안집安集 등의 정치적 기능과 같은 다양한 '비경제적 기능'이 있었던 것으로 알려져 있다. 이상의 동향에 대한 보다 자세한 내용은 대표적으로 姜萬吉(1991: 22~27), 이재하·홍순완(1992: 68~97), 金大吉(1997: 229~265) 등이 참조되며, 특히 보부상에 대한 소개로는 대표적으로 劉元東(1977: 180~213), 이창식(2001), 조재곤(2003) 등이 참조된다.

은 다시금 상기의 포구들과 육로로 연결된 바 있다. ③ 이러한 일련의 변화는 물론 상업인구의 증가와 아울러 사상인층私商人層의 성장을 수반하였다. ㉠ 특히 강상江商[京江商人], 송상松商[開城商人], 만상灣商[義州商人], 유상柳商[平壤商人], 내상萊商[東萊商人] 등으로 대표되는 사상도고私商都賈의 발달이 두드러졌으며, ㉡ 이에 따라 국가적 상업체계인 시전市廛도 이들 사상인층의 성장에 따라 재편되지 않을 수 없었다.[17] 특히 신해년[1791년, 正祖 15]에 채제공蔡濟恭[樊巖, 1720~1799]에 의해 시행된 '신해통공辛亥通共'은 이러한 시대적 추세를 반영한 것으로서, 모든 생필품의 전매화로 빚어진 소상품생산자, 소상인층, 도시소비자층의 피해를 덜고 금난전권禁亂廛權의 강화로 나타난 물가고를 해소하며 유통질서의 문란을 바로잡

한편, 당시 농촌장시의 활성화는 정약용의 다음과 같은 증언에서도 역설적으로 짐작할 수 있다: "오랫동안 민간民間에 있으면서 민간의 물정物情을 살펴보니, 장시場市가 마을마다 모두 설치되었는데, 이는 커다란 폐속敝俗입니다. 재물을 낭비하고 산업을 폐하며, 술주정하고 싸움질하며, 도적질하고 사람을 죽여 넘어뜨리는 등의 변고가 모두 장시로 말미암아 생겨나니, 단연코 엄금함이 마땅합니다. 대읍大邑에는 두세 개만 남기고, 소읍小邑에는 장시를 한 곳만 남겨둔다면 풍속이 반드시 순화되고 송사訟事와 옥사獄事도 반드시 간소해질 것입니다. 장시에서 사고파는 일을 주관하는 자가 마땅히 유념해야 할 바입니다.(久在民間, 見民間物情, 場市之村村皆設, 大是敝俗. 糜財廢業, 酗醬鬪鬨, 盜賊殺越之變, 皆由場市, 斷當嚴禁. 大邑唯存二三, 小邑只存一市, 則風俗必淳, 訟獄必簡. 主市糶者所宜念也.)" 「上仲氏」(『定本 與猶堂全書 4』, p. 201); "지금 뽕나무를 심고 가축을 기르는 정책이 이미 오랫동안 폐지되기는 하였으나, 그럼에도 또한 간혹 부지런히 누에를 쳐서 길쌈을 하는 여자도 있고 열심히 가축을 기르는 남자도 있다. 그러나 한 필의 비단이라도 얻게 되면 곧바로 저자로 달려가 내다 팔 것을 생각하고, 한 마리의 병아리라도 얻게 되면 곧바로 읍내에 들어가 돈을 만들려고 할 뿐, 혹시라도 저고리 한 벌을 짓고 고깃국 한 그릇을 마련하여 부모를 즐겁게 해드릴 생각은 하지 않으니, 이 또한 슬픈 일이 아니겠는가?(今種畜之政, 久已疎廢, 然間亦有女勤蠶績·男務畜牧者. 得一匹帛, 便思走市販貨; 得一雛雞, 便思入城取錢, 而未或製一襦·具一臛, 以悅其父母, 不亦悲哉?)" 「諭谷山鄉校勸孝文」(『定本 與猶堂全書 4』, p. 324)

17 당시 도시상업계는 시전상인市廛商人의 금난전권禁亂廛權이 강화되고 공인貢人과 같은 새로운 특권상인이 등장하는 한편으로 비교적 자본규모가 크고 활동이 조직적이며 또한 활동범위가 넓은 사상인층私商人層의 성장이 두드러지면서 전자에 반발하는 복잡한 양상을 보이고 있었으며, 이에 따라 정부 역시 기존의 상업정책을 점차 재편해나간 바 있다. 이에 대한 보다 자세한 내용은 姜萬吉(1986: 54~59), 姜萬吉(1991: 20~22), 吳星(2000: 156~204), 卞光錫(2001: 167~246) 등이 참조된다.

기 위해 실시된 획기적인 상업정책으로서, 30년 이내에 설치된 시전의 폐쇄와 육의전六矣廛 이외의 시전이 가졌던 금난전권의 폐지를 그 요체로 하였다.

산업부문별 변화양상③: 제조업부문

한편, '제조업부문'에서도 민간수공업을 중심으로 도都·농農에 걸쳐 일정 정도의 의미 있는 변화를 보이고 있었다. 첫째, '도시수공업'의 경우, 당시 상품화폐경제가 진전되고 시장수요가 확대되는 시대적 추세와 맞물려 기존의 관청수공업이 점차 민간수공업으로 변화되는 추세를 보이고 있었다. ① 특히 기존의 관청수공업조직에 전속專屬되어 주로 관수품官需品의 생산에 사역되던 공장工匠들이 이후 해방되거나 그들의 사조판매私造販賣의 규모가 커지기 시작하면서 사실상 사영수공업자로 변신하게 되었고, 다시금 이들에 의해 상품의 사적 생산 및 판매가 활기를 띠면서 도시수공업 역시 현저한 발전을 이루게 되었으며, ② 이러한 변화는 관수품의 시장조달을 의미하는 대동법大同法의 실시로 더욱 가속화되는 한편, ③ 이들 사영수공업자 가운데 일부는 상업자본과 연결되면서 부분적으로는 공장제수공업을 형성해나가기도 하였다.[18]

둘째, '농촌수공업'의 경우에도 일정한 변화가 나타났던바, 즉 ① 견직絹織·마직麻織·저직苧織·면직綿織 등의 직물업이 농촌부업에서 점차 전업화專業化하는 경향을 일부 보여주기도 하였고, ② 여타 유기鍮器·철기鐵器·도기陶器 등의 제조업 또한 점店이나 점촌店村을 거점으로 활발하게 상품을 생산했던 것으로 알려지고 있다.[19]

---

18 당시 도시수공업의 전반적 상황에 대해서는 대표적으로 宋贊植(1973: 61~173), 宋贊植(1991: 31~35), 姜萬吉(1986: 59~62) 등이 참조된다.

19 당시 농촌수공업의 전반적 상황에 대해서는 대표적으로 姜萬吉(1986: 62~63)이 참조된다. 한편, 여기서 18세기 후반기에서 19세기 전반기에 걸치는 문호개방 직전의 시기까지도 도시수공업이나 농촌수공업을 막론하고 공장제수공업에 의한

산업부문별 변화양상④: 광업부문

끝으로, '광업부문'에 있어서도 17세기 중엽 이래 상품화폐경제의 진전과 더불어 특히 대내외적 교환수단인 화폐, 각종 상품 및 무기의 원료를 조달하기 위한 필요성이 제고됨에 따라 주로 민간자본에 의한 광산개발을 중심으로 유의할 만한 발전상을 보여주고 있었다. 첫째, 조선정부는 종래 광산개발에 소극적이던 입장에서 탈피하여 이미 17세기 초부터 세수稅收의 목적으로 민간인의 은광개발銀鑛開發을 일부 허용해오다가 이를 더욱 촉진하기 위한 정책적 목적에서 신묘년[1651년, 孝宗 2]부터 '설점수세제設店收稅制'를 시행한 바 있다. 이는 조선정부의 광산정책에서의 일대 전환을 함축하는바, 특히 민간자본에 의한 광산개발을 촉진함으로써 이후 '광산의 민영화'라는 흐름의 중요한 단초가 되었기 때문이다.

둘째, 이러한 설점수세제는 ① 정묘년[1687년, 肅宗 13]에 이르면 호조戶曹가 관할하는 '별장수세제別將收稅制'의 형태로 일단 정착되어 시행되다가, ② 다시금 18세기 말인 을미년[1775년, 英祖 51]부터는 호조의 별장 대신 본읍本邑의 수령守令이 광산을 관장·수세하는 '수령수세제守令收稅制'의 형태로 변화되면서 특히 상인물주商人物主 곧 상업자본에 의한 광산개발은 한층 더 촉진되었다.[20] ㉠ 이와 같은 수령수세제 하의 물주경영物主經

생산이 일반화하지는 못한 것으로 부연되고 있다. 다만 도시수공업의 일부에서 주로 상업자본에 의한 선대제적先貸制的 지배支配가 이루어져가고 있었으며, 농촌수공업에 있어서도 직물업은 끝까지 가내부업으로 남아 있었던 한편 다른 부분에서는 자영수공업이 어느 정도 성장해가고 있었던 것으로 소개되고 있다.

20 17세기 중엽 이래 '설점수세제'의 시행 및 변질과정에 대한 자세한 소개는 대표적으로 柳承宙(1991: 123~169), 姜萬吉(1986: 63~69)이 참조된다. 한편, 柳承宙(1991)는 조선후기의 광업사鑛業史를 크게 3시기로 구분하고 있는바, 즉 ① 17세기의 군영문軍營門이 임명한 '감관제監官制' 하의 군수광업軍需鑛業의 단계, ② 17세기 중엽부터 18세기 말까지의 설점수세제 하에서의 '별장수세제別將收稅制'의 단계, ③ 18세기 말부터 19세기 전반기까지의 설점수세제 하에서의 '수령수세제守令收稅制'의 단계가 바로 그것이다. 또한, '설점수세제'의 경우에도 보다 구체적으로는 3단계를 거쳐 변화한 것으로 소개되고 있는바, 즉 ① 1651년[孝宗 2]부터 시행된 '채은관제採銀官制'의 단계, ② 1687년[肅宗 13]부터 시행된 '별장수세제別將收稅制'의 단계, ③ 1775년[英祖

營은 기본적으로 물주가 호조로부터 설점허가設店許可를 받아 자본을 투자하면 이에 혈주穴主나 덕대德大가 연군鉛軍, 즉 임금노동자를 고용하여 분업적 협업 하에 광산을 운영하는 '자본주의적 경영형태'를 띤 것으로서, 이는 당시 금金·은銀·동銅 광업鑛業에 공히 적용·보편화되었던 것으로 알려져 있으며,[21] ㉡ 한편, 이러한 형태의 광산개발은 당시에 아연 활기를 띠었으니, 즉 금·은·동 광산의 점촌店村은 서울과 지방의 관청에서 파견한 차인배差人輩뿐만 아니라 국내외의 상인들이 각자 금·은·동을 구입하기 위해 몰려들었고 여기에다 수천 수백의 연군鉛軍들과 그 가족에게 생필품을 팔기 위한 좌고坐賈들 역시 상주했던 관계로 모막茅幕과 토실土室이 즐비하고 상거래가 성행하여 하나의 큰 도회지를 이루는 실정이었으며, 또한 이러한 점촌은 일시에 형성되고 수많은 인구가 갑자기 몰려들었기 때문에 금·은·동 점店이 설치되는 고을은 물론이요 인근 군읍郡邑에도 미米·포布를 비롯한 생필품의 가격이 폭등하는 사태가 빚어지기도 한 것으로 전하고 있다.[22]

51]부터 시행된 '수령수세제守令收稅制'의 단계가 바로 그것이다.

21 이에 대한 보다 자세한 내용은 柳承宙(1982), 柳承宙(1991)가 참조된다.

22 이에 대한 보다 자세한 내용은 柳承宙(1991: 164)가 참조된다.

한편, 당시의 이러한 사정은 무오년[1798년, 正祖 22]에 마침 곡산부사谷山府使로 재직하고 있던 정약용이 쓴 다음과 같은 상소문上疏文에서도 잘 간취할 수 있다: "수안遂安의 금점金店은 과연 무슨 법을 따른 것입니까? 금 생산이 풍부하기가 예전에는 미처 듣지 못한 바입니다. 날마다 금이 마치 기왓장이나 조약돌처럼 흔하게 나와 재물을 실어오느라 수레가 폭주하고, 인민은 많아 옷소매는 장막을 이루며 그들의 땀은 비가 오듯 합니다. 비단·포백·생선·소금·쌀 등 온갖 물건이 전廛마다 쌓여 있어 도읍都邑과 방불하니, 금 생산이 많음은 이를 미루어서 알 수 있습니다. 세금은 얼마나 내느냐고 물었더니 월납전月納錢 수백냥數百兩을 낸다고 하나 탁지부度支部에서도 관리하지 않고 군문軍門에서도 알지 못하여 한 낲의 금도 공부公府에 들어오지 않으니, 이는 과연 무슨 법을 따른 것입니까? 국폐國幣는 황금을 쓰지 않으나, 뜻밖의 일에 대비하는 것은 마땅히 염두에 두지 않을 수 없습니다. 직접 탁지부에서 주관하여 관원을 파견해서 금을 캐어 관官으로 들여온다면 무엇이 불가하겠습니까?(遂安金店, 此果遵何法哉? 産金之豊, 古所未聞. 日採金如瓦礫, 貨賄之來, 輦輸輻湊, 人民之衆, 袂帷汗雨. 錦綺·布帛·魚鹽·稻米, 百用之物, 列廛居貨, 宛如都邑, 産金之豊, 推此可知. 問稅幾何, 月納錢數百兩, 度支不管, 軍門不知, 一粒之金, 不入公府, 此果遵何法哉? 國幣不用黃金, 然不虞之備, 不宜不念. 自度之主管, 派差官員, 採金入官, 何所不可?)" 「應

2. 사회적 조건의 변화

이상에서 일별한 바대로, 17세기 후반 이래로 조선사회는 일련의 새로운 경제적 변화와 발전을 경험하였다. 특히 영농기술의 발달에 따른 농업생산력의 획기적 증대는 농업을 위시한 여타 산업부문에서의 '상품화폐경제'의 진전으로 이어졌던바, 즉 농업부문에서의 '상업적 농업'의 등장, 상업부문에서의 '유통경제'의 진전, 제조업부문에서의 '민간수공업'의 성장, 광업부문에서의 '광산의 민영화'의 흐름이 바로 그것이다. 이처럼 당시 조선사회가 경험했던 경제적 조건에서의 질적 변화는 또한 연쇄적으로 사회적 조건에서도 일련의 중요한 변화를 촉진·견인하였던바, 이는 무엇보다 기존의 전통적 생산관계 및 신분제도에 대한 심대한 충격으로 구체화되었음은 물론이다.

旨論農政疏【戊午, 在谷山】」(『定本 與猶堂全書 2』, p. 184) 결국, 이상과 같은 정약용의 일견 간단한 진술에는 기실 유의할 만한 몇 가지 사실들을 동시에 함축하고 있는바, 즉 ① 당시 수령수세제守令收稅制 하에서 물주物主의 자본에 의해 금金·은銀·동銅 광산鑛山의 개발이 활발히 이루어지고 있었던 시대적 상황을 잘 증언하고 있으며, ② 당시의 금金·은銀·동銅 점店에 대한 수세제도의 문란으로 광산개발의 이익이 대부분 국고國庫로 수납되지 않고 중간에서 착복되는 혼탁한 양상에 대한 정약용의 비판적인 경세학적 문제의식이 잘 드러나는 한편, ③ 이러한 정약용의 초기 문제의식에 이미 이후에 그가 본격적인 광업개혁론으로서 역설한 바 있는 철저한 '광산국영론鑛山國營論'의 입장이 단초적이나마 분명하게 표명되고 있다는 점이다.

또한, 정약용은 이후 19세기 초인 계미년[1823년, 純祖 23] 4월에 장남 정학연丁學淵의 맏아들 대림大林이 춘천春川의 도정촌陶井村에 사는 수성최씨隋城崔氏와 혼례를 올리게 됨을 계기로 이재의李載毅 등과 함께 배로 북한강을 거슬러 올라가 춘천과 곡운구곡谷雲九曲 등지를 유람했는데, 이때 25일의 기록에는 "자잠촌紫岑村을 지나【물 동쪽에 있다】 병벽탄洴澼灘【발래탄嚩唻灘】으로 내려가니, 상하 두 굽이가 있었다. 동쪽 물가 모래자갈밭 속에서는 수십 명의 사람들이 금金을 채취해 일고 있었다.【주관자는 이씨李氏이다】……우측으로 청평淸平의 물을 지나는데, 마을 경치가 아름다웠다. 4~5인이 모래 속에서 금을 채취하고 있었다(廿五日. ……過紫岑村,【在水東】 下洴澼灘,【嚩唻灘】 有上下二曲. 東汀沙礫之中, 有甿數十人, 採金而淘之.【主之者, 李氏】 ……右過淸平之水, 村色明麗. 有甿四五人, 採金於沙中.)"[『汕行日記』(『定本 與猶堂全書 4』, pp. 403~404)]라고 증언하고 있는바, 이로써 당시에 혈주穴主나 덕대德大에 해당하는 책임자의 지휘 아래 일종의 연군鉛軍으로 모집·고용된 일반 백성이 하천 곳곳에서 사금沙金을 채취하는 풍조도 유행했던 것으로 짐작된다.

농민의 계층분화와 신분제도의 해체

상기한바 농업부문에서의 농업생산력의 증대와 상업적 농업의 등장으로 대표되는 시대적 추세는 동시에 '토지의 상품화 및 사유화'의 촉진 역시 수반했던바, 이는 우선 당시 농업사회로서의 조선사회에서 주축을 이루었던 '농민의 계층적 분화'를 가속화하는 현상으로 연결되었다. 특히 18세기에 접어들어 상품화폐경제의 진전과 더불어 화폐의 사용이 전국적으로 확대되어감에 따라 사회 전반에 걸쳐 이전에는 볼 수 없었던 일련의 새로운 사회문제가 빈출하기 시작하였으니,[23] 여기서 무엇보다 주목되는 현상으로는 당시 화폐자본화한 '고리대자본의 성장과 이에 따른 농민층의 분화'를 들 수 있다. 특히 당시의 화폐는 소토지농민에 대한 국가의 수탈, 상업·고리대 자본과 부패한 관리의 착취에 있어 매우 편리한 수단으로 전락·활용되고 있었던바, 이에 따라 소토지농민과 소작농은 대량으로 파산하면서 급격하게 토지로부터 유리되어간 반면에 부상대고富商大賈를 포함한 토호土豪 및 세가勢家를 중심으로 토지를 광점廣占하면서 대토지소유라는 현상이 만연하기 시작하였다.[24] 이 때

---

23 元裕漢(1991: 205~221)과 원유한(2008: 161~182)은 당시 '화폐유통의 영향'으로 특히 ① 상업발달과 농민의 토지이탈, ② 광업개발 의욕의 증진과 수공업의 발달, ③ 고리대자본의 성장과 농민층의 분화, ④ 도적의 대집단화와 사회불안, ⑤ 지방관리의 수탈과 농민의 궁핍화, ⑥ 전통적 가치체계의 변질 등을 들고 있다.

24 당시 대토지소유의 확대현상은 상기한바 상품화폐경제의 진전에 따른 '고리대자본高利貸資本의 성장' 이외에도 영농법의 개량과 농업생산력의 증대에 따른 '광작운동廣作運動의 전개' 등의 여러 요인이 복합적으로 작용한 결과로 알려져 있다. 후자의 경우에 대해서는 宋贊植(1997: 180~225)이 참조된다.

한편, 이익李瀷[星湖, 1681~1763]은 재야지식인으로서 직접 목도한바 당시 고리대자본의 성장에 따른 농민층의 파산과정을 다음과 같이 증언하고 있다: "토색질을 금지하는 것은 토호土豪를 억제하는 것만한 것이 없고, 토호의 작간作奸은 또한 고리대금보다 더한 것이 없다. 농사의 이익이나 ……상업의 이익은 ……고리대금을 경영하여 수고롭지 않고 편히 앉아서 후한 이익을 취하는 것에는 미치지 못한다. 그러므로 여항閭巷의 조대措大[書生: 필자 주]가 문을 닫고 돈놀이를 하여 갑자기 졸부猝富가 되는데, 재물은 하늘에서 떨어지는 것이 아니므로 이편에서 이익을 보면 저편에서는 손실을 입는 것이니, 백성이 어떻게 가난해지지 않을 수가 있겠는가? 봄에는 돈을 빌어도 많은 곡식을 살 수 없는데 가을에 이자를 갚을 때는 곡가가

문에 종래의 소토지 자영농민층은 극히 일부가 부농富農이나 상호上戶로 상승한 경우를 제외한다면, 대부분은 지주층의 토지를 차경借耕하게 되는 일련의 몰락과정을 거치면서 점차 하호下戶·빈호貧戶·잔호殘戶·독호獨戶·걸호乞戶 등으로 하향 분해됨으로써 이른바 '부익부富益富 빈익빈貧益貧' 현상이 한층 심화되어갔던 것으로 알려져 있기도 하다.[25]

한편, 이상과 같이 당시 인구의 대부분을 점유하던 농민의 경제적 계층분화는 연쇄적으로 사회의 여타 신분에 걸친 일련의 계층분화 현

혈하기 때문에 많은 곡식이 지출되어 원리금이 점점 자라남에 마침내는 집을 팔고 전답을 팔아 재산이 탕진되고야 만다. 그러므로 백성이 파산하는 것은 거의 고리대금 때문이니, 이는 모두 돈의 폐단인 것이다.(禁奪莫如防制豪横, 豪横之作奸亦莫如畜錢牟利. 農利, ……商利, ……不及斂散子母不勤力而坐致厚利. 故閭巷措大閉戶筭緡俄致千金, 財非天降, 此益則彼損, 民如何不貧? 春而貸錢得米不多, 而秋而償息賣穀費廉, 駸駸滋長, 賣宅輸田, 殫窮乃休. 故民力之破落, 八九是息錢爲之也, 此皆錢之妨治也.)" 「錢害」(『星湖僿說』, 卷11, p. 32a)

25 이에 대한 보다 자세한 내용은 金容燮(2004: 3~27)과 姜萬吉(1986: 51~54)이 참조된다.

한편, ① 이익은 18세기 전반 농촌에서 만연했던 '부익부 빈익빈' 현상에 대하여 다음과 같이 탄식한 바 있다: "부유한 사람들의 땅은 두둑이 서로 연이어 끝이 없는데, 가난한 사람들은 송곳 하나 꽂을 땅도 없으니, 이 때문에 부자는 더욱 더 부유하게 되고 빈자는 더욱 더 가난하게 되고 있다.(富者田連阡陌, 而貧無立錐之土. 故富益富而貧益貧矣.)" 「均田論」(『星湖先生文集』, 卷30, p. 25a) ② 정약용 또한 대략 18세기 말 이래 농촌에서의 이러한 상황과 관련하여 다음과 같이 증언한 바 있다: "지금 문관文官·무관武官의 귀신貴臣들과 여항閭巷의 부자 가운데는 1호戶당 곡식 수천 석石을 거두는 자가 매우 많은데, 그 전지田地를 계산해보면 1백 결結 이하는 되지 않을 것이니, 이는 바로 9백 90명의 생명을 해쳐서 1호를 살찌게 하는 것이다. 국중國中의 부자로서 영남嶺南의 최씨崔氏와 호남湖南의 왕씨王氏 같은 경우는 곡식 1만 석을 거두는 자도 있는데, 그 전지를 계산해보면 4백 결 이하는 되지 않을 것이니, 이는 바로 3천 9백 90명의 생명을 해쳐서 1호만을 살찌게 하는 것이다.(今文武貴臣及閭巷富人, 一戶粟數千石者甚衆, 計其田不下百結, 則是殘九百九十人之命, 以肥一戶者也. 國中富人, 如嶺南崔氏·湖南王氏, 粟萬石者有之, 計其田不下四百結, 則是殘三千九百九十人之命, 以肥一戶者也.)" 「田論 1」(『定本 與猶堂全書 2』, pp. 268~269); "지금 호남湖南의 백성을 헤아려보면, 대략 100호戶 가운데 남에게 전토를 빌려주고 조세를 받는 자는 5호에 불과하고, 자기의 전토를 스스로 경작하는 자는 25호요, 다른 사람의 전토를 경작하여 조세를 바치는 자는 70호입니다.(今計湖南之民, 大約百戶, 則授人田而收其租者, 不過五戶, 其自耕其田者, 二十有五, 其耕人田而輸之租者七十.)" 「擬嚴禁湖南諸邑佃夫輸租之俗箚子」(『定本 與猶堂全書 2』, p. 197)

상으로 이어지게 되었고, 결과적으로 이러한 상황은 기존의 사회신분 제도를 그 내용적 측면에서 사실상 해체시켜나가고 있었다. 이에 ① 그 주요한 추세를 들자면, 곧 ㉠ 양반호兩班戶의 급격한 증가, ㉡ 상민호常民戶의 급격한 감소, ㉢ 노비호奴婢戶의 실질적인 소멸로 정리되고 있는 바,[26] ② 물론 이러한 변화양상의 기저에는 당시의 전반적인 '상常·천민

26 이러한 추세에 대한 선구적 연구로는 1938년에 '대구부大丘府 호구장적戶口帳籍'을 시계열적으로 분석한 시카다 히로시[四方博](1976: 125~130)의 연구가 있다. 여기서 그는 1690년[肅宗 16]부터 1858년[哲宗 9]에 이르는 시기 동안에 상기의 호구장적에 나타난 '신분별 호구수의 변동'을 관찰하면서 그 내용을 ① 양반호兩班戶의 저증著增, ② 노비호奴婢戶의 격감激減, ③ 상민호常民戶의 후기적 급감急減으로 요약하고 있는바, 그 구체적 내용을 표로 나타내보면 다음과 같다:

【표 1-3-1】 대구부 호구장적에 나타난 신분별 호구수의 비율과 총수

시기 \ 신분	양반호 兩班戶	상민호 常民戶	노비호 奴婢戶	호구총수 戶口総數
Ⅰ기 (1690년)	9.2% (290호)	53.7%(1,694호)	37.1%(1,172호)	3,156호
Ⅱ기 (1729·32년)	18.7% (579호)	54.6%(1,689호)	26.6% (824호)	3,092호
Ⅲ기(1783·86·89년)	37.5%(1,055호)	57.5%(1,616호)	5.0% (140호)	2,810호
Ⅳ기 (1858년)	70.3%(2,099호)	28.2% (842호)	1.5% (44호)	2,985호

이어 시카다 히로시(1976: 143~150)는 '신분별 인구의 비율과 총수'를 추적하면서 그 내용을 ① 양반인구의 대증가大增加, ② 상민인구의 저감著減, ③ 노비인구의 감소경향減少傾向으로 추정하고 있는바, 그 구체적 내용을 표로 나타내보면 다음과 같다:

【표 1-3-2】 대구부 호구장적에 나타난 신분별 인구의 비율과 총수

시기 \ 신분	양반 兩班	상민 常民	노비 奴婢	총인구수 総人口數
Ⅰ기 (1690년)	7.4% (1,027명)	49.5%(6,894명)	43.1%(5,992명)	13,913명
Ⅱ기 (1729·32년)	14.8%(2,260명)	52.8%(8,066명)	32.4%(4,940명)	15,266명
Ⅲ기 (1783·86·89년)	31.9%(3,928명)	52.2%(6,415명)	15.9%(1,957명)	12,300명
Ⅳ기 (1858년)	48.6%(6,410명)	20.1%(2,659명)	31.3%(4,126명)	13,195명

한편 鄭奭鍾(1983: 246~251)의 연구에서도 '울산부蔚山府 호적대장戶籍臺帳'을 시계열적으로 분석하여 상기의 시카다 히로시[四方博]와 비슷한 추세를 확인하면서 그

층賤民層의 활발한 신분적 상향이동'의 움직임이 그 주요한 동인으로 작용하고 있었던 것으로 알려져 있다.[27]

내용을 ① 양반호兩班戶의 격증激增, ② 상민호常民戶의 격감激減, ③ 노비호奴婢戶의 실질적인 소멸消滅로 요약하고 있는바, 그 구체적 내용을 표로 나타내보면 다음과 같다:

【표 1-3-3】 울산부 호적대장에 나타난 신분계층별 호구수의 비율과 총수

시기 \ 신분	양반호 兩班戶	상민호 常民戶	외거노비호 外居奴婢戶	호구총수 戶口總數
1729년[英祖 5]	26.29%(168호)	59.78%(382호)	13.93%(89호)	639호
1765년[英祖 41]	40.98%(225호)	57.01%(313호)	2.00% (11호)	549호
1804년[純祖 4]	53.47%(347호)	45.61%(296호)	0.92% (6호)	649호
1867년[高宗 4]	65.48%(349호)	33.96%(181호)	0.56% (3호)	533호

이어 鄭奭鍾(1983: 246~251)은 당시 솔거노비率居奴婢는 독립가호를 형성하지 못한 채 양반호兩班戶에 소속·포함되어 있었기 때문에 이들의 존재를 확인하기 위해서는 인구통계가 필요하다고 보면서 이를 통해 신분계층별 전체인구수 및 그 변천관계를 추적하고 있는바, 그 내용을 ① 양반兩班 인구수의 격증激增, ② 상민常民 인구수의 격감激減, ③ 외거노비外居奴婢 인구수의 실질적인 소멸消滅, ④ 솔거노비率居奴婢 인구수의 절대수의 감소 속에서의 계속적인 존속存續으로 요약하고 있는바, 그 구체적 내용을 표로 나타내보면 다음과 같다:

【표 1-3-4】 울산부 호적대장에 나타난 신분계층별 인구의 비율과 총수

시기 \ 신분	양반 兩班	상민 常民	솔거노비 率居奴婢	외거노비 外居奴婢	총인구수 總人口數
1729년	19.39% (493명)	49.57%(1,260명)	21.83%(555명)	9.20%(234명)	2,542명
1765년	32.11% (602명)	50.83% (953명)	15.20%(285명)	1.87% (35명)	1,875명
1804년	43.67% (963명)	33.88% (747명)	22.67%(488명)	0.32% (7명)	2,205명
1867년	67.07%(1,340명)	18.27% (365명)	14.36%(287명)	0.30% (6명)	1,998명

27 당시의 전반적인 상·천민층의 활발한 신분적 상향이동의 움직임과 관련하여 상기한바 ① 시카다 히로시[四方博](1976: 130~134)는 그 구체적 원인으로 ㉠ 양반신분兩班身分의 모칭冒稱과 양적良籍의 가탁假托, ㉡ 신공身貢·납속納粟을 통한 위계직관位階職官의 취득과 이에 따른 면천免賤, ㉢ 노비奴婢의 속량贖良·도망逃亡·투탁投托을 거론하고 있으며, ② 鄭奭鍾(1983: 251~264)의 경우에도 당시 양반층이 미만彌滿해가는 까닭으로 '양반층 자체 내의 팽창' 이외에도 특히 '상민 및 노비층의 양반층으로의 상승현상'을 강조하고 있는바, 그 대표적 방법으로 ㉠ 호적상에 모칭冒稱 유학幼學하는 경우, ㉡ 위보僞譜를 통하는 경우, ㉢ 매향買鄕으로 향안鄕案에 오르는 경우를 들고 있다.

한편 당시의 이러한 추세, 특히 양반호의 증가와 관련하여 그 주요원인으로 '상·천민층의 활발한 신분적 상향이동'을 거론하는 견해와는 달리 '양반층 자체 내의 인구팽창'의 측면에 주목하는 연구도 있는바, 즉, 韓榮國(1992: 533~558)은 『전주서씨세보全州徐氏世譜』를 가지고 이 가문家門 족원族員들의 자녀생산양태子女生産樣態와 수명壽命에 대하여 추적·고찰하는 작업을 통하여 조선후기, 특히 18세기 말에서 19세기 중엽까지의 인구구성에서 양반층의 인구가 크게 증가하고 평민·천인층의 인구가 많이 감소하는 양상을 보이게 된 원인의 하나로서 양반신분의 가문에서는 당시의 천재나 기근, 전염병에도 불구하고 족원이 감소되지 않고 오히려 보합 내지는 증가했던 반면에 평민·천인층의 경우에는 이 때문에 인구가 많이 감소했던 사실을 들고 있으며, 또한 이러한 인구감소의 요인이 빈발하게 반복적으로 전개됨으로써 그 증감의 격차가 더욱 커져갔을 것으로 추정하고 있다.

또한, 상기한바 시카다 히로시(1976)나 鄭奭鍾(1983)의 연구처럼 조선후기 신분제의 구조와 변동양상을 주로 호구장적戶口帳籍의 통계적 분석을 통해 인식·설명하고 있는 기존의 입장과 관련하여 특히 '기록상의 신분상승'과 '실제의 신분적 위치' 간의 괴리에 주목하면서 이를 비판적으로 검토하는 연구 또한 없지 않은바, 대표적으로 ① 崔承熙(1985: 821~850)는 "朝鮮後期의 帳籍은 冒錄이 많은데다 職役에 대한 정확한 理解가 결여되어 있으며 一式年의 戶籍記載內容으로는 그 戶의 實際的인 身分的 地位를 알 수 없기 때문"에 "當時의 신분구조와 그 變動을 규명하기 위하여는 各職役에 대한 個別硏究와 각 身分層의 家門別 事例硏究가 함께 이루어져야 할 것"이란 문제의식 하에, 조선후기 경상도의 용궁현龍宮縣에 살았던 대구백씨大丘白氏의 고문서古文書, 즉 호구단자戶口單子·준호구准戶口·교지敎旨·교첩敎牒·차첩差帖·전령傳令·소지所志·토지문기土地文記 등을 통하여 백씨가白氏家의 호주戶主와 그 내외사조內外四祖 직역職役의 상승이동, 백씨가白氏家의 실제상의 신분적 지위, 가족구조, 경제적 기반을 추적하는 가운데, 특히 "이 家門은 호구자료상으로는 良人 → 中人 → 兩班으로 身分의 上昇이 있은 것으로 나타나지만 실제상으로는 中人[業武·軍官]신분에 머무르고 있었던 것"으로 결론을 내리는 가운데, "帳籍上의 冒錄과 納粟受職이 容易하였던 朝鮮後期에 있어서 戶籍上의 身分職役의 기재를 실제의 身分과 일치하는 것으로 보는 것은 매우 위험한 일"로 새삼 경계하고 있으며, ② 李海濬(1985: 79~100) 역시 "조선후기의 신분변화는 주로 戶籍臺帳의 분석을 통해 예증되어 왔"으나 "이러한 戶籍의 분석결과는, 그 연구의 결정적 기여에도 불구하고 정작 당시의 戶籍資料가 지닌 史料的 制限點에 관한 보완이나, 색다른 접근방법을 강구하지 않는 한 다시 한 번 확인·검토될 여지를 남겨둔 셈"이라는 문제의식 하에, 이러한 한계점들을 일부나마 보완할 새로운 형태의 자료로서 『진주향교수리시물재수집기晋州鄕校修理時物財收集記』[1832년]를 토대로 진주지방유호晋州地方儒戶[元儒와 別儒]의 실태를 검토하는 가운데, 특히 당시 진주지방의 지배신분층으로 볼 수 있는 유호儒戶의 점유율이 "종래 戶籍分析에서 일반적으로 제시되던 兩班戶의 점유율[19世紀前半 基準] 40~70%에는 아주 못 미치는 23.8%로 나타나고 있"고, 또한 이러한 유호儒戶는 다시 원유元儒와 별호別儒로 구분되면서 그 성격으로는 "다른 지방에서 볼 수 있는 儒·鄕의 구별과 같이 급증된 兩班戶의 자체구별의 양상을 띠고 있으며, 따라서 분명한 신분적 上下關係로 파악할 수 있다"는 결론을 내리고 있다. 다만 이러한 연구들 역시 이른바 '기록상의 신분상승'으로 표현되는 당시 '상·천민층의 활발한 신분적 상향이동'의 움직임 및 이에 따른 호적상의 '양반호의 급증'이란 현상 자체를 부정하고

1

우선, 상기한바 '상·천민층의 활발한 신분적 상향이동'의 움직임과 관련하여 첫째, 그 내용을 보다 구체적으로 살펴보면, ① 18세기 이래 정부 및 향촌사회 내에서의 신분직역제身分職役制에 대한 통제가 이완되면서 서얼庶孼·이향吏鄕[吏胥]·서재유생西齋儒生[校生]·기술직技術職 중인中人 등으로 구성되는 중인층中人層이 원래 사족士族의 미사유생未仕儒生을 지칭했던 '유학幼學'층으로 변화·성장해갔던 점,[28] ② 상민층常民層의 경우 경제력을 가진 자들을 중심으로 납속품직納粟品職을 취득함으로써 이를 합법적인 신분상승의 계제階梯로 삼기도 하고, 아니면 제도권 내의 중인직역中人職役에 투속하거나 곧바로 유학幼學을 모칭冒稱하여 피역避役과 신분상승을 광범위하게 도모했던 점,[29] ③ 노비층奴婢層의 경우에도 18세기 이후 노비신분 세습법이 완화되고 면천免賤·속량贖良·방량放良 등이 확대 실시되면서 노비들 중 일부는 합법적으로 당대 또는 다음 세대에서 양인良人으로 성장할 수 있었고, 그렇지 못한 경우에는 도망이나 직역모칭職役冒稱 등의 불법적인 방법을 통해서라도 노비신분에서 벗어나고 있었던 점[30]

있는 것은 아니다.

28 이에 대해서는 李俊九(1997: 203~207)가 참조된다.

29 이에 대해서는 李俊九(1997: 212~219)가 참조된다. 여기서 개인적으로 경제적 능력을 가진 상민常民 중에는 이를 바탕으로 대체로 18세기 후반에서 19세기 전반에 이르기까지 약 4~5세대를 거치면서 '상민직역常民職役 → 중인직역中人職役' 또는 '상민직역 → 중인직역 → 유학幼學'으로의 신분상승을 단계적으로 도모·성취했던 가계사례가 다수 발견되고 있다고 전한다.

30 이에 대해서는 李俊九(1997: 207~212)와 권내현(2014)이 참조된다. 여기서는 심지어 관노官奴 또는 사노私奴 가운데 일부가 그들이 살던 곳에서 자신들의 생업과 관련된 부富를 바탕으로 18세기 후반에는 상민층常民層·중인층中人層으로 성장했다가 19세기에는 유학층幼學層으로까지 단계적인 신분상승을 이룬 가계사례가 소개되고 있다. 특히 후자의 경우에는 2백여 년에 걸친 호적기록을 통해 원래 17세기 말 노비였던 김수봉金守奉과 그의 후손들이 꾸준히 평민층과 중간층으로 나아가 유학층으로 신분상승을 도모하며 사회적으로 성장해나가는 과정을 흥미롭게 추적·소개하고 있다. 또한 전자의 경우에는 이 시기 중세적 신분질서의 변동과 더불어 이와 같은 신분직역의 상향이동이 격심한 가운데서도 한편으로는 신분지속성身分持續性의 경향 역시 상존하고 있었음을 이족吏族의 이직吏職 세습사례와 백정白丁

등을 들 수 있다.

둘째, 이러한 과정에서 필요하다면 온갖 탈법적인 방법까지도 동원되었던 것으로 알려져 있으니, 대표적으로 ① 신분을 막론하고 재력을 가진 자들을 중심으로 호적戶籍을 위조하는 방법, ② 족보族譜를 위조 또는 매매하는 방법, ③ 매향買鄕을 통해 향안鄕案에 올라 향직鄕職을 취득하거나 혹은 교생校生·원생院生이 되는 방법, ④ 과장科場에 출입하여 유학幼學을 모칭하거나 홍패紅牌를 위조 또는 매매하는 방법, ⑤ 양반가의 직첩職帖을 매매하는 방법 등뿐만이 아니라, ⑥ 심지어는 단지 기골氣骨이 있다거나 군교軍校의 자손들처럼 향촌사회 내에서의 실질적인 영향력을 배경으로 양반兩班을 모칭하는 방법까지 활용되기도 하였다.[31]

의 장역匠役 세습사례를 들어 증명하고 있다.

31 이에 대한 보다 자세한 내용은 鄭奭鍾(1983: 251~264)이 참조된다.

한편, 당시의 이러한 정황은 정약용의 다음과 같은 말에서도 짐작할 수 있다: "한 사람이 향임鄕任에 오르면 그의 구족九族이 군역軍役을 면제받습니다. 따라서 매향賣鄕이 시작된 이래, 요호부민饒戶富民은 유자儒者의 옷을 입고 군안軍案에서 이름을 제거하지만(이에 가난한 백성에게 가해지는: 필자 주) 황구첨정黃口簽丁과 백골징포白骨徵布의 폐단이 온 고을에 가득합니다. 이는 비록 어느 곳에서나 공통된 걱정거리입니다만, 대읍大邑은 그래도 변통變通할 여지가 있으나 소읍小邑은 더욱 꼼짝할 수가 없습니다.(一夫陞鄕, 九族免役, 故賣鄕以來, 饒戶富民, 身著儒衣, 名除軍案, 而黃口·白骨之弊, 彌滿一境. 此雖通患, 大邑猶有變通, 小邑尤無闊狹.) 「京畿暗行御史論守令臧否啓」(『定本 與猶堂全書 2』, p. 244); "중국에 생원生員이 있는 것은 마치 우리나라에 양반兩班이 있는 것과 같다. 고염무顧炎武는 온 천하가 다 생원이 될까 걱정했는데, 이는 내가 온 나라가 다 양반이 될까 걱정하는 것과 같다. 그러나 양반의 폐단은 더욱 심하다. ……그럼에도 나의 소망은 따로 있다. 가령 온 나라가 양반이 된다면 이는 곧 온 나라에 양반이 따로 없는 것이다. 젊은이가 있어야 어른이 드러나는 것이요 천한 자가 있어야 귀한 자가 드러나는 법인데, 만일 모두가 다 존귀하다면 이는 곧 존귀한 사람이 따로 없는 것이다. 『관자管子』에는 '한 나라의 사람들이 모두 존귀할 수는 없다. 모두가 존귀하다면 일이 이루어지지 않아 나라에 불리하게 된다'【「승마乘馬」편】고 하였다.(中國之有生員, 猶我邦之有兩班. 亭林憂盡天下而爲生員, 若余憂通一國而爲兩班. 然兩班之弊, 尤有甚焉. ……雖然, 若余所望則有之. 使通一國而爲兩班, 卽通一國而無兩班矣. 有少斯顯長, 有賤斯顯貴, 苟其皆尊, 卽無所爲尊也. 『管子』曰: '一國之人, 不可以皆貴. 皆貴, 則事不成而國不利也.'【「乘馬」篇】)" 「跋顧亭林「生員論」」(『定本 與猶堂全書 3』, p. 135); "과거科擧에 향거鄕擧의 법法이 없는 까닭에 무람없고 잡스러운 자들도 모두 과장科場에 출입함으로 말미암아 유학幼學을 모칭冒稱하고 있는데, 비록 공천公賤·사천私賤일지라도 모두 다 모칭할 수 있다. 장차 온 나라의 백성이 모조리 유학幼學이 될 것이니, 명분名分을 능멸하고 어지럽

마지막으로, 이처럼 당시 상민층을 중심으로 한사코 유학이나 양반을 모칭하여 명목상이나마 신분상승을 도모하는 것이 하나의 고질적인 풍조가 되었던 것은 또한 그 이면에 상민에 대한 불공평하고도 가혹한 수취제도, 특히 군역제도軍役制度의 모순이 도사리고 있었기 때문이다.[32] 즉, ① 18세기 중반 균역법均役法의 시행 이후 양반층과 중인층은

힘에 이보다 심한 것은 없다. 『관자管子』에는 '귀인貴人이 많으면 나라가 가난하게 된다'고 했으니, 우리나라를 두고 이른 말이다.(科無鄕擧之法, 故猥雜者皆入科場, 由此而冒稱幼學, 雖公賤·私賤, 皆得冒之. 將使通國之民, 都作幼學, 蔑分亂名, 莫此爲甚. 『管子』曰: '貴人多則其國貧', 我邦之謂矣.)" 『牧民心書 II』, 「戶典六條」(『定本 與猶堂全書 28』, pp. 101~102); "또한 이른바 충의위忠義衛란 것은 (원래: 필자 주) 공신功臣의 적장손嫡長孫이 근무하던 곳이었다. 지금은 미천한 무리와 간사한 백성이 족보族譜를 위조하여 충의위에 마구 들어간 경우가 매우 많다.(○[又按] ……又所謂忠義衛者, 功臣嫡長孫之所宅也. 今賤流·奸民, 造作僞譜, 冒居忠義者甚多.)" 『經世遺表 I』, 「夏官兵曹」(『定本 與猶堂全書 24』, p. 102)

32 이러한 사정은 정약용의 다음과 같은 말에서도 짐작할 수 있다: "이 양역良役 때문에 족보族譜를 위조해서 아비를 바꾸고 조상을 바꾸면서도 아무렇지 않게 생각하고 있으니, 이로써 백성의 마음을 알 수 있습니다. ……오직 양반兩班이 된 다음에야 군포軍布를 면제받게 됩니다. 그러므로 백성이 밤낮으로 궁리하는 것은 오직 양반이 되는 길입니다. 향안鄕案에 기록되면 양반이 되고, 거짓 족보를 만들면 양반이 되고, 고향을 떠나 멀리 이사하면 양반이 되고, 유건儒巾을 쓰고 과장科場을 출입하면 양반이 됩니다. 그리하여 은밀히 불어나고 남몰래 늘어남이 해마다 증가하고 달마다 성해지니, 장차 온 나라가 다 양반이 되고야 말 것입니다. 양반이 되면 몸소 쟁기를 잡아 토지의 생산고를 높이지 않으며, 소를 몰거나 말을 타고 시장에서 장사하여 화물을 유통시키지 않으며, 손수 자귀와 도끼, 화로와 망치를 잡아 기구를 만들지도 않습니다. 이 때문에 양반이 많아지면 노동력이 줄어들고, 노동력이 줄어들면 토지의 생산고가 높아지지 못하며, 토지의 생산고가 높아지지 못하면 나라가 가난해지고, 나라가 가난해지면 선비를 권면할 수 없으며, 선비가 권면되지 않으면 백성은 더욱 곤궁해지는 것입니다. 이 원인을 구명해보면 이는 바로 군포軍布 때문입니다. 그렇기 때문에 신臣은 '군포軍布가 혁파되지 않으면 태평성세太平盛世의 정치가 흥기할 수 없다'고 아뢰는 것입니다.(爲是良役也, 僞造族譜, 換父·易祖, 而莫之恤也. 至此而民情可見已. ……夫惟兩班, 而後方免軍布. 故民之日夜經營, 唯得爲兩班. 錄鄕案則爲兩班, 造僞譜則爲兩班, 離鄕遠徙則爲兩班, 著儒巾出入科場則爲兩班. 潛滋暗長, 歲增月衍, 將一國盡化爲兩班而後已. 爲兩班, 則不躬執耒耟, 以興地利; 不牽牛乘馬, 買于市通貨財; 不手執斤斧爐錘, 以造器用也. 兩班多則人力削, 人力削則地利不闢, 地利不闢則國貧, 國貧則無以勸士, 士不勸則民益困. 究其源, 卽軍布之所爲也. 臣故曰: '軍布不罷, 則太平之治不興矣.')" 「身布議」(『定本 與猶堂全書 2』, pp. 135~136); "지난 8월 본부本府[谷山府: 필자 주]의 청계방淸溪坊 문양리文陽里의 주민인 이인번李仁蕃·이인화李仁華 형제가 문성진文城鎭의 아병牙兵으로 소집되자 선성군宣城君[定宗의 아들: 필자 주]의 후예임을 자칭하며 『수교완문책자受敎完文冊子』 1권과 『계하첩문啓下帖文』 6

종을 가지고 아병의 소집을 면제해줄 것을 요구하였습니다. 이에 그들의 계파系派의 진위를 알고보고자 그 족보族譜를 조사해본즉, 이른바 족보란 것에 위조僞造의 단서가 수없이 나와 간사한 실상이 모두 드러났고 나열한 계파도 가공架空의 조작이 아닌 것이 없었습니다. ……아, 통탄스럽습니다! 황해도에서의 족보 위조의 폐단은 끝이 없습니다. ……사족士族의 집안에다 거짓 계보를 갖다대는 것도 엄히 징벌해야 할 것인데, 하물며 빛나는 왕실의 금지옥엽金枝玉葉 같은 계보를 어찌 평범한 백성이 감히 쳐다볼 수나 있는 것이겠습니까? 그런데 이인화 형제가 감히 흉계를 내어 보첩譜牒을 위조하고 서울관청의 아전과 결탁하여 어리석은 족속의 돈을 거두어 이런 하늘 무서운 줄 모르는 변괴變怪를 꾸몄으니, 그들이 한 짓을 따져보면 정말 간악하기 그지없습니다. ……그들은 대대로 진민鎭民으로서 백여 년 동안 분수를 지켜 군역軍役에 응해오다가 갑자기 경자년[1780년, 正祖 4: 필자 주] 간에 처음으로 이런 일을 꾸며 계단系單을 엮어 바치는 짓을 해마다 상례로 삼았습니다.(去八月本府淸溪坊 文陽里居民李仁蓄·李仁華兄弟, 以文城牙兵, 自稱宣城君後裔, 持『受敎完文冊子』一卷,『啓下帖文』六度, 要免牙兵. 故欲知其系派眞僞, 索其族譜, 則所謂族譜, 僞端百出, 奸狀盡露, 所列系派, 無非架虛鑿空. ……噫嘻, 痛矣! 海西僞譜之弊, 罔有紀極. ……士族諸姓之僞託者, 尙當嚴懲, 煌煌璿派, 金枝玉葉, 此豈尋常百姓所敢仰望者? 而李仁華兄弟, 乃敢濫生兇計, 僞造譜牒, 締結京司之吏胥, 聚斂癡族之錢貨, 作此滔天之變怪, 究厥所爲, 萬萬兇獰. ……渠輩以世代鎭民, 百餘年來, 安分應役, 忽自庚子年間, 始有此事, 系單修納, 歲以爲常.)" 「李仁華·仁蓄等僞譜情節論報狀」(『定本 與猶堂全書 2』, pp. 256~257); "○군역軍役에의 첨정簽丁[軍簽]은 이미 괴로운 것인지라 온 나라의 백성이 본성本性을 잃어 아비를 바꾸고 조상을 고쳐 관작官爵을 거짓으로 모칭冒稱하며 충효忠孝를 가칭假稱함으로써 군역軍役을 면하기를 도모한다. 이것이 수십 년 후에는 마침내 묵은 기록이 되는데, 호적을 위조한 자는 자식에게 거짓 모칭한 것을 알려주지 않음에 그 자손들은 마침내 거짓으로 모칭했던 것을 정말 관작을 받은 것으로 여기게 된다. 관가에서 혹 이것을 들추어내더라도 슬피 부르짖으며 억울하다고 말하니, 그들의 미혹을 풀어주기가 또한 어렵게 된다. ……○내가 '유학幼學의 모칭冒稱은 엄금해야 한다'고 말했으나, 내가 떠난 뒤에는 유학을 모칭하는 자가 반드시 적리籍吏에게 뇌물을 바치고 종전대로 모칭할 것이다. 무너진 기강을 바로잡음에는 도움이 되지 않고 한갓 아전만 살찌게 할 것이니, 필경 무슨 이로움이 있겠는가? 내가 서읍西邑[谷山府: 필자 주]으로부터 체임되어 돌아올 때 백성이 전송하며 말하기를 '다른 일은 다 좋았으나 오직 유학의 모칭을 조사함이 너무 가혹하였다'고 하였다. 대저 기강이 무너진 지 오래되었으니 한 고을의 수령이 바로잡을 수 있는 일이 아니며, 간신히 쌓아놓은 모래둑이 물이 들어오면 도로 무너지고 마는 격이라 그런대로 눈을 감아버려도 안 될 것은 없겠다.(○軍簽旣苦, 擧國喪性, 換父易祖, 僞冒官爵, 假稱忠孝, 以圖免役. 數十年之後, 遂成古籍, 而造僞之人, 不以僞冒告于其子, 其子·其孫, 遂以僞冒, 認爲眞封. 官或發之, 哀號稱冤, 亦難乎其解惑矣. ……○余謂: '冒稱幼學, 在所嚴禁', 然我去之後, 還冒幼學者, 必納賂於籍吏, 依舊冒稱. 無補頹綱, 徒使吏肥, 究何益矣? 余自西邑歸, 百姓送之曰: '他事皆善, 惟冒稱幼學, 査之太酷.' 大抵綱紀之頹敗久矣, 非一縣之令, 所能振整, 艱築沙隄, 水到還崩, 權且闔眼, 未爲不可.)" 『牧民心書 II』, 「戶典六條」(『定本 與猶堂全書 28』, pp. 102~103); "**족보를 위조하고 직첩을 협잡으로 사서 군역에의 첨정을 모면하려는 자는 다스리지 않을 수 없다**: 군역軍役에의 첨정簽丁[軍簽]은 백성을 괴롭히는 독소毒素가 되었으므로 온갖 방법으로 면하기

합법적인 면역층免役層이 된 반면에 오히려 이로 인해 더욱 과중해진 군역軍役의 부담은 오로지 상민층에게만 전가되었던 것이다. 당시 군역이 '덫[擭]과 함정[穽]', 심지어는 '무서운 질병[惡疾]'에 비유되고 군적軍籍을 '귀신장부[鬼簿]'처럼 보았던 사실에서 간취할 수 있듯이, 이러한 군역제도의 모순은 상민층의 피역욕구避役欲求를 한층 더 자극하였고, 이에 피

를 도모하여 죄를 범하지 않는 자가 없다. 간사하고 교활한 자가 이러한 사정을 알고 분수에 넘치는 일로 유도한다. 이에 귀족貴族의 보계譜系를 훔쳐 후손後孫이 없는 파派를 택하여 혈연이 닿지 않는 씨족氏族을 접속시킴으로써 아비를 바꾸고 조상을 고친다. ……심지어는 거짓으로 왕족王族의 계보[璿系]에다 끌어다대어 혹은 효령대군孝寧大君이 9대조代祖가 된다고 하고, 혹은 광평대군廣平大君이 8대조가 된다고 칭하기도 한다. 대개 종반宗班의 자손 가운데에는 가난하고 의지할 곳이 없는 자가 있는데, 그 집안은 원래부터 일찍이 관례에 따라 반포받은 『선원보략璿源譜略』을 가지고 있으니, 이에 이 8권의 책으로 1백 냥의 돈을 받을 수 있다. 간사한 백성이 이 진본眞本을 사다가 후손이 없는 파에다 그 조상의 이름을 연결한다. ……인륜人倫을 해치고 의義를 어그러뜨리며 분수分數를 범하고 법法을 능멸함에 이보다 심한 것은 없다. 내가 서읍西邑[谷山府: 필자 주]에서 (府使로: 필자 주) 재직할 때 무릇 족보를 가지고 와서 하소연하는 자를 보면 열 가운데 하나도 진짜가 없었다. ……남쪽지방[康津: 필자 주]에 와서 보니, 이러한 풍조가 더욱 심하여, 토족土族과 천류賤流들이 모두 명신名臣을 머리에 이고 조정에 보고하여 관직이나 녹봉을 얻고자 한다. 이는 또한 무지한 소민小民이 군역에의 첨정을 모면하려는 죄에 그치지 않으니, 반드시 엄금해야만 풍속과 교화를 바로 잡을 수 있을 것이다. ○먼 시골의 문과출신자文科出身者가 ……죽은 뒤 자손이 가난해지면 청요직 벼슬의 직첩職牒【장령掌令이나 이조정랑吏曹正郎과 같은 종류】은 남겨서 가보家寶로 삼고 그 나머지 직첩은 모두 내다 팔게 되는데,【한 장張의 값이 혹 1백 냥兩에 이르기도 한다】 양인과 천민 가운데 성姓이 같은 자들은 모두 비싼 값으로 이러한 직첩을 사서 조상으로 받들고 호적戶籍을 고쳐 그 집에서 대대로 져오던 군역軍役을 문득 와서 억울하다고 하소연한다. ……○그러나 족보族譜와 직첩職牒의 위조는 모두 법法이 잘못된 데서 유래한 것이므로 끝내 이러한 짓거리가 범람하는 것이다. 실정을 알고나면 측은할 뿐이니, 슬퍼할지언정 기뻐할 일이 아니다.(**僞造族譜, 盜買職牒, 圖免軍簽者, 不可以不懲也**: 軍簽爲民苦毒, 百計謀免, 無罪不犯. 奸猾知其情, 誘之以匪分. 乃竊貴族譜系, 執其無後之派, 接以非類之族, 換父易祖. ……甚則僞接璿系, 或稱孝寧大君爲九代祖, 或稱廣平大君爲八代祖. 蓋宗班子孫, 有貧窮無賴者, 其家原有『璿源譜略』, 曾受例頒, 乃於八卷之書, 能受百兩之錢. 奸民買此眞本, 乃於無後之派, 接以其祖之名. ……傷倫悖義, 犯分蔑法, 未有甚於是者也. 余在西邑, 見凡持族譜來訴者, 無十一眞. ……及到南方, 此風尤甚, 土族·賤流, 咸戴名臣, 以圖上奏, 冀沾官祿. 此又非無知小民, 謀免軍簽者之罪而已, 必有嚴禁, 乃正風化. ○遐鄕文科出身者, ……身沒之後, 子孫貧寒, 留其淸華之牒,【如掌令·吏曹郎類】以爲家寶, 其餘悉以發賣, 氓·隷同姓者, 咸以重價, 買此職牒,【一張之價, 或至百兩】戴之爲祖, 改其戶籍, 乃其家傳軍役, 忽來訴冤. ……○然僞譜·僞牒, 皆由作法未善, 窮斯爲濫. 得情則戚, 哀之勿喜.)" 『牧民心書 II』, 「兵典六條」(『定本 與猶堂全書 28』, pp. 316~318)

역하는 최선의 방법은 '유학幼學'을 모칭하는 것이었는데, 이는 현실적으로 조그마한 경제력만 있어도 적리籍吏와의 작간作奸을 통하여 으레 가능했던 것이다. ② 결국 이러한 상황은 19세기 중반에 접어들면 일종의 통용되는 고질적 폐단이 되어 당시 각 읍邑의 군안軍案에는 해당 장정壯丁이 없어 빈 문서가 될 정도가 되었고, 이에 따라 장적帳籍의 법제와 사회기강은 심각하게 무너져갔던 것이다.[33]

2

한편, 이상과 같은 과정을 통해 이루어진 양반층의 증가는 곧 '하층양반의 비대화'를 야기함으로써 결과적으로 반班·상常의 구별을 점차 흐리게 만드는 한편, 기존 양반층의 내부적 계층분화 역시 촉진·고착시켜 나갔다. 첫째, 이미 17세기 말 이래로 상품화폐경제가 현저히 진전됨에 따라 '서울' 역시 국제적 상업도시로서의 면모를 갖추며 본격적인 성장을 이룩하게 되었던바, ① 이러한 일련의 변화는 다시금 '서울지역[京]을 높이고 지방[鄉]을 천시하는 풍조[貴京賤鄉之風]'와 더불어 '경향분기京鄉分岐'라는 새로운 현상으로 연결되면서, ② 기존의 전통적 양반층도 계층적·학문적으로 서울지역의 이른바 '경화사족층京華士族層'과 지방의 '향유층鄉儒層'으로 확연히 분화되기 시작하였다.[34]

---

33 이에 대해서는 李俊九(1997: 223~225)가 참조된다.
한편, 이러한 사정은 정약용의 다음과 같은 절절한 탄식에서도 충분히 짐작할 수 있다: "첨정簽丁하여 군포軍布를 거두는 법法은 ……그 폐단이 크고 넓어 백성의 뼈를 깎는 병病으로 되었으니, 이 법이 고쳐지지 않는다면 백성은 모두 죽어갈 것이다.(簽丁收布之法, ……流波浩漫, 爲生民切骨之病, 此法不改而民盡劉矣.)" 『牧民心書 II』, 「兵典六條」(『定本 與猶堂全書 28』, p. 291)

34 이에 대한 보다 자세한 내용은 대표적으로 유봉학(1995: 24~56)과 유봉학(2013: 91~95)이 참조된다. 또한, 李佑成(1982: 15~20)도 비슷한 맥락에서 18세기 이래 사대부계급士大夫階級이 자체의 계층적 분화를 경험하면서 점차 세습적 특수집권층인 '벌열閥閱'과 영구몰락 실권층인 '사士'로 확연하게 분리·고정되는 추세에 있었던 것으로 주장하고 있다.
한편, 당시의 이러한 시대적 상황 및 이른바 '경화사족京華士族'의 일원으로서의 둘째, 물론 사태는 여기에 그치지 않고 후자, 즉 지방의 향유층의 경우에는 상당수가 자신의 사회·경제적 처지가 계속하여 열악해짐에 따라 종국에는 생계의 유지를 위해 불가피하게 농업·공업·상업에 참여하는 사례가 다수 발생하기 시작하였다. ① 특히 무토지 빈한양반층貧寒

정약용의 자의식自意識은 다음과 같은 그의 말에서도 그 일단을 짐작할 수 있다: "중국은 문명文明이 일반화되어 비록 궁벽한 시골이나 먼 산구석의 마을에 살더라도 성인聖人도 될 수 있고 현인賢人도 될 수 있다. 그러나 우리나라는 그렇지 못하여 도성都城의 문門에서 몇 십 리만 벗어나도 태고太古의 원시사회原始社會가 되어 있으니, 더욱이 멀고 먼 외딴 곳이야 말할 게 있겠는가? 무릇 사대부士大夫의 가법家法은 바야흐로 벼슬길에 나가게 되면 빨리 높직한 산언덕에 셋집을 내어 살면서 처사處士의 본색을 잃지 말아야 하고, 만약에 벼슬길이 끊어지게 되면 빨리 서울[京輦]에 의탁해 살 자리를 정하여 문화文華의 안목眼目을 떨어뜨리지 않아야 한다. 나는 지금 이름이 죄인罪人의 명부名簿에 올라 있어 너희들로 하여금 우선은 시골집에서 숨어 지내도록 하였다만, 뒷날의 계획은 오직 서울[王城]의 십 리 안에서 거처하는 것이다. ……진실로 너희들에게 바라노니, 항상 심기心氣를 화평和平하게 가져 당로當路한 사람들과 다름없게 하라. ……만약 하루아침의 분노를 견디지 못하고 서둘러 먼 시골로 이사를 가버리는 사람은 천한 무지렁이로 끝나고 말뿐이다.【가경嘉慶 경오년庚午年[1910년, 純祖 10: 필자 주] 초가을에 다산茶山의 동암東庵에서 쓰다】(中國文明成俗, 雖窮鄕遐陬, 不害其成聖·成賢. 我邦不然, 離都門數十里, 已是鴻荒世界, 矧遐遠哉? 凡士大夫家法, 方翶翔雲路, 則亟宜僦屋山阿 不失處士之本色; 若仕宦墜絶, 則亟宜託栖京輦, 不落文華之眼目. 吾今名在罪籍, 使汝曹姑遯田廬, 至於日後之計, 唯王城十里之內, 可以爰處. ……誠願汝等常令心氣和平, 不異當路之人. ……若不勝一朝之忿, 勃然流徙者, 終於甿隷而已矣.【嘉慶庚午首秋, 書于茶山東庵】)" 「示二兒家誡」(『定本 與猶堂全書 4』, pp. 31~32); "근세近世에 고가故家의 후예로서 먼 지방으로 영락零落하여 사는 자들은 영달榮達에 뜻을 두지 않고 오직 먹고 사는 일에만 힘쓰고 있다. 심한 경우는 새처럼 높이 날고 짐승처럼 멀리 달아나 오직 우복동牛腹洞[兵火가 미치지 않으면서 俗離山 근처에 있다고 전해지는 상상 속의 동네: 필자 주]만 찾고 있는데, 한번 그 속으로 들어가면 자손들이 곧바로 노루나 토끼처럼 된다는 것을 전혀 알지 못한다. 비록 다시 편안히 거처하여 농사짓고 물마시며 자손이 번성한들 무슨 이익이 있겠는가?(近世故家遺裔零落遐遠者, 無意榮進, 唯以治生爲務. 甚則欲高翔遠引, 唯牛腹洞是索, 殊不知一入此中, 子孫便成麏兔. 雖復安居耕鑿, 生育蕃茂, 顧何益哉?)" 「爲茶山諸生贈言」(『定本 與猶堂全書 4』, p. 24)

또한 정약용은 당시 지방의 향유층鄕儒層의 실상에 대해 다음과 같이 묘사·폄하한 바 있다: "향유鄕儒란 어떤 자들인가? 그중에 낫다고 하는 자들은 과시科詩와 과부科賦를 읊어 항우項羽와 패공沛公의 구절 따위로 머리가 희어지고, 그보다 못한 자들은 모심기와 보리타작에 종사하여 전세田稅와 창곡倉穀의 장부에는 일찍이 모두 까막눈이다.(況鄕儒何物? 其上焉者, 哦詩詠賦, 項羽沛公之句, 以至白紛; 其下焉者, 揷秧·打麥, 田稅·倉糧之曆, 尙皆玄眼.)" 『牧民心書 II』, 「戶典六條」(『定本 與猶堂全書 28』, p. 132)

兩班層을 중심으로 자신의 문중이나 남의 전답을 빌어 경작하는 양반작인兩班作人이 대폭 증가하는 한편,[35] 심지어는 타향으로 나가 자기보다 신분이 낮은 상민常民 밑에서 고용살이[雇居]를 하는 경우도 생겨나게 되었다. ② 또한, 신분적 우월성이 이미 유명무실해진 이러한 빈한양반층은 당시 사회·경제적으로 성장한 상민층이나 이서층吏胥層으로부터 여러 가지 침학이나 핍박을 당하는 일이 만연되어갔고, 심지어는 피침被侵되어 군역軍役을 지게 되는 경우도 광범위하게 나타나고 있었던 것으로 전해지고 있다.[36]

---

35 이에 대한 보다 자세한 내용은 金容燮(2004: 27~31)과 김건태(2004: 358~363)가 참조된다. 여기서 김건태(2004)는 전라도 영암지방靈巖地方에 대표적인 사족가문으로 세거하던 남평문씨南平文氏 문중이 18세기 중엽 이래 족계族契·소종계小宗契의 전답田畓을 '문중지주제'의 형태로 운영한 실태를 추적하고 있는바, 특히 19세기에 접어들면 문중전답의 작인作人들 가운데 무토지농민으로 전락한 계원契員의 비중이 점차 커지다가 19세기 중엽에 이르면 비계원非契員의 경우를 추월하고 있음을 보여주고 있다.

36 이에 대한 보다 자세한 내용은 대표적으로 鄭奭鍾(1983: 264~278)과 金容燮(2004: 27~31)이 참조된다.

한편, 당시의 이러한 정황은 정약용의 다음과 같이 거듭된 우려와 탄식에서도 충분히 짐작할 수 있다: "근세近世 이래로 작록爵祿이 한쪽으로 치우쳐 귀족貴族이 쇠잔하게 되자 호리豪吏·호맹豪氓이 이를 틈타 기세를 부려 이들의 집과 말치장의 호사스러움 및 의복과 음식의 사치스러움이 모두 법도法度를 넘어서게 되었다. 아래가 위를 능멸하고 위는 시들게 되어 다시는 등급等級이 없게 되었으니, 장차 무엇으로써 사회를 유지·결속하여 원기元氣를 북돋우고 혈맥血脈을 통하게 할 수 있겠는가? 변등辨等은 오늘날의 급무이다.(近世以來, 爵祿偏枯, 貴族衰替, 而豪吏·豪氓, 乘時使氣, 其屋宇·鞍馬之侈, 衣服·飲食之奢, 咸踰軌度. 下陵上替, 無復等級, 將何以維持聯絡, 以之扶元氣而通血脈乎? 辨等者, 今日之急務也.)" 『牧民心書 II』, 「禮典六條」(『定本 與猶堂全書 28』, p. 272); "군자君子의 자손이 대대로 그 도道를 지키며 학문을 쌓고 예禮를 지키면 비록 벼슬을 하지 않더라도 여전히 귀족貴族인 것인데, 저 하민下民·노예奴隸의 자손들이 감히 이들을 공경하지 아니하니, 이는 첫 번째로 분별해야 할 경우이다.(然君子之子孫, 世守其道, 績文秉禮, 雖不入仕, 猶爲貴族, 彼氓·隸之子若孫, 敢不祇敬, 此第一等當辨者也.)" 『牧民心書 II』, 「禮典六條」(『定本 與猶堂全書 28』, p. 273); "백년 이래로 작록爵祿이 먼 지방에까지 미치지 않게 되자 옛 사대부士大夫의 자손들이 쇠약해져서 대대로 전해온 가산家産이 무너져 모양을 이룰 수 없게 되자, 토족土族이 실권을 잡고 온갖 방법으로 이들을 모함하고 박해하여 여러 대로 억눌려 살던 수치羞恥를 보복한다. ……○근래에는 아전의 습속이 날로 변하여 하찮은 아전이 길에서 귀족貴族을 만나도 절하려 하지 않으며, 아전의 자손으로서 아전의 소임조차 맡지 않은 자가 경내境內의 귀족을 대하기를 평교平交와 다름없이 하여 너나들이하며 자字를 부르고 다시는 예禮를 차리지 않으니, 이는 세상이 변한 것이다.(百年以來, 爵祿不及於遐外, 古之士大夫, 其子孫零替, 基業破落, 不成模樣, 土族秉權, 百計陷害, 以報數世屈抑之羞. ……○近者, 吏習日渝月變, 小吏路逢貴族, 不肯納拜, 吏子·吏孫, 其不入仕者, 待境內貴族, 無異平交, 爾汝呼字, 不復爲禮, 此世變也.)" 『牧民心書 II』, 「禮典六條」(『定本 與猶堂全書 28』, pp. 274~275); "○지금 비천한 사람들이 모두 도포道袍를 입어 큰 소매에 긴 옷자락을 늘어뜨려 엄전하기가 마치 조정의 벼슬아치와 같다. 이 때문에 포백布帛은 날로 귀해지고 기강紀綱은 날로 무너지고 있으니, 작은 걱정거리가 아니다.(○今氓隷·下賤, 皆著道袍, 大袖長裾, 儼如朝官. 布帛日貴, 紀綱日頹, 非細憂也.)" 『牧民心書 II』, 「禮典六條」(『定本 與猶堂全書 28』, p. 276); "○……유독 호남湖南의 아전들만 그 부녀자들이 모두 유옥교有屋轎를 타는데, 주렴에 꽃무늬를 수놓아 늘어뜨리고 앞에서 소리를 질러 길을 트고 뒤에서는 옹위하는데, 가난한 선비를 만나면 큰 소리로 길을 비키라고 한다. ……고가故家와 명족名族은 가난하고 쇠퇴함이 날로 심해져 떨어진 교자轎子는 새끼로 얽어매고 있는데, ……좁은 길에서 (아전의 교자를: 필자 주) 서로 만나면 밀쳐져서 뒤집혀 언덕에서 떨어지기도 하고 개울에 빠지기도 함에 교자 속 어린애가 튀어나와 울음소리가 바야흐로 통절한데도 저들의 행차는 이미 멀리 가버린다. 오늘날 날마다 듣는 것이 모두 이런 일이다. 아전은 날로 교만해져 사심邪心이 더욱 생겨나고, 선비[士]는 날로 위축되어 풍기風氣가 쓸쓸해지고 있다.(○……唯獨湖南之吏, 其婦女皆乘有屋轎, 朱簾繡蕤, 前呵後擁, 遇寒士, 高聲辟除. ……故家·名族, 貧衰日甚, 弊轎索縛, ……狹路相逢, 被其擠仆, 墮崖落水, 嬰孩倒瀉, 此哭方痛, 彼行已遠. 今日日所聞, 皆此事也. 吏日以驕, 邪心益生; 士日以蹙, 風氣轉索.)" 『牧民心書 II』, 「禮典六條」(『定本 與猶堂全書 28』, pp. 276~277); "○지금 군현郡縣의 아전들은 의복衣服·기명器皿·안마鞍馬의 치장이 사치스럽고 참람僭濫해서 그 한계가 없다. ……○법法은 비록 이와 같으나, 지금 아전과 천한 백성은 모두 은銀으로 꾸민 안장鞍裝을 타고 묘墓 앞의 석물石物은 공경公卿의 경우와 방불하니, 의장儀仗에서의 외람됨이 하나같이 이 지경에 이르렀다.(○今郡縣小吏, 其衣服·器皿·鞍馬飾裝, 奢侈僭濫, 無復限紀. ……○法雖如此, 今下吏·賤氓, 皆騎銀鞍, 其墓前像設, 擬於公卿, 儀文之濫, 一至是矣.)" 『牧民心書 II』, 「禮典六條」(『定本 與猶堂全書 28』, pp. 277~278); "신해년[1731년, 英祖 7: 필자 주] 이래로 한결같이 귀족貴族은 날로 시들어가고 천민賤民은 날로 횡포해짐에, 상하上下의 기강이 문란하게 되어 교령敎令이 시행되지 않는다.(一自辛亥以來, 貴族日彫, 賤類日橫, 上下以紊, 敎令不行.)" 『牧民心書 II』, 「禮典六條」(『定本 與猶堂全書 28』, p. 279); "2월 초가 되면 교활한 아전과 사나운 군교軍校를 풀어놓아 '검독檢督'이라 부르며 전세田稅를 수색하여 거두어들이게 한다. 승냥이 이빨과 호랑이 발톱을 마을을 향해 삼엄하게 드러내며 '인징鄰徵'이니 '족징族徵'이니 하여 대납代納하도록 독촉한다. 가마솥을 들어내고 송아지와 돼지를 끌어가며, 부엌 뒤를 파내고 짚가리를 파헤친다. 간혹 빈한貧寒한 사족士族이 그 사정을 호소하면 발로 차고 묶어서 나뭇가지에 거꾸로 매달기도 한다. 규방閨房에도 돌입하여 북[杼]이나 바디[柚]를 찾는데 부녀자婦女子가 놀라고 무서워 머리를 감싸고 엎드리면 아전은 그 등을 올라타고 선반을 뒤져 땅문서를 빼앗고 명주실과 모시실을 거둬간다. 그 괴로움과 원통함을 슬피 호소하니, 측은하고 슬프다.(○[臣又按] ……二月之初, 縱其猾吏與其猂校, 名曰: '檢督', 使之搜括. 豺牙虎瓜, 望閭森張, 曰: '鄰'·曰: '族', 責其代納. 摘其錡釜, 曳其犢豚, 掘其廚背, 散其藁堆. 或貧寒士族, 訴其情眞者, 蹴而綁之, 倒懸樹杪. 突入閨房, 以搜杼柚, 婦女驚恐, 囚首俯伏, 吏乘其脊, 以搜閣板, 奪其

'중서층'의 성장: '신향'의 대두와 '중인지식인'의 부상

1

이상과 같은 조선후기 사회신분제도의 전반적 해체현상은 우선 당시 향촌사회 내에서의 권력구조에도 중요한 변화를 야기하는 동시에 또한 그것의 반영이기도 하였다. 우선, 조선중기, 즉 16세기 후반 이래 사림파士林派가 정국의 주도권을 장악하게 되면서 지방지배를 위한 일련의 새로운 구상 또한 전개했던바,[37] 이러한 구상은 이른바 '사족지배체제士族支配體制'[38]라는 형태로 귀결·구체화되었다. 첫째, 당시 향촌의 재지사족

田券, 取其絲枲. 哀號煩冤, 惻怛悽愴.)" 『經世遺表 II』, 「地官修制: 田制 8」(『定本 與猶堂全書 25』, p. 110); "해가 갈수록 이족吏族의 방자함이 심해져서, 재상宰相과 체결締結하고 수령守令을 겸제箝制하여 관부官府를 제집처럼 여겨 하고 싶은 대로 합니다. 그들의 부녀자婦女子 가운데 젊은 자는 물론이요 이미 늙어 노파老婆가 된 자들도 혹 이웃고을을 나들이할 때면 모두 유옥교有屋轎를 타고 좌우에서 소리를 질러 길을 트고 옹호함이 마치 관원官員의 권속眷屬처럼 하며, 그 자제子弟로서 벼슬하지 않은 자들도 평소에 갓을 쓰고 보료[隱囊]를 깔고 앉으니, 명분名分과 기강紀綱이 완전히 무너졌습니다. 이 비용이 어디에서 나오겠습니까? 모두 관고官庫의 곡식을 도둑질한 것입니다.(比歲吏族豪橫甚矣, 締交宰相, 箝勒守令, 視府爲私, 唯意所欲. 其婦女少者勿論, 已老爲婆者, 或往鄰縣, 皆乘屋轎, 左右呵擁, 摸擬官眷, 其子弟不仕者, 平居戴冠隱囊, 名分都壞, 紀綱全頹. 斯何出也? 皆倉中之粟, 逋而爲是也.)" 「與金公厚【履載○己巳六月】」(『定本 與猶堂全書 4』, p. 118)

37 16세기 후반에 이르면 사림파가 지방뿐만이 아니라 중앙정계마저 장악함으로써 명실상부한 지배세력으로 부상했던바, 이들은 향촌사회의 지배를 위해 성리학적 지방지배의 이념을 표방하는 한편 그 구체적인 방법으로 유향소留鄕所의 복립復立을 통한 향권鄕權의 장악과 향약鄕約을 통한 지배 이데올로기의 실천을 모색했던 것으로 전한다. 이에 대한 보다 자세한 내용은 이태진(2008c: 151~223), 이태진(2008e: 305~348) 등이 참조된다.

38 여기서의 '사족지배체제'란 사족士族이 '관권官權과의 일정한 타협 위에서 군현郡縣 단위 및 촌락사회에서 자신들의 향권鄕權을 관철시킬 수 있는 지배기구를 장악하고, 그들이 관권과의 타협 위에서 이민吏民을 통제하고 있었던 향촌지배구조'(金仁杰, 1991, 2017b), '수령守令-사족士族 주도 향촌지배'(고석규, 1991), '조선시대 사족지배를 위한 법률, 제도 및 이데올로기의 총체'(金炫榮, 1993) 등으로 규정되고 있다. 이러한 체제는 사족이 향촌지배기구로서 유향소留鄕所, 향약鄕約, 사마소司馬所, 서원書院, 향교鄕校, 문중門中 등을 이용하여 자신들의 이해에 따른 향촌지배를 관철시켜나가는 형태로서, 국가에서는 수령권의 우위를 인정받는 선에서 재지사족의 향정鄕政에의 참여와 자율적인 향촌자치권을 용인한 바 있다. 이에 대한 보다 자세한 내용은 김현영(2000: 85~118), 심재우(2000: 119~139) 등이 참조된다.

在地士族은 이족吏族을 배제하는 가운데[39] 자신들만의 배타적인 결집기반으로서 향안鄕案[鄕籍]을 작성하고, 그 구성원인 향원鄕員들이 '향회鄕會'라는 합의체적 향촌권력기구를 활용하여 향촌사회를 주도적으로 지배하고 있었다. 즉, ① 이들은 향촌사회를 운영함에 있어 관官[國家]의 우위와 일방성을 일정 정도 제어하는 가운데, 향회를 통해 향안을 개정하거나 향안입록자鄕案入錄者를 결정하고 유향소留鄕所[鄕所]의 향임鄕任을 추천하며, 또한 사족지배질서에 벗어나는 제반 행위를 적발하여 유향소나 수령守令을 통해 처벌하는 한편 선행자에 대해서는 포상하는 등의 자체 형벌권을 행사하기도 하였다. ② 이때 향회에서는 각종 규제조목—입의立議·약속約束·향규鄕規 등—을 마련하여 사족士族을 결속시키고 이서吏胥와 하층민을 통제하며 부역체계賦役體系의 안정을 도모하는 등의 활동을 하였고, 결국 이를 통해서 일향一鄕의 상하질서를 자율적으로 유지해나갔던 것으로 파악되고 있다.[40]

39 16세기와 17세기 동안 재지사족이 향안鄕案에서 이족吏族을 배제시켜나가면서 자신들의 향촌지배권을 확립해나간 구체적 양상에 대해서는 대표적으로 朴焞(1990: 67~95)이 참조된다.

40 이에 대한 보다 자세한 내용은 대표적으로 金仁杰(1981), 金仁杰(1983), 金仁杰(1986), 金仁杰(1991), 김인걸(2017a: 33~48), 김인걸(2017b), 김인걸(2017c: 101~215), 정진영(1988: 229~257), 李海濬(1991), 김현영(1993), 김현영(1994), 金炫榮(1999: 65~132) 등이 참조된다. 특히 金仁杰(1983)은 ① '향안鄕案'이란 원래 재지품관在地品官의 명단으로서 경재소京在所에 비치된 '경안京案'과 대칭되어 쓰였던 명칭으로서, ② 17세기 향안의 구조와 그 공통된 성격으로서 ㉠ 향안은 일향一鄕의 사족안士族案으로서 향임鄕任의 선출이 그 안에서 이루어졌던 점, ㉡ 신분적 폐쇄성을 띠었던 점, ㉢ 향안의 작성은 원칙적으로 일향 재지사족의 공론公論의 의해 이루어진다는 점을 들고 있으며, ③ 당시 향안의 기능이란 기본적으로 향촌사회에서 기존 사족 중심의 체제를 유지하는 것, 즉 '일향의 기강紀綱을 잡고 백성의 풍속風俗을 바르게 하는 것'으로서, ④ 이러한 향안의 작성시기는 크게 3시기로 나누어지는바, 즉 ㉠ '향안복구鄕案復舊의 시기'로서 양란兩亂 이후에서 광해조光海朝에서 인조조仁祖朝로의 전환의 시기까지에 해당한다면, ㉡ '향안에 새로운 방향이 모색되고 지방적 성격이 갖추어지는 시기'로서 인조반정仁祖反正을 전후로 한 시기부터 숙종肅宗 30~40년대, 즉 18세기 초까지의 시기에 해당하며, ㉢ 18세기에 접어들면서 '기존 향안의 기능에 일련의 변화가 나타나는 시기'로서, 여기에는 정부의 새로운 대지방정책對地方政策 및 사족 내부의 분열 등 기존 지배층의 분화현상이 반영되면서 향안의 추입追入이 종식되거나 향안이 파치罷置되는 때까지의 시기에 해당하는 것

둘째, 이러한 사족지배체제는 물론 당시 강남농법江南農法의 실현과 지주전호제地主佃戶制의 전개, 성리학性理學의 정착 등으로 대표되는 역사 발전의 특수한 단계와 일정한 조응성을 가지는 것이기도 하였다.[41]

한편, 이상과 같은 사족지배체제는 그러나 양란兩亂 이후의 전반적인 사회적·경제적 변화와 함께 필연적으로 재편될 수밖에 없었던 것이고, 더욱이 새로운 세력의 신분상승과 중앙정부의 지방지배정책의 변화에 따라 결국 향촌사회에 대한 재지사족의 주도권 상실로 귀결되어 갔다. 특히 18세기부터는 향안鄕案의 입록入錄이 급증하거나 향안추입鄕案追入이 종식되는 현상, 심지어는 관官에 의하여 향안 자체가 파치罷置되어 그 기능이 발휘되지 못하는 현상 등이 나타나고 있었던바, 이는 곧 당시 재지사족의 자체 분열 및 그들의 향권鄕權 상실을 반영하는 것이었다.[42] 첫째, 18세기 중엽 이래로 이향吏鄕[吏胥]·서얼庶孼·요호부민층饒戶富民層을 중심으로 한 '신향新鄕'세력의 향권에 대한 도전은 공공연한 향전鄕戰으로 비화되어갔으니, ① 이는 당시 관주도의 새로운 향촌사회 통제책을 모색하던 국가나 수령의 지원이나 묵인 하에 점차 신향세력에게 유리한 국면으로 전개되었다. ② 물론 이러한 상황은 당시 관官이 지방통치를 위해 더 이상 재지사족의 이해만을 대변할 당위성을 발견할 수 없게 된 사정과 더불어 수령의 향촌지배의 기본방향이 '억강부약抑强扶弱'으로 표방되던 국면과도 일정한 관련이 있었다.[43]

으로 설명하고 있다.

41 이에 대한 보다 자세한 내용은 李泰鎭(1989a)이 참조된다.

42 이에 대한 보다 자세한 내용은 金仁杰(1981), 金仁杰(1983), 金仁杰(1986), 金仁杰(1991), 김인걸(2017b), 김인걸(2017c: 101~215), 정진영(1988: 525~561), 李海濬(1991), 이해준(1996: 282~284), 이해준(2000: 183~204), 김현영(1993), 김현영(1994), 金炫榮(1999: 104~116, 135~179), 정승모(2010: 179~224) 등이 참조된다.

43 이에 대한 보다 자세한 내용은 정진영(1990: 185~236)이 참조된다. 여기서 정진영(1990)은 18~19세기에 걸친 사회적·경제적 변화의 추세로 인해 당시 재지사족의 지배가 일향一鄕 범위에서 사실상 해체되고 있었을 뿐만 아니라, 심지어는 촌락村落 단위의 지배까지도 부정되고 있었음을 부인동夫人洞 동약洞約의 분쟁사례紛爭事例

를 통해 보여주고 있다. 또한, 당시 구향舊鄕과 신향新鄕 간의 이러한 향전鄕戰은 대표적으로 『향안鄕案』·『청금록青衿錄』·『사마록司馬錄』 등에의 입록入錄을 둘러싼 분쟁, 향교鄕校의 교임校任 자리를 둘러싼 마찰, 향청鄕廳 내에서의 향임鄕任 자리를 둘러싼 갈등, 서얼庶孼의 향교鄕校에서의 서치문제序齒問題를 둘러싼 분쟁 등의 형태로 표출되었던바, 이에 대해 수령은 당시의 세태를 반영하여 대체로 신향에게 유리한 방향으로 중재·처결하는 경향을 보였던 것으로 전한다. 이에 대한 보다 자세한 내용은 노혜경(2006: 239~251), 金炫榮(1999: 177) 등이 참조된다.

한편, 정약용은 당시 이러한 향전鄕戰의 양상에 대하여 특히 '변등辨等'을 강조하는 자신의 독자적인 '예禮'관에 의거하여 우려와 비판적 입장을 거듭 표명한 바 있다. 즉, 그는 "요컨대, 천한 자가 귀한 자를 능멸하는 것도 수령守令이 걱정할 바요, 강한 자가 약한 자를 침해하는 것도 수령이 걱정할 바(要之, 以賤陵貴, 牧所憂也; 以强侵弱, 牧所憂也)"[『牧民心書 II』, 「禮典六條」(『定本 與猶堂全書 28』, p. 274)]임에 **"무릇 변등辨等의 정사는 오직 소민小民만 징계하는 것이 아니라 중간층이 상층을 범하는 것도 역시 미워해야 할 것(凡辨等之政, 不唯小民是懲, 中之犯上, 亦可惡也)"** [『牧民心書 II』, 「禮典六條」(『定本 與猶堂全書 28』, p. 274)]이라는 기본적 전제 하에, 당시 수령이 향촌사회를 지배·통제하기 위한 방책으로 '억강부약抑强扶弱'의 논리를 이미 달라진 구체적인 현실과 세태를 도외시한 채 일방적으로 적용하는 행태에 대하여 거듭 경계한 바 있다: "간혹 하민下民·노예奴隷 같은 천민이 재물을 모아 부자가 됨에, 그 자손들이 뇌물을 바쳐 차임差任을 받고자 해서 향승鄕丞이 되기도 하고, 아비를 바꾸고 조상을 고쳐 거짓 족보를 펴내기도 하고, 땅을 바치고 계집종을 헌납해서 귀족과 혼인을 맺기도 하고, 구멍을 뚫고 샛길을 찾아 수령과 연줄을 맺기도 한다. 이러한 부류는 징계해서 억눌러야 할 것이고 키워주어서는 안 된다.(其或以甿·隷之賤, 高貲致富, 其子若孫, 納賂圖差, 得爲鄕丞, 換父易祖, 印出僞譜, 納田獻婢, 連婚貴族, 鑽穴尋蹊, 締結官長. 若此之類, 在所懲抑, 不可扶植.)" 『牧民心書 II』, 「禮典六條」(『定本 與猶堂全書 28』, p. 273); "수령守令으로서 애민愛民한다는 자들이 편파적으로 억강부약抑强扶弱을 위주로 삼아 귀족貴族을 예禮로 대하지 않고 오로지 소민小民만을 두호斗護하는 경우에는 원망이 비등할 뿐만 아니라 풍속 또한 퇴폐해지니, 크게 불가하다.(牧之愛民者, 偏以抑强扶弱爲主, 不禮貴族, 專護小民者, 不惟怨詛朋興, 抑亦風俗頹敗, 大不可也.)" 『牧民心書 II』, 「禮典六條」(『定本 與猶堂全書 28』, p. 273); "옹정雍正 신해년[1731년, 英祖 7: 필자 주] 이후로 ……상층上層은 약해지고 하층下層은 강해져서 기강紀綱은 무너지고 백성의 뜻은 흩어져서 통령統領할 수 없게 되었다. ……국가가 의지하는 바는 사족士族인데, 이 사족이 권세를 잃은 것이 이와 같다. ……오늘날 시골의 토족土族은 이미 모두 튼실해지고 고가故家의 후예들은 모양을 이루지 못하고 있다. 그런데도 수령으로 온 사람들이 백년 전의 전해내려오는 이야기를 잘못 듣고서 오히려 귀족貴族이 호강豪强하다고 하면서 송사訟事를 다룰 때마다 우선 억강부약抑强扶弱하기로 작심하니, 이는 큰 잘못이다.(雍正辛亥以後, ……上弱下强, 紀綱陵夷, 民志以散, 不相統領. ……國家所倚者士族, 而其無權失勢如此. ……今遐鄕土頑, 槩多饒實, 而故家遺裔, 不成模樣. 乃守令來者, 謬聞百年以前流傳之言, 猶謂貴族豪强, 每遇相訟, 先以抑强爲心, 此大誤也.)" 『牧民心書 II』, 「禮典六條」(『定本 與猶堂全書 28』, p. 278); **"귀족은 이미 쇠잔하여 천민들이 자주 무함하니, 관장이 살펴 처리하는 데 그 실정을 잃어버리는 경우가 많다. 이것 또한 오늘날의 폐단이다:** 가난한 선비[士]가 시골에 살다보면 저절로 자질구레한 비

둘째, 마침내 19세기에 이르러 재지사족이 향촌사회에 대한 지배력을 완전히 상실 또는 포기하게 되자 국가는 종래 이들을 매개로 한 지방통치의 방향에서 탈피하여 소농민小農民에 대한 직접적 지배를 시도하게 되었다. ① 이는 곧 농민을 이里[洞] 단위로 지배하는 형태로 구현되었던바, 이에 효과적인 수세행정의 일환으로 관주도형의 동계洞契를 납세단위로 재편성하는 한편, 공동납共同納의 강화를 위해 이정제里定制·비총제比摠制·잡역세雜役稅 등을 실시하기도 하였다.[44] ② 그런데 이러한 관주도의 향촌사회에 대한 지배와 통제책의 일방적인 강요는 결과적으로 향론鄕論이나 공론公論의 부재 속에서 수령과 이향세력이 결탁한 수탈구조를 일반화시키게 되었고, 이는 다시금 조선말기의 사회적 모순을 확대·심화시키는 요인으로 작용하였다.

결국, 기층농민층과 향촌사회는 일종의 파행적 과두독재체제라고 할 수 있는 세도정치勢道政治 하에서 유례없는 가렴주구와 구조적 피폐상을 경험하게 되었고, 이에 대한 집단적인 저항은 곧 대규모의 농민반란으로 귀결되어갔던 것이다.[45]

방이 많아지고, 천민賤民들은 함부로 날뛰면서 수령이나 아전과 결탁하여 몰래 모함하는 소리를 퍼뜨린다. 관찰사觀察使는 관문關文을 보내 마치 강도를 잡아들이듯 끌어다가 차꼬[桁楊]를 채우는 욕을 보인다. 가난한 선비가 한번 이런 욕을 당하고 나면 머리를 떨어뜨리고 의기가 꺾여 다시는 감히 한 마디의 말도 못하게 되니, 기강紀綱의 붕괴는 주로 이 때문이다. ……경솔하게 꼭 꺾어버릴 것까지는 없다. (**貴族旣殘, 賤流交誣, 官長按治, 多失其實. 斯又今日之俗弊也**: 貧士居鄕, 自多瑣謗, 而賤流豪橫, 結締官·吏, 陰流讒誣之言. 察使飛關, 如捕强盜, 遂加桁楊之辱. 貧士一經此辱, 卽垂首喪氣, 不復敢出一辭氣, 紀綱之隳, 職由是矣. ……不必輕爲之挫折也.)" 『牧民心書 II』, 「禮典六條」(『定本 與猶堂全書 28』, p. 280)

44 이에 대한 보다 자세한 내용은 金仁杰(1984), 金仁杰(1986), 金仁杰(1991), 김인걸(2017b), 韓相權(1987: 221), 정진영(1988), 李海濬(1991), 이해준(2000) 등이 참조된다.

45 정약용은 강진康津에서 귀양살이를 하면서 당시 재지사족의 몰락으로 향촌사회에 향론이나 공론이 부재한 상황에서 수령과 이향세력이 결탁하여 가혹한 수탈과 횡포를 일삼는 상황을 일련의 시詩를 통하여 사실적으로 묘사고발하기도 하였다. 그가 경오년[1810년, 純祖 10]에 '삼리三吏'로 일컬어지는 두보杜甫의 시詩, 즉 「석호리石壕吏」, 「신안리新安吏」, 「동관리潼關吏」에 차운次韻하여 지은 「용산리龍山吏」, 「파지리波池

吏」, 「해남리海南吏」라는 제목의 시들이 그 대표적인 사례가 된다. 이에 그 내용을 간략히 소개하면 다음과 같다: "아전놈들 용산촌龍山村에 들이닥쳐서, 소 뒤져 관리에게 넘겨주는데, 소 몰고 멀리멀리 사라지는 걸, 집집마다 문에 기대 보고만 있네. 사또님 노여움만 막으려 하니, 그 누가 백성 고통 알아줄 건가? 유월에 쌀 찾아 바치라 하니, 모질고 고달프기 수자리[國境을 지키는 일: 필자 주]에 비할쏜가. ……빼앗긴 소 바라보며 엉엉 우는데, 눈물이 흘러내려 베적삼을 적시네. 촌마을 형편이 이렇게 피폐한데, 아전놈은 앉아서 왜 아니 돌아가나? 쌀독은 바닥난 지 이미 오랜데, 무슨 수로 저녁밥 짓는단 말가? 그대로 앉아서 산목숨 끊게 하니, 온 동네 사람들 모두가 목이 메이네. 소 잡아 포脯를 떠서 세도가勢道家에 바치면, 재주꾼 솜씨가 이로써 드러나네.(吏打龍山村, 搜牛付官人, 驅牛遠遠去, 家家倚門看. 勉塞官長怒, 誰知細民苦? 六月索稻米, 毒痛甚征戍. ……泫然望牛泣, 淚落沾衣裙. 村色劇疲衰, 吏坐胡不歸? 瓶罌久已罄, 何能有夕炊? 坐令生理絶, 四隣同嗚咽. 脯牛歸朱門, 才諝以甄別.)" 「龍山吏」(『定本 與猶堂全書 1』, p. 505); "아전놈들 파지촌波池村에 들이닥치니, 시끄럽고 소란하기 군대 점호 같구나. ……그중에 가난한 선비 한 사람, 수척한 몸에다 가장 외로워, 하늘을 우러러 죄 없음을 호소하는데, 구슬픈 원망소리 끝없이 이어지네. 하고 싶은 말일랑 감히 못하고, 눈물만 비 오듯 쏟아지는데, 아전놈들 화내며 완악하다고, 욕보여 다른 사람 겁을 주려고, 높은 나뭇가지 끝에 거꾸로 매달아, 머리를 나무뿌리에 닿게 하고는, '쥐새끼 같은 놈이 두려움을 모르고서, 네가 감히 상영上營을 거역할건가. ……'……아전 위신 세우는 건 바로 이때라, 이리저리 지휘하는 아전들이란.(吏打波池坊, 喧呼如點兵. ……中有一貧士, 瘠弱最伶俜, 號天訴無辜, 哀怨有餘聲. 未敢敍衷臆, 但見涕縱橫, 吏怒謂其頑, 僇辱怵衆情, 倒懸高樹枝, 髮與樹根平, '鯫生詧不畏, 敢爾逆上營. ……'……立威更何時? 指揮有公兄.)" 「波池吏」(『定本 與猶堂全書 1』, p. 505); "나그네 한 사람 해남海南에서 달려와, 무서운 것 피해 오는 길이라면서, 오래도록 가쁜 숨 멎지를 않고, 두려운 기색이 상기도 남아 있네. 이 사람 승냥이를 만난 게 아니라면, 오랑캐 만난 게 분명하렷다. '세금 독촉 아전들이 마을에 나타나, 이리저리 다니면서 마구 짓밟으니, ……나는 이제 호랑이를 피해 왔지만, 바싹 마른 물고기를 그 누가 구해주리?' 두 줄기 눈물이 비오듯 쏟아지며, 긴 한숨 소리가 휘파람 되어 나네.(客從海南來, 爲言避畏途, 坐久喘未定, 怖怯猶有餘. 若非値豺狼, 定是遭羌胡. '催租吏出村, 亂打東南隅, ……吾今避猛虎, 誰復恤枯魚?' 泫然雙淚垂, 倏然一嘯舒.)" 「海南吏」(『定本 與猶堂全書 1』, p. 506)

또한, 정약용은 기사년[1809년, 純祖 9]에 쓴 「전간기사田間紀事」에서의 「시랑豺狼」이란 제목의 시詩를 통해서도 상기한 바와 같은 당시의 참상을 처연하게 고발하고 있다: "승냥이여, 이리여! 송아지 이미 채갔으니, 양일랑 물지 마라. 장롱엔 속옷 없고, 시렁엔 치마도 없다. 항아리엔 남은 소금 없고, 쌀독엔 남은 양식 없노라. 큰 솥 작은 솥 다 앗아가고, 숟가락 젓가락 다 훔쳐갔네. 도적도 아니고 원수도 아닌데, 어찌 그리 악독한가? 살인자 죽었는데, 또 누굴 죽이려나? ……승냥이여, 호랑이여! 말한들 무엇하리. 금수 같은 놈들이여! 나무란들 무엇하리. 부모가 있다지만, 믿을 수 없네. 달려가 호소하나, 들은 체도 하지 않네. 우리의 논밭을 바라보아라, 얼마나 크나큰 참상이더냐. 백성들 이리저리 유랑하다가, 시궁창 구덩이를 가득 메우네. 아버지여, 어머니여! 고량진미 먹으면서, 방에는 기생 두어, 얼굴이 연꽃 같네.(豺兮狼兮, 旣取我犢, 毋噬我羊. 笥旣無襦, 椸旣無裳. 甕無餘鹽, 瓶無餘糧. 錡釜旣奪, 匕筯旣攘. 匪盜匪寇, 何爲不臧? 殺人者死, 又誰戕兮? ……豺兮虎兮, 不可以

2

이상과 같은 '향촌사회에서의 신향新鄕의 대두'와 조응하여 서울을 중심으로 한 '도시지역에서의 중인中人 출신 전문지식인의 부상'이란 현상 또한 두드러지기 시작하였다. 이에 그 내용을 구체적으로 살펴보면, 첫째, 당시 '서울지역에서 활동하던 중인계층'은 대체로 의역중인醫譯中人을 핵심으로 한 화원畫員·율사律士·산사算士 등 기술직의 중하급관료들, 양반의 첩자妾子로서 양반신분에서 탈락한 서얼庶孼, 경아문京衙門에서 일선 행정을 도맡았던 하급실무자인 이서吏胥[胥吏·衙前] 집단이 그 주축을 이루는 가운데, 기타 잡다한 신분적 분화를 보이고 있었다.[46]

둘째, 이들은 또한 17세기 이후 신분이 점차 고착되면서 청요직淸要職으로의 상승이동의 통로가 완전히 폐쇄되자 특히 18세기에 접어들면 각 분파 상호간의 지지와 연대를 통하여 세력을 결집하는 가운데 각자 나름의 신분상승운동을 활발하게 전개하기 시작하였다. 즉, ① 의역중인을 중심으로 한 기술직 중인의 경우에는 특히 역관譯官이나 반당伴倘으로서 연행사燕行使를 따라가 인삼人蔘 등을 주종으로 하는 사무역私貿易에 종사하여 막대한 부를 축적함으로써 경제적 측면에서 실질적인 신분상승을 성취하는 한편, 이후 19세기 중엽에 이르면 서얼의 통청운동에 자극을 받아 중인통청운동中人通淸運動을 전개함으로써 비록 가시적 성과는 거두지 못했으나 결과적으로 중인의 신분상승운동의 견인차 역할을 한 바 있다. ② 서얼층의 경우에는 특히 영조英祖의 탕평책蕩平策에 편승하여 스스로를 해바라기에 비유하며 해[임금]를 향하여 끊임없이

語. 禽兮獸兮, 不可以詬. 亦有父母, 不可以恃. 薄言往愬, 褎如充耳. 視我田疇, 亦孔之慘. 流兮轉兮, 塡于坑坎. 父兮母兮, 粱肉是啖, 房有妓女, 顔如菡萏.)" 「田間紀事: 豺狼」(『定本 與猶堂全書 1』, p. 504) 번역문은 宋載邵 譯註(1991: 317~320, 324~330)와 송재소 역주(2013: 472~476, 481~489)를 참조하였다.

46 이하의 내용은 鄭玉子(1988: 189~225), 鄭玉子(1990: 115~143), 鄭玉子(1991: 267~300), 정옥자(1993: 165~191)에 주로 의존하였다.

충성심을 불태우고 있으니, 청직淸職, 즉 문괴무선文槐武宣—과거科擧 합격 후 문과文科는 괴원槐院[承文院], 무과武科는 선전관宣傳官에 추천되는 관행으로, 양반사로兩班仕路의 정로正路에 해당하였다—의 관직에 사대부士大夫와 마찬가지로 통하게 해달라는 통청운동을 맹렬하게 전개한 바 있다. 이러한 운동은 당시 지배층인 양반사대부에게 명분의 해이와 체제에 대한 위협으로 간주되어 반대에 봉착하기도 하지만, 점차 시대적·사회적 요청으로 받아들여져 정조조正祖朝에 이르면 서얼 출신의 북학자北學者들—이덕무李德懋, 유득공柳得恭, 박제가朴齊家—이 규장각奎章閣의 검서관檢書官으로 임명되기도 하다가, 마침내 19세기 중엽인 신해년[1851년, 哲宗 2]에 이르면 실질적인 통청通淸이 이루어지는 성과를 거두기도 하였다.[47] ③ 이서층의 경우에는 ㉠ 규

47 한편, 정약용은 일찍이 관료로서 활약할 때부터 이와 같은 중인계층의 통청운동에 대해 기본적으로 지지하는 입장을 견지한 바 있다. 즉, 그는 당시 당색黨色·출신지역·문벌·신분에 따라 인재등용에 사실상 제한을 두었던 폐단에 대하여 "온 나라의 훌륭한 영재英才를 다 뽑아 발탁하더라도 오히려 부족할까 염려되는데, 하물며 8, 9할을 버린단 말입니까?(盡一國之精英而拔擢之, 猶懼不足, 況棄其八九哉?)"라고 맹비판하는 가운데, 이에 대한 근본적인 해결책으로서 10년마다 한 차례씩 '무재이능과茂才異能科'를 시행하여 "서북지방과 양도兩都[開城과 江華島: 필자 주] 및 중인中人·서류庶流로부터 일반 천민賤民에 이르기까지 무릇 경학經學에 밝고 행실行實을 닦으며 문학文學과 정사政事에 특별히 뛰어난 자가 있으면 묘당廟堂·관각館閣·대성臺省의 신하들로 하여금 각자 들은 대로 천거하게 하고, 또한 방백方伯과 같이 외방에 거류하는 신하들도 각자 아는 대로 천거하게 합니다. 이렇게 하여 대략 100명을 천거한 다음 서울에 모이게 하여 경학經學과 시부詩賦 및 논책論策을 시험하고 옛날 국가가 흥하고 망한 자취를 물으며 당세의 경세제민經世濟民의 시무時務를 문의하여 10명을 뽑아서 과거科擧의 명목을 주는 것입니다. 무릇 이 과거에 합격한 자는 아래로는 대성臺省·관각館閣으로부터 위로는 의정부議政府와 이조吏曹에 이르기까지 임명하는 데 구애됨이 없도록 하여 소위 벌열가閥閱家란 집안과 똑같이 대우하여 그 자손들도 영원토록 청명淸明한 집안이 되게 하는 것입니다. 이렇게 하면 나라의 풍속을 개혁함이 없이도 막혀 있는 인재를 진작시키고 답답한 울분을 소통시킬 것이니, 이 방법보다 좋은 것은 없습니다(抑有一法可以行之者, 每十年一次設茂才異能科, 西北·兩都, 中人·庶流, 以至凡民之賤, 凡有經明·行修·文學·政事之拔類超群者, 令廟堂·館閣·臺省之臣各薦所聞, 又令方伯居留之臣各薦所知. 大約薦百人, 聚之京師, 試其經學, 試其詩賦, 試其論策, 詢之以往古興敗之跡, 訪之以當世經濟之務, 取十人賜之以科目. 凡登是科者, 下自臺省·館閣, 上至政府·銓部, 無所拘礙, 與所謂閥閱家等之, 使其子子孫孫永作淸明之族, 則其于國俗, 無所改易, 而振淹滯·疏幽鬱, 無出此右者也)"[「通塞議」(『定本 與猶堂全書 2』, pp. 148~149)]라고 정조正祖에게 강력히 건의한 바 있으며, 심지어는 서얼庶孼의 등용과 관련하여 "무엇 때문에 서얼의 등용을 막는단 말인가? ……(옛날

장각의 서리書吏를 중심으로 한 경아전京衙前들이 종래 귀족문학이었던 한문학漢文學의 소단騷壇에 대거 진출하여 '위항문학운동委巷文學運動'을 전개했던바,[48] 이를 통해 그들은 자신들의 지적 성장과 결집력을 과시함으로써 결과적으로 상대적인 신분상승의 효과를 도모하기도 하였다. ㉡ 당시 경아전을 위시한 중인계층 일반은 특히 이러한 위항문학운동을 통하여 영·정조대의 문예부흥이란 시대적 조류에 부응하는 가운데 드디어 19세기에 접어들면 시詩·서書·화畵 겸수兼修의 예술가들 및 문인취향文人趣向의 지식인들을 대량 배출하면서 문화계의 중추적 위치로 부상하게 되었던바, 이로써 그들은 동시대에 쇠미해가던 양반사대부 계층에 필적하는 새로운 사회세력으로 성장·활약하기에 이른다.

마지막으로, 결국 이상과 같은 노력을 통해 꾸준히 성장해온 중인 지식인들은 특히 개항 이후 국내외 정세의 격변기에 처하면서 종래의 '위항시인委巷詩人'의 한계를 넘어서서 점차 경세가經世家 내지는 경륜가經綸家를 꿈꾸는 '위항지사委巷之士'로 변모·활약하기 시작하였다. ① 특히 이들 중인계층은 기존의 세습직역을 통해 연마한 실용적 기술과 행정 능력, 앞 세기에 걸쳐 축적해온 인문학적 지식과 교양, 사행使行의 수원

우리 英宗大王께서 成大中[青城, 1732~1812] 등 서얼들에게: 필자 주) 대간臺諫의 직을 제수除授하신 것은 작은 일이다. 반드시 재상宰相에 임명해야 옳다(庶孼何枳哉? ……臺諫其小者也, 必相而后可者也)"[「庶孼論」(『定本 與猶堂全書 2』, p. 341)]라고까지 역설하기도 하였다.

또한, 정약용은 규영부교서승奎瀛府校書承—규영부奎瀛府는 '규장각奎章閣'의 별칭이다—으로 재직하며 정조의 편찬사업에 참여하는 과정에서 자연스럽게 박제가朴齊家[楚亭, 1750~1805]·유득공柳得恭[泠齋, 1749~?]·이덕무李德懋[雅亭, 1741~1793] 등과 같은 서얼庶孼 출신의 검서관檢書官들과도 긴밀한 지적 교류와 개인적 친분을 유지한 바 있다.

48 당시 위항문학운동의 성립과정과 시사운동詩社運動의 구체적 내용에 대해서는 대표적으로 鄭玉子(1988: 225~266), 鄭玉子(1990: 117~130)가 참조된다. 여기서는 대략 18세기 말엽부터 19세기 말엽에 이르기까지의 위항시사委巷詩社의 역사를 크게 3단계로 구분·소개하고 있는데, 즉 ① '옥계시사玉溪詩社'[일명 松石園詩社]의 단계[1786년~1810년], ② 소시사小詩社[西園詩社·斐然詩社·稷下詩社]들의 단계[1810년~1870년], ③ '육교시사六橋詩社'의 단계[1870년대 말]가 바로 그것이다. 또한, 뒤이어 위항의 시사와 예술활동에 대한 본격적인 연구로는 강명관(1997)과 허경진(1997)이 대표적이다.

隨員으로 활약하며 획득한 국제적 안목과 해외 선진문물에 대한 감수성이란 탄탄한 문화자본을 바탕으로 새로운 시대사조로서의 북학사상北學思想을 적극 수용·실천하기에 이른다. ② 이로써 그들은 개화운동을 통한 사회변혁을 꿈꾸는 한편, 흥선대원군興宣大院君의 집정기에는 실제로 행정실무를 장악한 막후 실력자로서 '경장지치更張之治'의 일선에서도 맹활약한 바 있다.[49]

3. 문화적 조건의 변화

이상에서 살펴본 바대로, 17세기 후반 이래로 조선사회는 경제적·사회적 조건에서 일찍이 유례없는 심각한 질적 변화를 연쇄적으로 경험하고 있었다. 특히 영농기술의 발달에 따른 농업생산력의 획기적 증대는 농업을 위시한 여타 산업부문에서의 '상품화폐경제의 진전'으로 이어졌고, 이러한 발전은 다시금 기존의 전통적 생산관계 및 신분제도에 대한 심대한 충격으로 연결되면서 대표적으로 '농민의 계층분화', '사회신분제도의 해체' 및 '중서층中庶層의 성장'으로 구체화되었다. 이처럼 당시 조선사회가 경제적·사회적 측면에서 경험했던 일련의 질적 변화는 다시금 문화적 조건에 있어서도 이에 조응하는 새로운 변화를 불가피하게 만들었던바, 이는 무엇보다 '진경문화眞景文化의 발흥과 쇠퇴', '서민문화庶民文化의 성장' 및 '불량선비의 탄생'으로 구현되었음은 물론이다.

49 이에 대한 보다 자세한 내용은 鄭玉子(1990: 130~138)가 참조된다. 한편, 허경진(2015: 7)은 조선후기 중인계층의 활약상을 문학동인, 예술인, 전문지식인, 역관의 범주로 나누어 각각 소개하는 가운데, 이들의 활동이 함축했던 역사적 의미와 관련하여 심지어 "조선의 문예부흥기였던 정조대왕 시대도 그 뒤안길에서 중인이 르네상스인으로 활동하였기에 가능할 수 있었다"고 적극 평가하고 있다.

대략 17세기 말에서 18세기, 즉 숙종조肅宗朝에서 영英·정조조正祖朝에 이르는 시기 동안의 조선사회는 문화적 조건에 있어서도 중요한 변화를 경험하게 되었으니, 곧 이전 시기와는 구별되는 독특한 문화사조로서의 이른바 '진경문화眞景文化의 발흥'이 바로 그것이다. 여기서 언급되는 진경문화란 일반적으로 조선성리학의 사상적 기반 위에서 조선중화주의朝鮮中華主義, 즉 조선의 문화에 대한 자존의식과 자신감을 표현했던 예술양식으로서, 특히 조선의 자연, 인물, 의관풍물衣冠風物 및 풍속을 사실적으로 묘사함으로써 조선풍의 고유한 개성을 창출했던 일련의 새로운 흐름을 지칭하고 있는바, 또한 이러한 흐름은 시기적으로는 대체로 숙종조의 초창기, 영조조의 절정기 및 정조조의 쇠퇴기로 각각 구분되기도 한다.[50]

이상과 같은 진경문화는 당시 새롭게 나타나고 있었던 '경향분기京鄕分岐'라는 사회현상과 결부되며 부상했던 경화사족京華士族이 주도하는 가운데 예술문화의 다방면에서 구현되었다. 이에 우선 그 대표적 사례를 들자면, ① '문학'에 있어서 ㉠ 한글문학의 경우에는 김만중金萬重[西浦, 1637~1692]의 『구운몽九雲夢』, 『사씨남정기謝氏南征記』를 필두로 한 한글소설, 정철鄭澈[松江, 1536~1593]과 윤선도尹善道[孤山, 1587~1671]에서 비롯되는 한글가사 및 당시 신분과 관계없이 널리 애호·창작되었던 한글시조의 형태로,[51] ㉡ 한문학의 경우에는 김창흡金昌翕[三淵, 1653~1722]과 이병연李秉淵[槎川, 1671~1751]이 주도한바 진경시문학眞景詩文學의 형태로 나타났고,[52] ②

50 이른바 '진경시대'와 '진경문화'에 대한 일반적 소개로는 대표적으로 최완수(1998a: 13~44), 유봉학(1998a: 81~110), 유봉학(2013a: 91~142), 지두환(2014: 13~23) 등이 참조된다.

51 진경시대의 한글문학에 대해서는 최완수(1998a: 23), 유봉학(2013a: 92)이 참조된다.

52 진경시문학에 대해서는 대표적으로 최완수(1998a: 23~25), 정옥자(1998: 62~69)가 참조된다.

‘회화’에 있어서는 정선鄭敾[謙齋, 1676~1759], 조영석趙榮祏[觀我齋, 1686~1761], 심사정沈師正[玄齋, 1707~1769], 강세황姜世晃[豹菴, 1713~1791], 김홍도金弘道[檀園, 1745~1806]로 이어지는 진경산수화眞景山水畵 및 풍속화風俗畵 등의 동국진경회화東國眞景繪畵로 표출되었으며,[53] ③ ‘서예’에 있어서는 송시열宋時烈[尤庵, 1607~1689]과 송준길宋浚吉[同春堂, 1606~1672]의 양송체兩宋體 및 이서李潊[玉洞, 1662~1723], 윤두서尹斗緖[恭齋, 1668~1715], 윤순尹淳[白下, 1680~1741], 이광사李匡師[圓嶠, 1705~1777]로 이어지는 동국진체東國眞體가 출현하였고,[54] ④ 도자기에서의 조선백자, 조각에서의 분묘석물 등에서도 당시 조선 특유의 미감과 사실성을 발전시켜나갔으며,[55] ⑤ 이외에 ‘의학’ 분야에 있어서도 허준許浚[字는 淸源, ?~1615]의 『동의보감東醫寶鑑』을 바탕으로 이경화李景華[字는 元亮, 1721~?]의 『광제비급廣濟秘笈』과 강명길康命吉[字는 君錫, 1737~1801]의 『제중신편濟衆新編』이란 의학서가 편찬된 바 있다.[56]

한편, 이처럼 대략 영조조를 중심으로 문화사조의 주류로서 그 절정기를 구가하던 진경문화는 대체로 영조조 후반에서 정조조에 접어들면서 앞서 1세기에 걸친 고립주의와 조선중화주의에 입각한 조선의 고유문화가 청淸 나라의 발달된 문화와 비교할 때 상대적으로 낙후되었다는 반성과 함께 ‘북학론北學論’이 제기되기 시작함으로써 서서히 종말을 고하기에 이른다. 즉, ① 순조조純祖朝 이후 19세기의 세도정치기에 접어들면 이제 북학론은 기존의 성리학을 대체하는 새로운 시대사상으로서

53 진경시대의 동국진경회화에 대해서는 대표적으로 최완수(1998c: 51~108), 김기홍(1998: 109~148), 오주석(1998: 149~216), 유봉학(1998b: 217~260), 유봉학(2013b: 143~181), 강관식(1998: 261~318), 강관식(2014: 143~178), 이세영(2014: 179~199), 백인산(2014: 201~222), 탁현규(2014: 223~244)가 참조된다.

54 진경시대의 서예사書藝史의 흐름과 동국진체에 대해서는 대표적으로 최완수(1998b: 13~50), 유봉학(2013c: 183~208), 이민식(2014: 299~316)이 참조된다.

55 진경시대의 백자에 대해서는 대표적으로 방병선(1998: 319~363), 방병선(2014: 245~272)이, 유교조각으로서의 능묘석물陵墓石物에 대해서는 유봉학(2013a: 125~128), 김민규(2014: 273~298)가 각각 참조된다.

56 진경시대의 의학에 대해서는 대표적으로 차웅석(2014: 371~385)이 참조된다.

본격적으로 부상함으로써 서울을 중심으로 한 조선의 학계學界와 예원藝苑에는 어느덧 청 나라의 문물과 학술 및 예술이 풍미하게 되었다. ② 이러한 흐름을 주도했던 대표적 인물은 김정희金正喜[秋史, 1786~1856]로서, 이에 ㉠ 학술에서는 고증학考證學과 금석학金石學이 학문적 성취단계로 완숙되었고, ㉡ 예술에 있어서는 중국풍의 문인화文人畵와 관념산수화觀念山水畵 및 고사인물도故事人物圖 등이 유행·선호되는 한편, 기존의 풍속화에 있어서도 동국진경의 사실주의와 개성주의가 어느덧 변질되어 특히 '속태俗態 및 색태色態의 통속성'이 확연히 부각되기 시작하면서 점차 퇴폐적 면모를 드러내기에 이른다.

서민문화의 성장

이 시기 동안 조선사회는 문화적 조건에 있어서 또 하나의 중요한 변화를 경험하고 있었으니, 곧 '서민문화庶民文化의 성장'이 바로 그것이다. 그리고 이러한 변화의 기저에는 무엇보다 이전 시기에 비하여 더욱 광범위하게 형성·등장하기 시작한 이른바 '문해서민文解庶民'57이 새로운 집단적 주체subject로서 자리 잡고 있었다.

첫째, 이처럼 새롭게 출현한 집단적 주체로서의 문해서민은 비록 기존의 유교적 도덕률에서 완전히 탈각하거나 자유로웠던 것은 결코 아니었지만, 그럼에도 바로 그 '문해文解'의 능력을 통해서 나름의 '문헌공동체communities of literature'를 점차 형성시켜나감으로써58 이전과는 현저

57 여기서 언급한바 '문해서민'과 관련하여 ① '문해'란 '한자와 한글'을 모두 포괄하며, ② '서민'이란 당시의 '중인층中人層과 양인층良人層 및 일부 노비층奴婢層'까지도 포괄하는 광의의 개념으로 쓰고자 한다.

58 여기서 거론된바 '문헌공동체communities of literature'에 대한 보다 자세한 내용은 Sheldon Pollock, ed.(2003: 27)과 송호근(2011: 91~92)이 참조된다. 즉, 문헌공동체란 일반적으로 동일한 문자와 동일한 텍스트를 쓰는 사람들 사이에 형성되는 일종의 연대의식을 말하는 것으로서, 곧 문헌·역사·언어가 공동의 정서와 감각을 생산하면서 이를 향유하는 집단에게 공통의 인식공간을 만들어준다는 것이다. 그리

히 달라진 내면의식과 가치관 및 행동양식을 다양한 형태로 진전시켜 나갔음은 물론이다. ① 그리고 이러한 의식의 변화는 다름 아닌 '항민恒民'에서 '원민怨民'을 거쳐 '호민豪民'으로 옮아가는 과정이자,[59] 동시에 자신들의 집단적 존재조건에 대한 반성적 관계를 결여한 무자각의 상태인 이른바 '즉자an sich'로부터 자신들의 삶에 대한 성찰적 객관화를 성취한 자각의 상태인 '대자für sich'로 점차 지양止揚해나갈 개연성을 논리적·현실적으로 함축하는 것이기도 하였다.[60] ② 결국, 이러한 사실은 곧 상

고 이러한 문헌공동체는 다시금 '사회텍스트 공동체the sociotextual community'와 '정치공동체the political community'로 구분되는데, 전자가 듣고 읽고 말하고 재생산하고 유통하는 그 행위로부터 공동체의식이 발현되는 문헌공동체라면, 후자는 서로 이질적인 사회텍스트의 질서가 하나로 통합되어 지배적 담론을 구성하는 문헌공동체이다.

59 허균許筠[蛟山, 1569~1618]은 일찍이 「호민론豪民論」에서 다음과 같이 말한 바 있다: "천하에 두려워해야 할 바는 오직 백성일 뿐이다. 홍수나 화재, 호랑이나 표범보다 훨씬 더 백성을 두려워해야 하는데, 윗자리에 있는 자들이 항상 업신여기며 모질게 부려먹음은 도대체 어떤 이유에서인가? 대저 이루어진 것만을 함께 즐거워하느라 항상 눈앞의 일들에 얽매이고 그냥 따라서 법이나 지키면서 윗사람에게 부림을 당하는 사람들이란 항민恒民이다. 항민이란 두렵지 않다. 모질게 빼앗겨서 살이 벗겨지고 뼈골이 부셔지며 집안의 수입과 땅의 소출을 다 바쳐서 한없는 요구에 부응하느라 시름하고 탄식하면서 그들의 윗사람을 탓하는 사람들이란 원민怨民이다. 원민도 두려워할 필요가 없다. 자취를 푸줏간 속에 숨기고 몰래 딴마음을 품고서 천지간을 흘겨보다가 혹 시대적 변고라도 생기면 자신의 소원을 실현하고 싶어 하는 사람들이 호민豪民이다. 대저 호민이란 몹시 두려워해야 할 사람들이다. 호민이 나라의 허술한 틈을 엿보고 일의 형세가 편승할 만한가를 노리다가 팔을 휘두르며 밭두렁 위에서 한 차례 소리를 지르면, 저들 원민이란 자들은 소리만 듣고도 모여들어 모의하지 않고도 함께 외쳐대기 마련이다. 저들 항민이란 자들도 역시 살아갈 길을 찾느라 호미·고무래·창자루를 들고 따라와서 무도한 놈들을 쳐 죽이지 않을 수 없다고 말하기 마련이다. ……백성의 시름과 원망은 고려 말엽보다 훨씬 심하다. 그런데도 위에 있는 사람들은 태평스러운 듯 두려워할 줄을 모르니, 우리나라에는 호민이 없기 때문이다. ……백성을 다스리는 일을 하는 사람이 두려워할 만한 형세를 명확히 알아서 전철前轍을 고친다면 그런대로 유지할 수 있으리라.(天下之所可畏者, 唯民而已. 民之可畏, 有甚於水火虎豹, 在上者方且狎馴而虐使之, 於獨何哉? 夫可與樂成, 而拘於所常見者, 循循然奉法, 役於上者, 恒民也. 恒民, 不足畏也. 厲取之而剝膚椎髓, 竭其廛·入地出, 以供无窮之求, 愁嘆咄嗟, 咎其上者, 怨民也. 怨民, 不必畏也. 潛蹤屠販之中, 陰蓄異心, 僻倪天地間, 乘時之有故, 欲售其願者, 豪民也. 豪民者, 大可畏也. 豪民伺國之釁, 覘事機之可乘, 奮臂一呼於壟畝之上, 則彼怨民者, 聞聲而集, 不謀而同唱. 彼恒民者, 亦求其所以生, 不得不鋤耰棘矜, 矜往從之, 以誅无道也. ……民之愁怨, 有甚王氏之季, 上之人恬不知畏, 以我國无豪民也. ……爲民牧者, 灼知可畏之形, 與更其弦轍, 則猶可及已.)" 「豪民論」(『惺所覆瓿藁』, 卷11)

기의 문해서민이 과거처럼 단지 '적자赤子로서의 인민'이나 '통치의 객체'로만 머물지 않고 차후 사회변혁을 위한 새로운 세력의 맹아로서 서서히 태동하기 시작했음을 의미하는 것이기도 하였다.

둘째, 상기한바 새로운 주체성을 대변하는 문해서민은 또한 당시의 사회적 배경과 결부된 역사적 산물이기도 하였다. 이에 이들의 등장을 가능하게 했던 사회적 배경을 일별하자면, ① 무엇보다 당시 일부 서민의 경제적·사회적 실력과 위상이 현저히 제고된 사실이 주목된다. 물론 이러한 현상은 당시 농업생산력의 증대와 상품화폐경제의 진전에 따른 전통적 생산관계 및 신분제도의 변화와 해체를 전제·반영하는 것이기도 하였던바, 특히 상공업의 발전 및 도시의 발달과 같은 새로운 현상은 이들의 성장 및 활동에 비옥한 토대를 제공한 바 있다. ② 이처럼 서민의 전반적인 경제적·사회적 성장은 곧 그들의 교육에 대한 새로운 관심과 활발한 참여로 이어졌다. ㉠ 이는 특히 18세기에 접어들면 이전과는 달리 중인中人이나 양인良人이 주도하는 '서당書堂'이 도농 간에 광범위하게 설립·운영되기 시작하면서, 교육의 수혜층 또한 현저히 확대되어 중인층을 위시하여 양인층, 심지어는 일부 노비층에까지 서당교육이 보급되기도 하였다.[61] ㉡ 당시 서민서당의 이러한 변화는 서당

---

60 이러한 변증법적 발전의 도식에 따라 맑스K. Marx는 일찍이 계급의식의 유무에 따라 '즉자적 계급Klasse an sich'과 '대자적 계급Klasse für sich'으로 나누기도 하였다. 또한, 동일한 맥락에서 한국의 역사적 민중民衆을 '즉자적 민중'과 '대자적 민중'으로 나누어 설명·분석한 사례도 있는바, 이에 대한 보다 자세한 내용은 韓完相(1978: 13~16)이 참조된다. 한편, 상기의 현상을 '문해인민의 탄생'으로 개념화한 연구도 있는데, 이에 대한 보다 자세한 내용은 송호근(2011: 69~92)이 참조된다.

61 18세기 사회·경제적 환경의 변화에 따라 나타난 서당의 새로운 양상에 대해서는 대표적으로 정순우(2012: 239~265, 358~363)가 참조된다. 한편, 당시 서민庶民이 운영의 주체로 등장하는 새로운 서당으로는 ① '향촌'의 경우에는 향리鄕吏들이 별도의 교육기관을 가지고 있었던 사례, 향리가 강장講長을 맡아 향촌교육을 주도한 사례, 이족吏族의 자제만을 위한 별도의 서당을 건립하여 운영한 사례, 양반신분으로 천인가賤人家의 훈장을 지낸 사례, 도서지방島嶼地方에서 수군이나 평민을 대상으로 한 서당이 운영된 사례 등이, ② '도시'의 경우에는 중인中人이 양반보다 우월한 문재文才를 가지고 이들을 교육한 사례, 중인이 훈장으로 여항인閭巷人의 자제만을

교재에도 영향을 미쳤던바, 즉 ㉮ 『천자문千字文』, 『동몽선습童蒙先習』, 『사략史略』, 『통감절요通鑑節要』와 같은 전통적인 교재 이외에도 서민의 진솔한 삶과 관심사를 반영한 새로운 교재들이 출현하기도 했으며,[62] ㉯ 이러한 과정에서 자연스럽게 한자 및 특히 한글을 해독할 수 있는 서민층이 점차 증가하기 시작했던 것으로 보인다.[63] ③ 한편, 당시 서적의 간행 및 유통에 있어 새로운 환경이 조성된 점 또한 주목된다. ㉠ 특히 소설小說을 중심으로 한 서적의 상업적 유통이 주로 낭독朗讀, 세책貰冊, 방각본坊刻本 출판이라는 형태로 활발하게 이루어진 바 있으며,[64] ㉡ 또

교육한 사례, 심지어는 노비가 서당을 건립하여 전문적으로 운영한 사례 등이 거론되고 있다.

62 대표적인 사례로는 장혼張混[而已广, 1759~1828]이 18세기 말[1795년, 正祖 19]에 저술한 『아희원람兒戲原覽』이 있다. 이 교재는 중인中人의 저작물로서, 그 내용적 특징을 들자면 ① '탈윤리적 경향'으로서, 유교적 덕목의 배양보다는 현상의 설명과 사실의 제시에 치중하는 동시에 그 내용이 유희적 성격을 강하게 띠고 있는 점, ② '신화神話와 민담民譚의 소개'로서, 이인異人·기행奇行·기적奇蹟 등의 비합리적이고 우화적인 내용을 즐겨 다루고 있는 점, ③ '국속國俗과 민속民俗의 강조'로서, 우리나라의 풍속과 국속에 대한 소개가 활발한 점 등이 바로 그것이다. 또한, 이 교재는 당시 상업성을 목적으로 하는 방각본坊刻本으로 출판되어 널리 보급된 바 있다. 이에 대한 보다 자세한 내용은 정순우(2012: 358~381)가 참조된다.

63 당시 서민층의 '한글'교육에 있어서는 ① 서당에서 사용한 교재인 『훈몽자회訓蒙字會』나 『천자문千字文』이 한글 새김과 음이 달린 형태로 발간되어 한자를 학습하는 과정에서 한글을 자연스럽게 습득한 것으로 추측되며, ② 한글의 교육과 학습을 위한 별도의 기초교재로서는 「반절표反切表」가 널리 사용되었고, ③ 이러한 과정에서 17세기 이후로 접어들면 중인층과 하위계층에게도 한글이 상당한 정도로 보급·사용된 것으로 알려져 있다. 보다 자세한 내용은 이영경(2013: 229~267)이 참조된다.

64 보다 자세한 내용은 조동일(2005: 196~199)이 참조된다. 한편, ① 이러한 과정에서 당시 몰락 양반과 중인층 및 일부 여성을 중심으로 보수를 받고 소설을 전문적으로 창작하거나 개작하는 작가가 출현했을 것으로 추정되고 있다. ② 또한, 당시에는 서울과 같은 도시를 중심으로 담배가게나 사람이 많이 모이는 장소에서 돈을 받고 소설을 낭독해주는 전문직업으로서 '전기수傳奇叟'가 활동하기도 했던바, 이에 대한 보다 자세한 내용은 허경진(2003: 196~199)이 참조된다. ③ 영리를 목적으로 한 방각본坊刻本 소설의 출판은 ㉠ 18세기 초반인 을사년[1725, 英祖 1]에 나온 한문본 『구운몽九雲夢』이 그 효시로 알려져 있는데, ㉡ 18세기 후반에는 국문소설의 방각본도 출판된 것으로 추측되며, 특히 19세기에 접어들면 더욱 성행하여 수많은 작품들이 간행되었다. 이에 대한 보다 자세한 내용은 趙東一(1977: 285~287), 김흥규(2002a: 13~16)가 참조된다.

한 서적 중개·판매상인 책쾌冊儈 또한 널리 활동하고 있었던 것으로 전해지고 있다.[65]

마지막으로, 대략 이상과 같은 사회적 배경에서 등장한 집단적 주체로서의 문해서민은 물론 다양한 분야에서 예술적 재능을 발휘했던 바, 특히 '문학분야'를 중심으로 이를 개관해보면 크게 두 가지 방향에서 그 흐름을 확인할 수 있다. 즉, ① 하나의 흐름은 '상향적 동질화'의 흐름으로서, 여기서는 당시 서울에 거주하던 위항인委巷人[閭巷人], 특히 경아전京衙前과 기술직 중인中人이 중심이 되어 전개한 '위항문학운동委巷文學運動'이 그 대표적인 사례가 된다. ㉠ 당시 그들은 이 운동을 통해서 종래 귀족문학이었던 한문학漢文學의 소단騷壇에 대거 진출함으로써 자신들의 지적 성장과 결집력을 과시하였고, ㉡ 나아가 이를 통해 영·정조대의 문예부흥이란 시대적 조류에 부응하는 가운데 드디어 19세기에 접어들면 시詩·서書·화畵 겸수兼修의 예술가들 및 문인취향文人趣向의 지식인들을 대량 배출하면서 문화계의 중추적 위치로 부상하기에 이르렀던 바, 이로써 그들은 동시대에 쇠미해가던 양반사대부 계층에 필적하는 새로운 사회세력으로 성장·활약하기에 이른다.[66] ② 다른 하나의 흐름은 '하향적 이질화'의 흐름으로서, 이는 상기한바 중인 중심의 위항문학과는 별개로 여타 평민층平民層이 주도했던 다양한 형태의 대중문학大衆

---

65 조선에서의 책쾌冊儈의 유래 및 그 활동양상에 대해서는 대표적으로 이민희(2007: 15~165)가 참조된다.

66 당시 '위항문학운동'의 전개과정 및 다양한 분야에서의 중인층의 활약상에 대해서는 '주註 48'과 '주註 49'가 참조된다.

한편, 당시 중인층을 중심으로 한 위항인委巷人이 예리하게 느꼈던 권력으로부터의 소외의식과 문화적 차별성이란 존재조건은 위항인에게 독특한 폭력적 에토스를 부여하기도 했던바, 이는 긍정적으로는 민중과의 연대감을 표현하는 '임협의식任俠意識'으로, 부정적으로는 반사회적·반체제적 폭력성으로 표출되기도 하였다. 특히 후자를 대표하는 집단이 곧 당시 횡행했던 '검계劍契' 또는 '왈자曰者'였다. 이에 대한 보다 자세한 내용은 대표적으로 강명관(1997: 120~128), 강명관(2003: 259~289)이 참조된다.

文學이 바로 그것이다. ㉠ 특히 한글문학은 이들 평민층에게 작품의 창작, 소통 및 수용에 있어 새로운 지평을 열어주었던바, 즉 평민층의 체험, 의식, 감정과 한글의 풍부한 언어적 자산을 흡수함으로써 기존의 한문학에서는 볼 수 없는 참신한 작품세계를 개척하였으니, ㉡ 이는 대표적으로 ㉮ 평민적 언어, 익살·풍자 및 분방한 체험을 표현함으로써 이른바 '웃음의 미학'을 구현한 '사설시조', ㉯ 당대 사회의 모순과 학정으로 인한 민중의 고통, 변환기적 세태, 남녀 간의 애정 등을 주로 형상화·희화화한 '평민가사平民歌辭', ㉰ 시정市井에서 직업적·반직업적 소리꾼들에 의해 가창되면서 특히 세속적·쾌락주의적 지향을 표현했던 유락적遊樂的 대중가요로서의 '잡가雜歌',[67] ㉱ 평민적 사실주의와 미의식을 표현한 '판소리'와 여기에서 전환된 '판소리계 한글소설' 등으로 구현된 바 있으며,[68] ㉲ 이외에 비록 기록성을 확보하지는 못했지만 여전히 평민층의 공동자산으로서 전승되어온 구비문학oral literature으로서의 다양한 설화[신화·전설·민담], 민요, 민속극, 무가巫歌 등도 주목될 필요가 있을 것이다.[69]

---

67 당시에는 경향京鄕 각지의 교통요충지를 중심으로 다양한 형태의 '상업적 예능인 유랑집단'이 출현하여 활발하게 활동했던 것으로 알려져 있다.

이러한 정황은 정약용이 당시 수령守令으로서 특히 유의해야 할 바의 하나로서 강조했던 다음과 같은 경계에서도 짐작할 수 있다: **"장차 조창漕倉을 열려고 할 때는 창촌倉村에 방문榜文을 붙여 잡류雜流를 엄금할 것이다:** 창촌에서 모조리 금해야 할 것은 첫째는 우파優婆요,【방언方言에는 '사당舍堂'이라 한다】 둘째는 창기娼妓요,【늙은 퇴기退妓도 금한다】 셋째는 주파酒婆요,【소주燒酒나 약주藥酒를 앉아서 파는 자】 넷째는 화랑花郎이요,【곧 무당의 지아비니, 방언에는 '광대'라 한다】 다섯째는 악공樂工이요,【거문고 타고 피리 불고 노래하는 등속等屬이다】 여섯째는 뇌자櫑子요,【방언으로 '초라니[蕉蘭伊]'이다】 일곱째는 마조馬弔요,【곧 투전[頭錢]이다】 여덟째는 도사屠肆이다.【소·돼지를 잡는 등속等屬이다】 무릇 이들 잡류雜流는 노래와 여색과 술과 고기로써 만 가지로 유혹하니, 창리倉吏가 빠지고 뱃사람[船人]이 빠진다.(**將開倉, 榜諭倉村, 嚴禁雜流:** 倉村該禁者, 一優婆,【方言曰:'舍堂'】 二娼妓,【老妓退者, 亦禁之】 三酒婆,【燒酒·藥酒, 坐賣者】 四花郎,【卽巫夫, 方言曰:'廣大'】 五樂工,【琴·笛·歌客等】 六櫑子,【方言,'蕉蘭伊'】 七馬弔,【卽頭錢】 八屠肆.【殺牛·殺豬等】 凡此雜種, 以聲·色·酒·肉, 誘惑萬端, 倉吏溺焉, 船人溺焉.)" 『牧民心書 II』, 「戶典六條」(『定本 與猶堂全書 28』, p. 25) 여기서 상기한바 상업적 예능인 유랑집단에 해당하는 잡류雜流로서 곧 '우파[사당패]', '화랑[광대]', '악공·가객', '뇌자[초라니패]'가 거론되고 있다.

68 이에 대한 자세한 내용은 대표적으로 김홍규(2002b: 32~91), 林熒澤(1984: 438~458)이 참조된다.

대략 17세기 말에서 18세기를 거치면서 조선사회는 문화적 조건에 있어 상기한바 '문해서민文解庶民의 등장'과 함께 양반사대부 계층에서도 '문체文體의 변화'라는 새로운 바람이 불기 시작하였다. 이는 당시 중국으로부터 전래된 양명좌파陽明左派나 고증학考證學과 같은 학문적 조류와 더불어 특히 명말청초明末清初의 문집류文集類와 패사소품稗史小品으로 대표되는 새로운 문학사조의 유행을 그 배경으로 하였다.

첫째, 이 시기 문체의 변화는 주로 산문散文의 영역에서 '소품문小品文의 성행'으로 나타났다. ① 물론 이러한 소품문은 글의 문체와 소재 및 성격이란 측면에서 기존의 문이재도론文以載道論에 근거한 고문古文의 상투적 격식을 파괴하고 혁신하는 방향으로 나아갔던바, 즉 ㉠ '문체'에 있어서는 고문의 격식을 벗어나 새로운 문장을 구사했으니, 즉 문장의 길이가 짧고, 구어口語를 많이 사용하며, 고문 특유의 작법作法에서 벗어난 점, ㉡ '소재'에 있어서는 고문이 주로 다룬 국가와 정치, 우주宇宙와 성명性命과 같은 거대담론에서 벗어나 인간의 소외현상이나 개인의 비밀스런 내면세계와 시정생활, 예술적 체험이나 일상생활의 시시콜콜한 소재를 채택함으로써 생활의 실감實感을 표현하는 데 주력한 점, ㉢ '성격'에 있어서는 고문이 주로 보여준 교훈적이고 관념적인 내용의 이지적 문장에서 벗어나 작자의 독특한 주관을 강하게 느낄 수 있는 색깔과 음향, 정조를 보임으로써 대체로 시정詩情이 풍부한 글이 된 점을 그 주요특징으로 하였다.[70] ② 이처럼 당시 조야朝野 간의 일부 문인들 사이

69 이에 대한 자세한 내용은 대표적으로 김흥규(2002c: 92~123)가 참조된다. 여기에서 ① 구비문학의 특성으로는 ㉠ '現場에서 口演되는 文學', ㉡ '流動하는 文學', ㉢ '集團의 文學', ㉣ '민중적·민족적 문학'이 거론되고 있으며, ② 이와 같은 구비문학에 대한 올바른 이해와 수용을 위해서는 맹목적 현대주의의 편견과 복고적 도취에의 매몰을 동시에 극복해야 할 것으로 주장되고 있다.

70 이에 대한 자세한 내용은 대표적으로 安大會(2001: 95~121)가 참조된다. 여기서

에서 널리 풍미했던 새로운 글쓰기의 움직임은 단지 일개 문예사조의 문제로만 그치지 않고 궁극적으로는 정주성리학의 통치 이데올로기에 토대를 둔 기존체제의 변혁과 전복을 야기할 사상적 단초를 암암리에 함축하고 있었음은 물론이다.

둘째, 이상과 같은 문단의 새로운 흐름은 결국 치세治世의 기본이자 세도世道를 만회할 수단으로서 일찍부터 문풍文風과 문체文體의 문제에 지대한 관심을 보여왔던 국왕 정조正祖[71]의 '문체반정文體反正'을 초래하

이러한 소품문은 원래 명明 나라 중엽 이후부터 유행하여 청淸 나라 초기까지 성행했던 문학양식의 하나로서, 조선에는 이미 16세기 말엽부터 수용되어 신흠申欽, 허균許筠 등 일부 작가의 문학에 영향을 준 바 있으며, 이후 18~19세기에 이르면 문단에 광범위한 영향을 미치면서 18세기 후반과 19세기 전반기에 전성기를 맞이했던 것으로 소개되고 있다. 또한, 당시 소품문을 창작했던 대표적 작가로는 18세기의 이용휴李用休, 이봉환李鳳煥, 박지원朴趾源, 노긍盧兢, 이덕무李德懋, 박제가朴齊家, 유만주兪晚柱, 이옥李鈺과 19세기의 김조순金祖淳, 남공철南公轍, 김려金鑢, 심노숭沈魯崇, 남종현南鍾鉉, 조희룡趙熙龍 등이 거론되고 있다.

71 정조는 앞서 갑진년[1784년, 正祖 8]과 기유년[1789년, 正祖 13]에도 시책試策으로 「문체책文體策」을 냄으로써 이미 문체반정의 구체적 방도에 대해 각별한 관심을 표명한 바 있다.

한편, 정약용은 ① 기유년에 초계문신抄啓文臣으로서 제출한 「문체책」에서 당시 이러한 정조의 관심에 적극 부응하여 다음과 같이 답변한 바 있다: "○……신臣이 생각건대, ……패관잡설稗官雜說은 인재人災 중에서 가장 큰 것이라 생각합니다. 음탕하고 추한 어조가 사람의 심령心靈을 방탕하게 하며, 사특하고 요사스런 내용이 사람의 지혜를 미혹에 빠뜨리며, 황당하고 괴이한 이야기가 사람의 교만한 기질을 고취시키며, 위미萎靡하고 조잡한 글이 사람의 장기壯氣를 소모시킵니다. ……신은 지금이라도 국내에 유행하는 것은 모두 모아 불사르고 연경燕京에서 사들여 오는 자는 중벌로 다스린다면, 거의 사설邪說이 뜸해지고 문체文體가 한번 진작될 것이라 생각합니다. ……○……참으로 예禮와 악樂으로써 근본을 삼고 취사取舍로써 가지런하게 하여 한 세대의 글이 일월日月처럼 명백明白하고 산악山嶽처럼 정대正大하며 규장圭璋처럼 온후하고 태갱太羹이나 현주玄酒처럼 담담하여 그 화평하고 아창雅暢함이 마치 소韶[舜 임금의 음악: 필자 주]나 호濩[湯 임금의 음악: 필자 주]를 청묘淸廟[宗廟: 필자 주]나 명당明堂[上帝에게 제사지내는 장소: 필자 주]에서 연주하는 것과 같게 하여, ……신은 지금이라도 관각館閣의 모든 응제應製나 학교의 시재試才하는 글에 모두 이것을 표준으로 삼아서 취사取舍를 엄격하게 하고 과거시험장의 글도 정식定式에 구애받음이 없이 각체各體를 섞어서 시험한다면 소위 산문散文을 전공한 자들이 앞으로 안개처럼 성하고 까치 떼처럼 일어날 것이니, 어찌 문체文體가 혁신되지 않을 것을 걱정하겠습니까?(【一節刪】○……臣以爲 ……稗官雜書, 是人災之大者也. 淫詞醜話, 駘蕩人之心靈; 邪情魅跡, 迷惑人之智識, 荒誕怪詭之談, 以驕人之驕氣; 靡曼破碎之章, 以消人之壯氣. ……臣謂始自今, 國中所行, 悉聚而焚之, 燕市貿來者, 斷以重律, 則庶乎邪說少

였다.[72] 즉, ① 무엇보다 당시 유행했던 금문今文, 즉 새로운 문체로서의 산문체 소품문에서 급진적인 체제부정적 요소를 간파했던 정조로서는 어디까지나 전통적인 문학관에 입각하여 자연스럽고 평담平淡한 순정문醇正文으로서의 고문古文에만 가치를 부여하는 한편, 바로 이러한 맥락에서 문장의 골격인 기氣가 살아있으면서도 화려하지 않고 질박質樸한 문풍을 지닌 국초문장國初文章으로서의 관각체館閣體를 문체반정의 회귀점으로 설정한 바 있다.[73] ② 물론 정조의 이러한 일견 보수적·복고적 조치는 그 대외적 명분과는 달리 기본적으로 왕권강화를 위한 노련한 통치술의 일환이었던 것으로 추측된다.[74] 즉, ㉠ 문체반정의 정치적 의

熄, 而文體一振矣. ……○……誠能本之以禮樂, 齊之以取舍, 使一世之文, 明白如日月, 正大如山嶽, 渾乎如大圭, 冲乎如大羹·玄酒, 而其和平雅暢如奏韶·濩于淸廟·明堂之上, ……臣以爲始自今, 凡於館閣應製·黌庠試藝之文, 莫不以是爲準, 嚴其取舍, 而場屋文字, 不拘定式, 雜試各體, 則曩所謂業散文者, 亦將霞蔚而鵲起矣, 何患乎文體之不變也?)" 「文體策【己酉十一月親試】」』(『定本 與猶堂全書 2』, pp. 86~88) ② 또한, 정약용은 '문이재도文以載道'론의 전통적인 문장관을 고수하는 보수적 입장에서 당시 유행하던 패사소품류稗史小品類의 문장학文章學을 "오도吾道[儒敎]의 커다란 해독(文章之學, 吾道之鉅害也)"으로 비판거부하는 가운데, 후세의 문장가들이란 대개가 기이함을 좋아하고 의협義俠을 숭상하면서 스스로 예의禮義를 외면하거나, 도道를 모르거나, 참위讖緯에 빠지거나, 배우俳優처럼 스스로를 자랑하는 데에 그쳤을 뿐이요, 그 이하는 단편적인 아름다움이 있기는 해도 비평할 가치조차 없었던 것으로 혹평한 바 있다. 이에 대한 보다 자세한 내용은 「五學論 3」(『定本 與猶堂全書 2』, pp. 299~301)이 참조된다. ③ 결국 이러한 맥락에서 볼 때, 이후 임자년[1792년, 正祖 16]에 정조가 시행한바 문체반정의 구체적 정책이란 기실 정약용의 대책을 사실상 그대로 수용한 것임을 간취할 수 있다.

72 이러한 맥락에서 문체반정은 일회적 사건이기보다는 일련의 계기적 사건으로 봄이 타당할 듯하다. 즉, 이 사건은 공식적으로는 임자년[1792년, 正祖 16]에 당시 성균관 유생成均館儒生이던 이옥李鈺[絅錦子, 1760~1815]이 응제문應製文에 소설식 문체를 모방·구사하여 정조正祖를 놀라게 함으로써 촉발되었다. 그러나 이미 정미년[1787년, 正祖 11]에 노론시파老論時派 명문가의 촉망받는 연소문신年少文臣이던 이상황李相璜[桐漁, 1763~1841]과 김조순金祖淳[楓皐, 1765~1831]이 예문관藝文館에 숙직하면서 당唐·송宋 시대의 소설과 『평산냉연平山冷燕』 등의 서적을 읽다가 정조에게 발각되어 파직되고 책이 불태워진 사건이 있었으며, 이 사건은 이후 임자년에도 다시금 거론·조처되고 있다. 『正祖實錄』, 卷36, 16年 10月 19日(甲申)條; 『正祖實錄』, 卷36, 16年 10月 24日(己丑)條.

73 정조의 학예사상學藝思想과 문체반정의 경위에 대해서는 대표적으로 金血祚(1982: 45~95)와 鄭玉子(1988a: 60~101), 정옥자(2001: 13~82)가 참조된다.

74 정조의 문제반정의 본질과 목적에 대해서는 기왕의 연구에서 다각도로 조명된

도는 일차적으로는 문화정책이란 외피 하에 당시 조정의 중추세력이었던 노론老論을 순치·포섭함으로써 왕의 영향력을 확대하려는 회유책이었다면,[75] ㉡ 궁극적으로는 강력한 왕권의 주도 하에 장차 일련의 제도 개혁을 시행함으로써 '질서 있는 체제이행'이란 통치구상을 구현하기 위한 나름의 정치적 포석이었다고 판단된다.

마지막으로, 정조의 상기한바 문체반정은 필연적으로 일종의 배제적 '타자'로서의 '불량선비'를 탄생시키게 되었던바, 이는 곧 정조에 의해 "부천浮淺·기각奇刻하여 전혀 고인古人의 체體가 없고, 초쇄噍殺·경박輕薄하여 치세治世의 소리와 닮지 않"[76]은 글을 지어 세도世道에 커다란 근심을 끼치는 부류로 낙인찍힌 문사文士들이었다. 이에 그 대표적 사례로는 곧 박지원朴趾源[燕巖, 1737~1805], 이옥李鈺[絅錦子, 1760~1815], 강이천姜彝天[重菴, 1768~1801]을 들 수 있는바, 그들의 면면을 구체적으로 소개하자면 대략 다음과 같다.

1

당시 50대 중반의 박지원朴趾源은 안의현감安義縣監으로 재직 중이었는데, 일찍이 40대에 저술했던 『열하일기熱河日記』로 하여 정조에 의해 문풍과

바 있다. 즉, '왕권강화를 위한 정치적 포석'(金血祚, 1982), '탕평책蕩平策을 위한 장치'(鄭玉子, 1988a; 정옥자, 2001), '신문체新文體에 대한 대응'(金聲振, 1993), '당송고문唐宋古文 부활운동'(李義康, 1993), '외래의 이단사상異端思想에 대한 대응'(강명관, 2007a; 강명관, 2007b), '문화투쟁Kulturkampf'(백승종, 2011) 등이 대표적이다.

75 이러한 사실은 정조가 ① 문체반정의 초기에 추문推問하고 자송문自訟文을 지어 바치도록 조처한 주요대상자가 남공철南公轍[金陵, 1760~1840], 김조순金祖淳[楓皐, 1765~1831], 이상황李相璜[桐漁, 1763~1841], 심상규沈象奎[斗室, 1765~1838]로서, 이들은 곧 당시 노론시파老論時派 명문가의 촉망받는 연소문신年少文臣들이었다는 점, ② 초기의 문체파동文體波動이 당론黨論으로 파급되려는 조짐을 보이자 문체文體가 변하게 된 근본책임을 역시 노론 명문가의 후예인 박지원朴趾源에게 전가하고 그에게 속죄하는 의미에서 순정純正한 문장을 지어 바치도록 명령했던 점 등에서도 짐작할 수 있다.

76 『正祖實錄』, 卷36, 16年 10月 19일(甲申)條.

문체를 타락시킨 장본인으로 지목되면서 수개월 내에 순정純正한 문체로 글을 지어 속죄하라는 왕명을 접하게 되었다.[77] 이미 50대 이래 사환仕宦의 길에 있었던 박지원으로서는 이러한 왕명에 접하여 "어찌 감히 지난날의 허물을 고치고 뒤늦게나마 만회할 것을 급히 도모하여 다시는 성세聖世의 죄인이 되지 않도록 하지 않으리오!"[78]라는 다짐과 함께, 이후 60대 초반 면천군수沔川郡守로 재직하면서는 정조의 뜻에 따라 「서

---

77 「答南直閣【公轍】書」(『燕巖集』, 卷2) 여기서 남공철南公轍은 박지원朴趾源에게 편지로 다음과 같은 정조正祖의 명령을 전달하였다: "요즈음 문풍文風이 이와 같이 된 것은 그 근본을 따져보면 모두 박朴 아무개의 죄이다. 『열하일기熱河日記』는 내 이미 익히 보았으니, 어찌 감히 속이고 숨길 수 있겠느냐? 이 자는 바로 법망에서 빠져나간 거물이다. 『열하일기』가 세상에 유행한 뒤에 문체文體가 이와 같이 되었으니, 당연히 결자해지하게 해야 할 것이다. ……신속히 순수하고 바른[純正] 글 한 편을 지어 급히 올려 보냄으로써 『열하일기』의 죗값을 치르도록 하라. 그러면 비록 남행南行[蔭職: 필자 주]의 문임文任[弘文館이나 藝文館의 종2품 벼슬인 '提學': 필자 주]이라도 주기를 어찌 아까워하겠는가? 그렇지 않으면 마땅히 중죄를 내릴 것이다.(近日文風之如此, 原其本, 則莫非朴某之罪也. 『熱河日記』, 予旣熟覽, 焉敢欺隱? 此是漏網之大者. 『熱河記』行于世後, 文體如此, 自當使結者解之. ……斯速著一部純正之文, 卽卽上送, 以贖『熱河記』之罪. 則雖南行文任, 豈有可惜者乎? 不然則當有重罪.)"

한편, 박지원의 『열하일기』를 중심으로 여기에 나타난 문체와 관련하여 ① 金明昊(1990: 154~246)는 ㉠ 정통 고문체와 패관소설체를 망라하여 다채로운 문체를 구사한 점에서 그 문체적 특성과 의의가 있다는 전제 하에, ㉡ 후자의 경우와 관련해서는 특히 '우언寓言과 해소諧笑', '소설적小說的 형상화形象化', '사실주의적寫實主義的 묘사描寫'라는 특징을 강조·소개하고 있으며, ② 김명호(2001: 131~152)는 ㉠ '호곡장론好哭場論'에 나타난 『열하일기』의 문체적 특색으로 문어체인 고문체를 기조로 하면서도 ㉡ 적재적소에 조선식 한자어나 백화투의 구어적 표현을 가미하여 다채로운 문체를 보여주는 동시에, 간결하고 사실적인 묘사, 동일 구문의 반복, 4자구의 연속과 돌연한 차단, 기발하고도 적절한 비유, 시적이며 여운 있는 결말 처리 등의 다양한 기법을 구사함으로써 기기奇氣와 기변奇變에 넘치는 글을 이루고 있다고 평가하고 있고, ③ 金英東(1988: 80~95)은 ㉠ 연암燕巖 문장의 우월성은 신체문인 『열하일기』에 있으며, 핍진逼眞함을 추구하는 그의 문학정신이 고문古文에도 반영되었다는 전제 아래, ㉡ 양자를 포괄한 연암의 문학관을 '실상實相의 문학', '동심童心의 문학', '당대當代의 문학'으로 정리하고 있으며, ④ 이현식(2002: 129~182)은 『연암집燕巖集』과 『열하일기』에 나타난 연암 산문의 수사적 양상을 ㉠ 수사의식[이치에 맞을 것, 蹊逕을 찾을 것, 요령을 얻을 것, 時變을 이룰 것], ㉡ 주제의 표현[백화체·조선속담의 채용, 寓言, 형식적 요소의 이용], ㉢ 구성의 영역[蓄勢(反復, 抑揚, 頓挫), 含蓄과 餘韻], ㉣ 부분의 수사[비유와 우화, 聲律]로 나누어 소개하고 있다.

78 「答南直閣【公轍】書」(『燕巖集』, 卷2) "敢不亟圖其黥刖之補·桑楡之收, 無復作聖世之辜人也!"

이방익사書李邦翼事」 및 『과농소초課農小抄』 등의 글을 지어 바침으로써 상기한바 정조의 요구에 사실상 부응한 바 있다.[79] 결국, 정조가 『열하일기』의 문체를 문제 삼아 박지원에게 내렸던 이상과 같은 견책譴責 처분은 다분히 노론 명문가의 저명 문인을 본보기로 하여 노론세력에 대한 왕의 영향력을 확대하려는 회유책의 일환이었음은 물론이다.

2

이옥李鈺은 성균관成均館의 유생儒生으로서 응제문應製文에 소설식 문체, 즉 '소품小品의 체재體裁'와 '불경不經스런 문체'를 모방·구사하여 정조를 놀라게 함으로써 새삼 문체반정을 직접 촉발시켰던 장본인 가운데 한 사람이었던바, 이로 인해 당시 그는 일과日課로 사륙문四六文 50수를 지어 낡은 문체를 완전히 고친 다음에야 과거에 응시하도록 하는 처벌을 받기도 하였다.[80] 한편, 상기한바 박지원의 경우와는 대조적으로, 북인계北人系의 한미한 무반직武班職 서족가문庶族家門의 출신이던 이옥으로서는 불행하게도 "한미한 일개 유생이므로 심하게 꾸짖을 것까지야 없다"는 정조의 치지도외하는 듯한 말에서 역설적으로 간취할 수 있듯이, 회

79 박지원이 상기한바 정조의 요구에 과연 굴복·부응했는가에 대해서는 기존 연구에서도 의견의 일치를 보지 못하고 있다. 다만 박지원이 계축년[1793년, 正祖 17] 정월에 정조의 하교下敎를 전달받고 남공철南公轍에게 정중한 답서를 보낸 것 이외에는 다른 사람들과는 달리 따로 급급히 자송문自訟文을 진상進上하지 않았음은 사실이다. 그러나 같은 달 이덕무李德懋[炯菴, 1741~1793]가 병사하자 정조가 박지원으로 하여금 「행장行狀」을 짓도록 명령한 점, 정사년[1797년, 正祖 21] 7월에 면천군수沔川郡守에 제수되어 사은차謝恩次 입시入侍했을 때 정조가 박지원에게 문체文體의 개변改變 여부를 하문하고 「서이방익사書李邦翼事」를 짓도록 명령한 점, 기미년[1799년, 正祖 23] 3월에 농정農政을 권면하기 위해 농서農書를 널리 구한다는 정조의 윤음綸音에 부응하여 『과농소초課農小抄』와 별첨으로 「한민명전의限民名田議」를 바친 점 등을 전체적으로 고려할 때, 박지원은 상기한바 정조의 요구에 사실상 부응했던 것으로 판단된다. 이에 대한 보다 상세한 내용 및 박지원의 전체 생애에 대해서는 대표적으로 아들 박종채朴宗采[蕙田, 1780~1835]가 저술한 『과정록過庭錄』이 참조된다.

80 『正祖實錄』, 卷36, 16年 10月 19日(甲申)條; 『正祖實錄』, 卷36, 16年 10月 24日(己丑)條.

유의 대상이기보다는 오히려 철저한 징계와 배제의 대상이었다. 이후에도 이옥은 과문科文에서의 '괴이한 문체[體怪]'가 지속적으로 문제시되어 수차에 걸친 정거停擧와 함께 마침내 을묘년[1795년, 正祖 19]에는 지방의 군적軍籍에 편입되는 충군充軍의 명을 받아 충청도의 정산현定山縣에 편적되었다가 다시금 경상도의 삼가현三嘉縣으로 이적되어 유배를 당하는 고초를 겪었으며,[81] 이듬해 별시別試의 초시에서는 방수榜首를 차지했음에도 결국 방말榜末에 처해지는 처분을 당했고,[82] 뒤이어 기미년[1799년, 正祖 23]에는 다시 삼가현으로 유배되는 등의 파란을 경험한 바 있다. 결국, 이옥은 해배된 이후에는 더 이상 과장科場에 출입하지 않은 채 경기도 남양南陽에 칩거하면서 오로지 자신만의 글쓰기에 열중하다 불우한 여생을 마치기에 이른다.[83]

---

81 『承政院日記』, 正祖 16年 12月 27日(辛卯)條; 『承政院日記』, 正祖 19年 8月 10日(戊子)條; 『承政院日記』, 正祖 19年 9月 11日(己未)條.

82 『承政院日記』, 正祖 20年 2月 6日(壬午)條.

83 이옥의 문학작품들은 그의 절친한 벗인 김려金鑢[藫庭, 1766~1821]가 수습하여 『담정총서藫庭叢書』에 수록해놓았으며, 이밖에 『이언俚言』, 『동상기東床記』, 『백운필白雲筆』, 『연경烟經』이 전한다. 또한, 이옥의 생애와 작품세계에 대해서는 대표적으로 이현우(2009: 10~33)가 참조된다.

　한편, 이옥의 작품세계에 나타난 문체와 관련하여 ① 이현우(2009: 10~33)는 ㉠ 이옥의 문학작품은 광범위한 독서를 바탕으로 "비리鄙俚하거나 쇄세瑣細한 대상을 섬세하고 이속적俚俗的 언어로 재현한 소품小品 성향의 글이 거의 전부를 차지"하며, ㉡ 특히 기성의 문인들이 몰가치하다고 외면하는 영역에 주목하면서 "대상에 접근하여 세밀하고 경쾌하게 그리되, '참 그대로' 자기 시대를 재현하는 데 있어 민중언어를 대단히 풍부하게 구사하였다"고 총평하는 가운데, 그가 지향했던 문학의 특징으로는 '학고學古의 배격', '세쇄연약細瑣軟弱한 문체', '마음에서 우러나오는 말'로 요약하고 있으며, ㉢ 그의 문체의 전반적 특징으로는 기발한 착상과 사물에 대한 성찰적 자세, 섬세하고 경쾌한 필치, 짙은 서정성, 대상의 미세한 부면에 대한 아름답고도 정치精緻한 묘사, 자신의 생활감정에 대한 세세한 시술記述, 파격적인 글쓰기[문답형식의 사용, 동일한 통사구조의 반복, 같은 글자를 반복하는 번쇄함의 구사, 육담·음담패설이 혼재한 구어투 문장, 구두가 끊어지지 않을 정도의 까다로운 글과 단소한 문장의 동시적 구사, 관련 내용을 잘게 쪼개어 집록하는 방법 등]의 시도 등을 거론하고 있다. ② 김흥규(2002a: 88~89)는 ㉠ 이옥이 "모든 시대와 지역은 각기의 절실한 요구에 따른 문학을 가지기 마련이라는 철저한 개별성個別性의 선언으로써 중세적中世的 보편普遍과 상고尚古의 이념을 부정했다"는 전제 하에, ㉡ "그는 작품과 비평 양면을 통해 정통적 사대부문학의 가치관과 주제를 거부하고 시정市井의 세계에서 살아가는 이들의 일상적 삶을 중

3

강이천姜彝天 역시 성균관의 진사進士 출신으로서, 그가 일단 공식적으로 문제가 된 계기는 정사년[1797년, 正祖 21] 11월에 "해랑적海浪賊의 소설騷屑스러운 말로 시골사람들을 속여 의혹시킴"으로써 혹세무민하였다는 죄목으로 제주목濟州牧으로 유배를 가게 된 사건이었다.[84] 특히 일명 '비어옥사飛語獄事'로 일컬어지기도 하는 이 사건은 그 이면에 당시 조선사회의 체제위기를 함축하는 일련의 대표적인 문화담론들, 즉 패사소품稗史小品, 『정감록鄭鑑錄』류의 예언, 천주교天主教와 같은 복잡다단한 조류가 바로 강이천이란 인물을 매개로 응축·표출되었던, 바로 이런 의미에서 18세기 후반 사회저변의 일 흐름을 대변하는 매우 상징적인 사건이기도 하였다. 물론 강이천은 앞서 계축년[1793년, 正祖 17]에 반시泮試에서 소품체를 구사하여 정조에 의해 중신重臣의 지도 하에 경전經傳의 문자를 교습教習하도록 하는 징계를 받은 바 있다.[85] 한편, 강이천은 "내가 일찍이 여러 차례 보았다"거나 "그도 세록世祿의 집안"[86]이라는 정조의 말에서도 간취할 수 있듯이, 당시 북인北人, 즉 '소북小北'을 대표하는 명문가 출신으로서, 어려서부터 정조의 부름을 받아 일찍이 문학적 재능을 인정받았던, 바로 이런 의미에서 매우 전도유망한 젊은 선비이기도 하였다.[87] 그럼에도 성균관 시절부터 패관소품稗官小品에 심취했던 그로서는

시"함으로써 "조선후기 문학론이 나아간 반중세적 의식의 가장 날카로운 극점의 하나"를 성취했다고 평가하고 있다.

84 『正祖實錄』, 卷47, 21年 11月 11日(丙子)條; 『正祖實錄』, 卷47, 21年 11月 12日(丁丑)條.

85 『正祖實錄』, 卷47, 21年 11月 11日(丙子)條.

86 『正祖實錄』, 卷47, 21年 11月 11일(丙子)條; 『正祖實錄』, 卷47, 21年 11月 12일(丁丑)條.

87 강이천은 앞 시대에 진경산수화眞景山水畵를 주도했던 유명한 화가이자 문인이었던 강세황姜世晃의 손자이다. 그의 문집은 필사본인 『중암고重菴稿』 8권 4책이 전하는데, 여기에는 「한경사漢京詞」 106수를 포함한 300여 수의 시詩와 「이화관총화梨花館叢話」라는 소품체 산문집이 실려 있다. 강이천의 생애와 문학관 및 이른바 '비어옥사'의 전말에 대해서는 대표적으로 방현아(1994)와 백승종(2011)이 참조된다.

한편, 강이천의 작품세계에 나타난 문학관 및 문체와 관련하여 ① 방현아(1994)

"강이천의 무리가 이렇게 된 까닭도 소품小品의 해독에서 말미암은 것이다. 소품을 하여 마지않으면 장차 사학邪學이 될 것"[88]이라는 정조의 진단처럼 어느덧 체제순응의 길을 포기하고 비록 막연하나마 새로운 세상을 꿈꾸며 불온한 '사회적 상상력'을 키워나감으로써 끝내는 시대적 이단자의 길로 접어들기에 이른다. 바로 이러한 행적 때문에 그는 결국 신유옥사辛酉獄事[1801년, 純祖 1] 때에 새삼 "몇 해 전에 김려金鑢·강이천姜彝天·김이백金履白·강신姜信 등은 사학邪學의 무리와 체결하여 경향京鄕에 나뉘어 살면서 안팎으로 화응和應하며 몰래 터무니없는 거짓말로 간계奸計를 이루고자 하였으니, 이들은 진실로 사학의 일종"[89]이라는 죄목과 함께 다시금 체포되어 추국推鞫을 받다가 옥중에서 33세로 요절하였다.

4. 정치적 조건의 변화

이상에서 살펴본 바대로, 17세기 후반 이래로 조선사회는 경제적·사회적·문화적 조건에 걸쳐 일찍이 유례없는 광범위하고도 심대한 변화를

는 ㉠ 강이천의 문학관의 요체는 형식주의에 반대하는 '진眞의 추구'로서, 바로 이러한 경향에서 소품체를 시도하게 되었다고 평가하는 가운데, ㉡ 특히 그의 「한경사」가 보여주는 문학적 성과로서는 18세기 서울의 도시적 양상에 대해 다양하고도 구체적인 지식을 제공하고 있는 점, 소재 면에서 당시 서울 주변에서 관찰할 수 있는 세세한 대상들을 빠짐없이 모두 망라함으로써 의식의 개방성과 인간성의 긍정을 표현한 점, 실학이라는 정통의 개념과는 다른 일면으로 풍부한 내용과 참신한 소재로 '서민의 삶'을 생생하게 살려내어 자유로운 내용의 문학을 창출한 점을 들고 있다. ② 백승종(2011: 35~36)은 ㉠ 강이천의 문학적 자아형성에 중요한 역할을 했던 인물로서 특히 김려金鑢나 이옥李鈺 등 성균관에서 사귄 소품문小品文의 대가들을 드는 가운데, ㉡ 당시 유행하던 소품문의 일반적 특징을 공유하여 시정의 일상사나 신변잡기, 독특하고도 개성적인 인물들을 중요한 문학적 소재로 삼음으로써 주관적이고 개성적인 글쓰기를 시도한 점, 시詩와 역사歷史를 동일시함으로써 문학을 한 시대의 역사를 기록하는 작업으로 인식한 점 등을 거론하고 있다.

88 『正祖實錄』, 卷47, 21年 11月 20日(乙酉)條.

89 『純祖實錄』, 卷2, 1年 2月 16日(壬戌)條; 『純祖實錄』, 卷2, 1年 4月 20日(丙寅)條.

연쇄적으로 경험하고 있었다. 특히 영농기술의 발달에 따른 농업생산력의 증대와 상품화폐경제의 진전은 기존의 전통적 생산관계 및 신분제도에 대한 심대한 충격으로 연결되었고, 이는 다시금 문화적 측면에서 진경문화의 발흥과 쇠퇴, 서민문화의 성장 및 불량선비의 탄생을 야기하였다. 이처럼 당시 조선사회가 경제적·사회적·문화적 측면에서 다방면으로 경험했던 일련의 질적 변화는 다시금 정치적 조건에 있어서도 이에 조응하는 새로운 변화를 불가피하게 수반했던바, 이는 대표적으로 '정국운영방식의 변화' 및 이에 따른 '국가의 대민지배정책의 강화'로 구현되었음은 물론이다.

정국운영방식의 변화①: 18세기 '탕평정치'의 전개

1

조선중기, 즉 16세기 후반 이래 사림파士林派가 정국의 주도권을 완전히 장악하게 되면서 이들은 종래 자신들이 집단적으로 견지·추구해왔던 정치이념, 즉 삼대三代의 지치至治를 지향하는 '성리학적 도학정치道學政治'를 구현하기 위한 일련의 제도적 방안을 모색·실천하기에 이르렀던바, 이러한 노력은 곧 '붕당정치朋黨政治'라는 형태로 귀결·구체화되었다.[90]

90 이 시기 사림파士林派는 종래 자신들이 집단적으로 견지해왔던 정치이념, 즉 삼대三代의 지치至治를 지향하는 성리학적 도학정치道學政治를 구현하기 위한 일련의 제도적 방안을 모색·실천하기에 이른다. 즉, 이때부터 사림정치士林政治가 본격적으로 전개되기 시작하면서, 결과적으로 이후의 양란兩亂 및 인조반정仁祖反正과 같은 정치적 격변에도 불구하고 상대세력과의 공존을 추구했던 일종의 대안적 정치형태로서의 '붕당정치朋黨政治'가 형성·운영되었다.(李秉烋, 1999: 51) 특히, 인조반정 이후 사림파의 붕당정치는 서인西人이 남인南人과의 협력 속에서 국정을 주도하는 '양당체제'로 귀결되면서, 그 원숙한 모습을 보여주었다.(오수창, 2002: 30~31) 이러한 붕당정치는 기본적으로 성리학이 본래 함축하고 있었던 정치원리를 실현해 나가는 형태로서, 무엇보다 상호간의 비판과 견제를 기본원리로 하였다. 그리고 이는 붕당朋黨에 대한 종래의 부정적 견해에서 탈피하여 공도公道의 실현을 추구하는 군자君子의 당黨, 즉 '진붕眞朋'은 적극 장려되어야 하는 반면 사리私利를 탐하는 소인小人의 당黨, 즉 '위붕僞朋'은 억제되어야 한다는 성리학의 긍정적 붕당관을 계

① 이처럼 붕당정치는 기본적으로 성리학이 본래 함축하고 있었던 정치원리를 실현해나가는 형태로서 무엇보다 상호간의 비판과 견제를 기본원리로 하였던바, 이는 또한 당시 사림파가 끊임없이 추구해온 공론정치公論政治의 실현을 위한 새로운 정국운영방식이기도 하였다.[91] ② 물론 이러한 붕당정치는 이후 양란兩亂 및 인조반정仁祖反正과 같은 정치적 격변에도 불구하고 특히 서인西人이 남인南人과의 공존 및 협력 하에서 국정을 주도하는 '양당체제兩黨體制'로 구현되면서, 인조仁祖·현종조顯宗朝

승하고 있었다. 그러나 당시 사림파는 성리학의 이러한 군자당·소인당의 논리를 넘어 현실의 붕당은 모두 수용해야 한다는 보다 적극적인 입장을 발전시킴으로써, 결국 조선시대의 붕당정치는 상호간의 비판과 함께 공존을 지향하는 체제로 구체화되었다. 즉, 반대당의 존재와 비판을 확실히 용인하는 가운데, 양자가 모두 공도를 실현하기 위하여 서로 경쟁하는 모습으로 전개되었던 것이다. 이로써 붕당정치는 적어도 전통사회가 달성할 수 있었던 정치형태로서는 가장 전진적이고 수준 높은 것이었다고 평가되기도 한다.(李泰鎭, 1989: 131~133 및 170, 한국역사연구회 17세기 정치사 연구반, 2003: 58~69) 한편, 이러한 붕당정치는 조선중기 이래 언관言官과 낭관郎官의 정치력이 강화되면서 당시 정치체계가 경험했던 내재적 성격변화의 귀결인 동시에, 사림파가 끊임없이 추구해온 공론정치公論政治의 실현을 위한 새로운 정치운영방식이기도 하였다.(崔異敦, 1994: 213) 이에 조선시대 붕당정치가 발전시킨 정치운영방식의 핵심적 내용과 그 특징을 정리해보면, ① 각 붕당은 모두가 선배 기묘명현己卯名賢의 도학정치 이념을 계승하는 '사림士林'의 후예라는 기본적 동질감을 공유한 점, ② 이에 각 붕당은 모두 군자당의 자격으로서 상대당의 존재를 명확하게 인식·긍정한 점, ③ 이러한 공존의식 위에서 각 붕당은 상호간의 비판과 견제를 통하여 공도公道의 실현과 정국의 주도권을 위하여 경쟁한 점, ④ 각 붕당이 제기한 당론의 시비는 기본적으로 '공론公論'의 향배를 통하여 결정한 점, ⑤ 이러한 공론의 활성화를 위하여 '소수의견의 보장'과 '공개행정의 원칙'을 견지한 점(오수창, 2002: 43~47) 등이 바로 그것이다. 한편, 16세기 후반 명종明宗·선조조宣祖朝를 거치며 사림파가 훈구파勳舊派를 대신하여 중앙정계마저 장악해나가는 과정에 대해서는 金宇基(2001: 107~129)가 참조된다.

91 조선시대 붕당론의 연원과 전개양상 및 그 성격에 대한 일반적 소개로는 대표적으로 鄭萬祚(1994: 83~149), 이이화(1994: 15~84) 등이 참조된다. 한편, 16세기 후반 이후부터 19세기까지 사림士林이 주도했던 정국운영형태에 대해서는 일반적으로 '붕당정치기朋黨政治期'·'환국정치기換局政治期'·'탕평정치기蕩平政治期'·'세도정치기勢道政治期'로 나누어 인식·소개되고 있는바, 이와는 달리 이성무(2007a, 2007b)는 16세기 후반 이후의 정국운영형태와 관련하여 '정치주체'를 중심으로 '사림정치기士林政治期'·'탕평정치기蕩平政治期'·'외척세도정치기外戚勢道政治期'로 달리 구분하면서 선조조宣祖朝에서 고종조高宗朝에 이르기까지의 당쟁黨爭의 양상을 국왕별로 나누어 차례대로 추적·소개하고 있다.

에 이르면 원숙한 모습을 보여주었다.[92]

2

그러나 이러한 붕당정치는 뒤이어 17세기 말 숙종조肅宗朝에 이르면 점차 변질 및 쇠퇴의 조짐을 드러내기 시작했으니, 이는 곧 당쟁黨爭의 격화에 따른 '환국정치換局政治'의 형태로 표출되었다. ① 여기서의 '환국'이란 당시 붕당 간의 갈등과 대립이 첨예화되면서 종래 공론公論에 입각한 상호비판과 견제의 원리가 무너진 가운데 권력의 장악을 위해서 일거에 상대당을 철저히 숙청했던 정치행태를 말하는바, 이 과정에서 국왕 역시 정국의 주도권 및 왕권의 강화를 도모하기 위한 목적에서 깊숙이 개입하기도 하였으나 결과적으로는 정치참여세력을 점차 축소시킴으로써 척신戚臣 중심의 벌열세력에게 권력이 집중되는 현상으로 귀결되고 말았다. ② 물론 이와 같은 정국운영방식의 변화는 근본적으로 당시 조선사회가 경험하고 있었던 제반 사회적·경제적 변화에 조응하여 기존에 공론에 따라 운영되던 명분론 위주의 붕당정치가 다기한 정치적 이해관계에 따라 그 기반에서부터 붕괴되기 시작했음을 의미하는 것이었다.[93]

---

92 특히 인조조에서의 서인西人과 남인南人의 붕당에 대한 인식 및 정국운영의 양상에 대한 보다 자세한 내용은 대표적으로 吳洙彰(1985: 75~130), 이성무(2007a: 189~244)가, 인조조에서 현종조에 이르기까지 전개된 예론禮論 및 당쟁의 주요양상에 대해서는 李成茂(1994: 9~82)가 참조된다.

93 이와 관련하여 ① 숙종조 초기의 정치구조와 이에 따른 '환국정치'의 전개과정에 대해서는 洪順敏(1986)이, ② 숙종조 전반의 정치상황 및 모두 5차례에 걸친 환국[1674년[肅宗 卽位年]의 甲寅換局, 1680년[肅宗 6]의 庚申換局, 1689년[肅宗 15]의 己巳換局, 1694년[肅宗 20]의 甲戌換局, 1716년[肅宗 42]의 丙申換局: 필자 주]의 전말에 대해서는 李熙煥(1995: 7~203), 金成潤(1997: 54~57), 이성무(2007b: 11~124)가, ③ 이러한 환국정치가 등장하게 되는 당시의 사회적·경제적 배경과 관련해서는 李泰鎭(1985: 42~43), 李銀順(1988: 132~134), 한국역사연구회 19세기 정치사 연구반(1990a: 23~29), 정형지(1996: 202~206, 209~222), 金成潤(1997: 23~30) 등이, ④ 숙종조에 발생한 노론老論·소론少論의 분당分黨과 이에 따른 당쟁의 원인 및 그 추이에 대해서는 대표적으로 李銀順

3

한편, 18세기에 접어들어 숙종肅宗·경종조景宗朝에 걸친 노老·소론少論 간의 극단적 대립양상이 살육을 수반한 당화黨禍로 점철되면서 왕권마저 여기에 휩쓸려 약화·동요되는 위기상황을 야기하였다. 바로 이러한 위기를 직접 목도·경험했던 영조英祖로서는 즉위하자마자 무엇보다 파붕당破朋黨을 앞세워 기존의 정치구조를 타파하고 왕권 및 정국의 안정을 도모하고자 했던바, 이로써 영英·정조조正祖朝에 걸친 '탕평정치蕩平政治'가 시작되었다.[94]

우선, 영조는 특히 무신란戊申亂—일명 '이인좌란李麟佐亂'—을 계기로 이듬해인 기유년[1729년, 英祖 5]에 기유대처분己酉大處分을 통하여 '탕평蕩平'을 정국운영의 핵심이념으로 표방함으로써 당론黨論의 조정에 따른 탕평기반의 구축에 주력했던바, 이에 ① 일명 '탕평파蕩平派'로도 알려진 노老·소론少論의 완론계緩論系 인사를 등용하여 이들로 하여금 '조제보합調劑保合'을 지향하는 탕평을 주도하도록 하였다.[95] ② 영조가 만년에 새삼 "이랑吏郎·한림翰林·균역均役·산림山林에 대해서는 내가 지키기를 굳게 하였다"[96]고 재확인한 바대로, 그는 탕평의 실현을 위한 정치적 조처로서

(1988: 1~66), 李銀順(1994: 151~216), 이이화(1994: 38~ 47) 등이 참조된다.

94 한편, 鄭景姬(1993: 125~178), 鄭景姬(1995: 162~196)는 '탕평정치기'의 시작을 숙종조 후반기[숙종 20년[1694년]의 甲戌換局에서 동왕 42년의 丙申換局[1716년] 이전의 시기]로 소급하여 설정하면서, 적어도 이 시기에 이르면 탕평이 실제 정국운영의 원리로 채택·시도되었던 것으로 논증하고 있다. 다만 이 시기 숙종과 탕평파의 탕평의 구현을 위한 노력 및 일부 성과[少論의 南人收合, 노·(소)탕평파의 良役變通, 노론탕평파의 北漢山城 경영과 尊號追上]에도 불구하고 노老·소少 당쟁의 심화로 세력균형이 점차 위태로워지고 탕평의 명목이 퇴색해감에 따라 숙종은 재차 환국에 주목하여 동왕 42년[1716년]의 병신처분丙申處分을 계기로 갑술환국 이래 약 20년간 지속해온 탕평의 시도를 포기했으며, 이로써 노론의 집권이 이루어졌던 것으로 설명하고 있다.

95 영조조에서의 탕평책 및 탕평론의 추이에 대해서는 대표적으로 鄭萬祚(1985: 235~288), 鄭萬祚(1986: 63~111), 朴光用(1985: 289~313), 이이화(1994: 53~63), 李熙煥(1995: 251~322), 정형지(1996: 206~207), 金成潤(1997: 93~101), 이성무(2007b: 139~198) 등이 참조된다.

96 『英祖實錄』, 卷107, 42年 10月 24日(庚申)條 "上曰: '吏郎·翰林·均役·山林, 予守固矣.

특히 기존의 산림제도山林制度와 청요직清要職의 위상과 기능을 대폭 축소하는 한편, 균역법均役法의 시행을 통해 수취제도의 모순을 이정釐正함으로써 탕평의 효과를 백성에까지 미치도록 하였다. 결국 이러한 일련의 조처는 완론탕평파의 정국주도를 통하여 종래 붕당 중심의 정치풍토를 일정 정도 제어하는 효과를 거두었으니, 물론 그 궁극적 목적은 강력한 왕권의 수립에 있었다. ③ 그럼에도 영조의 탕평책은 전체적으로 성공적이지 못했다. ㉠ 특히 영조의 탕평책이 기본적으로 국왕의 은혜와 독자적 의리義理에 토대를 둔 '조제보합'을 일관되게 표방했음에도 후기로 갈수록 정계는 사실상 노론의 독주체제로 귀결되어갔으며, ㉡ 또한 당시 탕평을 주도했던 탕평파 역시 어느덧 권력지향형의 세족대신世族大臣, 즉 '탕평당'으로 변신해가는 등의 요인으로 하여 결국 영조 말년에 이르면 새로운 척족정치戚族政治로의 이행을 막지 못했기 때문이다.

한편, 정조는 영조의 탕평책을 계승하였다.[97] 즉, ① 정조는 일찍이

……'" 여기서 ① '이랑吏郎'이란 종래 공론公論의 주재자로서 이조전랑吏曹銓郎이 행사했던 통청권通清權을 축소하여 이조판서吏曹判書에게 권한을 집중시키고 후임자의 천거권[自代制] 역시 폐지한 조처를 말하며, ② '한림翰林'이란 종래 의리義理·공론公論 구현의 대변자로 자처·기능하던 청요직清要職 및 이와 결부된 '한림회천翰林回薦의 규칙'을 혁파한 조처를 의미하며, ③ '산림山林'이란 자작의리自作義理의 온상이자 당쟁의 근본이었던 산림에 대하여 기존의 중용重用하던 관례를 깨고 중앙정계에서 완전히 배제시킨 조처를 가리키며, ④ '균역均役'이란 완론탕평파緩論蕩平派에게 실권을 부여하여 수취제도의 모순을 이정釐正함으로써 탕평의 효과를 백성에게 미치도록 한 조처를 말한다. 물론 이러한 일련의 정치적 조처는 궁극적으로 탕평을 통한 왕권의 강화를 도모하는 데에 그 목적이 있었다.

한편, 조선후기의 산림은 '정국政局의 막후자幕後者'로서는 정권의 지지기반을 제공하고 붕당 간의 갈등을 조정하는 기능을 가졌다면, '정치의 참여자'로서는 각 붕당의 명분과 논리를 제공하고 정국운영을 주재하는 역할을 담당하기도 하였다. 그러나 영·정조조에 접어들어 붕당의 타파와 왕권의 강화를 지향하는 탕평정국이 전개되면서 기존의 정국의 막후자이자 주재자로서의 산림의 위상과 기능은 현저히 약화부정되어갔다. 이에 대한 보다 자세한 내용은 대표적으로 禹仁秀(1999)가 참조된다.

97 정조조에서의 탕평책 및 탕평론의 추이에 대해서는 대표적으로 朴光用(1985: 313~347), 鄭玉子(1988: 101~161), 鄭玉子(1990: 85~113), 이이화(1994: 64~69), 정형지(1996: 207), 金成潤(1997: 101~108, 275~319), 유봉학(1999: 77~112), 유봉학(2009: 139~172), 박현모(2001: 93~128), 이성무(2007b: 199~256) 등이 참조된다.

영조가 제시했던 파붕당의 이념과 탕평기반을 기본적으로 수용하면서도 동시에 종래의 완론탕평緩論蕩平이 표방했던 '조제보합'의 논리와 그 결과적 폐단인 척족정치를 극복하는 데에 우선적으로 부심했던바, 이에 정조는 특히 청의淸議와 명절名節을 고수했던 노론老論·남인南人의 준론계峻論系 인사를 발탁하여 이들로 하여금 '의리義理'를 중시하는 탕평 및 일련의 개혁정치를 주도하도록 하였다. ② 정조는 즉위하자 연이어 '탕평윤음蕩平綸音'98과 「대고大誥」99를 반포함으로써 자신이 구상한바 치세治世의 기본방향 및 탕평의 의지를 천명한 바 있다. 특히 정조는 「대고」를 통해서 '제민산制民産[백성의 살림살이를 제정함]'·'성인재成人材[인재를 성취시킴]'·'힐융정詰戎政[軍政을 다스림]'·'유재용裕財用[재용을 풍족히 함]'의 4항목을 치세의 요목으로 제시하는 가운데, 무엇보다 '성인재'의 항목에서는 과거科擧와 전선銓選의 폐단, 지벌地閥 중심의 청요직淸要職 운용의 폐단을 말하고 순자법循資法과 견서甄敍[순서를 명확히 함]의 규정을 통한 소통疏通의 의지를 분명히 하였다. ③ 이를 출발점으로 정조는 ㉠ 탕평 및 왕권강화의 실현을 위한 일련의 정치적 조처를 연이어 시행해나갔던바, 즉 ㉮ 우선 우문정치右文政治를 표방하여 규장각奎章閣을 설치하고 초계문신제抄啟文臣制를 운영하여 인재를 양성함으로써 근왕세력勤王勢力을 육성하는 한편, 특히 산림山林의 정치관여를 부정하는 가운데 '군사君師' 개념을 바

한편, 정조 자신도 평소 영조의 탕평정치의 계승을 분명히 의식·강조하면서 특히 영조조가 이른바 '건극建極의 시대'였다면 자신의 치세治世는 '회극會極·귀극歸極의 시대'로 평가하기도 하였다: "선조先朝께서 50년간 이룩하신 건극建極의 정치는 그 공렬功烈이 성대했는데도 오히려 두루 미치지 못한 부분이 있었다. 그때에는 일의 형세가 본디 그러했지만, 오늘날에 있어서는 그때와는 달라 외면의 규모가 거칠게나마 모양을 이루었다. 만약 한 세상이 모두 회극會極·귀극歸極의 정치로 모여들어 한 사람도 그 사이에서 어긋남이 없게 된다면 어찌 진실로 통쾌한 일이 아니겠는가?(先朝五十年建極之治, 功烈盛矣, 而猶有未遍及處. 在伊時則事勢固然, 而在今日則與伊時異, 外面規模, 粗成模樣. 如可擧一世而咸囿於會極·歸極之治, 無一人齟齬於其間, 則豈不誠大快事?)" 「日得錄 7【政事 2】」(『弘齋全書』, 卷167, pp. 10b~11a)

98 『正祖實錄』, 卷2, 卽位年 9月 22日(庚寅)條.

99 『正祖實錄』, 卷5, 2年 6月 4日(壬辰)條.

탕으로 한 군주도통론君主道統論을 제기하는 등의 노력을 통해 기존의 권력구도를 개편해나갔고, ㉯ 특히 청요직의 위상과 비중을 약화시켜 대신권大臣權을 강화하는 한편, 척리戚里[戚臣]와 환시宦寺[宦官]의 발호를 철저히 금단禁斷하는 등의 조처를 통해 관료제의 운영을 왕권 중심으로 재편해나갔으며, ㉰ 남인南人·소론少論·북인北人뿐만 아니라 서얼庶孼까지도 일정하게 정권에 참여하는 길을 열어놓아 정치참여세력의 확대와 재야사대부의 보합保合까지를 도모함으로써 소통疏通을 통한 탕평의 실상을 구체화해나가는 한편, ㉱ 현륭원顯隆園의 조성[1789년, 正祖 13], 장용영壯勇營의 강화, 화성華城의 축조[1794년, 正祖 18~1796년, 正祖 20]로 이어지는 일련의 대역사, 즉 '화성경영華城經營'을 통해 장차 국왕 중심의 개혁정치를 본격적으로 펴기 위한 새로운 근거지를 조성해나갔으며, ㉲ 이러한 과정에서 신해통공辛亥通共[1791년, 正祖 15]을 실시하여 30년 이내에 설치된 시전市廛의 폐쇄와 육의전六矣廛 이외의 시전이 가졌던 금난전권禁亂廛權의 폐지를 통해 결과적으로 탕평의 효과를 백성에게까지 확산시키는 데에도 노력하였다. ㉡ 결국, 이러한 일련의 조처는 준론탕평파의 정국주도 하에 시행되었었던 개혁정치의 요체로서, 이를 관통하는 궁극적 목적이란 어디까지나 일원적 중앙집권체제의 구축을 통한 왕권강화에 있었음은 물론이다. ④ 그럼에도 이상과 같은 정조의 탕평책과 개혁정치는 그 자체의 다대한 성과에도 불구하고 전체적으로는 '미완未完의 것'이라 할 것이다. 왜냐하면, ㉠ 상기한바 일련의 개혁적 조처는 어디까지나 본격적인 탕평 및 제도개혁을 시행하기 위한 준비단계, 즉 왕권강화라는 일차적 목표를 달성하기 위한 맥락에서 주로 이루어진 것으로서, ㉡ 이러한 개혁적 성과마저도 정조의 준론탕평峻論蕩平을 지탱했던 정치세력의 취약함으로 말미암아 그의 갑작스러운 승하昇遐와 함께 대부분 수포로 돌아가고 말았기 때문이다.

정국운영방식의 변화②: 19세기 '세도정치'의 전개

상기한바 정조조正祖朝에서의 탕평정국과 개혁정치는 기본적으로 18세기 이래 조선사회가 경제적·사회적 측면에서 대내외적으로 경험했던 일련의 심각한 질적 변화에 직면·대응하여 특히 강력한 왕권을 구심점으로 하여 '체제의 유지'와 '변화의 체제 내 수용'이라는 모순적 과제 간의 균형을 통해 나름대로 '질서 있는 이행'을 모색했던 마지막 정치적 노력이었다. 그러나 이러한 노력은 경신년[1800년, 正祖 24]에 정조가 49세의 나이로 갑자기 승하昇遐함으로써 사실상 종말을 고하는 한편,[100] 뒤이어 종래 상당한 위기의식 속에서 정조와 정치적 대립각을 세웠던 노론벽파老論僻派가 '신유옥사辛酉獄事'라는 일종의 환국換局을 통해 다시금 일당전제체제의 형태로 정권을 장악하게 되면서 이른바 19세기의 '세도정치기勢道政治期'가 시작되기에 이른다.[101]

1

우선, 순조조純祖朝에서 철종조哲宗朝에 이르는 19세기 전·중반기의 세도정국勢道政局의 구체적 추이에 대해서는 크게 보아 ① '순조의 즉위와 정순왕후貞純王后의 수렴청정기垂簾聽政期[1800년~1803년]', ② '순조의 친정기親政期[1804년~1826년, 1830년 6월~1834년]', ③ '효명세자孝明世子의 대리청정기代理聽政期[1827년~1830년 5월]', ④ '헌종憲宗의 즉위와 순원왕후純元王后의 수렴청정기[1834년~1840년]', ⑤ '헌종의 친정기[1841년~1849년]', ⑥ '철종의 재위기在位期[1849년~1863년]'로 구분하여 인식할 수 있다.

이에 세도정국의 추이를 보다 구체적으로 살펴보면, 첫째, '순조의

100 『正祖實錄』, 卷54, 24年 6月 28日(己卯)條.

101 이른바 '정조正祖 사후死後 63년'에 해당하는 세도정치기의 시기구분 및 그 정국추이에 대한 소개는 주로 오수창(1990a: 71~125), 이성무(2007a: 94~103), 이성무(2007b: 257~296)를 참조하였다.

즉위와 정순왕후의 수렴청정기'는 정순왕후의 친정인 경주김씨慶州金氏를 핵심계열로 하는 노론벽파老論僻派가 정국의 주도권을 장악했던 시기이다. ① 이들은 정권을 잡자마자 ㉠ 시파세력時派勢力을 비롯하여 벽파의 정국운영에 장애가 되는 노론계 인물들을 대거 정계에서 축출하는 한편, 특히 신유옥사[1801년, 純祖 1]를 통해서는 천주교天主敎 탄압을 빌미로 남인계南人系 인물들을 대거 숙청하여 재기불능의 상태로 만들었다. ㉡ 또한 반대파로서 노론시파의 거두였던 안동김씨安東金氏의 김조순金祖淳[楓皐, 1765~1831] 가문에 대해서도 끊임없이 견제했던바, 바로 이러한 맥락에서 당시 시파의 군사적 기반이던 장용영壯勇營을 혁파하는 한편 선왕 정조正祖가 결정했던 김조순 가문의 국혼國婚을 저지하고자 노력했으나 결국 성공하지는 못했다. ② 한편, 당시 벽파세력은 선왕의 권위를 빌어 자신들의 정치적 입지를 강화하기 위한 목적에서 대표적으로 내시노비內寺奴婢의 혁파를 단행하기도 하였다.

둘째, '순조의 친정기'는 안동김씨의 김조순 가문이 반남박씨潘南朴氏의 박준원朴準源[錦石, 1739~1807] 가문 및 풍양조씨豐壤趙氏의 조만영趙萬永[石崖, 1776~1846] 가문과의 협력 하에 벽파세력을 제거하고 정국을 주도해나갔던 시기이다. ① 앞 시기 벽파세력의 견제에도 은인자중하며 선왕 정조의 권위를 이용하여 일정 정도 세력을 유지해왔던 김조순은 마침내 임술년[1802년, 純祖 2]에 순조의 국구國舅가 되면서 외척外戚으로서의 정치적 입지를 굳히기에 이르며, 이듬해 정순왕후의 수렴청정이 끝나고 을축년[1805년, 純祖 5]에 정순왕후가 서거하여 벽파세력의 유력한 후원자가 사라지면서 '김달순金達淳[一靑, 1760~1806] 옥사'를 위시한 일련의 사건을 통해 기존의 벽파세력을 정계에서 축출해나감으로써 이후 안동김씨 중심의 세도정치를 위한 확고한 기반을 마련하기에 이른다. ② 한편, 동시기에 순조는 즉위하면서부터 국왕으로서 정국의 주도권을 장악하기 위해 나름의 노력을 의욕적으로 경주한 바 없지 않았으나 결국 실패로 귀결되고 말았다.

셋째, '효명세자의 대리청정기'는 세자가 대리청정을 계기로 국왕의 권한을 강화하고 정국을 주도하기 위한 목적에서 새로운 권력집단을 결집해나갔던 시기이다. ① 물론 이러한 정국의 변화는 순조가 재위 말기에 접어들면서 당시 김조순 가문을 중심으로 한 세도집단의 독주를 견제하고 국왕의 정국주도권을 회복해보려는 나름의 고심에서 그 돌파구의 하나로 시도했던 것으로, ㉠ 세자는 이 시기 기민하게 자신의 정국운영을 보좌할 정치세력으로 김로金鑢[雪嵒, 1783~?]를 위시한 일단의 인물들을 새로 기용하는 한편 처가인 풍양조씨 조만영 가문의 인물들을 중용함으로써 결과적으로 김조순 가문의 세력을 일정 정도 제어한 바 있다. ㉡ 그러나 세자의 이와 같은 노력 역시 그의 급서急逝와 함께 도로徒勞에 그쳤고, 이에 김조순 가문은 다시금 이 시기에 형성된 새로운 정치세력을 도태시키며 자신들을 중심으로 권력질서를 재편해 나갔다. ② 한편, 이처럼 세자의 대리청정이 실패하면서 다시 친정에 복귀한 순조는 그 대가로서 국정운영에서 김조순 세력의 협력을 얻기 위해 자신을 그들과 '대대로 친교를 나눈 사이[世好者]'로 자처하거나 심지어 잘못을 용서해 달라고 요청해야 하는 수모를 당하면서[102] 결국에는 국정을 멀리하는 무기력 상태에 빠지게 되었고, 이러한 와중에서 그는 세손世孫[憲宗]의 보도輔導를 풍양조씨 조인영趙寅永[雲石, 1782~1850: 趙萬永의 아우]에게 부탁하기에 이른다.

넷째, '헌종의 즉위와 순원왕후의 수렴청정기'는 헌종이 8세의 어린 나이로 즉위하자 순원왕후가 수렴청정을 하게 되면서 그녀의 친정인 김조순 가문의 세력은 계속 정치적 기반을 유지해나가는 한편, 앞서 순조로부터 헌종의 보도를 부탁받은 조인영 또한 정국운영에 적극 참여

102 『純祖實錄』, 卷32, 32年 8月 6日(庚辰)條; 『純祖實錄』, 卷33, 33年 5月 13日(癸未)條.

함으로써 두 외척가문 간에 어느 정도 세력균형이 유지되었던 시기이다.

다섯째, '헌종의 친정기'는 ① 김좌근金左根[荷屋, 1797~1869] 중심의 김조순 가문의 세력과 조인영, 조병구趙秉龜[字는 敬寶, 1801~1845] 중심의 조만영 가문의 세력이 서로 대립하는 가운데 후자가 헌종의 권위를 이용하여 우위를 점하면서 풍양조씨 가문이 세도정국을 주도해나갔던 시기이다. ② 한편, 헌종 역시 이 시기에 정국운영의 주도권을 장악하기 위한 나름의 노력을 기울였음에도 결과적으로 국정 전반에 별다른 성과를 거두지 못하고 말았다.

마지막으로, '철종의 재위기'는 초기 순원왕후의 수렴청정기는 물론이요 이어 철종이 친정하던 시기에도 김좌근 등을 중심으로 한 김조순 가문이 국가권력을 거의 전적으로 장악하면서 일방적으로 독주했던 시기이다. 즉, ① 헌종이 기유년[1849년, 憲宗 15]에 23세의 젊은 나이로 후사 없이 승하하자, 순원왕후는 은언군恩彦君[正祖의 庶弟]의 손자이자 전계대원군全溪大院君의 셋째아들인 강화도령 이원범李元範을 왕위에 오르게 하고, 헌종조 초기와 마찬가지로 다시금 수렴청정을 하였다. 이 시기 동안 김좌근과 김홍근金弘根[春山, 1788~1842]을 중심으로 한 김조순 가문은 순원왕후의 지원 하에 헌종의 탈상을 앞두고 제기된 '전례논쟁典禮論爭'을 계기로 풍양조씨 가문의 세력을 제거해나갔고, 또한 김조순의 7촌 조카인 김문근金汶根[字는 魯夫, 1801~1863]의 딸을 왕비로 책봉함으로써 세도정권의 기반을 다시금 확고히 하였다. ② 뒤이어 철종의 친정이 시작되었으나, 당시 왕으로부터 국사國事의 전권을 위임받은 김좌근 세력이 국정을 천단擅斷하는 가운데 그들의 견제세력을 삼제芟除하려는 맥락에서 종실宗室에 대해서도 철저한 탄압으로 일관함으로써 안동김씨의 독주는 철종의 재위기 내내 극성을 이루었다.

2

한편, 이처럼 '정조正祖 사후死後 63년' 동안 안동김씨安東金氏 및 풍양조씨豐壤趙氏와 같은 유력한 외척가문을 중심으로 전개된 '세도정치勢道政治'는 특히 권력집단의 구성 및 정국운영의 특성상 무엇보다도 '반동성'과 '파행성'을 그 본질로 하고 있었다.[103] 즉, 이와 같은 세도정치는 첫째, '권력집단의 구성'과 관련하여 ① 당시 중앙정치세력의 형성기반이 이전과 비교할 수 없을 정도로 급격히 축소되었던바, 특히 ㉠ 지역별로는 당시에 나타난 '경향분기京鄕分岐'의 시대적 흐름에 따라 '서울지역'을 중심으로, ㉡ 성관별로는 이른바 '세족거벌世族巨閥'로 통칭되는 '소수 성관姓貫의 거대한 유력가문'을 중심으로, ㉢ 당색별로는 오로지 '노론老論의 일부 세력'을 중심으로 권력집단이 충원·재생산되었으니, ② 이러한 사실은 결국 비변사備邊司를 장악한 소수의 외척세도가문이 당시의 국정운영을 사실상 독점·천단하고 있었음을 의미하는 것으로서,[104] 이처럼 강화된 권력의 폐쇄성과 보수성은 그들의 정치적 정당성을 결정적으로 훼손하는 요인이었음은 물론이다.[105]

---

103 세도정치기의 권력집단의 구성 및 정국운영의 특성에 대해서는 주로 남지대(1990a: 129~165), 남지대(1990b: 166~198), 홍순민(1990a: 199~225), 홍순민(1990b: 226~256), 오수창(1990b: 575~633), 오수창(1990c: 634~685), 박광용(1990: 686~732), 박현모(2011: 117~147)를 참조하였다.

104 세도정치기 비변사의 조직과 정치적 위상에 대해서는 대표적으로 최이돈(1990: 383~424), 오종록(1990a: 491~531), 오종록(1990b: 532~571)이 참조된다. 한편, 비변사의 제도적 연원 및 17세기 비변사의 운영양상과 그 성격에 대한 소개로는 대표적으로 李在喆(2003)이 참조된다.

105 순조조에서 철종조에 이르는 기간 동안 문과급제자文科及第者와 도당록입록자都堂錄入錄者의 수를 기준으로 당시의 유력성관을 분류해보면, ① '유력한 큰 성관'으로는 전주이씨全州李氏, 연안이씨延安李氏, 한산이씨韓山李氏, 안동김씨安東金氏, 반남박씨潘南朴氏, 풍양조씨豐壤趙氏, 남양홍씨南陽洪氏, 풍산홍씨豐山洪氏, 대구서씨大丘徐氏, 청송심씨靑松沈氏, 파평윤씨坡平尹氏, 해평윤씨海平尹氏, 동래정씨東萊鄭氏, 평산신씨平山申氏로서 모두 '15개의 성관'이 있으며, ② '중간 성관'으로는 기계유씨杞溪俞氏, 창녕조씨昌寧曺氏, 덕수이씨德水李氏, 청풍김씨淸風金氏, 양주조씨楊州趙氏, 나주임씨羅州林氏, 경주김씨慶州金氏 등 모두 '32개'의 성관이 있고, ③ 이외에도 나머지 '작은 성관'이 다수 있다. 19세기 전반 중앙정치세력은 대체로 서울지역에 거주하는 상기한바 '유력한 큰

둘째, '정국운영의 특성'과 관련해서도 ① 국정주도권의 변화양상

성관'과 '중간 성관'을 중심으로 충원·재생산되었으며, 이들은 '문과文科 급제 →『도당록都堂錄』 입록 → 당상관堂上官 승진 → 비변사備邊司 당상'이란 계제를 통하여 결국 비변사를 중심으로 하나의 커다란 권력집단을 형성하고 있었다. 보다 자세한 내용은 남지대(1990a: 129~165), 남지대(1990b: 166~198), 홍순민(1990a: 199~225), 홍순민(1990b: 226~256)이 참조된다.

한편, ① 정약용은 이미 정조조에서부터 이러한 현상에 대하여 심각한 우려와 문제의식을 토로하는 가운데 '통색通塞'의 당위성과 개혁을 정조에게 역설한 바 있다: "신이 엎드려 생각하건대, 인재를 얻음이 어렵게 된 지가 오래되었습니다. 온 나라의 훌륭한 영재英才를 다 뽑아 발탁하더라도 오히려 부족할까 염려되는데, 하물며 8, 9할을 버린단 말입니까? 온 나라의 백성을 다 모아 배양培養하더라도 진흥시키지 못할까 두려운데, 하물며 8, 9할을 버린단 말입니까? 소민小民은 버림받은 자이고, 중인中人도 버림받은 자입니다.【우리나라에서는 의역醫譯·율력律曆·서화書畫·산수算數에 종사하는 자가 중인中人이다】 서관西關[平安道: 필자 주]과 북관北關[咸鏡道: 필자 주]의 사람은 버림받은 자이고, 해서海西[黃海道: 필자 주]·송경松京[開城: 필자 주]·심도沁都[江華島: 필자 주]의 사람도 버림받은 자입니다. 관동關東과 호남湖南의 절반이 버림받은 자이고, 서얼庶孼도 버림받은 자입니다. 북인北人과 남인南人은 버림받은 것은 아니나 사실상 버림받은 것과 같습니다. 버림받지 않은 자는 오직 벌열閥閱 수십 가家일 뿐이나, 이 가운데서도 사건으로 인해 버림받은 자 또한 많습니다.(臣伏惟, 人才之難得也, 久矣. 盡一國之精英而拔擢之, 猶懼不足, 況棄其八九哉? 盡一國之生靈而培養之, 猶懼不興, 況廢其八九哉? 小民, 其棄者也; 中人, 其棄者也.【我國, 醫譯·律曆·書畫·算數者爲中人】 西關·北關, 其棄者也; 海西·松京·沁都, 其棄者也. 關東·湖南之半, 其棄者也; 庶孼, 其棄者也. 北人·南人, 其不棄而猶棄者也. 其不棄之者, 唯閥閱數十家已矣, 而其中因事見棄者, 亦多.)" 「通塞議」(『定本 與猶堂全書 2』, p. 148) ② 또한, 정약용은 갑자년[1804년, 純祖 4] 여름 적소謫所인 강진康津에서 당시 소수 벌열閥閱을 중심으로 한 세도정치의 난맥상을 목도하면서 다음과 같이 시詩를 지어 탄식·비판한 바 있다: "산악山嶽이 영재英才를 뭉쳐낼 때에 본래가 씨족氏族을 가릴 리 없네. ……어찌하여 현로賢路가 이렇게 좁아, 뭇사람이 움츠려 기를 못 펴나? 오로지 제일골第一骨만 발탁해 쓰니, 나머진 노예와 꼭 같은 신세.【신라新羅의 귀족貴族을 '제일골第一骨'이라 하는데,『당서唐書』에 나온다】 서북西北 사람은 언제나 찡그린 얼굴, 서얼庶孼들은 원통해 통곡소리 드높네. 위세도 당당한 수십가數十家에서 대대로 국록國祿을 먹어치우네. 그들끼리 붕당朋黨이 나뉘어져서 엎치락뒤치락 죽이고 물어뜯어, 약한 놈 몸뚱인 강한 놈 밥이라 대여섯 호문豪門이 살아남아서, 이들만이 경상卿相 되고 이들만이 악목岳牧 되고, 이들만이 후설喉舌 되고 이들만이 이목耳目 되고, 이들만이 백관百官 되고 이들만이 옥사獄事를 감독하네.(山嶽鍾英華, 本不揀氏族. ……何如賢路隘, 萬夫受局促? 唯收第一骨, 餘骨同隷僕.【新羅貴族曰'第一骨', 見『唐書』】 西北常攢眉, 庶孼多痛哭. 落落數十家, 世世呑國祿. 就中析邦朋, 殺伐互翻覆. 弱肉强之食, 豪門餘五六. 以玆爲卿相, 以玆爲岳牧. 以玆司喉舌, 以玆寄耳目. 以玆爲庶官, 以玆監庶獄.)" 「夏日對酒【甲子夏, 在康津】」(『定本 與猶堂全書 1』, p. 441) 여기서 정약용이 거론한바 '대여섯 호문豪門'이란 영조조에서 순조조에 이르기까지 등장·활약했던 대표적인 외척세도가문, 즉 달성서씨達城徐氏, 경주김씨慶州金氏, 풍양조씨豐壤趙氏, 반남박씨潘南朴氏, 안동김씨安東金氏 등을 지칭하는 것으로 보인다. 번역문은 宋載卲 譯註(1991: 258~260)와 송재소 역주(2013: 380~382)를 참조하였다.

으로서 왕권의 약화, 붕당의 퇴조, 외척권세가의 권력독점이라는 현상이 두드러졌고, ② 관료기구의 작동구조에 있어서는 권력기구로서의 비변사의 독자적 위상의 확보, 공론公論과 언로言路의 위축 및 이에 따른 세도가의 자의적 권력행사에 대한 견제장치의 사실상의 해체라는 문제점이 노정되었으며, ③ 정치쟁점의 측면에서는 '권간權奸'으로서의 외척세도가의 연합과 대립에 따른 의리義理의 허구화, 정치적·정책적 이념대립의 실종과 적나라한 사적 이해관계의 충돌이라는 행태로 표출되었고, ④ 대민정책의 측면에서도 특히 삼정三政으로 대표되는 부세행정의 전반적 난맥상과 이에 대한 미봉적 대응, 관인사회官人社會 전반의 경제적 비리행위의 미만彌滿과 이에 대한 내부적 교정책의 부재라는 양상으로 나타나기에 이르렀다.

결국, 19세기의 세도정치는 이상과 같은 반동성과 파행성으로 하여 당시 조선사회가 역동적으로 경험하고 있었던 일련의 심대한 경제적·사회적 변화를 체제 내로 견인·흡수할 능력을 결정적으로 결여함으로써 끝내는 홍경래란洪景來亂을 필두로 이후 이른바 '민란民亂의 시대'가 본격적으로 도래함을 불가피하게 만들었다.[106]

---

106 김인걸(2017a)은 19세기의 세도정치기는 중앙정치만을 놓고 볼 때는 공론公論은 사라지고 그 결과 '민란民亂'이 만연했던 것으로 설명할 수 있으나, 그럼에도 조선 정치사의 본질인 공론정치公論政治는 전 시기를 통해 한 번도 부정되거나 단절된 적이 없었던바, 바로 이러한 맥락에서 세도정치기 역시 공론정치가 종식된 것이 아니라 새로운 형태로 전개되어갔던 시기로 규정하고 있다. 즉, 이 시기에도 기존의 공론정치와 대립하면서도 상호 영향을 주고받으며 지방 향촌사회에서는 새로운 공론장公論場이 활발하게 펼쳐지고 있었다고 보면서, 그 대표적 사례로서 대소민인大小民人이 같이 만들어간 향회鄕會와 민회民會를 들고 있다.

국가의 대민지배정책의 강화

1

상기한 바대로, 18세기 영英·정조조正祖朝 동안 전개된 탕평정치蕩平政治는 무엇보다 파붕당破朋黨을 통해 왕권 및 국가관료제를 강화함으로써 국왕을 정점으로 한 일원적 중앙집권체제를 구축하는 동시에 이를 바탕으로 일련의 제도개혁을 모색함을 그 요체로 했던바, 따라서 이 시기에 단행된 '균역법均役法'이나 '신해통공辛亥通共'과 같은 대표적인 개혁적 성과 역시 기본적으로 일선행정에 대한 중앙정부의 통제기능의 강화를 함축·전제하는 것이었다. 바로 이러한 맥락에서 탕평정국의 전개란 결국 국가의 대민지배방식에 있어서의 중요한 변화를 내포하기도 했던바, 이는 무엇보다 백성에 대한 '제일적齊一的 지배', 곧 국가가 사족士族을 포함한 모든 백성을 같은 위상에 두고 지배하려는 형태로 나타났다. 즉, 이는 정국운영의 방식이 종래 사대부士大夫와 교목세신喬木世臣을 중심으로 한 '군신공치君臣共治'의 틀을 넘어서서 국가가 '민民'에 대하여 새삼 교화의 대상이자 국역의 담당자로서 그 위상과 역할을 재인식하게 되면서 이를 국가권력과 직접 연계하려는 방향, 곧 '왕王-민民 체제'로 재구성되기 시작했음을 의미하였다.[107]

---

107 이에 대한 보다 자세한 내용은 대표적으로 김인걸(2011: 103~142), 정재훈(2011: 201~233)이 참조된다. 여기서 김인걸(2011)과 정재훈(2011)은 당시 표방된 '민국民國'이나 '민국지사民國之事'의 개념 또는 이른바 '왕王-민民 체제'란 기실 국왕이 민民을 정치적 주체로 인식한다거나 정치적 동반자로 상정하는 단계를 표현한 것은 아니며, 다만 국가가 당시의 민을 '국정운영의 대상'이나 '국가지배에서의 법적 대상'으로 새롭게 파악·전제하였음을 뜻하는 것으로 이해하고 있다.

한편, 김백철(2010: 278~296)은 '민국'이란 개념이 조선전기에는 단순히 '백성과 나라'의 병칭에 지나지 않았으나, 이후 17세기부터는 백성과 국가 간의 관계를 새롭게 설정하려는 노력, 즉 '민'과 '국'을 불가분의 관계 또는 운명공동체로 인식하는 변화가 생겨나면서 여기에 새로운 정치적 의미가 부가되기 시작한 것으로 파악하고 있다. 이에 영조 연간에는 백성에 대한 인식이 심화되면서 '민국'이란 종래의 상투어가 새로운 정치개념으로 재해석되었던바, 즉 당시 '민국'의 용례는 ① 백성의 존재를 국가와 긴밀한 연관관계 속에서 재규정하고자 하는 '새로운 국

2

이상과 같은 국가의 대민지배방식에 있어서의 변화는 당시 '민국民國'이나 '민국지사民國之事'의 개념이 표방·강조된 데서도 잘 간취할 수 있는바, 이에 국가는 이를 뒷받침·구현하기 위한 정치적 목적에서 국가운영체제를 다방면에서 재정비하기에 이른다. 이에 그 대표적인 사례를 들자면, 첫째, '법전法典의 보수補修'를 들 수 있다. ① 이러한 흐름은 이미 숙종조에서 『수교집록受敎輯錄』[1698년, 肅宗 24]이 완성된 이래, 영·정조조에 이르면 곧 『속대전續大典』[1746년, 英祖 22]과 『대전통편大典通編』[1795년, 正祖 19]의 편찬으로 구체화되었다. ② 이러한 법전의 보수작업은 기본적으로 18세기 이래 진전된 사회적 변화를 조종성헌祖宗成憲인 『경국대전經國大典』에 반영·수용하려는 노력의 총결산으로서, 이것이 함축한바 정치적·법적 함의는 무엇보다 국왕을 정점으로 한 새로운 지배방식의 모색이자 통치의 형식과 방향을 전환하려는 시도, 즉 법을 통한 획일적 '관치官治=관주도의 지배'를 관철시키고자 하는 데 있었음은 물론이다.[108]

둘째, 지방지배정책의 일환으로서의 '일선행정단위의 재정비'를 들 수 있는바, 이는 특히 향촌鄕村의 통치단위로서의 '면리제面里制의 강화'를 중심으로 이루어졌다. 즉, ① 조선정부는 이미 선초부터 지방지배체제의 기본골격으로서 '군현제郡縣制'를 실시하고 그 하부조직으로서 읍치邑治를 중심으로 사방에 설치한 '방위면方位面'을 근간으로 '면리제'를

가상의 표현', ② 광의의 국정지표, ③ 당대 현실을 비판하는 척도, ④ 국가의 중대사, ⑤ 국왕에게는 '국정國政 그 자체'로서 왕위를 상징하는 개념 등으로 확장·사용된 것으로 소개되고 있다.

108 이에 대한 보다 자세한 내용은 이해준(2000: 192~194), 정재훈(2011: 218~219), 정긍식(2018: 79~88)이 참조된다. 또한, 이 시기에는 상기한바 헌법전憲法典의 보수補修를 계기로 법전의 편찬작업 자체가 세분화·전문화되는 경향도 나타났던바, 즉 『속대전續大典』 편찬 이후 완성된 『백헌총요百憲摠要』[1740년경], 『춘관지春官志』[1744년, 英祖 20], 『증수무원록增修無冤錄』[1748년, 英祖 24], 『흠휼전칙欽恤典則』[1778년, 正祖 2], 『추관지秋官志』[1781년, 正祖 5], 『탁지지度支志』[1787년, 正祖 11], 『전률통보典律通補』[1787년, 正祖 11] 등의 사례가 바로 그것이다.

확립함으로써 향촌 및 민에 대한 일원적 지배체제를 구축하고자 노력했으나, 특히 자연촌自然村 발달의 미흡에 따라 통치단위로서의 단위성이 제고되지 않은 채 외형적인 정비에만 머물고 말았다. ② 그러나 조선후기에 접어들면서 ㉠ 농업생산력의 증대 및 상품화폐경제의 발전과 같은 일련의 경제적·사회적 조건의 변화와 함께 자연촌이 점차 분화·발달함에 따라 기존 면리제의 단위성이 제고되고 군현제의 하부기구이자 재정기반으로서의 중요성이 점차 커짐에 따라 정부는 전통적인 수령제·군현제 대책에서 벗어나 보다 적극적으로 면리제의 조정·정비에 착수하기에 이르렀던바, 이로써 당시 면리조직은 기본적으로 부세賦稅·요역徭役의 담당단위이자 환곡還穀·진휼賑恤의 분급대상으로 기능하게 되면서 명실공히 '국가의 재정단위'이자 '읍치의 기반'으로 확고히 자리 잡게 되었다. ㉡ 이러한 과정을 거쳐 정조조에 이르면 정부는 '군현제郡縣制-면리제面里制-오가통제五家統制'에 이르는 향촌통치체제를 확정하는 한편, 이를 바탕으로 공권력에 의한 향촌 및 민에 대한 직접적 파악과 장악을 모색·강화하기에 이른다.[109]

셋째, 국가의 재정기반의 확보를 위한 '부세제도賦稅制度의 변화'를 들 수 있다. ① 이러한 변화는 상기한바 향촌통치체제의 강화와 맥락을 같이하는 것으로서, 이는 무엇보다 중앙정부의 안정적인 재정수입에 초점이 맞추어진 총액제摠額制 방식의 각종 부세수취체제의 정비로 나타났다. ② 이에 18세기 이래 부세정책의 기본흐름을 요약하자면, ㉠ 군현별로 일정한 세액을 정해주는 총액제 및 이에 기반을 둔 공동납共同

109 이에 대한 보다 자세한 내용은 대표적으로 金仙卿(1984), 오영교(2001: 139~163)가 참조된다. 한편, 오영교(2001: 172~210)는 이러한 면리제가 확립됨에 따라 면리임面里任이 관치보조직임官治補助職任으로서 제반 행정적 기능을 수행했던 것으로 소개하고 있는바, 보다 구체적으로는 ① 권농勸農 업무, ② 부세수취와 관련된 행정기능[災實踏驗 및 農形報告, 田結稅의 징수, 軍·徭役의 징발, 還穀 및 殖利錢의 운영], ③ 기타 행정기능[官令전달, 호적업무, 치안유지, 기타], ④ 향풍교화鄕風敎化 및 기초적 재결권裁決權의 행사를 들고 있다.

納의 시행으로서, 이는 특히 전세田稅에서의 비총제比摠制, 군역軍役에서의 이정제里定制, 환곡還穀에서의 이환里還·통환제統還制 등으로 구체화되었다. ㉡ 당시 상품화폐경제의 진전에 따른 금납金納의 확산으로서, 이러한 변화는 종래 미포米布의 현물납 중심의 군역제를 점차 해체시켜나갔으며, 또한 환곡還穀의 운영에서도 많은 폐단을 야기한 바 있다. ㉢ 18세기 후반 부세정책의 틀이 새롭게 마련된 이래 19세기의 도결都結로 귀착된 공납貢納·군역軍役·환곡還穀 등의 결렴화結斂化의 현상, 즉 부세가 토지를 중심으로 집중·일원화되는 양상으로서, 이는 특히 대동법大同法의 시행, 균역법均役法의 시행과 군역제의 변동, 환곡의 부세화 현상 등으로 구현된 바 있다.[110] ③ 결국 전체적으로 보아, 상기한바 18세기 이래 새로운 부세정책의 시행방향은 일차적으로 국가재정, 특히 중앙재정의 안정적 확보를 도모하는 데 있었지만, 그럼에도 19세기에 접어들면 기존의 사회·경제적 기반이 급속히 해체되어가는 와중에서 이는 소기의 목적을 달성하지 못한 채 점차 그 한계를 적나라하게 노정하기에 이른다.

넷째, 상기한바 부세제도의 변화를 특히 실무행정의 측면에서 뒷받침하기 위한 '수령守令-이향吏鄕 중심의 향촌통제책의 시행'을 들 수 있다. 즉, ① 18세기에 접어들면 전반적으로 수령 중심의 지방지배를 구현하기 위한 일련의 법제적·관료제적 틀이 마련되기 시작했던바, 이는 일차적으로 정政·교敎 양면에서의 '수령권의 강화'로 귀결되었다. 이에 따라 수령은 종래 재지사족在地士族의 간섭과 지배를 배제하는 가운데, 무엇보다 향촌지배의 결정적 단서가 되는 부세賦稅의 운영, 면리임面里任의 차출 등에서 전권全權을 행사했을 뿐만 아니라 향촌교화와 관련된 향교鄕校 및 향약鄕約의 운영에 있어서도 인사人事 및 재정財政의 측면에서 실질적 주도권을 장악하기에 이르렀다. ② 이러한 수령권의 강화는 또

110 18세기와 19세기 전반에 걸친 부세제도의 변화양상에 대한 전반적 개관은 대표적으로 장동표(2000: 309~335)가 참조된다.

한 향촌사회 내에서의 권력구조의 변화를 일정 정도 전제·수반하는 것이기도 하였으니, 즉 '수령과 이향 및 이에 부수·기생하는 신향新鄕·부민층富民層으로 연결된 권력구조'의 등장이 바로 그것이다. 물론 이러한 변화는 결과적으로 종래와는 달리 향론鄕論이나 공론公論의 부재 속에서 수령과 이향세력이 결탁한 수탈구조를 일반화시키는 부작용으로 이어지기도 하였다. ③ 이러한 부작용에 대해 중앙정부는 '어사御史 파견의 강화'로 대응하였다. 이 시기에 특히 활발했던 암행어사暗行御史의 파견은 물론 그 일차적 목적이 수령을 위시한 외관外官에 대한 감찰의 확대 및 강화에 있었지만, 또한 이는 국왕 및 중앙정부의 지방실정地方實情 및 민은民隱에 대한 파악에 있어서도 중요한 기능을 담당한 바 있다. ④ 한편, 이처럼 18세기 이래 국가의 지방지배에 있어 수령의 위상과 역할이 강조되면서 이들이 업무를 수행하며 참조할 수 있는 일련의 통치지침서 역시 이 시기에 잇달아 편찬되었던바, 즉 ㉠『치군요결治郡要訣』, 다양한 판본의『목민고牧民攷』, 안정복安鼎福[順菴, 1712~1791]의『임관정요臨官政要』[1757년, 英祖 33], 홍양호洪良浩[耳谿, 1724~1802]의『목민대방牧民大方』[1791년, 正祖 15]을 위시하여 19세기에 저술된 정약용丁若鏞의『목민심서牧民心書』[1818년~1821년, 純祖 18~21],『거관대요居官大要』,『목강牧綱』,『사정고四政考』 등이 그 대표적인 사례이다. ㉡ 이러한 저술들은 무엇보다 수령들로 하여금 지방행정의 일선에서 자신들의 업무를 체계적으로 파악하고 이를 원활하게 수행하도록 유도하는 데에 그 일차적 목적이 있었음은 물론이다.[111]

마지막으로, 중앙정부가 주로 지방의 실정을 체계적으로 파악하기 위한 목적에서 시행했던 일련의 '지리서地理書 및 지도地圖의 편찬사업'을

111 18세기 이후 '관官 주도 지방지배의 심층화양상'에 대한 일반적 개관은 이해준(2000: 183~204), 한상권(2000: 205~219), 전경목(2000: 220~251)이 참조된다. 한편, 상기한바 안정복의『임관정요』와 홍양호의『목민대방』의 내용에 대해서는 대표적으로 원재린 역주(2012) 및 김용흠 역주(2012)가 참조된다.

들 수 있다. 일반적으로 18세기는 국가의 주도로 지리서 및 지도의 편찬사업이 가장 활발했던 시기로 알려져 있는바, 즉 ① '지리서'와 관련해서는 ㉠ 16세기 이후 지방 단위로 개별적·분산적으로 편찬되었던 읍지邑誌들이 18세기 중엽에 이르면 중앙정부에 의해 종합되어 전국 단위의 읍지인 『여지도서輿地圖書』로 마무리되는 한편, 이러한 노력은 18세기 말에는 『해동읍지海東邑誌』의 편찬으로 이어진 바 있다. 이 시기의 전국 읍지들은 공시적인 지리지로서, 전국 각 지역의 사정을 일목요연하게 파악할 수 있는 중요한 수단이 되었던바, 즉 각 지역의 공간적 구조, 도로망, 군현 내 하부구조, 부세 등 사회·경제적 실정이 망라되어 있었다. ㉡ 이외에도 『추관지秋官志』, 『탁지지度支志』와 같은 관서지官署志, 『호구총수戶口總數』, 『동국문헌비고東國文獻備考』, 「여지고輿地考」, 『도로고道路考』 등 다양한 주제별 지리서가 동일한 목적에서 편찬되기도 하였다. ② 한편, '지도'에 있어서도 18세기는 그 발달사에 있어 획기적 전환기였던바, 즉 ㉠ 지도의 정확성 등 지도제작기술의 발달, 양적인 증가가 전국지도全國地圖, 도별도道別圖, 군현지도郡縣地圖, 관방도關防圖와 같은 특수도特殊圖 등 다양한 종류의 지도에서 이루어졌고, ㉡ 이 시기 진경산수화眞景山水畫의 발달과 더불어 내용이 풍부한 회화식 지도의 발달 또한 현저했으며, ㉢ 전국의 모든 군현의 지도를 모은 지도책 형태의 군현지도집郡縣地圖集이 제작됨으로써 국가의 대민 파악에서 중요한 의미를 함축하고 있었다.112

---

112 이상의 내용은 양보경(2000: 252~279)을 주로 참조하였다. 또한, 조선후기 사회의 국토관과 천하관을 당대의 사회적 현실 속에서 조망·분석하는 가운데 특히 당시의 사회변화에 대한 국가의 대응으로서 전국지리지의 편찬과 활용, 관찬지도의 제작과 지역 파악 및 변경의식의 변화와 영토의식의 심화 양상에 대해 고찰하고 있는 대표적 연구물로는 배우성(1998)이 있으며, 역시 정조시대의 공간에 관한 지식을 다루면서 18세기 지도·지리지·지리고증의 양상을 개관·소개하고 있는 연구물로는 배우성(2011: 57~99)이 주목된다.

한편, 정약용 역시 수령守令이 고을을 제대로 다스림에 있어 무엇보다 '민호民戶의 성쇠盛衰'를 정확히 파악하는 것이 일차적 관건이 된다는 평소의 문제의식 하에

II. 정조조의 개혁정국과 그 반동

1. 정조조 개혁정국의 시대적 상황: '총체적 위기'의 시대

이상에서 일별한 바대로, 대략 17세기 말에서 18세기, 즉 숙종조肅宗朝에서 영英·정조조正祖朝에 이르는 시기 동안의 조선사회는 경제·사회·문화 등 모든 부문에 걸쳐 심각한 질적 변화를 연쇄적으로 경험함에 따라 각 부문과 계층에서의 '구조적 긴장'과 '지위불일치'를 가일층 누적시켜 가던, 그리고 바로 이러한 의미에서 '기존의 세계관'과 '새로운 사회적 조건'과의 괴리가 결정적으로 심화되어가던 하나의 거대한 '시대적 전

서 ① 이른바 경위표經緯表[縱橫表]를 활용하여 「가좌부家坐簿」를 작성할 것과 아울러, ② "해당 고을의 지도地圖를 만들도록 하여 ……정당政堂의 벽에 걸어두고 항상 살펴볼 것(令作本縣地圖, ……揭之政堂之壁, 常目觀之)"[『牧民心書 II』, 「戶典六條」(『定本 與猶堂全書 28』, p. 89)]을 강조한 바 있다. 여기서 그가 구상했던 지도란 곧 그 "가운데 강줄기와 산맥은 실제와 꼭 같게 그리도록 하고, 동서남북과 네 간방間方의 방위를 각각 표시하여 나누고, 향명鄕名과 이명里名【우리말로는 향鄕을 면面이라 한다】도 역시 각각 표시하며, 사방 도로의 이수里數와 여러 마을의 호구戶口의 다소多少와 큰길과 작은길, 다리, 나루터, 고개, 객점客店, 절간이 있는 곳 등을 모두 밝혀놓아야 할 것(圖中川流·山脈, 務令酷肖, 東西南北及四維方位, 宜各標別, 鄕名·里名,【俗以鄕爲面】 亦各題識, 四距道里之數, 諸村衆孤之形, 大路·小蹊·橋梁·津嶺·亭店·寺刹之處, 具宜昭列)"[『牧民心書 I』, 「赴任六條」(『定本 與猶堂全書 27』, pp. 63~64)]이며, 또한 "반드시 먼저 경위선經緯線을 그어놓고 1칸을 10리里로 하여 동쪽으로 100리의 거리에 있는 것이면 지도상에는 동쪽 10칸에 있게 하고 서쪽으로 10리의 거리에 있는 것이면 지도상에는 서쪽 1칸에 있게 그려야 하며, 현縣의 관아官衙가 꼭 지도의 중앙에 있게 할 필요는 없다. 100호가 있는 마을은 호수를 다 그려넣을 수 없음에 집이 조밀하게 있는 모양을 그려서 큰 마을임을 알게 하면 되며, 한두 집이 산골짜기에 끼어 있는 것도 빠뜨리지 않아 사람이 살고 있음을 알게 해야 한다. 큰 기와집도 또한 각각 표시하여 잘사는 집임을 알게 하(○[案] ……須先打經緯線, 每以一格爲十里, 東距百里, 則十格在東, 西距十里, 則一格在西, 不必使縣治坐於中央也. 百戶之村, 雖難盡描, 須作稠密之形, 知其爲大村, 一戶二戶之介於山谷者, 勿令漏落, 知其有人跡. 瓦屋大家, 亦各標別, 知其爲豪戶, 可也)"[『牧民心書 I』, 「赴任六條」(『定本 與猶堂全書 27』, p. 64)]도록 하는 바로 그런 것이었다. 또한, 상기한바 경위표[縱橫表]를 활용하여 「가좌부」를 작성하는 것과 관련한 정약용의 구체적인 공문서제도 개혁안에 대해서는 정일균(2012c: 107~110)이 참조된다.

환기'에 위치하고 있었다. 즉, 당시 조선사회는 이전에는 볼 수 없었던 이질적 요소들, 특히 '상품화폐경제의 진전'이라는 중상주의重商主義의 흐름이 사회의 모든 부문에 점차 확산·성장하면서, 이는 대표적으로 ① 경제적 측면에서는 농업생산력의 증대에 따른 농촌경제의 변화, 국제무역을 포함한 상업의 발달, 사회적 분업의 진전에 따른 농촌수공업과 광공업의 활성화, 도시의 발달과 경향京鄕의 분기分岐가, ② 사회적 측면에서는 명분론에 입각한 전통적 사회신분제의 해체 및 중서층의 성장이, ③ 문화적 측면에서는 동국진경풍東國眞景風의 발흥과 쇠퇴, 서민문화의 성장, 청대淸代 학풍의 전래 및 이에 따른 이른바 '불량선비'의 탄생이라는 일련의 현상들로 나타나기에 이르렀다.

물론 이러한 전환기적 시대양상은 곧 사회의 모든 부문에서 종래의 국가적 독점과 통제가 점차 약화되는 가운데 민간의 자율적 영역이 전반적으로 확대되어가는 추세에 있었음을 의미하는 것으로서, 이는 또한 당시의 시대적 과제로서 무엇보다 민간영역에서의 상기한바 발전적 계기들, 특히 이에 따른 '구조적 긴장'과 '지위불일치'를 체제 내로 적극 흡수·순환시킬 것을 당위적으로 강력히 요청하고 있었다. 그럼에도 당시 노론老論을 중심으로 한 집권세력은 기존 정통주자학正統朱子學의 세계관에 고착된 이념적·제도적 경직성으로 인해 이러한 시대적 과제의 요구에 소극적이었을 뿐만 아니라, 오히려 대토지소유에 기반을 둔 자신들의 당파적 이해관계에만 집착함으로써 당시의 사회적 부조화와 모순을 더욱 온존·심화시키고 있었던 것이다. 결국, 이와 같은 상황은 자연스럽게 유례없는 총체적 위기의식 하에서 시대적 요청으로서의 전반적인 제도개혁을 지향·모색하려는 사상적·정치적 움직임을 조야朝野간에 광범위하게 배태하기에 이르렀던바,[113] 이는 특히 정치적 측면에

113 재야在野의 주요학자는 물론이려니와 대표적으로 당로자當路者 가운데 핵심 중의 핵심이라 할 수 있는 군주君主이자 어떤 의미에서는 당시 최대의 기득권자라고도

서는 무엇보다 강력한 왕권을 중심으로 '체제의 유지'와 '변화의 체제 내 수용'이라는 모순적 과제 간의 균형을 통해 나름대로 '질서 있는 이행'을 모색하고자 했던 당평정국蕩平政局의 전개로 연결되었다.

2. 정조의 개혁정치

정조의 개혁정치가 내포한 양면성

1

정약용丁若鏞의 사환기仕宦期에 군주로 있었던 정조正祖는 일반적으로 강력한 개혁정치를 통하여 왕권강화와 왕조의 중흥에 한 획을 그었던 군주로 인식되고 있다. 특히 그는 즉위하면서부터 '계지술사繼志述事[先王의 뜻을 계승하여 政事를 폄]'와 '숭유중도崇儒重道[儒學을 숭상하고 道學을 중히 함]'를 2대 시정지침으로 내세우는 가운데 규장각奎章閣을 중심으로 한 문치文治

할 수 있는 정조正祖조차도 즉위 초[1778년 正祖 2]에 「대고大誥」를 반포하여 치세治世의 기본방향을 천명하는 가운데, 당시의 시대적 상황과 관련하여 자신이 느끼는 시대적 위기의식을 다음과 같이 토로한 바 있다: "대저 총합總合하여 말한다면, 당면한 지금의 폐해는 한 가지만이 아니다. 비유컨대, 마치 큰 병이 든 사람이 진원眞元이 이미 허약하여 혈맥血脈이 막혀버리고 혹이 불거지게 된 것과 같은 꼴이다. 기강紀綱이 문란해져 당폐堂陛가 존엄尊嚴해지지 못하고, 언로言路가 막혀 강직剛直한 말을 들을 수 없으며, 난역亂逆이 잇달아 생겨나 의리義理가 더욱 어두워졌으니, 무어 위태로운 증상症狀이 조석朝夕 사이에 박두해 있는 상황이 아닐 수 없는데도, ……아! 시험 삼아 오늘날 국가의 사세를 보건대, 경장更張한다고 해야 하겠느냐? 인순因循한다고 해야 하겠느냐? 큰 집이 기울어지게 되면 하나의 목재로는 지탱할 수 없는 것이고, 온갖 내가 터지게 되면 쪽배로는 막기가 어려운 것이다. ……증세에 대처할 약제藥劑를 알지 못하여 손을 댈 방법을 모르고 있으니, ……생각이 이에 이르게 될 적마다 과인寡人의 마음은 참으로 '근심스럽다'고 하겠다.(御仁政門, 受朝參, 宣「大誥」曰: "……大抵摠而言之, 目今之弊, 不一而足. 比如大病之人, 眞元已虛, 血脈閼矣, 癭瘤出矣. 紀綱紊亂, 堂陛不尊也; 言語杜塞, 鯁直無聞也; 亂逆層生, 義理益晦也, 何莫非危厲之症, 迫在朝夕, ……於戲! 試看今日之國事, 以爲更張可乎? 以爲因循可乎? 大廈之傾, 一木難支; 百川之決, 片葦難抗. ……未諳對症之劑, 實昧下手之方, ……言念到此, 寡人之心, 良云: '戚'矣. ……")" 『正祖實錄』, 卷5, 2年 6月 4日(壬辰)條.

에 주력함으로써 조선후기의 도미적掉尾的 성관盛觀인 문예부흥文藝復興을 연출했던 당대 최고의 학자군주로 적극 평가되기도 한다.[114] 또한, 정조는 『상서尙書』의 「홍범洪範」편에 나오는 '황극皇極'의 의미를 적극적으로 해석하여 '황극정치皇極政治'론을 표방하는 가운데 이른바 '건극建極'으로 표현되는 영조조英祖朝의 탕평책蕩平策을 적극 계승함으로써 궁극적으로는 '회극會極·귀극歸極의 정치'를 지향하였고,[115] 나아가 평소 "경전經典에 대해 말하기를 고기만큼이나 좋아했"[116]던 '호학군주好學君主'로서 곧 '군주'이자 동시에 '스승'이었던 삼대三代 성군聖君들의 '군사君師' 개념을 표방하는 가운데 스스로 정치와 학문의 주도자가 되는 '군사'의 지위를 자임하기도 하였다.[117] 이처럼 정조는 군주권 강화의 의지를 강력하게 표명·실천하는 가운데, 이를 바탕으로 한 제도개혁의 완성을 통해 삼대三代의 정치이상政治理想을 당대에 구현하려는 일련의 정치적 포부를 구체화해나간 바 있다.

이러한 정조의 치적은 표면적으로는 '우문右文'을 역대의 근본정책으로 삼아온 조선왕조의 기본자세에 입각한 것이기도 하다. 그러나 이처럼 일견 보수적인 그의 시정지침 이면에는 당시 해체되어가고 있던 조선왕조의 명분과 질서를 보다 근본적인 수준에서의 개혁을 통해 바

114 보다 자세한 내용은 鄭玉子(1988a: 58~101)가 참조된다.

115 정조는 평소 영조의 탕평정치의 계승을 분명히 의식·강조하면서 특히 영조조가 이른바 '건극建極의 시대'였다면 자신의 치세治世는 '회극會極·귀극歸極의 시대'로 평가하기도 하였다: "선조先朝께서 50년간 이룩하신 건극建極의 정치는 그 공렬功烈이 성대했는데도 오히려 두루 미치지 못한 부분이 있었다. 그때에는 일의 형세가 본디 그러했지만, 오늘날에 있어서는 그때와는 달라 외면의 규모가 거칠게나마 모양을 이루었다. 만약 한 세상이 모두 회극會極·귀극歸極의 정치로 모여들어 한 사람도 그 사이에서 어긋남이 없게 된다면 어찌 진실로 통쾌한 일이 아니겠는가?(先朝五十年建極之治, 功烈盛矣, 而猶有未遍及處. 在伊時則事勢固然, 而在今日則與伊時異, 外面規模, 粗成模樣. 如可擧一世而咸囿於會極·歸極之治, 無一人齟齬於其間, 則豈不誠大快事?)" 「日得錄 7【政事 2】」(『弘齋全書』, 卷167, pp. 10b~11a)

116 『魯論夏箋 1』(『弘齋全書』, 卷122), p. 1a "予嗜於談經, 若芻豢之悅也."

117 보다 자세한 내용은 金文植(1996: 63~66)과 김문식(2007: 28~35)이 참조된다.

로잡음으로써 체제를 강화·유지해보려는 통치자로서의 이해관심이 은밀하고도 유연하게 관철되고 있었다.[118] 즉, 그는 우문정치右文政治를 표방하고 탕평정책蕩平政策을 추진하는 가운데 특히 남인南人과 소론少論, 북인北人 및 서얼庶孼도 일정하게 정권에 참여하는 소통疏通의 길을 열어 놓았고, 이를 통해 당시 가장 강고한 정치세력이었던 노론벽파老論僻派의 전횡을 제어하고 왕권을 강화함으로써 일원적 중앙집권체제를 구축하는 동시에 이를 바탕으로 전진적인 개혁정치를 시행함으로써 궁극적으로는 피폐해진 민생의 안정과 문화의 창달을 기해보고자 하는 자신의 통치구상을 조심스럽게 구체화해나갔던 것이다.

2

이처럼 개혁정치를 표방·지향하는 정조의 통치이념에는 기본적으로 모순적 성격의 양면성이 동시에 내포되어 있었던 것으로 평가된다. 첫째, 하나의 측면은 무엇보다 북벌론北伐論과 존주론尊周論으로 대표되는 앞

---

118 정조는 즉위 초인 무술년[1778년 正祖 2]에 「대고大誥」를 반포함으로써 '제민산制民産[백성의 살림살이를 제정함]'·'성인재成人材[인재를 성취시킴]'·'힐융정詰戎政[軍政을 다스림]'·'유재용裕財用[재용을 풍족히 함]'의 4항목을 중심으로 자신의 치세治世의 기본방향, 즉 개혁정치의 요체와 더불어 탕평蕩平의 의지를 분명히 천명한 바 있다. 특히, ① '제민산'의 항목에서는 ㉠ "백성은 먼저 부유해져야 착해진다(凡厥正人, 旣富方穀)"고 보아 교화에 있어 경제 우선의 입장을 재확인하고, ㉡ "제민산은 반드시 경계로부터 시작한다(制民産, 必自經界始)"고 하여 정전제井田制의 이상에 따른 토지의 균분문제가 가장 중요한 시정의 대상임을 표명하는 한편, ㉢ 공工·상商의 위상을 이용후생利用厚生의 바탕으로 복권시킨 바 있다. ② '성인재'의 항목에서는 과거科擧와 전선銓選의 폐단 및 지벌地閥 중심의 청요직淸要職 운용의 폐단을 거론하면서, 순자법循資法과 견서甄敍[순서를 명확히 함]의 규정을 통한 소통疏通의 의지를 분명히 하였다. ③ '힐융정'의 항목에서는 주周 나라 이래의 군사제도의 득실과 군사가 가병家兵이 되는 폐단, 군적軍籍 등의 문제점을 차례대로 논하는 가운데, 병농일치兵農一致의 원리에 바탕을 둔 군제개혁의 방향을 밝혔다. ④ '유재용'의 항목에서는 각 시대의 세법稅法이 달랐음에도 모두가 하민下民을 위한 인시적因時的 방법方法이었음을 강조하고 있다. 『正祖實錄』, 卷5, 2年 6月 4日(壬辰)條.

한편, 정조의 상기한바 「대고」에 대한 보다 자세한 소개로는 대표적으로 金成潤(1997: 101~102)이 참조된다.

시대의 낡은 대의大義를 내재적으로 정리하는 동시에 당시 조선사회가 전 부문에 걸쳐 목하 경험하고 있었던 심각한 질적 변화에 직면하여 새로운 현실개혁의 논리와 방법을 전진적으로 모색했던 '진보적 측면'[119]으로서, ① 이는 『홍재전서弘齋全書』라는 방대하고도 수준 높은 개인문집을 통해서도 간취할 수 있듯이 그가 당시의 시대적 흐름을 나름의 독자적인 식견과 안목을 통하여 예민하게 읽어낼 수 있었던 당대 최고의 '학자學者'군주였다는 사실을 반영하고 있다. ② 바로 이러한 맥락에서 정조는 당시 노론집권층 내부에서 전개되던 북학운동北學運動의 급진성과 남인 내부의 서학운동西學運動이 갖고 있던 이단성에 대하여 다 함께 우려하면서도 동시에 '이열치열以熱治熱' 방식의 대국적對局的 상호견제와 선별적 수용에 남달리 고심하는 한편, 특히 육경六經 중심의 탈주자학적 '수사학洙泗學' 및 '변법적變法的 경세학經世學'을 표방했던 남인 또한 외면하지 않고 오히려 중용했던 것이다.

둘째, 다른 하나의 측면은 무엇보다도 약화된 왕권을 강화하고 당시 무너져가고 있었던 조선왕조의 명분과 질서를 바로 잡음으로써 체제의 유지와 왕조의 중흥을 지향했던 '보수적·복고적 측면'[120]으로서, ① 이는 무엇보다 그가 주자학朱子學의 통치 이데올로기를 근간으로 한 조선왕조체제의 학자'군주君主'였다는 사실에서 연유한다. ② 특히 양란兩亂 이래 현저히 진전된 조선사회의 경제적·사회적·문화적 변화, 붕당정치朋黨政治의 전개와 왕권의 약화경향, 서학西學이나 명말청초明末淸初의 문집류文集類와 패사소품稗史小品, 양명좌파陽明左派나 고증학考證學과 같은 새로운 학문적 조류 등과 같은 체제부정적 요소들의 전파와 유행, 이에 따라 조선사회가 경험했던 기존질서와 명분의 와해현상 등은 정조로 하여금 왕권강화와 체제유지라는 지상과제와 관련하여 선초鮮初의 국

119 이에 대한 보다 자세한 내용은 대표적으로 정옥자(1993a: 121~139)가 참조된다.
120 보다 자세한 내용은 鄭玉子(1988a: 91~101)가 참조된다.

학國學이었던 주자학의 근본정신과 당시의 질박했던 문물제도에로 회귀하려는 복고성 또한 아울러 보이도록 했던 것이다.[121]

결국 정조의 통치이념 속에는 이처럼 일견 상반·모순되는 요소가 동시에 포괄되어 있음으로 하여 미묘한 갈등의 문제를 안고 있었다. 그러나 이는 그의 통치이념적 지향이 가졌던 약점의 노정이기보다는 오히려 그것이 가진 복합적 유연성이나 탄력성의 표현으로 봄이 온당할 것이다. 다시 말하자면, 당시의 시대적 추세와 신사조의 동향을 누구보다 예리하게 간파하고 있었던 '시대적 통유通儒이자 선각자'로서의 정조가 그럼에도 동시에 견지한바 이러한 일견 보수적·복고적인 태도는 사실상 노론老論의 일당전제라는 당면한 정치적 역학관계의 지형 속에서 그 나름대로 구사했던 차원 높은 정치적 술수의 일환으로 판단된다.[122]

정조의 개혁정치의 주요내용①: '규장각의 설치'와 '초계문신제의 실시'

그러면 지금부터 정조가 '우문右文'과 '탕평蕩平'이라는 자신의 통치이념을 구현하기 위해 시행했던 일련의 개혁정치의 주요내용을 간략하게 살펴보기로 하자. 우선, '규장각奎章閣의 설치'와 '초계문신제抄啓文臣制의

---

121 이러한 맥락에서 정조가 ① 신해년[1791년, 正祖 15]에 선초 문물文物·전장제도典章制度의 정비와 완성에 중요하게 기여했던 정도전鄭道傳[三峯, ?~1398]의 『삼봉집三峯集』과 양성지梁誠之[訥齋, 1415~1482]의 『눌재집訥齋集』을 적극 재평가하여 규장각奎章閣에서 간행하도록 했던 사실이나, ② 이어 임자년[1792년, 正祖 16]에 문체반정文體反正을 제기하며 그 회귀점을 어디까지나 문장의 골격인 기氣가 살아있으면서도 화려하지 않고 질박한 문풍을 지녔다고 하는 국초문장國初文章으로서의 관각체館閣體에 두었던 사실은 매우 시사적이다.

122 이처럼 정조의 통치이념이 보여주는 양면성은 기실 그의 제왕학帝王學이 함축했던 특징이기도 하다. 즉, 정조는 자신의 경학사상 및 정치론의 요체로서 원칙적으로 주자학朱子學 및 이에 근거한 '주자학적 도학정치론道學政治論'을 강경하게 옹호한 바 있지만, 동시에 그는 결코 이에 단순히 매몰되지 않고 필요한 경우에는 언제든지 주자학을 상대화하는 동시에 '제왕학적 권도정치론權道政治論' 역시 탄력적으로 수용·활용하는 정치적 안목과 역량을 보여주기도 하였다. 이에 대한 보다 자세한 내용은 鄭一均(2009: 223~247)과 정일균(2012b: 47~87)이 참조된다.

실시'를 들 수 있다.[123] 첫째, 정조는 즉위하자마자 '계지술사繼志述事'의 명분 하에 무엇보다 먼저 규장각을 설치하면서 이후 자신의 통치이념을 구현·주도하는 핵심기관으로 정비해나갔던바,[124] ① 특히 그는 이를 통해 국가적 차원의 문화사업을 실행하는 동시에 인재양성에도 주력한 바 있다. ② 정조는 이를 위해 숙종조肅宗朝의 규장각을 계승하면서도 나아가 그 기능을 대폭 확대해나갔으니, 곧 규장각을 점차 최고의 문한기관文翰機關이자 최근신기구最近臣機構로 재편해나감으로써 무엇보다 개혁지향적 근왕세력勤王勢力을 육성하는 중심기관으로 운영하기에 이른다.[125]

---

123 규장각과 초계문신제에 대한 연구로는 대표적으로 金龍德(1957), 李離和(1979), 薛錫圭(1986a), 薛錫圭(1986b), 鄭玉子(1988a: 101~161), 정옥자(2001: 83~184), 李泰鎭(1990), 金成潤(1997: 194~200), 박현모(2001: 153~160), 이성무(2007b: 243~251), 한영우(2008: 25~128), 김문식 외(2009: 1~41), 서울대학교 규장각한국학연구원(2015) 등이 있다.

124 규장각은 그 기능이나 성격이 정국의 변화에 따라 조금씩 달라지며 순차적으로 정비되어나갔다. 즉, ① 규장각의 설립에 대해서는 『正祖實錄』, 卷2, 即位年, 9月 25日(癸巳)條가, ② 각규閣規의 완비에 대해서는 『正祖實錄』, 卷11, 5年 2月 13日(丙辰)條가, ③ 초계문신의 강제절목講製節目에 대해서는 『正祖實錄』, 卷11, 5年 2月 18日(辛酉)條와 『正祖實錄』, 卷11, 5年 3月 10日(癸未)條가, ④ 『규장각지奎章閣志』의 완성에 대해서는 『正祖實錄』, 卷17, 8年 6月 1日(甲申)條가 참조된다. 또한, 규장각과 초계문신제의 정비과정에 대해서는 金成潤(1997: 420~421)도 참조된다.

125 규장각의 기능에 대해서 ① 薛錫圭(1986b: 73~88)는 ㉠ '고유기능'으로 어제御製·어서御書의 봉안奉安, 서적의 수집·편찬, 초계문신의 교육을, ㉡ '겸직기능'으로는 시관試官, 지제교知製教, 사서편찬史書編纂을, ㉢ '기타'로는 시강侍講과 원자교육元子教育, 사신使臣을 들고 있다. ② 金成潤(1997: 194~197)은 여기에 더하여 정조가 규장각을 운영한 정치적 목적으로 ㉠ 자신을 저해하는 척리戚里와 환시宦寺에 둘러싸여 고립무원한 처지에서 경화명문京華名門 중의 인재를 모아 그들에게 근신近臣으로서의 지위를 부여함으로써 자신의 집권초기에 안전판으로 삼고, ㉡ 주요 청요직清要職의 기능을 병합하여 직속기구화함으로써 세도世道와 정치기강政治紀綱을 효과적으로 이정釐正하며, ㉢ 어제御製·어필御筆 등을 존봉尊奉함으로써 왕실전례王室典禮의 권위를 높여 왕권강화에 활용하고, ㉣ 인재를 모아 좋은 연구여건을 제공함으로써 그들로 하여금 자문諮問에 응하게 하여 차후 진행할 개혁정책을 효과적으로 달성하며, ㉤ 이들로 하여금 초계문신제抄啓文臣制의 운영을 담당케 함으로써 개혁이념을 확산하기 위한 중추기관으로 삼으려는 의도를 들고 있다.

한편, 규장각의 편찬사업의 실상에 대해서는 『군서표기羣書標記』가 참조된다. ① 『군서표기』는 정조가 세손世孫으로 있던 임진년[1772년, 英祖 48]부터 승하한 경신년

둘째, 이처럼 근왕세력의 육성이란 측면에서 초계문신제는 규장각에 못지않은 중요한 역할을 수행한 바 있다. 즉, ① 규장각에 병설되었던 이 제도는 문과文科에 급제하여 이미 벼슬길에 나선 37세 이하의 젊고 품계가 낮은 당하문신堂下文臣 가운데서 의정부議政府가 적임자를 선발하여 규장각에 위탁하여 교육시키다가 40세가 되면 허면許免되도록 한 일종의 재교육제도로서, 정조 또한 이 제도에 지대한 관심을 가지면서 이후 재위기간 동안 시종여일하게 초계문신의 교육을 군사君師의 자격으로서 주관하는 가운데, 그 성과를 높이기 위한 여러 가지 장려책을 마련하기도 하였다. ② 이러한 초계문신제는 신축년[1781년, 正祖 5]부터 시작되어 경신년[1800년, 正祖 24]까지의 20년 동안 10차례에 걸쳐 시행되었고, 선발된 인원은 모두 138명에 이르렀던바, 이렇게 선발된 초계문신들은 이후 정조의 문화정책을 수행하는 데에 중요한 역할을 담당한 바 있다. ③ 초계문신제의 학술활동은 기본적으로 '강경講經'[試講, 課講, 講義] 및 '제술製述'[試製, 課製]을 중심으로 운영되었던바,[126] ㉠ 또한 당대 최고의 학자군주로서 당시의 시대적 변화와 조선사회의 제도적 모순을 누구보다 예리하게 간파·통찰하고 있었던 정조로서는 이러한 학술활동

[1800년, 正祖 24]까지 29년 동안 편찬된 서적의 총목록이 정리되어 있는 해제집인데, ② 여기에 소개되어 있는 서적은 ㉠ 모두 '155종 3,991권'으로서, ㉡ 여기서 세손 시절에 편찬한 서적이 18종 401권이고, 재위기간에 편찬한 서적은 137종 3,590권이며, ㉢ 정조가 직접 편찬한 '어정서御定書'가 89종 2,490권이고, 신하들에게 지시하여 편찬한 '명찬서命撰書'가 66종 1501권이다. 『羣書標記 1~6』(『弘齋全書』 卷179~卷184)에 대한 보다 자세한 내용은 신승운(2000: 1~28), 한영우(2008: 117~128), 김문식(2009: 33~40)이 참조되며, 여기서 『군서표기』에 나오는 서적의 종류와 권수는 신승운(2000)을 따랐다.

126 초계문신제의 대표적 학술활동으로서 ① '강경講經'의 경우는 사서삼경四書三經을 모두 100차[『大學』은 제1차~제6차, 『論語』는 제7차~제26차, 『孟子』는 제27차~제40차, 『中庸』은 제41차~제47차, 『詩經』은 제48차~제66차, 『書經』은 제67차~제82차, 『周易』은 제83차~제100차]로 나누어 강講하게 함으로써 주로 '경전經典에 대한 심사深思·궁구窮究'를 도모하는 과정이라면, ② '제술製述'의 경우는 이러한 강경을 바탕으로 주로 '치용致用'을 목적으로 하는 제술문製述文을 짓는 과정으로서, 여기서는 여러 문체 가운데 특히 '논論'과 '책策'이 중시되었다.

을 통해서 자신의 경세학적 경륜을 공유하고 확산시키고자 부심한 바 있다. ㉡ 이에 정조는 계기가 주어질 때마다 초계문신들에게 주로 토지제도 및 관료제도의 문제점을 중심으로 당시의 폐단을 이정釐正할 구체적인 시무책時務策을 개진할 것을 끊임없이 요구하기도 하였다.[127]

마지막으로, 이처럼 문화정책의 기치 하에 시행된 규장각의 설치와 초계문신제의 실시는 그 이면에 정조의 통치구상과 개혁이념의 실천이라는 정치적 목적이 은밀하게 관철되고 있었다. 즉, 이는 무엇보다 왕권강화와 탕평을 위한 기반으로서 정치적 친위세력을 확보하는 동시에 이후 자신의 개혁정치를 실무적으로 뒷받침할 인재를 양성하는 것으로 요약될 수 있을 것이다.[128]

---

127 한편, 정조는 대략 신해년[1791년, 正祖 15]을 기점으로 인재양성의 범위를 더욱 확대하여 서울의 성균관成均館과 사학四學의 유생儒生뿐만 아니라 지방의 유생을 상대로 경사강의經史講義를 시행하는 한편 어제御題에 대한 응제시권應製試券을 올리게 함으로써 전국의 인재를 고루 발탁할 길을 모색한 바 있다. 이에 대한 보다 자세한 내용은 金文植(1996: 27~42)이 참조된다.

128 이처럼 정조가 규장각의 설치와 초계문신제의 실시를 통해 특히 자신의 왕권강화 및 정치적 친위세력의 확보라는 정치적 목적을 관철시키려는 의도와 관련하여 일찍부터 이에 대한 의구심과 비판이 제기된 바 있다. 대표적으로, ① 노론계老論系 인물로는 ㉠ 공조참의工曹參議 이택징李澤徵이 "규장각奎章閣을 설치한 것은 실로 전하께서 전대前代의 아름다운 법규를 모방하신 것으로, 열성列聖의 어제御製와 보묵寶墨을 삼가 경건히 봉안奉安한 것이 휘황하게 빛납니다. 지금 살펴보건대, 각신閣臣이 많이 있어 의절儀節을 모두 갖추고 있으며, 초계문신抄啓文臣이 꽉 차 있어 권과勸課가 날마다 부지런하며, 불시不時에 불러서 접견하시어 문신文臣을 대우하는 도리를 극진히 하고 있으시니, ……성의聖意께서 이 각閣을 중히 여기시고 이 신하를 대우하시는 것이 어찌 끝이 있겠습니까? 그러나 삼가 괴이하게 여기는 점은 각신閣臣의 등대登對가 애당초 후원喉院[承政院: 필자 주]을 거치지 않고 있고 또 조지朝紙에도 반포되지 않는 그것입니다. 삼가 생각건대, 잘은 모르겠습니다만 ……만일 이런 것이 법규로 굳어져 뒤로 전하여 가게 되면, 이 규장각은 곧 전하의 사각私閣이 되는 것이요 나라 안의 공공共公의 각閣이 아닌 것이며, 이 신하는 곧 전하의 사신私臣인 것이요 조정에 있는 인신隣臣이 아닌 것입니다"[『正祖實錄』, 卷13, 6年 5月 26日(壬戌)條]라고 상소上疏하였고, ㉡ 장령掌令 오익환吳翼煥은 "삼가 생각건대 전하께서는 타고나신 자질이 총명하시고 익히신 학문이 고명하십니다. 그런데도 아직 도道를 통하지 못하시고 풍속을 아름답게 변화시키지 못하신 것은 진실로 지혜가 사람들보다 뛰어나시어 신하들을 가볍게 대우하는 마음이 있으시고, 생각이 만기萬機에 두루 미쳐 모든 것을 알고 모든 것을 삼간다는 생각이 있으시기 때문입니다. 총명을 믿으면 도리어 자만하게 되고, 정위情僞를 지나치게 살피면 억측을 하게

됩니다. 가르칠 수 있는 상대를 신하로 삼기 좋아하시어 기를 꺾고 윽박지르시는 위엄이 간혹 간신諫臣에게까지 행해지고, 신하들을 싫어하고 박대하시어 업신여기는 뜻이 귀근貴近에까지 드러납니다. ……그러므로 대관大官들은 오직 임금의 뜻을 받들어 따르기만을 힘쓰고, 관료들은 임금의 명에 달려가 순종하기만을 일삼아, 진퇴를 명하시는 대로 하여 자신의 지조는 돌아보지 않은 채 아첨이 풍습이 되어 충직忠直을 바치는 자가 없습니다. ……바라건대 전하께서는 슬기로운 총명으로 돌아보시어 국가를 위해 깊이 생각하소서"[『正祖實錄』, 卷25, 12年 1月 23日(丙戌)條]라고 상소한 바 있으며, ② 심지어 남인계南人系 인물로서 일찍이 초계문신抄啓文臣을 역임하였고, 또한 정조의 남다른 신임 하에 사환기仕宦期 동안 줄곧 정조의 개혁정치를 구현하고자 행정일선에서 활약부심한 바 있던 정약용丁若鏞조차도 이후 규장각 및 초계문신제와 관련해서는 "[신臣이 삼가 살피건대] 규장각奎章閣은 임금이 지으신 글을 소장하는 곳이라, 그 직책을 생각하면 어찌 소중하지 않으리요? 그러나 이 때문에 따로 아문衙門을 설치하는 것은 아마도 옛사람의 뜻이 아닐 것이다. ……돌아가신 우리 정조正祖 대왕께서 효성이 깊으시어 조상의 공덕을 빛내시기 위해 드디어 이 규장각을 세우셨으니, 이는 성대한 덕德의 일이다. 그러나 그 직책이 지나치게 맑고 그 명망이 지나치게 빛남에, 이때부터 홍문관弘文館이 마침내 낮아지게 되어 인재를 뽑음이 난잡하게 되었으니, 형세가 그러했던 것이다. ……학사學士의 규장각이라는 것은 또한 명칭과 실제가 부합하지 않았던 것이다. ……[신臣이 삼가 살피건대] 호당湖堂에서 사가독서賜暇讀書하는 것과 내각內閣에서 초계抄啓하는 것 역시 태평한 시대의 성대한 일이다. 그러나 나라에서 인재를 선발하는 제도를 마련한 까닭은 어진 이를 택하여 뽑고 유능한 자를 알아보아 등용하기 위해서이다. 이미 과거로 뽑고 이미 벼슬을 제수하여 이미 청화淸華의 지위에 거하고 있는데, 이 사람을 다시 시험하고 이 사람을 다시 평가하니, 이것이 어찌 어질고 유능한 자를 대우하는 도리이겠는가? ……하물며 초계抄啓하는 법은 새로 진출한 선비를 널리 뽑음에 총명함과 우둔함이 서로 섞이고 공교로움과 졸렬함이 서로 드러나니, 유덕有德한 자를 대우하기에는 충분하지 않다. 또한 비록 총명한 자라도 임금 앞 지척의 자리에서 여러 경서經書를 배강背講하는데, 잘못 실수라도 하게 되면 황송해서 흘리는 땀이 등을 적시며 더러 종아리 치는 벌이라도 받게 되면 추하고 졸렬한 모습이 다 드러남에, 마치 동몽童蒙을 때리듯이 생도生徒를 단속하듯이 한다. 무릇 한 번이라도 초계문신으로 선발된 자는 뜻과 기개가 움츠러들어 감히 항의하는 낯빛으로 일을 논하지 못하고 종신토록 머뭇거리기만 함에 문득 임금의 사사로운 사람[私人]이 되어버리고 마니, 이 또한 좋은 제도가 아니다. ……생각건대 어찌 꼭 시험 치는 선비를 비굴하게 만들면서 그 포부를 시험한단 말인가? [신臣이 생각건대] 초계문신을 뽑아 시험을 부과하는 법은 지금부터 정지시켜 혁파함이 마땅하다([臣謹案] 奎章閣者, 御製之所藏, 顧其職, 豈不重矣? 因此而別起衙門, 恐非古意. ……我先大王, 孝思淵穆, 光昭祖烈, 遂建此閣, 此盛德事也. 然其職太淸, 其名太華, 自玆以後, 玉堂遂卑, 選擧多濫, 其勢然也. ……則學士之奎章閣, 亦名實不副矣. ……[臣謹案] 湖堂賜暇, 內閣抄啓, 亦昭代之盛事也. 然國之所以制選擧之法者, 欲擇其賢而選之·知其能而擧之也. 旣授之科, 旣授之官, 旣宅之於淸華之地, 於是試之, 於是考之, 斯豈待賢能之道乎? ……況抄啓之法, 廣選新進之士, 慧鈍相雜, 工拙胥顯, 不足以待有德. 且雖聰慧之人, 御前咫尺, 背講群經, 有時顚蹶, 惶汗沾背, 或捶罰加身, 醜拙畢露, 擊之如童蒙, 束之如生徒. 凡一經此選者, 意氣沮蹙, 不敢抗顔論事, 終身媕婀, 便作人主之私

정조의 개혁정치의 주요내용②: '관직운영 및 권력구도의 개편'

다음으로, 상기한바 정조의 왕권강화와 탕평에 대한 관심은 보다 직접적으로 '관직운영 및 권력구도의 개편'으로 이어지기도 했던바, 이는 앞서 영조조英祖朝에서 이루어진 관제개혁의 기본방향을 계승하고 있음은 물론이다.[129] 이에 그 대표적인 사례를 들자면,[130] 첫째, 정조조 중반 이후 파붕당破朋黨을 지향하는 정국운영의 맥락에서 당시의 재하공론在下公論이 당파적으로 운영되고 있다는 부정적 인식에 따라 취해진 '전랑권銓郎權과 한림천거제翰林薦擧制의 폐지'로서, 즉 ① 전랑권의 경우에는 이미 영조조에서 일부 폐지되었다가 정조가 즉위하면서 다시 복구되기는 하였으나, 이후 정조의 주도 하에 다시금 혁파해나감으로써 인사권을 점차 이조판서吏曹判書에 집중시켜나갔고, ② 한림천거제의 경우에도 이의 복구를 주장했던 노론세력의 주장을 일축하면서 대신과 국왕 중심의 한림선발권을 관철시켜나간 바 있다.

둘째, 권력의 개방성과 효율성을 제고하기 위한 목적에서 시행된

人, 此又法制之未善者也. ……顧何必屈之爲擧子, 以試其所蘊哉? [臣謂] 抄啓課試之法, 自今停罷, 宜矣.)"[『經世遺表 I』, 「春官禮曹」(『定本 與猶堂全書 24』, pp. 76~78)]라고 비판한 바 있다.

129 영조는 만년에 "이랑吏郎·한림翰林·균역均役·산림山林에 대해서는 내가 지키기를 굳게 하였다(上曰: '吏郎·翰林·均役·山林, 予守固矣. ……')"[『英祖實錄』, 卷107, 42年 10月 24日(庚申)條]라고 천명한 바 있는데, 여기서 언급되고 있는 ① '이랑吏郎'이란 종래 공론公論의 주재자로서 이조전랑吏曹銓郎이 행사했던 통청권通淸權을 축소하여 이조판서吏曹判書에게 권한을 집중시키고 후임자의 천거권[自代制] 역시 폐지한 조처를 말하며, ② '한림翰林'이란 종래 의리義理·공론公論 구현의 대변자로 자처·기능하던 청요직淸要職 및 이와 결부된 '한림회천翰林回薦의 규칙'을 혁파한 조처를 의미하고, ③ '산림山林'이란 자작의리自作義理의 온상이자 당쟁黨爭의 근본이었던 산림에 대하여 기존의 중용重用하던 관례를 깨고 중앙정계에서 완전히 배제시킨 조처를 가리키며, ④ '균역均役'이란 완론탕평파緩論蕩平派에게 실권을 부여하여 수취제도의 모순을 이정釐正함으로써 탕평의 효과를 백성에게 미치도록 한 조처를 말한다. 물론 이러한 일련의 정치적 조처는 궁극적으로 탕평을 통한 왕권의 강화를 도모하는 데에 그 목적이 있었다.

130 정조가 시행한바 '관직운영 및 권력구도의 개편'에 대한 보다 자세한 내용은 金成潤(1997: 159~186, 200~210), 박현모(2001: 275~291)가 참조된다.

‘청요직清要職의 약화’ 및 ‘대신권大臣權의 강화’로서, 즉 ① 정조는 종래 관직승서官職陞敍가 몇몇 특정 청요직을 중심으로 이루어지던 인사관행이 특정 계파의 관직독점을 위한 계제階梯로 악용되고 있다고 보아 이 역시 개편해나갔던바, ㉠ 특히 당상관堂上官의 통청通淸을 문학文學·언론직言論職과 정사직政事職으로 분리함으로써 관직의 전문성을 제고하는 동시에 공론公論을 가탁하여 명의名義와 문지門地 위주로 운영되던 기존 청요직의 위상과 비중을 약화시켜나갔다. ㉡ 물론 이러한 권력체계의 개편은 곧 국왕 중심의 새로운 청요직으로서 규장각과 초계문신이 부상하기 시작했음을 의미하는 것이기도 하였다. ② 이러한 일련의 조치는 곧 대신권의 강화로 연결되기도 하였던바, 이는 특히 대신에 대한 대간臺諫의 견제를 제어하는 한편 인사에 있어서 대신의 추천권과 국왕의 직접적 개입을 강화함으로써 왕권의 권위와 정치력을 신장하는 방향으로 구현되었다.

마지막으로, 탕평의 기치 하에 특히 국왕을 중심으로 한 국론의 통일과 개혁논리의 확산을 도모하려는 의도에서 단행된 ‘산림山林의 역할 축소’와 ‘군주도통론君主道統論의 제기’로서, 즉 ① 정조는 당시 산림의 의리란 것이 대부분 편협한 당색黨色을 대변하며, 산림 주도의 정치운영이 실사實事와 개혁을 지향하는 자신의 국정방향에 비추어볼 때 비효율적인 것으로 이해하여 점차 산림의 정치관여를 거부해나갔으며, ② 이에 발맞추어 재위말기에 이르면 기존의 산림도통론山林道統論을 정면으로 부정하고 이를 대신해 군주도통론을 공공연히 표방하기에 이르렀던바, ㉠ 이는 곧 종래 ‘군주성학론君主聖學論’에 근거하여 ‘군신공치君臣共治’를 지향했던 세도정치론世道政治論에서 탈각하여 이른바 ‘군주성왕론君主聖王論’에 기반을 둔 국왕 중심의 황극정치론皇極政治論을 제기하는 것으로서,[131] ㉡ 이는 또한 정조가 ‘군사君師’를 자처하는 가운데, 군주가 곧 사문斯文의 정통으로서 ‘정치’와 ‘학문’에 걸쳐 공히 최고의 권위와 권병權柄

을 가짐을 천명·확인하는 것이기도 하였다.

정조의 개혁정치의 주요내용③: '서얼소통'과 '노비제 개혁논의'

대략 이상과 같은 '학술적·행정적 측면'에서의 경장更張을 통해 정조는 자신의 개혁정치를 뒷받침할 권력적 기반과 이념적 토대를 마련하는 한편, 이와 병행하여 탕평의 효과를 백성에게 구현할 일련의 제도개혁 역시 다방면으로 착수한 바 있으니, 이는 곧 '사회적 측면'에서는 무엇보다 '서얼소통庶孽疏通'과 '노비제奴婢制 개혁논의'로 나타났다. 첫째, 이미 18세기 이래 서울에서의 '중서계층中庶階層' 및 향촌에서의 '신향세력新鄕勢力'을 중심으로 꾸준히 사회·경제적으로 성장하면서 나름대로 신분상승을 모색해왔던 이들 제 중인세력中人勢力은 영조英祖가 탕평책蕩平策을 시행함을 계기로 특히 서얼층庶孼層이 주동이 되어 통청운동通淸運動을 활발하게 전개하기 시작하였다.[132] ① 특히 왕실의 천첩賤妾 소생이던 영조로서는 이들 서얼층의 처지를 이해하고 그 요구에 적극 부응하려고 했으나,[133] 이러한 통청通淸이 명분의 해이를 야기하여 결과적으로 체제에 대한 위협이 될 것이라는 이유를 든 신하들의 완강한 반대에 부딪쳐 별다른 성과를 내지 못하고 말았다. ② 그러나 통청운동은 점차 시대적

---

131 조선시대 국왕의 정치적 위상 및 역할과 관련하여 제기된바 '성학론聖學論'과 '성왕론聖王論'의 차이에 대해서는 대표적으로 박현모(2001: 19~26)가 참조된다.

132 보다 자세한 내용은 鄭玉子(1988: 189~225), 鄭玉子(1990: 115~143), 鄭玉子(1991: 267~300), 정옥자(1993: 165~191), 박현모(2001: 292~299)가 참조된다. 여기서의 '통청운동'이란 당시 서얼庶孼들이 『경국대전經國大典』에 명기되어 있는 한품서용限品敍用[품계를 한정하여 서용한다]의 규정을 철폐하고 사대부士大夫와 동등하게 청직淸職, 즉 문괴무선文槐武宣—과거科擧 합격 후 문과文科는 괴원槐院[承文院], 무과武科는 선전관宣傳官에 추천되는 관행으로, 양반사로兩班仕路의 정로正路에 해당하였다—의 관직에 등용될 수 있도록 해달라고 집단적으로 요구했던 움직임을 말한다.

133 영조는 평소 서얼의 통청운동에 우호적이었는데, 재위 말년에 영의정 김상복金相福이 서얼을 사간원司諫院에 허통許通할 것을 청하자 이를 윤허하고, 곧바로 서얼 출신이던 여귀주呂龜周를 지평持平에, 윤밀尹謐과 오준근吳濬根을 정언正言에 제수한 바 있다. 『英祖實錄』, 卷119, 48年 8月 15日(丁丑)條.

요청으로 받아들여져, 정조가 즉위하자 ㉠ 선대왕先大王의 뜻을 이어 “아! 저 서류庶流도 나의 신자臣子인데, 그들로 하여금 제자리를 얻지 못하도록 하고 또한 그들의 포부도 펴보지 못하도록 한다면 이는 과인의 허물이다. 양전兩銓의 신하들로 하여금 대신大臣에게 나아가 의논하도록 하여 소통疏通할 방안과 권장·발탁할 방법을 특별히 강구하라”고 명하여 ‘서류소통절목庶流疏通節目’을 마련하게 하였다.[134] ㉡ 이후 재위기간 동안에도 수차에 걸쳐 서얼과 중인의 소통을 거듭 신칙한 바 있으며,[135] 서얼을 오부령五部令에 통망通望하도록 하거나[136] 태학서치太學序齒를 명하는 등[137]의 구체적인 조치를 취해나갔다. ㉢ 나아가 일찍부터 새로운 청직淸職의 상징이던 규장각奎章閣에 서얼 출신의 북학파北學派 학자들—박제가朴齊家·유득공柳得恭·이덕무李德懋—을 검서관檢書官으로 등용함으로써 부분적으로나마 통청운동의 요구에 부응해나갔던바,[138] 물론 이러한 조치는 일부 유익한 청淸 문화文化의 선별적 수입과 함께 자신의 친위세력을 확보하려는 정조의 정치적 계산 또한 일정 정도 작용했을 것으로 추측된다.

둘째, 정조는 노비제의 개혁에 대해서도 재위기간 내내 지속적인 관심을 가지면서 그 현실적인 방안을 강구하는 데에 부심한 바 있다. 즉, ① 그는 즉위하자 곧 내수사內需司에서 파견하던 내노비추쇄관內奴婢推刷官을 혁파하는 한편,[139] 이를 실행하기 위한 ‘추쇄관혁파절목推刷官革罷節目’을 비변사備邊司에서 마련하도록 함[140]으로써 노비제의 개혁에 대한

---

134 『正祖實錄』, 卷3, 元年 3月 21日(丁亥)條.
135 『正祖實錄』, 卷11, 5年 6月 22日(癸巳)條; 『正祖實錄』, 卷19, 9年 2月 17日(丁酉)條; 『正祖實錄』, 卷37, 17年 5月 12日(癸卯)條.
136 『正祖實錄』, 卷32, 15年 4月 11日(乙卯)條.
137 『正祖實錄』, 卷32, 15年 4月 16日(庚申)條.
138 『正祖實錄』, 卷7, 3年 3月 27日(辛亥)條.
139 『日省錄』, 正祖 元年 5月 18日(壬午)條.
140 『正祖實錄』, 卷5, 2年 2月 6日(丁酉)條; 『備邊司謄錄』, 正祖 2年 2月 6日(丁酉)條.

자신의 관심을 상징적으로 표명한 이래, ② 뒤이어 대략 3차[正祖 8년, 15년, 22년]에 걸친 '노비제 개혁논의'를 통하여 이에 대한 다양한 변통방안을 지속적으로 모색·강구해 나갔던바, 이에 ㉠ 재위 말년인 무오년[1798년, 正祖 22]에 이르면 천역賤役의 하나였던 노삼수군奴三手軍을 혁파하여 양삼수군良三手軍과 함께 모두 '삼수군三手軍'으로 통칭하게 함으로써 '노奴·양良'이란 명색을 타파하였고,[141] ㉡ 북관北關 해노海奴들의 공납貢納을 일부 감액하기도 하였으며,[142] ㉢ 또한, 노비제의 혁파를 지지하는 조정내의 의견이 우세해짐에 따라 내시內寺·상의원尙衣院의 노비를 원칙적으로 양정良丁으로 대충代充할 것을 결정하는 등의 조처가 이루어지기도 하였다.[143] ③ 이로써 정조조에서의 노비제 개혁문제는 사실상 충분히 논의된 셈이어서 차후 노비제 철폐를 위한 정치적 결단만이 최종적으로 남게 되었다.[144]

정조의 개혁정치의 주요내용④: '신해통공'과 '토지제 개혁논의'

한편, 정조가 탕평의 효과를 백성에게 구현하기 위해 시행한 제도개혁으로서 '경제적 측면'에서는 대표적으로 '신해통공辛亥通共'과 '토지제土地制 개혁논의'로 나타났다. 첫째, 신해통공은 이미 영조조英祖朝 이래 시전市廛의 금난전권禁亂廛權의 폐해를 완화하고 소상인층을 보호하기 위해 시행되었던 일련의 통공정책通共政策을 기본적으로 계승하는 개혁적 조처로서,[145] ① 이는 무엇보다 18세기 이래 서울에서 육의전六矣廛은 물론

---

141 『備邊司謄錄』, 正祖 22年 3月 16日(庚辰)條.

142 『正祖實錄』, 卷48, 22年 4月 18日(壬子)條; 『承政院日記』, 正祖 22年 4月 18日(壬子)條.

143 『正祖實錄』, 卷49, 22年 10月 11日(辛丑)條; 『備邊司謄錄』, 正祖 22年 10月 12日(壬寅)條; 『承政院日記』, 正祖 22年 10月 12日(壬寅)條.

144 정조의 재위기간 동안 대략 3차에 걸쳐 이루어진 노비제 개혁논의의 추이에 대한 보다 자세한 내용은 대표적으로 金成潤(1997: 226~241)이 참조된다.

145 경종조景宗朝에서 영조조英祖朝에 이르는 기간 동안 금난전권禁亂廛權의 완화를 주장한 인물 및 그 조치내용에 대해서는 金成潤(1997: 413~414)이 참조된다.

일반 시전까지도 금난전권을 획득·강화하여 모든 상품을 독점적으로 매매하는 추세가 확산되면서 시전상인의 횡포가 점차 심해지기 시작하였고, 이는 곧 지속적인 물가상승으로 이어져 당시 일반 소비자뿐만 아니라 소상인층과 소상품생산자의 생활에 커다란 압박으로 작용하던 상황을 그 배경으로 하고 있었다. ② 이에 신해년[1791년, 正祖 15]에 당시 남인南人 독상체제獨相體制 하에서 정조의 전폭적인 신임을 받고 있었던 채제공蔡濟恭[樊巖, 1720~1799]이 이러한 폐단에 대한 이정책釐正策으로서 특히 평시서平市署로 하여금 30년 이내에 새로 설치된 시전은 조사하여 모조리 혁파하도록 하고, 형조刑曹와 한성부漢城府에 지시하여 육의전 이외에는 난전을 금할 수 없게 하며, 이를 어기는 자에게는 반좌법反坐法을 적용하여 처벌할 것을 강력히 건의함으로써 마침내 통공通共이 시행되기에 이르렀다.146 ③ 결국 30년 이내에 설치된 시전의 폐쇄와 육의전 이외의 시전이 가졌던 금난전권의 폐지를 요체로 하는 신해통공은 ㉠ 당시 상업인구의 증가와 함께 난전亂廛으로 통칭되는 사상인층의 성장이라는 시대적 추세를 반영한 전진적 조처로서,147 특히 금난전권의 강화로 나타난 물가고를 해소하고, 생필품의 전매화로 빚어진 폐단을 더는 한편, 유통질서의 문란을 바로잡기 위해 실시되었던 획기적인 상업정책이었다. ㉡ 물론 그 이면에는 왕권 및 재상권의 강화를 도모하는 한편, 당시 수원水原의 상권商圈을 육성하기 위해 서울의 시전상권이 가졌던 기득권을 희석시키려는 정조의 정치적 의도 또한 복합적으로 작용했던 것으로 추측된다.148

---

146 『正祖實錄』, 卷32, 15年 1月 25日(庚子)條.

147 당시 도시상업계는 시전상인市廛商人의 금난전권禁亂廛權이 강화되고 공인貢人과 같은 새로운 특권상인이 등장하는 한편으로 비교적 자본규모가 크고 활동이 조직적이며 또한 활동범위가 넓은 사상인층私商人層의 성장이 두드러지면서 전자에 반발하는 복잡한 양상을 보이고 있었으며, 이에 따라 정부 역시 기존의 상업정책을 점차 재편해나간 바 있다. 이에 대한 보다 자세한 내용은 姜萬吉(1986: 54~59), 姜萬吉(1991: 20~22), 吳星(2000: 156~204), 卞光錫(2001: 167~246) 등이 참조된다.

둘째, 정조는 재위기간 동안 토지제 개혁문제에 대해서도 관심을 가지며 일련의 대책을 모색·강구하는 데에 유의한 바 있다. 이에 그 대표적인 사례를 들자면, ① 정조는 즉위하자마자 우선 궁방전宮房田의 폐해, 특히 궁방전의 부정 면세결免稅結을 혁파하는 데에 열성을 보였으며,[149] ② 뒤이어 무술년[1778년 正祖 2]에는 「대고大誥」를 반포함으로써 '제민산制民産[백성의 살림살이를 제정함]'·'성인재成人材'·'힐융정詰戎政'·'유재용裕財用'의 4항목에 걸쳐 치세治世의 요목과 기본방향을 천명하는 가운데, 특히 '제민산'의 항목을 통해 "제민산은 반드시 경계經界로부터 시작한다"고 강조하여 정전제井田制의 이상에 따른 토지의 균분문제가 가장 중요한

---

148 신해통공에 대한 보다 자세한 내용은 대표적으로 朴光用(1985: 366~372), 金成潤(1997: 261~269, 414), 박현모(2001: 252~267)가 참조된다.

149 정조조에서의 '토지제 개혁논의'와 관련하여 ① 정조조에서 시도된 궁방전宮房田에 대한 이정조치釐正措置와 그 의미에 대해서는 대표적으로 金成潤(1997: 212~213, 411)이 참조된다. ② 정조조 동안 전개된 '토지제 개혁논의의 전반적 추이'에 대해서는 金成潤(1997: 212~226)이 참조된다. 여기서는 크게 4시기로 구분되고 있는데, 즉 ㉠ 첫째 시기[즉위년~2년 6월]에는 주로 궁방전宮房田에 대한 조치가 이루어졌다면, ㉡ 둘째 시기[2년 6월~14년]에는 대체로 양전문제量田問題가 소극적으로 제기되었으며, ㉢ 셋째 시기[14년~19년]에는 양전과 토지개혁을 둘러싸고 정파 간의 갈등이 본격화되다가, ㉣ 넷째 시기[22년 이후]에 이르면 양전문제가 다시금 제기되기는 했으나 개혁은 현실적으로 방치되었던 것으로 소개되고 있다. ③ 정조연간에 양전 및 토지개혁을 주장했던 인물과 그 내용에 대해서는 金成潤(1997: 411~413)이 참조된다.
한편, 정조조에서 제기되었던 토지개혁론은 대체로 당색과 조야를 막론하고 토지소유를 제한하자는 한전론限田論이나 명전론名田論의 경향이 주조를 이루었는데, 특히 갑인년[1794년, 正祖 18]부터는 토지개혁 문제가 특히 남인과 노론 간의 정쟁政爭의 성격을 띠며 전개되었다. 즉, ① 동년 7월에 부수찬副修撰으로 재직하던 남인계 이석하李錫夏는 상소를 올려 당시 집권층이 토지를 겸병하고 관청·저리邸吏·시전市廛 등을 이용하여 치부하던 실상을 성토하고 그 해결방안으로서 '호적에 토지를 등재하자(著田於戶籍)'는 토지개혁안을 제기한 바 있으며, ② 기미년[1799년, 正祖 23]에 곡산부사谷山府使와 형조참의刑曹參議를 역임하고 있었던 정약용丁若鏞도 공식적으로 문제를 제기한 것은 아니지만 「전론田論 1~7」[『定本 與猶堂全書 2』, pp. 267~275]을 지었던바, 여기서 그는 ㉠ 강호强豪의 토지겸병과 지주제도의 폐해를 없애고 백성의 재산을 균제均制하려는 의도에서 ㉡ 기존의 정전론井田論·균전론均田論·한전론限田論을 시행할 수 없는 것으로 비판하는 가운데, ㉢ "농사를 짓는 사람은 전지田地를 갖게 하고 농사를 짓지 않는 사람은 전지를 갖지 못하게 한다(使農者得田, 不爲農者不得之)"는 '경자유전耕者有田'의 기본원칙을 관철시킨 과격한 '여전제閭田制' 토지개혁론을 구상·제출한 바 있다. 정약용의 여전제 토지개혁사상에 대한 보다 자세한 내용은 대표적으로 愼鏞廈(1983a/1985, 1997)가 참조된다.

시정의 대상의 하나임을 확인한 바 있고,[150] ③ 이후 경술년[1790년, 正祖 14]에도 양전量田의 필요성에 대한 선혜청제조宣惠廳提調 정창순鄭昌順[四於, 1727~?]의 계청啓請에 적극 호응하여 "토지의 경계를 바로잡는 정사[經界之政]는 나라를 다스리는 데 중대한 일로서, 곧 백성을 위하는 급선무요 요도要道이다. ……양전量田하는 일은 곧 내가 일찍부터 백성을 위해 늘 잊지 않고 있었던 것이다. ……묘당廟堂[議政府: 필자 주]으로 하여금 경기京畿와 영남嶺南·호남湖南에서 가장 착수하기 좋은 곳부터 먼저 착수하고 그 실태를 장계로 보고하게 하라. ……3개 도道 외의 각 도에 대해서도 ……실시할 만한 곳은 즉시 실시해야 할 것이다"[151]라는 하교下敎를 내림으로써 우선 경기·영남·호남의 3개 도道부터 양전을 실시하도록 조처한 바 있다.

정조의 개혁정치의 주요내용⑤: '군제의 개혁'과 '화성의 축조'

끝으로, 정조는 개혁정치를 뒷받침할 마지막 보루로서 주로 왕권의 무력적 기반을 확보하기 위한 경장책을 시행했던바, 이는 곧 '군제軍制의 개혁'과 '화성華城의 축조'로 나타났다. 첫째, 정조가 추진한바 군제개혁의 노력 역시 ① 즉위 초 무술년[1778년 正祖 2]에 반포한 「대고大誥」에서 치세治世의 요목 및 기본방향의 하나로서 '힐융정詰戎政[軍政을 다스림]'을 천명한 데서 출발했던바, 여기서 그는 특히 조선초기의 '오위체제五衛體制'를 차후 군제개혁의 전범典範으로 설정한 바 있다.[152] ② 바로 이러한 방향에서 정조는 차후 일련의 군제개편을 주도면밀하게 추진해나갔던바, 이는 곧 ㉠ 선초 국왕 중심의 오위체제를 복구하고, 병조판서兵曹判書를 중심으로 군령체계를 일원화하며, ㉡ 기존의 오군영체제五軍營體制를

150 『正祖實錄』, 卷5, 2年 6月 4日(壬辰)條.
151 『正祖實錄』, 卷31, 14年 8月 16日(甲子)條.
152 『正祖實錄』, 卷5, 2年 6月 4日(壬辰)條.

축소하는 한편, 군영대장軍營大將의 인사권을 혁파함으로써 병조판서 중심의 인사권체계를 확립하고, ㉢ 친위부대인 '장용영壯勇營'을 설치·운영하고[153] 화성華城을 축조하는 등의 노력으로 구현되었다.[154]

둘째, 이상과 같은 정조의 군제개혁의 노력은 동시에 '화성의 축조'와 '수원水原 육성책의 추진'으로 연결되었다. ① 화성의 건설은 ㉠ 표면적으로는 정조가 기유년[1789년, 正祖 13]에 생부인 사도세자思悼世子의 원침園寢인 영우원永祐園을 수원으로 천장遷葬하기로 결정한 데서 시작되었던 바,[155] ㉡ 이후 정조의 정치적 의도에 따라 수원의 읍치邑治 이전과 유수부留守府로의 격상, 신해통공의 시행, 수원의 상권부양책의 추진, 장용외영壯勇外營의 수원 주둔 등의 사전조치가 강구되면서, 갑인년[1794년, 正祖 18년] 정월에 이르면 축성을 위한 터 닦기가 시작되어 이후 2년 6개월만인 병진년[1796년, 正祖 20년] 9월에 완공되었다. ② 한편, 정조의 수원 육성책은 읍치 이전이 이루어진 뒤 현륭원顯隆園을 호위할 번화한 대도시의 건설을 명분으로 본격적인 모민募民 방안을 강구할 것을 지시하면서 시작되었고, 특히 화성이 완공된 이후에는 본격적으로 상권부양책과 농업진흥책이 시도되기도 하였다.[156] ③ 결국, 정조의 이상과 같은 일련의

153 정조의 친위부대인 '장용영의 설치와 운영'은 '규장각의 설치 및 초계문신제의 실시'와 함께 쌍벽을 이루는 핵심적인 경장정책更張政策의 하나였다. 왜냐하면, 전자가 무력을 통해 정치적 반대세력의 저항을 강제적으로 무마제어하는 수단으로서 전형적인 '억압적 국가기구repressive state apparatus'에 해당한다면, 후자는 문화정책의 기치 하에 정치적 친위세력을 확보하고 자신의 개혁정치를 실무적으로 뒷받침할 인재를 양성하는 수단으로서 전형적인 '이데올로기적 국가기구ideological state apparatus'에 해당하였기 때문이다.

154 정조의 군제개혁에 대한 보다 자세한 내용은 대표적으로 유봉학(1996: 146~158), 박현모(2001: 307~316)가 참조된다.

155 『正祖實錄』, 卷27, 13年 7月 11日(乙未)條.

156 정조가 시도했던 '수원의 상권부양책'은 대표적으로 「화성부호모삼절목華城富戶帽蔘節目」[『正祖實錄』, 卷46, 21年 2月 22日(癸巳)條] 및 「삼포절목蔘包節目」[『正祖實錄』, 卷46, 21年 6月 25日(甲午)條]의 입안으로 구체화되기도 했으나, 실제로 추진되지는 못하였다. 이에 반해 '수원의 농업진흥책'은 치수治水를 위한 도시기반시설의 마련, 수리水利를 위한 제언堤堰의 조성, 둔전屯田의 경영 등에서는 상당한 성과를 거둔 바 있다.

조처는 당시에도 이미 노론벽파계老論僻派系로부터 천도遷都와 사도세자의 추존追尊, 임오화변壬午禍變 관련자에 대한 토죄討罪를 도모하기 위한 복안이라는 위구심危懼心과 비판이 공공연히 제기되었고,[157] 실제로 정국운영의 주요한 변수로 작용하기도 하였다. ㉠ 물론 이러한 정조의 시도는 대체로 수원 지역을 친위지역화함으로써 차후 본격적이자 장기적인 개혁정치의 본거지 또는 배후거점으로 삼고자 했던 정치적 의도를 드러낸 것으로도 해석될 수 있는바, ㉡ 심지어는 장차 노론벽파계를 중심으로 한 반왕세력의 정치적 기반의 와해를 노린 정조의 천도 의사가 분명하게 표명된 사건으로 이해되기도 한다.[158]

3. 정조의 승하와 그 반동

정조의 승하와 개혁정국의 무산: '세도정치'의 전개

상기한 바대로, 정조正祖는 재위기간 동안 준론탕평峻論蕩平을 통하여 일

한편, ① 정조의 '화성의 축조'와 '수원 육성책'에 대한 보다 자세한 내용은 대표적으로 유봉학(1996: 158~219), 유봉학(2001b: 21~82), 유봉학(2009: 173~209), 金成潤(1997: 241~273), 박현모(2001: 317~333)가 참조된다. ② 이외에도 정조의 화성건설에 대한 종합적 연구물로는 대표적으로 최홍규(2001), 김동욱(2001: 83~172), 김동욱(2002)이 있다. ③ 한편, 을묘년[1795년, 正祖 19]에 있었던 정조의 화성행차의 배경 및 그 일정에 대한 상세한 소개로는 대표적으로 한영우(1998), 한영우(2007a)가 있다.

157 『正祖實錄』, 卷42, 19年 1月 11日(甲午)條; 『正祖實錄』, 卷44, 20年 3月 27日(癸酉)條; 『正祖實錄』, 卷47, 21年 8月 7日(癸卯)條; 『正祖實錄』, 卷50, 22年 12月 1日(庚寅)條; 『正祖實錄』, 卷53, 24年 1月 24日(丁丑)條.

158 이에 대해서는 정석종(1994: 323~335)이 참조된다. 반면, 유봉학(2001a: 56~57)은 정조의 화성건설은 기본적으로 천도遷都를 위해서가 아니라 갑자년[1804년] 이후 상왕上王으로서의 거처를 염두에 두고 이루어진 것으로 주장하고 있다. 즉, 갑자년은 왕세자가 성년이 되는 해이자 어머니 혜경궁惠慶宮이 칠순이 되는 해로서, 정조는 이때를 기다려 세자에게 왕위를 물려주어 세자로 하여금 자신이 이루지 못한 꿈, 특히 사도세자思悼世子를 국왕國王으로 추존追尊하는 사업을 실현하도록 할 계획인 이른바 '갑자년구상'을 가졌던 것으로 인식하고 있다.

련의 제도개혁을 단행함으로써 왕권강화를 위한 제도적 기반을 착실하게 구축해나갔다. 그리고 이를 바탕으로 정조는 마침내 재위말기에 이르면 군주도통론君主道統論의 기치 하에 정국을 일종의 전제적 양상으로 주도하기 시작하였다. 이로써 당시 '친왕親王[時派]과 반왕反王[僻派]'의 정국 구도는 더욱 경색되어갔던바, 특히 기미년[1799년, 正祖 23] 3월에 정조는 경모궁景慕宮을 참배한 후 처음으로 전교傳敎의 형식을 통해 임오의리壬午義理—임오화변壬午禍變의 잘못을 주장하는 정치적 입장—를 공식적으로 천명하기에 이르렀고,[159] 이에 출사出仕를 거부하며 정조의 정국주도에 강하게 반발하던 노론벽파老論僻派에 대해서는 마침내 경인년[1800년, 正祖 24] 5월 그믐의 경연經筵에서 이른바 '오회연교五晦筵敎'—5월 그믐의 연석筵席에서의 하교下敎—를 발표함으로써 임오년[1762년, 英祖 38]의 잘못에 대해 자작自作의 논리를 내세우며 자신과 맞서지 말 것을 강하게 신칙申飭하기도 하였다.[160]

그러나 이러한 오회연교가 있은 지 28일 만에 정조가 49세의 나이로 갑자기 승하昇遐함으로써[161] 정조조에서의 탕평정치와 개혁정국은 사실상 종말을 고하는 한편, 뒤이어 '신유옥사辛酉獄事'라는 환국換局의 형

---

159 『正祖實錄』, 卷51, 23年 3月 24日(壬午)條.

160 『正祖實錄』, 卷54, 24年 5月 30日(辛亥)條.

정조가 오회연교에서 강조한 내용은 대략 ① 임오화변壬午禍變—사도세자思悼世子의 죽음—에 대한 노론老論의 책임, 즉 임오의리壬午義理를 주장하되, 이를 노론의 신임의리辛壬義理와는 별개로 구분하겠다는 점, ② 8년을 주기로 정승을 번갈아 임명한 것은 그 진의가 어느 당파를 미워하거나 좋아해서가 아니라 오히려 그들을 쉬게 하여 신망信望을 기르도록 하는 데 있었다는 점, ③ 비록 노론벽파老論僻派를 교속矯俗의 대상으로 삼은 것은 사실이나 그 본의는 어디까지나 자신의 의리주도에 참여할 것을 요구하는 데 있었으니, 지금이라도 그 본의를 십분 이해하여 동참한다면 배제하지 않겠다는 점, ④ 이렇게 하는데도 끝내 자신의 정국운영에 동참하지 않는다면, 비록 정신과 근력이 날로 쇠약해져 있지만 결코 용서하지 않겠다는 점 등이 바로 그것이다.

한편, '오회연교' 및 그 이후의 전말에 대한 보다 자세한 소개는 대표적으로 金成潤(1997: 309~311), 이성무(2007b: 252~256)가 참조된다.

161 『正祖實錄』, 卷54, 24年 6月 28日(己卯)條.

식을 통해 종래 상당한 위기의식 하에서 정조와 날카롭게 정치적 대립각을 세우던 노론벽파가 다시금 일당전제체제의 형태로 정권을 장악하게 되면서 이른바 19세기의 '세도정치기勢道政治期'가 시작되기에 이른다. 상기한바 정조조에서의 탕평정치와 개혁정국은 기본적으로 18세기 이래 조선사회가 경험하고 있었던 일련의 대내외적인 경제적·사회적·문화적 변화에 직면하여 강력한 왕권을 구심점으로 '체제의 유지'와 '변화의 체제 내 수용'이라는 모순적 과제 간의 균형을 통한 '질서 있는 이행'을 모색했던 마지막 정치적 노력으로서, 결국 세도정치의 전개란 이러한 노력의 결정적 무산을 의미하였다. 이로써 19세기 조선사회는 제도화된 전반적 부패양상을 필연적으로 경험할 수밖에 없었으니, 이는 무엇보다 '삼정三政의 문란'으로 나타났다. 이에 일반 백성은 유례없이 참혹한 가렴주구에 신음하기에 이르렀고, 끝내는 빈번한 민란民亂의 발생으로 귀결되어갔던 것이다.

정조의 개혁정치의 시대적 의의와 그 한계

1

앞에서 기술한 바대로, 정조가 시행했던 일련의 개혁정치는 일반적으로 왕권의 강화로 연결되면서 조선후기의 왕조의 중흥에 한 획을 그었던 업적으로 적극 평가되고 있는바, 바로 이러한 맥락에서 그의 개혁정치는 또한 당시 조선사회가 경험하고 있었던 총체적인 질적 변화와 이에 따른 구조적 긴장에 대해서도 전반적으로 능동적·전진적 방향에서 대처한 정책적 노력으로 이해할 수 있을 것이다.

이에 그 대표적인 사례를 들자면, 무엇보다 '서얼소통庶孽疏通'과 '노비제奴婢制 개혁논의' 및 '신해통공辛亥通共'이 주목된다. 첫째, '서얼소통'은 당시 명분론에 입각한 전통적 사회신분제의 해체적 흐름의 일단을 체제 내에 선순환적으로 흡수·포섭함으로써 특히 '지위불일치'로 요약되는 신분구조적 모순을 부분적이나마 해소하고 사회적 화합의 단서를 열었던 상징적 정책으로서, 이는 또한 이후 조선사회에서의 신분해방의 흐름과 그 방향을 결정했던 하나의 중요한 개혁적 지표의 역할을 하였다. 이에 서얼소통의 움직임은 ① 뒤이은 세도정권勢道政權 하에서도 더 이상 거스를 수 없는 시대적 요청으로 받아들여져 지속적으로 제기·수용되다가,[162] ② 마침내 19세기 중엽인 신해년[1851년, 哲宗 2]에 이르면 국왕이 "서류庶流를 소통疏通시켜 모든 사환仕宦에 각별히 거두어 쓰라고 명함"[163]으로써 실질적인 통청通淸이 이루어지는 성과를 거두기도 하였다.

둘째, '노비제 개혁논의' 역시 상기의 '서얼소통'과 동일한 정치적·사회적 의미를 함축하면서 점진적이나마 노비제의 혁파를 위한 일련의 변통방안들이 지속적으로 강구되었던바, 이로써 재위말기에는 조정 내에서도 점차 노비제 폐지에 대한 공감대가 확산됨에 따라 결국에는 이를 결행할 정치적 판단만이 최종적으로 남겨진 상태였다. 물론 이러한 정책적 기조는 ① 뒤이은 세도정권에서도 '선조先朝의 널리 베푸신 성의盛意'를 계승한다는 '계지술사繼志述事'의 명분 하에 내노비內奴婢와 시노비寺奴婢를 혁파함으로써 부분적으로나마 계승되었으며,[164] ② 이러한 조처 이후 19세기 중엽에 이르면 노비제는 대략 '노비호奴婢戶의 실질적인 소멸'과 '노비인구의 절대적 감소'라는 형태로 사실상 해체되어가다가, ③ 마침내 갑오년[1894년, 高宗 31년]에 이르면 "공사노비公私奴婢에 관한 법규는 일체 혁파하고, 인신人身의 매매를 금지할 사事[公私奴婢之典, 一切革罷, 禁販買人口事]"라는 군국기무처軍國機務處의 「의안議案」을 통해 공식

162 『純祖實錄』, 卷2, 1年 1月 10日(丁亥)條.
163 『哲宗實錄』, 卷3, 2年 4月 15日(辛未)條.
164 『純祖實錄』, 卷2, 1年 1月 28日(乙巳)條.

적으로 완전히 철폐되기에 이른다.[165]

마지막으로, '신해통공' 역시 당시 조선사회가 경험하고 있었던 경제적 여건의 현저한 변화, 즉 농업의 발전, 유통경제의 획기적인 진전, 도시 및 농촌 수공업의 형성 등의 현상에 시의적절하게 부응한 전진적인 제도개혁의 하나로서 이해할 수 있겠다. 물론 이러한 통공의 정책적 노력은 차후 세도정치의 반동성에 편승한 부분적인 역전현상에 직면하기도 하였으나, 전체적으로 볼 때 이러한 신해통공의 기본원칙은 변화되지 않은 채 이후에도 계속 관철되었다. 결국, 이러한 사실을 통해서도 정조의 개혁정치가 지향했던 기본방향 및 그 역사적 의미를 대략이나마 짐작할 수 있을 것으로 보인다.

2

한편, 정조의 개혁정치는 이상과 같은 중요한 성과에도 불구하고 전체적으로 보자면 기실 '절반의 성공'에 그친 미완의 것으로 평가할 수 있을 것이다. 이에 그 이유를 들자면, 첫째, 정조가 시행했던 상기한바 일련의 개혁적 조처는 어떤 의미에서는 본격적인 탕평蕩平 및 제도개혁을 시행하기 위한 준비단계, 즉 '왕권강화'라는 일차적 목표를 달성하기 위한 맥락에서 주로 이루어진 것으로서, 이러한 개혁적 성과마저도 정조

---

165 『高宗實錄』, 卷31, 31年 6月 28日(癸酉)條.

한편, 갑오개혁기甲午改革期에 군국기무처軍國機務處가 사회신분제를 혁파하기 위해 상정했던 「의안議案」의 해당조문을 소개하면 다음과 같다:

一. 문벌과 반상의 등급을 벽파劈破하고, 귀천에 구애되지 않고 인재를 선용選用할 사事.[劈破門閥班常等級, 不拘貴賤, 選用人材事]

一. 적처嫡妻와 첩妾에게 모두 아들이 없는 연후에야 비로소 양자養子를 들이도록 허용하여 구전舊典의 뜻을 거듭 밝힐 사.[嫡妾俱無子, 然後始許率養, 申明舊典事]

一. 과부寡婦의 재혼은 귀천을 막론하고 본인의 자유의사에 맡길 사.[寡女再嫁, 無論貴賤, 任其自由事]

一. 공사노비公私奴婢에 관한 법규는 일체 혁파하고, 인신人身의 매매를 금지할 사.[公私奴婢之典, 一切革罷, 禁販買人口事]

의 개혁정국을 지지·시행했던 정치세력의 취약함으로 말미암아 그의 갑작스러운 승하昇遐와 함께 대부분 수포로 돌아가고 말았기 때문이다.

둘째, 정조가 즉위하면서 기본적으로 '우현좌척右賢左戚'과 '의리탕평義理蕩平'의 이념을 표방하며 일련의 개혁정치를 통해 기존의 권력구도를 개편함으로써 왕권 중심의 일원적 중앙집권체제를 일면 성공적으로 구축해나갔던바, 그럼에도 이러한 정국의 흐름은 어느덧 재위말기에 이르면 곧 '군주도통론君主道統論'과 '군사론君師論'을 표방하는 가운데 일종의 전제적 양상으로 변질되기에 이른다. 이는 곧 ① 기존에 '군주성학론君主聖學論'에 의거하여 '군신공치君臣共治'를 지향했던 세도정치론世道政治論에서 탈각하여 이른바 '군주성왕론君主聖王論'에 기반을 둔 국왕 중심의 황극정치론皇極政治論을 제기하는 것으로 나타났음은 물론이다. ② 그런데 이와 같은 정조의 정국운영방식은 전혀 의도하지 않은 문제점을 결과적으로 함축·노정하기에 이르렀으니, ㉠ 이는 대표적으로 정조가 재위기간 동안 일관되게 고집했던 친정체제親政體制, 즉 이른바 '친정親政과 무일無逸의 정치'가 낳은 역설적 폐단으로 연결되었던바, 이는 무엇보다 종래 '천하위공天下爲公'이란 이상을 나름대로 견지하며 어디까지나 '공치자共治者'를 자임해왔던 사대부관료의 위상의 격하 및 이에 따른 자존감 및 소명의식의 상실로 이어졌다.[166] ㉡ 그리고 이는 특히 정조가 재

166 정조의 친정체제에 대한 비판은 즉위 내내 노론벽파老論僻派를 중심으로 끊임없이 제기된 바 있는데, 물론 이는 당론黨論의 일환이기도 했지만 또한 정조의 정국운영이 가진 문제점에 대해 정곡을 찌른 바 없지 않다. 이에 대표적 사례를 들자면, ① 헌납獻納 성덕조成德朝는 "우리 전하께서는 ……재지才智가 너무 뛰어나시어 혹 인외寅畏하는 공용工用이 부족하시기도 하고, 총찰聰察이 너무 상세하시어 혹 간이하게 하는 방도를 소홀히 하시는데, 이런 상태를 오래 계속하게 되면 덕德이 이 때문에 병들게 되는 것입니다. 지나치게 고명高明한 것은 부족한 것과 같은 것이어서 정령政令에 발현되어 일을 해치게 되는 것은 사세가 반드시 그렇게 되는 것입니다. 삼가 바라건대 전하께서는 척연惕然히 반성하시어 『주역周易』의 간이簡易하게 하는 뜻을 본받아 성량聖量을 크게 넓히시고 성공聖工을 더욱 돈독히 하소서. …… 전하께서는 등극하신 이래로 ……유독 어찌하여 뜻만 받들어 따르는 것이 풍조를 이루고 머뭇거리면서 말하지 않는 것이 습관이 되어, 조정에는 바른말을 하는 사

람이 없고 초야草野에는 강직한 말을 하는 자가 끊어졌으니, 이는 매우 다스려진 조정의 기상氣象이 아닙니다"[『正祖實錄』, 卷3, 1年 1月 29日(丙申)條]라고 상소上疏하였고, ② 대사헌大司憲 이휘지李徽之는 "가만히 살피건대, 전하께서 총명과 예지가 백왕百王보다 뛰어나시어, 성학聖學의 고명함과 의리의 명석함이 진실로 삼대三代 이후에는 사책史冊에서도 보기 드문 일입니다. ……그러나 이제까지 하신 바를 가지고 지금 효과가 나는 바를 보건대 분발奮發하여 크게 진작됨이 있는 것을 듣지 못하겠고 단지 인순因循하여 미봉彌縫해가며 유유범범悠悠泛泛하게 날을 보내게 될 뿐입니다. 신은 어리석게도 가만히 생각하건대, 우리 전하께서 다스리기를 원하시는 뜻이 요도要道를 체득하여 독실하게 거행하시지 못해서라고 여겨집니다. 이 때문에 강기綱紀도 세워지지 못하고 덕화德化도 극진해지지 못하여, 신료臣僚들은 한갓 구차하게 편하고자 구투舊套만 따르고, 풍속은 전연 크게 변하는 아름다움이 없습니다. 이는 신이 당세當世를 위해 부끄럽게 여기고 명주明主를 위해 근심하게 되는 바입니다. 아! 도유都兪[찬성: 필자 주]와 우불吁咈[반대: 필자 주]은 곧 당唐·우虞 시절의 훌륭한 일이었는데, 가만히 묘당廟堂 안을 보건대 단지 도유하는 아름다움은 보게 되지만 우불하는 성의는 들어볼 수가 없습니다"[『正祖實錄』, 卷4, 1年 11月 27日(己丑)條]라고 상소하였으며, ③ 정언正言 이익운李益運은 "하늘은 거짓이 없고 다만 하나의 성실[誠]일 뿐입니다. 성인이 하늘과 덕을 합치하는 데 있어 이 성실을 버리고 어떻게 하겠습니까? 시험 삼아 오늘날 조정의 일을 보건대, 과연 성실에서 나왔습니까, 아니면 인위人僞에서 나왔습니까? 전하께서는 학문이 고명高明하시어 위로 성현聖賢의 경전經傳으로부터 아래로 염濂·락洛·관關·민閩에 이르기까지 꿰뚫지 않은 것이 없으십니다. 그런데 매양 경연에서 정치와는 별로 관계가 없는 명물名物과 도수度數에 관한 질문을 하시어 신하들이 얼마나 어렵게 대답하는가를 보고 계시니, 전하께서는 경연에서 성실히 하셨다고 말할 수 없습니다. ……국가國家의 기무機務는 전적으로 묘당廟堂에 달려 있는데 일찍이 위로 임금의 비위非違를 바로잡는 한 마디 말이나 아래로 백성의 고통을 살피는 한 가지 일도 보지 못하고 오직 지존至尊께서만 위에서 걱정하고 노고하시게 하니, 이것이 묘당이 성실하지 못한 것입니다. 연석에서 무릇 하문하실 때 대답하는 자는 위로는 성상의 마음이 어떤지 엿보고 아래로는 당금의 기휘忌諱를 피하여 어물어물 넘기어 옳은 것도 같고 그른 것도 같게 함으로써 '소모릉蘇模稜'[可否를 결정하지 못하고 우물쭈물함: 필자 주] 세 글자가 당세에 처신하는 묘방妙方이 되었으니, 이것은 경연의 신하가 성실하지 못한 것입니다. 대각臺閣이 이리저리 눈치보고 아첨하는 것이 풍습이 되었습니다. 임금의 잘못을 말하면 혹시나 노여움을 살까 두려워하고 조정의 귀인貴人에 관계된 일을 말하면 혹시나 벼슬길에 방해될까 두려워하므로 좌우로 이끌리다 결국 침묵으로 돌아가고 맙니다. ……이로써 본다면 비록 성실하지 못한 세계라 해도 괜찮을 것입니다"[『正祖實錄』, 卷10, 4年 10月 24日(己巳)條]라고 상소하였고, ④ 도승지都承旨 정창순鄭昌順은 "사람들이 모두 역린逆鱗을 두렵게 여겨, 비록 더러는 말을 해야 할 일이 있어도 오직 성상의 뜻이 그렇지 않거나 혹은 시의時議에 거슬리게 될까 두려워하여 주저하고 망설이다가 마침내 한 마디 말도 못하게 되는 것입니다. 대개 뜻에 순종하면 편안히 이록利祿을 누리게 되지만, 뜻을 거스르면 반드시 척축斥逐을 만나게 되기 때문이니, 이는 전책專責을 뭇 신하들에게 할 것이 아니라 오직 위에서 하시기에 달린 것입니다"[『正祖實錄』, 卷16, 7年 10月 21日(己卯)條]라고 응대應對한 바 있으며, ⑤ 지평持平 최현중崔顯重은 "우리 전하殿下의 넓은 학문은 천인

天人의 심오深奧함을 꿰뚫으셨고, 심법心法은 정일精一한 오묘奧妙함을 얻으셨습니다. ……그런데 임금의 몸은 위에서 한갓 수고만 하시고 다스리는 효과는 아래에서 기다려지지 않으니, ……정신精神은 여러 가지 일에 너무 낭비되시고, 총찰聰察은 자잘한 일에까지 지나치게 미치십니다. ……전하께서 뜻은 부지런히 하셨지만 방도는 멀어 마침내 그 요령要領을 얻으실 수 없는 것입니다. 무엇을 요령이라고 합니까? 하나의 '실實'자가 바로 그것입니다"[『正祖實錄』, 卷20, 9年 5月 22日(庚午)條]라고 상소하였고, ⑥ 규장각제학奎章閣提學 오재순吳載純은 "우리 전하께서 왕위에 올라 치화治化를 도모하신 지 지금 10년이 되었습니다. ……전하께서도 하나의 하늘[天]이신데, 순수한 공효와 무위無爲의 교화가 하늘과 하나가 되지 못하시는 것은 무엇 때문입니까? ……아! 권한을 총괄하여 쥐는 것은 임금의 성대한 일이기는 하나, 지나칠 경우에는 폐단 또한 뒤따르게 됩니다. 전하께서 ……조금도 가차 없이 권력의 기강을 움켜쥐시고 혼자의 총명에 맡기어 정사를 하심으로써 점차로 하나의 규모가 되어 크고 작은 것을 하나도 빼놓지 않으십니다. 이에 임금의 도리는 날로 높아지고 조정의 분위기는 날로 가라앉았습니다. 대신大臣은 공경스럽게 예우해야 하는데 너무나 지나치게 조이시므로 죄를 면하기에 겨를이 없으며, 대각臺閣은 관대하게 용납해야 하는데 너무나 심하게 경멸하시므로 교묘하게 모면하는 것만 일삼고 있습니다. 전형銓衡의 관원은 잘한 사람을 진출시키고 못한 사람을 물리치는 자들인데 그들이 사지를 제대로 펴지 못하고, 감사병사[藩閫]는 한쪽의 방면을 소신껏 다스리는 자들인데 하루하루 고식적으로 넘어가기를 바라고 있습니다. 이에 분주하게 쏘다니는 것을 부지런하다고 하고, 뜻에 순종하는 것을 공순하다고 합니다. 이러고도 상하의 의견이 서로 교환되고 서로 필요로 하는 의의를 기대할 수 있단 말입니까? 사람은 반드시 자중해야만 사람들을 독려하고 이끌어 일을 성공할 수 있는 것인데, 지금 윗사람은 참으로 고개만 숙이고 있고 아랫사람은 스스로를 가볍게 여겨 묘당廟堂과 대각으로부터 전형의 관원, 감사병사 및 온갖 일을 맡은 관료에 이르기까지 모두 감히 자기의 직책을 가졌다고 여기지 못하고 있으니, 전하께서는 누구와 같이 천직天職을 다스리시렵니까?"[『正祖實錄』, 卷21, 10年 1月 22日(丁卯)條]라는 차자箚子를 올린 바 있으며, ⑦ 장령掌令 오익환吳翼煥은 "언로言路가 막힌 것은 하루아침의 일이 아닙니다. 벼슬에 연연하는 마음이 많은데다 나서기를 꺼리는 풍습에 젖었으니, 말을 하지 않는다는 꾸짖으심이 효과가 없는 것이 당연하고, 바른말을 하라고 하시는 전교가 신뢰를 받지 못하는 것이 괴이할 것이 없습니다. ……삼가 생각건대 전하께서는 타고나신 자질이 총명하시고 익히신 학문이 고명하십니다. 그런데도 아직 도道를 통하지 못하시고 풍속을 아름답게 변화시키지 못하신 것은 진실로 지혜가 사람들보다 뛰어나시어 신하들을 가볍게 대우하는 마음이 있으시고, 생각이 만기萬機에 두루 미쳐 모든 것을 알고 모든 것을 삼간다는 생각이 있으시기 때문입니다. 총명을 믿으면 도리어 자만하게 되고, 정위情僞를 지나치게 살피면 억측을 하게 됩니다. 가르칠 수 있는 상대를 신하로 삼기 좋아하시어 기를 꺾고 윽박지르시는 위엄이 간혹 간신諫臣에게까지 행해지고, 신하들을 싫어하고 박대하시어 업신여기는 뜻이 귀근貴近에까지 드러납니다. 그리고 또 승평升平의 운세運勢를 타시어 항상 조심하고 두려워하시는 생각이 부족하십니다. ……그러므로 대관大官들은 오직 임금의 뜻을 받들어 따르기만을 힘쓰고, 관료들은 임금의 명에 달려가 순종하기만을 일삼아, 진퇴를 명하시는 대로 하여 자신의 지조는 돌아보지 않은 채 아첨이 풍습이 되어 충직忠直

위말기에 정국운영에 있어 정치력의 한계를 절감하며 전제적 행태를 보이게 된 주요원인이기도 하였다.

마지막으로, 이처럼 정조가 말년에 보여주었던 정국운영에서의 전제적 행태와 함께 그가 경험했던 정치력의 한계는 또한 ① 그가 앞서 자신의 왕권강화를 위해 단행했던 일련의 개혁정책, 특히 '산림山林의 역할축소'와 '공론정치公論政治의 해체'의 논리적 귀결이기도 하였으니,

---

을 바치는 자가 없습니다. 간혹 물러나서는 천정을 바라보며 앞날을 걱정하는 탄식을 하기도 하지만, 들어가면 듣기 좋은 말로 도리어 임금의 비위를 맞추는 풍습이 있습니다. ……바라건대 전하께서는 슬기로운 총명으로 돌아보시어 국가를 위해 깊이 생각하소서"[『正祖實錄』, 卷25, 12年 1月 23日(丙戌)條]라고 상소하였고, ⑧ 우의정右議政 김종수金鍾秀는 조강朝講에서 "전하께서는 명철한 예지를 타고나신 데다 또 무너진 기강을 떨쳐 일으키는 일에 뜻을 두고 계시니, 너무 꼼꼼하게 살피시는 것이야말로 오늘날 마땅히 경계하셔야 할 점입니다. ……포용하는 정도가 지나치시면서도 기강을 진작시키시려는 것은 도리어 다그쳐 몰아붙이는 데에 가깝고, 명실名實을 따지시고 들면 더러 너무 까다롭게 살피시는 잘못을 범하시게 됩니다. ……전하께서는 말하는 것을 꺼리시는 생각이 없으신 데도 조정에 말하기를 꺼려하는 풍조가 있는 것은 전하께서 바른말을 요구하시는 마음이 바른말을 구하신다는 명령만큼 간절하지 못하기 때문입니다. ……아첨이란 단지 임금을 황음荒淫하도록 이끈 다음에라야 아첨이 되는 것이 아니라, 시키는 대로만 고분고분 순종하면서 거스르지 않는 것이 모두 아첨이 되는 것입니다. 아, 나라에서 덮어놓고 순종하지 않는 신하를 길러낸 다음에야 바야흐로 급한 일이 생겼을 때 덕을 볼 수가 있는 것입니다"[『正祖實錄』, 卷28, 13年 11月 17日(己亥)條]라는 요지로 차대次對한 바 있으며, ⑨ 헌납獻納 임장원任長源은 "선정善政이 행해지면 그것은 오직 전하의 선정이고 잘못된 일이 있게 되면 그것 역시 전하의 잘못된 일이며 모든 조치가 또한 오직 전하께서 조치하신 것이 되는데, 우리 임금께서 임금 노릇 하시는 것은 어쩌면 그렇게도 수고로우시며 우리 신하들이 신하 노릇 하는 것은 어쩌면 그렇게도 편하기만 하단 말입니까? 그래서 겸양하는 말만 앞으로 나오고 귀에 거슬리는 말은 이 때문에 뒤로 물러서고 있는 형편입니다. 신은 이로써 전하의 오늘날의 정치가 우선은 무기력하게 되지는 않았다 하더라도 그동안의 일을 경계하셔야 되리라 느끼고 있으며, 전하께서 오늘날 나라를 통치하시는 것이 무사안일에 빠졌다고는 할 수 없을지라도 앞으로의 일을 두려워해야 하시리라고 느끼고 있습니다"[『正祖實錄』, 卷49, 22年 8月 26日(丁巳)條]라고 상소한 바 있으며, ⑩ 심지어 정조正祖 자신조차도 재위말기에 "1천 칸의 창고에 칸마다 각각 지키는 자가 있으면 허술할 염려가 없겠으나, 나의 경우는 혼자서 1천 칸을 다 지키는 격이므로, 걱정하는 일념에 절로 힘을 갑절이나 쓰게 된다. 더욱이 지금은 사무事務가 더욱 많고 응대應對도 더욱 번거로워져 걱정과 두려움과 삼가는 것이 나날이 더 심한지라, 무슨 일만 있다 하면 매양 노심勞心을 느끼게 된다"[『正祖實錄』, 卷48, 22年 5月 12日(乙亥)條]고 스스로 토로한 바 있다.

② 이에 정조는 ㉠ 목전의 정국운영과 정치적 난국의 돌파를 위해 다시금 '귀근貴近·권행權幸'과 '외척外戚'에 의존하기 시작함으로써 어느덧 앞 시기 영조조英祖朝에서의 탕평정치가 노정했던 한계를 답습하는 한편, ㉡ 무엇보다 역설적으로 차후 세도정치勢道政治의 출현을 위한 인적·제도적 조건을 배태·조성하기에 이르렀던 것이다.[167]

167 정조조에서의 정국운영의 추이와 그 한계에 대한 보다 자세한 내용은 대표적으로 유봉학(1999: 77~112), 유봉학(2009: 139~172), 박현모(2001: 387~400)가 참조된다.

제2부

다산 정약용의 사서 관계저술과 경전해석태도

제1장
다산 정약용의 사서 관계저술

"사서四書란 오도吳道의 지남指南으로서,
『대학大學』과 『중용中庸』은 모두 '서恕'자에 대한 부연설명이며,
『논어論語』와 『맹자孟子』에서는 '힘써 서恕를 행하여 인仁을
구한다[强恕以求仁]'는 뜻을
거듭거듭 말하여 이루 다 지적할 수 없을 정도인즉,
결국 부자夫子의 도道는 '서恕'자 한 자에 지나지 않을 따름이다.":
『논어고금주論語古今注』

정약용의 독자적인 경전해석은 이미 약관의 초학도 시절부터 시작되었다

정약용丁若鏞이 16세 되는 정유년[1777년, 正祖 1]에 이익李瀷[星湖, 1681~1763]의 유고遺稿를 처음 보면서 이를 준칙으로 삼아 흔연히 학문을 하기로 결심했던 그 이듬해 겨울, 그는 화순和順의 동림사東林寺에서 『논어論語』와 『맹자孟子』를 읽었다.[1] 이때의 정약용의 『논어』와 『맹자』 읽기는 경학經學상의 중요한 의미를 가진다. 왜냐하면 우선 그가 40여 일 동안 독서하는 과정에서 비로소 학문의 즐거움을 본격적으로 맛보았을 뿐만 아니라, 보다 중요한 사실은 그가 약관의 초학도이었음에도 성호학파의 영향 하에 이미 이때부터 대동지론大同之論—『사서집주四書集註』로 대표되는 주희朱熹의 경전해석—과는 의식적으로 비판적 거리를 유지하는 가운데 나름의 독자적인 경전해석을 단초적이나마 시도하고 있었기 때문이다.[2] 그리고 이러한 정약용의 경전해석태도는 이후 그가 23세 되는 갑진년[1784년, 正祖 8]에 저술한 『중용강의中庸講義』와 28세 되는 기유년[1789년, 正祖 13]의 『희정당대학강의熙政堂大學講義』를 통해 처음으로 구체화된 바 있다.

이와 같은 정약용의 초기 경학적 입장은 이후에도 그 자신이 몸소 경험했던 당시 조선사회의 구체적인 역사적·사회적 조건과의 상호관

---

1 「東林寺讀書記」(『定本 與猶堂全書 3』, p. 78)

2 정약용은 다음과 같이 말하였다: "지난 건륭乾隆 무술년[1778년: 필자 주] 겨울, 나는 화순和順의 동림사東林寺에서 독서를 하면서【당시 나이는 17세였다】 이러한 뜻[『論語集註』와는 다른 해석: 필자 주]을 얻었으니, 지금으로부터 37년 전의 일이다. 이제 서씨徐氏의 『경설經說』을 살펴보니 옛사람들도 이미 이러한 뜻을 알고 있었다.(○[案] 昔在乾隆戊戌之冬, 余在和順 東林寺讀書【年十七】, 得斯義, 今三十七年矣. 今見徐氏『經說』, 古人已先得之.)" 『論語古今注 II』(『定本 與猶堂全書 9』, p. 125); "내가 옛날에 만연사萬淵寺의 동림사東林寺【화순현和順縣의 북쪽에 있다】에서 독서할 때, 상하 두 절節을 모두 하夏 나라의 속담으로 생각하여 태강太康 때 지어졌거나【태강이 무절제하게 논 것은 「하본기夏本紀」에 나온다】 혹은 하 나라 걸왕桀王 때에 지어진 것으로 여기고, 제후諸侯는 그대로 다섯 등급의 제후에 해당시켰더니, 중씨仲氏가 무릎을 치며 좋다고 칭찬하였다.(○[鏞案] ……○余昔讀書于萬淵寺之東林【在和順縣北】, 以爲上下二節, 通作夏諺, 而並爲太康時作【太康游豫無度, 見「夏本紀」】, 或爲夏 桀時作, 諸侯仍當爲五等諸侯, 仲氏擊節稱善.)" 『孟子要義』(『定本 與猶堂全書 7』, p. 43)

련성 속에서 약 35년에 이르는 심화·성숙과정을 거치면서 관철되다가, 대표적으로 그가 52세 되는 계유년[1813년, 純祖 13]에 저술한 『논어고금주論語古今注』, 이듬해인 갑술년[1814년, 純祖 14]의 『맹자요의孟子要義』·『대학공의大學公議』·『중용자잠中庸自箴』 및 여타 경학저술에서 집대성되었던 것이다.

정약용의 '사서'관①: "후학이 믿고 체득하여 실행할 수 있는 것은 오직 『논어』 한 권뿐이다"

당시 조선사회의 구체적인 시대적 상황과 결부되면서 특히 강렬한 '실제·실천 지향성'을 하나의 일관된 특징으로 견지했던 정약용의 경학적 입장에서는 『논어論語』가 특별히 중시되었다. 왜냐하면 그는 『논어』에서 공자孔子께서 '인仁'을 말씀하시면서 '성性'이니 '심心'이니 '체體'니 '용用'이니 하는 고원하고 난삽한 개념을 구사하신 바 없기에 오히려 그 원래의 소박한 의미가 더욱 분명하게 드러나 있다고 보았기 때문이다.[3] 이에 그 대표적 사례를 들자면, 첫째, 정약용은 이미 젊은 시절[29세]부터 "궁장宮墻—공자孔子의 심오하고 아름다운 경지'를 비유한 말—을 열어 보여주고 의리義理를 분석해준 것은 『논어』와 『맹자孟子』로서, 사문斯文에 별이나 태양처럼 빛나고 있다"[4]고 나름대로 『논어』와 『맹자』를 평가함으로써 이

---

3 정약용은 평소 다음과 같이 주장한 바 있다: "공자孔子께서는 '성性'에 대하여 말씀하시지 않았다. ……『논어』에서 '인仁'을 말씀하신 곳에서는 '성性'을 언급하시지 않았던 까닭에 그 원의原義가 더욱 분명하니, ……(孔子不言性. ……若『論語』言'仁', 則以不言'性'之故, 其原義尤著, ……)" 「答李汝弘【載毅】」(『定本 與猶堂全書 4』, p. 153); "사심四心을 고경古經에서는 '성性'이니 '이理'니 '덕德'이니 하고 말하지 않았다.(○四心, 其在古經, 不云: '性', 不云: '理', 不云: '德'.)" 「答李汝弘【載毅】」(『定本 與猶堂全書 4』, p. 153); "지금은 거꾸로 인仁·의義·예禮·지智 네 개를 가져다가 가장 깊숙한 곳에 밀어넣어 숨겨두고서는 '성性'이니 '심心'이니 '체體'니 '용用'이니 하고 있으니, ……(今反取仁·義·禮·智四顆, 納而藏之於最深之處, 曰: '性'·曰: '心', 曰: '體'·曰: '用', ……)" 「答李汝弘【載毅】」(『定本 與猶堂全書 4』, p. 146)

4 「十三經策【庚戌冬, 內閣親試】」(『定本 與猶堂全書 2』, p. 54) "開示宮墻, 辨析義理, 則『魯論』·『鄒書』之星日斯文也."

미 경학에 상당한 조예가 있었음을 보여준 이래, 뒤이어 30세 되는 신해년[1791년, 正祖 15]에는 "후학이 높이 믿고 체득하여 실행할 수 있는 것은 오직 이 『논어』 한 권뿐이다. ……참으로 문장文章으로 인하여 도道를 깨닫고 얕은 곳에서 깊은 곳으로 들어가고자 한다면, 이는 또한 실천하는 데에 달려 있을 뿐"[5]이라 역설하기도 하였으니, 이로써 그는 '『논어』를 중시하는 태도'와 함께 '실천 지향'의 경학적 입장을 명확히 했던 것이다.

둘째, 이처럼 정약용이 젊어서부터 『논어』를 중시했던 태도는 이후에도 변함없이 지속되었다. 즉 "육경六經과 여러 성현聖賢의 글은 모두 읽어야 하지만, 유독 『논어』만은 종신토록 읽어야 한다"[6]라거나, "지혜롭고 성스러워 전혀 하자가 없는 것이 『논어』"[7]라는 그의 인식은 자연스럽게 학문적 관심으로 연결되어 "바야흐로 『논어』를 가져다가 『집해集解』나 『집주集注』의 예를 따라 천고千古의 잘된 주注를 모아 묶어 한 권의 책으로 만들기를 원하게"[8] 되면서 "평소 『논어』에 대한 고금의 여러 학설을 많이 수집하게 되었던"[9] 것이다. 그리고 이처럼 오랜 기간에 걸친 준비와 노력의 결정체가 바로 『논어고금주論語古今注』인 것이다.[10]

---

5 「論語對策【乾隆辛亥, 內閣月課】」(『定本 與猶堂全書 9』, p. 402) "臣對曰: '後學之尊信體行, 惟『論語』一部是已. ……苟欲使因文悟道, 由淺入深, 則亦惟在實踐而已.'【第二節刪】"

6 「爲尹惠冠贈言」(『定本 與猶堂全書 4』, p. 20) "六經諸聖書皆可讀, 唯『論語』可以終身."

7 「五學論 3」(『定本 與猶堂全書 2』, p. 300) "睿聖無瑕者, 『論語』."

8 「答仲氏」(『定本 與猶堂全書 4』, p. 215) "方欲取『論語』, 依『集解』·『集注』之例, 集千古而取其所長, 勒成一部."

9 「答仲氏」(『定本 與猶堂全書 4』, p. 218) "平生蒐集『論語』古今諸說, 不爲不多, ……"

10 정약용은 이상과 같은 『논어고금주』의 저술과정에 대해 중형仲兄 정약전丁若銓에게 다음과 같이 소개하기도 하였다: "(『논어』 각 편의: 필자 주) 1장씩을 대할 때마다 고금古今의 여러 학설을 모조리 고찰하여 그중에서 좋은 것은 취해다가 간략히 기록하고, 그중에서 의견이 대립되는 것은 취해다가 논평하여 단정했으니, 이제야 '이 밖에 새로 더 보충할 것이 없다'고 말하겠습니다. 그런데도 고금의 학설을 두루 고찰해보면 도무지 이치에 합당하지 않은 것이 있게 되는데, 이때에는 부득불 책을 덮고 눈을 감은 채 앉아서 더러는 밥 먹는 것도 잊고 더러는 잠자는 것도 잊노라면 반드시 새로운 뜻과 이치가 번쩍 떠오르기 마련입니다. 「학이學而」와 「위정爲政」 두 편에서 새로운 뜻과 이치를 깨달은 것만 해도 이미 10여 조목이나 됩니다.

정약용의 '사서'관②: "『맹자』는 성과 도의 본체를 알아 그 줄기와 가지를 분석한 책"이다

다음으로, 『맹자孟子』는 정약용이 보기에 "참으로 성性과 도道의 본체를 알아 그 줄기와 가지를 조리 있게 분석한 책"[11]인바, 이는 "맹자孟子가 장차 도道가 끊어질 것을 염려하여 이에 부득불 심心·성性의 이치를 발명發明하여 밖의 것[外]을 따라 안의 것[內]을 밝히지 않을 수 없었기" 때문이었다.[12] 그러면서도 정약용은 또한 "맹자가 평생 힘쓴 바는 백리百里의 땅에 왕도정치王道政治를 일으키는 것이었으니, 그 일인즉슨 기실 '오묘五畝의 집터에 뽕나무를 심는다'거나 '닭이나 돼지를 기름에 때를 잃지 않는다'거나 '상서庠序에서의 가르침을 신중히 하여 효孝·제弟의 뜻을 편다'는 등의 몇 구절에 지나지 않았을 따름"[13]이라는 나름의 『맹자』관을 젊어서부터[30세경] 명확하게 개진함으로써 특히 민생의 안정을 우선시하는 '실제 지향'의 경학적 입장을 거듭 표명한 바 있다.

정약용의 '사서'관③: "『대학』과 『중용』은 다같이 '성'자를 첫 공부로 삼고 있다"

마지막으로, 정약용이 보기에 첫째, 『대학大學』은 '덕행德行'을 주로 논하

또한, 서로 대립하는 학설을 논평하여 단정한 경우에는 양가兩家가 인용한 것 이외에 별도의 단안斷案이 오늘에야 처음 나오게 됨에 패배한 학설로 하여금 다시는 말할 수 없게 만든 것도 많습니다. 천天께서 만약 나에게 세월을 허락하시어 이 작업을 마칠 수 있도록 해주신다면 그 책은 제법 볼만한 것이 될 것입니다.(每臨一章, 盡考古今諸說, 取其善者而節錄之, 取其訟者而論斷之, 始謂: '此外, 無可新補者'. 其奈歷考古今之說, 都不合理者有之, 於是不得不掩卷·瞑目而坐, 或忘食焉, 或忘寢焉, 必有新義理, 洒然出來. 「學而」·「爲政」二篇, 其得新義理, 已十餘條. 又其決訟者, 於兩家所引之外, 別有斷案, 今日始出, 使落訟者不能復言者多. 天若假我以日月, 得了此業, 則其書頗可觀.)" 「答仲氏」(『定本 與猶堂全書 4』, p. 218)

11 「五學論 3」(『定本 與猶堂全書 2』, p. 300) "眞知性·道之體而劈析枝經者, 『孟子』."

12 「答李汝弘【載毅】」(『定本 與猶堂全書 4』, p. 153) "孟子知道之將絶, 發明心·性之理, 不得不因外而明內."; 『大學公議』(『定本 與猶堂全書 6』, p. 88) "或論心·性, 如『孟子』."

13 「孟子策」(『定本 與猶堂全書 2』, p. 78) "孟子之平生拳拳, 卽百里興王之道, 而其事則不過曰: '五畝之宅, 樹以桑'·'雞豚之畜, 無失時'·'謹庠序之敎, 申孝·弟之義', 數句語而已."

고 『중용中庸』은 '천도天道'를 주로 말하고 있으며,[14] 『대학』은 '성의誠意'로 수신修身의 근본을 삼고 『중용』은 '지천知天'으로 수신의 근본을 삼고 있음[15]에, 비록 그 뜻하는 방향이 서로 다른 데가 있는 듯하지만 기실 '지천知天'은 '신독愼獨'이요 '신독'은 곧 '성誠'[16]임으로 하여, 결국 『대학』과 『중용』은 다같이 '성誠'자를 그 첫 공부로 삼고 있었던 셈이다.[17]

둘째, 정약용은 『대학』에서의 '성기成己·성물成物'이란 한결같이 '성誠'이 아니면 가능하지 않으며, 또한 『중용』에서의 '물지종시物之終始[물物의 시작이자 끝]'란 것도 '성기·성물'을 벗어나지 않는다고 인식했던바, 결국 『대학』과 『중용』은 본래부터 두 가지가 아니었다.[18] ① 이처럼 '성인聖人의 학문'이란 기본적으로 '성기·성물'에서 벗어나지 않았으며,[19] 또한 이러한 성기·성물은 곧 '성의誠意·정심正心'을 큰 조목으로 삼았기에 옛 유학자들은 『대학』을 가리켜 '치심治心·선성繕性의 법法'이라 말하기도 하였다. ② 그럼에도 정약용은 "옛 성인聖人들의 '치심·선성'이란 항상 '행사行事'에 있었으며, 이러한 행사는 곧 인륜人倫을 벗어나지 않았다"[20]고 역설했던바, 이에 『대학』과 『중용』의 총의總義를 기본적으로 인륜의 구체적 실천을 강조·지향하는 맥락에서 이해함으로써 '실천 지향'의 경학적 입

14 『大學公議』(『定本 與猶堂全書 6』, p. 88) "○[答曰] ……或論天道, 如『中庸』; 或論德行, 如此經, 各有所主, 意趣不同."

15 『中庸自箴』(『定本 與猶堂全書 6』, p. 259) "[箴曰] ……『大學』以誠意爲修身之本, 『中庸』以知天爲修身之本, 其義一也."

16 『中庸自箴』(『定本 與猶堂全書 6』, p. 259) "[箴曰] ……知天者, 愼其獨, 愼其獨, 卽誠也."

17 『中庸自箴』(『定本 與猶堂全書 6』, p. 262) "○[箴曰] ……『大學』·『中庸』, 皆以'誠'字爲首功, 而『大學』則曰: '欲誠其意者, 先之以格致', 『中庸』則曰: '欲誠其身者, 先之以明善', 亦一例也."

18 『中庸自箴』(『定本 與猶堂全書 6』, pp. 266~267) "[箴曰] ……○……『大學』雖以誠意爲始工, 齊家·治國·平天下, 亦非誠不能. ……則成己·成物, 皆在誠意中矣. 『中庸』所謂'物之終始', 亦不外乎成己·成物, 曷嘗与『大學』所言有毫髮之殊乎?"

19 『中庸講義補』(『定本 與猶堂全書 6』, pp. 368~369) "○[今案] ……聖人之學, 不出於成己·成物, 『大學』·『中庸』, 本無二致."

20 『大學公議』(『定本 與猶堂全書 6』, p. 89) "○[答曰] ……(總之), 誠意·正心, 爲此經之大目. 故先儒遂以此經爲治心·繕性之法. 然先聖之治心·繕性, 每在於行事; 行事, 不外於人倫."

장을 다시 한 번 분명히 한 바 있다.

"'사서'란 오도의 지남이요, 부자의 도는 하나의 '서'자에 지나지 않을 따름이다"

결론적으로, 정약용은 『논어고금주』에서 "사서四書란 오도吾道[儒教: 필자 주]의 지남指南으로서, 『대학』과 『중용』은 모두 '서恕'자에 대한 부연설명이며, 『논어』와 『맹자』에서는 '서恕를 힘써 행하여 인仁을 구한다[强恕以求仁]'는 뜻을 거듭거듭 말하여 이루 다 지적할 수 없을 정도인즉, 부자夫子[孔子: 필자 주]의 도道는 곧 하나의 '서恕'자에 지나지 않을 따름"[21]이라고 자신 있게 총괄했던바, 이로써 그는 자신의 숙성된 사서四書 이해는 물론이려니와 또한 구체적인 현실개혁론을 의미 있게 개진할 수 있는 독자적인 경학적 기반이 완성되었음을 보여주기도 하였다.

이후 정약용은 이러한 토대 위에서 연이어 '일표一表·이서二書'[『經世遺表』·『牧民心書』·『欽欽新書』]를 저술하였고, 또한 회갑년[1822년, 純祖 22]을 맞이하여 자신의 인생을 회고·정리한 「자찬묘지명自撰墓誌銘【집중본集中本】」에서는 "육경六經·사서四書로써 자기 몸을 닦고 일표一表·이서二書로써 천하와 국가를 다스린다면 본本·말末이 이로써 갖추어지게 된다"[22]고 천명함으로써 자신의 일생에 걸친 학문적 업적을 자랑스럽게 요약자평했던 것이다.

---

21 『論語古今注 II』(『定本 與猶堂全書 9』, p. 177) "○[駁曰] ……四書者, 吾道之指南也, 而『大學』·『中庸』, 都是'恕'字之衍義, 『論語』·『孟子』, 其言'强恕以求仁'者, 重見疊出, 不可殫指, 則夫子之道, 一'恕'字而已."

22 「自撰墓誌銘【集中本】」(『定本 與猶堂全書 3』, p. 278) "六經·四書, 以之修己; 一表·二書, 以之爲天下·國家, 所以備本·末也."

I. 정약용의 『논어』 관계저술

그러면 지금부터 '정약용丁若鏞의 『논어論語』 관계저술'에는 과연 어떤 것들이 있으며, 또한 그 각각의 '구체적인 내용'은 무엇인가를 차례대로 살펴보도록 하자.[23] 전체적으로, 정약용의 『논어』 관계저술에는 ① 「십

23 정약용의 『논어』 경학에 대한 기존의 연구물 가운데 대표적인 것을 들면 다음과 같다:

금장태, 2005d, 「다산의 인仁 개념의 인식과 실천」, 『茶山學』 제7호.(다산학술문화

———, 2006, 『仁과 禮: 다산의 『논어』 해석』(서울: 서울대학교출판부)

金彦鍾, 1985, 「丁茶山 『論語古今注』 硏究 其一: 「學而」 篇」, 『中國文學硏究』 第3卷.(韓國中文學會)

———, 1987a, 『丁茶山論語古今注原義總括考徵』(台北: 學海出版社)

———, 1987b, 「丁茶山의 『論語古今注』에 受容된 古學派經說 小考」, 淵民李家源先生頌壽紀念論叢刊行委員會, 『淵民李家源先生七秩頌壽紀念論叢』(서울: 正音社)

———, 1996a, 「丁茶山의 『論語集註』 批判(I)」, 『민족문화연구』 제29호.(고려대학교 민족문화연구원)

———, 1996b, 「丁茶山의 『論語集註』 批判(II)」, 『大東文化硏究』 第31輯.(成均館大學校 大東文化硏究院)

———, 2001, 「정다산의 오규 소라이 논어설 수용양상」, 『日本思想』 第3號.(韓國日本思想史學會)

———, 2002, 「다산 『논어고금주論語古今注』에 수용된 훤원학파蘐園學派 논어설」, 『茶山學』 제3호.(다산학술문화재단)

———, 2005, 「다산 정약용의 논어論語 정의精義 구조九條 변석辨析」, 『茶山學』 제7호.(다산학술문화재단)

金暎鎬, 1993, 『丁茶山의 『論語』解釋에 관한 硏究: 『論語古今注』를 중심으로』(成均館大學校 大學院 東洋哲學科 博士學位論文)

———, 2003, 『다산의 논어해석연구』(서울: 심산)

———, 2004, 「丁茶山의 『論語』說」, 한국철학사연구회 엮음, 『다산경학의 현대적 이해』(서울: 심산)

金玉淵, 1980, 「茶山哲學에서의 「仁」의 문제: 四書註解를 중심으로」, 『茶山學報』 第3輯.(茶山學報 刊行委員會)

金庾坤, 2003, 「丁茶山의 『論語古今註』 「原義總括」에 대한 小考」, 『한국철학논집』 제12집.(한국철학사연구회)

茶山學術文化財團 編, 2008, 『茶山的四書經學』(北京: 商務印書館國際有限公司)

박종천, 2013, 「다산의 『논어』 주석서 전승에 대한 연구」, 『茶山學』 제23호.(다산학술문화재단)

李乙浩, 1966, 『茶山經學思想硏究』(서울: 乙酉文化社)

삼경책十三經策」[29세]에서의 『논어』와 관련된 부분, ② 「논어대책論語對策」[30세], ③ 「논어책論語策」, ④ 『논어고금주論語古今注』[52세], ⑤ 「자찬묘지명自撰墓誌銘【집중본集中本】」[61세]에서의 『논어』와 관련된 부분,[24] ⑥ 『논어수차論語手箚』[25]가 대표적이며, ⑦ 이외에도 『시문집詩文集』에 실려 있는 '편

———, 1975b, 「論語考」, 『茶山學의 理解』(서울: 玄岩社)

———, 1989, 「『論語古今注』考」, 李乙浩 外, 『丁茶山의 經學: 論語·孟子·大學·中庸 硏究』(서울: 民音社)

李篪衡, 1991, 「茶山의 『論語古今註』 小考」, 『安東漢文學論集』 第2輯.(安東漢文學會)

———, 1994, 「茶山의 『論語古今註』에 대한 硏究」, 『大東文化硏究』 第29輯.(成均館大學校 大東文化硏究院)

———, 1996b, 「『論語古今注』와 茶山의 經學」, 『茶山經學硏究』(서울: 太學社)

鄭炳連, 1990, 「茶山의 『論語』解釋 性向」, 『東洋哲學』 第1輯.(韓國東洋哲學會)

———, 1994, 『茶山 四書學硏究』(서울: 景仁文化社)

鄭一均, 1996a, 『茶山 丁若鏞의 世界觀에 대한 社會學的 硏究: 『論語古今注』와 『論語集注』의 比較를 중심으로』(서울大學校 大學院 社會學科 博士學位論文)

———, 1996b, 「茶山 丁若鏞의 理氣論 批判: 『論語古今注』를 中心으로」, 『韓國學報』 제84집.(一志社)

———, 2000, 『茶山 四書經學 硏究』(서울: 一志社)

鄭 瑽, 1980, 「丁茶山 著 『論語古今注』의 構造的 分析과 그 孔子 思想(其一)」, 『茶山學報』 第3輯.(茶山學報 刊行委員會)

———, 1982, 「丁茶山 著 『論語古今注』의 構造的 分析과 그 孔子 思想(其二)」, 『茶山學報』 第4輯.(茶山學報 刊行委員會)

하우봉, 2002, 「정약용丁若鏞과 오규 소라이荻生徂徠의 경학사상 비교 연구」, 『茶山學』 제3호.(다산학술문화재단)

———, 2013, 「정약용丁若鏞과 다자이 슌다이[太宰春臺]의 『논어論語』 해석 비교 연구」, 『茶山學』 제22호.(다산학술문화재단)

許捲洙, 1983, 「朱熹의 論語集注와 丁若鏞의 論語古今注 比較硏究」, 『慶尙大學校論文集』 第22卷 第2號.(慶尙大學校)

蒙培元, 2006, 「丁若鏞的 '仁學觀'」, 『茶山學』 제8호.(다산학술문화재단)

張崑將, 2006, 「丁茶山與太宰春台對『論語』的解釋比較」, 『茶山學』 제8호.(다산학술문화재단)

蔡茂松, 1990, 「丁茶山的四書硏究」, 姜萬吉 外, 『茶山學의 探究』(서울: 民音社)

蔡振豐, 2009, 「丁茶山四書詮釋的體系及其意義」, 『韓國實學硏究』 第18號.(韓國實學學會)

———, 2010, 『朝鮮儒者丁若鏞的四書學: 以東亞爲視野的討論』(臺北: 臺大出版中心)/김중섭·김호 옮김, 2015, 『다산의 사서학: 동아시아의 관점에서』(서울: 너머북스)

야마우찌 코오이찌[山內弘一], 2000, 「경성(京城) 귀족으로서의 긍지: 정약용의 귀천(貴賤)과 화이(華夷)에 대한 이해」, 『茶山學』 창간호.(다산학술문화재단)

24 「自撰墓誌銘【集中本】」(『定本 與猶堂全書 3』, pp. 273~274)

지[書]'·'증언贈言'·'논論'·'가계家誡'·'서序'·'발跋'·'원原'·'설說'·'묘지명墓誌銘'·『서암강학기西巖講學記』·『도산사숙록陶山私淑錄』 등에서의 『논어』와 직간접적으로 관계되는 글 등이 있다.[26]

1. 초기 『논어』 관계저술

여기서 '정약용의 초기 『논어』 관계저술'에 해당하는 것으로는 ① 「십삼경책十三經策」[29세]에서의 『논어』와 관련된 부분, ② 「논어대책論語對策」[30세], ③ 「논어책論語策」이 있는바,[27] 이 가운데서 「논어대책」이 내용적

---

25 『논어수차』는 『논어』의 「학이學而」편에서 「공야장公冶長」편까지의 경문 가운데서 중요하다고 생각되는 78개의 장을 뽑아 주석을 단 저술이다. 모두 '3권 1책'으로 된 필사본筆寫本으로서, 「서문序文」이나 「발문跋文」이 없고 저자표기도 없으나 『논어고금주』와 대조해볼 때 정약용의 저술임에 분명한 것으로 평가되고 있다. 이 책은 현전하는 『여유당전서與猶堂全書』에는 수록되어 있지 않고 규장각도서奎章閣圖書로만 보관되어 있다. 이 책의 성격에 대해서는 『논어고금주』에 대한 '초고본설草稿本說'과 '요약본要約本說'으로 나뉘어 있다. 보다 자세한 내용은 成均館大學校 大東文化研究院(1990: 3~168) 및 宋載卲의 「『논어수차論語手箚』 해제解題」와 김영호(2003: 243~247)가 참조된다.

26 이를 보다 구체적으로 살펴보면, ① '편지[書]'에는 「上弇園書【丙辰】」(『定本 與猶堂全書 4』, pp. 88~91: 1796년), 「答李汝弘【載毅】」(『定本 與猶堂全書 4』, pp. 143~153), 「與李汝弘【甲戌十月日】」(『定本 與猶堂全書 4』, pp. 154~156: 1814년), 「答李汝弘」(『定本 與猶堂全書 4』, pp. 157~160), 「答李汝弘【丙子九月日】」(『定本 與猶堂全書 4』, pp. 163~167: 1816년), 「上仲氏」(『定本 與猶堂全書 4』, pp. 191~194), 「上仲氏」(『定本 與猶堂全書 4』, pp. 198~200), 「答仲氏」(『定本 與猶堂全書 4』, pp. 202~203), 「答仲氏」(『定本 與猶堂全書 4』, pp. 215~217), 「答仲氏」(『定本 與猶堂全書 4』, pp. 217~218), 「答金德叟」(『定本 與猶堂全書 4』, pp. 223~224: 1822년), 「示兩兒」(『定本 與猶堂全書 4』, pp. 272~273), 「寄游兒」(『定本 與猶堂全書 4』, pp. 275~278) 등이, ② '증언贈言'에는 「爲盤山丁修七贈言【字乃則, 長興人】」(『定本 與猶堂全書 3』, pp. 393~397), 「爲尹惠冠贈言」(『定本 與猶堂全書 4』, pp. 20~21) 등이, ③ '논論'에는 「五學論 1」(『定本 與猶堂全書 2』, pp. 295~298), 「五學論 3」(『定本 與猶堂全書 2』, pp. 299~301) 등이, ④ '가계家誡'에는 「示二兒家誡」(『定本 與猶堂全書 4』, pp. 30~32)가, ⑤ '서序'에는 「『邦禮艸本』序」(『定本 與猶堂全書 2』, pp. 399~404)가, ⑥ '발跋'에는 「跋太宰純『論語古訓外傳』」(『定本 與猶堂全書 3』, p. 135)이, ⑦ '원原'에는 「原教」(『定本 與猶堂全書 2』, p. 200), 「原政」(『定本 與猶堂全書 2』, p. 201), 「原德」(『定本 與猶堂全書 2』, p. 202) 등이, ⑧ '설說'에는 「觀雞雛說」(『定本 與猶堂全書 2』, p. 212)이, ⑨ '묘지명墓誌銘'에는 「鹿菴權【哲身】墓誌銘」(『定本 與猶堂全書 3』, pp. 232~238)이 대표적이다.

측면에서 가장 대표적인 것이라 하겠다.

「논어대책」의 구성과 내용

「논어대책」은 정약용이 30세 되는 신해년[1791년, 正祖 15]에 내각內閣[奎章閣]의 월과月課로 저술한 것인데, 그 내용은 '정조正祖의 12개의 질문—실제로는 24개의 질문—과 이에 대한 정약용의 답변'으로 구성되어 있다.[28] 이에 그 내용을 간략하게 소개하자면, ① 『논어』의 성격과 독법, ② 『논어』의 종류와 '사자四子'[曾子·有子·冉子·閔子]의 칭호와 관련된 문제, ③ '학學·습習'[『論語集註』, 「學而」篇 第1章]의 범칭泛稱에 대한 이해의 문제와 '인仁'의 원의原義, ④ "견마능양犬馬能養[개나 말도 길러줄 수 있다]"[「爲政」篇 第7章]과 "관씨삼귀管氏三歸[관씨管氏는 삼귀三歸를 두었다]"[「八佾」篇 第22章]의 의미, ⑤ '일관一貫'을 '지知'[「衛靈公」篇 第2章]와 '행行'[「里仁」篇 第15章]으로 구분한 문제와 '인仁'을 '건도乾道'[「顔淵」篇 第1章]와 '곤도坤道'[「顔淵」篇 第2章]로 구분한 까닭, ⑥ 공자孔子와 안회顔回의 낙처樂處[「述而」篇 第15章, 「雍也」篇 第9章] 및 성인聖人의 기상氣像에 대한 「향당鄕黨」편에서의 표현의 문제, ⑦ 증점曾點에 대한 독탄獨嘆[「先進」篇 第25章]과 관중管仲에 대한 허인許仁[「憲問」篇 第17章]의 이유, ⑧ 환공桓公

---

27 「십삼경책」은 정약용이 29세 되는 경술년[1790년, 正祖 14] 겨울에 내각內閣[奎章閣]의 친시親試에서 정조正祖의 10조목에 걸친 질문에 답하여 작성한 글이다. ① 여기서 『논어』와 관련된 부분은 정조의 세 번째 질문에 대한 답변에서 나오는데, ② 그 내용은 『논어』의 종류, 즉 '삼론三論'—『노론魯論』·『제론齊論』·『고론古論』—에 대하여 서술하고 있으며, 특히 『제론』에만 실려 있는 「문왕問王」편이 『장후론張侯論』—한漢 나라 안창후安昌侯 장우張禹[字는 子文, ?~B.C. 5: 中國 前漢의 학자]가 전한 『논어』—에서 삭제된 것에 대하여 논하고 있다. 「十三經策【庚戌冬, 內閣親試】」(『定本 與猶堂全書 2』, pp. 53~69)

한편, 「논어책」은 「논어대책」에서의 두 번째 질문에 대한 답변의 전반부만 따로 발췌한 것인데, 자구字句에는 약간의 차이가 있다. 책제策題의 하단에 약간 글씨를 작게 하여 "이제 책문策文은 산삭刪削하고, 다만 어비御批 한 구절만 싣는다(今刪不錄, 只錄御批一節)"는 주가 붙어 있고 서술된 내용이 약간 더 자세한 것으로 보아 「논어대책」이 저술되고 난 이후에 쓰여진 것으로 보인다. 「論語策【今刪不錄, 只錄御批一節】」(『定本 與猶堂全書 2』, p. 70)

28 「논어대책」은 『논어고금주』의 말미에 「부록[附見]」으로 실려 있다. 「論語對策【乾隆辛亥, 內閣月課】」(『定本 與猶堂全書 9』, pp. 402~410)

과 공자규公子糾 간의 형제 사이를 둘러싼 논란[「憲問」篇 第18章] 및 좌구명左丘明[「公冶長」篇 第24章]과 우중虞仲[「微子」篇 第8章]의 생몰연대에 대한 고증과 관련된 문제, ⑨ '성性'과 '덕德'을 정의함에 있어 '본연本然·기질氣質'이란 개념을 사용함으로써 생기는 문제점 및 '명命'의 개념과 관련하여 "한언罕言[드물게 말하다]"이 의미하는 바[「子罕」篇 第1章], ⑩ '사교四教·사과四科'[「述而」篇 第24章, 「先進」篇 第2章]의 정밀한 의미와 '사물四勿·사무四毋'[「顔淵」篇 第1章, 「子罕」篇 第4章]의 등급과 관련된 문제, ⑪ 의리장義理章과 '남자南子'의 일을 강론한 자, ⑫『논어』의 기록자를 둘러싼 문제 및『법언法言』과『중설中說』의『논어』와의 관계에 대한 질문이 바로 그것이다.

「논어대책」에 나타난 경학적 입장의 특징

한편, 「논어대책」에서 표명된바 정약용의 초기 경학적 입장의 특징이면서 동시에 후기에까지 관철·발전되고 있는 바로서 주목할 만한 주장을 들자면, 첫째, '『논어』의 성격과 독법'에 대한 정약용의 견해이다. 즉, 정약용은 "공자孔子의 말씀 한 마디와 글자 하나까지도 실로 백성의 모범이 되며, 세상을 바로잡는 강령이 되는 것이다. ……후학이 높이 믿고 체득하여 실행할 수 있는 것은 오직 이『논어』한 권뿐이다. ……참으로 문장文章으로 인하여 도道를 깨닫고 얕은 곳에서 깊은 곳으로 들어가고자 한다면, 이는 또한 실천해나가는 데에 달려 있을 뿐이다"[29]라고 함으로써 자신의 '『논어』를 중시하는 태도'와 함께 '실천 지향'의 경학적 입장 또한 분명히 한 바 있다.

둘째, '인仁'의 원의原義에 대한 정약용의 견해이다. 즉, ① 그는 이미 젊어서부터 일관되게 ㉠ "인仁이란 두 사람 사이에 행하는 것이다. ……

29 「論語對策」(『定本 與猶堂全書 9』, p. 402) "臣對曰: '……孔子之片言隻字, 實足爲生民之模範, 持世之維綱. ……後學之尊信體行, 惟『論語』一部是已. ……苟欲使因文悟道, 由淺入深, 則亦惟在實踐而已.'【第二節刪】"

인仁이란 사람과 사람 사이의 지극한 행동을 말한다. 자식이 부모를 효孝로써 섬기니 자식과 부모는 두 사람이며, 신하가 군주를 충忠으로써 섬기니 신하와 군주는 두 사람이다. 형과 아우도 두 사람이며, 목민관과 백성도 두 사람이다. 이로써 보건대 창힐倉頡과 복희씨伏羲氏가 처음 글자를 제정했을 때에는 원래 ('仁'자를: 필자 주) 행사行事로써 회의會意했던 것인데도 오늘날에는 꼭 거창하게 '일리一理'라는 것으로 아득히 알 수 없게 설명하고 있으니, 나의 생각으로는 그렇지 않으리라 여겨진다"[30] 고 역설했던바, ㉡ 이러한 그의 주장은 차후에 보다 상세히 소개되겠지만 기실 엄청난 사상적·정치적 의미를 함축하는 '경학 상의 일대 선언' 이었던 것이다. 왜냐하면 ㉮ 정주성리학程朱性理學에서는 단적으로 "인仁은 성性"이요 또한 "성性은 곧 이理"라고 규정함으로써 결국 '인仁'—포괄적으로는 사덕四德, 즉 '인仁·의義·예禮·지智'—을 '마음에 내재하는 이理'로 보아 "사랑의 이理[愛之理]", "천하의 올바른 이理[天下之正理]", "본심本心의 온전한 덕德[本心之全德]" 등, 곧 인간을 인간이게끔 하는 가장 근본적인 형이상形而上의 실체 및 법칙으로 규정하는[31] 한편, 나아가 바로 이러한 성격의 '인仁'에 근거하여 비로소 '측은지심惻隱之心'—포괄적으로는 '사단四端', 즉 '측은惻隱·수오羞惡·사양辭讓·시비지심是非之心'—이라는 형이하形而下의 '정情'이 발하는 것으로 인식하고 있는바, ㉯ 정약용의 위와 같은 진술은 바로 이러한 정주성리학의 기본논리와 설명도식을 정면으로 반박·거부하는 의미를 함축하고 있었기 때문이다. ② 이에 정약용이 보기에 '인仁'이란 이처럼 결코

---

30 「論語對策」(『定本 與猶堂全書 9』, p. 404) "臣對曰: '……仁者, 二人也. ……仁也者, 人與人之至也. 子事父以孝, 子與父二人也; 臣事君以忠, 臣與君二人也; 兄與弟二人也; 牧與民二人也. 由是觀之, 倉·羲製字之初, 原以行事會意, 今必以藹然一理, 指點於杳茫之域, 臣不以爲也.'"

31 『論語集註』, 「學而」篇 第2章의 註 "蓋仁是性也."; 『論語集註』, 「陽貨」篇 第2章의 註 "性則是理, 理無不善."; 『中庸章句』, 「第1章」의 註 "性則理也."; 『論語集註』, 「學而」篇 第2章의 註 "仁者, 愛之理, 心之德也."; 『論語集註』, 「八佾」篇 第3章의 註 "仁者, 天下之正理."; 『論語集註』, 「泰伯」篇 第7章의 註 "仁者, 人心之全德."; 『論語集註』, 「顔淵」篇 第1章의 註 "仁者, 本心之全德."

마음에 본래부터 내재하는 (천天)리理가 아니라 오히려 거꾸로 '인간 간의 구체적인 실천행위[行事] 이후에야 비로소 붙여지는 명칭'이며, 또한 이러한 인仁은 인간의 영명한 본체인 '도심道心'에 그 근원을 두고 있었다. 그런데 바로 여기서 정약용의 이러한 '인仁'관의 요체가 처음으로 분명하게 제시되고 있는 것이다.

셋째, '일관一貫'의 의미에 대한 정약용의 해석이다. 즉, ① 정약용은 "'일一'이란 '서恕'를 말한다. 서恕를 행行하여 인仁을 이루니 진실로 일관이며, 서恕를 지知하여 힘써 인仁을 행하니 이 또한 일관이다. 따라서 지知와 행行을 구별하여 차이가 있는 것처럼 생각해서는 안 될 것이다"[32] 라고 하여, '일관'의 의미를 '지행합일知行合一'이라는 실천 지향적 맥락에서 간명하게 해석하고 있다. ② 물론 이러한 정약용의 해석 또한 그 자신의 경학에 있어 매우 중요한 의미를 내포하였다. 왜냐하면 ㉠ 주희朱熹는 나름의 '이체기용理體氣用'론의 도식에 따라 '일一'을 체體로서의 '일리一理'로 해석하면서, 이를 용用으로서의 '수없이 다양한 현상들[萬殊]'의 출발점인 동시에 귀결점이 되는 '하나의 근본[一本]'으로 설명하고 있는바, ㉡ 정약용의 '일관'에 대한 위와 같은 해석은 단지 주희의 '일관'에 대한 설명을 피상적 수준에서 문제시하는 정도에 그치는 것이 아니라 기실 성리학적 세계관의 정당성을 그 근본적인 질서감각의 수준에서부터 거부하고 있는 것이기 때문이다.[33]

마지막으로, '성인聖人의 기상氣像에 대한 「향당鄕黨」편에서의 표현의 문제'와 관련하여 제기된 정조의 질문과 이에 대한 정약용의 답변에서 단편적이나마 흥미로운 사실을 하나 발견할 수 있는데, 그것은 곧 정조와 정약용이 모두 주희의 『논어집주論語集註』를 상대화하는 가운데 나름

---

32 「論語對策」(『定本 與猶堂全書 9』, p. 405) "臣對曰: '……然一者, 恕也. 行恕以成仁, 固一貫也. 知恕而强仁, 亦一貫也. 不可以知·行之別而疑其有異也.'"

33 보다 자세한 내용은 제3부 제1장 「다산 정약용의 이기론」에서의 해당부분이 참조된다.

의 관점에서 독자적으로 해석하고 있을 뿐만 아니라 그 해석내용에 있어서도 서로 의견을 같이하고 있었다는 점이다.[34]

「논어대책」에 나타난 정약용의 초기 경학적 입장은 후기에까지 관철된다

이상에서 그 내용을 부분적으로나마 간략하게 살펴본 ① 「논어대책」은 ㉠ 정조의 질문에 대한 정약용의 답변이라는 형식으로 이루어져 있고, 거기서 다루어진 내용 역시 지나치게 소략하다는 한계가 있음으로 하여, 이를 통해 정약용의 초기 『논어』관을 전반적으로 조망·파악하기에는 충분하지 않은 점이 있다. ㉡ 그럼에도 여기에는 그의 초기 경학적 입장의 주요특징, 즉 '탈성리학적'이고 '실제·실천 지향적'인 성향이 단편적으로나마 잘 드러나 있음으로 하여 그의 초기 『논어』 관계저술을 대표하기에는 손색이 없는 것으로 평가된다. ② 물론 이러한 초기의 입장은 이후에 이르기까지 일관되게 심화·발전되었으며, 이는 또한 당시 조선사회에서 정주성리학 일변도로 경색화된 교조적인 학술적 담론공간의 지형에 비추어볼 때 중요한 '정치적 의미' 역시 함축하고 있었던 것이다.

34 『논어집주論語集註』, 「학이學而」편 제10장의 경문을 보면 "<u>子禽</u>問於<u>子貢</u>曰: '夫子至於是邦也, 必聞其政, 求之與? 抑與之與?' <u>子貢</u>曰: '夫子溫·良·恭·儉·讓以得之. 夫子之求之也, 其諸異乎人之求之與?'"라는 공자孔子의 문정聞政에 대한 자금子禽과 자공子貢 간의 대화가 나오는데, 여기서 문제가 되는 부분은 "夫子溫·良·恭·儉·讓以得之"라는 경문이다. 이에 대하여 ① 주희는 『논어집주』에서 '온溫·양良·공恭·검儉·양讓' 다섯 글자가 모두 성인聖人의 기상氣像을 나타내는 것으로 본 반면에, ② 정조는 '온溫·양良·공恭·검儉' 네 글자만이 성인의 기상을 나타내는 것으로 해석했으며, 정약용 또한 이러한 정조의 해석에 찬성한 바 있다. 「論語對策」(『定本 與猶堂全書 9』, p. 405)

2. 중기 『논어』 관계저술: 『논어고금주』의 구성과 내용

다음으로 '정약용의 중기 『논어』 관계저술'로는 『논어고금주論語古今注』가 대표적이다. 정약용이 오랜 기간에 걸친 준비와 제자들[李綱會, 尹鍾心[尹峒]]의 도움을 받아 52세 되는 계유년[1813년, 純祖 13]에 완성한 『논어고금주』는 총 40권에 이르는 방대한 양의 저술로서, 그의 『논어』 관계저술의 실질적 대표작이자 핵심이요, 나아가 조선후기에 나타난 경학저술의 최고봉 가운데 하나라고 할 수 있다.

이러한 『논어고금주』는 크게 세 부분으로 구성되어 있다. 즉, ① 책의 첫머리에는 자신의 『논어』 주석 가운데에서 특히 중요하고도 새로운 해석이라 자평한 것들 '175개 조'를 따로 뽑아 정리해놓은 「원의총괄原義總括」이, ② 그 다음에는 『논어』 본문의 전편全篇—「학이學而」편에서 「요왈堯曰」편까지—과 전장全章에 걸쳐 이루어진 체계적이고도 방대한 주석이, ③ 끝부분에는 「부록」으로서 「논어대책論語對策」과 「『춘추』성언수『春秋』聖言蒐」가 차례대로 실려 있다. 그러면 지금부터 각각의 구성과 내용에 대하여 보다 자세히 살펴보기로 하자.

1) 「원의총괄」의 구성과 내용

이처럼 『논어고금주』의 첫머리에 실려 있는 「원의총괄」은 정약용이 이 책을 완성하면서 "『논어』에 대해서는 이의異義가 더욱 많아 「원의총괄」을 두고 「학이學而」편에서 「요왈堯曰」편에 이르기까지의 원의原義를 총괄한 것이 모두 175칙이 되었는데, 이는 다만 그[全篇·全章에 대한 주석: 필자 주] 대강만을 든 것"[35]이다.

---

35 丁奎英 編(1921/1992: 276) "其於『論語』, 異義益移, 有「原義總括」, 自「學而」篇至「堯曰」篇, 原義總括, 爲一百七十五則, 特擧槩耳." 또한, 송재소 역주(2014: 207)도 참조된다.

첫째, 이러한 「원의총괄」을 각 편별로 분류해보면 【표 2-1-1】과 같다.

【표 2-1-1】「원의총괄」의 편별 분류표[36]

<table>
<tr><td>편수 篇數</td><td>1</td><td>2</td><td>3</td><td>4</td><td>5</td><td>6</td><td>7</td><td>8</td><td>9</td><td>10</td><td>11</td><td>12</td><td>13</td><td>14</td><td>15</td><td>16</td><td>17</td><td>18</td><td>19</td><td>20</td><td>계</td></tr>
<tr><td>편명 篇名</td><td>학이 學而</td><td>위정 爲政</td><td>팔일 八佾</td><td>이인 里仁</td><td>공야장 公冶長</td><td>옹야 雍也</td><td>술이 述而</td><td>태백 泰伯</td><td>자한 子罕</td><td>향당 鄕黨</td><td>선진 先進</td><td>안연 顏淵</td><td>자로 子路</td><td>헌문 憲問</td><td>위령공 衛靈公</td><td>계씨 季氏</td><td>양화 陽貨</td><td>미자 微子</td><td>자장 子張</td><td>요왈 堯曰</td><td rowspan="3">175</td></tr>
<tr><td rowspan="2">칙수 則數</td><td>4</td><td>10</td><td>11</td><td>5</td><td>13</td><td>11</td><td>5</td><td>3</td><td>6</td><td>9</td><td>14</td><td>10</td><td>5</td><td>11</td><td>19</td><td>8</td><td>14</td><td>6</td><td>5</td><td>6</td></tr>
<tr><td colspan="10">77</td><td colspan="10">98</td></tr>
</table>

둘째, 「원의총괄」의 '표현형식'은 대체로 '~은 ~이다(아니다)'의 서술방식으로 간단명료하게 되어 있어 『논어』의 해당 경문經文을 다 읽지 않더라도 대략 그 전체적인 내용을 파악할 수 있게 되어 있다.[37]

마지막으로, 「원의총괄」의 '내용구성'은 ① '내용해석방향內容解釋方向', '방법해석방향方法解釋方向' 및 '기타'로 대별된다. 이를 보다 구체적으로 살펴보면, ㉠ '내용해석방향'은 다시금 개념재규정[총 5칙], 어구재해석[총 77칙], 내용재해석[총 36칙], 단어재해석[총 15칙]으로, ㉡ '방법해석방향'은 다시금 화자구별話者區別[총 5칙], 용어사용범위[총 4칙], 구두법句讀法[총 2칙], 장절조합章節組合[총 5칙], 원문정정原文訂正[총 2칙], 성조법聲調法[총 1

---

36 金暎鎬(1993: 36)와 김영호(2003: 53)에 실려 있는 [도표 1]을 그대로 인용하였다. 『사암선생연보俟菴先生年譜』[정규영丁奎英 편]에는 175칙으로 기록되어 있으나 신조선사본新朝鮮社本 『논어고금주』에는 174칙밖에 기록되어 있지 않아 1칙이 누락되어 있었는데, 김영호金暎鎬가 규장각奎章閣 필사본筆寫本에서 누락된 1칙—원래의 113칙인 '辨如其仁如其仁, 謂管仲之功足以當召忽之仁'—을 찾아내 기존의 오류를 바로 잡았다.

37 「원의총괄」의 '표현형식'을 구체적으로 소개해보면, ① ~當, ② ~是, ③ ~非~謂, ④ ~乃, ⑤ ~謂, ⑥ ~如, ⑦ ~本是, ⑧ ~非, ⑨ ~以, ⑩ ~在, ⑪ ~乃~非, ⑫ ~卽~非, ⑬ ~由, ⑭ ~當是, ⑮ ~本, ⑯ ~當從, ⑰ ~不可, ⑱ ~在~不在, ⑲ ~猶, ⑳ ~是, 非, ㉑ 當作, ㉒ 必, ㉓ 當讀, ㉔ 言, ㉕ 爲, ㉖ 能 不能, ㉗ 都是, ㉘ ~若, ㉙ ~指, ㉚ ~皆, ㉛ ~幷, ㉜ 是~非, ㉝ 乃~非 등으로 다양하다. 보다 자세한 내용은 金暎鎬(1993: 39), 김영호(2003: 56)가 참조된다.

칙], 음독법音讀法[총 6칙], 고주채택古注採擇[총 10칙], 인명오류수정人名誤謬修正[총 5칙]으로, ㉢ '기타'는 편장원위篇章原委[총 1칙], 전체구성[총 1칙]으로 각각 나뉘어져, 총 15가지 유형으로 분류된다.[38] ② 이 가운데서 '내용해석방향'에 속하는 내용이 전체적으로 대략 75%를 차지하고 있는바, 이로써 정약용이 「원의총괄」에서 무엇보다 '내용파악'에 가장 큰 주안점을 두었음을 알 수 있다. ③ 그럼에도 한 가지 유의해야 할 사실은 "대강만을 든 것"이라는 정약용의 표현에서도 이미 짐작할 수 있듯이, 「원의총괄」이 『논어고금주』의 내용을 전부 포괄하지는 않는다는 점이다. 이는 곧 「원의총괄」 175칙 이외에서도 그의 독특하고도 중요한 견해와 해석이 산견되기 때문에 『논어고금주』의 내용을 전체적으로 파악하기 위해서는 이 부분 또한 결코 소홀히 해서는 안 됨을 의미한다.

2) 『논어』의 본문에 대한 주석의 구성과 내용

상기한 바대로, 정약용은 『논어』의 본문에 대한 주석에 있어 '내용파악'을 가장 중시했으며, 이와 관련하여 나름의 '독자적인 분장分章·분절分節'을 시도하고 있다—특히 『논어집주論語集註』와 대비하여—는 점 또한 그의 『논어』 경학經學에 있어 하나의 중요한 특징이 된다. 이에 『논어』에 대한 대표적 주석서인 『논어주소論語注疏』, 『논어집주論語集註』, 『논어고금주論語古今注』의 분장수分章數를 각각 비교해보면 【표 2-1-2】와 같다.

『논어』의 경문經文에 대한 주석의 구체적인 내용은 다음 항과 제3부에서 주제별로 자세하게 다루어질 예정이므로 여기서는 일단 생략하기로 한다. 다만 정약용이 『논어』의 경문에 대한 주석을 달면서 독자적으로 사용했던 '형식적 방법'을 살펴보면 모두 '7개의 유형'이 발견되고

---

38 보다 자세한 내용은 金暎鎬(1993: 39~42), 김영호(2003: 56~59), 鄭炳連(1994: 102)이 참조된다.

【표 2-1-2】『논어주소』·『논어집주』·『논어고금주』의 분장 비교표[39]

	『논어주소』①	『논어집주』	『논어고금주』	비고
학 이學而	16	16	16	
위 정爲政	24	24	24	
팔 일八佾	26	26	26	
이 인里仁	26	26	26	
공야장公冶長	28	27	27	
옹 야雍也	30	28	29	*③
술 이述而	38	37	39	*
태 백泰伯	21	21	21	
자 한子罕	30	30	30	
향 당鄕黨	1(21절節)	1(17)	1(34)	*
선 진先進	24	25	25	
안 연顔淵	24	24	24	
자 로子路	30	30	30	
헌 문憲問	44	47	47(46)②	*
위령공衛靈公	42	41	42	*
계 씨季氏	14	14	13	*
양 화陽貨	24	26	25	*
미 자微子	11	11	11	
자 장子張	25	25	25	
요 왈堯曰	3	3	6	*
계	481(502)	482(499)	488(487)(522)	

① 『논어주소論語注疏』는 분장分章·분절分節이 되어 있지 않아 『십삼경인득十三經引得』(연경학사본燕京學舍本)의 『논어論語』를 사용하였다.
② 「헌문憲問」편에 47장으로 기록되어 있으나 실제로는 46장으로 되어 있다.
③ * 표시는 『논어집주論語集註』와 『논어고금주論語古今注』의 장수章數가 다른 편을 표시한 것이다.

있는데, 즉 ① '보왈補曰'은 기존의 단어·어구·내용해석에 있어 생략·미진·부당하다고 판단되는 부분에 대하여 간략하게 자신의 입장을 개진하여 보충하는 형식이다. ② '박왈駁曰'은 기존 주석의 오류에 대하여 정면으로 반박하면서 자신의 견해를 제시하는 형식이다. ③ '안案'—'안按', '용안鏞案', '우안又案', '우안又按' 포함—은 그 자신의 입장을 개진하는 가장 일반적인 형식으로서, 또한 이는 독립적으로 이용되거나 '질의'·'인증'·'고이'·'사실'

39 金暎鎬(1993: 37)와 김영호(2003: 54)에 실려 있는 [도표 2]를 참조한 뒤, 필자의 견해에 따라 일부 가감·수정하였다.

과 함께 사용되기도 한다. ④ '질의質疑'는 경문의 해석에 있어 특히 중요하다고 판단되는 개념이나 문제 등에 대해 기존의 주석을 먼저 제시한 다음, 그것의 오류나 장점을 비교적 자세하게 논하면서 자신의 입장을 개진하는 형식이다. ⑤ '인증引證'은 자신의 견해를 정당화하거나 타설他說을 비판함에 있어서 도움이 된다고 생각되는 사실들을 다양한 출전—경서經書, 사서史書, 문집文集 등—으로부터 끌어다 증거로 삼는 형식이다. ⑥ '고이考異'는 주로 『논어』 경문의 이동異同에 대하여 다루고 있는 형식으로서, 특히 해당 전거典據를 광범위하게 인용함으로써 경문의 원형을 복원하려는 관심을 구체화하고 있다. ⑦ '사실事實'은 경문의 정확한 주석에 필요하다고 판단되는 경우에 관련 사실의 역사적 배경, 전후 맥락 등을 여러 출처에서 인용하여 해명하는 형식이다.

3) 「부록」의 구성과 내용

『논어고금주』에는 「부록」으로 「논어대책論語對策」과 「『춘추』성언수『春秋』聖言蒐」가 실려 있는데, 「논어대책」은 앞 절에서 이미 다룬 바 있기에 생략하기로 하고 여기서는 「『춘추』성언수」만을 간략히 소개하기로 한다.

「『춘추』성언수」는 정약용이 『춘추春秋』 삼전三傳—『좌전左傳』·『공양전公羊傳』·『곡량전穀梁傳』—과 『국어國語』에 기록되어 있는 공자孔子의 말씀들이 비록 잘 알려져 있지는 않지만 이 역시 믿을 만한 증거가 있다고 보아, 이를 수집하여 한 편으로 만든 일종의 자료집이다. ① '본문'은 모두 63장으로 구성되어 있는바, 즉 『좌전』에서 46장, 『공양전』에서 4장, 『곡량전』에서 5장, 『국어』—『노어魯語』—에서 8장을 각각 발췌·인용하였다. ② '본문에 대한 주석'은 두예杜預의 주注[64회], 하휴何休의 주[5회], 범녕范甯의 주[5회], 위소韋昭의 주[9회] 및 '보왈補曰'[7회], 두주杜注에 대한 '박왈駁曰'[2회], '용안鏞案'[2회], '고이考異'[2회], '사실事實'[43회]로 이루어져 있다.

3. 후기 『논어』 관계저술

끝으로, '정약용의 후기 『논어』 관계저술'로는 「자찬묘지명自撰墓誌銘【집중본集中本】」에 실려 있는 『논어』와 관련된 부분이 있다. 주지하다시피, 「자찬묘지명【집중본】」은 정약용이 회갑년[1822년, 純祖 22]을 맞이하여 그때까지 자신의 일생을 회고하며 자서전 형식으로 쓴 글로서, 그 후반부에 자신의 저술을 요약소개하는 내용이 실려 있는데, 바로 여기에 『논어』와 관련된 부분 역시 들어 있다.

「자찬묘지명【집중본】」에서의 『논어』 관련부분의 구성과 내용

「자찬묘지명【집중본】」에서의 『논어』와 관련된 부분은 그 내용이 모두 '9개의 항목'으로 구성되어 있는바, 즉 ① '인仁'과 '효孝·제弟' 간의 관계[『論語集註』, 「學而」篇 第2章], ② 경문經文 "북신거기소이중성공지北辰居其所而衆星共之[북극성北極星이 제자리에 머물러 있음에 뭇별들이 그것에게로 향한다]"[「爲政」篇 第1章]라는 비유의 해석, ③ 중궁仲弓과 백우伯牛 간의 어짊의 우열[「雍也」篇 第4章], ④ 곡삭告朔의 종류와 자공子貢의 견해[「八佾」篇 第17章], ⑤ '동주東周'[「陽貨」篇 第5章]의 본의, ⑥ 승당升堂과 입실入室의 비유[「先進」篇 第14章]에 대한 해석, ⑦ 공자孔子의 남자南子 회견會見[「雍也」篇 第26章]의 원의, ⑧ 경문 "유상지여하우, 불이唯上知與下愚, 不移[오직 상지上知와 하우下愚만은 바꿀 수 없다]"[「陽貨」篇 第3章]의 원의, ⑨ 영무자甯武子의 우충愚忠[「公治長」篇 第20章]에 대한 해석이 그것이다.[40]

물론, 이상의 9개의 항목에 걸친 각각의 구체적인 내용은 정약용이 보기에 가장 중요하다고 여겨지는 부분을 발췌·요약한 것이기 때문에 『논어고금주論語古今注』와 비교하여 새로운 내용은 없으나, 그의 최종적

40 「自撰墓誌銘【集中本】」(『定本 與猶堂全書 3』, pp. 273~274)

인 『논어』 해석방향과 『논어』관의 요체를 압축적으로 보여주고 있다는 점에서 중요한 함의를 가진다고 할 것이다. 그러면, 지금부터 정약용의 중·후기 『논어』 관계저술의 특징과 관련하여 상기의 항목이 각각 함축하고 있는 경학적 의미를 차례대로 간략하게 살펴보기로 하자.

경학적 입장의 특징①: "인이란 두 사람 사이에서 이루어지는 것"이요, "효·제 또한 인이다"

우선, '인仁'의 개념 및 '인仁'과 '효孝·제弟' 간의 관계를 정약용은 정주성리학程朱性理學과는 다르게—그것도 정반대의 방향으로—규정하고 있다는 점이다. 첫째, 이러한 사실은 이미 살펴본 바대로 「논어대책論語對策」에서 표명된바 '인仁'의 원의에 대한 정약용의 초기 견해에서부터 변함없이 관철되고 있는 바로서, 그의 경학經學의 근본방향을 잘 보여주는 핵심적 지표 가운데 하나이다.

둘째, '인仁'의 개념 및 '인仁'과 '효孝·제弟' 간의 관계와 관련하여 ① 정주성리학에서는 ㉠ 인仁[仁·義·禮·智]을 '성性'이자 '이理', 즉 "인간이 (하늘로부터: 필자 주) 받은 천리天理[人所受之天理]"[41]로 인식함으로써 결국 이를 인간의 '마음속에 선천적으로 내재'하는 가장 근본적인 형이상의 실체·법칙으로 규정하고 있다.[42] ㉡ 따라서 '인仁'과 '효·제' 간의 관계와 관련해서도 ㉮ 인仁이 어디까지나 '본本'이자 '체體'에 해당한다면, 이에 비해 효·제란 곧 '말末'이자 '용用'인 동시에 어디까지나 인仁에서 발현되어 비로소 성립되는 '일사一事'에 해당할 따름이요, ㉯ 따라서 이러한 효·제를 두고 "인仁을 행하는 근본[爲仁之本]"이라 말하는 것은 가능하지만 이를 곧 "인仁의 근본[仁之本]"이라 규정하는 것은 불가한 것으로 엄밀하게 규정하고

41 『論語集註』, 「公冶長」篇 第12章의 註 "性者, 人所受之天理."

42 정주성리학에서는 인仁을 포함한 사덕四德[仁·義·禮·智]으로부터 비로소 사단四端이 발생하는 것으로 보았던바, 따라서 이를 '내덕외단설內德外端說'이라고도 한다.

있다.[43] ② 한편, 정약용이 보기에 정주성리학에서의 이와 같은 일련의 주장은 기실 실상과 어긋나는 것이었다. 즉, ㉠ "인仁이란 두 사람이 서로 관계하는 데서 이루어지는 것이다. ……대체로 두 사람 사이에서 그 도道[사람이 따라 행해야 할 바: 필자 주]를 극진히 하는 것은 모두가 인仁인 것이다."[44] ㉮ 대저 인仁을 포함한 모든 '덕德'은 반드시 인간 간의 구체적인 '실천행위[行事] 이후에야 비로소 붙여지는 명칭'이요, 그 근원은 인간의 영명靈明한 본체本體가 발한바 '도심道心'에 있었다.[45] ㉯ 따라서 "하릴없이 허령불매虛靈不昧한 심체心體 가운데의 텅 비고 고요하여 아무런 조짐도 없는[沖漠無朕] 이理를 가리켜 인仁이라고 하는 것은 고경古經에 나오는 예例가 아니며,"[46] 이 때문에 "요즈음 배우는 자들이 인仁을 따라 행하려고 해도 애매모호하여 아무런 형상을 찾을 길이 없어 어찌하지 못하"[47]는 폐단이 결과적으로 생기게 된 것이다. ㉡ 정약용은 '인仁'과 '효孝·제弟' 간의 관계와 관련해서도 정주성리학이 제기한바 본말本末·체용體用의 범주적 위계서열을 거부했으니, 즉 ㉮ "효孝·제弟 또한 인仁이며, 인仁 또한 효·제이다. 단지 인仁은 총명總名[보편·일반개념: 필자 주]이어서 사군事君·목민牧民·휼고恤孤·애환哀鰥 등등 모든 것을 포괄하지만, 효·제는 전칭專稱·분목分目[특수부분개념: 필자 주]이어서 오직 사친事親과 경형敬兄만이 그 실상이

43 『論語集註』, 「學而」篇 第2章의 註 "孝·弟是仁之一事. 謂之'行仁之本'則可, 謂是'仁之本'則不可. 蓋仁是性也, 孝·弟是用也."

44 『論語古今注 I』(『定本 與猶堂全書 8』, p. 34) "○[補曰] ……仁者, 二人相與也. ……凡二人之間, 盡其道者, 皆仁也."

45 정약용은 사덕四德[仁·義·禮·智]은 꽃이나 열매와 같고 사단四端은 뿌리와 같아서, 이에 사단이 안에서 발생함에 따라 결과적으로 사덕이 밖에서 이루어진다고 인식하면서, 이것이 곧 맹자孟子의 본의本意에 해당한다[『論語古今注 I』(『定本 與猶堂全書 8』, p. 34)]고 주장했던바, 따라서 이를 '내단외덕설內端外德說'이라고도 한다.

한편, 인간의 '영명靈明한 본체本體', '도심道心' 등의 개념에 대한 보다 자세한 내용은 제3부 제3장 「다산 정약용의 인간론」에서의 해당부분이 참조된다.

46 『論語古今注 II』(『定本 與猶堂全書 9』, p. 222) "○[案] ……徒以虛靈不昧之中, 沖漠無朕之理, 指之爲仁, 非古經之例也."

47 『論語古今注 II』(『定本 與猶堂全書 9』, p. 109) "[質疑] ……今之學者, 雖欲從事於仁, 柰渾融無象何哉?【仁者, 人倫之至也. ……】"

된다"[48]고 보았다. ㉯ 나아가 인仁이란 인륜의 구체적인 실천행위[行事]를 통하여 비로소 성립하는 것이기 때문에 인륜에 있어 가장 중요한 실천행위인 효·제는 오히려 인仁의 근본이 되기까지 한다고 강조함으로써 인仁과 효·제 간의 관계의 성격을 완전히 새롭게 정리하고 있는 것이다.[49]

셋째, 이상과 같은 정약용의 논의는 결국 그의 경학이 정주성리학의 세계관을 근본적인 수준에서부터 해체·재구성하고 있음을 잘 보여주는 하나의 대표적 증거가 되는 동시에, 그 추동력이 곧 그의 강렬한 '실제·실천 지향적 관심'에서 연유하고 있음을 분명히 확인해주는 하나의 전형적 사례가 된다고 할 것이다.

경학적 입장의 특징②: 주희의 '무위이치'론은 위험천만한 이단사설에 불과하다

다음으로, "북신거기소이중성공지北辰居其所而衆星共之[북극성北極星이 제자리에 머물러 있음에 뭇별들이 그것에게로 향한다]"라는 비유에 대한 정약용의 재해석은 곧 포함包咸[字는 子良, B.C. 6~65: 中國 後漢의 학자]이나 주희朱熹[晦菴, 1130~1200: 中國 南宋의 학자] 류의 '무위이치無爲而治'론에 대한 엄중한 비판으로서, 이 또한 그의 강렬한 실천 지향적 개혁의지가 투사된 소산이다. 첫째, '무위이치'론에 대한 주희와 정약용의 입장은 그 방향을 극적으로 달리하였으니, 즉 ① 지난한 '수신修身'의 과정—'격물格物·치지致知'에서 출발하여 '성의誠意·정심正心'의 과정을 돌파하고 '수신修身'의 단계를 완성한 경지—을 훌륭하게 성취하고 '제가齊家'를 한 실로 고매한 성덕군자成德君子가 드디어 '치국治國'의 현장에 출현했을 때, 주희가 그를 위해 제시한, 그것도 가장 '이상적인

---

48 『論語古今注 I』(『定本 與猶堂全書 8』, p. 35) "[質疑] ……孝·弟亦仁, 仁亦孝·弟. 但仁是總名, 事君·牧民·恤孤·哀鰥, 無所不包. 孝·弟是專稱, 唯事親·敬兄乃爲其實."; 「自撰墓誌銘【集中本】」(『定本 與猶堂全書 3』, p. 273) "曰: '孝·弟卽仁. 仁者, 總名也; 孝·弟者, 分目也.'"

49 「自撰墓誌銘【集中本】」(『定本 與猶堂全書 3』, p. 273) "曰: '……仁自孝·弟始, 故曰: 「爲仁之本」也.'"

통치방법'으로 제시한 바가 다름 아닌 '무위이치'론이었다. 이는 마치 북극성이 움직이지 않고 제자리에 머물러 있음에 뭇별들이 사면에서 그것을 둘러싸고 향하는 모습처럼, "정사政事를 덕德으로써 하면, 하는 일이 없어도 천하가 돌아오는 것이다. ……움직이지 않아도 교화되고, 말하지 않아도 믿고, 하는 일이 없어도 이루어진다. 지키는 것이 지극히 간략하면서도 번거로운 것을 제어할 수 있으며, 처하는 것이 지극히 고요하면서도 움직이는 것을 제어할 수 있으며, 일삼는 것이 지극히 적으면서도 여러 사람들을 복종시킬 수 있다"[50]는 것이다. ② 한편, 정약용이 보기에 주희의 이러한 '무위이치'론은 단적으로 성인聖人의 실상을 왜곡하고 후세의 유자儒者들을 오도하는 위험천만한 이단사설異端邪說에 불과하였다. 즉, "청정무위清淨無爲는 한유漢儒의 황로학黃老學이며 진대晋代의 청허설清虛說이니, 이는 천하를 어지럽히고 만물을 파괴하는 것으로, 이단사술異端邪術 가운데서도 가장 (그 해독이: 필자 주) 심한 것이다. 한漢 나라의 문제文帝는 이러한 도道를 썼다가 칠국七國의 난亂을 생기게 하였고, 진晋 나라의 혜제惠帝는 이러한 술수術數를 숭상했다가 오호五胡의 화란禍亂을 불러들였던 것이다. 어찌 우리 유가儒家의 큰 성인聖人이 또한 무위無爲로써 법法을 삼았다고 말할 수 있겠는가? 대저 무위란 곧 정치를 하지 않는 것이다. 공자孔子께서는 분명히 '위정爲政'이라 말씀하셨는데 지금의 유자들은 '무위'라고 떠벌리고 있으니, 이것이 가하겠는가 불가하겠는가? ……무릇 '무위이치'란 말은 모두가 이단사설이요, 우리 유가의 말이 아니다. ……'무위'라는 두 글자를 덧붙임에 마침내 '위정'이란 두 글자도 순전히 공리공담으로 떨어지고 말았으니, 결국 주하柱下·칠원漆園[老·莊: 필자 주]의 논지에 가까운 것이 아니겠는가? ……북신北辰[北極星]의

50 『論語集註』, 「爲政」篇 第1章의 註 "爲政以德, 則無爲而天下歸之. ……(爲政以德, 則)不動而化, 不言而信, 無爲而成. 所守者至簡而能御煩, 所處者至靜而能制動, 所務者至寡而能服衆."

비유는 법[極]을 세우는 것을 말했을 따름이다. 어디에서 '무위로써 다스리면 백성이 돌아온다'는 말을 찾아볼 수 있단 말인가?"[51]

둘째, 정약용은 『논어』의 「위령공衛靈公」편에 나오는 "공자孔子께서 말씀하셨다: '무위無爲로 다스리신 자는 순舜 임금이실 것이다! 무엇을 하셨겠는가? 몸을 공손히 하시고 바르게 남면南面을 하셨을 뿐이다'[子曰: "無爲而治者, 其舜也與! 夫何爲哉? 恭己正南面而已矣"]"라는 경문의 해석에 있어서도 주희와는 그 길을 완전히 달리하였다. 즉, ① 주희는 상기의 경문에 대한 주석에서 '무위이치'를 "성인聖人의 덕德이 융성하심에 백성이 저절로 교화되어 작위作爲하는 바가 있기를 기다리지 않는 것"[52]으로 해석했던 바, ② 이는 정약용이 보기에 명백히 경전의 본지를 오독한 것에 불과하였다. 즉, ㉠ 이 경문에서 말하는 "무위無爲란 훌륭한 인재를 얻어 편안하게 되었음을 (공자께서: 필자 주) 찬양하신 말씀"이었으니, ㉡ 정작 순舜 임금만큼 꼼꼼하고 열심히 일을 하신 사람은 실로 드물었던 것이다. ㉮ "순 임금께서 섭정攝政하실 당시 사공事功에 분발하셨던 사실은 모두 전적에 기록되어 있다. 그가 관리를 임명하신 이후의 일이 『서경書經』에 언급된 바가 없는 것은 다스림이 이루어지고 제도가 정비됨에 법을 따라 시행하셨을 뿐이요, 이에 새삼스럽게 기록할 필요가 없었기 때문이다. 어떻게 이러한 사실을 두고 무위함으로써 그렇게 되었다고 말할 수

---

51 『論語古今注 I』(『定本 與猶堂全書 8』, pp. 53~54) "○[駁曰] ……淸淨無爲, 則漢儒黃·老之學, 晉代淸虛之談, 亂天下·壞萬物, 異端邪術之尤甚者也. 文帝用此道, 釀成七國之亂, 惠帝崇此術, 召致五胡之禍. 曾謂吾家大聖, 亦以無爲爲法乎? 夫無爲則無政. 夫子明云: '爲政', 儒者乃云: '無爲', 可乎, 不可乎? ……凡言'無爲而治'者, 皆異端邪說, 非吾家之言也."; 『論語古今注 I』(『定本 與猶堂全書 8』, p. 56) "許石城云: '說者泥注「無爲」二字, 遂謂「爲政」二字純落空, 不幾柱下·漆園之致乎?' ……○方孟旋云: '北辰之譬, 謂其建極, 何有無爲民歸的說話?' ……○[案] 明儒之論, 已如此矣."; 『論語古今注 II』(『定本 與猶堂全書 9』, pp. 182~183) "○[案] 淸淨[靜]無爲者, 老氏之說也. 自漢以前, 『書傳』無此說. 漢氏初壹天下, 君臣皆椎鹵無文, 不知所以治之, 第欲順民之心, 創爲此說, 以與之休息. 所謂文·景之治, 有名於三代之後者也. 然以此之故, 禮樂文物不復興於斯世, 而釀成七國之亂, 幾覆漢祚, 則其爲亂亡之術, 亦已驗矣."

52 『論語集註』, 「衛靈公」篇 第4章의 註 "(無爲而治者), 聖人德盛而民化, 不待其有所作爲也."

있겠는가? 3년마다 일고一考, 삼고三考만에 한 차례의 출척黜陟을 시행하셨고, 5년마다 한 차례의 순수巡守와 그 사이에 여러 제후諸侯들의 네 차례의 조회朝會가 있었음에 정사政事를 물으시고 그 말을 따져 보시며, 그들이 아뢰는 말에 따라 그들의 실제 공적을 시험하시는 등, 해마다 법제에 따라 다스림을 시행하셨던 것이니, 이는 이미 헤아릴 수 없는 많은 일들을 부지런히 행하신 것이 아니겠는가? 군신群臣과 백공百工이 각자 맡은 일로 분주하지 않았던 자가 없었는데 순 임금께서만 혼자서 무위하셨겠는가? 고적考績을 반드시 몸소 하셨고,【나의 『상서설尙書說』에 나온다】 반드시 몸소 순수巡守하셨으며, 형옥刑獄에 대해서 반드시 들으셨고 가르침은 반드시 솔선하셨던 것이니, (이러한 순 임금을 두고: 필자 주) 어찌 무위라고 말할 수 있겠는가? ……㉯ 공자께서 무위라고 말씀하신 데에는 훌륭한 인재를 얻은 공효로 편안할 수 있었던 점을 극구 찬양하시려는 의지가 넘쳐흐르고 있다. 이는 곧 성인聖人의 격앙된 말씀이니, 이 말을 그의 본심에 어긋나게 보아서는 안 될 것"53이었다.

마지막으로, 경전經典에 대한 잘못된 해석, 이것은 정약용이 보기에 실로 무섭고도 엄중한 사안이었다. 왜냐하면 "경전이란 세교世敎의 근본

---

53 『論語古今注 II』(『定本 與猶堂全書 9』, pp. 182~183) "○[補曰] (舜雖得人, 未嘗無爲.) 此云: '無爲'者, 極言得人而逸, 贊歎揄揚也. ……○[案] ……舜攝政之年, 奮發事功, 具載典冊. 其自命官以後, 『書』無所言者, 治成制定, 按法而行之, 故不復記載, 豈遂無爲而然哉? 三載一考, 三考一黜, 五載一巡, 羣后四朝, 詢事考言, 敷奏試功, 年年歲歲, 按法而行, 不旣紛紛然多事乎? 羣臣百工莫不奔走率職, 舜顧獨無爲乎? 考績必親,【見余『尙書說』】 巡守必親, 刑獄必聞, 敎訓必先, 舜何得無爲乎? ……孔子言無爲者, 甚言得人之效可以寧謐, 贊歎揄揚, 意氣洋溢. 此聖人辭旨激昂處, 正不必以辭害意也."

한편, 정약용의 이와 같은 '무위이치'론에 대한 비판적 태도는 이미 젊은 시절[30대]에 쓴 「玉堂進考課條例箚子」(『定本 與猶堂全書 2』, pp. 187~193)와 「考績議」(『定本 與猶堂全書2』, pp. 149~151) 등에서도 간접적으로 표명되고 있으며, 이러한 문제의식은 이후 『논어고금주』를 비롯한 일련의 경학적 저술을 통해서 나름의 확고한 세계관적 기반을 확보하면서 후기의 저술에서도 그대로 관철·구체화되고 있다. 이에 대해서는 「『邦禮艸本』序」(『定本 與猶堂全書 2』, pp. 399~404), 「『牧民心書』序」(『定本 與猶堂全書 2』, pp. 404~406), 「『欽欽新書』序」(『定本 與猶堂全書 2』, pp. 406~407)가 참조된다.

이자 풍속風俗의 원천"임으로 하여 "유자儒者가 경전을 잘못 해석하면 천하에 화를 미치고 후세에까지 해독을 끼치는"[54] 엄청난 결과를 야기한다고 보았기 때문이다. 그런데 ① 주희의 '무위이치'론이 바로 이러한 경우에 해당하는 전형적 사례 가운데 하나였으니, ② 불행하게도 이것의 결과적 폐단은 그대로 정약용이 살았던 당시 조선사회의 현실이기도 하였다. 즉 "요즘 사람들은 치도治道를 논하면서 모두가 으레 인주人主[임금: 필자 주]를 단공端拱·현묵玄黙의 상태로, 즉 일을 꾀하고 실행하는 바가 없는 상태로 유도하고 있다. 그리하여 온갖 법도가 퇴락되어 정리되지 못한 상태로 방치되어 있으며, 만기萬機의 정사政事가 난잡해져 다스려지지 못하게 되었으니, 이에 10년이 채 못 되어 천하는 부패하고 말았던 것이다. 화난禍難이 끊이지 않고 피폐해진 정사가 다시 일신되지 않고 있음에도 끝내 그 이유를 깨닫지 못하고 있음은 모두가 무위無爲의 설에 오도되어 있기 때문이다."[55]

경학적 입장의 특징③: 훈고와 고증 및 창의적 해석을 중시하였다

한편, '중궁仲弓과 백우伯牛 간의 어짊의 우열', '곡삭告朔의 종류와 자공子貢의 견해', '동주東周'의 본의, '승당升堂과 입실入室의 비유'에 대한 정약용의 해석은 모두 명물도수名物度數에 대한 훈고訓詁와 역사적 사실에 대한 새로운 고증考證 및 창의적 해석과 관계되는 것이다. 이 또한 모두 정약용이 내심 크게 자부하는 바로서, 물론 주희의 『논어집주論語集註』에 대한 비판을 함축하고 있다.

---

54 『論語古今注 I』(『定本 與猶堂全書 8』, p. 195) "○[案] ……儒者解經有誤, 其禍天下而毒後世(如此). 經也者, 世敎之本, 風俗之原. (故君子愼之.)"; 「五學論 2」(『定本 與猶堂全書 2』, p. 299) "其有謬義邪說, 足以爲萬世之害者, ……"

55 『論語古今注 II』(『定本 與猶堂全書 9』, p. 183) "○[案] ……今人論治道者, 率皆導人主端拱·玄黙, 無所猷爲. 百度頹墮而莫之整理, 萬機叢脞而莫之搜撥, 不十年而天下腐矣. 禍難相承, 凋弊不振, 而卒莫之開悟, 皆無爲之說, 有以誤之也."

경학적 입장의 특징④: 역사적 사실에 대한 해박한 지식을 활용하였다

다음으로, '공자孔子의 남자南子 회견會見의 원의'는 정약용이 그 당시의 구체적인 역사적 사실에 대한 해박한 지식을 바탕으로 하여 이 사건이 함축한바 윤리적 의리義理를 『논어집주』와는 다르게 변론해낸 것[56]으로

---

56 정약용은 『논어집주論語集註』의 「옹야雍也」편 제26장에 나오는 '공자孔子께서 남자南子를 만나신 일[子見南子]'에 대해 지식사회학적 관점에서 다음과 같이 해석한 바 있다: "선유先儒들은 모두 '남자南子는 음란했으니 들어가 만나본 것은 마땅하지 않다'고 말한다. 대저 소군小君이 음란한지 정숙한지는 대부大夫가 감히 물을 것이 아니다. ……남자南子의 행실은 삼강三姜[哀姜·文姜·穆姜: 필자 주]의 음란함보다 지나치지 않은데, 저 삼강을 만난 일에 대해서는 이를 믿어 항례恒禮로 여기면서도 이 남자를 만난 일에 대해서는 이를 의심하여 괴변怪變으로 여기니, 어찌 의혹스럽지 않겠는가? 『사기史記』에는 '남자南子가 보기를 원함에 공자孔子께서 사양하시다가 부득이 하여 만나셨다'고 하는데, 기실 이 또한 우회적으로 비호한 말이다. 이때 공자께서는 위衛 나라에 계시면서 영공靈公이 방금 졸卒하고 나라의 후사가 정해지지 않은 사실을 목도하시고는 첩輒[蒯聵의 아들: 필자 주]을 세워 분란紛亂을 일으키기보다는 차라리 괴외蒯聵[衛靈公의 맏아들: 필자 주]를 불러들여 골육骨肉의 은혜를 온전히 하는 것이 낫다[당시 衛 나라의 세자인 蒯聵가 자기 모친인 南子의 음란함을 부끄럽게 생각하여 죽이려 하다가 결행하지 못하고 이웃나라로 도망했는데, 마침 靈公이 졸하자 南子가 괴외의 아들인 輒을 후사로 삼아 괴외를 막게 한 일이 있었다: 필자 주]고 여기셨다. 이때 남자가 보기를 청함에 공자께서 들어가 만나셨는데 필시 여기서 후사後嗣를 세우는 한 가지 일에 대해 가부可否를 논함이 있었을 것이다. 그런데 자로子路가 기뻐하지 않았던 것은 '괴외가 그 어머니에게 반역을 일으켜 아버지에게 추방을 당했으므로 위衛 나라의 군주로 복귀함이 마땅하지 않다'고 말함이다. 공자와 자로는 이 한 가지 일에 있어 의견이 본래 합치하지 않았으니, 그러므로 공자께서는 백이伯夷·숙제叔齊처럼 인仁을 구하시어 인仁을 얻으셨고 자로는 괴외를 배척하여 살신殺身에 이르도록 날마다 매진하였음을 여기서 알 수 있다. 공자께서 자로의 의혹을 풀어주지 못하시자 맹세하는 말까지 하시게 되었고, 양쪽의 의견이 어긋나 서로 승복하지 않게 되자 천天을 가리켜 맹세하시는 지경에까지 이르렀으니, 이는 모두 이 한 가지 일[後嗣를 세우는 문제: 필자 주]에 대한 논쟁이었다. 남자南子가 음란했는지 아닌지 및 소군小君을 마땅히 만나야 하는지 아닌지가 여기서 무슨 상관이 있겠는가? 그 말씀하신 '천염지天厭之'란 공자께서 이미 이 나라에 계시면서 그 어지러워져 장차 망하려는 것을 목도하시고도 한마디 구원의 말씀도 하지 않으려 하신다면 인인仁人으로서 차마 할 일이 아니기 때문에 천天이 반드시 이를 싫어할 것임을 말한 것이다. 만약 까닭도 없고 전례도 없었다면 이 음악淫惡한 사람을 만나지 않았을 것이니, 천天이 어찌 반드시 싫어하고 싫어했겠으며 어찌 공자께서 자로에게 구실을 잡혀 군색하게 피하시느라 장황하게 천天을 가리켜 맹세함으로써 본심本心을 밝히셨겠는가? 참으로 이와 같다면 공자께서는 무례無禮할 뿐만 아니라 천天을 업신여긴 것이니, 어찌 성인聖人이 되실 수 있겠는가? 이는 큰일이기에 변론辯論하지 않을 수 없다.(○[駁曰] ……先儒皆謂: '南子淫亂, 不宜入見'. 夫小君之淫與貞, 非大夫之所敢問者. ……南子之行, 無以踰於三姜, 而於彼則信之爲恒禮, 於此則疑之爲怪變, 豈不惑與? 『史記』稱: '南子願見, 夫子辭謝, 不

서, 이 또한 그의 지식사회학知識社會學의 감수성 및 독자적인 경전해석 태도가 부각되는 부분이기도 하다.

경학적 입장의 특징⑤: 인간은 이 '세계의 주관자'이자 '대체와 소체가 오묘하게 결합된 존재'이다

또한, "유상지여하우, 불이唯與下愚, 不移[오직 상지上知와 하우下愚만은 바꿀 수 없다]"의 해석에서는 '인간'에 대한 정약용의 핵심적인 견해가 거론되고 있다. 첫째, 심성론心性論을 포함한 그의 인간론 역시 정주성리학에 대한 나름의 치밀한 비판적 고찰에 근거하고 있는바,[57] ① 이에 그 내용을 보다 구체적으로 살펴보면, ㉠ 정주성리학의 심성론에서 핵심적 범주 가운데 하나인 '본연지성本然之性'이란 개념 자체에 대한 부정, ㉡ '기질지성氣質之性'이란 개념의 불필요성에 대한 주장, ㉢ '본연지성'이란 개념에서 논리적으로 연역되는 '인물성동론人物性同論'[58]에 대한 거부가 바로 그

得已而見之', 其實此亦回護之言. 此時夫子在衛, 目見靈公新卒, 國嗣未定, 與其立輒以興亂, 不若召聵而全恩. 南子之請見, 孔子之入見, 必於此立嗣一事有所可否. 而子路之所不悅者, 謂: '蒯聵犯逆於其母, 被逐於其父, 不宜復主衛國'也. 孔子·子路於此一事, 議本不合, 故孔子以夷·齊爲得仁, 子路以拒聵至殺身, 日征月邁, 卽此可知. 孔子解惑不得, 至發矢言, 其兩相牴牾, 不肯相降, 以至於指天爲誓, 皆爭此一事. 南子之淫與不淫, 小君之當見與不當見, 何與於是哉? 其所云'天厭之'者, 以孔子旣居是邦, 目見其亂亡將至, 不肯一言以援救之, 則非仁人之所忍爲, 而天必厭之也. 若無故·無例, 不見此淫惡之人, 則天何必厭之厭之, 豈孔子被執於子路, 窘遁慌張, 指天爲誓, 以明其本心耶? 誠如是也, 夫子不但無禮, 抑且慢天, 豈可爲聖人乎? 此大事, 不可不辯.)" 『論語古今注 I』(『定本 與猶堂全書 8』, pp. 246~247)

57 『論語古今注 II』(『定本 與猶堂全書 9』, pp. 274~290)

58 정이程頤[伊川, 1033~1107: 中國 北宋의 학자]는 일단 '인人과 물物에 공통되는 이理'로서의 '성性' 개념을 인정하면서 금수가 갖추고 있는 이理는 본래 인간이 갖추고 있는 이理와 같지만, 다만 금수는 타고난 기질氣質의 제한 때문에 그 이치를 다 드러낼 수는 없다고 보았다. 그럼에도 그는 동시에 소, 말, 인간 등이 특수하게 가지는 '개별적인 본성本性'이라는 의미로서의 '성性' 개념 또한 인정하고 있었던 것으로 보이기도 한다. 즉, 정이는 다음과 같이 말한 바 있다: "물物과 나는 하나의 이理이다. 따라서 이것[나에게 있는 理: 필자 주]을 밝히면 저것[物의 理: 필자 주]도 다 알게 되며, 다 알게 되면 통하니 이것이 내외의 도道를 합한다는 것이다.(物·我一理, 明此則盡彼, 盡則通, 此合內外之道也.)" 『二程集』(『河南程氏粹言』, 卷2), p. 1272; "고자告子는 태어난 그대로

것이다. ② 이외에도 한유韓愈[昌黎, 768~824: 中國 唐 나라의 학자]의 '성삼품설性三品說'에 대한 비판 역시 또 하나의 중요한 요소가 된다.

둘째, 이러한 전제 위에서 정약용은 자신만의 독특한 인간론을 구성하고 있는바, ① 적어도 유형의 세계 내에서 인간이 점유하는 '존재론적 위상'과 관련해서 그는 인간을 곧 이 '세계의 주관자'로 선언하고 있다.[59] 즉, ㉠ 정약용은 '인물성동론'을 비판하면서, 이 유형의 세계 내에

를 '성性'이라고 말했는데, 이것은 인人과 물物을 통틀어서 말한 것이다. 맹자孟子께서는 '성선性善'을 말씀하셨는데, 이것은 본원本原을 지극히 하여 말씀하신 것이다. 태어난 그대로를 '성性'이라 함은 말인즉슨 옳다. 그러나 인人에게는 인성人性이 있고, 물物에는 물성物性이 있으며, 소에게는 소의 성性[牛性]이 있으며, 말에게는 말의 성性[馬性]이 있는데, 고자는 이것들은 모두 하나로 간주했으니, 옳지 않다.(告子言生之謂性, 通人物而言之也. 孟子道性善, 極本原而語之也. 生之謂性, 其言是也. 然人有人之性, 物有物之性, 牛有牛之性, 馬有馬之性, 而告子一之, 則不可也.)" 『二程集』(『河南程氏粹言』, 卷2), p. 1253.

한편, 주희 역시 '인人과 물物에 공통되는 이理'로서의 '성性' 개념을 인정하면서 이를 '본연지성本然之性'이라 불렀다. 따라서 개, 소, 인간이 모두 이러한 '본연지성'을 가진 점에서는 동일하지만, 그럼에도 각자가 존재론적으로 서로 다른 이유는 곧 타고난 '기질지성氣質之性'의 차이 때문인 것으로 설명한다. 즉, 주희는 다음과 같이 말한 바 있다: "'성상근性相近'이라 말할 때의 '성性'은 기질지성을 말한 것이다. 만약 본연지성을 말한 것이라면 그것은 일반적인 것이어서 '서로 비슷하다[相近]'라고 말할 수 없다.([質疑] 朱子曰: '性相近是氣質之性. 若本然之性則一般, 無相近.'【見小註】)" 『論語古今注 II』(『定本 與猶堂全書 9』, p. 281); "'천명지위성天命之謂性'이라 말할 때의 '성性'은 천하의 일반적인 성性을 통틀어 말한 것일 따름이니, 어찌 '서로 비슷함'이 있을 수 있겠는가? '서로 비슷하다'고 한 것은 기질지성을 지적하여 말한 것이다. 맹자孟子께서 개의 성性과 소의 성性과 인간의 성性이 다르다고 말씀하셨을 때도 또한 이것[기질지성: 필자 주]을 가리켜 말한 것이다.([質疑] ……又曰: '「天命之謂性」, 則通天下一性耳, 何相近之有? 言「相近」者, 是指氣質之性而言. 孟子所謂犬·牛·人性之殊者, 亦指此而言也.')" 『論語古今注 II』(『定本 與猶堂全書 9』, p. 281); "여기에서 말한 성性['性相近'에서의 性: 필자 주]은 기질氣質을 겸하여 말한 것이다. ……○정자程子께서는 '이것은 기질지성을 말한 것이요 본연지성을 말한 것은 아니다. 그 근본으로 말하자면 성性은 곧 이理요, 이理는 선善하지 않음이 없으니, 맹자孟子께서 말씀하신 성선性善이 바로 이것이다. 어찌 서로 비슷하다는 말이 있을 수 있겠는가?'라고 말씀하셨다.(此所謂性, 兼氣質而言者也. ……○程子曰: '此言氣質之性, 非言性之本也. 若言其本, 則性卽是理, 理無不善, 孟子之言性善是也. 何相近之有哉?')" 『論語集註』, 「陽貨」篇 第2章의 註.

59 여기서 정약용이 '인간'을 이 '세계의 주관자'라고 말했을 때, 이는 유형의 가시적 세계—수水·화火와 같은 무생물, 초목과 금수와 같은 생물 및 인간으로 구성된 세계—에만 한정하여 말한 것이다. 왜냐하면 정약용의 존재론적 관점에서 보자면, 인간이란 존재 위에는 엄연히 '천天[上帝]'과 '귀신鬼神' 같은 무형이자 더욱 우월한 존재가 위치하고 있었기

서는 분명히 질적으로 구분되는 네 등급의 성性이 각각 존재할 뿐이지 이른바 '인人'과 '물物'을 관통하는 공통의 성性[本然之性] 같은 것은 존재하지 않는다고 보았다. ㉡ 그리고 인간이란 이 사등급四等級의 존재론적 위계서열에서 맨 위의 자리를 차지하고 있으며, 그의 독특한 특징이란 '오직 인간만이 도의지성道義之性을 가지고 있다'는 점이라고 인식함으로써 정주성리학이 주장한바 '천인합일天人合一의 존재관'에 대한 거부를 분명히 하고 있다.[60]

인 간人間	기氣	생명生命	지각知覺	도의지성道義之性
금 수禽獸	기氣	생명生命	지각知覺	
초 목草木	기氣	생명生命		
무생물無生物	기氣			

【그림 2-1-1】 정약용의 유형의 세계 내 '성사등급'도

② 이제 시선을 '인간의 내면'으로 돌려보면, ㉠ 인간은 곧 '대체大體[神]와 소체小體[形]의 묘합妙合에 의한 혼연한 한 덩어리'로 나타난다. ㉮ 여기서 대체가 좋아하고 싫어하는[好惡] 바로서의 '기호嗜好'가 곧 '성性'인 것—따라서 '성性'은 대체大體의 전명全名이 아니다—이며, 이러한 '성性'은 곧 인간이 태어날 때 천天[上帝]이 부여한 바로서 또한 원래부터 선한 것[本善]이

때문이다.

60 정약용은 "천天[上帝: 필자 주]이 이미(만물에: 필자 주) 형체를 부여함에 있어서는 귀한 것과 천한 것, 아름다운 것과 추한 것 간의 차이를 두었으면서도 유독 성性을 부여함에 있어서만큼은 동일한 등급으로 통용할 이치가 없다"고 보면서, 이에 '네 등급의 성性'을 구분하였다.(○[案] ……天旣賦形, 有貴賤·美惡, 而其所賦之性, 通用一等, 有是理乎? 一物各具一性, 並無一物之內, 函有二性者. 然苟欲甚分, 當分四等.) 『論語古今注 II』(『定本 與猶堂全書 9』, p. 281)

한편, 이른바 '작위성作爲性의 세계관' 및 '실천철학'이라는 시각을 통해 정약용의 사상을 나름대로 조명해본 논의로는 각각 張勝求(1990: 83~104)와 장승구(2001: 53~174)가 있다.

므로 기본적으로 '덕德을 좋아하고 악惡을 미워하는[好德惡惡] 성향[嗜好]'으로 나타난다. ㉯ 이에 대체가 '성性'이란 기호에 따라 왜곡되지 않은 상태에서 발한 것이 다름 아닌 '도심道心'이라면, 소체가 '성性'이란 (본래의, 따라서 本善인: 필자 주) 기호를 파괴·왜곡시킨 상태에서 발한 것이 곧 '인심人心'인 것이다. ㉰ 그런데 도심이란 그 성격상 미약하고 은미하여 따르기 어려운 반면, 인심이란 항상 강렬하고 현저하여 따르기가 쉽다. ㉡ 현실적인 인간의 내면에서는 끊임없이 이러한 도심과 인심이 서로 갈등하고 싸운다. ㉮ 이때 도심이 인심을 이기면 그 결과는 '선善'이 되지만, 반대로 인심이 도심을 누르면 그 결과는 곧 '악惡'이 되는 것이다. ㉯ 그런데 문제는 바로 이러한 국면에서 천天[上帝]은 전혀 개입하지 않는다는 점이다. 즉, "천天은 이미 덕德을 좋아하고 악惡을 부끄럽게 여기는[好德恥惡] 성性을 (인간에게: 필자 주) 부여한 바 있지만, 그럼에도 (인간이: 필자 주) 선을 행할 것인가 악을 행할 것인가는 유동적으로 그의 행위에 맡겨두니, 이것이 바로 상제의 엄한 신권묘지神權妙旨로서 두려워할 만한 것이다."[61] 다시 말하자면, 천[上帝]은 인간에게 선할 수도 있고 악할 수도 있는 권형權衡을 부여했으니, 이에 그가 자주적인 마음에 따라 선을 행하려 해도 그를 따라주고 악을 행하려 해도 또한 그를 따라준다. 그렇기 때문에 결과적인 (선을 행한: 필자 주) 공功과 (악을 행한: 필자 주) 죄罪는 모두 그 자신의 책임이 되는 것이다. ㉢ 결국, 정약용의 이상과 같은 주장은 인간의 윤리적 '자율성'과 아울러 능동적 '실천성'을 강조하는 그의 경학經學에 있어 하나의 불가결한 초석이 된다.

셋째, 이러한 맥락에서 정약용은 인간에 대한 결정론적·운명론적 인식을 비판·거부하였다. 즉, ① 그는 '지知·우愚'의 개념을 해석함에 있어서 "이해利害에 밝은 것을 '지知', 이해에 어두운 것을 '우愚'라 한다. 이처

61 『論語古今注 II』(『定本 與猶堂全書 9』, p. 279) "○[案] ……天旣賦之以好德恥惡之性, 而若其行善·行惡, 令可游移, 任其所爲, 此其神權妙旨之凜然可畏者也."

럼 지知와 우愚는 일신一身의 이해를 도모하는 일이지, 인성人性의 품계가 아니다"[62]라고 주장함으로써 『논어집주』에서 주희가 이러한 '지·우'를 기질지성氣質之性에서의 미美·추醜의 등급과 관련지어 설명하는 입장과는 견해를 달리하였다.[63] ② 또한 정약용은 '불이不移'를 해석함에 있어서도 "상지인上知人은 비록 악인惡人과 함께 서로 익히더라도 더러움에 물들지 않고, 하우인下愚人은 비록 선인善人과 함께 익혀도 훈도薰陶[敎化: 필자 주]되지 않는 것, 이것이 바로 불이不移인 것이다"[64]라고 하여, ㉠ '불이'라는 개념을 선善·악惡에 대한 '원인'으로 이해하는 동시에, ㉡ 또한 날 때부터 선천적으로 결정된 상태가 아니라 간단없는 후천적인 '유작위有作爲'의 상태로 봄으로써 상지上知도 하우下愚가 될 수 있고 하우 또한 상지가 될 수 있음을 논리적으로 분명히 하였다.[65] ③ 따라서 '인성人性의 품급品級에 상上·중中·하下 세 가지가 있다'는 식의 주장을 펴는 한유韓愈의 '성삼품설性三品說'과 같은 유類에 대해서도 "모든 사람에게 선善으로 향하는

62 『論語古今注 II』(『定本 與猶堂全書 9』, p. 274) "○[補曰] 明於利害曰: '知', 暗於利害曰: '愚'. 知·愚, 所以謀身, 非性之品也."; 「自撰墓誌銘【集中本】」(『定本 與猶堂全書 3』, p. 274) "曰: '上智·下愚, 非性品之名.'"

63 『論語集註』, 「陽貨」篇 第3章의 註 "人之氣質, 相近之中, 又有美·惡一定而非習之所能移者."

한편, 여기서 주의해야 할 점은 『논어집주』를 세심히 살펴보면 적어도 인간과 관련해서는 정자程子·주자朱子 역시 인간의 성性[氣質之性]을 완전히 결정론적으로만 이해하지는 않았다는 사실이다. 다만 여기서 정약용이 정자·주자를 비판하는 초점은 주로 그들이 기질氣質의 청淸·탁濁, 기습氣習의 오염汚染을 '선善·악惡의 원인'이 된다고 주장한 데에 있었다. 즉, 정약용은 기본적으로 '행사行事 이후에야 비로소 선·악이 생긴다'고 보았기 때문에 기질의 차이가 지知·우愚의 원인은 될지언정 결코 선·악의 원인은 될 수 없다고 보았던 것이다.

64 『論語古今注 II』(『定本 與猶堂全書 9』, p. 274) "○[補曰] 上知, 雖與惡人相習而不受染汚; 下愚, 雖與善人相習而不受薰陶, 是不移也.【程子之意如此】"; 「自撰墓誌銘【集中本】」(『定本 與猶堂全書 3』, p. 274) "曰: '……守善者, 雖與惡相狎習, 不爲所移, 故名曰: 「上智」. 安惡者, 雖與善相狎習, 不爲所移, 故名曰: 「下愚」.'"

65 정약용은 다음과 같이 말한 바 있다: "만약 인간의 성性에 원래 변하지 않는 품등品等[不移之品]이 있다고 말한다면, '성인聖人이라도 생각하지 않으면 광인狂人이 되고 광인이라도 생각한다면 성인이 된다'고 하신 주공周公의 말씀은 성性이 무엇인지도 모르고 한 말이 된다.(曰: '……若云: 「人性原有不移之品」, 則周公曰: 「唯聖罔念作狂, 唯狂克念作聖」, 爲不知性者也.')" 「自撰墓誌銘【集中本】」(『定本 與猶堂全書 3』, p. 274)

문을 닫아놓고 자포자기自暴自棄할 길만을 열어준 셈이니, 이는 천리天理를 상하게 하고 인도人道를 해침이 지독하고 매우 참담하여 그 화가 홍수나 맹수보다도 심한 것"[66]이라고 그 폐해를 지적하면서, 이는 다시 서술할 가치조차 없다고 일축한 바 있다.

마지막으로, 이상과 같은 정약용의 인간론은 자신의 경학에 있어 매우 독창적인 부분의 하나로서, 또한 정주성리학의 인간론을 소극적으로 비판하는 데 그치지 않고 오히려 새로운 세계관을 독자적으로 구축해나간다는 보다 적극적인 의미를 함축함으로써 그의 '실천 지향적 경학'을 지탱해주는 하나의 중요한 지주가 되고 있다.

경학적 입장의 특징⑥: '의리'와 '고증[훈고]'을 동시에 지향하였다

끝으로, '영무자甯武子의 우충愚忠'에 대한 해석 또한 정약용의 강렬한 개혁지향적 관심이 투사되어 있는 바로서, 특히 그는 본 경문經文을 해석하면서 '의리義理'의 측면에서는 주희의 견해를 수용한 반면, '고증考證'의 측면에서는 당시의 역사적 배경에 대한 자신의 해박한 지식을 바탕으로 주희가 역사적 사실을 잘못 인용한 점을 나름대로 바로잡고 있음이 주목된다.

II. 정약용의 『맹자』 관계저술

우선, '정약용丁若鏞의 『맹자孟子』 관계저술'[67]을 전체적으로 소개하면, ①

---

66 『論語古今注 II』(『定本 與猶堂全書 9』, p. 290) "○[案] ……(上·中·下三品之說, 外若勻停, 而)塞人向善之門, 啓人自暴之路, 其傷天理而害人道也, 至毒至憯, 其禍有浮於洪水·猛獸, (斯不可以不辨.)"

67 정약용의 『맹자』 경학에 대한 기존의 연구물 가운데 대표적인 것을 들면 다음과

「십삼경책十三經策」[29세]에서의 『맹자』와 관련된 부분, ② 『맹자강의孟子講義』[68][29세], ③ 「맹자책孟子策」, ④ 『맹자요의孟子要義』[53세], ⑤ 「자찬묘지명自撰墓誌銘【집중본集中本】」[61세]에서의 『맹자』와 관련된 부분[69]이 대표적

같다:
금장태, 2004b, 「茶山의 『孟子』 해석과 修養의 방법: 退溪 修養論과의 비교이해」, 『退溪學報』 第115輯.(退溪學研究院)
———, 2005c, 『心과 性: 茶山의 『孟子』 해석』(서울: 서울대학교출판부)
茶山學術文化財團 編, 2008, 『茶山的四書經學』(北京: 商務印書館國際有限公司)
安英淑, 2003, 「『孟子要義』를 통해 본 茶山 經學의 특징」, 『한국철학논집』 제12집.(한국철학사연구회)
———, 2004, 「茶山의 『孟子』 읽기」, 한국철학사연구회 엮음, 『다산경학의 현대적 이해』(서울: 심산)
安晉吾, 1989, 「『孟子要義』考」, 李乙浩 外, 『丁茶山의 經學』(서울: 民音社)
李乙浩, 1966, 『茶山經學思想研究』(서울: 乙酉文化社)
李篪衡, 1996c, 「『孟子要義』에 나타난 茶山의 經學」, 『茶山經學研究』(서울: 太學社)
鄭炳連, 1994, 『茶山 四書學研究』(서울: 景仁文化社)
鄭一均, 1999, 「다산 정약용의 『맹자』론」, 『사회와 역사』 제56집.(한국사회사학회)
———, 2000, 『茶山 四書經學 研究』(서울: 一志社)
최진덕, 2006, 「『맹자』에 대한 두 해석: 『맹자집주孟子集注』와 『맹자요의孟子要義』」, 『茶山學』 제8호.(다산학술문화재단)
한형조, 1996, 『주희에서 정약용으로: 조선 유학의 철학적 패러다임 연구』(서울: 세계사)
함영대, 2010a, 「청대淸代학자들의 『맹자』 해석과 다산 정약용의 『맹자요의孟子要義』」, 『茶山學』 제16호.(다산학술문화재단)
———, 2010b, 「星湖學派의 『孟子』 解釋: 君臣關係論의 경우」, 『韓國實學研究』 第19號.(韓國實學學會)
———, 2011, 『성호학파의 맹자학』(파주: 태학사)
蔡茂松, 1990, 「丁茶山的四書研究」, 姜萬吉 外, 『茶山學의 探究』(서울: 民音社)
蔡振豐, 2009, 「丁茶山四書詮釋的體系及其意義」, 『韓國實學研究』 第18號.(韓國實學學會)
———, 2010, 『朝鮮儒者丁若鏞的四書學: 以東亞爲視野的討論』(臺北: 臺大出版中心)/김중섭·김호 옮김, 2015, 『다산의 사서학: 동아시아의 관점에서』(서울: 너머북스)

68 이 저술은 현재 단행본이나 독립된 글의 형태로 전해지지는 않고, 다만 그 내용이 『맹자요의』의 본문 가운데 7개 처에 분산되어 소개되고 있을 뿐이다. 그리고 이 저술의 정확한 제목은 물론이요 현재 전해지고 있는 내용이 원래 내용의 전문全文에 해당하는 것인지 아니면 그 일부분만을 발췌하여 소개한 것인지에 대해서도 명확한 언급이 없다. 여기서는 다만 이 저술이 '어문御問'과 '신대臣對'의 형식으로 이루어져 있는 것에 주목하여 편의상 『중용강의中庸講義』에 빗대어 임시로 '『맹자강의孟子講義』'라 부르기로 한다.

69 「自撰墓誌銘【集中本】」(『定本 與猶堂全書 3』, pp. 274~275)

이며, ⑥ 이외에도 『시문집詩文集』에 실려 있는 '편지[書]'·'증언贈言'·'원原'·'논論'·'변辨'·'서序'·'묘지명墓誌銘'·'잡문雜文'·『서암강학기西巖講學記』·『도산사숙록陶山私淑錄』 등에서의 『맹자』와 직간접적으로 관계되는 글 등이 있다.[70]

1. 초기 『맹자』 관계저술

여기서 '정약용의 초기 『맹자』 관계저술'에 해당하는 것을 들자면, ① 「십삼경책十三經策」[29세]에서의 『맹자』와 관련된 부분, ② 『맹자강의孟子講義』[29세], ③ 「맹자책孟子策」이 있는데,[71] 이 가운데서 『맹자강의』가 대

---

70 보다 구체적으로 살펴보면, ① '편지[書]'에는 「上弇園書【丙辰】」(『定本 與猶堂全書 4』, pp. 88~91: 1796년), 「答李汝弘【載毅】」(『定本 與猶堂全書 4』, pp. 143~153), 「與李汝弘【甲戌十月日】」(『定本 與猶堂全書 4』, pp. 154~156: 1814년), 「答李汝弘」(『定本 與猶堂全書 4』, pp. 157~160), 「答李汝弘」(『定本 與猶堂全書 4』, pp. 160~162), 「答李汝弘【丙子九月日】」(『定本 與猶堂全書 4』, pp. 163~167: 1816년), 「答仲氏」(『定本 與猶堂全書 4』, pp. 190~191), 「示兩兒」(『定本 與猶堂全書 4』, pp. 272~273) 등이, ② '증언贈言'에는 「又爲丁修七贈言」(『定本 與猶堂全書 3』, pp. 397~398), 「爲騎魚僧慈弘贈言」(『定本 與猶堂全書 3』, p. 403), 「爲尹惠冠贈言」(『定本 與猶堂全書 4』, pp. 20~21) 등이, ③ '원原'에는 「原教」(『定本 與猶堂全書 2』, p. 200), 「原德」(『定本 與猶堂全書 2』, p. 202), 「原怨」(『定本 與猶堂全書 2』, pp. 205~206) 등이, ④ '논論'에는 「五學論 1」(『定本 與猶堂全書 2』, pp. 295~298), 「五學論 3」(『定本 與猶堂全書 2』, pp. 299~301) 등이, ⑤ '변辨'에는 「皐繇執瞽瞍辨」(『定本 與猶堂全書 2』, pp. 348~349), 「致良知辨」(『定本 與猶堂全書 2』, pp. 359~360) 등이, ⑥ '서序'에는 「『牧民心書』序」(『定本 與猶堂全書 2』, pp. 404~406)가, ⑦ '묘지명墓誌銘'에는 「鹿菴權【哲身】墓誌銘」(『定本 與猶堂全書 3』, pp. 232~238)이, ⑧ '잡문雜文'에는 「諭谷山鄉校勸孝文」(『定本 與猶堂全書 4』, pp. 324~328) 등이 대표적이다.

71 「십삼경책」은 정약용이 29세 되는 경술년[1790년, 正祖 14] 겨울 내각內閣[奎章閣]의 친시親試에서 십삼경十三經과 관련한 정조正祖의 10조목에 걸친 질문에 답하여 작성한 글이다. ① 여기서 『맹자』를 언급한 부분은 3번째, 5번째, 7번째 질문에 대한 답변에서 나오는데, ② 그 내용은 ㉠ 『맹자외서孟子外書』의 「성선性善」편이 조기趙岐[字는 邠卿, 약 108~201: 中國 後漢의 학자]가 주註를 낸 『맹자[內書]』에서 누락된 이유, ㉡ 『맹자』에서의 분전分田에 대한 논의가 『예기禮記』의 「왕제王制」편의 내용과 일치하지 않는 까닭, ㉢ 『맹자』를 '유가류儒家類'에서 '경류經類'에 편입시킨 사람과 그 전말에 대한 정약용의 답변으로 구성되어 있다. 「十三經策【庚戌冬, 內閣親試】」(『定本 與猶堂全書 2』, pp. 53~69)

한편, 「맹자책」은 정약용이 초계문신抄啓文臣으로 있을 때 저술한 글로서, 정확

한 저술연대는 미상이나 대략 30세경에 쓰여진 것으로 보인다. ①『시문집』에는 동일한 제목으로 두 편이 실려 있는데, 그중에서 먼저 나오는 편(『定本 與猶堂全書 2』, pp. 70~71)은 뒤이어 나오는 편(『定本 與猶堂全書 2』, pp. 78~83)에서의 정조의 4번째 질문에 대한 정약용의 답변 중 그 일부만을 따로 발췌한 것으로서, 자구字句에 약간의 차이가 있다. 전자의 경우 책제策題의 하단에 글씨를 약간 작게 하여 "지금 책문은 산삭하고 다만 어비 한 구절만 싣는다(今刪不錄, 只錄御批一節)"는 주註가 붙어 있고 발췌된 내용이 후자의 것과 거의 동일한 것으로 보아 후자가 저술되고 난 이후에 쓰여진 것으로 보인다. ② 그 전체의 구성은 각각 다양한 항목을 포괄하고 있는 정조의 4개조에 이르는 『맹자』에 관련된 질문과 이에 대한 정약용의 답변으로 이루어져 있는데, 이에 그 내용을 구체적으로 살펴보면 ㉠ 맹자孟子의 도통道統과 『맹자』의 요체, ㉡ 『맹자』의 맹자저술설孟子著述說과 추기설追記說을 둘러싼 논란, 『맹자』에서 사덕四德[仁·義·禮·智]을 아울러 말한 것이 『논어論語』에서 '인仁'만을 거론한 것과 다른 점, 『맹자』에서 왕도정치王道政治를 강조한 것이 『춘추春秋』와는 다른 이유, 호연지기浩然之氣를 거론하면서 다만 성선性善만을 말한 점, 『맹자』에서 『시경詩經』과 『서경書經』은 말하면서 『주역周易』은 인용하지 않은 까닭, 기타 맹자의 문투와 기상에 대한 이해의 문제, ㉢ 『맹자』의 가르침과 그 효과에 대한 선유先儒들의 이견異見, 『맹자』의 박사博士와 학과學科[科學의 科目] 설치의 연원, 여타 『맹자』와 관련된 몇 가지 고사故事에 대한 설명문제, ㉣ 당시 조선의 성리학性理學 일변도의 고루하고도 경직된 학문풍토와 과거제도의 폐단에 대한 비판, 이단異端을 종식시키고 맹자의 도道[正學]를 보호·진작시키기 위한 구체적인 제도적 방도의 모색이 바로 그것이다. ③ 이러한 「맹자책」에서 정약용의 초기 경학적 입장의 특징으로서 유의할 만한 것들로는 ㉠ '『맹자』의 요체'에 대한 정약용의 견해이다. 즉, 그는 "맹자가 평생 힘쓴 바는 백리百里의 땅에 왕도정치王道政治를 일으키는 것이었으나, 그 일인즉슨 '오묘五畝의 집터에 뽕나무를 심는다'거나 '닭이나 돼지를 기름에 때를 잃지 않는다'거나 '상서庠序에서의 가르침을 신중히 하여 효孝·제弟의 뜻을 편다'는 등의 몇 구절에 지나지 않았을 따름입니다. 지금 이를 본다면 참으로 평이平易하고 천근淺近하지 않습니까? 그런데도 당시의 제후諸侯들은 이를 귀담아 듣지 않다가 끝내 전쟁하는 일에서 벗어나지 못하였습니다(臣對曰: '……孟子之平生拳拳, 卽百里興王之道, 而其事則不過曰: 「五畝之宅, 樹以桑」·「雞豚之畜, 無失時」·「謹庠序之敎, 申孝·弟之義」, 數句語而已. 以今觀之, 何其至平易·至淺近? 而當時諸侯, 聽我藐藐, 卒不能擺脫於堅甲利兵之功, ……')"[「孟子策」(『定本 與猶堂全書 2』, p. 78)]라고 하여, 민생의 안정을 우선시하는 그의 '실제 지향'의 경학적 입장과 더불어 이후 본격적으로 개진되는 '전정田政 위주의 왕정관王政觀'의 단초를 잘 피력하고 있는 것으로 보인다. ㉡ '사덕四德[仁·義·禮·智]'의 실제에 대한 정약용의 견해이다. 즉, 그는 "사덕四德은 본래 두 가지가 아닙니다. 따라서 맹자께서는 어버이를 섬기고[孝: 필자 주] 형을 따르는 것[弟: 필자 주]으로 사덕의 실제를 삼으셨으며, 공자孔子께서는 효孝·제弟로써 인仁의 근본을 삼았으니, 이로 말미암아 말한다면 맹자께서는 사덕을 합쳐 인仁·의義로 삼으셨고, 공자께서는 인仁·의義를 합쳐 인仁을 삼으신 것이니, 일찍이 두 가지가 따로 있었던 것이 아닙니다((臣以爲)四德本無二致. 故孟子以事親·從兄, 爲四德之實, 而孔子以孝·弟爲仁之本. 由是言之, 則孟子以四德合而爲仁·義, 孔子又以仁·義合而爲仁, 固未嘗有二也.)"[「孟子策」(『定本 與猶堂全書 2』, p. 79)]라고 주장하여, 특히 효孝·제弟를 '사덕四德의 실제'와 '인仁의 근본'으로 설명하고 있음을 살펴볼 수 있다. 그표적인 것이라 할 수 있다.

『맹자강의』의 구성과 내용

정약용이 29세 되는 경술년[1790년, 正祖 14] 10월에 정조正祖가 내각內閣[奎章閣]의 과강課講에서 초계문신抄啓文臣에게 『맹자』의 내용이해와 관련하여 '7개조의 질문'을 내린 일이 있었던 것으로 보이는데, 『맹자강의』는 바로 이때 정조의 구체적인 질문내용과 이에 대한 정약용의 답변으로 구성되어 있다.

런데 이러한 주장은 정약용이 이후 '인仁'의 개념과 '인仁과 효孝·제弟 간의 관계'의 성격을 정주성리학과는 다르게 인식·구성했던 입장의 단초를 예시하는 것이기도 하다. ㉢ 정약용은 "대저 『칠서대전七書大全』만이 단독으로 유행하기 시작한 이래 이 세상에 태어난 사람들은 어려서부터 늙기에 이르도록 50책의 테두리를 벗어나지 못한 채, 한 점 반 획도 하늘이 만들어낸 것으로 여기고 한 글자 반 구절도 철칙으로 알고 있습니다. 그리하여 스스로 자신의 영명한 지혜를 폐쇄한 채 감히 따로 생각하거나 의논하지 못하게 되었습니다. 이에 선유先儒들의 주소注疏가 모두 기벽奇僻한 글로 치부되고, 후세 선비들의 논변은 모두가 사문난적斯文亂賊으로 몰리게 되었습니다(○……自夫『七書大全』之單行獨擅, 生斯世者, 童習白粉, 不出乎五十冊圈套之中, 一點半畫, 認爲天造; 隻字片句, 看作鐵案. 自鎖靈明, 不敢思議. 先儒注疏, 已成奇僻; 後儒辯駁, 咸歸亂賊.)"[「孟子策」(『定本 與猶堂全書 2』, pp. 81~82)]라고 말하여, 당시 조선의 성리학 일변도의 고루하고도 경직된 학문풍토를 신랄하게 비판하고 있다. 그런데 이러한 정약용의 주장은 일찍이 성호학파星湖學派의 영향 하에 일관되게 견지해왔던 '실제·실천 지향'의 학문태도와 더불어 주희의 경전주석을 상대화하며 나름의 독자적인 경전해석을 시도해왔던 자신의 경학적 입장을 스스로 재확인하는 것이기도 하다. ㉣ 마지막으로, 정약용의 이러한 학문태도는 자연스럽게 당시의 제도적 폐단에 대한 개혁적 관심으로 이어지고 있다. 이에 ㉮ 그는 일례로 당시의 '과거제도'와 관련하여 "이것만이 아닙니다. 3년마다 치르는 대비과大比科에서 명경과明經科로 선발된 자들은 참으로 어떤 사람들입니까? 음독音讀을 전습傳習하는 것으로 출세의 계책을 삼고, 음화淫話 따위를 표기해서 기억력을 도우면서 이를 '성령醒令'이라 칭하여 혼돈에서 깨어나지 못한 채 시끄럽게 외어대기만 하니, 저는 조정에서 이런 사람을 얻었다 해서 무슨 도움이 있겠으며, 이런 사람을 잃었다 해서 무슨 손실이 있겠습니까?(○……不唯是也. 三年大比, 其所薦拔於明經之科者, 誠何人哉? 土書傳習, 作爲家計, 淫話標籤, 號稱'醒令', 混沌未鑿, 哇吹徒聒, 臣未知朝廷之上, 得此人何所補, 失此人何所減耶?)"[「孟子策」(『定本 與猶堂全書 2』, p. 82)]라고 통박하고 있는바, ㉯ 결국 이러한 그의 진술은 은연중 정조에게 국정 전반에 걸친 개혁정치를 강력히 촉구하는 함의를 가졌던 것으로 보인다. 「孟子策」(『定本 與猶堂全書 2』, pp. 70~71); 「孟子策」(『定本 與猶堂全書 2』, pp. 78~83)

이에 그 구체적인 내용을 소개하면, ① 경문經文 "인지실, 사친시야; 의지실, 종형시야仁之實, 事親是也; 義之實, 從兄是也[인仁의 실實은 어버이를 섬기는 것이요, 의義의 실實은 형에게 순종하는 것이다]"[『孟子集註』「離婁章句上」篇 第27章]에서의 '실實'의 의미, ② 동성同姓은 백대百代에 걸쳐 통혼하지 않는 예禮와 요堯께서 지친至親인 순舜을 사위 삼으신 사실[「萬章章句上」篇 第1章] 간의 괴리에 대한 이해의 문제, ③ 경문 "일향지선사, 사우일향지선사一鄕之善士, 斯友一鄕之善士[한 고을의 선사善士이어야 한 고을의 선사善士와 벗할 수 있다]"[「萬章章句下」篇 第8章]의 해석과 관련된 논란, ④ '본연本然·기질지성氣質之性' 개념[「告子章句上」篇 第3章]을 둘러싼 해석의 문제, ⑤ '식食·색色'과 '예禮' 간의 경중[「告子章句下」篇 第1章]을 판단하는 문제, ⑥ 주희朱熹가 '지성知性[本性을 안다]'은 '물격物格[物의 理가 이른다]'에, '진심盡心[마음을 다한다]'은 '지지知至[앎이 지극하다]'에 각각 해당시킨 것[「盡心章句上」篇 第1章]에 대한 이해의 문제, ⑦ 경문 "인지어부자야仁之於父子也[인仁이 부자父子 간에 있어서와]"[「盡心章句下」篇 第24章]라는 구절에 대한 주희의 해석을 둘러싼 논란이 바로 그것이다.

『맹자강의』에 나타난 경학적 입장의 특징

그러면, 이상의 같은 『맹자강의』에서의 논의 가운데서 정약용의 초기 경학적 입장의 특징이면서 동시에 후기에까지 관철·발전되고 있는 바로서 주목되는 점들을 간략히 살펴보면, 첫째, '인仁·의義의 실實'에서의 '실'의 의미에 대한 정약용의 견해를 들 수 있다. 즉, ① '인仁의 실實'은 '사친事親[어버이를 섬김]'으로서 곧 '효孝'라면, '의義의 실實'은 '종형從兄[형에게 순종함]'으로서 곧 '제弟'인바, 따라서 '인仁·의義의 실實'에서의 '실'의 의미를 어떻게 이해하는가의 문제란 기실 '인仁·의義'와 '효孝·제弟' 간의 관계를 어떻게 인식하는가의 문제이기도 하다. 이에 대하여 ㉠ 정약용은 "공자孔子와 맹자孟子께서 말씀하신 인仁·의義는 모두가 일을 행하는 것[行

事]을 위주로 말씀하셨지, 마음에 내재하는 이理로 여기신 것은 아닌 듯합니다. 또한 '이理'와 '실實'은 서로 짝이 될 수 없습니다. 저는 이 장에서 말한 것은 모두가 '명名·실實'이라 할 때의 '실'에 해당하는 것이 아닐까 생각합니다"[72]라고 주장했던바, ㉡ 이로써 그는 ㉮ '효孝·제弟'를 마치 '인仁·의義'의 '꽃[華]이나 열매[實]' 또는 '꽃[花]이나 무늬[采]'처럼 인식하고 있는 주희의 견해뿐만 아니라, ㉯ 한편 '인仁·의義'를 '이理'로 해석하면서 이와 대비하여 '효孝·제弟'는 '사事' 내지는 '실實'로 보고자 하는 정조의 견해까지도 반박하고 있다. ② 일견 간단한 이상과 같은 정약용의 진술은 기실 매우 중요한 경학적 의미를 함축하고 있다. 왜냐하면 이는 ㉠ '인仁·의義'가 인간이 태어나면서부터 내면에 선천적으로 구비하고 있는 형이상形而上의 도道이자 성性이라면 '효孝·제弟'란 이에 근거하여 결과적으로 생겨나는 것이기 때문에 이를 마치 '꽃[華]'이나 '열매[實]'처럼 보고자 하는 주희의 입장[內德外端說]에 대한 비판과 거부를 내포하는 동시에, ㉡ 이와는 거꾸로 '인仁·의義'란 모두가 구체적인 실천행위[行事] 이후에야 비로소 성립되는 것으로서 곧 '총명總名[보편·일반개념]'에 해당한다면, '효孝·제弟'란 그 구체적 '실상'으로서 곧 '전칭專稱·분목分目[특수·부분개념]'에 해당한다고 인식하는 정약용의 견해[內端外德說]가 비록 단초적이나마 분명하게 개진되고 있기 때문이다.[73]

둘째, '본연本然·기질지성氣質之性' 개념에 대한 정약용의 견해이다. 즉, ① 그는 "인간의 성性은 성性의 일부인 인성人性이고, 개·소의 성性 또한 성性의 일부인 금수성禽獸性일 뿐입니다. 대개 인간의 성性은 도의道義와 기질氣質 두 가지가 합하여 하나의 성性이 된 것이라면, 금수의 성性은

72 『孟子要義』(『定本 與猶堂全書 7』, p. 134) "○[乾隆庚戌十月內閣課講] ……臣對曰: '孔·孟言仁·義, 皆主行事而言, 不以爲在心之理. 且「理」與「實」, 不能爲對. 臣恐此章所言, 皆「名·實」之實. ……'"

73 보다 자세한 내용은 제3부 제1장 「다산 정약용의 이기론」에서의 해당부분이 참조된다.

순전히 기질氣質의 성性일 뿐입니다. ……제가 생각건대, 인간의 성性은 곧 인간의 성性일 뿐이요, 개·소의 성性은 곧 금수의 성性일 뿐입니다. 본연지성本然之性을 논하자면, 인간의 경우에는 도의와 기질이 합하여 하나의 성性이 된 것이 곧 본연이요, 금수의 경우에는 기질의 성性만 있는 것이 또한 그 본연입니다. 어찌하여 꼭 (본연지성을: 필자 주) 기질지성氣質之性과 상대적으로 거론할 필요가 있겠습니까?"[74]라고 주장했던바, 결국 이를 통해 ㉠ 정약용은 어디까지나 '인성人性'과 '금수성禽獸性'은 서로 간에 명확하게 질적으로 구분되는 별개의 것임을 역설하고 있는 것이다. ㉡ 물론 이러한 그의 주장 또한 의미심장한 경학적 의의를 내포하고 있으니, 즉 그는 ㉮ 우선 이를 통해 정주성리학程朱性理學에서 상정한바 만물이 생겨날 때 '인人'과 '물物'이 함께 얻어 공유하고 있다는 이른바 '본연지성'이란 개념을 정면으로 반박하고 있을 뿐만 아니라, ㉯ 나아가 원래 일종의 부수적 요청개념이던 '기질지성' 역시 그 필요성이 명확히 거부되고 있기 때문이다. ② 더욱이 정약용은 "지금 인성人性을 논해보건대, 인간에게는 상반된 두 가지 의지[道心과 人心: 필자 주]가 항상 함께 일어납니다. ……또 인간은 선善·악惡에 대하여 스스로 결정할 수 있어서 이를 주체적으로 행할 수 있는 반면에, 금수는 선·악을 스스로 결정할 수 없어서 그 행동이 필연적으로 그렇게 되지 않을 수 없습니다"[75]라고 주장함으로써 특히 '선·악'의 문제와 관련하여 인간이 가진 '자주적 권능'을 강조하고 있다. 그런데 ㉠ 이와 같은 정약용의 견해는 일차적으

74 『孟子要義』(『定本 與猶堂全書 7』, pp. 188~189) "○[庚戌十月閣課] ……臣對曰: '人之性, 只是一部人性; 犬牛之性, 只是一部禽獸性. 盖人性者, 合道義·氣質二者而爲一性者也. 禽獸性者, 純是氣質之性而已. ……臣謂人性卽人性, 犬牛之性卽禽獸性. 至論本然之性, 人之合道義·氣質而爲一性者, 是本然也. 禽獸之單有氣質之性, 亦本然也. 何必與氣質對言之乎?'"

75 『孟子要義』(『定本 與猶堂全書 7』, pp. 188~189) "○[庚戌十月閣課] ……臣對曰: '……今論人性, 人恒有二志相反而竝發者. ……且人之於善·惡, 皆能自作, 以其能自主張也; 禽獸之於善·惡, 不能自作, 以其爲不得不然也.'"

로 정주성리학의 인간에 대한 도덕적 결정주의—인간이 타고난 기질氣質의 '청淸·탁濁'에 따라 곧 그의 도덕적 '선善·악惡'이 결정된다고 하는—를 타파한다는 함의를 가질 뿐만 아니라, ㉡ 장차 그의 독자적인 '덕德' 개념 및 열린 도덕적 존재'로서의 새로운 인간관을 구성하는 사상적 단초 또한 분명하게 제시하고 있다는 측면에서 결코 간과할 수 없는 경학적 의미를 내포한다 할 것이다.

셋째, 주희가 '지성知性[본성을 안다]'과 '진심盡心[마음을 다한다]'을 각각 '물격物格[物의 理가 이른다]'과 '지지知至[앎이 지극하다]'에 해당시켜 해석한 것과 관련하여 ① 정약용은 "제가 생각건대, 이 장은 곧 안 뒤에 실천하고 실천한 뒤에 안다는 뜻입니다. 첫 한 절은 먼저 이와 같이 공부하면 그 공효功效가 반드시 이와 같다는 것을 말한 것이니, 이는 곧 실천한 뒤에 안다는 것입니다. 다음 한 절은 이미 공효가 이와 같은 줄 알았으면 그 공부 또한 이와 같이 해야 한다는 것이니, 이는 곧 안 뒤에 행한다는 것입니다. 그러므로 성性을 알면 성性을 기르고 성性을 기르면 성性을 알게 되며, 천天을 알면 천天을 섬기고 천天을 섬기면 천天을 알게 되는 것입니다"[76]라고 주장한 바 있다. ② 물론 이러한 정약용의 진술은 ㉠ 일차적으로 학문에 있어서의 '실천성'을 강조하는 것이지만, ㉡ 또한 여기에 그치지 않고 그 이면에는 주희의 '격물格物·치지致知'론에 대한 비판과 더불어 바로 '지행겸진知行兼進'을 강조하는 맥락에서 자신의 독자적인 '격물·치지'론의 전개를 함축·예고하고 있다는 의미에서 역시 주목할 만한 경학적 의의를 가진다고 할 것이다.

마지막으로, 정조의 질문과 이에 대한 정약용의 답변내용을 통해 재미있는 사실 하나를 간취할 수 있는바, 즉 정조와 정약용이 공히 주

---

76 『孟子要義』(『定本 與猶堂全書 7』, pp. 224~225) "○[庚戌十月閣課] ……臣對曰: '……臣謂此章, 卽知然後行, 行然後知之意也. 首一節, 是先言如是用工, 則其功效必如是, 此行然後知也. 次一節, 是旣知功効如是, 則其用工當如是, 此知然後行也. 故知性則養性, 養性則知性; 知天則事天, 事天則知天.'"

희의 입장을 상대화하며 독자적인 경전이해를 추구하고 있을 뿐만 아니라, 적어도 내각內閣[奎章閣]의 과강課講에서만큼은 정조와 초계문신들이 평소의 군신관계를 떠나 상호 대등한 입장에서 자유롭고도 활발하게 학술적 의견을 교환하고 있다는 점이 바로 그것이다. 이러한 분위기는 일례로 상기한바 '인仁·의義의 실實'에서의 '실實'의 의미와 관련하여 정약용이 정조의 견해를 명시적으로 반박하고 있는 장면에서 단편적이나마 잘 확인할 수 있다.

『맹자강의』에 나타난 정약용의 초기 경학적 입장은 후기에까지 관철된다

이상에서 그 내용을 부분적으로나마 간략하게 살펴본 ① 『맹자강의』는 ㉠ 정조의 질문에 대한 정약용의 답변으로 구성되어 있고, 또한 거기서 소개되고 있는 내용도 지나치게 소략하고 부분적인 것임으로 하여, 이를 통하여 정약용의 초기 『맹자』관을 전체적으로 조망하기에는 매우 불충분하다. ㉡ 그럼에도 여기에는 그의 초기 경학적 입장의 주요특징들, 즉 전반적으로 탈성리학적이고 실천 지향적인 성향이 비록 단편적이나마 잘 표명되고 있음으로 하여, 그의 초기 『맹자』 관계저술을 대표하는 데에는 부족함이 없는 것으로 보인다. ② 나아가 이러한 초기의 입장이 후기에 이르기까지 지속적으로 심화발전되고 있음은 물론이다.

2. 중기 『맹자』 관계저술: 『맹자요의』의 구성과 내용

이어 '정약용의 중기 『맹자』 관계저술'로는 『맹자요의孟子要義』를 들 수 있다. 즉, 그가 53세 되는 갑술년[1814년, 純祖 14]에 유배지인 강진康津의 다산茶山에서 완성한 『맹자요의』는 『맹자』의 전체 경문經文 260장 가운데서 나름대로 언급할 필요가 있다고 생각한 '152장'만을 선정하여 이에 대하여 체계적이고도 꼼꼼한 주석을 단 저술로서, 결국 이는 정약용의 『맹자』 관계저술의 실질적 대표작이자 요체요, 또한 조선후기에 나타난 경학저술의 최고봉 가운데 하나라고 할 수 있다.

1) 『맹자요의』의 구성

정약용은 평소 원칙적으로 경전經典 본래의 경문과 그 체제를 존중하였다. 그럼에도 그가 상기한 바대로 『맹자요의』를 저술하면서는 『맹자』의 전체 경문 260장 가운데에서 나름대로의 관점에 따라 152장만을 선별하여 주석을 달았으며, 특히 「공손추장구하公孫丑章句下」편의 제8장과 「등문공장구상滕文公章句上」편의 제3장에 대해서는 자신의 독자적 견지에 따라 각각 2개의 장으로 나눈 반면, 「이루장구하離婁章句下」편의 제32장과 제33장은 오히려 합하여 하나의 의미단위로 설정하기도 하였다.

이에 따라 정약용은 『맹자요의』에서 모두 153장에 대한 주석을 달고 있는데, 그 '형식적 방법'을 살펴보면 다음과 같다: ① '용안鏞案'은 정약용이 주로 다른 사람들의 다양한 주석이나 여타 경전의 내용을 먼저 제시한 다음 이에 대한 자신의 평가와 견해를 피력하는 형식으로서, 이는 자신의 논지를 개진하는 데 사용한 가장 일반적인 방법이다. ② '인증引證'은 정약용이 자신의 논지를 보강하는 데에 필요하다고 판단되는 경우에 활용한 형식으로서, 주로 '용안'에 뒤이어 여타 전적을 인용하는 형식으로 이루어져 있다. ③ '고이考異'는 정약용이 자신의 논지와 다르거나 정면으로 배치되는 내용을 싣고 있는 여타 전적을 제시함으로써 역설적으로 자신의 입장을 강화하는 형식이다. ④ '부론附論'도 정약용이 자신의 견해를 강화하기 위하여 사용한 형식으로서, 자신의 '성기호설性嗜好說'의 정당성을 주장하기 위하여 단 1번 활용하고 있다. ⑤ '어문御問'과 '신대臣對'는 정약용이 초계문신抄啓文臣으로 있었던 경술년[1790년, 正

【표 2-1-3】『맹자요의』의 주석 장수와 본래 장수의 비교표[77]

	편 명	주석을 단 장	주석 장수	본래 장수	장수차
1	「양혜왕梁惠王」상	1, 2, 3, 6, 7	5	7	2
2	「양혜왕梁惠王」하	1, 2, 4, 5, 10, 11, 16	7	16	9
3	「공손추公孫丑」상	1, 2, 4, 5, 6, 7, 9	7	9	2
4	「공손추公孫丑」하	1, 7, 8전前, 8후後, 9, 11	5(6)*	14	9
5	「등문공滕文公」상	1, 2, 3전前, 3후後, 4, 5	5(6)*	5	0
6	「등문공滕文公」하	2, 3, 4, 5, 7, 8, 9	7	10	3
7	「이 루離 婁」상	1, 7, 8, 11, 12, 13, 14, 15, 18, 19, 20, 21, 22, 24, 27	15	28	13
8	「이 루離 婁」하	1, 2, 3, 4, 10, 11, 12, 13, 14, 17, 18, 19, 20, 21, 22, 24, 25, 26, 28, 29, 32와 33	22(21)*	33	11
9	「만 장萬 章」상	1, 2, 3, 4, 5, 6, 7, 9	8	9	1
10	「만 장萬 章」하	1, 2, 3, 4, 6, 7, 8	7	9	2
11	「고 자告 子」상	1, 2, 3, 6, 7, 8, 10, 11, 13, 14, 15, 16, 17, 18, 19	15	20	5
12	「고 자告 子」하	1, 2, 3, 6, 7, 8, 9, 10, 15	9	16	7
13	「진 심盡 心」상	1, 2, 4, 5, 7, 12, 13, 16, 17, 18, 21, 22, 24, 25, 26, 27, 30, 35, 36, 37, 38, 39, 42, 44, 45, 46	26	46	20
14	「진 심盡 心」하	4, 10, 14, 15, 16, 21, 22, 24, 25, 27, 29, 35, 37, 38	14	38	24
총 계			152(153)*	260	108

* 괄호 안의 수는『맹자요의孟子要義』의 실제 주석장수註釋章數이다.

祖 14] 10월 내각內閣[奎章閣]의 과강課講에서『맹자』의 해석과 관련하여 정조正祖가 내린 질문과 이에 대한 그의 답변내용을 소개하고 있는 형식으로서, 모두 7번 사용되었다.

77 鄭炳連(1994: 169~170)에 나오는 <表 1>을 바탕으로 필자의 견해에 따라 약간 수정하였다.

2) 『맹자요의』의 내용

『맹자요의』에서 표명된 대표적인 경학적 사안

그러면 지금부터 정약용의 『맹자』 경학經學을 가장 인상 깊게 대표하고 있다고 생각되는 사안들, 즉 ① '성性' 개념의 원의原義, ② '사덕四德'의 의미, ③ '선善·악惡' 개념의 함의, ④ '정전제井田制'의 실상, ⑤ '왕도정치王道政治'의 요체를 중심으로 그 각각의 내용 및 경학적 의미를 간략하게 살펴보고자 한다.

경학적 입장의 특징①: '성'이란 '이'가 아니라 곧 "심의 기호"이다

일찍부터 정약용은 '성性' 개념을 이해함에 있어 정주성리학程朱性理學과는 아주 상이하면서도 독자적인 견해를 일관되게 견지·제시한 바 있다. 우선, 주희朱熹는 첫째, 일찍이 "인간과 여타 만물이 생겨날 때에 동일하게 천지天地의 이理를 얻어 성性을 가지게 되었고, 동일하게 천지의 기氣를 얻어 형形을 가지게 되었다. 그럼에도 서로 같지 않은 점은 오직 인간만이 그 사이에서 형기形氣의 올바름[正]을 얻음으로 하여 그 성性을 온전히 보존할 수 있다는 사소한 차이에 있을 따름"이라고 천명함으로써 ① 인간을 포함한 모든 만물을 기본적으로 '이理[性]와 기氣[形]의 복합체'로 보는 동시에, ② 인간과 만물 사이, 인간과 인간 사이에서 나타나는 대소大小·존비尊卑의 존재론적 등급은 모두가 품수된 '기氣의 청탁淸濁·정조精粗·정편正偏·통색通塞'에서 연유하는 것으로 인식하였다.[78]

---

78 『孟子集註』, 「離婁章句下」篇 第19章의 註 "人·物之生, 同得天地之理, 以爲性; 同得天地之氣, 以爲形. 其不同者, 獨人於其間, 得形氣之正而能有以全其性, 爲少異耳. 雖曰: '少異', 然人·物之所以分, 實在於此."; 『孟子集註』, 「告子章句上」篇 第6章의 註 "程子曰: '性卽理也. 理則堯·舜至於塗人一也. 才稟於氣, 氣有淸·濁, 稟其淸者爲賢, 稟其濁者爲愚. ……' ……愚按, 程子此說才字, 與『孟子』本文小異. 蓋孟子專指其發於性者言之, 故以爲才無不善; 程子兼指其稟於氣者言之, 則人之才, 固有昏明·强弱之不同矣, 張子所謂'氣質之性', 是也. 二說雖殊, 各有所當. 然以事理考之, 程子爲密. 蓋氣質所稟, 雖有不

둘째, 바로 이러한 맥락에서 주희는 ① "성性은 곧 이理[性卽理]"[79]로서 이에 당연히 "형이상자形而上者"[80]가 된다고 보았던바, ② 또한 이러한 성性은 본디 순선純善한 것이니, 이것이 곧 인간과 만물이 동일하게 부여받았다는 이른바 '본연지성本然之性'이라면, 반면에 "기氣에서 받은 것을 겸하여 가리키는" 것이자 "형形이 있은 다음에" 존재하는 것이 다름 아닌 '기질지성氣質之性'인 것으로 주장하였다.[81]

한편, 정약용이 보기에 정주성리학에서의 성性에 대한 이상과 같은 설명은 실로 납득하기 어려운 것이었다. 첫째, 이른바 '본연本然'과 '기질氣質'의 설은 고경古經의 뜻은 물론이려니와 현실과도 전혀 부합하지 않는 의혹투성이로서, 또한 성도聖道의 대단大段에 관계되는 엄중한 사안이기도 하여 결코 묵과할 수 없는 것이었다. ① 특히 인간과 만물이 동일하게 공유하고 있다고 설명되고 있는 '본연지성'이란 개념은 원래 육경六經과 사서四書에서는 찾아볼 수 없는 것으로서, 당연히 맹자孟子가 살았던 시대에도 이러한 개념은 존재하지 않았다. 즉, ㉠ 정주성리학의 심성론心性論은 원래 불씨佛氏의 말에서 연유한 것으로서, 특히 '본연'이란 명칭은 다름 아닌 『능엄경楞嚴經』에서 유래하였다.[82] ㉡ 그럼에도 후

善, 而不害性之本善; 性雖本善, 而不可以無省察·矯揉之功, 學者所當深玩也."; 『孟子集註』, 「盡心章句上」篇 第38章의 註 "人之有形·有色, 無不各有自然之理, 所謂'天性'也. ……程子曰: '……蓋人得天地之正氣而生, 與萬物不同. 旣爲人, 須盡得人理然後, 稱其名. 衆人有之而不知, 賢人踐之而未盡, 能充其形, 惟聖人也.'"; 『孟子要義』(『定本 與猶堂全書 7』, p. 145) "○[鏞案] ……○性理家每以性爲理, 故『集注』謂: '人·物之生, 同得天地之理以爲性', 此所謂'本然之性'也. 本然之性, 無有大小·尊卑之差等, 特因所稟形質, 有淸有濁·有偏有正, 故理寓於氣, 不得不隨而不同. ……"

79 『孟子集註』, 「滕文公章句上」篇 第1章의 註 "性者, 人所稟於天以生之理也. ……程子曰: '性卽理也. ……'"; 『孟子集註』, 「離婁章句下」篇 第26章의 註 "性者, 人·物所得以生之理也."; 『孟子集註』, 「告子章句上」篇 第1章의 註 "性者, 人生所稟之天理也."; 『孟子集註』, 「告子章句上」篇 第2章의 註 "性卽天理, 未有不善者也."; 『孟子集註』, 「告子章句上」篇 第6章의 註 "程子曰: '性卽理也. ……'"; 『孟子集註』, 「盡心章句上」篇 第1章의 註 "性則心之所具之理."

80 『孟子集註』, 「告子章句上」篇 第3章의 註 "性, 形而上者也; 氣, 形而下者也."

81 『孟子集註』, 「告子章句上」篇 第6章의 註 "張子曰: '形而後, 有氣質之性, ……' ……程子兼指其稟於氣者言之, 則人之才, 固有昏明·强弱之不同矣, 張子所謂氣質之性, 是也."

세에 나온 잘못된 명칭을 가지고 선성先聖의 은미한 말씀을 풀이하려고 하는 정주성리학자의 행태는 정약용의 입장에서는 이해할 수도, 또한 받아들일 수도 없는 것이었다.[83] ② 나아가 정약용은 이러한 '본연지성' 개념에 의거하여 정주성리학이 제기한바 '인물성동론人物性同論'의 주장에 대해서도 그 자신의 독자적인 존재관에 비추어볼 때 역시 수긍할 수 없음을 분명히 하였다. 즉, ㉠ 정약용이 보기에 적어도 이 유형의 세계에서의 모든 존재는 그 '형체形體'에 있어 귀천貴賤·미악美惡의 등급이 있는 것처럼, 이에 상응하여 그 '성性'에 있어서도 본래적인 등급이 있으며, 나아가 하나의 존재에는 이것에 상응하는 하나의 성性만이 존재할 뿐이었다.[84] ㉡ 이에 그는 순자荀子[이름은 况, 字는 卿, 약 B.C. 313~B.C. 238: 中國戰國時代末의 학자]의 논지를 명시적으로 수용하여 '성사등급性四等級'설을 주장했던바, 즉 수水·화火와 같은 '무생물'은 기氣는 있으나 생명生命이 없고, '초목'은 생명은 있으나 지각知覺이 없고, '금수'는 지각은 있으나 의義가 없는 반면에 '인간'은 기도 있고 생명도 있고 지각도 있고 의義—이를 '도의지성道義之性'이라고도 한다—도 있다[85]고 보았던 것이다.

---

82 『孟子要義』(『定本 與猶堂全書 7』, p. 95) "○[鏞案] ……(然)本然之名, 本出『楞嚴經』."

83 『孟子要義』(『定本 與猶堂全書 7』, p. 67) "○[鏞案] ……宋·元諸先生, 皆以四端爲本然之性, 而又以本然之性爲人·物之所同得, 故不欲云: '禽獸無此心'. 此古今學術不同處."; 『孟子要義』(『定本 與猶堂全書 7』, pp. 189~191) "○[庚戌課講] ……伏惟, 本然·氣質之說, 不見六經, 不見四書. ……孟子之時, 本無本然之說, 豈可執後出之謬名, 欲以解先聖之微言乎?"

84 『孟子要義』(『定本 與猶堂全書 7』, p. 145) "○[鏞案] ……○……孟子以犬·牛·人之性, 別其同異, 與告子力戰. 今乃以人性·獸性, 渾而一之, 可乎?"; 『孟子要義』(『定本 與猶堂全書 7』, p. 189) "○[庚戌十月閣課] ……臣對曰: '……臣謂人性卽人性, 犬·牛之性卽獸性. ……'"; 『孟子要義』(『定本 與猶堂全書 7』, pp. 189~191) "○[庚戌課講] ……然臣獨以爲, 本然之性, 原各不同. 人則樂善耻惡·修身向道, 其本然也; 犬則守夜吠盜·食穢蹤禽, 其本然也; 牛則服軛任重·食芻齝觸, 其本然也. 各受天命, 不能移易. ……道義之性, 明明吾人獨得, 而先儒謂之同得, 此臣之所深惑也."; 『孟子要義』(『定本 與猶堂全書 7』, p. 203) "○[鏞案] ……○……夫氣質之慾, 人與獸不殊, 其所異者, 惟此理義之性, 而又於是建立本然一名, 乃云: '本然之性, 人·物同得'. 然則人仍禽獸, 禽獸仍人, 其復有靈頑·貴賤之別乎? 此係聖道之大段, 不敢不辨."

85 『孟子要義』(『定本 與猶堂全書 7』, pp. 144~145) "○[鏞案] ……『荀子』曰: '水火有氣

둘째, 정약용은 이러한 입장에 근거하여 자신만의 독특한 '성性' 개념을 제시한 바 있다. 즉, ① 『맹자』의 경문에 나오는 '성性'이란 개념은 형이상形而上의 도道로서의 '이理'가 아니라, 단적으로 "심心의 기호嗜好[心之所嗜好]"를 의미할 뿐이었다.[86] 다시 말하자면, ㉠ 정약용의 관점에서 인간이란 '대체大體[神]와 소체小體[形]의 묘합妙合에 의한 혼연한 한 덩어리'[87]로 나타나는바, 여기서 말하는 ㉮ '대체'란 천天[上帝]으로부터 부여받은 영명靈明하고도 형체가 없는 본체本體—이를 '신神'·'성령性靈'이라고도 한다—를 말하는 것이라면, ㉯ '소체'란 태어날 때 부모로부터 얻은 유형의 몸—이를 '형形'·'형구形軀'·'구각軀殼'이라고도 한다—을 의미하는데,[88] ㉡ 바로 이러한 대체가 좋아하고 싫어하는[好惡] 바로서의 '기호嗜好'가 곧 '성性'—따라서 성性은 '대체大體의 전명全名'이 아니다—인 것이다.[89] 따라서 이러한 성性은 '원

而無生, 草木有生而無知, 禽獸有知而無義, 人有氣·有生·有知·有義.' 盖其受性之品, 凡有四等, 而人與禽獸最相近, 耳聽·目視, 無以異也; 鼻嗅·舌舐, 無以異也; 食色·安逸之欲, 無以異也. 所異者, 惟是一箇道心, 而道心爲物, 無形無質·至微至忽.【『道經』云: '道心惟微'】 若于是從而去之, 則禽獸而已, 將何以自別乎? 此孟子至切之戒, 當拳拳服膺者也."; 『孟子要義』(『定本 與猶堂全書 7』, p. 198) "○[鏞案] ……物之品有四等. 『荀子』曰: '水火有氣而無生, 艸木有生而無知, 禽獸有知而無義, 人有氣·有生·有知·有義', 斯其所以爲尊品也."

86 『孟子要義』(『定本 與猶堂全書 7』, pp. 91~92) "○[鏞案] ……言性者, 必主嗜好而言, 其義乃立. 若謂此虛靈無形之物, 其體渾然至善·一毫無惡, 則赤子始生, 但知啼哭索乳求抱, 安得硬謂之純善乎? ……佛家號爲'明心見性', 其千言萬語, 皆所以贊美此物, 然其本意, 與孟子性善之說, 相去萬里. 彼所言者, 本體之虛靈奇妙也; 此所言者, 謂其能樂善恥惡, 如水之就下也. 豈同趣之言乎?"; 『孟子要義』(『定本 與猶堂全書 7』, pp. 202~203) "○[鏞案] ……理者, 本是玉石之脈理.【徐鉉云】 治玉者, 察其脈理, 故遂復假借, 以治爲理.【字從玉】 ……靜究字義, 皆脈理·治理·法理之假借爲文者,【法理卽獄理】 直以性爲理, 有古據乎?"; 『孟子要義』(『定本 與猶堂全書 7』, pp. 227~228) "○[鏞案] ……今乃以心·性·天三者, 總謂之'一理', ……束萬殊而歸一, 復成混沌, 則凡天下之事, 不可思議, 不可分別. 惟有棲心冥漠, 寂然不動, 爲無上妙法而已, 斯豈洙·泗之舊觀哉? 夫理者何物? 理無愛憎, 理無喜怒, 空空漠漠, 無名無體, 而謂吾人稟於此而受性, 亦難乎其爲道矣."

87 『孟子要義』(『定本 與猶堂全書 7』, p. 89) "○[鏞案] 神形妙合, 乃成爲人."

88 『孟子要義』(『定本 與猶堂全書 7』, p. 209) "○[鏞案] 大體者, 無形之靈明也; 小體者, 有形之軀殼也."

89 『孟子要義』(『定本 與猶堂全書 7』, pp. 89~92) "○[鏞案] ……性, 非吾人大體之全名也. 余謂: '性者, 主於嗜好而言', ……性之本義, 非在嗜好乎? ……性之字義, 其不在於嗜好乎? ……言性者, 必主嗜好而言, 其義乃立. ……○「召誥」曰: '節性惟日其邁'【蔡云'節

래부터 선한 것[本善]'이므로 기본적으로 덕을 좋아하고 악을 미워하는 [好德惡惡] 성향, 즉 '기호'로 나타난다.[90] ② 한편, 정약용이 보기에 대체가 '성性'이란 기호에 따라 순조롭게 발한 것이 이른바 '도심道心'이며, 소체가 '성性'이란 본래의 따라서 원래부터 선한 기호를 파괴·왜곡시킨 상태에서 발한 것이 이른바 '인심人心'이다. 따라서 ㉠ '대체를 따른다'는 것은 곧 '성性을 따르는 것[率性]'이자 '도심을 따르는 것'이 되는 반면, '소체를 따른다'는 것은 '몸[軀殼]의 욕심, 즉 인심을 따르는 것'이 된다. ㉡ 그리고 이러한 도심은 항상 대체를 기르고자 하며 인심은 항상 소체를 기르고자 함에, ㉮ 인간의 내면에서는 현실적으로 도심과 인심이 항상 서로 갈등하고 싸운다.[91] ㉯ 이에 도심이 인심을 이기게 되면 그 결과적 행위는 또한 선善이 되며, 그 반대의 경우에는 악惡이 되는 것이다.[92] ㉢ 이처

其驕淫之性'】; 「王制」曰: '修六禮, 以節民性'; 『孟子』曰: '動心忍性', 此所云性者, 人心之嗜好也. 「商書」祖伊之言曰: '不虞天性'; 子思曰: '率性'; 『孟子』曰: '性善', 此所云性者, 道心之嗜好也. 雖其所主不同, 其以嗜好爲性則同."; 『孟子要義』(『定本 與猶堂全書 7』, pp. 93~94) "○[鏞案] ……性之爲字, 專主好·惡而言. ……天於賦生之初, 予之以此性, 使之率而行之, 以達其道. 若無此性, 人雖欲作塵刹之善, 畢世不能作矣. 天旣賦之以此性, 故又能時時刻刻提醒牖啓, 每遇作惡, 一邊發慾, 一邊沮止, 明沮止者, 卽本性所受之天命也. '天命之謂性', 非是之謂乎?"; 『孟子要義』(『定本 與猶堂全書 7』, p. 187) "○[鏞案] ……○性者, 吾心之所好也."; 『孟子要義』(『定本 與猶堂全書 7』, p. 194) "○[鏞案] ……○……性者, 心所好也. 故曰: '民之秉彝, 好是懿德.' 論性者, 宜以好·惡言."; 『孟子要義』(『定本 與猶堂全書 7』, p. 229) "○[鏞案] ……○心者, 吾人大體之借名也; 性者, 心之所嗜好也."; 『孟子要義』(『定本 與猶堂全書 7』, p. 237) "[附論] 余嘗以性爲心之嗜好, 人皆疑之, 今其證在此矣. ……若云: '性非嗜好之類', 則'所性'二字, 不能成文. '欲·樂·性'三字, 旣爲同類, 則性者嗜好也."; 『孟子要義』(『定本 與猶堂全書 7』, p. 253) "○[鏞案] 『集注』乃檃栝此文. '性'字原是嗜好之意, 故世人皆以嗜好爲性."

90 『孟子要義』(『定本 與猶堂全書 7』, p. 95) "○[鏞案] ……性之樂善恥惡, 旣眞確矣. ……○……惟性純善, 餘不然也."; 『孟子要義』(『定本 與猶堂全書 7』, p. 193) "○[鏞案] ……性好受於天, 故有善無惡, 豈可一例論乎?"

91 『孟子要義』(『定本 與猶堂全書 7』, p. 209) "○[鏞案] ……從其大體者, 率性者也; 從其小體者, 循欲者也. 道心常欲養大, 而人心常欲養小."

92 『孟子要義』(『定本 與猶堂全書 7』, p. 209) "○[鏞案] ……樂天知命, 則培養道心矣; 克己復禮, 則制伏人心矣. 此, 善·惡之判也."; 『中庸自箴』(『定本 與猶堂全書 6』, p. 233) "[箴曰] ……○……(須知此言乃是)赫赫之天命, 循而順之, 則爲善·爲祥; 慢而違之, 則爲惡·爲殃."

럼 도심이란 항상 천명天命을 알아 이것을 즐거워하고 선善을 택하여 행하고자 하니, 이에 '솔성率性'이란 다름이 아니라 "한결같이 도심道心이 하고자 하는 바를 들어주는 것"이요, 나아가 "천명天命을 따르는 것"[93]이 되기도 한다.

마지막으로, 이상과 같은 정약용의 관점에서 볼 때, 결국 ① '심心·성性·천天'을 모조리 '형이상의 이理'로 환원하여 설명하는 정주성리학의 입장은 기실 고경古經에도 아무런 근거가 없는 바[94]로서 또한 『맹자』의 올바른 이해를 그르치게 하는 원흉이기도 하였던바, 따라서 기호嗜好를 버리고 성性을 말하는 것은 모두 수사洙泗[孔·孟]의 구관舊觀이 아니었던 것이다.[95] ② 나아가 정약용의 '성性' 개념에 대한 이러한 입장은 단지 "성性은 곧 이理[性卽理]"라고 하는 정주성리학에서의 하나의 핵심적 견해를 단편적으로 반박하는 데에 그치지 않는 보다 심대한 경학적 의미를 함축하는 사안이기도 하다. 왜냐하면 ㉠ 이는 직접적으로는 정주성리학적 세계관을 구성·지탱하고 있는 핵심적인 철학적 범주들 및 이들 간의 논리적 질서체계 전체의 정당성을 포괄적으로 의문시·거부하는 것이기 때문이요, ㉡ 또한 간접적으로는 사실상 하나의 독자적인 '대안적 세계관의 선언'을 의미하였기 때문이다.

---

93 『孟子要義』(『定本 與猶堂全書 7』, p. 209) "○[鏞案] ……樂天知命, 則培養道心矣."; 『孟子要義』(『定本 與猶堂全書 7』, p. 244) "○[鏞案] ……性者, 天命也."; 『中庸自箴』(『定本 與猶堂全書 6』, p. 230) "[箴曰] ……○……道心常欲爲善, 又能擇善. 一聽道心之所欲爲,【循其欲】 玆之謂'率性'. 率性者, 循天命也."; 『中庸自箴』(『定本 與猶堂全書 6』, p. 233) "[箴曰] ……○道心与天命, 不可分作兩段看."

94 『孟子要義』(『定本 與猶堂全書 7』, p. 203) "○[鏞案] ……直以性爲理, 有古據乎?"; 『孟子要義』(『定本 與猶堂全書 7』, pp. 227~228) "○[鏞案] ……今乃以心·性·天三者, 總謂之'一理', ……夫理者何物? 理無愛憎, 理無喜怒, 空空漠漠, 無名無體, 而謂吾人稟於此而受性, 亦難乎其爲道矣."

95 『孟子要義』(『定本 與猶堂全書 7』, pp. 227~228) "○[鏞案] ……今乃以心·性·天三者, 總謂之'一理', ……束萬殊而歸一, 復成混沌, 則凡天下之事, 不可思議, 不可分別. 惟有棲心冥漠, 寂然不動, 爲無上妙法而已, 斯豈洙·泗之舊觀哉?"; 『中庸自箴』(『定本 與猶堂全書 6』, p. 229) "[箴曰] ……舍嗜好而言性者, 非洙·泗之舊也."

경학적 입장의 특징②: "'사덕[인·의·예·지]'이란 일을 행한 뒤에야 성립된다"

다음으로, 정약용은 '사덕四德'의 의미에 있어서도 평소의 실천 지향의 문제의식에 따라 정주성리학과는 상이한 입장을 견지하였다. 우선, 주희는 첫째, 자신의 이체기용론理體氣用論의 세계관적 도식에 따라 '덕德'을 기본적으로 '형이상의 이理'로 인식하였다. 따라서 ① 그에게 있어 이러한 덕은 인간이 태어날 때부터 '본디 가지고 있었던 선善', '마음의 덕德[心之德]'이자 '(본연지本然之)성性'으로 나타나며, ② 또한 이러한 덕에는 '인仁·의義·예禮·지智'라는 4개의 대목大目, 곧 '사덕四德'이 존재할 뿐이었다.[96]

둘째, 주희가 보기에 이처럼 '형이상의 이理'이자 '성性'인 사덕四德으로부터 출발하여 비로소 '정情'으로서 외면에 발현되어 나타난 것이 다름 아닌 '사단四端'[惻隱·羞惡·辭讓·是非之心]인 것이다.[97]

한편, 정약용이 보기에 이처럼 이기론理氣論에 입각하여 일견 심오하고도 체계적으로 전개된바 주희의 덕德에 대한 이상과 같은 인식 또한 받아들일 수 없는 것이었다. 첫째, 정약용은 ① 단적으로 사덕四德, 즉 '인仁·의義·예禮·지智'라는 덕德의 명칭은 오직 일을 행한 뒤에야 비로소 성립된다고 인식하였다. 다시 말하면, ㉠ 다른 사람을 사랑한 뒤에야 비로소 이를 두고 '인仁'이라고 하니, 사람을 사랑하기 전에는 인仁이란 명칭이 성립되지 않는다. 나를 착하게 한 뒤에야 비로소 이를 두고 '의義'라고 하니, 나를 착하게 하기 전에는 의義라는 명칭이 성립되지 않는다. 손님과 주인이 절하고 읍한 뒤에야 비로소 '예禮'라는 명칭이 성립되

96 『孟子集註』, 「公孫丑章句上」篇 第6章의 註 "仁·義·禮·智[知], 性也."; 『孟子集註』, 「盡心章句上」篇 第3章의 註 "在我者, 謂仁·義·禮·智凡性之所有者."; 『孟子集註』, 「盡心章句上」篇 第21章의 註 "仁·義·禮·智, 性之四德也."; 『論語集註』, 「學而」篇 第2章의 註 "性中只有箇仁·義·禮·智四者而已."; 『朱子語類』, 卷6(「性理 3」), p. 107.(中華書局, 1981) "仁·義·禮·智, 性之大目, 皆是形而上者."

97 『孟子集註』, 「公孫丑章句上」篇 第6章의 註 "惻隱·羞惡·辭讓·是非, 情也. ……端, 緖也. 因其情之發, 而性之本然, 可得而見, 猶有物在中而緖見於外也."

며, 사물을 명료하게 분변한 뒤에야 비로소 '지智'라는 명칭이 성립되니, ㉡ 따라서 인·의·예·지가 마치 복숭아나 살구의 씨처럼 사람의 마음속에 덩어리로 잠복해 있는 것은 결코 아니었다. ② 바로 이러한 맥락에서 인·의·예·지란 주희처럼 '마음의 덕德[心之德]'이나 '마음에 내재하는 이理[在心之理]'로 볼 수 있는 것 또한 결코 아니었다.[98]

둘째, 정약용은 여러 덕德 가운데서도 특히 '인仁'에 대해서는 성도聖道와 성학聖學에 크게 관계되는 대강령大綱領으로 보아, 이에 대한 올바른 이해 또한 거듭거듭 강조한 바 있다.[99] 즉, ① 그가 보기에 인仁이란 '두 사람이 서로 관계하는 데서 이루어지는 것'이니, 곧 '사람과 사람 사이에서 그 분수를 다하는 것' 그 이상도 이하도 아니었다.[100] ② 그리고

---

98 『孟子要義』(『定本 與猶堂全書 7』, p. 68) "○[鏞案] 仁·義·禮·智之名, 成於行事之後. 故愛人而後謂之'仁', 愛人之先, 仁之名未立也. 善我而後謂之'義', 善我之先, 義之名未立也. 賓主拜揖, 而後禮之名立焉; 事物辨明, 而後智之名立焉. 豈有仁·義·禮·智四顆, 磊磊落落, 如桃仁·杏仁, 伏於人心之中者乎?"; 『孟子要義』(『定本 與猶堂全書 7』, p. 134) "○[乾隆庚戌十月內閣課講] ……臣對曰: '孔·孟言仁·義, 皆主行事而言, 不以爲在心之理. ……'"; 『孟子要義』(『定本 與猶堂全書 7』, p. 187) "○[鏞案] ……爲仁者, 行仁也; 爲義者, 行義也. 行之·爲之而後, 仁·義之名立焉. 若云: '人性之中, 本有仁·義', 兩箇'爲'字, 不可解也."; 『孟子要義』(『定本 與猶堂全書 7』, pp. 196~197) "○[鏞案] ……若其仁·義·禮·智之名, 必成於行事之後. ……是知四心者, 人性之所固有也; 四德者, 四心之所擴充也. 未及擴充, 則仁·義·禮·智之名, 終不可立矣. ……雖然, 仁·義·禮·智, 竟成於行事之後. 若以爲在心之理, 則又非本旨."; 『孟子要義』(『定本 與猶堂全書 7』, pp. 207~208) "○[鏞案] ……在心之理, 安得爲仁乎? 唯德亦然, 直心所行, 斯謂之'德'. ……實行旣著, 乃稱爲德, 心體之湛然虛明者, 安有德乎? 心本無德, 况於仁乎?"; 『孟子要義』(『定本 與猶堂全書 7』, p. 211) "○[鏞案] 仁非天理, 乃是人德."; 『孟子要義』(『定本 與猶堂全書 7』, p. 254) "○[鏞案] ……○……(毋論)仁·義·禮·智, 本以行事得名, ……"

99 「答李汝弘」(『定本 與猶堂全書 4』, p. 157) "至於'仁'字之義, 此是聖道·聖學大關係大綱領, 治心·養性之本, 行己·修身之根, 毫髮差錯, 其究竟相距千里萬里."

100 『孟子要義』(『定本 與猶堂全書 7』, p. 30) "○[鏞案] 仁者, 人人之疊文也, 如孫字爲子子之疊文.【古篆, 孫作[illegible]】 人與人之盡其分, 謂之'仁'. 故古人謂: '愛人曰:「仁」, 善我曰:「義」.'"; 『孟子要義』(『定本 與猶堂全書 7』, pp. 72~73) "○[鏞案] ……若仁爲本心全體之德, 則人雖欲離仁不居, 其可得乎? ……若仁在本心, 則離不得矣, 何以擇矣?"; 『孟子要義』(『定本 與猶堂全書 7』, p. 211) "○[鏞案] ……仁者, 二人也. 事親孝爲仁, 子與父二人也; 事君忠爲仁, 臣與君二人也; 牧民慈爲仁, 牧與民二人也. 人與人盡其分, 乃得爲仁."; 『孟子要義』(『定本 與猶堂全書 7』, p. 246) "○[鏞案] 二人爲仁. 人與人相接, 方可有仁之名. 於物, 不當仁也."; 『孟子要義』(『定本 與猶堂全書 7』, p. 249) "○[鏞案] 仁者, 人人之疊文也."

이러한 인仁은 ㉠ 총명總名[보편·일반개념]이어서 자체 내에 다양한 덕德을 포괄하고 있는바, 그중에서도 가장 대표적인 것은 인륜에 있어 기본적 출발점이 되는 '효孝·제弟·자慈'였다.[101] ㉡ 나아가 이는 곧 『대학大學』에서의 '명덕明德'이기도 하다.[102]

마지막으로, 이상과 같은 정약용의 '사덕四德' 개념은 결국 그 자신의 '실천·실제 지향'의 문제의식을 가장 인상 깊게 표현하고 있는 부분으로서, 물론 이것이 함축한바 경학적 의의는 '성性' 개념에 대한 그의 입장에 못지않은 것이기도 하다.

경학적 입장의 특징③: '선·악'이란 주체적 결단에 의한 '실천행위의 결과'이다

한편, 이상과 같은 정약용의 '사덕四德' 개념은 연쇄적으로 '선善·악惡' 개념이 함축하는 의미와 관련해서도 정주성리학과는 다른 길을 걷도록 만들었다. 즉, '덕德'이란 오직 구체적인 '실천행위의 결과'로서만 성립된다는 그의 입장은 '선·악' 개념을 인식하는 데 있어서도 그대로 확장·적용된다. 첫째, 정약용이 보기에 ① 인간의 대체大體가 '성性'이란 기호嗜好에 따라 발한 것이 이른바 '도심道心'이며, 소체小體가 '성性'이란 본래의 따라서 원래부터 선善한 기호를 파괴·왜곡시킨 상태에서 발한 것이 이른바 '인심人心'인데, ② 인간의 내면에서 이러한 도심과 인심은 항상 서로 갈등하면서 싸우고 있다. ③ 이때 도심이 인심을 이긴 상태에서 행한 행위는 결과적으로 '선善'이 되며, 그 반대의 경우에는 '악惡'이 되고

---

101 『論語古今注 I』(『定本 與猶堂全書 8』, p. 35) "[質疑] ……孝·弟亦仁, 仁亦孝·弟. 但仁是總名, 事君·牧民·恤孤·哀鰥, 無所不包. 孝·弟是專稱, 唯事親·敬兄乃爲其實. 故有子謂: '諸仁之中, 孝·弟爲之本', 而程子謂: '行仁, 自孝·弟始', 未嘗不通."; 『大學公議』(『定本 與猶堂全書 6』, p. 126) "仁者, 人倫之明德, 乃孝·弟·慈之總名也."; 「自撰墓誌銘【集中本】」(『定本 與猶堂全書 3』, p. 273) "其爲『論語』, 則異義益夥. 曰: '孝·弟卽仁. 仁者, 總名也; 孝·弟者, 分目也. 仁自孝·弟始, 故曰: 「爲仁之本」也.'"

102 『孟子要義』(『定本 與猶堂全書 7』, pp. 207~208) "○[鏞案] ……唯德亦然, 直心所行, 斯謂之'德'. 故『大學』以孝·弟·慈爲明德, 『論語』以讓國爲至德."

만다. ㉠ 바로 이러한 맥락에서 한 인간의 '선·악'이란 결국 그 자신의 주체적 결단에 의한 '실천행위의 결과'로서 비로소 나타나게 되는 것이며, 이에 따라 결과적으로 그가 군자君子가 되느냐 아니면 소인小人이 되느냐 하는 분수의 결정도 결국 그 자신에게 달려 있게 된다.[103] ㉡ 이처럼 상제上帝로서의 천天은 인간에게 스스로 선할 수도 있고 악할 수도 있는 '자주적 권능'을 부여하였기 때문에 그 결과적인 선·악은 모두 인간 자신의 개인적인 공功·과過가 되며, 따라서 인간은 자신의 행위에 대하여 그 궁극적인 책임을 면할 수 없게 되는 것이다.[104]

둘째, 정약용의 이러한 '선·악' 개념은 ① 일차적으로 인간의 선·악이란 기본적으로 그가 태어날 때 부여받은 기질氣質의 청탁淸濁·정조精粗·정편正偏·통색通塞과 같은 선천적 요인에 의해 결정된다고 주장하는 정주성리학의 천인합일론적이고 결정론적인 인간관을 거부한다는 중요한 경학적 의미를 함축하고 있는 사안이요,[105] ② 이는 또한 이 세계를 명확하게 '존재[Sein]'와 '당위[Sollen]'의 영역으로 구분하여 파악하는 새로운 질서감각의 일단이 당시 조선사회의 구체적인 역사적·사회적 조건과 결부되며 의미 있게 제기·재확인되고 있음을 보여준다는 측면에서 유교사상사에 있어 심대한 '인식론적 함의'를 가지는 일 사건이기도 하였다.

---

103 『孟子要義』(『定本 與猶堂全書 7』, p. 236) "○[鏞案] 若云: '稟命之初, 其分已定', 則君子·小人, 孰不分定? 分定者, 正是自家心中, 秤量義理, 自定其分也."

104 『孟子要義』(『定本 與猶堂全書 7』, p. 91) "○[鏞案] ……若以其自主之權能而言之, 則其勢可以爲善, 亦可以爲惡."; 『孟子要義』(『定本 與猶堂全書 7』, p. 94) "○[鏞案] ……(故)天之於人, 予之以自主之權, 使其欲善則爲善, 欲惡則爲惡, 游移不定, 其權在己, 不似禽獸之有定心. 故爲善則實爲己功, 爲惡則實爲己罪. 此心之權也, 非所謂性也."; 『孟子要義』(『定本 與猶堂全書 7』, p. 189) "○[庚戌十月閣課] ……臣對曰: '……且人之於善·惡, 皆能自作, 以其能自主張也. 禽獸之於善·惡, 不能自作, 以其爲不得不然也. ……'"

105 『孟子要義』(『定本 與猶堂全書 7』, pp. 197~198) "○[鏞案] 人之善·惡, 不係氣稟之淸·濁. ……豈必淸者爲賢, 濁者爲惡? ……善·惡之不係乎淸·濁也, 如此."

경학적 입장의 특징④: "삼대의 정전이 그 형태에 있어 모두 같았다"

이어, 정약용은 '정전제井田制'의 실상과 관련해서도 역시 나름의 독자적인 견해를 제시한 바 있다. 첫째, 정약용은 ① '정전제의 기원'과 관련하여, 기자箕子의 홍범구주洪範九疇를 근거로[106] "주자朱子는 정전제가 상商나라에서 시작되었다고 하는데, 그렇지 않은 것 같다. ……중국에 문명을 처음 열었던 성군聖君의 시대부터 본디 정전井田의 제도는 있었을 것이다. 다만 그 제도의 치밀함과 규모의 정비는 반드시 요堯와 우禹의 시대에 있었던 것이고, 은殷[商] 나라와 주周 나라에서는 완성된 제도 안에서 당대의 마땅함을 헤아려 조금 변통하는 데 지나지 않았을 따름"[107]이라고 함으로써 정전제는 은 나라에서부터 비로소 시작되었다고 하는 주희의 견해[108]를 수용하지 않았다. ② 또한, 정약용은 "하후씨오십이공, 은인칠십이조, 주인백묘이철夏后氏五十而貢, 殷人七十而助, 周人百畝而徹[하후씨夏后氏는 50묘畝에 공법貢法을 썼고, 은殷 나라 사람은 70묘畝에 조법助法을 썼고, 주周 나라 사람은 100묘畝에 철법徹法을 썼으니]"[『孟子集註』「滕文公章句上」篇 第3章]이라는 경문의 해석에 있어서도 나름의 논리적 추론에 의거하여 "삼대三代의 정전井田이 그 형태에 있어 모두 같았다"[109]고 봄으로써 종래의 주석과는 다른 창의적인 견해를 제출한 바 있다.

---

106 정약용은 다음과 같이 말하였다: "홍범洪範의 형태는 황극皇極이 가운데 위치하고 팔주八疇가 밖으로 빙 둘러 있어서 하나같이 정전井田의 형태와 비슷하다.【나의 「홍범도洪範圖」에 나온다】 '주疇'라는 것은 밭두둑이다. 이미 구주九疇를 하사받아 땅을 구획하여 밭을 만듦에 반드시 구주의 법을 쓰지 않았을 리가 없으니, 하夏 나라의 제도에 공전公田이 있었던 것은 분명하다.(○[鏞案] ……○……洪範之形, 皇極居中, 八疇環外, 一似井田之形.【見余「洪範圖」】 疇者, 田疇也. 旣受九疇之錫, 而其畫地爲田, 不用九疇之法, 必無是理, 夏制之有公田, 明矣.)" 『孟子要義』(『定本 與猶堂全書 7』, p. 101)

107 『孟子要義』(『定本 與猶堂全書 7』, pp. 100~101) "○[鏞案] 朱子謂: '井田之制, 始於商人', 恐不然也. ……則中國開物之聖, 原有井地之制. 特其制度之詳密·規模之齊整, 必在堯·禹之際耳. 殷人·周人, 不過於成法之中量其時宜, 稍加變通而已."

108 『孟子集註』, 「滕文公章句上」篇 第3章의 註 "商人始爲井田之制, ……"

109 『孟子要義』(『定本 與猶堂全書 7』, p. 103) "○[鏞案] ……○……余謂: '三代井田, 其形皆同', 誠以理而推之也.'

【표 2-1-4】 '정전제'에 대한 주희와 정약용의 견해 비교표

	주희朱熹	정약용丁若鏞
기원	•은殷[商] 나라에서 처음으로 실시됨.["商人始爲井田之制, ……": 『孟子集註』, 「滕文公章句上」篇 第3章의 註]	•하夏 나라부터 이미 그 제도가 완성됨. 은殷 라와 주周 나라에서는 다만 당대의 마땅함을 아려 약간 변통하였을 뿐임.["朱子謂: '井田之制, 始商人', 恐不然也. ……中國開物之聖, 原有井地之制. 特其制之詳密, 規模之齊整, 必在堯·禹之際耳. 殷人·周人不過於成法中量其時宜, 稍加變通而已.": 『孟子要義』]
제도	•하夏 나라는 정전법井田法을 시행하지 않았고, 은殷 나라와 주周 나라는 공히 정전법井田法을 시행하였으나 정지井地의 면적과 구획제도區劃制度에 서로 차이가 있음.	•정전법井田法의 제도는 하夏·은殷·주周 삼대三代 기본적으로 동일함. 즉, 정지井地의 면적과 구 제도區劃制度가 모두 공전公田 100묘畝를 제외한 전私田 800묘를 8등분하여 100묘를 1구역으로 고, 한 가장에게 1구역씩 지급하는 것을 원칙 로 함.["堯·禹畫井之初, 原以一夫百畝爲法. 特以井地不多, 以偏及, 故權授五十, ……殷人之七十, 周人之百畝, 皆堯·禹 遺意.: 『孟子要義』]
세법	•하夏 나라는 한 가장家長[一夫]에게 토지 50묘畝를 지급하고, 이 중 5묘의 수입을 세금으로 거둠.["夏時, 一夫受田五十畝, 而每夫計其五畝之入以爲貢."] •은殷 나라는 정전법井田法에 따라 630묘의 토지를 9등분하여 70묘를 1구역으로 하여 8명의 가장家長에게 각각 지급하고, 가운데 공전公田 70묘를 공동 경작케 하여 여기서 나온 수입을 세금으로 거둠.["商人, ……以六百三十畝之地, 畫爲九區, 區七十畝. 中爲公田, 其外八家各授一區, 但借其力, 以助耕公田, 而不復稅其私田."] •주周 나라는 향수鄕遂의 경우 한 가장家長에게 토지 100묘를 지급하고 공법貢法에 따라 10분의 1의 세금을 거둠. 도비都鄙의 경우에는 정전법井田法에 따라 900묘의 토지를 9등분하여 100묘를 1구역으로 하여 8명의 가장에게 각각 지급하고, 공전公田 100묘는 공동 경작케 하여 여기서 나오는 수입을 세금으로 거둠. 후자의 경우 조법助法에 따라 명목상으로는 9분의 1의 세금을 거둔 것으로 되나, 실제로는 11분의 1세를 거둔 것이 됨.["周時, 一夫受田百畝, 鄕遂用貢法, 十夫有溝, 都鄙用助法, 八家同井, 耕則通力而作, 收則計畝而分, 故謂之'徹'. 其實皆什一者, 貢法, 固以十分之一爲常數, 惟助法, 乃是九一, ……周制則公田百畝, 中以二十畝爲廬舍, 一夫所耕公田, 實計十畝, 通私田百畝, 爲十一分而取其一.": 『孟子集注』「滕文公章句上」篇 第3章의 註]	•하夏 나라는 사전私田 800묘畝를 가장家長 16명 게 할당하고 공전公田 100묘는 이들로 하여금 동 경작케 함. 관官에 내는 세금은 토지를 그 옥도에 따라 9등급으로 나누고 몇 년 동안의 확량을 평균하여 그 양을 항구적으로 정함.["所 '夏后氏五十而貢'者, 一區百畝, 每用二夫治之, 共十六人同治 田. 惟其輸官之法, 田分九等, 而權於數歲之中, 以爲恒例."] •은殷 나라는 사전私田 800묘를 가장家長 10명에 는 각각 70묘씩을, 2명에게는 각각 50묘씩을 급하고, 공전公田 100묘는 이들로 하여금 공동 작케 함. 관官에 내는 세금은 풍흉豊凶을 따지 않고 오직 공전公田에서 수확한 것만을 납부 함.["所謂'殷人七十而助'者, 通執八百畝, 推移分田, 十夫各 七十畝, 二夫各得五十畝, 共十二人同治公田. 惟其輸官之法, 問豊儉, 但納公田之所出."] •주周 나라는 가장家長 1명에게 사전私田 1구역[1 묘]을 온전히 다 지급하고, 공전公田 1구역[100 은 이들 8명이 공동 경작케 함. 관官에 내는 세 은 공전公田에서 나온 소출을 유사有司가 직접 져다가 납부함.["所謂'周人百畝而徹'者, 一夫全受一區, 夫同治公田. 黍稷旣熟, 有司自取而輸之官.": 『孟子要義』]
비고	•주희朱熹는 공법貢法에 대한 맹자孟子[용자龍子]의 부정적 견해를 수용하고 있음.	•정약용丁若鏞은 맹자孟子[용자龍子]가 공법貢法에 하여 부정적인 견해를 가진 것에 반대하여, 정 제井田制 하에서의 공법貢法을 자연의 형세요 바 지 못할 이치로 보아 긍정적인 견해를 가짐.

둘째, 정전제의 실상에 대한 이와 같은 정약용의 견해는 평소 그가 조선의 토지제도에 대해 견지했던 개혁적 관심과 밀접하게 연관되는 것으로서, 특히 경자유전耕者有田과 토지균분土地均分을 통해 소농경제를 보호함으로써 국가를 부유하게 만들고자 했던 그 자신의 경세학적 관심사가 경전해석에 적극 투사된 하나의 사례가 된다고 하겠다.

경학적 입장의 특징⑤: 백성의 전산을 제정하여 부모를 봉양토록 만드는 것이 왕정의 요체이다

끝으로, '정전제井田制'에 대한 상기한바 정약용의 관심과 독자적 견해는 '왕도정치王道政治'의 요체에 대한 새로운 인식으로 이어지고 있다. 첫째, 그는 "맹자孟子의 일생 동안의 경세제민經世濟民은 전지田地의 경계에 달려 있었다. 대체로 정전법井田法의 시행도 왕정王政의 시행 여부에 달려 있는 것이다. ……유형원柳馨遠[磻溪, 1622~1673]이 국가의 경영을 논하는 책에서 국가의 경영은 반드시 전정田政으로부터 시작해야 한다고 말했으니, 이는 '근본을 아는 학문'이라 할 만하다"[110]고 함으로써 특히 왕도정치의 출발점이 곧 전정에 있음을 역설한 바 있다.

둘째, '문왕文王의 왕도정치'에 대한 이해와 관련해서도 ① 주희를 포함한 대부분의 주석가들이 '양로養老'의 문제를 교상膠庠—주대周代의 학교명—에서의 연궤燕饋를 중심으로 거론하고 있음[111]에 반하여, ② 정약용은 이러한 협의의 해석이 양로의 진정한 의미, 나아가 왕정의 요체에 대한 잘못된 이해를 조장할 위험이 있다고 경계하였다. 즉, ㉠ 그가 보기에 문왕께서 왕정을 행하실 적에는 머리가 희끗희끗한 자가 도로에

110 『孟子要義』(『定本 與猶堂全書 7』, pp. 124~125) "○[鏞案] ……孟子一生經濟在於經界. 大抵井田之法在王政. ……柳磻溪經國之書, 必從田政始, 可謂'知本之學'也."

111 『孟子集註』, 「離婁章句上」篇 第13章의 註 "文王發政, 必先鰥·寡·孤·獨, 庶人之老皆無凍餒."

서 짐을 지거나 이지 않았으며, 쉰 살이 되면 비단옷을 입고 일흔 살이 되면 고기를 먹게 한 것들이 모두 다름 아닌 양로였던 것이다. 곧 백성의 전산田産을 우선적으로 제정함으로써 그들로 하여금 자신들의 부모를 봉양토록 만드는 것이 바로 왕정의 요체이자 급선무이며, 또한 이것이 진정한 의미에서의 양로이기도 하였다. ㉡ 따라서 기로耆老를 선발하여 혜양惠養하는 데에만 급급해하는 것은 비록 은혜롭기는 하지만 기실 정치가 무엇인지를 모르는 자의 짓거리에 불과하였다.112

마지막으로, 이상과 같은 정약용의 전정 위주의 '왕도정치'관은 당시 세도정치 하의 조선사회에 만연했던 토지제도의 문란과 이에 따라 극도에 달한 민생의 참상을 직접 목도하는 가운데 자신의 '개혁 지향적' 문제의식을 경전해석에 적극 투사시킨 또 하나의 사례가 됨은 물론이다.

3. 후기 『맹자』 관계저술

「자찬묘지명【집중본】」에서의 『맹자』 관련부분의 구성과 내용

한편, '정약용의 후기 『맹자』 관계저술'로는 「자찬묘지명自撰墓誌銘【집중본集中本】」[61세]에 실려 있는 『맹자』와 관련된 부분이 있다. 그 내용은 모두 '9개의 항목'으로 이루어져 있는바, 구체적으로 ① 만승지국萬乘之國과 천승지국千乘之國 간의 분전제록分田制祿의 실상[『孟子集註』「梁惠王章句上」篇 第1章], ② 경문經文 "불기살인不嗜殺人[사람 죽이기를 좋아하지 않는다]"[「梁惠王章句上」篇 第6章]의 의미, ③ 하夏 나라와 은殷 나라에서 실시되었던 정전법井田法의 실

112 『孟子要義』(『定本 與猶堂全書 7』, pp. 128~129) "○[鏞案] ……文王行王政, 斑白者不負戴於道路, 五十者衣帛, 七十者食肉, 皆所以養老也. ……豈膠庠燕饋之謂乎? 王政莫大乎制民田産, 敎之樹畜, 導其妻子, 使各奉養. 若欲選其耆老, 人人而惠養之, 則不惟力不足, 抑亦惠而不知爲政也."

제[「滕文公章句上」篇 第3章], ④ 경문 "무시뇌야無是餒也[이것이 없으면 굶주리게 된다]"[「公孫丑章句上」篇 第2章]의 해석, ⑤ '성性'의 개념, ⑥ '본연지성本然之性' 개념의 유래와 성격, ⑦ 경문 "만물개비어아萬物皆備於我[만물萬物이 모두 나에게 갖추어져 있다]"[「盡心章句上」篇 第4章]의 의미, ⑧ '맹자孟子가 성性을 논하면서 이理만 언급하고 기氣는 논하지 않았다'는 정이程頤[伊川, 1033~1107: 中國 北宋의 학자]의 주장[「告子章句上」篇 第6章]에 대한 이해, ⑨ '기질氣質의 청淸·탁濁'과 '선善·악惡' 간의 관계에 대한 정약용의 견해가 바로 그것이다.

물론 이상의 각 항목은 정약용이 보기에 『맹자』 가운데서 가장 핵심적인 것으로 여겨지는 내용을 발췌·요약한 것으로서, 비록 『맹자요의孟子要義』와 비교하여 새로운 내용은 없으나 그럼에도 그 자신의 최종적인 『맹자』 해석방향과 『맹자』관의 핵심을 압축적으로 보여주고 있다는 점에서 충분히 유의할 만한 가치를 지닌다고 하겠다. 그러면 지금부터 정약용의 중·후기 경학적 입장과 관련하여 앞에서 이미 설명한 부분을 제외한 여타 항목이 함축하고 있는 경학적 의미를 차례대로 살펴보기로 하자.

경학적 입장의 특징①: "사방 일백 리에서 수레 일천 대를 낸다고 한 것은 실제와 다르다"

우선, '만승지국萬乘之國과 천승지국千乘之國 간의 분전제록分田制祿의 실상'과 관련하여, 첫째, 정약용은 특히 "『집주集註』에는 '사방 일천 리里의 땅에서 수레 일만 대를 내고, 사방 일백 리의 땅에서 수레 일천 대를 낸다'고 하였는데, 이 또한 절대 통할 수 없는 말이다. 정말로 사방 일백 리의 땅에서 수레 일천 대를 낸다면 사방 일천 리의 땅에서는 수레 십만 대를 내야 하며, 만약 사방 일천 리의 땅에서 수레 일만 대를 낸다면 사방 일백 리의 땅에서는 수레 일백 대를 내는 데 그쳐야 한다. 왜 그런가

하면 사방 일천 리가 포괄하는 땅은 사방 일백 리의 땅의 백 배가 되기 때문이다. 그런데 수레를 내는 대수가 어찌 겨우 십 배에 그친단 말인가? ……「형법지刑法志」[『漢書』의 志類의 하나: 필자 주]에 의하면, ……대략 사방 십 리의 땅마다 수레 한 대를 내는 것이니, 사방 일백 리의 땅에서는 수레 일백 대를 내고, 사방 일천 리의 땅에서는 수레 일만 대를 낸다. 지금 사방 일백 리의 땅에서 수레 일천 대를 낸다고 한 것은 실제와 다르다. ……제후諸侯의 경우에는 본래 천 승乘이 없는데, 어떻게 제후를 천 승으로 해놓은 것을 열거하여 선왕先王의 법法으로 삼을 수 있겠는가?"113라고 주장하여, 일차적으로는 주희朱熹의 부정확한 고증考證을 비판하고 있다.

둘째, 정약용의 이러한 주장은 평소 '정확한 훈고訓詁를 바탕으로 한 의리義理의 추구'를 지향했던 그의 학문정신과 경전해석태도를 단적으로 잘 보여주는 하나의 사례로서, 특히 여기에는 그의 '역사에 대한 해박한 지식'과 더불어 정확한 계산을 통한 '합리적 고증'의 학문태도가 잘 부각되고 있다 할 것이다.

경학적 입장의 특징②: "'사람을 죽인다'는 말은 '무기나 형장으로 죽이는 것'을 의미하지 않는다"

다음으로, 정약용은 경문 "불기살인不嗜殺人[사람 죽이기를 좋아하지 않는다]"의 의미와 관련하여 첫째, "내가 생각건대 (여기서의: 필자 주) '사람을 죽인다[殺人]'는 말은 '무기武器나 형장刑杖으로 죽이는 것'을 의미하지 않는다. 왕

113 『孟子要義』(『定本 與猶堂全書 7』, p. 32) "○[鏞案] ……○『集註』謂: '方千里出車萬乘, 方百里出車千乘', 此又必不可通者也. 誠若方百里出車千乘, 則方千里者當出十萬乘; 誠若方千里出車萬乘, 則方百里者當出百乘而止. 何則? 方千里所函之地, 爲方百里者百, 其出車乘, 豈僅十倍而止乎? 據「刑法志」, ……率方十里出車一乘, 方百里出車百乘,【方百里者, 本函萬井之地, 以有山川之故, 只算得六千四百井】方千里出車萬乘.【方千里者, 本函百萬井之地, 以有山川之故, 只算得六十四萬井】今以爲方百里出車千乘, 違於實矣. ……則諸侯本無千乘, 安得以諸侯千乘, 列之爲先王之法乎?"

정王政을 행하지 않아 풍년에 남는 곡식을 거두어들일 줄 모르거나 흉년에 창고의 곡식을 내놓을 줄 모른다면, 곧 사람 죽이기를 좋아하는 것이다. 정전법井田法을 시행하지 않아 위로는 부모를 섬길 수 없고 아래로는 처자를 양육할 수 없게 만든다면, 곧 사람 죽이기를 좋아하는 것이다. 쉰 살 먹은 늙은이가 비단옷을 입지 못하고 일흔 살 먹은 늙은이가 고기를 먹지 못하여 추위에 떨고 굶주리다 죽게 만든다면, 곧 사람 죽이기를 좋아하는 것"114이라 역설하여, 단순히 '무기나 형벌로 사람 죽이기를 좋아하지 않는 것'으로 좁게 해석한 조기趙岐[字는 邠卿, 약 108~201: 中國 後漢의 학자]나 이에 암묵적으로 동의한 주희의 견해를 반박하고 있다.

둘째, 이러한 정약용의 주장 또한 ① 일차적으로는 경전經典을 해석함에 있어 특정 경문이 여타 경문과 가지는 고유한 어맥語脈을 중시했던 경전해석태도를 잘 보여주고 있을 뿐만 아니라, ② 나아가 평소 구체적인 '민생의 안정'을 우선적으로 강조했던 '치도治道'관의 일단을 적극 반영하고 있는 사안이기도 하다.

경학적 입장의 특징③: "'도·의'가 없으면 '호연지기'가 굶주리게 된다"

한편, 정약용은 "무시뇌야無是餒也[이것이 없으면 굶주리게 된다]"라는 경문의 해석에 있어서도 첫째, "내 일찍이 생각해보건대 몸[體]이 주려지는 것은 군자君子가 근심할 바가 아니요, 오직 의義를 모으고 선善을 쌓는 공功이 지극하지 않은 바가 있어 안으로 병들고 밖으로 부끄럽게 되어 사람이 스스로 나약하게 되면 기氣가 이 때문에 주리게 되니, 군자는 이를 부끄러워하는 것이다"115라고 주장했던바, ① 이로써 주희가 '시是'를

114 『孟子要義』(『定本 與猶堂全書 7』, p. 38) "○[鏞案] ……余謂: '殺人'者, 非謂: '兵刃·刑杖而殺之'也. 不行王政, 豊年不知檢, 凶年不知發, 則嗜殺人者也. 不行井田之法, 仰不足以事父母, 俯不足以育妻子, 則嗜殺人者也. 五十不能衣帛, 七十不能食肉, 凍餒以死, 則嗜殺人者也."

115 『孟子要義』(『定本 與猶堂全書 7』, p. 61) "○[鏞案] ……竊嘗思之, 體餒, 非君子之攸憂

‘호연지기浩然之氣’로, 굶주리게 되는 것은 ‘몸[體]’으로 생각하여 ‘호연지기가 없으면 몸이 굶주리게 된다’고 해석한 입장을 비판하고 있다. ② 즉, 정약용은 ‘시是’를 ‘도道·의義’로, 굶주리게 되는 것은 ‘호연지기’로 보아 ‘도·의가 없으면 (호연지)기가 굶주리게 된다’는 여조검呂祖儉[大愚, ?~1200: 中國 南宋의 학자]의 견해를 타당한 것으로 적극 수용한 바 있다.[116]

둘째, 이러한 정약용의 입장은 결국 “원래 호연지기는 마구 생성시킬 수도 없으며, 억지로 기를 수도 없는 것이다. 오직 도道로 말미암아 의義를 행하여 날마다 쌓고 달마다 기르면 마음이 넓어지고 몸이 살쪄[心廣體胖] 하늘을 우러러보고 땅을 굽어보아도 부끄러움이 없게 되는 것이다. 이에 빈천貧賤이 그 마음을 근심하게 만들지 못하고 위무威武로도 굴복시키지 못하여, 결국 기氣가 하늘과 땅에 가득 차는 데에 이르게 되는 것”[117]이라는 그 자신의 독자적인 ‘호연지기’관 및 ‘도·의’관에 근거하고 있는 바로서, 여기서도 실제와 실천을 우선시하는 그의 윤리론의 일단이 의미 있게 표명되고 있음을 간취할 수 있겠다.

也. 唯是集義·積善之功, 有所不至, 則內疚外怍, 苶然自沮, 氣爲之餒, 是乃君子之所恥也.”

116 『孟子要義』(『定本 與猶堂全書 7』, pp. 60~61) “○朱子「答呂子約書」曰: ‘若如來喩, 以「是」爲指道·義, 而言: 「若無此道·義, 卽氣爲之餒」, 則孟子於此, 亦當別下數語, 其下亦不須更說「是集義所生」矣.’○[鏞案] 朱子之意, 以爲無浩氣則體餒; 呂氏之意, 以爲無道·義則氣餒. 此一訟案也. ……孟子以集義爲生氣之本, 而朱子以養氣爲行義之助, 其先後·本末, 似顚倒也.”

117 『孟子要義』(『定本 與猶堂全書 7』, p. 61) “○[鏞案] ……原夫浩然之氣, 不可徒生, 不可强養. 唯是由道行義, 日積月累, 則心廣體胖, 俯仰無愧. 於是乎貧賤不能戚, 威武不能屈, 以至於氣塞天地.”; 「答李汝弘【載毅】」(『定本 與猶堂全書 4』, p. 146) “孟子之學, 專欲行仁·義, 以養其浩氣, ……今日行一仁, 明日行一義, 於是浩氣受養, 睟面盎背, 故孟子言之曰: ‘是物也, 其本則根於心, 其色則睟於面’, ……”; 「答李汝弘【丙子九月日】」(『定本 與猶堂全書 4』, p. 166) “人今日行一善事, 明日行一義學, 集義積善, 積之至久, 則心廣體胖, 睟面盎背, 而浩然之氣, 與之滋長, 至剛至大, 塞乎天地之間. 於是富貴不能淫, 貧賤不能移, 威武不能屈, 譬諸草木, 是乃苗茂蕃鮮者耳.”

경학적 입장의 특징④: '만물개비어아'란 '혈구지도'와 '일관·충서'를 의미한다

이어, 정약용은 "만물개비어아萬物皆備於我[만물萬物이 모두 나에게 갖추어져 있다]"라는 경문의 의미와 관련하여, 첫째, ① 주희가 일찍이 "이것은 이理의 본연本然을 말한 것이다. 크게는 군신君臣과 부자父子에서부터 작게는 사물事物의 세미細微한 것에 이르기까지 그 당연한 이理가 하나라도 성분性分 안에 갖추어지지 않은 것이 없다"[118]고 해석한 것에 대하여, ② 정약용은 ㉠ "만물에 대해서 반드시 이처럼 광대한 말로 이야기할 필요가 없다. 천지만물의 이치[理]는 각각의 만물에 제각기 있는 것이니, 어찌 모든 이치가 나에게 갖추어져 있다고 말할 수 있겠는가? 개에게는 개의 이치가 있고, 소에게는 소의 이치가 있음에, 이는 분명히 나에게 없는 것인데, 어찌 억지로 큰소리를 쳐서 모두 나에게 갖추어져 있다고 할 수 있겠는가? ……선유先儒[程朱學者: 필자 주]들은 ……천지만물을 통틀어서 어느 하나도 내 마음 속에 갖추어지지 않은 것이 없다고 한다. (그 말이: 필자 주) 너무 넓고 끝이 없어 후학들로 하여금 들어가고 착수할 곳을 망연茫然히 알지 못하게 하니, 이 어찌 한스러운 일이 아니겠는가?"[119]라고 신랄하게 반박한 바 있다. ㉡ 이어서 그는 "만물개비어아"란 일례로 "내가 여색女色을 좋아하면 곧 다른 사람[民]도 여색을 좋아하는 줄을 아는 것"이니, 다시 말하면 "날마다 쓰고 항상 행하는 만사만물의 감정과 욕망 또한 모두 나에게 갖추어져 있으니, 이에 반드시 그 사정을 묻고 안색을 살핀 다음에야 비로소 남도 나와 같다는 것을 알게

118 『孟子集註』, 「盡心章句上」篇 第4章의 註 "此言理之本然也. 大則君臣·父子, 小則事物細微, 其當然之理, 無一不具於性分之內也."

119 『孟子要義』(『定本 與猶堂全書 7』, pp. 231~232) "○[鏞案] 萬物不必如是作廣大之言. 天地·萬物之理, 各在萬物身上, 安得皆備於我? 犬有犬之理, 牛有牛之理, 此明明我之所無者, 安得强爲大談曰: '皆備於我'乎? ○……(孔·孟之學, 其眞切卑近如此, 而)先儒(於孔子'一貫'之說·孟子'萬物'之解, 皆言之太廣, 釋之太闊,) 通天地·萬物之理, 而無一不具於方寸之中. 浩浩蕩蕩, 靡有涯岸, 使後學茫然不知入頭·著手之處, 豈不恨哉?"

되는 것은 아니다"[120]라고 해석하였다.[121] ㉢ 또한, 바로 이러한 맥락에서 정약용은 이 장[『孟子集註』「盡心章句上」篇 第4章]이 바로 "윗사람에게서 싫었던 것으로써 아랫사람을 부리지 않는" 것으로서의 '혈구지도絜矩之道'와 "타인의 마음을 나의 마음처럼 헤아리는 것"[122]으로서의 '일관一貫·충서忠恕'를 설명하고 있는 것으로 보기도 하였다.[123]

둘째, 일견 특정 경문에 대한 해석상의 사소한 이견을 표명하는 데 그치는 듯한 이와 같은 정약용의 주장은 기실 의외로 중대한 경학적 의미를 내포하는 사안이기도 하다. 왜냐하면 ① 여기에는 '성性'과 '일관一貫·충서忠恕'의 개념에 대한 그의 독자적 견해가 전제되어 있을 뿐만 아니라, ② 나아가 이러한 견해는 정주성리학의 세계관에 대한 근본적 비판과 거부 또한 함축하고 있기 때문이다.[124]

---

120 『孟子要義』(『定本 與猶堂全書 7』, p. 231) "○[鏞案] ……○……我好色, 便知民亦好色; ……日用常行萬事萬物之情·之慾, 皆備於我, 不必問其情·察其色, 而後知人之與我同也."

121 정약용은 다음과 같이 말하기도 하였다: "'도道가 사람에게서 멀리 있지 않다[道不遠人]'[『中庸章句』「第13章」: 필자 주]는 것이란 『맹자』에서 말한바 '만물萬物이 모두 나에게 갖추어져 있다[萬物皆備於我]'는 뜻으로서, 이는 다시 말하면 '내가 자식에게 요구하는 바가 있음에 곧 부모를 섬기는 도道가 나에게 있다는 것이며, 내가 신하에게 원하는 바가 있음에 곧 군주를 섬기는 도가 나에게 있다는 것이요, 내가 아우에게 바라는 바가 있음에 곧 형을 섬기는 도가 나에게 있다'는 의미인 것이다.([箴曰] ……○'道不遠人'者, 『孟子』所謂'萬物皆備於我'也. 有求乎子, 則事父之道在我也; 有求乎臣, 則事君之道在我也; 有求乎弟, 則事兄之道在我也.)" 『中庸自箴』(『定本 與猶堂全書 6』, p. 250)

122 『論語古今注 I』(『定本 與猶堂全書 8』, p. 155) "[補曰] ……忖他心如我心, 謂之'恕'也.【『說文長箋』云: '如心爲恕'】"; 『大學講義』(『定本 與猶堂全書 6』, p. 157) "鏞曰: '是['恕'를 말함: 필자 주], 推己及人之意也.'"

123 『孟子要義』(『定本 與猶堂全書 7』, p. 231) "○[鏞案] ……○此章乃一貫·忠恕之說. ……(於是)所惡於上, 無以使下; ……"

124 정약용의 '성性'과 '일관一貫·충서忠恕'의 개념이 정주성리학의 세계관에 대하여 가지는 비판적 함의에 대해서는 제3부 제1장 「다산 정약용의 이기론」과 제3장 「다산 정약용의 인간론」에서의 해당부분이 참조된다.

경학적 입장의 특징⑤: "'성만 논하고 기는 논하지 않았다'는 것은 맹자를 헐뜯는 말이다"

끝으로, 정약용은 '맹자孟子가 성性을 논하면서 이理만 언급하고 기氣는 논하지 않았다'는 정이程頤의 주장에 대해서도 "'성性['本然之性'을 말하며, 이는 곧 '理'이기도 하다: 필자 주]만 논하고 기氣['氣質之性'을 말한다: 필자 주]는 논하지 않았다'고 하는 것은 맹자를 헐뜯는 말이다"라고 일축하고 있다. 첫째, 정약용이 보기에 본 경문에서 맹자가 성性, 즉 이理만을 논하게 된 것은 고자告子가 오직 기질氣質의 욕망만을 들어 이를 '성명性命'이라고 극단적으로 주장하는 데에 대하여 반박하는 맥락에 있었기 때문이다. 따라서 "만일 맹자께서 평일에 제자들과 심성心性의 이치에 대하여 공평하게 논하는 자리였다면, 아마 기질에 관한 일도 논했을 것"으로 그는 보고 있다.[125]

둘째, 물론 정약용의 이러한 일축 또한 그 이면에는 정주성리학의 '성性' 개념에 대한 비판적 입장과 더불어 '성性'에 대한 자신의 독자적 견해—'성사등급性四等級'설—를 전제하고 있다는 점에서 주목할 만한 경학적 가치를 함축한다고 하겠다.

III. 정약용의 『대학』 관계저술

우선, '정약용丁若鏞의 『대학大學』 관계저술'[126]을 전체적으로 소개하면,

---

125 『孟子要義』(『定本 與猶堂全書 7』, p. 198) "○[鏞案] '論性不論氣'者, 病孟子也. 然若使孟子平日與門人平說心性之理, 則氣質邊事, 或當並論. 今所言者, 皆因告子而發. 告子全執氣質之慾, 指爲性命, 孟子之心如遇火. 救火不得不用水, 豈得抱薪而救火乎? 其專擧道義之本性, 勢固然矣."

126 정약용의 『대학』 경학에 대한 기존의 연구물 가운데 대표적인 것을 들면 다음과 같다:

① 『희정당대학강의熙政堂大學講義』[28세], ② 「십삼경책十三經策」[29세]에서

금장태, 2003a, 「대학지도大學之道와 덕德의 개념: 다산과 오규 소라이의 『대학』 해석」, 『茶山學』 제4호.(다산학술문화재단)

———, 2003b, 「茶山의 『대학』 해석과 德의 방법: 荻生徂徠와 비교이해」, 『退溪學報』 第114輯.(退溪學研究院)

———, 2004a, 『도道와 덕德: 다산과 오규 소라이의 『중용』·『대학』 해석』(파주: 이끌리오)

김문식, 2006, 「다산 정약용의 태학지도太學之道」, 『茶山學』 제8호.(다산학술문화재단)

茶山學術文化財團 編, 2008, 『茶山的四書經學』(北京: 商務印書館國際有限公司)

朴祥里 외, 2014, 「鄭齊斗와 丁若鏞의 『大學』 이해 연구」, 『儒教思想文化研究』 第56輯.(韓國儒教學會)

이승종, 2012, 「다산의 『대학』 읽기와 성의」, 『茶山學』 제21호.(다산학술문화재단)

李乙浩, 1966, 『茶山經學思想研究』(서울: 乙酉文化社)

———, 1975c, 「大學經義」, 『茶山學의 理解』(서울: 玄岩社)

李篪衡, 1995, 「『大學』 註釋을 通해 본 丁茶山의 經學」, 『東洋學 國際學術會議 論文集』 第5輯.

———, 1996d, 「茶山의 『大學』觀과 『大學』新註釋」, 『茶山經學研究』(서울: 太學社)

임부연, 2013, 「貞山과 茶山의 『대학』 해석 비교: 사상의 연속과 단절을 중심으로」, 『退溪學報』 第134輯.(退溪學研究院)

鄭炳連, 1994, 『茶山 四書學研究』(서울: 景仁文化社)

鄭一均, 1996c, 「茶山 丁若鏞의 『大學』論」, 『韓國學報』 제85집.(一志社)

———, 2000, 『茶山 四書經學 研究』(서울: 一志社)

지준호, 2003, 「『大學公議』를 통해 본 茶山 丁若鏞의 『大學』觀」, 『한국철학논집』 제12집.(한국철학사연구회)

———, 2004, 「茶山 丁若鏞의 大學 이해와 修己治人의 道」, 한국철학사연구회 엮음, 『다산경학의 현대적 이해』(서울: 심산)

崔大羽, 1989, 「『大學經說』考」, 李乙浩 外, 『丁茶山의 經學: 論語·孟子·大學·中庸 研究』(서울: 民音社)

崔錫起, 2010, 「星湖學派의 『대학』 해석: 星湖·貞山·茶山을 중심으로」, 『韓國實學研究』 第19號.(韓國實學學會)

蔡茂松, 1990, 「丁茶山的四書研究」, 姜萬吉 外, 『茶山學의 探究』(서울: 民音社)

蔡振豐, 2009, 「丁茶山四書詮釋的體系及其意義」, 『韓國實學研究』 第18號.(韓國實學學會)

———, 2010, 『朝鮮儒者丁若鏞的四書學: 以東亞爲視野的討論』(臺北: 臺大出版中心)/김중섭·김호 옮김, 2015, 『다산의 사서학: 동아시아의 관점에서』(서울: 너머북스)

나카 스미오[中純夫], 2002, 「丁若鏞의 『大學』 解釋에 관한 연구」, 『茶山學』 제3호.(다산학술문화재단)

다카하시 도루[高橋亨], 1955, 「丁茶山の大學經說」, 『天理大學學報』 第18輯.(天理大學)

야마우찌 코오이찌[山內弘一], 1987, 「丁若鏞の事天の學と修己治人の學について」, 『朝鮮學報』 第122輯.(朝鮮學會)

의 『대학』과 관련된 부분, ③ 「대학책大學策」[127][30세], ④ 『대학공의大學公議』[53세], ⑤ 「자찬묘지명自撰墓誌銘【집중본集中本】」[61세]에서의 『대학』과 관련된 부분[128]이 대표적이며, ⑥ 이외에도 『시문집詩文集』 가운데에 실려 있는 '편지[書]'·'증언贈言'·'논論'·'서序'·'변辨'·'원原'·'설說'·'대책對策'·'묘지명墓誌銘'·『서암강학기西巖講學記』 등에서의 『대학』과 직간접적으로 관계되는 글 등이 있다.[129]

---

127 이 저술은 현재 전해지지 않는다. 다만 그 존재 및 부분적 내용이 『대학공의』에서 '기사記事'의 형태로 소개되어 있다. 이에 그 '기사'의 내용을 소개하면 다음과 같다: "건륭乾隆 신해년辛亥年[1791년, 正祖 15: 필자 주]에 내각內閣의 월과月課에서 임금께서 친히 『대학大學』을 책문策問하셨다. 이에 나는 다음과 같이 대답한 바 있다: '생각건대 『대학』의 극치極致와 『대학』의 실용實用은 「효孝·제弟·자慈」 이 세 가지를 벗어나지 않습니다. 지금 『대학』의 요지要旨를 밝히고자 한다면 반드시 먼저 「효·제·자」 세 글자의 의미를 명확하게 드러내야 하니, 그런 다음에야 비로소 『대학』 한 편의 전체全體와 대용大用이 밝혀질 수 있습니다. 경經[『대학』: 필자 주]에서 「명덕明德을 천하天下에 밝힌다[明明德於天下]」고 하였은즉, 「명명덕明明德」의 귀취歸趣는 반드시 「평천하平天下」 일절一節에 있습니다. 그러므로 효孝·제弟의 기풍을 일으키는 법法과, 고아를 구휼하고[恤孤] 백성이 죽은 자를 배반하지 않게 하는[不倍] 교화敎化가 과연 「명명덕」의 진면목이 아니겠습니까?' 이에 대책문對策文을 거두어 가자 임금께서 (나의 대책문을: 필자 주) 1등으로 뽑을 것을 명하셨으나, 당시 독권관讀卷官으로 계시던 채번옹蔡樊翁[蔡濟恭: 필자 주]께서 '「명덕明德」의 뜻에 대한 대답이 『대학장구大學章句』에 어긋난다'고 하시면서 2등으로 강등시키고 대신 김희순金羲淳을 1등으로 뽑으셨다. 지금으로부터 24년 전의 일이다.([記事]乾隆辛亥, 內閣月課, 親策問『大學』. 臣對曰: '臣妄竊以爲『大學』之極致, 『大學』之實用, 不外乎「孝·弟·慈」三者. 今欲明『大學』之要旨, 必先將「孝·弟·慈」三字, 疏滌表章, 然後一篇之全體·大用, 乃可昭也. 經曰: 「明明德於天下」, 則明明德歸趣, 必在乎「平天下」一節矣. 興孝·興弟之法, 恤孤·不倍之化, 其果非「明明德」之眞面目乎?' 卷旣徹, 命擢置第一, 時蔡樊翁爲讀卷官, 謂: '所言明德之義, 違於『章句』', 降爲第二, 以金羲淳爲第一. 今二十四年前事也.)" 『大學公議』(『定本 與猶堂全書 6』, pp. 80~81) 또한 「茯菴 李【基讓】墓誌銘」(『定本 與猶堂全書 3』, p. 231)도 참조된다.

128 「自撰墓誌銘【集中本】」(『定本 與猶堂全書 3』, pp. 276~277)

129 보다 구체적으로 살펴보면, ① '편지[書]'에는 「上弁園書【丙辰】」(『定本 與猶堂全書 4』, pp. 88~91: 1796년), 「答方山 李【道溟】」(『定本 與猶堂全書 4』, pp. 100~101: 1795년), 「與李汝弘【甲戌十月日】」(『定本 與猶堂全書 4』, pp. 154~156: 1814년) 등이, ② '증언贈言'에는 「爲盤山 丁修七贈言【字內則, 長興人】」(『定本 與猶堂全書 3』, pp. 393~397)이, ③ '논論'에는 「五學論 2」(『定本 與猶堂全書 2』, pp. 298~299)가, ④ '서序'에는 「『牧民心書』序」(『定本 與猶堂全書 2』, pp. 404~406)가, ⑤ '변辨'에는 「致良知辨」(『定本 與猶堂全書 2』, pp. 359~360)이, ⑥ '원原'에는 「原教」(『定本 與猶堂全書 2』, p. 200), 「原德」(『定本 與猶堂全書 2』, p. 202)이, ⑦ '설說'에는 「誠字說」(『定本 與猶堂全書 2』, p. 208), 「用人理財說」(『定本 與猶堂全書 2』, pp. 212~213)이, ⑧ '대책對策'에는 「中庸策」(『定本 與猶堂全書 2』, pp. 71~78)이, ⑨ '묘지명墓誌銘'에는 「茯菴 李【基讓】墓誌

1. 초기 『대학』 관계저술

여기서 '정약용의 초기 『대학』 관계저술'에 해당하는 것으로는 『희정당대학강의熙政堂大學講義』[28세], 「십삼경책十三經策」[29세]에서의 『대학』과 관련된 부분, 「대학책大學策」[30세]이 있는데, 이 가운데서 『희정당대학강의』가 내용적 측면에서 가장 대표적인 것이라 할 수 있다.

『희정당대학강의』의 구성과 내용

상기의 『희정당대학강의』는 정약용이 28세 되는 기유년[1789년, 正祖 13]에 초계문신抄啓文臣으로 있으면서 저술한 책으로서, 즉 그해 4월 정조正祖가 희정당熙政堂에서 초계문신들을 불러다놓고 『대학』을 강론하게 하였는데, 이 강론을 마치고 돌아와 자신이 답변한 내용을 정리·기록해 놓은 것이다.[130] 그리고 이 책은 이후 그가 53세 되는 갑술년[1814년, 純祖 14]에 유배지인 강진康津의 다산茶山에서 『대학공의大學公議』를 저술하면서 겸하여 보완·정리했던바, 이것이 바로 『대학강의大學講義』이다.[131]

이상과 같은 『희정당대학강의』의 전체구성과 그 내용을 차례대로 소개하면, 우선 그 전체구성에 있어서는 ① 「주자서朱子序」[「大學章句序」]에 대한 정조의 질문과 이에 대한 정약용의 답변, ② 『대학장구大學章句』의 「전7장」에서 「전10장」까지의 내용과 관련하여 시관試官인 홍문관제학弘文館提學 서유린徐有隣[字는 元德, 1738~1802]과 규장각직제학奎章閣直提學 김희金憙[芹窩, 1729~1800]가 제기한 질문과 이에 대한 정약용의 답변, ③ 과강課講

銘」(『定本 與猶堂全書 3』, pp. 225~232), 「鹿菴 權【哲身】墓誌銘」(『定本 與猶堂全書 3』, pp. 232~238) 등이 대표적이다.

130 『大學講義』(『定本 與猶堂全書 6』, p. 148) "乾隆己酉春, 余忝甲科, 卽被內閣抄啓. 四月, 上御熙政堂, 召抄啓諸臣, 講『大學』. 歸而錄之如左."

131 이때 정약용은 『희정당대학강의』의 본문을 다시금 검토하면서 느낀 소감을 '금안今案'의 형식으로 4번 서술하여 해당본문의 아랫부분에 부기附記하였다.

이 끝난 뒤 정조의 명에 따라 과강에 참석했던 모든 시관試官들과 강원講員들이 『대학』의 내용에 대해 서로 질의·토론한 사항으로 이루어져 있다.

한편, 그 구체적인 내용에 있어서는 ① 「주자서朱子序」[「大學章句序」]: '소학小學'과 '대학大學'의 의미, ② 「전7장」: '사정四情'[忿懥·恐懼·好樂·憂患]과 '정심正心' 간의 관계와 관련된 몇 가지 해석상의 문제, 특히 경문經文 "신유소분치身有所忿懥[몸에 화내는 바가 있으면]"에서의 '신身'자가 '심心'자로 바뀌어야 한다는 정이程頤[伊川, 1033~1107: 中國 北宋의 학자]의 주장 및 '성의誠意'·'심心'·'성性'·'경敬' 등의 개념에 대한 이해의 문제, ③ 「전8장」: 수신修身에 있어 긴요한 '오벽五辟'[親愛·賤惡·畏敬·哀矜·敖惰]의 극복과 관련된 몇 가지 해석상의 문제와 '성의誠意'에 대한 이해의 문제, ④ 「전9장」: 경문 해석상의 몇 가지 문제, 특히 '효孝·제弟·자慈' 가운데 유독 '자도慈道'만을 이야기한 까닭, '제悌'가 '인仁'에 속하는지의 여부 및 '서恕'에 대한 이해의 문제, ⑤ 「전10장」: 경문 해석상의 몇 가지 문제, 특히 '혈구絜矩', '불배不倍', 경문 "거이불능선擧而不能先, 명야命也[등용登用하되 먼저 하지 못함은 운명이다]"에서의 '명命'자가 '태怠'자로 바뀌어야 한다는 정이의 주장 및 천하를 다스리는 요체로서 '용인用人'과 '이재理財'가 특별히 거론된 이유 등에 대한 이해의 문제, ⑥ 경문 "명명덕어천하明明德於天下[명덕明德을 천하天下에 밝힌다]"에 대한 해석, '격물格物·치지致知'의 의미 및 '격물·치지'와 '성의誠意'간의 선후관계에 대한 이해의 문제 등이 제기되고 있다.

『희정당대학강의』에 나타난 경학적 입장의 특징

그러면, 이상의 논의 가운데서 정약용의 초기 경학적 입장의 특징을 잘 보여주면서도 동시에 후기에까지 관철·발전되고 있는 바로서 주목되는 점들을 간략히 살펴보면, 첫째, '소학小學'과 '대학大學'의 의미와 그 구별의 근거에 대한 정약용의 견해이다. 즉, ① 그는 이러한 정조의 질문에 대해 ㉠ "어린이[童子]의 학문이란 그 절문節文이 작아 쇄소灑掃와 문자文字와 같은 말단에 그치기에 '소학小學'이라 하며, 성인成人[大人]의 학문이란 그 공용功用이 커 수신修身·제가齊家·치국治國·평천하平天下의 극치에 이르는 것이므로 '대학大學'이라 합니다. ……'소학'과 '대학'이 구분되는 까닭은 비록 학문의 체體·용用에 있어서의 대소大小에 따른 것이기는 하나, …… 이는 또한 학궁學宮의 명칭이기도 한 것입니다"132라고 답변한 바 있다. ㉡ 이러한 정약용의 초기 견해를 살펴보면, ㉮ 그가 한편으로는 '소학'과 '대학'을 '학문의 명칭', 즉 여기서의 '대大'자와 '소小'자를 각각 대인大人[成人]과 소인小人[童子]의 구별에서 연유한 것으로 보는 가운데 '대학大學'—'대학'이라고 읽는다—이란 말을 "성인成人의 학문[大人之學]"133으로 해석한 주희朱熹의 견해를 일단 수용하고 있으면서도, ㉯ 다른 한편으로는 이를 '학궁學宮[學校]의 명칭'으로 보려는 관점 역시 동시에 피력하고 있음을 간취할 수 있겠다. ㉢ 여기서 특히 주목되는 부분은 곧 '후자의 관점'인 바, 왜냐하면 이는 이후에 "태학大學—'태학'이라고 읽는다—이란 국학國學이니, 주자冑子[天子의 맏아들인 '太子'와 庶子 및 公·卿·諸侯의 맏아들: 필자 주]를 거주시키면서 교육하던 곳"으로서, "옛날 '소학小學'과 '태학大學'의 구별은 원래 예업藝業과 횡사黌舍의 대소에 따라 이루어졌던 것"134이라는 『대학공의大學公議』에서의 주장으로 계승·발전되고 있기 때문이다. ② 원래 '대학大學'을 '학문의 명칭'으로 볼 것인가 아니면 '학궁[學校]의 명칭'으로 볼 것인

132 『大學講義』(『定本 與猶堂全書 6』, p. 148) "臣對曰: '童子之學, 其節文小, 止於灑掃·文字之末, 故曰: 「小學」. 大人之學, 其功用大, 至於修·齊·治·平之極, 故曰: 「大學」也.'"; 『大學講義』(『定本 與猶堂全書 6』, p. 148) "臣對曰: '小學·大學之所以分, 雖由學問體·用之大小, ……則此是學宮之名也.'"

133 『大學章句』, 「經1章」의 註 "大學者, 大人之學也."

134 『大學公議』(『定本 與猶堂全書 6』, p. 69) "大學者, 國學也, 居冑子以敎之."; 『大學公議』(『定本 與猶堂全書 6』, p. 70) "○[議曰] ……(且)古者, 小學·大學之別, 原以藝業之大小, 黌舍之大小, 分而二之."

가의 문제는 이후에 자세하게 설명하겠지만 『대학大學』이란 경전을 전체적으로 이해·접근하는 기본적 태도를 결정하는 경학 상의 중요한 사안 가운데 하나임을 고려할 때, 이상과 같은 정약용의 초기의 입장은 충분히 유의할 만한 가치가 있는 것이다.

둘째, '명덕明德'의 원의原義에 대한 정약용의 견해이다. ① 비록 그가 『희정당대학강의』에서는 "제悌 또한 인仁에 속함을 알 수 있다"[135]라는 언급 이외에는 '명덕明德'과 관련된 자신의 입장을 명시적으로 표명한 바 없지만, 한편으로 「대학책大學策」에서는 "『대학』의 극치極致와 『대학』의 실용實用은 '효孝·제弟·자慈' 이 세 가지를 벗어나지 않는다"[136]고 주장하였고, 또한 "효·제·자는 명덕明德의 응험應驗"[137]이라 보기도 하였다. ㉠ 이러한 정약용의 진술 또한 중요한 의미를 함축하고 있는 경학 상의 일 선언인 셈이다. 왜냐하면 이는 '명덕明德'이란 것이 결코 마음에 본래부터 내재하는 '(천天)리理' 또는 '허령불매虛靈不昧한(심心)덕德'이 아니라 거꾸로 인간 간의 구체적인 '실천행위[行事] 이후에야 비로소 붙여지는 명칭'으로서, 또한 인륜을 돈독히 하는 것으로서의 '효·제·자'이자 곧 '인仁'이 된다고 하는 이후 『대학공의』에서의 입장을 명백히 예견토록 만들기 때문이다. ㉡ 결국, 이러한 사실은 정약용의 경학적 입장이 이미

---

135 『대학강의』에 다음과 같은 대화가 나온다: "김희金憙가 물었다: '제悌 또한 인仁에 속하는가?' 정약용丁若鏞이 대답하였다: '일찍이 듣건대 「효孝·제弟는 인仁을 행하는 근본根本이 된다」고 하였으니, 제悌 또한 인仁에 속함을 알 수 있다.'(憙曰: '悌亦屬仁耶?' 鏞曰: '嘗聞之「孝弟也者, 其爲仁之本」, 可知悌亦屬仁矣.')" 『大學講義』(『定本 與猶堂全書 6』, p. 157)

136 『大學公議』(『定本 與猶堂全書 6』, pp. 80~81) "[記事] 乾隆辛亥, 內閣月課, 親策問『大學』. 臣對曰: '臣妄竊以爲『大學』之極致, 『大學』之實用, 不外乎「孝·弟·慈」三者. 今欲明『大學』之要旨, 必先將「孝·弟·慈」三字, 疏滌表章, 然後一篇之全體·大用, 乃可昭也. 經曰: 「明明德於天下」, 則明明德歸趣, 必在乎「平天下」一節矣. 興孝·興弟之法, 恤孤·不倍之化, 其果非「明明德」之眞面目乎?' 卷既徹, 命擢置第一, 時蔡樊翁爲讀卷官, 謂: '所言明德之義, 違於『章句』', 降爲第二, 以金羲淳爲第一. 今二十四年前事也."

137 「茯菴 李【基讓】墓誌銘」(『定本 與猶堂全書 3』, p. 231) "(余嘗對御策『大學』之問,) 以孝·弟·慈, 爲明德之應, ……"

젊어서부터 의식적으로 정주성리학과는 현저히 다른 방향으로 지향되고 있었음을 보여주는 부분으로서, 이는 또한 강렬한 '실제·실천 지향성'을 그 특징으로 함을 의미하기도 한다. ② 나아가 바로 이러한 맥락에서 볼 때, 경문 "명명덕어천하明明德於天下[명덕明德을 천하天下에 밝힌다]"의 의미를 "나의 명덕明德을 밝히고, 이를 통해 천하인天下人의 명덕을 밝히는 것"138이라고 보았던 정약용의 초기의 입장 역시 "천하의 모든 사람들로 하여금 (그들의: 필자 주) 명덕을 밝히도록 하는 것"139이라 해석했던 주희의 입장과 외견상 비슷하게 보일지 모르지만 기실 그 내용에 있어서는 완전히 상이한 것으로 나타나게 된다.

셋째, '격물格物·치지致知'에 대한 정약용의 해석이다. 즉, ① 그는 이와 관련하여 "의意·심心·신身·가家·국國·천하天下는 물物에 속하고, 성誠·정正·수修·제齊·치治·평平은 사事에 속한다. 물物에는 본本과 말末이 있으니, '수신위본修身爲本[修身이 根本이 된다]'·'본란말치本亂末治[根本이 어지러우면서도 末端이 다스려진다]'·'차위지본此謂知本[이를 일러 '根本을 안다'고 하는 것이다]' 등에서의 '본本·말末'자는 마땅히 '격물格物'을 해석하는 것으로 보아야 하며, 지知에는 먼저 하고 나중에 하는 바[先·後]가 있으니, 제4절[『大學章句』「經1章」에서의 "古之欲明明德於天下者, 先治其國; 欲治其國者, 先齊其家; 欲齊其家者, 先脩其身; 欲脩其身者, 先正其心; 欲正其心者, 先誠其意; 欲誠其意者, 先治其知; 治知在格物"을 이름: 필자 주]에서의 6개의 '선先'자와 제5절[『大學章句』「經1章」에서의 "物格而后知至, 知至而后意誠, 意誠而后心正, 心正而后身脩, 身脩而后家齊, 家齊而后國治, 國治而后天下平"을 이름: 필자 주]에서의 7개의 '후后[後]'자 및 '지본知本[根本을 안다]'·'지지知至[앎이 지극하다]' 등에서의 '지知'자는 마땅히 '치지致知'를 해석하는 것으로 보아야 한다"140고 역설

---

138 『大學講義』(『定本 與猶堂全書 6』, p. 162) "(金憙曰: '「明明德於天下」, 有二說. 是明天下人之明德耶, 是明吾之明德於天下耶?' ……鏞曰: '二說不可偏廢.) 盖明吾之明德, 以明天下人之明德者也.'"

139 『大學章句』, 「經1章」의 註 "明明德於天下者, 使天下之人皆有以明其明德也."

140 『大學講義』(『定本 與猶堂全書 6』, p. 163) "鏞曰: '……意·心·身·家·國·天下屬物, 誠·正·修·齊·治·平屬事. 物有本·末, 則「修身爲本」·「本亂末治」·「此謂知本」等「本·末」字, 當是格

했던바, 이러한 정약용의 주장은 이후 『대학공의』에서의 "격물格物이란 물物[意·心·身·家·國·天下: 필자 주]에 본本·말末이 있음에 이를 헤아려 아는 것"이요 "치지致知란 (事[誠·正·修·齊·治·平]에 始·終이 있음에: 필자 주) 먼저 할 것과 나중에 할 것을 명확하게 인식하는 것"141일 뿐이라는 입장으로 계승·발전되고 있다. ② 정약용의 '격물·치지'에 대한 ㉠ 위와 같은 인식은 그가 이미 젊어서부터 '지행겸진知行兼進'을 지향하는 경학적 입장을 명확하게 정립하고 있었음을 보여주는 지표 가운데 하나인바, ㉡ 이는 물론 '격물'이 "사물의 이理—이것은 形而上의 道이다—를 궁구하여 그 극처極處에까지 이르지 않음이 없는 것"이라면, '치지'는 "나의 지식知識을 미루어나감을 극진히 하여 내 아는 바가 다하지 않음이 없는 것"142으로 규정하는 가운데, 이러한 '격물·치지'를 태학大學에서 "처음 배우는 자가 덕德에 들어가는"143 필수적인 첫 번째 공부로 부과하고 있는 주희의 입장에 대한 비판과 거부를 함축하는 것이기도 하다.

넷째, '성의誠意'의 의미 및 이러한 '성의'와 '격물格物·치지致知' 간의 선후관계에 대한 정약용의 견해이다. 즉, ① 그는 일찍이 "성의誠意는 정심正心의 근본이 될 뿐만 아니라, 수신修身·제가齊家·치국治國·평천하平天下는 '성의'라는 두 글자로써 시始·종終을 이루지 않음이 없다"144고 하였고, "격물格物·치지致知는 성의誠意 앞에 있어서는 안 되는 것"145이라고 명확하게 주장했던바, 이는 이후 『대학공의』에서의 "『중용』에서 '성誠이란

物之解. 知所先·後, 則第四節六個「先」字, 第五節七個「后」字, 「知本」·「知至」等「知」字, 當是致知之解."

141 『大學公議』(『定本 與猶堂全書 6』, p. 94) "極知其所先後, 則致知也. 度物之有本末, 則格物也."

142 『大學章句』, 「經1章」의 註 "致, 推極也. 知, 猶識也. 推極吾之知識, 欲其所知無不盡也. 格, 至也. 物, 猶事也. 窮至事物之理, 欲其極處無不到也."

143 『大學章句』, 頭註 "子程子曰: '『大學』, 孔氏之遺書, 而初學入德之門也.'"

144 『大學講義』(『定本 與猶堂全書 6』, p. 150) "鏞曰: '誠意不獨爲正心之本, 修·齊·治·平, 莫不以「誠意」二字, 成始·成終.'"

145 『大學講義』(『定本 與猶堂全書 6』, p. 162) "鏞曰: '……格·致, 恐不在誠意之先矣.'"

물物의 종終과 시始'라 하였는데, 곧 시始는 성기成己요 종終이란 성물成物이다. 또한 성기는 수신修身이요 성물은 화민化民이다. 그러한즉 수신修身에 있어서는 원래 성의誠意를 으뜸가는 공功으로 삼는다. 이[誠意: 필자 주]를 따라 시작해 들어가고 이를 따라 착수하니, 성의 앞에 또 어찌 두 층의 공부[格物·致知: 필자 주]가 있을 수 있겠는가?"[146]라는 입장으로 이어지고 있다. ② 이러한 정약용의 입장, 특히 '성의'와 '격물·치지' 간의 선후관계에 대한 견해는 그가 젊어서부터 『대학』이란 경전의 구조와 근본취지를 주희와는 다르게 독자적 견지에서 이해하고 있었음을 보여주는 또 하나의 중요한 경학적 사안이니, 왜냐하면 이는 그가 주희의 '팔조목八條目'설을 반박하는 가운데 자신의 독자적인 '격치格致·육조六條'설을 제시하는 근거가 되기 때문이다.

다섯째, 「전10장」에서 천하를 다스리는 요체로서 특별히 '용인用人'과 '이재理財'가 거론된 이유에 대한 정약용의 해석이다. 즉, 그는 "천하를 다스린다는 것은 참으로 용인用人과 이재理財를 벗어나지 않는다. 현인賢人을 등용하면 모든 관리가 직분을 다함에 조정朝廷이 편안하게 되며, 생산을 풍요롭게 하면 모든 백성이 삶을 즐김에 야인野人들이 편안하게 된다. 조야朝野가 이미 다스려지면 예악禮樂은 저절로 흥기하게 될 것이요 형정刑政은 저절로 공평하게 될 것이니, 장차 누구와 더불어 다스려지지 않겠는가? 또한 인주人主가 혈구絜矩를 하지 못함은 모두 자신의 이익을 도모하는 마음에서 연유함이니, 따라서 자신의 욕심을 좇아 다른 사람이 있음을 알지 못하게 되는 것이다. 이것이 바로 재용財用만을 언급한 까닭이다. 인재人才의 등용과 파직은 인심人心의 향배에 가장 관계가 깊은 것이다. 만약 공公으로 사私를 멸하고 좋아함과 싫어함을

146 『大學公議』(『定本 與猶堂全書 6』, p. 94) "○[議曰] 『中庸』曰: '誠者, 物之終·始.' 始者, 成己也; 終者, 成物也. 成己者, 修身也; 成物者, 化民也. 然則修身原以誠意爲首功, 從此入頭, 從此下手, 誠意之前, 又安有二層工夫乎?"

대중大衆에 따른다면 인심에 합당하게 되는 것이다. 이것이 뒤이어 용인用人을 말한 까닭이다"[147]라고 주장했던바, 이로써 그는 용인과 이재를 천하를 다스리는 요체임을 재확인하는 동시에, 또한 이를 군주君主의 혈구지도絜矩之道와 긴밀히 연결하여 인식·강조한 바 있다.

마지막으로, 정약용은 이미 『희정당대학강의』에서도 『대학』의 경문 "신유소분치身有所忿懥[몸에 화내는 바가 있으면]"[『大學章句』 「傳7章」]에서의 '신身'자가 '심心'자로, "거이불능선擧而不能先, 명야命也[등용登用하되 먼저 하지 못함은 운명이다]"[「傳10章」]에서의 '명命'자가 '태怠'자로 바뀌어야 한다는 정이程頤의 주장에 대하여 찬성하지 않았다. ① 이 또한 그가 젊어서부터 주희의 『대학장구大學章句』의 체제보다는 『고본대학古本大學』—『예기禮記』의 「대학大學」편에 실려 있는 글을 그대로 하나의 단행본으로 만든 『대학』의 구본舊本을 말한

147 『大學講義』(『定本 與猶堂全書 6』, p. 161) "鏞曰: '治天下, 固不出於用人·理財. 擧賢則百官修職而朝廷安, 豐産則萬姓樂生而野人安. 朝野旣治, 禮樂自興, 刑政自平, 將誰與不治乎? 且人主不能絜矩, 皆由利心, 故循己欲而不知有人. 此所以專言財用也. 人才用舍, 最係人心向背. 若能以公滅私, 好惡從衆, 則當於人心. 此所以繼言用人也.'"

한편, 정약용은 이후 49세 되는 경오년[1810년, 純祖 10]에 저술한 『시경강의보유詩經講義補遺』에서도 동일한 취지로 다음과 같이 말한 바 있다: "『대학』에서 나오는 혈구絜矩의 뜻은 첫째는 '현인賢人을 등용함[進賢]'이요, 둘째는 '재물을 나누어줌[散財]'이다. 천명天命과 인심人心의 거취는 이 두 가지에 말미암으니, 따라서 거듭거듭 말하여 마침내 천명天命으로써 경계하였음을 살펴 알 수 있겠다. 이 편篇[「文王」 詩: 필자 주]에서 문왕文王의 덕德을 나열한 것 역시 현인을 등용하고 재물을 나누어줌에 불과하다. '많고 많은 선비[濟濟多士]'란 『대학』에서의 '현인을 등용함'이요, '널리 베풀어 주周 나라를 시작하였네[陳錫載周]'란 『대학』에서의 '재물을 나누어줌'이다. 편篇 전체를 통틀어 천명天命으로 경계하고 있음은 또한 『대학』이 근본으로 삼고 있는 바이다.([補曰] 『大學』絜矩之義, 一曰: '進賢', 二曰: '散財'. 天命·人心之去就, 由此二者, 故重言複說, 卒戒之以天命, 可按而知也. 此篇鋪陳文王之德, 亦不過進賢·散財也. '濟濟多士'者, 『大學』之'進賢'也; '陳錫載周'者, 『大學』之'散財'也. 而通篇皆以天命爲戒, 亦『大學』之所本也.)" 『詩經講義補遺』(『定本 與猶堂全書 10』, p. 390) 또한, 정약용은 53세 되는 갑술년[1814년, 純祖 14]에 『희정당대학강의』를 보완하면서 '금안今案'의 형식으로 본문에서 소개한바 자신의 주장에 대하여 다음과 같은 의견을 첨부한 바 있다: "인간의 큰 욕심은 '부富·귀貴' 두 가지를 벗어나지 않는다. 군자君子가 크게 바라는 바는 귀貴에 있으며, 소인小人이 크게 바라는 바는 부富에 있다. '용인用人과 이재理財'란 두 가지 일은 이러한 두 가지 정情을 다스리는 바이다.(○[今案] 生民之所大欲, 不出於'富·貴'二物. 君子之所大欲在貴, 小人之所大欲在富. '用人·理財'二事, 所以馭此二情也.)" 『大學講義』(『定本 與猶堂全書 6』, p. 161)

다—을 더욱 중시했다는 것을 의미할 뿐만 아니라, 나아가 주희의 경전 해석 일반에 대해서도 나름의 관점에서 일관되게 비판적인 태도를 견지하고 있었음을 함축하는 것이기도 하다. ② 특히 고본古本의 '신身'자가 '심心'자의 오기誤記가 아니라는 주장은 이후 그 자신의 독자적인 인간론, 즉 '심신묘합心身妙合의 존재로서의 인간'이란 개념의 구성에 있어 하나의 중요한 단서가 되고 있다.

『희정당대학강의』에 나타난 정약용의 초기 경학적 입장은 후기에까지 관철된다

이상에서 간략하게 그 내용을 살펴본 ①『희정당대학강의』는 ㉠ 주로 정조正祖와 시관試官의 질문에 대한 정약용의 답변으로 이루어져 있고, 『대학장구』의 경문 가운데서도 일부분—「주자서朱子序」, 「전7장」~「전10장」—만이 다루어졌으며, 또한 다루어진 내용도 전반적으로 소략하다는 점에서 정약용의 초기 『대학』관을 전체적으로 조망·파악하기에는 미흡한 감이 없지 않다. ㉡ 그럼에도 여기에는 그의 초기 경학적 입장의 핵심 요소들이 단편적으로나마 잘 드러나 있음으로 하여 그의 초기 『대학』 관계저술을 대표하기에는 손색이 없는 것으로 판단된다. ② 나아가 이러한 초기의 입장 역시 후기에 이르기까지 일관되게 심화·발전되고 있음은 물론이다.

2. 중기 『대학』 관계저술: 『대학공의』의 구성과 내용

이어 '정약용의 중기 『대학』 관계저술'로는 『대학공의大學公議』를 들 수 있다. 그가 53세 되는 갑술년[1814년, 純祖 14]에 유배지인 강진康津의 다산茶山에서 완성한 『대학공의』는 특히 『고본대학古本大學』을 저본으로 삼아 그 경문經文 전체를 자신의 독자적인 견지에 따라 모두 '27개의 항목'으로 나눈 다음 그 각각의 항목에 대하여 체계적이고도 꼼꼼한 주석을 빠짐없이 단 저술로서, '총 3권'으로 구성되어 있다. 결국, 이 책은 그의 『대학』 관계저술의 실질적인 대표작이자, 조선후기에 나타난 경학저술의 최고봉 가운데 하나로 평가할 수 있을 것이다.

1) 『대학공의』의 구성

정약용은 "『대학』은 단지 한 장章으로 된 책"이라는 나여방羅汝芳[近溪, 1515~1588: 中國 明 나라의 학자]의 주장을 '통유通儒의 쾌론快論'이라 평가하였고,[148] 또한 『고본대학』의 경문에는 기본적으로 잘못된 것이 없다[149]고 보아 『고본대학』의 체제와 경문을 원칙적으로 존중하였다. 그러면서도 정약용은 또한 『대학공의』를 저술하면서 편의상 『고본대학』의 전체 경문을 모두 '27개의 항목'—이는 주희朱熹의 『대학장구大學章句』가 「경1장」과 「전1장~전10장」의 체제로 구성되어 있는 것과 대비된다—으로 나누었던바, 이때에도 그는 나름의 견지에 따라 그 의미단위를 독자적으로 설정한 바 있다.

---

148 『大學公議』(『定本 與猶堂全書 6』, p. 101) "○[鏞案] ……近日, 羅近溪謂: '『大學』只是一章書', 亦通儒之快論也."

149 정약용은 다음과 같이 말하였다: "『대학』에 착간錯簡이야 더러 있지만 궐문闕文은 일찍이 없었다. 무엇 때문에 보완을 하려 하는가?([考訂] 元儒王魯齋【柏】曰: '『大學』, 錯簡或有之, 然未嘗闕也. 安事補矣?')" 『大學公議』(『定本 與猶堂全書 6』, p. 98); "그[王魯齋: 필자 주]가 '치지致知·격물장格物章은 일찍이 없어진 것이 아니다'라고 했으니, 이 말 또한 공의公議이다.(○[鏞案] ……然其謂: '致知·格物, 未嘗亡', 則亦公議也.)" 『大學公議』(『定本 與猶堂全書 6』, p. 98); "격물格物·치지장致知章이 없어진 것이 아님을 알 수 있는 것은 ……(○[議曰] 知格物·致知章不亡者, ……)" 『大學公議』(『定本 與猶堂全書 6』, p. 105); "경經에 어찌 잘못이 있겠는가!(○[議曰] ……經豈有誤哉!)" 『大學公議』(『定本 與猶堂全書 6』, p. 105); "어찌 간책簡策에 잘못이 있다고 말할 수 있겠는가?(○[議曰] ……何得曰: '簡策有錯'乎?)" 『大學公議』(『定本 與猶堂全書 6』, p. 106); "『대학장구』에서 세 글자【친親·신身·명命】를 고쳤는데, 모두 고치지 않는 것이 좋을 듯하다.(○[鏞案] ……『大學』改三字,【親·身·命, 三字】 恐皆當以不改爲善也.)" 『大學公議』(『定本 與猶堂全書 6』, p. 143); "그것[「전10장」의 경문 "彼爲善之[저 소인小人이 잘한다 하여]": 필자 주]이 궐문이 아님을 알 수 있다.(○[鏞案] ……未見其爲闕文.)" 『大學公議』(『定本 與猶堂全書 6』, p. 145)

【표 2-1-5】『대학공의』의 분장분절표[150]

권수 卷數	분장가칭 分章假稱	분절단락 分節段落	분목단락 分目段落	『주자장구』 『朱子章句』
卷一	1三綱領	第1節	1大學之道	經一章 三綱八目
〃	1三綱領	第1節	2在明明德	經一章 三綱八目
〃	1三綱領	第1節	3在親民	經一章 三綱八目
〃	1三綱領	第1節	4在止於至善	經一章 三綱八目
卷二	2格物致知	第2節	5知止而後有定 ……慮而後能得	經一章 三綱八目
〃	2格物致知	第3節	6物有本末 事有終始 知所先後 則近道矣	經一章 三綱八目
〃	2格物致知	第4節	7古之欲明明德於天下者 ……致知在格物	經一章 三綱八目
〃	2格物致知	第5節	8物格而後知止 ……國治而後天下平	經一章 三綱八目
〃	2格物致知	第6節	9自天子至於庶人 ……此謂知之至也	經一章, 傳五章 釋格物致知 三綱八目
〃	3誠意	第7節	10所謂誠其意者 ……君子必誠其意	傳六章 釋誠意
〃	3誠意	第8節	11詩云瞻彼淇澳 ……民之不能忘也	傳三章 釋止於至善
〃	3誠意	第9節	12詩云於戲前王不忘 ……此以沒世不忘也	傳三章(後) 釋止於至善
〃	3誠意	第10節	13康誥曰克明德 ……皆自明也	傳首章 釋明明德
〃	3誠意	第11節	14湯之盤銘曰苟日新 ……君子無所不用其極	傳二章 釋新民
〃	3誠意	第12節	15詩云邦畿千里 ……與國人交止於信	傳三章(前) 釋止於至善
〃	3誠意	第13節	16子曰聽訟吾猶人也 ……此謂知本	傳四章 釋止於至善
卷三	4正心修身	第14節	17所謂修身在正其心者 ……此謂修身在正其心	傳七章 釋正心修身
〃	5修身齊家	第15節	18所謂齊其家在修其身者 ……此謂身不修 不可以齊其家	傳八章 修身齊家
〃	6齊家治國	第16節	19所謂治國必先齊其家者 ……未有學養子而后嫁者也	傳九章 釋齊家治國

150 鄭炳連(1994: 55~56)에 실려 있는 〈圖表 2〉를 그대로 인용하였다.

〃	[6]齊家治國	第17節	[20]一家仁一國興仁 ……治國在齊其家	傳九章 釋齊家治國
〃	[6]齊家治國	第18節	[21]詩云挑之夭夭 ……此謂治國在齊其家	傳九章 釋齊家治國
〃	[7]治國平天下	第19節	[22]所謂平天下在治其國者 ……上恤孤而民不倍	傳十章 釋治國平天下
〃	[7]治國平天下	第20節	[23]是以君子有絜矩之道也 ……此之謂絜矩之道	傳十章 釋治國平天下
〃	[7]治國平天下	第21節	[24]詩云樂只君子 ……失衆則失國	傳十章 釋治國平天下
〃	[7]治國平天下	第22節	[25]是故君子先愼乎德 ……不善則失之矣	傳十章 釋治國平天下
〃	[7]治國平天下	第23節	[26]楚書曰楚國無以爲寶 ……驕泰以失之	傳十章 釋治國平天下
〃	[7]治國平天下	第24節	[27]生財有大道 ……以義爲利也	傳十章 釋治國平天下

정약용은 상기한 바처럼 『고본대학』의 전체 경문을 모두 '27개의 항목'으로 나눈 다음 자신의 주석을 달고 있는데, 그 '형식적 방법'을 살펴보면 다음과 같다: ① '자의字義나 어구語句에 대한 간단한 해설'은 제시된 경문에 바로 이어 나오며, 정약용 자신의 논지를 본격적으로 개진하기 위한 일종의 준비에 해당된다. ② '의왈議曰'은 정약용의 자설自說을 비교적 자세하게 소개하는 형식이다. ③ '고정考訂'은 정약용이 특정 경문의 해석과 관련하여 중국의 한대漢代에서 청대淸代에 이르기까지의 주희朱熹를 비롯한 제가諸家의 설을 먼저 소개한 다음, 뒤이어 이에 대한 자신의 비평과 입장을 개진하는 형식으로서, 특히 후자의 경우에는 '용안鏞案'—'안案', '안按', '우안又按' 포함—의 형태로 표현되고 있다. 그리고 이는 자신의 입장을 보다 선명하게 부각시키기 위한 하나의 방편으로도 이용되고 있다. ④ '인증引證'도 정약용이 자신의 입장을 명확하게 나타내고자 하는 의도에서 여타 경전이나 문헌을 광범위하게 인용하는 형식으로서, 필요한 경우 이에 대한 자신의 비평과 입장 또한 '용안鏞案'—'안案', '안按', '우안又按' 포함—의 형태로 부기하고 있다. ⑤ '답난答難'은 '혹문或問'

에 대답하는 형식으로 이루어져 있는데, 이것 역시 특정 쟁점에 대한 정약용 자신의 입장을 부각시키기 위한 하나의 방법으로 이용되고 있다. 여기서는 지금까지 다루어지지 않은 문제점도 취급되고 있으며, 특히 '혹문'의 내용이 거의 주희의 설이라는 점 또한 주목된다. ⑥ '기사記事'는 필요하다고 판단되는 경우 『대학공의』의 저술과 관련된 정약용 자신의 과거 경험이나 사건을 소개하는 형식으로서, 단 한 번 사용되고 있다.

2) 『대학공의』의 내용

『대학공의』에서 표명된 대표적인 경학적 사안

그러면, 지금부터 정약용의 『대학』 경학經學을 가장 인상 깊게 대표하고 있다고 생각되는 개념들, 즉 ① '대학大學'의 원의原義, ② '명덕明德'의 의미, ③ '격물格物·치지致知'의 함의, ④ '『대학』의 기본구성'에 대한 견해, ⑤ '성誠'·'성의誠意'에 대한 이해의 문제를 중심으로 그 각각의 내용 및 경학적 의미를 간략하게 살펴보기로 하자.

경학적 입장의 특징①: "태학이란 국학이니, 주자를 거주시키면서 교육하던 곳으로서, 대사악이 관장하였다"

정약용은 '학교로서의 태학大學'에 대하여 정주성리학程朱性理學과는 아주 다르게 고증·이해한 바 있다. 우선, 주희는 첫째, '하夏·은殷·주周 삼대三代의 학교제도'와 관련하여 주로 맹자孟子의 주장에 의거하면서, 이에 대하여 "상庠[周 나라의 鄕學: 필자 주]은 노인을 봉양함을 뜻으로 삼고, 서序[殷 나라의 향학: 필자 주]는 활쏘기를 익힘을 뜻으로 삼고, 교校[夏 나라의 향학: 필자 주]는 백성을 가르침을 뜻으로 삼았으니, 이는 모두 향학鄕學이다. 학學

은 국학國學이다"[151]라고 주석했던바, 이로써 주희는 ① '삼대三代의 소학小學'으로서 각각 '교校'·'서序'·'상庠'이 차례대로 설치된 반면에, ② '태학大學'으로는 공히 '국학國學'이 존재했던 것으로 인식하였다.[152]

둘째, 주희는 "삼대三代의 융성했던 시대에는 ……사람이 태어난 지 8세가 되면 왕王·공公으로부터 아래로 서인庶人의 자제에 이르기까지 모두 소학小學에 들어가며, ……15세에 이르면 천자天子의 원자元子와 중자衆子로부터 공公·경卿·대부大夫 및 원사元士의 적자嫡子와 일반 백성 가운데 준수俊秀한 자에 이르기까지 모두 태학大學에 입학하였다"[153]고 주장했던바, 이를 통해 주희는 고대중국의 태학에는 천자 이하의 '귀족의 자제'뿐만 아니라 준수한 '일반 백성의 자제'까지도 입학하여 함께 공부했던 것으로 이해하고 있었음을 간취할 수 있겠다.

셋째, 주희는 태학의 교과내용과 관련하여 "15세에 이르면 ……모두 태학大學에 입학함에 여기서 궁리窮理·정심正心하고 수기修己·치인治人하는 도道를 가르쳤다"[154]고 보는 한편, 이러한 의미에서 "대학大學이란 대

---

151 『孟子集註』, 「滕文公章句上」篇, 第3章의 註 "庠, 以養老爲義; 校, 以教民爲義; 序, 以習射爲義, 皆鄕學也. 學, 國學也."; 『小學集註』, 「明倫」篇 頭註 "[集說] 朱子曰: '庠, 以養老爲義; 序, 以習射爲義; 校, 以教民爲義, 皆鄕學也. 學, 國學也.'"

152 한편, 『예기禮記』의 「학기學記」편에는 "옛날의 가르침에는 가家에는 숙塾이 있고 당黨에는 상庠이 있고 술術에는 서序가 있었으며, 국國에는 학學이 있었다(古之教者, 家有塾, 黨有庠, 術有序, 國有學)"라고 소개하고 있는바, 이는 상기한바 『맹자』에서의 설명과는 다르다. 또한, 정자程子는 이에 대해 "옛날에 가家에는 숙塾이 있고 당黨에는 상庠이 있고 수遂에는 서序가 있어서, 일찍이 학교에 들어가 배우지 않는 자가 없었다. 그리하여 8세에는 소학小學에 들어갔고, 15세에는 그 준수俊秀한 자를 뽑아 태학大學에 들어가게 하였으며, 가르칠 수 없는 자는 농사를 짓도록 돌려보냈다([集解] ……程子曰: '古者, 家有塾, 黨有庠, 遂有序, 蓋未嘗有不入學者. 八歲, 入小學; 十五, 擇其俊秀者, 入大學, 不可教者, 歸之于農, ……')"[『小學集註』, 「立教」篇 第4章의 註]라고 주석하고 있다.

153 『大學章句』, 「大學章句序」 "三代之隆, 其法寖備, 然後王宮·國都以及閭巷, 莫不有學. ……人生八歲, 則自王·公以下, 至於庶人之子弟, 皆入小學, (而教之以灑掃·應待·進退之節, 禮·樂·射·御·書·數之文;) 及其十有五年, 則自天子之元子·衆子, 以至公·卿·大夫·元士之嫡[適]子, 與凡民之俊秀, 皆入大學, ……"

154 『大學章句』, 「大學章句序」 "及其十有五年, 則自天子之元子·衆子, 以至公·卿·大夫·元士之嫡[適]子, 與凡民之俊秀, 皆入大學, 而教之以窮理·正心·修己·治人之道. ……"

인大人[成人: 필자 주]의 학문”155으로 인식하기도 하였다.

한편, 정약용은 이상과 같은 주희의 입장에 대하여, 나름의 관점에서 조목조목 반박하면서 자신의 독자적 견해를 제시한 바 있다. 첫째, 정약용은 ‘고대중국의 학교제도’에 대한 자신의 독자적 고정考訂에 입각하여, 특히 당시의 학교제도를 신분에 따라 명확히 ‘이원화’하여 인식·설명하였다. 즉, 정약용은 “옛날의 사람을 가르치는 법[敎人之法]에는 비록 차별이 없었다고는 하나, 왕王·공公과 대부大夫의 아들은 더욱 중시하여 우선적으로 가르쳤다. 『서경書經』의 「요전堯典」편156에서 전악典樂이 가르쳤던 자들은 단지 주자冑子였을 뿐이다. 주자冑子는 곧 태자太子이다. 오직 천자天子의 경우만은 맏아들과 그 밖의 아들까지 모두 태학太學에 입학했으나, 삼공三公 및 제후諸侯 이하의 경우에는 오직 맏아들로서 대를 이을 자만이 태학에 들어갔던 사실은 『예기禮記』의 「왕제王制」편과 『서대전書大傳』에 나오니,【문장은 아래에 나온다】 이는 곧 『주례周禮』에서 이른바 ‘대사악大司樂이 국자國子를 가르치고 악사樂師가 국자國子를 가르치고 사씨師氏가 국자國子를 가르치고 보씨保氏가 국자國子를 길렀다’는 것 바로 그것이다. 무릇 ‘국자國子’라 칭한 자는 모두 「요전」편에서 말한바 주자冑子이니, 일반 서민庶民 집안의 여러 자제들까지 포함된 것은 아니었다. 천자의 태자는 장차 대를 이어 천자가 될 것이고, 천자의 서자庶子는 장차 분봉分封하여 제후諸侯가 될 것이며,【설령 제후가 되지 못하더라도 봉읍封邑은 소유한다】 제후의 맏아들은 장차 대를 이어 제후가 될 것이고, 공·경·대부의 맏아들은 장차 대를 이어 공·경·대부가 될 것이다. 이들은 모두 언젠가 집안[家]과 나라[邦]를 다스리며, 혹은 천하에 군림하거나 혹

---

155 『大學章句』, 「經1章」의 註 “大學者, 大人之學也.”

156 여기서 정약용이 인용한 경문은 채침蔡沈[九峯, 1167~1230: 中國 南宋의 학자]의 『서경집전書經集傳』에는 「순전舜典」편에 나오나, 정약용은 매색梅賾[字는 仲眞, ?~?: 中國 東晉의 학자]이 『서경』을 위작僞作하면서 「요전堯典」편을 둘로 나누어 「순전」편을 만들었다고 보기 때문에 그 출전을 여전히 「요전」편으로 표기하고 있다.

은 천자를 보필하여 백성을 지도하고 태평성대를 이룰 자들이다. 그러므로 이들을 태학에 입학시켜 치국治國·평천하平天下의 도道를 가르쳤던 것이니, 이것이 바로 '대학大學의 도道는 명덕明德을 밝힘에 있고, 친민親民함에 있다[大學之道, 在明明德, 在親民]'는 것이다. 한미한 집안의 미천한 족속은 옛날 법에 원래 사도司徒에 속해 있었을 뿐 태학과는 아무런 관계가 없었으니, 이에 두 등급으로 확연히 나누어져 서로 섞이지 않았다. 그러므로 「요전」편에서는 '설契은 사도司徒가 되어 백성을 가르쳤고, 기夔는 전악典樂이 되어 주자胄子를 가르쳤다'고 하였고, 『주례』에서는 '대사도大司徒가 향삼물鄕三物로써 만민萬民을 가르치고, 대사악大司樂이 삼교三敎로써 국자國子를 가르쳤다'【'삼교'는 악덕樂德·악어樂語·악무樂舞이다】고 하여, 모두 두 등급으로 확연히 분리하였으니, 이에 (고대중국의: 필자 주) 가르치는 법[學校制度]은 그 공公·사私와 대大·소小가 명확히 나뉘어져 결코 같지 않았던 것이다"157라고 역설한 바 있다.

---

157 『大學公議』(『定本 與猶堂全書 6』, p. 71) "○[議曰] ……○古者, 敎人之法, 雖有敎無類, 而王·公·大夫之子, 是重是先. 其在「堯典」典樂所敎, 只是胄子. 胄子者, 太子也. 惟天子之子, 嫡·庶皆敎, 而三公·諸侯以下, 惟其嫡子之承世者, 乃入太學, 見於「王制」, 見於『書大傳』,【文見下】 則『周禮』所謂'大司樂之敎國子, 樂師之敎國子, 師氏之敎國子, 保氏之養國子.' 凡稱'國子', 皆「堯典」之胄子, 非匹庶家衆子弟所得與也. 天子之太子, 將繼世爲天子; 天子之庶子, 將分封爲諸侯;【雖不侯, 皆有封邑】 諸侯之嫡[適]子, 將繼世爲諸侯, 公·卿·大夫之嫡[適]子, 將繼世爲公·卿·大夫. 斯皆他日御家·御邦, 或君臨天下, 或輔弼天子, 道斯民而致太平者也. 故入之于太學, 敎之以治國·平天下之道, 斯之謂: '大學之道, 在明明德, 在親民'也. 寒門賤族, 古法原屬之司徒, 不關於太學, 確分二等, 不相混雜. 故其在「堯典」, 契爲司徒, 以敎百姓; 夔爲典樂, 以敎胄子, 其在『周禮』, 大司徒以鄕三物敎萬民, 大司樂以三敎敎國子,【三敎者, 樂德·樂語·樂舞也】 皆確分二等, 而其敎法之公私·大小, 絶然不同."; 『尙書古訓 I』(『定本 與猶堂全書 11』, p. 231) "○[案] ……虞之胄子, 周之所謂'國子'也. 古者, 敎人之法, 原有二塗. 一是敎萬民, 司徒主之. 一是敎國子, 典樂主之. 契敎萬民, 是爲鄕學. 夔敎胄子, 是爲太學. 此法歷夏·殷·周, 猶然不變. 『周禮』, 大司徒敎萬民, 而鄕大夫·州長·黨正·族師之所敎, 司諫·司救之所糾, 皆此屬也. 大司樂敎國子, 而樂師·學正·大胥·小胥之所敎, 師氏·保氏之所養, 皆此屬也. 天子·邦君之子, 嫡[適]庶皆入太學. 唯所謂'游倅'者, 乃公·卿·大夫之庶子.【倅, 貳也】 雖亦受敎於師氏, 領籍於諸子,【「夏官」有諸子】 而仍與嫡[適]子有別. 至於凡民之俊秀者, 自鄕學而賓興之, 乃升太學, 「鄕大夫」有其文也.【亦見「大司徒」】"; 『尙書古訓 I』(『定本 與猶堂全書 11』, p. 232) "○[案] ……胄子者, 將以承父之統, 治國家而平天下者也."; 『尙書古訓 I』(『定本 與猶堂全書 11』, p. 245) "○[論曰] ……原夫太學之道, 卽治國·平天下之道也. 古唯胄子入太學. 胄子者, 天子之元子·衆子,

둘째, 이러한 의미에서 당시의 "태학大學—'태학'이라고 읽는다—이란 국학國學이니, 주자胄子[天子의 맏아들인 '太子'와 庶子 및 公·卿·諸侯의 맏아들: 필자 주]를 거주시키면서 교육하던 곳"으로서 "대사악大司樂이 관장"했던바,[158] 이는 원래 "만백성[일반 백성 가운데 俊秀한 자: 필자 주]을 가르치는 장소는 아니었다."[159]

셋째, 정약용은 또한 ① 당시 '태학大學과 소학小學 간의 구분'은 단적으로 "예업藝業과 횡사黌舍의 대소大小" 또는 "도예道藝와 학사學舍의 대소"에 따라 이루어졌던 것으로 보았다.[160] 즉, "여러 학궁學宮 가운데서 가

【衆子將受封】 卿·大夫之嫡[適]子,【將襲其父位】 將躬膺大位, 或佐天子出治, 或分封爲列侯, 無一非身任治·平之責者也. 故誠意·正心, 以先修身, 而其畢竟·結局在於治·平. 非如今世匹庶之子, 聊讀其書, 以知·治平之道, 而憮然退息者也. 故其書誠意·正心, 以至家·國, 皆略略提挈, 至'平天下'節, 乃把知人·安民兩大義, 起之爲兩峰, 流之爲兩派, 三翻四覆, 皆以天命結之."

또한, 정약용은 다음과 같이 말한 바 있다: "국자國子란 주자胄子이다. 주자胄子란 천하의 자제子弟 가운데 맏이인 것이다.【마융馬融이 말했다】 천자天子와 제후諸侯의 원자元子와 서자庶子, 공公·경卿·대부大夫의 적자嫡子와 쉬자倅子가 이에 주자胄子가 되니, 주周 나라 사람들은 이를 '국자國子'라 일컬었는데 서민庶民의 자제까지 포함하여 혼칭한 것이 아니었다. 우虞 나라 제도에는 태학太學에서 주자胄子를 가르쳤고【곧 전악典樂이 맡았다】 사도司徒가 만민萬民을 가르쳤으니, 삼대三代가 이를 따라 두 갈래로 확연히 분리하였다. 한漢 나라 이후에 처음으로 태학을 만민을 가르치는 장소로 삼았으면서도 오히려 '국자國子'라는 이름만은 모칭冒稱했던바, 한유韓愈[昌黎, 768~824: 中國 唐 나라의 학자]가 태학관太學官이 되면서 스스로를 '국자선생國子先生'이라 칭했다. 우리나라는 이러한 잘못을 따랐으니, 마침내 태학을 국자학國子學으로 여기면서 믿어 의심치 않았다. 그러나 국초에 종학宗學이 있어 종실宗室의 자제들을 가르쳤는데, 이것이 바야흐로 국자학이다.(國子者, 胄子也. 胄子者, 長天下之子弟也.【馬融云】 天子·諸侯之元子·庶子, 公·卿·大夫之嫡[適]子·倅子, 乃爲胄子, 而周人謂之'國子', 非匹庶之子所得混稱也. 虞制, 太學敎胄子,【卽典樂】 司徒敎萬民, 三代因之, 確分二塗. 漢氏以降, 始以太學爲敎萬民之所, 猶冒'國子'之名, 韓文公爲太學之官, 自稱曰: '國子先生'. 吾東沿誤, 遂以太學爲國子之學, 信之不疑. 然國初有宗學, 以敎宗室子弟, 此方是國子之學.)" 『雅言覺非』(『定本 與猶堂全書 5』, p. 75)

158 『大學公議』(『定本 與猶堂全書 6』, p. 69) "大學者, 國學也, 居胄子以敎之."; 『大學公議』(『定本 與猶堂全書 6』, p. 75) "○[鏞案] ……閒燕之地, 厥有太學, 謂之'國學', 以敎胄子. 此大司樂之所掌也."; 『大學公議』(『定本 與猶堂全書 6』, pp. 78~79) "○[議曰] ……大學者, 大司樂敎胄子之宮, ……太學之敎胄子, ……"

159 『大學公議』(『定本 與猶堂全書 6』, p. 76) "○[鏞案] ……總之, 古者太學, 本非敎萬民之地."

160 『大學公議』(『定本 與猶堂全書 6』, p. 70) "○[議曰] ……且古者, 小學·大學之別, 原以

장 높고 가장 큰 규모의 학궁을 태학太學이라 한 것"161일 뿐이요, 일찍이 "나이의 많고 적음은 물은 바 아니었다."162 ② 따라서 여기서 가르치는 교과목 또한 주희처럼 "대인大人[成人: 필자 주]의 학문"이라 주장함은 기실 아무런 근거가 없는 것이었으니, "사실인즉 옛날에 태학太學에서 사람을 가르치던 법에는 예악禮樂·시서詩書·현송弦誦·무도舞蹈·중화中和·효제孝弟를 가르쳤"163던바, 이것이 바로 주자胄子에게 교육했던 "치국治國·평천하平天下의 도道"이자 또한 "대학지도大學之道"164였던 것이다.

마지막으로, 정약용은 이외에도 '태학의 명칭'과 관련하여 "옛날의 학궁學宮의 제도에 대해서는 지금 상세히 알 수 없다. 그러나 상상上庠·하상下庠·동서東序·좌학左學·동교東膠·우상虞庠 등의 여러 명칭이 『예기』의 「왕제王制」편에, 동학東學·남학南學·서학西學·북학北學·태학太學 등의 여러 명칭이 『대대례기大戴禮記』의 「보부保傅」편에, 미름米廩·하서夏序·고종瞽宗·반궁頖宮 등의 여러 명칭이 『예기』의 「명당위明堂位」편에 나온다"165고 소개했던바, 여기서 당시에 사용되던 태학의 구체적 명칭을 들자면 '상상上庠'·'동서東序'·'우학右學'·'동교東膠'·'벽옹辟雍'[天子의 경우: 필자 주]·'반궁頖宮'[諸侯의 경우: 필자 주] 등이 있었다.166

藝業之大小·黌舍之大小, 分而二之."; 『大學公議』(『定本 與猶堂全書 6』, p. 77) "○[鏞案] ……總之, 大學·小學之別, 在於道藝之大小·學舍之大小, ……"

161 『大學公議』(『定本 與猶堂全書 6』, p. 70) "○[議曰] ……要之, 諸學之中, 其最尊·最大者, 謂之'大學', ……"

162 『大學公議』(『定本 與猶堂全書 6』, p. 77) "○[鏞案] ……總之, 大學·小學之別, ……年齒多少, 非所問矣."

163 『大學公議』(『定本 與猶堂全書 6』, p. 69) "○[議曰] ……而其實古者太學教人之法, 教以禮樂, 教以詩書, 教以弦誦, 教以舞蹈, 教以中和, 教以孝弟, ……"

164 『大學公議』(『定本 與猶堂全書 6』, p. 71) "○[議曰] ……○……故入之于太學, 教之以治國·平天下之道, 斯之謂: '大學之道, 在明明德, 在親民'也."

165 『大學公議』(『定本 與猶堂全書 6』, p. 70) "○[議曰] ……古者學宮之制, 今不可詳. 然上庠·下庠·東序·左學·東膠·虞庠諸名, 見於「王制」; 東學·南學·西學·北學·太學諸名, 見於「保傅」篇; 米廩·夏序·瞽宗·頖宮諸名, 見於「明堂位」."

166 『禮記集說大全』, 卷5(「王制第五」), p. 24b.(學民文化社, 1990) "天子命之教, 然後爲學. 小學在公宮南之左, 大學在郊, 天子曰: '辟雍', 諸侯曰: '頖宮'."; 『禮記集說大全』, 卷5(「王制第五」), pp. 72a~73b.(學民文化社, 1990) "有虞氏養國老於上庠, 養庶老於下庠; 夏后

【표 2-1-6】 '태학[학교]'에 대한 주희와 정약용의 견해 비교표

	주희朱熹	정약용丁若鏞
입학연령	•15세.["及其十有五年, ……皆入大學.":「大學章句序」]	•명확하지 않음.["若其年數, 或稱十五,【『白虎通』】或稱二十,【『書大傳』】冠與不冠, 仍無所論. ……年齒多少, 非所問矣.":『大學公議』]
입학자격	•천자天子의 원자元子와 중자衆子, 공公·경卿·대부大夫 및 원사元士의 적자嫡子, 일반 백성 가운데 준수俊秀한 자. ["自天子之元子·衆子, 以至公·卿·大夫·元士之嫡[適]子, 與凡民之俊秀, 皆入大學.":「大學章句序」]	•천자天子의 적자嫡子와 서자庶子, 삼공三公과 제후諸侯의 적자嫡子 가운데 대代를 이을 자이니, 곧 장차 천하天下·국가國家를 세습적으로 다스릴 신분상 자격을 갖춘 자.["惟天子之子, 嫡·庶皆敎, 而三公·諸侯以下, 惟其嫡子之承世者, 乃入太學, ……非匹庶家衆子弟所得與也. ……寒門賤族, 古法, 原屬之司徒, 不關於太學, 確分二等, 不相混雜. ……總之, 古者, 太學, 本非學萬民之地.":『大學公議』]
교과내용	•궁리窮理·정심正心하고 수기脩己·치인治人하는 도道. ["敎之, 以窮理正心·脩己治人之道":「大學章句序」]	•치국治國·평천하平天下하는 통치술을 위주로 하였으니, 그 구체적 내용은 예악禮樂·시서詩書·현송弦誦·무도舞蹈·중화中和·효제孝弟임.["古者, 太學敎人之法, 敎以禮樂, 敎以詩書, 敎以弦誦, 敎以舞蹈, 敎以中和, 敎以孝弟, ……故入之于太學, 敎之以治國·平天下之道, ……治國·平天下, 爲斯經之所主, ……其所主在治·平也.":『大學公議』]
비　　고	•'태학大學'제도에 대한 고증考證을 주로 『예기禮記』의 「왕제王制」편에 의거함.	•'태학大學'제도에 대한 고증考證을 주로 『서경書經』의 「요전堯典」편과 『주례周禮』에 의거함. ※이상의 태학太學에 해당하는 학교로 조선시대에는 '종학宗學'이 있었음.[『雅言覺非』]

경학적 입장의 특징②: "『대학』의 가르침은 '효·제·자'"로서, 이는 "주자를 교육하던 도"이다

상기한 바와 동일한 맥락에서, 정약용은 '경전으로서의 『대학』'에 대한 인식에 있어서도 정주성리학과는 아주 다른 길을 걸었다. 우선, 주희는

氏養國老於東序, 養庶老於西序; 殷人養國老於右學, 養庶老於左學; 周人養國老於東膠, 養庶老於虞庠, 虞庠在國之西郊.";『禮記集說大全』, 卷14(「明堂位第十四」), p. 13a.(學民文化社, 1990) "米廩, 有虞氏之庠也; 序, 夏后氏之序也; 瞽宗, 殷學也; 頖宮, 周學也.";『大戴禮記解詁』, 卷3(「保傅第四十八」), pp. 51~52.(中華書局, 1983) "「學禮」曰: '帝入東學, 上親而貴仁, 則親疏有序, 如恩相及矣. 帝入南學, 上齒而貴信, 則長幼有差, 如民不誣矣. 帝入西學, 上賢而貴德, 則聖智在位, 而功不匱矣. 帝入北學, 上貴而尊爵, 則貴賤有等, 而下不踰矣. 帝入太學, 承師問道, 退習而端於太傅, 太傅罰其不則而達其不及, 則德智長而理道得矣.' 此五義者旣成於上, 則百姓·黎民化輯於下矣. 學成治就, 此殷·周之所以長有道也."

첫째, 『대학』이란 경전을 단적으로 "옛날에 태학大學에서 사람을 가르치던 법"이자 "소학小學에서의 성공成功에 기반하여 대학大學의 밝은 법을 드러낸" 책[167]으로 인식했으니, 따라서 태학의 교과내용이란 곧 "궁리窮理·정심正心하고 수기修己·치인治人하는 도道"[168]에 해당하였다.

둘째, 주희가 보기에 『대학』이란 또한 "처음 배우는 자가 덕德에 들어가는 문門"[169]—정이程頤의 말이다—이기도 하였다. ① 이러한 의미에서 『대학』은 15세에 이른 천자天子의 원자元子와 중자衆子로부터 일반 백성 가운데 준수俊秀한 자에 이르기까지 다함께 공부해야 하는 이른바 "대인大人[成人: 필자 주]의 학문"[170]이 되기도 하나니, 따라서 『대학』의 '대大'자 역시 글자대로 '대'로 읽어야 한다고 주장하기도 하였다.[171] ② 결국, 이러한 주희의 입장은 『대학』이란 경전을 일차적으로 '사대부士大夫 중심의 학문적 수양을 위한 책'으로 보고 있음을 함축하는 것이다.

한편, 정약용은 이러한 주희의 입장에 대해서도 자신의 독자적인 관점 및 고증에 근거하여 조목조목 비판하면서 나름의 대안적 견해를 제시한 바 있다. 첫째, 정약용은 무엇보다 '학문'이란 기본적으로 '두 가지 요소'로 구성된다고 보았으니, 곧 '실천[踐·踐]의 대상'으로서의 '도道'와 '익힘[習]의 대상'으로서의 '예藝'가 바로 그것이었다.

둘째, 이러한 정약용의 '학문'관은 자연스럽게 '학문으로서의 대학大學' 개념과 관련해서도, "대학大學이란 대도大道를 실천하고 대예大藝를 익히는 학문"[172]이라는 주장으로 연결되었다. 여기서의 ① '대도大道'란 곧

---

167 『大學章句』, 「大學章句序」 "『大學』之書, 古之大學, 所以敎人之法也. ……(而此篇者, 則)因小學之成功, 以著大學之明法, ……"

168 『大學章句』, 「大學章句序」 "及其十有五年, 則自天子之元子·衆子, 以至公·卿·大夫·元士之嫡[適]子, 與凡民之俊秀, 皆入大學, 而敎之以窮理·正心·修己·治人之道, ……"

169 『大學章句』, 頭註 "(子程子曰: '『大學』, 孔氏之遺書, 而)初學入德之門也.' ……"

170 『大學章句』, 「經1章」의 註 "大學者, 大人之學也."

171 『大學章句』, 頭註"大, 舊音泰, 今讀如字."

172 『小學枝言』(『定本 與猶堂全書 6』, p. 171) "○[鏞案] ……學之敎, 有道·有藝. 大學踐大道·習大藝, 小學踐小道·習小藝."; 『小學枝言』(『定本 與猶堂全書 6』, p. 166) "○[鏞案]

"주자胄子[天子의 맏아들인 '太子'와 庶子 및 公·卿·諸侯의 맏아들: 필자 주]를 교육하던 도道"173로서, "『주례』에서의 대사악大司樂이 육덕六德으로써 국자國子[胄子: 필자 주]를 가르쳤"던 내용, 즉 "중中·화和·지祗·용庸·효孝·우友"174가 바로 그것이다. ㉠ 이 가운데서도 특히 "효孝·우友는 『대학』의 가르침"인바, 다시 말하자면 "태학大學이란 대사악大司樂이 주자胄子를 가르쳤던 궁宮인데, 그 과목은 효孝·우友를 덕德으로 삼았으니, 이에 경經[『대학』: 필자 주]에서 '명덕明德'이라 이른 것" 역시 바로 이것이었다. ㉡ 그리고 "명덕明德이란 곧 효孝·제弟"이니, 결국 태학에서 "가르침을 베풀었던 제목은 효孝·제弟·자慈일 따름"이었다.175 ② 한편, '대예大藝'와 관련하여 ㉠ 정약용은 "『주례』, 『예기』의 「왕제王制」편·「제의祭義」편·「문왕세자文王世子」편, 『대대례

……古者, 小學踐小道·習小藝而已."

한편, 정약용은 "원래 선왕先王들께서 가르치시던 법法에는 세 가지 큰 조목條目이 있었으니, 첫째는 '덕德'이요, 둘째는 '행行'이요, 셋째는 '예藝'이다. 대사도大司徒가 향삼물鄕三物에서 열거한바 육덕六德·육행六行·육예六藝는 그것의 세목細目이다. 대사악大司樂이 주자胄子를 가르쳤던 것 또한 다만 이 세 가지일 따름이었다. 대사도는 충忠과 화和를 덕德으로 삼고, 효孝와 우友를 행行으로 삼았는데, 대사악이 이를 통틀어 '덕德'이라 한 것은 덕德과 행行이란 함께 말할 수 있기 때문이었다.(○[議曰] ……原來先王教人之法, 厥有三大目, 一曰: '德', 二曰: '行', 三曰: '藝'. 大司徒鄕三物所列六德·六行·六藝, 其細目也. 大司樂教胄子, 亦只此三物而已. 彼以忠·和爲德, 孝·友爲行, 而大司樂通謂之'德'者, 德·行可互稱也.)"[『大學公議』(『定本 與猶堂全書 6』, p. 78)]라고 하여, '학문의 구성요소'로서 곧 '덕德'·'행行'·'예藝'의 세 가지를 들기도 하였다. 그러나 정약용은 '덕'과 '행'은 통칭할 수 있는 것으로 인식하였고, 또한 이들은 대체로 '도道'의 개념으로 묶여질 수 있음에 비추어볼 때, 정약용의 이러한 설명이 상기한 바 '도道와 예藝의 이분법'에서 벗어난 것으로는 보이지 않는다.

173 『大學公議』(『定本 與猶堂全書 6』, p. 69) "大學之道, 教胄子之道也."; 『大學公議』(『定本 與猶堂全書 6』, p. 72) "○[議曰] ……○……經云: '大學之道', 是爲教胄子之道, ……"; 『大學公議』(『定本 與猶堂全書 6』, p. 74) "○[鏞案] ……經云: '大學之道', 是教胄子之道, ……"; 『大學公議』(『定本 與猶堂全書 6』, p. 108) "○[議曰] ……大學者, 胄子之學也. 天子之太子, 將爲天子; 公·卿·諸侯之太子, 將爲公·侯, 此義在所講明. 此之謂'太學之道'."

174 『大學公議』』(『定本 與猶堂全書 6』, p. 78) "○[議曰] 『周禮』大司樂以六德教國子, 曰: '中·和·祗·庸·孝·友'. ……"; 『尙書古訓 II』(『定本 與猶堂全書 12』, p. 149) "○[補云] ……'中·和·祗·庸·孝·友'者, 太學之教也."

175 『大學公議』(『定本 與猶堂全書 6』, p. 78) "○[議曰] ……孝·友者, 『大學』之教也. 大學者, 大司樂教胄子之宮, 而其目以孝·友爲德, 經云: '明德', 豈有他哉? ……明德, 非孝·弟乎! ……設教題目, 孝·弟·慈而已."

기大戴禮記』의 「보부保傅」편 등”을 참조하여, 구체적으로는 “시詩·서書·예禮·악樂·현송弦誦·무도舞蹈·사射·어御·서書·수數”의 과목을 가리키는 것으로 인식한 바 있다.[176] ㉡ 물론 이러한 과목은 궁극적으로 ‘치민治民·변속變俗·이재理財’와 같은 공무公務를 수행하는 데 요구되는 기본적인 ‘실무능력의 함양’을 의미하는 것이기도 하였다.

셋째, 바로 이러한 맥락에서 정약용은 “경經[『대학』: 필자 주]에서 말하는 ‘대학大學의 도道[大學之道]’라는 것도 ‘주자胄子를 교육하던 도道’일 뿐, 명백히 일반 백성을 가르치던 도道는 아니었음”[177]을 새삼 역설한 바 있다. 즉, ① ‘대학의 도’란 단적으로 ‘장차 통치자가 될 자들만을 대상으로 하여 교육하던 도道’였던 것이요, ② 이러한 도道의 실상이란 곧 올바른 정치를 위하여 ‘통치자가 갖추어야 하는 실천적 덕목’을 설명하는 것이었으니, 이것이 바로 “효·제·자”이자, 또한 이것이 다름 아닌 “『대학』의 가르침”[178]이기도 했던 것이다.

넷째, 정약용이 보기에 더욱이 이러한 사실은 『서경』의 「요전」편과 『주례』를 통하여 그 제도의 실상을 규명한 다음에야 비로소 알 수 있는 것인데도, 주희는 엉뚱하게 『예기』의 「왕제」편을 선왕先王의 법으로 착각하여 이것에만 근거하여 「대학장구서大學章句序」를 짓는 잘못을

---

176 『大學公議』(『定本 與猶堂全書 6』, p. 69) “○[議曰] ……古者, 太學教人之法, 教以禮·樂, 教以詩·書, 教以弦誦, 教以舞蹈, 教以中·和, 教以孝·弟, 見於『周禮』, 見於「王制」, 見於「祭義」, 見於「文王世子」·『大戴禮』「保傅」等篇. ……”; 『大學公議』(『定本 與猶堂全書 6』, p. 78) “○[議曰] ……詩·書·禮·樂·弦誦·舞蹈·射·御·書·數, 皆藝也.”

177 『大學公議』(『定本 與猶堂全書 6』, p. 69) “大學之道, 教胄子之道也.”; 『大學公議』(『定本 與猶堂全書 6』, p. 72) “○[議曰] ……○……經云: ‘大學之道’, 是爲教胄子之道, 明非教國人之道. 是可云: ‘太學之道’, 不可云: ‘鄕學之道’.”; 『大學公議』(『定本 與猶堂全書 6』, p. 74) “○[鏞案] ……經云: ‘大學之道’, 是教胄子之道, 與士·萬民不同也. ……”; 『大學公議』(『定本 與猶堂全書 6』, p. 76) “○[鏞案] ……故太學之道, 遂認爲教萬民之法, 殊不然也.”; 『大學公議』(『定本 與猶堂全書 6』, p. 108) “○[議曰] ……大學者, 胄子之學也. 天子之太子, 將爲天子; 公·卿·諸侯之太子, 將爲公·侯, 此義在所講明. 此之謂‘太學之道’.”

178 『大學公議』(『定本 與猶堂全書 6』, p. 124) “○[議曰] 孝·弟·慈, 『大學』之教也.”

저질렀고,[179] 나아가 고경古經에서는 그 그림자도 찾아볼 수 없는 이른바 '명심明心·복성復性'이니 '격물格物·궁리窮理'니 '치지致知·주경主敬'이니 하는 제목들을 내걸었던 관계로 하여, 결과적으로 후대의 유자儒者들로 하여금 『대학』이란 경전의 근본취지에 대한 올바른 이해를 그르치게 만들었던 것이다.[180]

마지막으로, 이상과 같은 정약용의 '『대학』' 개념에 대한 재해석 또한 중요한 의미를 함축하고 있는 경학적 사안이다. 왜냐하면 여기서 ① 정약용은 『대학』이란 경전에 대한 이해—보다 일반적으로는 전체적인 경학적 입장—에 있어 정주성리학과는 출발점에서부터 그 방향을 달리하고 있다는 점, ② 이에 따라 정약용이 제도개혁을 위한 자신의 구체적인 실천노선[經世論]을 구상하고, 또한 자신의 예론禮論을 정립함에 있어서도 정주성리학—보다 구체적으로는 당시 조선의 집권세력이던 '노론계의 학문'—과는 근본적인 견해차를 가지게 됨을 간취할 수 있기 때문이다.

---

179 『大學公議』(『定本 與猶堂全書 6』, p. 76) "○[鏞案] 「王制」者, 漢 文帝時, 博士所錄也. ……學者, 若以「王制」認爲先王之法, 則其失眞大矣. ……朱子專據「王制」, 以作「序」文. 今之學者, 皆謂'先王之法, 本來如此', ……「王制」非古法, 必取「堯典」·『周禮』, 覈其制度, 然後太學之道, 乃知爲何道也."

또한, 정약용은 하夏·은殷·주周 삼대三代의 '태학太學' 제도를 이처럼 『예기禮記』의 「왕제王制」편에만 의거하여 고증한 것은 결국 '후세의 변화된 제도에 근거하여 옛 제도를 인식·설명하는 방법론적 오류'를 범하는 것으로 보기도 했던바, 바로 이러한 맥락에서 그는 다음과 같이 비판하기도 하였다: "(『예기』의: 필자 주) 「왕제」편은 '왕태자王太子와 왕자王子, 군후群后의 태자太子, 경卿·대부大夫·원사元士의 적자嫡子, 나라의 준선俊選이 모두 (太學에: 필자 주) 입학했다'고 하였다.【『서대전書大傳』도 대동소이하다】「왕제」편은 한漢 나라 문제文帝 때에 박사博士들이 논한 글이다. 한 나라 이래로 작위爵位는 세습되지 않고 인재人才는 족당族黨에 따라 선발되지 않았기 때문에 학교學校의 정사政事도 옛 제도가 한번 크게 변한 셈이다. 이에 범민凡民과 서성庶姓이 모두 태학에 입학하기에 이르렀고, 향학鄕學과 빈흥법賓興法도 폐지되었던 것이다. 이것이 고금古今의 차이인 것이다.(○[案] ……「王制」曰: '王太子·王子, 群后之太子, 卿·大夫·元士之嫡[適]子, 國之俊選, 皆造焉.'【『書大傳』大同】「王制」者, 漢 文時博士所論也. 自漢而降, 爵不世襲, 才不族選, 故其學校之政, 一變古制. 凡民·庶姓, 咸造太學, 而鄕學·賓興之法廢. 此古今之異也.)" 『尙書古訓 I』(『定本 與猶堂全書 11』, p. 231)

180 『大學公議』(『定本 與猶堂全書 6』, p. 69) "○[議曰] ……(而)所謂'明心·復性'·'格物·窮理'·'致知·主敬'等題目, 其在古經, 絶無影響."

【표 2-1-7】 '『대학』[경전]'에 대한 주희와 정약용의 견해 비교표

	주희朱熹	정약용丁若鏞
저 자	●「경1장經1章」은 공자孔子의 말씀으로 증자曾子가 기술함. 「전1장傳1章~전10장」은 증자의 뜻으로 그의 문인門人이 기록함. ["右, 經一章. 蓋孔子之言, 而曾子述之. 其傳十章, 則曾子之意, 而門人記之也.": 『大學章句』]	●분명하지 않음. ["至於『大學』, 前人不言誰人所作. ……『大學』, 明是曾子以後之書, ……": 『大學公議』] ※주희朱熹의 '증자저작설曾子著作說'을 거부·유보함.
성 격	●옛날에 태학太學에서 사람을 가르치던 법法임. 공씨孔氏가 남긴 책으로서, 처음 배우는 자가 덕德에 들어가는 문門임. ["『大學』之書, 古之大學, 所以敎人之法也. ……此篇者, 則因小學之成功, 以著大學之明法, ……": 「大學章句序」; "『大學』, 孔氏之遺書, 而初學入德之門也.": 『大學章句』] ※만인萬人을 위한 책임.	●태학太學에서 사람을 가르치던 법法임. ["全篇所論, 都係太學敎人之法, ……": 『大學公議』] ※주자冑子[天子의 嫡子와 庶子, 三公과 諸侯의 嫡子 가운데 代를 이을 자이니, 곧 장차 天下·國家를 세습적으로 다스릴 신분상 자격을 갖춘 자]만을 위한 책임.
체 제	●「경1장經1章」과 「전1장傳1章~전10장」으로 구성됨. ※주희는 『고본대학古本大學』의 경문經文에는 착간錯簡과 궐문闕文이 있다고 보고 나름대로 교정·보충함.	●'1장1章'으로 구성됨. ["近日, 羅近溪謂: '『大學』, 只是一章書', 亦通儒之快論也.": 『大學公議』] ※정약용은 『고본대학古本大學』의 경문經文에는 잘못된 것이 없다고 봄.
비 고	●『대학大學』[經典]의 '대大'자를 글자대로 '대'로 읽음. ["大, 舊音泰, 今讀如字.": 『大學章句』] ※『대학大學』은 '대인大人[成人]의 학문學問'임. ["大學者, 大人之學也.": 『大學章句』]	●『대학大學』[經典]의 '대大'자를 '태'로 읽음. ["舊音, 大讀爲泰, 今人如字讀, 非也.": 『大學公議』] ※『대학大學』은 '주자冑子의 제왕학帝王學'임. ["小學, 非小人之學, 則大學, 豈大人之學乎?": 『大學公議』]

경학적 입장의 특징③: '명덕'이란 인간 간의 구체적인 '실천행위 이후에야 비로소 붙여지는 명칭'이자, 인륜을 돈독히 하는 것으로서의 '효·제·자'일 따름이다

다음으로, 정약용은 '명덕明德'의 의미에 대한 인식에 있어서도 정주성리학과는 그 방향—그것도 정반대의 방향—을 달리하였다. 우선, 주희는 첫째, 『대학장구』에서 거론된바 ① "덕德이란 곧 이른바 명덕明德"이요 인간에게 부여된 "하늘의 밝은 명命[天之明命]"이자 또한 "인간이 천天으로부터 얻은 바로서, 허령불매虛靈不昧[텅비고 靈妙하며 어둡지 않음: 필자 주]하고 중리衆理를 갖추어 만사萬事에 응하는 것"으로 정의하는 가운데, ② 이러한 덕德

이 "기품氣稟에 구애되고 인욕人欲에 가려진 바가 되면 때때로 어두워지기도 하나 그 본체本體의 밝음은 일찍이 쉰 적이 없음에, 배우는 자는 마땅히 그 발하는 바를 따라 끝내는 그 처음의 상태를 회복해야만 하는 것"[181]으로 요구하기도 하였다.

둘째, 주희는 이러한 '명덕明德'을 또한 자신의 이기론적理氣論的 도식에 따라 '마음의 덕德[心之德]'이자 '(본本)성性'이요 '(천天)리理'로, 다시 말하자면 인간의 마음에 본래부터 내재하는 '형이상의 순선純善한 법칙·원리'[182]로 규정하기도 하였다.

한편, 정약용이 보기에 '(명明)덕德'에 대한 이상과 같은 주희의 설명은 일견 그 심오성과 체계성에도 불구하고 실상과는 아주 어긋나는 것이었다. 첫째, '명덕'이란 단적으로 고원高遠하고 거창한 그 무엇이 아니었다. 다시 말하자면, ① '명덕'이란 결코 '마음에 본래부터 내재하는 (천天)리理' 또는 '허령불매虛靈不昧한 (심心)덕德'이 아니라,[183] 거꾸로 인간 간의 구체적인 '실천행위[行事] 이후에야 비로소 붙여지는 명칭'이자, 인륜을 돈독히 하는 것으로서의 '효孝·제弟·자慈'일 따름이었다.[184] ② 나아가

---

181 『大學章句』, 「傳10章」의 註 "德卽所謂'明德'."; 『大學章句』, 「傳1章」의 註 "天之明命, 卽天之所以與我而我之所以爲德者也."; 『大學章句』, 「經1章」의 註 "明德者, 人之所得乎天, 而虛靈不昧, 以具衆理而應萬事者也. 但爲氣稟所拘, 人欲所蔽, 則有時而昏, 然其本體之明, 則有未嘗息者. 故學者當因其所發而遂明之, 以復其初也."

182 『論語集註』, 「學而」篇 第2章의 註 "仁者, 愛之理, 心之德也."; 『論語集註』, 「述而」篇 第29章의 註 "仁者, 心之德, 非在外也."; 『論語集註』, 「顔淵」篇 第1章의 註 "蓋心之全德, 莫非天理."; 『論語集註』, 「公冶長」篇 第12章의 註 "性者, 人所受之天理"; 『論語集註』, 「陽貨」篇 第2章의 註 "性則是理, 理無不善."; 『論語集註』, 「里仁」篇 第11章의 註 "懷德, 謂存其固有之善."; 『論語集註』, 「述而」篇 第37章의 註 "人之德性, 本無不備."; 『中庸章句』, 「第1章」의 註 "性則理也. ……於是人·物之生, 因各得其所賦之理, 以爲健順·五常之德, 所謂'性'也."

183 『大學公議』(『定本 與猶堂全書 6』, p. 80) "○[又按] ……心本無德, ……"; 『大學公議』(『定本 與猶堂全書 6』, p. 85) "○[鏞案] ……(然則)民之所明, 非虛靈不昧之德, 審矣."

184 『大學公議』(『定本 與猶堂全書 6』, p. 80) "○[又按] ……心本無德, 惟有直性, 能行吾之直心者, 斯謂之'德'.【德之爲字, 行直心】 善行而後, 德之名立焉. 不行之前, 身豈有明德乎?"; 『大學公議』(『定本 與猶堂全書 6』, p. 83) "○[答曰] ……凡德行之通乎神明者, 謂之'明德'. ……"; 『大學公議』(『定本 與猶堂全書 6』, p. 105) "○[議曰] ……○……若

"인간과 인간이 서로 접촉하면서 각기 그 본분을 다하는" 것으로서의 '인仁'—이는 '인륜의 명덕'이자, '효·제·자의 총명'이다[185]—을 필두로 하는 이러한 '(명)덕'은 또한 상제上帝[天]가 인간이 태어날 때 부여한바 영명靈明한 본체本體로서의 '도심道心'에 그 근원을 두고 있었다.

둘째, 이처럼 정약용이 주희의 '명덕' 개념을 비판·거부한 이론적 토대 위에서 제출했던 그 자신의 독특한 '명덕' 개념은 『대학공의』에서는 물론이려니와 그의 경학 전반에 있어서도 가장 중요한 의미를 함축하는 핵심적 사안 가운데 하나였다. 왜냐하면, 바로 여기에서 강렬한 '실제·실천 지향성'을 그 특징으로 하는 정약용의 경학의 '탈성리학적 근본 방향'이 가장 인상 깊게 천명되고 있을 뿐만 아니라, 나아가 그의 여타 경학적 논의를 이끄는 동시에 수렴하는 관건이 되기 때문이다.

경학적 입장의 특징④: '격물'이란 '물의 본·말을 잘 아는 것'이요, '치지'란 '사의 시·종을 분명히 인식하는 것'이다

이어, 정약용은 '격물格物·치지致知'에 대한 견해에 있어서도 '실제·실천 중

馳心於空寂之地, 則無緣有德. 行事而后, 德之名立焉."; 『大學公議』(『定本 與猶堂全書 6』, p. 78) "明德者, 孝·弟·慈."; 『大學公議』(『定本 與猶堂全書 6』, pp. 78~79) "○[議曰] ……明人倫, 非明孝·弟乎? ……明德, 非孝·弟乎? ……(然則)'孝·弟·慈'三字, 乃五敎之總括."; 『大學公議』(『定本 與猶堂全書 6』, p. 79) "○[議曰] ……所謂明德, 孝·弟·慈也; 所謂新民, 孝·弟·慈也. ……(兩節宗旨, 俱不出)'孝·弟·慈'三字, 是則'明明德'正義也."; 『大學公議』(『定本 與猶堂全書 6』, p. 80) "[考訂] 盧玉溪 孝孫曰:【元儒也】'孝·弟·慈三者, 明德之大目.'【見徐奮鵬『道脈敦流』】 ……○[鏞案] 先儒早知孝·弟是明德."; 『大學公議』(『定本 與猶堂全書 6』, p. 83) "○[答曰] ……(總之,) 立敎設法之條目·所列, 可有孝·弟, ……(若其)太學條例, 則綱曰: '明德', 目曰: '孝·弟·慈'而已."; 『大學公議』(『定本 與猶堂全書 6』, p. 84) "○[議曰] 明德旣爲孝·弟·慈, ……五敎者, 孝·弟·慈也.【義見前】"; 『大學公議』(『定本 與猶堂全書 6』, p. 93) "○[答曰] ……明德者, 孝·弟·慈也. 孝·弟·慈, 原無本末."; 『大學公議』(『定本 與猶堂全書 6』, pp. 109~110) "峻德, 亦孝·弟也. ……○[議曰] ……(則)德者, 孝·弟也. ……(則)峻德者, 孝·弟也."; 『大學公議』(『定本 與猶堂全書 6』, p. 129) "○[議曰] ……(則)意·心·身, 不可爲明德之條目, 於斯明矣."

185 『大學公議』(『定本 與猶堂全書 6』, p. 136) "○[議曰] ……人與人之相接而盡其本分, 斯謂之'仁'. 仁者, 二人也."; 『大學公議』(『定本 與猶堂全書 6』, p. 126) "仁者, 人倫之明德, 乃孝·弟·慈之總名也."

시'라는 문제의식에 따라 역시 정주성리학과는 다른 길을 걸었다. 우선, 주희가 보기에 첫째, 학문은 마땅히 '수기修己'와 '치인治人'을 공히 지향해야 하지만, 그럼에도 '본本·선先·중重'의 의미를 가지는 것은 어디까지나 '위기지학爲己之學'으로서의 '수신修身(기己)'이었다. 즉, ① 주희는 "대체로 도道의 근본은 수신修身하는 데에 있나니, 그런 뒤에야 치인治人하는 데에 미칠 수 있다"186는 입장을 견지하는 가운데, ② 또한 이러한 의미에서 "군자유君子儒는 위기爲己[道를 자신의 몸에 체득하기 위한, 즉 자신을 위한 공부: 필자 주]요, 소인유小人儒는 위인爲人[남에게 인정받기 위한, 즉 남으로부터 명예를 얻기 위한 공부: 필자 주]"187이라고 규정함으로써 학문에 있어서 '내면적 함양의 공부'가 가지는 '우선성'에다 '도덕성'까지 부여하기도 하였다.

둘째, 주희는 바로 이러한 의미를 함축하는 '내면적 함양의 공부', 즉 '수기修己의 학문'의 최종목표로서 '구인求仁'과 '진성盡性'을 제시하는 가운데, 또한 이를 달성하는 구체적 방법론으로 각각 강조했던 바가 다름 아닌 '거경居敬'과 '궁리窮理'였던 것이니, 여기서 특히 후자의 방법론, 즉 '군자君子가 힘쓰는 바'188로서의 '궁리'와 관련해서는 그 요체로서 곧 '격물格物·치지致知'론을 주장한 바 있다. 이에 ① 주희는 ㉠ '격물'을 "격格이란 이름[至]이요 물物은 사事와 같으니, 사물事物의 이理—이것은 形而上의 道이다—를 궁구하여 그 극처에까지 이르지 않음이 없는 것"으로, ㉡ '치지'를 "치致는 미루어 지극히 함[推極]이요 지知는 식識과 같으니, 나의 지식을 미루어나감을 극진히 하여 내 아는 바가 다하지 않음이 없는 것"189으로 해석하면서, ② "치지재격물致知在格物[지식知識을 지극히 함은 사물

---

186 『論語集註』, 「先進」篇 第24章의 註 "蓋道之本在於修身, 而後及於治人."

187 『論語集註』, 「雍也」篇 第11章의 註 "君子儒爲己, 小人儒爲人."; 『論語集註』, 「憲問」篇 第25章의 註 "爲己, 欲得之於己也; 爲人, 欲見知於人也. ……古之學者爲己, 其終至於成物; 今之學者爲人, 其終至於喪己."; 『中庸章句』, 「第33章」의 註 "古之學者, 爲己."

188 『論語集註』, 「公冶長」篇 第19章의 註 "君子務窮理, 而貴果斷."

189 『大學章句』, 「經1章」의 註 "致, 推極也. 知, 猶識也. 推極吾之知識, 欲其所知無不盡也. 格, 至也. 物, 猶事也. 窮至事物之理, 欲其極處無不到也."

事物의 이理를 궁구함에 달려 있다]”이란 『대학장구』 「경1장」의 경문을 자기 나름대로 다음과 같이 보충·풀이한 바 있다. 즉, “이른바 ‘치지가 격물에 달려 있다’고 하는 것은 나의 지식을 지극히 하고자 한다면 먼저 사물에 나아가 그 이理를 궁구해야 한다는 뜻이다. 인간의 마음[心]은 영특하여 알지 못하는 것이 없고 천하의 사물에는 모두 그 이理가 있건마는, 다만 이理에 대하여 궁구하지 않음이 있기 때문에 그 지식에 다하지 못함이 있게 되는 것이다. 이 때문에 태학大學에서 처음 가르칠 때에 반드시 배우는 자로 하여금 천하의 모든 사물에 나아가서 그가 이미 알고 있는 이理를 따라 더욱 궁구하게 하여 그 극極에 이름을 구하지 않음이 없도록 하는 것이다. 그리하여 힘쓰기를 오래해서 갑자기 하루아침에 활연豁然히 관통함에 이르게 되면, 모든 사물의 표리表裏와 정조精粗가 이르지 않음이 없을 것이요, 또한 내 마음의 전체全體와 대용大用이 밝지 않음이 없을 것이니, 이것을 일러 ‘물격物格’이라 하며, 이것을 일러 ‘지지지知之至’라 한다.”190

셋째, 주희는 이러한 ‘격물·치지’를 『대학』에서의 [**격물格物**] → [**치지致知**] → [성의誠意] → [정심正心] → [수신修身] → [제가齊家] → [치국治國] → [평천하平天下]에 이르는 장대한 학문단계[8條目]에 있어 ‘원초적 출발점’이자 ‘가장 중요한 공부’로 상정하기도 하였다.

마지막으로, 주희는 이러한 ‘격물·치지’의 수준에 이르게 되면 천도天道가 유행流行하여 사물에 부여된 것이자 사물의 마땅히 그러해야 하는 까닭[所以當然之故]으로서의 천명天命을 알게 됨으로써 그 앎이 지극히 밝고 정밀하게 됨에, 결국에는 편안히 행하고 힘쓰지 않아도 저절로 도

---

190 『大學章句』, 「傳5章[補亡章]」 “所謂‘致知在格物’者, 言欲致吾之知, 在卽物而窮其理也. 蓋人心之靈莫不有知, 而天下之物莫不有理. 惟於理有未窮, 故其知有不盡也. 是以大學始敎, 必使學者卽天下之物, 莫不因其已知之理而益窮之, 以求至乎其極. 至於用力之久, 而一旦豁然貫通焉, 則衆物之表裏·精粗無不到, 而吾心之全體·大用無不明矣. 此謂: ‘物格’, 此謂: ‘知之至’也.”

道에 맞게 된다[191]고 보았으니, 이것이 바로 '진성盡性'의 경지이자 또한 '성인聖人'의 경지이기도 했던 것이다.

한편, 정약용이 보기에 이상과 같은 주희의 일견 현학적인 '격물·치지'론은 말 그대로 문제투성이에 지나지 않았다. 첫째, 정녕 주희의 말대로 "사물의 이理를 궁구하여 그 극처에까지 이르지 않음이 없는 것"이 '격물'이요 "나의 지식을 미루어나감을 극진히 하여 내 아는 바가 다하지 않음이 없는 것"이 '치지'라고 한다면, 정약용이 보기에 이것은 이미 "처음 배우는 자가 덕德에 들어가는"[192] 공부가 아니었던 것이다. 왜냐하면 "천하의 물物이란 한량없이 많아서 교묘한 역산가曆算家도 그 수를 다 셀 수 없을 것이고 만물에 박식한 사람도 그 이理를 다 통달할 수 없을 것이매, 비록 요堯·순舜과 같은 성인聖人에게 팽조彭祖와 같은 수명을 준다고 하더라도 반드시 그 까닭을 다 알아낼 수는 없을 것이다. 이처럼 만물의 이理를 다 헤아리고 이처럼 아는 것이 투철해지기를 기다린 다음에야 비로소 성의誠意하려 하고 수신修身하려 한다면 결국 늦어지고 마는 것이다. ……어느 틈에 천하만물의 이理를 다 캐낼 수 있을 것인가? 격물格物·치지致知에서만 시간을 허비해서는 안 되는 것이 아니라, 바로 저 소위 '성의誠意·정심正心'이란 것도 모름지기 강론할 자리를 마련해 놓고 시간을 끌어가면서 공부해야 할 필요가 없다. 단지 닭 울 무렵에 일어나 성의를 다해 부모님 잠자리에 문안을 드린다면 곧 부모에게 효도하는 자가 되는 것이다. 먼동이 떠오르는 이른 아침에 조정에 나아가 성의를 다해 군왕의 잘못을 바로 잡는다면 곧 군왕에게 충성하는 자가 되는 것이다. ……선성先聖과 선왕先王의 도道란 본래 이와 같았는데, 요즘 학자들은 텅 비어 아무것도 없는 곳에서 성의하려 하고 정심하려고

---

191 『論語集註』, 「爲政」篇 第4章의 註 "天命, 卽天道之流行而賦於物者, 乃事物所以當然之故也. 知此則知極其精, ……安而行之, 不勉而中也."

192 『大學章句』, 頭註 "(子程子曰: '『大學』, 孔氏之遺書, 而)初學入德之門也.' ……"

도 한다. 깊고 넓어 눈이 아찔하고 휑하니 비어 있어 어둡고 적막하기만 하여 머리도 찾을 수 없고 꼬리도 붙잡을 길이 없는데, 하물며 성의 위에다 격물·치지라는 두 층까지 덧붙여놓으니 더욱 어지럽게 뒤섞여 그 단서를 찾을 길이 없다. 이리하여 평생토록 공부한다 한들 아는 것조차 오히려 부족한데 하물며 실행할 겨를이 어디에 있겠는가? ……'수신修身을 안다'는 것은 곧 '수신을 행한다'는 것이니, 곧 '지知'와 '행行'은 하나인 것이다."[193]

둘째, 이처럼 정약용은 '지행겸진知行兼進'을 강조하는 맥락에서 『대학』에서의 '격물格物·치지致知'를 재해석하고 있다. 즉, ① 정약용이 보기에 '격물'을 제대로 이해하기 위해서는 무엇보다 우선 '물物'이 무엇을 가리키는지 확연하게 결정해야 하며, 이에 따라 비로소 '격格'도 그 의미를 논할 수 있게 되는 것이다.[194] ㉠ 이러한 전제 하에 정약용은 먼저 '물物'에 대한 정의를 내리고 있는바, 곧 ㉮ "물物이란 자립하여 형상을 이루고 있는 것"을 일컬으니, 이는 다름 아닌 '의意·심心·신身·가家·국國·천하天下'를 가리킨다. ㉯ 또한 이러한 '물物'은 바로 "물유본말物有本末[물物에는 본本과 말末이 있다]"이라는 『대학』 경문에서의 '물物'이기도 하니, 곧 "의意·심心·신身은 본本이요, 가家·국國·천하天下는 말末이다."[195] ㉡ 그리고 "격格

---

193 『大學公議』(『定本 與猶堂全書 6』, pp. 102~103) "○[答曰] 天下之物, 浩穰汗漫, 巧歷不能窮其數, 博物不能通其理, 雖以堯·舜之聖, 予之以彭籛之壽, 必不能悉知其故. 欲待此物之格, 此知之至, 而后始乃誠意, 始乃修身, 則亦以晩矣. ……奚暇窮天下萬物之理哉! 不惟格物·致知, 不費時刻, 卽其所謂'誠意·正心', 亦不須肆筵設席, 聽漏課功. 惟是鷄鳴而起, 誠意以問寢, 則孝於親者也; 辨色而朝, 誠意以匡拂, 則忠於君子也. ……先聖·先王之道, 本自如此, 而今之學者, 於空蕩蕩地, 欲誠其意; 於空蕩蕩地, 欲正其心. 滉瀁眩瞀, 虛廓幽寂, 沒頭可摸, 沒尾可捉, 況於誠意上面, 又加之以格物·致知二層, 棼然淆亂, 莫知端緖. 一生用功, 而所知猶不足, 而況於行乎! 張仲誠曰: '知修身, 卽行修身, 則知與行一. ……' 此言甚精, 不可以近儒而忽之也."

194 『大學公議』(『定本 與猶堂全書 6』, p. 95) "○[鏞案] 物定, 然後格可議也. 物之爲心·身·家·國, 旣確然可定, 則通執『三倉』·『爾雅』·『說文』之詁訓, 擇取其合於我物者, 以訓'格物', 乃當然之理也."

195 『大學公議』(『定本 與猶堂全書 6』, pp. 92~93) "物者, 意·心·身·家·國·天下也. ……本·始所先, 末·終所後.【先者, 先之也; 後者, 後之也】"; 『大學公議』(『定本 與猶堂全書 6』, p. 93) "○

이란 (먼저 할 바로서의 '本'과 나중에 할 바로서의 '末'을: 필자 주) 헤아린다[量度]"196 는 뜻이다. ② 정약용은 동일한 맥락에서 '치지'에 대해서도 ㉠ '지知'란 단적으로 '사事'에 있어 "먼저 할 바와 나중에 할 바를 잘 아는 것"으로 인식하였으니, 즉 ㉮ 이러한 '지知'란 또한 "지소선후知所先後[먼저 하고 나중에 할 바를 안다]"라는 『대학』 경문에서의 '지知'를 가리키는 것이요, ㉯ 여기서의 "사事란 행위하는 바[作爲]가 있음을 일컫는 것"이니, 곧 '성誠·정正·수修·제齊·치治·평平'이 바로 그것이다. 그리고 이러한 '사事'는 바로 "사유종시事有終始[사事에는 종終과 시始가 있다]"라는 『대학』 경문에서의 '사事'이기도 하니, 곧 "성誠·정正·수修는 시始요, 제齊·치治·평平은 종終이다."197 ㉡ 한편 "치致란 (먼저 할 바로서의 '始'와 나중에 할 바로서의 '終'을 잘 아는 상태에: 필자 주) 이른다[至之]"는 뜻으로 보았다.198

마지막으로, 결국 정약용이 보기에 ① '격물格物'이란 '물物[意·心·身·家·國·天下]에 본本·말末이 있음에 이를 잘 헤아려 아는 것'이요, '치지致知'란 '사事

[議曰] 意·心·身, 本也; 家·國·天下, 末也. ……"; 『大學公議』(『定本 與猶堂全書 6』, p. 93) "○[答曰] 物者, 自立成象之名也. ……"; 『大學公議』(『定本 與猶堂全書 6』, p. 98) "[考訂] 宋黎立武『大學發微』云: '格物, 卽「物有本·末」之物; 致知, 卽「知所先·後」之知. ……' ……○[鏞案] 黎氏, 宋儒也. 此論之發, 蓋久矣. 其言甚粹, ……"; 『大學公議』(『定本 與猶堂全書 6』, p. 99) "[考訂] 王心齋『語錄』曰: '格物者, 格其「物有本·末」之物; 致知者, 致其「知所先·後」之知.'【陶石簣亦有是語】……○[鏞案] 心齋之說, 明白如此, 世猶以姚江之學而非之, 有公論乎?"; 『大學公議』(『定本 與猶堂全書 6』, p. 101) "○[鏞案] ……蓋格物之解, 當以'本·末'字尋之; 致知之解, 當以'先·後'字尋之."

196 『大學公議』(『定本 與猶堂全書 6』, p. 94) "格, 量度也. ……度物之有本·末, 則格物也."

197 『大學公議』(『定本 與猶堂全書 6』, p. 93) "事者, 誠·正·修·齊·治·平也. ……本·始所先, 末·終所後.【先者, 先之也; 後者, 後之也】"; 『大學公議』(『定本 與猶堂全書 6』, p. 93) "○[議曰] ……誠·正·修, 始也; 齊·治·平, 終也."; 『大學公議』(『定本 與猶堂全書 6』, p. 93) "○[答曰] ……事者, 有所作爲之名也."

198 『大學公議』(『定本 與猶堂全書 6』, p. 94) "致, 至之也. ……極知其所先·後, 則致知也."; 『大學公議』(『定本 與猶堂全書 6』, p. 98) "[考訂] 宋黎立武『大學發微』云: '格物, 卽「物有本·末」之物; 致知, 卽「知所先·後」之知. ……' ……○[鏞案] 黎氏, 宋儒也. 此論之發, 蓋久矣. 其言甚粹, ……"; 『大學公議』(『定本 與猶堂全書 6』, p. 99) "[考訂] 王心齋『語錄』曰: '格物者, 格其「物有本·末」之物; 致知者, 致其「知所先·後」之知.'【陶石簣亦有是語】……○[鏞案] 心齋之說, 明白如此, 世猶以姚江之學而非之, 有公論乎?"; 『大學公議』(『定本 與猶堂全書 6』, p. 101) "○[鏞案] ……蓋格物之解, 當以'本·末'字尋之; 致知之解, 當以'先·後'字尋之."

【표 2-1-8】『대학』의 경문 "물유본말, 사유종시"에 대한 주희와 정약용의 해석 비교표

	주희朱熹		정약용丁若鏞	
물物	본本	말末	본本	말末
	명덕明德	신민新民	의意·심心·신身	가家·국國·천하天下
사事	시始	종終	시始	종終
	지지知止	능득能得	성誠·정正·수修	제齊·치治·평平

[誠·正·修·齊·治·平]에 시始·종終이 있음에 먼저 할 것과 나중에 할 것을 명확하게 인식하는 것'일 뿐이다. ㉠ 대저 천하만사에 어떤 공을 이루고자 한다면, 먼저 멈출 바를 알아야 할 것—지지知止: 지선至善이 소재하는 곳을 앎이다—이고, 그런 다음에는 뜻[志]을 정해야 할 것이며, 뜻[志]이 정해지면 또한 하고자 하는 사事를 고려해야 하니, 즉 경영해야 할 물物과 사事를 종합적으로 파악하여 그 본本·말末을 헤아리고 그 시始·종終을 계산해야 하는 법—능득能得: 마땅히 먼저 해야 할 바를 얻음이다—이다. ㉡ 그런데 '격물·치지'란 것은 바로 이러한 활동에 해당될 따름이요, 그 이상도 그 이하도 아닌 것이다. ㉢ 따라서 이는 주희가 주장하듯이 '천하의 물物에 나아가 천하의 이理를 안다'는 것과는 기실 아무런 상관이 없으며, 더욱이 이는 '사事가 시작되기 이전의 상황'인 것이다.[199]

199 『大學公議』(『定本 與猶堂全書 6』, p. 94) "極知其所先後, 則致知也. 度物之有本末, 則格物也. ○[議曰] ……惟是天下萬事, 不得不先有慮度, 慮度詳審, 然後始乃起功法也. ……故旣知所止, 乃定其志; 旣定其志, 乃慮其事, 通執所經營之物·事, 度其本·末, 算其終·始. ……特以量度揣摩, 在始事之前, 故上面又安著'致知·格物'二件? 物仍是此物, 知仍是此知, 卽凡天下之物, 及其所知天下之理, 何與於是哉?"; 『大學公議』(『定本 與猶堂全書 6』, p. 96) "意·心·身·家·國·天下, 明見其有本·末, 則物格也. 誠·正·修·齊·治·平, 明認其所先·後, 則知至也. 夫然後始事, 故曰: '知至而后意誠'."; 『大學公議』(『定本 與猶堂全書 6』, p. 98) "[考訂] (宋 黎立武『大學發微』云: '格物, 卽「物有本·末」之物; 致知, 卽「知所先·後」之知.) 蓋通量物之本·末, 事之終·始, 而爲用力之先·後耳. ……' ……○[鏞案] 黎氏, 宋儒也. 此論之發, 盖久矣. 其言甚粹, ……"; 『大學公議』(『定本 與猶堂全書 6』, p. 100) "[考訂] ……○湛甘泉『視學』云: '『大學』古本, 卽以知本爲格物. 知本者, 知修身也. 然則格物亦第知修身爲『大學』要功耳. 安有從修身外求致知者?' ○[鏞案] 海內之有公議如此."

경학적 입장의 특징⑤: "『대학』의 삼강령은 각각 삼조목을 거느리고 있는데 그 모두가 '효·제·자'이며, 문장은 비록 여덟 번 전환되고 있지만 사에는 오직 육조만 있을 뿐이다"

바로 이상과 같은 이유에서, 정약용은 또한 '『대학』의 기본구조'와 관련해서도 주희의 '삼강령三綱領[明明德·新民·止於至善]·팔조목八條目[格物·致知·誠意·正心·修身·齊家·治國·平天下]'설을 거부하는 가운데, 그 대신 '삼강령三綱領·삼조목三條目'설과 '격치格致·육조六條'설을 제기하기에 이르렀던 것이다.[200]

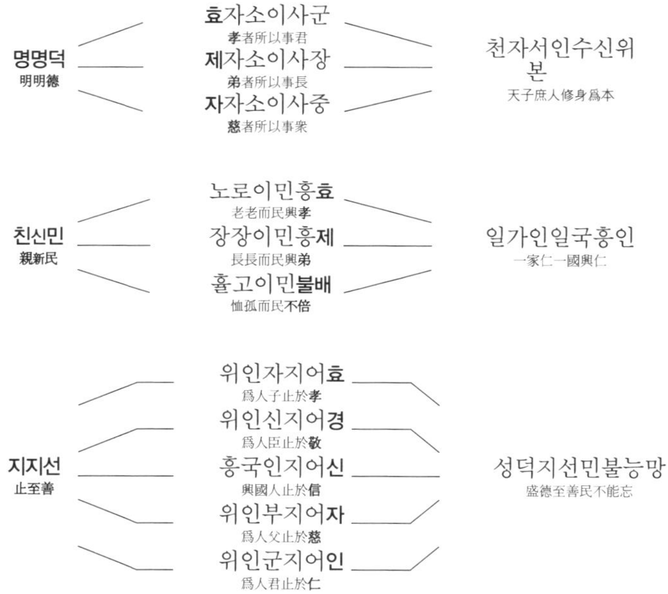

【그림 2-1-2】 정약용의 '삼강령·삼조목'설

---

200 정약용은 다음과 같이 말하였다: "『대학』에는 삼강령三綱領이 있고, 또한 삼강령은 각각 삼조목三條目을 거느리고 있는데, 그 모두가 '효孝·제弟·자慈'이다. 이 절은 명덕明德·신민新民의 조목條目이 아니다. 또한 문장은 비록 여덟 번 전환되고 있지만 사事에는 오직 육조六條만 있을 뿐이니, 이에 '격물格物'과 '치지致知'를 '팔八'의 수에 산입시키는 것은 부당하다. 이를 '격치格致·육조六條'라고 부르는 것이 아마도 명실名實에 어울릴 것이다.(○[議曰] 『大學』有三綱領, 三綱領各領三條目, 皆是孝·弟·慈. 此節非明德·新民之條目也. 然且文雖八轉, 事惟六條, '格物·致知', 不當幷數之爲八. 名之曰: '格致·六條', 庶名實相允也.)" 『大學公議』(『定本 與猶堂全書 6』, p. 96)

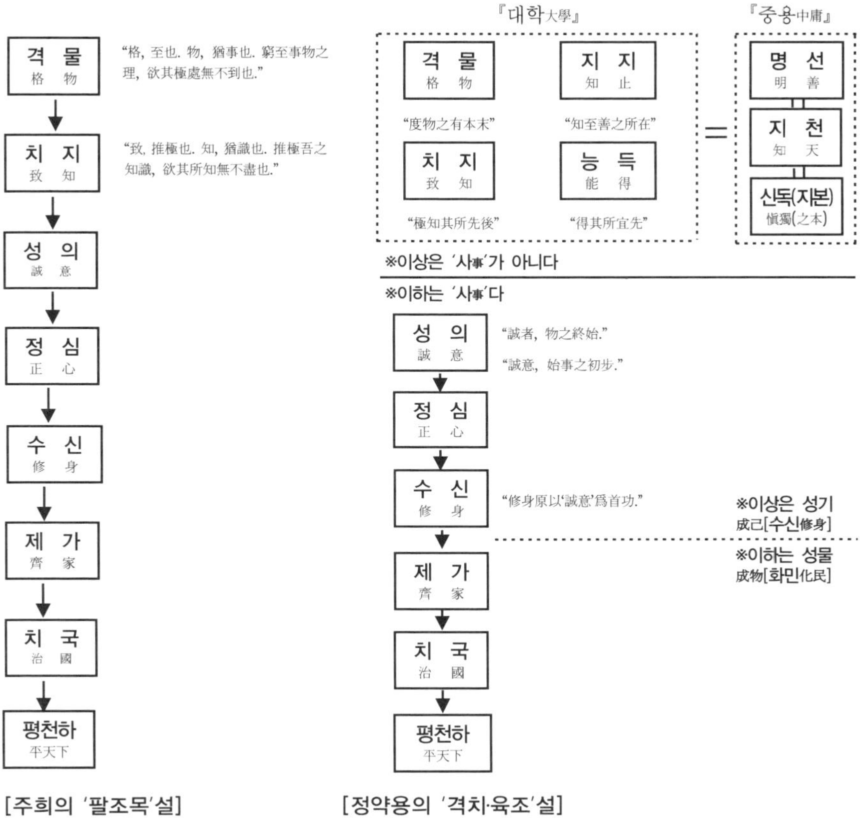

【그림 2-1-3】 주희의 '팔조목설'과 정약용의 '격치·육조설' 비교도

경학적 입장의 특징⑥: "성이란 물[의·심·신·가국·천하]의 시작이자 끝"임에 '성의' 앞에 따로 두 층의 공부인 '격물·치지'가 있어야 할 이유가 없다

끝으로, '성의誠意'에 대한 이해에 있어서도 정약용은 주희와 입장을 달리했으니, 이는 곧 그의 '격물格物·치지致知'에 대한 재해석의 내용을 통해서도 이미 짐작할 수 있는 바이다. 우선, 주희가 보기에 첫째, "성誠이란 성실하게 함이요, 의意란 마음이 발하는 바"임에, 결국에 '성의誠意'란 곧

"그 마음이 발하는 바를 성실하게 하여, 반드시 스스로 만족하는 동시에 스스로를 속이는 일이 없도록 하고자 하는 것"[201]이 되었다.

둘째, 물론 이러한 공부는 또한 '격물'과 '치지'라는 두 단계의 일차적인 공부를 반드시 먼저 성취함을 전제로 하는 것이었다.

한편, 정약용이 보기에, 첫째, 이상과 같은 주희의 '성의'에 대한 설명은 두 가지의 커다란 문제점을 노정하고 있었으니, 그 하나는 여타 경전—특히 『중용中庸』—과의 내용적 일관성과 관련된 것이요, 다른 하나는 '지행겸진知行兼進'이라는 자신의 핵심적인 학문적 관심사와 관련된 것이었다. 즉, ① 전자의 경우와 관련하여, 정약용은 원래 경전이란 뭇 성인聖人들께서 서로 간에 전수해오신 뜻을 담고 있는 책이어서 이들 간에는 상하 2천 년이라는 긴 세월에도 그 말씀들은 서로 부절符節을 합친 듯하니,[202] 바로 이러한 맥락에서 『대학』에서의 '성의'란 개념은 반드시 『중용』에서의 "성자, 물지종시誠者, 物之終始[성誠이란 물物의 종終과 시始이다]" 및 "불성무물不誠無物[성誠하지 못하면 물物도 없게 된다]"과 같은 경문과의 유기적인 관련성 하에서 그 의미가 고찰·이해되어야 할 것으로 보았다. 그런데도 주희의 경우에는 이러한 측면에 대한 감수성과 노력이 미약하다는 점이다. ② 후자의 경우에 있어서는, 무엇보다 주희가 '성의'라는 공부 앞에다가 이른바 '천하의 모든 사물의 이理를 궁구하여 그 지식이 다하지 않음이 없는 것'으로서의 '격물·치지'라는 두 층의 공부를 덧붙여놓음으로써, 결과적으로 '성의'가 원래 독자적으로 함축했던 생생하고도 즉

201 『大學章句』, 「經1章」의 註 "誠, 實也. 意者, 心之所發也. 實其心之所發, 欲其必自慊而無自欺也."

202 정약용은 다음과 같이 말하였다: "『서경書經』의 「고요모皐陶謨」 한 편은 곧 『대학大學』의 연원淵源이다. 뭇 성인聖人들께서 서로 간에 전수해오신 뜻이 이 「고요모」편에서 비롯되어 『대학』에서 마무리되고 있음을 살펴보지 않을 수 없다. ……상하 2천 년이라는 긴 세월에도 그 말씀들은 서로 부절符節을 합친 듯하니, ……(○[鏞案] 「皐陶謨」一篇, 乃『大學』之淵源. 千聖相傳之旨, 始於此「謨」, 終於『大學』, 不可不察也. ……上下二千年之遠, 而其言若合符契, ……)" 『大學公議』(『定本 與猶堂全書 6』, p. 140)

각적인 실천성을 결정적으로 약화시키고 말았다는 점이다.

둘째, 정약용은 이러한 문제의식에서 자기 나름의 독자적인 '성의' 개념을 제출하기에 이르렀다. 즉, ① 정약용이 보기에 단적으로 ㉠ "성誠이란 물物[意·心·身·家·國·天下: 필자 주]의 시작이자 끝"인지라, 곧 ㉮ 이를 통해 성기成己[修身]도 하고 성물成物[化民]도 하게 되는 것이니, 다시 말하자면 "성誠으로써 성의誠意하며 성誠으로써 정심正心하며 성誠으로써 수신修身하며 성誠으로써 제가齊家하며 성誠으로써 치국治國하며 성誠으로써 평천하平天下하는 것"이다. ㉯ 따라서 "불성무물不誠無物[성誠하지 못하면 물物도 없게 된다]"이라는 『중용』의 경문 또한 바로 이러한 맥락에서야 비로소 제대로 이해할 수 있게 된다.[203] ㉡ 또한 "의意란 마음속에 감추어진 생각[隱念]"[204]임에, ㉢ 결국 '성의'란 "불선不善한 것인 줄 알면서도 이를 행하는 일[自欺]"이 없도록 하는 것[205]이었다. ② 또한, 정약용은 바로 이러한 '성의'가 무엇보다 '덕행德行'을 주요한 논제로 삼고 있는 『대학』의 큰 조목이 된다고 보기도 하였으니, ㉠ 왜냐하면 "성의誠意와 정심正心이란 항상 행사行事[실천행위: 필자 주]에 의거하며, 역시 매번 인륜과 밀착되어 있는 것"[206]이요, 따라서 참선參禪하는 선승禪僧처럼 하는 일 없이 조용히

---

203 『大學公議』(『定本 與猶堂全書 6』, p. 93) "○[議曰] ……(然誠之爲物, 貫徹始·終,) 誠以誠意, 誠以正心, 誠以修身, 誠以治家·國, 誠以平天下. 故『中庸』曰: '誠者, 物之終·始' 也."; 『大學公議』(『定本 與猶堂全書 6』, p. 94) "○[議曰] 『中庸』曰: '誠者, 物之終始', 始者, 成己也; 終者, 成物也. 成己者, 修身也; 成物者, 化民也."; 『大學公議』(『定本 與猶堂全書 6』, pp. 104~105) "誠者, 物之終始, ……○[議曰] ……不誠無物, 故先言誠意, 包括意·心·身·家·國·天下, 一歸之於誠意. 繼引「淇奧」·「烈文」之詩, 以明誠意之功, 可以自修, 可以化民, 皆可以止於至善."; 『大學公議』(『定本 與猶堂全書 6』, p. 105) "○[議曰] ……○……誠之爲物, 包括'意·心·身'三字, ……"; 『大學公議』(『定本 與猶堂全書 6』, p. 106) "○……誠於中而形於外也. ……○[議曰] ……至誠積於中而威儀著於外, 積中所以自修也, 著外所以化民也. 誠之能成己·成物, 其至理在此, 何得曰: '簡策有錯'乎?"; 『大學講義』(『定本 與猶堂全書 6』, p. 150) "鏞曰: '誠意不獨爲正心之本. 修·齊·治·平, 莫不以「誠意」二字成始·成終. ……'"

204 『大學公議』(『定本 與猶堂全書 6』, p. 104) "意者, 中心之隱念也."; 『大學公議』(『定本 與猶堂全書 6』, pp. 105~106) "○[鏞案] ……意者, 心中之所隱度運用者也. 故凡隱度者, 謂之意. ……意者, 隱也, 中心之所隱念也. 與思·想·志·慮不同."

205 『大學公議』(『定本 與猶堂全書 6』, p. 104) "自欺者, 人性本善, 知不善而爲之, 是自欺也."

내면만을 성찰하는 것과는 결단코 아무런 상관이 없었기 때문이다. ㉡ 나아가 '성의'가 함축하고 있는 바로 이러한 본질적 실천성 때문에 '수신'에 있어서도 '성의'를 으뜸가는 공功으로 여겨 반드시 이를 따라 시작해 들어가고 이를 따라 착수하게 되는 것이요, 이는 비단 수신의 경우에만 그러한 것이 아니라 '제가'·'치국'·'평천하'의 경우에도 또한 그러하며, 더욱이 이로써 '명덕明德'을 하고 이로써 '친민親民'을 하고 이로써 '지선止善'도 하게 되는 것인바, ㉢ 결국 이러한 '성의' 앞에 따로 두 층의 공부, 즉 '격물·치지'가 있어야 할 아무런 이유가 없었던 것이다.[207]

3. 후기『대학』관계저술

「자찬묘지명【집중본】」에서의『대학』관련부분의 구성과 내용

이어 '정약용의 후기『대학』관계저술'로는「자찬묘지명自撰墓誌銘【집중본集中本】」[61세]에서의『대학』과 관련된 부분이 있다. 그 내용은 모두 '7개의 항목'으로 이루어져 있는데, 즉 ① '대학大學'[『大學章句』「經1章」]의 원의, ② '명덕明德'[「經1章」]의 의미, ③ '격물格物·치지致知'[「經1章」]의 의미, ④ '성誠'·'성의誠意'[「經1章」]의 함의, ⑤ '정심正心'이 곧 '수신修身'이 되는 이유[「傳7章」], ⑥ '노로老老'·'장장長長'·'휼고恤孤'[「傳10章」]의 원의, ⑦『대학』의 편말篇末

---

206 『大學公議』(『定本 與猶堂全書 6』, pp. 88~89) "○[答曰] ……(然聖人之言, 有倫·有序, 不相混雜. 或論心性, 如『孟子』; 或論天道, 如『中庸』); 或論德行, 如此經, 各有所主, 意趣不同. ……總之, 誠意·正心, 爲此經之大目. ……誠·正每依於行事, 誠·正每附於人倫, ……"

207 『大學公議』(『定本 與猶堂全書 6』, p. 89) "○[答曰] ……(故實心事父, 則誠·正以成孝; 實心事長, 則誠·正以成弟; 實心字幼, 則誠·正以成慈.) 誠·正以齊家, 誠·正以治國, 誠·正以平天下."; 『大學公議』(『定本 與猶堂全書 6』, p. 94) "○[議曰] ……(然則)修身原以誠·意爲首功. 從此入頭, 從此下手, 誠·意之前, 又安有二層工夫乎?"; 『大學公議』(『定本 與猶堂全書 6』, p. 115) "○[鏞案] ……誠意爲物之終·始,【『中庸』文】 以此修身, 以此齊家, 以此治·平, ……誠意爲物之終·始, 以此明德, 以此親民, 以此止善, ……"; 『大學講義』(『定本 與猶堂全書 6』, p. 162) "鏞曰: '……格·致, 恐不在誠意之先矣.'"

에서 '부富'와 '귀貴'의 두 가지 일을 경계한 까닭[「傳10章」]이 바로 그것이다.

물론 이상의 각 항목에 걸친 각각의 구체적 내용은 정약용이 보기에 『대학』의 요체를 이해하는 데 있어 가장 핵심적인 것으로 여겨지는 것을 발췌·요약한 것으로서, 비록 『대학공의大學公議』와 비교하여 새로운 내용은 없으나 그의 최종적인 『대학』 해석방향과 『대학』관의 핵심을 압축적으로 보여주고 있다는 점에서 중요한 경학적 의미를 가진다고 할 수 있다. 그러면 지금부터 정약용의 중·후기 경학적 입장과 관련하여 앞에서 이미 설명한 부분을 제외한 여타 항목이 함축하고 있는 경학적 의미를 차례대로 살펴보기로 하자.

경학적 입장의 특징①: "정심은 곧 수신"이니, 따라서 '정심'과 '수신'은 별개의 두 가지 공부가 아니다

우선, '정심正心'이 곧 '수신修身'이 되는 이유와 관련하여 정약용은 "정심正心은 곧 수신修身"이니, 따라서 『대학』의 경문 "신유소분치身有所忿懥[몸에 화내는 바가 있으면][『大學章句』, 「傳7章」]에서의 '신身'자는 '심心'자로 고칠 수 없다"208고 명확하게 주장한 바 있다. 물론 이와 같은 정약용의 입장은 기실 그가 젊어서부터 이미 일관되게 견지해왔던 바로서, 이는 일차적으로 그가 『대학』이란 경전을 이해하면서 주희朱熹의 『대학장구大學章句』보다는 『고본대학古本大學』의 체제를 더욱 중시했다는 것을 의미하는 동시에, 더욱이 정주성리학程朱性理學의 심론心論, 나아가 인간론人間論 일반을 그 근저에서부터 철저하게 비판·거부함으로써 자신의 독자적 심론 및 인간론을 구성·제기하고 있다는 맥락에서 심대한 의미를 함축하는 경학적 사안이기도 하였다.

첫째, 정약용이 보기에 주희의 '신身'오자설誤字說 및 이것이 전제한

---

208 「自撰墓誌銘【集中本】」(『定本 與猶堂全書 3』, p. 276) "曰: '正心卽修身. 「身有所忿懥」, 不可改也.'"

바 그의 심론心論이란 일견 그 논리적 체계성에도 불구하고 동의하기 어려운 것이었다. ① 그러면 주희—보다 정확하게는 정이程頤[伊川, 1033~1107: 中國 北宋의 학자]—는 왜 '신身'자를 '심心'자로 고치는 것이 마땅하다[209]고 보았을까? 즉, ㉠ 주희가 보기에 ㉮ 인간은 기본적으로 '심心'과 '신身'으로 구성되어 있는바, 바로 이러한 심心은 동정動靜·어묵語默의 간극間隙이 없는 것으로서 이에 신身을 주재하고 있다.[210] 따라서 이 심心을 보존하지 못하면 결국 신身도 검속할 수 없게 되는 것이다.[211] ㉯ 또한 이러한 심心은 그 구성요소로서 '성性'과 '정情'을 포괄하는 동시에 주재하고 있는바, 여기서 성性은 곧 심心의 '본本·체體'에 해당한다면 정情은 곧 심心의 '말末·용用'에 해당한다. 그런데 ⓐ 심心의 본·체로서의 '성性'은 어디까지나 참되고 고요한 상태[眞而靜]에 있기 때문에 '미발未發'이라 부르며, 또한 사덕四德[仁·義·禮·智]—또는 오상五常[仁·義·禮·智·信]—이 형이상의 도道·법칙으로서 구비되어 있어 편벽되고 치우친 바가 없음에 '중中'이라고도 한다. ⓑ 한편, 기氣로서의 형形이 이미 생겨나 있음에 외물이 그 형形에 접촉하게 되면 내면에 움직임[動]이 있게 되고, 이에 따라 사단四端[惻隱·羞惡·辭讓·是非之心]과 칠정七情[喜·怒·哀·懼·愛·惡·慾]이 각각 출현함에 '이발已發'이라고 부르며, 또한 그 발함이 모두 절도에 맞고 각각 주主 되는 바가 있어 어그러짐이 없게 되면 '화和'라고도 하는데, 이것이 바로 심心의 말·용으로서의 '정情'인 것이다.[212] ㉡ 바로 이러한 맥락에서 그는 『대학』의 경문에서 언급

---

209 『大學章句』, 「傳7章」의 註 "程子曰: '「身有」之身, 當作心.'"

210 『大學章句』, 「經1章」의 註 "心者, 身之所主也."; 『朱子大全』, 卷32(「答張欽夫」), p. 32a.(中和堂) "(然)人之一身知覺·運用, 莫非心之所爲, 則心者, 固所以主於身而無動靜·語默之間者也."

211 『大學章句』, 「傳7章」의 註 "心有不存, 則無以檢其身."

212 『論語集註』, 「雍也」篇 第2章의 註 "(天地儲精, 得五行之秀者爲人.) 其本也眞而靜, 其未發也五性具焉, 曰: '仁·義·禮·智·信'. 形旣生矣, 外物觸其形, 而動於中矣. 其中動而七情出焉, 曰: '喜·怒·哀·懼·愛·惡·欲'."; 『中庸章句』, 「第1章」의 註 "喜·怒·哀·樂, 情也. 其未發, 則性也. 無所偏倚, 故謂之'中'. 發皆中節, 情之正也. 無所乖戾, 故謂之'和'."; 『朱子大全』, 卷32(「答張欽夫」), p. 32a.(中和堂) "(然)方其[心을 말함: 필자 주]靜也, 事物未至, 思慮未萌,

되고 있는 '분치忿懥[성냄]'·'공구恐懼[두려워함]'·'호요好樂[좋아함]'·'우환憂患[근심함]'과 같은 네 가지 감정이란 "모두 심心의 용用[心之用]"에 해당하는 것이요 "사람에게는 없을 수 없는 것들"로서, "한 번 이러한 감정을 가지게 되었으면서도 살피지 못하면 욕심이 동動하고 정情이 (節度를 잃고: 필자 주) 승勝해져 그['心'을 말함: 필자 주] 용用의 행하는 바가 혹 올바름을 잃지 않을 수 없게 되는 것"213인바, 따라서 논리적으로 당연히 경문 "신유소분치身有所忿懥"에서의 '신身'자는 '심心'자로 바뀌어야 한다는 것이다.

② 한편, 정약용이 보기에 이상과 같은 주희의 심론心論과 '신身'오자설誤字說은 한마디로 잘못된 것이었다. 왜냐하면 원래 "옛 성인聖人의 정기正己·정물正物하는 학문[『대학』을 이름: 필자 주]이란 소박하고 진실하며 (구체적인: 필자 주) 근거를 가지고 있었던 것인바, 따라서 이처럼 심원하고 관념적인 그 무엇이 아니었기"214 때문이다. 이에 정약용은 바로 이러한 관점에서 자신의 독자적인 입장을 개진하고 있으니, 그 구체적인 내용을 소개하면 다음과 같다: ㉠ 만약 주희의 '신身'오자설을 수용하게 되면 『대학』의 내용체계에 중대한 결함이 생기게 된다. 왜냐하면 정약용이 보기에 "4개의 '유소有所'[『大學章句』「傳7章」에서의 "所謂脩身在正其心者, 身有所忿懥, 則不得其正; 有所恐懼, 則不得其正; 有所好樂, 則不得其正; 有所憂患, 則不得其正."에서의 '有所'를 이름: 필자 주]는 곧 '마음을 다스리는 일[治心之事]'에 해당하며, 5개의 '지기之其'[「傳8章」에서의 "所謂齊其家在脩其身者, 人之其所親愛而辟焉, 之其所賤惡而辟焉, 之

而一性渾然, 道義全具, 其所謂中, 是乃心之所以爲體而寂然不動者也. 及其動也, 事物交至, 思慮萌焉, 則七情迭用, 各有攸主, 其所謂和, 是乃心之所以爲用·感而遂通者也."; 『性理大全』, 卷33(「性理 5」), p. 2ab.(山東友誼書社, 1989) "(朱子曰) ……仁·義·禮·智, 性也; 惻隱·羞惡·辭讓·是非, 情也. 以仁愛, 以義惡, 以禮讓, 以智知者, 心也. 性者, 心之理也. 情者, 性之動也. 心者, 性·情之主也. ○未動爲性, 已動爲情. 心則貫乎動·靜而無不在焉. ○性, 對情言. 心, 對性·情言. 合如此是性, 動處是情, 主宰是心."

213 『大學章句』, 「傳7章」의 註 "忿懥, 怒也. 蓋是四者, 皆心之用而人所不能無者. 然一有之而不能察, 則欲動·情勝, 而其用之所行, 或不能不失其正矣."

214 『大學公議』(『定本 與猶堂全書 6』, p. 119) "○[鏞案] ……古聖人正己·正物之學, 朴實有據, 不若是之幽虛也."

其所畏敬而辟焉, 之其所哀矜而辟焉, 之其所敖惰而辟焉."에서의 '之其'를 이름: 필자 주]는 곧 '제가齊家하는 일[齊家之事]'에 해당하나니, 이에 만약 새삼스럽게 "신유소분치身有所忿懥"에서의 '신身'자를 '심心'자로 고친다면 『대학』이란 한 권의 책에서 마침내 '수신修身'절을 없애는 꼴이 되는 것인바, (그렇다면 『대학장구』의 「전5장」처럼: 필자 주) 정말로 보충하는 전傳을 만들어 넣어야만 완전한 책이 될 판"이요, 나아가 "이하 제가齊家와 치국治國 (및 平天下: 필자 주)의 일은 모두 그 뿌리를 잃게 되니, 이로 하여 잃는 바가 적지 않을 것"215 이기 때문이었다. ㉡ 정약용 자신의 독자적인 '인간'관, 즉 '심신묘합心身妙合의 존재'로서의 인간관216에 비추어 보아서도 상기한바 주희의 '신身' 오자설은 경솔한 잘못에 지나지 않았다. 즉 ㉮ 정약용이 보기에 인간이란 기본적으로 '두 개의 몸[體]'과 '두 개의 마음[心]'을 가진 존재이다. ⓐ 여기서 말하는 '두 개의 몸'이란 곧 '대체大體'와 '소체小體'를 말하는바, 대체란 '영명靈明한 본체本體'·'신神'·'성령性靈'이라고도 하며, 이는 곧 인간이 태어날 때 천天—이는 '이理'가 아니라, 무형無形의 인격적 존재로서의 '상제上帝'이다—으로부터 부여받은 바로서, 또한 선善을 좋아하고 악惡을 부끄럽게 여기는 '기호嗜好'로서의 '성性'을 구비하고 있음으로 하여 바로 도의지성道義之性의 소재지가 되기도 한다. 이에 반해 소체란 '형形'·'형구形軀'라고도 하는데, 이는 인간이 태어날 때 부모父母로부터 받은 '몸'을 말한다. ⓑ 한

215 『大學公議』(『定本 與猶堂全書 6』, p. 117) "○[鏞案] 四'有所'者, 治心之事也. 五'之其'者, 齊家之事也. 若復以'身有'之身, 改之爲心, 則『大學』一部, 遂無修身之節, 眞作補傳, 乃成完書. ……則此下之齊家·治國, 都無根基, 其所失非細也."

216 한편, 정약용은 인간을 '신형묘합神形妙合의 존재'로 정의하기도 하였던바, 이는 상기한바 '심신묘합心身妙合의 존재'로 정의하는 것과는 그 맥락과 의미가 약간 다르다. 즉, ① 전자가 인간을 기본적으로 '대체大體와 소체小體가 오묘하게 결합된 존재'로 설명하는 개념이라면, ② 후자는 기본적으로 '대체大體와 도심道心, 소체小體와 인심人心이 각각 오묘하게 결합된 존재'로 인식하는 개념으로서, 이는 '도심道心이 인심人心을 이기는 것'으로서의 '정심正心'이란 곧 '대체大體가 소체小體를 이기는 것'으로서의 '정신正身'이 됨을 강조함으로써 결국 '정심=정신[修身]'의 도식을 제시하는 것이다.

편, '두 개의 마음'이란 곧 '도심道心'과 '인심人心'으로서, 즉 도심이란 대체가 그 본래적인 성性[嗜好]에 따라 발한 바를 이르는데, 결국 이 마음이 있음으로 하여 선을 좋아하고 악을 부끄럽게 여기게 되는 것이다. 반면, 인심이란 소체가 발한 바로서, 이 마음이 발하면 선을 좋아하고 악을 부끄럽게 여기는 대체의 본래적인 '성性[嗜好]'을 파괴시키게 된다.[217] ㉯ 그런데 이러한 '신身[體]'과 '심心' 역시 원래 오묘하게 결합—심신묘합心身妙合: 대체大體와 도심道心, 소체小體와 인심人心 간의 묘합妙合—되어 있어서 분리하여 말할 수 있는 성질의 것이 아니다. ⓐ 이에 만약 "도심이 인심을 이기게 되면 이는 곧 대체가 소체를 이기는 것"[218]이 되는 동시에 그 결과적 행위는 선이 되지만, 그 반대의 경우에는 악이 되는 것이다. ⓑ 또한 이러한 의미에서 심心에는 "두 가지의 병病"이 생기기도 하는바, 즉 "그 하나는 유심有心하여 나는 병이요, 다른 하나는 무심無心하여 나는 병이니, 전자가 인심이 주主가 된 경우라면 후자는 도심이 주가 될 수 없었던 경우"[219]인 것이다. ⓒ 결국, 이러한 맥락에서 "정심正心은 곧 정신正身[修身: 필자 주]하는 바"가 되며, 또한 이렇게 본다면 '정심正心'과 '수신修身'은 결코 별개의 두 가지 공부가 아닌 것이다. ㉰ 나아가 바로 "그렇기 때문에 (『대학』의 경문에서도: 필자 주) 특별히 '신身'자를 써서 '신身'과 '심心'을 하나로 합치는 쇠못으로 삼았던 것인데, 지금 만약에 (이 '身'자를 '心'자로 바꾸어 결과적으로: 필자 주) 이 쇠못을 뽑아버리게 된다면 곧 『대학』에서 수신에 해당하는 내용은 없게 되고 마는 것이다."[220]

---

217 보다 자세한 내용은 제3부 제3장 「다산 정약용의 인간론」에서의 해당부분이 참조된다.

218 『論語古今注 II』(『定本 與猶堂全書 9』, p. 12) "○[補曰] ……我有二體, 亦有二心. 道心克人心, 則大體克小體也."

219 『大學公議』(『定本 與猶堂全書 6』, p. 117) "○[議曰] ……○心有二病. 一是有心之病, 一是無心之病. 有心者, 人心爲之主也; 無心者, 道心不能爲之主也. 二者似異, 而其受病之源實同."

220 『大學公議』(『定本 與猶堂全書 6』, p. 116) "○[議曰] 身·心妙合, 不可分言. 正心卽所以正身, 無二層工夫也."; 『大學公議』(『定本 與猶堂全書 6』, p. 117) "○[鏞案] ……原來身·

둘째, 정약용의 '신身'오자설에 대한 이상과 같은 비판은 곧바로 한 단계 더 소급하여 주희의 '수양론修養論' 전반에 대한 재검토로 이어진다. 우선, ① 주희가 보기에, ㉠ 배우는 자의 일차적 과제는 '수기修己[修身]'의 공부로서, 이를 위한 하나의 방법론적 핵심이 다름 아닌 '정심正心·양성養性'이었다. 즉, ㉮ 매사에 전전긍긍 조심함으로써 밖으로부터 심心을 제재하고 바르게 하여, 천리天理를 보존하고 함양하는 것이다. ㉯ 달리 말하자면, 이는 항상 '경敬'의 마음에 거함[居敬]으로써 내면의 사사로운 인욕人欲을 남김없이 제거하여, 기품氣稟에 구애되고 인욕人欲에 가려져 때때로 어두워진(본연지本然之)성性을 다시 밝혀 그 처음의 상태를 회복하고 보존하는 동시에 잠시도 이러한 상태를 떠나지 않으면서 기르는 것이기도 하다.[221] ㉡ 그리고 이러한 '정심正心·양성養性'을 통해 자신의 심心을 한 점의 미동도 없이 잠잠하고 고요하게 하여 적연부동寂然不動하고 밝은 상태를 유지함이 마치 거울이 허공을 비추고 저울대가 평형을 유지하는 것—이것이 곧 '미발未發'의 상태이다—처럼 하였을 때, 이 심心은 곧 일신一身의 주재主宰가 되는 것[222]인바, 바로 이것이 이른바 성덕군자成德君子가 '심체心體의 본연本然[眞體]을 보존한다'는 '존심설存心說'인 것이다.

② 한편, 정약용이 보기에 주희의 이러한 수양론 또한 받아들이기 어려운 것이었으니, 그 이유는 다음과 같다: ㉠ 주희는 기본적으로 '미

心妙合, 不可分二, 故特下'身'字, 以爲身·心合一之鐵釘. 今拔此釘, 則『大學』無修身矣."

221 『大學章句』, 「經1章」의 註 "明德者, 人之所得乎天, 而虛靈不昧, 以具衆理而應萬事者也. 但爲氣稟所拘, 人欲所蔽, 則有時而昏, 然其本體之明, 則有未嘗息者. 故學者當因其所發而遂明之, 以復其初也."; 『論語集註』, 「述而」篇 第6章의 註 "仁則私欲盡去而心德之全也. 功夫至此而無終食之違, 則存養之熟, 無適而非天理之流行矣."; 『論語集註』, 「顏淵」篇 第1章의 註 "爲仁者, 所以全其心之德也. 蓋心之全德, 莫非天理, 而亦不能不壞於人欲. 故爲仁者, 必有以勝私欲而復於禮, 則事皆天理, 而本心之德, 復全於我矣."; 『論語集註』, 「憲問」篇 第2章의 註 "克去己私以復乎禮, 則私欲不留, 而天理之本然者得矣. 若但制而不行, 則是未有拔去病根之意, 而容其潛藏隱伏於胸中也. 豈克己求仁之謂哉?"

222 『大學公議』(『定本 與猶堂全書 6』, p. 117) "[考訂] ……○(『或問』: 「人之有心, 本以應物. 有所喜·怒·憂·懼, 便爲不得其正, 則必如槁木·死灰, 乃得其正耶?」) 曰: '人心湛然虛明, 鑑空·衡平, 以爲一身之主者, 固其眞體之本然. ……'"

발未發'이란 개념을 이해하는 데서부터 잘못을 저지르고 있었다. ㉮ 왜냐하면 『중용』의 경문 "희·로·애·락지미발, 위지'중'; 발이개중절, 위지'화' 喜·怒·哀·樂之未發, 謂之'中'; 發而皆中節, 謂之'和'[희喜·로怒·애哀·락樂이 발發하지 않은 것을 '중中'이라 이르고, 발發하여 모두 절도節度에 맞는 것을 '화和'라 이른다]"[『中庸章句』「第1章」]에서 말한바 '미발'이란 개념은 말 그대로 '희喜·로怒·애哀·락樂의 미발'을 의미할 뿐이지, 주희의 주장처럼 '심지사려心知思慮의 미발', 즉 어떠한 정의情意도 계탁計度도 조작造作도 없는 상태를 지칭하는 것은 결코 아니었기 때문이다.223 ㉯ 만약에 '미발'을 주희처럼 이해한다면 이른바 '심心의 진체眞體를 보존하여 성덕군자成德君子가 된다'는 것은 마치 선가禪家에서 입정入定한 것처럼 '심心을 말라죽은 나무나 불 꺼진 재처럼 유지해야 함'을 의미함이니, 정녕 심체心體가 이러한 상태에 있다면 그것은 현실적으로 보아 살아있는 사람의 경우라고 할 수 없다.224 ㉰ 더욱이 주희가 자신의 심론心論을 전개하면서 구사했던 개념들, 특히 '진체眞體'니 '본연本然'이니 하는 것들은 기본적으로 불교佛敎—구체적으로는 『수능엄경首楞嚴經』과 같은 불교경전—에서 빌려온 개념들인바, 따라서 이는 선성先聖들께서 일찍이 심心에 대하여 논하셨던 내용과는 아무런 관련도 없었다.225 또한, 바로 이러한 맥락에서 맹자孟子의 '존심설存心說'—원래 존심설이란 맹자로

223 『中庸自箴』(『定本 與猶堂全書 6』, pp. 235~236) "[箴曰] ……○……未發者, 喜·怒·哀·樂之未發, 非心知思慮之未發."; 『中庸講義補』(『定本 與猶堂全書 6』, p. 290) "○[今按] ……○……經但曰: '喜·怒·哀·樂未發'而已, 何嘗曰: '一切思念都未發'乎?"; 『中庸講義補』(『定本 與猶堂全書 6』, p. 293) "○[今按] ……未發者, 喜·怒·哀·樂之未發, 豈心知思慮之未發乎?"; 『中庸講義補』(『定本 與猶堂全書 6』, pp. 393~394) "○[臣對曰] ……(則)喜·怒·哀·樂未發, 非心知思慮之未發, 豈沖漠[漠]無朕之象乎?"

224 『大學公議』(『定本 與猶堂全書 6』, pp. 118~119) "○[鏞案] (忿懥者, 失中之怒也. ……忿懥等四情, 不歸於不合理之物, 而戒之以四'有所',) 則槁木·死灰, 乃保眞體. 心體如此, 定非活人."; 『中庸講義補』(『定本 與猶堂全書 6』, p. 292) "○[臣對曰] 未發者, 喜·怒·哀·樂未發而已. 豈遂枯木·死灰, 無思·無慮, 若禪家之入定然乎? 喜·怒·哀·樂雖未發, 可以戒愼, 可以恐懼, 可以窮理, 可以思義, 可以商量天下之事變, 何謂未發時無工夫乎?"

225 『大學公議』(『定本 與猶堂全書 6』, p. 119) "○[鏞案] ……況眞體·本然之說, 本出於『首楞嚴』, 先聖論心, 本無此語."

부터 비롯된 것이다—이란 이미 그 구체적 내용과 기본취향에 있어서 주희의 것과는 사뭇 달랐던 것이다.[226] ㉢ 주희가 『대학』의 경문에서 언급되고 있는 '분치忿懥'·'공구恐懼'·'호요好樂'·'우환憂患'과 같은 네 가지 감정을 곧장 사람들이 가져서는 안 되는 부정적인 것으로 해석하고 있음 또한 분명히 재고의 여지가 있는 것이다. ㉮ 정약용이 보기에, 앞의 네 가지를 포함한 희·로·애·락과 같은 인간의 모든 감정은 기본적으로 그 발하는 기점에 있어서는 도덕적으로 중립적인 성격의 것이다. 이는 곧 ⓐ 인간의 감정에는 "두 종류가 있음을 의미하는 것인바, 하나는 절도에 맞는 것이요, 다른 하나는 절도에 맞지 않는 것이다. 대체로 공변된 기쁨[喜], 공변된 노여움[怒], 공변된 근심[憂], 공변된 두려움[懼]과 같은 것들은 천명天命[여기서의 '天'은 '理'가 아니라 '上帝'이다: 필자 주]에 근본을 두고 발로되는 것이기 때문에 심병心病이 되지도 않을 뿐만 아니라 신身을 망치지도 않는다." 그러나 같은 "희喜·로怒·우憂·구懼라 하더라도 재색財色이나 화복禍福과 같은 사사로움[私]에서 발현된다면 끝내는 물욕物慾에 끌려 난동하면서 신身은 그 올바름을 잃게 될 것"이니, 이상의 두 가지는 명백히 같은 종류가 아니다. ⓑ 그리고 이러한 점을 분명히 한 연후에야 『대학』의 의미가 투명하게 드러날 수 있는 것이다.[227] ㉯ 사정이 이러함에도 "주희는 이러한 점을 분별하지 않고 곧바로 '이 네 가지 정情[忿懥·恐懼·好樂·憂患을 말함: 필자 주]은 인심人心에 있어 없을 수 없는 것'이라 하였다. ⓐ 만약 참으로 인심에 있어 없을 수 없는 것이라면, 동시에 그가 '한번 이러한 정情을 가진 자는 반드시 그 바름을 잃게 된다'라고도 했음

226 『大學公議』(『定本 與猶堂全書 6』, p. 119) "○[鏞案] ……存心之說, 起於孟子. 今詳孟子所言, 與先正所言, 其趣不同."

227 『大學公議』(『定本 與猶堂全書 6』, p. 118) "○[鏞案] ……喜·怒·哀·樂, 原有二種. 其中節者爲一種, 其不中節者爲一種. 凡公喜·公怒·公憂·公懼, 其發本乎天命, 故不爲心病, 亦不陷身. ……唯其喜·怒·憂·懼之發於財色·禍福之私者, ……遂不免隨物亂動而身失其正, 斯豈一種一類之物乎! 明此而後, 此經之義, 乃可通透, ……"

에, 결국 이 인심이란 것은 바름을 잃는 것이 상리常理가 되"니, 이러한 경우라면 장차 그것을 바르게 할 방도란 사실상 없게 되는 셈이며, ⓑ 결과적으로 심心의 바름을 유지하기 위한 유일한 길은 심체心體를 마치 말라죽은 나무[槁木]나 불 꺼진 재[死灰]처럼 만드는 길밖에는 없으니, 정녕 이것이 가능한 자는 살아있는 사람이라 할 수 없다.[228] ㉰ 따라서 『대학』의 경문에서 언급되고 있는바 이 '네 가지 정情'이란 어디까지나 '발하여 절도에 맞지 않은 것'만을 의미하는 것으로 보아야 하는 것이다.

마지막으로, 바로 이러한 맥락에서 정약용의 독특한 '덕德' 개념 역시 도출되고 있다. ① 그가 보기에 수양의 결과로서 '덕이 있다' 또는 '덕이 없다'라든가, '바르다[正]' 또는 '바르지 않다[不正]'라는 상태는 결코 주희의 주장처럼 '텅 비고 고요하여 아무런 조짐도 없는[沖漠無朕]' 심체心體의 본연本然[眞體]을 보존하고 있는가의 여부, 또는 이것의 혼昏·명明의 여부에 의해서 결정되는 것이 아니었다. ② 이는 오직 구체적인 실천행위[行事]를 통해서만 증험되는 것이며, 나아가 반드시 실천행위를 독실하게 한 연후에야 비로소 이른바 '진체眞體'라는 것도 보존할 수 있는 것이라면 보전할 수 있게 된다.[229]

경학적 입장의 특징②: 『대학』에 나오는 '노로'·'장장'·'휼고'란 모두 천자와 주자가 태학에서 행했던 예이다

다음으로, 정약용은 『대학』의 경문에 나오는 '노로老老'·'장장長長'·'휼고恤

---

228 『大學公議』(『定本 與猶堂全書 6』, pp. 118~119) "○[鏞案] ……(而)朱子於此, 不曾分別, 直云: '四者, 人心之所不能無者.' 誠若人心之不能無, 而'一有之者, 必失其正', 則是人心者, 失正爲常理, 將何以正之? ……則槁木·死灰, 乃保眞體. 心體如此, 定非活人."

229 『大學公議』(『定本 與猶堂全書 6』, p. 119) "○[鏞案] ……正與不正, 驗於行事, 不止於眞體之昏明也. 眞體之湛然虛明, 鑑空·衡平, 雖亦可貴, 必其行事篤實, 乃保本眞. 直把此物, 求其空明, 未有不內發心疾者."

孤'—『대학장구』의 「전10장」에 나오는 경문, 즉 "소위평천하재치기국자所謂平天下在治其國者, 상로로이민흥효上老老而民興孝, 상장장이민흥제上長長而民興弟, 상휼고이민불배上恤孤而民不倍, 시이군자유혈구지도야是以君子有絜矩之道也"에서의 '노로老老'·'장장長長'·'휼고恤孤'를 이른다—의 해석에 있어서도 명확하게 주희와는 견해를 달리하였다. 우선, 주희는 '노로'를 "내 노인을 노인으로 섬긴다"로 해석했던바,[230] 이는 동일한 논리선상에서 '장장'은 "내 어른을 어른으로 섬긴다"는 의미로 이해함을 함축하고 있으며, 또한 '휼고'라는 것도 "윗사람이 고아孤兒를 구휼함"이라 하여 '만인萬人의 일반적인 자수自修의 맥락'에서 그 의미를 설명·이해하고 있다.

한편, 정약용이 보기에 주희의 이러한 해석은 『대학』이란 경전이 본래 전하고 있었던 대경大經·대법大法의 진면목을 가림으로써, 결과적으로 『대학』을 읽는 사람으로 하여금 그 참뜻을 모르게 만드는 실로 한탄스러운 사안에 불과하였다.[231] 첫째, 정약용은 무엇보다 상기한바 '노로'·'장장'·'휼고'의 개념을 주희와는 달리 인식했으니, 즉 ① 『대학』에서 언급하고 있는바 ㉠ '노로'란 곧 "천자天子가 나라의 늙은이를 받들어 모심"을 뜻하는바, 다시 말하면 이른바 '국로國老'—공公·경卿·대부大夫로서 나이가 70세가 되어 벼슬을 그만두고 향리로 돌아와 노년을 보내는 늙은이—는 태학太學에서 천자가 직접 모시고 음식을 대접하면서 위로했으며, 반면 '서로庶老'—사士·서인庶人의 늙은이—는 우상虞庠에서 천자가 동일하게 양로의 행사를 행했던 것을 가리키는 것이다.[232] ㉡ '장장'이란 곧 "세자世子가 학궁學宮에서 나이로 순서를 따짐"을 이름이니, 이를 통해 백성으로 하여금 부자父

---

230 『大學章句』, 「傳10章」의 註 "老老, 所謂老吾老也."

231 『大學公議』(『定本 與猶堂全書 6』, p. 130) "○[鏞案] ……其大經·大法, 亦皆湮晦而不章, 其失不小. 今人讀此經, 不知斯義, 所謂買櫝而還珠也."

232 『大學公議』(『定本 與猶堂全書 6』, p. 129) "老老, 謂天子養耆老也."; 『大學公議』(『定本 與猶堂全書 6』, p. 131) "○[鏞案] ……國老者, 公·卿·大夫七十而致仕, 老於鄕里者也. ……庶老者, 士·庶之老者也. ……養老, 只有二等. ……一曰: '國老', 養於太學; 二曰: '庶老', 養於虞庠, 如斯而已."

子·군신君臣·장유長幼의 예禮를 알도록 했던 것이다.[233] ㉢ 또한 '휼고'란 곧 "천자天子가 고아들에게 잔치를 벌여 음식을 먹였던 일"을 말함이었다. ② 결국 이와 같은 세 가지 예禮란 기실 모두가 태학太學에서 행해졌던 일이다.[234] ㉠ 따라서 "이 절節[『대학장구』「전10장」: 필자 주]에 나오는 효孝·제弟·자慈란 모두 (통치자가: 필자 주) 백성의 노인을 노인으로 섬기고, 백성의 어른을 어른으로 섬기며, 백성의 어린이를 사랑으로 기름으로써 궁극적으로는 백성으로 하여금 흥기하여 스스로를 새롭게 하고[自新] 이로써 각자의 효·제·자를 행하도록 만드는 것"[235]이 그 실상이었던 것이다. ㉡ 나아가 "옛 성왕聖王은 주자冑子[天子의 맏아들인 '太子'와 庶子 및 公·卿·諸侯의 맏아들: 필자 주]를 태학太學에 머물게 하면서 그들에게 노로老老·장장長長의 예禮를 가르침으로써 만민에게 노로·장장의 법도를 보여주게 하였으니, 이는 대를 이어 인군人君이 될 자의 경우에는 그로 하여금 몸소 효孝·제弟를 솔선함으로써 천하를 통솔하도록 하고자 함이요, 동시에 당세에 신민臣民된 자의 경우에는 그들로 하여금 스스로 효·제의 기풍을 일으키도록 함으로써 모두 크게 교화되도록 만들고자 함이었다."[236] ③ 사실이 이러함에도 이러한 '노로[孝]'·'장장[弟]'·'휼고[慈]'를 주희처럼 '만인萬人의 일반적인 자수自修'의 맥락—정약용은 '명덕明德'으로서의 효孝·제弟·자慈의 경우에도 '군

---

233 『大學公議』(『定本 與猶堂全書 6』, p. 129) "長長, 謂世子齒于學也."; 『大學公議』(『定本 與猶堂全書 6』, pp. 131~132) "[引證] 「文王世子」曰: '行一物而三善皆得者, 惟世子而已, 其齒於學之謂也. 故世子齒於學, 國人觀之曰: 「將君我而與我齒讓, 何也?」 曰: 「有父在, 則禮然」, 然而衆知父子之道矣. 其二曰: 「將君我而與我齒讓, 何也?」 曰: 「有君在, 則禮然」, 然而衆著於君臣之義也. 其三曰: 「將君我而與我齒讓, 何也?」 曰: 「長長也」, 然而衆知長幼之節矣. 父子·君臣·長幼之道, 得而國治.' ……○[鏞案] 此太學長長之禮也."

234 『大學公議』(『定本 與猶堂全書 6』, p. 129) "恤孤, 謂天子饗孤子也. 此三禮, 皆太學之所有事也."

235 『大學公議』(『定本 與猶堂全書 6』, p. 129) "○[議曰] ……此節之孝·弟·慈, 皆老民之老, 長民之長, 慈民之幼, 而使民興起自新, 各自爲孝·弟·慈也."

236 『大學公議』(『定本 與猶堂全書 6』, pp. 129~130) "○[鏞案] ……先聖·先王, 處冑子於太學, 敎冑子以老老·長長之禮, 示萬民以老老·長長之法, 使嗣世之爲人君者, 身先孝·弟, 以率天下; 使當世之爲臣民者, 興於孝·弟, 咸歸大化."

왕君王의 자수自修'에만 해당되는 것으로 보았다—에서 해석하는 것은 『대학』의 본지를 오도하는 엄중한 사안으로서, 또한 정약용의 입장에서는 도저히 받아들일 수 없는 오류이기도 하였다.

둘째, 물론 이상과 같은 정약용의 '노로'·'장장'·'휼고'에 대한 재해석은 '대학大學'의 의미에 대한 그의 견해와 마찬가지로 중요한 경학적 함의를 내포하는바, ① 이는 특히 『대학』이란 경전의 성격을 이해하는 관점에서의 근본적 차이를 보여주고 있는 것일 뿐만 아니라, ② 나아가 보다 직접적으로는 왕권강화를 통해 당시의 조선사회를 개혁하고자 고심했던 그 자신의 절절한 경세학적 관심의 일 표현이기도 하였다.

경학적 입장의 특징③: 국가를 다스리는 자의 두 가지 커다란 정책은 '지인'과 '안민'으로서, 이는 곧 '용인'과 '이재'이기도 하다

끝으로, 정약용은 첫째, '『대학』의 종지宗旨'와 관련하여 시종일관 "지인知人과 안민安民은 『대학』 한 편篇의 종지이자, 또한 『대학』 한 편의 마무리[結局]가 된다. ……지인은 인仁하고 어진 이를 보물로 여김을 요무要務로 삼으며, 안민은 세금을 적게 거둠을 요지要旨로 삼는다. ……천하를 다스리는 대경大經과 대법大法이란 오직 이 두 가지뿐이니, 따라서 『대학』에서는 이로써 마무리를 지은 것이다"[237]라고 주장했던바, 이로써 그는

237 『尙書古訓 I』(『定本 與猶堂全書 11』, p. 245) "○[論曰] 知人·安民者, 『大學』一篇之宗旨, 亦『大學』一篇之結局. ……知人以寶仁賢爲要務, 安民以薄賦斂爲要旨. ……治天下之大經·大法, 唯斯二者, 故『大學』以此而結局也."

또한, 정약용은 다음과 같이 말한 바 있다: "치국治國·평천하平天下의 방법은 구경九經과 팔통八統에도 나와 있듯이 그 항목이 매우 광범한데도, 하필이면 이 두 가지['知人'과 '安民': 필자 주]가 큰 항목이 되는 것인가?【정조正祖께서 내각內閣에서 강講하실 때에 매번 이것으로써 강관講官에게 하문下問하셨으나, 한 사람도 대답할 수 있는 자가 없었다.】 원래 인간에게는 욕심이 있는데, 그중 큰 욕심으로는 두 가지가 있으니, 하나는 '부富'이고, 다른 하나는 '귀貴'이다. 무릇 군자君子의 족속이란 왕의 조정에서 벼슬하는 자이니, 그 바라는 바가 귀貴에 있다. 소인小人의 족속이란 왕의 땅에서 경작하는 자이니, 그 바라는 바가 부富에 있다. 관직에 사람을 임용함에 그 마땅함을 잃게 되면 원망과 저주가 귀족貴族 사이에서 일어나며, 백성에게 은혜를 베풂에 고르지 아니함이 있

게 되면 원망과 저주가 소민小民 사이에서 일어나니, 이 두 가지는 모두 나라를 잃게 만들기에 족하다. 어떤 사람의 나라가 다스려지고 어지러워지며 흥하고 망하는 까닭과 인심人心의 향배向背와 (天命의: 필자 주) 거취去就가 결정되는 이유를 묵묵히 생각해보면, 이 두 가지에서 벗어나지 않는다. 참으로 그러하도다! 성인聖人의 말씀이란 모두가 신사愼思와 명변明辨에서 나온 것이니, 중인衆人의 거친 마음을 가진 자가 알 수 있는 것이 아니다. 인재의 선발을 공정히 함과 세금을 적게 거둠은 천명天命이 영원하도록 기원하는 근본인 것이다.【정조正祖께서 매번 치도治道를 논하시면서 '거당去黨·징탐懲貪[당파를 제거하고 탐관오리를 징계한다]'이라는 네 글자로써 요지要旨를 삼으셨던바, 대개 이는 일면 관직에 사람을 임용함의 요지이자 일면 백성을 편안케 함의 요지이기도 하다】(○[論曰] ……治·平之術, 九經·八統, 其目甚廣, 奚必斯二者之爲大乎?【先朝閣講, 每以是下問講官, 無一人能對者】原夫生民有欲, 其大欲有二, 一曰: '富', 二曰: '貴'. 凡君子之族, 仕於王朝者, 其所欲在貴. 小人之族, 耕於王野者, 其所欲在富. 官人失其宜, 則怨詛興於貴族; 惠民有不周, 則怨詛興於小民, 二者皆足以失國. 默思人國之所以治亂·興亡, 人心之所以向背·去就, 不出此二者之外. 信乎! 聖人之言, 皆自愼思·明辨中出來, 非衆人麤心者之所能知也. 公選擧·薄賦斂, 爲祈天永命之本.【先朝每論治道, 以'去黨·懲貪'四字爲要旨, 蓋此一是官人之要, 一是安民之要】)"『尙書古訓 I』(『定本與猶堂全書 11』, pp. 245~246); "'지인知人과 안민安民은 제帝께서도 어렵게 여기셨습니다. 지인知人한다면 지혜로워 관직에 사람을 임용할 수 있으며, 안민安民한다면 은혜로워 백성이 잘 따를 것이다'라는 이 말씀은 『대학』의 치국治國과 평천하平天下의 종지宗旨입니다. ……『대학』의 궁극적인 귀착점은 반드시 평천하에 있는바, 이에 '평천하' 한 단락에는 오직 두 가지 대의大義가 있나니, 하나는 '관인官人[관직에 사람을 임용함: 필자 주]'이요, 다른 하나는 '혜민惠民[백성에게 은혜를 베풂: 필자 주]'입니다. ……지난날 정조正祖께서 매번 문신文臣[抄啓文臣: 필자 주]을 새롭게 선발하시어 『대학』을 진강하도록 하실 때마다 반드시 이 뜻을 물어 말씀하시기를 '어진 이를 등용하고 세금을 적게 거두어들이는 일은 진실로 국가國家의 대정大政이 되기는 하지만, 구경九經[修身·尊賢·親親·敬大臣·體羣臣·子庶民·來百工·柔遠人·懷諸侯: 필자 주]과 오전五典[君臣·父子·兄弟·夫婦·朋友: 필자 주]의 절목節目이 매우 많음에도 어찌하여 유독 이 두 가지 일만을 거듭 반복하여 말하고 다른 일은 생략하여 언급하지 않는 것인가?'라고 하셨습니다. 여러 신하들이 대답한 것에 모두 적확的確한 견해가 없었으며, 임금의 가르침 또한 일찍이 본지本旨를 부연설명하지 않으시고 단지 물러가라고 명하실 뿐이어서, 무슨 까닭인지 알지 못했습니다. 이후에 깊은 산속에 물러나 있으면서 밤낮으로 생각하다가 황연恍然히 깨달음이 있는 것 같았는데, 국가의 치란治亂과 흥망興亡이 단지 이 두 가지 일['官人'과 '惠民': 필자 주]에 달려 있으며, 인심人心의 향배向背와 천명天命의 거취去就가 단지 이 두 가지 일에서 연유함을 알게 되었습니다. 왜 그럴까요? 원래 인간이 이 세상에 태어나면 두 가지 큰 욕심을 갖게 되는데, 하나는 '부富'이고 다른 하나는 '귀貴' 이것일 뿐입니다. 이에 군자君子가 조정朝廷에 있으면서 바라는 바는 귀貴에 있으며, 소인小人이 들판[野]에 있으면서 바라는 바는 부富에 있습니다. 무릇 조정에서는 인심의 향배가 오로지 관직에 사람을 임용함에 있어서의 공정과 편파에 달려 있다면, 무릇 전야田野에서는 인심의 향배가 오로지 백성에게 은혜를 베풂에 있어서의 얕음과 두터움에 달려 있습니다. 처음 인재를 뽑아 직임職任을 맡길 때까지 그리고 크게는 부세賦稅와 작게는 요역徭役에 이르기까지, 그 울분과 원망이 위로 천天의 화기和氣를 건드리게 되면 마침내 천명天命이 바뀌고 천하는 망하게 됩니다. 조용히 국가의 치란과 흥망의 근본을 생각해봄에 과연 이 특히 『대학』의 종지이자 천하를 다스리는 요체로서 무엇보다 '지인'과 '안민', 나아가 '관인官人[관직에 사람을 임용함]'과 '혜민惠民[백성에게 은혜를 베풂]'을 강조한 바 있다.

둘째, 정약용의 이러한 입장은 다시금 인간이 세상에 태어남에 두 가지 큰 욕심, 즉 '귀하게 되는 것[貴]'과 '부유하게 되는 것[富]'을 바라는 마음을 가지고 있다는 전제 하에, 국가를 다스리는 자의 두 가지 커다란 정책으로서 특히 '용인用人'과 '이재理財'를 강조하는 것으로 표현되기도 하였다.[238] 즉, 그는 ① "군자君子는 조정朝廷에서 귀하게 될 것을 기대하고, 소인小人은 초야草野에서 부유하게 될 것을 원한다. 따라서 군자의 경우에는 용인用人에 있어 공정하지 못하여 어진 이를 어질게 여기지[賢

두 가지 일에 있을 따름입니다.('知人·安民, 唯帝其難之. 知人則哲, 能官人; 安民則惠, 黎民懷之', 此『大學』治·平之宗旨也. ……『大學』之究竟·歸趣, 必在乎平天下, 而乃'平天下'一段, 唯有兩大義, 一曰: '官人', 二曰: '惠民'. ……昔在先朝, 每新選文臣, 進講『大學』, 必問斯義, 曰: '進賢·薄賦, 固爲有國之大政, 而九經·五典, 節目尙多, 奚獨此二事重言復言, 而略不及於他事也?' 諸臣所對, 皆無的確之見, 上諭亦未嘗敷宣本旨, 而但命黜退, 不知何故. 其後屛居洌山之中, 蚤夜以思, 怳然若有悟者, 知國之所以治亂·興亡, 只此二事; 人心向背, 天命去就, 只此二事. 何也? 原夫人生斯世, 有兩大欲存焉, 一曰: '富', 一曰: '貴', 斯而已矣. 乃君子在朝, 其所欲在貴; 小人在野, 其所欲在富. 凡朝廷之上, 其人心向背, 專係乎官人之公偏; 凡田野之間, 其人心向背, 專係乎惠民之薄厚. 始自選擧, 終於授任, 大如賦稅, 小則徭役, 其拂鬱冤悶之情, 上干天和, 則天命遂改, 九有以亡. 靜思人國治亂·興亡之本, 果然此二事而已.)" 『讀『尙書補傳』』, 「皐陶謨」(『定本 與猶堂全書 37』[與猶堂全書補遺 III], pp. 244~245)

238 『大學公議』(『定本 與猶堂全書 6』, p. 139) "○[議曰] 爲國者, 其大政有二, 一曰: '用人', 二曰: '理財'. 大凡人生斯世, 其大欲有二, 一曰: '貴', 二曰: '富'."

또한, 정약용은 다음과 같이 말한 바 있다: "『대학』의 「평천하平天下」장에서 용인用人과 이재理財의 도道를 극론極論하면서 반복하여 그치지 않으니, 이 두 가지가 치국治國·평천하平天下의 대강大綱이 됨을 알 수 있겠다.(『大學』「平天下」章, 極論用人·理財之道, 反復不已, 二者之爲治·平之大綱, 居可知矣.)" 「用人·理財說」(『定本 與猶堂全書 2』, p. 212); "인간의 큰 욕심은 '부富·귀貴' 두 가지를 벗어나지 않는다. 군자君子가 크게 바라는 바는 귀貴에 있으며, 소인小人이 크게 바라는 바는 부富에 있다. '용인用人과 이재理財'란 두 가지 일은 이러한 두 가지 정情을 다스리는 바이다.【동원東園은 "『주역周易』에 이르기를 '무엇으로 지위를 지키는가? 인仁이다. 무엇으로 백성을 모이게 하는가? 재물이다'라고 했는데, '인仁'은 의당 '인人'으로 써야 한다"고 말했다】(○[今案] 生民之所大欲, 不出於'富·貴'二物. 君子之所大欲在貴, 小人之所大欲在富. '用人·理財'二事, 所以馭此二情也.【東園云: '『易』曰:「何以守位? 曰仁; 何以聚民? 曰財」, 「仁」當作「人」.'】)" 『大學講義』(『定本 與猶堂全書 6』, p. 161)

賢] 않고 가까운 이를 가깝게 여기지[親親] 않으면 떠나가며, 소인의 경우에는 재부財賦를 거두어들임에 절도가 없고 그들의 즐거움을 자신의 즐거움으로 삼지 않고 그들의 이익을 자신의 이익으로 여기지 않는다면 이반하게 되니, 이에 국가는 망하게 된다"[239]고 역설하는 가운데, ② 무엇보다 "사람을 천거하여 쓸 때에는 그들의 현우賢愚·사정邪正에 따라 승강升降·출척黜陟하면서 민중의 마음[衆心]에 어긋나지 않도록 하고, 또한 세금을 징수하여 거둘 때에는 부세賦稅·재회財賄를 출납出納·수발收發하면서 민중의 마음에 어긋나지 않도록 한다면, 이에 물정物情이 고르고 미더워지며 나라 역시 이로 인해 안정될 것임"[240]을 강조한 바 있다.

셋째, 정약용은 이처럼 국가를 다스리는 자의 두 가지 커다란 정책으로서 '지인'과 '안민' 또는 '용인'과 '이재'를 강조했던 입장은 기실 『서경書經』의 「고요모皐陶謨」편에서부터 『대학』에 이르기까지 변함없이 관철되고 있는 '치국治國·평천하平天下의 종지宗旨'로 인식하기도 하였다.[241]

마지막으로, 결국 이와 같은 정약용의 입장은 ① 당시 조선사회가 바야흐로 경험하고 있었던 일련의 사회적·경제적 변화, 특히 '상품화폐경제의 발전'과 이에 따른 '새로운 사회세력의 등장'이라는 시대적 현실

---

239 「自撰墓誌銘【集中本】」(『定本 與猶堂全書 3』, pp. 276~277) "曰: '民生有欲, 曰: 「富」與「貴」, 君子在朝, 期乎貴; 小人在野, 期乎富. 故用人不公, 不賢賢·親親, 則君子離; 斂財無節, 不樂樂·利利, 則小人畔, 而國隨以亡. (故篇末申申戒此二事也.)'"

240 『大學公議』(『定本 與猶堂全書 6』, p. 139) "○[議曰] ……惟其擧用之際, 其賢愚·邪正之升降·黜陟, 不違於衆心; 其徵斂之日, 賦稅·財賄之出納·收發, 不違於衆心, 則物情平允, 邦國以安."

241 『大學公議』(『定本 與猶堂全書 6』, p. 140) "○[鏞案] 「皐陶謨」一篇, 乃『大學』之淵源. 千聖相傳之旨, 始於此「謨」, 終於『大學』, 不可不察也. ……上下二千年之遠, 而其言若合符契, 斯其非治·平之宗旨乎?"; 『尙書古訓 I』(『定本 與猶堂全書 11』, p. 245) "○[論曰] 知人·安民者, 『大學』一篇之宗旨, 亦『大學』一篇之結局, 其淵源在此經[『書經』의 「皐陶謨」편: 필자 주], 遙遙其遠矣. ……知人以寶仁賢爲要務, 安民以薄賦斂爲要旨, 其源頭所發, 非卽此經乎? ……治天下之大經·大法, 唯斯二者, 故『大學』以此而結局也."; 『讀『尙書補傳』』, 「皐陶謨」(『定本 與猶堂全書 37』[與猶堂全書補遺 III], p. 244) "'知人·安民, 唯帝其難之. 知人則哲, 能官人; 安民則惠, 黎民懷之', 此『大學』治·平之宗旨也. ……『大學』之究竟·歸趣, 必在乎平天下, 而乃'平天下'一段, 唯有兩大義, 一曰: '官人', 二曰: '惠民'. 二翻四覆, 戒之以亡國·喪師, 謂'國之所以治亂·興亡, 由此二事.'"

을 나름대로 적극 수용·반영하는 것인 동시에, ② 나아가 당시 집권세력의 파행적인 정국운영에 대한 자신의 비판적 문제의식을 경전해석에 적극 투사시킨 결과로도 볼 수 있는바, 이러한 점은 특히 주희의 『대학장구』에서의 해당내용과 비교해볼 때 더욱 잘 드러난다.

IV. 정약용의 『중용』 관계저술

우선, '정약용丁若鏞의 『중용中庸』 관계저술'[242]을 전체적으로 살펴보면,

242 정약용의 『중용』 경학에 대한 기존의 연구물 가운데 대표적인 것을 들면 다음과 같다:

琴章泰, 2002, 「『중용』의 체제와 道의 기본구조: 茶山과 荻生徂徠의 『중용』 해석」, 『東亞文化』 第40輯.(서울大學校 人文大學 東亞文化硏究所)

———, 2004a, 『도道와 덕德: 다산과 오규 소라이의 『중용』·『대학』 해석』(파주: 이끌리오)

茶山學術文化財團 編, 2008, 『茶山的四書經學』(北京: 商務印書館國際有限公司)

이광호, 2005, 「『중용강의보中庸講義補』와 『중용자잠中庸自箴』을 통하여 본 다산茶山의 성誠의 철학」, 『茶山學』 제7호.(다산학술문화재단)

李乙浩, 1966, 『茶山經學思想硏究』(서울: 乙酉文化社)

———, 1975e, 「中庸思想」, 『茶山學의 理解』(서울: 玄岩社)

李篪衡, 1996d, 「『中庸』註釋을 통해 본 茶山의 經學」, 『茶山經學硏究』(서울: 太學社)

李海英, 1991b, 「丁若鏞의 中庸解釋에 관한 硏究 I」, 『退溪學』 제3집.(安東大學校 退溪學硏究所)

———, 1992, 「丁若鏞의 中庸解釋에 관한 硏究 II」, 『退溪學』 제4집.(安東大學校 退溪學硏究所)

李香晩, 2003, 「茶山 『中庸』註釋의 人間學的 理解」, 『한국철학논집』 제12집.(한국철학사연구회)

鄭炳連, 1989a, 『茶山 『中庸』註의 經學的 硏究』(成均館大學校 大學院 東洋哲學科 博士學位論文)

———, 1989b, 「『中庸解釋』考」, 李乙浩 外, 『丁茶山의 經學: 論語·孟子·大學·中庸 硏究』(서울: 民音社)

———, 1994, 『茶山 四書學硏究』(서울: 景仁文化社)

鄭一均, 1998, 「茶山 丁若鏞의 『中庸』論」, 『泰東古典硏究』 第15輯.(翰林大學校 泰東古典硏究所)

———, 2000, 『茶山 四書經學 硏究』(서울: 一志社)

鄭吉雄, 2006, 「從儒學'內·外'問題論丁茶山對『中庸』的詮釋」, 『茶山學』 제8호.(다산학

① 『중용강의中庸講義』[23세], ② 「희정당중용강록熙政堂中庸講錄」[29세], ③ 「십삼경책十三經策」[29세]에서의 『중용』과 관련된 부분, ④ 「중용책中庸策」, ⑤ 『중용강의보中庸講義補』[53세], ⑥ 『중용자잠中庸自箴』[53세], ⑦ 「자찬묘지명自撰墓誌銘【집중본集中本】」[61세]에서의 『중용』과 관련된 부분[243]이 대표적이며, ⑧ 이외에 『시문집詩文集』 가운데에 실려 있는 '편지[書]'·'증언贈言'·'논論'·'원原'·'설說'·'묘지명墓誌銘'·『서암강학기西巖講學記』·『도산사숙록陶山私淑錄』 등에서의 『중용』과 직간접적으로 관계되는 글 등이 있다.[244]

1. 초기 『중용』 관계저술

여기서 '정약용의 초기 『중용』 관계저술'에 해당하는 것으로는 『중용강의中庸講義』[23세], 「희정당중용강록熙政堂中庸講錄」[29세], 「십삼경책十三經策」[29세]에서의 『중용』과 관련된 부분, 「중용책中庸策」이 있는데,[245] 이 가운

술문화재단)

蔡茂松, 1990, 「丁茶山的四書硏究」, 姜萬吉 外, 『茶山學의 探究』(서울: 民音社)

蔡振豐, 2009, 「丁茶山四書詮釋的體系及其意義」, 『韓國實學硏究』 第18號.(韓國實學學會)

——, 2010, 『朝鮮儒者丁若鏞的四書學: 以東亞爲視野的討論』(臺北: 臺大出版中心)/김중섭·김호 옮김, 2015, 『다산의 사서학: 동아시아의 관점에서』(서울: 너머북스)

오가와 하루히사[小川晴久], 1990, 「茶山의 經學解釋의 態度: 茶山의 愼獨論을 中心으로」, 姜萬吉 外, 『茶山學의 探究』(서울: 民音社)

243 「自撰墓誌銘【集中本】」(『定本 與猶堂全書 3』, pp. 275~276)

244 보다 구체적으로 살펴보면, ① '편지[書]'에는 「上弇園書【丙辰】」(『定本 與猶堂全書 4』, pp. 88~91: 1796년), 「答李汝弘【載毅】」(『定本 與猶堂全書 4』, pp. 143~153), 「答李汝弘」(『定本 與猶堂全書 4』, pp. 157~160)이, ② '증언贈言'에는 「爲盤山丁修七贈言【字內則, 長興人】」(『定本 與猶堂全書 3』, pp. 393~397)이, ③ '논論'에는 「五學論 1」(『定本 與猶堂全書 2』, pp. 295~298), 「五學論 2」(『定本 與猶堂全書 2』, pp. 298~299)가, ④ '원原'에는 「原教」(『定本 與猶堂全書 2』, p. 200), 「原德」(『定本 與猶堂全書 2』, p. 202)이, ⑤ '설說'에는 「誠字說」(『定本 與猶堂全書 2』, p. 208)이, ⑥ '묘지명墓誌銘'에는 「鹿菴權【哲身】墓誌銘」(『定本 與猶堂全書 3』, pp. 232~238) 등이 대표적이다.

245 「희정당중용강록」은 정약용이 29세 되는 경술년[1790년, 正祖 14] 봄에 정조正祖가 희정당熙政堂에서 각과관閣課官과 초계문신抄啓文臣을 불러다놓고 『중용』을 강론하게

데서 『중용강의』가 대표적인 것이라 할 수 있다.

『중용강의』의 구성과 내용

상기한바 『중용강의』는 정약용이 23세 되는 갑진년[1784년, 正祖 8]에 생원生員으로서 성균관成均館에 유학하고 있으면서 저술한 책으로서, 즉 당시 정조正祖가 성균관의 생원들에게 70여 조의 「중용강의조문中庸講義條問」을 내려 질문했던 일이 있었는데, 이러한 정조의 질문과 이에 대한 그의 답변내용을 정리해놓은 글이다.[246] 이후 그가 32세 되는 계축년[1793년, 正祖 17]에 이를 일차 정리·탈고하였고, 뒤이어 53세 되는 갑술년[1814년, 純祖 14]에 다시금 수정·보완하면서 서명을 '『중용강의보中庸講義補』'라 하였다.[247]

하였는데, 당시 정조와 내각제학內閣提學 오재순吳載純[醇庵, 1727~1792]·이병모李秉模[靜修齋, 1742~1806]의 12항목에 걸친 질문과 이에 대한 자신의 답변을 간략하게 정리·기록해 놓은 글로서, 『중용강의보』의 말미에 「부록附錄」으로 실려 있다. 「熙政堂中庸講錄」(『定本 與猶堂全書 6』, pp. 398~400)

한편, 「중용책」은 정약용이 초계문신으로 있을 때 저술한 글로서, ① 그 정확한 저술연대는 미상이나 30세경에 쓰여진 것으로 보인다. ② 그 내용은 각각 다양한 항목을 포괄하고 있는 정조의 6개조에 이르는 질문과 이에 대한 그의 답변으로 이루어져 있는데, 여기서 그는 특히 ㉠ 『중용』의 성격과 독법讀法, ㉡ '성性'과 '정情'의 개념, ㉢ '용庸'의 의미, ㉣ '일관一貫'과 '충忠·서恕'의 의미, ㉤ '천天'과 '귀신鬼神'의 개념 등에 대한 자신의 견해와 더불어 ㉥ '지행겸진知行兼進'론을 개진하고 있다. 「中庸策」(『定本 與猶堂全書 2』, pp. 71~78)

246 정약용은 자신의 답안지를 작성하면서 이벽李檗[원명은 德祚, 曠菴, 1754~1786]과 깊은 토론을 나누기는 했으나, 특히 '사칠리기四七理氣의 변辨'과 관련된 정조正祖의 질문에 대해서는 당색黨色이나 시론時論에 따르지 않고 독자적인 관점과 판단에 의거하여 입론했던바, 그것은 우연히 이이李珥[栗谷, 1536~1584]의 설과 일치하였다. 정조는 이러한 정약용의 답안을 보고 나서 크게 칭찬하면서 첫째로 삼았다. 이 일로 하여 정약용은 일개 성균관成均館의 생원生員으로서 국왕인 정조로부터 그 자신의 학문적 자질을 높이 평가받게 되는 계기를 처음으로 얻게 되었다. 보다 자세한 내용은 「自撰墓誌銘【集中本】」(『定本 與猶堂全書 3』, pp. 253)과 『中庸講義補』(『定本 與猶堂全書 6』, p. 282)가 참조된다.

247 정약용은 이해에 유배지인 강진康津의 다산茶山에 있으면서 『중용자잠中庸自箴』 2권을 저술하였고, 이어서 앞서 갑진년[1784년, 正祖 8]에 쓴 옛 원고—『중용강의』를 말함—를 가져다가 다시금 산보刪補·윤문潤文을 했던바, 이 과정에서 그가 보기에 혹 본지本旨

한편, 『중용강의』의 전체내용은 「중용장구서中庸章句序」, 「독중용법讀中庸法」을 포함한 『중용장구中庸章句』 전반의 내용이해와 관련된 '70여 조에 이르는 정조의 질문[御問]'과 이에 대한 '정약용의 답변[臣對]'으로 구성되어 있었는데, 지금은 『중용강의보』에서 이 가운데 모두 68조의 내용을 확인할 수 있다.

『중용강의』에 나타난 경학적 입장의 특징

그러면, 이상의 내용 중에서 정약용의 초기 경학적 입장의 특징이자 동시에 후기에까지 관철·발전되고 있는 바로서 주목되는 것들을 간략히 살펴보면, 첫째, '성性' 개념에 대한 정약용의 견해인바, 이는 특히 주희朱熹의 '본연지성本然之性'이란 개념에서 논리적으로 연역되어 나오는 '인물성동론人物性同論'에 대한 비판과 더불어 '기질지성氣質之性'이란 개념에 대한 거부로 나타났다. 즉, ① 주희는 ㉠ "인人과 물物의 성性이 또한 나의 성性이니, 다만 부여받은 바의 형기形氣가 같지 않기 때문에 다름이 있을 뿐"[248]이라 주장했던바, 이로써 그는 '인人과 물物에 공통되는 이理로서의 성性', 즉 '본연지성'의 개념을 설정하는 한편, 그럼에도 여전히 인人과 물物 간에 현실적으로 발견되는 존재론적 차이와 관련해서는 오직 '기질지성에서의 질적 차이' 때문이라고 설명하였다. ㉡ 또한 그는 이러한 설명논리를 인간 간에 나타나는 지적·도덕적 편차를 해명하는 데에도 그대로 적용시키고 있다.[249] ② 이에 대해 정약용은 ㉠ "성性에

에 위배되는 부분은 추가로 개정하였고, 정조正祖의 질문이 다루지 않은 부분으로서 의당 그 뜻을 변론할 필요가 있다고 판단되는 사안에 대해서는 각 절에 따라 그 변론내용을 부기하여 모두 6권으로 증보하였다. 이때 정약용은 자신의 견해를 해당 경문에 따라 '금안今案(按)'·'우안又案(按)'·'용안鏞案'·'안案(按)'의 형태로 142번, 특별한 표시가 없는 형태로 33번, 경문을 이어 바로 제시한 형태로 1번, '신대臣對'의 내용을 정정한 형태로 2번 서술하였다.

248 『中庸章句』, 「第22章」의 註 "人·物之性, 亦我之性, 但以所賦形氣不同而有異耳."

249 『中庸章句』, 「第23章」의 註 "蓋人之性, 無不同, 而氣則有異. 故惟聖人, 能擧其性之全

는 세 등급[無生物을 포함할 경우에는 네 등급이다: 필자 주]이 있나니, 즉 초목의 성性이란 생명[生]은 있으나 지각[覺]이 없고, 금수의 성性이란 생명[生]에다 지각[覺]이 있으며, 우리 인간의 성性이란 생명[生]과 지각[覺]에다 또한 신령神靈하고도 선善"한 '도의지성道義之性'을 가지고 있다. 이와 같이 "상上·중中·하下 세 등급이 분명히 다른 까닭에 그 성性을 다하는 방법 또한 전혀 다른 것"[250]이라 하여, 이른바 인人과 물物을 관통하는 공통의 성性[本然之性] 같은 것은 존재하지 않는다고 명확히 주장하였다. ㉡ 나아가 정약용은 ㉮ "성인聖人이란 정기正氣를 얻었고 대현大賢이란 편기偏氣를 얻었으며, 성인이란 전체全體를 얻고 대현이란 편체偏體를 얻었다니, 이는 전혀 그렇지 않은 것으로 보인다. 주자朱子는 일찍이 '우리 인간이란 정기를 얻었고 금수는 편기를 얻은 것'이라 말하더니, 지금은 이에 '성인聖人과 현인賢人 간에도 기질氣質이 같지 않아 편偏·전全의 차이가 있다'고 하니 이 어찌 거북한 이야기가 아니겠는가?"[251]라고 반박함으로써 인人과 물物 간의, 그리고 인간 간의 존재론적 차이를 기질지성의 차이로 설명하고 있는 주희의 논리 또한 정면으로 거부하였다. ㉯ 한편, 정약용이 보기에 천명天命으로서의 인간의 "성性이란 형질形質이 없는 것"이요 또한 "본디부터 순선純善한 것"[252]이어서 "이를 따라 행하면 효孝·제弟·충忠·신信을 실천할 수 있게 되는 것"[253]이다. 또한 이러한 성性은 인간

體而盡之, 其次則必自其善端發見之偏而悉推致之, 以各造其極也."

250 『中庸講義補』(『定本 與猶堂全書 6』, p. 364) "○[臣對曰] 性有三品. 草木之性, 有生而無覺; 禽獸之性, 旣生而又覺; 吾人之性, 旣生·旣覺, 又靈·又善. 上·中·下三級, 截然不同, 故其所以盡之之方, 亦復懸殊."

251 『中庸講義補』(『定本 與猶堂全書 6』, p. 364) "○[臣對曰] ……(況)聖人得正氣, 大賢得偏氣; 聖人得全體, 大賢得偏體, 則深恐不然. 朱子嘗謂: '吾人得正氣, 禽獸得偏氣', 今乃云: '聖與賢, 氣質不同而亦有偏·全之殊', 豈不未安哉?"

252 『中庸講義補』(『定本 與猶堂全書 6』, p. 285) "○[臣對曰] ……况性之爲物, 無形·無質."; 『中庸講義補』(『定本 與猶堂全書 6』, p. 285) "○[臣對曰] ……蓋性本純善, ……"

253 『中庸講義補』(『定本 與猶堂全書 6』, p. 375) "○[臣對曰] 率性而行, 可以爲孝·弟·忠·信, ……"

이란 존재가 본래 "신형묘합神形妙合하기 때문에 (形軀로서의: 필자 주) 기氣와 분리되어 있지 않은" 관계로 하여 "만약 천명天命 이외에 별도로 기질지성을 내세우는 것은 고경古經에서도 그 증거를 찾을 수 없는 바"[254]였다. ㉢ 결국 이상과 같은 정약용의 '성性' 개념에 대한 초기 견해를 통해서 이후 그가 제시한바 '기호嗜好로서의 성性' 개념뿐만 아니라, 보다 일반적으로는 그의 독창적인 인간론의 핵심적 골간을 비록 단초적이나마 분명하게 확인할 수 있는 것이다.

둘째, '귀신鬼神'과 '천天'의 원의原義에 대한 정약용의 견해이다. 즉, ① 정약용은 일찍이 ㉠ "귀신鬼神이란 형상도 없고 소리마저 없기에 ……진실로 귀신의 체體는 사람이 볼 수 없는 것이요 귀신의 소리는 사람이 들을 수 없는 것이어서 지극히 은미한 존재치고 이보다 더한 것은 없을 것이나, 그것이 강림하여 굽어 살피시는 위엄은 그 위에 계시는 듯하고 그 좌우에 계시는 듯하다"[255]고 인식하였고, 또한 "대저 귀신이란 이理도 아니요 기氣도 아니니,"[256] 따라서 이는 "이기二氣의 양능良能도, 천지天地의 공용功用도, 역시 조화造化의 흔적痕迹—이 세 가지는 정주성리학程朱性理學에서의 '귀신'에 대한 대표적인 정의들이다—도 아니다"[257]라고 명확하게 주장하였다. ㉡ 한편, 정약용이 보기에 '천天'이란 이 세상에 밝게 널려있는 천지天地의 무수한 귀신 가운데서 가장 높고 지극히 큰 존재로서, 이

---

254 『中庸講義補』(『定本 與猶堂全書 6』, p. 285) "○[臣對曰] ……若於天命之外, 別立氣質之性, 則在古無徵, 臣未敢知也. ……神·形妙合, 性不離氣, ……"

255 『中庸講義補』(『定本 與猶堂全書 6』, pp. 288~289) "○[臣對曰] ……(天地鬼神, 昭布森列, 而)鬼神爲物, 無形·無聲, 故下章曰'視之而不見, 聽之而不聞', ……誠以鬼神之體, 人所不睹; 鬼神之聲, 人所不聞, 至隱·至微, 未有甚於此者, 而降監之威, 如在其上, 如在其左·右, 此所謂'莫見乎隱, 莫顯乎微'也."

256 『中庸講義補』(『定本 與猶堂全書 6』, p. 319) "○[臣對曰] 鬼神, 固非理也, 亦豈是氣乎? 吾人有氣質, 鬼神無氣質. 鬼神之爲'二氣之良能', 臣未之信."; 『中庸講義補』(『定本 與猶堂全書 6』, pp. 319~320) "○[臣對曰] ……大抵鬼神, 非理·非氣, 何必以'理·氣'二字左牽右引乎? ……鬼神, 不可以理·氣言也."

257 『中庸講義補』(『定本 與猶堂全書 6』, p. 384) "○[臣對曰] ……(然)鬼神, 非二氣之良能, 非天地之功用, 又非造化之迹."

것이 다름 아닌 '상제上帝'인 것이다.[258] 그리고 이러한 천天은 만물의 "재제宰制가 되어 만화萬化를 주장하실"[259] 뿐만 아니라, 인간사 또한 "동動·정靜 간에 항상 굽어 살피고 계시는"[260] 존재이기도 하다. ② 결국 정약용의 이상과 같은 '귀신'과 '천'에 대한 초기 견해는 그의 후기 경학적 입장에서도 그대로 계승·발전되고 있는바, 이러한 사실 또한 그의 경학적 입장이 이미 젊어서부터 명확하고도 의식적으로 '탈성리학적'이고 '실천 지향적'인 방향으로 설정되고 있었음을 보여주는 하나의 지표가 된다.

셋째, '미발未發·이발已發'의 의미에 대한 정약용의 견해이다. 즉, ① 정약용이 보기에 단적으로 "희喜·로怒·애哀·락樂의 미발未發이란 심지사려心知思慮의 미발未發을 의미하지 않는다."[261] 다시 말하면, "미발이란 희·로·애·락의 정情이 발하지 않았음을 의미할 뿐"이요, 심心이 마침내 말라죽은 나무[枯木]와 불 꺼진 재[死灰]처럼 아무런 사려思慮도 없게 되어 마치 선가禪家에서 입정入定한 것처럼 된 것을 의미하는 것은 결코 아니었다. 희·로·애·락은 비록 발하지 않았더라도 얼마든지 계신공구戒愼恐懼할 수 있고 궁리窮理할 수 있으며 의義를 생각하고 천하의 사변事變을 상량商量할 수도 있나니, 이에 '미발시未發時에 공부가 없다'고 말하는 것은 정약용에게 있어 실로 어불성설에 불과하였다.[262] ② 이상과 같은 정약용의

---

258 『中庸講義補』(『定本 與猶堂全書 6』, p. 320) "○[臣對曰] ……臣謂: '天地鬼神, 昭布森列, 而其至尊·至大者, 上帝是已.'"

259 『中庸講義補』(『定本 與猶堂全書 6』, p. 394) "○[臣對曰] ……'上天之載', 「揚雄傳」作 '上天之縡', '縡'者, 宰也. 旣爲宰制, 則主張萬化, 至誠無息, 亦豈沖漠無朕之象乎?"

260 『中庸講義補』(『定本 與猶堂全書 6』, p. 288) "○[臣對曰] ……天之鑒臨, 無間動·靜, ……"

261 『中庸講義補』(『定本 與猶堂全書 6』, pp. 393~394) "○[臣對曰] ……(則)喜·怒·哀·樂未發, 非心知·思慮之未發, 豈沖漠無朕之象乎?"

262 『中庸講義補』(『定本 與猶堂全書 6』, p. 292) "○[臣對曰] 未發者, 喜·怒·哀·樂未發而已, 豈遂枯木·死灰, 無思·無慮, 若禪家之入定然乎? 喜·怒·哀·樂, 雖未發, 可以戒愼, 可以恐懼, 可以窮理, 可以思義, 可以商量天下之事變, 何謂: '未發時無工夫'乎?"

일견 간단한 진술 또한 기실 심대한 의미를 함축하는 경학 상의 일 선언이었다. 왜냐하면 이는 ㉠ 직접적으로 정주성리학의 '심心·성性·정情'론을, 나아가서는 '이체기용론理體氣用論의 이론체계' 전체를 그것도 근본적인 수준에서부터 비판·거부하고 있음을 의미할 뿐만 아니라, ㉡ 또한 이후 그의 경학의 발전방향을 분명하게 예시하는 또 하나의 중요한 지표가 되기 때문이다.

넷째, '신독愼獨'의 의미에 대한 정약용의 해석이니, 이것은 위에서 살펴본바 '귀신鬼神·천天'과 '미발未發·이발已發'에 대한 그의 독자적인 견해와 밀접하게 연계되어 있다. ① 정약용이 보기에 ㉠ 천天, 즉 상제上帝 및 귀신은 형상도 없고 소리마저 없는 존재이나 또한 강림하여 항상 인간들을 낱낱이 굽어 살피고 있으니, 바로 이러한 사실을 알아 어두운 방[暗室]이나 혼자 있을 때에도 계신공구戒愼恐懼하는 것이 바로 '신독愼獨'인 것이다. 즉, ㉮ "『중용』을 깊이 살펴보면 계신공구해야 비로소 진실한 공부가 있게 됨"을 알 수 있는바, 이 『중용』에서 말하는 계신공구라는 것이 다름 아닌 '밝게 상제를 섬기는 학문[昭事之學]'인 것이요, 일찍이 문왕文王께서 조심하고 조심하는 마음으로 행하셨던 바이기도 하다. ㉯ 그런데 정주성리학에서 이러한 '귀신'을 한번 '이기二氣의 양능良能'이니 '천지天地의 공용功用'이니 '조화造化의 흔적痕迹'이니 하여 애매모호하게 만들어버리자 "요즘 사람들은 귀신에 대하여 과연 그것이 있는 것인가 없는 것인가 의심하면서 아득히 알 수 없는 곳에다 버려둔 까닭에 인주人主의 경외敬畏하는 공부와 학자學者의 신독愼獨하는 뜻이 모두 불성실한 곳으로 귀결되고 말았던 것"263이다. ㉰ 이처럼 계신공구하는 '신독'공부는 귀신의 덕[작용력]에 대한 올바른 이해가 없이는 사실상 불가능한

263 『中庸講義補』(『定本 與猶堂全書 6』, p. 320) "○[臣對曰] ……文王小心翼翼, 昭事上帝, 『中庸』之戒愼·恐懼, 豈非昭事之學乎? 今人於此, 疑之於有無之間, 置之於杳茫之地, 故人主敬畏之工, 學者愼獨之義, 皆歸於不誠. ……故觀乎『中庸』之書而深察焉, 則戒愼·恐懼, 方有眞實之工矣."

것이다.[264] ㉡ 또한 이러한 '신독'은 "마땅히 동動·정靜을 관통하는 것"[265]이어야 하며, 특히 '미발시未發時에 힘써야 하는 계신공구의 공부'[266]이기도 한 것이니, 이는 한마디로 말해 '성誠'이기도 하다.[267] ② 이상과 같은 정약용의 '신독' 개념은 이후 즉각적이고도 성실한[誠] 실천을 지향·강조하는 '소사상제昭事上帝의 학學'을 정립함에 있어 핵심적 단초가 되는 것으로서, 결국 이는 그 자신의 『중용』 경학의 추뉴樞紐이자 또한 결론이기도 하였다.

다섯째, '중용中庸'의 의미에 대한 정약용의 견해이다. 즉, ① 그가 보기에 ㉠ 원래 "'중中'이란 성인聖人의 지극한 공부의 결과이다. ……성인은 신독愼獨의 공부로 마음을 다스려 이미 최고의 경지에 이르렀으나 다만 사물과 조우하지 않아 발용發用이 없을 따름이니, 이러한 때에 있는 것을 '중'이라 하는 것"[268]이다. 바로 이러한 맥락에서 "미발未發의 중中, 이발已發의 화和라는 것은 중인衆人이 (저절로: 필자 주) 도달할 수 있는 것이 아니다. 경전[『중용』을 이름: 필자 주]에서 특히 '치중화致中和[中과 和를 지극히 하다]'라고 했는데, 여기서의 '치致'란 애써 미루어 나가 이룸을 의미"[269]한다. ㉡ 한편, "대저 '용庸'이란 항상됨이 있음[有常]"[270]을 말함이요, 따라서 만약 "오래도록 유지[持久]할 수 없으면 설령 중中을 지킨다

264 『中庸講義補』(『定本 與猶堂全書 6』, p. 320) "○[臣對曰] 中庸之德, 非愼獨不能成; 愼獨之功, 非鬼神無所畏, 則鬼神之德, 卽吾道之所本也."

265 『中庸講義補』(『定本 與猶堂全書 6』, p. 289) "○[臣對曰] ……(然則)戒懼之工, 當通動·靜, 不可曰: '本文不然'也."

266 『中庸講義補』(『定本 與猶堂全書 6』, p. 292) "○[臣對曰] 愼獨卽未發. 此朱子所謂'未發時有工夫'也.【前對有誤, 今改之】"

267 『中庸講義補』(『定本 與猶堂全書 6』, p. 359) "○[臣對曰] ……愼獨卽誠, ……"

268 『中庸講義補』(『定本 與猶堂全書 6』, p. 292) "○[臣對曰] ……中者, 聖人之極功也. 無工夫而致極功, 有是理乎? 聖人以愼獨治心, 已到十分地頭, 特不遇事物, 未有發用, 當此之時, 謂之'中'也."

269 『中庸講義補』(『定本 與猶堂全書 6』, p. 291) "○[臣對曰] 衆人亦有未發·已發. 但未發而中, 已發而和, 非衆人之所得有也. 經曰: '致中·和', 致者, 用力推致之也. 中·和, 旣是用力推致之物, 則豈衆人之所得有乎?"

270 『中庸講義補』(『定本 與猶堂全書 6』, p. 299) "○[臣對曰] ……大抵庸者, 有常也."

하더라도 용庸은 되지 못하는 것"인바,[271] 이것 또한 의식적인 노력의 결과로 보아 정약용은 '구행설久行說'에 찬성하고 있다.[272] ㉢ 이러한 맥락에서 정약용은 한마디로 "중용이란 중中·화和의 항상됨이 있음[有常]"이요 "우리 도道[儒家: 필자 주]의 극치"[273]라고 정리하고 있는 것이다. ② 결국, 이러한 정약용의 '중용'에 대한 초기의 입장 역시 주희의 '중용' 개념에 대한 비판과 거부를 함축하고 있는 것으로서, 물론 그 초점은 '실천지향성'에 맞추어져 있다.

마지막으로, 정약용의 『중용강의』에서 흥미로운 사실을 하나 간취할 수 있다. 이는 곧 여기에서 소개된 '정조의 질문[御問]'을 통하여 그의 경학적 입장의 일단을 확인할 수 있을 뿐만 아니라, 나아가 그가 당시 지대한 관심을 가지고 일관되게 시행했던 인재양성책의 특징 또한 살펴볼 수 있다는 점이다. 특히 후자와 관련하여, 정조는 즉위 초부터 주로 '초계문신抄啓文臣' 및 '성균관의 유생'을 대상으로 강경講經과 제술製述을 중심으로 한 다양한 학술활동을 시행·주도했던바, 이를 통해 결과적으로 '군신 간의 친밀한 학술공동체'가 형성되면서 상호간에 '금기禁忌 없는 개방적이고도 자유로운 학문토론의 장'으로 기능하였다는 사실이 주목될 만하다. 바로 이러한 맥락에서, 상기의 학술활동에서는 당시의 지적 지형에서 가능했던 모든 문제제기가 허용되기도 했으니, 여기에는 '정자程子와 주자朱子의 경전주석 그 자체에 대한 의문제기' 역시 포함되었음은 물론이다.[274]

---

271 『中庸講義補』(『定本 與猶堂全書 6』, p. 306) "○[臣對曰] ……不能持久, 則雖中不庸矣."

272 정약용은 다음과 같이 말하였다: "정주鄭註에서는 '용庸'을 '유상有常'이라 풀이하니 이것이 『중용』의 정의正義이다. 그런데도 주자朱子는 '용庸'을 '평상平常'이라 풀이하면서 마침내 이 구절['子曰中庸其至矣乎'節: 필자 주]에서 정자程子의 구행설久行說을 버렸으니, 이에 '유상有常'이라는 뜻은 인멸되고 말았던 것이다.(○[臣對曰] ……鄭註訓'庸'曰: '有常', 此是『中庸』之正義, 而朱子訓'庸'曰: '平常', 遂於此節, 棄程子久行之說, 則'有常'之義, 於是乎湮晦矣.)" 『中庸講義補』(『定本 與猶堂全書 6』, p. 300)

273 『中庸講義補』(『定本 與猶堂全書 6』, p. 376) "○[臣對曰] ……中庸者, 吾道之極致也. ……中庸者, 中·和之有常也."

『중용강의』에 나타난 정약용의 초기 경학적 입장은 후기에까지 관철된다

이상에서 간략하게 그 내용을 일별해본 『중용강의』는 그의 초기 『중용』 관계저술을 대표하기에 손색이 없는 것으로 사료된다. 즉, ① 예외적으로 「중용장구서中庸章句序」, 「독중용법讀中庸法」을 포함한 『중용장구』 전반의 내용이해와 관련된 '70여 조에 이르는 정조의 질문[御問]'과 이에 대한 '정약용의 답변[臣對]'으로 구성되어 있음으로써 그의 초기 『중용』관을 전체적으로 조망·파악하는 데에 별다른 어려움이 없다는 점, ② 물론 여기서 표명된 그의 초기 경학적 입장의 핵심내용이 후기에 이르기까지 일관되게 심화·발전되고 있다는 점 등에서 특히 그러하다.

2. 중기 『중용』 관계저술: 『중용자잠』의 구성과 내용

이어 '정약용의 중기 『중용』 관계저술'로는 『중용강의보中庸講義補』와 『중용자잠中庸自箴』을 들 수 있다. 우선, 『중용강의보』는 정약용이 53세 되는 갑술년[1814년, 純祖 14]에 유배지인 강진康津의 다산茶山에서 완성한 저술로서, 여기에서는 『중용』의 경문經文 전체를 자기 나름의 해석상의 견해에 따라 순서대로 모두 '55개의 절'로 나눈 다음, 상기한바 『중용강의中庸講義』를 저본底本으로 하여 이를 주로 '금안今案(按)'의 형식으로 보완·증보하고 있는바, 따라서 여기에는 그의 『중용』에 대한 초기의 경학적 입장—'신대왈臣對曰' 부분—과 후기의 경학적 입장—주로 '금안今案(按)' 부분—이 나란히 나타나 있다.[275] 한편, 같은 해에 완성한 『중용자잠』은 『중용』의 경문

274 『中庸講義補』(『定本 與猶堂全書 6』, p. 321) "[御問曰] ……後儒以過奇險怪, 至斥朱子之解經, 誠妄矣, 而朱子所論, 亦或有更合商量者耶?"; 『中庸講義補』(『定本 與猶堂全書 6』, p. 366) "[御問曰] ……游氏'曲折'之說, 恐於字義·文義, 俱爲穩當, 而朱子駁之以非本意, 此亦以只好隔壁聽之故耶?"; 『中庸講義補』(『定本 與猶堂全書 6』, p. 375) "[御問曰] ……誠如[知]朱子之論, 而'中庸'二字之偏屬於知一邊, 而謂之以道之小者, 終有究解不得者. 況'中庸'之中, 實兼'中·和'之意, 則尤宜以'道中庸'屬之'尊德性', 而朱子之論如此. 此豈非憤悱處乎?"

전체를 순서대로 모두 '59개의 절'로 나누고, 이 각각의 절에 대하여 체계적이고도 꼼꼼한 주석을 빠짐없이 단 책이다. 결국, 이상과 같은 두 저술은 정약용의 『중용』 관계저술의 실질적 대표작이자 핵심이요, 나아가 조선후기에 나타난 경학저술의 최고봉 가운데 하나라고 할 수 있다.

그러면 지금부터 이러한 두 저술 가운데서도 『중용』에 대한 정약용의 중기 경학적 입장을 보다 체계적이고도 일관되게 보여주고 있는 것으로 판단되는 『중용자잠』의 구성 및 그 내용에 대해 차례대로 살펴보기로 하자.

1) 『중용자잠』의 구성

정약용은 원칙적으로 경전經典 본래의 경문과 그 체제를 존중하였다. 그럼에도 그는 또한 『중용자잠』을 저술하면서는 『중용』의 경문을 순서대로 모두 '38장 59절'—이는 주희朱熹의 『중용장구中庸章句』가 총 '33장'으로 구성되어 있는 것과 대비된다—로 나누었던바, 이때에도 그는 나름의 견지에 따라 그 의미단위를 독자적으로 설정하였다.

【표 2-1-9】에서 보듯이, 정약용은 나름의 관점에서 『중용』의 경문을 모두 '38장 59절'로 나눈 다음 여기에다 자신의 주석을 차례대로 빠짐없이 달고 있는데, 이에 그 '형식적 방법'을 소개하면 다음과 같다: ① '잠왈箴曰'은 정약용이 자신의 논지를 본격적으로 개진하는 가장 일반적인 형식으로서, 여기서는 주로 『중용』 해석의 기본방향과 주요내용이 소개되고 있다. ② '용안鏞案'—'안案', '안按' 포함—은 대개 여타 경전의 내용이나 다른 사람들의 다양한 주석을 먼저 제시한 후, 이것을 정약용

---

275 상기한 바대로, 정약용은 『중용강의』의 내용을 대폭 보강하고 일부 내용을 수정하여 『중용강의보』를 저술했던바, 여기서는 ① '어문御問'이 미처 다루지 않았던 절에 대해서도 일일이 '금안今案(按)'의 형식으로 주석을 달았고, ② 일부 절의 경우에는 특히 제도의 고증과 관련하여 『중용자잠』보다 더욱 자세한 내용을 소개·수록하고 있다.

【표 2-1-9】『중용』의 경문에 대한 분장·분절 비교표[276]

	『중용장구 中庸章句』		『중용자잠 中庸自箴』		
	장章	절節	권卷	장章	절節
1	1	1	권일 卷一	1	1
2		2前			2
		2後			
3		3			3
4		4			4
5		5			5
6	2	1		2	6
7		2			7
8	3	1		3	8
9	4	1		4	9
10		2			10
11	5	1			
12	6	1		5	11
13	7	1		6	12
14	8	1		7	13
15	9	1		8	14
16	10	1	권이 卷二	9	15
17		2			
18		3			
19		4			
20		5			
21	11	1		10	16
22		2			
23		3			
24	12	1		11	17
25		2			
26		3			
27		4			
28	13	1		12	18
29		2			
30		3			
31		4			
32	14	1		13	19
33		2			
34		3			
35		4			

	『중용장구 中庸章句』		『중용장구 中庸自箴』		
	장章	절節	권卷	장章	절節
36	14	5	권이 卷二	13	19
37	15	1		14	20
38		2			
39		3			
40	16	1		15	21
41		2			
42		3			
43		4			
44		5			
45	17	1		16	22
46		2			
47		3			
48		4			
49		5			
50	18	1		17	23
51		2			
52		3			
53	19	1			
54		2			
55		3		18	24
56		4			25
57		5			26
58		6			27
59	20	1		19	28
60		2			
61		3			
62		4		20	29
63		5			
64		6			30
65		7			31
66		8		21	32
67		9		22	33
68		10			
69		11			
70		12		23	34
71		13			

	『중용장구 中庸章句』		『중용자잠 中庸自箴』		
	장章	절節	권卷	장章	절節
72	20	14	권이 卷二	23	34
73		15			
74		16		24	35
75		17			
76		18		25	36
77		19			
78		20			
79		21			
80	21	1			
81	22	1	권삼 卷三	26	37
82	23	1		27	38
83	24	1		28	39
84	25	1		29	40
85		2			
86		3			
87	26	1		30	41
88		2			
89		3			
90		4			
91		5			
92		6			
93		7		31	42
94		8			
95		9			
96		10			43
97	27	1		32	44
98		2			
99		3			
100		4			
101		5			
102		6			45

	『중용장구 中庸章句』		『중용자잠 中庸自箴』		
	장章	절節	권卷	장章	절節
103	27	7	권삼 卷三	32	46
104	28	1		33	47
105		2			
106		3			
107		4			
108		5		34	48
109		6			
110	29	1			
111		2			
112		3			
113		4			
114		5			49
115		6			
116	30	1		35	50
117		2			
118		3			
119	31	1		36	51
120		2			
121		3			
122		4			
123	32	1		37	52
124		2			
125		3			
126	33	1		38	53
127		2			54
128		3			55
129		4			56
130		5			57
131		6前半			58
		6後半			59

276 鄭炳連(1994: 364~368)에 실려 있는 〈分章分節比較圖 II〉를 그대로 인용하였다.

자신의 관점에서 평가하는 형식이다. ③ '용위鏞謂'는 상기의 '용안鏞案'—'안案', '안按' 포함—과 같은 용도로 사용된 형식이다. ④ 일정한 제명題名 없이 정약용 자신의 견해를 곧바로 제시하는 형식이 소수 활용되고 있다.

2) 『중용자잠』의 내용

『중용자잠』에서 표명된 대표적인 경학적 사안

그러면, 여기서는 정약용의 『중용』 경학經學을 가장 인상 깊게 대표하고 있다고 생각되는 개념들, 즉 ① '성性' 개념의 원의原義, ② '미발未發·이발已發'의 의미, ③ '천天' 개념의 함의, ④ '귀신鬼神' 개념의 원의, ⑤ '신독愼獨'의 의미, ⑥ '중용中庸'에 대한 이해문제를 중심으로 그 내용 및 경학적 함의를 간략하게 살펴보기로 하자.

경학적 입장의 특징①: '성'이란 대체가 좋아하고 싫어하는 바로서의 '기호'이다

정약용은 일찍이 '성性' 개념의 원의原義와 관련하여 정주성리학과는 아주 상이한 이해의 길을 걸었다. 우선, 주희가 보기에, 첫째, 인간 역시 여타 만물과 마찬가지로 기본적으로 '이理와 기氣의 복합체', 즉 '성性'과 '형形'으로 구성되어 있지만, 한편 다른 측면에서 보자면 '심心'과 '신身'으로 이루어져 있기도 하다. 그런데 바로 이러한 심心은 동정動靜·어묵語黙의 간극이 없는 것으로서, 또한 신身을 주재하고 있다.[277] 따라서 심心을 보존하지 못하면 결국 신身도 검속檢束할 수 없게 되는 것이다.[278]

둘째, 주희는 그렇다면 인간의 내면세계에 해당하는 '심心'에 대해

277 『朱子大全』, 卷32(「答張欽夫」), p. 32a.(中和堂) "(然)人之一身知覺·運用, 莫非心之所爲, 則心者, 固所以主於身而無動靜·語黙之間者也."; 『大學章句』, 「經1章」의 註 "心者, 身之所主也."

278 『大學章句』, 「傳7章」의 註 "心有不存, 則無以檢其身."

서는 어떻게 설명하고 있을까? 즉, ① 그가 보기에 심心은 그 구성요소로서 '성性'과 '정情'을 포괄하는 동시에 주재하고 있는바, 여기서 성性이 곧 심心의 '본本·체體'에 해당하는 것이라면 정情은 심心의 '말末·용用'에 해당하는 것이다. ㉠ 이처럼 심心의 본·체로서의 '성性'은 '참되고 고요한 상태[眞而靜]'에 있기 때문에 '미발未發'이라 부르며, 또한 사덕四德[仁·義·禮·智]—또는 오상五常[仁·義·禮·智·信]—이 형이상形而上의 도道·법칙으로서 구비되어 있어 편벽되고 치우친 바가 없음에 '중中'이라고도 한다. ㉡ 반면, 기氣로서의 형形이 이미 생겨나 있음에 외물이 그 형形에 접촉하게 되면 내면에 움직임[動]이 있게 되고, 이에 따라 비로소 사단四端[惻隱·羞惡·辭讓·是非之心]과 칠정七情[喜·怒·哀·懼·愛·惡·慾]이 출현함에 '이발已發'이라 부르며, 또한 그 발함이 모두 절도에 맞고 각각 주主 되는 바가 있어 어그러짐이 없게 되면 '화和'라고도 하나니, 이것이 바로 심心의 말·용으로서의 '정情'인 것이다.[279] ② 바로 이러한 맥락에서 『중용』의 경문 "천명지위성天命之謂性[천명天命을 성性이라 이른다]"[『中庸章句』 「第1章」]에서 언급된바 '성性'이란 개념 또한 당연히 그 성격상 형이상의 도道로서의 '이理'가 되는 것이다.[280]

한편, 정약용이 보기에 대략 이상과 같은 주희의 '심心·성性·정情'론은 일견 그 논리적 체계성과 내용적 심오성이란 외피에도 불구하고 참으

279 『中庸章句』, 「第1章」의 註 "喜·怒·哀·樂, 情也. 其未發, 則性也. 無所偏倚, 故謂之'中'. 發皆中節, 情之正也. 無所乖戾, 故謂之'和'."; 『論語集註』, 「雍也」篇 第2章의 註 "(天地儲精, 得五行之秀者爲人.) 其本也眞而靜, 其未發也五性具焉, 曰: '仁·義·禮·智·信'. 形旣生矣, 外物觸其形, 而動於中矣. 其中動而七情出焉, 曰: '喜·怒·哀·懼·愛·惡·欲'."; 『朱子大全』, 卷32(「答張欽夫」), p. 32a.(中和堂) "(然)方其[心을 말함: 필자 주]靜也, 事物未至, 思慮未萌, 而一性渾然, 道義全具, 其所謂'中', 是乃心之所以爲體而寂然不動者也. 及其動也, 事物交至, 思慮萌焉, 則七情迭用, 各有攸主, 其所謂'和', 是乃心之所以爲用·感而遂通者也."; 『性理大全』, 卷33(「性理 5」), p. 2ab.(山東友誼書社, 1989) "(朱子曰): '……仁·義·禮·智, 性也; 惻隱·羞惡·辭讓·是非, 情也. 以仁愛·以義惡·以禮讓·以智知者, 心也. 性者, 心之理也. 情者, 性之動也. 心者, 性·情之主也.' ○未動爲性, 已動爲情, 心則貫乎動·靜而無不在焉. ○性, 對情言; 心, 對性·情言. 合如此是性, 動處是情, 主宰是心."

280 『中庸章句』, 「第1章」의 註 "性卽理也. 天以陰陽·五行, 化生萬物, 氣以成形而理亦賦焉, 猶命令也. 於是, 人·物之生, 因各得其所賦之理, 以爲健順·五常之德, 所謂'性'也."

로 동의하기 어려운 것이었다. 첫째, 정약용은 『중용』의 경문 "천명지위성天命之謂性"에 나오는 '성性'이란 개념은 형이상의 도道로서의 이理라기보다는 단적으로 "심心의 기호嗜好[心之所嗜好]"를 의미하는 것으로 보았다. 즉, ① "대개 인간의 배태胚胎가 형성되면 천天[이는 '理'가 아니라 무형의 인격적 존재로서의 '上帝'이다: 필자 주]은 영명靈明하고도 형체가 없는 본체本體를 그에게 부여함에, 이것의 됨됨이는 선善을 즐거워하고 악惡을 미워하며 덕德을 좋아하고 더러움을 부끄러워하니, 이것이 바로 '성선性善'인 것"[281]이다. ② 다시 말하자면, 정약용의 관점에서 ㉠ 인간이란 '대체大體[神]와 소체小體[形]의 묘합妙合에 의한 혼연한 한 덩어리'로 나타나는바, 여기서의 '대체'란 곧 천天으로부터 부여받은 영명하고도 형체가 없는 본체—이를 '신神'·'성령性靈'이라고도 한다—를 말하는 것이라면, 반면 '소체'란 태어날 때 부모로부터 얻은 유형有形의 몸—이를 '형形'·'형구形軀'·'구각軀殼'이라고도 한다—을 의미하는데, ㉡ 바로 이러한 대체가 좋아하고 싫어하는[好惡] 바로서의 '기호嗜好'가 바로 '성性'—따라서 성性은 대체大體의 전명全名이 아니다—이다. 따라서 이러한 성性은 원래부터 선한 것[本善]이므로 기본적으로 덕德을 좋아하고 악을 미워하는[好德惡惡] 성향, 즉 기호로 나타나는 것이다.

둘째, 정약용이 보기에 ① 이러한 대체가 '성性'이란 기호에 따라 순조롭게 발한 것이 곧 '도심道心'이라면, 소체가 '성性'이란 본래의, 따라서 원래부터 선한 기호를 파괴·왜곡시킨 상태에서 발한 것이 곧 '인심人心'인데, ② 한편 인간의 내면에서는 이러한 도심과 인심이 항상 서로 갈등하며 싸운다. 이에 도심이 인심을 이기게 되면 그 결과적 행위는 또한 선이 되며, 그 반대의 경우에는 악이 되는 것이다.[282] ③ 이처럼 "도

---

281 『中庸自箴』(『定本 與猶堂全書 6』, pp. 228~229) "○[箴曰] ……(然據'性'字本義而言之, 則)性者, 心之所嗜好也. ……蓋人之胚胎旣成, 天則賦之, 以靈明·無形之體, 而其爲物也, 樂善而惡惡,【余有先諱, 每云'樂善'】 好德而恥汚, 斯之謂'性善'也."

282 『中庸自箴』(『定本 與猶堂全書 6』, p. 233) "[箴曰] ……○……(須知此言乃是)赫赫之

심이란 항상 선을 행하고자 하며 또한 선을 택할 수 있는"바, 이에 '솔성率性[性을 따른다]'이란 다름이 아니라 "한결같이 도심이 하고자 하는 바를 들어주는 것"이요, 결국 이는 "천명天命을 따르는 것"[283]이 되기도 하는 것이다.

셋째, 이상과 같은 정약용의 논리선상에서 볼 때, '명命'·'성性'·'도道'·'교敎'를 하나같이 형이상의 '이理'로 환원시켜 인식하는 정주성리학의 입장은 기실 『중용』의 올바른 이해를 그르치게 하는 것[284]이요, 따라서 "기호嗜好를 버리고 성性을 말하는 것은 수사洙泗[孔·孟]의 구관舊觀이 아니었던 것이다."[285]

마지막으로, 정약용의 이러한 '성性' 개념은 그가 인간의 내면세계, 나아가 인간론 일반에 있어서도 새롭고 독자적인 설명틀을 구축하고 있었음을 의미하는 것으로서, 이는 또한 "성性은 곧 이理[性卽理]"라고 하는 주희의 견해를 단지 일면적으로 비판하는 데에 그치지 않는 중요한 경학적 의미를 함축하는 사안이기도 하였다. 왜냐하면 이는 결국 정주성리학의 세계관을 떠받치고 있는 핵심적인 철학적 범주들 및 그들 간의 논리적 질서체계 전체의 정당성에 대한 거부를 의미하는 동시에, 나아가 사실상 '하나'의 독자적인 대안적 세계관의 선언을 함축하고 있었기 때문이다.

天命, 循而順之, 則爲善·爲祥; 慢而違之, 則爲惡·爲殃."

283 『中庸自箴』(『定本 與猶堂全書 6』, p. 230) "[箴曰] ……○……道心常欲爲善, 又能擇善. 一聽道心之所欲爲,【循其欲】 玆之謂'率性'. 率性者, 循天命也."; 『中庸自箴』(『定本 與猶堂全書 6』, p. 233) "[箴曰] ……○道心与天命, 不可分作兩段看."

284 『中庸自箴』(『定本 與猶堂全書 6』, p. 233) "[箴曰] ……今以命·性·道·敎, 悉歸之於一理, 則理本無知, 亦無威能, 何所戒而愼之, 何所恐而懼之乎?"

285 『中庸自箴』(『定本 與猶堂全書 6』, p. 229) "[箴曰] ……舍嗜好而言性者, 非洙·泗之舊也."

경학적 입장의 특징②: '미발'이란 '희·로·애·락의 미발'을 의미할 뿐이요, '중'이란 선가에서 입정한 것과는 같지 않다

상기한바 정약용의 '기호嗜好로서의 성性' 개념은 연쇄적으로 '미발未發·이발已發' 개념의 재해석으로 이어진다. 그리고 이는 앞 절에서 소개한바 『대학大學』의 경문에 대한 정주성리학의 '신身'오자설誤字說에 대한 그의 비판에서와 마찬가지로, 다시금 주희의 수양론, 특히 그의 '존심설存心說'에 대한 재검토로 연결된다. 우선, 주희가 보기에 심체心體의 본연本然[眞體]을 보존하여 성덕군자成德君子가 되기 위해서는 간단없는 '거경居敬'과 '정심正心·양성養性'을 통하여 때때로 어두워진 자신의 (본연지本然之)성性을 다시 밝혀 그 처음의 상태를 회복하는 동시에, 또한 이러한 심心을 한 점의 미동도 없이 잠잠하고 고요하게 하여 적연부동寂然不動하고 밝은 상태, 즉 '미발未發'의 상태로 유지해야 하는 것이다.

한편, 정약용의 입장에서는 주희의 이상과 같은 존심설의 논리가 참으로 이해할 수 없는 것이었다. 이에 그 이유를 들자면, 첫째, 정약용이 보기에 ① 『중용』의 경문 "희·로·애·락지미발, 위지'중'; 발이개중절, 위지'화'喜·怒·哀·樂之未發, 謂之'中'; 發而皆中節, 謂之'和'[희喜·로怒·애哀·락樂이 발發하지 않은 것을 '중中'이라 이르고, 발하여 모두 절도節度에 맞는 것을 '화和'라 이른다]"[『中庸章句』「第1章」]에서 나오는 ㉠ '미발未發'이란 개념은 말 그대로 '희喜·로怒·애哀·락樂의 미발'을 의미하는 것일 뿐, 결코 '심지사려心知思慮의 미발'을 뜻하는 것은 아니었다.[286] ㉡ 그리고 이 경문은 신독군자愼獨君子가 행하는 존심存心·양성養性의 지극한 공부에 한정하여 말한 것이지, 또한 천하 사람들

286 『中庸自箴』(『定本 與猶堂全書 6』, pp. 235~236) "[箴曰] ……○……未發者, 喜·怒·哀·樂之未發, 非心知·思慮之未發."; 『中庸講義補』(『定本 與猶堂全書 6』, p. 290) "○[今按] ……○……經但曰: '喜·怒·哀·樂未發'而已, 何嘗曰: '一切思念都未發'乎?"; 『中庸講義補』(『定本 與猶堂全書 6』, p. 293) "○[今按] ……未發者, 喜·怒·哀·樂之未發, 豈心知·思慮之未發乎?"; 『中庸講義補』(『定本 與猶堂全書 6』, pp. 393~394) "○[臣對曰] ……(則)喜·怒·哀·樂未發, 非心知·思慮之未發, 豈沖漠[漢]無朕之象乎?"

의 성性·정情에 대하여 일반적으로 논한 것도 아니었다.[287] ② 다시 말하자면, '미발未發'의 상태란 심心이 마치 명경지수明鏡止水처럼 "아무런 사려思慮도 없고 어떠한 계신공구戒愼恐懼의 노력도 하지 않은 채 털끝만한 동요도 없게 된 이후에야 볼 수 있는 광경"이 아니었던 것이다.[288] 희·로·애·락은 비록 발하지 않았더라도 얼마든지 계신공구할 수 있고 궁리할 수 있으며 또한 의義를 생각하고 천하의 사변事變을 상량商量할 수 있나니, 따라서 '미발의 때에는 공부가 없다'고 말하는 것은 그에게 있어서는 실로 어불성설에 불과하였다.[289]

둘째, 정약용은 이러한 맥락에서 이른바 미발未發의 '중中'이란 상태 역시 마치 선가禪家에서 입정入定한 것처럼 되어서야 비로소 얻어지는 경지가 결코 아니라고 보았다. ① 이미 미발의 때부터 "소심小心스레 조심하면서 밝게 상제上帝를 섬기되 항상 신명神明이 옥루屋漏를 굽어보고 계신 듯이 여겨 혹시라도 잘못이 있을까 계신공구하며, 혹 과격한 행동은 하지 않을까, 혹 치우친 감정은 싹트지 않을까 두려워하여 그 마음가짐을 지극히 공정하게 하면서 외물外物이 내게 이르기를 기다린"[290] 연후에야 비로소 가능한 것이니, 이에 "만약 이발已發의 때에는 선善·악惡이 있지만 미발의 때에는 선·악이 없다고 말한다"면 이 역시 잘못된 것이다.[291] ② 이처럼 '중中'이란 덕德은 지극히 정미精微하여 마음을 써서

287 『中庸自箴』(『定本 與猶堂全書 6』, p. 235) "[箴曰] 此節, 卽愼獨君子存心·養性之極功, 非通論天下人之性·情也."

288 『中庸講義補』(『定本 與猶堂全書 6』, pp. 292~293) "○[今按] (明鏡止水之說, 起於佛家. 謂: '心體之虛明靜寂, 如水鏡也'. 然)此須無思·無慮, 不戒·不懼, 一毫不動, 而後有此光景."

289 『中庸講義補』(『定本 與猶堂全書 6』, p. 292) "○[臣對曰] 未發者, 喜·怒·哀·樂未發而已, 豈遂枯木·死灰, 無思·無慮, 若禪家之入定然乎? 喜·怒·哀·樂, 雖未發, 可以戒愼, 可以恐懼, 可以窮理, 可以思義, 可以商量天下之事變, 何謂: '未發時無工夫'乎?"

290 『中庸自箴』(『定本 與猶堂全書 6』, p. 236) "[箴曰] ……○……(未發者, 喜·怒·哀·樂之未發, 非心知思慮之未發.) 當此之時, 小心翼翼, 昭事上帝, 常若神明照臨屋漏, 戒愼·恐懼, 惟恐有過, 矯激之行, 偏倚之情, 惟恐有犯, 惟恐有萌, 持其心至平, 處其心至正, 以待外物之至, 斯豈非天下之至中乎?"

가리고 힘을 써서 지키지 않는다면 이룰 수 없는 것이니, 결국 아무런 노력도 하지 않은 채 저절로 중中에 부합되는 이치란 결단코 없는 법이었다.[292]

셋째, 사실이 이러함에도 주희는 "미발未發을 성性이라 보기도 하고 또 체體라고도 하면서, 매번 '미발의 때에는 혼연渾然하고 담연湛然하여 명경지수明鏡止水와 같다'고 말하니",[293] 정약용이 보기에 이러한 주장은 혹 도가道家와 불가佛家의 고원한 형이상학을 따라잡으려는 나름의 충정과 고심에서 나온 소산일지는 모르겠지만, 결과적으로 경전의 본의를 크게 왜곡시킴으로써 유가儒家의 실천에 중대한 차착을 야기했던 장본인일 뿐이었다.[294]

---

291 『中庸自箴』(『定本 與猶堂全書 6』, p. 235) "[箴曰] ……○……若云: '已發有善·惡, 未發無善·惡', ……而可通乎?"

한편, 바로 상기한바 정약용의 이러한 주장은 또한 그가 곧 '미발심체유선악未發心體有善惡'의 입장을 표명·지지하고 있음을 함축한다 하겠다.

292 『中庸講義補』(『定本 與猶堂全書 6』, p. 294) "○[今案] ……大抵中之爲德, 至精·至微, 非用心裁擇·用力執守, 則必無自然合中之理."

293 『中庸講義補』(『定本 與猶堂全書 6』, p. 294) "○[今案] ……朱子以未發爲性, 又以未發爲體, 故每云: '未發之時, 渾然·湛然, 如明鏡止水.'"

294 『中庸講義補』(『定本 與猶堂全書 6』, p. 284) "○[今案] ……佛氏謂: '人·物同性, 故人死爲牛, 犬死爲人, 輪回環轉, 生生不窮.' 蘇文忠酷信此理, 其作「赤壁賦」·「潮州韓文公廟碑」, 陰用其說, 而世莫之察. 蓋宋賢論性, 多犯此病. 雖其本意亦出於樂善·求道之苦心, 而其與洙·泗之舊論, 或相牴牾者, 不敢盡從. 後之君子, 尙恕余哉!"; 『論語古今注 II』(『定本 與猶堂全書 9』, p. 282) "○[案] ……本然之說, 本出佛書. ……本然之性, 明是佛語, 豈可以此解孔·孟之言乎? ……苟其理之眞是, 則豈以其異乎吾所聞而廢之? 但其言有必不可通者."; 『心經密驗』, 「心性總義」(『定本 與猶堂全書 6』, p. 198) "佛氏謂: '如來藏性, 淸淨本然.'【『楞嚴經』】謂: '本然之性, 純善無惡, 無纖毫塵滓, 瑩澈光明. 特以血氣新薰之, 故陷於罪惡.' 有宋諸先生, 皆從此說."; 『心經密驗』, 「心性總義」(『定本 與猶堂全書 6』, p. 200) "逆天慢命, 悖理傷善, 未有甚於本然之說. 先儒偶一借用, 今人不明來歷, 開口便道本然之性. '本然'二字, 旣於六經·四書·諸子百家之書, 都無出處. 唯『首楞嚴經』, 重言復言, 安望其與古聖人所言, 沕然相合耶?"; 『論語古今注 II』(『定本 與猶堂全書 9』, p. 175) "○[駁曰] ……一貫之解, 曾子親口言之, 明明白白, 後之儒者, 猶復熟視, 含疑不肯往從者, 其心以忠·恕爲小也. 老子言: '一生二, 三生萬物', 佛氏言: '萬法歸一', 孔子言: '一以貫之', 可以相配, 爲天地間至高·至大之言, 曾子落而下之, 斲而少之, 爲'忠·恕'二字極卑·極小. 故晋儒違之, 宋儒違之, 於彼則曰: '曾子自領妙道, 以糟粕酬門人', 於此則曰: '子貢不能妙悟, 以秕穅學聖人', 此吾道之巨蔀也."; 『心經密驗』(『定本 與猶堂全書 6』, p. 223) "○[案] ……老子曰: '天得一以淸, 地得一以寧, 聖人抱一, 爲天下

경학적 입장의 특징③: '천'은 곧 '상제'로서, '영적 존재'이자 '유일자'요 또한 '도덕적 존재'이다

다음으로, '천天' 개념에 대한 이해에 있어서도 정약용은 정주성리학과는 그 방향을 완전히 달리하였다. 첫째, 정약용이 보기에 ① 천지天地의 운행과 만물萬物의 생성을 말없는 가운데 스스로 주재主宰하고 있는 존재는 다름 아닌 '천天'이었다.[295] 그리고 이 천天이 바로 도덕적인 인격적 존재로서의 '상제上帝'인 것이다.[296] ② 따라서 천天을 상제와는 별개의 존재로 설명하는 견해[297]는 물론이려니와, 혹은 주희처럼 천天을 우주와 삼라만상의 생성과 변화에 있어 최초원인이자 원리적 주재자로 보기는 하지만 동시에 이를 인격적 존재가 아닌 태극太極, 즉 '이理'로 파악하면서,[298] 한편 이러한 생성과정에서 만물이 부여받은 이理로서의 '성性'을 곧 '천명天命'으로 인식하는 입장[299] 역시 잘못된 것이었다.

둘째, 그렇다면 정약용이 생각하는 상제란 과연 어떠한 존재인가? ① 상제는 형形이나 질質을 가지지 않는 무형의 '영적靈的 존재'[300]로서,

---

式.' 佛氏曰: '萬法歸一, 一歸何處?' 今人樂聞此說, 恥吾道狹小. 於是强把一貫之句, 以與老·佛猗角爲三. 此儒門之大蔀也."

295 『中庸自箴』(『定本 與猶堂全書 6』, p. 279) "余謂: '綍者, 宰也. 宰制萬物, 故謂之上天之綍.'"; 『論語古今注 II』(『定本 與猶堂全書 9』, p. 319) "[質疑] ……但以天道驗之, 日月·星辰之運而四時不錯, 風雷·雨露之施而百物以蕃, 亦黙自主宰而已."

296 『論語古今注 I』(『定本 與猶堂全書 8』, p. 113) "○[補曰] 天, 謂上帝也."

297 『中庸自箴』(『定本 與猶堂全書 6』, pp. 275~276) "[箴曰] ……(『孝經』曰: '郊祀后稷以配天, 宗祀文王以配上帝',) 忽以天与上帝, 分之爲二, 此文本之緯書. 朱子疑之, 固不足述."

298 『論語集註』, 「八佾」篇 第13章의 註 "天卽理也."; 『朱子語類』, 卷1(「理氣 上」), p. 5.(中華書局, 1981) "帝是理爲主. 蒼蒼之謂天. 運轉周流不已, 便是那箇. 而今說天有箇人在那裏批判罪惡, 固不可; 說道全無主之者, 又不可."

299 『中庸章句』, 「第1章」의 註 "性卽理也. 天以陰陽·五行, 化生萬物, 氣以成形而理亦賦焉, 猶命令也. 於是, 人·物之生, 因各得其所賦之理, 以爲健順·五常之德, 所謂性也."; 『論語集註』, 「爲政」篇 第4章의 注 "天命, 卽天道之流行而賦於物者, 乃事物所以當然之故也."; 『論語集註』, 「季氏」篇 第8章의 註 "天命者, 天所賦之正理也."; 『論語集註』, 「雍也」篇 第8章과 「先進」篇 第18章의 註 "命, 謂天命."

300 『中庸自箴』(『定本 與猶堂全書 6』, p. 232) "[箴曰] 所不睹者, 何也? 天之體也; 所不聞者, 何也? 天之聲也. ……不睹·不聞者, 非天而何?"; 『中庸自箴』(『定本 與猶堂全書 6』,

② 또한 '기氣로서의 태극太極' 및 그 자기분화로 생성된 유형의 세계로부터 초월해 있으면서 동시에 이 유형의 세계를 창조하고 주재하며 안양安養해주는 장본인이기도 하다.[301] 그리고 바로 이러한 맥락에서 상제는 유·무형의 모든 존재를 자신 속에 포괄하고 있는 '유일자唯一者'인 것이다. ③ 그런데 이러한 유일자로서의 상제는 또한 '도덕적 존재'이기도 하다. 즉, ㉠ 이를 인간사와 관련하여 말한다면, 덕德을 좋아하고 악惡을 부끄럽게 여기는 성性을 인간에게 선천적으로 부여하여[302] 그로 하여금 "악을 벗어나 선으로 향하도록 하는"[303] 존재가 바로 상제이며, 또한 나날이 인간의 선과 악을 살피고[304] 감시하여 천명天命을 따르는 선한 자에게는 상서로운 복을 내리고 이를 태만히 하고 어기는 음탕한 자에게는 재앙과 화를 내리는,[305] 이런 의미에서 "지극히 공정하여 사사로운 마음이 없는"[306] 존재 또한 상제인 것이다. ㉡ 따라서 천명天命이란 다름이 아니라 상제가 인간에게 부여한바 덕德을 좋아하고 악惡을 부끄럽게 여기는 '기호嗜好로서의 성性'[307]을 말하는 것으로서, 또한 이는 "인간을

---

p. 253) "[箴曰] ……上帝之體, 無形·無質, 與鬼神同德, 故曰: '鬼神'也."

301 보다 자세한 내용은 제3부 제2장 「다산 정약용의 생성론」에서의 해당부분이 참조된다.

302 『中庸自箴』(『定本 與猶堂全書 6』, pp. 228~229) "○[箴曰] ……蓋人之胚胎旣成, 天則賦之, 以靈明·無形之體, 而其爲物也, 樂善而惡惡,【余有先諱, 每云'樂善'】 好德而恥汚, 斯之謂'性善'也."; 『論語古今注 II』(『定本 與猶堂全書 9』, p. 279) "○[案] ……天旣賦之以好德恥惡之性, ……"

303 『論語古今注 II』(『定本 與猶堂全書 9』, p. 252) "○[案] ……雖然, 賦於心·性, 使之向善違惡, 固天命也."

304 『中庸自箴』(『定本 與猶堂全書 6』, p. 253) "[箴曰] ……然天之所以察人善·惡, (恒在人倫. 善於人倫, 則可以事天矣.)"; 『論語古今注 II』(『定本 與猶堂全書 9』, p. 176) "○[駁曰] ……天之所以察人之善·惡, (亦惟是二人相與之際, 監其淑慝,) ……"

305 『中庸自箴』(『定本 與猶堂全書 6』, p. 233) "[箴曰] ……○……(須知此言乃是)赫赫之天命, 循而順之, 則爲善·爲祥; 慢而違之, 則爲惡·爲殃."; 『中庸自箴』(『定本 與猶堂全書 6』, p. 277) "[箴曰] 上天玄遠, 而臨于屋漏, 日監在玆, (則'知遠之近'也.)"; 『論語古今注 II』(『定本 與猶堂全書 9』, p. 252) "○[案] ……日監在玆, 以之福善·禍淫, 亦天命也."; 『論語古今注 II』(『定本 與猶堂全書 9』, p. 252) "○[駁曰] ……天道昭禍·福之理, ……"

306 『論語古今注 II』(『定本 與猶堂全書 9』, p. 285) "○[案] 天至公無私."

인간답게 만드는 까닭"[308]이자 근거가 되기도 한다. ㉢ 그런데 여기서 한 가지 유의해야 할 점이 있다. 즉, 상제는 인간에게 덕을 좋아하고 악을 부끄럽게 여기는 성性, 즉 천명天命을 부여하였지만, 정작 어떤 사람이 선을 행할 것인가 악을 행할 것인가를 결정하는 국면에서는 전혀 개입하는 바가 없다는 사실이다. 다시 말하면, 상제는 인간에게 선할 수도 있고 악할 수도 있는 권형權衡을 부여하여, 그의 자주적인 마음에 따라 선을 행하려 해도 그를 따라주고 악을 행하려고 해도 또한 그를 따라준다. 그렇기 때문에 결과적인 공功과 죄罪는 모두 그 자신의 책임이 되는 것이다. 그리하여, 정약용이 보기에 "이것이 바로 상제의 엄한 신권묘지神權妙旨로서 두려워해야 할 바"[309]였다.

마지막으로, 정약용이 보기에 ① '천天'과 '천명天命'을 이와 같이 보지 않고 엉뚱하게 주희처럼 천天을 '이理'로, 천명天命은 '천天이 부여한바 올바른 이理'로 인식한다면, 일견 그 심오성과 체계성에도 불구하고 이는 결국 경전이해에 있어 동어반복과 논리적 모순을 피할 수 없게 만든다. ② 그런데 정작 문제는 경전이해에 있어서의 이러한 잘못이 단지 이것으로만 그치지 않는다는 데에 있었다. 결과적으로 이러한 잘못은 유가儒家의 실천을 크게 그르치게 함으로써 종국에는 천하에 화를 끼치고 후세에까지 해독을 남기는 엄중한 사안이었던바, 불행하게도 이는 그가 살았던 당시 조선사회의 엄연한 현실이기도 하였다.

---

307 『中庸自箴』(『定本 與猶堂全書 6』, p. 230) "[箴曰] ……○……率性者, 循天命也."; 『論語古今注 II』(『定本 與猶堂全書 9』, p. 400) "[補曰] 命, 天之所以賦於人者, 性之好德, 是命也."

308 『論語古今注 II』(『定本 與猶堂全書 9』, p. 287) "○[案] ……然人之所以爲人者, 以其好德而恥惡, 此天命也, 此本性也."

309 『論語古今注 II』(『定本 與猶堂全書 9』, p. 279) "○[案] ……此其神權妙旨之凜然, 可畏者也."

경학적 입장의 특징④: '귀신'이란 상제의 명을 받들어 인사를 보우하고 만물의 화육을 돕는 존재이다

이상과 같은 정약용의 '상제上帝로서의 천天' 개념은 또한 '귀신鬼神' 개념의 재해석으로 이어진다. 첫째, 정약용이 보기에 ① '귀신'이란 존재는 상제와 같은 덕德, 즉 작용력을 가지면서,[310] 동시에 천하의 만사만물에 대한 상제의 주재활동을 보좌하는 역할을 맡고 있다. 즉, 귀신이란 모두가 상제의 명命—천명天命—을 받들어 인사人事를 보우하고 만물萬物의 화육을 돕고 있는 존재이다.[311] ② 이러한 의미에서 "귀신이란 존재는 그 체體가 텅텅 빈 것[空空然]이지만 겨자씨를 마치 큰 산[太山] 보듯이 하며, 그것의 본체本體는 영묘靈妙하여 산과 돌을 뚫고 지나가기를 마치 허공을 나는 새처럼 할 뿐 아니라 하늘과 땅을 오르내리기를 마치 문틈을 지나치는 말처럼 재빠르게 할 수도 있다."[312] ㉠ 이처럼 귀신은 본래 '형질形質이 없는 존재'로서, 따라서 기氣와는 무관한 것이다. 즉, 귀신은 형상도 없고 소리마저 없는 존재인데, ㉡ 바로 이러한 존재가 넘실넘실 인간들에게 밝게 임하여 낱낱이 굽어 살피고 있으니,[313] 따라서 인간은 비록 홀로 있다 하더라도 참으로 계신공구戒愼恐懼하지 않을 수 없는 것

---

310 『中庸自箴』(『定本 與猶堂全書 6』, p. 253) "[箴曰] ……上帝之體, 無形·無質, 與鬼神同德, 故曰: '鬼神'也."

311 『中庸自箴』(『定本 與猶堂全書 6』, p. 273) "[箴曰] ……○……百神承命, 輔佑化育."; 『中庸講義補』(『定本 與猶堂全書 6』, p. 338) "○[今按] ……上下神·示, 皆受帝命, 保佑萬物, 而王者祭而報之, 無非所以事天."; 『中庸講義補』(『定本 與猶堂全書 6』, p. 384) "○[今案] ……天之明神, 司天·司地, 昭布森列, 以奉天命, 以佑人事."

312 『論語古今注 II』(『定本 與猶堂全書 9』, p. 282) "○[案] ……(無形者之運, 其能不係其體之大小, 故)鬼神爲物, 其體空空然, 視芥子爲太山然, 其本體靈妙, 穿山·透石如過空之鳥, 登天·入地如過隙之馬."

313 『中庸自箴』(『定本 與猶堂全書 6』, p. 232) "[箴曰] ……經曰: '鬼神之爲德, 其盛矣乎! 視之而弗見, 聽之而弗聞, 體物而不可遺. 使天下之人, 齊明承祭, 洋洋乎如在其上, 如在其左右.'【見下章】 不睹·不聞者, 非天而何?"; 『中庸自箴』(『定本 與猶堂全書 6』, p. 253) "[箴曰] ……以其感格·臨照而言之, 故謂之'鬼神'. ……○鬼神之體, 無形·無質, 物之至微者, 無以踰於鬼神也."

이다. ③ 또한, 이러한 귀신의 종류에는 세 가지가 있으니, 즉 '천신天神'·'지기地示[地祇]'·'인귀人鬼'가 바로 그것인데, 그 근본은 하나로서 곧 '귀신'이란 말은 이 세 가지의 통칭에 해당하였다.[314]

둘째, 정약용은 만약 주희처럼 '귀신'을 "천지天地의 공용功用"이니 "조화造化의 흔적痕迹"이니 "이기二氣의 양능良能"[315]이니 엉뚱하게 말하여 이를 단순히 기氣의 내재적 작용으로만 인식하는 것은 결국 귀신이란 존재가 무엇인지도 모르는 무식한 단계를 지나, 귀신 나아가 상제의 덕德[작용력]을 폄하하는 죄악이 되는 엄중한 사안으로 보았다. 그리고 이러한 잘못의 결과적 폐단은 "선왕先王들께서 (天을: 필자 주) 밝게 섬기시던 도道를 후세에 증험할 수 없게 만들었을" 뿐만 아니라, 나아가 인간으로 하여금 "어두운 방에서 자신의 마음을 속이고 방자하게 지내면서도 거리끼는 바가 없도록 함으로써 종신토록 도道를 배우지만 더불어 요堯·순舜의 경지에 들어가지 못하게"[316] 만들었던 것이다.

경학적 입장의 특징⑤: '신독'이란 곧 '하늘을 앎'이자, 또한 '지극한 성'이다

이상에서 살펴본바 인간의 '심心·성性·정情' 및 '천天·귀신鬼神'에 대한 정약

---

314 『中庸講義補』(『定本 與猶堂全書 6』, p. 315) "○[今按] 『周禮』·「大宗伯」所祭鬼神, 厥有三品. 一曰: '天神', 二曰: '地示', 三曰: '人鬼'. 天神者, 昊天上帝, 日·月·星·辰, 司中·司命, 風師·雨師, 是也. 地示者, 社稷·五祀·五嶽·山林·川澤, 是也. 人鬼者, 先王先公先妣之廟, 是也."; 『中庸講義補』(『定本 與猶堂全書 6』, p. 338) "○[今按] 『周禮』·「大宗伯」, 天神·地示, 雖分二類, 萬物一原, 本無二本. 日·月·星·辰·風雨·司命之神, 社稷·五祀·五嶽·山林之神, 都是天之明神. 特其所掌, 有司天·司地之別, 故或云: '天神', 或云: '地示'也. ……上下神·示, 皆受帝命, 保佑萬物, 而王者祭而報之, 無非所以事天. 故曰: '郊祀之禮, 所以事上帝.'"; 『論語古今注 I』(『定本 與猶堂全書 8』, p. 413) "[補曰] 鬼神者, 天神·地示·人鬼之通稱."

315 『中庸章句』, 「第16章」의 註 "程子曰: '鬼神, 天地之功用, 而造化之迹也.' 張子曰: '鬼神者, 二氣之良能也.'"

316 『中庸講義補』(『定本 與猶堂全書 6』, p. 316) "○[今按] ……(安得舍此經文, 別立新義, 或疑爲造化之遺跡, 或疑爲二氣之良能, 歸之於有·無之間, 置之於恍惚之域,) 使先王昭事之典, 無所徵於後世乎? ……暗室欺心, 肆無忌憚, 終身學道, 而不可與入堯·舜之域, (皆於鬼神之說, 有所不明故也.)"

용의 독자적 입장은 연쇄적으로 '신독愼獨' 개념에 대한 재해석으로 이어진다. 첫째, 정약용이 보기에 '신독'이란 단적으로 '하늘을 앎[知天]'이자, 또한 '지극한 성誠[至誠]'이기도 하였다.[317] ① 하늘[上天]의 일은 소리도 없고 냄새도 없어[上天之載, 無聲無臭] 천도天道가 지극히 은미한 듯하지만, 천天, 즉 상제 및 귀신이 항상 자신의 위와 좌우에 밝게 임하시어 낱낱이 굽어 살피시고 있으며, 또한 하늘의 일은 아득히 먼 듯하나 상제와 귀신이 날마다 옥루屋漏에까지 임하시어 굽어 살피시고 있나니, 바로 이러한 사실을 명확하게 인식함이 다름 아닌 '하늘을 앎[知天]'인 것이다. ② 한편, 군자는 이러한 사실을 명확하게 알기 때문에 또한 이미 미발未發의 때부터 "소심小心스레 조심하면서 밝게 상제를 섬기되 항상 신명神明이 옥루屋漏를 굽어보고 계신 듯이 여겨 혹시라도 잘못이 있을까 계신공구戒愼恐懼하며, 혹 과격한 행동은 하지 않을까, 혹 치우친 감정은 싹트지 않을까 두려워하여 그 마음가짐을 지극히 공정하게 하면서 외물外物이 내게 이르름을 기다리"[318]니, 이것이 바로 '신독'[319]인 것이다.

---

317 『中庸自箴』(『定本 與猶堂全書 6』, p. 235) "[箴曰] ……○……愼獨者, 誠也."; 『中庸自箴』(『定本 與猶堂全書 6』, p. 259) "[箴曰] ……知天者, 愼其獨, 愼其獨, 卽誠也."; 『中庸自箴』(『定本 與猶堂全書 6』, p. 276) "[箴曰] 至誠者, 愼獨也."; 『中庸自箴』(『定本 與猶堂全書 6』, p. 278) "[箴曰] 不顯者, 誠也, 愼獨也."

318 『中庸自箴』(『定本 與猶堂全書 6』, pp. 235~236) "[箴曰] ……○……(未發者, 喜·怒·哀·樂之未發, 非心知思慮之未發.) 當此之時, 小心翼翼, 昭事上帝, 常若神明照臨屋漏, 戒愼·恐懼, 惟恐有過, 矯激之行, 偏倚之情, 惟恐有犯, 惟恐有萌, 持其心至平, 處其心至正, 以待外物之至, 斯豈非天下之至中乎?"

319 『中庸自箴』(『定本 與猶堂全書 6』, p. 234) "[箴曰] 隱·微者, 上天之載也. 視之而弗見, 聽之而弗聞, 豈非隱乎?【'鬼神'章】 ……○……不信降監者, 必無以愼其獨矣."; 『中庸自箴』(『定本 與猶堂全書 6』, p. 253) "[箴曰] ……○上天之載, 無聲·無臭, 故曰: '弗見·弗聞'."; 『中庸自箴』(『定本 與猶堂全書 6』, p. 277) "[箴曰] 上天玄遠, 而臨于屋漏, 日監在玆, 則'知遠之近'也. 自起者風, 而主張噓翕, 必有其故,【顯造化之跡, 未有明於風者】 則'知風之自'也.【風者, 物之所以感動也】 天道隱微, 而鳶飛·魚躍, 功化至著, 則'知微之顯'也. 能此三知, 則必愼其獨, 故曰: '可与入德矣'."; 『中庸自箴』(『定本 與猶堂全書 6』, p. 277) "[箴曰] ……天道微而顯, 故君子愼其獨; 愼其獨, 故内省不疚."; 『中庸自箴』(『定本 與猶堂全書 6』, p. 277) "[箴曰] ……天道不動, 而君子不弛其敬, 此'戒愼乎其所不睹'也; 天道不言, 而君子不壞其信. 此'恐懼乎其所不聞'也.【此本胡雲峰之說】"; 『中庸自箴』(『定本 與猶堂全書 6』, p. 278) "[箴曰] ……天道不顯, 而君子戒愼."

둘째, 이처럼 신독이란 '미발시未發時의 중中'과 '이발시已發時의 화和'를 이루는 전제가 되며, 나아가 '중용中庸의 도道'를 이루어 장차 천하에 화육化育의 공功을 성취하는 출발점이 되기도 하나니,[320] 바로 이러한 의미에서 신독이란 결국 만사萬事, 즉 수기修己와 치인治人에 있어 가장 먼저 해야 할 바로서의 '(지至)성誠'이 되기도 한다. 즉, ① 이러한 성誠이란 만사에 있어서 무엇보다 먼저 해야 할 바로서, 단적으로 "물物[意·心·身·家·國·天下: 필자 주]의 시작이자 끝"인지라 곧 이를 통하여 성기成己[修身]도 하고 성물成物[化民]도 하게 되는 것이니, ㉠ 다시 말하자면 곧 "성誠으로써 성의誠意하며 성誠으로써 정심正心하며 성誠으로써 수신修身하며 성誠으로써 제가齊家하며 성誠으로써 치국治國하며 성誠으로써 평천하平天下하는 것"이다. ㉡ 따라서 "불성무물不誠無物[성誠하지 못하면 물物도 없게 된다]"이라는 『중용』에서의 경문 역시 바로 이러한 맥락에서야 비로소 제대로 이해할 수 있게 된다.[321] ② 이에 『대학』과 『중용』에서도 하나같이 성誠을

---

320 『中庸自箴』(『定本 與猶堂全書 6』, p. 236) "[箴曰] ……○……(由是觀之,) 致中, 非愼獨不能也; 致和, 非愼獨不能也; 中庸之道, 非愼獨不能也."; 『中庸自箴』(『定本 與猶堂全書 6』, p. 278) "[箴曰] 愼獨, 則致中·和; 致中·和, 則成位育之功."; 『中庸自箴』(『定本 與猶堂全書 6』, p. 278) "[箴曰] (文王不大聲以色, 惟小心昭事, 使民懷德,) 此愼獨以化育也."

321 『中庸講義補』(『定本 與猶堂全書 6』, pp. 368~369) "○[今案] 物者, 卽『大學』'物有本末'之物也. 終始者, 卽『大學』'事有終始'之終始也. 聖人之學, 不出於成己·成物, 『大學』·『中庸』, 本無二致. ……"; 『中庸講義補』(『定本 與猶堂全書 6』, p. 369) "○[今案] 經文明明以成己·成物爲終·始, 與『大學』之'事有終始', 毫髮不差. 萬物生成之理, 於我何與哉!"; 『大學公議』(『定本 與猶堂全書 6』, p. 93) "○[議曰] ……(然誠之爲物, 貫徹始·終,) 誠以誠意, 誠以正心, 誠以修身, 誠以治家·國, 誠以平天下. 故『中庸』曰: '誠者, 物之終始'也."; 『大學公議』(『定本 與猶堂全書 6』, p. 94) "○[議曰] 『中庸』曰: '誠者, 物之終始', 始者, 成己也; 終者, 成物也. 成己者, 修身也; 成物者, 化民也. 然則修身原以誠意爲首功, 從此入頭, 從此下手, 誠意之前, 又安有二層工夫乎?"; 『大學公議』(『定本 與猶堂全書 6』, p. 104) "誠者, 物之終始."; 『大學公議』(『定本 與猶堂全書 6』, p. 105) "○[議曰] ……不誠無物, 故先言誠意, 包括意·心·身·家·國·天下, 一歸之於誠意. 繼引「淇奧」·「烈文」之詩, 以明誠意之功, 可以自修, 可以化民, 皆可以止於至善."; 『大學公議』(『定本 與猶堂全書 6』, p. 105) "○[議曰] ……○……誠之爲物, 包括'意·心·身'三字, ……"; 『大學公議』(『定本 與猶堂全書 6』, p. 106) "○[議曰] ……至誠積於中, 而威儀著於外. 積中, 所以自修也; 著外, 所以化民也. 誠之能成己·成物, 其至理在此, 何得曰: '簡策有錯'乎?"; 『大學講義』(『定本 與猶堂全書 6』, p. 150) "鏞曰: '誠意, 不獨爲正心之本. 修·齊·治·平,

첫 번째 공부로 삼았던 것[322]이며, 또한 이것이 바로 『대학』과 『중용』의 총의總義[323]이자 올바른 가르침이기도 하였다.[324]

마지막으로, 정약용이 보기에 사실이 엄연히 이러함에도, 한번 '천天'이 형체도 그림자도 없고 '텅 비고 고요하여 아무런 조짐도 없는[沖漠無朕] 이理'로 변질되고, 또한 '미발未發'이 '심지사려心知思慮의 미발未發'로 오도되자, '신독'이란 것 역시 결국에는 아무런 형체도 조짐도 없는 그 무엇을 공연히 두려워하는 우스꽝스러운 마음의 병[心疾]으로 전락하기에 이르렀다. 이에 배우는 자가 종신토록 두려워하는 마음을 구하고자 하지만 끝내는 잠깐 동안의 두려워하는 마음도 얻을 수 없게 되니, 결과적으로 즐거워하는 자들이란 곧 거리낌 없이 방자한 소인배뿐이었다.[325]

경학적 입장의 특징⑥: '중'이란 '신독의 결과로 성취한 지극한 선'이요, '용'이란 '항상됨이 있어 쉼이 없는 상태'이다

끝으로, 상기한 바의 '신독愼獨' 개념에 대한 정약용의 새로운 이해와 해석은 또다시 연쇄적으로 '중中·용庸' 개념에 대한 재해석으로 이어진다. 우선, 주희가 보기에 첫째, '중·용'에서의 ① '중中'이란 "편벽되지 않고 치우치지 아니하여 지나침이나 미치지 못함이 없는 것[不偏不倚, 無過不及]"이자 "천하의 정도正道"로서, 미발시未發時의 중中, 이발시已發時의 화和라는 성性·정情의 덕德을 겸하고 있다면, ② 한편 '용庸'이란 "평상平常의 이치理

莫不以「誠意」二字成始·成終. ……"

322 『中庸自箴』(『定本 與猶堂全書 6』, p. 262) "[箴曰] ……誠者, 萬事之所豫也. ……誠者, 萬事之所豫也. 『大學』·『中庸』, 皆以'誠'字, 爲首功."

323 『中庸自箴』(『定本 與猶堂全書 6』, p. 262) "[箴曰] '豫則立'三字, 『中庸』·『大學』之總義也."

324 보다 자세한 내용은 앞에 나온 【그림 2-1-3】이 참조된다.

325 『中庸講義補』(『定本 與猶堂全書 6』, p. 288) "○[今按] ……(由前之說, 則)事物未形, 兆朕未著, 無故戒恐, 或近心疾. (於斯二者, 兩無確據. 以此求畏,) 誠恐終身求畏, 而卒不得斯須之恐懼也. 小人之無忌憚, 正坐此病."

致"이자 "천하의 정리定理"에 해당하였다.[326]

둘째, 이로써 주희는 '중·용'이란 개념을 이기론적理氣論的 도식에 입각하여 매우 일반적이고도 추상적으로 해석하고 있는 셈인바, 즉 ① '중·용'이란 덕德은 의義에 정긴精緊하고 인仁에 익숙하여 털끝만한 인욕人欲의 사사로움도 없으면서 동시에 때에 맞추어 중中에 처할 수 있는[隨時以處中] 군자君子만이 체행體行할 수 있는 것이니, 이는 곧 공자孔子와 같은 성인聖人의 덕德이기도 하다. ② 그리고 바로 이러한 이유 때문에 결국 보통 사람 가운데서는 이에 능한 자가 적은 것이다.[327]

한편, 정약용이 보기에, 첫째, 이상과 같은 주희의 '중中·용庸'에 대한 설명은 그 자체의 논리 속에 기본적으로 구체적인 실천성을 저해하는 요인들, 즉 '심지사려心知思慮의 미발未發'로서의 미발未發, '이理'로서의 천天, 일종의 마음의 병[心疾]으로 전락한 신독愼獨, 노老·불佛의 관념적 요소 등이 전제·개재됨으로 하여 이미 그 정확한 이해를 그르치고 있었다. 이에 ① 정약용은 '중中'과 관련하여, ㉠ 그 개념을 규정함에 있어 주희의 "편벽되지 않고 치우치지 아니하여 지나침이나 미치지 못함이 없는 것[不偏不倚, 無過不及]"이라는 용어를 일단 그대로 수용하기는 하지만,[328]

---

326 『中庸章句』, 頭註, "中者, 不偏不倚·無過不及之名. 庸, 平常也. 子程子曰: '不偏之謂中, 不易之謂庸. 中者, 天下之正道; 庸者, 天下之定理.'"; 『中庸章句』, 「第2章」의 註 "中庸者, 不偏不倚·無過不及, 而平常之理, 乃天命所當然, 精微之極致也. ……○……蓋中無定體, 隨時而在, 是乃平常之理也."; 『中庸章句』, 「第3章」의 註 "○過則失中, 不及則未至, 故惟中庸之德爲至."; 『中庸章句』, 「第13章」의 註 "○……庸, 平常也."

327 『中庸章句』, 「第2章」의 註 "唯君子爲能體之, 小人反是. ……○君子之所以爲中庸者, 以其有君子之德, 而又能隨時以處中也. 小人之所以反中庸者, 以其有小人之心, 而又無所忌憚也."; 『中庸章句』, 「第3章」의 註 "○過則失中, 不及則未至. 故惟中庸之德爲至. 然亦人所同得, 初無難事, 但世敎衰, 民不興行, 故鮮能之, 今已久矣."; 『中庸章句』, 「第9章」의 註 "至於中庸, 雖若易能. 然非義精·仁熟而無一毫人欲之私者, 不能及也. 三者[知·仁·勇을 이름: 필자 주]難而易, 中庸易而難. 此民之所以鮮能也."; 『中庸章句』, 「第10章」의 註 "此則所謂中庸之不可能者, 非有以自勝其人欲之私, 不能擇而守也."; 『中庸章句』, 「第11章」의 註 "此中庸之成德, 知之盡, 仁之至, 不賴勇而裕如者, 正吾夫子之事, 而猶不自居也. 故曰: '唯聖者能之'而已."

328 『中庸自箴』(『定本 與猶堂全書 6』, p. 238) "[箴曰] 中者, 不偏不倚·無過不及也."; 『中庸講義補』(『定本 與猶堂全書 6』, p. 289) "○[今按] ……○……中也者, 不偏·不倚之

㉡ 동시에 그는 '중中'이란 곧 '미발未發의 중中'·'이발已發의 화和'이자 '성誠'으로서, 이는 모두 신독의 결과로 성취된 덕德이자 구체적인 실천의 결과 비로소 성립된 사공事功으로서의 "지극한 선善"[329]인바, 또한 이러한 의미에서 "성인聖人의 지극한 공功"[330]이기도 하다고 봄으로써 그 의미를 주희와는 사뭇 다르게 인식하는 한편, ㉢ 나아가 이러한 "중中은 모든 사물에 각각 소재하는 지극히 정당한 도리道理"이기 때문에 '집중執中' 역시 단순히 기계적으로 양극단의 중간을 취하는 것과는 준별되어야 하며, 이는 또한 상황의 변화에도 불구하고 중中의 상태를 잃지 않는 것임을 강조하기도 하였다.[331] ② 한편, 정약용은 '용庸'과 관련하여 이를 '평

名."; 『中庸講義補』(『定本 與猶堂全書 6』, p. 293) "○[今按] ……中也者, 不偏·不倚之名."; 『尙書古訓 I』(『定本 與猶堂全書 11』, p. 232) "○[案] ……不偏不倚·無過不及者, 中·和之德也."; 『尙書古訓 II』(『定本 與猶堂全書 12』, p. 278) "○[訂曰] ……直而溫·寬而栗·剛而無虐·簡而無傲, 不偏不倚·無過不及, 喜·怒·哀·樂發而中節者, 中·和之德也."

329 『中庸自箴』(『定本 與猶堂全書 6』, p. 244) "[箴曰] ……中者, 至善之所在也. ……○……善者, 得中之論也."; 『中庸自箴』(『定本 與猶堂全書 6』, p. 251) "[箴曰] ……○……今日富貴而明日貧賤, 不失此中·和; 今日夷狄而明日患難, 不失此中·和, 則中而庸也."; 『中庸自箴』(『定本 與猶堂全書 6』, p. 271) "[箴曰] ……中者, 至善之所在也."; 『中庸講義補』(『定本 與猶堂全書 6』, pp. 289~290) "○[今按] ……○……中也者, 不偏·不倚之名. 此須用力執中者, 乃得推致, 豈烝民之所同有乎? ……中也者, 誠也. 愼獨而後爲至誠, 至誠而後能致中, 豈衆人之所有乎?"; 『中庸講義補』(『定本 與猶堂全書 6』, p. 298) "○[今案] ……中者, 中·和也. ……未發而執中, 旣發而中節, 則'中·和'二字, 合之爲'中'一字, 未爲不可."; 『心經密驗』(『定本 與猶堂全書 6』, pp. 209~210) "○[案] ……必其未發之時, 秉心至平, 執德至固, 不失中正之體, 然後猝遇可喜·可怒·可哀·可樂之事, 其所以應之者, 能發而中節. 故曰: '中', 曰: '和', 皆得爲位天地·育萬物之大德. 此惟愼獨[德]之君子, 能有是德."; 『心經密驗』(『定本 與猶堂全書 6』, pp. 215~216) "○[案] ……若將自己家中, 種種諸事, 求所以篤於人倫, 求所以盡其本分, 不患其爲中所亂矣. 再將古經深文, 參互衆說, 求其正旨, 不患其爲中所亂矣."; 『尙書古訓 I』(『定本 與猶堂全書 11』, p. 232) "○[案] ……不偏不倚, 無過不及者, 中·和之德也. 皐陶九德之目, 中·和之細列也; 典樂四言之戒, 中·和之要領也."; 『尙書古訓 II』(『定本 與猶堂全書 12』, p. 269) "○[論曰] ……喜·怒·哀·樂, 發而中節者, 九德之中·和也."; 『尙書古訓 II』(『定本 與猶堂全書 12』, p. 278) "○[訂曰] 『中庸』之敎, '中·和·祇·庸'也. 直而溫·寬而栗·剛而無虐·簡而無傲, 不偏不倚·無過不及, 喜·怒·哀·樂發而中節者, 中·和之德也."

330 『中庸講義補』(『定本 與猶堂全書 6』, p. 292) "○[臣對曰] ……中者, 聖人之極功也. 無工夫而致極功, 有是理乎? 聖人以愼獨治心, 已到十分地頭, 特不遇事物, 未有發用, 當此之時, 謂之'中'也."

331 『心經密驗』(『定本 與猶堂全書 6』, p. 201) "○[案] ……中者, 於凡事物之上, 各有至極

상平常의 이理'로 해석한 주희의 입장 또한 이해하기 힘들었다. ㉠ 만약 주희처럼 '지극한 덕[至德]'을 일컬어 '평상의 이理'라고 한다면, ㉮ 결국 성인聖人이 천하의 모든 사람을 평상의 궤도로 인도하여 더러운 세속과 야합하게 만드는 꼴이 되니, 이는 기본적으로 입교立敎의 본지와 논리상 맞지 않는 것이었다.[332] ㉯ 더욱이 '평상'이란 용어는 원래 불가佛家에서 유래한 것으로 고경古經에는 애초부터 없는 말[333]이요, 나아가 이를 '형이상의 이理'로 개념화한 것 역시 마땅한 것이 아니었다.[334] ㉡ 바로 이러한 이유에서 정약용은 '용庸'이란 곧 신독의 결과로 성취한 '지극한 선善', 즉 '중中·화和'의 덕德을 지님에 "항상됨이 있어[有常]" "쉼이 없는[無息]" 상태[335]로 봄으로써 실천 지향의 맥락에서 간명하게 해석했던 것이다.

正當底道理者也. 若就人心·道心, 求其中而執之, 則必天理·人欲, 相雜相糅, 爲半是半非之義, 然後乃爲執中."; 『梅氏書平』(『定本 與猶堂全書 13』, p. 157) "○[平曰] 執中之學, 源流遠矣. 然執中者, 執守其中·和之德, 庸久不釋, 如直而溫·寬而栗. 又能固執不變, 則執中也."

332 『中庸自箴』(『定本 與猶堂全書 6』, p. 238) "[箴曰] ……惟'庸'字之義, 未有明解. 若云: '平常之理', 則聖人以平常之理, 名曰: '至德', 亦恐未然."; 『中庸講義補』(『定本 與猶堂全書 6』, pp. 296~297) "○[今按] '平常之理', 最難分別. 世之人, 方且以流俗習狃之事, 謂之'平常之理', 一聞性道之說, 方且愕然以爲反常違俗. 聖人於此, 又以平常之理, 立之爲標榜, 率天下而納乎平常之軌, 其孰不同乎流俗, 合乎汚世以習其鄕愿之行哉! ……平常, 烏足以爲至德哉! 故求賢選德, 必以非常·不常·異常·超常之士爲準, 況可以平常爲敎哉! ……由是觀之, 庸也者, 恒常也, 經常也, 豈'平常'之謂乎! 總之, 中·庸者, 天下第一等義理, 若謂之'平常之理', 則後世所謂'卑之無甚高論', 不幸近之, 必非立敎之本旨."; 『心經密驗』(『定本 與猶堂全書 6』, p. 220) "○[案] 今人欲成聖而不能者, 厥有三端. 一認'天'爲'理', 二[一]認'仁'爲'生物之理', 三認'庸'爲'平常'."

333 『中庸講義補』(『定本 與猶堂全書 6』, p. 297) "○[今按] ……惟佛書『指月錄』, 稱趙州和尙參于南泉, 問曰: '如何是道?' 泉曰: '平常心是道.' 古經無此說也."

334 『中庸講義補』(『定本 與猶堂全書 6』, p. 297) "○[今按] ……'理'字, 亦恐未安."

335 『中庸自箴』(『定本 與猶堂全書 6』, p. 232) "[箴曰] ……○不須臾離, 則庸也."; 『中庸自箴』(『定本 與猶堂全書 6』, pp. 240~241) "[箴曰] ……其秉德不能有常, 此之謂'反中庸'."; 『中庸自箴』(『定本 與猶堂全書 6』, p. 241) "[箴曰] 庸之爲字, 原是有常之意, (故君子進德修業, 以能久爲貴.)"; 『中庸自箴』(『定本 與猶堂全書 6』, p. 244) "○[箴曰] ……○('不能期月守'者, 言不能有常也.) 然旣不能有常, 則'庸'與'中'俱亡矣.【'期月'屬'庸'字, '守'屬'中'字】"; 『中庸自箴』(『定本 與猶堂全書 6』, p. 245) "[箴曰] (顔子每遇一事, 商度義理, 陳列衆善, 擇執其第一等義理, 堅守不失, 如不遷怒·不改樂,) 皆中·和之有常者也."; 『中庸自箴』(『定本 與猶堂全書 6』, pp. 246~247) "○[箴曰] ……○……不流·不倚, 不可但作得中說, 乃是旣中而又能久也, 此之謂'中庸'."; 『中庸自箴』(『定本 與猶堂全書 6』,

둘째, 정약용은 결국 이상과 같은 '중中·용庸'의 의미[336]는 요堯·순舜 이래 성인聖人과 성인께서 서로 전수해오신 은밀한 뜻이자 요긴한 말씀으로서, 그 연원은 다름 아닌 『서경書經』의 「요전堯典」편과 「고요모皐陶謨」편에 있다고 보았다. 왜냐하면, ① 「요전」편에 나오는 "전악典樂의 사언四言의 경계[直而溫·寬而栗·剛而無虐·簡而無傲: 필자 주]란 곧 중中·화和의 요령要領"으로서, 곧 "편벽되지 않고 치우치지 아니하여 지나침이나 미치지 못함이

---

p. 251) "[箴曰] ……○……庸者, 常然也."; 『中庸自箴』(『定本 與猶堂全書 6』, p. 252) "[箴曰] ……○……居上·居下, 無時不然, 庸之至也.【庸者, 有常也】"; 『中庸自箴』(『定本 與猶堂全書 6』, p. 263) "[箴曰] ……○……久者, 庸也."; 『中庸自箴』(『定本 與猶堂全書 6』, p. 267) "[箴曰] 至誠者, 中·和也; 無息者, 庸也. ……無息, 非庸乎?"; 『中庸自箴』(『定本 與猶堂全書 6』, pp. 267~268) "[箴曰] ……悠遠者, 庸之極也."; 『中庸自箴』(『定本 與猶堂全書 6』, p. 268) "[箴曰] (此節, 明)中庸之道, 本於天道, 故能悠久."; 『中庸自箴』(『定本 與猶堂全書 6』, p. 268) "[箴曰] '於穆不已'者, 庸也."; 『中庸講義補』(『定本 與猶堂全書 6』, p. 297) "○[今按] ……庸也者, 恒常也, 經常也, 豈'平常'之謂乎! ……況中庸者, 秉德也, 行事也."; 『中庸講義補』(『定本 與猶堂全書 6』, p. 298) "○[今案] ……庸者, 有常也."; 『中庸講義補』(『定本 與猶堂全書 6』, p. 373) "○[今案] ……無間斷者, 庸也."; 『心經密驗』(『定本 與猶堂全書 6』, p. 220) "○[案] ……若愼獨以事天, 强恕以求仁, 又能恒久而不息, 斯聖人矣."; 『尙書古訓 I』(『定本 與猶堂全書 11』, p. 248) "○[鏞案] ……『中庸』曰: '道不可須臾離', 庸也. 曰: '民鮮能久矣', 能久則庸也. 曰: '不能期月守', 能久則庸也. 曰: '得一善, 拳拳服膺而弗失之', 庸也. 通觀上下, 皆以有常爲持德之要, 其大源在是也."; 『尙書古訓 I』(『定本 與猶堂全書 11』, p. 249) "○[鏞案] ……庸也, 有常也."; 『尙書古訓 II』(『定本 與猶堂全書 12』, p. 149) "○[補云] '庸庸'者, 秉德有常也.【卽『中庸』之'能久'】"; 『尙書古訓 II』(『定本 與猶堂全書 12』, p. 269) "○[論曰] ……須臾不離, 持守於强矯悠久之業者, (祇)庸之古義也."; 『尙書古訓 II』(『定本 與猶堂全書 12』, p. 278) "○[訂曰] 『中庸』之敎, '中·和·祇·庸'也. ……道不可須臾離, 庸也. 民鮮能久矣, 庸也.【鄭云: '人不能久行'】擇乎中庸而不能期月守, 庸也. 拳拳服膺而弗失之, 庸也. 國有道不變, 國無道不變, 庸也. 庸德之行, 庸言之謹, 庸也. 無入而不自得, 庸也. 擇善而固執之, 庸也. 至誠無息, 不息則久, 久則悠遠, 庸也. 維天之命, 於穆不已, 文王之德, 純亦不已, 庸也."

한편, 이상과 같은 정약용의 주장은 주희朱熹뿐만이 아니라 육구연陸九淵[象山, 1139~1193: 中國 南宋의 학자]에 대한 비판 또한 함축하는 것이기도 하였다. 즉, 정약용은 다음과 같이 말한 바 있다: "육상산陸象山은 ……'인仁'자를 잘못 인식하였고, '서恕'자를 잘못 이해했으며, '단端'을 말단末端으로 인식하였고 '용庸'을 평상平常이라 이해했으니, 장차 어떻게 힘써 행하고 실천할 수 있겠는가?(○[案] ……陸象山, ……認'仁'字誤, 認'恕'字誤, 認'端'爲末, 認'庸'爲平, 將何以力行而實踐哉?)" 『心經密驗』(『定本 與猶堂全書 6』, p. 222)

336 『心經密驗』(『定本 與猶堂全書 6』, p. 218) "○[案] 中者, 至善也; 庸者, 能久也. 至善而能久, 則'中·庸'也."

없는 것이 중中·화和의 덕이 되”는바, 이러한 덕이 “몸에 드러나 시종 항상됨이 있으며[彰厥有常] 오래도록 중中을 지킬 수 있다면 ‘중中·용庸’의 성덕成德이 되”337기 때문이요, ② 또한, 「고요모」편에 나오는 “구덕九德[寬而栗·柔而立·愿而恭·亂而敬·擾而毅·直而溫·簡而廉·剛而塞·彊而義: 필자 주]”이란 “중中·화和의 상세한 나열”로서, 역시 ‘중中’을 말하는 것이라면, 또한 ‘항상됨이 있음[有常]’이란 다름 아닌 ‘용庸’이 되기 때문이었다.338

3. 후기 『중용』 관계저술

「자찬묘지명【집중본】」에서의 『중용』 관련부분의 구성과 내용

끝으로 ‘정약용의 후기 『중용』 관계저술’로는 「자찬묘지명自撰墓誌銘【집중본集中本】」[61세]에서의 『중용』과 관련된 부분이 있다. 그 내용은 모두 ‘7개의 항목’으로 이루어져 있는데, ① ‘중용中庸’의 원의原義, ② ‘부도不睹[보지 못하는 바]·불문不聞[듣지 못하는 바]’과 ‘은隱·미微’[『中庸章句』「第1章」]의 의미, ③ ‘희·로·애·락지미발喜·怒·哀·樂之未發’[「第1章」]의 원의, ④ ‘고확罟擭[그물과 덫]·함정陷阱[구덩이]’[「第7章」]의 함의, ⑤ ‘소은素隱’[「第11章」]—주희는 ‘색은’이라고 읽으나 정약용은 글자대로 ‘소은’이라고 읽음—의 의미, ⑥ ‘개이지改而止[잘못을 고치면

---

337 『尙書古訓 I』(『定本 與猶堂全書 11』, p. 232) “○[案] ……不偏不倚, 無過不及者, 中·和之德也. 皐陶九德之目, 中·和之細列也; 典樂四言之戒, 中·和之要領也. ……彰厥有常, 能於久中, 則‘中·庸’之成德也.”; 『尙書古訓 II』(『定本 與猶堂全書 12』, p. 277) “○[補云] 九德有常, 則中庸之人也. 皐陶陳九德之目, 繼之曰: ‘彰厥有常, 吉哉!’”
한편, 상기한바 ‘전악典樂의 사언四言의 경계’는 채침蔡沈[九峯, 1167~1230: 中國 南宋의 학자]의 『서경집전書經集傳』에는 「순전舜典」편에 나온다. 그런데 정약용은 매색梅賾[字는 仲眞, ?~?: 中國 東晉의 학자]이 『서경』을 위작僞作하면서 「요전堯典」편을 둘로 나누어 「순전」편을 만들었다고 보기 때문에 그 출전을 여전히 「요전」편으로 표기하고 있다.

338 『中庸自箴』(『定本 與猶堂全書 6』, p. 239) “[箴曰] ……○……今案「皐陶謨」, 皐陶陳九德之目, 其一曰: ‘寬而栗’, 夫不偏於寬而濟之以栗, 則中也. ……要皆不偏於此而兼之如彼之意,【詳見余『尙書』說, 今不細論】 末乃結之曰: ‘彰厥有常, 吉哉!’ 則九德者, 中也; 有常者, 庸也. ‘中·庸’二字, 其非堯·舜以來聖聖相傳之密旨·要言乎?”; 『尙書古訓 I』(『定本 與猶堂全書 11』, p. 248) “○[鏞案] ……九德, 皆欲執中而不偏, 所謂‘中·和之敎’也.”

그친다]'와 '강서强恕[恕를 힘써 행하다]'[「第13章」]의 원의, ⑦ 『서경書經』「대우모大禹謨」편의 경문經文 "인심유위, 도심유미, 유정유일, 윤집궐중人心惟危, 道心惟微, 惟精惟一, 允執厥中[인심人心은 위태롭고 도심道心은 은미隱微하니, 정밀精密하게 하고 한결같이 하여야 진실로 그 중中을 잡을 수 있다]"이라는 이른바 '16자 심법心法'에 대한 문헌고증과 '집중執中'의 의미[「中庸章句序」]에 대한 이해문제가 바로 그것이다.

물론 이상의 각 항목 및 그 구체적인 내용은 정약용이 보기에 『중용』의 내용 가운데서 가장 핵심적인 것으로 생각했던 바를 발췌·요약한 것으로서, 비록 『중용강의보中庸講義補』나 『중용자잠中庸自箴』과 비교하여 새로운 견해는 찾아볼 수 없으나, 그럼에도 그의 최종적인 『중용』 해석방향과 『중용』관의 요체를 함축적으로 보여주고 있다는 점에서 매우 중요한 경학적 의미를 가지는 것으로 판단된다.[339] 그러면 지금부터 정약용의 중·후기 경학적 입장과 관련하여 앞에서 이미 설명한 부분을 제외한 여타 항목이 함축하고 있는 경학적 의미를 차례대로 살펴보기로 하자.

경학적 입장의 특징①: '부도·불문'이란 각각 '천의 체'와 '천의 소리'를 의미한다면, '은·미'란 '하늘의 일'을 가리킨다

우선, 정약용은 '부도不睹[보지 못하는 바]·불문不聞[듣지 못하는 바]'과 '은隱·미微'의 의미와 관련하여 독자적인 해석을 제기한 바 있다. 즉, ① 그는 '부도不睹·불문不聞'이 각각 '천天의 체體'와 '천天의 소리'를 의미한다면, ② '은隱·미微'란 곧 '하늘[上天]의 일[載]'을 가리킨다[340]고 주장한 바 있다.

---

339 정병련鄭炳連은 「자찬묘지명自撰墓誌銘【집중본集中本】」에 실려 있는 『중용』 관련부분이 정약용의 『중용』 경학의 전체적 요지를 요령 있게 간추리지 못하고 있다고 평가하고 있는데, 이는 명백히 재고의 여지를 가진다. 이에 대한 보다 자세한 내용은 鄭炳連(1994: 446)이 참조된다.

340 『中庸自箴』(『定本 與猶堂全書 6』, p. 232) "[箴曰] 所不睹者, 何也? 天之體也; 所不聞者, 何也? 天之聲也."; 『中庸自箴』(『定本 與猶堂全書 6』, p. 234) "[箴曰] 隱·微者, 上天之載也. 視之而弗見, 聽之而弗聞, 豈非隱乎?【'鬼神'章】 '語其小則天下莫能破焉', 豈非微

둘째, 이상과 같이 일견 사소해 보이는 정약용의 해석 또한 기실 그 이면에는 상기한바 '천天'과 '귀신鬼神' 및 '신독愼獨' 개념에 대한 그의 독자적인 견해를 포괄적으로 함축하고 있는, 그리고 이를 바탕으로 해서만 비로소 가능했던 중요한 경학적 사안 가운데 하나라고 하겠다.

경학적 입장의 특징②: "성인께서는 계신공구하시는 가운데, 악에 빠지는 것을 마치 몸이 고확과 함정에 빠지는 듯이 여기신다"

다음으로, 정약용은 '고확罟擭[그물과 덫]·함정陷阱[구덩이]'의 함의에 대해서 "성인聖人께서는 계신공구戒愼恐懼하시는 가운데, 악惡에 빠지는 것을 마치 몸이 고확과 함정에 빠지는 듯이 여기신다. 그렇기 때문에 항상 신독愼獨하고 중中을 잡아[執中] 이를 지키고 잃지 않으심으로써 화禍를 피하시는 것이다. 반면에 소인小人은 천명天命을 알지 못하므로 이를 두려워하지도 않는다. 그렇기 때문에 자신의 하찮은 지혜를 믿고 남몰래 자부하면서 온갖 방탕과 사치를 행하지 않음이 없으면서도 스스로는 천하의 모든 일에 모르는 바가 없다고 생각한다. 그러나 유독 자신의 몸이 바야흐로 쫓기게 되어 장차 고확과 함정 속으로 빠져들게 될 것은 알지 못하니, 바로 이 점을 성인께서는 민망하게 여기셨던 것이다"341 라고 설명했던바, 결국 이를 통해서도 그는 자신의 '신독愼獨'과 '중용中庸'에 대한 독자적인 입장을 함축적으로 전제·표명하고 있다.

乎?【'費隱'章】 '使普天之下, 齊明承祭, 洋洋乎如在其上, 如在其左右', 莫見乎隱也.【'鬼神'章】 發育萬物, 使鳶飛戾天·魚躍于淵, 以顯其造化之跡, 莫顯乎微也.【'費隱'章】"

341 『中庸自箴』(『定本 與猶堂全書 6』, p. 244) "○[箴曰] 聖人戒愼·恐懼, 其視陷惡, 直以爲納身於罟擭·陷阱之中. 故愼獨執中, 恒守不失, 以辟其禍. 小人不知天命而不畏也. 故任其小智, 竊竊自負, 放辟·邪侈, 無所不爲, 自以爲天下之事, 無所不知, 而獨不知自己之身方被驅迫, 將以納諸罟擭·陷阱之中. 此聖人之所愍也."

경학적 입장의 특징③: "소은이란 아무런 까닭 없이 은거하는 것이다"

또한, 정약용은 '소은素隱'의 의미와 관련해서도 첫째, "소은이란 아무런 까닭 없이 은거하는 것이다. 군자君子가 이름을 감추고 은거하는 일은 반드시 만부득이한 연유가 있은 뒤에라야 중中·화和의 뜻에 부합되는 것"[342]이라 해석하는 가운데, 특히 주희가 '소은素隱'에서의 '소素'자를 '색索'—'찾다'의 뜻—자로 보면서 "깊이 은벽隱僻한 이치를 찾는 것"[343]으로 설명하는 입장을 거부하고 있다.

둘째, 이와 같은 정약용의 해석은 특히 당시 조선사회의 대다수 유자儒者들이 보여주었던 일반적인 학문적 행태에 대한 그 자신의 비판적 문제의식을 경전해석에 적극 투사시킨 사례 중의 하나로서,[344] 이 역시

342 『中庸自箴』(『定本 與猶堂全書 6』, p. 247) "[箴曰] 素隱者, 無故而隱居也. 君子之藏名·隱居, 必有甚不得已之故, 然後乃合中·和之義."

343 『中庸章句』, 「第11章」의 註 "素, 按『漢書』當作'索', 蓋字之誤也. 素隱·行怪, 言: '深求隱僻之理而過爲詭異之行也.'"

344 정약용은 다음과 같이 말한 바 있다: "오늘날 이른바 학자라고 하는 이들은 깨끗하고 평화로운 세상에 살면서도 오히려 산 속으로 숨어들어 은인隱人의 복장을 하고 묵좌정존黙坐靜存하는 공부로 소일하면서, 임금이 불러도 나아가지 않고 백성이 곤궁한 처지에 있어도 구제하려 들지 않는다. 관직에 주의注擬하여 직책을 맡김에 있어서도 군대軍隊·빈객賓客·재부財賦·옥송獄訟 등의 직책에 제수되면, 대신大臣들은 예禮가 아니라고 탄핵하고 언관言官들은 어진 이를 업신여긴다고 공격하면서, 오직 경연經筵에서 시강侍講하는 직책에 대해서만 마땅한 자리라고 지적할 따름이다. 조정에서는 그를 도사道士로 우대하고, 도성의 백성은 그를 선망하여 이인異人으로 여기며, 설령 지위가 공경公卿과 재상宰相에 이르러도 오히려 '산림山林'이라고 칭한다. 이에 그 까닭을 궁구해보니, 대개 학술이 옛날과 크게 다르기 때문이다. 옛날의 학문은 힘쓰는 바가 일을 행하는 데[行事] 있어서 일을 행하는 것으로 마음도 다스렸는데, 지금의 학문은 힘쓰는 것이 마음을 기르는 데[養心]에 있어서 마음을 기르다가 결국에는 일[事]까지 폐하게 되었다. 자기 한 몸 선하게 하는 데는 지금의 학문도 괜찮겠지만, 천하를 아울러 구제함에 있어서는 옛날의 학문이라야 가능하다. 이 또한 불가불 알아야 할 점이다.(○[鏞案] ……今之所謂學者, 淸平之世, 遯入山林, 山巾野服, 黙坐靜存, 君召不赴, 民困不救. 其注官而任職也, 授之以軍旅·賓客·財賦·獄訟之任, 則大臣彈之以非禮, 言官擊之以慢賢, 惟經筵侍講之職, 指爲當窠. 朝廷待之以道士, 都民望之爲異人, 位至卿·相, 猶稱: '山林'. 苟究其故, 蓋其學術, 大與古異. 古學用力在行事, 而以行事爲治心; 今學用力在養心, 而養心至廢事故也. 欲獨善其身者, 今學亦好; 欲兼濟天下者, 古學乃可. 此又不可以不知也.)" 『孟子要義』(『定本 與猶堂全書 7』, pp. 205~206)

그의 경학적 입장이 내포한바 강렬한 '실천 지향성'을 잘 표현하고 있는 부분이라 하겠다.

경학적 입장의 특징④: '개이지'와 '강서'란 모두 "내가 다른 사람에게서 바라는 것으로써 남을 섬기는 것"이니, 곧 "자수를 위주로 하여 자기의 선을 실행하는 것"을 의미한다

이어, 정약용은 '개이지改而止[잘못을 고치면 그친다]'와 '강서强恕[恕를 힘써 행하다]'의 원의에 대해서도 "개이지란 (원래의: 필자 주) 도끼자루를 가지고 (깍을: 필자 주) 도끼자루를 견주어 보아 (후자가: 필자 주) 더 길면 짧게 고치고 짧으면 길게 하며 크면 작게 고치고 작으면 크게 하여, 결국 원래의 도끼자루와 같아진 다음에야 그만둔다"는 뜻이요, 한편 "사람들의 강서라는 것도 또한 이와 같으니, 다른 사람들로 하여금 그들의 잘못을 고치게 하는 것을 말함이 아니다"[345]라고 설명하고 있는데, 이 역시 일견 단순한 진술로 보이지만 기실 주희의 '충忠·서恕' 개념에 대한 총체적인 비판과 거부를 함축하고 있는 중요한 경학적 사안 가운데 하나이다.

우선, 주희는 '이체기용론理體氣用論'의 세계관적 도식에 따라 첫째, '충忠·서恕'를 '도道의 체體'에 해당하는 '일본一本[一理]'으로 보면서 이를 또한 '도道의 용用'에 해당하는 '만수萬殊'와 구분하는 가운데, 다시금 이러한 '충忠'과 '서恕'를 각각 '일본一本[一理]'에서의 '체體'와 '용用'에 해당하는 것으로 구분한 바 있다.

또한, 이외에 「五學論 1」(『定本 與猶堂全書 2』, pp. 295~298), 「職官論 1」(『定本 與猶堂全書 2』, pp. 275~277), 「職官論 2」(『定本 與猶堂全書 2』, pp. 277~278)도 참조된다.

345 『中庸自箴』(『定本 與猶堂全書 6』, pp. 250~251) "[箴曰] ……○'以人治人'者, 所求乎人, 以事人也. 我之所以事人者, 与我之所以求於人者不同, 則改我之所爲而后已. 此所謂'改而止'也. '執柯以伐柯'者, 新柯與舊柯不同, 則或改而長之, 或改而短之, 或改而大之, 或改而小之, 必新舊相準而后止. '以人治人', 亦猶是也."; 「自撰墓誌銘【集中本】」(『定本 與猶堂全書 3』, p. 276) "曰: '「改而止」者, 以柯視柯, 長則改之, 短則改之, 大則改之, 小則改之, 期同乎舊柯而后止焉. 人之强恕, 亦猶是, 非「使人改過」之謂也.'"

둘째, 주희는 이러한 구분을 전제하면서 '충忠'과 '서恕'의 개념에 대해 각각 정의하고 있는바, 즉 ① '충'이란 "자신의 마음을 다하는 것[盡己]"이자 "자신으로써 남에게 미치는 것[以己及物]"으로서의 '인仁'과 같은 개념으로서 "사망詐妄함이 없는 상태[無妄]"를 말하는 것이라면, ② 반면 '서'란 "자신의 마음을 미루어 헤아리는 것[推己]"이자 "자기 마음을 미루어 남에게까지 미치는 것[推己及物]"으로서 곧 "충忠을 이행하는 것[所以行乎忠]"으로 설명하고 있다.[346]

한편, 정약용이 보기에 '충忠·서恕'에 대한 이상과 같은 주희의 일견 심오한 설명은 기실 잘못된 것이었다. 첫째, '충·서'란 글자 그대로 "중심中心으로 서恕를 행하는 것"으로서, 다름 아닌 '서恕'일 뿐이었다. ① "공자孔子께서 본래 '일이관지一以貫之[하나로써 꿰뚫는다]'라고 말씀하셨는데 증자曾子가 이에 '충·서'라는 두 글자로 설명했기 때문에, 학자들은 충과 서가 하나의 일이 아닐 것이라고 의심하게 되었던 것이다. ㉠ 그러나 『중용中庸』에서는 '충·서는 도道와 멀지 않으니[忠恕違道不遠]'라고 말하였고 그 석의釋義에서 하나의 '서恕'자일 뿐이라고 하였으니, 이에 '충·서'는 곧 '서恕'이며 본디부터 나누어 두 개로 볼 수 있는 것이 아니었다."[347] ㉡ 그럼

---

346 『論語集註』, 「里仁」篇 第15章의 註 "盡己之謂'忠', 推己之謂'恕'. ……或曰: '中心爲忠, 如心爲恕', 於義亦通. ○程子曰: '以己及物, 仁也; 推己及物, 恕也, 違道不遠是也. 忠·恕一以貫之, 忠者天道, 恕者人道; 忠者無妄, 恕者所以行乎忠也; 忠者體, 恕者用, 大本達道也. ……'"; 『孟子集註』, 「離婁章句下」篇 第28章의 註 "忠者, 盡己之謂."; 『孟子集註』, 「盡心章句上」篇 第4章의 註 "恕, 推己以及人也. 反身而誠則仁矣. ……行之以恕, 則私不容而仁可得."; 『大學章句』, 「傳9章」의 註 "有善於己, 然後可以責人之善; 無惡於己, 然後可以正人之惡, 皆推己以及人, 所謂恕也."; 『大學章句』, 「傳10章」의 註 "發己自盡, 爲忠."; 『中庸章句』, 「第13章」의 註 "盡己之心爲忠, 推己及人爲恕. ……施諸己而不願, 亦勿施於人, 忠·恕之事也."

또한, '충忠·서恕' 개념에 대한 보다 자세한 내용은 제3부 제1장 「다산 정약용의 이기론」에서의 해당부분이 참조된다.

347 『論語古今注 I』(『定本 與猶堂全書 8』, p. 156) "○[案] 夫子本云: '一以貫之', 而曾子乃言: '忠·恕'二字, 故學者疑二之非一. 然『中庸』卽云: '忠·恕違道不遠', 而及其釋義, 仍是一'恕'字而已, 則忠·恕卽恕, 本不必分而二之."; 『中庸自箴』(『定本 與猶堂全書 6』, p. 251) "[箴曰] ……○恕者, 以一而貫萬者也. 謂之'忠·恕'者, 以中心行恕也. 若必'盡己之謂忠'·'推己之謂恕', 則'忠·恕'仍是二物, 恐不可也. 經云: '忠·恕', 而所言'君子之道四', 仍

에도 "후세의 유자儒者들은 이를 익히 보아왔으면서도 오히려 의심하면서 따르려고 하지 않았으니, 이는 그들이 마음속으로 충·서를 하찮게 여겼기 때문이다. 노자老子는 '하나가 둘을 낳고, 셋은 만물을 낳는다[一生二, 三生萬物]'라고 하였고, 석가釋迦는 '만 가지 법이 하나에로 귀결된다[萬法歸一]'고 하였으며, 공자孔子께서 또한 '하나로써 꿰뚫는다[一以貫之]'라고 말씀하셨음에, 그들은 이러한 말들이 서로 부합된다고 보아 (공자의 말씀을: 필자 주) 천지간의 지극히 높고 지극히 큰 말로 생각한 반면에 증자曾子의 말은 폄하하고 하찮게 여김으로써 결국에는 '충·서'라는 두 글자는 지극히 소소한 말이 되고 말았다. 그리하여 진유晋儒들이 이 말을 회피하게 되었고, 송유宋儒들도 마찬가지로 이 말을 멀리하게 되었던 것"[348]인데, 마침내 주희 역시 이러한 잘못을 그대로 답습하고 있었던 것이다. ② 결국, 정약용이 보기에 공자孔子의 도道란 결코 구체적인 인륜에서 벗어나지 않았으니, 이에 "오교五教와 구경九經으로부터 경례삼백經禮三百과 곡례삼천曲禮三千에 이르기까지 모두 하나의 '서恕'자로써 행할 따름이었다."[349]

둘째, 정약용은 중용中庸의 도道란 단적으로 '(충忠)·서恕'가 아니면 실행할 수 없으며,[350] 또한 이러한 '충·서'는 기본적으로 '자수自修의 공부'에 해당하는 것으로 보았다.[351] ① 이러한 의미에서 "도불원인道不遠人[도

只是恕, 不復言忠, 斯可知也."

348 『論語古今注 II』(『定本 與猶堂全書 9』, p. 175) "○[駁曰] ……(一貫之解, 曾子親口言之, 明明白白,) 後之儒者, 猶復熟視, 含疑不肯往從者, 其心以忠·恕爲小也. 老子言: '一生二, 三生萬物', 佛氏言: '萬法歸一', 孔子言: '一以貫之', 可以相配, 爲天地間至高·至大之言, 曾子落而下之, 斲而少之, 爲'忠·恕'二字極卑·極小. 故晋儒違之, 宋儒違之."; 『中庸講義補』(『定本 與猶堂全書 6』, p. 312) "○[今案] 一貫之義, 曾子當時明白示衆. 先儒嫌其說卑近, 必於人倫之外, 通執天地萬物, 廣爲高妙之論, 直以忠·恕爲粗跡, 此後學之深恨也."

349 『論語古今注 I』(『定本 與猶堂全書 8』, p. 155) "○[補曰] 吾道不外乎人倫. 凡所以處人倫者, 若五教·九經, 以至經禮三百·曲禮三千, 皆行之以一'恕'字, ……"; 『論語古今注 II』(『定本 與猶堂全書 9』, p. 174) "○[補曰] 一者, 恕也. 五典·十倫之教, 經禮三百·曲禮三千, 其所以行之者, 恕也, 斯之謂'一以貫之'."; 『中庸自箴』(『定本 與猶堂全書 6』, pp. 250~251) "[箴曰] ……一'恕'字, 可以貫萬事·萬物. ……○恕者, 以一而貫萬者也."

350 『中庸自箴』(『定本 與猶堂全書 6』, p. 250) "[箴曰] 欲行中庸之道者, 非恕不能."

道가 사람에게서 멀리 있지 않다]"[『中庸章句』「第13章」]이란 경문은 "맹자孟子께서 말씀하신바 '만물萬物이 모두 나에게 갖추어져 있다[萬物皆備於我]'는 뜻으로서, 이는 내가 자식에게 요구하는 바가 있음에 곧 부모를 섬기는 도道가 나에게 있다는 것이며, 내가 신하에게 원하는 바가 있음에 곧 군주를 섬기는 도道가 나에게 있다는 것이요, 내가 아우에게 바라는 바가 있음에 곧 형을 섬기는 도道가 나에게 있다"는 의미인 것이다.[352] ② 따라서 "이인치인, 개이지以人治人, 改而止"[『中庸章句』「第13章」]란 경문 역시 "내가 다른 사람에게서 바라는 것으로써 남을 섬기는[治] 것이니, 만약 내가 남을 섬기는 것이 내가 다른 사람에게서 바라는 바와 같지 않을 경우에는 나의 그러한 행위를 고친 이후에 그만두는 것"[353]을 의미하는 말이지, 주희처럼 "군자君子가 사람을 다스림에 그 사람의 도리로써 다시 그 사람의 몸을 다스려서 그 사람이 잘못을 고치면 즉시 그치고 다스리지 않는다"[354]는, 이른바 '남을 다스리는 일[治人]'에 관한 말은 결코 아니었던 것이다.[355]

셋째, 정약용은 바로 이러한 맥락에서 '서恕'에는 또한 두 종류가 있다고 주장하기도 하였다. 즉 ① "하나는 '추서推恕'요, 다른 하나는 '용서容恕'이다. 고경古經에는 단지 추서만이 있었을 뿐 본디 용서는 없었는데, 주자朱子가 말한 것은 대개 용서에 해당한다. 『중용』에서의 '자기에게

351 『中庸講義補』(『定本 與猶堂全書 6』, p. 312) "○[今案] ……忠·恕者, 自修之工."

352 『中庸自箴』(『定本 與猶堂全書 6』, p. 250) "[箴曰] ……○'道不遠人'者, 『孟子』所謂'萬物皆備於我'也. 有求乎子, 則事父之道在我也; 有求乎臣, 則事君之道在我也; 有求乎弟, 則事兄之道在我也."

353 『中庸自箴』(『定本 與猶堂全書 6』, p. 250) "[箴曰] ……○'以人治人'者, 所求乎人, 以事人也. 我之所以事人者, 与我之所以求於人者不同, 則改我之所爲而后已. 此所謂'改而止'也."

354 『中庸章句』, 「第13章」의 註 "(故)君子之治人也, 卽以其人之道, 還治其人之身, 其人能改, 卽止不治."

355 『中庸講義補』(『定本 與猶堂全書 6』, p. 312) "○[今案] 此節, 純是自修之功, 本非治人之說. 朱子專以治人爲說, 恐失本旨. ……忠·恕者, 自修之工, 豈所以治民·治事者乎? 大不然矣."

베풀어지기를 원치 않는 것은 또한 남에게도 베풀지 않는다[施諸己而不願, 亦勿施於人]'[『中庸章句』「第13章」]는 것은 추서이며, 자공子貢이 '저는 남이 저에게 가加하기를 원치 않으며 저 또한 남에게 가加하기를 원치 않습니다[我不欲人之加諸我也, 吾亦欲無加諸人]'[『論語集註』「公治長」篇 第11章]라고 말한 것도 추서이며, 이 경經[『大學章句』「傳10章」]에서의 '윗사람에게서 싫었던 것으로써 아랫사람을 부리지 말며, 아랫사람에게서 싫었던 것으로써 윗사람을 섬기지 말라[所惡於上, 毋以使下; 所惡於下, 毋以事上]'는 것 또한 추서이며, 공자孔子께서 '자기가 원하지 않는 것을 남에게 베풀지 말라[己所不欲, 勿施於人]'[『論語集註』「衛靈公」篇 第23章]고 말씀하신 것도 또한 추서이다. 추서란 자수自修하는 바임에, 맹자孟子께서는 '서恕를 힘써 행하면, 인仁을 구함에 이보다 가까운 것은 없다[强恕而行, 求仁莫近焉]'라고 하셨으니, 이는 사람과 사람이 교제함에 오직 추서만이 요긴한 법法이 됨을 말씀하신 것이다. 이처럼 선성先聖들께서 말씀하신 서恕란 모두가 이러한 뜻을 가지고 있었다"는 것이다. ② 그런데 이러한 "추서와 용서는 서로 비슷한 것 같지만 기실 그 차이는 천리나 떨어진 것과 같으니, 곧 추서가 자수自修를 위주로 하여 자기의 선善을 실행하는 것이라면, 반면 용서란 치인治人을 위주로 하여 남의 악惡을 관대하게 봐주는 것"[356]이다.

경학적 입장의 특징⑤: 이른바 '16자 심법'은 매색의 위작이요, '집중'이란 독자적인 권형과 척도에 따라 "한결같이 한 이후에야 비로소 정하게 되는 것"이다.

끝으로, 정약용은 『서경』「대우모」편의 경문에 나오는 "인심유위, 도심

356 『大學公議』(『定本 與猶堂全書 6』, pp. 126~127) "○[鏞案] 恕有二種. 一是推恕, 一是容恕. 其在古經, 止有推恕, 本無容恕. 朱子所言者, 蓋容恕也. 『中庸』曰: '施諸己而不願, 亦勿施於人', 此推恕也; 子貢曰: '我不欲人之加諸我也, 吾亦欲無加諸人', 此推恕也; 此經曰: '所惡於上, 毋以使下; 所惡於下, 毋以事上', 此推恕也; 孔子曰: '己所不欲, 勿施於人', 此推恕也. 推恕者, 所以自修也. 故孟子曰: '强恕而行, 求仁莫近焉', 謂人與人之交際, 惟推恕爲要法也. 先聖言恕, 皆是此義. ……推恕·容恕, 雖若相近, 其差千里. 推恕者, 主於自修, 所以行己之善也; 容恕者, 主於治人, 所以寬人之惡也. 斯豈一樣之物乎?"

유미, 유정유일, 윤집궐중人心惟危, 道心惟微, 惟精惟一, 允執厥中[인심人心은 위태롭고 도심道心은 은미隱微하니, 정밀精密하게 하고 한결같이 하여야 진실로 그 중中을 잡을 수 있다]"이라는 이른바 '16자 심법心法'[357]과 관련하여, 일찍이 "'도심道心·인심人心'["人心惟危, 道心惟微" 8字를 말함: 필자 주]은 『도경道經』에서 나온 말이며 '유일惟一·유정惟精'은 『순자荀子』에서 나온 말로서, 그 의미가 서로 연결되지 않는다. ('執中'이란: 필자 주) 도심과 인심 사이에서 그 중간을 택하는 것이 아니다. 한결같이 한 이후에야 비로소 정精하게 되는 것이지, 단순히 양단兩端을 잡아 쓰는 것이 아닌 것이다"[358]라고 단언한 바 있다.

첫째, 정약용의 이러한 주장은 일차적으로는 매색梅賾[字는 仲眞, ?~?: 中國 東晋의 학자]의 『고문상서古文尙書』가 위서僞書임을 논증해낸 그의 엄밀한 문헌고증의 태도와 성과를 아주 인상 깊게 대표·전제하고 있는 중요한 경학적 사안에 해당한다. 이에 그 내용을 구체적으로 살펴보면, ① 정약용이 보기에 상기의 '16자 심법'은 매색이 '인심人心은 위태롭고 도심道心은 은미하다[人心惟危, 道心惟微]'는 부분은 『도경』—이는 『순자』에 인용된 것이다—에서, '정밀精密하게 하고 한결같이 하다[惟精惟一]'는 부분은 『순자』에서, '진실로 그 중中을 잡는다[允執厥中]'는 부분은 『논어論語』에서 따와 억지로 하나의 문장으로 구성한 위작僞作에 불과하였다.[359] ② 바로 이

---

357 한편, 성리학자性理學者들은 이러한 '16자 심법'에 대해 "요堯·순舜·우禹 임금께서 전수해주신 심법心法으로, 만세토록 성학聖學의 연원淵源이 된다(西山 眞氏曰: '「人心惟危」以下十六字, 乃堯·舜·禹傳授心法, 萬世聖學之淵源.')"[『心經附註』, 卷1, 1章(「人心道心章」)의 附註]고 찬양해마지 않았다.

358 「自撰墓誌銘【集中本】」(『定本 與猶堂全書 3』, p. 276) "曰: '「道心·人心」, 出『道經』; 「唯一·唯精」, 出『荀子』, 義不可相連也. 道與人之間, 無以執其中. 一而後精, 非執兩而用之也.'"

359 이를 보다 자세하게 소개하자면, 정약용은 매색梅賾이 '16자 심법'을 위작僞作하면서 ① '인심人心·도심道心'설은 『순자荀子』의 「해폐解蔽」편에 인용된 "『도경道經』에 '인심人心은 위태롭고 도심道心은 은미하니, 위태롭고 은미한 기미는 오직 밝은 군자君子라야 알 수 있다'고 하였다(『道經』曰: '人心之危, 道心之微. 危·微之幾, 惟明君子而後能知之')"에서, ② '정精·일一'설은 『순자』의 「해폐」편의 "예羿는 궁술에 정精하였고, ……조보造父는 말부리는 법에 정精하였다. 예로부터 지금까지 마음을 두 갈래로 하여 정精할 수 있었던 자는 일찍이 없었다(羿精於射, ……造父精於御. 自古及今, 未

러한 맥락에서 정약용은 ㉠ 상기한바 '16자 심법' 가운데 '인심·도심'설과 '집중'설은 "순수한 성문聖門의 말씀"이요, '정精·일一' 개념 또한 비록 『순자』의 본의와는 약간 어긋남에도[360] 각자가 모두 나름의 중요한 수양론적 의의를 함축하고 있지만,[361] ㉡ 그럼에도 이것들이 하나의 문장

嘗有兩而能精者也)"에서, ③ '윤집궐중允執厥中'설은 『논어論語』의 「요왈堯曰」편의 "요堯 임금이 '아! 너 순舜아, 하늘의 역수曆數가 너의 몸에 있으니, 진실로 그 중中을 잡도록 하라. 사해四海가 곤궁하면 천록天祿이 영원히 끊어질 것이다'라고 말씀하셨다.(舜曰: '咨! 爾舜, 天之曆數在爾躬, 允執其中. 四海困窮, 天祿永終')"에서 따온 것으로 보았다. 즉, 정약용은 "『순자』의 본문에 '인심人心·도심道心'이 스스로 한 장이고, '정사精射·정어精御'가 스스로 한 장이며, '윤집궐중允執厥中'은 본래 아무런 관계가 없음을 살펴 알 수가 있(『荀子』本文, '人心·道心'自一章, '精射·精御'自一章, '允執厥中'本無影響, 可按而知也)"[『梅氏書平』, 「閻氏『古文疏證』鈔 1」(『定本 與猶堂全書 13』, p. 354)]으니, 곧 "『순자』의 윗 문장에 순舜 임금의 다스림에 대한 한 단락이 있었기 때문에【순 임금께서 천하를 다스리심에 일일이 말씀하시지 않으셨어도 만물이 이루어졌다】 매씨梅氏는 「대우모大禹謨」편을 지으면서 마침내 (『순자』에 인용된: 필자 주) '인심人心·도심道心' 두 구절을 취하여 순 임금의 말씀으로 삼았던 것이다. 『순자』의 아래 문장에 '정精·일一'의 경계가 있었기 때문에 또한 '유정유일惟精惟一' 구절을 덧붙여 위 문장에다 연결하였다. 그 아래 다시금 『노론魯論』의 「요왈堯曰」편에 나오는 '윤집기중允執其中' 한 구절을 취해다가 결구結句를 삼은 것이다. 아마도 「요왈」편에 원래 '순 임금 또한 이로써 우禹 임금에게 명하였다[舜亦以命禹]'라는 한마디 말이 있었기 때문에 매씨가 이처럼 엮어놓았을 따름이리라. 그러나 「요왈」편에서의 문장은 '궁躬·중中·궁窮·종終' 네 개의 운韻으로 이루어져 있고, 『순자』에서의 문장은 '위危·미微·기幾·지知' 네 개의 운으로 이루어져 있다. 그런데 매씨가 문장을 뒤섞는 중에 운자韻字가 빠진 것을 알아차리지 못했으니, 이것이 그를 파탄破綻으로 이끈 곳이다(○[案]『荀子』上文有舜治一段,【舜之治天下, 不以事詔而萬物成】故梅氏作「大禹謨」, 遂以'人心·道心'二句爲帝舜之言. 『荀子』下文有'精·一'之戒, 故又增'惟精·惟一'句, 以承上文. 其下又取『魯論』「堯曰」篇'允執其中'一句, 以作結句. 蓋以「堯曰」篇, 原有'舜亦以命禹'一語, 故梅氏點綴如是耳. 然「堯曰」之文, '躬·中·窮·終'四韻相叶; 『荀子』之文, '危·微·幾·知'四韻相叶. 梅氏和金帶鐵, 不覺落韻, 是其破綻處也)"[『心經密驗』(『定本 與猶堂全書 6』, pp. 200~201)]라고 날카롭게 고증한 바 있다.

360 정약용은 다음과 같이 말하였다: "16자字 중의 위의 8자[人心惟危, 道心惟微: 필자 주]와 아래의 4자[允執厥中: 필자 주]는 순수한 성문聖門의 말씀이지만, 오직 제3구의 말[惟精·惟一: 필자 주]만은 『순자』에서 나온 말로 본의本意와 약간 어긋납니다.(十六字, 其上八字, 下四字, 醇乎醇之, 聖門語也. 唯第三句, 出於『荀子』, 而本意微倒而已.)" 「答鼎山」(『定本 與猶堂全書 4』, p. 138); "순자荀子의 본의는 아마도 '전일專一하게 한즉 정精할 수 있으나, 양쪽을 겸하면 정精하기 어렵다'는 것을 말함이다. ……따라서 전일하게 해야만 정할 수 있으니, 이치가 참으로 그러한 것이다. '정精'을 먼저 하고 '일一'을 나중에 한 것 또한 순자의 뜻과는 같지 않다.(○[案] ……○荀子本意, 蓋謂: '一則能精, 兩則難精'. ……然則唯一·唯精, 理固然矣. 先'精'·後'一', 亦與荀子意不同矣.)" 『心經密驗』(『定本 與猶堂全書 6』, pp. 201~202)

361 정약용은 특히 ① '인심人心·도심道心'설은 "자신의 사욕私欲을 극복하여 예禮로 되돌

으로 연결될 경우에는 도저히 묵과하기 어려운 논리적 혼선을 내포하는 어불성설에 지나지 않는 것으로 단연코 거부하였다.[362] ③ 또한, 정

아가는[克己復禮] 근본(‘人心危·道心微’六字, 決不可捨. ……以爲克己復禮之本.)”[「答金德叟」(『定本 與猶堂全書 4』, p. 222)]이자 “오제五帝 이래 심心·성性을 성찰하는 오묘한 비결秘訣”로, ② ‘윤집궐중允執厥中’설은 “요堯·순舜·우禹 임금께서 덕德을 잡으시고 도道를 전하신 요지要旨(原夫‘允執厥中’者, 堯·舜·禹秉德傳道之要旨也. ‘人心·道心’, 五帝以來省心察性之玄訣也)”[『梅氏書平』, 「閻氏『古文疏證』鈔 1」(『定本 與猶堂全書 13』, p. 353)]로 각각 인식한 바 있다.

한편, 정약용의 ‘인심·도심’설, ‘유정·유일’설, ‘윤집궐중’설에 대한 보다 상세한 내용에 대해서는 대표적으로 백민정(2007a: 133~168), 백민정(2007b: 215~256)이 참조된다.

362 정약용은 다음과 같이 말한 바 있다: “매서梅書[梅賾의 『古文尙書』: 필자 주]가 위안僞案이라는 것은 이미 명백하게 드러난 이상, 이 16자가 그 자체 서로 연결되어 문장이 될 수는 없습니다.(梅『書』僞案, 旣已彰明, 則此十六字, 自不能相連爲文.)” 「答鼎山」(『定本 與猶堂全書 4』, p. 138); “다만 ‘유정惟精·유일惟一, 윤집궐중允執厥中’ 두 구절이 위로 ‘인심유위人心惟危, 도심유미道心惟微’의 경계와 연결되어 있으나, 끝내 서로 어긋나서 불안하니, 왜 그러한가? ‘가장 지혜로운 인간[上智]도 인심人心이 없을 수 없고, 가장 어리석은 인간[下愚]도 도심道心이 없을 수 없다’고 한 주자朱子의 설은 성인聖人이 다시 나오더라도 바꿀 수 없다. 그러한즉 인심과 도심은 그 하나만을 택하여 잡을 수 없으니, 장차 무엇으로 ‘유정·유일’할 수 있겠는가? 또한 이른바 ‘집중執中’이란 곧 『중용』에서 말하는 ‘양단兩端을 잡아 그 중中을 백성에게 쓴다[執其兩端, 用其中於民]’는 뜻이다. ‘중中’이란 뭇 사물들이 각자 지니고 있는 지극히 정당한 도리이다. 만약 인심과 도심에 나아가 그 중中을 구하여 잡는다면, 반드시 천리天理와 인욕人欲이 뒤섞여 반은 옳고 반은 그른 뜻이 된 상태라야 집중이 될 것이다. 만일 ‘인심을 완전히 제거하고 도심만을 보존하는 것이 「정精·일一」이다’라고 한다면, 또한 어찌하여 ‘가장 지혜로운 인간[上智]도 인심人心이 없을 수 없다’고 하였겠는가? ‘인심·도심’은 그 자체 하나의 지극한 말씀이요, ‘윤집궐중’은 그 자체 하나의 빛나는 경계이니, 그럼에도 각기 그 취지를 살펴보면 서로 연결하여 하나의 문장을 이룸이 끝내 이치에 맞지 않음을 알 수 있다.(○[案] ……但‘惟精·惟一, 允執厥中’二句, 上承‘危·微’之戒, 終恐齟齬而不安, 何者? ‘上智不能無人心, 下愚不能無道心’, 朱子之說, 聖起不易. 然則人心·道心, 不可以擇執其一, 將何以‘惟精·惟一’乎? 且所謂‘執中’者, 卽『中庸』所謂‘執其兩端, 用其中於民’也. ‘中’者, 於凡事物之上, 各有至極正當底道理者也. 若就人心·道心, 求其中而執之, 則必天理·人欲, 相雜相糅, 爲半是·半非之義, 然後乃爲執中. 若云: ‘絶去人心, 孤存道心, 是之爲「精·一」’, 則又何云: ‘上智不能無人心’乎? ‘人心·道心’, 自一至言; ‘允執厥中’, 自一炯戒, 各觀其旨, 可以知道, 相連爲文, 終不合理.)” 『心經密驗』(『定本 與猶堂全書 6』, p. 201); “아래 두 구절[‘惟精惟一, 允執厥中’: 필자 주]은 본래 혈맥血脈이 없다. ……대개 네 구절을 통석通釋해보면, 아무리 정精함을 다하고 정신을 모아 심력心力을 다하더라도 끝내 흡족하게 이치가 순順하게 될 수는 없으니, 형세가 본래 그런 것이다.(○[按] ……下二句本無血脈. ……蓋通釋四句, 則雖覃精會神, 盡心力而爲之, 終不能怡然理順, 勢固然矣.)” 『梅氏書平』, 「閻氏『古文疏證』鈔 1」(『定本 與猶堂全書 13』, p. 356)

약용은 이러한 이유에서 '16자 심법'에서의 '인심·도심'설과 나머지 부분을 해체·분리시키면서, 특히 전자는 "오제五帝 이래 심心·성性을 성찰하는 오묘한 비결秘訣"이자 "자신의 사욕을 극복하여 예禮로 되돌아가는[克己復禮] 근본"이요 "만세토록 심학心學의 근본이 되는 것"[363]으로서, "오직 그 지극한 이치는 인도人道에 화협하고, 오묘한 깨달음은 천天의 주재主綍에 부합하니, 이에 마땅히 이것을 받들어 천구天球와 홍벽弘璧으로 삼아야 할 것"[364]으로 역설하는 한편, 나아가 이러한 '인심·도심'설은 "『순자』에서 나왔다고 반드시 업신여길 것도 아니요, ……『도경』에서 따왔다고 반드시 황당한 것도 아니다. ……어찌 매색의 『상서』가 위서僞書라고 하여 아울러 이 아름답고 성한 성인聖人의 말씀을 버리겠는가? ……오늘날 매색이 패하였다고 순자荀子를 아울러 치고, 순자가 업신여김을 받는다고 『도경』을 의심스럽다고 배척하여, '인심·도심'의 설까지 아울러 물리친다면 자신의 심心의 권형權衡에 마침내 주장이 없게 된다"라거나 "설령 불경佛經에서 나온 것이라 하더라도 마땅히 천구天球와 홍벽弘璧처럼 떠받들어야 할 것인데, ……하물며 유가儒家에서 나와 『도경』의 근본이 된 것이겠는가?"[365]라고 강하게 옹호한 바 있다.

---

363 『梅氏書平』, 「閻氏『古文疏證』鈔 1」(『定本 與猶堂全書 13』, p. 353) "'人心·道心', 五帝以來省心察性之玄訣也."; 「答金德叟」(『定本 與猶堂全書 4』, p. 222) "'人心危·道心微'六字, 決不可捨. ……以爲克己復禮之本."; 『心經密驗』(『定本 與猶堂全書 6』, p. 201) "○[案] ……'人心·道心', 亦必是五帝以來相傳之道訣, 非後人之所能道也. 今此二句, 爲萬世心學之宗."

364 『梅氏書平』, 「閻氏『古文疏證』鈔 1」(『定本 與猶堂全書 13』, p. 353) "'人心·道心', ……唯其至理協於人道, 妙悟符於天綍, 斯當奉之爲天球·弘璧."

365 『梅氏書平』, 「閻氏『古文疏證』鈔 1」(『定本 與猶堂全書 13』, p. 353) "'人心·道心', ……出於『荀子』而未必可侮, ……採於『道經』而未必荒唐. ……豈得以梅『書』之歸僞, 而並棄此皇皇聖言乎? ……今以梅氏之敗, 而並擊荀子, 荀子之侮, 而並斥『道經』之疑, 而並斥'人心·道心'之說, 則自心之權衡, 遂無主張."; 「答金德叟」(『定本 與猶堂全書 4』, p. 222) "'人心危·道心微'六字, 決不可捨. 設令六字, 本出於佛經, 亦當戴之·捧之, 如天球·弘璧, ……況出於儒家, 本於『道經』者乎?"; 「答鼎山」(『定本 與猶堂全書 4』, p. 138) "其可服膺者, 服膺焉; 其可銘佩者, 銘佩焉, 豈必以不出『書經』, 而少衰其尊信之心哉? 梅『書』僞案, 旣已彰明, ……"; 『心經密驗』(『定本 與猶堂全書 6』, p. 201) "○[案] ……然'人心之危, 道心之微', 此二句, 乃是至理所寓, 精確無比. 況道家所言, 多係羲·農·黃帝之遺

둘째, 정약용의 상기한바 「자찬묘지명自撰墓誌銘【집중본集中本】」에서의 주장은 나아가 '집중執中'에 대한 그의 독자적인 견해를 함축하고 있는 중요한 경학적 사안이기도 하다. 즉, ① 정약용이 보기에 ㉠ 군자君子의 "이른바 '집중'이란 곧 『중용』에서 말하는 '양단兩端을 잡아 그 중中을 백성에게 쓴다[執其兩端, 用其中於民]'는 것"으로서, ㉡ 이는 무엇보다 먼저 그 자신의 마음속에 어떤 대상을 저울질하여 판단할 수 있는 나름의 독자적 입장, 즉 '양단'과 '중'에 대한 자신의 독립적인 기준, 곧 '권형權衡'과 '척도尺度'를 필수적으로 요청하고 있다. ㉮ 왜냐하면 만약 어떤 사안에 대한 중론衆論이 하나같이 후厚하거나 박薄한 경우에 기계적으로 이러한 중론에서의 양단을 버리고 그 중간을 택한다고 하는 것은 진정한 의미에서의 '집중'과는 관계가 없기 때문이다. ㉯ 바로 동일한 맥락에서, 도심道心과 인심人心의 경우에도 어정쩡하게 그 중간을 택하는 것, 그리하여 결과적으로 "천리天理와 인욕人欲이 뒤섞여 반은 옳고 반은 그른 뜻이 된" 상태란 결코 '집중'이 될 수 없으며, 오히려 결연하게 인심을 버리고 도심을 택하는 것이 곧 '집중'이 되는 것이다. ㉢ 그리고 바로 이렇게 한 점이야말로 순舜 임금께서 순 임금다울 수 있었던 이유이기도 하였다.[366] ② 결국, 정약용이 생각하는 '중中'이란 ㉠ 일반적으로 "뭇 사물들이 각자 지니고 있는 지극히 정당한 도리"[367]로서, 동시에 이는 '한결같

文. '人心·道心', 亦必是五帝以來相傳之道訣, 非後人之所能道也. 今此二句, 爲萬世心學之宗, 豈可以出於荀氏, 而少忽其尊信之誠哉!"

366 『中庸自箴』(『定本 與猶堂全書 6』, p. 243) "[箴曰] ……若衆論皆過, 則皆不可用; 若衆論皆不及, 則亦皆不可用也. 中与兩端, 皆已先在舜自己心內, 以之爲權衡·尺度. 於是執此三者, 以察人言, 其犯於兩端者去之, 其合於中者用之, 斯其所以爲舜也."; 『中庸講義補』(『定本 與猶堂全書 6』, p. 302) "○[臣對曰] ……十人言之, 或十人皆主厚·大, 或十人皆主薄·小, 舜將奈何? 大小·厚薄, 必於吾心之內, 先有權衡, 以執其中, 然後去察人言. 其犯於兩端者棄之, 其合於中庸者用之, 方可以不失其中."; 『心經密驗』(『定本 與猶堂全書 6』, p. 201) "○[案] ……且所謂'執中'者, 卽『中庸』所謂'執其兩端, 用其中於民'也. ……若就人心·道心, 求其中而執之, 則必天理·人欲, 相雜相糅, 爲半是·半非之義, 然後乃爲執中."

367 『心經密驗』(『定本 與猶堂全書 6』, p. 201) "○[案] ……'中'者, 於凡事物之上, 各有至

이 한 이후에야 비로소 정精하게 되는[一而後精]' 상태, 다시 말하자면 구체적인 실천의 결과 비로소 성립되는 사공事功이자 끊임없는 신독愼獨의 결과 성취된 '미발未發의 중中'·'이발已發의 화和'이기도 한, 바로 이러한 '지선至善'이 소재하는 곳이기도 하다. ㉡ 따라서 "지극히 크고 지극히 후厚한 것에서도 중中을 얻을 수 있는가 하면, 지극히 작고 지극히 박薄한 것에서도 중中은 얻을 수 있는 것"[368]이다. ③ 나아가 정약용의 이와 같은 주장은 '양단'에 대한 올바른 해석이란 이를 주희처럼 '대소大小·후박厚薄'으로 보기보다는 오히려 '과過·불급不及'으로 보아야 비로소 가능하다는 그 자신의 평소의 지론을 함축·반영하는 것이기도 하였다.[369]

極正當底道理者也."

368 『中庸自箴』(『定本 與猶堂全書 6』, p. 244) "[箴曰]」 ……中者, 至善之所在也. 有極大·極厚而得中者, 有極小·極薄[臣]而得中者."; 『中庸自箴』(『定本 與猶堂全書 6』, p. 271) "[箴曰] ……中者, 至善之所在也"; 『中庸講義補』(『定本 與猶堂全書 6』, p. 298) "○[今案] ……中者, 中·和也."

369 『中庸自箴』(『定本 與猶堂全書 6』, p. 243) "[箴曰] 舊注以過與不及爲兩端, 本是正解."; 『中庸講義補』(『定本 與猶堂全書 6』, p. 302) "○[臣對曰] ……朱子以兩端爲人言之兩端, 原恐難解."

제2장

다산 정약용의 경전해석태도

"독서讀書란 오직 의리義理를 구할 뿐이다. ……
그러나 자의字義의 훈고訓詁에 밝지 않으면
의리義理도 이로 인하여 어두워진다.": 『시경강의』서『詩經講義』序」

"경전經典을 공부함에 있어서는
오직 옳은 것만 구하고, 오직 옳은 것만 따르며,
오직 옳은 것만 선택하였으며,
바야흐로 선택할 때는 널리 고증하고 정밀하게 연구하는 동시에
지혜를 다하였고,
마음을 가짐에는 거울처럼 비게 하고 저울처럼 공평하게 하였으며,
뜻을 찾을 때는 송사를 결단하고
옥사를 다스리듯 하지 않은 적이 일찍이 없었다.": 「답이여홍答李汝弘」

'경학'의 정의①: 경학은 하나의 '전형적인 해석학의 문제'이다

사서경학四書經學에 나타난 정약용丁若鏞의 경전해석태도를 본격적으로 살펴보기 전에, 우선 '해석解釋'의 문제와 관련된 필자의 시각을 다시 한 번 간단하게 정리하는 작업이 필요할 것으로 보인다. 이미 「서설緖說」에서 언급한 바대로, '경학經學'이란 일차적으로 '유교경전에 대한 해석', 보다 구체적으로는 '주석자가 경문經文에 주석註釋을 다는 지적 활동'이라 할 수 있다. 또한 '경문에 주석을 다는 지적 활동'이란 이를 더욱 본원적인 요소로 환원하여 표현하자면, 곧 '독자가 언어라는 매개물을 통해 텍스트의 의미를 이해하는 작업'이 되는 것이다. 결국 이러한 맥락에서 볼 때, 일반적으로 경학이란 하나의 '전형적인 해석학解釋學의 문제'로 나타나기도 한다.

'경학'의 정의②: 경학은 '경문·주석자·주석'이라는 '세 가지 요소'로 구성된다

이처럼 하나의 '전형적인 해석학의 문제'로 나타나는 경학은 당연히 '텍스트'로서의 '경문經文', '독자'로서의 '주석자註釋者', '텍스트의 의미'로서의 '주석註釋'이라는 주요한 '세 가지 요소'로 구성된다. 일반적으로 이러한 세 가지 요소 각각의 특성과 그들 간의 관계를 어떻게 규정하는가에 따라 해석학으로서의 경학에 대한 입장이 결정된다고 하겠는데, 여기서 '필자의 입장'을 정리해보면 대략 다음과 같다: 첫째, '경문'이란 결코 단지 '하나'의 의미, 곧 '원저자原著者의 의도'만을 담지하고 있지 않다는 점이다. 즉, ① 원저자의 의도가 언어를 통해 일단 하나의 텍스트로 고정되면, 이것은 이후 원저자의 제한된 지평을 벗어나 상대적으로 자율적인 담론공간을 확보한다. 그리고 이러한 담론공간 속에서 '묵하 말해지고 있는 의미'—이것은 논리적으로 볼 때 원저자의 의도와 일치하는 것일 수도 있고 그렇지 않은 것일 수도 있다—는 본디 '원저자가 말하려 했던 것'보다 사실상 더 중요한 것이 되기도 한다. ② 구체적으로 정약용의 경우와 관련해서 본다면, ㉠ '원저자의 의도'란 다름 아닌 '사서四書라는 텍스트를 직접 형성시킨 공자孔子·맹자孟子 등의 메시지'—이것을 정약용은 '수사洙泗의 고의古義'·'진원眞源'·'구관舊觀'·'구론舊論'·'구로舊路' 등으로 표현하였다—라면, ㉡ '목하 말해지고 있는 의미'란 곧 정약용의 시대에 지적·정치적 헤게모니를 장악하고 있었던 '정주성리학程朱性理學의 경학'에 해당한다. ③ 그리고 바로 이 후자가 정약용의 경학연구에 있어 '경문이 끌고들어오는 역사적·문화적·의미론적 지평'인 것이다.

둘째, '주석자'도 해석학적 작업에 있어서 자신의 지평, 즉 주석자의 특수하고도 구체적인 역사적·이데올로기적 관점을 불가피하게 투사시킨다는 의미에서 결코 수동적이거나 소극적인 존재가 아니다. 그리고 정약용의 경우에 있어 이는 곧 강렬한 현실개혁·실천 지향의 '경세학적 문제의식'이었다.

셋째, 해석학적 작업의 산물로서의 '주석'이란 곧 '경문의 지평과 주석자의 지평이 변증법적으로 융합하는 과정의 산물'인 것이다. 바로 이러한 맥락에서 정약용의 사서경학저술四書經學著述 역시 '텍스트[經文]의 지평'—보다 구체적으로는 제가諸家의 주註, 보다 핵심적으로는 '정程·주朱의 경학經學'—과 '독자[註釋者]의 지평'—정약용의 문제의식—이 융합한 것, 다시 말하면 그 결과물로 볼 수 있겠다.[1]

---

1 이상에서 개진한바 필자의 해석학적 입장은 대체로 가다머H.-G. Gadamer의 것을 수용한 것이다. 즉, 가다머는 『진리와 방법*Wahrheit und Methode*』이란 저술에서 ① "텍스트의 이해와 해석은 학문의 관심사일 뿐 아니라 명백히 인간의 세계경험 전체에 속한다. ……이 연구의 관심사는 과학적 방법론의 지배영역을 넘어서는 진리의 경험을 도처에서 찾아내어 그 고유한 정당성에 관해 물으려는 것"(1-9)이라는 그 자신의 '철학적 해석학'에 대한 일반적 관점 및 "철학적 사유가 전개되는 개념의 세계는 오히려 우리가 그 안에 살고 있는 언어가 우리를 규정하는 것과 같은 방식으로 항상 우리를 사로잡고 있다. 따라서 이 사로잡혀 있음을 의식하는 일이야말로 사유의 철저성에 속"하는 것이요 "일종의 새로운 비판적 의식"(1-14)이라는 문제의식에서 출발하여, ② 일반적으로 "어떤 텍스트를 이해할 때는 언제나 이해대

정약용의 경전해석태도는 '텍스트의 지평'과 '독자의 지평'과 각각 연관된다

한편, 이상과 같은 해석학적 논의를 전제로 정약용의 경전해석태도를 고찰해보면, 여기서도 '텍스트[經文]의 지평'과 '독자[註釋者]의 지평'에 비

상이 되는 텍스트를 해석자 자신이 처해 있는 현재의 상황에 적용해서 이해하게 되"(2-195)는바, 이러한 맥락에서 "이해라는 것은 주관성의 활동이라기보다는 과거와 현재가 부단히 상호매개의 작용을 하는 전통의 전승이라는 사건 속에 참여하는 것을 뜻한다"(2-171)고 보고 있다. 그리고 그는 하이데거Heidegger의 견해를 차용하여 이러한 "해석학적 순환은 ……'역사적 전통의 운동'과 '해석자의 정신적 운동'이 상호작용을 일으키는 '이해의 과정'을 가리키"(2-175)는바, 여기서 "개인적 존재의 역사적 현실성을 규정하"는 "정당한 선입견"(2-152~153)의 존재가 이러한 이해에 필수적 조건이 됨을 강조하고 있다. ③ 따라서 이러한 이해의 순환구조를 '현재의 지평'과 '역사적 지평', 또는 '텍스트'와 '현재'와 같이 "서로 무관하게 존재하는 것처럼 보이는 상이한 지평들의 상호융합의 과정"(2-192)으로 규정하기도 하는바, ④ 또한 이러한 '지평융합Horizontverschmelzung'의 불가피한 결과로서 "어떤 텍스트의 의미는 저자의 생각을 뛰어넘으며, 이것은 예외적인 경우가 아니라 항상 그렇다. 그래서 이해라는 것은 단지 원래 창조행위의 재현에만 그치지 않고 그 자체가 창조적 활동이기도 하다"(2-179)는 인식으로 연결되기도 한다. ⑤ 그러나 이와 같은 '창조적 활동'으로서의 이해는 "텍스트에 대한 우리의 이해를 이끌어주는 의미에 대한 기대는 주관성의 행위가 아니라 우리 자신과 전통을 결합시켜주는 공통점에 의해 규정된다. 그러한 공통점은 전통에 대한 우리의 관계 속에 끊임없이 형성되어간다. 그 공통점은 단지 우리를 미리 제약하는 전제조건이 아니고 우리 자신이 이해의 과정에서 역사적 전통에 참여함으로써 지속적으로 우리를 규정해가는 방식으로 우리 스스로를 만들어내는 어떤 것"(2-175)이라는 의미에서 결코 완전히 자의적인 것 또한 아니게 된다.(상기 인용문에 부기된 괄호 안의 숫자는『진리와 방법』의 한국어 번역본의 권수와 쪽수를 표시한 것임)

한편, 이러한 맥락에서 가다머의 입장은 '해석이란 그 어떠한 것이라도 수용될 수 있다'—푸코Foucault와 데리다Derrida의 입장—는 식의 자의적인 것임을 뜻하지도 않지만, 동시에 그것은 '어떤 하나의 해석만을 진眞이라고 선언할 수 있다'—맑스주의자, 실증주의자, 프로이트적 해석자의 입장—는 주장도 부정하고 있는 셈이다. 즉, 해석이란 필연적으로 해석자에 따라 달라지게 마련이고 지평地平의 융합과정에서 산출되는 결과물이므로, 하나의 '객관적으로 정확한' 해석은 적어도 가다머에게 있어서는 가능한 것이 될 수 없다. 따라서 그의 입장은 기본적으로 반정초주의적anti-foundational인 성격을 지니지만, 그렇다고 해석에 있어서의 역사적·사회적·문화적 기반을 완전히 부정하는 극단적인 허무주의적 성격을 가지는 것도 아니다. 필자는 이와 같은 해석학적 관점에서 정약용의 경학經學의 성격을 단순히 '수사학洙泗學으로의 회귀'로만 인식·해석하려는 복고주의적 관점은 문제가 있다고 본다. 가다머의 해석학적 입장에 대한 보다 자세한 내용은 Hans-Georg Gadamer(1960/2012)의「제2부」가 참조된다. 또한, 가다머의 해석학적 입장을 특히 사회과학의 방법론과 관련하여 음미·소개하고 있는 유익한 논의로는 Susan J. Hekman(1986/1993)의「제4장」이 참조된다.

록 적확하게 상응하는 것은 아니지만 그럼에도 상대적으로 유관한 부분들로 각각 구성되어 있음을 발견할 수 있다. 보다 구체적으로 ① 전자의 경우로는 '사서四書의 저자기록자, 판본版本의 종류, 문체, 내용구성에 대한 정약용의 고증' 및 '경문에 대한 그의 일반적 태도'를 들 수 있다면, ② 후자의 경우로는 '정약용의 해석학적 입장'—해석지향과 해석방법—과 '역사와 현실에 대한 그 자신의 이념적 지향의 투사'가 바로 그것이다.

I. 경문의 지평과 관련된 정약용의 태도

1. 사서의 저자기록자, 종류, 문체, 전체의 내용구성에 대한 정약용의 고증

1) 『논어』의 경우

『논어』의 기록자: "『논어』는 유자와 증자의 문인에 의해 완성된 것이다"

우선, 정약용丁若鏞은 '『논어論語』의 기록자'와 관련하여 ① 『논어집주論語集註』의 「서설序說」에 기록되어 있는 "『논어』라는 책은 유자有子와 증자曾子의 문인門人에 의해 완성된 것이다. 그렇기 때문에 이 책에서는 유독 이자二子[有子·曾子]만을 '자子'로 일컬었다"[2]고 하는 정이程頤[伊川, 1033~1107: 中國 北宋의 학자]의 주장을 정설正說로 보고 있다.[3] ② 그런데 『논어』에는

2 『論語集註』, 「序說」 "程子曰: '『論語』之書, 成於有子·曾子之門人, 故其書獨二子以子稱.'"

3 『論語古今注 I』(『定本 與猶堂全書 8』, pp. 36~37) "麟曰: '有子·曾子獨以子稱, 何也?' 曰: '程子謂: 「此書成於有子·曾子之門人也.」' ……○[鏞案] 程子之言, 不可易也."

이 이자二子[有子·曾子] 외에 염자冉子와 민자閔子 2인에 대해서도 '자子'라는 존칭을 쓰고 있는 것을 볼 수 있는데, 이 문제에 대해서 정약용은 "『논어』라는 책은 (孔子의: 필자 주) 문인들이 전술傳述한 바를 잡취雜取하여 이루어진 것인데, 이를 주관한 자들은 증자 문하의 여러 제자들이었지만 간혹 한두 개 염자·민자의 문인들이 참정參訂한 것이 있어서 ……또한 염자·민자도 높이게 된 것일 뿐"[4]이라고 설명하고 있다.

『논어』의 종류: 『논어』에는 3종류가 있는데, 『노론』이 가장 신빙성이 있다

다음으로, 정약용은 '『논어』의 종류'와 관련하여 ① 일단 『논어집주』의 「서설」에 나오는 "『노론어魯論語』는 20편이다. 『제론어齊論語』는 「문왕問王」, 「지도知道」 두 편이 별도로 있어 모두 22편이며, 그 20편 가운데의 장구章句도 『노론魯論』보다 상당히 많다. 『고론古論』은 공씨孔氏의 집 벽 속에서 나왔는데, 「요왈堯曰」편의 아래 장인 「자장문子張問」을 분리시켜 따로 1편을 만듦에 2개의 「자장子張」편이 있게 되어 모두 21편이며, 편의 차례도 『제론』이나 『노론』과 같지 않다"[5]고 하는 하안何晏[字는 平叔, 약 193~249: 中國 魏 나라의 학자]의 주장을 그대로 받아들이고 있는 것으로 보인다. 즉, ㉠ 정약용이 보기에 『논어』에는 『노론』·『제론』·『고론』이라는 3종류가 있었는데, 이 3종류의 『논어』들은 그것을 전한 자들이 같지 않을 뿐이지 그 경문에 있어서는 모두 같아 실제로는 원래 한 책이었다는 것이다.[6] 따라서 『제론』이 『노론』보다 장구가 많다는 이야기도 실은

---

4 「論語對策」(『定本 與猶堂全書 9』, p. 403) "臣對曰: '……『論語』一書, 雜取門人之傳述, 主之者雖是曾門諸弟, 而或有冉·閔門人之參訂一二. 如「侍側誾誾」與「粟五秉」之類, 則亦尊之而已.'"

5 『論語集註』, 「序說」 "何氏曰: '『魯論語』二十篇. 『齊論語』別有「問王」·「知道」, 凡二十二篇, 其二十篇中章句, 頗多於『魯論』. 『古論』出孔氏壁中, 分「堯曰」下章子張問以爲一篇, 有兩「子張」, 凡二十一篇, 篇次不與『齊』·『老論』同.'"

6 「十三經策【庚戌冬, 內閣親試】」(『定本 與猶堂全書 2』, p. 57) "臣以爲『論語』有三, ……"; 「論語對策」(『定本 與猶堂全書 9』, p. 403) "臣對曰: '三『論』之多少不同者, ……'"; 『論語

『노론』에서의 1장을 『제론』에서는 간혹 2장으로 나누기도 했다는 뜻이지 원래 경문이 더 많다—따라서 '다르다'—는 의미는 아니라고 정약용은 인식했던바, ㉡ 이러한 맥락에서 홍흥조洪興祖[練塘, 1090~1155: 中國 南宋의 학자]의 설—『논어』의 「계씨季氏」편을 『제론』으로 보려는 견해—이나 이를 따랐던 호영胡泳[洞源: 中國 南宋의 학자] 및 김이상金履祥[次農, 1232~1303: 中國 宋末元初의 학자]의 입장은 모두 "고고학考古學에 있어 정밀한 견해가 없었기 때문"에 생긴 오류로 반박하고 있다.[7] ② 또한, 정약용은 이 3종류의 『논어』 가운데 『노론』이 가장 신빙성 있는 것으로 보기도 하였다.[8]

『논어』의 문체: 『논어』의 문체는 한 사람이 쓴 것처럼 정미롭게 다듬어져 있다

이어, 정약용은 '『논어』가 여러 문인門人들에 의하여 전술傳述되었고 공자孔子의 말씀을 들었던 자들이 모두 같은 시기에 있었던 것이 아님에도 그 문체가 마치 한 사람 손에서 쓰여진 것처럼 다듬어진 이유'에 대해서는 "같은 스승에게서 배우고 같은 도道에 대해 질문함에, 마치 천 마리 여우 가죽이 한 벌의 갖옷을 이루는 것과 같으니, 그 문체가 정미롭게 다듬어져 있는 것을 이상하게 생각할 필요가 없다"[9]고 주장하였다.

古今注 II』(『定本 與猶堂全書 9』, p. 230) "○[案] 『魯論』·『齊論』, 傳者不同, 經則不殊. 兩家所傳, 各爲全部, 非合『齊』·『魯』而爲一部『論語』也. 惟『齊論』有「問王」·「知道」二篇, 今所不傳, 餘二十篇, 『齊』·『魯』之所同. ……『古論』者, 孔壁所出, ……【『古論』有兩「子張」, 爲二十一篇, 然其文皆同『魯論』】以其爲古文, 故謂之'『古論』', 其實本一部也."

7 『論語古今注 II』(『定本 與猶堂全書 9』, p. 230) "洪曰: '此篇或以爲『齊論』.' ○[案] ……胡泳·金履祥竝述洪氏之說, 蓋考古之學疎矣."; 『論語古今注 II』(『定本 與猶堂全書 9』, p. 231) "金曰: '『齊論』章句, 頗多於『魯論』.【見『漢書』】此篇首章, 句語甚多, 後章亦然, 故疑其文從『齊論』.'○[駁曰] 非也. ……"

여기서 정약용은 『노론』·『제론』·『고론』의 전승 및 변천과정에 대해 양한兩漢·위魏·진晋의 「유림전儒林傳」과 「예문지藝文志」에 근거하여 자세하게 고증하고 있다.

8 「論語對策」(『定本 與猶堂全書 9』, p. 403) "臣對曰: '……臣以爲, 『齊論』雜而『古論』譌也. ……'"; 「論語策」(『定本 與猶堂全書 2』, p. 70) "臣以爲, 『齊論』雜而『古論』僞也."; 『論語古今注 I』(『定本 與猶堂全書 8』, p. 130) "○[案] ……『齊論』本誤, 不足述也."

『논어』의 전체내용: 『논어』는 '하학상달'의 의미로 구성되어 있다

끝으로, 정약용은 '『논어』의 전체 내용구성'에 대해서도 『논어』가 "첫머리에서 학문學問을 이야기하여 천명天命으로 끝맺으니, 이는 곧 하학상달下學上達의 의미"[10]라고 보았다.

2) 『맹자』의 경우

『맹자』의 저자: "『맹자』는 전부를 맹자가 직접 지은 것은 아니다"

우선, '『맹자孟子』의 저자'와 관련하여 ① 기존의 견해에는 '맹자孟子 자신이 직접 『맹자』 7편을 저술하였다'는 설[孟子自作說]과 맹자가 자작自作한 것이 아니라 그의 사후에 '제자들이 그가 남긴 말을 공동으로 기록하였다'는 설[弟子記錄說]이 있었다. ② 이에 대하여 정약용은 『맹자』의 경문에 대한 나름의 꼼꼼한 검토에 의거하여 "『맹자』 7편에 문인門人들이 기술한 것이 뒤섞여 나오니, 전부를 맹자께서 직접 지으신 것은 아니"[11]며, "『사기史記』에서도 맹자께서 혼자서 지으신 것이라고는 명확하게 이야기한 적이 없다"[12]라고 하여, 기존의 두 설에 대해 일종의 절충적인 입장을 개진하였다.

---

9 「論語對策」(『定本 與猶堂全書 9』, p.409) "臣對曰: '……臣以爲, 學則同師, 問則同道, 則千狐之皮, 可成一裘, 無怪其文之鍊成矣. ……'"

10 『論語古今注 II』(『定本 與猶堂全書 9』, pp. 400~401) "○[案] ……『魯論』一部, 始之以學, 終之以命, 是下學上達之義."

11 『孟子要義』(『定本 與猶堂全書 7』, p. 167) "○[鏞案] ……余故曰: '『孟子』非皆孟子之親筆.'"; 『孟子要義』(『定本 與猶堂全書 7』, p. 182) "○[鏞案] ……大抵『孟子』說古事, 與群經一往不合, 衛孝公, 恐亦此類. 豈皆孟子之親筆乎?"; 『孟子要義』(『定本 與猶堂全書 7』, p. 241) "○余昔有疑於此章, 爲之作辨, 其辭曰: '愚竊嘗論, 『孟子』七篇, 雜出門人之所記述, 而非皆孟子之筆也. ……其非一人之筆, 審矣. ……'"

12 『孟子要義』(『定本 與猶堂全書 7』, p. 27) "○[鏞案] ……七篇, 豈皆親筆乎? 『史記』亦未嘗明云: '孟子獨作'."

『맹자』의 종류: 『맹자』의 종류에 대해서는 '조기'의 견해를 따른다

다음으로, 정약용은 '『맹자』의 종류'와 관련하여 ① 일찍이 동한東漢 때의 인물인 조기趙岐[字는 邠卿, 약 108~201: 中國 後漢의 학자]가 「맹자제사孟子題辭」에서 『맹자』 7편[內篇]—현재 전해지고 있는 것이다— 외에 「성선변性善辨」·「문설文說」·「효경孝經」·「위정爲正」편으로 구성된 '『맹자』 외서外書'가 있었다고 소개하면서, 그 문장이 넓고 깊지 못해 '내편內篇'과 서로 같지 않으니 이는 『맹자』의 진본眞本이 아니라 후세 사람들이 모방하여 가탁한 것으로 평가한 입장[13]에 기본적으로 동의하고 있으며, ② 또한, 이 외서外書가 후세의 다른 책에서 실제로 인용되기도 한 사실과 관련해서는 "조기趙岐가 직접 이 외서 4편을 보았지만 수록하지 않았으니, 이에 그것이 전아하거나 순조롭지 않았음을 알 수 있겠다"[14]라고 인식하여 별다른 의미를 부여하지 않았다.

『맹자』의 문체: 『맹자』는 "한 사람이 짓지 않은 것이 분명하다"

이어, 정약용은 '『맹자』의 문체'에 대해서도 ① 자신의 독자적인 내용분석과 사리판단에 근거하여 "한 사람이 짓지 않은 것이 분명하다. 그러므로 '맹자孟子의 말씀'이라고 한 것 중에도 의심할 만한 것이 많다"[15]라고 하여, 『맹자』의 일부 경문에 대해서는 과감하게 그 신빙성에 의문을 제기하기도 했던바, ② 특히, 그 대표적인 사례로서 「만장장구상萬章章句上」편의 제2장['萬章問舜往于田號泣于旻天'章]과 제3장['萬章曰舜不告而娶完廩浚井'章], 「진심

---

13 『孟子要義』(『定本 與猶堂全書 7』, p. 27) "趙岐「題辭」曰: '『孟子』又有外書四篇, 「性善辨」·「文說」·「孝經」·「爲正」. 其文不能弘深, 不與內篇相似, 非『孟子』本眞, 後世依放而託之者也.'"

14 『孟子要義』(『定本 與猶堂全書 7』, p. 27) "○[鏞案] 趙岐親見四篇而不收, 其不雅馴可知."

15 『孟子要義』(『定本 與猶堂全書 7』, p. 241) "○余昔有疑於此章, 爲之作辨, 其辭曰: '……其非一人之筆, 審矣. 故其云「孟子之言」者, 多不能無疑. ……'"

장구상盡心章句上」편의 제35장['桃應問舜爲天子皐陶爲士瞽瞍殺人'章]의 경우를 들기도 하였다.

『맹자』의 전체내용: 『맹자』는 "성과 도의 본체를 조리 있게 분석한 책"이다

끝으로, 정약용은 '『맹자』의 전체 내용구성'과 관련하여 "참으로 성性과 도道의 본체를 알아 그 줄기와 가지를 조리 있게 분석한 책"[16]으로 보면서, 이는 "맹자孟子께서 장차 도道가 끊어질 것을 아시고 이에 부득불 심성心性의 이치를 발명發明하시어 밖의 것[外]을 따라 안의 것[內]을 밝히지 않으실 수 없었기"[17] 때문이라고 설명하였다.

3) 『대학』의 경우

『대학』의 저자: "『대학』의 저자가 누구인지는 누구도 말한 바 없다"

우선, 정약용은 원래 『예기禮記』 중의 한 편이던 '『대학大學』의 저자'에 대해 ① "『대학』의 저자가 누구인지는 앞 시대 사람들 가운데 누구도 말한 바 없다"고 주장하면서, 이에 『대학장구大學章句』에서 『대학』의 「경1장」은 "공자孔子의 말씀인데 증자曾子가 서술하였고, 「전1장~전10장」은 증자의 뜻인데 그의 문인門人들이 이를 기록하였다"[18]는 주희朱熹의 주장은 전혀 근거 없는 것으로 단정한 바 있다.[19] ② 다만 정약용은 "『대학』

---

16 「五學論 3」(『定本 與猶堂全書 2』, p. 300) "……眞知性·道之體而劈析枝經者『孟子』, ……"

17 「答李汝弘【載毅】」(『定本 與猶堂全書 4』, p. 153) "孔子不言性, 孟子知道之將絶, 發明心性之理, 不得不因外而明內."; 『大學公議』(『定本 與猶堂全書 6』, p. 88) "○[答曰] ……或論心性如『孟子』, 或論天道如『中庸』, 或論德行如此經, 各有所主意趣不同."

18 『大學章句』, 「經1章」의 注 "右經一章, 蓋孔子之言, 而曾子述之. 其傳十章, 則曾子之意而門人記之也."

19 『大學公議』(『定本 與猶堂全書 6』, p. 68) "○[案] ……至於『大學』, 前人不言誰人所作. ……朱子謂: '曾子作經一章, 曾子之門人作傳十章', 亦絶無所據, 朱子以意而言之也."

이 증자 이후에 쓰여진 글"인 것만은 틀림없다고 판단하였다.[20]

『대학』의 연원: '『대학』의 연원'은 『서경』의 「요전」 편과 「고요모」 편에 있으며, 그 '종지'는 "지인·안민"이다

다음으로, 정약용은 우선 '『대학』의 연원淵源'을 특히 『서경書經』의 「요전堯典」 편과 「고요모皐陶謨」 편에서 찾고 있다. 이를 구체적으로 살펴보면, 첫째, 정약용은 『서경』의 「요전」 편과 관련하여 ① "일찍이 생각건대, 중니仲尼의 학문은 요堯·순舜에 근원하고 있다. 그러므로 『대학』에 나오는 '명덕明德·신민新民'에 대해서 (『서경』의: 필자 주) 「요전」 편에서는 '준덕俊德을 밝혀 이로써 구족九族을 화목하게 하시고, 백성을 고루 밝게 하시며, 만방萬邦을 화합하게 하셨다'[21]고 말씀하셨으니, ……이 모두는 '수신修身·제가齊家·치국治國·평천하平天下'를 말하는 것이다. 전후 성인聖人들의 말씀이 부절符節을 합친 듯하다"[22]라고 주장하면서, 이에 대해 그는 "이 경經[「요전」 편: 필자 주]은 '대학大學의 도道'가 출발한 연원이다. 여기서의 '준덕'이란 곧 효孝·제弟·자慈의 큰 덕이요, '준덕을 밝힌다[明俊德]'란 곧 명덕明德을 밝힘[明明德]이다. '구족이 이미 화목하다[九族既睦]'는 것은 이 덕德[孝·弟·慈: 필자 주]으로써 제가함에 가家가 이미 다스려진 것이다. '백성이 덕德을 밝힌다[百姓昭明]'는 것은 이 덕으로써 치국함에 나라가 이미 다스려진 것이다. '만방萬邦을 화합하게 하시니 여민黎民이 변하였다[萬邦·於變]'는 것은 이 덕으로써 평천하함에 천하가 평정되었다는 것이다. 『대학』의

---

20 『大學公議』(『定本 與猶堂全書 6』, p. 106) "○[鏞案] 『大學』明是曾子以後之書, ……"

21 『서경집전書經集傳』 「요전堯典」 편의 경문은 "克明俊德, 以親九族, 九族既睦, 平章百姓, 百姓昭明, 協和萬邦, 黎民, 於!, 變時雍[준덕俊德을 밝혀 이로써 구족九族을 화목하게 하시고, 구족이 이미 화목함에 백성百姓을 고루 밝게 하시며, 백성이 덕을 밝힘에 만방萬邦을 화합하게 하시니, 여민黎民이 아! 변하여 이에 화합하였다]"으로 나온다.

22 『中庸自箴』(『定本 與猶堂全書 6』, pp. 238~239) "[箴曰] ……○竊嘗思之, 仲尼之學, 源於堯·舜, 故『大學』之'明德·新民', 其在「堯典」曰: '克明峻德, 以親九族, 以平百姓, 以協萬邦', ……皆是'修身·齊家·治國·平天下'之說. 前聖後聖之言, 若合[令]符節, ……"

「전수장傳首章」에서 이 경經을 인용하여 그 연원이 오래된 것임을 분명히 보여주었다"[23]고 부연 설명한 바 있다. ② 또한, 정약용은 "기夔야! 너에게 명하여 전악典樂으로 삼노니, 주자冑子를 가르치도록 하라. 곧으면서도 온화하며[直而溫], 너그러우면서도 엄하며[寬而栗], 강하면서도 사나움이 없으며[剛而無虐], 간략하면서도 오만함이 없도록 하라[簡而無傲]"[24]라는 경문과 관련해서도 "『주례周禮』에는 대사악大司樂이 육덕六德으로써 국자國子를 가르쳤으니, 곧 '중中·화和·지祗·용庸·효孝·우友'를 말한다. 이러한 육덕이란 『중용』과 『대학』이란 책이 조술祖述한 바다. '중·화·지·용'의 뜻을 연역한 것이 『중용』이라면,【계신공구戒愼恐懼는 지祗이다. 잠시도 떠나지 않음[須臾不離]은 용庸이다】 '효孝·우友·자慈·순順'의 뜻을 연역한 것이 『대학』이니, 그 본원은 여기[「요전」 편: 필자 주]에 있다. ……도道의 큰 원천이 요堯·순舜에서 일어나, 하夏 나라와 은殷 나라를 거쳐 『주례』로 흘러들었고, 공자孔子의 문하에서 마무리되어 『중용』과 『대학』 두 책이 되며 흐름이 그치게 되었다"[25]고 주장함으로써 역시 「요전」편을 『대학』의 본원으로 인식·강조한 바 있다.

---

23 『尙書古訓 I』(『定本 與猶堂全書 11』, p. 125) "【克明俊德】 ……○[鏞案] ……但此經[『書經』의 「堯典」편: 필자 주]是'大學之道'淵源所發. '俊德'者, 孝·弟·慈之大德, '明俊德'者, 明明德也. '九族旣睦'者, 以此德而齊家, 家旣齊也. '百姓昭明'者, 以此德而治國, 國旣治也. '萬邦·於變'者, 以此德而平天下, 天下平也. 『大學』首引此經, 明其源遠也."

24 『서경집전書經集傳』 「순전舜典」편의 경문經文은 "帝曰: '夔! 命汝典樂, 敎冑子. 直而溫, 寬而栗, 剛而無虐, 簡而無傲. ……'[제순帝舜이 말씀하시기를 "기夔야! 너에게 명하여 전악典樂을 삼노니, 주자冑子를 가르치도록 하라. 곧으면서도 온화하며, 너그러우면서도 엄하며, 강하면서도 사나움이 없으며, 간략하면서도 오만함이 없게 할 것이다. ……"라고 하셨다]"로 나온다.

한편, 이처럼 상기의 경문, 즉 '전악典樂의 사언四言의 경계'는 채침蔡沈[九峯, 1167~1230: 中國 南宋의 학자]의 『서경집전』에는 「순전」편에 나오나, 정약용은 매색梅賾[字는 仲眞, ?~?: 中國 東晉의 학자]이 『서경』을 위작僞作하면서 「요전堯典」편을 둘로 나누어 「순전」편을 만들었다고 보기 때문에 그 출전을 여전히 「요전」편으로 표기하고 있다.

25 『尙書古訓 I』(『定本 與猶堂全書 11』, p. 232) "○[案] ……『周禮』, 大司樂, 以六德敎國子, 曰: '中·和·祗·庸·孝·友'. 六德者, 『中庸』·『大學』之書所祖述也. '中·和·祗·庸'之義, 演之爲『中庸』【戒愼恐懼, 祗也. 須臾不離, 庸也】; '孝·友·慈·順'之義, 演之爲『大學』, 其源本在是也. ……道之大源, 起於堯·舜, 歷夏與殷, 流于『周禮』, 終于孔門, 爲『中庸』·『大學』二書而止."

둘째, 정약용은 『서경』의 「고요모」편과 관련해서도 ① “(『서경』의: 필자 주) 「고요모」 1편은 『대학』의 연원이다. 뭇 성인聖人들께서 서로 간에 전수해오신 뜻이 이 「모謨」에서 비롯되어 『대학』에서 마무리되고 있음을 살펴보지 않을 수 없다. ……상하 2천 년이라는 긴 세월에도 그 말씀들은 마치 부절符節을 합친 듯하니, 이 어찌 치국治國·평천하平天下의 종지宗旨가 아니겠는가?”[26]라고 설명하였다. ② 또한, “『대학』의 ‘명덕明德·신민新民’에 대해서 ……「고요모」편에서는 ‘몸을 닦음에 삼가시고, 구족九族에게 돈독하게 펴시며, 여러 현명한 이가 힘써 돕는다면 가까운 데서부터 먼 데로 미루어나감이 여기에 달려 있습니다’[27]라고 하였으니, 이 모두는 ‘수신·제가치국·평천하’를 말하는 것이다. 전후 성인聖人들의 말씀이 부절符節을 합친 듯하다”[28]라고 주장하면서, 이에 대해 그는 “「고요모」 1편은 『대학』과 『중용』의 본원이다. ……‘진실로 그 덕德을 실행한다[允迪厥德]’는 것은 명명덕明明德이요, ‘도모하는 일이 밝아져 보필하는 자가 화해한다[謨明弼諧]’는 것은 한 나라가 인仁에 흥기함에 다스림을 보좌하는 자가 많음이다. 고요皐陶가 간략히 말했는데 우禹의 질문을 받고는 상세히 설명하였다. ‘몸을 닦음을 삼간다[愼厥身修]’는 것은 성의誠意로

26 『大學公議』(『定本 與猶堂全書 6』, p. 140) “○[鏞案] 「皐陶謨」一篇, 乃『大學』之淵源. 千聖相傳之旨, 始於此「謨」, 終於『大學』, 不可不察也. 上云: ‘愼厥身修, 敦敍九族, 庶明勵翼, 邇可遠在玆’者, 『大學』之‘修身·齊家·治國而平天下’也. 此云: ‘知人之哲·安民之惠’, 卽『大學』此章之兩大義也. ……上下二千年之遠, 而其言若合符契, 斯豈非‘治·平’之宗旨乎?”; 『梅氏書平』, 「閻氏『古文疏證』鈔 3」(『定本 與猶堂全書 13』, p. 405) “○[鏞案] 『大學』·『中庸』, 其淵源皆始於「皐陶謨」, 象山之論, 確哉!”

27 『상서고훈尙書古訓』에는 「고요모皐陶謨」편의 경문經文이 “曰若稽古, 皐陶曰: ‘允迪厥德, 謨明弼諧.’ 禹曰: ‘兪. 如何?’ 皐陶曰: ‘都! 愼厥身修, 思永, 惇敍九族, 庶明勵翼, 邇可遠在玆.’ 禹拜昌言曰: ‘兪.’[옛말을 상고하건대, 고요皐陶가 말하기를 “진실로 그 덕을 실행하시면 도모하시는 일이 밝아져 보필하는 자가 화해和諧할 것입니다”라고 하였다. 우禹께서 말씀하시기를 “너의 말이 옳다. 어떻게 하는 것인가?” 하셨다. 고요皐陶가 말하기를 “아! 훌륭하십니다. 몸을 닦음에 삼가시고, 생각을 영원하게 하시며, 구족九族에게 돈독하게 펴시며, 여러 현명한 이가 힘써 돕는다면 가까운 데서부터 먼 데로 미루어 나아감이 여기에 달려 있습니다”라고 하였다. 우禹께서 창언昌言에 절하시며 “너의 말이 옳다”라고 하셨다]”로 나온다.

28 『中庸自箴』(『定本 與猶堂全書 6』, pp. 238~239) “[箴曰] ……○……『大學』之‘明德·新民’, ……其在「皐陶謨」曰: ‘愼厥身修, 敦敍九族, 庶明勵翼, 邇可遠在玆’, 皆是‘修身·齊家·治國·平天下’之說. 前聖後聖之言, 若合[令]符節, ……”

써 수신함이다.【『대학』에서 '신독愼獨으로 성의誠意한다'고 한즉, 곧 이 '신愼'자이다】 '생각을 영원하게 한다[思永]'는 것은 항상 수신이 치국과 평천하의 근본이 됨을 생각한즉 영원한 사려思慮가 됨이다. '구족九族에게 돈독하게 편다[惇敘九族]'는 것은 효孝·제弟·자慈로 제가함이다. 위로 부조父祖에게 효도하고, 옆으로 형제와 화목하며, 아래로 자손을 자애롭게 대하니, 이에 돈독하게 폄이 되는 것이다. 구족이 이미 화목하면 백성은 밝게 된다. '여러 현명한 이[庶明]'란 밝은 백관百官이다. 이미 백관이 밝게 되면 도모하는 일이 밝게 되며, 이미 여러 현명한 이들이 힘써 도우면 보필하는 자가 화해하게 되니, 이에 천하를 다스림을 손바닥 위에서 운용할 수 있게 되는 것이다. '가까운 데서부터 먼 데로 미루어 나아간다[邇可遠]'는 것은 몸이 천하에 이를 수 있음이니, 이것은 만세토록 도학道學의 연원인 것이다【『지원록知遠錄』】"29라고 부연 설명함으로써 새삼 「고요모」편이 '『대학』의 연원'이 됨을 강조하고 있다.

한편, 정약용은 '『대학』의 종지宗旨'와 관련하여 "지인知人과 안민安民은 『대학』 한 편의 종지이자, 또한 『대학』 한 편의 마무리[結局]가 되나니, 그 연원이 바로 이 경經[「고요모」편: 필자 주]에 있음에 아득히 멀다고 하겠다. ……지인知人은 인仁하고 어진 이를 보물로 여김을 요무要務로 삼으며, 안민安民은 세금을 적게 거둠을 요지要旨로 삼는바, 그 연원의 출발이 곧 이 경[「고요모」편: 필자 주]에 있지 않겠는가? ……천하를 다스리는 대경大經과 대법大法이란 오직 이 두 가지뿐이니, 따라서 『대학』에서는 이로써 마무리를 지은 것이다"30라고 주장했던바, 또한 이러한 입장

29 『尙書古訓 I』(『定本 與猶堂全書 11』, pp. 243~244) "○[論曰] 「皐陶謨」一篇, 『大學』·『中庸』之本源. ……'允迪厥德'者, 明明德也. '謨明弼諧'者, 一國興仁而佐治者衆也. 皐陶約言之, 待禹之問而詳說之. '愼厥身修'者, 誠意以修身也.【『大學』, '愼獨以誠意', 卽此'愼'字】 '思永'者, 恒思修身爲治國·平天下之本, 則永遠之慮也. '惇敘九族'者, 孝·弟·慈之齊家也. 上孝父祖, 旁睦兄弟, 下慈子孫, 於是乎惇敘也. 九族旣睦, 百姓昭明. '庶明'者, 昭明之百官也. 旣昭明矣, 其謨明矣; 其勵翼矣, 其弼諧矣, 治天下可運於掌上. '邇可遠'者, 身可天下, 此萬世道學之淵源也.【『知遠錄』】"

30 『尙書古訓 I』(『定本 與猶堂全書 11』, p. 245) "○[論曰] 知人·安民者, 『大學』一篇之宗旨, 亦『大學』一篇之結局, 其淵源在此經, 遙遙其遠矣. ……知人以寶仁賢爲要務, 安民以薄賦斂爲要旨, 其源頭所發, 非卽此經乎? ……治天下之大經·大法, 唯斯二者, 故『大學』以此而結局也."

또한, 정약용은 다음과 같이 말한 바 있다: "치국治國·평천하平天下의 방법은 구경九經과 팔통八統에도 나와 있듯이 그 항목이 매우 광범한데도, 하필이면 이 두 가지['知人'과 '安民': 필자 주]가 큰 항목이 되는 것인가?【정조正祖께서 내각內閣에서 강講하실 때에 개번 이것으로써 강관講官에게 하문下問하셨으나, 한 사람도 대답할 수 있는 자가 없었다.】 원래 인간에게는 욕심이 있는데, 그중 큰 욕심으로는 두 가지가 있으니, 하나는 '부富'이고, 다른 하나는 '귀貴'이다. 무릇 군자君子의 족속이란 왕의 조정에서 벼슬하는 자이니, 그 바라는 바가 귀貴에 있다. 소인小人의 족속이란 왕의 땅에서 경작하는 자이니, 그 바라는 바가 부富에 있다. 관직에 사람을 임용함에 그 마땅함을 잃게 되면 원망과 저주가 귀족貴族 사이에서 일어나며, 백성에게 은혜를 베풂에 고르지 아니함이 있게 되면 원망과 저주가 소민小民 사이에서 일어나니, 이 두 가지는 모두 나라를 잃게 만들기에 족하다. 어떤 사람의 나라가 다스려지고 어지러워지며 흥하고 망하는 까닭과 인심人心의 향배向背와 (天命의: 필자 주) 거취去就가 결정되는 이유를 묵묵히 생각해보면, 이 두 가지에서 벗어나지 않는다. 참으로 그러하도다! 성인聖人의 말씀이란 모두가 신사愼思와 명변明辨에서 나온 것이니, 중인衆人의 거친 마음을 가진 자가 알 수 있는 것이 아니다. 인재의 선발을 공정히 함과 세금을 적게 거둠은 천명天命이 영원하도록 기원하는 근본인 것이다.【정조正祖께서 매번 치도治道를 논하시면서 '거당去黨·징탐懲貪[당파를 제거하고 탐관오리를 징계한다]'이라는 네 글자로써 요지를 삼으셨던바, 대개 이는 일면 관직에 사람을 임용함의 요지이자 일면 백성을 편안케 함의 요지이기도 하다】(○[論曰] ……治·平之術, 九經·八統, 其目甚廣, 奚必斯二者之爲大乎?【先朝閣講, 每以是下問講官, 無一人能對者】 原夫生民有欲, 其大欲有二, 一曰: '富', 二曰: '貴'. 凡君子之族, 仕於王朝者, 其所欲在貴. 小人之族, 耕於王野者, 其所欲在富. 官人失其宜, 則怨詛興於貴族; 惠民有不周, 則怨詛興於小民, 二者皆足以失國. 默思人國之所以治亂·興亡, 人心之所以向背·去就, 不出此二者之外. 信乎! 聖人之言, 皆自愼思·明辨中出來, 非衆人麤心者之所能知也. 公選擧·薄賦斂, 爲祈天永命之本.【先朝每論治道, 以'去黨·懲貪'四字爲要旨, 蓋此一是官人之要, 一是安民之要】)" 『尙書古訓 I』(『定本 與猶堂全書 11』, pp. 245~246); "'지인知人과 안민安民은 제帝께서도 어렵게 여기셨습니다. 지인知人한다면 지혜로워 관직에 사람을 임용할 수 있으며, 안민安民한다면 은혜로워 백성이 잘 따를 것이다'라는 이 말씀은 『대학』의 치국治國과 평천하平天下의 종지宗旨입니다. ……『대학』의 궁극적인 귀착점은 반드시 평천하에 있는바, 이에 '평천하' 한 단락에는 오직 두 가지 대의大義가 있나니, 하나는 '관인官人[관직에 사람을 임용함]'이요, 다른 하나는 '혜민惠民[백성에게 은혜를 베풂]'입니다. ……지난날 정조正祖께서 매번 문신文臣[抄啓文臣: 필자 주]을 새롭게 선발하시어 『대학』을 진강進講하도록 하실 때마다 반드시 이 뜻을 물어 말씀하시기를 '어진 이를 등용하고 세금을 적게 거두어들이는 일은 진실로 국가의 대정大政이 되기는 하지만, 구경九經[修身·尊賢·親親·敬大臣·體羣臣·子庶民·來百工·柔遠人·懷諸侯: 필자 주]과 오전五典[君臣·父子·兄弟·夫婦·朋友: 필자 주]의 절목節目이 매우 많음에도 어찌하여 유독 이 두 가지 일만을 거듭 반복하여 말하고 다른 일은 생략하여 언급하지 않는 것인가?'라고 하셨습니다. 여러 신하들이 대답한 것에 모두 적확的確한 견해가 없었으며, 임금의 가르침 또한 일찍이 본지本旨를 부연설명하지 않으시고 단지 물러가라고 명하실 뿐이어서, 무슨 까닭인지 알은 국가를 다스리는 자의 두 가지 커다란 정책으로서 무엇보다 '용인用人'과 '이재理財'를 강조하는 것으로 표현되기도 하였다.[31]

지 못했습니다. 이후에 깊은 산속에 물러나 있으면서 밤낮으로 생각하다가 황연恍然히 깨달음이 있는 것 같았는데, 국가의 치란治亂과 흥망興亡이 단지 이 두 가지 일['官人'과 '惠民': 필자 주]에 달려 있으며, 인심人心의 향배向背와 천명天命의 거취去就가 단지 이 두 가지 일에서 연유함을 알게 되었습니다. 왜 그럴까요? 원래 인간이 이 세상에 태어나면 두 가지 큰 욕심을 갖게 되는데, 하나는 '부富'이고 다른 하나는 '귀貴' 이것일 뿐입니다. 이에 군자君子가 조정朝廷에 있으면서 바라는 바는 귀貴에 있으며, 소인小人이 들판[野]에 있으면서 바라는 바는 부富에 있습니다. 무릇 조정에서는 인심의 향배가 오로지 관직에 사람을 임용함에 있어서의 공정과 편파에 달려 있다면, 무릇 전야田野에서는 인심의 향배가 오로지 백성에게 은혜를 베풂에 있어서의 얄음과 두터움에 달려 있습니다. 처음 인재를 뽑아 직임職任을 맡길 때까지 그리고 크게는 부세賦稅와 작게는 요역徭役에 이르기까지, 그 울분과 원망이 위로 천天의 화기和氣를 건드리게 되면 마침내 천명天命이 바뀌고 천하는 망하게 됩니다. 조용히 국가의 치란과 흥망의 근본을 생각해봄에 과연 이 두 가지 일에 있을 따름입니다.('知人·安民, 唯帝其難之. 知人則哲, 能官人; 安民則惠, 黎民懷之', 此『大學』治·平之宗旨也. ……『大學』之究竟·歸趣, 必在乎平天下, 而乃平天下一段, 唯有兩大義, 一曰: '官人', 二曰: '惠民'. ……昔在先朝, 每新選文臣, 進講『大學』, 必問斯義, 曰: '進賢·薄賦, 固爲有國之大政, 而九經·五典, 節目尙多, 奚獨此二事重言復言, 而略不及於他事也?' 諸臣所對, 皆無的確之見, 上諭亦未嘗敷宣本旨, 而但命黜退, 不知何故. 其後屛居深山之中, 蚤夜以思, 恍然若有悟者, 知國之所以治亂·興亡, 只此二事; 人心向背, 天命去就, 只此二事. 何也? 原夫人生斯世, 有兩大欲存焉, 一曰: '富', 一曰: '貴', 斯而已矣. 乃君子在朝, 其所欲在貴; 小人在野, 其所欲在富. 凡朝廷之上, 其人心向背, 專係乎官人之公偏; 凡田野之間, 其人心向背, 專係乎惠民之薄厚. 始自選擧, 終於授任, 大如賦稅, 小則徭役, 其拂鬱冤悶之情, 上干天和, 則天命遂改, 九有以亡. 靜思人國治亂·興亡之本, 果然此二事而已.)" 『讀『尙書補傳』』, 「皐陶謨」(『定本 與猶堂全書 37』[與猶堂全書補遺 III], pp. 244~245)

31 『大學公議』(『定本 與猶堂全書 6』, p. 139) "○[議曰] 爲國者, 其大政有二, 一曰: '用人', 二曰: '理財'. 大凡人生斯世, 其大欲有二, 一曰: '貴', 二曰: '富'."

또한, 정약용은 다음과 같이 말한 바 있다: "『대학』의 「평천하平天下」장에서 용인用人과 이재理財의 도道를 극론極論하면서 반복하여 그치지 않으니, 이 두 가지가 치국治國·평천하平天下의 대강大綱이 됨을 알 수 있겠다.(『大學』「平天下」章, 極論用人·理財之道, 反復不已, 二者之爲治·平之大綱, 居可知矣.)" 「用人·理財說」(『定本 與猶堂全書 2』, p. 212); "인간의 큰 욕심은 '부富·귀貴' 두 가지를 벗어나지 않는다. 군자君子가 크게 바라는 바는 귀貴에 있으며, 소인小人이 크게 바라는 바는 부富에 있다. '용인用人과 이재理財'란 두 가지 일은 이러한 두 가지 정情을 다스리는 바이다.【동원東園은 "『주역周易』에 이르기를 '무엇으로 지위를 지키는가? 인仁이다. 무엇으로 백성을 모이게 하는가? 재물이다'라고 했는데, '인仁'은 의당 '인人'으로 써야 한다"고 말했다】(○[今案] 生民之所大欲, 不出於'富·貴'二物. 君子之所大欲在貴, 小人之所大欲在富. '用人·理財'二事, 所以馭此二情也.【東園云: '『易』曰: 「何以守位? 曰仁; 何以聚民? 曰財」, 「仁」當作「人」.'】)" 『大學講義』(『定本 與猶堂全書 6』, p. 161)

『대학』이 사서 가운데 하나가 된 유래: ‘원대 인종의 팔비법’에 있다

한편, 정약용은 ‘『대학』이 사서四書 가운데 하나가 된 유래’에 대해서도 ① 이미 전한前漢[西京] 때부터 『대학』의 의미를 전공해온 자들이 있었다는 사실은 인정했지만, 그럼에도 『대학』이 당唐·송대宋代부터 별도의 단행본으로 간행되었다는 여러 주장에 대해서는 정확한 것이 아니라고 비판하면서, ② 『대학』을 표장表章한 것은 ‘이정二程[程顥와 程頤]’에서 비롯된 것이며, 특히 이 책이 사서四書 중의 하나가 된 것은 원대元代에 인종仁宗이 팔비법八比法을 시행하면서 주자朱子의 『장구章句』를 취한 데서 시작된 것[32]으로 주장한 바 있다.

『대학』의 문체: “『대학』은 단지 한 장으로 된 책”으로서 문장을 엮어가는 솜씨가 교묘하다

이어, 정약용은 ‘『대학大學』의 문체’와 관련하여 ① “『대학』은 단지 한 장으로 된 책”이라는 나여방羅汝芳[近溪, 1515~1588: 中國 明 나라의 학자]의 주장을 “통유通儒의 쾌론快論”이라 칭찬하면서,[33] ② 또한, 『대학』의 경문은 “모두 글[文]이 끊어진 곳에서는 뜻[意]이 이어지고, 뜻이 끊어진 곳에서는 글이 이어져” 문장을 엮어가는 솜씨가 교묘하기 그지없다[34]고 나름

---

32 『大學公議』(『定本 與猶堂全書 6』, pp. 68~69) “○[案] 近儒據此謂: ‘宋 仁宗時, 『大學』早已專行.’ 又謂: ‘韓愈「原道」, 獨標誠意, 卽在唐世, 早已專行’, 皆非公言. 『大學』表章, 自二程始, 『大學』之列爲四書, 自元 仁宗八比法取朱子『章句』始也.”; 『中庸自箴』(『定本 與猶堂全書 6』, pp. 226~228) “○[鏞案] 『中庸』·『大學』, 已自西京以來, 有專治其義者. 然其別爲一書, 用之科擧者, 自元 仁宗始也. 元 仁宗刱八比法, 始用朱子『章句』取士. ……○[鏞案] ……『中庸』·『大學』, 本『禮記』中二篇. 其拔之『禮記』之中, 而別自爲書, 自元 仁宗始也. ……毛大可曰: ‘『隋書』「經籍志」, 有『中庸講疏』一卷. 當時輯經者, 曾抽『大學』·『中庸』二篇, 幷『論語』·『孟子』合稱小經, 而有宋因之, 遂改名四書.’ ○[鏞案] 此人心嫉程·朱, 欲奪『中庸』·『大學』表章之功, 歸之前代, 故屢爲此說. ……朱子『章句』之前, 『中庸』·『大學』本不能別自爲書, 何得列數於選擧之目, 而曰大曰小乎? 誣罔甚矣.”

33 『大學公議』(『定本 與猶堂全書 6』, p. 101) “○[鏞案] ……近日羅近溪謂: ‘『大學』只是一章書’, 亦通儒之快論也.”

34 『大學公議』(『定本 與猶堂全書 6』, pp. 110~111) “○[議曰] ……綴文之巧, 有如是矣.

대로의 해석학적 견지에서 적극 평가하기도 하였다.

『대학』의 전체내용: “강은 ‘명덕’이요 목은 ‘효·제·자’이다”

끝으로, 정약용은 ‘『대학』의 전체 내용구성’에 대하여 ① 『대학』의 극치極致와 실용實用은 ‘효孝·제弟·자慈’를 벗어나지 않으며, 또한 태학太學의 조례條例에서 강綱은 ‘명덕明德’이요 목目은 ‘효·제·자’일 따름[35]이요, 특히 “성의誠意와 정심正心은 이 경經[『대학』: 필자 주]의 대목大目이 되니, 이에 선유先儒들이 마침내 이 경經을 심心과 성性을 다스리는 법法으로 삼았다”[36]고 인식했던바, ② 또한, 이를 한마디로 요약하자면 곧 ‘덕행德行’이 된다[37]고 보기도 하였다.

4) 『중용』의 경우

『중용』의 저자: 주희의 ‘자사저작설’을 수용하였다

우선, 정약용은 ‘『중용中庸』의 저자’와 관련하여 ① 『대학』의 경우와는 달리 주희朱熹의 입장인 ‘자사저작설子思著作說’에 대해 명시적인 이견을 표명하지 않았으며, ② 더욱이 『중용』의 연원을 『서경書經』의 「요전堯典」편과 「고요모皐陶謨」편에 두면서 “고요皐陶의 ‘중中·용庸의 학문’은 하夏 나

『大學』·『中庸』, 皆文斷處意續, 意斷處文續, 此之謂也.【本東園之說】”

35 『大學公議』(『定本 與猶堂全書 6』, pp. 80~81) “[記事] 乾隆辛亥, 內閣月課, 親策問『大學』. 臣對曰: ‘臣妄竊以爲『大學』之極致·『大學』之實用, 不外乎「孝·弟·慈」三者. 今欲明『大學』之要旨, 必先將「孝·弟·慈」三字, 疏滌表章, 然後一篇之全體大用, 乃可昭也. ……’”; 『大學公議』(『定本 與猶堂全書 6』, pp. 81~83) “[答難] ……○[答曰] ……若其太學條例, 則綱曰: ‘明德’, 目曰: ‘孝·弟·慈’而已.”

36 『大學公議』(『定本 與猶堂全書 6』, p. 89) “○[答曰] ……總之, 誠意·正心, 爲此經之大目, 故先儒遂以此經爲治心·繕性之法.”

37 『大學公議』(『定本 與猶堂全書 6』, p. 88) “○[答曰] ……或論心性如『孟子』, 或論天道如『中庸』, 或論德行如此經, 各有所主意趣不同.”

라와 은殷 나라를 거치면서도 땅에 떨어지지 않았고, ……주공周公에게 전해지고, ……공자孔子에게 전해지며 ……자사子思에게 전해져서 이에 『중용』이란 책을 지었으니, 그 연원이 참으로 멀도다!【『상서지원록尙書知遠錄』】"[38]라고 주장한 바 있다. 결국 이러한 사실들을 미루어볼 때 정약용은 주희의 견해를 수용했던 것으로 보아도 무방하리라 판단된다.

『중용』의 연원: 『서경』의 「요전」 편과 「고요모」 편에 있으며, 그 '종지'는 "중용"이다

다음으로, 정약용은 우선 '『중용』의 연원'을 『대학』의 경우와 마찬가지로 『서경』의 「요전」 편과 「고요모」 편에서 찾고 있다. 이를 구체적으로 살펴보면, 첫째, 정약용은 『서경』의 「요전」 편과 관련하여 ① "기夔야! 너에게 명하여 전악典樂으로 삼노니, 주자胄子를 가르치도록 하라. 곧으면서도 온화하며[直而溫], 너그러우면서도 엄하며[寬而栗], 강하면서도 사나움이 없으며[剛而無虐], 간략하면서도 오만함이 없도록 하라[簡而無傲]"라는 경문을 해석하면서 "이는 『중용』의 연원이다. 『주례周禮』에는 대사악大司樂이 육덕六德으로써 국자國子를 가르쳤으니, 곧 '중中·화和·지祗·용庸·효孝·우友'를 말한다. 이러한 육덕六德이란 『중용』과 『대학』이란 책이 조술祖述한 바다. '중·화·지·용'의 뜻을 연역한 것이 『중용』이라면,【계신공구戒愼恐懼는 지祗이다. 잠시도 떠나지 않음[須臾不離]은 용庸이다】 '효孝·우友·자慈·순順'의 뜻을 연역한 것이 『대학』이니, 그 본원은 여기[「요전」 편: 필자 주]에 있다. 대저 덕德을 기르는 요체는 '중中·화和'에 있다. 편벽되지 않고 치우치지 아니하여 지나침이나 미치지 못함이 없는 것이 중·화의 덕이다. 고요皐陶가 말한 구덕九德의 조목[寬而栗·柔而立·愿而恭·亂而敬·擾而毅·直而溫·簡而廉·剛而塞·彊而

38 『尙書古訓 I』(『定本 與猶堂全書 11』, pp. 247~249) "○[鏞案] ……皐陶'中·庸之學', 歷夏·殷而不墜, ……皐陶'中·庸之學', 傳至周公, ……'中·庸之學', 傳至孔子, ……'中·庸之學', 傳至子思, 乃作『中庸』之書, 源遠矣哉!【『知遠錄』】"

義: 필자 주]이 중·화의 상세한 나열이라면, 전악典樂의 사언四言의 경계[直而溫·寬而栗·剛而無虐·簡而無傲: 필자 주]는 중·화의 요령要領이다. 무릇 사람이 덕을 기름에는 ……장점은 지키고 단점은 고치며 능한 것은 보존하고 병폐는 제거한다면 곧 중·화의 온전한 덕이 되는 것이다. 몸에 드러나 시종 항상됨이 있으며[彰厥有常] 오래도록 중中을 지킬 수 있다면 '중中·용庸'의 성덕成德인 것이다. ……도道의 큰 원천이 요堯·순舜에서 일어나, 하夏 나라와 은殷 나라를 거쳐 『주례』로 흘러들었고, 공자孔子의 문하에서 마무리되어 『중용』과 『대학』 두 책이 되며 흐름이 그치게 되었다"[39]고 주장한 바 있다. ② 또한, 정약용은 새삼 "일찍이 생각건대, 중니仲尼의 학문은 요·순에 근원하고 있다. ……전후 성인聖人들의 말씀이 부절符節을 합친 듯하니, 어찌 유독 '중·용' 두 글자만이 중니께서 처음 세우신 가르침이어서 요·순의 시대에는 이러한 설이 없었겠는가? ……(『서경』의: 필자 주) 「요전」편에서는 '기夔야! 너를 명하여 전악典樂으로 삼노니, 주자冑子를 가르치도록 하라. 곧으면서도 온화하며, 너그러우면서도 엄하며, 강하면서도 사나움이 없으며, 간략하면서도 오만함이 없도록 하라'고 하였으니, 이는 편벽되지 않고 치우치지 아니하며 지나침이나 미치지 못함이 없는 덕德임을 또한 밝게 말한 것이며, (『주례』에 나오는: 필자 주) 대사악大司樂의 '중中·화和·지祗·용庸'의 가르침도 본래 「요전」편에서 나왔음은 명백하다. ……중니께서 '중·용'으로 가르침을 세우신 본원은 요·순에서 비롯한 것이다"[40]라고 강조했던바, 이로써 그는 「요전」편이 곧 『중용』의

---

39 『尙書古訓 I』(『定本 與猶堂全書 11』, p. 232) "○[案] 此『中庸』之源也. 『周禮』, 大司樂, 以六德敎國子, 曰: '中·和·祗·庸·孝·友'. 六德者, 『中庸』·『大學』之書所祖述也. '中·和·祗·庸'之義, 演之爲『中庸』【戒愼恐懼, 祗也. 須臾不離, 庸也】; '孝·友·慈·順'之義, 演之爲『大學』, 其源本在是也. 大抵養德之要, 在於'中·和'. 不偏不倚, 無過不及者, 中·和之德也. 皐陶九德之目, 中·和之細列也; 典樂四言之戒, 中·和之要領也. 凡人養德 ……守其所長, 矯其所短, 存其所能, 去其所病, 則中·和之全德也. 彰厥有常, 能於久中, 則'中·庸'之成德也. ……道之大源, 起於堯·舜, 歷夏與殷, 流于『周禮』, 終于孔門, 爲『中庸』·『大學』二書而止."

40 『中庸自箴』(『定本 與猶堂全書 6』, pp. 238~239) "[箴曰] ……○竊嘗思之, 仲尼之學,

연원임을 거듭 천명한 바 있다.

둘째, 정약용은 『서경』의 「고요모」편과 관련해서도 ① "지금 (『서경』의: 필자 주) 「고요모」편을 살펴보면, 고요皐陶가 구덕九德의 조목을 나열하면서 그 첫 번째로 '너그러우면서도 엄하다[寬而栗]'고 했던바, 대저 너그러움에 편벽되지 않고 엄함으로써 구제하였으니 곧 중中인 것이다. 그 두 번째로는 '유순하면서도 꼿꼿하다[柔而立]'고 했던바, 대저 유순함에 치우치지 않고 꼿꼿함으로써 구제하였으니, 곧 중中인 것이다. 그 다섯 번째로는 '익숙하면서도 굳세다[擾而毅]'고 했던바, 대저 익숙함에 지나치지 않고 굳셈으로써 구제하였으니, 곧 중中인 것이다. 그 여섯 번째로는 '곧으면서도 온화하다[直而溫]'고 했던바, 대저 곧음에 지나치지 않고 온화함으로써 구제하였으니, 곧 중中인 것이다. 나머지의 이른바 '삼가면서도 공손하다[愿而恭]'·'다스리면서도 공경하다[亂而敬]'·'간략하면서도 모나다[簡而廉]'·'굳세면서도 독실하다[剛而塞]'·'강하면서도 의를 좋아하다[彊而義]'라는 것도 지금 비록 자의字義가 분명하지 않은 것이 많으나, 요컨대 이 모두는 이것에만 편벽되지 않고 저것과 같은 것도 같이 겸한다는 뜻을 나타내고 있다.【나의 『상서설尙書說』에 자세히 나오니, 지금은 세세히 논하지 않는다】 끝에서는 '몸에 드러나 시종 항상됨이 있음이 길한 사람이로다! [彰厥有常, 吉哉!]'라는 말로 마무리하였으니, 여기서 '구덕九德'이란 곧 '중中'이요, '항상됨이 있음[有常]'이란 곧 '용庸'이다. 이에 '중·용' 두 글자가 어찌 요·순 이래 성인聖人과 성인께서 서로 전수해오신 은밀한 뜻이자 요긴한 말씀이 아니겠는가?"[41]라고 해석한 바 있다. ② 또한, 정약용은 새

源於堯·舜, ……前聖後聖之言, 若合[令]符節, 奚獨'中·庸'二字, 爲仲尼所刱建, 而堯·舜之世, 無此說乎? ……其在「堯典」曰: '夔! 命汝典樂, 敎冑子. 直而溫, 寬而栗, 剛而無虐, 簡而無傲', 其爲不偏不倚·無過不及之德, 又昭昭然, 而大司樂'中·和·祗·庸'之敎, 本出「堯典」, 又彰彰然矣. ……仲尼以'中·庸'立敎, 源源本本, 起於堯·舜."

41 『中庸自箴』(『定本 與猶堂全書 6』, p. 239) "[箴曰] ……○……今案「皐陶謨」, 皐陶陳九德之目, 其一曰: '寬而栗', 夫不偏於寬而濟之以栗, 則中也. 其二曰: '柔而立', 夫不倚於柔而濟之以立, 則中也. 其五曰: '擾而毅', 夫不過於擾而濟之以毅, 則中也. 其六曰: '直

삼 "이 구덕九德은 곧 중中·화和의 성덕成德이다. 치우치지 아니하고 외롭지 아니함이 이와 같으면서 여기에다 항상됨이 있음에, 곧 중中·화和·지祗·용庸을 갖춘 사람이요, '중·용'의 대원大源이다. ……구덕이란 모두가 중中을 잡아 치우치지 않고자 함이니, 이른바 '중中·화和의 가르침'이다 ……고요皐陶의 '중·용의 학문'은 하夏 나라와 은殷 나라를 거치면서도 땅에 떨어지지 않았고, ……주공周公에게 전해지고, ……공자孔子에게 전해지며 ……자사子思에게 전해져서 이에 『중용』이란 책을 지었으니, 그 연원이 참으로 멀도다!【『상서지원록尙書知遠錄』】"[42]라고 감탄하는 가운데 거듭 "「고요모」 한 편은 『대학』과 『중용』의 본원이다"[43]라고 주장했던바, 이로써 그는 「고요모」가 곧 『중용』의 연원이 됨을 반복적으로 재확인한 바 있다.

한편, 정약용은 '『중용』의 종지宗旨'란 곧 상기한 바의 "중中·용庸"으로서, 이는 "지선至善이 소재하는 곳이자 내 몸이 말미암아야 할 도道가 된다"고 새삼 강조한 바 있다.[44]

而溫', 夫不過於直而濟之以溫, 則中也. 餘所謂'愿而恭'·'亂而敬'·'簡而廉'·'剛而塞'·'彊而義', 雖其字義, 今多不明, 要皆不偏於此而兼之如彼之意.【詳見余『尙書說』, 今不細論】 末乃結之曰: '彰厥有常, 吉哉!', 則'九德'者, '中'也; '有常'者, '庸'也. '中·庸'二字, 其非堯·舜以來聖聖相傳之密旨·要言乎?"

42 『尙書古訓 I』(『定本 與猶堂全書 11』, pp. 247~249) "○[鏞案] 此九德, 則中·和之成德也. 不偏·不孤如此, 而又能有常, 則中·和·祗·庸之人也, 中·庸之大源也. ……九德, 皆欲執中而不偏, 所謂'中·和之教'也. ……皐陶'中·庸之學', 歷夏·殷而不墜, ……皐陶'中·庸之學', 傳至周公, ……'中·庸之學', 傳至孔子, ……'中·庸之學', 傳至子思, 乃作『中庸』之書, 源遠矣哉!【『知遠錄』】"

43 『尙書古訓 I』(『定本 與猶堂全書 11』, p. 243) "○[論曰] 「皐陶謨」一篇, 『大學』·『中庸』之本源."; 『梅氏書平』, 「閻氏『古文疏證』鈔 3」(『定本 與猶堂全書 13』, p. 405) "○[鏞案] 『大學』·『中庸』, 其淵源皆始於「皐陶謨」, 象山之論, 確哉!"; 『讀『尙書補傳』』, 「皐陶謨」(『定本 與猶堂全書 37』[與猶堂全書補遺 III], pp. 246~247) "其云: '『中庸』之淵源', 何也? ……「皐陶」九德之說, 豈非『中庸』之淵源乎? ……『中庸』淵源, 其抵於「皐陶」矣."

44 『中庸自箴』(『定本 與猶堂全書 6』, p. 270) "[箴曰] '中·庸'爲一篇宗旨, ……○……君子於此, 又重思之, 必求至善之所在, 爲吾身所由之道, 此之謂'道中庸'."

『중용』이 사서 가운데 하나가 된 유래: '원대 인종의 팔비법'에 있다

한편, 정약용은 '『중용』이 사서四書 가운데 하나가 된 유래'에 대해서는 ① "이미 전한前漢[西京] 때부터 『중용』의 의미를 전공해온 자들이 있었지만", 그럼에도 『중용』을 표장表章한 것은 '이정二程[程顥와 程頤]'에서 비롯되었다고 보았으며, ② 특히 이 책이 사서四書 중의 하나가 된 것은 원대元代에 인종仁宗이 팔비법八比法을 시행하면서 주자朱子의 『장구章句』를 취한 데서부터 시작된 것[45]이라 주장하였다.

『중용』의 문체: "『중용』 일 편은 처음부터 끝까지 문장의 기복이 하나의 호흡으로 이루어져 있다"

이어, 정약용은 '『중용』의 문체'와 관련하여 ① "『중용』 한 편篇은 처음부터 끝까지 문장의 기복이 하나의 호흡으로 이루어져 있다"[46]고 인식하면서, ② 또한, 『중용』의 경문은 "모두 글[文]이 끊어진 곳에서는 뜻[意]이 이어지고, 뜻이 끊어진 곳에서는 글이 이어져" 문장을 엮어가는 솜씨가 교묘하기 그지없다[47]고 나름대로의 해석학적 견지에서 적극 평가하기도 하였다.

---

45 『中庸自箴』(『定本 與猶堂全書 6』, pp. 226~228) "○[鏞案] 『中庸』·『大學』, 已自西京以來, 有專治其義者. 然其別爲一書, 用之科擧者, 自元 仁宗始也. 元 仁宗刱八比法, 始用朱子『章句』取士. ……○[鏞案] ……『中庸』·『大學』, 本『禮記』中二篇. 其拔之『禮記』之中, 而別自爲書, 自元 仁宗始也. ……毛大可曰: '『隋書』「經籍志」, 有『中庸講疏』一卷. 當時輯經者, 曾抽『大學』·『中庸』二篇, 幷『論語』·『孟子』合稱小經, 而有宋因之, 遂改名四書.' ○[鏞案] 此人心嫉程·朱, 欲奪『中庸』·『大學』表章之功, 歸之前代, 故屢爲此說. ……朱子『章句』之前, 『中庸』·『大學』本不能別自爲書, 何得列數於選擧之目, 而曰大曰小乎? 誣罔甚矣."

46 『中庸講義補』(『定本 與猶堂全書 6』, p. 350) "○[今案] ……『中庸』一篇, 首尾起伏, 一氣呵成."

47 『大學公議』(『定本 與猶堂全書 6』, pp. 110~111) "○[議曰] ……綴文之巧, 有如是矣. 『大學』·『中庸』, 皆文斷處意續, 意斷處文續, 此之謂也.【本東園之說】"

『중용』의 전체 내용: "『중용』의 가르침은 '중·화·지·용'으로서, 『논어』의 「향당」편과 서로 표리가 된다"

끝으로, '『중용』의 전체 내용구성'과 관련하여 첫째, 정약용은 ① 『중용』의 대의大義는 모두 '천명天命'으로 귀속되는데, 기실 그 도道는 하나같이 '인도人道'로서,[48] 이는 곧 '인륜人倫을 돈독히 하는 인仁'과 '도체道體를 명확히 인식하는 지知'가 바로 그 요체가 되며,[49] ② 또한 "『중용』의 학문이란 천명天命에 근본을 두고, 계신공구戒愼恐懼로써 보존하며, 항구불식恒久不息으로써 완성되나니, 옛날의 이른바 '지祗·용庸의 가르침'이 바로 이것이다"[50]라고 해석하는 가운데, ③ 이를 한마디로 총괄하자면, 결국 "『중용』의 가르침이란 '중中·화和·지祗·용庸'"[51]으로서, 이로써 "『중용』이란 책은 (옛날에: 필자 주) 태학太學에서 사람을 가르치던 유법遺法"[52]이기도 하다고 주장한 바 있다.

둘째, 정약용은 젊어서부터 또한 "신臣은 일찍이 『중용』 한 책은 (『논어』의: 필자 주) 「향당鄕黨」편과 서로 표리表裏가 된다고 생각해왔습니다. 왜냐하면, 「향당」편은 성인聖人의 문장文章[威儀와 文辭: 필자 주]이 외면으로 드러난 것에 나아가 말씀하신 것이고, 『중용』은 성인의 도덕道德이 내면으

---

48 『中庸講義補』(『定本 與猶堂全書 6』, p. 287) "○[今案] ……『中庸』一書, 不唯教人, 以教禽獸, 以教草木, 然後道之全體, 始皆全備, 豈不遠於情乎?"; 『中庸講義補』(『定本 與猶堂全書 6』, p. 320) "○[臣對曰] ……夫『中庸』之書, 節節皆從天命而來, 節節皆歸致於天命. 故道之本末, 於是乎該."; 『中庸講義補』(『定本 與猶堂全書 6』, p. 387) "○[臣對曰] 朱子於諸章之末, 歷言天道·人道, 然『中庸』一書, 雖本之天命, 而其道則皆人道也. ……"; 『大學公議』(『定本 與猶堂全書 6』, p. 88) "○[答曰] ……或論心性如『孟子』, 或論天道如『中庸』, 或論德行如此經, 各有所主意趣不同."

49 『中庸講義補』(『定本 與猶堂全書 6』, pp. 369~370) "○[今案] ……篤於人倫曰: '仁', 明於道體曰: '知', 此『中庸』之義也."

50 『尚書古訓 I』(『定本 與猶堂全書 11』, p. 253) "○[鏞案] ……『中庸』之學, 本之於天命, 持之以戒愼恐懼, 成之以恒久不息, 古所謂'祗·庸之教'也."

51 『尚書古訓 II』(『定本 與猶堂全書 12』, p. 278) "○[訂曰] ……『中庸』之教, '中·和·祗·庸'也."

52 『尚書古訓 II』(『定本 與猶堂全書 12』, p. 269) "○[論曰] ……『中庸』之書, 太學教人之遺法也."

로 쌓인 것에 나아가 말씀하신 것이기 때문입니다. 성인의 내면에 온축된 것을 알고자 하는 자가 이 책을 버리고 무엇으로 하겠습니까? …… 만약 배우는 자로 하여금 「향당」편을 읽어 드러난 문장을 체득하고 『중용』을 읽어 온축된 도덕을 발휘하도록 한다면, 공자孔子를 배우는 데에 어찌 근심할 일이 있겠습니까?"[53]라고 주장함으로써 『중용』은 내용상 『논어』의 「향당」편과 표리관계에 있는 경전으로 인식하기도 했던 바, 또한 이러한 맥락에서 "『중용』의 공부는 오로지 '존덕성尊德性'에 있다"[54]고 보기도 하였다.

2. 사서의 경문에 대한 정약용의 일반적 태도

경문에 대한 일반적 태도①: 원칙적으로 "경이란 고칠 수 없다"

우선, '사서四書의 경문經文에 대한 정약용丁若鏞의 일반적 태도'로는 무엇보다 '기존의 경문에 대한 일차적인 존중의 태도'를 들 수 있다. 첫째, 정약용은 ① 경문 일반과 관련하여 평소 일관되게 "무릇 성인聖人을 비방하고 경전經典을 훼손하는 죄는 모두가 주소가注疏家의 잘못된 해석에서 연유하며, 이에 후인後人의 의혹을 불러일으키게 된다. 따라서 오로지 경문에만 힘써야 하"[55]며, 또한 원칙적으로 경학經學 상의 모든 "커다란 논란과 다툼을 판결함에는 의당 성경聖經에 의거해야 한다"[56]는 기본

53 「中庸策」(『定本 與猶堂全書 6』, p. 287) "臣對曰: '臣竊嘗以爲『中庸』一書, 與「鄕黨」篇實相表裏. 何者? 「鄕黨」就聖人文章之著於外者而言之, 『中庸』就聖人道德之充乎內者而言之. 欲知聖人之內蘊者, 舍是書何以哉? ……苟使學者讀「鄕黨」之篇而得其文章之表, 讀『中庸』之書而發其道德之蘊, 何患乎學孔子也?'"

54 『梅氏書平』, 「閻氏『古文疏證』鈔 1」(『定本 與猶堂全書 13』, p. 362) "○[按] ……『中庸』之工, 唯在乎'尊德性'."

55 『喪禮外編』, 「檀弓箴誤 3」(『定本 與猶堂全書 21』, p. 81) "○[箴曰] ……○凡非聖·毁經之罪, 悉由注疏家之誤釋, 而倡起後人之疑惑也. 故百分用力在經文."

56 『喪禮四箋 III』, 「喪期別 4」(『定本 與猶堂全書 20』, p. 37) "○[鏞案] 定大議·決大訟, 當據聖經."; 『梅氏書平』(『定本 與猶堂全書 13』, p. 236) "○[鏞案] ……大訟, 決之以古經.”

또한, 정약용은 동일한 문제의식에서 다음과 같이 말하기도 하였다: “먼저 시신屍身을 옮기고 나중에 고복皐復한다는 것은 경문經文에 분명히 나오는데, 주소注疏에서는 모두 시신을 옮김은 고복 뒤에 한다고 말하니 비록 지금 풍속의 견지에서는 참으로 합당한 것처럼 보이기는 하나 경문을 어찌할 것인가?(○[鏞案] ……先遷後復, 經文赫然, 而注疏竝以遷尸謂在皐復之後, 雖於今俗之見, 若相允合, 奈經文何?)” 『喪禮四箋 I』, 「喪儀匡 1」(『定本 與猶堂全書 18』, p. 55); “지금 경문經文을 상고하면, 오직 목욕沐浴할 때는 대야[盤]를 사용하고, 오직 세수할 때는 주두[枓]를 쓴다. 가공언賈公彦[?~?: 中國 唐 나라의 학자]이 이에 ‘목욕할 때는 대야와 주두를 함께 갖춘다’고 말한 것은 또한 무엇을 말함인가?(○[鏞案] ……今考經文, 唯沐有盤, 惟沃有枓. 賈乃云: ‘沐浴俱有盤·枓’者, 又何謂也?)” 『喪禮四箋 I』, 「喪儀匡 2」(『定本 與猶堂全書 18』, p. 91); “겹대韐帶는 생략한 문장이다. 그것이 혁대革帶의 뜻을 아울러 내포한다고 말한 것은 정현鄭玄[字는 康成, 127~200: 中國 後漢의 학자]의 억측이다. 고문古文에는 이러한 법法이 없다. ……경문經文이 분명한데, 정현이 혁대라는 의미를 사용하려 한 것은 또한 엉성한 짓이다.(○[鏞案] 韐帶者, 省文也. 其謂之‘兼包革帶之意’者, 鄭氏之臆. 古文無此法也. ……經文歷歷, 而鄭君乃欲用革亦疎矣.)” 『喪禮四箋 I』, 「喪儀匡 3」(『定本 與猶堂全書 18』, p. 105); “오사五祀의 설說은 삼례三禮를 두루 상고해보아도 그 경문經文이 보이지 않는다.(○[鏞案] 五祀之說, 偏考三禮, 未見其文.)” 『喪禮四箋 I』, 「喪儀匡 9」(『定本 與猶堂全書 18』, p. 260); “삼년상三年喪에는 1년 동안 종정從政하지 않는다는 것은 삼례三禮에는 경문經文이 없다.(○[又按] 三年之喪, 期不從政, 在三禮無文.)” 『喪禮四箋 I』, 「喪儀匡 14」(『定本 與猶堂全書 18』, p. 390); “진용振容과 유교揄絞는 명백히 두 가지 물건에 속함이 경문經文에 분명한데, 정현鄭玄이 주물러 합쳐서 두 가지 물건을 뒤섞어 하나로 만들었으니, 가능하겠는가?(○[鏞案] 振容·揄絞, 明屬二物, 經文赫然, 而鄭公捏合, 二物混而一之, 可乎?)” 『喪禮四箋 II』, 「喪具訂 5」(『定本 與猶堂全書 19』, p. 133); “조부祖父가 졸卒하면 손자孫子가 참최복斬衰服을 입음이 천경天經이요 지의地義임은 경문經文에 분명한데, 감히 속일 수 있겠는가?(○[鏞案] ……祖卒孫斬, 乃天之經也, 地之義也, 經文赫然, 敢欲罔誣?)” 『喪禮四箋 III』, 「喪期別 4」(『定本 與猶堂全書 20』, p. 25); “「상복소기喪服小記」편의 경문經文은 분명하고 명백하여 분분하게 변론할 필요가 없다.(○[鏞案] 「小記」之文, 赫赫煌煌, 無用紛紛然辨論也.)” 『喪禮四箋 III』, 「喪期別 5」(『定本 與猶堂全書 20』, p. 50); “경문經文에는 명명백백하게 관사官師·적사適士·대부大夫 등을 차례로 열거하고 존자尊者가 아랫사람을 통솔하는 것으로 마무리 지었으니, 곧 종법宗法이란 공족公族만이 소유하는 것이 아닌 것이다.(○[又按] ……經文明明歷擧官師·適士·大夫之等, 結之以尊統下, 則宗法非公族之所獨有也.)” 『喪禮四箋 III』, 「喪期別 5」(『定本 與猶堂全書 20』, p. 65); “먼 자는 조祖가 되고 가까운 자는 녜禰가 되며, 바로 위가 조祖가 되고, 바로 아래가 녜禰가 됨은 이 「대전大傳」의 문례文例이자 자례字例이다. ……고경古經의 문례文例는 글자마다 삼엄한데, 지자支子에서 측출側出한 자를 두고 ‘녜禰’라고 이름 붙임은 삼례三禮에서는 보이지 않는 바다.(○[鏞案] ……遠者爲祖, 近者爲禰; 直上者爲祖, 直下者爲禰, 此「大傳」之文例·字例也. ……古經文例, 字字森嚴, 以支子之側出者, 名之爲‘禰’, 三禮之所未見也.)” 『喪禮四箋 III』, 「喪期別 5」(『定本 與猶堂全書 20』, p. 68): “옛날에는 오직 죽은 이후에야 후사後嗣를 세웠으니, 따라서 그 명칭을 ‘입후立後’라고 하였다. 후後란 죽은 자를 이음을 지칭한다. ……살아 있는데도 ‘후後’라 칭하는 것은 제경諸經에는 없는 바다.(○[鏞案] ……

古唯死而后立嗣, 故其名曰: '立後'. 後者, 嗣死之稱也. ……生而稱'後', 諸經之所無也.)" 『喪禮四箋 III』, 「喪期別 6」(『定本 與猶堂全書 20』, p. 88); "만약 사士와 대부大夫의 적자適子가 그 예禮에 있어 구별이 없다면, 「소기小記」편의 경문經文은 어떻게 해석할 것인가?(○[鏞案] ……若士·大夫之適子, 其禮無別, 「小記」之文, 何以解矣?)" 『喪禮四箋 III』, 「喪期別 12」(『定本 與猶堂全書 20』, p. 219); "만약 왕숙王肅[字는 子雍, 약 195~256: 中國 魏 나라의 학자]의 설說대로 한다면 사첩士妾은 요첩僚妾의 아들을 위해 자최기년복齊衰期年服을 입게 된다. ……경經에 이러한 문장이 있는가?(○[鏞案] 若如王說, 士妾爲僚妾之子, 齊衰期年矣. ……經有此文乎?)" 『喪禮四箋 III』, 「喪期別 13」(『定本 與猶堂全書 20』, p. 255); "제선왕齊宣王이 상기喪期를 단축하고자 한 것[『孟子集註』「盡心章句上」편 제39장: 필자 주]은 '이미 장사를 지내고 나서 벗음[旣葬而除]'을 말한 것이다. ……맹자孟子께서 왕자王子를 동정하시어 '이는 상기喪期를 마치고자 해도 될 수 없는 경우이다'라고 말씀하셨으니, 그런즉 연관練冠과 시질緦絰은 이미 장사를 지내고 나서 이를 벗음은 명백히 주공周公의 고전古典이자 천경天經과 지의地義이다.(○[鏞案] 齊宣王欲短喪者, 謂: '旣葬而除'. ……孟子恕王子曰: '是欲終之而不可得也', 則練冠·緦絰, 旣葬而除, 明是周公之古典, 天之經也, 地之義也.)" 『喪禮四箋 III』, 「喪期別 14」(『定本 與猶堂全書 20』, p. 273); "공가公家의 사士를 '공사公士'라 함은 경전의 사례에 거듭거듭 나온다. 정현鄭玄이 이 두 글자를 찢어발기고자 하여 공公이니 경卿이니 하니, 어찌 미혹된 것이 아니겠는가?(○[鏞案] ……公家之士之謂之'公士', 經例歷然. 鄭乃欲劈破二字, 爲公·爲卿, 豈非惑歟?)" 『喪禮四箋 III』, 「喪期別 19」(『定本 與猶堂全書 20』, p. 397); "사士·대부大夫의 귀신貴臣으로 사군私君을 위해 참최삼년복斬衰三年服을 입는다는 것은 경經에는 본디 그러한 문장이 없다.(○[鏞案] ……士·大夫之貴臣, 爲私君斬衰三年, 經本無文.)" 『喪禮四箋 III』, 「喪期別 19」(『定本 與猶堂全書 20』, pp. 398~399); "『중용中庸』에는 '기년상期年喪은 대부大夫에까지 이른다'고 하였다. 그러나 그 이르는 것[達]은 모두 작위爵位가 서로 대등한 자들이다. ……시마복緦麻服이니 대·소공복大·小功服이니 하는 것에 대해서는 경經에 또한 문장이 없으니, 하물며 그 신첩臣妾에 있어서랴?(○[鏞案] ……『中庸』曰: '期之喪, 達乎大夫.' 然其所達, 皆爵位之相同者. ……或緦·或功, 經且無文, 況於其臣妾乎?)" 『喪禮四箋 III』, 「喪期別 19」(『定本 與猶堂全書 20』, p. 407); "주周 나라 사람의 법法에는 오직 동성同姓만이 통혼通婚하지 않았다. 백세百世에 이르도록 이성異姓으로 한정한 것은 정경正經에는 나오지 않는다.(○[鏞案] ……○總之, 周人之法, 惟同姓不通婚姻. 至於百世而異姓之限, 不見正經.)" 『喪禮四箋 III』, 「喪期別 19」(『定本 與猶堂全書 20』, p. 412); "태공太公이 머물러 태사太師가 되었다는 것은 예부터 명확한 문장이 없다.(○[箴曰] 太公之留爲太師, 古無明文.)" 『喪禮外編』, 「檀弓箴誤 1」(『定本 與猶堂全書 21』, p. 52); "공자孔子께서 이 날에 곡哭하신즉 노래를 부르시지 않으셨고 술을 마시지도 고기를 드시지도 않았다는 것은 명확한 문장이 없다.(○[箴曰] 子於是日, 哭則不歌, 至於不飮酒·食肉, 未有明文.)" 『喪禮外編』, 「檀弓箴誤 1」(『定本 與猶堂全書 21』, p. 59); "중상中殤과 하상下殤의 경우에는 비록 상공上公의 적자適子라 할지라도 또한 견거遣車가 없다. ……만약 그것이 있었다면 경經에서 반드시 언급했을 것이다.(○[箴曰] ……中殤·下殤, 雖上公之適子, 亦無遣車也. ……如其有之, 經必言之.)" 『喪禮外編』, 「檀弓下篇」(『定本 與猶堂全書 21』, p. 96); "널[柩]이 이미 조묘朝廟에 있음에 곧바로 묘문廟門에서 대문大門으로 나가니, 이것을 '출궁出宮'이라 한다. 빈궁殯宮에서 나간다는 것은 삼례三禮에 없는 바다. 지금 정현鄭玄은 빈궁殯宮에서 나가는 것과 조묘朝廟에서 나가는 것을 완전히 두 가지 일로 만들

었으니, 커다란 의혹거리이다.(○[箴曰] 柩旣朝廟, 直自廟門, 出于大門, 此之謂‘出宮’. 自殯宮出者, 三禮之所無也. 今鄭玄以殯宮之出·朝廟之出, 判爲二事, 大惑也.)” 『喪禮外編』, 「檀弓下篇」(『定本 與猶堂全書 21』, p. 97); “제후諸侯의 고孤는 ‘주인主人’이라 칭하지 않는다. ……‘자子’라 칭하고 ‘주인主人’이라 칭하지 않음은 경전經典의 사례에 분명하다. 정현鄭玄이 ‘제후諸侯의 예禮이다’라고 말한 것은 틀린 것으로 보이는데, 어떤지 모르겠다.(○[淺見] 諸侯之孤, 不稱‘主人’. ……稱‘子’而不稱‘主人’, 經例昭然. 鄭云: ‘諸侯之禮’, 似誤, 不知如何.)” 『喪禮外編』, 「禮問」(『定本 與猶堂全書 21』, p. 103); “빈복殯服에 마변麻弁을 사용함은 「증자문曾子問」편에 이미 명확한 문장이 있다. 빈복이 이미 그렇다면 장복葬服 또한 마변을 사용함이 마땅하다. ……두 설은 모두 경전經典에 근거가 없다. ……빈복에는 마변과 질소최絰疏衰를 사용함은 「증자문」편에 이미 명확한 문장이 있다. 장복 또한 의당 그러하니, 무엇을 의심한단 말인가?(○[箴曰] 殯服之用麻弁, 「曾子問」, 旣有明文. 殯服旣然, 則葬服亦當用麻弁. ……○[箴曰] 兩說俱無經據. ……○[箴曰] ……殯服之麻弁·絰疏衰, 「曾子問」, 旣有明文. 葬亦宜然, 何疑焉?)” 『喪禮外編』, 「檀弓箴誤 4」(『定本 與猶堂全書 21』, p. 120); “두 선생의 설은 아주 엄정嚴正하며, 정자程子의 설은 더욱이 경전經典에 근거가 있다.(○[今按] 二先生之說, 卓然嚴正, 而程子之說, 尤有經據.)” 『喪禮外編』, 「檀弓箴誤 4」(『定本 與猶堂全書 21』, p. 123); “삼우三虞는 곧 졸곡卒哭이니, 두 개의 제사祭祀가 아니다. 「사우기士虞記」편에 ‘삼우三虞는 졸곡卒哭이니, 「애천성사哀薦成事」라 한다’고 하였다. 경문經文이 분명하여 해나 별처럼 환한데, 공영달孔穎達[字는 沖遠, 574~648: 中國 唐 나라의 학자]은 ‘「사우례士虞禮」편에는 해당 문장이 없다’고 하니, 이는 도대체 무슨 까닭에서 그러하는가? ……지금 ‘해당 문장이 없다’고 하는 것은 주소注疏에 아부하여 경전經典을 무함하는 것이 아니겠는가? 졸곡卒哭을 일컬어 ‘성사成事’라 함은 어찌 「단궁檀弓」편과 「잡기雜記」편에만 그치겠는가?(○[箴曰] ……三虞, 卽卒哭, 非二祭也. 「士虞記」云: ‘三虞卒哭, 曰: 「哀薦成事」.’ 經文赫赫, 昭如日星, 而孔乃云; ‘「士虞禮」無文’, 抑何故也? ……今云‘無文’, 無乃媚注而誣經乎? 卒哭之謂‘成事’, 奚止「檀弓」·「雜記」哉?)” 『喪禮外編』, 「檀弓箴誤 4」(『定本 與猶堂全書 21』, p. 124); “지금 「기석旣夕」편의 문장을 보면 그 의절儀節이 일목요연한데, 정현鄭玄은 갑자기 조녜朝禰와 조조朝祖를 나누어 양일兩日에 따로 시행하는 것으로 삼았고, 공씨孔氏[孔穎達]와 가씨賈氏[賈公彦]도 이를 따라 화답하여 ‘천자天子는 7일 만에 조朝를 마치며,【칠묘七廟이기 때문이다】 제후諸侯는 5일 만에 조朝를 마친다【오묘五廟이기 때문이다】’고 하였다. 정말로 이러하다면 ‘조묘朝廟’라고 말해야지 하필이면 ‘조묘祖廟’라고 말하는 것인가?(○[箴曰] ……今攷「旣夕」之文, 其儀節了然, 乃鄭忽以朝禰·朝祖, 分爲兩日, 而孔·賈從而和之, 乃謂: ‘天子七日畢朝,【七廟故】 諸侯五日畢朝【五廟故】’. 審如是也, 謂之‘朝廟’可也, 何必謂之‘祖廟’乎?)” 『喪禮外編』, 「檀弓箴誤 4」(『定本 與猶堂全書 21』, p. 128); “만무萬舞가 간무干舞임은 『좌전左傳』【초楚 나라 영윤令尹인 자원子元이 문부인文夫人을 사술邪術로 해치고자 한 일】과 『공양전公羊傳』【주소注疏에 나온다】에 모두 명확한 문장이 있다.(○[箴曰] 萬舞之爲干舞, 於『左傳』【楚令尹子元欲蠱文夫人事】及『公羊傳』,【見注疏】 皆有明文.)” 『喪禮外編』, 「檀弓箴誤 5」(『定本 與猶堂全書 21』, p. 142); “이 일은 모름지기 『좌전左傳』의 문장을 보아야 바야흐로 더욱 명백해질 것이다.(○[箴曰] ……此事須看『左傳』文, 方益明白.)” 『喪禮外編』, 「檀弓箴誤 5」(『定本 與猶堂全書 21』, p. 147); “「사상례士喪禮」편에는 매번 빈賓이 나갈 때마다 주인主人이 문 밖에서 배송拜送하며, 「잡기雜記」편에는 객客이 나가면 문 밖에서 보낸다고 하여,【모두 침문寢門 밖을 가리킨다】 경문經文에 거듭거듭 나오는데, 후세의 예법禮法은 한결같이 고법古法에 배

치背馳되고 있다.(「士喪禮」, 每有賓出, 主人拜送于門外; 「雜記」, 客出, 送于門外,【皆指寢門外】 經文歷歷, 而後世之禮, 一反古法.)" 『喪禮外編』, 「弔奠考」(『定本 與猶堂全書 21』, p. 188); "그 지서支庶의 상제殤祭에 대해서는 예禮에 명확한 문장이 없으니, 지금 상고할 수 없다.([鏞案] ……其支庶之殤, 禮無明文, 今不可考.)" 『喪禮外編』, 「古禮零言 1」(『定本 與猶堂全書 21』, p. 205); "오복五服에 해당하는 사람은 모두 참최복斬衰服을 입음은 이미 명확한 문장이 있는데, 유독 그 가운데서 모후母后 한 사람만 뽑아내어 참최복을 입지 못하도록 한다니, 이러한 이치가 있을 수 있는가?(○[鏞案] ……○……五服皆斬, 旣有明文, 則獨於其中, 拔出母后一人, 使不斬衰, 有是理乎?)" 『喪禮外編』, 「正體傳重辨 2」(『定本 與猶堂全書 21』, p. 243); "태모太母가 사왕嗣王을 위해 참최복斬衰服을 입는다는 것은 경經에 정문正文이 없다. 여강驪江[尹鑴: 필자 주]이 이를 고민하여 이에 『의례儀禮』의 '군주君主를 위해 참최복을 입는다'는 말을 끌어다가 이 논의의 통용되는 증거로 삼았으니, 어찌 잘못이 아니겠는가?(○[鏞案] 太母之爲嗣王斬, 經無正文. 驪江爲是之悶, 乃引『儀禮』之'爲君斬', 以爲此議之通證, 豈不謬哉?)" 『喪禮外編』, 「正體傳重辨 3」(『定本 與猶堂全書 21』, p. 262); "이는 비록 추론推論이기는 하나 또한 명확한 문장인데, 하필이면 강제로 조작하여 『의례儀禮』의 '군주君主를 위해 참최복을 입는다'는 말로써 억지로 어머니가 아들을 위해 입는 복服의 명확한 문장으로 삼는단 말인가?(○[又按] ……此雖推論, 卽亦明文, 何必武斷豪制, 以『儀禮』之'爲君斬', 屈之爲母服子之明文乎?)" 『喪禮外編』, 「正體傳重辨 3」(『定本 與猶堂全書 21』, p. 264); "부父가 살아있는데 전중傳重하는 법法은 없기 때문에 이미 전중傳重하는 복服이란 경문經文에 나오지 않는다.(○[鏞案] 父在無傳重之法, 故已傳重之服, 不見經文.)" 『喪禮外編』, 「正體傳重辨 3」(『定本 與猶堂全書 21』, p. 266); "원래 추숭追崇의 예禮는 고경古經에서는 나타나지 않는다.(○[臣謹案] ……○原夫追崇之禮, 不見古經.)" 『喪禮外編』, 「國朝典禮考 1」(『定本 與猶堂全書 21』, p. 282); "죽은 이후에야 '선고先考'니 '선조先祖'라 칭하며, 죽은 이후에야 '입후立後'니 '위후爲後'라고 칭함은 삼례三禮와 『춘추전春秋傳』의 여러 경문經文을 차례로 살펴보면 그 증험證驗이 분명하다.【『예전禮箋』 가운데에 자세히 나온다】([臣謹案] ……死而後稱'先考'·'先祖', 死而後稱'立後'·'爲後', 歷觀三禮·『春秋傳』諸文, 其驗歷然.【詳見『禮箋』中】)" 『喪禮外編』, 「國朝典禮考 2」(『定本 與猶堂全書 21』, p. 314); "삼례三禮에도 나오지 않고, 『춘추전春秋傳』에도 나오지 않는 것을 두고 어떻게 '예禮가 이와 같다'고 말할 수 있는가?([臣謹案] 不見三禮, 不見『春秋傳』者, 何得云: '禮如是'乎?)" 『喪禮外編』, 「國朝典禮考 2」(『定本 與猶堂全書 21』, p. 316); "주周 나라와 은殷 나라 이전에 제왕가帝王家의 신주제도神主制度는 경전經傳에 나오지 않는다.([臣謹案] 周·殷以上, 帝王家神主之制, 不見經傳.)" 『喪禮外編』, 「國朝典禮考 2」(『定本 與猶堂全書 21』, p. 321); "설혜薛蕙[字는 君采, ?~1541: 中國 明 나라의 학자]의 말은 틀렸다. 어찌 『공양전公羊傳』만 그러하겠는가?([臣謹案] 薛蕙之言, 非也. 豈唯『公羊』然矣?)" 『喪禮外編』, 「國朝典禮考 2」(『定本 與猶堂全書 21』, p. 328); "사士에게 신주神主가 있다는 것은 과연 명확한 문장이 없다. ○공실公室에서의 목주木主의 제도는 또한 위서緯書에서 나왔으니, 본래 경문經文에는 없다.([答] ……士之有主, 果無明文 ○公室木主之制, 亦出緯書, 本無經文.)" 『喪儀節要』, 「節要問答」(『定本 與猶堂全書 22』, p. 118); "「사우례士虞禮」편에서는 부모父母를 가리지 않고 '애자哀子'라고 통칭通稱하는데, 무엇 때문에 이를 고치는가?([答] 「士虞禮」不問父母, 通稱'哀子', 何爲而改之哉?)" 『喪儀節要』, 「節要問答」(『定本 與猶堂全書 22』, p. 122); "고경古經의 제례祭禮에는 모두 첨작添酌하는 법法이 없다.([答] ……○古經祭禮, 都無添酌之法.)" 『喪儀節

관점을 견지하고 있었던바, 바로 이러한 맥락에서 그는 특히 "경經이란 고칠 수 없다"[57]라고 못 박음으로써 경솔하게 경문을 변경하는 행태에

要』, 「節要問答」(『定本 與猶堂全書 22』, p. 123); "습전襲奠에 대해서는 경經에 명확한 문장이 없다.(襲奠, 在經無明文.)" 『喪儀節要』, 「禮書箚記」(『定本 與猶堂全書 22』, p. 139); "복의復衣에 대해서는 이미 이것으로 습襲하지도 않으며, 염斂하지도 않으니, 끝내 귀결되는 바에 대해 『예기禮記』에는 명확한 문장이 없다.(復衣, 既不以襲, 亦不以斂, 究竟所歸, 『禮』無明文.)" 『喪儀節要』, 「禮書箚記」(『定本 與猶堂全書 22』, p. 140); "대개 연례緣禮에 대해서는 경經에 문장이 없는데, 사람들이 스스로 제도를 만들어 의견이 분분함이 이와 같다.(○[又按] ……蓋緣禮經無文, 人自爲制, 紛紛如此.)" 『喪儀節要』, 「祭禮考定 1」(『定本 與猶堂全書 22』, p. 182); "삼원三元의 절기는 석씨釋氏로부터 유래하였다. ……사중四重의 설은 경전經傳에 나오지 않는다.(三元之節, 出於<u>釋氏</u>. ……四重之說, 不見經傳.)" 『喪儀節要』, 「祭禮考定 1」(『定本 與猶堂全書 22』, p. 183); "예경禮經에는 이 전奠이 나오지 않는다. 『예기禮記』의 주注와 『서의書儀』에 의거하여 행한다.【자세한 내용은 『상례전喪禮箋』에 나온다】(禮經無此奠, 據『禮』注及『書儀』而行之.【詳見『喪禮箋』】)" 『喪儀節要』, 「祭禮考定 2」(『定本 與猶堂全書 22』, p. 209); "조전祖奠의 찬饌에 대해서는 예경禮經에 문장이 없다.(祖奠之饌, 禮經無文.)" 『喪儀節要』, 「祭禮考定 2」(『定本 與猶堂全書 22』, p. 211); "치포관緇布冠의 제도에 대해서는 경經에 명확한 문장이 없다.(○[案] 緇布冠之制, 經無明文.)" 『嘉禮酌儀』, 「冠禮」(『定本 與猶堂全書 22』, p. 232); "고례古禮에는 철수綴手에 대한 문장이 없다.([答] 古禮無綴手之文.)" 『禮疑問答』, 「僧菴禮問」(『定本 與猶堂全書 22』, p. 255); "경문經文이 명백한데, 어찌 '문장이 없다'고 말하는가?([答] 經文明白, 何謂: '無文'?)" 『禮疑問答』, 「僧菴禮問」(『定本 與猶堂全書 22』, p. 260); "경문經文이 분명하니, 감히 속일 수 없다.([答] 經文赫赫, 非敢誣也.)" 『禮疑問答』, 「僧菴禮問」(『定本 與猶堂全書 22』, p. 260); "경經에 있다.([答] 於經有之.)" 『禮疑問答』, 「僧菴禮問」(『定本 與猶堂全書 22』, p. 264); "군상君喪에서 단袒하고 괄발括髮하는 것을 어찌 이루 다 말할 수 있겠는가? 그 증거가 『춘추春秋』에 있다.(([答] 君喪之袒·括髮, 可勝言哉? 其證在『春秋』.)" 『禮疑問答』, 「僧菴禮問」(『定本 與猶堂全書 22』, p. 264); "'육단肉袒' 두 글자는 오직 「문상問喪」편에만 나오며, 여타에는 명확한 문장이 없다.([答] '肉袒'二字, 唯見於「問喪」篇, 餘無明文.)" 『禮疑問答』, 「僧菴禮問」(『定本 與猶堂全書 22』, p. 265); "길제吉祭를 반드시 삭일朔日에 지내야 한다는 것은 또한 경전經典에 근거가 없다.([答] ……吉祭之必用朔日, 又無經據.)" 『禮疑問答』, 「僧菴禮問」(『定本 與猶堂全書 22』, p. 268); "옛날에는 문장이 없었다.([答] 於古無文.)" 『禮疑問答』, 「僧菴禮問」(『定本 與猶堂全書 22』, p. 276); "생일生日에 지내는 제사는 경전經傳에 나오지 않는다.([答] 生日之祭, 不見經傳.)" 『禮疑問答』, 「書牘禮問」(『定本 與猶堂全書 22』, p. 282); "옛날에는 고考와 비妣에 대해 각각 제사를 차리는 예禮가 없었기 때문에 저절로 이러한 문장이 없었다.([答] 古無考·妣各設之禮, 故自無此文.)" 『禮疑問答』, 「書牘禮問」(『定本 與猶堂全書 22』, p. 283); "너의 말은 그럴듯하나 고주古註는 경솔하게 고칠 수 없다.([答] 汝言似好, 然古註不可輕改.)" 『禮疑問答』, 「書牘禮問」(『定本 與猶堂全書 22』, p. 294); "경經에는 존비尊卑의 설이 없다.(答曰: '……經無尊卑之說也.')" 『禮疑問答』, 「<u>嘉順宮</u>喪禮問答」(『定本 與猶堂全書 22』, p. 319)

57 『論語古今注 I』(『定本 與猶堂全書 8』, p. 341) "○[駁曰] ……經不可改也."

대해서는 명확하게 반대의사를 표명한 바 있다.[58] ② 또한 '분명하지 않은 사실'에 대해 관련 전적典籍이 소멸되어 고증할 길이 없을 경우에는 그냥 놔두는 것이 온당하며,[59] "경전을 해석하다가 해석되지 않으면 당연히 의심스런 부분을 제외해야 할 것"[60]으로 보기도 하였다.

둘째, 정약용이 그렇다고 경문에 대하여 맹목적인 존중의 태도를 취했던 것은 결코 아니다. 즉, ① 분명하고 합리적인 근거가 있을 경우에는 경문의 변경 또한 가능하다고 보아 그 자신이 명시적으로 경문을 고친 사례도 있으며,[61] ② 상이한 판본版本이 존재하는 경우에는 각각의

---

58 정약용은 다음과 같이 말하였다: "『대학大學』에 착간錯簡이야 더러 있지만 궐문闕文은 일찍이 없었다. 무엇 때문에 보완을 하려 하는가?([考訂] 元儒王魯齋【柏】曰: '『大學』錯簡或有之, 然未嘗闕也. 安事補矣?')" 『大學公議』(『定本 與猶堂全書 6』, p. 98); "그[王魯齋: 필자 주]가 '치지致知·격물장格物章은 일찍이 없어진 것이 아니다'라고 하였던바, 이 말 또한 공의公議이다.(○[鏞案] ……然其謂: '致知·格物未嘗亡', 則亦公議也.)" 『大學公議』(『定本 與猶堂全書 6』, p. 98); "격물格物·치지장致知章이 없어진 것이 아님을 알 수 있는 것은 ……(○[議曰] 知格物·致知章不亡者, ……)" 『大學公議』(『定本 與猶堂全書 6』, p. 105); "경經에 어찌 잘못이 있겠는가!(○[議曰] ……經豈有誤哉!)" 『大學公議』(『定本 與猶堂全書 6』, p. 105); "어찌 '간책簡策에 잘못이 있다'고 말할 수 있겠는가?(○[議曰] ……何得曰: '簡策有錯'乎?)" 『大學公議』(『定本 與猶堂全書 6』, p. 106); "『대학장구大學章句』에서 세 글자【친親·신身·명命】를 고쳤는데, 모두 고치지 않는 것이 좋을 듯하다.(○[鏞案] ……『大學』改三字,【'親·身·命'三字】 恐皆當以不改爲善也.)" 『大學公議』(『定本 與猶堂全書 6』, p. 143); "그것[「傳10章」의 經文 "彼爲善之": 필자 주]이 궐문이 아님을 알 수 있다.(○[鏞案] ……未見其爲闕文.)" 『大學公議』(『定本 與猶堂全書 6』, p. 145); "이 구절은 삭제하지 않는 것이 좋을 듯하다.(○[箴曰] 此句不刪却好.)" 『中庸自箴』(『定本 與猶堂全書 6』, p. 259); "하물며 『중용中庸』의 분절分節에 대해서는 본디 옛사람들이 말한 바 없습니다. 저는 몇 절로 나누는 것이 작자作者의 본의本意에 합당한지에 대해서는 알 수가 없습니다만, '책은 대나무를 보듯이 해야 한다'고 생각합니다. 즉, 대나무는 비록 여러 마디로 이루어져 있지만 그 전체를 보는 것이 좋으리라 봅니다.(○[臣對曰] ……況『中庸』分節, 本無古人之所言. 臣未知分爲幾節·方得作者之本意, 臣謂: '看書如看竹'. 雖有累節, 全竹看好也.)" 『中庸講義補』(『定本 與猶堂全書 6』, p. 398)

59 『論語古今注 I』(『定本 與猶堂全書 8』, pp. 289~290) "○[案] ……今典籍殘滅, 無以考徵, ……恐不如闕疑之爲善也."

60 『論語古今注 I』(『定本 與猶堂全書 8』, p. 243) "○[駁曰] ……解經不解, 但當闕疑, ……"; 『孟子要義』(『定本 與猶堂全書 7』, p. 178) "○[鏞案] 費之跡不見『春秋』, 且當闕疑."; 『孟子要義』(『定本 與猶堂全書 7』, p. 181) "○[鏞案] ……然出公不能正名, 得罪倫紀, 孔子無委質爲臣之理. 且當闕疑."

61 『論語古今注 II』(『定本 與猶堂全書 9』, pp. 359~360) "○[補曰] '施'當作'弛'. ……[考

장단점을 비교하여 “의당 단점을 버리고 장점만을 취해야 할 것이며, 한 본本은 취하고 다른 한 본本은 버리는 식으로 해서는 안 될 것”[62]이라고 주장하기도 하였다.

경문에 대한 일반적 태도②: 경문의 이치와 맥락에 따라 독자적인 분장·분구는 가능하다

다음으로, 정약용의 ‘경문에 대한 독자적인 분장分章·분구分句의 태도’를 들 수 있다. 첫째, 이러한 정약용의 태도는 기본적으로 어릴 때부터 견지해왔던 독자적인 경전해석태도[63]와도 연결되는 것으로서, 특히 정주성리학程朱性理學의 경전주석에 대한 그 나름의 비판적 검토의 결과이자, 또한 사서경문四書經文의 원형을 회복하고자 하는 관심의 표현이기도 하였다.

둘째, 정약용은 이에 주희朱熹를 포함한 제가諸家의 권위에 대해 일단 ‘판단중지’한 상태에서 그 나름대로 “경문의 뜻에 가장 알맞다고 생각되는 해석을 취하기”도 하였고,[64] 또한 글의 맥락[65]이나 사리事理[66]를

異] 『陸氏釋文』曰: ‘弛, 舊音絁. ……’ ……○[案] 陸本必有所據.”

62 『論語古今注 II』(『定本 與猶堂全書 9』, p. 203) “○[案] 皇本·邢本各有長短, 但當舍短而取長, 不必執一以廢一也.”

또한, 정약용은 동일한 맥락에서 다음과 같이 말하기도 하였다: “반드시 두 경經을 상호 참조해야만 바야흐로 완전히 갖추어질 것이다.(○[鏞案] ……必參互二經, 方爲全備也.)” 『喪禮四箋 I』, 「喪儀匡 2」(『定本 與猶堂全書 18』, p. 86)

63 정약용은 다음과 같이 말한 바 있다: “지난 건륭乾隆 무술년[1778년: 필자 주] 겨울, 나는 화순和順의 동림사東林寺에서 독서를 하면서【당시 나이는 17세였다】 이러한 뜻[『論語集註』와는 다른 해석: 필자 주]을 얻었으니, 지금으로부터 37년 전의 일이다. 이제 서씨徐氏의 『경설經說』을 살펴보니, 옛사람들도 이미 이러한 뜻을 알고 있었다.(○[案] 昔在乾隆戊戌之冬, 余在和順 東林寺讀書【年十七】, 得斯義, 今三十七年矣. 今見徐氏『經說』, 古人已先得之.)” 『論語古今注 II』(『定本 與猶堂全書 9』, p. 125); “내가 옛날에 만연사萬淵寺의 동림사東林寺【화순현和順縣의 북쪽에 있다】에서 독서할 때, 상하 두 절節을 모두 하夏 나라의 속담으로 생각하여 태강太康 때 지어졌거나【태강이 무절제하게 논 것은 「하본기夏本紀」에 나온다】 혹은 하夏 나라 걸왕桀王 때에 지어진 것으로 여기고, 제후諸侯는 그대로 다섯 등급의 제후에 해당시켰더니, 중씨仲氏가 무릎을 치며 좋다고 칭찬하였다.(○[鏞案] ……○余昔讀書于萬淵寺之東林【在和順縣北】, 以爲上下二節, 通作夏諺, 而並爲太康時作【太康游豫無度, 見「夏本紀」】, 或爲夏 桀時作, 諸侯仍當爲五等諸侯, 仲氏擊節稱善.)” 『孟子要義』(『定本 與猶堂全書 7』, p. 43)

64 『論語古今注 II』(『定本 與猶堂全書 9』, p. 127) "○[案] ……然孔氏約勒之解, 最中經旨, 今所取也."

65 『論語古今注 II』(『定本 與猶堂全書 9』, p. 260) "○[案] ……詞理語脈, 洞然相照, 而截爲二段, 千古不合, 經可易言哉?"; 『論語古今注 II』(『定本 與猶堂全書 9』, p. 396) "○[又按] '重民五教, 唯食喪祭'二句, 詞理不通, 不可讀也."; 『大學公議』(『定本 與猶堂全書 6』, p. 105) "○[鏞案] 自國而家而身而心, 皆由外而達於內. 今反云: '意者心之發·意者心之萌', 則又迴轉向外. 作者之意, 必不如此."; 『中庸自箴』(『定本 與猶堂全書 6』, p. 235) "[箴曰] ……○……此章·下章, 上下照應, 毫髮不差."; 『中庸自箴』(『定本 與猶堂全書 6』, p. 254) "○[箴曰] ……同條共貫, 脈理不斷, 有如是矣."; 『中庸講義補』(『定本 與猶堂全書 6』, p. 299) "[臣對曰] ……必有'反'字, 然後上下相承, 語不中折. 王肅本, 恐不可不從也."; 『中庸講義補』(『定本 與猶堂全書 6』, p. 317) "○[案] ……上下相照, 同條共貫, 脉理不斷, 首尾貫徹, 通則全通, 塞則全塞, 無二義也."; 『中庸講義補』(『定本 與猶堂全書 6』, p. 343) "○[今案] ……○……'人·身·道·仁'四字, 如貫珠綴璧, 層層吐出, 乃於其中, 析而裂之, 以人屬臣, 以身屬君, 破碎乖張, 恐不成文."; 『中庸講義補』(『定本 與猶堂全書 6』, p. 360) "○[今案] ……層節分明, 段落各殊. 朱子拘於『家語』, 自'哀公問政', 下至'雖柔必强', 通作一章, 則起伏屈伸之妙, 皆漫漶而不明矣."; 『中庸講義補』(『定本 與猶堂全書 6』, p. 370) "○[今案] 五箇'則'字, 上下相承, 其文如貫珠綴璧, 明其勢相因相發也."; 『喪禮外編』, 「檀弓箴誤 4」(『定本 與猶堂全書 21』, p. 127) "○[箴曰] ……○此節本承'巫祝桃茢'之下, 文理接續, 鄭別爲一章, 又大非也."

66 『論語古今注 I』(『定本 與猶堂全書 8』, p. 99) "○[駁曰] ……周·召共和, 此是千百乍僅一有之事. 孔子據此以自多, 有是理乎?"; 『論語古今注 II』(『定本 與猶堂全書 9』, p. 281) "○[案] ……天旣賦形, 有貴賤·美惡, 而其所賦之性, 通用一等, 有是理乎?"; 『論語古今注 II』(『定本 與猶堂全書 9』, p. 283) "○[案] ……嗟呼! 仰觀乎天, 則日月·星辰森然在彼, 俯察乎地, 則草木·禽獸秩然在此, 無非所以照人·煖人·養人·事人者. 主此世者, 非人而誰? 天以世爲家 令人行善, 而日月·星辰·草木·鳥獸爲是家之供奉. 今欲與草木·鳥獸, 遞作主人, 豈中於理乎?"; 『孟子要義』(『定本 與猶堂全書 7』, p. 163) "○[鏞案] 趙注不知何說. 若如『集』義, 則舜受堯之九男百官, 私自授象, 不合事理."; 『孟子要義』(『定本 與猶堂全書 7』, pp. 163~164) "○[鏞案] ……總之, 有庳者, 百越蓁荒之地也. 舜旣以愛弟之意封象, 何乃封於此地? 此地距冀州不下萬里, 又何得常常欲見, 使之源源而來乎? 總不可曉."; 『中庸講義補』(『定本 與猶堂全書 6』, p. 292) "○[臣對曰] ……中者, 聖人之極功也. 無工夫而致極功, 有是理乎?"; 『中庸講義補』(『定本 與猶堂全書 6』, p. 302) "○[今案] 孔子不言'知禍'. 蓋明知其禍, 則人孰不避! 唯其所知有不明, 故莫之知避耳."; 『心經密驗』, 「心性總義」(『定本 與猶堂全書 6』, pp. 197~198) "然孟子性善之論, 非孟子創爲之也. ……性善者, 先聖之本論, 非一家之私言也. 說得未備, 有是理乎?"; 『心經密驗』(『定本 與猶堂全書 6』, p. 201) "○[案] ……'人心·道心', 自一至言; '允執厥中', 自一炯戒, 各觀其旨, 可以知道, 相連爲文, 終不合理."; 『心經密驗』(『定本 與猶堂全書 6』, p. 210) "○[案] ……若寂然不動, 無思無慮, 爲未發之光景, 則少林面壁, 方可以位天地而育萬物, 其有是乎?"; 『心經密驗』(『定本 與猶堂全書 6』, p. 217) "○[案] 荀卿, 楚人. 所言雖合理, 終與鄒·魯語, 有些不同."; 『梅氏書平』(『定本 與猶堂全書 13』, p. 164) "○[平曰] 平論事理, 則曰: '修文德, 來遠人', 可也. 臨陣對敵, 發謀畫策, 曰: '敷文德, 以來之', 而帝乃誕敷文德, 文德其卑乎? 文德爲物, 久道而化成, 豈可一朝猝然敷之?"; 『梅氏書平』(『定本 與猶堂全書 13』, p. 168) "○[平曰] 此雖猜度之言, 合於事理."; 『春秋考徵』(『定本 與猶堂全書 14』, p. 36) "○[鏞案] ……百年之間, 無歲不郊, 而卜則必從, 牛則無傷, 時則不過, 望則不猶, 天人相格, 鬼神其依, 無一災之可書. 忽自僖公三十一年, 歷宣·成·襄, 下逮定·哀, 卜則不從, 牛則多傷, 時則必過, 望則必猶, 災蘖層生, 眚咎疊出, 天下有是理乎?"; 『喪禮四箋 I』, 「喪儀匡 2」(『定本 與猶堂全書 18』, p. 85) "○[鏞案] 浴衣, 非衣也. 已浴所衣, 乃是明衣, 而又衣此乎?"; 『喪禮四箋 I』, 「喪儀匡 4」(『定本 與猶堂全書 18』, p. 135) "○[鏞案] ……體究事情, 「大記」之文爲益合理."; 『喪禮四箋 I』, 「喪儀匡 5」(『定本 與猶堂全書 18』, p. 161) "○[鏞案] 敖說有理. 雖無'各'字, 且當如是看也."; 『喪禮四箋 I』, 「喪儀匡 6」(『定本 與猶堂全書 18』, p. 178) "○[鏞案] ……此雖禮家之所未言, 而其義則炳然也."; 『喪禮四箋 I』, 「喪儀匡 6」(『定本 與猶堂全書 18』, p. 181) "○[鏞案] ……陳可大不察其例, 乃以齊衰三年, 亦不居廬, 則母喪不居廬乎? 其謬戾大矣."; 『喪禮四箋 I』, 「喪儀匡 7」(『定本 與猶堂全書 18』, p. 205) "○[鏞案] ……「洪範」者, 箕子之書也. 箕子之時, 『周易』未行, 豈能以三易爲三人之占哉?"; 『喪禮四箋 I』, 「喪儀匡 17」(『定本 與猶堂全書 18』, p. 477) "○[鏞案] 今制庶人不制衰裳, 皆縞素三年, 於理順也."; 『喪禮四箋 II』, 「喪服商 2」(『定本 與猶堂全書 19』, p. 236) "○[又按] ……大抵古人之禮, 雖父母之喪, 旣葬皆葛, 況尋常弔人之服, 其尙戴麻乎? 無是理也."; 『喪禮四箋 II』, 「喪服商 3」(『定本 與猶堂全書 19』, p. 257) "○[鏞案] 中衣承衰, 『禮』有正文, 宜遵經制, 用布緣邊. 然今之所謂'中單衣', 非古深衣之制, 於此緣邊, 却不中理, 宜擢疊爲飾, 如平日之服, 可也, 不但緝邊而已."; 『喪禮四箋 II』, 「喪服商 5」(『定本 與猶堂全書 19』, p. 305) "○[鏞案] 受服之法, 麻變爲葛, 豈有麻變爲布之理乎?"; 『喪禮四箋 II』, 「喪服商 5」(『定本 與猶堂全書 19』, p. 319) "○[又按] 練衣者, 練布也. 夏則練衣, 冬則鹿裘, 理所然也."; 『喪禮四箋 II』, 「喪服商 6」(『定本 與猶堂全書 19』, p. 349) "○[鏞案] 後喪未畢, 前喪不禫, 經雖無文, 禮宜然也."; 『喪禮四箋 II』, 「喪期別 1」(『定本 與猶堂全書 19』, p. 359) "○[又按] 長子有廢疾, 而父不服斬, 雖無經據, 其義則是矣."; 『喪禮四箋 II』, 「喪期別 1」(『定本 與猶堂全書 19』, p. 361) "○[鏞案] 理所必値, 言不曲諱也. 況論禮之言, 但據公理."; 『喪禮四箋 II』, 「喪期別 2」(『定本 與猶堂全書 19』, p. 394) "○[鏞案] ……母之旣出, 與父絶也, 斷而送之, 旣路人矣, 其嫁與不嫁, 又可追問耶? 若問其嫁與不嫁, 使其子上下其服, 是我以義斷, 而欲彼之不斷恩也, 豈公理哉?"; 『喪禮四箋 III』, 「喪期別 4」(『定本 與猶堂全書 20』, p. 25) "○[鏞案] ……後者, 主祭之名. 父方主祭, 而號其子曰: '祖後', 有是理乎?"; 『喪禮四箋 III』, 「喪期別 4」(『定本 與猶堂全書 20』, p. 34) "○[鏞案] 庾蔚之說, ……於此訟之案, 最精最確, 深中先王之至理, 可作昭代之令典."; 『喪禮四箋 III』, 「喪期別 5」(『定本 與猶堂全書 20』, p. 55) "○[鏞案] 王·姚諸家, 秉義雖正, 析理未核. 何者? ……妾繫於祖, 所以不斬, 非尊嫡而卑妾也. 我旣妾出, 安得卑之? 謂'母可卑'者, 非理之言也."; 『喪禮四箋 III』, 「喪期別 5」(『定本 與猶堂全書 20』, p. 60) "○[鏞案] 「喪服」不言來孫之服, 以理所不値也. 苟其値也, 雖微父承重, 庸得無服乎? 直吾祖也, 經雖不言, 齊衰三月, 未可已也."; 『喪禮四箋 III』, 「喪期別 6」(『定本 與猶堂全書 20』, p. 93) "○[又按] 謂父曰: '從祖父', 天下有此法乎? ……所生之親, 一定不易, 故父母之外, 無他稱也."; 『喪禮四箋 III』, 「喪期別 6」(『定本 與猶堂全書 20』, p. 95) "○[鏞案] 注疏之說, 全不合理."; 『喪禮四箋 III』, 「喪期別 6」(『定本 與猶堂全書 20』, p. 96) "○[鏞案] 經凡言: '爲祖後者三年, 爲祖母後者三年', 文例嚴正, 獨於此不言三年, 有是理乎?"; 『喪禮四箋 III』, 「喪期別 8」(『定本 與猶堂全書 20』, p. 124) "○[鏞案] ……於其所後, 無所爲父; 於其所生, 徑絶其父, 有是理乎? 故其在聖經, 一則曰: '爲所後者', 二則曰: '爲所後者之妻'."; 『喪禮四箋

III』, 「喪期別 10」(『定本 與猶堂全書 20』, p. 188) "○[鏞案] ……唐人以私意·俗見, 輕改先王之典章. 儒者當徐察其理, 何得靡然從之?"; 『喪禮四箋 III』, 「喪期別 11」(『定本 與猶堂全書 20』, p. 207) "○[鏞案] ……若以服之輕重, 爲之尊卑, 則斬於父而期於祖, 是爲尊父而卑祖乎? 此皆非理之言也."; 『喪禮四箋 III』, 「喪期別 11」(『定本 與猶堂全書 20』, p. 215) "○[鏞案] 『家禮』亦有此條,【『唐律』「緦麻章」云: '爲從父兄弟子之婦, 爲夫之從夫兄弟子之婦.'】 經雖無文, 可案而行也."; 『喪禮四箋 III』, 「喪期別 12」(『定本 與猶堂全書 20』, p. 241) "○[鏞案] ……婦人無爵·無齒, 貴以父命, 坐以夫齒. 自視其年, 以爲弟長, 豈有是理?"; 『喪禮四箋 III』, 「喪期別 13」(『定本 與猶堂全書 20』, p. 255) "○[鏞案] ……大夫庶子爲其所生之母, 僅服大功,【經文也】 生母·傄母, 將無差別乎? 必無是理, 余謂: '子雍之說, 不如景山之爲近理'也."; 『喪禮四箋 III』, 「喪期別 14」(『定本 與猶堂全書 20』, p. 284) "○[鏞案] 此「記」, 大可疑也. 庶子爲父後者, 絶其母黨, 悉皆無服,【「喪服記」】 旣於彼無服, 又於此不服, 則此子雖有二母, 仍無母黨, 豈理也哉?"; 『喪禮四箋 III』, 「喪期別 14」(『定本 與猶堂全書 20』, p. 290) "○[鏞案] 綦毋邃之說, 明核中理, 不可易也."; 『喪禮四箋 III』, 「喪期別 15」(『定本 與猶堂全書 20』, p. 313) "○[又按] 庾氏謂'婦人不服慈姑', 此決知其不然也. 父命此子, 使爲彼子, 子旣慈子, 婦亦慈婦, 夫服三年, 妻絶一日, 有是理乎?"; 『喪禮四箋 III』, 「喪期別 16」(『定本 與猶堂全書 20』, pp. 324~325) "○[鏞案] 『通典』, 其論五宗·二宗之說, ……千言萬語, 橫說竪說, 不出鄭氏之圈套, 兼祖王氏之拗論, 東振西觸, 七藤八葛, 無一而當於理者, 今竝刪之."; 『喪禮四箋 III』, 「喪期別 18」(『定本 與猶堂全書 20』, p. 370) "○[鏞案] 有家·有廟·有姓·有父者, 爲他人三年, 有是理乎?"; 『喪禮四箋 III』, 「喪期別 19」(『定本 與猶堂全書 20』, pp. 396~397) "○[鏞案] 鄭不知卿士爲何物也. 卿士者, 王朝之大官, ……卿士者, 大官也. ……卿士爲物, 巍巍如此, 今乃屈之, 在諸侯孤卿之下, 已屬非理. 況鄭不以公士爲卿士, 乃以單士爲卿士, 則只一'士'字, 無以內含卿意; 只一'公'字, 無以別君稱,【公者, 君之稱】 鄭注其當於理乎?"; 『喪禮四箋 III』, 「喪期別 19」(『定本 與猶堂全書 20』, p. 399) "○[鏞案] 鄭以'室老士', 連作一句, 天下有此文乎? 只'士'一字, 何以內含邑宰之義乎? 在經則以此一字爲卿士, 在傳則以此一字爲邑宰, 虛心靜玩, 終不合理."; 『喪禮四箋 III』, 「喪期別 19」(『定本 與猶堂全書 20』, p. 408) "○[又按] 『通典』, 故吏爲舊君, 或服三年, 或服三月, 引古諸侯之禮, 未必合理."; 『喪禮外編』, 「檀弓箴誤 1」(『定本 與猶堂全書 21』, p. 45) "○[箴曰] 若論心喪之禮, 期之內, 亦不宜哭. 鄭說自覺少理."; 『喪禮外編』, 「檀弓箴誤 1」(『定本 與猶堂全書 21』, p. 45) "○[箴曰] ……儒者貴乎明理, 乃鄭輕信司馬遷傳疑之說, 注之如此, 不亦悖乎?"; 『喪禮外編』, 「檀弓箴誤 1」(『定本 與猶堂全書 21』, p. 55) "○[箴曰] 九世單傳, 寧有是理? 此譜系之疎略也."; 『喪禮外編』, 「檀弓箴誤 2」(『定本 與猶堂全書 21』, p. 63) "○[案] 余此說, 恐不如橫渠·草廬之說平正合理.【詳見「喪期別」】"; 『喪禮外編』, 「禮問」(『定本 與猶堂全書 21』, p. 110) "○[淺見] 嘗閱秦氏所輯『吉禮通考』, ……又嘗謂: '五帝之祭, 寔名爲禘', 而『周禮』無文也. 若以『周禮』無文, 疑其非禘, 則『周禮』竝無'郊'字, 將云: '祭上帝, 非郊'乎?"; 『喪禮外編』, 「檀弓箴誤 4」(『定本 與猶堂全書 21』, p. 118) "○[箴曰] ……重者, 喪具也. 用於殯宮而止, 豈有入廟之理?"; 『喪禮外編』, 「檀弓箴誤 6」(『定本 與猶堂全書 21』, p. 154) "○[箴曰] 注疏之胡亂荒雜, 全不成理, 莫此章若也."; 『喪禮外編』, 「檀弓箴誤 6」(『定本 與猶堂全書 21』, p. 157) "○今鄭·孔之說, 旣以駒王爲容居之先君, 又以駒王爲容居之先祖, 則澒洞喝戾, 全沒意味."; 『喪禮外編』, 「檀弓箴誤 6」(『定本 與猶堂全書 21』, p. 162) "○[箴曰] 註說之奇詭胡亂, 莫此章若也."; 『喪禮外編』, 「檀弓箴誤 6」(『定本 與猶堂全書 21』, p. 163) "○鄭君之七藤八葛,都坐此'其妻'二字, 此其曲處, 亦其陋處也. 此章大旨, 本論妻爲夫之服, 故終謂之'退, 使其妻'.【蒙上文】若謂之'退, 使其嫂', 則文理錯亂, 故謂之'其妻'也.";『喪禮外編』,「他篇箴誤【附】」(『定本 與猶堂全書 21』, p. 170) "○[箴曰] ……注家於前三節, 未有誤解, 忽於此章, 迷失道如此, 甚可異也. 觀其意, 都作君喪禮釋之, 藤糾葛絓, 全不成理.";『喪禮外編』,「弔奠考」(『定本 與猶堂全書 21』, p. 184) "凡爵位彌卑, 則其執禮彌勤. 士之相弔, 而反用天子所以弔士之服, 無是理也.【『周禮』云:'王爲大夫·士疑衰.'】經雖無文, 要之, 緦衰爲正.";『喪禮外編』,「弔奠考」(『定本 與猶堂全書 21』, p. 186) "○若葬後弔服, 未有所考. 然素冠·錫衰而環絰, 則必去之矣. 何者? 主人之絰, 亦已葛矣, 弔客其絰乎?";『喪禮外編』,「弔奠考」(『定本 與猶堂全書 21』, p. 194) "今人國恤成服之後, 竝處私室. 若親戚有喪, 理宜往弔也.";『喪禮外編』,「古禮零言 1」(『定本 與猶堂全書 21』, p. 200) "以吾觀之, 君其臣而父其子, 有如是禮乎?";『喪禮外編』,「古禮零言 1」(『定本 與猶堂全書 21』, p. 207) "○[又案] ……禰其父, 不禰其殤兄, 禮也.【若兄非殤, 則以兄爲禰】竝其祭而不典, 推而委之於族人之疏者乎? 無是理也.";『喪禮外編』,「古禮零言 1」(『定本 與猶堂全書 21』, p. 210) "○[駁曰] ……○『禮』'庶子爲父後'者, 爲其母無服. 然考之『春秋』, 則母以子貴, 書薨·書葬, 未有無服之理也.";『喪禮外編』,「禮考書頂」(『定本 與猶堂全書 21』, p. 215) "○[頂云] ……○且『儀禮』·『禮記』所論喪期, 各有出入. 況注疏皆後儒之推廣爲說者, 其言未必一一合理.";『喪禮外編』,「正體傳重辨 1」(『定本 與猶堂全書 21』, p. 231) "○[鏞案] ……於陽甲則三年, 於盤庚則期年, 有是理乎?";『喪禮外編』,「正體傳重辨 1」(『定本 與猶堂全書 21』, p. 233) "[總義] ……旣父前王, 則前王之妃, 自當母之爲三年. 旣然如是, 則前王之妃於嗣王之喪, 又不得不三年. 其本屬之或子·或孫·或弟·或姪, 又不當問, 此其理易知也.";『喪禮外編』,「正體傳重辨 1」(『定本 與猶堂全書 21』, p. 235) "○[鏞案] ……禮凡爲庶子期年, 爲庶子婦小功, 爲庶孫大功, 爲庶孫婦緦麻, 皆嫡出·妾出之通例. 獨於其自支爲幹者, 必問其嫡出·妾出, 有是理乎?";『喪禮外編』,「正體傳重辨 2」(『定本 與猶堂全書 21』, p. 241) "○[鏞案] ……天子·諸侯之喪, 內宗·外宗在緦·小功之列者, 皆服斬衰. 百工·庶官無緦·小功之親者, 皆服斬衰. 況其本屬在斬衰之親者, 獨不服斬衰, 有是理乎?";『喪禮外編』,「正體傳重辨 2」(『定本 與猶堂全書 21』, p. 243) "○[鏞案] ……○……五服皆斬, 既有明文, 則獨於其中, 拔出母后一人, 使不斬衰, 有是理乎?";『喪禮外編』,「正體傳重辨 2」(『定本 與猶堂全書 21』, p. 246) "○[鏞案] ……別嫌疑·定親疏, 乃禮家之精義, 則疏者皆斬, 親者獨齊, 有是理乎?";『喪禮外編』,「正體傳重辨 2」(『定本 與猶堂全書 21』, p. 257) "主人曰: '……聖人制禮, 尤詳於五服之制, 而理外之事, 在所不言. ……'";『喪禮外編』,「正體傳重辨 3」(『定本 與猶堂全書 21』, p. 267) "○[鏞案] ……今驪江之說, 名之曰: '爲小君服', 天下其有是乎? 小君者, 臣民之小君也, 豈大妃之小君乎?";『喪禮外編』,「正體傳重辨 3」(『定本 與猶堂全書 21』, p. 269) "○[鏞案] ……母服其子曰: '此服父之義', 姑服其婦曰: '此服母之義', 天下其有是乎? 雖後宮所生之母, 尙不當然, 況於堂堂先王配體之尊乎?";『喪禮外編』,「國朝典禮考 1」(『定本 與猶堂全書 21』, p. 293) "[臣謹案] ……今禮官之議, 不引禮經之通義,【謂: "『儀禮』「喪服」,'爲人後'章, '不改父母之名'"】忽稱'宗廟之中, 考位曠闕', 雖其結語欲依德興之例, 而其言不免乎矛盾也.";『喪禮外編』,「國朝典禮考 2」(『定本 與猶堂全書 21』, p. 329) "[臣謹案] ……若此類皆不得父母之, 則獨於父列必稱父母, 有是理乎?";『喪儀節要』,「節要問答」(『定本 與猶堂全書 22』, p. 118) "[答] ……○今公室之主, 但書廟號, 不言某親, 亦無旁題, 私家何獨不然?";『喪儀節要』,「節要問答」(『定本 與猶堂全書 22』, p. 123) "[答] ……況'孤哀子'三字, 不成文理, 猥陋如此, 何以爲禮?";『喪儀節要』,「節要問答」(『定本 與猶堂

존중하는 가운데 경전을 해석하면서 이에 따라 자연스럽게 경문을 나누기도 하고 합하기도 했던 것이다.[67]

全書 22』, p. 128) "[答] 今人心麤, 當其初服之時, 有子厤·無子厤, 不曾分別. ……古人不然. 苴厤·牡厤·澡厤, 各有等級, 爲之輕重, 受服用麤葛, 有是理乎?"; 『喪儀節要』, 「節要問答」(『定本 與猶堂全書 22』, p. 129) "[答] ……特其儀節, 務從簡略, 薦而不祭, 烏得云: '無祭'乎?"; 『喪儀節要』, 「禮書箚記」(『定本 與猶堂全書 22』, p. 155) "○[愚按] ……上食與祭不同. 然且從愚伏之說, 殯前宜廢, 至於朔望之奠, 雖亦喪禮, 取有喪不擧之義, 不設殷奠, 恐爲合理."; 『喪儀節要』, 「祭禮考定 1」(『定本 與猶堂全書 22』, p. 179) "○[又按] ……雖儒議不一, 而祭用分·至, 於古有徵, 其視卜日, 尤爲合理也."; 『喪儀節要』, 「祭禮考定 2」(『定本 與猶堂全書 22』, p. 211) "然古禮二奠, 同在一日.【見「士禮」】一日再殷, 無是理也."; 『禮疑問答』, 「僧菴禮問」(『定本 與猶堂全書 22』, p. 270) "○余謂: '沙溪未嘗誤引'也. 禫則可練, 伸禫而不伸練, 無是理也."; 『禮疑問答』, 「【附】巽菴禮疑」(『定本 與猶堂全書 22』, p. 297) "答云: '來敎誠合理.'"; 『風水集議』(『定本 與猶堂全書 22』, p. 366) "[案] 稻·麥之喩, 恐不合理."; 『樂書孤存』(『定本 與猶堂全書 23』, p. 56) "○[鏞案] ……鍾者, 金所鑄也. 曰: '種'·曰: '踵', 其當於理乎?"; 『樂書孤存』(『定本 與猶堂全書 23』, p. 66) "○[鏞案] 此僞言也. 其違於實理."; 『樂書孤存』(『定本 與猶堂全書 23』, p. 68) "○[鏞案] 理所不然, 術乃有驗, 明其術爲妖術, 豈儒者所屑言哉?"; 『樂書孤存』(『定本 與猶堂全書 23』, p. 72) "○[鏞案] ……○試看黃鍾之管, 其大不過鷄羽之管, 雖伶倫復生, 吹之作聲, 斷無是理."; 『樂書孤存』(『定本 與猶堂全書 23』, p. 82) "○理本不通, 議難相合."; 『樂書孤存』(『定本 與猶堂全書 23』, pp. 144~145) "○[鏞案] ……其百病千瘡, 皆起於三分損益·上下相生一法, 據理剖擊, 宜在乎此."; 『樂書孤存』(『定本 與猶堂全書 23』, p. 146) "○[鏞案] ……此易知之理, 千古夢夢, 豈非大惑?"; 『樂書孤存』(『定本 與猶堂全書 23』, p. 146) "○[鏞案] ……至三千年後, 河右老公, 始知七聲, 非悖語乎? ……毛公所知, 伶州鳩何以不知?"; 『樂書孤存』(『定本 與猶堂全書 23』, pp. 161~162) "不髥者, 吾知其爲婦人; 長尾者, 吾知其爲雄雞. 無故冒之以牝牡之名, 天下無此法也. ……無故命之曰: '此是陽律, 彼是陰呂', 斷斷無此理也."; 『樂書孤存』(『定本 與猶堂全書 23』, p. 181) "○[鏞案] 鄭說自相矛盾, 不可解也."; 『樂書孤存』(『定本 與猶堂全書 23』, p. 255) "○[又按] 蔡邕長短之度, 絶無義理. 錯亂乖迕, 不可爲典."; 『樂書孤存』(『定本 與猶堂全書 23』, pp. 258~259) "○[鏞案] 天地之間, 萬物紛興, 性情各殊, 規制不侔. 或其數目偶同, 不必配合. 鄒·呂以來, 凡天地萬物之或五·或四者, 悉以配之於五行, 其皆合於理乎?"; 『樂書孤存』(『定本 與猶堂全書 23』, p. 260) "○[鏞案] 以八配五, 豈有合理? 此皆蔀障之學, 識者所賤也."; 『樂書孤存』(『定本 與猶堂全書 23』, p. 266) "○[鏞案] 毛氏堅以字音分屬五聲, 及論歌曲宮·商之轉, 則又力破其義, 豈不矛盾乎哉? 同此文字, 同此人聲, 作詩·切韻, 則五聲分明, 登歌·合樂, 則五聲通用, 天下有此理乎? 歌也者, 歌此詩也. 詩中之字, 五聲派分; 歌中之字, 五聲圓轉, 豈詩·歌非一物乎? 字音之分隷五聲, 本非合理之學也."

67 정약용은 다음과 같이 말하였다: "형병邢昺의 본本에는(이 經文을: 필자 주) 합하여 한 장章으로 하였으니, (나는: 필자 주) 지금 이를 따른다.【증자曾子가 공자孔子께서 말씀하신 뜻을 해석하였다】……○혹자는 '(이 章을: 필자 주) 나누어 두 장으로 해야 한다'고 하나, 그렇다면 증자曾子가 돌연히 이 말을 인용하면서도 '상왈象曰'이라는 말을 더하지 않았음은 말하지 않은 채 갑자기 자기의 말로 삼은 꼴이 되니, 또한 그러한 일을 있을 수

없다.(○[案] 邢氏本合之爲一章, 今從之.【曾子釋夫子所言之意】……○或曰: '分作兩章', 則曾子突引此詞, 無謂不加'象曰', 襲爲己語, 又無其事.)" 『論語古今注 II』(『定本 與猶堂全書 9』, p. 148); "『논어집주論語集注』에는 나누어 두 장章으로 하였다. ……○공안국孔安國[字는 子國, ?~?: 中國 前漢의 학자]의 주注에는 본래 한 장章이다. 만약 한 장이 아니라면 '유惟' 자가 자연스럽지 않다. 말이 이미 끝나고 얼마 있다가 다시 말씀했기 때문에 중간에 '자왈子曰'이 있게 된 것이니, 반드시 연문衍文으로 볼 필요는 없다.([考異]『集注』分爲二章. ……○[案] 孔注本爲一章. 若非一章, 則'惟'字不安矣. 語旣終, 良久再言, 故中有'子曰', 不必爲衍文.)" 『論語古今注 II』(『定本 與猶堂全書 9』, p. 276); "이 절節은 의당 별도로 한 장章을 만들어야 할 것인데, '등문공滕文公'이란 세 자가 없다 하여 많은 본本들이 모두 합쳐서 풀이하고 있다. 지금은 일단 나누어 구별해 둔다.(此節當別爲一章, 以無'滕文公'三字, 故諸本皆合釋之. 今姑界別.)" 『孟子要義』(『定本 與猶堂全書 7』, p. 109); "두 개의 '간瞷'자가 서로 조응하니, 윗 절과 합하여 한 장章으로 해야 한다.(○[鏞案] 兩'瞷'字相照, 當與上節合爲一章.)" 『孟子要義』(『定本 與猶堂全書 7』, p. 158); "이 장章은 두 절節로 나누어 보아야 한다. '웅어熊魚' 이하는 성선性善에 대한 확실한 증거이며, '일단사一簞食' 이하는 심心을 잃어버리는 데에 대한 지극한 경계이다. 상하 두 절을 합쳐 보는 것은 마땅치 않다.(○[鏞案] 此章當分二節看. '熊魚'以下, 乃性善之確證; '一簞食'以下, 乃失心之至戒. 上下節不宜通看.)" 『孟子要義』(『定本 與猶堂全書 7』, p. 207); "「강고康誥」편篇 이하는 별도로 한 절節이 되니, 지성至誠은 무소불능無所不能하다는 점을 밝혀 목민자牧民者를 위한 경계로 삼았을 뿐이요, 따라서 상문上文의 '자慈'자와 연결하여 설명할 수는 없다.(○[鏞案]……「康誥」以下, 別爲一節, 以明至誠之無所不能, 以爲牧民者之戒而已, 不可連上文'慈'字說.)" 『大學公議』(『定本 與猶堂全書 6』, pp. 124~125); "'무왕·주공, 기달효의武王·周公, 其達孝矣' 일절一節은 마땅히 이 절節과 이어서 한 장章으로 삼아야 한다. 『장구章句』에서는 이를 하장下章에다 포함시켰으니, 이 때문에 종묘宗廟와 교사郊社의 예禮가 모두 무왕武王과 주공周公이 창안한 것이 되고 말았으니, 어찌 그럴 수 있겠는가?([箴曰] '武王·周公, 其達孝矣'一節, 當與此節連爲一章. 『章句』屬之下章, 則宗廟之禮·郊社之禮, 豈武王·周公之所刱乎?)" 『中庸自箴』(『定本 與猶堂全書 6』, p. 255); "이 아래부터는 별도로 한 장章을 삼아야 할 것이니, 꼭 '애공문哀公問'과 서로 연결될 필요는 없다.(此下當別爲一章, 不必與'哀公問'相連.)" 『中庸自箴』(『定本 與猶堂全書 6』, p. 259); "이 절節은 윗 절과 연결되어 있으니, 이를 구별하여 따로 한 장章을 삼을 수 없다.([箴曰]……○此節連上, 不可別之爲一章.)" 『中庸自箴』(『定本 與猶堂全書 6』, p. 263); "제가 생각건대 '인막불음식人莫不飮食' 일절一節은 마땅히 아래 절節과 연결하여 한 장章으로 삼음으로써 지知와 행行을 함께 논해야 하며, 아래 절을 나누어 별도로 한 장章으로 만들 필요는 없다.(○[臣對曰] 臣以爲'人莫不飮食'一節, 當與下節連爲一章, 並論知·行, 不必分下節別爲一章也.)" 『中庸講義補』(『定本 與猶堂全書 6』, p. 300); "'계지繼志'와 '술사述事'는 무왕武王과 주공周公을 이르는 것이다. '춘추수기조묘春秋修其祖廟' 이하의 절節은 별도로 한 장章이 되어야 하니, 본 절節은 상문上文 두 절을 끝맺는 것이 아니기 때문이다. 그 이유는 『중용자잠中庸自箴』에 나온다.(○[今按] '繼志述事', 武王·周公之謂也. '春秋'以下, 別爲一章, 非所以結上文也. 義見『自箴』.)" 『中庸講義補』(『定本 與猶堂全書 6』, p. 337); "이 한 절節은 분명히 윗 절【'천지도인지도天之道人之道'절節】과 어맥이 끊어지지 않고 정수精髓가 서로 연결되어 있는데, 어찌하여 따로 한 장章을 만들었는지 감히 이해할 수 없는 일이다.(○[今案]……此一節, 明與上節【'天之道人之道'節】, 血

경문에 대한 일반적 태도③: 경문의 위서·위작 여부에 대한 고증은 필요하다

끝으로, '경문의 위서僞書·위작僞作 여부에 대한 고증'과 관련하여 정약용이 보인 관심을 들 수 있다. 첫째, ① 『논어論語』의 경우에는 "후학後學이 높이 믿고 체득하여 실행할 수 있는 것은 오직 이 『논어』 한 권뿐이다"[68]라고 평가함으로써 일단 『논어』의 경문 자체에 대한 위서僞書·위작僞作 여부를 고증하는 작업은 거의 찾아보기 힘든 반면, ② 『맹자孟子』의 경우에는 나름의 문헌고증을 통해 경문 가운데에 의심스러운 것이 많다고 주장하기도 하였다.[69]

脈不斷, 精髓相連, 何得別爲一章, 所未敢曉也.)" 『中庸講義補』(『定本 與猶堂全書 6』, p. 360); "어찌 이 장章에서만 유독 전례前例와 다르게 할 수 있겠는가? '『시』운덕유여모『詩』云德輶如毛' 이하는 마땅히 따로 한 절節을 삼아야 한다. 주자朱子가 위아래의 절을 이어 합친 것은 잘못된 것 같다.(○[今案] ……豈於此章獨殊其例乎? '『詩』云德輶'以下, 當別爲一節. 朱子連合上下, 恐誤.)" 『中庸講義補』(『定本 與猶堂全書 6』, p. 392); "이 장章은 마땅히 별도로 한 장章을 삼아야 한다.【황씨皇氏는 "별도로 다시 문장을 일으킴은 '유빈有殯'의 일과 연결되지 않는다"라고 하였다】 세상에 어찌 부모를 장사지내지 않았으면서도 방인邦人의 문을 일일이 찾아가 스스로 조빈弔賓의 일을 행함이 있을 수 있겠는가?(○[箴曰] 此章別爲一章.【皇氏云: '別更起文, 不連「有殯」之事.'】 世豈有不葬其親而歷抵邦人之門, 自行弔賓之事者?)" 『喪禮外編』, 「檀弓箴誤 3」(『定本 與猶堂全書 21』, p. 89)

68 「論語對策」(『定本 與猶堂全書 9』, p. 402) "臣對曰: '……後學之尊信體行, 惟『論語』一部是已. ……'"

69 『孟子要義』(『定本 與猶堂全書 7』, p. 162) "○[鏞案] ……有是理哉? 苟如是也, 其可曰: '克諧'乎? 大抵「帝典」可信也. 凡有乖於可信之經文者, 悉不可信."; 『孟子要義』(『定本 與猶堂全書 7』, p. 167) "○[鏞案] ……『孟子』此章, 與「堯典」不合. 以此推之, 則下章所言禹·益之事, 亦恐不然. 余故曰: '『孟子』非皆孟子之親筆.'"; 『孟子要義』(『定本 與猶堂全書 7』, p. 182) "○[鏞案] ……大抵『孟子』說古事, 與群經一往不合, 衛孝公, 恐亦此類. 豈皆孟子之親筆乎?"; 『孟子要義』(『定本 與猶堂全書 7』, p. 241) "○余昔有疑於此章, 爲之作辨, 其辭曰: '……其非一人之筆, 審矣. 故其云: 「孟子之言者, 多不能無疑.」 若皐陶之執瞽瞍是已. ……'"

한편, 정약용은 『맹자孟子』 이외의 여타 경전의 경문經文에 대해서도 동일한 태도를 취한 바 있다: "이것[『尙書』의 「金縢」篇: 필자 주] 이하에는 의심스런 경문經文이 매우 많다. 그 진眞·위僞는 저절로 드러날 것이다.(○[鏞案] 此以下, 經文可疑者, 極多. 眞·僞可自見也.)" 『尙書古訓 II』(『定本 與猶堂全書 12』, p. 112); "삼례三禮[『周禮』·『儀禮』·『禮記』: 필자 주]의 기록에는 본래 뒤섞여 어지러운 것이 많다.(○[鏞案] 三禮所記, 本多參錯.)" 『喪禮四箋 I』, 「喪儀匡 6」(『定本 與猶堂全書 18』, p. 183); "성인成人이 아니면서 시집가지 않은 자는 모두 남자男子와 복服이 같으니, 그 예禮는 의심할 바 없다. 경문經文[『儀禮』: 필자 주]에서 시집간 자와 쌍으로 거론한 것은 합당하지 않다. 만약에 둘째, 이러한 맥락에서 정약용은 특히 위서僞書에 근거하여 경전을 해석하는 태도를 깊이 경계한 바 있으며,[70] 나아가 직접 이러한 오류를

「전傳」문文이 없다면 어떻게 경經에서 말한 '시집가지 않은 자[未嫁者]'가 성인成人이면서 시집가지 않은 자임을 알 수 있겠는가?(○[鏞案] 未成人而不嫁者, 皆與男子同服, 其禮無疑. 經文, 不當與嫁者雙擧也. 若無「傳」文, 何以知經所云: '未嫁者'爲成人而未嫁者乎?)" 『喪禮四箋 III』, 「喪期別 9」(『定本 與猶堂全書 20』, p. 155); "인륜人倫은 호번浩繁하고 정례情禮는 무궁無窮하니, 필묵筆墨으로 다할 수 없는 것이다. 따라서 경문經文에도 갖추어진 것도 있고 빠진 것도 있으니, 이를 미루어 통하도록 해야 한다.(○[鏞案] 人倫浩繁, 情禮無窮, 筆墨之所不能竭也. 故經文有備有闕, 使之推通.)" 『喪禮四箋 III』, 「喪期別 10」(『定本 與猶堂全書 20』, p. 179); "이 조목은 동춘同春[宋浚吉: 필자 주]도 이미 의심한 바 있다. 현저히 복례服例와 합치되지 않으니, 「잡기雜記」편篇은 따를 수 없다.(○[鏞案] 此條, 同春已疑之矣. 顯與服例不合, 「雜記」不可從也.)" 『喪禮四箋 III』, 「喪期別 13」(『定本 與猶堂全書 20』, p. 254); "이 「기記」는 크게 의심스럽다. 서자庶子로 부후父後가 된 자는 모당母黨과는 절연하여 모두 복服이 없다.【「상복소기喪服小記」】 그렇다면 이미 저기서는 복服이 없고, 또한 여기서는 복服을 입지 않으니, 이 자子에게는 비록 두 명의 모母가 있음에도 결과적으로 모당母黨이 없게 되니, 어찌 이치에 맞다고 하겠는가?(○[鏞案] 此「記」, 大可疑也. 庶子爲父後者, 絶其母黨, 悉皆無服,【「喪服記」】 旣於彼無服, 又於此不服, 則此子雖有二母, 仍無母黨, 豈理也哉?)" 『喪禮四箋 III』, 「喪期別 14」(『定本 與猶堂全書 20』, p. 284): "『효경孝經』의 몇 구절은 원래부터 의심스런 것이어서 주자朱子도 일찍이 이를 논한 적이 있었는데, 과연 (明 나라의: 필자 주) 세종世宗 때에 이르러 그것이 천하天下에 화禍를 끼침이 이와 같았다.([臣謹案] 『孝經』數句, 原自可疑, 朱子亦嘗論之, 果至世宗之時, 其禍天下如是矣.)" 『喪禮外編』, 「國朝典禮考 2」(『定本 與猶堂全書 21』, p. 339); "나는 그 관착제도寬窄制度가 서로 어긋나지 않음을 이해할 수 없도다! ……이것이 감히 고문古文을 다 믿을 수 없는 이유이다.(吾不知其寬窄制度不相參差乎! ……此古文之有不敢盡信也.)" 『喪儀節要』, 「禮書箚記」(『定本 與猶堂全書 22』, p. 134); "지금 사람들은 『효경孝經』을 흔히 인용하면서 '고인古人 또한 묘소墓所의 길흉을 점쳤다'고 하니, 아마도 고례古禮를 깊이 상고하지 않았기 때문이리라.([鏞案] ……今人多引『孝經』, 謂: '古人亦卜其宅兆', 蓋未深考乎古禮也.) " 『風水集議』(『定本 與猶堂全書 22』, p. 325)

70 「上仲氏」(『定本 與猶堂全書 4』, p. 199) "古文者明屬贗作, ……凡出古文者, 未可援以爲據也."; 『論語古今注 II』(『定本 與猶堂全書 9』, p. 396) "○[又按] ……旣竊古文, 何苦改之?"; 『中庸自箴』(『定本 與猶堂全書 6』, pp. 275~276) "[箴曰] ……『孝經』曰: '郊祀后稷以配天, 宗祀文王以配上帝', 忽以天与上帝, 分之爲二, 此文本之緯書. 朱子疑之, 固不足述, ……"; 『尙書古訓 II』(『定本 與猶堂全書 12』, pp. 242~243) "鄭云: '皇天, 北極大帝也【見『史』注】; 上帝, 太微中其所統也.【見『史』注】' ○[駁曰] 鄭玄酷信緯書, ……乃鄭玄注『禮』, 忽以皇天上帝, 分之爲二尊."; 『春秋考徵』(『定本 與猶堂全書 14』, p. 55) "○[鏞案] ……鄭玄襲亡秦五帝之邪說, 信緯書感生之妖言, 乃以啓蟄之郊, 歸之於蒼帝, 別捌冬至之祭, 以祀上帝, 而自立祝號曰: '天皇大帝', 不亦悖乎?"; 『春秋考徵』(『定本 與猶堂全書 14』, p. 68) "○[鏞案] 五方天帝之說, 起於騶衍, 盛於亡秦, 呂不韋著書, 雜取怪迂之說, 謬稱秦之先公, 歷祠五帝.【文見下】 漢興百年, ……其間禮典槩襲秦舊. ……於

찾아내는 데에도 나름의 섬세한 관심을 보여주기도 하였다.[71]

是緯書大興, 鬼道馳騁. 及其末也, 鄭玄以博學鴻儒, 崇信讖緯, 其註三禮·三經, 悉以緯書之說交亂其間, 以誣聖經, 以壞王章."; 『春秋考徵』(『定本 與猶堂全書 14』, p. 77) "○[鏞案] ……秦·漢以來, 祭天·祭帝, 分而二之. 故『孝經』亦以配天·配帝, 分爲二事. 此『孝經』所以見疑於朱子也. 稽之古經, 未嘗如此."; 『春秋考徵』, 「鄭氏六天之辨」(『定本 與猶堂全書 14』, p. 283) "○[鏞案] ……『孝經』者, 有疑之書,【朱子有辨論】"; 『春秋考徵』, 「鄭氏六天之辨」(『定本 與猶堂全書 14』, p. 284) "○[鏞案] 靑帝·赤帝之說, 本出緯書. 其妖邪屑越, 大悖極逆, 不可言也. ……鄭玄於此, 其無所逃罪矣."; 『春秋考徵』, 「鄭氏六天之辨」(『定本 與猶堂全書 14』, pp. 285~286) "○[鏞案] 感生帝之說, 罔誕悖理, 而鄭玄偏信此說, 卽凡三禮·『詩』·『書』所稱'祭上帝'諸文, 悉指爲靑帝·赤帝, 或稱'感生', 或稱'當方', 誣先王之禮, 簒上帝之位, 厥罪大矣. ……『孝經』別言'天·帝', 本是謬義."; 『喪禮四箋 I』, 「喪儀匡 10」(『定本 與猶堂全書 18』, p. 296) "○[鏞案] 註疏陰厭之說, 本自紕繆,【說見下】 不可從也."; 『喪禮四箋 III』, 「喪期別 19」(『定本 與猶堂全書 20』, p. 394) "○[鏞案] 『孔叢子』, 僞書也, 不足取重."; 『喪禮四箋 III』, 「喪期別 20」(『定本 與猶堂全書 20』, p. 425) "○[鏞案] 『孔叢子』, 僞書也. '弔服加麻', 明是後世之文, 豈子思之言乎?"; 『樂書孤存』(『定本 與猶堂全書 23』, pp. 161~162) "竊嘗思之, 陰陽之說, 原可疑也. ……無故命之曰: '此是陽律, 彼是陰呂', 斷斷無此理也."

71 대표적으로 정약용은 다음과 같이 말한 바 있다: "송유宋儒 범악창范諤昌[?~?: 中國 宋나라의 학자]의 설說에 근거하여 (『周易』의: 필자 주) 「단전彖傳」·「상전象傳」·「문언전文言傳」을 모두 공자孔子께서 지으신 것이 아니라 하는 것은 잘못이다.(○……因有據宋儒范諤昌說, 以爲「彖」·「象」·「文言」, 皆非夫子所作, 謬矣.)" 『論語古今注 II』(『定本 與猶堂全書 9』, p. 148); "'인심人心과 도심道心' 두 구句는 곧 옛날의 『도경道經』에 있던 문장이다.【『순자荀子』에 보인다.】 궁躬·중中·궁窮·종終은 그 성운聲韻이 같은 한 운韻으로 되어 있는데, 갑자기 위危·미微 두 운韻이 들어와서 그 가운데 끼였으니, 이는 경문經文을 어지럽히는 것이 아니겠는가! 곤궁困窮의 뜻을 해석한 것 또한 전혀 사리事理에 어긋난다. 이는 이미 나의 『상서설尙書說』에서 상세히 말하였으니, 지금 다시 설명하지는 않겠다.(○[案] '人心·道心'二句, 乃古『道經』文也.【見『荀子』】 躬·中·窮·終, 聲韻不落, 而忽入危·微二韻, 挿于其中, 非亂經乎! 其釋困窮之義, 亦全不成理. 已詳余『尙書說』, 今不再述.)" 『論語古今注 II』(『定本 與猶堂全書 9』, p. 391); "지금의 「탕고湯誥」 편篇은 곧 매색梅賾[字는 仲眞, ?~?: 中國 東晋의 학자]이 말한 공안국孔安國[字는 子國, ?~?: 中國 前漢의 학자]의 진본眞本이다. 공안국이 몸소 「탕고」 편을 전했으면서도 정작 이 글은 보지 못한 채 아득하게 먼 저 『묵자墨子』를 끌어와서 성경聖經을 증명하다니, 이런 이치가 있을 수 있겠는가? 이는 매색이 위작僞作했다는 확고부동한 단안斷案이다.(○[案] 今之「湯誥」, 乃梅氏所謂孔安國之眞本. 安國身傳「湯誥」, 而不見此文, 乃引遙遙荒遠之『墨子』, 以證聖經, 有是理乎? 此梅氏造僞之鐵案.)" 『論語古今注 II』(『定本 與猶堂全書 9』, pp. 392~393); "「탕서湯誓」는 반드시 한 편만이 아닐 것이고, 또 반드시 일구逸句가 없는 것만도 아닐 것이다. (그런데도: 필자 주) 모기령毛奇齡[秋晴, 1623~1716: 中國 明末淸初의 학자]은 매색梅賾의 위서僞書를 곡진하게 비호하여 이에 '한유漢儒는 고誥를 서誓라 일컬었다'고 하니, 어찌 잘못되지 않겠는가? 상세한 내용은 나의 『서설書說』에 나온다.(○[案] 「湯誓」未必一篇, 又未必無逸句. 毛氏曲護梅僞, 乃云: '漢儒以誥名誓', 豈不謬哉? 詳在余『書說』.)" 『論語古今注 II』(『定本 與猶堂全書 9』, p. 393); "『논어論語』의 주注는 진짜 공안국孔安國의 주注이고, 「태서泰誓」의 전傳은 가짜 공안국의 전傳이다. 진짜와 가짜는 서로

모의할 수 없는바, 어찌 서로 부합할 수 있겠는가? 이 또한 매색梅賾이 위작僞作했다는 확고부동한 단안斷案이니, 어떻게 벗어날 수 있겠는가?(○[又按]『論語』之注, 眞孔注也, 「泰誓」之傳, 贋孔傳也. 眞與贋不能相謀, 豈能相合? 此又梅氏造僞之鐵案, 何以脫矣?)" 『論語古今注 II』(『定本 與猶堂全書 9』, p. 395); "매색梅賾의 위작僞作은 전적으로 『논어論語』에 근거하고 측면으로 「악기樂記」를 표절하여 성경聖經을 어지럽힘에 아무런 윤리倫理가 없다. 그러나 또 스스로 공안국孔安國의 전傳으로 위조하여 이에 주친周親을 지친至親이라 하니, 어찌 통하겠는가?(○[案] 梅氏造僞, 全據『論語』, 旁竊「樂記」, 貿亂聖經, 無復倫理. 然且自作孔傳, 乃以周親謂之至親, 豈可通乎?)" 『論語古今注 II』(『定本 與猶堂全書 9』, p. 396); "공안국孔安國이 만약 '중민오교重民五敎'의 글을 보았다면 반드시 사자四者[民·食·喪·祭: 필자 주]로써 나란히 일렬로 하여 해석하지는 않았을 것이니, 이것 또한 위작僞作의 확고부동한 단안斷案이다.(○[又按] 孔氏若見 '重民五敎'之文, 必不以四者, 平爲一列, 此又造僞之鐵案也.)" 『論語古今注 II』(『定本 與猶堂全書 9』, p. 396); "『관자管子』는 분명 후인後人에 의해 더해지고 부연된 것으로, 사실과 위작이 서로 뒤섞였다. 그래서 서시西施를 잘못 인용했으니, 모기령毛奇齡의 설說은 잘못되었다.(○[鏞案] 『管子』明係後人增衍, 眞·僞相雜, 故誤用西施. 毛說, 非矣.)" 『孟子要義』(『定本 與猶堂全書 7』, p. 154); "『상서尙書』 백편百篇에 남은 것이 많지 않은데, 내가 적발한 간위奸僞는 골라내지 않을 수 없다. 이리저리 산삭刪削함에 남은 것이 얼마나 되는가? 그러나 진眞·위僞의 분변은 엄하지 않을 수 없으니, 나를 용서해주시기 바란다!【『상서지원록尙書知遠錄』】(○[鏞案] ……『尙書』百篇, 餘者無多, 而竊發之奸, 不得不鋤. 左刪右削, 存者幾何? 然眞·僞之辨, 不得不嚴, 尙恕余哉!【『知遠錄』】)" 『尙書古訓 II』(『定本 與猶堂全書 12』, p. 112); "『사기史記』의 문장은 이와 같은데, [「金縢」篇의: 필자 주] 경문經文은 저와 같으니, 어찌 괴이怪異하지 않은가?(○[鏞案] 『史』文如此, 經文如彼, 豈不怪哉?)" 『尙書古訓 II』(『定本 與猶堂全書 12』, p. 119); "『한서漢書』에 나오는 「위대고僞大誥」는 명백히 고문古文의 학學인데, 마융馬融[字는 季長, 79~166: 中國 後漢의 학자]과 정현鄭玄[字는 康成, 127~200: 中國 後漢의 학자]의 경우는 많이 합치하지만 매색梅賾의 본本은 하나도 서로 합치하지 않는데도 고문古文을 자칭하니 어찌된 일인가?(○[案] 『漢書』之「僞大誥」, 明是古文之學, 而馬·鄭多合, 梅本一不相合, 自稱古文, 何也?)" 『尙書古訓 II』(『定本 與猶堂全書 12』, p. 138); "『순자荀子』의 본문에 나오는 '인심人心·도심道心'이 스스로 한 장章이고, '정사精射·정어精御'가 스스로 한 장章이라면, '윤집궐중允執厥中'은 본래 아무런 관계가 없음을 살펴 알 수 있다. 이제 매색梅賾의 위작僞作이 밝게 드러난 것이 마치 백일중천에 도깨비들이 숨을 수 없는 것과 같으니, 이 경經의 네 구句[『書經集傳』의 「大禹謨」편에 나오는 '人心惟危, 道心惟微, 惟精惟一, 允執厥中'을 말함: 필자 주]는 파罷하여 원래의 자리로 되돌리지 않을 수 없다.(『荀子』本文, '人心·道心', 自一章; '精射·精御', 自一章; '允執厥中', 本無影響, 可按而知也. 今梅氏僞案, 昭然呈露, 如白日中天, 魑魅莫遁, 此經四句, 不得不罷還原質.)" 『梅氏書平』, 「閻氏『古文疏證』鈔 1」(『定本 與猶堂全書 13』, p. 354)

II. 주석자의 지평으로서의 정약용의 태도

1. 정약용의 일반적인 해석학적 입장

1) 정약용의 해석학적 지향: '한송겸채'의 입장

정약용丁若鏞의 '해석학적 지향'과 관련하여 그 기본적 특징을 한마디로 요약하자면, 곧 '훈고訓詁'와 '의리義理'를 동시에 추구·중시하는 '한송겸채漢宋兼採'의 입장이 바로 그것이다.

'한송겸채'의 입장①: '자의에 대한 훈고'가 일차적으로 중요하다

이에 그 내용을 보다 구체적으로 살펴보면, 그 첫 번째 특징으로서 '경전해석에 있어 자의字義에 대한 훈고訓詁의 일차적 중요성'을 한평생 동안 일관되게 강조했던 점을 들 수 있다.[72] 첫째, 정약용이 보기에, "문자文字가 생겨난 것은 만물을 분류하기 위해서이다. 혹은 그 모양[形]으로, 혹은 그 사정[情]으로, 혹은 그 일[事]로 하여 반드시 그 종류를 미루어 널리 통하는 것이니, 그 족류族類를 다 알고 그 다른 점을 분별한 뒤에야 그 정리情理가 환하게 되고 문리文理가 이에 트이게 되"[73]는 것이다. 따라

---

72 「答李汝弘」(『定本 與猶堂全書 4』, p. 160) "解經之法, 最重字義, 亦豈可舍衆據而不顧哉?"; 『尙書古訓 II』(『定本 與猶堂全書 12』, p. 208) "○[辨曰] ……讀古經, 須先明字例."; 『梅氏書平』, 「閻氏『古文疏證』鈔 1」(『定本 與猶堂全書 13』, p. 360) "○[按] ……欲知經旨, 先求字義."; 『周易四箋 I』(『定本 與猶堂全書 15』, p. 61) "○欲得經旨, 先認字義. 諸經皆然, 而『易』爲甚."; 『周易四箋 II』, 「蓍卦傳」(『定本 與猶堂全書 16』, p. 319) "夫讀聖經而求聖道, 其字義·名實, 最宜精核."; 『喪禮四箋 II』, 「喪期別 2」(『定本 與猶堂全書 19』, p. 396) "○[又按] ……讀古經, 宜先明字例."; 『喪禮四箋 III』, 「喪期別 12」(『定本 與猶堂全書 20』, p. 237) "○[鏞案] ……讀古經, 須先明文例·字例. 不明乎此, 則雖口誦三禮如誦己言, 猶不足以言禮也."; 『喪禮外編』, 「正體傳重辨 1」(『定本 與猶堂全書 21』, p. 226) "○[又按] 讀書·窮經, 最重字義."; 『喪禮外編』, 「正體傳重辨 3」(『定本 與猶堂全書 21』, p. 263) "○[又案] ……儒者論禮, 一字一言, 皆宜精審."

서 정약용은 젊어서부터[30세] “독서란 오직 의리義理를 구할 뿐이다. ……그러나 자의字義의 훈고에 밝지 않으면 의리도 이로 인하여 어두워진다”[74]고 하여 ‘자의에 대한 훈고의 일차적 중요성’을 강조했으며, 이후에도 ‘독서를 할 때에는 한 글자 한 글자마다 그 명의名義와 음운音韻을 분명하게 알아야 함’을 거듭하여 역설한 바 있다.[75]

둘째, 정약용이 이처럼 자의의 훈고를 강조한 이유는 ① 무엇보다 모든 “글자에는 모두 원의原義가 있으니, 먼저 그 원의를 안 뒤에야 비로소 여러 경전에서 말한 본지本旨를 알 수 있기”[76] 때문이요, ② 또한 자의가 분명하지 못하면 그것이 사정事情과 어긋나는 점이 있어도 깨닫지 못하게 되어, 결국에는 문장이 모두 진부하게 되고 사정에 절실하지 못하게 되는 폐단이 생긴다고 보았기 때문이다.[77]

---

73 「『千文』評」(『定本 與猶堂全書 4』, p. 352) “文字之興, 所以類萬物也. 或以其形, 或以其情, 或以其事, 必觸類而旁通之, 竭其族別其異而後, 其情理粲然而文心慧竇, 於是乎開發.”

또한, 정약용은 이러한 문제의식에서 주흥사周興嗣[字는 思纂, ?~521: 中國 南朝 梁 나라의 학자]가 지은 『천자문千字文』이 동몽童蒙의 문자교육을 위한 교재로서는 적합하지 않다고 보고 이를 대신할 교재로서 『아학편兒學編』[1804년]과 『소학주천小學珠串』[1810년]을 저술하기도 하였다. 이 두 책의 저술의도와 관련하여 보다 자세한 사항은 「上仲氏」(『定本 與猶堂全書 4』, pp. 210~211) 및 「『小學珠串』序」(『定本 與猶堂全書 2』, pp. 398~399)가 참조된다.

74 「『詩經講義』序【辛亥冬】」(『定本 與猶堂全書 3』, p. 30) “讀書者, 唯義理是求, ……雖然, 其字義之詁訓有不明, 則義理因而晦, ……”

75 「寄游兒」(『定本 與猶堂全書 4』, p. 276) “凡讀書, 每遇一字, 有名義不曉處, 須博考細究, 得其原根, 仍須詮次成文, 日以爲常. 如是則讀一種書, 兼得旁窺百種書, 仍可於本書義理, 曉然貫穿, 此不可不知也.”; 『論語古今注 II』(『定本 與猶堂全書 9』, p. 276) “○[案] ……心性之說最精微, 故最易差, 唯字義先明, 乃可分也.”; 『周易四箋 I』(『定本 與猶堂全書 15』, p. 63) “○察韻苟精, 則絶句無錯. 絶句無錯, 則經旨以明, 此又學者所宜十分明目者也.”

76 「答李汝弘【載毅】」(『定本 與猶堂全書 4』, pp. 143~144) “(鏞之所言者, ‘仁·義·禮·智’四)字, 皆有原義, 先識其原義, 然後諸經所言, 可得本旨.”

77 「字說」(『定本 與猶堂全書 2』, p. 216) “古者, 小學專習字書, 字字講究象形·會意·諧聲之所以然, 無不瞭然於心目. ……後世不習字書, ……其中字義, 有逈與事情乖戾者, 而亦罔覺. 故文皆陳腐, 不切事情.”; 「醫說」(『定本 與猶堂全書 2』, p. 216) “故曰: ‘小學廢而文章不作, 『本草』晦而醫技不精’云.”; 『尙書古訓 II』(『定本 與猶堂全書 12』, p. 208) “○[辨曰] ……今人學書, 故字多誤用. 古人學字,【卽‘小學’】故字有定例, 未嘗亂也.”; 『喪

셋째, 따라서 정약용은 경전을 해석하면서 중요한 개념에 봉착할 때마다 항시 우선적으로 자의의 훈고에서부터 그 논의의 실마리를 찾았던바,[78] ① 이에 반드시 '자서字書'나 '운서韻書'를 두루 상고하고 한漢·위

禮四箋 II』, 「喪服商 1」(『定本 與猶堂全書 19』, p. 200) "○[鏞案] 古文使字之法, 至精至嚴."; 『喪禮四箋 II』, 「喪服商 2」(『定本 與猶堂全書 19』, p. 217) "○[鏞案] 古文雖簡奧, 於字義名實, 無不精覈."; 『喪禮四箋 II』, 「喪服商 4」(『定本 與猶堂全書 19』, p. 269) "○[又按] ……萬氏錯解字義, 別創包纚之說, 謬矣."; 『喪禮四箋 III』, 「喪期別 5」(『定本 與猶堂全書 20』, p. 68) "○[鏞案] ……古經文例, 字字森嚴."; 『喪禮四箋 III』, 「喪期別 6」(『定本 與猶堂全書 20』, p. 96) "○[鏞案] 經凡言 ……文例嚴正."

78 그 대표적인 사례로 '인仁' 개념에 대한 정약용의 해석을 들 수 있다: 『論語古今注 I』(『定本 與猶堂全書 8』, p. 34) "○[補曰] ……仁者, 二人相與也. ……凡二人之間, 盡其道者, 皆仁也."; 『論語古今注 I』(『定本 與猶堂全書 8』, p. 144) "○[補曰] 仁者, 人與人之盡其道也."; 『論語古今注 II』(『定本 與猶堂全書 9』, p. 12) "○[補曰] ……仁生於二人之間,【父與子二人, 兄與弟二人】 然爲仁由我, 不由人也.【非二人與共成之】"; 『論語古今注 II』(『定本 與猶堂全書 9』, pp. 15~16) "○[案] 仁者, 人也. 二人爲仁, 夫子而盡其分則人也,【父與子二人】 ……仁之名, 必生於二人之間.【只一己, 則仁之名無所立】 近而五敎, 遠而至於天下萬姓, 凡人與人盡其分, 斯謂之仁.【卽所云仁民】 ……仁字訓詁, 本宜如是."; 『論語古今注 II』(『定本 與猶堂全書 9』, p. 47) "[補曰] 仁者, 二人也. 子愛親, 臣愛君, 牧愛民, 皆仁也."; 『論語古今注 II』(『定本 與猶堂全書 9』, p. 298) "○[案] 仁者, 二人也,【古篆, 仁者, 人人之疊文也, 如孫字篆文作[illegible]】 人與人之相與也."; 『論語古今注 II』(『定本 與猶堂全書 9』, p. 332) "○[案] 仁者, 人人也. 人與人盡其分, 斯之謂仁, 心德非仁也."; 『孟子要義』(『定本 與猶堂全書 7』, p. 30) "○[鏞案] 仁者, 人人之疊文也, 如孫字爲子子之疊文.【古篆, 孫作[illegible]】 人與人之盡其分謂之仁. 故古人謂: '愛人曰: 「仁」', '善我曰: 「義」'."; 『孟子要義』(『定本 與猶堂全書 7』, p. 207) "○[鏞案] ……仁者, 二人也. 事親孝爲仁, 子與父二人也; 事君忠爲仁, 臣與君二人也; 牧民慈爲仁, 牧與民二人也. 人與人盡其分, 乃得爲仁."; 『孟子要義』(『定本 與猶堂全書 7』, p. 232) "○[鏞案] ……○仁者, 二人也. 父子二人也, 君臣二人也, 民牧二人也."; 『孟子要義』(『定本 與猶堂全書 7』, p. 246) "○[鏞案] 二人爲仁. 人與人相接, 方可有仁之名. 於物, 不當仁也."; 『孟子要義』(『定本 與猶堂全書 7』, p. 249) "○[鏞案] 仁者, 人人之疊文也. 其在六書家, 爲諧聲, 爲會意, 爲指事, 故曰: '仁者, 人也.'"; 『大學公議』(『定本 與猶堂全書 6』, p. 136) "○[議曰] 人生斯世, 其萬善萬惡, 皆起於人與人之相接. 人與人之相接而盡其本分, 斯謂之'仁'. 仁者, 二人也, 事父孝曰: '仁', 子與父二人也; 事兄悌曰: '仁', 弟與兄二人也; 育子慈曰: '仁', 父與子二人也. 君臣二人也, 夫婦二人也, 長幼二人也, 牧民二人也. 仁親·仁民, 莫非仁也. 乃聖人之言曰: '强恕而行, 求仁莫近焉.'"; 『中庸自箴』(『定本 與猶堂全書 6』, p. 259) "[箴曰] ……○『孟子』曰: '仁者, 人也', 「表記」亦曰: '仁者, 人也.' 古訓本自如此, 無生物之說."; 『中庸講義補』(『定本 與猶堂全書 6』, pp. 343~344) "○[今案] '仁'字之義, 經文自經自註曰: '仁者, 人也. 親親爲大', ……古篆, 仁者, 人人疊文也. 父與子二人也, 兄與弟二人也, 君與臣二人也, 牧與民二人也. 凡二人之間, 盡其本分者, 斯謂之仁."; 「論語對策」(『定本 與猶堂全書 9』, p. 404) "臣對曰: '……仁者, 二人也. 其在古篆, 疊人爲仁, 疊子爲孫. 仁也者, 人與人之至也. 子事父以孝, 子與父二人也; 臣事君以忠, 臣與君二人也. 兄與弟二人也, 牧與民二人也. 由是觀之, 倉·羲製字之初, 原以行事會意, ……'"; 「答李汝弘」(『定

魏 시대의 총서류叢書類 역시 빠뜨리지 않고 널리 고찰했으며,[79] 또한 그

本 與猶堂全書 4』, p. 144) "仁者, 二人也. 古篆作人人之疊文, 如篆文'孫'字爲子子之疊文也.【孫作𡥈】 事父孝爲仁, 子與父二人也; 事君忠爲仁, 臣與君二人也; 與友信爲仁, 友與友二人也; 牧民慈爲仁, 牧與民二人也, 凡人與人盡其分, 斯謂之仁."

79 일례로 정약용은 다음과 같이 말한 바 있다: "'민緡'이란 '돈꿰미'이다. 자서字書나 운서韻書를 두루 상고하여도 수목數目은 보이지 않는다.(緡者, 錢貫也. 偏考字書·韻書, 不見數目.)" 「上仲氏【辛未冬】」(『定本 與猶堂全書 4』, p. 203); "'성誠'자의 좌우변의 뜻에 대해서는 『삼창三倉』이나 『설문해자說文解字』에도 분명한 해설이 나오지 않는다. 나는 '성誠이란 물物의 종終과 시始'라 생각하는바, 수신修身에서 시작하여 치인治人에서 끝나며 성誠하지 못하면 물物도 없게 되나니, 이를 일컬어 '물物의 종終·시始'라 한다. 『주역周易』에는 '만물萬物을 끝맺고 만물萬物을 시작하는 것에 간艮[『周易』의 卦名: 필자 주]보다 훌륭한 것은 없다'고 하였고, 또한 '간艮에서 말이 이루어진다'고도 하였다. 성誠이란 말을 이루는 것이요, 말을 이룸이란 물物의 종終·시始이다. 이것이 그 뜻이다.('誠'字偏旁之義, 『三倉』·『說文』未有明解. 余謂: '誠者, 物之終·始', 始於修身·終於治人, 不誠無物, 斯之謂'物之終·始'也. 『易』曰: '終萬物·始萬物者, 莫盛乎艮.' 又曰: '成言乎艮.' 誠者, 成言也; 成言者, 物之終·始也. 斯其義也.)" 「誠字說」(『定本 與猶堂全書 2』, p. 208); "고문古文 중에 선본善本을 구하기가 어렵다. 한漢·위魏 시대의 총서叢書나 『옥해玉海』와 같은 유類는 아울러 널리 고찰하고 빠뜨리지 않아야 한다.(然古文善本難得. 若漢·魏叢書·『玉海』之類, 竝宜博攷而不遺也.)" 「跋『風雅遺秉』」(『定本 與猶堂全書 3』, p. 142); "두림杜林[字는 伯山, ?~47: 中國 後漢의 학자]은 『창힐훈찬蒼頡訓纂』을 지었고, 가방賈魴은 『창힐방희蒼頡滂喜』를 지었는데, 이사李斯[?~B.C. 208: 中國 秦 나라의 학자, 정치가]의 『창힐편蒼頡篇』과 합하여 '『삼창三蒼』'이라 부른다. 모두 훈고訓詁가 가장 훌륭하고 가장 정확한 것이다. ……물物이 심心·신身·가家·국國임을 이미 확정할 수 있음에, 『삼창三蒼』·『이아爾雅』·『설문說文』에 나오는 훈고를 두루 가져다가 나의 물物에 적합한 것을 가려 취하여 '격물格物'을 풀이함은 당연한 이치이다.(○[鏞案] 杜林作『蒼頡訓纂』, 賈魴作『蒼頡滂喜』, 與李斯之『蒼頡篇』, 合稱'『三蒼』'. 皆詁訓之最高最正者. ……○[鏞案] ……物之爲心·身·家·國, 旣確然可定, 則通執『三蒼』·『爾雅』·『說文』之詁訓, 擇取其合於我物者, 以訓'格物', 乃當然之理也.)" 『大學公議』(『定本 與猶堂全書 6』, p. 95); "'자신을 극진히 하는 것을 충忠이라 하고, 자신을 미루어나가는 것을 서恕라 한다'는 것은 지금에는 확고부동한 말이 되고 말았다. 그러나 종래 『이아爾雅』·『설문說文』·『삼창三倉』을 저술한 사람들에게는 이러한 훈고訓詁가 없었다.(○[案] '盡己之謂忠, 推己之謂恕', 於今便成鐵鑄語. 然從來『爾雅』·『說文』·『三倉』之家, 無此訓詁.)" 『心經密驗』(『定本 與猶堂全書 6』, p. 208); "'찰察'의 훈고訓詁를 '저著'라 하는 것은 『삼창三倉』에서도 나오지 않는다(○[今按] ……察之訓著, 不見『三倉』.)" 『中庸講義補』(『定本 與猶堂全書 6』, p. 311); "『설문해자說文解字』를 보면, '용傭은 고르고 곧다[均直]'고 했으니, 그 자의字義가 본래 그러한 것입니다.([臣對曰] ……按『說文』, '傭, 均直也', 其字義本然也,)" 『詩經講義』(『定本 與猶堂全書 10』, p. 213); "후대의 유자儒者가 『이아爾雅』의 '평편平便', 『춘추좌전春秋左傳』의 '편번便蕃', 『사기史記』의 '편장便章', 『한서漢書』의 '편문便門'이란 문장을 인용하여 분변한 것이 이미 상세하므로, 신臣이 더 이상 군더더기 말을 할 필요가 없습니다.([臣對曰] 後儒引『爾雅』'平便'·『左傳』'便蕃'·『史記』'便章'·『漢書』'便門'之文, 辯之旣詳, 臣不必贅陳矣.)" 『詩經講義』(『定本 與猶堂全書 10』, p. 250); "균均은 '균鈞'과 통한다. 균鈞은 저울의 이름이다.【『설문해자說文解字』에는 '30근斤이

균鈞이다'라고 하였다】([補曰] 均, '鈞'通. 鈞者, 權衡之名.【『說文』云: '三十斤爲鈞'】)" 『詩經講義補遺』(『定本 與猶堂全書 10』, p. 375); "기호嗜好란 심心에서 생겨나는 것이다. 심心에서 생겨나니 성性이 아니겠는가?【육서六書 가운데 지사指事와 회의會意이다】……창힐倉頡과 태사太史 주籒가 글자를 만들었던 애초에 원래 본심本心의 기호嗜好로써 성性을 삼았다.(○[按] ……嗜好者, 生於心者也. 生於心, 非性乎?【六書之指事·會意】……倉·籒造字之初, 原以本心之嗜好爲性.)" 『梅氏書平』, 「閻氏『古文疏證』鈔 1」(『定本 與猶堂全書 13』, pp. 359~360); "건乾과 건健은 육서六書 가운데 해성諧聲이다.(○[鏞案] 乾·健者, 六書之諧聲也.)" 『周易四箋 I』(『定本 與猶堂全書 15』, p. 101); "또한 가죽에서 털을 제거한 것을 '혁革'이라 한다.【허신許愼이 말했다】(○[鏞案] ……又皮去毛曰: '革'.【許愼云】)" 『周易四箋 II』(『定本 與猶堂全書 16』, p. 100); "여러 괘卦에 이름을 붙임에는 모두 회의會意로 했는데, 오직 이 '정鼎'괘만은 상형象形이다.(諸卦命名, 皆以會意, 唯'鼎'爲象形也.)" 『周易四箋 II』(『定本 與猶堂全書 16』, p. 108); "경經이란 직물의 세로로 들어가는 실이다. 윤綸이란 실에 질서[倫理]가 있음이다.【「석명釋名」편에서 말하였다】(經者, 織之縱絲也. 綸者, 絲有倫理也.【「釋名」云】)" 『周易四箋 II』, 「大象傳」(『定本 與猶堂全書 16』, p. 246); "덕德이란 직심直心이다.【(古文으로는 '悳'자인데: 필자 주) 글자가 직直을 따르고 심心을 따른다】(○德者, 直心也.【字從直·從心】)" 『周易四箋 II』, 「說卦傳」(『定本 與猶堂全書 16』, p. 333); "『설문해자說文解字』에는 '모暮'자를 본래 '모莫'로 썼으니, '모야莫夜'를 '무야無夜'로 풀이함은 불가하다.([論曰] ……『說文』, '暮'本作'莫', 則'莫夜'之訓'無夜', 不可也.)" 『易學緖言』, 「鄭康成易註論」(『定本 與猶堂全書 17』, p. 59); "조가비[貝]란 해충海蟲의 껍질이다. 육지에 사는 것을 '표贆'라 하고, 물속에 사는 것을 '함蜬'이라 하는데,【『이아爾雅』의 문장이다】 차거硨磲의 부류이다.(貝, 海蟲之介也. 陸曰: '贆', 水曰: '蜬',【『爾雅』文】硨磲之屬也.)" 『喪禮四箋 I』, 「喪儀匡 2」(『定本 與猶堂全書 18』, p. 82); "찬饌은 진설하는 것이다. 서序는 담장이다.【『설문해자說文解字』에서 말하였다】(饌, 陳也. 序, 牆也.【『說文』云】)" 『喪禮四箋 I』, 「喪儀匡 2」(『定本 與猶堂全書 18』, p. 86); "자서字書에는 '난渜'자의 음音이 '난'이니, 탕湯이다.(○[又按] 字書, '渜'音'煖', 湯也.)" 『喪禮四箋 I』, 「喪儀匡 2」(『定本 與猶堂全書 18』, p. 92); "점坫은 궤垝이다.【『이아爾雅』에서 말하였다】(坫, 垝也.【『爾雅』云】)" 『喪禮四箋 I』, 「喪儀匡 3」(『定本 與猶堂全書 18』, p. 115); "방의 동남쪽 모퉁이를 '요窔'라 한다.【『이아爾雅』의 문장이다】(室東南隅謂之'窔'.【『爾雅』文】)" 『喪禮四箋 I』, 「喪儀匡 6」(『定本 與猶堂全書 18』, p. 197); "『이아爾雅』에는 '고깃국을 「갱羹」이라 한다'고 하였다.(○[鏞案] ……『爾雅』云: '肉謂之「羹」.')" 『喪禮四箋 I』, 「喪儀匡 10」(『定本 與猶堂全書 18』, p. 298); "허씨許氏의 『설문해자說文解字』에는 '임衽이란 옷깃[衿]이 교차된 것이다'라고 하였다. 늘어뜨려서 가슴까지 오게 한 것을 '금襟'이라 하고, 양쪽을 서로 교차하여 몸을 가린 것을 '임衽'이라 한다.(○[鏞案] ……○許氏『說文』曰: '衽, 衿交也.' 以垂之當胸, 謂之'襟'; 以兩相交掩, 謂之'衽'.)" 『喪禮四箋 II』, 「喪具訂 2」(『定本 與猶堂全書 19』, p. 67); "참斬이란 자르는 것이니,【「석명釋名」편에는 "참斬은 그 끝을 마감질하지 않고 곧바로 자를 따름이다"라고 하였다】 베를 자르는 명칭이다. ……집緝이란 마감질하는 것이다.【'집戢'자의 해성諧聲이다】 대략 삼실[麻線]로 꿰매어 마감질하는 것이다.【「석명釋名」편에는 "집緝이란 아래에서 옆으로 꿰매어 옷의 끝자락을 마감질하는 것이다"라고 하였다】(○[鏞案] 斬者, 剪斷也.【「釋名」云: '斬, 不緝其末, 直剪斷而已'】 割布之名. ……○[又按] 緝者, 斂也.【'戢'字之諧聲】 略用麻線, 緶以斂之也.【「釋名」云: '緝, 下橫縫, 緝其下也'】)" 『喪禮四箋 II』, 「喪服商 1」(『定本 與猶堂全書 19』, p. 184); "『이아爾雅』에는 '치마의 폭을 줄인 것을 「복纀」이라 한다'고 하였다.【「석기釋器」편의 문장이다】(○[鏞案] 『爾雅』曰: '裳削幅, 謂之「纀」.'【「釋器」文】)" 『喪禮四箋 II』, 「喪

구체적인 방법으로서 “경전을 해석하는 자가 만약 선진先秦과 양한兩漢의 문자를 널리 고증하여 많고 적은 그 중간을 절충한다면 본의本義가 거의 드러날 것”[80]임을 제안하기도 하였다. ② 나아가 정약용은 경전에 대한 자신의 해박한 지식을 바탕으로 특정의 주요개념에 대해서는 그

服商 1」(『定本 與猶堂全書 19』, p. 191); “「석명釋名」편에는 ‘최衰란 억누르는 것이다’라고 하였다.(○……「釋名」: ‘衰, 摧也.’)” 『喪禮四箋 II』, 「喪服商 1」(『定本 與猶堂全書 19』, p. 193); “가공언賈公彦의 소疏에는 서자庶子를 첩妾의 자식을 호칭하는 것으로 여기고 있는데, 이는 원래 잘못된 뜻이다. 서庶란 중衆이다. 『삼창三倉』과 『설문說文』에는 본래 ‘첩妾의 자식이 서자庶子이다’라는 문장이 없다. 서庶란 본래 여러 자식의 호칭이다.(○[又按] 賈疏以庶子爲妾子之號, 原是謬義. 庶者, 衆也. 『三倉』·『說文』, 本無‘妾子爲庶’之文. 庶者, 本是衆子之號.)” 『喪禮外編』, 「正體傳重辨 1」(『定本 與猶堂全書 21』, p. 238); “호蒿는 쑥의 부류[艾屬]이다. 집에는 『자전字典』이 있고, 『이아爾雅』, 『본초本草』, 『초목소草木疏』가 있어 이루 다 고검考檢할 수 없는데, 어찌하여 나에게 묻는 것인가?([答] ……○蒿者, 艾屬. 家有『字典』, 有『爾雅』, 有『本草』, 有『草木疏』, 不勝考檢, 何爲問我?)” 『禮疑問答』, 「書牘禮問」(『定本 與猶堂全書 22』, p. 284); “『이아爾雅』「석기釋器」편의 주注에는 ‘활의 양두兩頭에 금金으로 장식한 것을 「선銑」이라 한다’고 하였으니, 뜻이 서로 비슷하다.(○[鏞案] ……『爾雅』「釋器」注: ‘弓之兩頭, 飾以金者, 謂之「銑」’, 義相類也.)” 『樂書孤存』(『定本 與猶堂全書 23』, p. 178); “양웅揚雄의 『방언方言』에는 준鐏을 ‘우釪’라 하고, 혹은 ‘대鐓’라고도 하였다.【「곡례曲禮」편에서는 “창을 바치는 사람은 그 준鐏 앞에 놓는다”고 하였다】 우于와 우釪는 뜻이 서로 비슷하다. 정鉦의 모양은 탁鐲과 같은데, 대개 종鍾의 몸체 위에다 둥근 무늬를 새겼으며, 그 모양이 징[鉦]과 같아서 ‘정鉦’이라 불렀다.【『자전字典』에는 부씨梟氏의 주注를 인용하여 “종鍾의 허리 위에 있고, 종鍾의 몸체 정면에 위치하여 ‘정鉦’이라 불렀다고 하는데, 그 뜻이 틀린 것 같다”고 하였다】 무舞는 사람의 형상을 새긴 것인데, 네모 안에다 춤추는 모습을 형상화한 것이다.(○[鏞案] 揚子『方言』, 鐏謂之‘釪’, 或謂之‘鐓’.【「曲禮」云: ‘進戈者, 前其鐏.’】 于與釪, 義相類也. 鉦形如鐲, 蓋於鍾體之上, 刻爲圓紋, 其形如鉦, 故謂之‘鉦’也.【『字典』引梟氏注云: ‘處鍾腰之上, 居鍾體之正, 曰: 「鉦」, 其義似非也.’】 舞者, 刻爲人形象, 其張舞有方匡也.)” 『樂書孤存』(『定本 與猶堂全書 23』, p. 178); “『설문해자說文解字』에는 은銀과 납[鉛]의 중간을 ‘주석[錫]’이라 하였다.【서씨徐氏는 “색깔은 은銀이고, 바탕은 납[鉛]이다”라고 말했다】(○[鏞案] 『說文』, 銀·鉛之間, 謂之‘錫’.【徐云: ‘銀色而鉛質’】)” 『樂書孤存』(『定本 與猶堂全書 23』, p. 186); “『이아爾雅』에는 ‘큰 경을 「효囂」라 한다’고 했으니, 효囂는 특경特磬이다.【진양陳暘은 “큰 것으로는 특경特磬을 매달고, 작은 것으로는 편경編磬을 매단다”고 말했다】(○[鏞案] ……『爾雅』: ‘大磬, 謂之「囂」’, 囂者, 特磬也.【陳暘云: ‘大則特縣, 小則編縣’】)” 『樂書孤存』(『定本 與猶堂全書 23』, p. 211); “궁宮·상商·각角·치徵는 본래 글자의 뜻이 없다. 상고上古시대에는 해성諧聲으로 명명命名하여 오성五聲의 이름을 삼았다.(○[鏞案] 宮·商·角·徵, 本無字義. 上古以其諧聲, 命之爲五聲之名.)” 『樂書孤存』(『定本 與猶堂全書 23』, p. 260); “‘용庸’은 ‘용頌’과 통한다.【‘용容’과 ‘용庸’은 본래 해성諧聲이다. 용頌은 용容이다】(○[鏞案] ……○……‘庸’與‘頌’通.【‘容’·‘庸’本諧聲. 頌者, 容也】)” 『樂書孤存』(『定本 與猶堂全書 23』, p. 282)

80 「『詩經講義』序【辛亥冬】」(『定本 與猶堂全書 3』, p. 30) “釋經者, 苟博攷於先秦·兩漢之文, 而折衷於多寡之間, 庶本義著顯.”

용례에 따라 각각 분명하게 구분되는 다양한 의미들을 세밀하게 분류·규정한 바 있으며,[81] 또한 훈고에 있어서도 독창적인 견해를 제시함으로써 경문을 새롭게 해석하기도 하였다.[82]

---

81 그 대표적인 사례를 들자면, ① '단端'[「答李汝弘」(『定本 與猶堂全書 4』, p. 160)], ② '본本'[『論語古今注 II』(『定本 與猶堂全書 9』, p. 372)], ③ '만승萬乘'[『孟子要義』(『定本 與猶堂全書 7』, p. 32)], ④ '진심盡心'[『孟子要義』(『定本 與猶堂全書 7』, p. 223)], ⑤ '상常'[『中庸講義補』(『定本 與猶堂全書 6』, p. 296)], ⑥ '일一'[『心經密驗』(『定本 與猶堂全書 6』, p. 204)], ⑦ '이언邇言'[『詩經講義』(『定本 與猶堂全書 10』, p. 223)], ⑧ '경지敬止'[『詩經講義』(『定本 與猶堂全書 10』, p. 263)], ⑨ '풍風'[『詩經講義補遺』(『定本 與猶堂全書 10』, p. 343)], ⑩ '기己'[『梅氏書平』, 「閻氏『古文疏證』鈔 1」(『定本 與猶堂全書 13』, p. 358)], ⑪ '심心'[『梅氏書平』, 「閻氏『古文疏證』鈔 1」(『定本 與猶堂全書 13』, p. 358)], ⑫ '력鬲'[『喪禮四箋 I』, 「喪儀匡 2」(『定本 與猶堂全書 18』, p. 76)], ⑬ '단袒'[『喪禮四箋 I』, 「喪儀匡 3」(『定本 與猶堂全書 18』, p. 101); 『喪禮四箋 I』, 「喪儀匡 4」(『定本 與猶堂全書 18』, p. 131)], ⑭ '점坫'[『喪禮四箋 I』, 「喪儀匡 3」(『定本 與猶堂全書 18』, p. 116)], ⑮ '고孤'[『喪禮四箋 I』, 「喪儀匡 4」(『定本 與猶堂全書 18』, pp. 144~145); 『喪儀節要』, 「節要問答」(『定本 與猶堂全書 22』, pp. 122~123)], ⑯ '임袵'[『喪禮四箋 II』, 「喪具訂 2」(『定本 與猶堂全書 19』, pp. 66~67)], ⑰ '제齊'[『喪禮四箋 II』, 「喪服商 1」(『定本 與猶堂全書 19』, p. 186)], ⑱ '중重'[『喪禮四箋 III』, 「喪期別 4」(『定本 與猶堂全書 20』, p. 26)], ⑲ '대종大宗'과 '소종小宗'[『喪禮四箋 III』, 「喪期別 5」(『定本 與猶堂全書 20』, p. 65)], ⑳ '겸복兼服'[『喪禮四箋 III』, 「喪期別 8」(『定本 與猶堂全書 20』, p. 131)], ㉑ '절족絶族'[『喪禮四箋 III』, 「喪期別 8」(『定本 與猶堂全書 20』, p. 144)], ㉒ '전奠·제祭'[『喪禮外編』, 「檀弓箴誤 4」(『定本 與猶堂全書 21』, pp. 122~123)], ㉓ '시時'[『喪禮外編』, 「他篇箴誤【附】」(『定本 與猶堂全書 21』, p. 171); 『禮疑問答』, 「僧菴禮問」(『定本 與猶堂全書 22』, p. 269)], ㉔ '문文'[『喪禮外編』, 「正體傳重辨 3」(『定本 與猶堂全書 21』, p. 259)], ㉕ '단袒·면免'[『禮疑問答』, 「僧菴禮問」(『定本 與猶堂全書 22』, pp. 266~267)] 등에 대한 정약용의 개념규정이 있다.

82 그 대표적인 사례를 들자면, ① 『논어집주論語集註』 「선진先進」편 13장의 경문經文에 나오는 '잉구관仍舊貫'의 해석[주희朱熹는 '관貫'자를 '사事'로 보아 '옛일을 그대로 따르다'라고 해석하고 있음에 반하여, 정약용은 '관貫'자를 '전관錢串[돈꿰미]'으로 보아 '옛 화폐의 수량數量대로 하다'로 해석하면서 "이를 총괄해 보면, '관貫'이란 돈꿰미[錢串]이다. 무毋변에 패貝자를 쓰고 있으니 돈꿰미가 아니면 무엇이라 말인가?(○[又按] ……○……總之, 貫也者, 錢串也. 從毋【象以轡, 橫貫于冠】從貝【貝者, 錢貝也】, 非錢串而何?)"라고 말하고 있다. 『論語古今注 I』(『定本 與猶堂全書 8』, p. 416)], ② 『중용장구中庸章句』 「제12장」의 경문經文 "언기상하찰야言其上下察也"에서의 '찰察'의 해석[주희는 '찰察'자를 '저著', 즉 '드러나다'로 해석하고 있음에 반하여, 정약용은 이를 '찰은察隱', 즉 '은미한 것을 살피다'로 해석하면서 "'찰察'의 훈고訓詁를 '저著'라 하는 것은 『삼창三倉』에서도 나오지 않는다(○[今按] ……察之訓著, 不見『三倉』.)"라고 말하고 있다. 『中庸講義補』(『定本 與猶堂全書 6』, p. 311)], ③ 『중용장구』 「제20장」의 경문 "부정야자夫政也者, 포로야蒲盧也"에서의 '포로蒲盧'의 해석[주희는 '포로蒲盧'를 '포위蒲葦', 즉 '갈대'로 해석하고 있음에 반하여, 정약용은 정현鄭玄[字는 康成, 127~200: 中國 後漢의 학자]의 견해를 수용하여 이를 '토봉지세요자土蜂之細腰者', 즉 '나나니벌'로 해석

마지막으로, 정약용이 이처럼 자의字義를 우선적으로 중시했던 태도는 물론 당시 조선의 학문풍토, 즉 "경전經傳의 자의字義를 밝혀 도학道學과 명교名教의 지취旨趣를 알게 하는"[83]바 '훈고訓詁'는 정작 폄하하여 도외시한 채, 어느덧 알맹이 없는 헛된 '의리義理'만을 앞세우며 온갖 오만을 떠는 지경으로 전락하고 말았던 동시대 주자학자朱子學者들의 편향적 행태에 대한 그 자신의 비판적 시각을 함축하는 것이기도 하였다.

'한송겸채'의 입장②: 훈고의 궁극적 목적은 '올바른 의리의 추구'에 있다

그럼에도 정약용에게 있어서 자의字義의 훈고訓詁를 일차적으로 중시함은 어디까지나 경전해석을 위한 준비단계에 불과하였다. 달리 말하자면, '정약용의 해석학적 지향의 궁극적 귀결점'은 곧 경전해석을 통한 '의리義理의 추구'에 있었던 것이다. 훈고보다 의리를 더욱 중시하는 것, 보다 분명하게는 '정확한 훈고를 통한 경전이해와 이를 전제로 한 올바른 의리의 추구'가 바로 그의 해석학적 지향의 두 번째 특징이 된다.

첫째, 정약용은 양한兩漢과 위魏·진晋의 훈고학訓詁學으로부터 "전수된 훈고訓詁가 모두 본지本旨에 맞는 것이라고 기필할 수 없으며, 설령 그

하면서 "(어미: 필자 주) 벌이 있으면 애벌레가 탈바꿈하여 벌이 되지만(어미: 필자 주) 벌이 떠나가 버리면 애벌레는 끝내 탈바꿈하지 못하게 된다. 이는 이른바 '그 마땅한 사람이 있으면 정치가 거행되나, 그 사람이 없으면 정치가 그치게 된다'는 것이다(○[箴曰] ……蜂存則蟲化而爲蜂; 峰去則蟲終不化. 所謂'其人存則其政擧; 其人亡則其政息'也.)"라고 말하고 있다. 『中庸自箴』(『定本 與猶堂全書 6』, p. 258)], ④ 『중용장구』 「제23장」의 경문 "기차치곡其次致曲"에서의 '곡曲'의 해석[주희는 '곡曲'을 '일편一偏'으로 해석하고 있음에 반하여, 정약용은 이를 '굴곡屈曲', '위곡委曲', 즉 '상세하다'로 해석하면서 '치곡致曲'을 "만사만물萬事萬物 모든 것에 대해 마음을 다하여 그 지선至善을 구하는 것(○[箴曰] ……謂於萬事萬物, 皆盡心而求其至善也.)" 또는 "내 마음을 곡절하게 다함(○[今案] ……致曲者, 致吾心於曲折.)"이라고 해석하면서 "'곡曲'자를 '편偏'으로 훈고訓詁하는 것은 옛 근거가 없다(訓曲爲偏, 未有古據)"고 말하고 있다. 『中庸自箴』(『定本 與猶堂全書 6』, p. 265) 및 『中庸講義補』(『定本 與猶堂全書 6』, p. 365)] 등이 있다.

83 「五學論 2」(『定本 與猶堂全書 2』, p. 298) "訓詁之學, 所以發明經傳之字義, 以達乎道·教之旨者也."

본지를 얻은 것이라고 하더라도 자의字義를 밝히고 구절句絶을 바로잡는 데에 지나지 않아 선성先聖과 선왕先王의 도학道學과 명교名敎의 근원에 대해서는 그 깊은 뜻을 엿보아 규명할 수 없었던"[84] 한계가 있었음을 지적하면서 "지금의 배우는 자들은 한漢 나라 학자들의 주해注解를 고증하여 훈고를 구하고, 주희朱熹의 집전集傳을 가지고 의리를 찾아야 할 것"[85]

---

84 「五學論 2」(『定本 與猶堂全書 2』, p. 298) "然其詁訓之所傳受者, 未必皆本旨. 雖其得本旨者, 不過字義明而句絶正而已, 于先王先聖道·敎之源, 未嘗窺其奧而溯之也."

또한, 정약용은 동일한 문제의식에서 다음과 같이 말한 바 있다: "청유淸儒의 학문은 고거考據에 장점이 있는데, 고거考據의 법은 훈고訓詁에는 정밀하나 의리義理에는 소략하며, 또한 이기理氣·성정性情의 설說에 많은 손상을 주었다. 무릇 이기·성정의 설을 한 번 비질하여 청소하고자 함에 스스로는 한학漢學과 송학宋學을 절충折衷한다고 여겼으나 기실 한학만을 높일 뿐이었다. 송학이 반드시 모두 틀린 것이 아닌데도 성명性命의 이理를 보존하여 논하지 않았고, 한학이 반드시 모두 옳은 것이 아닌데도 사리에 멀고 편벽된 해석을 믿어 의심치 아니하였다. 그 단점을 감싸고 흠을 숨기는 논의가 속유俗儒가 송학을 호위하는 것보다 배나 엄했으니, 이것의 유폐流弊가 장차 성명性命이 어떤 물건인지, 성정誠正이 무슨 일인지를 알지 못하는 데에 이름에, 그 해독을 이루 다 말할 수 있겠는가? 송학의 굴신屈伸은 잠시 접어두고라도 요堯·순舜·주공周公·공자孔子의 도道가 과연 자구字句를 훈고訓詁하는 학문으로 계승할 수 있겠는가? 송학이 반드시 모두 옳은 것은 아니지만 신身과 심心에 체득하여 행하고자 한 것인즉 옳다. 어찌 한유漢儒들처럼 장구章句나 다듬고 훈고를 기술하여 박사博士의 영록榮祿을 바라는 자들과 같은 것이겠는가?(○[按]……淸儒之學, 長於考據, 考據之法, 精於詁訓, 而略於義理, 又積傷於理氣·性情之說. 凡理氣·性情之說, 欲一篲以淸掃之, 自以爲折衷漢·宋, 而其實宗漢而已. 宋未必盡非, 而性命之理, 存而勿論; 漢未必盡是, 而迂僻之解, 信之不疑. 其護短匿疵之論, 倍嚴於俗儒之衛宋, 此之流弊, 將不知性命爲何物·誠正爲何業, 其害可勝言哉? 宋之屈伸姑舍, 堯·舜·周·孔之道, 果可以字句詁訓之學繼之承之乎? 宋未必盡是, 而其欲體行於身與心, 則是矣. 豈若漢儒治章句·述詁訓, 以冀博士之榮祿哉?)" 『梅氏書平』, 「閻氏『古文疏證』鈔 1」(『定本 與猶堂全書 13』, pp. 356~357); "청유淸儒의 학문은 성명性命에 소홀한데, 그 유폐流弊가 장차 우리나라에도 넘쳐나려고 하기에 대략 이와 같이 말하는 것이다.(○[按]……淸儒之學, 忽於性命, 其流將溢於吾東者, 故略言之如此.)" 『梅氏書平』, 「閻氏『古文疏證』鈔 1」(『定本 與猶堂全書 13』, p. 363); "15세에 계례笄禮를 행함은 시작이다. 20세에 시집을 감은 마감이다. 선유先儒들은 굳게 15세를 위주로 하고 오씨敖氏는 20세를 위주로 하니, 만약 그렇다면 16세에서 19세까지 4년 사이에는 장차 계례도 행하지 못하고 시집도 못 간단 말인가? 장구章句의 학문이 구애되고 왜곡됨이 이와 같다.(○[鏞案] 十五而笄, 始界也; 二十而嫁, 終限也. 先儒堅主十五, 敖氏乃主二十, 若然, 六·七·八·九, 四年之間, 將不得笄·嫁乎? 章句之學, 其拘曲如此.)" 『喪禮四箋 III』, 「喪期別 10」(『定本 與猶堂全書 20』, p. 179)

85 「五學論 2」(『定本 與猶堂全書 2』, p. 298) "今之學者, 考漢注以求其詁訓, 執朱傳以求其義理, ……"

임을 역설한 바 있다.

둘째, 이처럼 '훈고'와 '의리'를 동시에 추구·중시하는 정약용의 해석학적 지향은 한편 그 자신이 평소 지향·실천한바 '학문방법론의 일 요체'이기도 하였다. ① 이는 곧 '고거考據'와 '명변明辨'의 동시적 추구, 또는 "전적典籍을 통해서 징험徵驗하는 것"으로서의 '학學'과 "자신의 마음에서 추구推究하는 것"으로서의 '사思'의 병행적 실천을 강조하는 것으로 표명되기도 하였으니, 즉 "한유漢儒는 경經에 주注를 달면서 옛일을 상고하는 것을 법으로 삼았으나 밝게 분변하는 것[明辨]이 부족하였다. 그러므로 참위讖緯와 사설邪說을 모두 수용하는 것을 면치 못하였으니, 이것이 배우기만 하고 생각하지 못한[學而不思] 폐단이다. 후세의 유자儒者[宋儒: 필자주]는 경經을 설명하면서 궁리窮理를 주로 삼고 고거考據에는 간혹 소홀하였다. 그러므로 제도制度와 명물名物에 때로는 어긋남이 있었으니, 이것이 생각하기만 하고 배우지 아니한[思而不學] 결함이다"[86]라는 정약용의 경계가 바로 그것이다. ② 한편, 정약용은 '경전을 해석하는 방법'으로서 구체적으로 '전문傳聞[전하여 듣는 것]'·'사승師承[스승으로부터 가르침을 받는

한편, 정약용은 이러한 맥락에서 훈고에 있어서만은 한학漢學의 우수성을 흔쾌히 인정한 바 있다: "한漢 나라 유자儒者들의 훈고訓詁는 각자 사승師承한 바가 있어, 쉽사리 탈잡을 수 없다.([論曰] 漢儒詁訓, 各有師承, 未易訾也.)" 『易學緒言』, 「鄭康成易註論」(『定本 與猶堂全書 17』, p. 59); "한漢 나라 유자儒者들은 사승師承을 통해 장구章句를 전문적으로 연구하였다. 따라서 구두句讀에도 훌륭한 점이 많았으니, 후세의 학자들이 미칠 수 있는 바가 아니다. 정현鄭玄의 구두句讀가 근근이 한두 개 남아 있을 따름인데, 확연確然하여 착오가 없다. 애석하도다! 그것이 전해지지 못함이여.([案] 漢儒師承, 專門章句. 故句讀多雅, 非後世之所能及. 鄭之句讀, 僅存一二已, 確然無錯. 惜乎! 其無傳也.)" 『易學緒言』, 「鄭康成易註論」(『定本 與猶堂全書 17』, p. 66)

86 『論語古今注 I』(『定本 與猶堂全書 8』, pp. 72~73) "[補曰] 學, 謂: '徵之於典籍'.【義見下】思, 謂: '硏之於自心'.【推究之】 ……○[駁曰] ……漢儒注經, 以考古爲法, 而明辨不足, 故讖緯·邪說, 未免俱收, 此'學而不思'之弊也. 後儒說經, 以窮理爲主, 而考據或疎, 故制度·名物, 有時違舛, 此'思而不學'之咎也."; 『尙書古訓 I』(『定本 與猶堂全書 11』, pp. 286~287) "[案] 漢儒談經, 其不足據依也如此."

또한, 정약용은 다음과 같이 말하기도 하였다: "지혜를 버리고 의욕을 끊어서 전적으로 옛날의 전하는 것을 답습하는 자 또한 실득實得이 없다.(棄智絶意, 全襲舊傳者, 亦無實得.)" 『陶山私淑錄』(『定本 與猶堂全書 4』, p. 322)

것]'·'의해意解[자기의 의사로써 해석하는 것]'를 들기도 하였으니,[87] 물론 여기서의 '전문'과 '사승'이란 '훈고'를 위한 방법론의 일환이라면 '의해'란 곧 '의리'를 지향하는 방법론의 일단에 해당하는 것이라 하겠다.

주희는 의리를 밝힘으로써 유교의 중흥조가 되었다

끝으로, 상기의 맥락에서 정약용은 유학사儒學史에 있어 주희朱熹의 학문적 위상을 높이 평가하고 있다. 첫째, 정약용은 그 이유로서 "한유漢儒들은 경전을 해설하면서 모두가 문자 상으로만 뜻풀이를 하여 '고詁'니 '훈訓'이니 하였으므로, 인심人心과 도심道心, 대체大體와 소체小體의 분별에 있어 무엇이 인성人性이며 무엇이 천도天道가 되는지에 대해서는 막연하고 어두웠던 것이다. ……주자朱子가 오도吾道[儒教: 필자 주]의 중흥조中興祖가 될 수 있었던 것 또한 다른 이유가 있어서가 아니라, 그가 『중용中庸』의 「서序」[「中庸章句序」: 필자 주]를 지으면서 이러한 의리義理를 밝힐 수 있었기 때문"[88]이요, "한漢·위魏 때의 훈고訓詁 이외에 별도로 올바른 의리[正義]를 찾아 『집전集傳』[『詩經集傳』]·『본의本義』[『周易本義』]·『집주集注』[『論語集注』와 『孟子集注』]·『장구章句』[『大學章句』와 『中庸章句』: 필자 주] 등을 지어 사도斯道[儒教: 필자 주]를 중흥시켰으니, 그 위대하고 성대한 공렬功烈은 한유들에 비길 바가 아니다"[89]라고 보았기 때문이다.

---

87 「十三經策【庚戌冬, 內閣親試】」(『定本 與猶堂全書 2』, p. 53) "[臣對] 臣竊伏念, 釋經之法有三, 一曰: '傳聞', 二曰: '師承', 三曰: '意解'."

88 『論語古今注 II』(『定本 與猶堂全書 9』, p. 13) "○[案] ……漢儒說經, 皆就文字上, 曰: '詁'·曰: '訓', 其於人心·道心之分, 小體·大體之別, 如何而爲人性, 如何而爲天道, 皆漠然聽瑩. 馬融以克己爲約身, 卽其驗也. ……朱子之爲吾道中興之祖者, 亦非他故, 其作『中庸』之「序」, 能發明此理故也."

89 「五學論 2」(『定本 與猶堂全書 2』, p. 298) "朱子爲是之憂之. 於是就漢·魏詁訓之外, 別求正義, 以爲『集傳』·『本義』·『集注』·『章句』之等, 以中興斯道, 其豐功盛烈, 又非漢儒之比."

또한, 정약용은 다음과 같이 말한 바 있다: "(『書經』의: 필자 주) 「고요모皐陶謨」 1편은 『대학大學』과 『중용中庸』의 본원本源이다. 한대漢代의 유자儒者들은 훈고訓詁에 빠져 둘째, 정약용은 이에 ① 무엇보다 의리에 대한 문제의식이나 이해 없이 경전을 해설하는 것에 강한 거부감을 보였으며,[90] ② 유사한 이유에서 자신이 직접 경전을 해석함에 있어서도 글의 맥락을 이해하고 밝히는 것을 중시[91]했을 뿐만 아니라 한 걸음 더 나아가 문리文理가 통하

대의大義를 살필 수 없었는데, 주자朱子에 이르러 처음으로 이를 밝히셨다.(○[論曰]「皐陶謨」一篇, 『大學』·『中庸』之本源. 漢儒溺於訓詁, 不省大義, 至朱子始發之也.)" 『尙書古訓 I』(『定本 與猶堂全書 11』, p. 243)

90 정약용이 당시 청대淸代의 고증학자考證學者나 왜유倭儒 다자이 슌다이太宰春臺[이름은 純, 1680~1747: 日本 江戶中期의 古學派 학자]를 비판한 이유가 그 대표적 사례가 된다. 즉, ① '청대의 고증학'에 대해서는 "근세의 학자들이 송宋·원元 제유諸儒의 이기설理氣說과 내선외유內禪外儒의 폐단을 바로잡는다 하여 경전을 담론하고 해석함에 한결같이 한漢·진晉의 설을 따르고자 하며, 무릇 송유宋儒에게서 나온 의리義理에 대해서는 그 곡직曲直을 불문하고 하나같이 이를 반대하는 데만 힘쓰고 있다. 그 한두 사람의 심술心術의 병폐는 잠시 접어두더라도, 장차 온 천하의 사람들로 하여금 겨우 얻은 바를 잃게 하고 겨우 밝힌 바를 어둡게 하여 도도滔滔하게 금수禽獸와 목석木石이 되도록 하고 있으니, 이는 사소한 일이 아니다.(○[案] ……近世學者, 欲矯宋·元諸儒評氣說理·內禪外儒之弊, 其所以談經解經者, 欲一遵漢·晉之說, 凡義理之出於宋儒者, 無問曲直, 欲一反之爲務. 其爲一二人心術之病, 姑舍是, 將使擧天下之人, 失其所僅獲, 昧其所僅明, 滔滔乎爲禽爲獸, 爲木爲石, 非細故也.)"[『論語古今注 II』(『定本 與猶堂全書 9』, pp. 13~14)]라고 하였다. ② '왜유 다자이 슌다이'에 대해서는 "도덕道德과 인의仁義와 예법禮法과 정교政敎는 모두 허虛로써 실實을 다스리고, 무형無形으로써 유형有形을 다스리는 것이다. (그런데도: 필자 주) 다자이 슌다이는 도리道理가 무엇인지 전혀 알지 못한 채 오로지 송유宋儒의 설만 한결같이 반대하고 있으니, 또한 망령되지 아니한가?(○[案] ……道德·仁義·禮法·政敎, 皆以虛治實, 以無形御有形. 太宰全不知道理爲何物, 惟一反宋儒之說, 不亦妄乎?)"[『論語古今注 II』(『定本 與猶堂全書 9』, pp. 250~251)]라고 하였다. 여기서 정약용이 다자이 슌다이의 '이理·기氣'에 대한 설명이 일견 자신의 입장과 유사함에도 불구하고 정작 이를 비판한 까닭은 그가 송유宋儒들이 밝혀준 도리道理를 제대로 이해하지 못했다고 보았기 때문이다. 한편, 이 부분의 논의를 '송대宋代 유학儒學의 인륜적 각성'에 대한 정약용의 평가, 즉 "성리학性理學의 구도를 해체하는 과격한 철학적 시도를 감행하면서도 한편으로 주희朱熹의 구도 너머에서 주희의 실존적 고민에 동참했던" 그의 인간학과 연결시켜 설명한 논의로는 한형조(1992: 133~136)가 참조된다.

또한, 정약용은 다음과 같이 말하기도 하였다: "이와 같은 종류의 예禮는 비록 한결같이 고경古經만을 준수할 수는 없다고 하더라도, 군주를 섬기는 자들은 의당 이러한 의리義理를 알아야만 한다. 집정대신執政大臣이나 군주의 마음을 받드는 근신近臣으로서 몸으로는 국가의 안위安危를 책임지고 의리상 군주와 휴척休戚을 같이 하는 자들은 한결같이 예경禮經을 준수하여 어겨서는 안 된다.(○[鏞案] 此等之禮, 雖不能一遵古經, 事君者宜知有此箇義理. 至於執政大臣·腹心近臣, 身佩安危, 義同休戚者, 宜一遵禮經, 不可違也.)" 『喪禮四箋 I』, 「喪儀匡 17」(『定本 與猶堂全書 18』, p. 486)

91 『論語古今注 II』(『定本 與猶堂全書 9』, p. 324) "○[案] ……讀書須明語脈, 勿輕論

지 않는 증거는 아무리 많아도 소용없는 것이라고까지 강변하기도 하였다.[92]

마지막으로, 여기서 한 가지 음미·확인하고 지나가야 할 사안이 있는바, 이는 곧 '정약용이 주희를 높이 평가한 이유'와 관련되는 것이다. 즉, ① 정약용은 주희가 경전주석의 형식을 빌려 자신의 시대적 과제 및 실존적 문제의식을 경학사상經學思想으로 수준 높게 표현·집대성한 사실, 다시 말하면 유교의 '도학道學과 명교名敎의 근원' 및 '예법禮法과 정교政敎의 요체'를 나름의 치열한 실천적 고민 속에서 한평생 규명하고 재정립해나갔던 '학문적 정신과 자세'에 초점을 맞추어 높이 평가하고 있는 것이지, 그 구체적 내용과 관련하여 그러한 것은 결코 아니었다는 점이다. 왜냐하면 정주성리학의 핵심적 개념들은 대부분 그에게 있어서 해체·재구성의 대상이었기 때문이다. ② 바로 이러한 맥락에서 정약용은 ㉠ "주자朱子는 육경六經을 깊이 연구하여 진위眞僞를 판별하였고, 사서四書를 표장表章하여 깊은 뜻을 열어보였다. 조정에 들어가 관각館閣

斷."

또한, 정약용은 다음과 같이 말하기도 하였다: "『주역周易』의 이치는 그 나름의 『주역』의 이치이며, 『중용中庸』은 그 나름의 『중용』이니, 반드시 서로 인용하여 말할 필요는 없을 것 같습니다.(○[臣對曰] ……『易』理自『易』理, 『中庸』自『中庸』, 恐不必相援爲說也.)" 『中庸講義補』(『定本 與猶堂全書 6』, p. 292); "매색梅賾의 위작僞作은 매색의 위작 그대로인 것이고, 순자荀子의 진실은 순자의 진실 그대로인 것이니, 저것을 비호하기 위해 이것을 높여서도 안 되고 또한 저것을 배척하기 위해 이것까지 버려서도 안 된다. 사물은 각각 그 사물대로 내버려두어 서로 견제牽制하지 않는 것이 또한 옳지 않겠는가?(梅僞自梅僞, 荀眞自荀眞, 不可以護彼而尊此, 亦不可以斥彼而捨此也. 物各付物, 不相牽制, 不亦可乎?)" 「答金德叟」(『定本 與猶堂全書 4』, p. 222); "아래 두 구절[『書經集傳』의 「大禹謨」편에 나오는 '惟精惟一, 允執厥中'을 말함: 필자 주]은 본래 혈맥이 없다. ……대개 네 구절['人心惟危, 道心惟微, 惟精惟一, 允執厥中'을 말함: 필자 주]을 통석通釋해보면 아무리 정精함을 다하고 정신을 모아 심력心力을 다한다고 하더라도 끝내 흡족하게 이치가 순하게 될 수는 없으니, 형세가 본래 그런 것이다.(○[按] ……下二句, 本無血脈. ……蓋通釋四句, 則雖覃精會神, 盡心力而爲之, 終不能怡然理順, 勢固然矣.)" 『梅氏書平』, 「閻氏『古文疏證』鈔 1」(『定本 與猶堂全書 13』, p. 356)

92 『論語古今注 I』(『定本 與猶堂全書 8』, p. 377) "○[案] ……瓜祭之證, 非不多矣, 柰文不通何?"

의 벼슬에 임명되어서는 올바른 말과 격렬한 논쟁으로 자신의 생사를 돌보지 않은 채 임금의 숨겨진 과실을 공박하고 권신들의 기휘忌諱를 범했으며, 천하의 대세와 군사상의 기미에 대해서도 거침없이 논하면서 복수하여 부끄러움—남송南宋 때에 휘종徽宗과 흠종欽宗이 금金 나라에 잡혀간 일을 말한다—을 씻음으로써 대의大義를 천추千秋에 펴고자 하였다. 나아가 주군州郡의 장관이 되어서는 인자한 규범을 세우고 백성의 은미한 고통을 속속들이 살펴 부역을 공평하게 하고 흉년과 역병을 구제하였다. 그 큰 강령과 작은 조목은 충분히 나라라도 다스릴 수가 있었으나, 출처出處가 반듯하여 조정에서 부르면 나아가고 파면하면 돌아와 은거하였다. 그러면서도 임금을 사랑하는 애틋한 정은 감히 잊은 적이 없었으니, 주자朱子가 언제 지금의 선비들 같은 짓을 한 적이 있는가?"[93]라고 칭송한 바 있다. ㉡ 또한 "내[정약용: 필자 주]가 어찌 감히 정자程子와 주자를 독실하게 믿지 않을 수 있겠는가? ……(정자와 주자께서: 필자 주) 의리義理를 정미精微하게 자세히 분석하신 데에 이르러서는 진실로 기쁜 마음으로 복종하고 저절로 춤이 나오는 것을 금할 수 없었는데, 어찌 일호一毫인들 마음속에 의심을 품었겠는가? 과거 어릴 때는 부족하고 천박한 소견으로 명말明末의 여러 유자儒者들이 자구字句 사이의 뜻만을 캐어낸 글들을 보고서는 경망스럽게 기뻐하기도 하였으나, 지식과 취향이 점점 자라고 섭렵한 것이 조금씩 넓어지면서 이러한 생각은 날마다 사그라져 없어지고 비로소 (정자와 주자께서: 필자 주) 본원本源을 거슬러 올라가 탐구하신 것에 대해 확고하게 믿게 되었다. ……(주자께서: 필자 주) 임금의 마음을 바로 잡고 백성을 편안케 하는 데에 고심하신 혈성血誠을 내가 일찍이

93 「五學論 1」(『定本 與猶堂全書 2』, p. 297) "嗚呼! 朱子何嘗然哉? 研磨六經, 辨別眞僞; 表章四書, 開示蘊奧. 入而爲館閣, 則危言激論, 不顧死生, 以攻人主之隱過, 犯權臣之忌諱, 談天下之大勢, 滔滔乎軍旅之機, 而復讎雪恥, 要以伸大義於千秋. 出而爲州郡, 則仁規慈範, 察隱察微, 以之平賦徭, 以之振凶札[扎]. 其宏綱細目, 有足以措諸邦國, 而其出處之正也, 召之則來, 捨之則藏, 拳拳乎君父之愛, 而莫之敢忘. 朱子何嘗然哉?"

거듭 영탄詠歎하여 마지않았다"[94]라고 회고하기도 하였다. ③ 이에 정약용은 어떤 의미에서 '주희의 학문정신을 나름대로 충실하게 계승한 자'로 평가될 수도 있을 것이며, 나아가 이러한 정신은 그 자신의 독자적인 '의리 지향적 경학'에서 실제로 구현되고 있기도 하다.

2) 정약용의 해석학적 방법

해석학적 방법①: 【'객관성'과 '논리적 공정성'의 추구】 "오직 옳은 것만 구하고, 오직 옳은 것만 따르며, 오직 옳은 것만 선택하였다"

이어서 정약용의 '해석학적 방법' 및 그 특징을 살펴보면, 우선 '객관성과 논리적 공정성의 추구'—물론 그 자신의 기본적인 가치지향이 전제된 범위 내에서의—를 들 수 있다. 보다 구체적으로는 첫째, 정약용은 경전해석에 있어 시론時論, 특히 '대동지론大同之論'—『사서집주四書集註』로 대표되는 주희朱熹의 경전해석—에 맹종하는 태도를 항상 경계하면서,[95] ① 자신은 "10년 동안 궁거窮居하면서 오직 마음과 지혜를 다해 고경古經을 차례로 상고하여 서로 참조하고 인증印證함으로써 털끝만한 오차와 티끌만한 의심도 없

94 「答李羅州【寅燮】」(『定本 與猶堂全書 4』, pp. 99~100) "鏞何敢不篤信程·朱耶? ……而至其義理精微之毫分縷析者, 誠不禁心悅而誠服, 手舞而足蹈, 寧有一毫然疑之萌於心者乎? 往在幼眇時, 果以謏淺之見, 或得明末諸儒抉摘字句之間者, 沾沾然自喜, 而及其識趣漸長·涉獵稍廣, 則此個意思, 日以消落, 而始能確然無疑於溯本·探源之際. ……至於格君·安民之苦心·血誠, 亦鏞之所嘗反覆詠歎而不能已者, ……"

95 「答李汝弘【載毅】」(『定本 與猶堂全書 4』, p. 143) "豈敢以疑似之見, 同聲吠影, 以違大同之論哉?"; 「與李汝弘【甲戌十月日】」(『定本 與猶堂全書 4』, p. 156) "若使老兄或有一些私意, 必欲苟循大同之論, 則不佞當緘口結舌, 不敢復言, ……然亦不敢以時論之如此, 而同聲吠影也."; 「答李汝弘」(『定本 與猶堂全書 4』, p. 157) "李員嶠「氣質論」中千言萬語, 皆與大同之論不同."

또한, 정약용은 다음과 같이 말하기도 하였다: "오늘날의 유자儒者들은 따르기만 하고 의심하지 않으면서 '『시詩』가 없어지면서 『춘추春秋』가 지어졌다'고 하니, 더욱 이해할 수 없는 일이다.(○[鏞案] ……今之儒者, 有順無違, 曰: 「『詩』亡而『春秋』作」, 尤不可解.)" 『孟子要義』(『定本 與猶堂全書 7』, pp. 147~148)

게 된 이후에야 감히 의논을 결정하였다”[96]거나 “여러 경전을 차례로 상고하고 하나하나 증험하여 통하지 않는 곳이 없어진 다음에야 비로소 감히 입을 열었다”[97]고 거듭 주장했으며, 또한 “학문사변學問思辨의 공功은 성誠이 아니면 성립될 수 없다”고 생각하여 “경전經傳을 공부함에 있어서는 오직 옳은 것만 구하고, 오직 옳은 것만 따르며, 오직 옳은 것만 선택하였다. 바야흐로 선택할 때는 널리 고증하고 정밀하게 연구하는 동시에 지혜를 다했으며, 마음을 가짐에는 거울처럼 비게 하고 저울처럼 공평하게 했으며, 뜻을 찾을 때는 송사訟事를 결단하고 옥사獄事를 다스리듯 하지 않은 적이 일찍이 없었다”[98]고 토로함으로써, 자신이

---

96 「與李汝弘【甲戌十月日】」(『定本 與猶堂全書 4』, p. 156) “窮居十年, 竭心殫知, 歷考古經, 參互印證, 知其無毫釐之差·塵刹之疑而後, 敢定其論.”

97 「答李汝弘」(『定本 與猶堂全書 4』, p. 160) “歷考諸經, 一一符驗, 無適不通而後, 始敢發口.”

98 「答李汝弘【載毅】」(『定本 與猶堂全書 4』, p. 143) “竊以學問思辨之功, 非誠不立, ……故鏞於經傳之業, 惟是是求, 惟是是從, 惟是是執. 方其擇執之時, 未嘗不博考廣證, 研精殫智, 持其心如鑒空衡平, 核其義如斷訟治獄.”

한편, 정약용은 동일한 문제의식에서 다음과 같이 말하기도 하였다: “수십 년 동안 궁거窮居하면서 오래도록 장구章句를 연구하여 고증하고 증험한바, 고주古注가 반드시 다 옳은 것도 아니고 후유後儒의 새로운 논리가 반드시 다 그른 것도 아니라는 것을 알게 되었습니다. 마땅히 허심탄회한 마음으로 공정한 관점에서 시비是非의 진실을 가려야지 세차世次나 연기年紀만을 따지고 고찰하여 종위從違를 단정하는 것은 마땅하지 못한 처사입니다.(然窮居數十年, 沈漸章句, 積久稽驗, 知古注未必盡是, 後儒新論未必盡非. 唯當虛心公觀, 以察是非之眞, 不宜按世次考年記, 以斷其從違也.)” 「答金德叟」(『定本 與猶堂全書 4』, p. 220); “조정에서 예禮를 논의함에 있어서는 의당 공정한 논의를 널리 채택하여 허심탄회하게 서서히 궁구하여 지당한 이치를 구해야 한다. 먼저 한쪽 편의 견해를 고집하여 갑자기 주륙誅戮해야 한다는 논의를 냄에 위로는 인주人主를 협박하는 기운이 있고 아래로는 천하天下를 억압하려는 기색이 있으니, 양씨楊氏의 화禍는 여기에서 그 조짐이 드러났던 것이다.([臣謹案] 朝廷議禮, 當博採公議, 虛心徐究, 以求至當之理. 先執一偏之見, 徑發誅戮之論, 上而有脅持人主之氣, 下而有箝制天下之色, 楊氏之禍, 於是乎兆朕矣.)” 『喪禮外編』, 「國朝典禮考 2」(『定本 與猶堂全書21』, p. 308); “예禮를 논의하는 법法은 마땅히 여러 논의들을 진열해놓고 여기서 지당한 이치를 구해야 한다. 지금 먼저 위협하며 ‘이 논의를 어기는 자는 마땅히 죽여야 한다’고 한다면, 이는 커다란 횡포이다. 죽이거나 죽이지 않는 것은 인주人主에게 달려 있는데, 신하로서 감히 이런 말을 할 수 있는가?([臣謹案] 論禮之法, 當陳列衆論, 以求至理. 今先之以威曰: ‘違斯議者, 當斬’, 此大武斷也. 斬與不斬, 係乎人主, 人臣敢爲是乎?)” 『喪禮外編』, 「國朝典禮考 2」(『定本 與猶堂全

書 21』, p. 324); "물건에는 각자 주인이 있고, 이름은 실제에서 생겨난다. 그 주인을 밀쳐내고 물건을 빼앗는 것을 '적賊'이라 하고, 그 실제와 어긋나는데 그 이름을 덮어쓰는 것을 '안贋'이라 한다. ……그런즉 저 잘못된 뜻을 배격하여 나의 올바른 뜻을 세우는 것 또한 유자儒者의 영원한 임무이다.(○[鏞案] ……○……物各有主, 名生於實. 擠其主而奪之物謂之'賊', 違其實而冒其名謂之'贋'. ……則擊彼謬義, 立我正旨, 亦儒者之恒務.)" 『樂書孤存』(『定本 與猶堂全書 23』, p. 138)

또한, 정약용은 평소 상기의 관점과 자세에서 경학연구經學硏究에 임했던바, 바로 이러한 맥락에서 다음과 같이 말하기도 하였다: "참으로 이러하다면 공자孔子께서는 무례無禮할 뿐만 아니라 아마도 또한 천天을 업신여긴 것이니, 어찌 성인聖人이 되실 수 있겠는가? 이는 큰일이기에 변론辯論하지 않을 수 없다.(○[駁曰] ……誠如是也, 夫子不但無禮, 抑且慢天, 豈可爲聖人乎? 此大事, 不可不辯.)" 『論語古今注 I』(『定本 與猶堂全書 8』, p. 247); "본연本然·기질지성氣質之性에 대한 설說은 심체心體를 직지直指하여 은미한 이치를 드러낸 이론으로서, 우리로 하여금 자기 자신을 인식하도록 해준 공로가 지대하다. 그러나 '본연本然'이라 명명命名한 것은 실제의 이치[實理]와는 차이가 있는 듯하니, 감히 변론辨論하지 않을 수 없다.(○[案] 本然·氣質之說, 直指心體, 發明隱微, 使吾人得以認己, 其功大矣. 然其命之曰: '本然', 恐與實理有差, 不敢不辨.)" 『論語古今注 II』(『定本 與猶堂全書 9』, p. 277); "또한 경經에서 말하는 바는 다만 인성人性일 뿐인즉, 금수禽獸의 성性은 원래 논할 필요가 없다. 그러나 만약 '본연지성本然之性은 인간과 금수 간에 같다'고 말한다면, 이 또한 변론辨論하지 않을 수 없다.(○[案] ……且經之所言, 只是人性, 則禽獸之性, 原不必論. 然若云: '本然之性, 人·獸一般', 則是又不可以不辨.)" 『論語古今注 II』(『定本 與猶堂全書 9』, p. 281); "상上·중中·하下 삼품三品의 설은 ……그 천리天理를 상하게 하고 인도人道를 해침이 매우 지독하고 참담해서 그 화禍가 홍수나 맹수보다 심하니, 이는 변론辨論하지 않을 수 없다.(○[案] ……上·中·下, 三品之說, ……其傷天理而害人道也, 至毒·至憯, 其禍有浮於洪水·猛獸, 斯不可以不辨.)" 『論語古今注 II』(『定本 與猶堂全書 9』, p. 290); "송宋 나라와 원元 나라의 여러 선생先生들이 말한 '본연지성本然之性' 또한 시작도 없이 스스로 존재한다[無始自在]는 뜻이다. 이는 고금古今의 성도性道의 중요한 문제와 관계되는 것임에 감히 변론辨論하지 않을 수 없다.(○[鏞案] ……○……宋·元諸先生所言'本然之性', 亦無始自在之義. 此係古今性道之大關, 不敢不辨.)" 『孟子要義』(『定本 與猶堂全書 7』, p. 145); "대저 기질氣質의 욕심은 인간과 금수가 다르지 않으며, 다른 것은 오직 이理·의義의 성性일 뿐인데, 다시 여기에다 본연本然이란 하나의 명칭을 세우고는 말하기를 '본연지성本然之性은 인간과 사물이 똑같이 얻은 것이다'라고 한다. 그런즉 인간이 곧 금수이고 금수가 곧 인간이니, 어찌 다시 영완靈頑과 귀천貴賤의 구별이 있을 수 있겠는가? 이는 성도聖道의 대단大段에 관계된 것이니, 감히 변론辨論하지 않을 수 없다.(○[鏞案] ……○……夫氣質之慾, 人與獸不殊, 其所異者, 惟此理·義之性, 而又於是建立本然一名, 乃云: '本然之性, 人·物同得'. 然則人仍禽獸, 禽獸仍人, 其復有靈頑·貴賤之別乎? 此係聖道之大段, 不敢不辨.)" 『孟子要義』(『定本 與猶堂全書 7』, p. 203); "성性이란 글자는 마땅히 꿩의 성性, 사슴의 성, 풀의 성, 나무의 성과 같이 읽어야 하며, 본디 기호嗜好로써 이름을 지은 것이므로 고원高遠하고 광대廣大한 설說을 지어서는 안 된다. ……지금 사람들은 '성性'자를 추존推尊하여 하늘처럼 큰 물건으로 여기고, 여기에다 태극太極·음양陰陽의 설說로 혼합하고 본연本然·기질氣質의 이론으로 뒤섞어 아득하고 동떨어진 말로 황홀하게 과장하여 스스로 시종일관 의식적으로 '객관적 태도'를 견지하였음을 누누이 강조한 바 있다. ② 나아가 정약용은 바로 이러한 근거에서 자신의 경학적 입장이 "귀신鬼神에게 질정質正해도 의심할 바가 없을 것이요 백세토록 성인聖人을 기다려도 의혹됨이 없을 것"[99]임을 당당하게 자신하기도 하였다.

둘째, 정약용은 경문을 해석함에 있어 그 해당 경문에만 집착하는 태도에 대해서도 비판하면서,[100] 자신은 해당 경문과 관련된 당시의 구

는 터럭 끝과 실낱같이 분석하여 천天과 인人에 대해 드러나지 않은 비밀을 궁구窮究한 것처럼 생각하고 있으나, 끝내는 나날이 쓰고 항상 행하는 법도[則]에 아무런 보탬이 되지 않으니, 또한 무슨 이로움이 있겠는가? 이는 변론辨論하지 않을 수 없다.(性之爲字, 當讀之如雉性·鹿性·草性·木性, 本以嗜好立名, 不可作高遠·廣大說也. ……今人推尊'性'字, 奉之爲天樣大物, 混之以太極·陰陽之說, 雜之以本然·氣質之論, 眇芒幽遠, 恍忽夸誕, 自以爲毫分縷析, 窮天人不發之秘, 而卒之無補於日用常行之則, 亦何益之有矣? 斯不可以不辨.)" 『心經密驗』, 「心性總義」(『定本 與猶堂全書 6』, pp. 196~197); "정현鄭玄이 이 경經[『儀禮』: 필자 주]에 대해 절節마다 잘못 해석했으니, 변론辯論하지 않을 수 없다.(○[鏞案] 鄭於此經, 節節誤解, 不可不辯也.)" 『喪禮四箋 II』, 「喪具訂 4」(『定本 與猶堂全書 19』, p. 120); "정현鄭玄이 『춘추春秋』에 잘못 의거하여 「전傳」문文을 경솔하게 공격함으로써 마치 당唐 나라 사람들이 경전經傳을 훼손한 꼴이 되고 말았으니, 이는 변론辨論하지 않을 수 없다.(○[鏞案] 鄭君謬據『春秋』, 輕擊「傳」文, 以作唐人毁經之俑, 斯不可以不辨也.)" 『喪禮四箋 III』, 「喪期別 13」(『定本 與猶堂全書 20』, p. 259); "정현鄭玄은 경전의 취지를 뒤집어서 귀한 자는 신장시키고 천한 자는 억눌렀으니, 이는 군신君臣 간의 대의大義와 천지天地 간의 정분定分에 관계되는 일임에 변론辨論하지 않을 수 없다.(○[鏞案] ……鄭乃翻倒經旨, 伸貴而抑賤, 此係君臣大義·天地定分, 不可以不辨也.)" 『喪禮四箋 III』, 「喪期別 19」(『定本 與猶堂全書 20』, p. 399); "지금 이 편篇을 취하여 그 어긋남과 잘못을 분변分辨한다. 이것이 이른바 '사이비似而非'이니, 감히 변론辨論하지 않을 수 없다.(○[答曰] ……今取此篇, 以辨其差謬. 此所謂'似是而非'也, 不敢不辨.)" 『喪禮外編』, 「正體傳重辨 3」(『定本 與猶堂全書 21』, p. 261); "노사신盧思愼·김국광金國光·서거정徐居正·정난종鄭蘭宗, 이들 네 신하의 논의는 비록 쓰이지는 않는 것이나, 그것이 예禮에 어긋난 까닭은 분명하게 변론辨論하지 않을 수 없다.(○[臣謹案] 盧·金·徐·鄭, 四臣之議, 雖所不用, 其所以違於禮者, 不可不明辨也.)" 『喪禮外編』, 「國朝典禮考 1」(『定本 與猶堂全書 21』, p. 280); "공평하지 않은 학설學說을 만나게 되니, 또한 변론辨論하지 않을 수 없다.(○[鏞案] ……行遇不公之說, 亦不得不辨.)" 『樂書孤存』(『定本 與猶堂全書 23』, p. 135)

99 「與李汝弘【甲戌十月日】」(『定本 與猶堂全書 4』, p. 154) "質諸鬼神而無疑, 百世以俟聖人而不惑, (非敢以一時膚淺之見, 執迷守株而不改也.)"

100 정약용은 다음과 같이 말하였다: "경전經傳에 대해 말하는 후세 사람들은 모두가 사실事實은 고증하지 않고 단지 본장本章만을 고집하여 굳이 이를 꿰뚫어보려고 하니 그 뜻을 알 수 있겠는가?(○[案] ……後世說經, 皆不考事實, 但執本章, 硬要穿透, 其可得乎?)" 『論語古今注 II(『定本 與猶堂全書 9』, p. 301); "독서讀書의 방법은 회통會通이 중요합니다. 단지 한 문장에만 집착하여 지나치게 깊이 천착하면 아마도

체적인 '역사적·사회적 배경'을 중시하여 함께 고증·고찰함으로써 보다 객관적이고도 구체적이며 설득력 있는 견해를 제시하기도 하였다.[101]

고인古人의 본지本旨에서 더욱 멀어지고 더욱 소략해질 것입니다.([臣對曰] ……讀書之法, 貴在會通. 但執一句, 穿得太深, 恐於古人本旨, 彌遠彌疎也.)" 『詩經講義』(『定本 與猶堂全書 10』, p. 264); "(『禮記』의: 필자 주) 「상대기喪大記」편에 나오는 '앉는다[坐]'의 경문經文은 모두 융통성 있게 봄이 타당하다.(○[鏞案] 「大記」, 皆'坐'之文, 當活看.)" 『喪禮四箋 I』, 「喪儀匡 1」(『定本 與猶堂全書 18』, p. 67)

101 이처럼 정약용이 '지식사회학知識社會學의 감수성'을 보여주었던 대표적 사례를 들자면, ① 『논어집주論語集註』의 「팔일八佾」편 제5장에서 공자孔子께서 '군주가 있는 이적夷狄'과 '군주가 없는 중국中國[諸夏]'을 비교하신 말씀의 의미에 대한 해석을 들 수 있다. 즉, 정약용은 다음과 같이 말한 바 있다: "이적夷狄의 도道에 안주하여 구차하게 군주의 지위를 보존하는 것은 선왕先王의 법法을 준수하고 중국[華夏]의 예禮를 닦다가 군주의 지위를 보전하지 못하는 것만 같지 못하다. (魯 나라: 필자 주) 소공昭公 25년에 양공襄公에게 체제禘祭를 지낼 때 춤추는 대열을 갖추지 못했는데,【단지 두 사람뿐이었다】 무공舞工들은 모두 계씨季氏에게 가서 「태무太武」를 추었다.【무리가 계씨季氏의 집에서 「만무萬舞」를 추었다】 소공이 노해서 계씨를 죽이려고 하다가,【자가구子家駒에게 의논하였다】 일이 실패로 돌아가자 공公은 제齊 나라로 달아났는데,【『좌전左傳』에 보인다】 공자孔子 역시 제 나라로 가셨다.【『사기史記』에 보인다】 노魯 나라에 마침내 군주가 없게 되자 국인國人이 모두 소공을 허물하였다. 공자께서 그렇지 않음을 밝히시면서 '군주가 군주답지 못하고 신하가 신하답지 못한데도 이적夷狄의 도道에 안주하여 구차하게 군주의 지위를 보전하기보다는, 차라리 난신적자亂臣賊子를 주토誅討하여 중국[諸夏]의 법을 닦다가 군주의 지위를 잃는 것만 못하다'라고 말씀하신 것이다. 국인國人에게 있어서는 이런 난신적자를 편안히 여기면서 군주가 있기보다는 도리어 이러한 의리를 밝히다가 군주가 없게 되는 것이 차라리 나은 것이다.(○[補曰] ……安於夷狄, 而苟保君位, 不若遵先王之法, 修華夏之禮, 而不保其君位也. 昭公二十五年, 祭于襄公, 舞列不備,【只二人】 而舞工盡赴季氏, 以舞「大武」.【衆「萬」于季氏】 昭公怒, 欲誅季氏,【議於子家駒】 事敗, 公奔齊,【見『左傳』】 孔子亦適齊.【見『史記』】 魯遂無君, 國人皆咎昭公. 孔子明其不然, 曰: '與其君不君·臣不臣, 安於夷狄, 而苟保君位, 不若誅亂討賊, 以修諸夏之法, 而失其君位也.' 其在國人, 與其安此賊而有君, 反不若明此義而無君也.)" 『論語古今注 I』(『定本 與猶堂全書 8』, p. 99) ② 『논어집주』의 「옹야雍也」편 제26장에 나오는 '공자孔子께서 남자南子를 만나신 일[子見南子]'에 대한 해석을 들 수 있다. 즉, 정약용은 다음과 같이 말한 바 있다: "선유先儒들은 모두 '남자南子는 음란했으니 들어가 만나본 것은 마땅하지 않다'고 말한다. 대저 소군小君이 음란한지 정숙한지는 대부大夫가 감히 물을 것이 아니다. ……남자南子의 행실은 삼강三姜[哀姜·文姜·穆姜: 필자 주]의 음란함보다 지나치지 않은데, 저 삼강을 만난 일에 대해서는 이를 믿어 항례恒禮로 여기면서도 이 남자를 만난 일에 대해서는 이를 의심하여 괴변怪變으로 여기니, 어찌 의혹스럽지 않겠는가? 『사기史記』에는 '남자南子가 보기를 원함에 공자孔子께서 사양하시다가 부득이하여 만나셨다'고 하는데, 기실 이 또한 우회적으로 비호한 말이다. 이때 공자께서는 위衛 나라에 계시면서 영공靈公이 방금 졸卒하고 나라의 후사가 정해지지 않은 사실을 목도하시고는 첩輒[蒯聵의 아들: 필자 주]을 세워 분란紛亂을 일으키기보다는 차라리 괴외蒯聵[衛靈公의 맏아들: 필자 주]를 불러들여 골

육骨肉의 은혜를 온전히 하는 것이 낫다[당시 衛 나라의 세자인 蒯聵가 자기 모친인 南子의 음란함을 부끄럽게 생각하여 죽이려 하다가 결행하지 못하고 이웃나라로 도망했는데, 마침 靈公이 졸하자 南子가 괴외의 아들인 輒을 후사로 삼아 괴외를 막게 한 일이 있었다: 필자 주]고 여기셨다. 이때 남자가 보기를 청함에 공자께서 들어가 만나셨는데 필시 여기서 후사後嗣를 세우는 한 가지 일에 대해 가부可否를 논함이 있었을 것이다. 그런데 자로子路가 기뻐하지 않았던 것은 '괴외가 그 어머니에게 반역을 일으켜 아버지에게 추방을 당했으므로 위衛 나라의 군주로 복귀함이 마땅하지 않다'고 말함이다. 공자와 자로는 이 한 가지 일에 있어 의견이 본래 합치하지 않았으니, 그러므로 공자께서는 백이伯夷·숙제叔齊처럼 인仁을 구하시어 인仁을 얻으셨고 자로는 괴외를 배척하여 살신殺身에 이르도록 날마다 매진하였음을 여기서 알 수 있다. 공자께서 자로의 의혹을 풀어주지 못하시자 맹세하는 말까지 하시게 되었고, 양쪽의 의견이 어긋나 서로 승복하지 않게 되자 천天을 가리켜 맹세하시는 지경에까지 이르렀으니, 이는 모두 이 한 가지 일[後嗣를 세우는 문제: 필자 주]에 대한 논쟁이었다. 남자南子가 음란했는지 아닌지 및 소군小君을 마땅히 만나야 하는지 아닌지가 여기서 무슨 상관이 있겠는가? 그 말씀하신 '천염지天厭之'란 공자께서 이미 이 나라에 계시면서 그 어지러워져 장차 망하려는 것을 목도하시고도 한마디 구원의 말씀도 하지 않으려 하신다면 인인仁人으로서 차마 할 일이 아니기 때문에 천天이 반드시 이를 싫어할 것임을 말한 것이다. 만약 까닭도 없고 전례도 없었다면 이 음악淫惡한 사람을 만나지 않았을 것이니, 천天이 어찌 반드시 싫어하고 싫어했겠으며 어찌 공자께서 자로에게 구실을 잡혀 군색하게 피하시느라 장황하게 천天을 가리켜 맹세함으로써 본심本心을 밝히셨겠는가? 참으로 이와 같다면 공자께서는 무례無禮할 뿐만 아니라 천天을 업신여긴 것이니, 어찌 성인聖人이 되실 수 있겠는가? 이는 큰일이기에 변론辯論하지 않을 수 없다.(○[駁曰] ……先儒皆謂: '南子淫亂, 不宜入見'. 夫小君之淫與貞, 非大夫之所敢問者. ……南子之行, 無以踰於三姜, 而於彼則信之爲恒禮, 於此則疑之爲怪變, 豈不惑與? 『史記』稱: '南子願見, 夫子辭謝, 不得已而見之', 其實此亦回護之言. 此時夫子在衛, 目見靈公新卒, 國嗣未定, 與其立輒以興亂, 不若召聵而全恩. 南子之請見, 孔子之入見, 必於此立嗣一事有所可否. 而子路之所不悅者, 謂: '蒯聵犯逆於其母, 被逐於其父, 不宜復主衛國'也. 孔子·子路於此一事, 議本不合, 故孔子以夷·齊爲得仁, 子路以拒聵至殺身, 日征月邁, 卽此可知. 孔子解惑不得, 至發矢言, 其兩相牴牾, 不肯相降, 以至於指天爲誓, 皆爭此一事. 南子之淫與不淫, 小君之當見與不當見, 何與於是哉? 其所云'天厭之'者, 以孔子旣居是邦, 目見其亂亡將至, 不肯一言以援救之, 則非仁人之所忍爲, 而天必厭之也. 若無故·無例, 不見此淫惡之人, 則天何必厭之厭之, 豈孔子被執於子路, 窘遁慌張, 指天爲誓, 以明其本心耶? 誠如是也, 夫子不但無禮, 抑且慢天, 豈可爲聖人乎? 此大事, 不可不辯.)" 『論語古今注 I』(『定本 與猶堂全書 8』, pp. 246~247) ③ 『논어집주』의 「자로子路」편 제3장에 나오는 '정명正名'이라는 말의 의미를 해석하는 부분을 들 수 있다. 즉, 정약용은 다음과 같이 말한 바 있다: "([사실事實] 『춘추春秋』 애공哀公 2년 여름 4월, 위衛 나라의 임금 원元[靈公: 필자 주]이 졸卒하였다. 진晉 나라의 조앙趙鞅이 군사를 거느리고 와서 위 나라의 세자世子 괴외蒯聵를 척戚 지방에 들여보냈다. ……○ 애공哀公 16년 봄 정월, 위 나라의 세자 괴외가 척 지방으로부터 위 나라로 들어갔고, 위 나라의 임금 첩輒은 노魯 나라로 도망왔다.○[안案]) 『춘추春秋』의 기록이 이와 같으니, 부자父子가 도치倒置된 것이 아니겠는가? 아버지가 신하가 되고 아들이 임금이 되었으니, 군신君臣이 도치된 것이 아니겠는가? 명분[名]은 바로잡지 않을 수 없다. 명분이란 무엇인가? 선유先儒

셋째, 정약용은 이미 젊어서부터[34세] 경전을 해석함에 있어 “남의 흠을 꼬치꼬치 찾아내어 새로운 의견 내기에 힘쓰는 것은 본디 커다란 병통”[102]이라고 하여 스스로를 경계하는 가운데, 별난 견해를 좋아하거나[103] 반대를 위한 반대의 태도,[104] 과도한 논리전개나 천착穿鑿,[105] 근거

들은 애매모호하게도 이것이라 명확히 지적한 것이 없으니, 또한 공자孔子께서 말씀하신 ‘정명正名’이 무슨 일인지 어찌 알 수 있었겠는가? 명분이란 것은 본래 인륜人倫에서 생기는 것이다. 공자께서 제齊 나라의 경공景公에게 대답하시기를 ‘임금은 임금답고, 신하는 신하답고, 아버지는 아버지답고, 자식은 자식다워야 한다’고 하셨으니, 이것이 곧 정명인 것이다. ……당시 위 나라의 임금은 괴외의 아들[輒: 필자 주]이었다. 첩輒이 임금의 자리에 있음에 국인國人은 그를 일컬어 ‘위군衛君’이라 하고, 제후諸侯들은 그를 불러 ‘위후衛侯’라 하는데 그의 아버지[蒯聵: 필자 주]는 국외에 있어 오히려 ‘위세자衛世子’라 칭했으니, 천하에 이러한 일이 있을 수 있는가? 천지天地가 번복翻覆되고 머리와 다리의 위아래가 뒤집혀진 상태인데도 12년 동안 첩은 아무 부끄러움도 없이 스스로 편안히 여기면서 이를 고칠 줄 몰랐으니, 이에 위 나라의 정사政事에서 정명보다 시급한 것은 없었던 것이다.([事實]『春秋』哀二年, 夏, 四月, 衛侯元卒. 晉 趙鞅帥師, 納衛世子蒯聵于戚. ……○哀十六年, 春, 正月, 衛世子蒯聵, 自戚入于衛, 衛侯輒來奔.○[案]『春秋』之筆如此, 父子非倒置乎? 父爲臣而子爲君, 君臣非倒置乎? 名不可不正也. 名之爲何物? 先儒摸撈漫漶, 未有所指, 又何以知孔子所謂‘正名’爲何事乎? 名之爲物, 本起人倫. 孔子對齊 景公曰: ‘君君, 臣臣, 父父, 子子’, 卽所謂正名也. ……衛君者, 蒯聵之子也. 輒也在位, 國人稱之曰: ‘衛君’, 諸侯號之曰: ‘衛侯’, 而其父在外, 猶稱曰: ‘衛世子’, 天下其有是乎? 天翻地覆, 首下足上, 十有二年, 輒也靦然自安, 莫之知改, 是則衛國之政, 莫急於正名也.)” 『論語古今注 II』(『定本 與猶堂全書 9』, pp. 56~58)

102 『陶山私淑錄』(『定本 與猶堂全書 4』, p. 322) “大抵吹毛覓庛, 務出新見者, 固爲大病.”
또한, 정약용은 비슷한 맥락에서 다음과 같이 말하기도 하였다: “전인前人의 오류를 이미 이처럼 낱낱이 들추어낼 수 있으면서도, 어찌하여 조금이라도 스스로 반성하여 회광반조回光反照는 하지 않는 것인가? ……남의 잘못은 훤히 알면서 자신의 잘못에는 어두우니, 그 부류部類가 모두 이와 같다.(○[鏞案] 前人之謬, 旣能歷數如此, 何不少自循省以回光而反照也? ……其明於人而暗於己, 類皆如此.)” 『樂書孤存』(『定本 與猶堂全書 23』, pp. 153~154)

103 『論語古今注 II』(『定本 與猶堂全書 9』, p. 115) “○[案] ……孔氏直訓爲愛, 此亦奇貨爲病也.”; 『喪禮外編』, 「檀弓箴誤 2」(『定本 與猶堂全書 21』, p. 70) “○[箴曰] ……古聖立制, 各有正義, 而鄭氏好怪, 忽創行神之說, 而孔乃以轅牲軷道之法,【『詩』所云‘取羝以軷’】亂此恭嚴之正體, 不亦異哉?”

104 『論語古今注 I』(『定本 與猶堂全書 8』, p. 217) “荻曰: ‘爲政者大夫, 從政者士.’【純云: ‘春秋之世, 諸侯之國, 爲政者必其正卿一人.’】○[駁曰] 非也. ……今必欲一反朱子之說, 壓之曰: ‘爲政者大夫, 從政者士’, 亦豈非心術之病乎?”; 『論語古今注 I』(『定本 與猶堂全書 8』, p. 271) “毛曰: ‘雅言作常言解, 無據. 雅言, 正言也.’○[駁曰] 非也. ……凡朱子所言, 惟一反之爲務, 此蕭山心術之病.”; 『喪禮外編』, 「檀弓箴誤 3」(『定本 與猶堂全書 21』, p. 84) “○[箴曰] ……王肅以‘與’字屬上句,【讀作歟】其義本自明白. 孔氏心知王說之正, 而曲

없는 주장[106]이나 인위적 조작造作[107] 등을 거부함으로써 '경전해석에 있

護鄭說, 飾以遁辭, 其取捨之不公, 於此可見.";『喪禮外編』,「檀弓箴誤 5」(『定本 與猶堂全書 21』, p. 142) "○[箴曰] ……孔氏明知鄭說之有病, 猶爲之分疏, 何其勞矣!";『喪禮外編』,「檀弓箴誤 5」(『定本 與猶堂全書 21』, p. 144) "○[箴曰] ……孔氏明知鄭說之謬, 而猶不敢明言其非, 回護而曲成之, 其心不公矣.";『喪禮外編』,「國朝典禮考 2」(『定本 與猶堂全書 21』, p. 330) "[臣謹案] 苟悟其非, 改之爲貴. 然璁·萼二人謂: '世宗不爲人後', 恃此而改之, 則悖矣."

105 『樂書孤存』(『定本 與猶堂全書 23』, p. 145) "○[鏞案] ……今毛氏之論, 專據音聲, 盡滅度數. ……若無度數, 卽一鍾·一磬, 無以鑄斲; 一笛·一琴, 無以穴緪. 度數豈可盡滅? 矯枉過直, 亦不濟事.";『樂書孤存』(『定本 與猶堂全書 23』, p. 261) "○[鏞案] 此亦諧聲也. 其下繼言字義, 則穿鑿·傅會, 失其本旨.";『喪禮四箋 I』,「喪儀匡 2」(『定本 與猶堂全書 18』, p. 84) "○[又按] 絺·綌之別, 亦不必深究.";『喪禮四箋 I』,「喪儀匡 3」(『定本 與猶堂全書 18』, p. 110) "○[鏞案] 古無蠟燭, 唯有荊燋在庭, 故曰: '燎'【『詩』所云'庭燎'】人執之曰: '燭',【古者, 令童子執燭】 鄭以燎·燭別之爲二, 未必然也.";『喪禮四箋 I』,「喪儀匡 5」(『定本 與猶堂全書 18』, p. 169) "○[鏞案]「檀弓」之文, 直云: '君臨臣喪', 不分王·公, 鄭說未必然.";『喪禮四箋 I』,「喪儀匡 15」(『定本 與猶堂全書 18』, p. 432) "○[鏞案] 萬氏不考禮意, 輕擊注疏過矣.";『喪禮四箋 II』,「喪具訂 1」(『定本 與猶堂全書 19』, p. 40) "○[又按] 桑之謂'喪', 猶竹之謂'蹙', 桐之謂'恫'歟? 此皆拘曲·傅會之說, 通儒不屑爲也.";『喪禮四箋 III』,「喪期別 14」(『定本 與猶堂全書 20』, p. 275) "○[鏞案] ……古有父厭, 未有嫡厭, 豈所疑乎? 范宣又謂: '厭降之制, 父所不及', 此則矯枉而過直也."

106 『孟子要義』(『定本 與猶堂全書 7』, p. 97) "○[鏞案] ……鄭玄此義, 其在經傳, 絶無證據, 朱子不察而從之也.";『喪禮四箋 I』,「喪儀匡 3」(『定本 與猶堂全書 18』, p. 97) "○[又按] 賈氏之謂'皮弁有二種'者, 又杜撰也.";『喪禮四箋 I』,「喪儀匡 4」(『定本 與猶堂全書 18』, p. 129) "○[鏞案] 笄纚之說, 本是白撰.【陳祥道以鷄斯爲哭聲】";『喪禮四箋 II』,「喪期別 1」(『定本 與猶堂全書 19』, p. 360) "○[鏞案] 五世之說, 本自白撰, 不容再辨. 孔所云'孫於通遠', 亦遁辭也.";『喪禮外編』,「檀弓箴誤 1」(『定本 與猶堂全書 21』, p. 54) "○[箴曰] 言之無據, 莫此若也.";『喪禮外編』,「檀弓箴誤 4」(『定本 與猶堂全書 21』, p. 120) "○[箴曰] 兩說俱無經據."

107 『喪禮四箋 I』,「喪儀匡 17」(『定本 與猶堂全書 18』, p. 479) "○[鏞案]「雜記」·「大記」, 其歸不同者, 以記之者各殊也. 鄭欲强合, 乃謂: '此公是有地之臣', 非也.";『喪禮四箋 II』,「喪服商 4」(『定本 與猶堂全書 19』, pp. 280~281) "○[鏞案]「小記」之文, 本來平正, 而注疏家看得太巧, 必欲逐節而對擧, ……嘮嘮叨叨, 七藤八葛, 溯其病源, 悉由「小記」之文, 看得太巧也.";『喪禮外編』,「檀弓箴誤 1」(『定本 與猶堂全書 21』, p. 56) "○[箴曰]「奔喪」一篇, 本是『儀禮』之殘缺者. 記者各殊, 無怪其參差, 一朝割而分之, 曰: '此殷禮, 彼周禮', 此鄭氏之大病也.";『喪禮外編』,「檀弓箴誤 2」(『定本 與猶堂全書 21』, p. 66) "○[箴曰] 記者各尊其師, 所記本多參錯, 孔欲以曾子一言驅子夏於不孝之科而可乎? 孔子之門, 惟曾子·子夏篤實.";『喪禮外編』,「檀弓箴誤 5」(『定本 與猶堂全書 21』, p. 140) "○[箴曰] ……策書之闕正, 賴禮家之記, 而毛甡悖妄, 敢作矯强之說, 欲以誣毁經傳, 大罪也.";『喪禮外編』,「檀弓箴誤 5」(『定本 與猶堂全書 21』, p. 144) "○[箴曰] ……『周禮』六官之職, 凡大喪諸具, 無不詳著, 而'豐碑'二字, 不可見. 葬用豐碑者, 鄭玄之天子也.";『喪禮外編』,「正體傳重辨 3」(『定本 與猶堂全書 21』, p. 264) "○[又按] ……此雖推論, 卽亦明文, 何必武斷豪制, 以『儀禮』之'爲君斬', 屈之爲母服子之明文

어서의 논리적 공정성'에 대한 관심 또한 일관되게 유지한 바 있다. ① 이러한 정약용의 태도는 자연스럽게 저술을 함에 있어서도 "저 그른 것을 밝히지 않으면 이 옳은 것이 정립되지 않는다"는 문제의식 하에 "제가諸家의 학설에서 무릇 경전의 뜻을 어지럽힐 수 있는 것과 경전의 뜻을 발명發明할 수 있는 것 두 가지를 모두 나타내어 후세의 군자君子로 하여금 공정한 마음으로 듣고 보아서 오직 옳은 것만 구하도록 하"[108]거나, 논란이 있는 "두 가지 해석의 경우 어느 하나도 폐기하지 않고 둘 다 개진하여 후세의 지자知者를 기다리는"[109] 방법을 구사하는 것으로 이어졌고, ② 나아가 동일한 맥락에서 정약용은 어떤 말의 출전出典이 설령 위서僞書 또는 유가儒家의 책이 아닌 경우이거나, 심지어는 믿을 수 없는 소인小人이나 요탄妖誕한 사람의 말인 경우라 할지라도 그 이치가 참으로 옳은 것이라면 오히려 흔쾌히 수용하고자 하는 개방적인 태도 역시 취하기도 하였다.[110]

乎?"; 『風水集議』(『定本 與猶堂全書 22』, p. 347) "[案] 程·朱之見不同, 不必强合."

108 「『喪禮四箋』序」(『定本 與猶堂全書 2』, p. 394) "然彼非不章, 此是不立, 故其于諸家之說, 凡足以亂經旨者, 與足以發經旨者, 皆兩著而交顯之, 使後之君子, 公聽竝觀, 而唯是是求, 亦余志也."; 『風水集議』(『定本 與猶堂全書 22』, p. 324) "玆輯古人名論, 甲乙竝存, 得失以顯, 間附瞽說, 以章其晦."

109 『大學公議』(『定本 與猶堂全書 6』, p. 85) "○[議曰] ……新者, 親也. 百姓相親, 其民乃新, 豈必一畫無變, 乃爲照應乎? ……總之, 兩義不可偏廢, 今幷陳之, 以俟知者."

110 『論語古今注 II』(『定本 與猶堂全書 9』, p. 194) "○[案] 『孔叢子』僞書, 然其所言則極是."; 『論語古今注 II』(『定本 與猶堂全書 9』, p. 282) "○[案] ……'本然'之說, 本出佛書. ……本然之性, 明是佛語, 豈可以此解孔·孟之言乎? ……苟其理眞是, 則豈以其異乎吾所聞而廢之? 但其言有必不可通者, ……"; 『中庸講義補』(『定本 與猶堂全書 6』, p. 313) "○[今案] ……至於論理之言, 雖佛氏所言, 如其合理, 何必曲避?"; 『心經密驗』, 「心性總義」(『定本 與猶堂全書 6』, p. 197) "先儒苦心眞情, 欲明此道, 雖孟子之言, 如有未備, 則不敢强從; 雖告子·揚子之言, 如有所長, 則不嫌其暗合."; 『喪禮外編』, 「檀弓箴誤 3」(『定本 與猶堂全書 21』, p. 85) "○[箴曰] 『孔叢子』, 贋書也. 然其言不非也."; 『喪禮外編』, 「國朝典禮考 2」(『定本 與猶堂全書 21』, p. 327) "[臣謹案] 彼雖小人, 言禮或有可採; 此雖君子, 言禮無不所失, 不當但以君子·小人決斯訟也. ……德與藝, 不同也."; 『樂書孤存』(『定本 與猶堂全書 23』, p. 54) "○[鏞案] 後世言樂, 皆無經據, 唯張氏此法, 最合經例. ……不可以其人之妖誕, 而遂廢其言也."

한편, 정약용은 동일한 문제의식에서 이른바 '16자 심법心法'과 관련하여 다음과 같이 말하기도 하였다: "원래 대저 '진실로 그 중中을 잡는다[允執厥中]'는 것은 요堯·

마지막으로, 정약용은 경전해석에 있어 실속 없이 대의명분을 과장하면서 용감하게 큰소리치는 행태,[111] 자신의 잘못된 해석이나 이해에 근거하여 오히려 경문을 문제 삼거나 그 취지를 훼손하는 태도,[112]

순舜·우禹 임금께서 덕德을 잡으시고 도道를 전하신 요지要旨이며, '인심人心·도심道心'이란 오제五帝 이래 심心·성性을 성찰하는 오묘한 비결이다. 『논어論語』에서 나왔다고 더 존중할 것도 아니고, 『순자荀子』에서 나왔다고 반드시 업신여길 것도 아니며, 『상서尙書』에 실렸다고 반드시 위엄과 무게가 있는 것도 아니고, 『도경道經』에서 따왔다고 반드시 황당한 것도 아니다. 오직 그 지극한 이치가 인도人道에 화협和協하고 오묘한 깨달음은 천天의 주재主縡에 부합함에 이에 마땅히 이를 받들어 천구天球와 홍벽弘璧으로 삼아야 할 것이거늘, 어찌 매색梅賾의 『상서尙書』가 위서僞書라는 이유로 아울러 이 아름답고 성대한 성인聖人의 말씀을 버리겠는가? ……지금 매색梅賾이 패하였다고 순자荀子를 아울러 치고, 순자가 업신여김을 받는다고 아울러 『도경』을 의심스럽다고 배척하며, 아울러 인심·도심의 설까지 배척한다면 자신의 심心의 권형權衡에 마침내 주장하는 바가 없게 된다. ……인심·도심의 요지는 우리가 자기를 인식하고 자신을 살피는 큰 가르침이요, 성인聖人이 되고 범인凡人을 초월하는 오묘한 비결이다. 위서僞書가 비록 훼손해 놓았어도 그 진전眞詮은 자재自在하니, 더욱 존신尊信하고 표장表章하여 돕고 보호하기를 배가倍加함이 마땅하다.(原夫'允執厥中'者, 堯·舜·禹秉德·傳道之要旨也; '人心·道心', 五帝以來省心·察性之玄訣也. 出於『論語』而未必加尊, 出於『荀子』而未必可侮, 揭於『尙書』而未必威重, 採於『道經』而未必荒唐. 唯其至理協於人道, 妙悟符於天縡, 斯當奉之爲天球·弘璧, 豈得以梅『書』之歸僞, 而並棄此皇皇聖言乎? ……今以梅氏之敗, 而並擊荀子, 荀子之侮, 而並斥『道經』之疑, 而並斥人心·道心之說, 則自心之權衡, 遂無主張. ……人心·道心之旨, 是吾人認己·省身之大訓, 作聖·超凡之玄訣. 僞書雖毁, 眞詮自在, 益宜尊信·表章, 倍加翼護.)" 『梅氏書平』, 「閻氏『古文疏證』鈔 1」(『定本 與猶堂全書 13』, pp. 353~354); "비록 그러한 뜻이 노자老子에게서 처음 나왔다고 하더라도 오히려 마음에 간직함이 마땅하거늘, 하물며 주공周公·공자孔子·맹자孟子의 말씀에 이것을 상고해볼 때 확실히 서로 합치되는데 어찌 그것을 도외시하겠는가?(○[按] ……雖其義始發於老聃, 尙當服膺, 况稽之於周公·仲尼·孟氏之言, 鑿然相合, 何爲而外之乎?)" 『梅氏書平』, 「閻氏『古文疏證』鈔 1」(『定本 與猶堂全書 13』, p. 355)

111 『論語古今注 II』(『定本 與猶堂全書 9』, p. 144) "○[案] 胡氏『春秋』之說, 張虛義, 敢爲大言, 多此類也."

112 『論語古今注 II』(『定本 與猶堂全書 9』, p. 370) "○[又按] ……自誤其釋, 反病其言, 先哲其堪乎?"; 『喪禮四箋 I』, 「喪儀匡 5」(『定本 與猶堂全書 18』, p. 166) "○[又按] ……經本無誤, 而謂之'文略', 可乎?"; 『喪禮四箋 III』, 「喪期別 9」(『定本 與猶堂全書 20』, p. 157) "(○[又按] ……儒者毁經, 悉由己見之蒙昧, 經傳豈有失哉?"; 『喪禮四箋 III』, 「喪期別 12」(『定本 與猶堂全書 20』, p. 238) "○[鏞案] ……三記一傳, 悉與經合, 渾然天成, 無小釁罅, 乃以蒙昧之見, 輕立拗曲之義, 非毁聖經, 破裂賢傳, 一歸之於漢儒之僞造, 何其妄也? 然且勃然唾手, 睹其折角, 攫腐鼠而嚇鳳凰, 使人代慚也."; 『喪禮四箋 III』, 「喪期別 13」(『定本 與猶堂全書 20』, p. 259) "○[鏞案] 鄭君謬據『春秋』, 輕擊「傳」文, 以作唐人毁經之俑, 斯不可以不辨也."; 『喪禮四箋 III』, 「喪期別 14」(『定本 與猶堂全書 20』, p. 273) "○[鏞案] ……妄人呂柟, 乃執周公之經, 敢爲傷仁之說, 釋天地之大義, 毁神聖之遺典, 恣誕極矣. 余每謂: '誤註爲毁經之本', 豈不然哉?"; 『喪禮四箋 III』, 「喪期別 17」(『定本 與猶堂全書 20』, p. 354) "○[鏞案] ……此聖人所以制爲此禮, 以勸其恤孤·慈幼也. 其微權妙旨, 正合體究, 而傅玄·袁準, 擊之於前; 汪琬·呂坤, 譏之於後, 啄毁聖經, 靡所不至, 豈不妄哉?"; 『喪禮四箋 III』, 「喪期別 18」(『定本 與猶堂全書 20』, p. 377) "○[鏞案] 誤讀「檀弓」, 自徐邈始也."; 『喪禮四箋 III』, 「喪期別 19」(『定本 與猶堂全書 20』, pp. 398~399) "○[鏞案] ……士·大夫之貴臣, 爲私君斬衰三年, 經本無文. 不惟無文, 又引近臣從服之義, 以明近臣之獨斬. 鄭乃翻倒經旨, 伸貴而抑賤, 此係君臣大義·天地定分, 不可以不辨也."; 『喪禮外編』, 「檀弓箴誤 1」(『定本 與猶堂全書 21』, p. 50) "○[箴曰] ……由是觀之, 斬衰則其髽彌小, 齊衰則其髽稍大, 此尺童之所知, 乃孔云: '齊衰稍輕, 無得高廣', 則反經·違法, 不可爲訓也.【義詳「喪服商」】"; 『喪禮外編』, 「檀弓箴誤 2」(『定本 與猶堂全書 21』, p. 67) "○[箴曰] 高·邵二子, 皆惑於鄭說, 反譏子游, 不亦過乎?"; 『喪禮外編』, 「檀弓箴誤 2」(『定本 與猶堂全書 21』, p. 80) "○[箴曰] 古者, 天子葬以隧道,【見『左傳』】 大夫·士葬以埏道,【或謂之'羨道'】 考之「士喪禮」而灼然. 鄭玄謬爲碑繂之說, 遂令士·大夫之葬, 通用縣棺之制, 此千載一夢."; 『喪禮外編』, 「檀弓下篇」(『定本 與猶堂全書 21』, p. 96) "○[箴曰] ……此鄭誤讀『周禮』「校人」之文, 遂以遣車爲塗車·芻靈之類耳. 其實不然."; 『喪禮外編』, 「檀弓箴誤 4」(『定本 與猶堂全書 21』, p. 124) "○[箴曰] ……「曾子問」亦云: '卒哭成事, 主各反廟', 成事者, 本係卒哭之名, 而鄭乃稱'蓋'以疑之, 過矣."; 『喪禮外編』, 「檀弓箴誤 4」(『定本 與猶堂全書 21』, p. 129) "○毛奇齡直據『左傳』之文, 謂: '周人本自殯廟',【謂:'大斂之日, 卽殯于廟'】 詆「旣夕」·「檀弓」爲僞書, 此又大悖也."; 『喪禮外編』, 「檀弓箴誤 4」(『定本 與猶堂全書 21』, p. 130) "○[箴曰] ……○至於「校人」之文, 緣鄭誤解, 遂執三禮'遣車'之文, 都作小樣之塗車, 大謬也."; 『喪禮外編』, 「檀弓箴誤 5」(『定本 與猶堂全書 21』, pp. 134~135) "○[箴曰] ……士遣車, 三乘也. ……據「旣夕禮」, 有乘車·道車·藁車, 正是三乘之車, 而其苞牲之數, 亦包三个, 其數之亞於大夫, 若是明白, 而特緣鄭玄堅執「校人」之文, 欲以遣車爲殉葬之塗車. 故『春秋』·三禮之凡言'遣車'者, 悉指爲塗車, 破碎聖經, 澒洞王典, 而三代儀文, 千載不復明矣."; 『喪禮外編』, 「檀弓箴誤 5」(『定本 與猶堂全書 21』, p. 146) "○[又按] ……毛奇齡之云'殯不是柩'者, 尤是昧禮之言也. ……古者, 大斂之法, ……非柩不殯, 非殯不柩. 今奇齡欲以柩·殯, 分爲二事, 尙可以言禮哉?"; 『喪禮外編』, 「檀弓箴誤 6」(『定本 與猶堂全書 21』, p. 156) "○[今案] ……坐含者, 正是諸侯相弔之恒禮, 而鄭玄反以是爲僭, 其讀「雜記」乎!"; 『喪禮外編』, 「檀弓箴誤 6」(『定本 與猶堂全書 21』, p. 159) "○[箴曰] 經文之意, 不過曰: '人得而誅之'也. 父之弑祖, 此豈人子所可議到者耶? 鄭注本當活看."; 『喪禮外編』, 「檀弓箴誤 6」(『定本 與猶堂全書 21』, p. 160) "○[箴曰] 大夢也. 此經之解在「玉藻」,【文見下】 鄭君親注三禮, 曾不知此章之解在「玉藻」, 讀書之難如此, 餘子何譏焉?"; 『喪禮外編』, 「檀弓箴誤 6」(『定本 與猶堂全書 21』, p. 164) "○[箴曰] 陸說, 上一半極正, 下一半甚謬, 讀書之難如此."; 『喪禮外編』, 「古禮零言 1」(『定本 與猶堂全書 21』, p. 209) "○[駁曰] 註『禮』之謬, 一至是乎?"; 『喪禮外編』, 「正體傳重辨 1」(『定本 與猶堂全書 21』, p. 235) "○[又按] 歷考儒說, '正體'二字, 未嘗分而二之. 若所謂'體而不正'·'正而不體'等說, 是賈公彦之巧言. 雖其義不謬, 實非經文之本旨."; 『喪禮外編』, 「正體傳重辨 3」(『定本 與猶堂全書 21』, pp. 263~264) "○[鏞案] ……而在儒者議禮之日, 但當博考·精審, 務得先聖·先儒所制·所講之經旨而已. 主期年之說者, 其本意不在於亂統·毁防, 何必深言之如是乎?"; 『喪儀節要』, 「節要問答」(『定本 與猶堂全書 22』, p. 119) "[答] 初虞·再虞, 皆用柔日而已. 其必隔日而行之者, 非經意也."; 『樂書孤存』(『定本 與猶堂全書 23』, p. 148)

공연한 트집이나 논란,[113] 잘못된 인용[114] 및 근거 없는 괴기스런 이야기[115] 등에 대해서도 깊이 경계한 바 있다.

"○[鏞案] 毛氏於此, 庶悟其說之非, 乃欲悍守己見, 遙擊三古之經傳, 不已妄乎?"

113 『尙書古訓 I』(『定本 與猶堂全書 11』, pp. 334~335) "○[訂曰] 經文曠爽無晦. 九峯枉生疑難, 有玆大論也. ……九峯未達而述之耳.【『知遠錄』】"; 『喪禮四箋 I』, 「喪儀匡 4」(『定本 與猶堂全書 18』, p. 142) "○[又按] 東方·西方, 不必忽地起疑. 蓋以奉尸侇堂之後, 尸乃北首, 故疑奠之當于西也."; 『喪禮四箋 III』, 「喪期別 4」(『定本 與猶堂全書 20』, pp. 44~45) "○[鏞案] 鄭玄此禮, 空言而已. ……經所不言, 而鄭玄之所推演者, 皆此類也."; 『喪禮四箋 III』, 「喪期別 8」(『定本 與猶堂全書 20』, p. 136) "○[鏞案] ……出後者之爲昆弟大功, 明載原經, 記者雖駑, 又何爲疊牀架屋, 增疣添足, 衍此無益之言哉?"; 『喪禮四箋 III』, 「喪期別 9」(『定本 與猶堂全書 20』, pp. 157~158) "○[鏞案] 「大傳」·「小記」, 再言: '繼禰者爲小宗', 小宗者, 繼禰之定名也. 馬融·王肅之皆以爲父後者, 名曰: '小宗', 其義確然. 鄭必以小宗有四之說, 交亂其間, 抑何故也?"; 『喪禮四箋 III』, 「喪期別 10」(『定本 與猶堂全書 20』, p. 169) "○[鏞案] 經文統括三人曰'適人'者, 賈氏誤分爲二節, 又立其逆降之謬義, 何其妄也?"; 『喪禮四箋 III』, 「喪期別 10」(『定本 與猶堂全書 20』, p. 182) "○[鏞案] ……歷觀「喪服傳」文, 其義瞭然. 敖繼公輕擊「傳」文, 不亦妄乎?"; 『喪禮四箋 III』, 「喪期別 11」(『定本 與猶堂全書 20』, p. 199) "○[鏞案] ……此章無適昆弟之說, 而鄭乃云: '不降適', 抑何故也?"; 『喪禮四箋 III』, 「喪期別 11」(『定本 與猶堂全書 20』, p. 203) "○[鏞案] 馬氏執一'昆'字, 謂: 「古者, 五十命爲大夫, 不應有昆殤也」, 豈非曲解? 昆弟者, 連文也."; 『喪禮四箋 III』, 「喪期別 11」(『定本 與猶堂全書 20』, p. 204) "○[鏞案] 「喪服傳」, 無'舅爲禫'之文. 李涪之說, 妄也."; 『喪禮四箋 III』, 「喪期別 13」(『定本 與猶堂全書 20』, p. 248) "○[鏞案] 此節, 鄭玄分爲二章, 而謂: '傳文, 本有爛脫', 不亦誤乎?"; 『喪禮四箋 III』, 「喪期別 21」(『定本 與猶堂全書 20』, p. 459) "○[鏞案] 袁準無故擊傳, 其義非也."; 『喪禮外編』, 「檀弓箴誤 4」(『定本 與猶堂全書 21』, p. 120) "○[箴曰] 「王制」曰: '大夫·士, 三日而殯, 三月而葬.' 後儒枉生葛藤, 謂: '大夫, 四月', 大非也."; 『喪禮外編』, 「檀弓箴誤 4」(『定本 與猶堂全書 21』, p. 126) "○[箴曰] ……攷之此經及「喪大記」·「士喪禮」諸文, 無不相合. 乃鄭枉生差級, 七藤八葛, 不可摟理, 不亦異哉?"; 『喪禮外編』, 「國朝典禮考 2」(『定本 與猶堂全書 21』, p. 324) "[臣謹案] ……自古以來, 帝王承統者, 未必皆子承父統. 苟一尋思, 自可開悟, 而楊廷和·汪俊之等, 唯以「濮王議」一篇, 奉爲天經, 肆其客氣, 欲以威制一世, 不亦謬乎?"; 『喪禮外編』, 「國朝典禮考 2」(『定本 與猶堂全書 21』, p. 331) "[臣謹案] 此客氣也."

114 『樂書孤存』(『定本 與猶堂全書 23』, p. 132) "○[鏞案] ……龜茲七音, 飜譯之時, ……彼本無錯, 我引爲誤, 不可以此爲七聲層級之定論也."; 『樂書孤存』(『定本 與猶堂全書 23』, p. 133) "○[鏞案] ……於是謬執龜茲五但,【本作旦】 壓之爲五淸. 舞文弄法, 一何至此!"; 『喪禮四箋 I』, 「喪儀匡 6」(『定本 與猶堂全書 18』, p. 194) "○[鏞案] 俎南之俎, 當是'菹'字之誤. 鄭本據大斂奠之籩位而立文者, 賈乃引「特牲」, 何也? 蓋自昔時傳寫已譌."; 『喪禮四箋 II』, 「喪服商 1」(『定本 與猶堂全書 19』, p. 199) "○[又按] ……今詳檢注疏, 竟無此文, 當是傳寫之誤也."; 『喪禮四箋 III』, 「喪期別 9」(『定本 與猶堂全書 20』, pp. 165~166) "○[又按] 「喪服」疏, 無兩女各出不再降之說, 遍考『通典』·『通解』, 都無此文, 必申氏舊本誤引前人之說, 而沙溪未及是正耳. ……今人欲訾沙溪者, 謂: '沙溪僞造賈疏', 不亦誤乎?"

해석학적 방법②: 【'이경증경'의 방법】 "경은 경을 통해서만 고증한다"

이어 '이경증경以經證經'의 방법, 즉 "경經은 경經을 통해서만 고증하는" 방법을 들 수 있다. 첫째, 정약용은 항상 ① 경전해석의 궁극적 목적을 무엇보다 '성인聖人의 본지本旨', 즉 '수사洙泗의 고의古義·진원眞源'을 파악·획득하는 데에 두었던바, ② 이를 위한 '구체적 방편'으로서 정약용은 일례로 ㉠ 『상례사전喪禮四箋』을 저술하면서는 "마음에 합당하지 않은 것이 있을 경우에는 옛 서적을 널리 상고하여 경經은 경經을 통해서만 고증함으로써 성인聖人의 본지本旨를 얻기를 기약했고, 때로는 이것과 저것을 대비하여 두 가지가 서로 밝혀지도록 하기도" 했던바, 이에 "동한東漢 이래로 위서緯書가 크게 일어나 궤이詭異하고 바르지 못한 논의가 인심人心을 경동驚動하여 의혹되게 하니, 이로 말미암아 예禮가 폐하고 비속하고 경박한 풍속이 그 틈을 타서 횡행하게 되었다. 그 처음을 바로잡지 않으면 인습된 잘못을 구제할 수 없고, 옛것 또한 회복할 수 없다. 이에 힘껏 배척하여 바로 잡았으며, 감히 잘못된 것을 그대로 따르지는 않았다. 그리고 순수하여 흠이 없는 것은 삼가 지키고 빠뜨리지 않았"[116]으며, ㉡ 또한 『악서고존樂書孤存』을 저술하면서는 "악樂에 있어

---

115 『喪禮外編』, 「檀弓下篇」(『定本 與猶堂全書 21』, pp. 97~98) "○[箴曰] 此奇談也. 「孟嘗君傳」有傳舍·幸舍·代舍之等, 此六國奸雄之事, 古之大夫未必皆然. 設有之, 亦賓客之所舍也."; 『喪禮外編』, 「檀弓箴誤 4」(『定本 與猶堂全書 21』, p. 127) "○[箴曰] 此怪談也."; 『喪禮外編』, 「檀弓箴誤 6」(『定本 與猶堂全書 21』, p. 157) "○……且以'魯人'解作'魯鈍之人', 此天下之奇談也."; 『喪禮外編』, 「檀弓箴誤 6」(『定本 與猶堂全書 21』, p. 162) "○[箴曰] 此奇談也."; 『喪禮外編』, 「檀弓箴誤 6」(『定本 與猶堂全書 21』, p. 162) "○鄭以'魯人'爲'魯鈍之人', 又奇談也.

116 「『喪禮四箋』序」(『定本 與猶堂全書 2』, pp. 394~395) "其有不當於心者, 博考古籍, 以經證經, 期得聖人之旨, 時或彼此比對, 兩相映發, ……東京而降, 緯書大興, 詭異迂曲之論, 驚衆而使之疑, 禮由是廢, 而鄙俚儇薄之俗, 得以抵其隙. 于厥初不匡, 沿襲之誤不可救, 而古不可復, 故力觝排矯繩, 不敢曲從. 若夫純粹無疵者, 謹守而勿失, ……"

또한, 정약용은 비슷한 맥락에서 다음과 같이 말하기도 하였다: "경經을 말할 때에는 전傳을 포함시킬 수 없으나, 전傳을 말할 때에는 경經을 포함시킬 수 있다. (言經, 不能包傳, 而言傳, 可以包經.)" 『梅氏書平』(『定本 與猶堂全書 13』, p. 104); "선궁旋宮의 설說은 본래 『주례周禮』에 실려 있으니, 진실로 그것을 바로 잡고자 한다

서는, 진秦·한漢 이후의 것은 반드시 한 번 비로 쓸듯 깨끗이 정리해야만 이에 가려져 어두워진 것을 열어 헤쳐 고법古法과 방불한 것을 얻을 수 있을 것"인바, 이에 "내가 오래도록 연마하고 깊이 연구하여, 거짓임을 깨달으면 버리고 여러 잘못된 것을 두루 들어 그 간위姦僞를 밝혀냈다. 그리고 오직 『시경詩經』·『서경書經』·『맹자孟子』 및 『의례儀禮』·『주례周禮』·『주어周語』 등에 간간이 보존되어 있는 몇몇 구절만을 뽑아다가 표장表章하고 미루어 부연敷衍하는"117 방법, 즉 '고존孤存'의 방법을 사용했던 것

면 마땅히 『주례』에 의거하여 관석關石으로 받들어야 할 것이다. 그러한즉 말은 엄정하고 뜻은 바르게 될 것이니, 누가 감히 업신여기겠는가?(○[鏞案] ……○……旋宮之說, 本載『周禮』, 苟欲正之, 宜據『周禮』, 奉爲關石. 則詞嚴義正, 誰敢侮矣?)" 『樂書孤存』(『定本 與猶堂全書 23』, p. 139); "같은 율律이면 반드시 관管을 사용한다는 것은 경經에는 그런 문장이 없다.(○[鏞案] 同律之必用管, 在經無文.)" 『樂書孤存』(『定本 與猶堂全書 23』, p. 154); "대부大夫 이상은 빈賓으로 하여금 대신 반함飯含하도록 한다는 것은 원래 정현鄭玄의 주註로서, 삼례三禮에는 이러한 경문經文이 없다.(○[鏞案] 大夫以上之使賓代含, 原是鄭註, 三禮無此文也.)" 『喪禮四箋 I』, 「喪儀匡 2」(『定本 與猶堂全書 18』, p. 78)

117 「『樂書孤存』序」(『定本 與猶堂全書 2』, p. 396) "至於樂, 凡秦·漢而降, 必一篲以澄掃之, 斯能發其蒙·披其蔀, 得古法之髣髴, ……鏞積研磨·窮鑽鑿, 覺其詐而舍之, 歷擧群枉, 昭其姦僞. 乃唯『詩』·『書』·『孟子』及『儀禮』·『周禮』·『周語』等所存寂寥數句, 是采是掐, 表章而推衍之, ……"

바로 이러한 문제의식에서 정약용이 채택한 저술방법이 곧 상기한바 '고존孤存'의 방법이니, 이에 대해 그는 다음과 같이 말한 바 있다: "'고존孤存'이라는 것은 '많음에도 (근거가 없어: 필자 주) 다 없어지기보다는 차라리 적을망정 (근거가 있어: 필자 주) 보존됨'을 이를 따름이다.('孤存'也者, 謂: '與其衆而亡, 寧孤而存'耳.)" 「『樂書孤存』序」(『定本 與猶堂全書 2』, p. 396); "주周 나라 시대의 악서樂書로서 지금까지 남아 있는 것은 오직 상대上代의 『주례周禮』 몇 구절뿐임에, 그 규모規模와 절목節目은 참으로 모두 이지러지고 완전하지 못해 도저히 살펴 시행할 수가 없다. 그러나 나는 진실한 이지러짐을 원하지 거짓된 온전함을 원하지 않는다.(周世樂書之存於今者, 惟上『周禮』數節, 其規模·節目, 固皆殘缺, 無以按行. 然我願眞缺, 不願僞全.)" 『樂書孤存』(『定本 與猶堂全書 23』, p. 63); "위로 우虞 나라와 주周 나라로 거슬러 올라가 고찰해보면 그 글[文]이 없어졌고, 아래로 진秦·한漢의 시대를 상고해보면 그 법法이 어지럽다. 진晉·위魏·수隋·당唐의 시대를 끝까지 찾아보고 낱낱이 살펴보아도 기필코 옳은 것이란 하나도 없으며, 왕박王朴·범엽范曄·호원胡瑗·채원정蔡元定의 설說을 마음을 기울여 완색하고 궁구해도 기필코 옳은 것이란 하나도 없다. ……장차 어찌할 것인가? ……성인聖人의 말씀은 중인衆人의 것과는 다르며, 성인의 법은 널리 베푸는 것이다. 그런즉 (성인의: 필자 주) 남은 문장과 단절된 글이 비록 외롭게 남아 있긴 하지만 한 글자 반 구절이라도 의당 함부로 간과해서는 안 된다. (『尙書』의: 필자 주) 「우서虞書」나 『주례周禮』도 마땅히 씹어서 그 남은 맛을 구해야 할 것이며, 『좌전左傳』

이다.

둘째, 정약용은 상기한바 '이경증경'의 정신에서, 특히 후세의 정주 성리학이 불교佛敎나 도교道敎와 같은 이단사상을 수용하여 유가儒家의 경전을 해석함으로써 결과적으로 고경古經의 본지本旨를 왜곡했던 행태에 대해서도 나름대로 강하게 비판거부한 바 있다.[118] ① 이에 그 구체적인 사례를 들자면, ㉠ '불교'의 영향을 받은 경우로는 정주성리학에서의 '이理'·'(본연지本然之)성性'·'충忠·서恕' 개념 등이 대표적이라면, ㉡ '도교'의 영향을 받은 경우로는 '무위이치無爲而治'론의 경우가 전형적이라 하겠다.[119] ② 한편, 정약용은 바로 이러한 맥락에서 일례로 '성性' 개념의 이해와 관련해서도 "2천년 이래 늘 사용하던 언어와 일상적 대화에서는 입만 열면 곧 기호嗜好를 성性이라 하였는데, 유독 경학가經學家가 성性을 논하는 경우만은 반드시 '기호' 두 글자를 버리고, 본연本然과 기질氣質이라는 양대주兩大柱를 취하여 '이理는 같으나 기氣는 다르다'느니, '기氣

이나 『국어國語』와 같은 것도 비록 성인聖人의 문필文筆은 아니지만 그래도 주周 나라 때 남아서 외로이 전해진 것이다. 그 말이 믿고 근거할 만함은 양적陽翟[呂不韋: 필자 주]이나 『회남淮南』의 음란하고 사특하며 망령되고 허탄한 것과는 견줄 바가 아니니, 이것이 '천 마리 양가죽이 한 마리 여우의 겨드랑이 털만 못하다'는 것이다. 이에 주周 나라부터 다시 시작해서 경전經傳을 새삼 붙잡고 율려律呂의 본법本法을 구하기 위해 그 제도制度와 분수分數를 면밀히 조사하여 이 편篇을 만든다.(溯考虞·周而其文缺, 下稽秦·漢而其法亂. 窮搜歷叩於晉·魏·隋·唐之世, 而必無一是, 潛心玩究於王·范·胡·蔡之說, 而必無一是. ……將奈何哉? ……聖人之言, 異於衆; 聖人之法, 博於施. 卽殘章斷簡, 雖若孤孑, 一字半句, 不宜放過. 「虞書」·『周禮』, 尙當咀嚼, 以求餘味, 至若『左傳』·『國語』, 雖非聖人之筆, 猶是周餘之孑遺者. 其言之可憑可據, 非陽翟·『淮南』淫邪罔誕之比, 所謂'千羊之皮, 不如一狐之腋'. 於是周而復始, 再執經傳, 以求律呂之本法, 覈其制度, 査其分數, 以爲此篇.)" 『樂書孤存』(『定本 與猶堂全書 23』, p. 158)

118 이러한 맥락에서 정약용은 젊어서부터[30세] 다음과 같이 말한 바 있다: "대체로 '안岸'을 '도道'로 설명하는 설은 불씨佛氏로부터 처음 연유했는데, 고해진량苦海津梁[번뇌와 괴로움의 교량이란 뜻으로, '속세'를 말함: 필자 주]에서 한번 깨달으면 피안彼岸에 도달한다는 것으로 불교佛敎의 용어입니다. 문왕文王과 주공周公 당시에 어찌 '안岸'을 '도道'로 설명하는 설이 있을 수 있었겠습니까?([臣對曰] ……大抵'道岸'之說, 昉於佛氏, 苦海津梁, 旣悟則到彼岸, 佛語也. 文王·周公之時, 安得有'道岸'之說乎?)" 『詩經講義』(『定本 與猶堂全書 10』, p. 272)

119 이에 대한 자세한 설명은 제3부 제1장 「다산 정약용의 이기론」과 제5장 「다산 정약용의 학문론」에서의 해당부분이 참조된다.

는 같으나 이理는 다르다'느니, '심心이 크고 성性은 작다'느니, '심心은 작고 성性이 크다'느니, '이발已發이다 미발未發이다', '단지單指다 겸지兼指다'라고 하여 수많은 갈래로 어지럽게 나누어지고, 나아가 멀리 태극일원太極一元의 동그라미[圈]와 선천이오先天二五의 묘용妙用까지 끌어다가 '심心'이니 '성性'이니 떠들어대어 배우는 자들로 하여금 황홀하여 입문하고 착수할 곳을 알지 못하도록 만드니, 이 어찌 학문의 노고를 오도하는 것이 아니겠는가?"[120]라고 질타하기도 하였다.

해석학적 방법③: 【'이고증고'의 방법】 "옛것은 옛것을 통해서만 고증한다"

끝으로, '이고증고以古證古'의 방법, 즉 '옛것은 옛것을 통해서만 고증하는' 방법을 들 수 있다. 첫째, 이는 곧 상기한바 '이경증경以經證經'의 방법론적 확장에 해당하는 것으로서, 정약용은 일찍부터 일관되게 "『중용中庸』은 이미 고문古文이니, 마땅히 그 당시의 의미[氣味]로 해석해야 할 것"[121]이라거나 "무릇 책을 읽고 해석함에는 옛것은 옛것에만 한정하고 지금 것은 지금 것에만 한정해야지, 옛것을 끌어다가 지금 것을 옹호하거나 지금 것을 좋아하여 옛것을 폄하하지 말아야 할 것"[122]을 강조했

---

120 「答李汝弘【丙子九月日】」(『定本 與猶堂全書 4』, p. 165) "二千年來, 恒言俗語, 茶飯話頭, 開口便以嗜好爲性, 獨於經學家論性處, 必捨'嗜好'二字, 乃取本然·氣質兩大柱, 曰: '理同氣異', 曰: '氣同理異', 曰: '心大性小', 曰: '心小性大', 曰: '已發·未發', 曰: '單指·兼指', 千頭萬緒, 棼然淆亂, 又遠取太極一元之圈, 先天二五之妙, 曰: '心'·曰: '性', 使學者恍兮忽兮, 莫知其入頭下手之處, 豈非枉勞苦乎?"

121 『中庸講義補』(『定本 與猶堂全書 6』, p. 291) "『中庸』既是古文, 當以當時氣味求之."

122 「答鼎山」(『定本 與猶堂全書 4』, p. 139) "凡讀書·解書, 以古還古, 以今還今, 勿牽古以護今, 勿戀今以誣古, 斯可矣."; 『喪禮四箋 III』, 「喪期別 9」(『定本 與猶堂全書 20』, pp. 156~157) "(○[又按] ……釋古經, 當據古俗. 古者, 大夫之服, 雖有礙於今人之眼目, 古禮則然, 何病「傳」乎?"

또한, 정약용은 동일한 문제의식에서 다음과 같이 말하기도 하였다: "일찍이 생각건대, 오제五帝의 예禮와 삼왕三王의 예禮는 완전히 다르다. 후세의 익숙한 견해를 가지고 그 득실을 논할 수는 없다.(○[辨曰] ……竊嘗思之, 五帝之禮, 與三王之禮, 截然不同. 不可以後世習狃之見, 議其得失也.)" 『尚書古訓 I』(『定本 與猶堂全書 11』, p. 166); "지금 사람들은 진秦 나라 이후의 안목으로 진秦 나라 이전의 하늘을 우러러

본다. 그래서 모든 사물이 어느 하나도 거꾸로 비치고 비스듬히 비치지 않는 것이 없으니, 탕湯·무武의 사례가 가장 그러하다. 이처럼 진秦 나라 이후의 법法과는 아주 다른 것으로는 두 가지가 있으니, 그 하나는 '제명帝命'이요, 다른 하나는 '후대侯戴'이다.([辨曰] 今人以秦以後之眼, 仰視秦以前之天. 其萬事·萬物, 無一非倒景斜光, 湯·武, 其最大者也. 其與秦以後之法, 天壤不侔者, 厥有兩端, 一曰: '帝命', 一曰: '侯戴'.)" 『梅氏書平』, 「逸「周書克殷篇」辨」(『定本 與猶堂全書 13』, p. 329); "고금古今의 커다란 병폐는 모두가 천天이 상제上帝가 됨을 인식하는 데 있는바, 요堯·순舜·주공周公·공자孔子의 때에는 이처럼 잘못된 인식이 없었다. 따라서 지금의 안목으로 고경古經을 해석함에 일왕 오류가 많게 된 것은 무릇 이 때문이다.(○[鏞案] 古今大病全在乎認天爲帝, 而堯·舜·周·孔, 不如是錯認. 故以今眼釋古經, 一往多誤, 凡以是也.)" 『春秋考徵』, 「先儒論辨之異」(『定本 與猶堂全書 14』, p. 301); "이는 후세의 견해로 고례古禮에 통달하지 못한 경우에 해당한다. ……하물며 습속習俗의 견해로 고인古人의 예禮를 경솔하게 논의할 수 있겠는가?(○[又按] ……此後世之見, 非達於古禮者也. ……況可以習俗之見, 輕議古人之禮哉?)" 『喪禮四箋 I』, 「喪儀匡 6」(『定本 與猶堂全書 18』, pp. 176~177); "춘추시대春秋時代에는 대부大夫가 상喪을 당하면 삼 년三年 이내라도 무릇 공사公事를 피하지 않았음을 알 수 있다. 당시의 예禮가 본래 그러했기 때문에 그 당시를 따라 기록했을 따름이다. 정현鄭玄이 이를 권례權禮라고 풀이했는데, 이처럼 예禮를 논하는 말은 경전을 해석하는 방법이 아니다.(○[鏞案] 春秋之時, 大夫遭喪, 三年之內, 凡公事不辟可見. 當時之禮本然, 故因其時而記之耳. 鄭氏訓之爲權禮, 此論禮之言, 非釋經之法也.)" 『喪禮四箋 I』, 「喪儀匡 14」(『定本 與猶堂全書 18』, p. 388); "춘추시대春秋時代에는 대부大夫의 존귀함이 거의 군주君主와 대등했으니, 지금의 안목으로 헤아릴 수 있는 바가 아니다.(○[鏞案] ……春秋之世, 大夫之尊, 幾與君等, 非今眼目所能揣度.)" 『喪禮四箋 III』, 「喪期別 19」(『定本 與猶堂全書 20』, p. 407); "대저 진秦 나라 사람들이 무력으로 천하를 취한 것은 공자孔子께서 의도하신 바가 아니었다. 진秦 나라 이후 이것이 마침내 법례法例가 되어 이에 시기하고 의심하는 잘못이 생겨나고 군주君主를 높이는 예禮가 천天을 섬기는 것보다 엄격해졌다. 학자들이 지금의 안목으로 아울러 공자孔子께서 감히 이러한 마음을 가지지 않으셨던 사실을 의심하고 있으니, 이 어찌 공자孔子의 마음을 아는 자이겠는가?(○[箴曰] ……○……夫秦人之以力取天下, 孔子之所不意. 自秦以後, 仍成法例, 於是乎猜疑之過, 而尊君之禮, 嚴於事天. 學者以今時之眼目, 并疑孔子之不敢有是心, 是豈知孔子之心者哉?)" 『喪禮外編』, 「檀弓箴誤 1」(『定本 與猶堂全書 21』, p. 61); "마의麻衣·마질麻絰은 또한 붕우朋友의 조복弔服이기도 했으니, 당시의 풍속으로 보자면 지나치게 과도한 것이 아니었다. 따라서 적자適子가 이미 세워진 다음에 자유子游 또한 일찍이 복服을 바꾸지 않았던 것인데, 어찌 이를 비난한단 말인가?(○[箴曰] 麻衣·麻絰, 卽亦朋友之弔服, 揆以當時之俗, 不爲太過. 故適子旣立之後, 子游亦未嘗改服也, 何譏焉?)" 『喪禮外編』, 「檀弓箴誤 2」(『定本 與猶堂全書 21』, p. 67); "이것이 고인古人의 정긴한 뜻임에도 고씨顧氏는 이러한 뜻을 깨닫지 못하고 전부를 유속流俗의 말로 여겼으며 건암健菴은 이를 두고 '탁월하여 유식하다'고 했으니, 잘못이다.(○[箴曰] ……此古人之精義, 顧氏不達此義, 全爲流俗之言, 而健菴謂: '卓然, 有識', 過矣.)" 『喪禮外編』, 「檀弓箴誤 4」(『定本 與猶堂全書 21』, pp. 121~122); "송宋·원元의 여러 선생들은 대부분 지위를 얻어 도道를 행할 수 없었기에 '제자리를 잡고 길러진다[位·育]'의 설에 대해 전적으로 심체心體의 감통感通으로만 말하고 행사行事로써 궁극적 단계를 삼을 수 없었다.(○[今按] ……宋·元

던 사실에서 잘 간취할 수 있는 바처럼, 이는 특히 후세에 나온 (잘못된) 명칭이나 개념에 의거하여 거꾸로 선성先聖들의 말씀을 풀이하고자 하는 입장에 대한 경계[123]로 나타났다.

둘째, 이는 또한 과거 정주학자程朱學者들이 경전을 해석하면서 주로 저질렀던 방법론적 오류, 특히 '당대의 사실에 근거하여 옛것을 고증하는' 이른바 '이금증고以今證古의 잘못'에 대한 정약용의 비판으로 나타났다. ① 이에 그 대표적 사례를 들자면, ㉠ 주희朱熹가 고대중국의 '태학大學'[學校]을 "사람이 태어난 지 ……15세에 이르면 천자天子의 원자元子와 중자衆子로부터 공公·경卿·대부大夫 및 원사元士의 적자嫡子와 일반 백성 가운데 준수俊秀한 자에 이르기까지 모두 태학太學에 입학함에 여기서 궁리窮理·정심正心하고 수기修己·치인治人하는 도道를 가르쳤"[124]던 것으로 주장했던 사실, ㉡ 주희가 '『대학大學』'[經典]을 "공씨孔氏가 남긴 책으로서, 처음 배우는 자가 덕德에 들어가는 문門"[125]이자, 15세에 이른 천자의 원자중자로부터 모든 백성 가운데 준수한 자에 이르기까지 다함께 공부해야 하는 이른바 "대인大人[成人: 필자 주]의 학문"[126]으로 해석함으로써 결과적으로 『대학』을 마치 '사대부士大夫 중심의 학문적 수양을 위한 책'으로 인식했던 사례, ㉢ 고대의 '빈흥법賓興法'을 후세의 '천사제薦士制'에 의거하여 파악한 경우 등이 바로 그것이다. ② 이러한 주장에 대하여 정약용은 ㉠ "지금은 작위爵位도 세습되지 않고 인재人才도 족당族黨에 따라 선발되지 않아, 한미한 집안과 천한 족속의 출신일지라도 (재주만 있으면:

諸先生, 多不能得位·行道, 乃於'位·育'之說, 全以心體之感通爲言, 而不以行事爲究竟.)" 『中庸講義補』(『定本 與猶堂全書 6』, p. 295)

123 『孟子要義』(『定本 與猶堂全書 7』, pp. 189~191) "○[庚戌課講] ……孟子之時, 本無本然之說, 豈可執後出之謬名, 欲以解先聖之微言乎?"

124 『大學章句』, 「大學章句序」 "三代之隆, 其法寖備, 然後王宮·國都以及閭巷, 莫不有學. 人生, ……及其十有五年, 則自天子之元子·衆子, 以至公·卿·大夫·元士之嫡[適]子, 與凡民之俊秀, 皆入大學, 而敎之以窮理·正心·修己·治人之道. ……"

125 『大學章句』, 頭註 "子程子曰: '『大學』, 孔氏之遺書而初學入德之門也. ……'"

126 『大學章句』, 「經1章」의 註 "大學者, 大人之學也."

필자 주) 경상卿相의 자리에 올라 군주를 보좌하고 만민을 다스릴 수 있다. 선유先儒[송대의 정주학자: 필자 주]들이 이러한 풍습은 친숙히 보아왔으나 정작 옛날의 제도에 대해서는 익숙하지 못했기 때문에, 곧 태학太學을 만민이 배우는 곳으로 여기고, 태학지도太學之道를 만민이 따라야 할 길로 생각했던 것이다. ……그러므로 이를 고쳐 '대인지학大人之學'이라 하여 세상 사람들이 모두 배울 수 있는 것으로 삼았다. 그러나 옛날의 태학이란 본디 그 주인이 따로 있었으니, 서민庶民의 자제는 비록 관冠을 쓰고 어른이 되었다 하더라도 태학에는 쉽게 들어갈 수 없었다"[127]고 반박한 바 있으며, ㉡ "경經[『대학』: 필자 주]에서 말하는 '대학大學의 도道[大學之道]'라는 것도 기실 '주자冑子를 교육하던 도道'일 뿐, 명백히 일반 백성을 가르치던 도道는 아니었"[128]기에 만약 "지금 필서匹庶의 자제들이 문득이 경經을 읽다가 치국治國·평천하平天下의 도道의 실상이 무엇인지 알게 된다면 무연憮然히 물러나 쉴 수밖에 없을 것"[129]임을 꼬집은 바 있고, ㉢ 또한, 고대의 "빈흥법을 후세의 사람들[송대의 정주학자: 필자 주]은 천사薦士의 통칭通稱으로 여기니, 잘못된 것"[130]이라 비판하기도 하였다.

---

127 『大學公議』(『定本 與猶堂全書 6』, p. 72) "○[議曰] ……○……今也, 爵不世襲, 才不族選, 寒門賤族, 亦可以蹴到卿·相, 佐人主而治萬民. 先儒習見此俗, 不嫺古制, 故以太學爲萬民所游之地, 以太學之道爲萬民所由之路. ……故改之曰: '大人之學', 欲以之爲公共之物耳. 然古之太學, 原有主人, 編戶匹庶之子, 雖冠而爲大人, 恐太學未易入也."

128 『大學公議』(『定本 與猶堂全書 6』, p. 69) "大學之道, 敎冑子之道也."; 『大學公議』(『定本 與猶堂全書 6』, p. 72) "○[議曰] ……○……經云: '大學之道', 是爲敎冑子之道, 明非敎國人之道. 是可云: '太學之道', 不可云: '鄕學之道'."; 『大學公議』(『定本 與猶堂全書 6』, p. 74) "○[鏞案] ……經云: '大學之道', 是敎冑子之道, 與士·萬民不同也. ……"; 『大學公議』(『定本 與猶堂全書 6』, p. 76) "○[鏞案] ……故太學之道, 遂認爲敎萬民之法, 殊不然也."; 『大學公議』(『定本 與猶堂全書 6』, p. 108) "○[議曰] ……大學者, 冑子之學也. 天子之太子, 將爲天子; 公·卿·諸侯之太子, 將爲公·侯, 此義在所講明. 此之謂'太學之道'."

129 『尙書古訓 I』(『定本 與猶堂全書 11』, p. 245) "○[論曰] ……(原夫太學之道, 卽治國·平天下之道也. 古唯冑子入太學. 冑子者, 天子之元子·衆子,【衆子將受封】 卿·大夫之嫡[適]子,【將襲其父位】 將躬膺大位, 或佐天子出治, 或分封爲列侯, 無一非身任治·平之責者也. 故誠意·正心, 以先修身, 而其畢竟·結局在於治·平.) 非如今世匹庶之子, 聊讀其書, 以知·治平之道, 而憮然退息者也."

2. 정약용 자신의 이념적 지향의 투사

주석이란 주석자의 지평이 능동적으로 투사된 해석학적 산물이다

정약용丁若鏞 자신도 최소한 경학저술들을 왕성하게 집필하는 시기부터는 경전해석작업이 주석자[讀者]가 경전을 읽고 연구하여 거기에 나타난 원저자原著者의 의도와 메시지—그것도 하나밖에 없는 것으로 상정되는—를 단순히 이해·수용한다는 맥락에서의 수동적인 활동에 그치는 것이 아님을 단초적이나마 분명하게 자각하고 있었다. 다시 말하면, 경전해석작업에는 반드시 '주석자[讀者]의 지평'—역사와 현실에 대한 독자 자신의 이념적 지향, 보다 일반적으로는 그의 세계관—이 하나의 불가결의 요소로서 투사됨을 그 역시 인식하고 있었던 것이다.[131]

---

130 『小學枝言』(『定本 與猶堂全書 6』, p. 189) "[善行: 明道先生節]○……賓興之法, 後世以爲薦士之通稱, 非也."

한편, 정약용의 이상과 같은 일련의 비판은 하夏·은殷·주周 삼대三代의 '태학太學' 제도를 주희朱熹가 『예기禮記』의 「왕제王制」편에 의거하여 고증함으로써 결과적으로 후세의 변화된 제도에 근거하여 옛 제도를 인식·설명하는 방법론적 오류를 범하고 있음을 문제시하고 있는 것이기도 하였다. 이에 정약용은 다음과 같이 말한 바 있다: "(『禮記』의: 필자 주) 「왕제王制」편은 '왕태자王太子와 왕자王子, 군후群后의 태자太子, 경卿·대부大夫·원사元士의 적자嫡子, 나라의 준선俊選이 모두 (太學에: 필자 주) 입학했다'고 하였다.【『서대전書大傳』도 대동소이하다】「왕제」편은 한漢 나라 문제文帝 때에 박사博士들이 논한 글이다. 한漢 나라 이래로 작위爵位는 세습되지 않고 인재人才는 족당族黨에 따라 선발되지 않았기 때문에 학교學校의 정사政事도 옛 제도가 한 번 크게 변한 셈이다. 이에 범민凡民과 서성庶姓이 모두 태학에 입학하기에 이르렀고, 향학鄕學과 빈흥법賓興法도 폐지되었던 것이다. 이것이 고금古今의 차이인 것이다.(○[案]……「王制」曰: '王太子·王子, 群后之太子, 卿·大夫·元士之嫡[適]子, 國之俊選, 皆造焉.'【『書大傳』大同】「王制」者, 漢文時博士所論也. 自漢而降, 爵不世襲, 才不族選, 故其學校之政, 一變古制. 凡民·庶姓, 咸造太學, 而鄕學·賓興之法廢. 此古今之異也.)" 『尙書古訓 Ⅰ』(『定本 與猶堂全書 11』, p. 231)

131 사덕四德[仁·義·禮·智]과 사단四端[惻隱之心·羞惡之心·辭讓之心·是非之心] 간의 관계를 '내덕외단內德外端'으로 보는가 아니면 '내단외덕內端外德'으로 보는가의 여부가 함축하고 있는 경학적 의미, 나아가 궁극적으로는 현실에서의 정치적 의미의 심대한 중요성을 고려할 때, 정약용의 다음과 같은 말은 음미해 봄직하다: "맹자孟子가 공도자公都子의 질문에 답하면서 곧바로 측은지심惻隱之心을 인仁이라고 하여 '지단之端' 두 글자를 잘라내어 마치 사심四心[四端: 필자 주]이 바로 사덕四德인 것처럼 말하였다. 그러나 조

사서경학에서 정약용의 이념적 지향의 투사가 두드러진 대표적 사례들

일반적으로 보면, 정약용의 사서경학저술四書經學著述 전체가 '텍스트의 지평과 주석자[讀者]의 지평이 서로 융합한 결과물'이라고 볼 수 있겠지만, 여기서는 그가 사서四書를 해석함에 있어 특히 그 자신의 '이념적 지향의 투사', 즉 텍스트의 내용적 중요성에 대한 우선순위의 결정에 간여하는 '주석자의 이해관심이 두드러지게 나타나고 있는 몇 가지 사례들'을 중심으로 이를 간략하게 소개하고자 한다.

첫째, 『논어論語』의 경우로는 ① 『논어집주論語集註』의 「위정爲政」편 제1장과 「위령공衛靈公」편 제4장의 경문에 대하여 정약용이 주석을 달면서 이른바 '무위이치無爲而治'론에 대하여 상세하고도 매우 강도 높은 비판을 가하고 있다는 점을 들 수 있다. 이러한 비판은 그가 젊은 시절에 관료로 재직할 때부터 현실과 구체적으로 조우하는 과정 속에서 키워왔던 오래된 문제의식—현실개혁·실천 지향의 이해관심[132]—을 경전해석에

씨趙氏[趙岐: 필자 주]는 이에 대하여 또한 뛸 듯이 크게 기뻐하면서 자기가 주장한 뜻을 자신했는데, 이는 참으로 갑설甲說을 생각한 것이니, 곧 인仁·의義를 행사行事로 보고 측은惻隱·수오지심羞惡之心을 뿌리로 생각한 것이다. 을설乙說에서는 인·의가 근본根本이 되고 측은·수오지심을 그 단서[緖]로 보았는데, 양가兩家에서 다투는 바는 이것에 불과할 뿐이다. ……지금 맹자가 '지단之端' 두 글자를 잘라내고 바로 '측은惻隱이 인仁이고 수오羞惡가 의義다'라고 말했다고 하여 을설을 주장하는 자가 뛸 듯이 기뻐하면서 '측은이 바로 인仁인즉, 저 문지방[閾] 밖에 있는 것은 인仁·의義가 아니다'라고 말하지만, 갑설을 주장하는 자도 이 말을 보고 또한 뛸듯이 크게 기뻐하면서 '측은이 바로 인仁인즉, 저 문지방 안에 있는 것은 인仁·의義가 아니다'라고 말하리라는 것은 알지 못한다.(孟子答公都子之問, 直以惻隱之心爲仁, 斷去'之端'二字, 似若四心直是四德. 然趙氏於此, 又躍然大喜, 自信其義者, 誠以甲說以仁·義爲行事, 而惻隱·羞惡之心爲之根. 乙說以仁·義爲根本, 而惻隱·羞惡之心爲之緖, 兩家所爭, 止此而已. ……今孟子斷去'之端'二字, 直云: '惻隱是仁, 羞惡是義', 則乙者躍然以喜曰: '惻隱是仁, 則彼閾外之物, 非仁·義也', 不知甲者於此, 亦躍然大喜曰: '惻隱是仁, 則彼閾內之物, 非仁·義也.')" 「答李汝弘【載毅】」(『定本 與猶堂全書 4』, p. 150)

132 정약용의 이러한 관심은 「옥당진고과조례차자玉堂進考課條例箚子」[『定本 與猶堂全書 2』, pp. 187~193]와 「고적의考績議」[『定本 與猶堂全書 2』, pp. 149~151]와 같은 '초기의 경세학적 저술'에서 잘 표명되고 있는바, 그것은 이후 다시 한 번 『논어고금주論語古今注』를 비롯한 '중·후기의 경학적 저술'을 통하여 철학적으로 심화·발전되는 단계를 거쳐 '후기의 경세학적 저술', 특히 '일표一表·이서二書'[『경세유표經世遺表』, 『목민

적극 투사시킨 결과로 볼 수 있다. ②『논어집주』의 「안연顔淵」편 제9장의 경문에 대한 주석에서 정약용은 '유약有若이 철법徹法[10分의 1稅]을 시행할 것을 주장했던 사실의 현실적 함의'를 매우 중시하여 이에 대하여 특별히 상세하게 논하고 있는데, 이 또한 위의 경우와 같은 의미를 지닌다고 할 수 있다.

둘째, 『맹자孟子』의 경우로는 ①『맹자집주孟子集註』의 「등문공장구상滕文公章句上」편 제3장의 경문에 대한 주석에서 정약용은 고대중국의 정전제井田制와 세록世祿에 대한 기존 제가諸家의 주석을 비판적으로 검토하는 가운데 특히 '정전제에 대한 자신의 독자적 견해'를 매우 상세하게 개진하고 있는바, 이 역시 경전해석에 그 자신의 제도개혁적 관심, 특히 당시 토지제도의 개혁에 대한 경세학적 문제의식을 적극 개입시킨 사례의 하나로 볼 수 있다. ②『맹자집주』의 「이루장구상離婁章句上」편 제1장의 경문에 대한 주석에서 정약용은 '방형方形과 원형圓形을 만드는 데는 규구規矩가 있어야 하고 오음五音을 바로 잡는 데는 육률六律이 반드시 있어야 하는 것처럼, 천하天下를 평平·치治하는 데는 반드시 인정仁政이 있어야 한다'고 인식하면서, 또한 이러한 '인정은 필히 전정田政의 제도적 법제화로부터 시작되어야 함'을 역설한 바 있다. 이러한 맥락에서 정약용은 '국가의 경영은 반드시 전정으로부터 시작해야 한다'는 유형원柳馨遠[磻溪, 1622~1673]의 논지를 높이 평가하는 가운데, 당시 조선에 균전법均田法을 시행할 것을 강력히 촉구하기도 하였다. 이러한 그의 주장 또한 19세기 초 조선의 현실, 즉 당시 특권층의 무원칙한 토지겸병과 가혹한 수탈에 따른 민생의 피폐화가 극에 달했던 현실을 유배지에서 생생하게 목도하는 가운데, 이에 대한 그 자신의 개혁적 문제의식을 경전해석에 적극 투사시킨 결과로 볼 수 있겠다.

심서牧民心書』, 『흠흠신서欽欽新書』]에로 관철·완성되고 있다.

셋째, 『대학大學』의 경우로는 『대학장구大學章句』의 「전10장」에 대한 주석에서 정약용은 인간이 세상에 태어나면 두 가지 큰 욕심, 즉 '귀하게 되는 것[貴]'과 '부유하게 되는 것[富]'을 바라는 마음을 가지고 있다는 전제 하에, 국가를 다스리는 자의 두 가지 커다란 정책으로서 각별히 '지인知人'과 '안민安民', 또는 '용인用人'과 '이재理財'를 강조하고 있다. 특히 그는 사람을 천거하여 쓸 때에는 민중民衆의 마음에 어긋나지 않도록 하고, 세금을 징수하여 거둘 때도 민중의 마음에 어긋나지 않도록 한다면 물정物情이 고르게 되고 미더워져, 이에 나라 역시 안정될 것임을 역설하면서, 바로 이것이 '『서경書經』의 「고요모皐陶謨」편으로부터 『대학』에 이르기까지 관철되고 있는 치국治國·평천하平天下의 종지宗旨가 된다'고 주장하였다. 결국, 이러한 그의 입장 또한 당시 조선사회가 바야흐로 경험하고 있었던 사회적·경제적 변화를 일정하게 반영·수용하는 것인 동시에, 당시 집권세력의 파행적인 정국운영에 대한 자신의 비판적 문제의식을 경전해석에 적극 투사시킨 결과로 볼 수 있다.

넷째, 『중용中庸』의 경우로는 『중용장구中庸章句』의 「제20장」에 나오는 천하天下·국가國家를 다스리는 법으로서의 '구경九經'에 대한 주석에서 정약용은 특히 '내백공來百工[百工을 오게 하다]'의 항목과 관련하여 '당시 조선사회의 국력과 민생이 피폐하게 된 것은 공인工人들에 대한 천시와 가혹한 수탈에서 말미암은 바 크다'고 지적하면서, 이를 시정하기 위해서는 그들에 대한 우대 및 신기술의 개발과 도입이 무엇보다 절실함을 역설하고 있다. 이러한 입장 역시 상기의 경우와 같은 경세학적 함의를 지닌다고 하겠다.

다섯째, 정약용은 사서경문四書經文 전반에 걸쳐 반복적으로 언급되고 있는 중요한 개념들, 예를 들면 '인仁', '충忠·서恕', '예禮·악樂', '덕德', '의義·리利', '도道', '윤倫', '경敬', '천天', '명命', '성聖', '학學', '교敎' 등의 의미를 규정함에 있어서도 주희의 사서주석四書註釋과 비교해볼 때 상대적으로 훨씬 조선의 현실과 구체적으로 밀착된 '실천·실제 지향의 문제의식'을 일관되게 견지하고 있음을 간취할 수 있는바, 이러한 측면 또한 하나의 사례가 될 것이다. 이것과 관련된 보다 자세한 내용은 뒤이어 분석·소개된다.

참고문헌

I. 문헌 자료

1. 경전·경학류

『論語集注』[朱熹], 『孟子集注』[朱熹], 『大學章句』[朱熹], 『大學或問』[朱熹], 『中庸章句』[朱熹], 『詩經集傳』[朱熹], 『書經集傳』[蔡沈], 『周易傳義』[胡廣 等], 『禮記集說』[陳澔], 『大戴禮記』[戴德], 『心經附註』[程敏政], 『小學集註』[朱熹·劉淸之]

『性理大全』[胡廣 等], 『程書分類』[宋時烈]

『老子翼』[焦竑弱侯], 『荀子集解』[王先謙]

2. 문집류

『二程集』[程顥、程頤], 『周濂溪集』[周敦頤], 『朱子大全』[朱熹], 『朱子語類』[朱熹], 『晦庵先生朱文公文集』[朱熹]

『孤山遺稿』[尹善道], 『過庭錄』[朴宗采], 『錦帶殿策』[李家煥], 『記言』[許穆], 『洛下生全集』[李學逵], 『茶山學團 文獻集成』[成均館大學校 大東文化硏究院], 『磻溪隨錄』[柳馨遠], 『磻溪雜藁』[柳馨遠/李佑成 編], 『磻溪先生年譜』, 『白湖全書』[尹鑴], 『思辨錄』[朴世堂], 『三倉館集』[丁學淵], 『石泉遺集』[申綽], 『惺所覆瓿藁』[許筠], 『星湖僿說類選』[李瀷], 『星湖先生文集』[李瀷], 『星湖先生疾書(上·下)』[李瀷/李佑成 編], 『星湖全書』[李瀷/李佑成 編], 『宋子大全』[宋時烈], 『申櫶全集』[申櫶], 『定本 與猶堂全書』[丁若鏞], 『與猶堂全書補遺』[丁若鏞], 『燕巖集』[朴趾源], 『栗谷先生全書』[李珥], 『艸衣詩藁』[意洵], 『退溪先生文集』[李滉], 『霞谷集』[鄭齊斗], 『弘齋全書』[正祖]

3. 기타

『國朝寶鑑』, 『備邊司謄錄』, 『承政院日記』, 『日省錄』, 『增補文獻備考』

『肅宗實錄』, 『純祖實錄』, 『英祖實錄』, 『仁祖實錄』, 『正祖實錄』, 『孝宗實錄』

『古今圖書集成』, 『三才圖會』[王圻·王思義 編集], 『正教奉褒』[黃斐默 編]

II. 저서

강경원, 2001, 『이익李瀷: 인간소외 극복의 실학자』(서울: 성균관대학교출판부)

강만길, 2018, 『조선후기 상업자본의 발달』(파주: 창비)

——— 外, 1986, 『丁茶山과 그 時代』(서울: 民音社)
——— 外, 1990, 『茶山學의 探究』(서울: 民音社)
姜萬吉·鄭昌烈 외 9명, 1990, 『茶山의 政治經濟 思想』(서울: 창작과비평사)
강명관, 1997, 『조선후기 여항문학 연구』(서울: 창작과비평사)
———, 2003, 『조선의 뒷골목 풍경』(서울: 푸른역사)
———, 2007a, 『안쪽과 바깥쪽』(서울: 소명출판)
———, 2007b, 『공안파와 조선후기 한문학』(서울: 소명출판)
강세구, 1999, 『성호학통 연구』(서울: 혜안)
姜在彦, 1990a, 『조선의 西學史』(서울: 민음사)
경기문화재단 실학박물관 편, 2004, 『한국 실학과 동아시아 세계』(서울: 景仁文化社)
———, 2013, 『마테오 리치의 곤여만국전도와 조선후기의 세계관』(서울: 景仁文化社)
高東煥, 1998, 『朝鮮後期 서울商業發達史硏究』(서울: 지식산업사)
高麗大 亞細亞問題硏究所 韓國硏究室 編, 1974, 『實學 思想의 探究』(서울: 玄岩社)
高麗大學校 民族文化硏究所 편, 1970, 『韓國文化史大系 VI: 宗教·哲學史』(서울: 高麗大學校 民族文化硏究所)
고석규, 1998, 『19세기 조선의 향촌사회연구: 지배와 저항의 구조』(서울: 서울대학교출판부)
고승제, 1995, 『다산을 찾아서』(서울: 中央日報社)
具萬玉, 2004, 『朝鮮後期 科學思想史 硏究 I: 朱子學的 宇宙論의 變動』(서울: 혜안)
국립중앙박물관, 2012, 『다산茶山 정약용丁若鏞』(서울: 국립중앙박물관)
國史編纂委員會, 1991, 『韓國史論: 朝鮮後期의 鄕村社會』 제21집.(과천: 國史編纂委員會)
권내현, 2014, 『노비에서 양반으로, 그 머나먼 여정: 어느 노비 가계 2백 년의 기록』(고양: 역사비평사)
權正顔 外, 1988, 『朝鮮朝 儒學思想의 探究』(서울: 驪江出版社)
권태욱·박정련 역주/이상필 감수, 2014, 『국역國譯 악서고존樂書孤存』(서울: 민속원)
권태환·김두섭, 1990, 『인구의 이해』(서울: 서울대학교출판부)
규장각한국학연구원 엮음, 2013, 『실용서로 읽는 조선』(파주: 글항아리)
近代史硏究會 編, 1987, 『韓國中世社會 解體期의 諸問題(下): 朝鮮後期史 연구의 현황과 과제』(서울: 한울아카데미)
琴章泰, 1984, 『東西交涉과 近代韓國思想』(서울: 성균관대학교출판부)
———, 2001, 『다산실학탐구』(서울: 소학사)
———, 2002, 『한국유학의 심설: 심성론과 영혼론의 쟁점』(서울: 서울대학교출판부)

———, 2003, 『조선 후기 儒敎와 西學: 교류와 갈등』(서울: 서울대학교출판부)
———, 2004a, 『도道와 덕德: 다산과 오규 소라이의 『중용』·『대학』 해석』(파주: 이끌리오)
———, 2005a, 『다산 정약용: 유학과 서학의 창조적 종합자』(파주: 살림)
———, 2005b, 『실천적 이론가 정약용』(파주: 이끌리오)
———, 2005c, 『心과 性: 茶山의 『孟子』 해석』(서울: 서울대학교출판부)
———, 2006, 『仁과 禮: 다산의 『논어』 해석』(서울: 서울대학교출판부)
———, 2008a, 『한국 양명학의 쟁점』(서울: 서울대학교출판문화원)
———, 2008b, 『한국 실학사상 연구』(파주: 한국학술정보)
———, 2011, 『다산 평전: 백성을 사랑한 지성』(서울: 지식과교양)
———, 2012, 『한국실학의 집대성 정약용丁若鏞』(서울: 성균관대학교출판부)
———, 2014a, 『성호星湖와 성호학파星湖學派』(서울: 서울대학교출판문화원)
———, 2014b, 『조선 실학의 경전이해』(서울: 서울대학교출판문화원)
紀念論叢刊行委員會, 1990, 『碧史李佑成教授停年退職紀念論叢 民族史의 展開와 그 文化 下』(서울: 창작과비평사)
김건태, 2004, 『조선시대 양반가의 농업경영』(서울: 역사비평사)
김교빈, 1995, 『양명학자 정제두의 철학사상: 존재론·인성론·사회인식에 대한 구조적 이해』(서울: 한길사)
——— 편저, 2005, 『한국의 사상가 10人: 하곡 정제두』(서울: 예문서원)
김길락, 2004, 『한국의 상산학과 양명학』(서울: 청계)
金吉煥, 1981, 『韓國陽明學硏究』(서울: 一志社)
金大吉, 1997, 『朝鮮後期 場市硏究』(서울: 國學資料院)
김동욱, 2002, 『실학 정신으로 세운 조선의 신도시, 수원 화성』(파주: 돌베개)
김만일, 2007a, 『조선 17~18세기 尙書 解釋의 새로운 경향』(서울: 景仁文化社)
金明昊, 1990, 『熱河日記 硏究』(서울: 창작과비평사)
———, 2001, 『박지원 문학 연구』(서울: 成均館大學校 大東文化硏究院)
金文植, 1996, 『朝鮮後期經學思想硏究: 正祖와 京畿學人을 중심으로』(서울: 一潮閣)
———, 2007, 『정조의 제왕학』(파주: 태학사)
——— 외, 2009, 『규장각: 그 역사와 문화의 재발견』(서울: 서울대학교출판문화원)
김백철, 2010, 『조선후기 영조의 탕평정치: 『속대전』의 편찬과 백성의 재인식』(파주: 태학사)
金相洪, 2003a, 『茶山文學의 再照明』(서울: 단국대학교출판부)
김석희, 2004, 『조선후기 지방사회사 연구』(서울: 혜안)
김선희, 2012, 『마테오 리치와 주희, 그리고 정약용: 『천주실의』와 동아시아 유학의 지평』(서울: 심산)

金成潤, 1997, 『朝鮮後期 蕩平政治 硏究』(서울: 지식산업사)
金駿錫, 2003, 『朝鮮後期 政治思想史 硏究: 國家再造論의 擡頭와 展開』(서울: 지식산업사)
金彦鍾, 1987a, 『丁茶山論語古今注原義總括考徵』(台北: 學海出版社)
金英東, 1988, 『朴趾源小說硏究』(서울: 太學社)
金榮洙 번역, 1998, 『황사영黃嗣永 백서帛書』(서울: 성요셉출판사)
김영식, 2005, 『주희의 자연철학』(서울: 예문서원)
———, 2014, 『정약용의 문제들』(서울: 혜안)
金榮一, 2003, 『丁若鏞의 上帝思想』(서울: 景仁文化社)
김영자, 1992, 『韓國의 服飾美』(서울: 民音社)
김영호, 2003, 『다산의 논어해석연구』(서울: 심산)
金玉姬, 1979, 『曠菴 李蘗의 西學思想』(서울: 카톨릭出版社)
金容傑, 1989, 『星湖 李瀷의 哲學思想硏究』(서울: 成均館大學校 大東文化硏究院)
———, 2004, 『이익사상의 구조와 사회 개혁론』(서울: 서울대학교출판부)
金容燮, 2004, 『新訂 增補版 韓國近代農業史硏究[I]: 農業改革論·農業政策(1)』(서울: 지식산업사)
———, 2007a, 『신정 증보판 朝鮮後期農業史硏究[II]: 農業과 農業論의 變動』(서울: 지식산업사)
———, 2009, 『신정 증보판 朝鮮後期農學史硏究: 農書와 農業 관련 文書를 통해 본 農學思想』(파주: 지식산업사)
김용흠 역주, 2012, 『목민고·목민대방』(서울: 혜안)
金宇基, 2001, 『朝鮮中期 戚臣政治硏究』(서울: 集文堂)
김인걸, 2017a, 『조선후기 공론정치의 새로운 전개: 18, 19세기 향회, 민회를 중심으로』(서울: 서울대학교출판문화원)
———, 2017b, 『조선후기 향촌사회 지배구조의 변동』(파주: 경인문화사)
———, 2017c, 『조선시대 사회사와 한국사 인식』(파주: 경인문화사)
——— 외 지음, 2011, 『정조와 정조시대』(서울: 서울대학교출판문화원)
김인규, 2000, 『북학사상의 철학적 기반과 근대적 성격』(서울: 다운샘)
김인영 편, 2002, 『한국사회 신뢰와 불신의 구조: 거시적 접근』(서울: 小花)
金駿錫, 2003, 『朝鮮後期 政治思想史 硏究: 國家再造論의 擡頭와 展開』(서울: 지식산업사)
金哲埈博士華甲紀念史學論叢 刊行準備委員會, 1983, 『金哲埈博士華甲紀念史學論叢』(서울: 知識産業社)
金泰永, 1998, 『실학의 국가 개혁론』(서울: 서울대학교출판부)
——— 외, 1987, 『한국의 사회경제사』(서울: 한길사)
金炫榮, 1999, 『朝鮮時代의 兩班과 鄕村社會』(서울: 集文堂)

김형효, 2000, 『원효에서 다산까지: 한국 사상의 비교철학적 해석』(성남: 청계)
——— 외, 1998, 『茶山의 사상과 그 현대적 의미』(성남: 한국정신문화연구원)
김홍영·이상하 역, 1997, 『국역 백호전서白湖全書 IX』(서울: 민족문화추진회)
金興圭, 1988, 『朝鮮後期의 詩經論과 詩意識』(서울: 高麗大學校 民族文化研究所)
———, 2002a, 『한국 고전문학과 비평의 성찰』(서울: 高麗大學校 出版部)
盧吉明, 1988, 『카톨릭과 朝鮮後期 社會變動』(서울: 高麗大學校 民族文化研究所)
노혜경, 2006, 『朝鮮後期 守令 行政의 實際: 黃胤錫의 『頤齋亂藁』를 중심으로』(서울: 혜안)
茶山研究會 譯註, 1978, 『譯註 牧民心書 1』(서울: 창작과비평사)
———, 1979, 『譯註 牧民心書 2』(서울: 창작과비평사)
———, 1981, 『譯註 牧民心書 3』(서울: 창작과비평사)
———, 1984, 『譯註 牧民心書 4』(서울: 창작과비평사)
———, 1985a, 『譯註 牧民心書 5』(서울: 창작과비평사)
———, 1985b, 『譯註 牧民心書 6』(서울: 창작과비평사)
다산학술문화재단, 2012, 『《여유당전서》 미수록 다산茶山 간찰집簡札集』(서울: 사암)
다산학술문화재단 맹자요의강독회 옮김, 2020, 『역주 맹자요의孟子要義』(서울: 사암)
茶山学术文化财团 编, 2008, 『茶山的四书经学』(北京: 商务印书馆国际有限公司)
島巖柳豊淵博士回甲紀念論文集刊行委員會, 1991, 『島巖柳豊淵博士回甲紀念論文集』(서울: 島巖柳豊淵博士回甲紀念論文集刊行委員會)
東園金興培博士古稀紀念論文集刊行委員會, 1984, 『東園金興培博士古稀紀念論文集』(서울: 韓國外國語大學校)
문중양, 2000, 『조선후기 水利學과 水利담론』(서울: 集文堂)
———, 2016, 『조선후기 과학사상사: 서구 우주론과 조선 천지관의 만남』(파주: 들녘)
민족문화추진회, 1967a, 『고전국역총서 사변록』(서울: 민족문화추진회)
———, 1967b, 『고전국역총서 하곡집 I』(서울: 민족문화추진회)
———, 1967c, 『고전국역총서 하곡집 II』(서울: 민족문화추진회)
———, 1983, 『국역 성소부부고惺所覆瓿藁』(서울: 민족문화추진회)
——— 편, 1994a, 『국역 다산시문집 ❶』(서울: 솔)
——— 편, 1994b, 『국역 다산시문집 ❷』(서울: 솔)
——— 편, 1994c, 『국역 다산시문집 ❸』(서울: 솔)
——— 편, 1982, 『국역 다산시문집 ❹』(서울: 솔)
——— 편, 1983, 『국역 다산시문집 ❺』(서울: 솔)
——— 편, 1984, 『국역 다산시문집 ❻』(서울: 솔)
——— 편, 1985, 『국역 다산시문집 ❼』(서울: 솔)
——— 편, 1986a, 『국역 다산시문집 ❽』(서울: 솔)

——— 편, 1986b, 『국역 다산시문집 ❾』(서울: 솔)
——— 편, 1997, 『국역 다산시문집 ❿』(서울: 솔)
——— 편, 1997, 『국역 미수기언 ❶』(서울: 솔)
———, 2000, 『국역 홍재전서弘齋全書 18』(서울: 민족문화추진회)
박무영, 2002, 『정약용의 시와 사유방식』(서울: 태학사)
朴錫武, 1988, 『茶山紀行: 朝鮮後期의 社會變動과 思想』(서울: 한길사)
———, 2003, 『다산 정약용 유배지에서 만나다』(파주: 한길사)
———, 2014, 『다산 정약용 평전: 조선 후기 민족 최고의 실천적 학자』(서울: 민음사)
박석무, 송재소, 임형택 외 지음/다산연구소 엮음, 2018, 『다산학 공부』(파주: 돌베개)
박성순, 2005, 『조선유학과 서양과학의 만남: 조선후기 서학의 수용과 북학론의 형성』(서울: 고즈윈)
朴連洙, 1999, 『陽明學의 理解: 陽明學과 韓國陽明學』(서울: 集文堂)
———, 2007, 『하곡 정제두의 사상』(파주: 한국학술정보)
박용숙, 2007, 『조선후기 향촌사회사 연구』(서울: 혜안)
박종천, 2008, 『다산 정약용의 의례이론』(성남: 신구문화사)
——— 역주·해설, 2010, 『역주譯註 국조전례고國朝典禮考』(서울: 심산)
朴忠錫, 1982a, 『韓國政治思想史』(서울: 三英社)
박현모, 2001, 『정치가 정조』(서울: 푸른역사)
———, 2011, 『정조 사후 63년: 세도정치기(1800~63)의 국내외 정치 연구』(파주: 창비)
박홍식 편저, 2005, 『한국의 사상가 10人: 다산 정약용』(서울: 예문서원)
박희병 옮김, 2005, 『나의 아버지 박지원』(파주: 돌베개)
방 인, 2014, 『다산 정약용의 『주역사전周易四箋』, 기호학으로 읽다』(서울: 예문서원)
방인·장정욱 옮김, 2007a, 『역주譯註 주역사전周易四箋 1』(서울: 소명출판)
———, 2007b, 『역주譯註 주역사전周易四箋 2』(서울: 소명출판)
———, 2007c, 『역주譯註 주역사전周易四箋 3』(서울: 소명출판)
———, 2007d, 『역주譯註 주역사전周易四箋 4』(서울: 소명출판)
———, 2007e, 『역주譯註 주역사전周易四箋 5』(서울: 소명출판)
———, 2007f, 『역주譯註 주역사전周易四箋 6』(서울: 소명출판)
———, 2007g, 『역주譯註 주역사전周易四箋 7』(서울: 소명출판)
———, 2007h, 『역주譯註 주역사전周易四箋 8』(서울: 소명출판)
배우성, 1998, 『조선후기 국토관과 천하관의 변화』(서울: 일지사)
裵宗鎬, 1974, 『韓國儒學史』(서울: 延世大學校 出版部)

———, 1985a, 『韓國儒學의 哲學的 展開(下)』(서울: 延世大學校 出版部)
백민정, 2007a, 『정약용의 철학: 주희와 마테오리치를 넘어 새로운 체계로』(서울: 이학사)
백승종, 2011, 『정조와 불량선비 강이천: 18세기 조선의 문화투쟁』(서울: 푸른역사)
卞光錫, 2001, 『朝鮮後期 市廛商人 硏究』(서울: 혜안)
想白李相佰博士回甲紀念論叢編輯委員會, 1964, 『李相佰博士回甲紀念論叢』(서울: 乙酉文化社)
서울대학교 규장각한국학연구원, 2015, 『규장각奎章閣』(서울: 서울대학교 규장각한국학연구원)
서울대학교 종교문제연구소 편, 2009, 『유교와 종교학』(서울: 서울대학교출판부)
成均館大學校 大東文化硏究院, 1990, 『韓國經學資料集成 28』(서울: 成均館大學校 大東文化硏究院)
송석준, 2015, 『조선시대의 양명학』(서울: 보고사)
송영배, 2004, 『동서 철학의 교섭과 동서양 사유 방식의 차이』(서울: 논형)
———, 2012, 『중국사회사상사』(서울: 사회평론)
——— 외 옮김, 1999, 『천주실의』(서울: 서울대학교출판문화원)
宋載卲, 1986, 『茶山詩硏究』(서울: 창작과비평사)
———, 2014, 『다산시 연구』(파주: 창비)
——— 譯註, 1991, 『茶山詩選』(서울: 창작과비평사)
——— 역주, 2013, 『다산시선茶山詩選』(파주: 창비)
——— 역주, 2014, 『다산의 한평생: 사암선생연보』(파주: 창비)
송찬섭, 2002, 『朝鮮後期 還穀制改革硏究』(서울: 서울대학교출판부)
宋贊植, 1973, 『李朝後期 手工業에 관한 硏究』(서울: 서울大學校出版部)
———, 1997a, 『朝鮮後期 社會經濟史의 硏究』(서울: 一潮閣)
송호근, 2011, 『인민의 탄생: 공론장의 구조 변동』(서울: 민음사)
愼鏞廈, 1987a, 『韓國近代社會思想史硏究』(서울: 一志社)
———, 1997a, 『조선후기 실학파의 사회사상연구』(서울: 지식산업사)
——— 編, 1982, 『社會史와 社會學』(서울: 創作과批評社)
——— 엮음, 1986, 『아시아적 생산양식론』(서울: 까치)
——— 외 편, 1995, 『한국 사회사의 이해』(서울: 문학과지성사)
신호열·김명호 옮김, 2007a, 『연암집燕巖集【상】』(파주: 돌베개)
———, 2007b, 『연암집燕巖集【중】』(파주: 돌베개)
———, 2007c, 『연암집燕巖集【하】』(파주: 돌베개)
실시학사 경학연구회 역주, 2008a, 『역주 시경강의 1』(서울: 사암)
———, 2008b, 『역주 시경강의 2』(서울: 사암)

———, 2008c, 『역주 시경강의 3』(서울: 사암)
———, 2008d, 『역주 시경강의 4』(서울: 사암)
———, 2008e, 『역주 시경강의 5』(서울: 사암)
實是學舍經學研究會 編譯, 1996, 『다산과 문산의 인성논쟁』(서울: 한길사)
———, 2000a, 『茶山과 石泉의 經學論爭』(서울: 한길사)
———, 2000b, 『茶山과 臺山·淵泉의 經學論爭』(서울: 한길사)
실시학사 고전문학연구회 역편, 2009, 『完譯 李鈺全集 1』(서울: 휴머니스트)
沈慶昊, 1995, 『茶山과 春川』(춘천: 강원대학교 출판부)
———, 1999, 『조선시대 漢文學과 詩經論』(서울: 一志社)
양홍렬 역, 1996, 『국역 백호전서白湖全書 VII』(서울: 민족문화추진회)
———, 1997, 『국역 백호전서白湖全書 VIII』(서울: 민족문화추진회)
歷史學會 편, 1973, 『實學研究入門』(서울: 一潮閣)
淵民李家源先生頌壽紀念論叢刊行委員會, 1987, 『淵民李家源先生七秩頌壽紀念論叢』(서울: 正音社)
연세대학교 국학연구원 편, 2003, 『연세실학강좌 I: 실학공개강좌[1]』(서울: 혜안)
———, 2006, 『韓國實學思想研究 2: 政治經濟學篇』(서울: 혜안)
吳錫源 외, 1988, 『朝鮮朝 儒學思想의 探究』(서울: 驪江出版社)
吳 星, 2000, 『朝鮮後期 商業史研究』(서울: 韓國研究院)
오영교, 2001, 『朝鮮後期 鄕村支配政策 研究』(서울: 혜안)
우경섭, 2013, 『조선중화주의의 성립과 동아시아』(서울: 유니스토리)
禹仁秀, 1999, 『朝鮮後期 山林勢力研究』(서울: 一潮閣)
원유한, 2008, 『조선후기 화폐사』(서울: 혜안)
원재린, 2003, 『조선후기 星湖學派의 학풍 연구』(서울: 혜안)
——— 역주, 2012, 『임관정요』(서울: 혜안)
劉明鍾, 1983, 『韓國의 陽明學』(서울: 同和出版公社)
———, 1988a, 『韓國儒學研究』(대구: 以文出版社)
———, 1994, 『性理學과 陽明學』(서울: 延世大學校 出版部)
유봉학, 1995, 『燕巖一派 北學思想 研究』(서울: 一志社)
———, 1996, 『꿈의 문화유산, 화성』(서울: 신구문화사)
———, 2001a, 『정조대왕의 꿈: 개혁과 갈등의 시대』(서울: 신구문화사)
———, 2009, 『개혁과 갈등의 시대: 정조와 19세기』(성남: 신구문화사)
———, 2013, 『실학과 진경문화』(성남: 신구문화사)
——— 외, 2001, 『정조시대 화성 신도시의 건설』(서울: 백산서당)
유승주·이철성, 2002, 『조선후기 중국과의 무역사』(서울: 景仁文化社)
劉元東, 1977, 『韓國近代經濟史研究』(서울: 一志社)
尹南漢, 1982, 『朝鮮時代의 陽明學 研究』(서울: 集文堂)

尹絲淳, 1980a, 『韓國儒學論究』(서울: 玄岩社)
——— 編, 1990, 『정약용丁若鏞』(서울: 高麗大學校 出版部)
——— 外, 1993, 『新實學의 탐구』(서울: 열린책들)
윤사순·고익진 편, 1984, 『한국의 사상』(서울: 열음사)
윤용출, 1998, 『조선후기의 요역제와 고용노동』(서울: 서울대학교출판부)
尹在瑛 역, 1975, 『黃嗣永帛書』(서울: 正音社)
李光麟, 1961, 『李朝水利史硏究』(서울: 韓國硏究院)
이광호 외 역, 2016, 『대학공의·대학강의·소학지언·심경밀험』(서울: 사암)
이규대, 2009, 『조선시기 향촌사회 연구』(성남: 신구문화사)
李基白 책임편집, 1991, 『韓國史 市民講座: 제9집』(서울: 一潮閣)
이동환, 2006, 『실학시대의 사상과 문학』(파주: 지식산업사)
이문규, 2000, 『고대 중국인이 바라본 하늘의 세계』(서울: 문학과지성사)
이민희, 2007, 『16~19세기 서적중개상과 소설·서적 유통 관계 연구』(서울: 역락)
李秉烋, 1999, 『朝鮮前期 士林派의 現實認識과 對應』(서울: 一潮閣)
李丙燾, 1987, 『韓國儒學史』(서울: 亞細亞文化社)
李炳赫 편저, 1986, 『언어사회학 서설: 이데올로기와 언어』(서울: 까치)
李相恩, 1992, 『朝鮮王朝服飾史論』(서울: 東方圖書)
이상호, 2008, 『양명우파와 정제두의 양명학』(서울: 혜안)
이선아, 2008, 『윤휴의 학문세계와 정치사상』(파주: 한국학술정보)
李善宰, 1992, 『儒敎思想과 儀禮服』(서울: 亞細亞文化社)
李成九, 1997, 『古代中國의 呪術的 思惟와 帝王統治』(서울: 一潮閣)
이성무, 2007a, 『조선시대 당쟁사 1』(서울: 아름다운날)
———, 2007b, 『조선시대 당쟁사 2』(서울: 아름다운날)
李成茂·鄭萬祚 外著, 1994, 『朝鮮後期 黨爭의 綜合的 檢討』(성남: 韓國精神文化硏究院)
이세영, 2001, 『朝鮮後期 政治經濟史』(서울: 혜안)
李樹健, 1979, 『嶺南士林派의 形成』(경산: 嶺南大學校出版部)
———, 1995, 『嶺南學派의 形成과 展開』(서울: 一潮閣)
이승환, 2004, 『유교 담론의 지형학: 근대 이후 유교 담론에 관한 정치철학적 고찰』(파주: 푸른숲)
李榮薰, 1988, 『朝鮮後期社會經濟史』(서울: 한길사)
———, 2016, 『한국경제사 I: 한국인의 역사적 전개』(서울: 일조각)
——— 편, 2004, 『수량경제사로 다시 본 조선후기』(서울: 서울대학교출판부)
李佑成, 1982a, 『韓國의 歷史像: 李佑成歷史論集』(서울: 창작과비평사)
——— 編, 1984, 『星湖先生疾書(上·下)』(서울: 驪江出版社)
——— 編, 1990, 『磻溪雜藁』(서울: 驪江出版社)

李元淳, 1986a, 『韓國天主教會史研究』(서울: 한국교회사연구소)
———, 1986b, 『朝鮮西學史研究』(서울: 一志社)
이윤갑, 2011, 『한국 근대 상업적 농업의 발달과 농업변동』(파주: 지식산업사)
이윤석, 2016, 『조선시대 상업출판: 서민의 독서, 지식과 오락의 대중화』(서울: 민속원)
李銀順, 1988, 『朝鮮後期黨爭史研究』(서울: 一潮閣)
이은순·이배용 외 지음, 1996, 『한국사회사상사』(서울: 지식산업사)
李乙浩, 1966, 『茶山經學思想研究』(서울: 乙酉文化社)
———, 1975a, 『茶山學의 理解』(서울: 玄岩社)
———, 1980a, 『韓國改新儒學史試論』(서울: 博英社)
——— 編, 1975, 『實學論叢』(광주: 全南大學校 出版部)
——— 外, 1989, 『丁茶山의 經學: 論語·孟子·大學·中庸 研究』(서울: 民音社)
이이화, 1994, 『조선후기의 정치사상과 사회변동』(서울: 한길사)
李在喆, 2003, 『朝鮮後期 備邊司研究』(서울: 集文堂)
이재하·홍순완, 1992, 『한국의 場市: 정기시장을 중심으로』(서울: 民音社)
李正麟, 1999, 『황사영 백서 연구黃嗣永帛書研究: 한반도 분단의 근본 원인을 찾아』(서울: 一潮閣)
李篪衡, 1996a, 『茶山經學研究』(서울: 太學社)
——— 역주, 1994, 『譯註 茶山 孟子要義』(서울: 現代實學社)
——— 역주, 2002, 『역주 매씨서평梅氏書平』(서울: 문학과지성사)
——— 역주, 2010a, 『譯註 논어고금주論語古今註 1』(서울: 사암)
——— 역주, 2010b, 『譯註 논어고금주論語古今註 2』(서울: 사암)
——— 역주, 2010c, 『譯註 논어고금주論語古今註 3』(서울: 사암)
——— 역주, 2010d, 『譯註 논어고금주論語古今註 4』(서울: 사암)
——— 역주, 2010e, 『譯註 논어고금주論語古今註 5』(서울: 사암)
이창식, 2001, 『한국의 보부상』(서울: 밀알)
李哲成, 2000, 『朝鮮後期 對淸貿易史 研究』(서울: 國學資料院)
李春植, 1998, 『中華思想Sino-Centralism』(서울: 교보문고)
———, 2002, 『中華思想의 理解』(서울: 신서원)
李泰鎭, 1989a, 『朝鮮儒教社會史論』(서울: 지식산업사)
———, 1990, 『奎章閣 小史』(서울: 서울大學校圖書館)
———, 2008a, 『증보판 한국사회사연구: 농업기술 발달과 사회변동』(파주: 지식산업사)
——— 編, 1985, 『朝鮮時代 政治史의 再照明: 士禍·黨爭篇』(서울: 汎潮社)
이해영·권태환 편, 1978, 『한국사회 I: 인구와 발전』(서울: 서울大學校 社會科學大學 人口 및 發展問題研究所)

이해준, 1996, 『조선시기 촌락사회사』(서울: 민족문화사)
이해준·김인걸 외저, 1994, 『조선시기 사회사 연구법』(성남: 한국정신문화연구원)
이현식, 2002, 『박지원 산문의 논리와 미학』(서울: 이회)
이형대 외 역, 2004, 『국역國譯 고산유고孤山遺稿』(서울: 소명출판)
이형성 교주, 2010, 『현상윤의 조선유학사』(서울: 심산)
李羲權, 1999, 『朝鮮後期 地方統治行政 硏究』(서울: 集文堂)
이희재, 2010, 『박세당: 탈주자학적 실학사상의 선구자』(서울: 성균관대학교 출판부)
李熙煥, 1995, 『朝鮮後期黨爭硏究』(서울: 國學資料院)
임창순 교열, 안병학 외 역주, 1998, 『國譯 星湖疾書: 論語·大學·中庸』(춘천: 翰林大學校 泰東古典硏究所)
林熒澤, 1984a, 『韓國文學史의 視角』(서울: 創作과批評社)
———, 2000a, 『실사구시의 한국학』(서울: 창작과비평사)
———, 2009a, 『문명의식과 실학: 한국 지성사를 읽다』(파주: 돌베개)
장승구, 2001, 『정약용과 실천의 철학: 다산 철학의 근대성 탐구』(서울: 서광사)
재단법인 실시학사 편, 2012a, 『성호星湖 이익李瀷 연구』(서울: 사람의무늬)
———, 2012b, 『다산茶山 정약용丁若鏞 연구』(서울: 사람의무늬)
全相運, 1975, 『개정증보판 韓國科學技術史』(서울: 正音社)
全州大湖南學硏究所 譯, 1986, 『國譯 與猶堂全書: 經集 I·大學·中庸』(全州: 全南大學校出版部)
———, 1989a, 『國譯 與猶堂全書 2: 經集 II·論語古今註』(서울: 驪江出版社)
———, 1989b, 『國譯 與猶堂全書 3: 經集 III·論語古今註』(서울: 驪江出版社)
———, 1989c, 『國譯 與猶堂全書 4: 經集 IV·論語古今註』(서울: 驪江出版社)
丁奎英 編, 1921/1992, 『俟菴先生年譜』, 『與猶堂全書 21』(서울: 驪江出版社)
———, 송재소 역주, 1921/2014, 『다산의 한평생: 사암선생연보』(파주: 창비)
정긍식, 2018, 『조선의 법치주의 탐구』(파주: 태학사)
정 민, 2011, 『다산의 재발견: 다산은 어떻게 조선 최고의 학술 그룹을 조직하고 운영했는가?』(서울: Humanist)
———, 2019a 『파란波瀾 ①: 다산의 두 하늘, 천주와 정조』(서울: 천년의상상)
———, 2019b 『파란波瀾 ②: 다산의 두 하늘, 천주와 정조』(서울: 천년의상상)
鄭炳連, 1994, 『茶山 四書學硏究』(서울: 景仁文化社)
鄭奭鍾, 1983a, 『朝鮮後期社會變動硏究』(서울: 一潮閣)
———, 1994a, 『조선후기의 정치와 사상』(서울: 한길사)
鄭成一, 2000, 『朝鮮後期 對日貿易』(서울: 신서원)
정성철, 1974/1989, 『실학파의 철학사상과 사회정치적 견해』(서울: 한마당)
정순우, 2012, 『서당의 사회사: 서당으로 읽는 조선 교육의 흐름』(파주: 태학사)

鄭玉子, 1988a, 『朝鮮後期文化運動史』(서울: 一潮閣)
———, 1990a, 『朝鮮後期 文學思想史』(서울: 서울大學校出版部)
———, 1991a, 『朝鮮後期 知性史』(서울: 一志社)
———, 1993a, 『조선후기 역사의 이해』(서울: 一志社)
———, 2001, 『정조의 문예사상과 규장각』(서울: 효형출판)
——— 외, 1999, 『정조시대의 사상과 문화』(서울: 돌베개)
鄭寅普, 1983, 『薝園 鄭寅普全集 2: 國學散藁 外』(서울: 延世大學校 出版部)
정인재, 2014, 『양명학의 정신』(서울: 세창출판사)
鄭一均, 2000, 『茶山 四書經學 研究』(서울: 一志社)
정진영, 1988, 『조선시대 향촌사회사朝鮮時代鄕村社會史』(서울: 한길사)
丁海廉 역주, 2001, 『아방강역고』(서울: 現代實學社)
——— 역주, 2004a, 『역주 경세유표 1』(서울: 現代實學社)
——— 역주, 2004b, 『역주 경세유표 2』(서울: 現代實學社)
——— 역주, 2004c, 『역주 경세유표 3』(서울: 現代實學社)
——— 편역주, 2002, 『다산서간정선』(서울: 現代實學社)
趙 珖, 1988, 『朝鮮後期 天主敎史 研究』(서울: 高麗大學校 民族文化研究所)
趙璣濬 외, 1991, 『朝鮮後期 社會經濟史研究入門』(서울: 民族文化社)
趙東一, 1977, 『韓國 小說의 理論』(서울: 知識産業社)
———, 2005, 『한국문학통사 3: 중세에서 근대로의 이행기문학 제1기, 조선후기』(파주: 지식산업사)
조선과학원 고전연구소 고전연구실 편, 1962, 『역주譯註 대동수경大東水經』(평양: 과학원출판사)/여강출판사, 2001, 『역주譯註 대동수경大東水經』(서울: 여강출판사)
趙誠乙, 2004, 『與猶堂集의 文獻學的 研究: 詩律 및 雜文의 年代考證을 中心으로』(서울: 혜안)
———, 2016, 『年譜로 본 茶山 丁若鏞: 샅샅이 파헤친 그의 삶』(파주: 지식산업사)
조재곤, 2003, 『보부상: 근대 격변기의 상인』(서울: 서울대학교출판부)
차기진, 2002, 『조선 후기의 西學과 斥邪論 연구』(서울: 한국교회사연구소)
千寬宇, 1974, 『韓國史의 再發見』(서울: 一潮閣)
———, 1979, 『近世朝鮮史研究』(서울: 一潮閣)
崔東熙, 1988, 『西學에 대한 韓國實學의 反應』(서울: 高麗大學校 民族文化研究所)
崔奭祐 외, 1993, 『茶山 丁若鏞의 西學思想(1993년도 다산문화제 기념논총)』(서울: 다섯수레)
崔異敦, 1994, 『朝鮮中期士林政治構造研究』(서울: 一潮閣)
崔益翰, 1955, 『實學派와 丁茶山』(평양: 國立出版社)
최완수 외 지음, 1998a, 『진경시대: 1. 사상과 문화』(서울: 돌베개)

———, 1998b, 『진경시대: 2. 예술과 예술가들』(서울: 돌베개)
최재목, 2016, 『동아시아 양명학의 전개』(서울: 정병규에디션)
최홍규, 2001a, 『정조의 화성 건설』(서울: 일지사)
———, 2001b, 『朝鮮後期 鄉村社會硏究: 正祖時代의 華城을 중심으로』(서울: 一潮閣)
擇窩許善道先生停年紀念 韓國史學論叢刊行委員會, 1992, 『擇窩許善道先生停年紀念 韓國史學論叢』(서울: 一潮閣)
河宇鳳, 1989, 『朝鮮後期實學者의 日本觀硏究』(서울: 一志社)
韓國敎會史論文集刊行委員會, 1985, 『韓國敎會史論文集 II』(서울: 韓國敎會史硏究所)
한국민족미술연구소 엮음, 2014, 『진경문화』(서울: 현암사)
한국사상사연구회 편저, 1996a, 『조선 유학의 학파들』(서울: 예문서원)
———, 1996b, 『실학의 철학』(서울: 예문서원)
韓國史硏究會 編, 2001, 『韓國 實學의 새로운 摸索』(서울: 景仁文化社)
한국사회사연구회, 1990, 『사회사 연구의 이론과 실제(한국사회사연구회 논문집 제24집)』(서울: 문학과지성사)
韓國實學硏究會, 1996, 『東아시아 實學의 諸問題와 그 展望(第4回 東아시아 實學國際學術會議 發表文集)』(서울: 韓國實學硏究會)
한국역사연구회 조선시기 사회사 연구반, 2000, 『조선은 지방을 어떻게 지배했는가』(서울: 아카넷)
한국역사연구회 17세기 정치사 연구반, 2003, 『조선중기 정치와 정책: 인조~현종 시기』(서울: 아카넷)
한국역사연구회 19세기 정치사 연구반, 1990a, 『조선정치사 1800~1863(상)』(서울: 청년사)
———, 1990b, 『조선정치사 1800~1863(하)』(서울: 청년사)
韓國精神文化硏究院 편, 1982, 『現代社會와 倫理』(성남: 韓國精神文化硏究院)
——— 편, 1990, 『제6회 국제학술회의 발표논문집』(성남: 韓國精神文化硏究院)
한국철학사연구회 엮음, 2004, 『다산경학의 현대적 이해』(서울: 심산)
韓國學文獻硏究所 編, 1977, 『萬德寺志』(서울: 亞細亞文化社)
———, 1980, 『大芚寺志』(서울: 亞細亞文化社)
한국학중앙연구원 편, 2007, 『서계 박세당 연구』(파주: 집문당)
韓永愚, 1983, 『朝鮮前期社會思想硏究』(서울: 知識産業社)
———, 1989a, 『朝鮮後期史學史硏究』(서울: 一志社)
———, 1998, 『정조의 화성행차, 그 8일』(서울: 효형출판)
———, 2007, 『〈반차도〉로 따라가는 정조의 화성행차』(파주: 효형출판)
———, 2008, 『문화정치의 산실 규장각奎章閣』(파주: 지식산업사)

——— 외, 2007, 『다시, 실학이란 무엇인가』(서울: 푸른역사)
韓完相, 1978, 『民衆과 知識人』(서울: 正宇社)
韓㳓劤, 1980, 『星湖李瀷硏究: 人間 星湖와 그의 政治思想』(서울: 서울大學校出版部)
——— 外, 1985, 『丁茶山硏究의 現況』(서울: 民音社)
한형조, 1996, 『주희에서 정약용으로: 조선 유학의 철학적 패러다임 연구』(서울: 세계사)
함규진, 2012, 『정약용: 조선의 르네상스를 꿈꾸다』(파주: 한길사)
함영대, 2011, 『성호학파의 맹자학』(파주: 태학사)
鄕村社會史硏究會, 1990, 『조선후기 향약연구』(서울: 民音社)
허경진, 1997, 『조선위항문학사』(서울: 태학사)
———, 2015, 『조선의 중인들』(서울: 알에이치코리아)
허탁·이요성 역주, 1998a, 『朱子語類 1』(성남: 청계)
———, 1998b, 『朱子語類 2』(성남: 청계)
玄相允, 1949/1982, 『朝鮮儒學史』(서울: 玄音社)
曉岡 崔文煥先生 紀念事業推進委員會, 1977, 『曉岡崔文煥博士追念論文集』(서울: 曉岡 崔文煥先生 紀念事業推進委員會)

方浩范, 2004, 『茶山實踐倫理思想』(광주: 샘물)
蔡振豐, 2010, 『朝鮮儒者丁若鏞的四書學: 以東亞爲視野的討論』(臺北: 臺大出版中心)/김중섭·김호 옮김, 2015, 『다산의 사서학: 동아시아의 관점에서』(서울: 너머북스)
黃斐黙 編, 1897, 『正教奉褒』(上海: 慈母堂)
黃俊傑, 2010, 『東亞文化交流中的儒家經典與理念: 互動, 轉化與融合』(臺北: 國立臺灣大學出版中心)/정선모 옮김, 2012, 『동아시아학 연구방법론: 동아시아에서 문화교류와 유가경전의 이념』(서울: 심산)
——— 編, 2012, 『朝鮮儒者對儒家傳統的解釋』(臺北: 臺大出版中心)

나카 쓰미오[中純夫], 2013, 『朝鮮の陽明學: 初期江華学派の硏究』(東京: 汲古書院)
다케다 기요코[武田淸子] 編, 1963, 『思想史の方法と対象: 日本と西欧』(東京: 創文社)/고재석 옮김, 1997, 『사상사의 방법과 대상』(서울: 小花)
시카다 히로시[四方博], 1976, 『朝鮮社会経済史硏究(中)』(東京: 国書刊行会)
야마구찌 마사유키[山口正之], 1946, 『黃嗣永帛書の硏究』(大阪: 全國書房)
———, 1967, 『朝鮮西教史: 朝鮮キリスト教の文化史的硏究』(東京: 雄山閣)
야마다 케이지[山田慶兒], 1978, 『朱子の 自然學』(東京: 岩波書店)/김석근 옮김, 1991, 『朱子의 自然學』(서울: 통나무)

오가와 하루히사[小川晴久], 1994, 『朝鮮實學と日本』(東京: 花傳社)/하우봉 옮김, 1995, 『한국실학과 일본』(서울: 한울아카데미)

Abrams, Philip, 1982, *Historical Sociology*(Ithaca, New York: Cornell University Press)/愼鏞廈 외 譯, 1986, 『역사사회학』(서울: 文學과知性社)

Anderson, Perry, 1974, *Lineages of Absolutist State*(London: Verso)/김현일 옮김, 2014, 『절대주의 국가의 계보』(서울: 현실문화)

Bailey, Anne M. and Llobera, Josep R., ed. 1981, *The Asiatic Mode of Production: Science and Politics*(London, Boston and Henley: Routledge & Kegan Paul)

Baker, Donald, *Confucianism Confronts Catholicism in the Late Chosŏn Dynasty*/金世潤 譯, 1997, 『朝鮮後期 儒敎와 天主敎의 대립』(서울: 一潮閣)

Barbu, Zevedei, 1960, *Problems of Historical Psychology*(New York: Grove Press)/林喆規 譯, 1983, 『歷史心理學』(서울: 창작과비평사)

Baynes, Kenneth, Behman, James, and MaCarthy, Thomas, ed. 1987, *After Philosophy: End or Transformation?*(Campridge, Massachusetts, and London: The MIT Press)

Chung, Chung-Ho & Lee, So-Young, ed. 1990, *Postmodernism: An Introductory Anthology*(Seoul: Hanshin Publishing Co.)

Dallet, Ch., 1874, *HISTOIRE DE L'ÉGLISE DE CORÉE*/安應烈·崔奭祐 譯註, 2000a, 『韓國天主敎會史(上)』(서울: 한국교회사연구소)

———, 1874, *HISTOIRE DE L'ÉGLISE DE CORÉE*/安應烈·崔奭祐 譯註, 2000b, 『韓國天主敎會史(中)』(서울: 한국교회사연구소)

———, 1874, *HISTOIRE DE L'ÉGLISE DE CORÉE*/安應烈·崔奭祐 譯註, 2000c, 『韓國天主敎會史(下)』(서울: 한국교회사연구소)

Elias, Norbert, 1976, *Über den Prozeß der Zivilisation* vol. 1(Frankfurt)/박미애 옮김, 1996, 『문명화과정 I』(서울: 한길사)

———, 1978, *Was ist Soziologie?*(Juventa Verlag)/최재현 역, 1987, 『사회학이란 무엇인가』(서울: 나남)

Foucault, Michel, 1971, *L'ordre du discours*(Éditions Gallimard)/이정우 해설, 2014, 『담론의 질서』(서울: 중원문화)

———, 1975, *Surveiller et punir: Naissance de la prison*(Éditions Gallimard)/오생근 옮김, 2016, 『감시와 처벌: 감옥의 탄생』(서울: 나남)

———, 1976, *Histoire de la sexualité: Tome 1 La volonté de savoir*(Éditions Gallimard)/이규현 옮김, 2010, 『성性의 역사 1: 지식의 의지』(파주: 나남)

Gadamer, Hans-Georg, 1960, *Wahrheit und Methode*(Tübingen: J. C. B. Mohr Verlag)/이길우·이선관·임호일·한동원 옮김, 2012, 『진리와 방법: 철학적 해

석학의 기본 특징들 ❶❷』(파주: 문학동네)

Henderson, John B. 1984, *The Development and Decline of Chinese Cosmology*(New York: Columbia University Press)/문중양 역주, 2004, 『중국의 우주론과 청대의 과학혁명』(서울: 소명출판)

Hegel, G. W. F., 1837, *Vorlesungen über die Philosophie der Geschichte*/권기철 옮김, 2008, 『역사철학강의』(서울: 동서문화사)

Hekman, Susan J., 1986, *Hermeneutics & the Sociology of Knowledge*(Campridge: Polity Press)/윤병희 역, 1993, 『해석학과 지식사회학』(서울: 교육과학사)

JaHyun Kim Haboush & Martina Deuchler eds. 1999, *Culture and the State in Late Chosŏn Korea*(Cambridge, Massachusetts, and London: Harvard University Press)

Kuhn, Thomas S., 1970, *The Structure of Scientific Revolutions*(Chicago: The University of Chicago Press)/김명자, 홍성욱 옮김, 2013, 『과학혁명의 구조』(서울: 까치)

Mannheim, Karl, 1952, *IDEOLOGIE UND UTOPIE*(Verlag G. Schulte-Bulmke Frankfurt/Main)/임석진 옮김, 1991, 『이데올로기와 유토피아』(서울: 청아출판사)

Montesquieu, Charles De, 1748, *De l'esprit des lois*/하재홍 옮김, 2007, 『법의 정신』(서울: 동서문화사)

Mungello, David E., 2005, *The Great Encounter of China and the West, 1500-1800*(Lanham·Boulder·New York·Toronto·Oxford: Rowman & Littlefield Publishers)/김성규 옮김, 2009, 『동양과 서양의 위대한 만남 1500~1800: 대항해 시대 중국과 유럽은 어떻게 소통했을까』(서울: 휴머니스트)

Palais, James B., 1996, *Confucian Statecraft and Korean Institutions: Yu Hyŏngwŏn and the Late Chosŏn Dynasty*(Seattle and London: University of Washington Press)/김범 옮김, 2008, 『유교적 경세론과 조선의 제도들: 유형원과 조선후기 1~2』(서울: 산처럼)

Pollock, Sheldon, ed. 2003, *Literary Cultures in History: Reconstructions from South Asia*(Berkeley·Los Angeles·London: University of California Press)

Ricci, Matteo, 1603, 『天主實義』/송영배 외 옮김, 1999, 『천주실의』(서울: 서울대학교출판문화원)

Said, Edward W., 1978, *Orientalism*(New York: Pantheon Books)/박홍규 옮김, 2012, 『오리엔탈리즘』(서울: 교보문고)

Setton, Mark, 1997, *Chŏng Yagyong: Korea's Challenge to Orthodox Neo-Confucianism*(Albany: State University of New York Press)

Weber, Max, 1920a, *Die Protestantische Ethik und der Geist des Kapitalismus*/김덕영

옮김, 2010, 『프로테스탄티즘의 윤리와 자본주의 정신』(서울: 길)
———, 1920b, *Konfuzianismus und Taoismus*/이상률 譯, 1990, 『儒敎와 道敎』(서울: 文藝出版社)
Wittfogel, Karl August, 1957, *Oriental Despotism: A Comparative Study of Total Power*(New Haven: Yale University Press)

III. 논문

姜敬遠, 2001, 『星湖 李瀷의 經學思想 硏究』(成均館大學校 大學院 儒敎哲學科 博士學位論文)
강관식, 1998, 「진경시대 초상화 양식의 이념적 기반」, 최완수 외 지음, 『진경시대: 2. 예술과 예술가들』(서울: 돌베개)
———, 2014, 「진경시대 회화의 자생적 지평과 조선적 풍격」, 한국민족미술연구소 엮음, 『진경문화』(서울: 현암사)
姜萬吉, 1986, 「丁若鏞時代의 經濟事情」, 姜萬吉 外, 『丁茶山과 그 時代』(서울: 民音社)
———, 1991, 「市場과 商人」, 李基白 책임편집, 『韓國史 市民講座: 제9집』(서울: 一潮閣)
姜在彦, 1990b, 「丁茶山의 西學觀」, 姜萬吉 外, 『茶山學의 探究』(서울: 民音社)
———, 1990c, 「丁茶山의 日本觀: 일본 儒學을 중심으로」, 姜在彦, 『조선의 西學史』(서울: 민음사)
姜智恩, 2005, 「朱熹의 『孟子集註』와 鄭齊斗의 『孟子說』의 '浩然章' 註釋 比較」, 『漢字漢文硏究』 創刊號.(高麗大學校 漢字漢文硏究所)
———, 2007, 「서계西溪 박세당朴世堂의 「대학사변록大學思辨錄」에 대한 재검토: 『대학장구대전大學章句大全』의 주자주朱子註에 대한 비판적 고찰의 의미를 중심으로」, 『韓國實學硏究』 第13號.(韓國實學學會)
———, 2010, 「17世紀 經學方法論 硏究: 獨創性 및 批判性을 尺度로 한 經學硏究를 대신하여」, 『退溪學報』 第128輯.(退溪學硏究院)
———, 2011, 「尹鑴의 『讀書記』와 朴世堂의 『思辨錄』이 朱子學 批判을 위해 저술되었다는 주장의 타당성 검토(I): 『大學』의 '格物' 註釋에 대한 재고찰을 중심으로」, 『韓國實學硏究』 第22號.(韓國實學學會)
高東煥, 1991, 「浦口商業의 발달」, 李基白 책임편집, 『韓國史 市民講座: 제9집』(서울: 一潮閣)
고석규, 1991, 『19세기 鄕村支配勢力의 변동과 農民抗爭의 양상』(서울大學校 大學

院 國史學科 博士學位論文)

구만옥, 2007, 「조선후기 '자연' 인식의 변화와 '실학'」, 한영우 외, 『다시, 실학이란 무엇인가』(서울: 푸른역사)

———, 2012, 「星湖의 西學觀과 科學思想」, 재단법인 실시학사 편, 『성호星湖 이익李瀷 연구』(서울: 사람의무늬)

權文奉, 1989, 「星湖의 經學思想 硏究(其二): 事物認識論과 格致論을 中心으로」, 『論文集』 第23-2輯.(圓光大學校)

———, 1992, 「星湖의 經學思想 硏究(其三): 星湖學의 硏究成果와 『中庸疾書』를 中心으로」, 『論文集』 第26-1輯.(圓光大學校)

———, 1994, 『星湖 李瀷의 經學과 四書疾書』(成均館大學校 大學院 東洋哲學科 博士學位論文)

———, 1995, 「星湖의 考證的 經學觀」, 『論文集』 第29-1輯.(圓光大學校)

———, 2000, 「星湖의 『中庸』 註釋 一考察: 『中庸疾書』를 中心으로」, 『漢文敎育硏究』 第14號.(韓國漢文敎育學會)

권상우, 2009, 「霞谷 鄭齊斗 철학의 정체성에 대한 하나의 탐색: 朱子의 '一理'와 鄭齊斗의 '一體'의 차이성을 중심으로」, 『동서사상』 제6집.(慶北大學校 人文學術院)

琴章泰, 1986, 「茶山의 天槪念과 天人關係論」, 『哲學』 제25집.(韓國哲學會)

———, 1990, 「17세기 宋時烈과 尹鑴의 사상」, 韓國精神文化硏究院 편, 『제6회 국제학술회의 발표논문집』(성남: 韓國精神文化硏究院)

———, 1993, 「茶山의 儒學思想과 西學思想」, 崔奭祐 외, 1993, 『茶山 丁若鏞의 西學思想(1993년도 다산문화제 기념논총)』(서울: 다섯수레)

———, 1998a, 「白湖 尹鑴의 性理說과 經學」, 『人文論叢』 第39輯.(서울大學校 人文大學 人文學硏究所)

———, 1998b, 「霞谷 鄭齊斗의 心學과 經學」, 『종교학연구』 제17집.(서울대학교 종교학연구회)

———, 2002, 「『중용』의 체제와 道의 기본구조: 茶山과 荻生徂徠의 『중용』 해석」, 『東亞文化』 第40輯.(서울大學校 人文大學 東亞文化硏究所)

———, 2003a, 「대학지도大學之道와 덕德의 개념: 다산과 오규 소라이의 『대학』 해석」, 『茶山學』 제4호.(다산학술문화재단)

———, 2003b, 「茶山의 『대학』 해석과 德의 방법: 荻生徂徠와 비교이해」, 『退溪學報』 第114輯.(退溪學硏究院)

———, 2004b, 「茶山의 『孟子』 해석과 修養의 방법: 退溪 修養論과의 비교이해」, 『退溪學報』 第115輯.(退溪學硏究院)

———, 2005d, 「다산의 인仁 개념의 인식과 실천」, 『茶山學』 제7호.(다산학술문화재단)

———, 2008c, 「17세기말 朴世采와 鄭齊斗의 양명학논변」, 『한국문화』 제43호.(서울대학교 규장각한국학연구원)
———, 2014c, 「윤휴尹鑴의 『대학』·『중용』 해석」, 금장태, 『조선 실학의 경전이해』(서울: 서울대학교출판문화원)
———, 2014d, 「박세당朴世堂의 『사변록思辨錄』과 『대학』 편차編次의 수정」, 금장태, 『조선 실학의 경전이해』(서울: 서울대학교출판문화원)
———, 2014e, 「박세당朴世堂의 『대학』 해석과 쟁점」, 금장태, 『조선 실학의 경전이해』(서울: 서울대학교출판문화원)
———, 2014f, 「박세당朴世堂의 『중용』 편차수정과 해석」, 금장태, 『조선 실학의 경전이해』(서울: 서울대학교출판문화원)
金敎斌, 1989, 「霞谷哲學의 構造硏究 I: 理氣問題를 중심으로」, 『인문논총』 제8집.(호서대학교 인문과학연구소)
———, 1990, 「霞谷철학의 구조적 이해 II: 心性論을 중심으로」, 『인문논총』 제9집.(호서대학교 인문과학연구소)
———, 1991, 「하곡철학의 구조적 이해 III: 인식과 실천 문제를 중심으로」, 『인문논총』 제10집.(호서대학교 인문과학연구소)
———, 1992, 『霞谷 哲學思想에 關한 硏究: 存在論·人性論、社會意識에 대한 구조적 이해를 중심으로』(成均館大學校 大學院 東洋哲學學科 博士學位論文)
———, 2010, 「明齋 尹拯과 霞谷 鄭齊斗의 交遊」, 『시대와 철학』 제21권 1호.(한국철학사상연구회)
金基鉉, 1983, 「白湖 尹鑴의 理氣性情 및 人心道心說」, 『民族文化硏究』 第17輯.(高麗大學校 民族文化硏究所)
김기홍, 1998, 「현재 심사정과 조선 남종화풍」, 최완수 외 지음, 『진경시대: 2. 예술과 예술가들』(서울: 돌베개)
金吉洛, 1988, 「韓國陽明哲學의 展開」, 『論文集』 第15卷 第2號.(忠南大學校 人文科學硏究所)
金吉煥, 1980, 「陽明學과 朝鮮朝 陽明學의 實際」, 『韓國學報』 제21집.(一志社)
김낙진, 1992, 「하곡 『중용설』에 대한 이해」, 『中國哲學』 제3집.(中國哲學會)
김동욱, 2001, 「18세기 화성의 도시 발달과 성곽 축조」, 유봉학 외, 『정조시대 화성 신도시의 건설』(서울: 백산서당)
金萬圭, 1978, 「西溪 朴世堂의 政治思想」, 『東方學志』 第19輯.(延世大學校 國學硏究院)
김만일, 2003, 「박세당 경학사상의 성격: 尙書思辨錄을 중심으로」, 『儒敎文化硏究』 第6輯.(成均館大學校 儒敎文化硏究所)
———, 2005, 「尹鑴의 「尙書學」 연구」, 『儒敎思想硏究』 第23輯.(韓國儒敎學會)
———, 2007b, 「李瀷의 尙書 解釋 硏究」, 『儒敎思想硏究』 第28輯.(韓國儒敎學會)

김문식, 2000, 「[서평] 사상의 연속과 단절에 대한 탐색: 정일균, 『茶山 四書經學研究』」, 『사회와 역사』 제58집.(한국사회사학회)
———, 2006, 「다산 정약용의 태학지도太學之道」, 『茶山學』 제8호.(다산학술문화재단)
———, 2009, 「정조시대의 규장각」, 김문식 외, 『규장각: 그 역사와 문화의 재발견』(서울: 서울대학교출판문화원)
김민규, 2014, 「진경시대 능묘 미술의 흐름과 특징: 검소함과 실용으로 조선의 얼굴을 조각하다」, 한국민족미술연구소 엮음, 『진경문화』(서울: 현암사)
김민재, 2014, 「정제두의 양지가 지니는 특징과 구현 과정에 대한 일고」, 『철학논총』 제78집.(새한철학회)
김병화, 1993, 「白湖 尹鑴 禮 개념의 이론적 근거 및 그 지향점에 관하여」, 『哲學論集』 第8輯.(慶南大學校 哲學科)
金相洪, 2003b, 「茶山學이 草衣禪師에게 끼친 影響」, 金相洪, 『茶山文學의 再照明』(서울: 단국대학교출판부)
———, 2003c, 「草衣禪師의 茶山學 繼承 攷」, 金相洪, 『茶山文學의 再照明』(서울: 단국대학교출판부)
金仙卿, 1984, 『朝鮮後期의 租稅收取와 面里運營』(延世大學校 大學院 史學科 碩士學位論文)
金聲振, 1993, 「正祖年間 科文의 文體變化와 文體反正」, 『韓國漢文學研究』 第16輯.(韓國漢文學會)
김성윤, 1999, 「백호 윤휴의 홍범관 연구」, 『역사와 현실』 제34권.(한국역사연구회)
金世奉, 2009, 「西溪 朴世堂의 大學認識과 사회적 反響」, 『東洋古典研究』 第34輯.(東洋古典學會)
김세정, 2008, 「명재 윤증과 서계 박세당의 격물 논변」, 『東洋哲學研究』 第56輯.(東洋哲學研究會)
金順任, 1983, 「霞谷哲學 研究」, 『韓國宗教』 第8輯.(圓光大學 宗教問題研究所)
金彦鍾, 1985, 「丁茶山 『論語古今注』 研究 其一: 「學而」篇」, 『中國文學研究』 第3卷.(韓國中文學會)
———, 1987b, 「丁茶山의 『論語古今注』에 受容된 古學派經說 小考」, 淵民李家源先生頌壽紀念論叢刊行委員會, 『淵民李家源先生七秩頌壽紀念論叢』(서울: 正音社)
———, 1996a, 「丁茶山의 『論語集註』 批判(I)」, 『민족문화연구』 제29호.(고려대학교 민족문화연구원)
———, 1996b, 「丁茶山의 『論語集註』 批判(II)」, 『大東文化研究』 第31輯.(成均館大學校 大東文化研究院)

———, 2001, 「정다산의 오규 소라이 논어설 수용양상」, 『日本思想』 第3號.(韓國日本思想史學會)
———, 2002, 「다산 『논어고금주論語古今注』에 수용된 훤원학파蘐園學派 논어설」, 『茶山學』 제3호.(다산학술문화재단)
———, 2004, 「조선후기 실학자들의 일본관련 문헌정리와 고학 이해」, 송영배 외, 『한국 실학과 동아시아세계』(수원: 경기문화재단)
———, 2005, 「다산 정약용의 논어論語 정의精義 구조九條 변석辨析」, 『茶山學』 제7호.(다산학술문화재단)
김연재, 2006, 「「心經集義」에 나타난 鄭齊斗 心學의 성격 및 그 특징: 심전경(心傳經), 수양경(修養經) 및 공부경(功夫經)」, 『陽明學』 第17號.(韓國陽明學會)
———, 2012, 「生態易學觀에서 본 정제두의 生命美學: 生理와 明德의 통일을 중심으로」, 『陽明學』 第33號.(韓國陽明學會)
金暎鎬, 1993, 『丁茶山의 『論語』解釋에 관한 硏究: 『論語古今注』를 中心으로』(成均館大學校 大學院 東洋哲學科 博士學位論文)
———, 1999, 「星湖 李瀷의 經學思想: 論語說을 中心으로」, 『한국철학논집』 제7·8합집.(한국철학사연구회)
———, 2004, 「丁茶山의 『論語』說」, 한국철학사연구회 엮음, 『다산경학의 현대적 이해』(서울: 심산)
金玉淵, 1980, 「茶山哲學에서의 「仁」의 문제: 四書註解를 中心으로」, 『茶山學報』 第3輯.(茶山學報 刊行委員會)
金容傑, 1987, 「星湖思想의 理氣論 體系」, 『儒敎思想硏究(2)』
———, 1991, 「星湖 李瀷의 近代的 思惟」, 島巖柳豊淵博士回甲紀念論文集刊行委員會, 『島巖柳豊淵博士回甲紀念論文集』(서울: 島巖柳豊淵博士回甲紀念論文集刊行委員會)
金龍德, 1957, 「奎章閣考: 設立事情을 中心으로」, 『中央大學校 論文集』 第2輯.(中央大學校)
金容燮, 2007b, 「朝鮮後期의 水稻作技術: 移秧法의 普及에 대하여」, 金容燮, 『신정 증보판 朝鮮後期農業史硏究[II]: 農業과 農業論의 變動』(서울: 지식산업사)
———, 2007c, 「朝鮮後期의 水稻作技術: 稻·麥 二毛作의 普及에 대하여」, 金容燮, 『신정 증보판 朝鮮後期農業史 硏究[II]: 農業과 農業論의 變動』(서울: 지식산업사)
———, 2007d, 「朝鮮後期의 水稻作技術: 移秧과 水利問題」, 金容燮, 『신정 증보판 朝鮮後期農業史硏究[II]: 農業과 農業論의 變動』(서울: 지식산업사)
———, 2007e, 「朝鮮後期의 田作技術: 畎種法의 普及에 대하여」, 金容燮, 『신정 증보판 朝鮮後期農業史硏究 [II]: 農業과 農業論의 變動』(서울: 지식산업사)
———, 2007f, 「朝鮮後期의 經營型 富農과 商業的 農業」, 金容燮, 『신정 증보판 朝鮮後

期農業史硏究[II]: 農業과 農業論의 變動』(서울: 지식산업사)
———, 2007g, 「朱子의 土地論과 朝鮮後期 儒者: 地主制와 小農經濟의 問題」, 金容燮, 『신정 증보판 朝鮮後期 農業史硏究[II]: 農業과 農業論의 變動』(서울: 지식산업사)
———, 2007h, 「朝鮮後期 土地改革論의 推移」, 金容燮, 『신정 증보판 朝鮮後期農業史硏究[II]: 農業과 農業論의 變動』(서울: 지식산업사)
金容載, 2001, 『霞谷 鄭齊斗의 四書 經說 硏究』(成均館大學校 大學院 儒學科 博士學位論文)
———, 2003, 「하곡 정제두의 心善·性善의 合一 논증: 『霞谷集』의 「孟子說」을 중심으로」, 『陽明學』 第10號.(韓國陽明學會)
———, 2004, 「하곡 정제두의 體用論 분석: 「良知體用圖」를 중심으로」, 『東洋哲學硏究』 第40輯.(東洋哲學硏究會)
———, 2005, 「霞谷 鄭齊斗의 『中庸』 解說」, 『漢文古典硏究』 第11輯.(韓國漢文古典學會)
———, 2009, 「朝鮮陽明學派的『論語』解釋: 以霞谷鄭齊斗的『論語說』爲中心」, 『陽明學』 第22號.(韓國陽明學會)
———, 2013, 「박세당의 『思辨錄·論語』에 대한 一考」, 『儒學硏究』 第29輯.(忠南大學校 儒學硏究所)
김용흠, 1996, 「朝鮮後期 老·少論 分黨의 思想 基盤: 朴世堂의 『思辨錄』 是非를 中心으로」, 『學林』 第17輯.(延世史學硏究會)
김우형, 2008, 「霞谷 鄭齊斗의 知覺論과 倫理學: 주자학과 양명학의 독창적인 결합」, 『陽明學』 第20號.(韓國陽明學會)
金庾坤, 2003, 「丁茶山의 『論語古今註』 「原義總括」에 대한 小考」, 『한국철학논집』 제12집.(한국철학사연구회)
———, 2011a, 「한국 유학의 『대학』 체재에 대한 이해(1): 『대학장구』와 『고본대학』의 체재를 개정한 학자를 중심으로」, 『儒教思想硏究』 第43輯.(韓國儒教學會)
———, 2011b, 「한국 유학의 『대학』 체재에 대한 이해(2): 『고본대학』 체재의 정합성을 인정하는 학자를 중심으로」, 『東洋哲學硏究』 第66輯.(東洋哲學硏究會)
김윤경, 2009, 「鄭齊斗의 未發之中論에 관한 硏究: 朱熹와의 比較를 中心으로」, 『儒教思想硏究』 第35輯.(韓國儒教學會)
———, 2010, 「王陽明의 '四句教'에 대한 鄭齊斗의 견해: '無善無惡心之體'를 중심으로」, 『陽明學』 第27號.(韓國陽明學會)
———, 2012, 「정제두의 心卽理說에 관한 연구」, 『陽明學』 第31號.(韓國陽明學會)
金仁杰, 1981, 「朝鮮後期 鄕權의 추이와 지배층 동향: 忠淸道 木川縣 事例」, 『韓國

文化』 第2輯.(서울大學校 韓國文化硏究所)
———, 1983, 「조선후기 鄕案의 성격변화와 在地士族」, 金哲埈博士華甲紀念史學論叢 刊行準備委員會, 『金哲埈博士華甲紀念史學論叢』(서울: 知識産業社)
———, 1984, 「조선후기 鄕村社會統制策의 위기: 洞契의 성격변화를 중심으로」, 『震檀學報』 第58號.(震檀學會)
———, 1986, 「조선후기 鄕村社會構造의 변동」, 姜萬吉 外, 『丁茶山과 그 時代』(서울: 民音社)
———, 1991, 『조선 후기 鄕村社會 변동에 관한 연구: 18·19세기 '鄕權' 담당층의 변화를 중심으로』(서울大學校 大學院 國史學科 博士學位論文)
———, 2011, 「정조의 '국체' 인식」, 김인걸 외 지음, 『정조와 정조시대』(서울: 서울대학교출판문화원)
김인규, 2009, 「星湖 李瀷의 大學觀」, 『東方學』 第17輯.(韓瑞大學校 東洋古典硏究所)
金仁淑, 1974, 『深衣考』(梨花女子大學校 大學院 衣類織物學科 碩士學位論文)
金在勝, 2001, 「고구마의 朝鮮 傳來」, 『동서사학』 제8집.(한국동서학회)
金正敏, 2007, 『星湖 李瀷의 四書疾書 硏究』(韓國學中央硏究院 韓國學大學院 語文·古典 專攻 博士學位論文)
김종수, 2002, 「박세당의 진리론과 사상 체계론」, 『韓國實學硏究』 第4號.(韓國實學學會)
———, 2004, 「텍스트이론으로 본 朴世堂의 人物性異論 형성과정」, 『韓國實學硏究』 第7號.(韓國實學學會)
———, 2007, 「西溪 朴世堂의 人物性同異論 一考(1): 性同論 批判」, 『儒教文化硏究』 第9輯.(成均館大學校 儒教文化硏究所)
———, 2009, 「서계 박세당의 『상서·우공』편 주해 일고」, 『탈경계 인문학』 제2권 제3호.(이화여자대학교 이화인문과학원)
———, 2011, 「少論學派의 연원과 전개, 철학과 현실인식」, 『한국철학논집』 제32집.(한국철학사연구회)
金駿錫, 1987, 「許穆의 禮樂論과 君主觀」, 『東方學志』 第54·55·56合輯.(延世大學校 國學硏究院)
———, 1988, 「17세기 畿湖朱子學의 동향: 宋時烈의 道統繼承運動」, 『孫寶基博士停年紀念韓國史學論叢』(서울: 知識産業社)
———, 1990a, 「17세기 正統朱子學派의 政治社會論: 宋時烈의 世道政治論과 賦稅制度釐正策」, 『東方學志』 第67合輯.(延世大學校 國學硏究院)
———, 1990b, 『朝鮮後期 國家再造의 抬頭와 그 展開』(延世大學校 大學院 史學科 博士學位論文)
———, 1991a, 「許穆의 反北伐論과 農民保護對策」, 島巖柳豊淵博士回甲紀念論文集

刊行委員會, 『島巖柳豊淵博士回甲紀念論文集』(서울: 島巖柳豊淵博士回甲紀念論文集刊行委員會)

———, 1991b, 「柳馨遠의 變法論과 實理論」, 『東方學志』 第75輯.(延世大學校 國學研究院)

金彩潤, 1977, 「李朝後期 實學의 社會移動論小考」, 曉岡 崔文煥先生 紀念事業推進委員會, 『曉岡崔文煥博士追念論文集』(서울: 曉岡 崔文煥先生 紀念事業推進委員會)

金太年, 2010, 「박세당의 『사변록』 저술동기와 『대학』 본문 재배열 문제에 대한 검토」, 『韓國思想과 文化』 第51輯.(韓國思想文化學會)

김태영, 2012, 「茶山의 井田制論」, 재단법인 실시학사 편, 『다산茶山 정약용丁若鏞 연구』(서울: 사람의무늬)

김필동, 1990, 「최근 한국 사회사 연구의 성과와 과제: 방법론적 반성」, 한국사회사연구회, 『사회사 연구의 이론과 실제(한국사회사연구회 논문집 제24집)』(서울: 문학과지성사)

———, 1995, 「'한국 사회사'를 어떻게 이해할 것인가」, 신용하 외 편, 『한국 사회사의 이해』(서울: 문학과지성사)

金炫榮, 1993, 『朝鮮後期 南原地方 士族의 鄕村支配에 관한 硏究』(서울大學校 大學院 國史學科 博士學位論文)

———, 1994, 「조선시기 사족의 향촌지배 연구와 자료」, 이해준·김인걸 외저, 『조선시기 사회사 연구법』(성남: 한국정신문화연구원)

———, 2000, 「사족지배체제와 지방지배」, 한국역사연구회 조선시기 사회사 연구반, 『조선은 지방을 어떻게 지배했는가』(서울: 아카넷)

金血祚, 1982, 「燕巖體의 成立과 正祖의 文體反正」, 『韓國漢文學硏究』 第6輯.(韓國漢文學會)

김형찬, 2009, 「합리적 이해와 경건한 섬김: 白湖 尹鑴의 退溪學 계승에 관한 고찰」, 『退溪學報』 第125輯.(退溪學硏究院)

———, 2010, 「조선유학의 理 개념에 나타난 종교적 성격 연구: 退溪의 理發에서 茶山의 上帝까지」, 『철학연구』 제39집.(고려대학교 철학연구소)

———, 2012, 「斯文亂賊 論難과 四書의 再解釋: 朴世堂의 『思辨錄』과 金昌協의 批判을 중심으로」, 『韓國思想과 文化』 第63輯.(韓國思想文化學會)

김형효, 2002, 「실학 사상가 다산 정약용의 한 해석법」, 『茶山學』 제3호.(다산학술문화재단)

金興圭, 1980, 「西溪 朴世堂의 詩經論: 朝鮮後期 詩經論의 전개에 있어 「詩經思辨錄」의 위치」, 『韓國學報』 제20집.(一志社)

———, 2002b, 「朝鮮 後期 藝術의 환경과 疏通 構造」, 김흥규, 『한국 고전문학과 비평의 성찰』(서울: 高麗大學校 出版部)

———, 2002c, 「朝鮮 後期의 문학」, 김흥규, 『한국 고전문학과 비평의 성찰』(서울: 高麗大學校 出版部)
———, 2002d, 「口碑文學의 세계」, 김흥규, 『한국 고전문학과 비평의 성찰』(서울: 高麗大學校 出版部)
남지대, 1990a, 「중앙정치세력의 형성구조」, 한국역사연구회 19세기 정치사 연구반, 『조선정치사 1800~1863(상)』(서울: 청년사)
———, 1990b, 「중앙정치세력의 성격」, 한국역사연구회 19세기 정치사 연구반, 『조선정치사 1800~1863(상)』(서울: 청년사)
盧大煥, 1999, 『19세기 東道西器論 形成過程 연구』(서울大學校 大學院 國史學科 博士學位論文)
노성환, 2010, 「조선통신사와 고구마의 전래」, 『동북아문화연구』 제23집.(동북아시아문화학회)
閔成基, 1980a, 「李朝犁에 대한 一考察(上)」, 『歷史學報』 第87輯.(歷史學會)
———, 1980b, 「李朝犁에 대한 一考察(下)」, 『歷史學報』 第88輯.(歷史學會)
민혜진, 2004a, 「霞谷 鄭齊斗의 中庸說 연구: '誠'을 중심으로」, 『大同哲學』 第25輯.(大同哲學會)
———, 2004b, 「鄭齊斗의 大學說과 그 一體的 지향」, 『철학논총』 제36집.(새한철학회)
朴光用, 1985, 「蕩平論의 展開와 政局의 變化」, 李泰鎭 編, 『朝鮮時代 政治史의 再照明: 士禍·黨爭篇』(서울: 汎潮社)
———, 1990, 「정치운영론」, 한국역사연구회 19세기 정치사 연구반, 『조선정치사 1800~1863(하)』(서울: 청년사)
朴 焞, 1990, 「朝鮮中期 士族의 鄕村支配權 確立: 16·17세기 吏族 배제를 중심으로」, 鄕村社會史硏究會, 『조선후기 향약연구』(서울: 民音社)
박동인, 2012, 「先秦 儒家 禮法觀의 종합자: 荀子의 禮法觀」, 『退溪學報』 第131輯.(退溪學硏究院)
박상리, 2009, 「조선후기 유학자들의 양명학적 문제의식」, 『陽明學』 第22號.(韓國陽明學會)
———, 2011, 「정제두와 정약용 『맹자』 주석의 인간학적 이해」, 『儒教思想硏究』 第45輯.(韓國儒教學會)
——— 외, 2014, 「鄭齊斗와 丁若鏞의 『大學』 이해 연구」, 『儒教思想文化硏究』 第56輯.(韓國儒教學會)
朴星來, 1984, 「李瀷의 西洋科學 受容」, 東園金興培博士古稀紀念論文集刊行委員會, 『東園金興培博士古稀紀念論文集』(서울: 韓國外國語大學校)
박연수, 1990, 『霞谷 鄭齊斗의 思想에 있어서 人間理解에 관한 硏究』(成均館大學校 大學院 東洋哲學科 博士學位論文)

박원재, 2002, 「하곡霞谷 정제두鄭齊斗의 『중용』 해석의 특징: 하곡학의 사상적 경향성과 관련하여」, 『국학연구』 창간호.(한국국학진흥원)
박재술, 1996, 「박세당의 천관」, 한국사상사연구회 편저, 『실학의 철학』(서울: 예문서원)
박종천, 2009, 「정약용의 신관에 대한 종교사적 해석」, 서울대학교 종교문제연구소 편, 『유교와 종교학』(서울: 서울대학교출판부)
———, 2013, 「다산의 『논어』 주석서 전승에 대한 연구」, 『茶山學』 제23호.(다산학술문화재단)
朴天圭, 1987, 「朴西溪의 「大學」新釋」, 『東洋學』 第17輯, 「東洋學學術會議 講演鈔」.(檀國大學校 東洋學硏究所)
朴忠錫, 1982b, 「韓國政治思想史硏究에 있어서의 問題點: 특히 朝鮮朝朱子學思想의 特質과 관련하여」, 朴忠錫, 『韓國政治思想史』(서울: 三英社)
———, 1982c, 「「思想史學」과 思想史硏究」, 朴忠錫, 『韓國政治思想史』(서울: 三英社)
박평선, 2015, 「霞谷의 融合哲學에 관한 硏究: 生理說을 中心으로」, 『儒學硏究』 第33輯.(忠南大學校 儒學硏究所)
朴洪植, 1992, 「陽明 王守仁의 良知說과 霞谷 鄭齊斗의 生理說 比較硏究」, 『儒敎思想硏究』 第4·5輯.(韓國儒敎學會)
———, 2011, 「하곡 생리설의 철학사적 의의」, 『陽明學』 第30號.(韓國陽明學會)
방기중, 1984, 「17·18세기 前半 金納租稅의 성립과 전개」, 『東方學志』 第45輯.(延世大學校 國學硏究院)
———, 1986, 「조선후기 軍役稅에 있어서 金納租稅의 전개」, 『東方學志』 第50輯.(延世大學校 國學硏究院)
방병선, 1998, 「진경시대의 백자」, 최완수 외 지음, 『진경시대: 2. 예술과 예술가들』(서울: 돌베개)
———, 2014, 「진경시대 청화백자의 독창적 미감과 양식: 간송미술관 소장 청화백자동자조어도떡메병과 청화백자양각철채동채난국초충문병을 중심으로」, 한국민족미술연구소 엮음, 『진경문화』(서울: 현암사)
방현아, 1994, 「강이천과 「漢京詞」」, 『민족문학사연구』 제5권.(민족문학사학회、민족문학사연구소)
배우성, 2011, 「공간에 관한 지식과 정조시대」, 김인걸 외 지음, 『정조와 정조시대』(서울: 서울대학교출판문화원)
裵宗鎬, 1975, 「朴世堂의 格物致知說」, 李乙浩 編, 『實學論叢』(광주: 全南大學校 出版部)
———, 1985b, 「朴世堂의 反朱子學과 格物致知說」, 裵宗鎬, 『韓國儒學의 哲學的 展開(下)』(서울: 延世大學校 出版部)

백민정, 2007b, 「다산의 '윤집궐중(允執厥中)'론」, 『韓國實學研究』 第13號.(韓國實學學會)
———, 2007c, 「정약용 수양론의 내적 일관성에 관한 연구: 愼獨, 至誠, 執中, 忠恕, 人心道心論을 중심으로」, 『退溪學報』 第122輯.(退溪學研究院)
백인산, 2014, 「진경시대 사군자 그림」, 한국민족미술연구소 엮음, 『진경문화』(서울: 현암사)
徐昇煥, 1987, 『朝鮮時代 農業生產力 發展에 관한 研究: 施肥法과 旱·水田農法의 發展을 中心으로』(서울大學校大學院 經濟學科 碩士學位論文)
徐鍾泰, 1989, 「星湖學派의 陽明學 受容: 茯菴 李基讓을 中心으로」, 『韓國史研究』 第66輯.(韓國史研究會)
———, 1995, 『星湖學派의 陽明學과 西學』(西江大學校 大學院 史學科 博士學位論文)
선병삼, 2011, 「하곡 정제두의 『대학』관에 나타난 한국적 양명학의 탄생 고찰」, 『漢文古典研究』 第22輯.(韓國漢文古典學會)
———, 2013, 「양명학자 정제두의 『심경』 이해: 『심경집의』의 구성 분석과 공부론 고찰을 중심으로」, 『韓國思想史學』 第43輯.(韓國思想史學會)
———, 2016, 「하곡 정제두의 인심도심설 연구」, 『한국철학논집』 제48집.(한국철학사연구회)
薛錫圭, 1986a, 「奎章閣 研究(上): 正祖代의 政局과 관련하여」, 『大丘史學』 第29輯.(大丘史學會)
———, 1986b, 「奎章閣 研究(下): 正祖代의 政局과 관련하여」, 『大丘史學』 第31輯.(大丘史學會)
성태용, 2004, 「다산 철학에 있어 계시 없는 상제」, 『茶山學』 제5호.(다산학술문화재단)
宋甲準, 1983, 『星湖 李瀷의 經濟觀에 대한 研究』(高麗大學校 大學院 哲學科 碩士學位論文)
———, 1988, 「星湖 李瀷의 經學思想(1): 그의 庸學觀」, 『哲學論集』 第4輯.(慶南大學校 哲學科)
———, 1989, 「星湖 李瀷의 經學思想(2): 그의 語孟觀」, 『哲學論集』 第5輯.(慶南大學校 哲學科)
———, 1996a, 「전승과 개신의 이중주: 성호학파」, 한국사상사연구회 편저, 『조선유학의 학파들』(서울: 예문서원)
———, 1996b, 「이익의 경학관」, 한국사상사연구회 편저, 『실학의 철학』(서울: 예문서원)
———, 2009, 「『思辨錄』의 朱注批判과 경학사적 위치」, 『人文論叢』 第24輯.(慶南大學校 人文科學研究所)

宋兢燮, 1970, 「白湖 尹鑴 理氣哲學硏究 序說」, 『哲學硏究』 第11輯.(韓國哲學硏究會)
———, 1975, 「白湖 尹鑴傳: ユ 學問的 立場을 中心하여」, 李乙浩 編, 『實學論叢』(광주: 全南大學校 出版部)
송석준, 1996, 「한국 양명학의 초기전개양상: 尹鑴와 朴世堂의 『大學』 해석을 중심으로」, 『韓國東西哲學硏究會 論文集』 第13號.(韓國東西哲學硏究會)
송영배, 2013, 「마테오 리치의 『곤여만국전도』와 중국인들의 반응」, 경기문화재단 실학박물관 편, 『마테오 리치의 곤여만국전도와 조선후기의 세계관』(서울: 景仁文化社)
宋載卲, 1990, 「『論語手箚』 解題」, 成均館大學校 大東文化硏究院, 『韓國經學資料集成 28』(서울: 成均館大學校 大東文化硏究院)
———, 2012, 「茶山 經世論의 人文學的 基盤」, 재단법인 실시학사 편, 『다산茶山 정약용丁若鏞 연구』(서울: 사람의무늬)
宋贊植, 1991, 「手工業構造의 性格」, 李基白 책임편집, 『韓國史 市民講座: 제9집』(서울: 一潮閣)
———, 1997b, 「朝鮮後期 農業에 있어서의 廣作運動」, 宋贊植, 『朝鮮後期 社會經濟史의 硏究』(서울: 一潮閣)
宋恒龍, 1982, 「西溪 朴世堂의 老莊硏究와 道家哲學思想」, 『大東文化硏究』 第16輯.(成均館大學校 大東文化硏究院)
신승운, 2000, 「군서표기 해제」, 민족문화추진회, 『국역 홍재전서弘齋全書 18』(서울: 민족문화추진회)
愼鏞廈, 1982, 「韓國社會史의 對象과 '理論'의 問題」, 愼鏞廈 編, 『社會史와 社會學』(서울: 創作과批評社)
———, 1983a, 「茶山 丁若鏞의 閭田制 土地改革思想」, 『奎章閣』 第7輯.(서울大學校 圖書館)[韓沽劤 外, 『丁茶山硏究의現況』(서울: 民音社, 1985) 및 『朝鮮後期 實學派의 社會思想硏究』(서울: 지식산업사, 1997)에 재수록됨]
———, 1983b, 「丁若鏞의 井田制 토지개혁사상」, 金哲埈博士華甲紀念史學論叢 刊行準備委員會, 『金哲埈博士華甲紀念史學論叢』(서울: 知識産業社)[『朝鮮後期 實學派의 社會思想硏究』(서울: 지식산업사, 1997)에 재수록됨]
———, 1987b, 「韓國 近代民族主義의 起源」, 愼鏞廈, 『韓國近代社會思想史硏究』(서울: 一志社)
———, 1997b, 「丁若鏞의 생애와 그의 실학사상의 형성」, 신용하, 『조선후기 실학파의 사회사상연구』(서울: 지식산업사)
———, 1997c, 「丁若鏞의 新民本主義 사상」, 신용하, 『조선후기 실학파의 사회사상연구』(서울: 지식산업사)
신원봉, 2002, 「다산의 역학관易學觀 정립에 미친 청대淸代 사상의 영향: 모기령毛奇齡을 중심으로」, 『茶山學』 제3호(서울: 다산학술문화재단)

신창호, 2011, 「白湖 尹鑴의 『대학』 해석: 三綱領과 格物致知의 이해를 중심으로」, 『退溪學論叢』 第18輯.(退溪學釜山硏究院)
———, 2014, 「西溪 朴世堂의 『思辨錄 中庸』 理解와 學問的 特徵」, 『東洋古典硏究』 第55輯.(東洋古典學會)
심경호, 2002, 「정약용丁若鏞의 시경론詩經論과 청조 학술: 특히 모기령毛奇齡 설의 비판 및 극복과 관련하여」, 『茶山學』 제3호(다산학술문화재단)
심재우, 2000, 「수령의 대민지배와 재지사족」, 한국역사연구회 조선시기 사회사 연구반, 『조선은 지방을 어떻게 지배했는가』(서울: 아카넷)
安大會, 2001, 「조선후기 小品文의 성행과 글쓰기의 변모」, 『韓國漢文學硏究』 第28輯.(韓國漢文學會)
安秉杰, 1985, 「大學古本을 통해 본 白湖의 經學思想 硏究」, 『民族文化』 第11輯.(民族文化推進會)
———, 1987, 「白湖 尹鑴의 實踐的 中庸觀 I」, 『論文集』 第9輯.(安東大學校)
———, 1991a, 「白湖 尹鑴의 實踐的 中庸觀 II」, 『退溪學』 제3집.(安東大學校 退溪學硏究所)
———, 1991b, 『17세기 朝鮮朝 儒學의 經典解釋에 관한 硏究』(成均館大學校 大學院 東洋哲學科 博士學位論文)
———, 1993a, 「西溪 朴世堂의 中庸解釋과 朱子學批判」, 『泰東古典硏究』 第10輯.(翰林大學校 泰東古典硏究所)
———, 1993b, 「朴世堂의 獨自的 經傳解釋과 그의 現實認識」, 『大東文化硏究』 第28輯.(成均館大學校 大東文化硏究院)
안영상, 1996, 「성호 학파의 『대학』설」, 한국사상사연구회 편저, 『실학의 철학』(서울: 예문서원)
安英淑, 2003, 「『孟子要義』를 통해 본 茶山 經學의 특징」, 『한국철학논집』 제12집.(한국철학사연구회)
———, 2004, 「茶山의 『孟子』 읽기」, 한국철학사연구회 엮음, 『다산경학의 현대적 이해』(서울: 심산)
安在淳, 1981, 「李星湖의 『大學疾書』에 관한 考察」, 『東洋哲學硏究』 第2輯.(東洋哲學硏究會)
———, 1984, 「李星湖의 四端七情論: 『四七新編』을 中心으로」, 『東洋哲學硏究』 第5輯.(東洋哲學硏究會)
———, 1988, 「磻溪 柳馨遠 實學思想의 哲學的 基調」, 權正顔 外, 『朝鮮朝 儒學思想의 探究』(서울: 驪江出版社)
安晉吾, 1989, 「『孟子要義』考」, 李乙浩 外, 『丁茶山의 經學: 論語·孟子·大學·中庸 硏究』(서울: 民音社)
양보경, 2000, 「지리서·지도와 지역 파악의 체계화」, 한국역사연구회 조선시기 사

회사 연구반, 『조선은 지방을 어떻게 지배했는가』(서울: 아카넷)
梁泰鎬, 1885, 「霞谷의 理氣觀」, 『동서철학연구』 제2호.(한국동서철학회)
엄연석, 2007, 「『心經集義』를 통해 본 鄭齊斗 心性修養論의 특징」, 『陽明學』 第19號.(韓國陽明學會)
吳洙彰, 1985, 「仁祖代 政治勢力의 動向」, 李泰鎭 編, 『朝鮮時代 政治史의 再照明: 士禍·黨爭篇』(서울: 汎潮社)
———, 1990a, 「정국의 추이」, 한국역사연구회 19세기 정치사 연구반, 『조선정치사 1800~1863(상)』(서울: 청년사)
———, 1990b, 「권력집단과 정국 운영」, 한국역사연구회 19세기 정치사 연구반, 『조선정치사 1800~1863(하)』(서울: 청년사)
———, 1990c, 「주요정책의 실상」, 한국역사연구회 19세기 정치사 연구반, 『조선정치사 1800~1863(하)』(서울: 청년사)
———, 2002, 「조선중기 정치세력의 신뢰구조와 그 한계」, 김인영 편, 『한국사회 신뢰와 불신의 구조: 거시적 접근』(서울: 小花)
———, 2003, 「국왕(國王)과 신료(臣僚)의 역학관계」, 한국역사연구회 17세기 정치사 연구반, 『조선중기 정치와 정책: 인조~현종 시기』(서울: 아카넷)
吳龍源, 2004, 「朴世堂의 『論語思辨錄』 硏究」, 『大東文化硏究』 第47輯.(成均館大學校 大東文化硏究院)
오인택, 2015, 「조선후기의 고구마 전래와 정착 과정」, 『역사와 경계』 제97집.(부산경남사학회)
오종록, 1990a, 「비변사의 조직과 직임」, 한국역사연구회 19세기 정치사 연구반, 『조선정치사 1800~1863(하)』(서울: 청년사)
———, 1990b, 「비변사의 정치적 기능」, 한국역사연구회 19세기 정치사 연구반, 『조선정치사 1800~1863(하)』(서울: 청년사)
오주석, 1998, 「단원 김홍도의 생애와 예술: 『단원절세보첩』을 중심으로」, 최완수 외 지음, 『진경시대: 2. 예술과 예술가들』(서울: 돌베개)
禹景燮, 2005, 『宋時烈의 世道政治思想 硏究』(서울大學校 大學院 國史學科 博士學位論文)
元裕漢, 1991, 「朝鮮後期의 貨幣經濟發達과 그 影響」, 趙璣濬 외, 『朝鮮後期 社會經濟史硏究入門』(서울: 민족문화사)
원재린, 2002, 「朝鮮後期 星湖學派의 知行觀과 經傳認識 態度」, 『韓國思想史學』 第19輯.(韓國思想史學會)
劉權鍾, 1990, 「茶山의 天觀」, 尹絲淳 編, 『정약용丁若鏞』(서울: 高麗大學校 出版部)
———, 2000, 「[書評] 鄭一均 저, 『茶山 四書經學 硏究』」, 『韓國實學硏究』 第2號.(韓國實學硏究會)
劉明鍾, 1979, 「霞谷 鄭齊斗의 朝鮮陽明學派樹立」, 『한국철학연구』 제9집.(해동철

학회)
———, 1988b, 「尹白湖와 丁茶山」, 劉明鍾, 『韓國儒學硏究』(대구: 以文出版社)
———, 1988c, 「陽明學의 韓國的 展開」, 劉明鍾, 『韓國儒學硏究』(대구: 以文出版社)
유봉학, 1998a, 「경화사족의 사상과 진경문화」, 최완수 외 지음, 『진경시대: 1. 사상과 문화』(서울: 돌베개)
———, 1998b, 「조선 후기 풍속화 변천의 사회·사상적 배경」, 최완수 외 지음, 『진경시대: 2. 예술과 예술가들』(서울: 돌베개)
———, 1999, 「정조시대 정치론의 추이」, 정옥자 외, 『정조시대의 사상과 문화』(서울: 돌베개)
———, 2001b, 「정조의 화성 건설과 산업진흥책」, 유봉학 외, 『정조시대 화성 신도시의 건설』(서울: 백산서당)
———, 2013a, 「경화사족의 대두와 새로운 문화예술」, 『실학과 진경문화』(성남: 신구문화사)
———, 2013b, 「풍속화의 전개」, 『실학과 진경문화』(성남: 신구문화사)
———, 2013c, 「서예의 흐름: 정조시대 명필과 명비」, 『실학과 진경문화』(성남: 신구문화사)
柳承宙, 1982, 「朝鮮後期 金銀銅鑛業의 物主制 硏究」, 『韓國史硏究』 第36輯.(韓國史硏究會)
———, 1991, 「朝鮮後期 鑛業史의 時期區分에 관한 一試論」, 趙璣濬 외, 『朝鮮後期社會經濟史硏究入門』(서울: 民族文化社)
劉英姬, 1985, 『尹白湖의 庸學觀 硏究』(高麗大學校 大學院 哲學科 碩士學位論文)
———, 1993, 『白湖 尹鑴 思想 硏究』(高麗大學校 大學院 哲學科 博士學位論文)
———, 2000, 「탈성리학의 변주: 미수 허목과 백호 윤휴를 중심으로」, 『민족문화연구』 제33호.(고려대학교 민족문화연구원)
유철호, 2001, 「霞谷 鄭齊斗의 「大學說」에 관한 고찰」, 『陽明學』 第5號.(韓國陽明學會)
柳初夏, 1990, 『丁若鏞의 宇宙觀』(高麗大學校 大學院 哲學科 博士學位論文)
———, 1996, 「정약용의 『역학서언(易學緖言)』과 『주역사전(周易四箋)』」, 『철학과 현실』 통권 제30호.(철학문화연구소)
———, 1998, 「해제」, 임창순 교열, 안병학 외 역주, 『國譯 星湖疾書: 『論語』·『大學』·『中庸』』(춘천: 翰林大學校 泰東古典硏究所)
———, 2003, 「정약용철학에서 본 영혼불멸과 우주창조의 문제」, 『韓國實學硏究』 第6號.(韓國實學學會)
尹南漢, 1974, 「霞谷學의 基本方向과 段階性」, 『人文學 硏究』 第2輯.(中央大學校 人文學硏究所)
윤미길, 2002, 「박세당의 四書註解에 대한 一考察: 茶山과의 관련을 중심으로」, 『국

어교육』 109호.(한국어교육학회)

尹絲淳, 1972, 「朴世堂의 實學思想에 관한 硏究」, 『亞細亞硏究』 第46號.(高麗大學校 亞細亞問題硏究所)[高麗大 亞細亞問題硏究所 韓國硏究室 編, 『實學 思想의 探究』(서울: 玄岩社, 1974) 및 『韓國儒學論究』(서울: 玄岩社, 1980)에 재수록됨]

———, 1975, 「實學的 經學觀의 特色」, 李乙浩 편, 『實學論叢』(광주: 全南大學校 出版部)

———, 1980b, 「實學思想의 哲學的 性格」, 尹絲淳, 『韓國儒學論究』(서울: 玄岩社)

———, 1984, 「朴世堂의 經學觀」, 윤사순·고익진 편, 『한국의 사상』(서울: 열음사)

———, 1993, 「新實學的 新理念의 摸索: 韓國儒學의 新實學的 展望」, 尹絲淳 外, 『新實學의 탐구』(서울: 열린책들)

———, 2007, 「서계 유학의 철학적 특성」, 한국학중앙연구원 편, 『서계 박세당 연구』(파주: 집문당)

이경룡, 2008, 「朝鮮 中期 '格物物格' 論辨과 霞谷의 『大學』 二王融會的 '實學'」, 『陽明學』 第20號.(韓國陽明學會)

이경원, 2002, 「白湖 尹鑴의 事天意識과 修養論 연구」, 『宗教硏究』 第28輯.(韓國宗教學會)

李光虎, 1986, 「星湖 李瀷의 思想」, 『泰東古典硏究』 第2輯.(翰林大學校 泰東古典硏究所)

———, 1996, 「李退溪의 哲學思想이 丁茶山의 經學思想 形成에 미친 영향에 관한 고찰」, 『退溪學報』 第90輯.(退溪學硏究院)

———, 2004, 「성호 이익의 서학 수용의 경학적 기초」, 『韓國實學硏究』 제7호.(韓國實學學會)

李南沃, 2011, 「霞谷 『大學說』의 經學史的 의미」, 『歷史와 實學』 45輯.(歷史實學會)

李東歡, 1990, 「茶山思想에서의 '上帝' 도입경로에 대한 序說的 고찰」, 紀念論叢刊行委員會, 『碧史李佑成敎授停年退職紀念論叢 民族史의 展開와 그 文化 下』(서울: 창작과비평사)[姜萬吉·鄭昌烈 외9명, 『茶山의 政治經濟思想』(서울: 창작과비평사, 1990), 박홍식 편저, 『한국의 사상가 10人: 다산 정약용』(서울: 예문서원, 2005) 및 이동환, 『실학시대의 사상과 문학』(파주: 지식산업사, 2006)에 재수록됨]

———, 1996, 「茶山思想에서의 '上帝'의 도입경로와 성격」, 『民族文化』 第19輯.(民族文化推進會)[박홍식 편저, 『한국의 사상가 10人: 다산 정약용』(서울: 예문서원, 2005) 및 이동환, 『실학시대의 사상과 문학』(파주: 지식산업사, 2006)에 재수록됨]

———, 2000, 「[촌평] 경학 연구와 백가의(百家衣) 제작: 정일균 『다산(茶山) 사서경학(四書經學) 연구』」, 『창작과비평』 통권109호.(창작과비평사)

이민식, 2014, 「진경시대 서풍(書風)과 정조의 서체반정」, 한국민족미술연구소 엮음, 『진경문화』(서울: 현암사)

李丙燾, 1966, 「朴西溪와 反朱子學的 思想」, 『大東文化硏究』 第3輯.(成均館大學校

大東文化研究院)

李炳赫, 1986, 「언어공동체: 자본주의사회에서의 언어 헤게모니 문제」, 李炳赫 편저, 『언어사회학 서설: 이데올로기와 언어』(서울: 까치)

이봉규, 2000, 「[書評] 『茶山 四書經學 硏究』: 다산 경학에 대한 심층 연구」, 『韓國學報』 第100輯.(一志社)

———, 2005a, 「다산학 연구의 최근 동향과 전망: 근대론의 시각을 중심으로」, 『茶山學』 제6호.(다산학술문화재단)

———, 2005b, 「사서四書 해석을 통해 본 정약용의 정치론」, 『茶山學』 제7호.(다산학술문화재단)

———, 2007, 「다산의 정치론: 주자와의 거리」, 『茶山學』 제11호.(다산학술문화재단)

———, 2012, 「經學的 脈絡에서 본 茶山의 政治論」, 재단법인 실시학사 편, 『다산茶山 정약용丁若鏞 연구』(서울: 사람의무늬)

이상원, 2004, 「고산(孤山) 윤선도(尹善道)의 생애와 시 세계」, 이형대 외 역, 『국역國譯 고산유고孤山遺稿』(서울: 소명출판)

李相益, 1999, 「星湖의 四端七情論: 「四七新編」을 중심으로, 退溪·栗谷과 관련하여」, 『한국철학논집』 제7·8합집.(한국철학사연구회)

———, 2003, 「丁若鏞의 倫理思想에 대한 朱子學的 反論」, 『東方學志』 第119輯.(延世大學校 國學研究院)

이상호, 2007, 「『心經附註』해석사에서 바라본 정제두의 『心經集義』」, 『陽明學』 第19號.(韓國陽明學會)

李相勳, 2004, 「霞谷 鄭齊斗 思想 속의 陽明學적 思惟와 特性: 心性說과 生理說을 中心으로」, 『東洋學』 第35輯.(檀國大學校 東洋學研究所)

李善娥, 1998, 「白湖 尹鑴에 대한 斯文亂賊說 檢討」, 『朝鮮時代史學報』 第6輯.(朝鮮時代史學會)

李成茂, 1994, 「17世紀의 禮論과 黨爭」, 李成茂·鄭萬祚 外著, 『朝鮮後期 黨爭의 綜合的 檢討』(성남: 韓國精神文化研究院)

이세영, 1998, 「진경시대의 사회경제적 변화」, 최완수 외 지음, 『진경시대: 1. 사상과 문화』(서울: 돌베개)

———, 2014, 「정선 <압구정> 그림의 사료적 가치」, 한국민족미술연구소 엮음, 『진경문화』(서울: 현암사)

이승종, 2012, 「다산의 『대학』 읽기와 성의」, 『茶山學』 제21호.(다산학술문화재단)

이영경, 2013, 「한자의 그늘을 걷어준 실용서들: 조선 사람들의 한글 학습 교재」, 규장각한국학연구원 엮음, 『실용서로 읽는 조선』(파주: 글항아리)

李昤昊, 2000a, 「『讀書記·大學』을 통해 본 白湖 尹鑴의 經學思想」, 『韓國漢文學研究』

第25輯.(韓國漢文學硏究會)

———, 2000b, 「西溪 朴世堂의 『思辨錄·大學』에 대한 硏究」, 『漢文學報』 第2輯.(우리한문학회)

李榮薰, 1987, 「한국자본주의의 맹아문제에 대하여」, 김태영 외, 『한국의 사회경제사』(서울: 한길사)

———, 2000, 「茶山 經世論의 經學的 基礎」, 『茶山學』 창간호.(다산학술문화재단)

———, 2001, 「朝鮮後期 社會變動과 實學」, 韓國史硏究會 編, 『韓國 實學의 새로운 摸索』(서울: 景仁文化社)

———, 2002, 「18~19세기 小農社會와 實學: 實學 再評價」, 『韓國實學硏究』 第4號.(韓國實學學會)

———, 2003, 「다산의 인간관계 범주구분과 사회인식」, 『茶山學』 제4호.(다산학술문화재단)

———, 2004, 「조선후기 경제사 연구의 새로운 동향과 과제」, 이영훈 편, 『수량경제사로 다시 본 조선후기』(서울: 서울대학교출판부)

李佑成, 1957, 「實學派의 文學: 朴燕岩의 경우」, 『國語國文學』 第16號.(國語國文學會)

———, 1963, 「18世紀 서울의 都市的 樣相: 利用厚生學派의 成立背景」, 『鄕土 서울』, 第17號.(서울특별시사편찬위원회)[「18세기 서울의 都市的 樣相: 實學派 특히 利用厚生學派의 성립 배경」으로 『韓國의 歷史像: 李佑成歷史論集』(서울: 創作과批評社, 1982)에 재수록됨]

———, 1966, 「韓國史의 論爭點: 實學이란 무엇인가」, 『新東亞』, 1966년 8월호.(東亞日報社)

———, 1973, 「實學硏究緖說」, 歷史學會 編, 『實學硏究入門』(서울: 一潮閣)

———, 1978, 「『眉叟記言』 해제」, 『국역 미수기언 ❶』(서울: 민족문화추진회)

———, 1982b, 「韓國 儒學史上 退溪學派의 形成과 그 展開」, 李佑成, 『韓國의 歷史像: 李佑成歷史論集』(서울: 創作과批評社)

———, 1982c, 「鹿菴 權哲身의 思想과 그 經典批判: 近畿學派에 있어서의 退溪學의 계승과 변화」, 李佑成, 『韓國의 歷史像: 李佑成歷史論集』(서울: 創作과批評社)

———, 1988, 「初期實學과 性理學과의 關係: 磻溪 柳馨遠의 경우」, 『東方學志』 第58輯.(延世大學校 國學硏究院)

李銀順, 1994, 「朝鮮後期 老少黨論의 對立과 政論」, 李成茂·鄭萬祚 外著, 『朝鮮後期黨爭의 綜合的 檢討』(성남: 韓國精神文化硏究院)

李乙浩, 1975b, 「論語考」, 李乙浩, 『茶山學의 理解』(서울: 玄岩社)

———, 1975c, 「大學經義」, 李乙浩, 『茶山學의 理解』(서울: 玄岩社)

———, 1975d, 「中庸思想」, 李乙浩, 『茶山學의 理解』(서울: 玄岩社)

———, 1980b, 「反朱子學的 思想의 擡頭」, 李乙浩, 『韓國改新儒學史試論』(서울: 博

英社)

———, 1980c,「白湖 尹鑴 人性論 研究」, 李乙浩,『韓國改新儒學史試論』(서울: 博英社)

———, 1980d,「朴世堂의 經學」, 李乙浩,『韓國改新儒學史試論』(서울: 博英社)

———, 1989,「『論語古今注』考」, 李乙浩 外,『丁茶山의 經學: 論語·孟子·大學·中庸研究』(서울: 民音社)

李義康, 1993,「正祖의 唐宋八家文 批評 小考: 文體反正과 관련하여」,『민족문화』第16輯.(民族文化推進會)

李離和, 1979,「奎章閣小考: 奎章閣志를 중심으로 본 槪觀」,『奎章閣』第3輯.(서울大學校圖書館)

———, 1994,「조선조 당론의 전개과정과 그 계보」,『조선후기의 정치사상과 사회변동』(서울: 한길사)

李鐘晟, 2010a,「서계 박세당의 실학적 격물 인식: 명재 윤증과의 격물 논변을 중심으로」,『공자학』제19호.(한국공자학회)

———, 2010b,「서계 유학사상의 실학적 인식의 기초」,『철학논총』제61집.(새한철학회)

이종우, 2008,「하곡 정제두의 良知설에서 感覺知와 德性知의 관계 및 그 철학적 의의」,『儒教思想研究』第33輯.(韓國儒教學會)

李俊九, 1997,「18·19세기 身分制 변동 추세와 身分 지속성의 경향」,『韓國文化』제19호.(서울大學校 韓國文化研究所)

李篪衡, 1972,「星湖經學의 實學的 展開」,『成均館大學校 論文集』第17輯.(成均館大學校)

———, 1991,「茶山의『論語古今註』小考」,『安東漢文學論集』第2輯.(安東漢文學會)

———, 1994,「茶山의『論語古今註』에 대한 研究」,『大東文化研究』第29輯.(成均館大學校 大東文化研究院)

———, 1995,「『大學』註釋을 通해 본 丁茶山의 經學」,『東洋學 國際學術會議 論文集』第5輯.

———, 1996b,「『論語古今注』와 茶山의 經學」, 李篪衡,『茶山經學研究』(서울: 太學社)

———, 1996c,「『孟子要義』에 나타난 茶山의 經學」, 李篪衡,『茶山經學研究』(서울: 太學社)

———, 1996d,「茶山의『大學』觀과『大學』新註釋」, 李篪衡,『茶山經學研究』(서울: 太學社)

———, 1996e,「『中庸』註釋을 통해 본 茶山의 經學」, 李篪衡,『茶山經學研究』(서울: 太學社)

李天承, 1999,「李瀷의『中庸疾書』에 관한 硏究」,『한국철학논집』제7·8합집.(한국철학사연구회)

———, 2000,「星湖 李瀷의『中庸疾書』에 관한 연구: '道中庸'을 중심으로」,『儒教思想硏究』第13輯.(韓國儒教學會)

이철성, 2010,「조선후기 연행무역과 수출입 품목」,『韓國實學硏究』第20號.(韓國實學學會)

李泰鎭, 1985,「朝鮮時代의 政治的 갈등과 그 해결: 士禍와 黨爭을 중심으로」, 李泰鎭 編,『朝鮮時代 政治史의 再照明: 士禍·黨爭篇』(서울: 汎潮社)

———, 1989b,「15·6세기 新儒學 정착의 社會經濟的 배경」, 李泰鎭,『朝鮮儒教社會史論』(서울: 지식산업사)

———, 1989c,「16세기 동아시아 경제 변동과 정치·사회적 동향」, 李泰鎭,『朝鮮儒教社會史論』(서울: 지식산업사)

———, 1989d,「조선 性理學의 역사적 기능」, 李泰鎭,『朝鮮儒教社會史論』(서울: 지식산업사)

———, 1989e,「朋黨政治 성립의 역사적 배경」, 李泰鎭,『朝鮮儒教社會史論』(서울: 지식산업사)

———, 1991,「國際貿易의 성행」, 李基白 책임편집,『韓國史 市民講座: 제9집』(서울: 一潮閣)

———, 2008b,「14·15세기 농업기술의 발달과 신흥사족新興士族」, 이태진,『증보판 한국사회사연구: 농업기술발달과 사회변동』(파주: 지식산업사)

———, 2008c,「고려말·조선초의 사회변화」, 이태진,『증보판 한국사회사연구: 농업기술 발달과 사회변동』(파주: 지식산업사)

———, 2008d,「사림파의 유향소留鄕所 복립운동復立運動: 조선초기 성리학 정착의 사회적 배경」, 이태진,『증보판 한국사회사연구: 농업기술 발달과 사회변동』(파주: 지식산업사)

———, 2008e,「16세기 천방川防(洑)관개의 발달: 사림세력 대두의 경제적 배경 일단」, 이태진,『증보판 한국사회사연구: 농업기술 발달과 사회변동』(파주: 지식산업사)

———, 2008f,「사림파의 향약 보급운동: 16세기의 경제변동과 관련하여」, 이태진,『증보판 한국사회사연구: 농업기술 발달과 사회변동』(파주: 지식산업사)

———, 2008g,「조선시대 수우水牛·수차水車 보급 시도의 농업사적 의의」, 이태진,『증보판 한국사회사연구: 농업기술 발달과 사회변동』(파주: 지식산업사)

李海英, 1985,「霞谷 鄭齊斗 哲學의 陽明學的 展開」,『東洋哲學硏究』第6輯.(東洋哲學硏究會)

———, 1991a,「星湖 李瀷의『中庸』理解에 관한 硏究」,『論文集』第13輯.(安東大

學校)
———, 1991b, 「丁若鏞의 中庸解釋에 관한 硏究 I」, 『退溪學』 제3집.(安東大學校 退溪學硏究所)
———, 1992, 「丁若鏞의 中庸解釋에 관한 硏究 II」, 『退溪學』 제4집.(安東大學校 退溪學硏究所)
———, 1993, 「霞谷 鄭齊斗의 『中庸』 理解」, 『退溪學』 제5집.(安東大學校 退溪學硏究所)
李海濬, 1985, 「朝鮮後期 晋州地方 儒戶의 實態: 1832년 晋州鄕校修理記錄의 分析」, 『震檀學報』 第60號.(震檀學會)
———, 1991, 「조선후기 書院硏究와 鄕村社會史」, 國史編纂委員會, 『韓國史論: 朝鮮後期의 鄕村社會』 제21집.(과천: 國史編纂委員會)
———, 2000, 「〈관 주도〉 지방지배의 심층화」, 한국역사연구회 조선시기 사회사 연구반, 『조선은 지방을 어떻게 지배했는가』(서울: 아카넷)
李香晩, 2003, 「茶山 『中庸』註釋의 人間學的 理解」, 『한국철학논집』 제12집.(한국철학사연구회)
이헌창, 2012, 「星湖의 安民富國論」, 재단법인 실시학사 편, 『성호星湖 이익李瀷 연구』(서울: 사람의무늬)
이현우, 2009, 「이옥의 생애와 작품 세계」, 실시학사 고전문학연구회 역편, 『完譯 李鈺全集 1』(서울: 휴머니스트)
이희재, 1994, 「朴世堂의 天觀」, 『汎韓哲學』 제9권.(汎韓哲學會)
———, 2004, 「The philosophy of Park Sedang in the 17th century of Chosŏn」, 『Comparative Korean Studies』 Vol.12(2).(국제비교한국학회)
———, 2009, 「朴世堂 『尙書思辨錄』의 特徵」, 『儒教思想硏究』 第35輯.(韓國儒教學會)
임부연, 2013, 「貞山과 茶山의 『대학』 해석 비교: 사상의 연속과 단절을 중심으로」, 『退溪學報』 第134輯.(退溪學硏究院)
林善英, 2003, 「霞谷 鄭齊斗의 陽明學的 『中庸』 理解」, 『한국철학논집』 제13집.(한국철학사연구회)
———, 2004, 「霞谷 鄭齊斗의 「中庸說」 小考」, 『강화 양명학파의 위상과 현대적 의미』(강화양명학파 국제학술대회논문집)
林熒澤, 1984b, 「閭巷文學과 庶民文學」, 林熒澤, 『韓國文學史의 視角』(서울: 創作과 批評社)
———, 2000b, 「丁若鏞의 강진유배기의 교육활동과 그 성과」, 임형택, 『실사구시의 한국학』(서울: 창작과비평사)
———, 2009b, 「19세기 바다, 실학에서 바다로 열린 학지(學知): 이강회(李綱會)의 경우」, 임형택, 『문명의식과 실학: 한국 지성사를 읽다』(파주: 돌베개)

林洪兌, 2005,「霞谷 鄭齊斗의 人物性異論 硏究: 知覺說을 中心으로」,『한국철학논집』 제17집.(한국철학사연구회)

———, 2009,「양명 사구교 해석에 나타난 정제두 철학의 심학적 특성」,『한국철학논집』 제26집.(한국철학사연구회)

장동표, 2000,「부세정책의 변화와 지방지배」, 한국역사연구회 조선시기 사회사 연구반,『조선은 지방을 어떻게 지배했는가』(서울: 아카넷)

장병한, 2006,「朴世堂과 沈大允의『中庸』해석 체계 比考: 성리학적 주석체계에 대한 해체주의적 입장과 그 연계성 파악을 중심으로」,『韓國實學硏究』第11號.(韓國實學學會)

———, 2007,「霞谷 鄭齊斗와 白雲 沈大允의 經學 비교:『大學』'格致章'의 해석체계 比考를 중심으로」,『陽明學』第18號.(韓國陽明學會)

———, 2012,「鄭齊斗에서 沈大允에로의 근대적 전이양상: 하곡과 백운의『中庸』이해를 중심으로」,『陽明學』第33號.(韓國陽明學會)

장숙필, 1996,「박세당의 실학적 인간관」, 한국사상사연구회 편저,『실학의 철학』(서울: 예문서원)

張勝求, 1990,「茶山의 近代的 作爲性의 世界觀 硏究 序說」,『한국학대학원논문집』제5집.(韓國精神文化硏究院)

장승희, 2006,「백호 윤휴 철학의 인간학적 연구: 철학적 정합성을 중심으로」,『東洋哲學硏究』第48輯.(東洋哲學硏究會)

전경목, 2000,「향교의 개혁안과 수령권의 강화」, 한국역사연구회 조선시기 사회사 연구반,『조선은 지방을 어떻게 지배했는가』(서울: 아카넷)

鄭景姬, 1993,「肅宗代 蕩平論과 '蕩平'의 시도」,『韓國史論』제30권.(서울大學校 人文大學 國史學科)

———, 1995,「肅宗後半期 蕩平政局의 變化」,『韓國學報』제79집.(一志社)

鄭求福, 1973,「柳馨遠의『磻溪隨錄』」, 歷史學會 편,『實學硏究入門』(서울: 一潮閣)

정낙찬, 2008,「하곡 정제두의 지행합일론」,『교육철학』제36집.(한국교육철학회)

鄭萬祚, 1985,「英祖代 初半의 政局과 蕩平策의 推進: 蕩平基盤의 成立에 이르기까지」, 李泰鎭 編,『朝鮮時代 政治史의 再照明: 士禍·黨爭篇』(서울: 汎潮社)

———, 1986,「英祖代 中半의 政局과 蕩平策의 再定立: 少論蕩平에서 老論蕩平으로의 轉換」,『歷史學報』第111輯.(歷史學會)

———, 1994,「朝鮮時代 朋黨論의 展開와 그 性格」, 李成茂·鄭萬祚 外著,『朝鮮後期 黨爭의 綜合的 檢討』(성남: 韓國精神文化硏究院)

———, 2012,「星湖의 政治思想:『孟子疾書』를 중심으로」, 재단법인 실시학사 편,『성호星湖 이익李瀷 연구』(서울: 사람의무늬)

鄭炳連, 1989a,「茶山『中庸』註의 經學的 硏究」(成均館大學校 大學院 東洋哲學科 博士學位論文)

———, 1989b, 「『中庸解釋』考」, 李乙浩 外, 1989, 『丁茶山의 經學: 論語·孟子·大學·中庸 硏究』(서울: 民音社)
———, 1990, 「茶山의 『論語』解釋 性向」, 『東洋哲學』 第1輯.(韓國東洋哲學會)
———, 1992, 「柳磻溪의 理氣, 心性論」, 『東洋哲學硏究』 第13輯.(東洋哲學硏究會)
鄭奭鍾, 1973, 「李瀷의 『星湖僿說』」, 歷史學會 編, 『實學硏究入門』(서울: 一潮閣)
———, 1983b, 「朝鮮後期 社會身分制의 變化: 蔚山府 戶籍臺帳을 中心으로」, 鄭奭鍾, 『朝鮮後期社會變動硏究』(서울: 一潮閣)
———, 1994b, 「정약용과 정조·순조 연간의 정국」, 정석종, 『조선후기의 정치와 사상』(서울: 한길사)
정순우, 2006, 「다산에 있어서의 천과 상제上帝」, 『茶山學』 제9호.(다산학술문화재단)
鄭玉子, 1988b, 「正祖朝 文化政策」, 鄭玉子, 『朝鮮後期文化運動史』(서울: 一潮閣)
———, 1988c, 「中人階層의 文學運動」, 鄭玉子, 『朝鮮後期文化運動史』(서울: 一潮閣)
———, 1990b, 「正祖의 文化政策」, 鄭玉子, 『朝鮮後期 文學思想史』(서울: 서울大學校出版部)
———, 1990c, 「委巷文學으로의 轉移」, 鄭玉子, 『朝鮮後期 文學思想史』(서울: 서울大學校出版部)
———, 1991b, 「眉叟 許穆의 學風」, 鄭玉子, 『朝鮮後期 知性史』(서울: 一志社)
———, 1991c, 「壺山 趙熙龍의 詩書畵論과 歷史著述」, 鄭玉子, 『朝鮮後期 知性史』(서울: 一志社)
———, 1993b, 「18세기 조선사회와 사상」, 정옥자, 『조선후기 역사의 이해』(서울: 一志社)
———, 1993c, 「조선사회의 변화와 중인 계층의 성장」, 정옥자, 『조선후기 역사의 이해』(서울: 一志社)
———, 1993d, 「중인사학(中人史學)의 역사적 성격」, 정옥자, 『조선후기 역사의 이해』(서울: 一志社)
———, 1993e, 「정약용(丁若鏞)의 삶과 실천」, 정옥자, 『조선후기 역사의 이해』(서울: 一志社)
———, 1998, 「조선 후기의 문풍과 진경시문학」, 최완수 외 지음, 『진경시대: 1. 사상과 문화』(서울: 돌베개)
鄭仁在, 1982, 「尹白湖의 禮論과 倫理思想: 韓國倫理思想의 정립을 위한 범형연구」, 『現代社會와 倫理』(성남: 韓國精神文化硏究院)
———, 2010, 「하곡의 미발설과 공부론」, 『철학연구』 제40집.(고려대학교 철학연구소)
鄭一均, 1996a, 『茶山 丁若鏞의 世界觀에 대한 社會學的 硏究: 『論語古今注』와 『論

語集注』의 比較를 중심으로』(서울大學校 大學院 社會學科 博士學位論文)
———, 1996b, 「茶山 丁若鏞의 理氣論 批判: 『論語古今注』를 中心으로」, 『韓國學報』 제84집.(一志社)
———, 1996c, 「茶山 丁若鏞의 『大學』論」, 『韓國學報』 제85집.(一志社)
———, 1998, 「茶山 丁若鏞의 『中庸』論」, 『泰東古典研究』 第15輯.(翰林大學校 泰東古典研究所)
———, 1999, 「다산 정약용의 『맹자』론」, 『사회와 역사』 제56집.(한국사회사학회)
———, 2005, 「다산 정약용의 '소학小學'론(I): 『소학지언小學枝言』을 중심으로」, 『茶山學』 제7호.(다산학술문화재단)
———, 2008, 「茶山丁若镛的『小学』论: 以『小学枝言』为中心」, 茶山学术文化财团 编, 『茶山的四书经学』(北京: 商务印书馆国际有限公司)
———, 2009a, 「正祖의 『論語』論(I): 『魯論夏箋』을 중심으로」, 『한국문화』 제48호.(서울대학교 규장각한국학연구원)
———, 2009b, 「다산학 연구의 최근동향: 사회과학」, 『다산과 현대』 제2호.(연세대학교 강진다산실학연구원)
———, 2011, 「일제의 식민통치와 식민주의적 근대지식의 형성: '타카하시 도루[高橋亨]의 조선학'의 사례를 중심으로」, 『사회와 역사』 제91집.(한국사회사학회)
———, 2012a, 「다산 정약용의 '소학小學'론(II): 『아학편兒學編』을 중심으로」, 『茶山學』 제20호.(다산학술문화재단)
———, 2012b, 「正祖의 『孟子』論(I): 『鄒書春記』를 중심으로」, 『韓國實學研究』 第23號.(韓國實學學會)
———, 2012c, 「茶山 丁若鏞의 '公文書制度' 改革論(I): '縱橫表'를 중심으로」, 『韓國實學研究』 第24號.(韓國實學學會)
———, 2012d, 「1950/60년대 '근대화'와 다산 호출」, 『다산과 현대』 제4·5합본호.(연세대학교 강진다산실학연구원)
———, 2012e, 「正祖的經學思想: 以『魯論夏箋』爲中心」, 黃俊傑 編, 『朝鮮儒者對儒家傳統的解釋』(臺北: 臺大出版中心)
———, 2015, 「茶山 丁若鏞의 經學과 '荀子'의 思想 간의 관계에 대한 一考」, 『退溪學報』 第137輯.(退溪學研究院)
———, 2018a, 「다카하시 도루[高橋亨]의 '조선유학사'와 조선유학의 식민주의적 변용」, 『退溪學報』 第143輯.(退溪學研究院)
———, 2018b, 「다산 정약용의 '천' 개념에 대한 재고찰」, 『茶山學』 제32호.(다산학술문화재단)
정재훈, 2011, 「18세기 국가운영체제의 재정비」, 김인걸 외 지음, 『정조와 정조시

대』(서울: 서울대학교출판문화원)
鄭 瑽, 1980, 「丁茶山 著『論語古今注』의 構造的 分析과 그 孔子 思想(其一)」, 『茶山學報』 第3輯.(茶山學報 刊行委員會)
———, 1982, 「丁茶山 著『論語古今注』의 構造的 分析과 그 孔子 思想(其二)」, 『茶山學報』 第4輯.(茶山學報 刊行委員會)
丁鍾侎, 1978, 「茶山의 佛教觀」, 『茶山學報』 第1輯.(茶山學報 刊行委員會)
정진영, 1990, 「18, 19세기 士族의 村落지배와 그 해체과정: 大丘 夫人洞 洞約의 紛爭을 중심으로」, 鄕村社會史硏究會, 『조선후기 향약연구』(서울: 民音社)
정태섭, 2008, 「霞谷 鄭齊斗의 경세론」, 『中央史論』 제28집.(中央大學校 中央史學硏究所)
정형지, 1996, 「조선 후기 사회변동과 실학」, 이은순·이배용 외 지음, 『한국사회사상사』(서울: 지식산업사)
정호훈, 1995, 「尹鑴의 經學思想과 國家權力 强化論」, 『韓國史硏究』 제89호.(韓國史硏究會)
———, 2006, 「조선후기 실학 연구의 동향과 정치경제학」, 연세대학교 국학연구원 편, 『韓國實學思想硏究 2: 政治經濟學篇』(서울: 혜안)
———, 2014, 「윤휴尹鑴의 『대학』 해석과 그 정치적 성격」, 『다산과 현대』 제7호.(연세대학교 강진다산실학연구원)
趙 珖, 1977, 「黃嗣永帛書의 社會思想的 背景」, 『史叢』 第21輯.(歷史學硏究會)
조남호, 2013, 「정제두와 송시열의 서신분석: 양명학과 주자학의 공부방법을 중심으로」, 『인천학연구』 제18권.(인천대학교 인천학연구원)
조성을, 2012, 「流配 以後 茶山의 利用厚生學: 『經世遺表』와 『牧民心書』를 중심으로」, 재단법인 실시학사 편, 『다산茶山 정약용丁若鏞 연구』(서울: 사람의무늬)
주영아, 2011, 「朴世堂의 開放的 學問觀 硏究」, 『東方學』 第20輯.(韓瑞大學校 東洋古典硏究所)
朱七星, 1992, 「朝鮮朝 陽明學과 鄭齊斗」, 『儒教思想硏究』 第4·5輯.(韓國儒教學會)
지두환, 2014, 「조선성리학과 진경시대」, 한국민족미술연구소 엮음, 『진경문화』(서울: 현암사)
지준호, 2003, 「『大學公議』를 통해 본 茶山 丁若鏞의 『大學』觀」, 『한국철학논집』 제12집.(한국철학사연구회)
———, 2004, 「茶山 丁若鏞의 大學 이해와 修己治人의 道」, 한국철학사연구회 엮음, 『다산경학의 현대적 이해』(서울: 심산)
차웅석, 2014, 「진경시대의 우리 의학」, 한국민족미술연구소 엮음, 『진경문화』(서울: 현암사)
千寬宇, 1952~1953, 「磻溪 柳馨遠 硏究: 實學 發生에서 본 李朝社會의 一斷面」, 『歷

史學報』 第2~3輯.(歷史學會) [『近世朝鮮史研究』(서울: 一潮閣, 1979)에 재수록됨. 이 글의 결론 부분만은 「李朝後期 實學의 槪念」으로 『韓國史의 再發見』(서울: 一潮閣, 1974)에 재수록됨]

———, 1958a, 「實學의 槪念 再論」, 『大學新聞』 1958년 12월 1일자.[「實學의 槪念 是非」로 『近世朝鮮史研究』(서울: 一潮閣, 1979)에 재수록됨]

———, 1958b, 「磻溪柳馨遠 研究 疑補」[『近世朝鮮史研究』(서울: 一潮閣, 1979)에 재수록됨]

———, 1965, 「磻溪 柳馨遠」, 『韓國의 人間像 4』(서울: 新丘文化社)[『韓國史의 再發見』(서울: 一潮閣, 1974)에 재수록됨]

———, 1967, 「朝鮮後期 實學의 槪念 再檢討」, 제1회 『實學公開講座』(延世大學校 國學研究院)[『近世朝鮮史研究』(서울: 一潮閣, 1979)와 연세대학교 국학연구원 편, 『연세실학강좌 I : 실학공개강좌[1]』(서울: 혜안, 2003)에 재수록됨]

———, 1969, 「實學 槪念 成立에 관한 史學史的 考察」[『近世朝鮮史研究』(서울: 一潮閣, 1979)에 재수록됨]

———, 1970, 「韓國實學思想史」, 『韓國文化史大系 VI: 宗教·哲學史』(서울: 高麗大學校 民族文化研究所)[「朝鮮後期 實學의 槪念 再論」으로 『韓國史의 再發見』(서울: 一潮閣, 1974)에 재수록됨]

천병돈, 2010, 「하곡 정제두의 맹자학 연구: 「맹자설」, 「고자잡해」, 「제장잡해」, 「천하지언성장해」를 중심으로」, 『정신문화연구』 제33권 제2호.(한국학중앙연구원)

崔大羽, 1989, 「『大學經說』考」, 李乙浩 外, 『丁茶山의 經學: 論語·孟子·大學·中庸 研究』(서울: 民音社)

崔柄憲, 1985, 「茶山 丁若鏞의 韓國佛教史 研究」, 韓㳓劤 外, 『茶山學研究의 現況』(서울: 民音社)

崔鳳永, 1986, 「星湖學派의 朱子大學章句 批判論: 格物致知說을 中心으로」, 『東洋學』 第16輯, 「東洋學學術會議 講演鈔」.(檀國大學校 東洋學研究所)

崔相天, 1985, 「李家煥과 西學」, 韓國教會史論文集刊行委員會, 『韓國教會史論文集 II』(서울: 韓國教會史研究所)

崔錫起, 1998, 「白湖 尹鑴의 經學觀」, 『南冥學研究』 第8輯.(慶尙大學校 南冥學研究所)

———, 2002, 「星湖 李瀷의 『大學』 解釋과 그 意味」, 『韓國實學研究』 第4號.(韓國實學學會)

———, 2003a, 「17~18세기 學術動向과 星湖 李瀷의 經學」, 『南冥學研究』 제16집.(慶尙大學校 南冥學研究所)

———, 2003b, 「星湖 李瀷의 『中庸』 解釋과 그 意味」, 『星湖學研究』 創刊號.(星湖紀念館)

———, 2010, 「星湖學派의 『대학』 해석: 星湖·貞山·茶山을 중심으로」, 『韓國實學研究』 第19號.(韓國實學學會)

———, 2012, 「星湖의 大學、中庸 解釋과 意味」, 재단법인 실시학사 편, 『성호星湖 이익李瀷 연구』(서울: 사람의무늬)

崔奭祐, 1986, 「丁茶山의 西學思想」, 姜萬吉 外, 『丁茶山과 그 時代』(서울: 民音社)

———, 1993, 「丁若鏞과 天主敎의 관계: Daveluy의 備忘記를 중심으로」, 崔奭祐 외, 『茶山 丁若鏞의 西學思想(1993년도 다산문화제 기념논총)』(서울: 다섯수레)

崔承熙, 1985, 「朝鮮後期 身分變動의 事例硏究: 龍宮縣 大丘白氏家古文書의 分析」, 『邊太燮博士華甲紀念 史學論叢』(서울: 三英社)

최완수, 1998a, 「조선 왕조의 문화절정기, 진경시대」, 최완수 외 지음, 『진경시대: 1. 사상과 문화』(서울: 돌베개)

———, 1998b, 「진경시대 서예사의 흐름과 계보」, 최완수 외 지음, 『진경시대: 2. 예술과 예술가들』(서울: 돌베개)

———, 1998c, 「겸재 정선과 진경산수화풍」, 최완수 외 지음, 『진경시대: 2. 예술과 예술가들』(서울: 돌베개)

최원규, 1992, 「朝鮮後期 水利기구와 經營문제」, 『國史館論叢』 第39輯.(國史編纂委員會)

최이돈, 1990, 「문반 정치구조」, 한국역사연구회 19세기 정치사 연구반, 『조선정치사 1800~1863(하)』(서울: 청년사)

崔一凡, 2002, 「霞谷 鄭齊斗의 工夫論에 관한 연구」, 『東洋哲學硏究』 第30輯.(東洋哲學硏究會)

———, 2004, 「하곡 정제두의 이기설에 관한 연구(II)」, 『東洋哲學硏究』 第36輯.(東洋哲學硏究會)

최진덕, 2006, 「『맹자』에 대한 두 해석: 『맹자집주孟子集注』와 『맹자요의孟子要義』」, 『茶山學』 제8호.(다산학술문화재단)

탁현규, 2014, 「진경시대 탱화」, 한국민족미술연구소 엮음, 『진경문화』(서울: 현암사)

河宇鳳, 1977, 「丁茶山의 西學 關係에 對한 一考察」, 『教會史硏究』 第1輯.(韓國敎會史硏究所)

———, 1988, 「茶山 丁若鏞의 日本儒學 硏究」, 『韓國文化』 第9輯.(서울大學校 韓國文化硏究所)

———, 2002, 「정약용丁若鏞과 오규 소라이荻生徂徠의 경학사상 비교 연구」, 『茶山學』 제3호.(다산학술문화재단)

———, 2013, 「정약용丁若鏞과 다자이 슌다이[太宰春臺]의 『논어論語』 해석 비교 연구」, 『茶山學』 제22호.(다산학술문화재단)

韓相權, 1987, 「조선후기 향촌사회와 향촌사회조직 연구현황」, 近代史硏究會 編, 『韓國中世社會 解體期의 諸問題(下): 朝鮮後期史 연구의 현황과 과제』(서울: 한울아카데미)

———, 2000, 「어사 파견과 지방지배 강화」, 한국역사연구회 조선시기 사회사 연구반, 『조선은 지방을 어떻게 지배했는가』(서울: 아카넷)

韓榮國, 1992, 「朝鮮後期 어느 士族家門의 子女生産과 壽命」, 擇窩許善道先生停年紀念 韓國史學論叢刊行委員會, 『擇窩許善道先生停年紀念 韓國史學論叢』(서울: 一潮閣)

韓永愚, 1989b, 「17세기 중엽 南人 許穆의 古學과 歷史認識」, 韓永愚, 『朝鮮後期史學史研究』(서울: 一志社)

韓㳓劤, 1961a, 「白湖 尹鑴 研究 (一)」, 『歷史學報』 第15輯.(歷史學會)

———, 1961b, 「白湖 尹鑴 研究 (二): 特히 經世論을 中心하여」, 『歷史學報』 第16輯.(歷史學會)

———, 1962, 「白湖 尹鑴 研究 (三): 特히 經世論을 中心하여」, 『歷史學報』 第19輯.(歷史學會)

———, 1964, 「白湖 尹鑴의 四端七情·人心道心說」, 想白李相佰博士回甲紀念論叢編輯委員會, 『李相佰博士回甲紀念論叢』(서울: 乙酉文化社)

한자경, 2005, 「유교와 천주교 사이의 다산: 인간 본성의 이해를 중심으로 논함」, 『오늘의 동양사상』 제13호.(예문동양사상연구원)

한정길, 2005, 「霞谷 鄭齊斗의 주자학 반성과 心本體論」, 『韓國實學研究』 第9號.(韓國實學學會)

———, 2014, 「박세당의 주자학 반성과 학문관」, 『다산과 현대』 제7호.(연세대학교 강진다산실학연구원)

韓鍾萬, 1979, 「茶山의 天觀」, 『茶山學報』 第2輯.(茶山學報 刊行委員會)

한형조, 1992, 『朱熹에서 丁若鏞에로의 철학적 사유의 전환』(韓國精神文化研究院 韓國學大學院 博士學位論文)

함영대, 2007, 「성호 이익의 『맹자질서』에 대한 일고찰」, 『漢文古典研究』 第15輯.(韓國漢文古典學會)

———, 2008, 「星湖學派의 孟子 談論」, 『大東漢文學』 第29輯.(大東漢文學會)

———, 2009, 『星湖學派의 『孟子』 解釋에 관한 研究』(成均館大學校 大學院 漢文學科 博士學位論文)

———, 2010a, 「청대淸代학자들의 『맹자』 해석과 다산 정약용의 『맹자요의孟子要義』」, 『茶山學』 제8호.(다산학술문화재단)

———, 2010b, 「星湖學派의 『孟子』 解釋: 君臣關係論의 경우」, 『韓國實學研究』 第19號.(韓國實學學會)

허경진, 2003, 「조선후기 한문학에 나타난 상업문화」, 『東方學志』 第120輯.(延世大學校 國學研究院)

許捲洙, 1983, 「朱熹의 論語集注와 丁若鏞의 論語古今注 比較研究」, 『慶尙大學校論文集』 第22卷 第2號.(慶尙大學校)

허종은, 2014, 「박세당의 주희 이해」, 『한국철학논집』 제43집.(한국철학사연구회)
許興植, 1977, 「萬德寺志의 編纂과 그 價値」, 韓國學文獻硏究所 編, 『萬德寺志』(서울: 亞細亞文化社)
———, 1980, 「大芚寺志의 編纂과 그 價値」, 韓國學文獻硏究所 編, 『大芚寺志』(서울: 亞細亞文化社)
洪順敏, 1986, 「肅宗初期의 政治構造와 「換局」」, 『韓國史論』 제15권.(서울大學校 人文大學 國史學科)
———, 1990a, 「정치집단의 구성」, 한국역사연구회 19세기 정치사 연구반, 『조선정치사 1800~1863(상)』(서울: 청년사)
———, 1990b, 「정치집단의 성격」, 한국역사연구회 19세기 정치사 연구반, 『조선정치사 1800~1863(상)』(서울: 청년사)
황상희, 2017, 「퇴계사상의 종교성에 관하여」, 『退溪學報』 第141輯.(退溪學硏究院)

蒙培元, 2006, 「丁茶山的 '仁學觀'」, 『茶山學』 제8호.(다산학술문화재단)
任文利, 2009, 「鄭齊斗對『大學』經典文本的疏解」, 『陽明學』 第22號.(韓國陽明學會)
張崑將, 2006, 「丁茶山與太宰春台對『論語』的解釋比較」, 『茶山學』 제8호.(다산학술문화재단)
鄭吉雄, 2006, 「從儒學'內·外'問題論丁茶山對『中庸』的詮釋」, 『茶山學』 제8호.(다산학술문화재단)
蔡茂松, 1990, 「丁茶山的四書硏究」, 姜萬吉 外, 『茶山學의 探究』(서울: 民音社)
蔡振豐, 2009, 「丁茶山四書詮釋的體系及其意義」, 『韓國實學硏究』 第18號.(韓國實學學會)
黃俊傑, 1996, 「中國詮釋學的特質: 以孟學解釋史爲中心」, 韓國實學硏究會, 『東아시아 實學의 諸問題와 그 展望(第4回 東아시아 實學 國際學術會議 發表文集)』(서울: 韓國實學硏究會)
———, 2005, 「從東亞儒學視域論鄭齊斗對孟子「知言養氣」說的解釋」, 『陽明學』 第13號.(韓國陽明學會)

나카 스미오[中純夫], 2002, 「丁若鏞의 『大學』 解釋에 관한 연구」, 『茶山學』 제3호.(다산학술문화재단)
다카하시 도루[高橋亨], 1929, 「李朝儒學史に於ける主理派主氣派の發達」, 『朝鮮支那文化の硏究』(京城帝國大學法文學會第二部論纂 第1輯)
———, 1955, 「丁茶山の大學經說」, 『天理大學學報』 第18輯.(天理大學)
마루야마 마사오[丸山眞男], 1963, 「思想史の考え方について: 類型·範囲·対象」/고재석 옮김, 1997, 「사상사의 사유 방식에 대하여: 유형·범주·대상」, 마루야마 마사오 외, 『사상사의 방법과 대상』(서울: 小花)

마쯔다 히로시[松田弘], 1981, 「朝鮮朝 陽明學의 特質과 그 理論構造: 鄭霞谷 思想과 陽明學과의 비교에 의한 檢證」, 『韓國學報』 제25집.(一志社)

시카다 히로시[四方博], 1976, 「李朝人口に関する身分階級別的観察」, 『朝鮮社会経済史研究(中)』(東京: 国書刊行会)

야마우찌 코오이찌[山內弘一], 1987, 「丁若鏞の事天の學と修己治人の學について」, 『朝鮮學報』 第122輯.(朝鮮學會)

———, 2000, 「경성(京城) 귀족으로서의 긍지: 정약용의 귀천(貴賤)과 화이(華夷)에 대한 이해」, 『茶山學』 창간호.(다산학술문화재단)

오가와 하루히사[小川晴久], 1990, 「茶山의 經學解釋의 態度: 茶山의 愼獨論을 中心으로」, 姜萬吉 外, 『茶山學의 探究』(서울: 民音社)

이시이 토시오[石井壽夫], 1940a, 「黃嗣永の帛書に就いて: 朝鮮天主教徒の洋舶請來の思想(上)」, 『歷史學研究』 第10卷 1號.(歷史學研究會)

———, 1940b, 「黃嗣永の帛書に就いて: 朝鮮天主教徒の洋舶請來の思想(下)」, 『歷史學研究』 第10卷 2號.(歷史學研究會)

Baker, Don, 1999, "A Different Thread: Orthodoxy, Heterodoxy, and Catholicism in a Confucian World" in JaHyun Kim Haboush & Martina Deuchler, eds. *Culture and the State in Late Chosŏn Korea* (Cambridge, Massachusetts, and London: Harvard University Press)

———, 2002, "Thomas Aquinas and Chŏng Yagyong: Rebels within Tradition" in *Journal of TASAN Studies*, vol. 3. (Tasan Cultural Foundation)

Habermas, Jügen, 1990, "Modernity: An Incomplete Project" in Chung-Ho Chung & So-Young Lee, ed. *Postmodernism: An Introductory Anthology* (Seoul: Hanshin Publishing Co.)

Lyotard, Jean-François, 1990, "Answering the Question: What Is Postmodernism?" in Chung-Ho Chung & So-Young Lee, ed. *Postmodernism: An Introductory Anthology* (Seoul: Hanshin Publishing Co.)

Michell, Tony, 1979/1980, "Fact and Hypothesis in Yi Dynasty Economic History", in *Korean Studies Forum*, no. 6.

Setton, Mark, 2002, "A Comparative Study of Chŏng Yagyong's Classical Learning(Susahak) and Japanese Ancient Learning(Kogaku)" in *Journal of TASAN Studies*, vol. 3. (Tasan Cultural Foundation)

찾아보기

찾아보기는 1권과 2권을 통합하여 쪽번호를 제시했다.
1권은 I, 2권은 II로 표시했다.

I. 인명·자호·시호·연호·성씨

【ㄱ】

【ㄴ】

【ㄷ】

【ㄹ】

【ㅁ】

【ㅇ】

【ㅊ】

【ㅋ】

【ㅌ】

【ㅍ】

【ㅎ】

II. 서명·편명

【ㄱ】

【ㄴ】

【ㄷ】

【ㅂ】

【ㅇ】

【ㅊ】

III. 지명·국명

【ㅇ】

【ㅈ】

【ㅊ】

【ㅌ】

【ㅍ】

【ㅎ】

IV. 주제·개념

【ㄴ】

【ㄷ】

【ㄹ】

【ㅁ】

【ㅂ】

【ㅅ】

【ㅇ】

【ㅍ】

【ㅎ】

정일균

현재 서울대학교 사회과학대학 사회학과 교수
서울대학교 사회과학대학 사회학과 졸업(문학석사)
서울대학교 사회과학대학 대학원 사회학과 졸업(문학석사·문학박사)

주요 저서
『茶山 四書經學 硏究』
『葛川 林薰의 생애와 사상』
『조선시대 충청지역의 예학과 교육』(공저)
『전통 예교와 시민 윤리』(공저)
『인본주의와 지식정보사회』(공저)
『고종시대 공문서 연구』(공저)
『유학이 오늘의 문제에 답을 줄 수 있는가』(공저) 등